国家出版基金项目
NATIONAL PUBLICATION FOUNDATION

宋會要輯稿

8

劉琳　刁忠民　舒大剛　尹波等校點

上海古籍出版社

宋會要輯稿　職官五一

國信使

【宋會要】

1 太祖開寶八年十一月，命祕書省校書郎、直史館宋準假朝請大夫、少府監，爲契丹國信使；殿直邢文度假右衛率府率副之。

真宗祥符二年，詔：「先充北朝國信使者，每有北朝人到闕，並依所借官位服色立班坐宴〔一〕。」

天禧二年十二月二十六日，詔：「應曾充北朝國信及接伴、送伴使、副等，每遇契丹人使到闕，除大兩省外，餘並令于左掖門出入，候迴日依舊。」

乾興元年七月，遣户部郎中直史館劉錯、客省副使曹曦爲皇太后迴謝禮信使、副，工部郎中趙賀、内殿承制閤門祗候楊承吉爲皇帝迴謝禮信使、副。

仁宗寶元二年三月二十一日，右司諫、直集賢院韓琦言：「乞今後國信及接伴使、副，委中書、樞密院擇才進名。若有臣僚輒敢陳乞，望賜嚴斷。」詔今後令擇臣僚充。

慶曆二年三月，遣右正言、知制誥富弼假資政殿學士、户部侍郎，爲迴謝契丹國信使，西上閤門使符惟忠副之。報其請地事也。

八月，命禮部郎中、知制誥張師德爲契丹國母生辰國信使，西京左藏庫副使趙忠輔副之。國母生辰命使自此始。

神宗熙寧四年九月五日，以文思副使梁交充賀北朝皇太后國信副使，馬偁以祖應圖陷虜〔二〕，不願往，代之。

五年九月七日，以供備庫使任懷政爲大遼國信副使，代田諲。初，以懷政押賜夏國主生日禮物，因對，上問懷政家世，任福之 2 姪也，乃命與諲易之。

〔元豐〕二年三月十四日〔三〕，太常博士周直儒等言：「國信一路郡縣驛亭，陳設什物以至樂器等故弊，乞新之。」詔在京令國信所，緣路委監司一員，先事點檢修治。

十月二十二日，詔以西京左藏庫副使、兼閤門通事舍人、河北沿邊安撫副使劉琯假西京左藏庫使，代曹評爲遼國信副使，令雄州（正）〔止〕以評疾報契丹，乘驛還闕。以慈聖光獻皇后崩故也。

三年正月五日，送伴遼使李琮等言：「大行太皇太后未葬，恐使人以故事邀過白溝置酒作樂。」詔勿過白溝橋。

〔一〕立：原無，據《長編》卷七二補。

〔二〕以上二句，「國信」下原無「副」字，「馬偁以」原作「以馬偁」，據《長編》卷二二六補乙。按《長編》云：「(以)兵部員外郎、知制誥陳繹爲遼國母生辰使，皇城使、忠州團練使馬偁副之。……偁以祖應圖陷北，辭行，詔以文思副使梁交代之。」

〔三〕元豐：原無，據《長編》卷二九七補。

給樂人例物如故事[一]。

八月二十三日，詔：「自今遣文臣奉使，元帶館職者並帶職[二]。」

閏九月二十八日，知定州韓絳言：「諜知遼人遣石宗回爲賀正旦副使，令于接伴等處，因語須説及本石晉出帝之後。乞預令接伴館伴使、副以語折之。」詔劄與接伴使、副。

四年八月二日，詔：「自南北通和以來國信文字，差集賢院學士蘇頌編類。」

九月二十七日，詔：「將來北使經過新路州軍，守臣内有審官常格新差，材品凡鈍，難以酬接虜人者，可從中書預選官移易。其知趙州史宗範，磁、相、邢、趙州通判，令河北轉運司體量人材，如不堪接待人使，即于轄下選官對移，並候人使回日依舊。」

五年十月八日，太僕少卿吳安持等言：「奉勑接伴大遼賀正國信使，原武河決，雖已治道，傳聞自滑州以南猶有横水三十餘里。」詔遣水部員外郎王諤 3 計置新船六十艘以待濟。

十二月十四日，上批：「河北沿邊安撫司諜知遼人令賀正旦副使趙庭睦因覘朝廷西事，慮虜人因語言探問虚實，其當酬應之辭，三省、樞密院同議定，劄與館伴使、副。」

十七日，接伴使吳安持言：「遼使沿路事節並如舊，唯例送樂人馬一疋不至，臣等俟前路言及。」詔安持等，所不送馬勿問。

六年二月二十五日，詔：「北使經過處知州曾借朝議大夫者依舊，自今更不借官，令權服金紫，不得繫金帶。其押賜御筵官仍互借，先已借朝議大夫即借中散大夫，並許繫金帶，不佩魚。」

十月八日，内西頭供奉官馮世倫追兩官[三]，張應之、羅安、李慶長，内東頭供奉官譚文握，内侍高品盧世永，右班殿直、寄班祇候朱伯瑜各追一官，坐編欄國信使，不覺察車營兵與北人私交易也。

十二月五日，命給事中韓忠彦館伴遼國信使。初命禮部侍郎李常，上批「西邊事未定，慮虜人至闕須語及之，恐常不知西事本末，緩急難酬對」故也。

七年四月八日，石得一奏：「接伴虜使下親從官隨行覰步[四]，欲乞令過位覺察。」詔許之，其入位與北人私相交易及傳達事情者察之，餘勿舉。

八年四月十八日，命左司郎中滿中行充皇帝登寶位北朝國信使，左班殿直、閤門祇候焦顔叔假供備庫使、兼閤門通事舍人副之。詔中行等到遼國，諭館伴使，令以大行皇

[一] 例物：原作「倒惣」，據《長編》卷三〇二改。
[二] 元：原無，據《長編》卷三〇七補。
[三] 馮世倫：《長編》卷三四〇作「馮士倫」。
[四] 覰步：《長編》卷三四五作「虧法」。按「覰步」似不誤，宋朱翌《猗覺寮雜記》卷上：「京師以探刺者爲覰步。」

帝遺制尊皇太后爲太皇太后，同 4 處分軍國事，典禮並依章獻太后垂簾故事，兩朝合通信使，具聞于北朝。

八月二十四日，詔：「太皇太后特送遼國生辰禮物，令御藥院依章獻太后與北朝皇太后禮物數排辦。內：冠朵，纏以金玉；腰帶，水晶；鞍轡，以玉；鞋韈，以靴代之。」

九月十八日，樞密院言：「昨令國信使滿中行等計會，北朝依嘉祐年北朝皇后賀仁宗皇帝生辰、正旦，使人傳達禮意，皆自北朝皇帝傳達。今來北朝弔慰太皇太后，其使人傳達，却係北朝皇帝專致傳語。使人見日回問，并辭曰太皇太后亦當專爲傳宣問北朝皇帝，非故事，當改正。欲令送伴北朝弔慰使、副，婉順説諭使人，悉依嘉祐年例。」從之。

哲宗元祐元年正月十八日，館伴遼使所言〔一〕：「國信使蕭治等稱：南使過本朝，生餼録目無『大宋國賀正旦』或『生辰』字，今所賜録目却有『大遼國賀』字，乞除此四字，方敢收留。尋面諭以久例豈可輒有更改。比至回程，終不收受。」詔雄州移牒北朝涿州，其録目俟蕭治過界牒送訖奏。

五月六日，雄州言：「得涿州牒：今後若委所司于生餼目内書寫北朝國信使、副併三節人從，經久爲便。本朝有司不空南朝字，亦議別行更改。」詔令雄州移牒北朝涿州，今後所賜信使生餼，客省目子并折支目内，並書北朝賀逐節名、國信使副并國信下三節人從。

六年四月五日，左諫議大夫鄭雍言：「昨充北朝生辰國信使，伏見朝廷歲以玉帶贈 5 遺遼人，恐歲久有時而盡，請令後苑作旋琢新帶以充歲用。」從之。

七年正月二日，樞密院言：「遼使耶律迪病且殆〔二〕，緣通好已來，未有故事，今用章頻、王咸宜奉使卒于契丹，北人津送體例，預送館伴所密掌之。如迪死，即施行。」從之。

九月四日，詔王子韶罷秘書少監。以將命使遼而御下苛細，致指揮使刃其子，并傷子韶〔三〕，故罷之。

十四日，詔：「入國接伴使、副今後不得將帶親屬并有官人充職員、小底，違者罪之。其入國使、副實有宿疾，聽帶親屬一名充小底〔四〕，不以有無官，具奏聽旨。」先是，惟泛使出疆〔五〕，以老疾自陳，有例得帶親屬。自熙寧後著爲通法，奉使者稍稍以親戚自隨，因緣干擾，故立條約。

紹聖元年正月二十二日，詔：「東上閤門使、成州團練使王湛奉使遼國，與館伴妄争濮王諱字，却韓參政慰狀，及與呂陶相逢，擅不赴坐，對答率易。特罰銅二十斤，罷所居官。」

三月八日，給事中呂陶等言：「具析到昨充宣仁聖烈

〔一〕遼：原作「邊」，據《長編》卷三六四改。
〔二〕律：原作「津」，據《長編》卷四六九改。
〔三〕韶：原作「詔」，據《長編》卷四七七改。
〔四〕充：原無，據《長編》卷四七七補。
〔五〕惟：原作「非」，據《長編》卷四七七改。

皇后遺留使、副，于北界遇朔望，依元豐八年王震故例，用治平四年、嘉祐八年不赴宴會例。」按明道年遺留使、副語録内，在北界遇朔望日並赴。昨宣仁聖烈皇后上僊，臣僚遇朔望日亦無祭奠舉哀之儀，與嘉祐、治平、元豐故例不同。呂陶等未嘗奏稟，輒引用，直作朝旨行牒北界，朔望不赴筵會，及請移宴日，仍以疾不赴，致罷曲宴。雖已該恩，詔呂陶除集賢院學士、知陳州。于是詔 6 張舜民等到北界，因語及呂陶事，即答云：「昨宣仁聖烈皇后上僊，朔望日別無禮制，聞陶等誤用故例，妄有移牒及請移宴日。舜民等比在路中，已聞陶等降黜。」并言主上敦重信好，所以特有行遣之意。

閏四月五日，户部郎中林邵等言：「請自今接伴副使擇官高者，令武臣知州借官相壓。」詔今後武臣知州係承制、崇班，並借供備庫使，諸司副使並對借，序坐在接伴副使之上。

九月十七日，國信所繳奏回謝北朝國信使張舜民、副使鄭价與送姚企言問答失當〔一〕，各特罰銅二十斤。

十二月二十一日，接伴使時彦等言：「遼使至邢州，見知州繫皂帶，不肯赴亭子茶酒。蓋自來北使經由州軍，皆武臣知州并瀛州安撫使及接伴、押宴官並繫紅帶，自餘文臣知州不帶學士以上職名，即依舊來儀制。」詔令時彦等婉順折難，勿虧事體。

四年二月十五日，詔：「入國接送、館伴使副不得以無例之物送遺人使，仍立法。」

三月八日，開封府言賀北朝正旦使、副下三節人從喧笑失禮，及(躬)〔射〕弓處宣武、虎翼兵士楊千等喧鬧罪狀，國信使副時彦、曹脛奏三節人從無作過者虚妄不實。詔右司員外郎時彦、供備庫使曹脛、左班殿直成義安特各追一官勒停，楊千、王千、王立各杖脊配千里外牢城，馮達等降配鄰州。

九月七日，詔：「國信使、副自今依熙寧條，許帶親屬一名充小底，其元祐法勿行。」從國信使范鏜 7 請也。

元符元年二月一日，權開封府推官王詔言：「差充興龍節送伴遼國人使，欲乞依接伴到闕例，只于瑞聖園内設閤子，令送伴使、副伺候相見。如允，乞下有司著爲令。」從之，仍令詳定編修國信條例所于儀内修具〔二〕。

(八月)〔三月二十六日〕〔三〕，詔：「遼使經過，如遇知州病患事故，應本州接送人使有違闕，許權迎送人使官按斷。」從接伴使韓粹彦請也。

三月十四日，樞密院言：「司勳員外郎韓粹彦等言：人使在路，州軍諸頓酒食料例已經編定，陳設器皿亦各新潔，惟府界諸頓祗應人等自京差到，酒食未至豐厚，宿頓中

〔一〕「送」下疑脱「伴」字。

〔二〕所：原無，據《長編》卷四九四補。

〔三〕三月二十六日：原作「八月」。不但月分失次，且本門自神宗以下所有條文記事均至日分，不應此條獨異。茲據《長編》卷四九六改。

路四處，共差內臣兩人，難以照管。」詔更不自京差內臣并祇應人員，委本處令、佐管勾，令府界提點司官提舉點檢〔一〕。

二年正月十四日，高陽關路走馬承受公事言：「訪聞北界人言差下泛使蕭德崇等，于二十四日離燕京，上節中帶夏國二人同行。」詔令河北沿邊安撫司體問詣實聞奏。

三月十六日，館伴遼國泛使所言：「泛使齎到禮物，有玉帶及小繫腰，元無封。尋詰其因，乃云例外物，虜主臨行授使者，故不封。」詔劄與御藥院，取旨回答。初，宰臣章惇以謂恐無禮，執政皆曰：「彼乃欲以爲勤厚也。」上然之。

四月二十九日，館伴所言：「竊見修《華戎信録》，自通好以來，事無不載，而元豐六年後來未經編録，伏望委官續成。」從之。

閏九月六日，試給事中、兼侍讀趙挺之言：「差充賀北朝生辰，見領詳定編修國信條例，[8]有《北道刊誤志》及接見北使書狀儀式未能全備，欲乞就行詢訪，沿路看詳修潤。」從之。

三年徽宗即位未改元。二月二十一日，詔：「國信使尚書司勳員外郎韓粹彦、文思副使賈裕回至白溝，聞國哀不別送伴，皆罰金。」

六月一日，告登位國信使韓治、曹譜至虜庭，虜遣蕭括、劉彦儒館客，欲以「南朝謝登位國信所」爲名。治、譜爭以不當稱「謝」，卒白國信所而還。

建中靖國元年二月十四日，命尚書吏部侍郎張舜民爲遼國賀登位國信使，西上閤門副使閻仁武副之；中書舍人謝文瓘爲遼國祭奠國信使，皇城副使王漸副之；尚書工部侍郎賈易爲遼國弔慰國信使，左藏庫使兼閤門通事舍人劉裔副之。易以目疾辭，改命給事中上官均代之，又命朝散大夫、淮南江浙等路發運副使黄寔〔假〕龍圖閣直學士、中散大夫，爲遼國賀登位國信使，代張舜民。

十月五日，詔朝奉大夫給事中上官均、朝散郎給事中謝文瓘、皇城副使王漸、禮賓副使兼閤門通事舍人劉裔各降兩官。以使遼弔奠而從者更衣以入，有違舊章故也。

徽宗崇寧元年五月二十六日，詔朝請郎、尚書吏部員外郎宋景降授朝奉郎，文思院副使曹潘降授供備庫使，送吏部。以接伴遼使不能閲其徒從之實故也。

四年八月二十八日，承議郎、尚書禮部侍郎劉正夫假資政殿學士〔二〕、大中大夫，爲遼國國信使，以林攄未畢使事〔三〕，虜繼遣使[9]至，故再遣。時靖和皇后園陵在京，府界禁音樂七日，虜使託疾不肯入見，得旨就館錫賚，卒使如禮而歸。

八月十八日〔四〕，樞密院言：「尚書度支員外郎王革接

〔一〕司官提舉點：原脱，據《長編》卷四九六補。
〔二〕正：原作「王」，據《宋史》卷二〇《徽宗紀》二改。
〔三〕攄：原作「攎」，據《宋史》卷二〇《徽宗紀》二改。
〔四〕按，據《宋史》卷二〇《徽宗紀》二，上條月日不誤，則此條當前移。

伴遼國賀天寧節人使到相州，遇靖和皇后小祥，賜御筵合作樂與否。今太常寺檢會莊穆皇后周祥故事，特不視朝，其〔曰〕〔日〕百官詣西上閤門進名奉慰。」詔靖和皇后小祥、大祥，依小忌內外禁樂一日。

五年正月二十一日，詔馬防罷刑部侍郎，降授中奉大夫、知蘄州。以奉使辱命也。

政和二年八月十二日，臣寮言：「接送伴北使及引押夏人，前此務爲苛察，及以語言相勝，或致生事。乞加謹擇，仍申嚴幾察條禁。」詔令尚書省、樞密院立法禁止。

四年正月二十六日，詔：「訪聞接伴副使高士儒于白溝驛感疾，至雄州身亡，蓋緣使事物故在道，理宜存恤。仰本州委官一員照管津遣，仍量與應副。」

四月五日，詔尚書屯田員外郎楊信功送吏部。以言者論其送伴北朝人使，肆言褻狎，有損國威故也。

七年二月十二日，詔朝請大夫杜充降授朝散大夫，勒停；武顯郎、宣贊舍人狄瓛降授武畧郎、宣贊舍人，勒停。坐嘗奉使輕紊典章故也。

宣和四年正月二十四日，詔朝奉大夫宋孝先降一官勒停。坐奉使遼國傲慢失職故也。

高宗建炎元年五月一日赦：「應昨緣奉使金人，有未經推恩人，許令自陳，與檢詳元降指揮推恩。內有金國拘留未10還者，其請給令所屬權給一半贍養其家，候及一年止。」

九日，詔從事郎傅雱特授宣義郎，假工部侍郎，充金國通和使，武功大〔臣〕〔夫〕趙哲副之；修職郎王倫特授朝奉郎，假刑部侍郎，充金國通問使，進士朱弁補修武郎副之。已而輔臣黃潛善、汪伯彥請遣祈請使，改傅雱爲祈請使，馬識遠副之。其已降遣兵約束，且令馬忠、薛廣等駐劄大河之南，候遣使先行，別聽進止。

二年十一月二十二日赦：「應官吏等奉使見在金國之人，所有其餘應干恩數等，並候回日一併給還，仍不拘釐革年限。」《石林燕語》：宋朝館伴契丹，例用尚書、學士。元豐初高麗入貢，以畢仲衍館伴，仲衍時爲中書舍人，後遂爲故事〔一〕。蓋以陪臣處之，下契丹一等也。契丹館于都亭驛，使命往來稱國信使。高麗館于同文館，不稱「國信」，其恩數、儀制皆殺于契丹。自後王將明等皆以學士館伴，仍升使爲國信。建炎三年余在揚州〔二〕，復入爲學士，高麗自海州來朝，遂差館伴。因建言：「高麗用學士館伴，出于一時之命而升爲國信使。今風示四夷〔三〕，示以軌物，當正前日適然之失。」因辭疾，于是改差中書舍人張達明而罷國信，皆用元豐舊儀，自余請也〔四〕。

紹興二年九月四日赦：「應官員、諸色人因奉使金國未回之人，其家屬寄居州縣，已降指揮令所在官司多方存恤。竊慮州縣遵奉不虔，仰監司按察，無致失所。」

〔一〕「元豐初」至「爲故事」：原無，據《石林燕語》卷七補。删去此節，下文「陪臣」即不知所云。
〔二〕余：原作「畢仲衍」，據《石林燕語》卷七改。
〔三〕示：原作「爾」，據《石林燕語》卷七改。下句同。
〔四〕余：原作「畢仲行」，據《石林燕語》卷七改。

十九日，詔：「應奉使金國未還之人，并隨逐官員、使臣等，其家屬散在諸路州軍居住，訪聞 11 所在並不應副請給。自今後專責守臣，須管排月支給。如違，從徒三年科罪，仍許奉使之家越訴。及出榜曉諭。」四年九月十五日、九年正月五日、十年九月十日赦，並令按月支給。

三年五月十七日，詔端明殿學士、左太中大夫、同簽書樞密院事韓肖胄充金國軍前通問使，左朝奉大夫、試工部尚書胡松年副之。續條具申請：「三節人從欲于六曹及諸官司內，不以有無官資及見任、(侍)〔待〕闕、已未參部人內，指名抽差或辟差。如有一切違礙，並免執奏，不許辭避。上、中節內有官人與先次轉四官資，白身人並先補承節郎，進士先補迪功郎。候回日，各與依軍功法，特添差合入差遣一次。今來轉補官資，依例不作非泛補授，理當參部差出，理爲資任。下節軍兵並各先轉三資，候回日更轉一資。上節都轄一員，指使二員，書表司二員，禮物六員，引接二員，醫候一員；中節職員四員，親屬親隨六員，執旗信三員，小底二員；下節御厨、工匠二人，翰林司二人，儀鸞司一人，文思院針線匠人一人，將校二人，管押軍員二人，軍兵六十人，教駿二人。書狀官欲支起發絹六十匹，錢一百貫，銀五十兩；上節起發都轄絹四十匹，錢十貫，銀二十兩；指使、禮物官、醫候、引接、書表司並各絹三十匹，錢四十貫，銀一十兩；中節起發並各絹二十匹，錢三十貫，銀一十兩，內醫候破合藥一百貫；下節軍兵、軍員起發絹一十匹，錢二 12 十貫。內有官人並許帶行新舊見任請給，如無請給，每月支(瞻)〔贍〕家錢三十貫，日支食錢五百文。軍兵每月贍家錢八貫，日支食錢五百文。內將校起發錢、絹并贍家食料等錢，依中節人體例，有官人各破本身驛券一道。三節人並借請兩月。」從之。

五年二月二十二日，詔：「應奉使金國未還之人，具應干恩數，令本家齎元差或干照文字赴尚書省陳乞施行。」

(紹興)〔紹熙〕五年閏十月十九日〔一〕，奉使金國報謝所言：「照得今次合差下節軍兵并訓練官等，係輪到侍衛馬軍行司差撥出戍建康府人。竊緣本所起發不測逼近，若行差取，相去千里，委實地里差遠，慮恐辦集職事不前，是致抵梧。乞就便于殿前司或步軍司借差上件官兵一次。其馬軍行司合差官兵等，充日後以次奉使差使。」詔于步軍司權差一次。

同日，兩浙轉運司奏：「金國信使、副非晚過界，所有往回應副御筵并沿路舟船、出陸(船)〔般〕擔人夫、排辦飲食宿頂等，檢會淳熙十三年十一月指揮，並委漕臣，今後準此。竊緣本司見今應辦哲文神武成孝皇帝梓宮過江、攢宮修奉等事務，委是繁劇，難以前去，乞別委浙西監司應辦。

〔一〕紹熙：原作「紹興」，按紹興五年無閏十月，而此條與下條所述正爲紹熙五年閏十月事（參《宋史》卷三七《寧宗紀》一），因改。蓋此二條本在後文，誤寫作「紹興」，《大典》編者遂移於此。

所有一行舟船并祇備庫陳設衣幃器皿錢酒等，本司却行照例備辦遣發應副。」詔（長）〔委〕浙西提舉黃灝，餘從之。

〔紹興〕七年十二月三十日〔一〕，詔右朝奉大夫王倫除徽猷閣直學士、提舉醴泉觀，假龍圖閣學士、左中大夫、樞密[13]都承旨，充金國軍前迎奉梓宮使；右朝請郎高公繪轉右朝奉大夫，假拱衛大夫、忠州防禦使副之。

八年十二月二十三日，詔端明殿學士、左太中大夫、簽書樞密院事韓肖胄充金國報謝使，光山軍承宣使、樞密副承旨錢愐假光山軍節度使、樞密都承旨副之。

二十九日，御史中丞勾龍如淵言：「和議既定，遣使歲必再三。欲望特詔有司，檢照近年體例，參酌中制，將支賜之物并三節人數及所得恩例，凡使者在館及至界首，比舊減三分之二，至汴京或至燕中減半，直至金國全破。庶幾久而可行，以革泛濫之弊。」詔令三省、樞密院照會。

九年正月五日赦：「應奉使金國未還之人封贈、奏薦，已降指揮給還合得之數，尚慮所在州軍保奏稽緩，或官司非理沮抑，仰監司按劾，御史臺覺察。」

同日，詔王倫除端明殿學士、同簽書樞密院事，免簽書，仍賜同進士出身，差充迎請梓宮〔二〕、皇太后、交割地界使；藍公佐除宣州觀察使，假保信軍節度使、提舉萬壽觀副之。

二十六日，右諫議大夫李誼言：「國信所指差三節人從，多是進士，甚至于執旗、報信亦以進士爲之。伏望今後所差三節人，除親隨許用進士二名外，餘並以使臣充。紹興八年以前使人將命，實犯不測，故三節人從悉假以優恩。今既通和，豈可復援前例？欲乞量與鐫減。」詔令禮部檢照奉使大遼體例，參酌條具以聞。

十年九月十日[14]赦：「應因奉使金國未回并屬官，其官職合該奏薦人〔三〕，未經奏薦者，特與蔭補一次。如係（陛）〔陞〕朝官，特與封贈一次。各令本家于所在州軍保明陳乞。」十二年十一月八日赦並同。

十一年十一月十一日，詔左朝散大夫、尚書吏部侍郎魏良臣假左正議大夫，充接伴使；福州觀察使、知閤門事、兼客省四方館事王公亮假保信軍承宣使副之。館伴准此。

十三日，詔左朝奉郎、試禮部尚書，兼侍讀莫將差充館伴使，成州團練使、知閤門事、兼客省四方館事曹勛副之。館伴准此。

二十三日，詔左朝奉大夫、試御史中丞何鑄除簽書樞密院事，差充金國報謝使；拱衛大夫、利州觀察使、知閤門事、兼客省四方館事曹勛除密州觀察使副之。

十二年五月三日，詔左朝請郎、試尚書户部侍郎沈昭遠假吏部尚書〔四〕，充金國賀生辰使；福州觀察使、知閤門

〔一〕紹興：原無，因前誤入紹熙文字兩條，故補二字，以資識別。
〔二〕梓：原作「粹」，據《宋史》卷二九《高宗紀》六改。
〔三〕奏：原作「奉」，據下文改。
〔四〕吏部：《建炎要録》卷一四五作「禮部」。

事、兼客省四方館事王公亮假保信軍承宣使副之。金國生辰遣使准此。于是詔檢奉使大遼進呈取旨〔一〕。國信所具到國信令格：「奉使指使滿二次，轉進武校尉；譯語、親事官奉使接送、伴送及兩次，轉一資；親從差隨奉使及接送伴兩次無遺闕，候投名滿二十年轉一資；奉使書表司入國三次滿足，轉一資；奉使隨行醫官及三次，換章服，已衣紫許回授有服親，或指射差遣；醫學以下轉一資，或換章服；奉使禮物殿侍滿二次，轉三班差使；奉使引接殿侍滿 15 四次，轉三班差使。別無奉使大遼生辰推恩人體例。檢正、檢詳看詳，參酌擬定：正使起發支賜銀絹各二百匹兩，錢一千貫；副使起發支錫銀絹各二百匹兩，錢八百貫，三節人從共破五十人，不許差白身人。上、中節各一十人〔二〕，下節三十人，内準備差使四員，餘差軍兵。上、中節先轉一官資，内選人比類施行；候回日更轉一官資，添差合入差遣一次；内醫官更支合藥錢一百貫。下節准備差使先轉一官資，候回日更轉一官資；内軍兵先轉一資，候回日更轉一資。起發：上節支銀絹各一十五匹〔疋〕〔兩〕，中節支絹一十五匹、銀一十兩，下節支絹一十疋、銀五兩。請給：三節人從日支食錢五十文，内有官人帶行新舊任、見任請給。如無請給或不願請新舊見任者，每月支贍家錢三十貫。内軍兵除帶行見請外，月支贍家錢八貫。並自到所日起支，結局日住支。有官資人仍破本身本等券一道，並借請兩月。」詔依擬定，立爲永法。

六月八日，吏部侍郎、充金國接伴使魏良臣等言：「欲乞依舊例差編欄官二員、引接儀範二員、職員二員、小底二人、親隨二人、醫官一員、主管文字二人、書表司二人外，更乞差準備差使十員，許依例指差，借請兩月。」詔準備差使許差四人，官屬人吏等並借請一月。

八月十八日，詔左朝請大夫、試御史中丞〔萬〕〔万〕俟卨除左中大夫、參知政事，差充金國報謝使；榮州防禦使、帶御器械邢孝揚假 16 保信軍承宣使〔三〕、知閤門事、兼客省四方館事副之。

九月二十八日，詔左宣〔儀〕〔義〕郎、中書舍人楊愿假户部尚書，充金國賀正旦使；右武大夫、宣州觀察使、知閤門事、兼客省四方館事何彦良假奉國軍承宣使副之。正旦遣使准此。

十三年十一月二十一日，國信所言：「北朝賀正旦人使赴闕，舊例開封府差少尹接送。」詔差知臨安府張叔獻。

十四年正月六日，詔吏部尚書羅汝〔揖〕〔楫〕差充金國報謝使，鎮東軍承宣使、知閤門事鄭藻副之。

三月二十六日，詔：「應差生辰、正旦非泛奉使并接、送伴官，合差國信所指使、譯語、親事官及皇城司親從，並仰依祖宗舊法，聽審使、副問答語言及見聞事件，兼覺察一

〔一〕此句似有脱文。
〔二〕「中」、「各」二字原脱，據《建炎要録》卷一四五補。
〔三〕邢：原作「刑」，據《建炎要録》卷一四六改。

行人，務令整肅。可劄與主管往來國信所，今後遇差奉使等官，令檢坐條法指揮關報，常切遵守，毋致滅裂。」

八月八日，詔：「右承議郎、監潭州南嶽廟（萬）〔万〕俟允中奉使金國禮物官日，私以違禁之物附載入國，博易厚利。（游）〔特〕貸命，追毁出身以來文字，不刺面，配貴州本城收管。」

十五年五月九日，詔：「人使經過州軍，令兩浙、淮南轉運司並以官錢應辦，不得騷擾百姓。各具知稟聞奏。」

十九日，詔接伴金國賀生辰副使錢愷降一官，送伴别差人。以接伴不職故也。

十六年三月十日，尚書省言：「接送伴所差官屬員數太冗，欲裁減小底二人、親隨二人、主管文字二人、準備差使四員，止差部轄一員，編 17 欄官二員、引接儀範二員、職員二員、醫官一員、書表司二人。」從之。

四月十一日，詔：「今後金國使人赴闕，所差〔引〕接、指使、親從、（譚）〔譯〕語等人，除身分合得券食錢外，其沿路州軍所送錢物並不許收受。如違，以贓論。」

十四日，接伴使、副王循友等言：「接伴使、副沿路收受州郡饋送及有數處犒設官吏等，欲乞今後不許收受。」從之。

十七年三月十八日，宰執進呈國信所乞裁減接送伴北使官屬事。上宣諭曰：「邊知白渡淮多日，尚未見到，恐路中滯留，則隨從人等不無生事騷擾。可擬降指揮，今後計程赴行在。」

十八年五月十五日，工部尚書詹大方言：「近蒙差充金國賀生辰使，每戒約一行官吏等，不得輒起事端，過有須索。竊慮後來三節人或有不識大體，責辦供應，妄生語言，有失事體。所須甚微，所繫甚大，欲望自今後每遣使人，嚴行戒飭。」詔今後遣使，自使、副至三節人，並具知委狀申尚書省。

十八日，詔：「今後差賀生辰、正旦使、副，所給起發銀、絹、錢並各減半。其三節人各與轉一官資，内使、副仍各與轉一官。」以殿中侍御史余堯弼言〔一〕：「比年盟好既固，將命若安行無虞，與講和之始事體不侔。」故有是詔。

閏八月三十日，詔：「今後奉使生辰、正旦下三節人過界，並不許與北人博買。如違，從徒二年科罪。使、副不覺察，同罪。」

二十年三月九日，詔左中大夫、參知政事余堯弼差充賀金國登位使，鎮東軍 18 承宣使、知閤門事、兼客省四方館事鄭藻假保信軍節度使、領閤門事副之。

十日，詔：「賀金國登位（副使）〔使、副〕應合行事件，并起發支賜三節人從等，並依未經裁減已前賀生辰、正旦人數體例推恩。」以余堯弼有請，從左、右司看詳擬定也。

二十二年正月二十四日，詔：「令淮東、浙西經由州

〔一〕弼：原作「卿」，據《建炎要録》卷一五七改。

軍，遇人使往還，委守臣、當職官并諸軍委統兵官嚴切措置關防，如有違戾，取旨重作行遣。」賀正旦人使回程至鎮江府，有都統制劉寶下使臣楊敏輒經北使馬前，妄出語言，故有是詔。

二十三年四月六日，詔：「今後奉使，須選擇醇謹之人，至如武臣作副〔一〕，亦當遴擇。」

二十五年十月九日，殿中侍御史徐嘉言〔二〕：「欲自今後差往金國賀正旦、生辰使副并三節人等回，並不許收受供給饋送錢物等。如輒受者，依朝廷遣使出外輒受供給饋送以自盜論，供送者與同罪。奉使一行往回經由州軍、縣鎮，非理需索糜費，一切盡行（往）〔住〕罷，不得依前應副。如有違戾，並委本路帥臣、監司覺察，按劾聞奏，取旨重行遠竄。如（師）〔帥〕臣、監司失于按劾，令御史臺覺察彈奏。」並從之。

十二月二日，上宣諭輔臣曰：「張士襄去歲奉使回，當朕前奏事，欺罔不寔，宰相止以奉使不肅罷，續以宮祠處之。可與遠小監當，以爲後來奉使之戒。」

二十六年二月四日，進士單鎡言：「比年以來，奉使官屬不問賢否，惟金多者備員而往，多是市廛豪富巨商 19 之子，不可不革。欲望自今凡遣使人，必加謹簡，其所辟到三節人從，先具姓名申取旨，三省、樞密院次第審量。仍劄下國信所，更切覺察，庶革前弊。」從之。

四月十九日，詔翰林學士、左朝請郎、知制誥、兼侍講陳誠之假資政殿大學士、左太中大夫、醴泉觀使、兼侍讀，充賀金國上尊號使；吉州刺史、知閤門事、兼客省四方館事蘇曄假崇信軍節度使、領閤門事副之。以盱眙軍言，得泗州牒〔三〕，上號聖文神武皇帝故也。

十月十五日，詔：「奉使金國使、副并三節人推恩，並有定制，今後不得援例，過有陳乞。如違，令御史臺彈劾。」

二十七年十二月二十五日，詔：「今後人使往來，兩浙、淮南漕臣須管隨後行船，不得相遠。仍多辦舟船、篙（稍）〔梢〕，準備使用。」

二十八年二月十三日，詔：「奉使、接送伴使副往回，不得輒赴筵會。如違，依已降收受饋送指揮科罪，仍令臺諫覺察彈奏。」

四月十七日，權尚書工部侍郎劉章言：「奉使凡三節傔從，皆與轉官資于啓行之日，既受賞典，往往慢易。欲望依使、副例，俟回日推賞。」從之。

五月二十八日，詔泉州觀察使、知閤門事、兼客省四方館事石清與外任。以館伴北使飲酒致醉、疏慢失體故也。

十月十九日，詔：「接送伴官屬等，已有約束，不許私販。其奉使三節人從，可令司參照立法禁止。」

〔一〕如：原作「加」，據《建炎要録》卷一六四改。
〔二〕「御」原作「郎」，「嘉」原作「嘉」，並據《建炎要録》卷一六九改。
〔三〕牒：原作「軍」，據《建炎要録》卷一七二改。

十一月二日，臣僚言：「比年以來，奉使辟差官屬多不親行，募人充代，市井狡猾之徒，何[20]所愛惜！欲望申嚴憲令，應三節人從如或假名代行，重賞許告。奉使失于覺察，亦與其罰。」詔依，仍自來年爲始。

二十九年九月四日，詔：「自建炎、紹興以來，奉使未回之人有親的子孫，本家見無食禄人者，可令經吏部自陳，驗實申尚書省取旨，特與一名恩澤。」

二十一日，詔翰林學士、左朝散郎、知制誥周麟之假左朝散大夫、信安郡開國侯，充奉使金國皇太后告哀使；吉州團練使、知閤門事、兼客省四方館事蘇曄假崇信軍節度使、齊安郡開國侯副之。

十月三十日，禮部言：「今來顯仁皇太后上僊，所有將來人使過界并三節人從合着衣帶，及沿路御筵、入見花宴聽樂等，下太常寺討論。顯仁皇太后係于十月二日小祥，十四日大祥，十六日禫除，其告哀使、副并三節人若于禫除日分過界，即合從吉服，只用皂鞹、黑帶之類，如嘉祐八年、元豐八年故事。」從之。

三十一年四月七日，詔：「應靖康、建炎、紹興以來，奉使未回使、副之家陳乞恩澤，令吏部驗實，照應已降指揮，依條施行。其在外人，委知、通躬親驗實，保明申吏部。仍令本部行下諸路州軍，出榜曉諭。」

五月六日，詔左中大夫、同知樞密院事周麟之假信安郡開國公，充金國稱賀使；洪州觀察使、知閤門事、兼客省四方館事蘇曄假崇信軍節度使、領閤門事副之。

二十二日，權禮部侍郎金安節等言：「今來孝慈淵聖皇帝升遐，自發哀後，[21]館伴并送伴使、副等官，合權易黑帶，去魚，乘皂鞍韉。其人從止合服紫衫、黑帶。」並從之。

六月二十七日，詔左朝散大夫、敷文閣待制、樞密都承旨徐嘉假資政殿學士、左太中大夫、醴泉觀使，充金國稱賀使；文州刺史、權知閤門事、兼客省四方館事張掄假保信軍節度使、領〔閤〕門事副之。

三十二年三月二十一日，詔左朝奉郎、守起居舍人洪邁假翰林學士、左朝議大夫、知制誥、兼侍讀，充賀金國登位國信使；果州團練使、知閤門事、兼客省四方館事張掄假鎮東軍節度使、領閤門事副之。

四月七日，詔：「奉使金國使、副下三節人私行博易，即仰覺察以聞，重寘典憲。如使、副博易，回日令臺諫彈劾。」

三十二年七月九日，孝宗已即位，未改元。詔中書舍人劉珙假禮部尚書，充皇帝登寶位報金國信使；知閤門事孟思恭假保信軍承宣使副之。既而諫議大夫任古言思恭受賂，罷見任，詔差知閤門事張説假昭慶軍承宣使代之。

二十八日，詔右宣教郎盧仲賢假樞密院計議官、右宣教郎李拭假將作監主簿，並充通書金國左副元帥府。

十一月十三日，詔尚書户部侍郎王之望假禮部尚書，充金國通問國信使；知閤門事龍大淵假崇信軍承宣使副之。

孝宗隆興元年三月十九日，王之望等言：「先蒙差充金國通問國信使、副，今既不過界，三節人合與不合放令逐便？兼辟差王鉥、龍仲[22]淮充親隨前去，並蒙補上州文學，今乞繳納。」詔三節人于逐便已轉一官，更不以折展年磨勘；王鉥、龍仲淮各與轉一官，候有名目日收使。

八月二十九日，詔宗正少卿魏杞假禮部尚書，充金國通問使；帶御器械康湑假崇信軍承宣使副之。

九月五日，魏杞、康湑言：「今來所差官屬，全在同共宣力，分掌職事，乞依王之望等例，先與轉一官資，出給省劄補授，候回日換給。如不該推恩，却行繳納。」從之。

二年十二月十六日，詔中書舍人洪适假翰林學士，差充金國賀生辰使；知閤門事龍大淵假寧國軍承宣使副之。

乾道元年正月十七日，詔：「武節大夫、閤門宣贊舍人王抃充金國國信使所參議官，持書有勞，可特轉右武大夫、遥郡刺史。」

二月二十二日，詔尚書刑部侍郎李若水假吏部尚書、知(閣)〔閤〕門事張説假昭慶軍承宣使，充接伴金國報問使、副。

五月二十八日，詔尚書户部侍郎李若水假吏部尚書，充賀金國上尊號國信使；武畧大夫、和州防禦使、權知閤門事曾覿假寧國軍承宣〔使〕副之。

九月六日，詔國子司業汪涓假工部尚書，權知閤門事康湑假保信軍承宣使，充接伴金國賀生辰使、副。自後接伴同此。

二十九日，詔權尚書吏部侍郎魏杞假吏部尚書，樞密都承旨張説假昭慶軍承宣使，差充館伴金國賀生辰使、副。自後館伴同此。

十月三日，詔權刑部侍郎方滋假户部尚書，[23]充賀金國正旦使；忠州團練使王抃假福州觀察使副之。自後賀正旦遣使同此。

二十三日，詔國子司業汪涓假工部尚書，權知閤門事康湑假保信軍承宣使，充送伴金國賀生辰使、副。自後送伴同此。

十一月三日，詔吏部侍郎陳天麟假禮部尚書，幹辦皇城司宋直温假保康軍承宣使，充接伴金國賀正旦使、副。自後接伴同此。

四日，詔：「金國賀生辰使人回程在路，遇冬節特賜使、副絹各五十匹，上節各八匹，中節各五匹，下節各三匹。」從樞密院請也。

十二月九日，詔權吏部侍郎陳之茂假工部尚書，知閤門事曾覿假寧國軍承宣使，充館伴金國賀正旦使、副。自後館伴同此。

二年正月三日，詔尚書吏部侍郎陳天麟假禮部尚書，幹辦皇城司兼德壽宮管幹事務宋直温假保康軍承宣使，充送伴金國賀正旦使、〔副〕。自後送伴同此。

十六日，昭慶軍承宣使、知閤門事龍大淵奏：「恭觀兩朝每歲信使往來，雖臣僚有請和雇游手，所（主）〔至〕適成騷擾。欲自今委建康府御前都統制、淮西總領均差不入隊人，自揚州至盱眙軍往來差使，借家糧兩月，選差兵官鈐束。所有合批口券，令所屬樁辦錢米，發赴接送伴使、副，委官照券支給。」從之。

九月二十二日，詔：「今後北使往來，令所過州縣遇夜自備火點照，更不差百姓。」

十一月一日，兩浙路計度轉運副使周淙言：「已降指揮，北使來，令所過州縣遇夜 24 自備火點照。切緣隨船點照，多是趕趁不前，仍令州縣依舊置火墩照道。仍戒約前期三兩日差雇，人使過，即時放散。」從之。

三年四月十五日，詔：「從義郎、閤門祇候、充金國賀生辰國信副使趙應熊以使回程，道中身亡，特贈武翼郎，與一子承信郎恩澤，更與進武校尉一名。」

四年十一月十七日，詔兩浙東路兵馬（鈴）〔鈐〕轄張德明特追毀出身以來文字，除名勒停，送隆興府編管。先因差充賀金國正旦國信副使，受馮嗣宗等慫囑，差撥入國送盤盂、金銀，收受入己，特有是命。

六年四月六日，詔：「訪聞浙西、江東、淮東沿路州縣差夫應副往來，及朝廷差出官多以奉使爲名，差雇夫馬，騷擾百姓，合行約束。詔（食）〔令〕逐路行下所部州縣，今後除朝廷賀生辰、正旦及接伴北使往還外，其餘並不許差雇。如違，重作施行。」

閏五月九日，詔起居舍人范成大假資政殿大學士、醴泉觀使，充奉使金國祈請國信使；權知閤門事、兼樞密副都承旨康湑假崇信軍節度使副之。

二十四日，館伴使趙雄、副使王抃奏：「二十八日使臣朝辭，依例宣賜御筵，其日係皇帝散齋，更不用樂外，所有歸驛賜御筵并夜筵，未審合與不合用樂。」詔歸驛賜御筵并夜筵並許用樂。

十一月一日，賀金國正旦國信使呂正己〔一〕、副使辛堅之言：「近日對境文移，已行回牒，竊慮尚有文移往來，事關使者，未過界間，亦合預聞。乞下盱眙軍，自 25 今應有文移，並令關報，庶幾酬酢之間，免致差誤。」從之，今後依此。

二十二日，詔：「今後應使臣往來，其淮東合用牽挽舟船并打凍軍兵。本路諸州軍見管不係將禁軍一千八百餘人，可令帥、漕司于內依舊數預期輪差應副，仍選委兵官往來部轄彈壓，與依例支破錢米、犒設等。」

八年十月二十日，詔武翼大夫趙益假宣州觀察使、知閤門事，充接伴使，令朝見日依見借官職趁赴起居侍立。今後差充接送伴使，副依此。

九年十二月九日，賀金國正旦國信副使張疑言：「臣

〔一〕正：原作「王」，據《宋史》卷三四《孝宗紀》二改。

每聞北使渡淮，到盱眙軍岸下，有馬頭二所，兩國使、副各一處艤泊，而兩界駕船篙師各欲先奪在上者，多至爭競，恐致生事，有失國體。欲下盱眙軍并接伴所，將兩處使、副馬頭各分一所，明立大字牌記，以爲定例。庶幾人使往來，彼此安静。」從之。

淳熙元年二月二十一日〔一〕，詔權吏部侍郎趙粹中假左朝請大夫、試工部尚書，權知閤門事、兼客省四方館事龍雩假泉州觀察使、知閤門事、兼客省四方館事，充接伴金國使、副；館伴以權兵部尚書、兼知臨安府沈度假試吏部尚書充，福州觀察使、知閤門事、兼客省四方館事、兼樞密都承旨王抃副之。

三月二十六日，上御垂拱殿引見金國泛使通奉大夫吏部尚書梁肅、定遠大將軍太府監蒲守中。

八月五日〔二〕，詔敷文閣(侍)〔待〕制、提舉佑神觀張子顔假工部尚書，充金國報聘使；26 武功大夫、定州刺史、權知閤門事劉崇〔假〕明州觀察使副之。

九月二十七日，詔：「虜人待報聘使之禮厚，今次金國賀生辰使人已來，沿路供張飲食並要如法，務從豐厚，及館伴亦然。仍令所屬點檢覺察。」

二年二月十七日〔三〕，詔左司諫湯邦彦假翰林學士、知制誥、朝議大夫、提舉佑神觀、兼侍讀，充奉使金國申議使；閤門舍人陳雷假昭信軍承宣使、知閤門事、兼客省四方館事副之。既而三年四月，詔邦彦送新州、雷永州居住。以臣僚言其奉使虜庭頗乖使指，驅車亟還，又于虜庭輒有所受，且不能堅守己見，惟從謝良弼之謀。于是後詔邦彦、雷並編管，國信所使臣謝良弼等三人並除名勒停。

寧宗嘉泰元年正月九日，臣寮言：「伏見每歲朝廷遣使賀金國生辰、正旦，其三節官屬、人從依節次指揮，內上、中節許差文武官及使、副所領職局人吏，候回程各轉一官，未有官人候有名目收使。所有下節軍兵二十六人，欲乞指揮許于三(衛)〔衙〕輪差軍兵前去，回程各轉一資，只係兵部(陛)〔陞〕轉。緣以軍兵，所以淳熙七年指揮，每次選差正、副將部轄前去。近年以來，却有蔭補副尉或吏職出身人，元非軍兵，冒充下節軍兵。暨至回程，將合得軍兵轉資賞計會省部脱漏賞典，便作一官轉行。竊緣軍兵資格自有輕重，一資押官，二資承局，三資將虞候，四資十將，五資軍頭之類，比之轉一官事體不同。若乃蔭補出身或 27 吏職補授校尉之人，只轉兩階便可入承信郎。在法，實歷五任十

〔一〕按，原稿此門自淳熙至嘉定，年代錯亂不堪。蓋《大典》輯録李心傳《續總類國朝會要》中不同門目之條文，又多脱去年號，編者未加考定整理，遂致亂編。

〔二〕八月五日：按《宋史》卷三四《孝宗紀》二，「遣張子顔等使金報聘」在淳熙元年四月二十二日戊寅，與此不同。又據《金史》卷六一《交聘表》中，張子顔至金在九月二十七日己酉，當時自宋京至金京約月餘，或是四月詔下，八月起程，九月至金。

〔三〕二月十七日：按《宋史》卷三四《孝宗紀》二，「遣左司諫湯邦彦等使金申議」在八月二十九日丁丑。

考方轉一階，今若冒軍兵一資之賞作實歷十考超轉一官，委是冒濫。乞今後下節二十六人元降指揮只許抽差三衙軍兵，並不許踏逐在外廕補及吏職補授人充。」從之。

三月八日，起居舍人俞烈言：「竊見迎接北畔使人，例是南北之舟至淮河中流展(剌)〔勅〕對訖，然後並舟南向。而南北兵梢各欲争先到岸，盱眙兵梢慣于操舟，率先至岸。北人耻于不勝，乃于後舟鈎擿南使舟尾，以幸一先，至有用篙仗相打者。又北使執從物人或行列差互，編攔人不好説諭，至令兵梢用仗趕打，北來下節亦用抵敵，有失事體。乞行下盱眙軍及淮南轉運司戒約兵梢，令彼此之舟取齊到岸，編攔官不得仍前生事。如有違戾，重作行遣。」詔令淮南轉運司、盱眙軍行下部轄官，常切鈐束兵梢，今後或有違戾，重作行遣。其部轄官一併坐罪。

九月二十三日，禮部太常寺言：「今來賀瑞慶聖節使人到闕，係在光宗皇帝小祥後，百官並已服純吉。緣皇帝見在服制之内，今欲乞從典故免上壽，所有辭授書、赴宴等，欲令所屬照應淳熙五年會聖節并今年賀正旦使人到闕見辭等體例施行。其班直親從等見服縶紫衫、黄帶子，依已降指揮並合仍舊。」從之。

〔淳熙〕七年十一月十九日〔一〕，詔：「自今奉使入國内下節人，除親從并譯語、親事官及將不轉資八【28】人〔二〕，許使副差親隨、厨子，餘人令殿前司、馬步軍司輪差，不得于諸軍抽摘。令各司排定軍分，每一軍一將内選有職名家口、無過人充，已經入國人不差。仍于本將内選正、副將一員部轄前去，正將充上節，副將充下節。如本將人不足，許于別將内差。」

二十五日〔三〕，詔：「每歲奉使金國，合差上、中節内，除都轄、引接并國信所指使已有定例外，更留二員聽候御前降下。自今使、副許辟差親屬二人，書狀官一員，掌管私覿職員一名，其餘並令吏部于見在部籍定名次、經任、無過犯大小使臣，委長貳公共選差人貌魁偉、年六十以下無殘疾人充。如在部人不足，申樞密院，令三衙輪差入隊準備訓練，其已經入國人不差。具姓名申樞密院訖，發赴使、副，依舊國信所審量。」

八年十一月十九日，詔：「自來年爲始，令六曹將合差奉使金國正旦、生辰使副并館伴、接送伴下引接儀範人〔四〕，每曹籍定一十人，于差使、副前兩月，遇旬休日分輪一曹所籍人數，赴都亭驛，令國信所掌儀通事使臣指教閲習。尚或違戾，令本所具申樞密院取旨。」

十年十二月十六日，權兵部侍郎余端禮等使金國還，

〔一〕淳熙：原無，屠寄補「嘉定」二字，眉批云：「《大典》脱『嘉定』二字，寄按嘉泰止四年，無七年，今校補。」按屠校非是。據本書職官三六「國信所」門，此條及後數條皆淳熙事，今補作「淳熙」。
〔二〕八：原作「入」，據本書職官三六之六〇改。
〔三〕二十五日：本書職官三六之六〇作「十二月二十四日」，當是。
〔四〕接送伴：原脱「接」字，據本書職官三六之六〇補。

上虜中事。接伴問端禮云：「南朝幾年一郊？」答曰：「(帥)〔率〕是三年，禮典已定。」復問：「金國幾年一郊？」接伴云：「無定，或時行之。」

十三年正月七日，權工部侍郎、兼樞密都承旨李昌圖言：「竊見本部所轄文思院，每歲制造北使器皿等物。[29]方其成也，初則起部長貳臨視，版曹繼之，赴都亭驛，中使點集，復齎詣宰執徧閱，至再三，亦云足矣。猶以爲未也，又從而繳進，以瀆天聽。此屑屑之事，自有司存，何至仰勞九重之尊！乞自今所造錫賜北使等物，止令赴都堂詳悉驗視，免行進呈，以尊國體。」從之。

〔紹熙五年〕十一月九日〔一〕，接伴使章穎、副使李孝純言：「今來取接使人，係在壽皇聖帝小祥之内，兼目今臣僚見行三年之制，及接送伴弔祭使〔二〕、副彭龜年等，沿路着白涼衫、皂帶，乘坐皂鞍韉，及御筵等處陳設，并用青素及果卓，徹去珠花粉仙，使人免舞蹈山呼，係(接)〔按〕弔祭之禮。今來穎等接伴賀登寶位人使，係行賀禮，所有服色、禮儀等，未審合與不合從彭龜年體例施行。」禮寺指定，檢準已降指揮，群臣入局治事以皂巾、涼衫、皂帶。所有今來賀登寶位人使到闕，其接伴使、副等沿路服著合依前項已降指揮。從之。

〔淳熙〕十四年十二月十八日〔三〕，宰執進呈畢，上曰：「今次賀正旦人使到闕，緣在喪服中，禮物合與不合收受？」施師點等奏：「欲且下禮官議。」既而禮部太常寺申到正旦禮物乃是通好之儀，不可不受。翌日，宰執進呈鄭僑劄子。上曰：「金國禮物當與館伴意度，且令堅辭。如是不從，止令陳于殿門之外，庶幾于禮稍順。」既而金國賀正旦使至，禮物止令有司收受，更不至殿庭。臣僚言：「臣聞禮之能服人也久矣。春秋之時，魯國有難，齊將圖之，仲孫湫以魯[30]秉周禮，未可以動。其後夾谷之會，齊使萊人以兵亂之，孔子相魯，折之以禮，齊卒成好。禮之服人，其明驗大效如此哉！日者虜使奉會慶節書幣以來，吾國適有大故，陛下方在衰絰之初，命羣臣集議，皆曰是故當與之見。既而聖意獨斷，却其書幣，就館津遣，彼亦逡巡退聽而歸。此無他，禮之所存有以服其心故尔。今正旦之使復來，其事與前日大同而小異。外庭臣子皆以陛下方御縞素，聽事内殿，不知當何以待之。忽已降指揮，見議素幄引見使人，令有司議禮物之當受與否，則知聖意已有所處矣。然臣竊謂彼之前日見却，出于倉卒不意，今日之來，必將深思熟計，以相醻酢。適聞指揮已出，萬一彼諜而知之，或恐

〔一〕紹熙五年：原無，承前則似淳熙十三年事。然考本條文内有「在壽皇聖帝小祥之内」之語，壽皇聖帝即孝宗，小祥即死後一周年。孝宗卒於紹熙五年六月。據此，此條之十一月九日乃紹熙五年之十一月，此時寧宗已即位。

〔二〕祭：原作「發」，據《宋史》卷三九三《彭龜年傳》改。

〔三〕淳熙：原無。按此條及下條仍是淳熙事。此條言「緣在喪服中」，指淳熙十四年十月高宗卒。又施師點此年知樞密院事。

以賀正爲辭，不當于素幄引見。欲望陛下預于此日少留聖慮，或密諭大臣蚤正素定之議，俟其辭或出此，則授之館伴，從容閒暇以應之，無若前日之舉涉于(忽)〔怱〕遽，則爲得體矣。議者猶以謂我之告留之使已往，彼之慰奠之使未來，今日之事，似有先慶後弔之嫌。臣竊謂時之先後適然，至是我本意。況引見于初到之日，至于正旦陛下自行禮于大行几筵之前，朝會俱罷，亦何名爲慶哉！國有典故，禮有經權，參酌其宜，自然中節。如臣管見愚陋，何足以仰裨聖明，惟陛下財幸。」詔：「今來正旦通問，專爲和好，故(說)〔設〕素幄，許其入見。若受禮物，則有慶賀之嫌，已令館伴却而不受。又慮使人 31 援故事以爲請，未審于典禮如何，可令禮官詳議以聞。」既而兵部尚書兼權禮部尚書宇文价、權禮部侍郎兼權吏部侍郎顏師魯、太常少卿尤袤、祕書省著作郎兼權禮部郎官倪思、太常丞黄黻、太常博士張體仁奏：「臣等歷考祖宗以來，雖居喪制，未有不引見人使，亦無不受禮物之文。前朝諸臣豈不知不當受，而所以不免從權者，以爲既已通好，不當無事而使之疑也。今歲賀會慶聖節人使，陛下方當哀疚之中，却之使去，中外感歎聖德，雖狼子野心亦知委順。今正旦人使亦既許素幄引見，受其書矣，所有禮物恐無不受之禮。況元日朝會俱罷，初無賀儀幣物，所有將書亦非慶禮。前者聖節之使，專以陛下誕辰，却之可也。正旦爲兩國通好，萬一使客必欲如禮而去，則徒爲紛紜，亦恐無辭以却其物。在禮有反經以從權，正爲是也，竊以爲當受。兼照得所議，若聖斷以爲然，即乞下館伴使，更不必宣諭却其禮物，庶幾不致臨時往復，以全國體。」詔依詳議到事理施行，可就殿之東楹設素幄引見人使，百官並免裹見，其禮物毋令入殿，付之有司。

十五年二月十八日〔一〕，詔中書門下省檢正諸房公事京鏜假禮部尚書，充金國報謝使，侍衛步軍司計議官劉端仁借(客)〔容〕州觀察使、右衛上將軍副之。令臨安府製造三節人從過界衣服。

〔紹熙五年〕十一月四日〔二〕，殿前都指揮使郭杲言：「每遇金國使人赴闕，例 32 于三司輪差伴射官屬。竊詳軍中使臣自辛巳歲至今僅四十年，日漸消磨，見存者往往年邁，筋力向衰，拖(韁)〔彊〕習射，已非所宜。目即諸軍隊將、訓諫官，其間有人物魁偉、正當壯歲、可習武藝者，拘礙白身，不能應選。乞今後合差伴射官，如兵將官內闕人，不以

〔一〕按，此亦指淳熙十五年。《宋史》卷三五《孝宗紀》三：淳熙十五年二月「癸巳(二十七日)，遣京鏜等使金報謝。」與此條所述相合，唯日分不同，疑此之「十八日」當作「二十八日」。

〔二〕紹熙五年：按此條及以下三條是紹熙五年事。此條稱郭杲爲殿前都指揮使，正是在紹熙五年，見《宋史》卷三七《寧宗紀》一。「十六日」條稱「啓攢」，指紹熙五年十一月權攢孝宗於永阜陵，亦見《宋史》卷三七《寧宗紀》一。「二十一日」條稱王啓爲金國賀登寶位使，乃賀寧宗登位，與《金史》卷一〇《章宗紀》二載明章五年(按，即宋紹熙五年)閏十月「以河東南、北提刑使王啓等爲賀宋主即位使」吻合。「二十二日」條言「孝宗皇帝祔廟」，據《宋史・寧宗紀》，亦爲紹熙五年閏十月事。

有無官序通選。如或射中，與特補一官資，不惟軍士知有取進之路，又且激昂材藝，得以應選，仰副國家蒐擇(偏)〔偏〕禪之意。」從之。

十六日，禮部、閤門、太常寺言：「國朝典故，啓攢前三日至祔廟，皇帝並前殿不坐。將來賀登寶位使人到闕，依孝宗淳熙十五年賀正旦人使到闕，于垂拱殿東楹引見。今來賀登寶位使人朝見，已降指揮，皇帝御後殿引授書朝見并賜茶，候朝辭日依舊垂拱殿東楹坐賜茶等。今欲權於紫宸殿引見，其餘並從舊儀，唯不設仗。」從之。閤門條具：一、是日使人朝見，開紫宸殿門并紫宸殿兩廊及後殿兩廊放班門，令百官并使人入出，赴後殿起居朝見，賜茶。一、知閤門官已下并當祗應宣贊舍人已下、合祗應諸司官，并赴後殿後幄起居，宰執有如奏事，赴後殿後幄起居奏事。一、御後殿坐，望參官四拜起居，權免舞蹈，儀仗免排設。一、宰執、使相及使人、侍從、正任館接伴，並後殿宣坐賜茶。一、行門禁衛等於紫宸殿內隨宜排立，迎駕起居，令入內官報撥。一、使人朝見授書，止合知閤門官并當祗應宣贊舍人在後殿內，餘并出殿。33 提點一名同儀鸞司纖褥位。一、使人合賜例物，止擡兩箱過。如未盡未便事，臨時隨宜施行。

二十一日，宰執進呈館伴賀登寶位使、副黃艾等申：「北使王啓等云朝見日三節人何不賜茶酒，艾等〔言〕茶以無例。」上曰：「若用吉禮，則三節人皆賜茶酒，今以孝宗之制，故止于賜茶。使、副之外，三節人何預焉？彼不知禮例，故爾。」

二十二日，閤門、太常寺言：「今來賀正旦使人到闕入賀，係在孝宗皇帝祔廟之後，緣有已降指揮，自今後應有拜表稱賀等事，爲在至尊壽皇聖帝喪之內，並權免。欲是日免入賀，并免拜表，所有見辭、受書、赴宴、出入、觀遊、服著等，欲令所屬照應淳熙十六年賀正旦使人到闕見辭等體例施行。」從之。

〔淳熙〕十六年二月八日〔一〕，盱眙軍申，金國報哀使、副取二月二十五日過界。詔就差何澹、戴勳充接送伴使、副。澹先于去歲十二月差充賀金國生辰，至盱眙，金國遣使報哀，就改命焉。

同日，禮部太常寺言：「何澹、戴勳充接送伴使、副，所有衣帶自合純吉。金國使、副如繫黑帶，聽從其便。帷幕用紫。沿路賜宴如堅辭不肯赴座，並令折賜。」既而權禮部侍郎尤袤等續行參酌，接送伴使、副與金國使、副初接見日，合依典故權服公服，黑帶，佩魚。以後沿路相見，其接伴使、副自合純吉服。從之。

十二日，詔差中書舍人羅點假朝請大夫、試吏部尚書，

〔一〕淳熙：原無。按，自此條以下又爲淳熙十六年事。據《宋史》卷三五《孝宗紀》三，淳熙十五年十一月，「遣何澹賀金主生辰」；十六年「正月癸巳，金主雍（按，金世宗）殂」。此條所述即其事。

充金國報登寶位使；武功大夫、濟州防禦使、權34知閤門事、兼客省四方館事譙熙載假保信軍承宣使、知閤門事、兼（閤）客省四方館事副之。其合行事件並依紹興三十二年體例施行。自後接送館伴、正旦生辰使副借官同此。

十四日，宰執進呈差館伴使、副職位、姓名，其間依例亦具統制官。上曰：「不宜差軍中官，此輩素不知書，不閑儀矩，一旦差充此等職事，往往旋去習學，徒爲可笑。又使餘人互相倣傚，盡廢武藝而從事于此，甚非穩便。今後切不須差。」

十五日，詔差起居舍人諸葛廷瑞假翰林學士承旨、朝請大夫、知制誥兼侍讀，充弔祭金國使；皇叔太子右內率府副率趙不慢假鄂州觀察使、左武衛上將軍副之；祕書郎劉崇之假朝散大夫、起居舍人、兼史館修撰，充金國讀祭文官。其合行事件，依正旦體例施行。既而崇之言：「使、副除隨行人外，有三節人從分掌稟座，是以不至失事。今既不許增創，所有合用應辦掌管人數，乞就見差三節人內分撥祗應。」從之。

二十七日，尚書省言：「金國併遣使、副，名色不一，沿路申發文字，往往差互。」詔止以第一次、第二次、第三次之類稱呼。

二十八日，太常寺言：「諸葛廷瑞等過界服着等，今討論于典故即無該載，所有使、副等過界合服所借本品服。仍乞準備紅鞓黑帶、黑鞓黑帶，候到金國弔祭，令使、副等審度服繫施行。」從之。

三月六日，詔國子祭酒沈揆假端明殿學士、中大夫、提舉中太一（官）〔宮〕、35兼侍讀，差充賀金國登寶位使；武功大夫、吉州刺史、權知閤門事、兼客省四方館事、幹辦皇城司韓侂冑假安慶軍承宣使、知閤門事、兼客省四方館事副之。

九日，詔：「訪聞平江、鎮江府等處，賜金國使人御筵多不整肅，冗鬧觀看。今使、副所到州軍，預報守臣差人約攔，犯人禁勘取旨。每差接送伴，令承受宣諭。」

十四日，詔：「今來使人往來頻併，沿路州縣不得饋送。如有違戾，並以贓論。」

四月十六日，接伴使張濤言：「至盱眙，見入遞文書率多淹緩。乞下浙西、淮東嚴行約束，應干涉使客文書，別立字號，依擺鋪法日行三百五十里，違者究劾。」詔兩（別）〔路〕提舉馬遞鋪官嚴行約束，毋得違戾。又言：「遞年使客往回，例於鎮江都統司及楚州出戍軍中，差步卒二百餘人，騎卒一百人，服乘小馬九十五人。州郡批支券食等數目既多，未免煩困。乞下淮東運司，照應前數減半差撥。」從之。

八月二十九日，主管往來國信所言：「金國賀登寶位人使將來到闕，契勘近奉使賀金國登位國信使、副沈揆等過北界所賜衣服例物，常例外更有別賜物數。射弓、朝辭：正使，紅錦綾羅透背等共三十五段，鞍轡馬二匹，散馬一十二匹，折絹二十四匹，雜色裹絹二十五段；副使，紅錦綾羅透背等共一十五段，鞍轡馬二匹，散馬七匹，折絹一十四匹，雜色裏絹一十段。朝辭三節人：上節銀一十兩，絹二十二匹；中節銀八兩，絹 36 一十八匹；下節銀五兩，絹一十一匹。」得旨，令國信所將別賜物段等比擬指定折賜。本所參酌比擬到，計合折銀五千三百九十兩。詔依，其銀令封樁庫日下支降。比擬折銀：正使，雜色綾羅綵絹共折三百兩，馬二匹折銀一百兩，鞍轡二副折銀二百兩；副使，雜色綾羅綵絹共折銀二百八十兩，馬二匹折銀一百兩，鞍轡二副折銀一百二十兩；都管書狀官共四人，雜色綵絹共折銀一百兩，蓋椀五副折銀一百兩；上節共七人，雜色綵絹共折銀四十兩，蓋椀二副折銀四十兩；下節共三十九人，雜色（絹綵）〔綵絹〕共折銀三十兩，蓋椀一副折銀二十兩。

十一月十四日，臣僚言：「乞降指揮，今後奉使下節軍兵，須令所差軍分揀選慣能乘馬之人，仍須先于教場中選試，取其精熟者保明差撥。其上、中節內大小使臣如準備差使、執旗、報信、小底之類，當于諸軍訓練隊將內（大小使臣如準備差使執旗報信小底之類當于諸軍訓練隊將內）選人物魁梧、鞍馬習熟者爲之。自來年賀生辰奉使爲始。」從之。

光宗紹熙元年六月八日，上宣諭：「奉使金國一行人合得一官賞，後來因人議論鐫減，自今可與復舊。三節人往返最勞，或有墜馬等使至死損，不應吝此賞格。」

十三日，臣僚言：「朝廷所差使、副一行事務，委任甚重。至若國信所人不過使之往來商議，皇城司人不過使之機察事宜而已，初非有所假借，使之得 37 以誰何使、副也。此曹合而爲一，自作威福，不容鈐制。其入國者，往往又于過界之後妄生事端，或于其間反行挑撥，恐動使、副，及沿路恐喝監司、州縣，多受鈔物。乞自今應接伴入國使、副及一行官屬事務，許其從實機察。萬一國信所與皇城司人不遵繩檢，犯今來約束，非理求取批借，及如臣前所陳，亦許使、副具名聞奏，庶幾事體兩全。」從之。

十月二十八日，皇子嘉王府翊善黃裳等言：「送伴至揚州，收金國禮信所牒一件，及本所回牒照會，却云牒內不合書寫年號，不肯收受。據北引接齎到公案內，有本朝送伴所回牒，果是無年號，遂牒會到盱眙軍，遇與泗州公文往來，並寫年號，猶執前說。至盱眙軍，臨行方肯收接。照得所差行司緣無正闕，往往多是在外浮泛之人充應，是致乖誤。乞今後正差行司二名，却于合（將差）〔差將〕校內損減人數。仍于曾充行司、慣熟諳曉行移人內選差。」詔國信所今後同接送伴使、副，將行司吏人公共選擇差撥。

二年正月三十日，盱眙軍奏，金國事故，使、副取二月初四日過界。詔就差蘇山、劉詢充金國報哀接送伴，其合用都轄等，並于三節人內就差。合行事件，仰國信所日下照例開具，申三省、樞密院。山等係賀金國正旦，回程年例合至正月三十日到盱眙軍，三省檢舉，故有是命。

二月三日，詔户部郎中宋之瑞假朝請大夫、試禮部尚書，差充弔祭金國使；閤(問)〔門〕38宣贊舍人、點檢閤門簿書公事、充宣詞令趙嗣祖假嚴州觀察使、左衛上將軍副之；祕書郎兼權倉部郎官王叔簡假朝奉大夫、守太常少卿、兼史館修撰，充讀祭文官。既而叔簡言合用公使從物、乘馬、張蓋等，既比使、副一體，所有乘座舟船，㪺立黃旗，乞行下所屬製造。從之。

四月十一日，保靜軍承宣使、提舉佑神觀鄭興裔〔言〕：「逐年奉使(全)〔金〕國及接送伴使副，賜宴中使回程經過揚州瓜洲鎮，渡江所用般剥人夫，每次不下二千餘人。乞劄下揚州，自今接、送伴除與北使同行聽從差夫外，所有奉使金國回程，止乞差夫一千人，送伴使、副回程差夫八百人，賜宴中使回程差夫二百人。庶幾約定人數，不致泛差。」從之。

九月二十五日，差充賀金國正旦國信使黃由、副使張宗益，照得「由」字係犯金國名諱偏傍，「宗」字係犯金國名諱，合行回避。詔黃由時暫改名申，張宗益除去「宗」字，並候事畢日依舊。

三年三月二十一日，進呈黃由等劄子：「昨充賀正旦使、副，乞奏對。」上曰：「兩人都教引見，要詢問北界事。」留正等奏：「張宗益前日過對境，煞疏脱，爲虜人所輕。」上曰：「只爲是張子蓋之子，前日差他去，却如此。所以遣邏者之意，正爲要伺察此等事，全不奏來。宗益更與外任，邏者亦須懲治。」

五年六月十二日，詔：「大行至尊壽皇聖帝六月九日陞遐，梓宮發引在十月之後，九月七日本國皇帝生辰，仰盱眙軍關39報對境，權免遣使一次。」

寧宗慶元元年正月九日，宰執余端禮等言：「虜使移剌敏等必欲求竹牛角，館伴使、副孫逢吉等執不與之，此意亦是。」上曰：「聞渠虜主甚欲得此，與之亦未害，但恐後來源源不絶尔。」

〔紹熙五年〕十二月十日〔一〕，尚書省言：「金國賀正旦使人，緣在哲文神武成孝皇帝未祔廟前已降指揮，令接伴使、副諭使人免賜幡勝，優與折支本色，就所至州軍照數兑支，日後却令所屬撥還。照得賀登寶位使人合賜幡勝，內侍省未曾差官。」詔令户部據合用金銀兩數付內侍省所差官前去給賜。使、副二人各純金幡勝一副，各重一兩五分，各折金二兩。上節一十一人并接伴使、副二人，各渾金鍍銀幡勝一副，各重六錢，鍍金五分，各折銀一兩半。中節一十四人，下節三十九人，各閒金鍍銀幡勝一副，各重五錢八分，鍍金三分，各折銀一兩。

二十六日，送伴使章穎、副使李孝純言：「送伴金國賀登寶位人使至前路，必遇歲元。昨來金國賀天申、會慶、重

〔一〕紹熙五年：原無。按此條及下條置於「二月三日」條之前，月序顛倒。實則此二條皆是紹熙五年十二月事，因文中有金國賀正旦使，又有賀登寶位使，據《金史》卷六二《交聘表》下及《宋史》卷三七《寧宗紀》一，此二使乃是紹熙五年閏十月、十一月所遣，十二月至宋，非慶元元年十二月事。因補。

明聖節，往回途中該遇端午、冬至、重陽節，各差天使賜使人節儀。今來前路使人該遇歲元節，未知合與不合降賜。」詔依冬至例給賜，其合用絹于所至州軍代支，却令户部依數撥還。仍令押御筵官就賜使、副二人各生白絹五十匹，都管二人各生白絹一十二匹，書狀官二人各生白絹一十二匹，上節七人各生白絹八匹，中節一十四人各生白絹五匹，下節【40】三十九人各生白絹三匹。

〔慶元元年〕二月三日〔一〕，右丞相趙汝愚等言：「竊惟行人之官，責任甚重，欲求稱職，必在擇人。人固須才，事當有據。嘗考《周禮》，行人之職掌賓客之禮儀。名位尊卑，皆有禮籍；禮俗政事，自爲一書。神宗皇帝嘗以〔遼〕國和好〔二〕，盟誓聘使、禮幣儀式皆無攷據，始命蘇頌修成一書，名曰《華夷魯衛録》。今兩國通好，姑務息民，凡所遣之使人，皆是臨時選擇〔三〕，事非素習，初非世官，禮或有疑，責成吏手。安危所繫〔四〕，事體非輕。乞特命儒士，自隆興以後，聘使往來之禮，吉凶慶弔之儀，編類成篇，以爲準式，使已用之文粲然可覩，後來之事酌之而行，可以息爭端，可以定疑慮。今後遇遣國信使、副及接送、館伴，各授一編，使之檢用，誠非小補。」詔令樞密院承旨、編修司共同編類。

十一日，詔：「奉使金國，並不許辟差見任知縣、縣令充上、中節人數，許本路監司、守臣劾奏。有已差人更不推賞。」先是，臣僚言：「乞自今後考試官並不許差知縣，立爲定制。勘會近來諸縣知縣、縣令夤緣干請辟差，充奉使所差遣。自被差至回程，動經數月，妨廢職事。」故有是命。

六月二十九日，臣僚言：「銅錢透漏，法禁不行。今朝廷見議兩淮鐵錢，未有成説，雖鐵錢不得過江，而銅錢過淮常自若也。每歲使人出疆，一行隨從頗衆，誰不將帶銅錢而往，不知幾年于此矣。此而不禁，法令何繇可行！欲乞自今次遣使，重立罪賞，互相覺察，【41】委自使、副糾舉，不得容情隱庇。如有犯者，不問是何名色人，必行無赦。若所遣三節人從過界，並無銅錢與彼交易，亦使知本朝法制加嚴，不同曩日，誠立國之所先。乞賜處分。」詔令户、刑部檢坐見行條法指揮，申嚴行下。今後使、副到盱眙軍，臨期責令排軍，將三節官屬、人從隨行衣籠逐一搜檢，有無將帶銅錢，具申使、副。其排軍衣籠却令都轄檢察，如有違戾，依法施行。

八月二十六日，詔：「瑞慶聖節賀生辰人使到闕，係在孝宗皇帝小祥之後，使人見辭並設淡黃幄，百官、使人幕次陳設並用紫色。」以禮部、太常寺檢會淳熙十五年十月會慶

〔一〕慶元元年：原無。按，下言「右丞相趙汝愚」，據《宋史》卷二一三《宰輔表》四，趙汝愚以紹熙五年八月除右丞相，慶元元年二月二十二日戊寅罷，則此「二月三日」必是慶元元年。因補。
〔二〕遼：原作「僚」，據《歷代名臣奏議》卷一二〇改。
〔三〕皆：原作「此」，據《歷代名臣奏議》卷一二〇改。
〔四〕繫：原作「擊」，據《歷代名臣奏議》卷一二〇改。

聖節在高宗皇帝小祥之後典禮，故有是詔。

三年十月二十八日，知臨安府趙師羼奏：「本府年例合造奉使金國三節官屬紫羅衫，共計七十二領，其色皆拘前例變染成緋，謂之番紫。竊見曩歲虜使到闕，皆服緋色紫衣，中國之人互相倣傚。近年以來，虜介到國，使、副以下皆是深紫公裳窄衫，側聞本朝遣使出疆，虜庭官僚亦皆深紫之衣，而本朝使屬却衣番紫之服。況沿路衣著不禁風日，顔色昏淡，觀瞻之間，甚繫國體。乞劄下以憑遵守，逐急染造施行。」從之。

四年正月二十九日，主管侍衛步軍司張國珍言：「昨準指揮，今後奉使入國下節軍兵，令殿前、馬步軍司排定，一軍一將，輪差有職名家口、無過犯人充，不得差已經入國人。自承上件指揮，至 42 今二十年，諸軍屢經選差，目即雖未經入國，有職名軍兵數亦不多。其間又有年貌衰瘁或身材矮小，不中選者，若行備數差撥，誠恐有輕國體。乞下殿前、步軍司，今後若是有職名軍兵差撥不敷，許于白身效用內通行選差人物魁梧、善鞍馬、有家口、無過犯、不曾入國人前去，非惟軍校溥霑恩霈，抑亦增重國威。」從之。

五年二月十日，臣僚言：「竊見國家遣使，其間三節官屬合六十人，內下節一十六人，係于三衙輪差官兵，自餘悉聽使、副踏逐指差。其在選中者，不過爲轉官資、理實歷之計，悠悠往來，他不暇顧。行之既久，玩弛滋甚。今乞將三節官屬除都轄、書狀官、掌儀、引接儀範并使副親隨、守宅並從舊例差充外，其餘自上節至控攏，盡乞于軍中令統軍官精擇官軍自三十歲以上至五（以）〔十〕歲以下之人，使充其選。仍乞申嚴指揮，已差者不許再差，革其玩習之弊。」詔除都轄、書狀官、禮物官、書表司、引接、醫官、指使、國信所指使、親屬、親隨、職員、小底、準備差使、譯語、親事官、親從、控攏並依舊例差撥外，其執旗、報信二員，令三衙主帥選擇軍中有心力、諳曉事務、可以倚仗有官人各二十人，轉資軍兵二十六人。令三衙主帥于諸軍選擇（疆）〔彊〕壯有心力軍兵各一百人，並自指揮下日，限十日保明申三省、樞密院籍記姓名，遇差奉使日，聽候朝廷點差，候差足日再行選擇。

四月七日，新知温州毛憲 43 奏：「仰惟國家中興以來，偃兵息民，兩國聘使來往，歲以爲常。竊見浙河牽挽人使舟船率用百姓，而淮河則用兵卒，使之歲有挽牽役使之勞。夫兵皆吾兵也，民皆吾民也，當卹於淮，獨不當卹乎浙乎！兵可用於淮，獨不可用於浙乎！乞行下兩浙轉運司，令浙西沿路州縣遇兩國聘使及接送伴來往，並照淮河體例，止以兵卒牽挽舟船，却將每歲所給百姓雇直支犒，不得容令減剋。」從之。

十月十六日，詔：「金國賀生辰使僕散琦爲患，可免朝見，仍令宣醫。所有朝見持書等，令副使張汝猷代僕散琦行禮[一]。」

[一] 僕：原作「璞」，據前文改。

六年八月九日，尚書省言：「勘會大行聖安壽仁太上皇帝八月八日陞遐，見行差官告哀，緣將來梓宮發引在本國皇帝生辰之後。」詔令盱眙軍關報對境，欲權免賀生辰遣使一次。

十一日，奉使金國告哀使吳旴言〔一〕：「副使林可大旬日而前，因感冒醫療，稍獲安愈，緣傷動（冒）〔胃〕氣，遂得嘔噦之疾，疾勢日增，竊恐臨時取接，或未痊安。」詔令盱眙軍差官醫治，如病勢增重，不能過界，即就差揚州鈐轄岳松假廣州觀察使、知閤門事、兼客省四方館事副之。

十一月一日，禮部、太常寺言：「金國弔慰祭奠使、副到闕，緣皇帝見在大行聖安壽仁太上皇帝服制之內，所有行禮見辭日，欲依淳熙十五年、紹（興）〔熙〕五年禮例，皇帝服衰絰，宰執以下合赴立班官并應奉官、引班人依昨來小祥禮畢禮例，服布幞頭、布襴 44 衫、腰絰、布袴，俟班退易常服、黑帶。」從之。

嘉定元年正月二十二日，詔起居郎許奕〔二〕、閤門舍人吳衡差充通問金國使、副。既而改作通謝，許奕假朝議大夫、試禮部尚書、吳興郡開國侯、食邑一千户、實封一佰户、賜紫金魚袋，吳衡假福州觀察使、右武衛上將軍、永康郡開國伯、食邑七百户。

九月二十一日，臣僚言：「今後使人到闕，應干科買之物，照時直隨精粗定價，隨即支還，毋致稽緩。經從州軍收買使人合用之物，從寔酬價，以時支還。自餘往來饋送等費，乞嚴行約束。如往來沿流牽擔之夫，動以千百計，官司雖量給口食，然束散多不以時，其間未免減剋，每遇冬寒，多有凍餓至斃者。乞下所屬，務令優給，不得縱令減剋。」從之。

十二月八日，詔：「賀金國正旦使曾從龍、副使葉漴日下回程，接伴使徐邦憲、副使鄭盡令就揚州聽候指揮。」以盱眙軍繳泗州牒報，金國大行皇帝升遐，梓宫猶在攢殿，山陵未畢，難議受賀故也。

二年十月十七日，館伴金國賀生辰使章穎、副使董世雄言：「館伴使人在稅亭茶酒間，有北引接閤河等云：『昨日赤岸御筵，傳爾免樂，甚荷周旋。今日到館，國信來時得朝省處分，緣皇帝見居心喪，館中應御筵宴並告免聽樂，止賜花，免插戴。殿庭禮數爲係貴朝皇帝生辰，不敢不聽樂，止受賜花，免插戴。』乞詳酌指揮施行。」從之。既而三年賀歲元禮，館伴使劉榘、副使王斌亦同 45 此請。

三年十月十七日，接送伴金國賀生辰使副李洪、李謙同班内殿奏事，洪等出劄子奏：「向來陛辭之時，恭奉聖旨，令歸日具江淮風物、民間利病奏聞。」上曰：「曾令具江淮風物、民間利病。」洪等對展劄子奏陳訖，聖上再三首肯。上又問：「使人別無生事否？」洪等奏云：「徒單鎬等沿途

〔一〕旴：原作「盱」，據《宋史》卷三七《寧宗紀》一改。
〔二〕奕：原作「欒」，據《宋史》卷三九《寧宗紀》三改。下同。

執禮，直是恭順。」（以上《永樂大典》卷一三三二七）

館伴使

真宗景德(元)〔二〕年十月〔一〕，以屯田員外郎、權判三司勾院杜夢證假衛尉卿，侍禁、閤門祇候康宗元假西上閤門副使，接伴契丹賀承天節使，迴日充送伴使。復以鹽鐵判官、殿中丞、直史館樂黃目假司農卿接伴，代夢證。

十一月，命翰林學士李宗諤、東上閤門使曹利用充在京接伴契丹賀承天節使。時已命樂黃目、康宗元詣雄州接伴，使回日充送伴使。又命群(收)〔牧〕判官、著作(左)〔佐〕郎王(曉)〔曙〕假開封府推官、吏部郎中，俟契丹使至，持知府張雍書禮迎勞于郊。及還，又命屯田員外郎、權判三司勾院杜夢證假檢校祕書少監、開封少尹餞于上德橋。自後皆以府判官假少尹爲餞送〔二〕，推官假判官、郎中爲接迓，不復命他官。

二十日，詔接伴使、副李宗諤等逐日入朝起居，令于北朝人使前先起居，於東面立，令使人起居。

大中祥符元年六月，以都官員外郎孫奭假祕書少監使契丹〔三〕，諭以將有事於泰山也。

二年二月六日，詔：「自今契丹使有例外贈遺接伴、館伴使者，再辭不已，則 46 許納之，官給器(弊)〔幣〕爲答。」初，契丹蕭智可等至白溝河，與送伴使陳知微酌酒爲別，遣舍利以所乘馬遺知微，又以二馬至，令自擇之，知微固辭不受。朝廷務懷遠俗，故有是命。

十二月十二日，詔：「自今館伴使所得馬，官給其直，副使半之。」初，契丹使與館伴使有私覿馬，悉輸官，而答禮皆己物〔四〕，至是晁迥上言故也〔五〕。

是月，差太常博士、集賢校理張象中假太常少卿，侍禁、閤門祇候薛貽假引進使，接伴契丹告哀使，仍馳驛以往。又命户部郎中、知制誥李維假左諫議大夫，洎曹利用館伴之。以其國母蕭氏卒。

仁宗天聖三年九月六日，起復户部郎中、知制誥夏竦言：「蒙差充契丹使，臣父往年與契丹鬬敵，没於王事，義難以行。」許之。

十六日，殿中侍御史張億言：「蒙差接伴契丹使，竊緣億名犯北朝諱，未審避與不避。」詔以程琳代之。其後韓億充使，遂令權改名意，王克明接伴，亦權名克用。

四月十二日，接伴使孔道輔言〔六〕：「北中並知兩制臣

〔一〕二年：原作「元年」，據《長編》卷六一改。《古今事文類聚》遺集卷九、《記纂淵海》卷三三引《會要》，杜夢證、康宗元充接伴使亦在景德二年。
〔二〕送：原脱，據《長編》卷六一補。
〔三〕孫：原作「係」，據《長編》卷六九改。
〔四〕物：原作「拘」，據《長編》卷七二改。
〔五〕晁迥：原作「見迴」，據《長編》卷七二改。
〔六〕道：原作「通」，據《宋史》卷二九七《孔道輔傳》改。

僚之數，欲乞假〔言〕〔官〕外，各令兼帶本職。」從之。慶曆詔：奉使、接送伴燕會〔一〕，毋過飲酒，語言務存大體，仍委使、副遞相覺察。

正旦使 生辰使附

太宗太平〔國興〕〔興國〕二年十一月，命監察御史李濆假太府卿，閤門祗候鄭偉假右千牛衛將軍，爲契丹正旦使。三年五月，命左補闕李吉假司農卿使契丹〔二〕，通事舍人薛文寶假西上閤門使副之〔三〕。十一月，命供奉官、閤門祗 47 候吳元載假西上閤門使〔四〕，太常寺太祝毋賓古假右贊善大夫〔五〕，爲契丹賀正使。

真宗景德二年二月二十五日，命開封府推官、太子中允、直集賢院孫僅假金紫光禄大夫、檢校左僕射、衛尉卿、上柱國、樂安郡開國侯、食邑一千二百户，爲契丹國母生辰使；右侍禁、閤門祗候康宗元假西上閤門副使、〔紫金〕〔金紫〕光禄大夫、檢校兵部尚書、兼御史大夫、上柱國、東平郡開國侯、食邑一千户副之。

是冬，遣太常博士周漸假太府卿，右侍禁、閤門祗候郭盛假西上閤門使，爲契丹國主生辰使。職方郎中、直昭文館韓國華假祕書丞，衣庫副使焦守〔守〕節假西上閤門使，爲契丹國母正旦使。秘書丞張若谷假將作監，内殿崇班郭允恭假引見副使，爲國主正旦使。自是歲以爲常。

十月，命殿直曹利用爲閤門祗候，假崇儀副使使契丹。澶淵之役，朝廷姑務休息兵民，故復遣使講好焉。

三年十一月，開封府判官、太子中允、直集賢院孫僅假衛尉卿，接伴契丹賀正旦使。以陳若拙談詞鄙近，代之。

祭奠使

仁宗嘉祐三年正月，契丹國母蕭氏卒〔六〕，遣侍御史朱處約假左諫議大夫，爲祭奠使，宮苑使、惠州刺史潘若冲副之〔七〕。三司度支判官、兵部員外郎、集賢校理李中師假左諫議大夫爲弔慰使〔八〕，六宅副使雍規假六宅使、榮州刺史副之。

神宗元豐八年，遣留入國使、副元借行李：使副，皂鞍

〔一〕燕：原作「兼」，據《記纂淵海》卷三三改。

〔二〕李吉：《宋史》卷四《太宗紀》一作「李從吉」。

〔三〕「文」原作「使」，「之」原無，並據《長編》卷一九改補。

〔四〕元：原無，據《長編》卷一九補。

〔五〕毋賓古：原作「毋賓右」，據《長編》卷一九、《宋史》卷二五七《吳元載傳》改。

〔六〕國：原無，據《長編》卷一八七補。

〔七〕潘：原作「藩」，據《長編》卷一八七改。

〔八〕李中師：原作「李師中」，據《長編》卷一八七改。李中師、李師中二人同時，《宋史》皆有傳。李中師慶曆末以陳執中薦爲集賢校理（見《長編》卷一六七），李師中傳則未載曾爲集賢校理。

48 韉、青結絲鞍複、黑鞓、犀腰帶、青襴、素額、繳襆、青純幕、青絹坐褥子、白成銀香合、香匙、全白成銀交椅、小罐子、手中筒；三節人從、青筯點錦絡縫衣服、青筯點錦簷帽子、皂鞓、角腰束帶。俟禫除即從吉服，使、副只繫黑帶，去魚袋，打青繖，乘皂鞍韉，仍去猘座。舞蹈即從常儀，服窄衣、黑鞓、角帶。其馬纓徹去。三節人從並服紫衫、黑帶。

〔紹興二十九年〕十〔二〕〔一〕月七日〔一〕，詔左太中大夫、參知政事賀允中充皇太后遺留使，保信軍節度使、領閤門事、兼客省四方館事、提點皇城司鄭藻副之。

二十九日〔二〕，三省、樞密院言：「擬到今後遣使三節人格例：常使合差二十四人，文武臣通差。泛使如非執政官與此同。今欲止許使、副通差文臣六人，餘差武臣校、副尉、下班祗應，其轉〔官〕、支賜依見前條格。泛使係執政官二十八人，文武臣通差。今欲止許使、副通差文臣八人，餘差武臣校、副尉、下班祗應。上節恩數依舊，中節轉一官，與回日添差遣，下節轉一官資。以上並不許〔並〕〔差〕承議郎以上并行在職事官。合差人並差正身，不得充代。內引節、禮物官、書表司，乞踏逐慣熟無官人者，聽與破本等支賜及承信郎請給。其恩例候有名目日收使，仍不得過〔人三〕〔三人〕。」從之。

三十年正月十八日，詔：「今後奉使金國使、副，不以兩府、侍從，過界後並只合依常例坐車馬，不得妄於例外索覓轎子前去。今盱眙軍遵守施行。」

二十四日，詔左朝奉大夫、守宗正少 49 卿金安節，武翼郎、帶御器械韓俁，各特降兩官。以送伴不職故也。

治平四年六月二十三日，送伴北朝弔慰使王瓘等言：「今後館伴、接送并入國使、副，如北使例外送到微少麝香等，乞令逐番使副自備茶菓、紙筆、香藥之類回答。」從之。

祈請使　通問使

建炎中興，未和則有祈請使、通問使。建炎元年，遣傅雱爲祈請使〔三〕，王倫爲通問使。

報謝使

（嘉祐八年）〔紹興三十年〕二月十一日〔四〕，詔左中大夫、同知樞密院事葉義問充金國報謝使，右武大夫、和州防禦使、知閤門事、兼客省四方館事劉允升假崇信軍節度使副〔之〕。（以上《永樂大典》卷一三三二七）

〔一〕「紹興二十九年」原無，「十一月」原作「十二月」，據《宋史》卷三一《高宗紀》八補改。
〔二〕按，以下三條非事述祭奠使。
〔三〕雱：原作「雩」，據《中興小紀》卷一改。
〔四〕紹興三十年：原作「嘉祐八年」，據《宋史》卷三一《高宗紀》八改。

宋會要輯稿　職官五二

奉使

【宋會要】

❶淳熙元年正月七日，詔：「自今大金使人如欲蹉程到賜御筵州府，值國忌日分，與依奉使入國體例受賜訖，免赴坐。」

四月十九日，詔：「自今奉使所差三節人內，下節四十人，令樞密院於三衙并皇城司等處選差。」

五月十八日，國信所言：「今來報聘禮物、私覿比之生辰增倍，道由楚州至盱眙軍，沿淮一帶合差防護官兵，欲下武鋒軍增一百人。」從之。

九月十日，閤門言：「金人賀會慶聖節使姓名並犯廟諱，所有姓依例改『元』字，名欲改『尚』字，乞作元顔尚宣班。」從之。

二年正月一日，端明殿學士、朝請郎、簽書樞密院事李彦穎言：「昨充接送館伴，借朝請大夫，今來入驛押伴御筵，乞權以元借官繫銜。」從之。

四年八月十八日，詔：「應接送館伴奉使所（以）移文字，並依舊以大金稱呼。」先是，臣僚言：「《春秋》（寫）〔寓〕褒貶於一字，於夷夏之際，尤致其嚴。夷狄雖彊，不可有加於中國。今使介之往，姑以大金名之；若有司行移，止當稱金國。」已而復有是詔。

五年三月十三日，樞密院言：「吏部乞自今差奉使金國正旦、生辰使副并三節人從，合得酬賞並與減三年磨勘。内下節軍兵依（析）〔折〕資法，比類支錢。其使、副下合差引接儀範二人，令六曹於書令（吏）〔史〕已上選差謹行止、有心力人籍定姓名，每次（輸）〔輪〕差二人，發赴奉使所祗應。仍前兩月牒送國信所閲習儀範。館伴、接❷送伴下引接依此差撥。」從之。

四月十一日，詔：「起居舍人趙思奉使應答依違，降兩官放罷。」

十二月二（日）〔十〕二日，詔：「自今伴射官伴射日，依後殿環衛服色。」

六年十月三日，詔：「使人到闕，伴射官自今可於殿前司、馬軍司通輪，保明選差。」

二十四日，詔：「自今賀大金正旦使、副，起發日分用十一月九日。」

七年八月十一日，詔：「自今接送伴金國使人回，添差都轄一員、八廂二人更不差撥。」先是，四年差置，往回機察使人舟船，至是罷之。

十二月二日，殿前司奏：「具到三司輪差上、中、下節人年分，及本司諸軍差撥資次，以後周而復始。」詔三衙依此。先是，詔每歲奉使選差上、中節人不足，具數申達，下三司揍數差撥故也。

九日，詔：「已降指揮，奉使下醫官一員更不差撥，令六曹、寺監通輪選揀能寫字人吏一員充中節，隨逐使、副專一書寫表章等祗應。」

九年三月二十一日，詔：「自今奉使金國上節内醫官一員，令翰林醫官局將在局大方脈醫官依資次籍定姓名，申樞密院輪差。」先是，令吏部於大小使臣内差撥承代名色，故有是詔。

十月七日，詔：「自今人使到闕，伴射官自人使朝見前十日，令權綴馬步軍班起居侍立。」

十年八月二十七日，詔：「自今奉使禮物官，令吏部差有出身選人一名，其親從二名許使、副自差。」

十一月二日，詔：「自今奉使親隨二員，願差無官人者聽。」

十二月十六日，詔[3]：「殿前司前軍步軍第一正將杜贇行門換授，從軍日久，令部轄奉使下節軍兵。」先是，吏部申奉使金國合差上、中節，於吏部籍定名次大小使臣内差，數内却有係軍班出身，面刺軍號。有旨，諸軍班換授人免差。已而杜贇自言雖係行門換授，從軍一十二年，與到部軍班事體不同，故有是命。

十二年十二月八日，大理少卿、充賀金國生辰國信使章森言：「去歲被命出（彊）〔疆〕，蒙宣賜笏、帶、鞍馬及支賜銀絹，緣不曾過界，乞賜繳納。奉旨特免回納。今者復令將命，所有舊例給賜等物，乞行寢免。」詔除笏、帶、鞍馬已經賜外，銀絹特減半支給，不許辭免。

十四年二月十三日，詔：「訪聞今次賀金國正旦使、副下三節官屬内，劉孝榮、李九齡、李巽、馬守中、劉宗彦，下節軍兵劉興、張勝，在北界争奪車仗及使酒喧鬧，違犯約束，特將逐人回程所得成半恩賞折資錢更不施行。」

三月十七日，中書舍人李巘言：「每歲奉使出（彊）〔疆〕，回至瓜（州）〔洲〕，别無禮物及公家利害物件，乃用夫脚一千八百人，關閉累日，於民深害。乞下淮南所屬，特減一半。」詔令揚州斟量合用脚夫差撥，不得過數科擾。

十月九日，禮部、太常寺、國信所言：「大行太上皇帝升遐，其金國賀會慶聖節使人沿路至赤岸御筵會食，並免坐折賜，供張並用素。使人受賜并謝恩，止合拜，免舞蹈。接伴使、副遇遺詔到日舉哀，仍諭使人以遭變之意。成服三日内，並免[4]相見，以後止服黑帶，去金魚，用皂鞍韉，去狨座。」從之。又言：「館伴相見并朝見、朝辭服色，雖係在服制之内，緣係館伴，乞權服常服、黑帶，去金魚，并用皂鞍韉，去狨座。」從之。

同日，詔：「將作監韋璞假敷文閣學士、提舉醴泉觀、兼侍讀，充奉使金國告哀使；高州刺史、閤門舍人、皇太子宫同主管左右春坊事姜特立假鄂州觀察使、左衛上將軍副之。應干合行事件，依正旦使、副體例施行。」禮部、太常寺、國信所言：「告哀使、副并三節人從合服衣帶、鞍韉等，照應紹興二十九年十月一日所降指揮，大祥内服布幞頭、襴衫、布袴、腰絰、布涼傘、〔皂〕鞍韉。若在禫祭内，服素紗軟脚幞頭、黪色公服、黑鞓、犀帶、青韉、皂鞍韉。俟禫除，即從吉服，仍只繫黑帶，去魚，涼繖、鞍韉並從制，仍去座。三節人衣紫衫、黑帶。並不聽樂，不射弓弩。候過界，聽使、副審度，隨宜改易服用。」詔使、副并三節人從過界合服衣帶、鞍韉等，並製造兩副，審度服用。遺留使、副合服衣帶、鞍韉等同此。

十月十三日，吏部尚書蕭燧等言：「今來金國賀會慶節人使到闕，雖與明道二年故事相類，緣目今車駕見留德壽宮喪次，兼已降指揮百官免上壽，恐難以引見人使。如人使必欲朝見，却乞用明道故事，小祥二日後，於二十三日只就德壽宮素幄引見，庶合上項典故。」從之。於是卒不引見。先是，三省、樞密院言：「累日熟議人使入見事，蓋以適逢變禮，頗難區處。5 謹按國朝故事，惟明道二年三月甲午章獻明肅皇后上僊，四月丙午小祥，後二日戊申，仁宗衰服，始聽政於崇政西廡。是日對契丹賀乾元使、副，又明日聖節，罷上壽。今來月日偶亦相類，但緣當係在禁庭，乃爲常禮。今陛下見留德壽宮喪次，若歸而引見人使，或慮彼以爲疑。乞令侍從、臺諫、禮官同議，貴得其當。」已而燧等議上，迺從其請。

二十一日，詔：「權禮部侍郎顔師魯假户部尚書，充太上皇帝遺留金國信使；武翼郎、前權發遣盱眙軍高震假福州觀察使、知閤門事、兼客省四方館事副之。應干合行事件，依正旦使、副體例施行。」十一月六日〔一〕，師魯等言：「遺留禮信寶物并增添禮物浩瀚，參照得紹興二十九年遺留例，係差禮物官五員，今來止有禮物官文臣一員，及步軍司差到部轄下節軍兵正將一員充上節禮物官，委是闕少官屬。欲乞吏部更差有出身官一員充上節禮物官，同共相兼掌管。其逐官支賜、請給等，依見行格例支破。兼照對每歲奉使金國正旦、生辰使副，例於兩浙、淮南轉運司各差破座船一十五隻。今來遺留寶物等，除已降指揮增添二隻外，續承十月二十五日省劄，降金器二千兩、銀器二萬兩、匹物二千匹，比之常年例係增一倍。今參照紹興二十九年遺留差破座船二十二隻，乞劄下兩浙、淮南轉運司差撥。」從之。又言：「合用私覿，照得正旦與紹興二十九年遺 6 留不同，未審合與不合依先來遺留體例。」詔令户部同所屬依紹興二十九年例數目支降。

二十五日，奉使金國告哀使韋璞等言：「檢準淳熙七年十一月二十五日指揮，每歲奉使金國，合差上、中、下節，内除部轄、引接并國信所已有定例外，更留二員聽候御前降下。今承降下劉咨一員，比之常年係少降下一員。照得起發日逼，所有(件上)〔上件〕員闕，乞令璞等辟差。」詔特許

〔一〕原稿此下另作一條。按，此與上文同是一事，不應分條，否則下文月日錯亂，因合。

辟差一次。

十一月二日，禮部、太常寺、國信所言：「檢照紹興二十九年十月三十日禮官討論，哀謝使、副并三節人若於禫除日分後過界，即合從吉服。今欲令賀正旦使、副照應上件已降指揮施行。」從之。賀金國正旦國信使萬鍾等狀：「照對使、副年例於十一月九日出門，係在釋服之外，所有服繫禮儀并三節人從服飾，乞行下遵守。又檢準國朝遣遺留使、副之類，並不聽樂，不射弓弩，至紹興三十年，始聽樂、射弓。今來雖係持賀禮，其賜宴、射弓一節，比紹興三十年事體不同。却緣自再講好以來，逐年正月三日係本朝國忌，本朝賀正旦使、副亦已赴花宴聽樂，竊慮彼界援此相彊，乞明降指揮，下禮部、太常寺、國信所討論。」而有是命。

十八日，接伴賀正旦使馮震武等言：「大行太上皇帝升遐，未有發引日分，將來接見使人禮儀，御筵、會食、遊看，服著、鞍韉、陳設等，乞明賜指（指）〔揮〕。」禮部、太常寺、國信所檢照紹興二十九年十月二十[7]一日禮官討論，接伴使、副與金國賀正旦人使相見，係在顯仁皇太后未祔廟之前，依典故合服常服、黑犀帶，不佩魚，皂鞍韉，去狨座。其賀正旦使入界，依典故逐處合依舊賜宴，唯不舉樂。十二月五日，禮官討論，賀正旦使經過州府供張，除人使宿位依故事並依舊外，所有賜宴、聚食公廳并接伴位，并用青紫。趁辦不及去處，更許隨宜審度。赤岸、班荆館、都亭驛等處依此。今來令接伴使、副參照逐項已降指揮施行。從之。

十二月十五日，吏部言：「昨奉旨，今後奉使禮物官令吏部差有出身選人一名，今來賀生辰使赴起發日近，即無有出身選人願就之人。乞特降指揮，不拘有無出身，許令通行選差一次，日後更不爲例。」從之。十五年三月，詔報謝使禮物官再許通差無出身人一次。

十五年二月十三日，詔：「紹興三十年弔祭使人回程，曾於沿路折賜見辭等金銀，今來可改作爲使人赴德壽宮行禮畢，於至日差承受就驛特賜。」

九月十四日，禮部、國信所言：「十月二十二日會慶節，雖在高宗皇帝祔廟之後，緣皇帝見服布素，羣臣未純吉服，所有接伴使副接見金國賀聖節使人禮儀、服著、鞍韉等，欲照應淳熙十五年賀正旦接伴使副體例施行。其供張並青紫。」從之。

十二月九日，詔館伴副使鄭嗣宗內「宗」字犯金國廟諱「宗堯」上一字，權改嗣昌，候回程日依舊。

十六年十二月七日，盱眙軍[8]言，泗州牒報，來歲正旦、生辰人使，彼此權罷。（以上《永樂大典》卷一三二六五）

遣使

【宋會要】

[9]建隆二年三月，太祖謂輔臣曰：「每遣使四方，多

或踰越，無王人之體，何以禁止？」對曰：「宜齊之以刑。」帝曰：「但得其人，則自然合禮，何須繩之以法邪？」

三年正月，詔教諭使臣將命出入，自今於所經州郡無故不得駐留。

開寶五年四月，遣常參官四人分往逐處相度田土苗稼，點檢採察公事：左司員外郎侯陟京東路，右贊善大夫周謂京南路，太常博士董淳京西路，太子中允劉甫英京北路。

九月五日，遣司勳員外郎和峴江南道採訪。

真宗咸平二年八月二十八日，命度支判官、兵部員外郎、直史館陳堯叟，供奉官、閤門祇候陳采，西川體量公事；户部判官、太常博士、直史館丁謂，右侍禁、閤門祇候焦守節，峽路體量公事。

九月七日，命樞密都承旨王繼英前詣鎮、定、高陽關路閱視行宫頓遞，宣慰將士。

八日，命比部員外郎、直史館洪湛，供奉官、閤門祇候韓紹輝，荆湖路體量公事。

十二月，真宗行在遣屯田郎中李蟠、比部員外郎孟元振，虞部員外郎史館檢討董元亨、秘書丞李易直、許洞，殿中丞宋革、太子中舍耿明、秘書郎董翺，齎詔馳往邢、洺、祁、趙、雄、霸、貝、冀諸州。帝諭之曰：「汝等此行可徧詣閭里，諭以朕已至此，速令復業，無或流散。」

四年八月，命直史館曾致堯、太常博士王琪、供備庫副使潘惟吉、通事舍人焦守節分往陝路提[10]舉軍器。帝諭以「巴蜀遐遠，時有寇盜，因遣使廉察風俗、官吏能否而安輯焉」。

閏十二月，帝謂宰臣曰：「河北諸州艱食之際，恐有寇攘暴起，仍發倉廩以賑貧民。若一一飛奏待報，必致稽緩，可選近臣乘傳，酌便宜從事訖以聞。」乃命知制誥梁顥、供備庫副使潘惟吉往東路，知制誥薛映、西京左藏庫使李漢贇往西路。

景德元年十二月，遣内殿崇班楊保用、供備庫副使安守忠、通事舍人焦守節、閤門祇候胡守節分詣河北東西路撫問，仍詢察官吏、將卒禦戎勳績以聞。

二年五月，遣使撫勞河北、山西採木軍士，仍優賜之。

康定二年四月五日，遣屯田員外郎劉渙直昭文館，充秦隴路招撫蕃落使。

二年九月十一日，命侍御史蕭定基、祠部員外郎集賢校理王琪分詣江南、荆湖，提舉相度制置鹽酒。

仁宗慶曆二年六月十八日，樞密副使、右諫議大夫任中師充修建北京使，翰林學士蘇紳充副使。

（三年）〔四年〕三月十一日〔一〕，命三司鹽鐵副使魚周詢、宫苑使周惟德往陝西〔二〕，相度錢寶、解鹽，定奪修水

〔一〕四年：原作「三年」，據《長編》卷一四七改。

〔二〕往：原無，據《長編》卷一四七補。

洛、結公〔三〕〔二〕城利害。

慶曆四年四月，遣集賢校理張掞往江淮、兩浙路轉運司，體問民間利害事。

十二月十三日，遣内侍盧昭度等五人分往河北、河東、陝西，撫問官吏將校。

嘉祐二年九月，命權發遣三司鹽鐵判官事雷簡夫體量辰、澧州盜賊公事。

五年六月，詔選差朝臣往諸路寬恤民力。

11 治平四年四月十九日，神宗已即位，未改元。命諸路體量安撫使：龍圖閣直學士韓維陝西路，天章閣待制陳薦河北路，天章閣待制孫永京東路，三司度支副使蘇寀京西路。並只往災傷州軍。維免，以邵亢代之。上以亢未嘗歷陝西任，以孫永代之，而差李師中往京東。

神宗熙寧二年九月二日，詔遣太子中允、權監察御史裏行王子韶往明州，體量前知州苗振在任違越事狀、前知睦州朱越治狀，仍採訪所過州軍官吏善惡、民間弊病，回日以聞。

四年正月十七日，河東轉運司言：宣撫司軍興之際，本路應副科率，極爲勞困。詔遣監察御史裏行范育乘驛體量，旋入急遞以聞。

四月二十一日，詔遣太常博士陳充往宿、亳等州體量災傷，仍令樞密院下本路修飭武備以聞。先是，手詔：「如聞宿州災傷之民非常乏食，盜賊充斥，人不安處，見禁死罪僅五百人，未獲軍賊亦不少，及所至全無武備。若不速行賑濟，必致聚爲賊盜，卒難剪滅。並不見本路奏至，可速相度。」故遣充往。

九年四月二十四日，詔：「應朝省、寺監差官出外安撫、體量、察訪及勾當公事，如有措置乖方并違法等事，監司及州郡長吏並密具事狀以聞。如有隱庇，別致發露〔一〕，量事輕重取旨。」

元豐元年正月十七日，詔遣西京左藏庫副使元日宣兩浙路，文思副使曹詔江南東路，點閱團結諸軍。

二年四月二十二日，上批：「河北 12 東路提舉官李純乞勾收諸路官司先借兑出本司錢穀，可選差精敏有風力文臣一員，兼委以勾催都水監借京東等路提舉司雇夫錢。」迺遣尚書都官員外郎潘良器催促撥還。

六月十一日，詔遣大理少卿蹇周輔往徐州鞫妖人郭進獄。

四年正月初九日，詔遣御史知雜事何正臣、幹當御藥院梁從政瀘州體量，劾韓存寶等。以韓存寶總領重兵往討小蠻，不能擒戮首惡，不候朝旨，輒自退軍，韓永式同商量，輒敢符同，故有是詔。

二月十一日，詔遣司農寺主簿李元輔往蜀中經制見在司農錢，有合行遷徙變轉，即具措置事件及契勘耗折數目

〔一〕致：原作「到」，據《長編》卷二七四改。

以聞。

十一月二十七日，詔：「聞自軍興以來〔一〕，關內人情震憚，多全室逃亡。今朝旨，其已經差夫之户更不差發，令李承之速往陝西諸路安撫告諭。民苦於調發而非軍興所急者，悉蠲之。」

六年九月二十八日，詔：「三路非泛使命除當支賜外，仍取旨別與支賜。其所至不得受饋，如違，送與受之者各徒三年。」

七年六月五日，詔：「已遣朝奉郎陳公裕往發運司刷磨見欠內藏庫錢，慮本官顧避，根究滅裂，可續遣入內供奉官謝禋同根究。」

九月二十三日，命殿中侍御史蹇序辰、尚書右司員外郎路昌衡往熙州劾李憲。以憲於熙河貪功生事故也。

哲宗元祐二年二月十二日，監察御史上官均言：「請先詔諭諸路，俟役書行半年，遣使按省，庶幾官[13]吏先事警飭。」從之。

紹聖元年九月六日，詔遣監察御史劉拯乘傳按河北東西路水災州軍，賑濟缺食人户，應合行事令條具以聞。

三年二月二十五日，詔：「三歲一次取旨，遣郎官或御史（臺）按察監司職事。」

元符三年十一月十七日，徽宗已即位，未改元。以尚書户部員外郎許幾、新荆湖北路轉運副使曾孝序分使陝西，會計措置財用。尋改命户部侍郎宇文昌齡。

十二月二十七日，臣寮言：「河北濱、棣等數州昨經河決〔二〕，連亘千里，人民孳畜没溺死者不可勝計，至今米㪷不下三四百錢，饑凍而死者相枕藉，甚可哀也。乞選官乘傳，同本路監（門）〔司〕、守令體量拯救。」從之。

崇寧元年七月二十五日，臣寮言：「去古既遠，巡狩之禮不可復也；建官立法，猶足以稽古之遺意。故漢、唐以來，有巡行之博士，直指之繡衣，觀風之八使，按察之六條，皆所以宣導德意，延問疾苦，究吏治之得失，視風俗之厚薄，其歸一也。神考熙寧中，嘗遣使察訪；哲宗紹聖中，亦復臨遣。陛下紹述先志，明目達聰，願於郎官、御史中選亮直之人巡行諸道，以興利除害，黜幽陟明。然委任之法尚輕，省察之目未備，督責之令未嚴，能否之課未立。臨遣疏數之節，入奏久近之限，參酌條目，有待今日。願明詔有司，上稽熙寧故事，下（攷）〔致〕紹聖格令，有因革於今者，纘成一代之典，昭神考稽古求治之功，廣陛下遵制崇寧之志。」詔送三省。

[14]二年八月三日，臣僚言：「紹聖詔令三歲一遣郎官、御史按察諸路監司職事。訪聞諸路監司每聞朝廷遣使，則

〔一〕軍興：原倒，據《長編》卷三二〇乙。

〔二〕棣：原無，而別注「貼黃」二小字。據《宋史》卷三五一《管師仁傳》：「師仁爲左司諫，河北濱、棣諸州歲被水患，民流未復，租賦故在，師仁請悉蠲減以綏徠之。」考其時正在徽宗即位之初。此條之「臣寮」或即指師仁。因「棣」字犯明成祖諱，《永樂大典》遂删去，注「貼黃」二字以識之，今回改。

以出巡爲名，日候于境上，蓋自來未有約束禁止，監司亦不敢輒廢。伏望特詔有司，每遣使諸路〔按〕察，本路監司不得以出巡爲名，先至界首迎候。違者以違制論。」從之。

政和七年四月二十日，詔：「入内、内侍兩省使臣被遣將命，應合破人馬所須，並依元豐舊法，其後來衝改增添事並罷。尚敢陳請，並以大不恭論。」

〔高宗建炎〕四年三月九日〔一〕，兵部員外郎馮康國等出使，陛辭，上臨遣宣諭曰：「卿等到郡縣，戒飭官吏，曉諭軍民，國家多難，彊敵侵陵，除已分遣兵將及會合諸處防遏攻討外，全藉諸路帥臣、監司、郡守、縣令敷宣詔條，奉行法令，撫恤人民，保守境土。其險隘關津防托去處，或差官軍，或集鄉社，並仰選差忠實能吏統率其衆，務要嚴静，辨認姦細，勿致透漏，仍不得乘此阻節過往，搔擾鄉村。其官吏貪暴，百姓冤抑，並許密行體訪，具詣實以聞。」

紹興二年九月二十四日，詔：「差權户部侍郎姚舜明免朝辭，三日起發，前去衡、邵、辰、沅州，將董旼招諭到曹成、馬友下將兵取見實管人數，應副沿路糧食，令建康府駐劄。恐本府錢糧未備，兼於一行有功人補授官資，道路遼遠，取索不便，如曹成等願赴行在，仰舜明同董旼疾速將帶前來。其經過去處，不得稍有搔擾。令樞密院出榜撫諭軍衆，候到駐 15 劄畢日，取指揮推恩。」先是，福建、江西、荆湖南北路安撫使司言：「使臣董旼準宣撫使司劄子，被旨前來荆湖南北路衡、邵、辰、沅州措置收集到曹成、馬友等軍馬近十萬衆，除揀放外，尚有八萬餘人，見自邵州按程進發，前去江東路宣撫使司公參使唤。所有沿路合應副事，已牒江東西轉運司，請體訪曹成等人馬久在湖廣，擾動州縣，今來招收，各便聽從改過自新，所至之處秋毫無犯。若州縣官吏更能體國愛民，公共措置錢糧橋道津遣，不致闕乏生事，則數千里皆得安業，久遠爲利。乞嚴賜指揮州縣應副。」故有是命。

【宋會要】

孝宗隆興元年六月二十三日，詔遣武畧大夫、兼閤門宣贊舍人郭昇往四川傳宣撫問吳璘，計置買馬。

十一月二十二日，詔遣右朝奉郎、大理寺丞劉敏求往潭州，同黄祖舜監納李顯忠金銀等，仍依大理寺正俞長吉差出吉州結正公事體例施行。

二年十一月十九日，詔遣胡銓往平江府、江陰軍、通、泰州，尹穡往紹興府、明州，並措置控扼海道及點檢人船。

二十二日，詔遣將作監丞韓彦古往鎮江府駐劄御前諸軍都統司計議軍事。

乾道二年九月十一日，詔遣度支郎中唐瑑、同提舉浙東常平宋藻、守臣劉孝韙往温州諸縣，遍詣被水去處按驗

〔一〕高宗建炎：原無。按前條爲政和七年事，則本條「四年」前必缺年號。考《宋史》卷二六《高宗紀》三：建炎四年三月辛亥（九日），「遣兵部員外郎馮康國等撫諭荆湖南北、廣南諸路」。正與此條合，因補。

(覆)〔覈〕實，具合賑恤事件聞奏。内劉孝韙將16州事權交割以次官。

五年八月二十七日，詔遣司農寺丞高繹往淮東西、湖廣總領所，并池州給納所及軍前等處，點檢應干椿管錢物糧米草料。

九月二十四日，詔遣右通直郎、淮西安撫司參議官許子中措置淮西山水寨民兵，并撥填忠義人耕作。

六年四月二十二日，宰執進呈皇子魏王賜夏藥，梁克家奏曰：「舊宣賜二府夏臘藥，率遣中使，後以起動州郡，止令進奏院遞賜。」上曰：「聞中使所至，州郡不無煩費。」虞允文奏曰：「爲害甚久，紹興末，諸路安撫制置使及諸軍主兵官賜皆從遞。乾道初，雖前二府亦已罷遣。今親王領藩，恐須遣中使，以示陛下恩意。」上曰：「甚善。」

九月十三日，詔遣右承務郎、軍器少監、兼權兵部郎官韓玉往建康點檢牧馬，仍以奉使軍器少監爲名。

七年正月二十日，詔遣右通直郎、大理正、兼權度支郎官單夔往江州點檢措置拘收運司錢物。

十一月十三日，詔遣右宣義郎、大理寺主簿薛季宣往淮西，同趙善俊等措置賑贍安集。

淳熙元年正月五日，遣登聞鼓院耿延年往台州，同守臣措置賑濟。

三年九月十日，分遣官往總領所點檢財賦：户部員外郎馬大同，鄂州；軍器少監、兼權吏部郎官耿延年，建康府；秘書省著作佐郎、兼權考功郎官何萬，鎮江府。

四年三月二十五日，命度支員外郎周嗣武往四川總領所點檢驅磨五年内錢物收支見在數17目，出豁開具以聞。仍考究置所以來財賦源流，并關内、關外和糴利害，條具聞奏。以奉使四川點磨錢物所爲名。先命右曹郎官謝廓然，已而改命嗣武代行，仍許辟屬官二員。

九年三月二十五日，詔遣秘書省著作郎袁樞往真、揚、和、廬州，鎮江府，將作監主簿王謙往嚴、常、徽、饒州、廣德軍，並點檢措置賑濟。

十二年五月二十五日，詔遣監都進奏院王厚之措置諸路遞角。樞密院言：「昨發文字至江陵副都統司，依條合破十日，而四十六日方到。其他往來文書，多盜拆違滯。兼訪聞諸州軍拖欠鋪兵衣糧，弊端不一。」故遣厚之措置。十一月，厚之回程，詔特轉一官。

十五年六月十九日，詔遣秘書郎、兼權倉部郎官王厚之往湖廣總領所點檢措置錢物。八月，詔厚之同湖北諸司措置存恤諸州被水人户。

九月二十七日，詔遣幹辦行在諸司審計司黄遹往江陰軍相度開濬横河。

淳熙十六年五月一日，遣監登聞鼓院許介、監行在都進奏院王定往紹興府，將五等下户和買二萬五千餘匹權住催一年，同監司、守令相度經久利便以聞。既而許介等言：「應行移、申奏朝廷等文字，乞作相度紹興府和買利便所稱呼，於禮部關借印一顆行使。合要前後臣僚及官司申請措置紹興府和買案牘，令户部降下并轉運司關借。其公吏等於内外諸處官司指名踏逐選差，並行重禄。」從之。

慶元四年十月三日，詔點檢三總領所，淮東遣大理寺主簿謝嚴，淮西司農寺 18 主簿謝大過，湖廣軍器監主簿潘子韶。各盤量樁積米。

嘉定四年十二月八日，尚書省言：「已降指揮頒行新會，下諸路監司、州軍收换第十一界、第十二界、第十三界舊會，〔所〕有新會並要作七百七十文足行使。節次指揮該載已是詳盡，監司、州縣皆當恪意奉行，尚慮循習舊來弛慢之弊，或有違戾，合議差官前往諸路州軍體訪催督。」詔差司農丞林行知前去嘉興府、平江府、常州、江陰軍、鎮江、建康府、太平州，將作監主簿丘壽雋前去紹興、慶元府、台、温、處州、建寧府，監登聞鼓院汪必進前去湖州、廣德軍、寧國府、池州、南康軍、江州、興國軍，藉田令王棐前去嚴、徽、婺、衢、信、饒州、隆興府、撫州、臨江軍、吉州，各限三日起發。監〔司〕、州縣尚有違戾去處，仰所差官開具當職官吏職位、姓名，申取朝廷指揮。所差官吏止許帶人吏二名、聽從四名，令尚書省斛量日支食錢，仍於封樁下庫以新會支給。經由州縣，並不得輒受宴會、饋送，亦不許更行批支口券。其合用兵級，於經過州縣差撥二十人使喚，逐州交替。

梁迥以閤門使使江南〔一〕，冒干貨賄，誅求無度。凡所貢時果食物，貯以金銀雜寶器者悉留，陶漆者還之。初甚毅然，不御酒食，鮮語忮强，雖承迎曲至，無以得其歡心，後主與群臣甚憂。既而厚賚貲直數十萬緡，迥大喜過望〔二〕。登舟宴樂，爲酒令，呼伶人奏《戀情歡》曲，戀戀數日不發，南中士人多笑之。（以上《永樂大典》卷一三二五六）

【宋會要】〔三〕

19 諸遣使投龍簡處，建道場三晝夜，設醮一百二十分。若遣使或差官致祭，設齋醮，所須之物並檢舉，及時辦集。若使人過有須索差擾者，隨處具奏。江南道名山：衡、廬、茅、蔣、天目、天台、會稽、四明、括蒼、縉雲、金華、大庾、武夷。《唐地志》亦云〔四〕。（以上《永樂大典》卷四〇五四）

諸使雜録

【宋會要】

〔一〕按，此條乃《大典》抄自《新雕皇朝類苑》卷七四（日本元和七年活字印本），非《會要》之文。梁迥使江南在太祖開寶七年。

〔二〕望：原作「江」，據《宋史》卷二七四《梁迥傳》改。

〔三〕此下原批：「《茅山志》。」三字寫在『亦云』下，旁注，空一格寫『寄案』云云。」又文末原批：「寄案，徐輯無年月，姑附于此。」今按，此爲屠寄所批。此條見元劉大彬《茅山志》卷三三引《宋會要》。

〔四〕此五字原作大字。按，此應是劉大彬之語，非《會要》文，因改爲小字。「唐地志」指《新唐書》卷四一《地理志》，所載江南道名山之名與此同。

[20]康定二年正月十二日，命諸路安撫使、副：翰林學士王堯臣、禮賓副使王易〔一〕，陝西路；知制誥王拱辰、西京左藏庫副使、恩州刺史馬崇正，益、梓州路；知制誥賈昌朝、閤門通事舍人徐奎，河北路；三司度支副使楊吉、西京左藏庫副使彭再問〔二〕，河東路；御史知雜張錫、内殿崇班慕容惟恭，利、夔路；侍御史論程，京東路；侍御史魚周詢，京西路；開封府判官方偕，江南東西路；施昌言，淮南路；三司判官魏兼，兩浙路；范宗傑，荆湖北路。

横班、東西班諸司使：唐制，百職皆九寺三監分典。開元中，始置諸使，其後漸增，由是寺監之務多歸諸使。朝廷每有制詔，則云「諸司」、「諸使」以該之，多以内侍省官或將軍兼充。天祐後，五代用外朝臣，以卿、監、將軍及刺史以上領使。本朝定（該）〔制〕，内客省使至閤門使謂之横班，皇城使以下二十名謂之東班，宫苑使以下二十名謂之西班。初猶有正官充者，其後但以檢校官爲之，或領觀察、防禦、團練使、刺史。内客省使，崇正殿受朝則外東階立侍。客省使、副使，引進使、副使，四方館使，四方館以通事舍人判，隸中書省，石晉始有爲卿、監專判者。皇朝初以檢校官判館，淳化四年改置使名。東上閤門使、副使，西上閤門使、副使，以上爲横班。延福宫使，明道元年置。景福殿使，大中祥符五年，宣政使、應州觀察使劉承規以久疾辭職，特置是名，班在客省使上。宣慶使，舊諸司使止於宣政使，大中祥符九年東封禮畢，宣政使李神福當遷職，特置使名。宣政使，淳化五年，以王繼恩有平賊（賊）之功，特置使名以授之。昭[21]宣使〔三〕，淳化四年置，以皇城使王延德、王繼恩、莊宅使杜彦鈞爲之。以上朝參位在東班前；皇城使、副使，翰林使、副使，唐有翰林使，掌技術之待詔者。五代又有翰林茶酒使。皇朝初有茶牀使，後止云翰林使。尚食使、副使，御厨使、副使，軍器庫使、副使，儀鸞使、副使，唐置營幕使，後置同和院使，梁開平初改儀鸞院使。宋朝置儀鸞使。弓箭庫使、副使，唐有内弓箭庫使，宋朝因之，後去「内」字。衣庫使、副使，宋朝初置内衣庫使，後省「内」字。東綾錦使、副使，西綾錦使、副使，東八作使、副使，西八作使、副使，舊八作使，太平興國二年始分西、東。牛羊使、副使，香藥庫使、副使，榷易使、副使，舊有香藥易院，因置使。氈毯使、副使，唐有氈坊、毯坊使，五代合爲一使，皇朝因之。鞍轡庫使、副使，唐神策軍有御鞍轡（軍）〔庫〕，五代置使，皇朝因之。酒坊使、副使，唐有酒坊使，皇朝初加「内」字，後去之。法酒庫使、副使，周太祖平河中，得酒工王恩，善造法麴，因置法酒庫使。翰林醫官使、副使，以上二十使爲東班。宫苑使、副使，左騏驥使、副使，右騏驥使、副使，唐有飛龍及小馬坊使，梁有天驥，後唐復爲飛龍、小馬坊使。長興元年，改飛龍院爲左飛龍院，小馬坊爲右飛龍院。太平興國三年，改左、右天廐坊。雍熙二年改左、右騏驥院，使名從之。内藏庫使、副使，太平興國初置内藏庫及使名。左藏庫使、副使，唐以太府少卿知左藏出納，五代有使，皇朝因之。東作坊使、副使，西作坊使、副使，唐有作坊，五代置使，舊爲南、北，熙寧三年改今名，皇朝因之。莊宅使、副使，

〔一〕王易：《長編》卷一三〇作「崇儀使、果州團練使張士宣」，蓋曾改命。
〔二〕彭再問：《長編》作「彭再思」。
〔三〕昭：原缺，據後文職官五二之二二補。

六宅使、副使，唐置十宅、六宅使，以諸王所屬爲名，或總云十六宅，後止云六宅。皇朝因之。文思使、副使、內園使、副使、洛苑使、副使、如京使、副使、崇儀使〔一〕、副使，唐有閑廐使，太平興國五年改今名。西京左藏庫使、副使、西京作坊使、副使、東染院使、副使、西染院使、副使，唐有染坊使，太平興國三年分置東、西二院，使名亦分。禮賓使〔二〕、副使、供備庫使、副使，太平興國三年改庫名爲內物料庫，而不改使名。以上二十使爲西班。

22 太宗雍熙四年五月，以侍御史鄭宣、司門員外郎劉墀、戶部員外郎趙載並充如京使，以殿中侍御史柳開爲崇儀使，左拾遺劉慶爲西京作坊使。先是，太宗以五代戰爭以來，自節鎮至刺史皆用武臣，多不曉政事，人受其弊，帝欲兼用文士，漸復舊制，故先擢宣等爲內職。

是月，以右拾遺曹諫爲崇儀使。初，諫知定遠軍，會戎人入寇，兵少而城不固，人心危懼，欲降於虜，諫斬數人乃定。因率厲士卒，虜不敢犯，遂引兵去。帝聞之，降詔敦奬，賜五品服。未幾，召赴闕，改授此命。

淳化四年二月，以皇城使、蘇州團練使王延德，皇城使、河州團練使王繼恩，莊宅使、羅州刺史杜彥鈞，並爲昭宣使。諸司使舊無使額，詔有旨特置，仍定立位在東班諸司使前別爲一行排立，定俸錢三十千。

五年八月，以劍南招安使、昭宣使王繼恩爲宣政使、順州防禦使。先是，繼恩有平賊之功，中書建議，欲以爲宣徽使。太宗曰：「朕讀前代史書多矣，不欲令宦官干預政事。宣徽使，執政之漸也。止可授他官。」宰相等懇言繼恩有大功，非此任無足以議賞典。帝怒，深責丞相等不能爲朝廷惜名器，因命翰林學士張洎、錢若水議，別立宣政使之目，序立在昭宣使之上，以授之。

真宗大中祥符五年十二月，以宣政使、同修玉清昭應宮副使、新州觀察使劉承珪屢表乞退〔三〕，宰相曰：「承珪歷事三朝，志存忠謹，年未甚高而體中多病者，23 由勞心勤身所致也，宜少減煩冗，別加美名，以示優寵。」真宗曰：「可特授景福殿使，仍改州鎮，班在客省之上。」特定殿使月俸如內客省使而給實錢。景福置使自此始也。時劉承珪以疾乞致仕，特置此職以寵之。

天禧元年十月，新授供備庫使邵文昭、供備庫副使徐繼和言，並(立)自樞密院諸房副承旨、主事授官，望准例帶舊俸給。詔文昭從所奏，繼和月給見錢，(目)〔自〕餘如內諸司副使之例。

四年閏十二月，翰林醫官使霍炳爲榷易使、兼翰林醫官使，仍給見俸，他人不得引爲例。

仁宗慶曆五年閏五月十七日，引進使、恩州刺史王克基以節度副使繫職三十五年，特乞解換一防禦使承出外重

〔一〕崇：原作「侍」，據《宋史》卷一六九《職官志》九改。
〔二〕禮：原作「福」，據《宋史》卷一六九《職官志》九改。
〔三〕劉：原作「初」，據下文改。

難任使。詔除遥領陵州團練使知本州事。

皇祐四年八月，以權廣州番禺縣令蕭注爲禮賓副使，仍權發遣番禺縣事，賞捕繫蠻賊之勞也。

五年六月十九日，詔：「諸司使、副至三班使臣，應在京職任者，除閤門臣僚外，餘皆不許連兩任。」從侍御史毋湜言也。

至和二年十二月，詔：「武臣嘗有贓濫者，毋得遷橫行，其有戰功者許之。」初，閤門通事舍人柴貽範乞遷閤門副使，御史言其嘗坐濫事免官〔一〕，不可以例除也。

嘉祐三年八月，詔立定橫行員數：客省、引進、四方館各置使一員，東、西上閤門使共二員，閤門、引進、客省副使共六員，閤門通事舍人共八員〔二〕。內閤門副使轉引進副使，引進副使轉客省副 24 使，即依諸司副使磨勘條例施行。遇閤門使有闕，則以次遷補，不拘磨勘年限。內有歷閤門職事後，別無近上臣僚同罪奏舉，及曾犯贓及私罪杖以上情理重者，若遷補名次到日，並與別除它官。內有任東、西上閤（閣）門使或四方館使及七年無私罪〔三〕、未有員闕遷補者，與加遥郡。其改正任者，須是授引進使及四年轉充團練使，客省使及四年轉充防禦使。其戰功并殊常績效、非次拔擢者勿拘。

三日〔四〕，詔：「自今客省、引進、四方館各增置使一員，以六員爲額。東、西上閤門使共增二員，以六員爲額。閤門、引進、客省副使共增二員，以八員爲額。閤門通事舍人增二員，以十員爲額。所添員數，須俟逐官依定條年限合該遷轉，如遇有闕，即與添差。諸司副使兼閤門通事舍人，年限合該磨勘，依舊例。如在閤門供職，與轉七資；若不在閤門供職，與轉五資。」

十月四日〔五〕，詔：「客省、引進、四方館使，自今遇有員闕，須改官及四年以上，方聽以次除授之。」

英宗治平二年五月一日，樞密院言：「諸司使額并正刺史以上及皇城使並無磨勘年限，橫行使、（行）〔副〕至閤門通事舍人定員稍狹，并諸司副使磨勘改諸司使永例過優，俱未適中。今欲盡爲永制：皇城（付）〔副〕使、宮苑（行）〔副〕使該磨勘者，各於本班使額從下與升五資，改轉諸司使。其自左藏庫副使已上，因酬獎及非次改轉者，即依舊例轉皇城副使。」並從之。

神宗熙寧五年十 25 一月二十六日，詔：「今後諸司

〔一〕坐：原作「生」，據《長編》卷一八一改。

〔二〕閤門：原作「副使」，據《長編》卷一八七改。

〔三〕上：原脱，據《長編》卷一八七補。

〔四〕三日：疑有誤。按此條詔之内容與上條不合，不應一月之内兩詔互相矛盾。查本書職官一一之一七載：治平二年（原稿誤作「三年」）五月六日樞密院奏，先引「嘉祐三年詔」，即本書上條所云；次言「今欲增置」云云，即本條之内容，甚至後數句文字亦同；末言詔「如所奏」。此事《長編》卷二〇五亦載於治平二年五月。據此，則此條當是治平二年五月事。「三日」當爲「治平二年五月」之脱誤，緊接上條書寫。

〔五〕此仍是嘉祐三年事，見《長編》卷一八八。

使、副磨勘，歷任內有戰功，曾經轉官酬獎者，與轉七資使額，其餘並轉五資。所有閤門通事舍人帶御器械者、兩省都知押班勾當御藥院使臣等轉七資使額條例更不施行。」舊諸司使、副有戰功者磨勘改官，率用常調轉五資，上謂無以褒勵武人，而閤門兩省職事皆左右近習，非勳勞不可超躐，故有是命。

哲宗元祐三年十月二十八日，詔：「橫行使、副無兼領者，許兼宮觀一處。月給食直錢，使十五千，副使十千，其宮觀合破添給勿支。」

徽宗政和二年九月二十九日，詔曰：「昔神考董正治官，肇建文階，以祿多士，聯職合治，各有等差，名實既賓，以克用乂。而武選官稱，循沿末世，有志未就，以迄于今，述而後明，靡敢怠廢。朕夙夜惟念，易而新之，訓迪厥官，自我作古。夫名不正則言不順，言不順則事不成。凡爾有官，尚謹乃止，欽我成憲，其爾之休。所有武階磨勘、遷改、請給、奏蔭等事，凡厥恩數，悉如舊章。咨爾有衆，祗于新書，毋忽。」橫行新官：通侍大夫、舊官內客省使。正侍大夫、舊官延福宮使。中侍大夫、舊官景福宮使。中亮大夫、舊官客省使。中衛大夫、舊官引進使。拱衛大夫、舊官四方館使。左武大夫、舊官東上閤門使。右武大夫、舊官西上閤門使。中亮郎、舊官客省副使〔一〕。中衛郎、舊官引進副使。左武郎、舊官東上閤門副使。右武郎，舊官西上閤門副使。右一十二階，大夫帶遥郡仍舊，內通事舍人、閤門祗候、看班祗候仍舊。皇城使以下新官：武功大夫、舊官皇城使。武德 26 大夫、舊官宮苑使、左右騏驥使、內藏庫使。武顯大夫、舊官左藏庫使、東作坊使、西作坊使。武節大夫、舊官莊宅使、六宅使、文思院使。武畧大夫、舊官內園使、洛苑使、如京使、崇儀使。武經大夫、舊官西京左藏庫使。武義大夫、舊官西京作坊使、東西染院使、禮賓使。武翼大夫，舊官供備庫使。右八階帶遥郡仍舊。皇城副使以下新官：武功郎、舊官皇城副使。武德郎、舊官宮苑副使、左右騏驥副使、內藏庫副使。武顯郎、舊官左藏庫副使、東作坊副使、西作坊副使。武節郎、舊官莊宅副使、六宅副使、文思副使。武畧郎、舊官內園副使、洛苑副使、如京副使、崇儀副使。武經郎、舊官西京左藏庫副使。武義郎、舊官西京作坊副使、東西染院副使、禮賓副使。武翼郎。舊官供備庫副使。醫職新官：和安大夫、成和大夫、成安大夫、成全大夫、舊官軍器庫使。保和大夫、舊官西綾錦使。保安大夫、舊官權易使。翰林良醫、舊官翰林醫官使。和安郎、成和郎、成安郎、成全郎、舊官軍器庫副使。保和郎、舊官西綾錦副使。保安郎、舊官權易副使。翰林醫正。舊官翰林醫官副使。詔令吏部依此頒行。

三年八月三十日，詔：「官爵以待勞能，今興事造功，能者輩出，而官名不正，非所以寵獎多士。可下項依此。郎亦如之，惟不置通侍。右武、左武、拱衛、親衛、翊衛、中衛、中亮、中侍、協忠、履正、宣正、正侍、通侍。」

四年八月二十六日，詔：「自今雜流入仕因功賞推恩，

〔一〕客省：原作「引進」，據《宋史》卷一六九《職官志》九改。

至武德大夫止，不還横行遥郡，雖奉特旨，許執奏。」

九月十三日，詔横行額外人不支真俸，只支舊官請給。

十四日，詔：「自今（自令）通侍大夫須（賓）〔實〕及四年，方許换正任，雖奉特旨，亦令中書省執奏。仍令御史臺覺察彈奏。」

六年十一月二日，詔：「武臣自今應自雜流入仕遷至横行者，其恩數、請給、奏薦27等，並依武功大夫法，著爲令。」

三十日詔：「爵以待勞能，今興事之臣多而官不足，可於武臣横行内增置親衛、翊衛、中侍、協忠、履正、宣正、正侍大夫。」

十二月二十日，詔：「横行係雜流出身者，遇宴衙免赴坐。」

宣和六年六月二十二日，詔：「近歲爵禄之濫，見在京、外官横行一百一十八人，内在御前職事者止係五員，係臣僚下者至五十人，官以親衛、翊衛等爲稱而給使於臣下，不以爲嫌，殆有五季跋扈之風。應外官横行可並以見今官爲數，敢有陳乞轉行並奉行官司，並以違御筆論。雖奉特旨，止具奏知。見任臣僚之家差遣或爲管勾事務者並罷，無職任令吏部注擬。」（以上《永樂大典》卷一三三三六）

宋會要輯稿　職官五三

提舉德壽宮〔一〕

【宋會要】

1 先是〔二〕，紹興三十二年六月四日，詔張去爲落致仕，依前延福宮使、安德軍承宣使，提舉德壽宮。仍詔以「提舉德壽宮」爲名，依所乞令工部下所屬鑄造印一面。應行移公式等，並依入內省見行條例施行。差點檢文字使臣二人，支本等驛券外，每月添給錢一十五貫、贍家錢一十貫。並三年爲任，任滿無遺闕，與減三年磨勘。再留依此。又主管文字三人，書寫人二人，其請給等，主管文字依入內省書令史，書寫人依書史見請則例支破。內有名目人每及五年轉一官資，白身人候實及七年，與補進武副尉出職。所差使臣、人吏，被差官司如有拘礙不許抽取條制指揮，特依今來指揮日下發遣。仍於皇城司指差巡視、背印、投送親事官各二人，及於臨安府差看管案牘兵士六人。

紹興三十二年六月十一日，詔：「應在內日常應奉諸司，仰輪差諸色官吏等赴德壽宮如法應奉，不得少怠。有違，以大不恭論。應奉人數并物色，可令應奉諸司各行差破；宿衛並執從物人，可令殿前司、皇城司等處條具科差〔三〕；德壽宮諸門依皇城門及宮門法，仍依行宮大內置巡警守衛，一切務令如法。」

十二日，詔左武大夫、昭慶軍承宣使董仲永，入內內侍省東頭供奉官、寄資武功大夫、遥郡團練使〔四〕、幹辦御藥
2 院陳子常，並差提點德壽宮；武翼郎、帶御器械、特添差兩浙西路兵馬鈐轄宋鈞，閤門宣贊舍人、權點檢閤門簿書公事兼宣詞令宋直温，並差兼德壽宮管幹事務。

十三日赦：「應德壽宮見今侍衛、親從、官僚等，於今赦合轉官外，特與合轉兩官資，礙止法者許回授。」

同日，詔太史局每日輪差主管文德殿鍾鼓院官一員，司辰直官局學生內通輪二人，德壽宮祗應。

十五日，左武大夫、昭慶軍承宣使、新差提點德壽宮董仲永等言：「被旨差仲永等提點德壽宮，今來事初，全藉使臣〔五〕、人吏管幹事務，乞差點檢文字使臣一人、主管文字二人、書寫二人趁辦。內點檢文字使臣，許於已未到部、見任、得替待闕，兼見領職局大小使臣校副尉內指差，與支本等驛券，每月添給錢十二貫、贍家錢八貫。三年爲任，任滿

〔一〕原題作「提舉所」。按，宋代「提舉所」乃因事而設，其長官稱「提舉某某事」，而事非一端。此門下文所録實只是提舉德壽宮及德壽宮應奉官，不能泛稱「提舉所」，因改爲「提舉德壽宮」。

〔二〕按，此門之條文與本書職官五四之一八乾道元年正月「十五日」條至職官五四之二四乾道「九年五月六日」條相同。

〔三〕條：原作「修」，據本書職官五四之一九改。

〔四〕郡：原作「群」，據本書職官五四之一九改。

〔五〕藉：原作「集」，據本書職官五四之二〇改。

無遺闕，與減二年磨勘。再留依此。主管文字、書寫人，許於已未到部使臣、校、副尉及内外官司人吏内指差。其請給等，主管文字依入内省書吏，書寫人依貼司見請則例支。内有名目之人，每及六年轉一官資；白身人候實及八年，與補進武副尉出職。所差使臣、人吏，被差官司如有拘礙不許抽差相兼條制指揮等，特依今來指揮日下發遣。」從之。

十七日，詔：「德壽宮差吏部大小使臣三十員充本宮祇應，可添校尉二十員，與大小使臣衮同(抵)〔祇〕應。請給、破券、理任等，依使臣已得指揮施行〔一〕，並聽 3 本宮指差。」

二十一日，詔：「德壽宮應修造合用工匠、(糧)〔梁〕木，可劄與提舉官，報所屬支供。」

二十六日，詔：「張去爲差提舉德壽宮，請給、人從、恩例並依入内省都知見行指揮條例施行。」

七月一日，詔右武大夫、福州觀察使、入内内侍省副都知林肇特授宣政使、保康軍承宣使，差遣如故。以提舉修蓋德壽宮畢推恩也。

十七日，詔：「德壽宮提點官内許依舊任差破人從者，可差兵士二十人；幹辦事務官四員，可各差兵士八人。並充白直使喚，遇闕並報步軍司差填。」

同日，詔：「幹辦内東門司梁康民、張安中並轉歸吏部，特與免參部，先次出給料錢、文曆，並特添差兩浙西路兵馬鈐轄、臨安府駐劄。請給、人從等，並依正官則例支破。依舊兼德壽宮幹辦事務。」

二十七日，詔：「修内司修蓋德壽宮了畢，官吏、兵匠等推恩，内第一等與轉兩官資，第二等與轉一官資、減三年磨勘，第三等與轉一官資。礙止法人特與轉行，願回授者依條回授。白身人候有名目或出職日，特依今來所轉官資收使。餘人並本宮支犒設。」

八月十六日，詔延福宮使、安德軍承宣使、提舉德壽宮張去爲特授安慶軍承宣使，差遣如故。以修蓋德壽宮推恩也。

二十二日，入内内侍省東頭供奉官、睿思殿祇候、德壽宮提轄造作任訢奏：「入内内侍省〔内〕侍殿頭王楫差充德壽宮監造官，申請下項：一、乞以德壽宮監造爲名。一、乞量行 4 差手分一人、鈔寫人二人，許於内外官司人吏内指名差填。其請(假)〔給〕，手分依修内司手分，鈔寫人依貼司見請則例支破。候實及十年，與補進武副尉出職。一、修内司撥隸本宮雄武壯役工匠、搭材共三百八十七人，即未有立定額數、軍分指揮。今乞以五百人爲額，並撥充雄武指揮；其請給關所屬，依雄武見請則例批勘。」從之。

十一月三日，詔御輦院下都營撥屬德壽宮。

隆興元年三月二十七日，詔：「隨太上皇帝過德壽宮

〔一〕臣：原無，據本書職官五四之二〇補。

應奉官吏、諸色人，依赦各轉兩官資；應續差到宮人，各與轉一官資〔一〕。今後准此。」

四月十三日，詔：「殿前司先差到官兵一百六十七人德壽宮周圍攞鋪，於本宮後添修營寨，移逐人老小居住。可令本司更差軍兵三十三人，充在營把門、打火、看寨差使，通作二百人。」

七月二日，詔：「德壽宮應奉官吏等，昨降指揮依赦各轉兩官資。數内白身人吏給到轉資公據内，無許日後收使之文〔二〕，可依例並候有名目日，特作兩官資收使。并續差到官人，各合得轉一官，内白身人吏依此，候有名目日特作一官資收使。已出公據令所屬换給。其儀鸞司車子官、健輦官内有礙止法人，並與依已轉行兩資人例，特於見今職名上轉行。今後准此。」

十一月十四日，詔安慶軍承宣使、提舉萬壽觀張去爲依前差提舉德壽宮。

二十日，詔右通議大夫、試兵部尚書、兼户部尚書、兼點檢贍軍激 5 賞酒庫錢端禮賜同進士出身，除端明殿學士、簽書樞密院事、兼權參知政事、兼提舉德壽宮。

十二月二十六日，德壽宮彈壓攞鋪官兵宣祐等狀，係殿前司入隊帶甲人數攞鋪，合得身分請給，乞下所屬依南皇城下攞鋪官兵支折請給體例施行。從之。

二年二月十二日，詔武德郎、主管佑神觀、兼德壽宮幹辦事務李思温，武經郎、主管佑神觀〔三〕、兼德壽宮幹辦事務梁紹祖，並特令再任，依舊兼德壽宮幹辦事務。

乾道二年五月二十二日，詔：「德壽宮官吏、諸色人等應奉有勞，並特與轉行一官資。今後實及五年准此。内礙止法人特與轉行，願回授者聽。白身人吏候有名目日作一官資收使。前項官吏仍不隔磨勘。」

九月九日，詔：「武顯大夫、吉州刺史、提點德壽宮、特添差兩浙西路兵馬鈐轄、臨安府駐劄梁康民，候今任滿日，特陞差本路馬步軍副總管，依舊臨安府駐劄。」

十四日，詔：「武顯大夫、忠州團練使、特添差兩浙西路兵馬鈐轄、臨安府駐劄、兼德壽宮幹辦事務張安中，兩任並無遺闕，候今任滿日，特陞添差兩浙西路馬步軍副總管，依舊臨安府駐劄。爲係德壽宮幹辦事務，請給、人從等特與依正官則例支破。」

三年十二月十五日，詔武功大夫、鼎州團練使李玘特與轉眉州防禦使。以德壽宮彈壓攞鋪軍兵年勞也。

四年六月八日，詔翰林醫診、診御脈、德壽宮祗應李延年供進 6 德壽宮湯藥有勞，特與轉一官。

八月八日，詔：「恭奉太上皇帝聖旨，醫官朱仲謙爲醫藥有勞，特與賜紫服色，仍於祗候庫取賜。」

〔一〕官：原作「宮」，據本書職官五四之二二改。
〔二〕許：原作「計」，據本書職官五四之二二改。
〔三〕觀：原無，據本書職官五四之二三補。

十二月二日，詔：「恭奉太上皇帝聖旨，百姓大方脈科醫人趙確特與補翰林醫學，差充德壽宮祗應。」

五年八月十二日，詔隨龍武功大夫、壽聖太上皇后殿幹辦人船鍾彦昇特添差臨安府兵馬鈐轄，依舊兼壽聖太上皇后殿幹辦人船。

六年閏五月七日，詔武義大夫劉堯勛特除帶御器械、兼德壽宮幹辦事務。

七年五月二十四日，詔：「德壽宮官吏、諸色人等，昨於乾道二年五月二十二日，爲應奉有勞，並特轉一官資了當。今後實及五年准此。今年已及五年，可依已降指揮，並特與各轉一官資，仍不隔磨勘。内礙止法人特與轉行，願回授者聽。白身人吏候有名目日，特作一官資收使。」

六月十六日，詔：「雄武指揮軍兵應奉德壽宮年勞推賞，緣昨步軍司申請，上件人兵作工役禁軍，於副都頭已上每兩資作一資補轉。其逐人爲係德壽宮祗應，今該恩賞，可將副都頭已上之人，每資特作一資轉行〔一〕。」

九年五月六日，詔德壽宮應奉官得旨添差外，餘並不許添差。（以上《永樂大典》卷一〇九四五）

〔一〕每資：原作「每月」，據本書職官五四之二四改。

宋會要輯稿　職官五四

宮觀使

[1]宮觀使、副使、判官、都監、提舉、提點、管勾及外宮觀。凡[2]侍從及勳戚、武臣、內臣兼領在京宮觀並附此，餘官別入「外〔任〕宮觀」。

祥符七年八月，宰臣向敏中爲景靈宮使。

十一月八日，以修玉清昭應宮使、參知政事丁謂進工〔工〕部尚書，充玉清昭應宮副使。

二十七日，以右正言、直集賢院夏竦爲玉清昭應宮判官，賜金紫；入內內侍省押班周懷政爲玉清昭應宮都監，勾當景靈宮會靈觀事；內殿承制鄧守恩同勾當玉清昭應宮、景靈宮會靈觀使。

八年八月十八日，以三司使、工部侍郎林特爲户部侍郎、同玉清昭應宮副使。

二十三日，以同玉清昭應宮副使、户部侍郎林特爲修景靈宮使，兼管勾景靈宮會靈觀公事。

九月，令玉清昭應宮判官、右正言、直集賢院夏竦同管勾景靈宮會靈觀公事〔一〕。

九年正月，工部尚書、參知政事丁謂進刑部尚書，充會靈觀使。

五月，以尚書右丞趙安仁爲景靈宮副使。先是，丁謂充修景靈宮使，兼管勾宮事，至是安仁受命，丁謂管勾景靈宮太極觀公事。

八月，以知制誥劉筠爲景靈宮判官〔二〕，供備庫副使周懷信爲都監。時周懷政勾當公事而常在禁中，故增置一員遞宿。

是月，以翰林學士李迪爲會靈觀使，知制誥樂黃目爲判官，東染院使鄧守恩爲都監。以周懷政勾當觀事而常在禁中，故增置一員遞宿。

是月，又以西京左藏庫副使、帶御器械王承勛爲同玉清昭應宮都監，以周懷政爲都監常在禁中，故增置一[3]員遞宿。

九月，以翰林院學士楊億權管勾景靈宮副使事。

是月，詔：「玉清昭應宮、景靈宮會靈觀移牒，並本使書檢，副使已下書銜發遣。」

天禧元年三月，以樞密使、同平章事王欽若充會靈觀使。

七月，以宰臣王旦爲太尉，充玉清昭應宮使。

九月，以翰林學士李迪爲給事中、參知政事，依前充會

〔一〕「右」原作「又」，「賢」原脱，據前「二十七日」條改補。
〔二〕知：原脱，據《長編》卷八七補。

靈觀副使〔一〕。

二年正月，以宰臣王欽若管勾新修祥源觀。

三年正月，以翰林學士盛度權管勾會靈觀判官公事。

是月，以玉清昭應宫判官、知制誥陳堯咨爲龍圖閣直學士，官、職如故。

四年八月，以翰林學士錢惟演爲樞密副使、兼會靈觀使。

十一月，以樞密副使錢惟演管勾祥源觀事。

五年正月，以内殿承制皇太子宫祗候劉從源、内殿崇班史崇信同管勾祥源觀事。

三月，以翰林學士承旨李維權管勾會靈觀使副事〔二〕。

四月，以翰林學士李諮權管勾景靈宫判官事，知制誥錢易權管勾會靈觀判官事。

仁宗乾興元年未改元。七月，以龍圖閣直學士馮元爲會靈觀副使。是月，以樞密副使、都大管勾祥源觀事錢惟演爲祥源觀使。

十一月，以入内内侍副都知周文質管勾祥源觀事。

天聖元年，呂夷簡爲相，時朝廷崇奉之意稍緩，因請罷使名。熙寧中，富鄭公弼領集禧觀使居洛。此宫觀使居外之所從始也。

天聖六年十二月，以參知政事魯宗道充祥源觀使。

七年七月，宰臣呂夷簡、樞密使張旻、樞密 4 副使夏竦各上表乞罷宫觀使，乃降詔曰：「近以紫虚之館，烈焰致燔，方祇答於監觀，實内懷於省懼。誕頒詔諭，已輟繕完。眷諸列真之庭，皆有侍祠之使，荐陳封奏，罄叙勤能，以謂國家因事建官，非爲定制，隨時適變，必在更張。况薰薦之儀，備存科式；典掌之事，咸著規模。當謹飭於攸司，俾奉遵於成範，無煩總領，可致潔蠲。既援理以甚明，固在禮而無越。勉依所請，庶協從宜。其宫觀使並罷，判官使臣（今）〔令〕同管勾本宫觀公事。

明道中，錢惟演以使相爲景靈宫使。《續宋會要》。

寶元元年九月，以滁州防禦使劉從廣勾當會靈觀。

二年九月二十一日，管勾祥源觀季淑言：「管勾官等當直兵士各無定數。檢會條制，宫觀副使當直十二人，判官、都監各十人，承受管勾使臣並比類減定人數。（此）〔往〕時本觀有清衛兵士二百人，故定此額。後經減省，今只雜役兵士一百人，管勾官所占兩番有過元數者。伏緣觀宇地遠，參雜民居，近歲北門外營屋延火，去牆至近，修葺掃除，全無人使，除當直外，防守少人，甚非先朝崇奉之意。忝在官守，欲乞特降勑命，別定勾當官十二人，同勾當官十人，承受及真儀官四人，嚴切遵守，不令別有廢闕，無得更分番次虚占，數外役使，并擅抽地分他處指使。委本觀覺察聞

〔一〕前：原脱，據《長編》卷九〇補。

〔二〕承旨李維：原作「承制李惟」，據《長編》卷八七、九六、九八、九九、一〇〇改。

奏，依律斷罪。」從之。

康定元年九月，資政殿大學士李若谷提舉會靈觀事。若谷罷參知政事，【5】爲提舉，自後學士、知制誥、待制皆爲提舉。

慶曆五年二月五日，京東路同提點刑獄公事、崇儀副使耿從正言，年齒已高，乞提舉(充)[兖]州景靈宮太極觀。從之。

閏五月，宣徽北院使李用和爲景靈宮使。

八年九月，徐州觀察使楊景宗提點萬壽觀。

皇祐元年六月，以邢州觀察使李端愿管勾祥源觀公事。

至和元年十二月，觀文殿大學士晏殊提舉萬壽觀事。

嘉祐四年二月，鎮東軍節度觀察留後李端愿同提舉萬壽觀。

六年四月十七日，宣慶使、武信軍節度觀察留後石全彬言，已罷羣牧副使，乞提點東西兩太一宮。從之。

英宗治平元年正月八日，景福殿使、武信軍節度觀察留後石全彬言，今提點東西太一宮奉先禪院，乞再任宮觀，以禮衰老。從之。

三年八月，以武康軍節度使李端愿爲醴泉觀使。

治平四年神宗即位未改元。九月，觀文殿大學士富弼爲集禧觀使。十月，復判河陽。熙寧元年四月，再充使。

神宗熙寧二年十二月二十四日，詔宮觀差遣不限員數，差知州資序人以上，須精神不至昏昧、堪任釐務者充，以三十箇月滿替。

三年正月二十六日，詔：「應宮觀差遣，除兩制已上臨時取旨外，餘候到闕體量定差。」

五月十四日，詔：「杭州洞霄宮、永康軍丈人觀、亳州明道宮、華州雲臺觀、建州武夷觀、台州崇道觀、成都府玉局觀、建昌軍仙都觀、江州太平觀、洪州玉隆觀、五嶽廟、太原府【6】興安王廟，今後並依嵩山崇福宮、舒州靈仙觀，置管勾或提舉官〔一〕。」先是，上以諸臣歷監司〔二〕、知州，有衰老不任職者，令處閑局，令增諸道員數，使便鄉里，示優恩也。

(二)[七]月二十七日〔三〕，詔〔四〕：「諸州宮觀嶽廟所差提舉、管勾官等合給添支，大兩省、大卿監及職司資序人，依本人見任官知小郡例；知州資序人，依本人見任官小郡通判例；武臣即比類施行。若遥郡以上罷正任及遥郡换南班官，元係文資换者却與换文資。內有功績殊異者別取旨。」

四年五月，詔：「應臣僚陳乞宮觀并國子監差遣，除大卿監已上及朝廷特旨與差從中書旨揮外，餘并送審官

〔一〕勾：原作「内」，據《長編》卷二一一改。
〔二〕監司：原無，據本卷後文職官五四之二七補。
〔三〕七月：原作「二月」，據本卷職官五四之二七及《長編》卷二一三改。
〔四〕詔：原作「諸」，據本卷職官五四之二七改。

東院。」

十一月十六日，詔：「應提舉、管勾内外諸宫觀及嶽廟官，常留一員在彼，餘聽如分司、致仕例，任便居止。」

五年十月十七日，詔：「自來提舉、提點在京宫觀寺院，文武官未有定制。應武臣横行使并兩省押班已上，並充提舉，餘官充提點。」

六年四月，詔：「應宫觀差遣係大卿監及職司并本州知州自來管勾者，並充提舉，餘官管勾。」

九月十四日，以莊宅使、帶御器械、知鎮戎軍張璹爲右騏驥使，提點鳳翔府太平宫。璹有戰功，以病請退，故遷官以閑局處之。

八年正月二十五日，以皇城使、忠州團練使馬偁管勾兖州仙源縣景靈宫太極觀(宫)公事。尋除偁大將軍，以閒職難仍舊官也。

閏四月十八日，詔：「今後武臣遥郡刺史以上，曾(立)〔歷〕五路路分鈐轄，不因體量，并有戰7功、曾經轉資、歷路分都監以上差遣，不以官資，並許陳乞外處宫觀差遣。」

九年五月一日，以殿中丞曾孝純同管勾西京崇福宫〔一〕，從父公亮所乞也。孝純監當資序，得管勾宫觀，用父恩也。

熙寧十年六月十四日，鎮南軍節度使、同平章事、判江寧府王安石爲集禧觀使，居金陵，從其請也。

元豐元年正月九日，集禧觀使、鎮南軍節度使、同平章事王安石爲尚書左僕射、觀文殿大學士、集禧觀使。先是，安石辭使相，乞以本官領宫觀，屢詔不允，而安石辭不已，故有是命。

十月十八日，詔左藏庫使、昌州刺史曹誌提點萬壽觀，其先差提點萬壽觀、皇城使、嘉州團練使劉永壽提點醴泉觀。以誌太皇太后之姪故也。

五年六月三日，詔禮賓使、英州刺史、幹當皇城司向宗良提點中太一宫，兼集禧觀。

十一月十八日，門下省奏，樞密院差入内東頭供奉官李宗立領萬壽觀，不當爲提點。詔改爲主管。

六年四月十八日，詔：「前宰臣、執政官宫觀差遣添支，依知大藩府禄令給。」

二十八日，詔宫苑使、榮州刺史、幹當軍頭引見司時君卿爲皇城使、嘉州團練使，提舉醴泉觀。上以君卿昔事濮邸，先帝遇之甚厚故也。

八年五月十四日，詔資政殿大學士、兼侍讀呂公著提舉中太一宫，兼集禧觀公事。

七月十二日，資政殿學士韓維兼侍讀，仍提舉中太一宫、兼集禧觀公事。

十二月二十四日，龍圖閣待制、兼侍讀趙彦8若提舉萬壽觀公事。

〔一〕純：原作「紀」，據本卷後文職官五四之二七及《長編》卷二八七改。下同。

哲宗元祐元年十月六日，以内侍省内侍押班梁惟簡管勾景靈宮。

十六日，端明學士、光禄大夫范鎮落致仕，提舉中太一宮，兼集禧觀公事、兼侍讀。

二年八月八日，給事中張問提舉醴泉觀。問移疾逾兩月，就私第書省中事，御史趙屼論之，問亦自陳，故有是命。

三年五月二十四日，觀文殿學士、正議大夫孫固提舉中太一宮，兼侍讀。

十月二十八日，詔：「横行使副無兼領者，許兼宮觀一處。月給食直錢，使十五千，副使十千，其宮觀合添給勿支。」

四年十二月二十五日，御寶批：「訪聞近降旨揮，提舉、提點集禧、醴泉等處宮觀，只許非時點檢官物，日押簿曆外〔一〕，餘並鴻臚寺施行。今來提舉、提點在京宮觀與提舉、提點外處宮觀事體不同〔二〕，如非時行幸之類〔三〕，若凡百責辦鴻臚一司，必致闕事，兼恐經久難行。可除減官吏并吏禄外，餘並一切依舊。」

六年，詔横行狄諮、宋球既領皇城司，罷提點醴泉觀。

正月十二日，彰德軍節度使、知陳州馮京爲左銀青光禄大夫、觀文殿學士、兼侍讀，充中太一宮使。京知河陽，告老，徙陳州，過國門〔四〕，辭甚疾，故有此除。非前宰相除宮觀使自京始。

八年三月五日，詔：「尚書右僕射蘇頌引年乞解機政，可依所請，特除觀文殿大學士，充集禧觀使。」

六月十二日，中大夫、守尚書左丞梁燾充資政殿學士、同醴泉觀使。先是，燾以疾求罷，有詔與在京宮使。宰相以故 9 事非宰相不除使，遂置同使之名以寵之。按元祐六年馮京已除中太一宮使，燾非事始也。《却掃篇》：元祐間，梁左丞燾罷政事，除資政殿學士，特創同醴泉觀使之名以命之。梁公言故事無以學士領宮觀使者，且同使之名，前所未有，力辭不受。然自是前二府往往以學士直爲宮觀使〔五〕，而同使之名不復除矣〔六〕。

元符三年未改元。八月二十一日，詔：「觀文殿大學士、中太一宮使范純仁免其在京供職，許歸(穎)〔潁〕昌府。」上初召純仁，欲以爲相，日佇其至，而純仁目疾益甚，累章乞骸骨，不得已從之。

九月四日，詔：「安燾服闋，可依前左正議大夫，除觀文殿學士，提舉中太一宮、兼集禧觀公事、兼侍讀。」

十一月十八日，左正議大夫、尚書右丞黄履爲資政殿大學士、提舉中太一宮，仍免朝參。履自春初召還，即苦舌瘍，不能奏事，久乞罷退，至是得請。

崇寧五年二月十三日，詔司空、尚書左僕射、兼門下侍

〔一〕日：原作「月」，據《長編》卷四三六改。
〔二〕同：原作「行」，據《長編》卷四三六改。
〔三〕行：原作「同」，據《長編》卷四三六改。
〔四〕過：原作「遇」，據《長編》卷四五四改。
〔五〕自：原作「是」，據《却掃編》卷上改。
〔六〕而同使：原無，據《却掃編》卷上補。

郎蔡京除開府儀同三司、安遠軍節度使，充中太一宮使。

大觀元年三月十一日，特進、尚書右僕射、兼中書侍郎趙挺之除觀文殿大學士、佑神觀使。

三年正月十五日，静江軍節度使王薦除檢校司空、河陽三城節度使、中太一宮使。以靖和皇后葬事既畢加恩故也。

三月三十日，中太一宮使、武康軍節度使姚雄爲右金吾衛上將軍，充醴泉觀使。

六月一日，中大夫、同知樞密院事管師仁除資[10]政殿學士，充佑神觀使。

四日，太師、尚書左僕射蔡京爲中太一宮使。

四年二月二日，詔龍圖閣學士、通議大夫、新知杭州張商英除資政殿學士，充中太一宮使。

十月一日，皇后言族姪居中位樞府，久中任臺省，未敢受命。上謂輔臣曰：「后意甚確，且陳經史，以漢、唐后族爲戒。居中可除觀文殿學士、中太一宮使，久中除龍圖閣學士、提舉醴泉觀。」

政和六年五月二十八日，詔措置宮觀。如萬壽、醴泉近百員，建隆、迎真、儲祥、儲福、儲慶宮處，並可差官，仍差中太一宮、佑神、醴泉、萬壽觀。見今員多處，改填逐處見闕，其建隆觀今後更不立額。提舉中太一宮兼佑神觀張秀、陳仲存，提舉醴泉觀石端，提舉萬壽觀馮鐸，並改提舉建隆觀；提點萬壽觀朱孝廉、王慥，差提點建隆觀；提舉中太一宮吳庠、陳仲堅，提舉萬壽觀王從善，並改提舉上清儲祥宮；提舉中太一宮鄭子奇，提舉萬壽觀劉景宣、趙希魯，並改提舉太清儲慶宮；提點中太一宮朱孝莊、王行，提舉萬壽觀李詢仁、王佾，並改提舉玉清儲福宮；提點中太一宮陳仲善，提點萬壽觀曹晫，並改提點玉清儲福宮。並令免僉書公事。《文獻通考》：徽宗建玉清萬壽宮，乃命宰執兼使、副，用真廟故事也。近以前宰執奉朝請者領在京宮觀使，而在外舊相只除提舉宮觀，非祖宗優待宰相之體。靖康以來，猶未釐正，蓋朝廷未暇講也。政和八年，太師、魯國公蔡京，[11]少傅、太宰鄭居中，少保、少宰余深，檢校太保、領樞密院事童貫，並兼充神霄玉清萬壽宮使；知樞密院事鄧洵武、門下侍郎薛昂、中書侍郎白時中、尚書左丞王黼、宣和殿大學士蔡攸，並兼充副使。《却掃篇》：政和中，詔天下咸建神霄玉清萬壽宮，復置使，宰相、使相領之，執政爲副使，侍從爲判官。判官惟盛章嘗以開封尹領之，他未嘗命，而天下郡守皆兼管勾，通判兼同管勾。雖前二府領州亦如之〔一〕，蓋欲重其事也。輔臣既罷領宮觀使，其後惟以使相、節度、宣徽使爲之，無所職掌，奉朝請而已〔二〕。

宣和五年四月十三日，觀文殿學士、通奉大夫鄧洵仁爲佑神觀使。

七年正月二十四日，奉國軍承宣使、樞密副都承旨、知東上閤門事鄭成之爲安德軍節度使、上清寶（録）〔籙〕宮使，領東上閤門職事。

二十五日，詔：「保和殿大學士、銀青光禄大夫致仕孟昌齡宣勞頗多，可落致仕，除醴泉觀使，應恩數、人從等，並

〔一〕亦：原脱，據《却掃編》卷上補。

〔二〕請：原脱，據《却掃編》卷上補。

依近例施行。」

四月十一日，檢檢少傅、慶遠軍節度使王安中爲檢校少師，充上清寶（録）〔籙〕宮使，兼侍讀。

欽宗靖康元年正月四日，特進、太宰、兼門下侍郎、神霄玉清萬壽宮使、慶國公白時中爲觀文殿大學士、中太一宮使。

二月十四日，起復特進、太宰、兼門下侍郎李邦彦爲觀文殿大學士、中太一宮使。

十七日，檢校少保、同知樞密院事种師道爲檢校少傅、鎮洮軍節度使、中太一宮使。

二十四日，中書侍郎王孝迪 12 爲資政殿學士、提舉醴泉觀。孝迪執政纔一月，言者攻之，乃上章乞罷，故有是命。

同日，觀文殿大學士、中太一宮使白時中知壽春府。時中乞在外宮觀，於壽春居（正）〔止〕，上特以郡守處之。

三月三日，太宰、兼門下侍郎張邦昌爲觀文殿大學士、中太一宮使。

十三日，殿前都指揮使、檢校少傅、奉國軍節度使、開府儀同三司高俅爲檢校太保、中太一宮使。

六月二十九日，詔：「內外官見帶提舉、管勾、同管勾神霄玉清萬壽宮，並落去。」

七月二十七日，應道軍承宣使、提舉亳州明道宮曹幪提舉醴泉觀〔一〕。

十一月二十六日，以簽書樞密院事李回提舉萬壽觀。

高宗建炎元年五月六日，資政殿學士、提舉醴泉觀、充京師撫諭使路允迪改差提舉南京鴻慶宮。

四年五月十三日，參知政事、兼權御營副使王綯除資政殿大學士、提舉萬壽觀，兼侍讀。始除資政殿學士，上曰：「綯嘗爲朕宮僚而除執政，若不以罪去，則必進職。」故有是命。

八月十三日，資政殿學士、權三省樞密院事盧益提舉醴泉觀，兼侍讀。

紹興（元）〔二〕年八月〔二〕，詔朱勝非與復宣奉大夫，提舉萬壽觀，兼侍讀。初，勝非罷同都督，復知紹興府〔三〕，辭。上以勝非於苗、劉之亂嘗有功，特有是命。

二年十月，保靜軍承宣使邢煥除慶遠軍節度使，充醴泉觀使。

三年七月一日，資政殿學士謝克家、張浚並提舉萬壽觀，兼侍讀。

五年七月一日，詔：「任在京宮觀請給、人從，前宰執

〔一〕曹幪：不見於文獻，疑是「曹曚」，曹曚見於《靖康要録》、《長編》、《宋史》等書，靖康中任侍衛親軍馬軍都指揮使。

〔二〕二年：原作「元年」，據《建炎要録》卷五四改。另按，此條月份、記事皆有誤。朱勝非復官在五月，此處記作「八月」，而八月乃其罷同都督後改授「提舉醴泉觀」之時，本條失載。參《建炎要録》卷五六、五七。

〔三〕興：原脱，據《建炎要録》卷五七補。

依見[13]任減十分之二，閤學士已上依六曹侍郎，直學士已上依中書舍人，太中大夫已上依左右司郎中；任樞密都承旨，閤學士已上依六曹尚書，直學士已上依六曹侍郎，太中大夫已上依中書舍人。」

十八日，資政殿學士張守提舉萬壽觀〔一〕，兼侍讀。

八月三日，親衛大夫、貴州防禦使吳德休提舉萬壽觀。以自陳歷事四朝，乞在京宮觀，免朝參，從其請也。

七年正月二十一日，詔：「前宰相、執政官見任宮觀，每至任滿，旋行陳乞再任。緣曾〔任〕宰（相）執，如未有除授，即合依舊宮祠，難以引用常法理爲任數。」從中書門下省請也。

八月十四日，觀文殿大學士、左正奉大夫、浙東安撫制置大使、兼知紹興府趙鼎除萬壽觀使、兼侍讀。

八年二月二十四日，少傅、鎮南定江軍節度使、知建康府呂頤浩除醴泉觀使，免奉朝請，任便居住。

十二月二日，檢校少保、奉國軍節度使、知紹興府趙鼎除醴泉觀使，免奉朝請，任便居住。先是，鼎乞收（遠）〔還〕節（越）〔鉞〕，改除在外宮觀，從其請也。

紹興十年六月十六日，感德軍節度使、開府儀同三司、充萬壽觀使高世則除景靈宮使、判温州，主奉本州神御。

十一年四月十七日，太尉、慶遠軍節度使、知鎮江府郭仲荀除醴泉觀使，免奉朝請，任便居住。

六月七日，詔高士榮進正任防禦使、提舉醴泉觀。

二十六日，太保、護國鎮安保静軍節度使、三京路招撫使劉光世除萬壽觀使，免奉朝請，任便居住。先是，[14]光世以疾自陳，乞除一在外宮觀，故有是命。

八月九日，少保、樞密副使岳飛充醴泉觀使。

十月二十八日，太保、樞密使韓世忠除太傅，充醴泉觀使。

十一月二十七日，特進、觀文殿大學士、知福州張浚進檢校少傅、崇信軍節度使，充醴泉觀使，免奉朝請，任便居住。

十二年四月三日，敷文閣待制秦梓提舉萬壽觀、兼侍講。

十一月五日，太傅、樞密使張俊進封清河郡王〔二〕，充醴泉觀使。

十三年四月十四日，詔少師、昭慶軍節度使、平樂郡王致仕韋淵落致仕，除萬壽觀使，仍奉朝請。

五月十五日，保信軍承宣使、帶御器械邢孝揚提舉萬壽觀，仍奉朝請，以孝揚乞宮觀差遣故也。

十五年十月十八日，翰林學士承旨秦熺除資政殿學士〔三〕、提舉萬壽觀，兼侍讀，恩數並依執政。熺自資政殿

〔一〕張：原作「主」，據《建炎要録》卷九一改。
〔二〕俊：原作「浚」，據《建炎要録》卷一四七改。
〔三〕資政殿學士：原作「資政殿大學士」，據《建炎要録》卷一五四删「大」字。下文同。

學士除知樞密院事，力陳乞依李淑故事避親罷職，故有是命。

閏十一月十二日，權兵部侍郎米友仁爲敷文閣待制〔一〕、提舉佑神觀，仍奉朝請。

十六年七月二十九日，端明殿學士何鑄提舉萬壽觀、兼侍讀。

二十年八月三日，詔保信軍承宣使、提舉萬壽觀曹勛許任便居住。以勛引疾自陳，從其請也。

二十一年五月三十日，吏部狀：「欲將任在京宮觀之人依在外宮祠，以三十箇月爲任。并元降旨揮任便居住之人，若無專降指揮令行在居住，即不得擅至國門。如有違犯，專委臺諫彈劾，仍許本部覺察。」從之。

二十五年十一月，[15] 參知政事（萬）〔万〕俟卨除資政殿學士、提舉萬壽觀、兼侍讀。

十二月十二日，詔醴泉觀使孟忠厚令行在居住，奉朝請。上曰：「昨緣徽宗梓宮須大臣、宰相護送，秦檜辭不肯，遂差忠厚以樞密使護葬。朕深不欲以國戚任軍旅及朝廷之事，萬有一過，朕罪之則傷恩，釋之則廢法。如太后、皇后之家子弟，未嘗任之以事，但加以爵禄、奉祠安閒而已。」

三十二年五月十二日，詔太傅、寧遠軍節度使、御營宿衛使楊存中依舊醴泉觀使，仍奉朝請。以中書門下省言御營宿衛結局也。

二十七日，崇信軍節度使、開府儀同三司、兼領殿前都指揮使職事趙密除萬壽觀使，仍奉朝請。

孝宗紹興三十二年即位未改元。七月十二日，祕閣修撰、江南西路計度轉運副使張宗元爲主管佑神觀，仍奉朝請。從宗元之請也。

八月六日，昭信軍節度使、提舉萬壽觀曹勛特授太尉，依前節度使，充萬壽觀使，奉朝請。

二十六日，祕閣修撰郭瑊特與换鄂州觀察使、提舉萬壽觀。

十月九日，延福宮使、崇慶軍承宣使王晉錫爲提舉佑神觀，免奉朝請。

十二月十五日，敷文閣待制錢周材提舉萬壽觀，兼侍講。

隆興元年三月十八日，參知政事張燾爲資政殿大學士、提舉萬壽觀，兼侍讀。

六月八日，觀文殿大學士、左金紫光（録）〔禄〕大夫、提領臨安府洞霄宮湯思退爲醴泉觀使、兼侍讀。

十二日，太尉、寧國軍節度使、主管殿前司公事、淮南西[16]路招撫使、兼權池州駐劄御前諸軍都統制李顯忠爲提舉萬壽觀，仍奉朝請。

十八日，大同軍節度使蒲察徒穆、彰德軍節度使大周

〔一〕米：原作「木」，據《建炎要録》卷一五四改。

仁，並提舉萬壽觀。

二年五月二十三日，資政殿學士張浚爲醴泉觀使。從浚之請也。

七月二十八日，資政殿學士賀允中落致仕，爲提舉萬壽觀，兼侍讀。

九月二日，太尉、保信軍節度使、領閤門事，兼客省四方館事、提舉皇城司鄭藻爲提舉萬壽觀，仍奉朝請。繼除萬壽觀使。

十月三日，少保、觀文殿大學士、充醴泉觀使、福國公陳康伯依舊醴泉觀使（福國公陳康伯依舊醴泉觀使），任便居住。先是，康伯被旨赴闕奏事，以疾辭，故有是命。

閏十一月四日，參知政事周葵爲資政殿學士、提舉臨安府洞霄宮，任便居住。從葵之請也。

乾道元年正月七日，少保、崇信軍節度使、權殿前職事趙密爲醴泉觀使，仍奉朝請。以密告老，故有是命。

二月二十一日，太傅、寧遠昭慶軍節度使、和義郡王楊存中爲醴泉觀使，仍奉朝請。

三月二十五日，昭慶軍承宣使董仲永爲提舉佑神觀，免奉朝請，（請）給、人從並依已降指揮施行。先以仲永爲兩浙東路總管，尋詔更不施行，故有是命。

五月二十七日，忠州團練使、新添差江南西路馬步軍副總管、江州駐劄郭安爲提舉佑神觀。以安言告老，乞依一般隨龍官例故也。

八月二十六日，參知政事、兼權知樞密院事錢端禮除資政殿大學士、提舉 17 萬壽觀，仍奉朝請。

二年八月三日，敷文閣待制、總領淮西江東軍馬錢糧、專一報發御前軍馬文字、兼提領措置屯田楊倓爲提舉佑神觀，仍奉朝請。從倓之請也。

三年閏七月六日，捧日天武四廂都指揮使〔一〕、武當軍節度使、鎮江府駐劄御前諸軍都統制〔二〕、兼提舉措置屯田戚方爲提舉佑神觀。

十一月十七日，威武軍承宣使、提舉建昌軍仙都觀張淵改提舉佑神觀。

四年九月十三日，延福宮使、保康軍承宣使、入內內侍省押班、主管親賢宅玉牒所、都大提舉諸司林肇爲提舉佑神觀，免奉朝請。從肇之請也。

五年三月二十二日，昭化軍承宣使、提舉（神佑）〔佑神〕觀韋誼候今任滿日，（待）〔特〕令再任，仍奉朝請。

九月十七日，建武軍承宣使韋誼爲提舉（神佑）〔佑神〕觀，仍奉朝請。

十二月五日，敷文閣（侍）〔待〕制、提舉江州太平興國宮劉章爲提舉佑神觀，兼侍讀。

六年四月十三日，敷文閣待制、知泰州張子顏爲提舉

〔一〕廂：原作「庫」，據《宋史》卷一六六《職官志》六改。
〔二〕鎮：原作「領」，據《宋史》卷三四《孝宗紀》二改。

佑神觀，仍奉朝請。從子顏之請也。

十八日，集英殿修撰吳總主管佑神觀，仍奉朝請。

十一月十九日，福州觀察使曾覿爲提舉佑神觀。

二十九日，延福宮使、保寧軍承宣使、入内内侍省副都知賈竑爲提舉佑神觀，免奉朝請。從竑之請也。

七年三月二十四日，寶文閣待制、提舉江州太平興國宮胡銓改除提舉佑神觀、兼侍講。是日，以宰執進呈虞允文奏曰：「胡（詮）〔銓〕蚤歲一節甚高，久謫海外，誰人能及？陛下即位，首加收【18】召，旋擢從班，允協衆望。今縱有小小過失，謂當闊略，録其氣節，不宜令遽去朝廷。」上曰：「朕昨覽臺章，躊躇兩日，意甚念之。但以四人同時論列，不欲令銓獨留。今卿所言，正朕意也。」梁克家奏曰：「銓流落海上二十餘年，人所甚難，陛下不以衆人遇之，幸甚。」上曰：「銓固非他人比，宜且除在京宮觀，留侍經筵。」故有是（句）〔命〕。

二十八日，新除簽書樞密院事張説已改除安慶軍節度使〔一〕、提舉萬壽觀，其恩數、立班並依前執政體例施行。

八年正月四日，成州團練使、知閤門事、兼客省四方館事、兼樞密副都承旨、幹辦皇城司康滑特轉郢州防禦使，爲提舉佑神觀。

三月一日，敷文閣待制、知台州韓彦直爲提舉佑神觀，仍奉朝請。從彦直之請也。

九年閏正月一日，降授明州觀察使、提舉江州（大）〔太〕平興國（呂）〔宮〕趙撙爲提舉佑神觀，仍趁赴六參起居。

八月二十三日，敷文閣待制張子正爲提舉佑神觀。從子正之請也。

九月三日，延福宮使、昭慶軍承宣使〔二〕，提舉佑神觀，免奉朝請。

乾道元年正月十日〔三〕，詔左通議大夫、參知政事、兼權知樞密院事、兼提舉德壽宮錢端禮兼充德壽宮使。

十五日，錢端禮言：「准勅差兼充德壽宮使，今來乞以『德壽宮使司』爲名，行移合依自來執政體例，省、院並係關送。所有印，乞以『德壽宮使之印』六字爲文。其人吏、使臣，止乞就差近德壽宮提舉所已差人。應干請給、恩賞等行移之類，並依提舉所【19】已（甲）〔申〕降旨揮施行。」從之。

先是，紹興三十二年六月四日，詔張去爲落致仕〔四〕，依前延福宮使、安德軍承宣使，提舉德壽宮。仍詔以「提舉德壽宮」爲名，依所乞令工部下所屬鑄造印一面。應行移公式等，並依入内省見行條例施行。差點檢文字使臣二

〔一〕説：原作「訑」，據《宋史》卷四七〇《張説傳》改。

〔二〕據前後文例，「承宣使」下當脱一人名。

〔三〕按，自此條以下至職官五四之二四乾道「九年五月六日」條，專述應奉德壽宮之機構與官吏，《宋會要》原文當是另屬一門，《大典》移於此（並可能經過改編），故其年代與上文不相銜接（參見本書職官五三「提舉德壽宮」門）。

〔四〕爲：原作「僞」，據《宋史》卷四六九《張去爲傳》改。

人，支本等驛券外，每月添給錢一十五貫、贍家錢一十貫。並三年爲任，任滿無遺闕，與減三年磨勘。再留依此。又主管文字三人，書寫人二人，其請給等，主管文字依入内省書令史，書寫人依書史見請則例支破。内有名目人，每及五年轉一官資；白身人候實及七年，與補進武副尉出職。所差使臣、人吏，被差官司如有拘礙不許抽取條制旨揮，特依今來旨揮日下發遣〔一〕。仍於皇城司指差巡視、背印、投送親事官各二人，及於臨安府差看管案牘兵士六人。

紹興三十二年六月十一日，詔：「應在内日常應奉諸司，仰輪差諸色官吏等赴德壽宮如法應奉，不得少怠。有違，以大不恭論。應奉人數并物色，可令應奉諸司各行差破；宿衛并執從物人，可令殿前司、皇城司等處條具科差；德壽宮諸門依皇城門及宮門法，仍依行宮大内置巡警守衛，一切務令如法。」

十二日，詔左武大夫、昭慶軍承宣使董仲永，入内内侍省東頭供奉官、寄資武功大夫、遥郡團練使、幹辦御藥院陳子常，並差提點德壽宮；武翼郎、帶御器械、特添差兩浙西路兵馬鈐轄宋鈞，閤門宣 20 贊舍人、權點檢閤門簿書公事兼宣詞令宋直温，並差兼德壽宮管幹事務。

十三日，赦：「應德壽宮見今侍衛、親從、官僚等，於今赦合轉官外，特與各轉兩官資，礙止法者許回授。」

同日，詔太史局每日輪差主管文德殿鐘鼓院官一員，司辰直官局學生内通輪二人，德壽宮祗應。

十五日，左武大夫、昭慶軍承宣使、新差提點德壽宮董仲永等言：「被旨差仲永等提點德壽宮，今來事初，全藉使臣、人吏管幹事務，乞差點檢文字使臣一人、主管文字二人、書寫二人趁辦。内點檢文字使臣許於已未到部、見任得替待闕、兼見領職局大小使臣校副尉内指差，與支本等驛券，每月添給錢十二貫、贍家錢八貫。三年爲任，任滿無遺闕，與減二年磨勘。再留依此。主管文字、書寫人，許於已未到部使臣、校、副尉及内外官司人吏内指差。其請給等，主管文字依入内省書吏，書寫人依貼司見請則例支〔二〕。内有名目之人，每及六年轉一官資；白身人候實及八年，與補進武副尉出職。所差使臣、人吏，被差官司如有拘礙不許抽差相兼條制旨揮等，特依今來旨揮日下發遣。」從之。

十七日，詔：「德壽宮差吏部大小使臣三十員充本宮祗應，可添校尉二十員，與大小使臣衮同祗應。請給、破券、理任等，依使臣已得指揮施行，並聽本宮指差〔三〕。」

二十一日，詔：「德壽宮應修造合用工匠、（糧）〔梁〕木，可劄與提舉官，報所屬支供。」

二十六日，詔：「張 21 去爲差提舉德壽宮，請給、人

〔一〕依：原作「令」，據本書職官五三之二改。
〔二〕書：原脱，據本書職官五三之二補。
〔三〕宮：原作「官」，據本書職官五三之三改。

從、恩例並依入内省都知見行旨揮條例施行。」

七月一日，詔右武大夫、福州觀察使、入内内侍省副都知林肇特授宣政使〔一〕、保康軍承宣使，差遣如故。以提舉修蓋德壽宮畢推恩也。

十七日，詔：「德壽宮提點官内許依舊任差破人從者，可差兵士一十人；幹辦事務官四員，可各差兵士八人。並充白直使喚，遇闕並報步軍司差填。」

同日，詔：「幹辦内東門司梁康民、張安中並轉歸吏部，特與免參部，先次出給料錢、文曆，並特添差兩浙西路兵馬鈐轄、臨安府駐劄。請給、人從等，並依正官則例支破〔二〕。依舊兼德壽宮幹辦事務。」

二十七日，詔：「修内司修蓋德壽宮了畢，官吏、兵匠等推恩，内第一等與轉兩官資，第二等與轉一官資、減三年磨勘，第三等與轉一官資。礙止法人特與轉行，願回授者依條回授。白身人候有名目或出職日，特依今來所轉官資收使。餘人並本宮支犒設。」

八月十六日，詔延福宮使、安德軍承宣使、提舉德壽宮張去爲特授安慶軍承宣使，差遣如故。以修蓋德壽宮推恩也。

二十二日，入内内侍省東頭供奉官、睿思殿祗應、德壽宮提轄造作任訴奏：「入内内侍省〔内〕侍殿頭王楫差充德壽宮監造官，申請下項：一、乞以德壽宮監造爲名。一、乞量行差手分一人、抄寫人二人，許於内外官司人吏内指名差填。其請給，手分依修内司手分，抄寫人依貼司見請則例支破。候 22 實及十年，與補進武副尉出職。一、修内司撥隸本宮雄武壯役工匠、搭材共三百八十七人，即未有立定額數、軍分指揮。今乞以五百人爲額，並撥充雄武指揮；其請給關所屬，依雄武見請則例批勘。」從之。

十一月三日，詔御輦院下都營撥屬德壽宮〔三〕。

隆興元年三月二十七日，詔：「隨太上皇帝過德壽宮應奉官吏、諸色人，依赦各轉兩官資；應續差到宮人，各與轉一官資。今後准此。」

四月十三日，詔：「殿前司先差到官兵一百六十七人德壽宮周圍擺鋪，於本宮後添修營寨，移逐人老小居住。可令本司更差軍兵三十三人，充在營把門、打火、看寨差使，通作二百人。」

七月二日，詔：「德壽宮應奉官吏等，昨降指揮依赦各轉兩官資。數内白身人吏給到轉資公據内，無許日後收使之文，可依例並候有名目日，特作兩官資收使。并續差到官人，各合得轉一官，内白身人吏依此，候有名目日特作一官資收使。已出公據（令）〔令〕所屬换給。其儀鸞司車子官、健輦官内有礙止法人，並與依已轉行兩資人例，特於見

〔一〕都：原無，據本書職官五三之三補。
〔二〕例：原作「列」，據本書職官五三之三改。
〔三〕下：原無，據本書職官五三之四補。

今職名上轉行。今後准此。」

十一月十四日，詔安慶軍承宣使、提舉萬壽觀張去爲依前差提舉德壽宮。

二十日，詔右通議大夫、試兵部尚書、兼户部尚書、兼點檢贍軍激賞酒庫錢端禮賜同進士出身〔一〕，除端明殿學士、簽書樞密院事、兼權參知政事、兼提舉德壽宮。

十二月二十六日，德壽宮彈壓擺鋪官兵宣23祐等狀，係殿前司入隊帶甲人數擺鋪，合得身分請給，乞下所屬依南皇城下擺鋪官兵支折請給體例施行。從之。

二年二月十二日，詔武德郎〔二〕、主管佑神觀、兼德壽宮幹辦事務李思温，武經郎、主管佑神觀、兼德壽宮幹辦事務梁紹祖，並特令再任，依舊兼德壽宮幹辦事務。

乾道二年五月二十二日，詔：「德壽宮官吏、諸色人等，應奉有勞，並特與轉行一官資。今後實及五年准此。内礙止法人特與轉行，願回授者聽。白身人吏候有名目日，作一官資收使。前項官吏仍不隔磨勘。」

九月九日，詔：「武顯大夫、吉州刺史、提點德壽宮、特添差兩浙西路兵馬鈐轄、臨安府駐劄梁康民，候今任滿日，特陞差本路馬步軍副總管，依舊臨安府駐劄。」

十四日，詔：「武顯大夫、忠州團練使、特添差兩浙西路兵馬鈐轄、臨安府駐劄、兼德壽宮幹辦事務張安中，兩任並無遺闕，候今任滿日，特陞添差兩浙西路馬步軍副總管，依舊臨安府駐劄。爲係德壽宮幹辦事務，請給、人從等特與依正官則例支破。」

三年十二月十五日，詔武功大夫、鼎州團練使李玘特與轉眉州防禦使。以德壽宮彈壓擺鋪軍兵年勞也。

四年六月八日，詔翰林醫診、診御脈〔三〕、德壽宮祗應李延年供進德壽宮湯藥有勞，特與轉一官。

八月八日，詔：「恭奉太上皇帝聖旨，醫官朱仲謙爲醫藥有勞，特與賜紫服色，仍於祗候庫取賜。」

十一月二日〔四〕，詔：「恭24奉太上皇帝聖旨，百姓大方脈科醫人趙確特與補翰林醫學，差充德壽宮祗應。」

五年八月十二日，詔隨龍武功大夫、壽聖太上皇后殿幹辦人船鍾彦昇特添差臨安府兵馬鈐轄，依舊兼壽聖太上皇后殿幹辦人船。

六年閏五月七日，詔武義大夫劉堯勛特除帶御器械、兼德壽宮幹辦事務。

七年五月二十四日，詔：「德壽宮官吏、諸色人等，昨於乾道二年五月二十二日，爲應奉有勞，並特轉一官資了當。今後實及五年准此。今年已及五年，可依已降指揮，並特與各轉一官資，仍不隔磨勘。内礙止法人特與轉行，願回授者聽。白身人吏候有名目日，特作一官資收使。」

〔一〕賞：原作「實」，據本書職官五三之五改。
〔二〕「郎」上原衍「軍」字，據本書職官五三之五删。
〔三〕診：原無，據本書職官五三之五補。
〔四〕十一月：本書職官五三之六作「十二月」。

六月十六日，詔：「雄武指揮軍兵應奉德壽宮年勞推賞，緣昨步軍司申請，上件人兵作工役禁軍，於副都頭已上每兩資作一資補轉。其逐人爲係德壽宮祇應，今該恩賞，可將副都頭已上之人〔一〕，每資特作一資轉行。」

九年五月六日，詔：「德壽宮應奉官得旨添差外，餘並不許添差。」

淳熙元年八月四日，安慶軍節度使、知樞密院事張説授太尉、提舉佑神觀。

九月一日，武泰軍節度使、提舉萬壽觀曾覿除開府儀同三司，爲萬壽觀使。六年正月十一日，除少保、寧武軍節度使，充醴泉觀使。

三年九月二十四日，安德軍節度使、提舉隆興府玉隆萬壽宮〔趙〕伯圭授開府儀同三司，爲萬壽觀使，任便居住。二十五日鎖院，付下中書門下【25】省熟狀，趙伯圭除使相、提舉洞霄宮。〔周〕必大奏：「按故事，宗室、戚里或前宰執帶節度使，多充宮觀使。若至使相，自領使無疑。昨史浩以使相提舉宮觀者誤也，恐自此遂以爲例。今具〔趙〕士樽、錢忱等例，皆是以使相充宮觀使、在外任便居住者，合取旨改正。」一更四點進入，五點，上批：「可依士樽等體例，除宮觀使。」

四年三月五日，崇信軍節度使、開府儀同三司、提舉臨安府洞霄宮史浩除少保、觀文殿大學士，爲醴泉觀使。既而五年三月十八日，爲右丞相。十一月十五日罷，以少傅、保寧軍節度使充醴泉觀使、兼侍讀。八年三月二日，判建康府，辭不赴，乞歸田里。奉御筆：「史浩潛藩舊學，比辭相位，錫第于此，念念求歸，屢形懇牘。朕惜其筋力未衰，欲使卧護北門。今遜避再三，出於誠實，不可勉强，可免判建康府，依舊在京宮觀，兼侍讀。」五月二十七日，除少師，爲醴泉觀使。

八年二月二十八日，以少保、觀文殿大學士、判建康府陳俊卿爲醴泉觀使。以俊卿乞罷建康故也。

九年六月二十二日，以觀文殿學士、宣奉大夫梁克家爲醴泉觀使，兼侍讀。自福州召還，故有是命。

九月二十二日，皇叔祖保康軍節度使、提舉佑神觀、嗣濮王士歆授開府儀同三司，爲醴泉觀使。

十年六月二十日，以敷文閣直學士、知遂寧府李燾提舉佑神觀，兼侍講，兼同修國史。

十二年六月十八日，通議大夫、敷文閣待制洪邁【26】提舉佑神觀，兼侍講，兼同修國史。

十三年正月二十一日，皇叔祖昭慶軍節度使、提舉佑神觀士峴授開府儀同三司，爲醴泉觀使。

十一月二十三日，特進、右丞相梁克家除觀文殿大學士、醴泉觀使，兼侍讀。

十五年五月二十三日，敷文閣學士、通奉大夫、提舉隆

〔一〕都：原脱，據本書職官五三之六補。

興府玉隆萬壽宮韓彦直提舉萬壽觀。

六月四日，武泰軍承宣使、帶御器械、幹辦皇城司、專切提舉訓練所、宜春郡開國公夏執中授奉國軍節度使、提舉萬壽觀。

十六年正月十八日，昭慶軍承宣使、提舉佑神觀、吳興郡開國侯郭師禹授保大軍節度使、提舉萬壽觀。

五月十二日，詔少保、益國公周必大充醴泉觀使，在外任便居住。

紹熙元年六月二十四日，詔寧武軍節度使、開府儀同三司、判潼川府〔一〕、降益川郡(國開)〔開國〕公趙雄充醴泉觀使，在外任便居住。從其請也。

五年二月十一日，詔少保、(開)〔觀〕文殿大學士、益國公周必大充醴泉觀使。以辭免判隆興府，故有是命。

五月一日，詔太師、安德軍節度使、判大宗正事、嗣秀王伯圭充萬壽觀使。以辭免判大宗正事，故有是命。（以上《永樂大典》卷一三三一三）

外任宮觀〔二〕

【宋會要】27《哲宗正史・職官志》：外任宮觀非自陳而朝廷特差者，如降黜人例。

神宗熙寧二年十二月二十四日，詔：「宮觀差遣不限員數，差知州資序人以上，須精神不至昏昧〔三〕、堪任釐務者充，以三十箇月滿替。」

三年正月二十六日，詔：「應宮觀差遣，除兩制以上臨時取旨外，餘候到闕體量定差。」

五月十四日，詔：「杭州洞霄宮、永康軍丈人觀、亳州明道宮、華州雲臺觀、建州武夷觀、台州崇道觀、成都府玉局觀〔四〕、建昌軍仙都觀、江州太平觀、洪州玉隆觀、五(獄)〔嶽〕廟、太原府興安王廟，今後並依嵩山崇福宮、舒州靈仙觀，置管勾或提舉官。」先是，上以諸臣歷監司、知州，有衰老不任職者，(今)〔令〕處閑局，令增諸道員數，使便鄉里，示優恩也。

十六日，龍圖閣直學士、兵部侍郎、集賢殿修撰何郯提舉成都府玉局觀，以病故也。郯遂請老，乃除右丞致仕。

七月二十七日，詔：「二京留臺、國子監及諸州宮觀嶽廟所差提舉、管勾官等添支，大兩省、大(鄉)〔卿〕監及職司資序人視知小州，知州資序人視小州通判，仍各依本人見任官。武臣倣此。遥郡以上罷正任及遥郡改授南班官〔五〕，元係文資換者却與換文資。功績殊異者别取旨。」

〔一〕潼：原作「同」，據《宋史》卷三九六《趙雄傳》改。
〔二〕原題無「外」字，據正文内容補。
〔三〕精：原無，據本卷前文職官五四之五補。
〔四〕府：原無，據本卷職官五四之五補。
〔五〕以上：原脱「上」字，據本卷職官五四之六補。

四年五月，詔：「應臣僚陳乞宮觀并國子監差遣，除大卿監以上及朝廷特旨與差從中書指揮外，餘並送審官東院。」

十一月十六日，詔：「應提舉、管勾内外諸宮觀及嶽廟官，常留一員在彼，餘聽如分司、致仕例，任便居止。」

六年四月，詔：「應宮觀差遣係大卿監及職司，并本州知州自來帶管勾者，並充提舉，餘官管勾。」

十八日，詔：「前宰臣、執政官宮觀差遣添支，依知大藩府禄令給。」

九月十四日，以莊宅使、帶御器械、知鎮戎軍張璛爲右騏驥使、提點鳳翔府太平宮。璛有戰功，以病請退，故遷官以閑局處之。

八年正月二十五日，以皇城使、忠州團練使馬偁管勾兗州仙源縣景靈宮太極觀公事。尋除偁大將軍，以閒職不可仍舊官也。

閏四月十八日，詔：「今後武臣遥郡刺史以上曾歷五路路分鈐轄，不因體量，并有戰功、曾經轉資、歷路分都監以上差遣，不以官資，並許陳乞外處宮觀差遣。」

九年五月一日，以殿中丞曾孝純同管勾西京崇福宮，從父公亮所乞也。孝純監當資序，得管勾宮觀，用父恩也。

元豐元年正月十九日，權發遣三司使李承之言：「近年以來，朝廷寬假資格稍高之人，爲其衰遲，或不任事，未欲遽令休退，改置提舉、(生)〔主〕管宮觀之職，優與俸禄，以示始終，而不立員數。臣僚趨閑貪禄，冒居無耻，或精神未衰，年齒方壯，以便私避事，亦求此職。條制既寬，初未釐革，故今内外宮觀約百餘員，無纖介職事，歲費廩食不下數萬緡，臣竊惜之。乞今後在 28 京宮觀提舉、提點、主管官共無得過十五員，諸路倍之。如有除授，令依例待闕。所貴勤勞官守之人有以區別，不虛費國用。」詔中書立法，自今陳乞宮觀等差遣人，年六十以上聽差，仍無過兩次。

二月七日，詔審官東、西院：「應乞宮觀人年六十以上聽差，毋得過兩任。」

二年六月二十四日，尚書屯田員外郎、權京西轉運副使李南公主管西京嵩山崇福宮，以御史黄顔言南公女皆適士人，而同産女弟在室者已三十餘歲，委寄於妹壻范遷家，按之有實故也。

五年九月十六日，詔：「應尚書吏部陳乞留臺宮觀、國子監人，年六十以上兼用執政官恩例者，通不得過三任。」

哲宗元祐元年五月二十二日，新差知蘇州張銑依舊提舉杭州洞霄宮，以其罷耄也。

七月二十八日，提舉西京嵩山崇福宮韓宗師再任，理提刑資序，以宗師自陳父老，從所乞也。

二年六月十四日，詔郭逵罷廣州觀察使〔一〕、知河中府，除左武衛上將軍，提舉嵩山崇福宮。先是，逵知潞州，

〔一〕逵：原作「達」，據《長編》卷四〇二改。

河東路轉運使論逵言語蹇緩，步履艱難，請別與差遣，以安老疾。會逵徙知河中府，亦露章祈免，故有是詔。

三年十二月十六日，詔：「應緣例陳乞子弟宮觀嶽廟差遣再任者，不理爲資序。」

紹聖二年正月十三日，(待)〔侍〕御史翟思言：「欲今後知州資序人年七十以上者，並依元豐以前舊法，注監當差遣，元祐二年與監嶽廟差遣法勿用。其見任執政官許依例陳乞，仍不得過一任。及於今文『年七十乞宮觀』條内『侍御史』字下添入『以上』二字，『職司』字下添入『中散大夫』四字。」從之。

元符元年，知樞密院事曾布言：「高遵固年八十一，乞再任宮觀；高遵禮年七十六，已再任亳州太清宮，又從其再任之請。待遇宣仁親屬敦篤如此，當宣付史官。」從之。

徽宗崇寧元年七月十一日，中書省(言)：「勘會熙寧三年五月詔，以諸臣歷監司、知州，有衰老不任職者，使食其俸給，令處閑局，故令諸州增置宮觀員數，使人各得便鄉里，且以優老示恩。自後添支屢經裁減，而諸州供給亦無明文，是致往往失所，恐非先帝創立宮觀、優老示恩之意。今以熙寧、元豐以來條制，參詳修立下條：諸三京留司御史臺、國子監，諸州宮觀嶽廟提舉、管勾等官添支，前宰相、執政官依知判諸路州府例，待制已上依見任官知郡例，中散大夫以上并職司資序人依知諸州府大卿監例，知州資序人依見任官充小郡通判例，通判資序人依見任官充軍通判例，武臣正任横行以上依諸司副使知州例，路分鈐轄以上依侍禁、閤門祇候知州例，路分都監以上依殿直充諸路走馬承受例。上條合入《禄令》，衝改元豐三年十一月十八日并元豐六年四月十八日、紹聖元年五月十六日指揮不行。諸宮觀、嶽廟提29舉、管勾等，文官因陳乞及非責降充者，並月破供給，於所居處依資序降一等支，職司以上資序人依通判例，知州資序人依僉判例，無僉判處及通判資序人並依幕職官例〔一〕。前宰相、執政官及見帶學士以上職者不降〔二〕。諸陳乞宮觀、嶽廟若三京留司御史臺、國子監，年七十以下不得過三任；七十以上、曾歷侍御史以上，聽兩任；寺監長貳六(書)〔曹〕郎中以上同。及職司中散大夫以上，並一任。曾歷堂除知州資序人准此。當直宮觀、嶽廟，宮觀使五十人，學士以上四十人，太中大夫、(官)〔觀〕察使以上三十人，中散大夫及提點刑獄以上資序并正任横行以上二十人，知州路分都監以上資序十五人，通判以下資序十人。」從之。

十月二十七日，詔：「應責降充宮觀人，不得同在一州軍居住。」

政和三年二月十五日，尚書省言：「勘會官員闕陞，依條並實理考第，其宮觀以三十箇月爲任，顯是礙闕陞。」詔今後應宮觀並以三十箇月合罷人，並依

〔一〕幕：原脱，據本卷後文職官五四之三五補。

〔二〕不降：原脱，據本卷後文職官五四之三五補。

三年滿罷人例施行。

八月十七日，尚書省言：「宫觀已降指揮三年爲任，嶽廟其以二年。」從之。

二十四日，中書省言：「檢會《大觀重修中書省令》，諸宫觀差遣，中散大夫以上及職司資序並充提舉，餘官充管勾。勘會餘官内，朝奉郎以上及曾任職事官監察御史以上職任，及曾帶貼職之人，若與承務郎並一等充管勾宫觀，慮無以區别。今參酌添立下條：諸宫觀差遣，中散大夫以上及職司資序充提舉，朝奉郎以上或曾任職事官監察御史以上，若曾帶貼職，充提點，餘充管勾。」從之。

十月二十九日，中書省〔言〕：「勘會除授宫觀差遣，近降旨立定提點、提舉、管勾三等，所有（諸）〔請〕受、從人，亦合隨所授職任修定。今參酌舊法，擬立下項：承務郎以上任宫觀差遣，提舉二十人，提點一十五人，管勾一十人。右入《政和重修吏卒格》，衝改本格中散大夫及提點刑獄以上資序、知州通判以上資序差當直人格不行。承務郎以上任宫觀差遣，謂外任許在京居住者。提舉十五人，提點十人，管勾四人。右入《紹聖軍馬司格》，衝改本格太中大夫及職司資序、知州通判（江）〔以〕下資序差當直人格不行。」從之。

五年八月十三日，詔新知池州陳邦光提舉杭州洞霄宫，池州居住。以言者論其以地遠辭桂州之行，方命不恭故也。

六年閏正月二十六日，户部侍郎孟昌齡言：「文武二途，本爲一道，禄廩待遇，理當均一。朝廷近爲宫廟供給之制以優禮臣下，令文臣任宫廟，自職司以上比視有差，至通判而（上）〔止〕。按令，通判與武臣序官，自有定制，而武臣宫觀供給未有明文。臣愚欲乞曾任職事與通判序官人依通判法，餘皆勿給，以稱陛下均待文武之意。」詔係武功大夫以上未至知州、職司資序人，依通判資序 30 人例支破供給，以下勿給。

三月二十四日，樞密院言：「臣僚任宫觀差遣，供給人從各有等差。今外路見任宫觀之人，其間或有妄稱資序，冒請供給，謂如知縣人稱作通判、知州人作職司，未應請而妄請，當請少而受多，或匿其照檢，州縣不察。欲乞今後任宫觀、嶽廟人，並令吏部以本官資序符所住州郡，及於所受付身内聲説，庶絶貪冒。其見任人諸州供具所請月給等第，申吏部勘驗，如有冒請，即行改正。」從之。

宣和元年八月十一日，臣僚上言：「竊以宫觀、嶽廟設置官屬，既免親執祠事而又給廩禄，陛下養賢優老之意厚矣。比年下至小使臣，往往偷閒竊禄，其數猥多。臣近會到吏部右選小使臣任宫觀差遣凡四百二十七員，累日已來，又不知其幾人也。使皆有功可念，有勞可録，猶未免汎濫之弊，況其間年齒方壯、血氣未衰者比比皆是。揆其入仕，亦未久遠，曾無汗馬横草之勞，率皆規避重難，以就安逸。伏望睿旨，應小使臣之授嶽廟差遣者，特重其選，庶幾可以杜絶僥倖，不爲苟免退避之計。」詔今後小使臣更不得差注宮觀、嶽廟，見任人並罷。

九月十七日，吏部言：「奉聖旨，選人見任嶽廟，令吏部具數申中書省取旨。本部勘會，選人見任嶽廟計七十九員。檢會政和七年十月敕内一項，應未應出官人及選人、小使臣并大使臣武功郎以下，並不得陳乞宮觀、嶽廟差遣。如違，以違制論。」詔並罷。

二年二月九日，制以寧遠軍節度使、知大名府、兼北京留守司公事、大名府路安撫使梁子美爲開府儀同三司、提舉西京嵩山崇福宮。

五月五日，中書省言：「奉御筆，宮觀並依元豐法，其後來新置創添差、兼領等員闕，並合先次放罷，限三日。所有宮觀窠闕，今具下項：一、熙寧編勑闕額：西京嵩山崇福宮、南京鴻慶宮、鳳翔府上清宮、亳州明道宮、杭州洞霄宮、襲慶府仙源縣景靈宮、太極觀、華州靈臺觀、建州武夷觀、已改爲建州武夷山冲祐觀。台州崇道觀、成都府玉局觀、建昌軍仙都觀、江州太平觀、洪州玉隆觀、舒州靈仙觀。改爲舒州灊山真源萬壽宮。一、崇寧三年七月六日勑添置下項：靈濟觀、建隆觀、奉慈觀、延祥觀、陽德觀、福源觀、崇先觀、東太一宮、西太一宮、長生宮。一、政和二年七月五日勑添下項：成都府玉清宮、成都府國寧觀、成都府長生觀、成都府太平觀、江寧府萬壽宮、江寧府崇真觀、江寧府崇禧觀、杭州紫霄宮、杭州集真觀、泰州萬壽宮、襲慶府會真宮、襲慶府岱嶽觀、筠州妙真觀、温州南真觀、温州萬壽宮、真華觀〔一〕、信州上清宮、信州太霞宮、南康軍延真觀、南康軍逍遥觀、臨江軍承天觀、陝州太初觀、筠州明道觀、泗州太初觀、彭州冲真觀、衡州露仙觀、衢州福堂觀、南雄州會仙觀、成都府崇道觀、成都府 31 永寧觀、衢州興道觀。」

十三日，中書省言：「檢會御筆，宮觀並依元豐法，其後來新置創添差、兼領等員闕，並合先次放罷，限三日。」詔依下項：應宮觀、嶽廟依熙豐立定窠名，新置内外宮觀、嶽廟並罷。太中大夫以上任寶籙（官）依舊；見在并曾任職事官監察御史以上及監司、並謂責降。并見久任歸明人并蕃官，並依舊；見任職事官監察御史以上及監司陳乞，並謂合堂除。並依熙豐法久任，内非癃老疾病人並罷，隨龍官依舊；太中大夫及武臣正任以上見任都下宮觀依舊，内太中大夫以上任職事兼宮觀人並罷；太中大夫及武臣正任以上正領宮觀兼別差遣、或見領差遣兼宮觀人並罷，内太中大夫以上兼書局人依舊；太中大夫及武臣正任以上領在外宮觀人依舊。内依舊人見領内外新置宮觀，改差舊額宮觀。用恩例陳乞并請給、人從、差注，並依熙豐法，餘依已降指揮。嶽廟並依宮觀已降指揮。

二十五日，詔：「三京留守司御史臺添權判官一員，仍

〔一〕真華觀：原無「真」字。考溫州古代宮觀名「□華觀」者惟有真華觀。《明一統志》卷四八溫州寺觀：「真華觀，在華蓋山麓，唐開元中建。」南宋稱真華宮（一作「貞華宮」），紹興中曾權於此奉安宗廟（見《文獻通考》卷一〇三及本書「禮」類）。因補。

差大卿監并職司以上差遣人；國子監添同判官一員。」尚書〔省〕檢會：「宮觀不限員數，并在知州資序人以上，並須精神不至昏昧、堪釐務者充。《審官東院編勑》：『宮觀、嶽廟及三京國子監、御史臺並差知州軍人，仍到院體量精神不至昏昧、堪釐務者充。』元豐元年二月六日中書省劄子：『應審官東、西院陳乞宮觀等差遣人，年六十以上許差，仍不得過三次。』《吏部尚書左選條》：『諸管勾宮觀、嶽廟、三京御史臺、判國子監，並注知州軍年六十以上、精神不至昏昧、堪釐務人，長官審驗差，不得過兩任。兼用執政官乞者加一等。』奉聖旨依，餘依已降指揮。元係侍從者責降與宮觀，後來改作自陳人，依堂除宮觀人，令吏部差注人，並依元豐吏部法，注知州軍年六十以上、精神不至昏昧、堪釐務人。」詔依此行下。

六月三日，吏部尚書蔣猷等言：「勘會承務郎以上官任新置創添宮觀、嶽廟，已恭依五月五日所降指揮，並行先次放罷。今承正月十三日指揮，內一項：『依舊人見領內外新置宮觀，改差（改差）舊額宮觀。』今來除太中大夫及監察御史以上官、監司責降人兩項外，其庶官任新宮觀、嶽廟合罷之人內，有年甲、資序、任數若依得元豐格法、合差注宮觀、嶽廟之人，未委今來並合與不合一面改差舊額宮觀。」得旨，應任新置宮觀、嶽廟，年甲、資序、任數依元豐格法不合罷人，並改差（滿）〔舊〕宮觀，仍通理前月日滿罷。當部檢準元豐令，諸管勾宮觀、嶽廟、三京御史臺、判國子監，並注知州軍年六十以上、精神不至昏昧、堪釐務（以）〔人〕，長官審驗差，不得過兩任，若用執政官陳乞者加一任。又令諸年七十乞宮觀、嶽廟及三京留守司御史臺、國子監者，曾歷侍御史聽兩任，寺監長官及職 32 司中散大夫以上並一任。又准考功元豐令，諸稱職司者，謂轉運使副、提點刑獄及朝廷專差宣撫、安撫、察訪。餘同知州。勘會承務郎以上官昨任新置宮觀、嶽廟已放罷人內，年甲、資序、任數應得元豐法令之人，以上件勑命指揮劄刷施行。從之。

十四日，中書省檢會：「熙寧四年三月勑：（令）〔今〕後應宮觀差遣，如係大卿監及職司并武臣遙郡以上，及本州知州自來帶管勾者，並充提舉，餘官各充管勾。政和三年八月十五日勑條：諸宮觀差遣，中散大夫以上及職司資序充提舉，朝奉郎以上或曾任職事監察御史以上若曾帶貼職人充提點，餘充管勾。」詔依熙寧四年三月指揮。內稱職事者，謂職司資序人。其見帶提點、提舉、管勾，不依熙寧四年三月指揮者，令吏部出給公據改正。

七月十三日，中書省言：「勘會承務郎大使臣以上昨任宮觀、嶽廟，資〔序〕、年甲等不應熙豐格法罷任人，及六曹等處額外減罷有官吏職。」詔依省罷法。

八月二十五日，中書省言，勘會文臣昨因宮觀、嶽廟減罷，親民資序到任及二年人，詔願在外指射或外聽候堂除差遣者聽。

三年二月二十二日，故承事郎、直龍圖閣王桐妻宜人鄭氏奏：「二男璹、珏並幼失所，昨奉御筆，璹差管勾萬壽觀，珏差管勾江寧府崇禧觀。今宮觀並依元豐法先次放罷，竊念妾家貧，二子並幼，遽罷俸禄，見無所歸。伏望特許男璹、珏依舊宮觀。」詔王璹、王珏爲係王安石之孫，特與宮祠，不得援引爲例。承事郎王璹管勾江州太平觀，王珏管勾建州武夷山冲佑觀。

三十日，觀文殿大學士、通奉大夫、知大名府鄧洵仁言：「伏覩中大夫、直徽猷閣致仕張宗武累經任使，邊功被賞，近以微疾，遂乞休官。今已痊安，精力尚壯，欲望特落致仕，除一宮觀差遣。」詔張宗武許落致仕，差提舉鳳翔府太平宮。

四年八月二十二日，少傅、鎮西軍節度使、知福州余深言：「乞納節鉞，罷鄉郡，外除宮觀一任。」詔依所乞，差提舉西京嵩山崇福宮，任便居住。所乞罷節鉞不允，令學士院降詔。

六年十一月十四日，奉議郎陳恬差管勾清平軍上清太平宮。以前知京兆府王序言：「恬翰墨文章，比肩古人，静退之節，（土）〔士〕論高之，寓本府，衣食弗給。」故有是命。

七年九月二十五日，吏部言：「奉御筆，中散大夫、提舉西京崇福〔宮〕王迢候（候）今任滿日，特令再任。吏部檢準元豐令，諸管勾宮觀不得過兩任。勘會王迢已歷宮觀兩任，若特令再任，即不應條法。今年八月七日聖旨，今後内降及傳宣與差遣之人，或違礙資格，更不進呈，具因依告示不行。」詔更不施行，令吏部告示。

欽宗靖康元年三月二日，尚書右丞李棁爲資政殿學士[一]，提舉南京鴻慶宮。

九月二十七日，資政殿大學士、新知荆南府 33 詹度提舉南京鴻慶宮。先是，度罷中山，未幾復以知荆南，中書舍人安扶繳還詞頭，極論其惡。且言童貫收復故地，度爲率先附會建議之人，故首以帥燕，當行竄責。詔以度有保守中山之勞，以功贖過，令以次舍人劉珏行下。珏又言其不可，故有是命。

高宗建炎三年五月二十六日，勑：「降（指）〔旨〕，文臣承務郎以上許權差宮觀一次，蓋爲未有差遣之人權行措置發遣，所有見任并已授差遣之人，並不許陳乞。」吏部侍郎康執權奏：「承指揮，文臣承務郎以上許權差宮觀一次。緣自渡江，案牘條法及（遂）〔逐〕次（所遂次）所降指揮例皆散失，今省記元擬立因依，條具下項：一、宮觀差遣舊來係差六十以上知州資序人，本部長官體量精神不致昏昧、堪釐務者，許差一任，兼用執政官陳乞者加一任。即年七十以上，若曾任侍御史以上及職司人，許差一次，並具鈔擬注。欲乞仍舊。一、昨降指揮，曾任監察御史以上而年四十以上者，不限資序，許權差宮觀一次。知州資序年五十以上，若已經兩任者，更權許差注一次。通判資序年五十以上，若

[一] 棁：原作「悦」，據《宋史》卷二一二《宰輔表》三改。

四十以上歷任曾經堂除終滿一任者，知州資序人並依此。知縣資序人年四十以上歷任無贓私罪、曾經堂除滿一任人，並權許差一次。一、今來預行先次差注宮觀一次，見今未有差遣之官，權行措置發遣。所有見任三代、年甲、鄉貫、出身、歷任到罷年月日，并元差事因及功過、舉主等朝典文狀脚色一本，仍召保官三員，結除名罪，指定歷任以來委的有無贓私罪犯，及所任差遣是與不是堂除終滿一任之人，各開具委的自陳。(具)〔其〕見任行在人且令於本部陳乞，仍取索保官印紙或誥勅照驗批書，仍循舊例赴長官體量，即行具鈔擬注。在外人令所屬州軍依此陳乞，仍委自知、通倣此體量，堪釐務，別無冒僞姦弊，即一面批書保官印紙等照驗訖，從知、通結罪保明，繳連本官文狀及家狀脚色并保官狀，申部以憑擬鈔施行。如有一事一件隱漏不實，許人告陳，特立賞錢五百貫文充賞。其陳乞并保人送(送)廣南編置。若官司保明不實，官吏並科徒二年之罪。」從之。

九月七日，勅：「京師、河北、京東以至淮甸，見任待闕之人，遭罹劫虜，脱身逃歸，流寓饑寒，困躓萬狀，朕甚憫之。內有緣罪犯未能赴部之人，許破常格差嶽廟、宮觀一次。」尋詔選人並以二年爲任。

紹興三年二月十四日，詔宮觀、嶽廟人，京官已上二年、選人三年爲任。

十九日，尚書左僕射、同中書門下平章事呂頤浩言：「昨蒙聖恩，除臣長男抗、次男摭初等貼職，主管萬壽觀。依條，主管萬壽觀合赴朔望朝參及國忌行(者)〔香〕之類，班列間不免與百官相見，恐有嫌疑。乞改差抗、摭一外任宮觀差遣，庶獲稍遠班路。」詔呂抗差主管台州 34 崇道觀，呂摭差主管亳州明道宮，並任便居住。

三月二十五日，知樞密院事張浚言，乞用恩例陳乞母舅左朝議大夫徐愈宮觀一次，從之。

四月二十六日，右宣教郎吳鐸言：「近蒙朝廷差監潭州南嶽廟，係破格，俸給微薄，贍給不足。念鐸係勳臣之後，乞特賜陶鑄宮觀一次。」詔改差主管台州崇道觀。

五月十六日，詔：「自今郡守到官未滿任或未成資，非實有故，不得輒請宮觀。」

十一月三日，詔：「應宰臣、執政官用親屬恩例陳乞嶽廟差遣者，除特降指揮用恩例差撥外，餘人並依格法施行。其已授嶽廟差遣之人，並許終滿今任。」以臣僚言：「近來陳乞親屬差遣太濫，並欲遵舊制，見任嶽廟官者罷之。」故有是命。

四年六月二十二日，吏部言：「臣僚劄子：『竊見兵火以來，縉紳失所，吏部難得選人差遣。兼有曾任監司、知、通，不復更歸吏部，願審量其才，早與除授。若委無闕可入，非緣罪犯不可録用者，且與宮觀、嶽廟一次。更有破格宮廟請給至微，亦可次第差除。』本部勘當，承務郎以上宮觀差遣，見依建炎三年五月二十六日指揮施行外，嶽廟差遣係朝廷差注，即不係本部合使窠闕。若選人無差遣，乞破格嶽廟，於本部別無違礙。欲依臣僚所請，並赴尚書省投狀。」詔除依建炎三年五月二十六日指揮合差宮觀之人，更與特差一次，餘依吏部勘當。

二十四日，左承議郎張延壽言：「昨任侍御史，因丁母憂解官。至紹興三年，本臺檢舉丁憂服闋，蒙恩除延壽主管江州太平觀。乞檢會延壽別無事因，特降指揮，與依自陳宮觀例施行。」從之。

九月十六日，詔保義郎、閤門祗候劉汜許用父錫初授團練使依條合得恩澤一名，特差監潭州南嶽廟。

十一月八日，川陝等路宣撫使司言：「川陝官員陳乞新書法宮祠，前宣撫使張浚依已得便宜黜陟聖旨，驗實無違礙，並已出給照劄，欲乞給降付身。」從之。

五年閏二月二十二日，詔：「應陳乞宮觀人，曾任左、右司郎官以上，並充提點宮觀。」

二十七日，詔：「京朝官知縣已下資序并選人，如委是西北流寓無産業之人，及非流寓人有若占射差遣恩例，或父母、祖父母年七十以上，或係省員廢併并曾任諸州教授，並令赴尚書省投狀，與差嶽廟一次。如無逐件恩例，在部實及半年以上，無闕可入者，許經吏部陳乞，注破格嶽廟一次。內西北流寓人仍依去失法，召保官一員。」

二十八日，詔：「應陳乞嶽廟人，若出身偶用開封府等處户貫，而物産在江南，及祖父母、父母雖年七十以上，有兼侍之人，並不許陳乞。所有破格嶽廟人，令尚書省於所給付身內聲説，仍令所屬批上料錢文曆。」

四月二十二日，詔：「應曾任宮觀、嶽廟人，並與理作經任，令吏部放行參選。」

五月十三日，吏部 35 言：「將仕郎張續年一十八，未應出官條格。」詔張續前降差監南嶽廟指揮更不施行。

十九日，權吏部侍郎晏敦復等言：「契勘前降指揮，今後應陳乞嶽廟差遣之人，並令赴吏部投狀，令本部取索勘驗，保明申尚書省擬差，出給付身。內有未曾擬正階官之人，須候降到許差指揮，再行奏鈔，顯屬紊煩。欲乞應初出官人陳乞嶽廟，如應得所差指揮，即便擬階官申尚書省擬差。」從之。

七月十二日，詔：「選人嶽廟應格之人，與支本身料錢外，支食錢五貫；破格之人止與支破本身料錢。」

十月十日，臣僚言：「準紹興令，諸臣僚因陳乞及非責降宮觀、嶽廟差遣者，並月破供給，於所居處依資序降一等支。職司以上資序人依通判例，知州資序人依簽判例，無簽判處及通判資序人並依幕職官例，武臣武功大夫以上未及知州職司資序人准此。其前宰相、執政官及見帶學士以上職者不降。契勘宮觀官自祖宗以來，即無支破供給之文，止因崇寧間蔡京用事，創立格法，支破宮觀供給。王黼作相之後，已行(任)〔住〕罷，今來却修入紹興勅令，永爲成法。所在州軍雖不曾一一支給，緣已是編勅該載，難以止絶干請。欲乞刪除。」從之。

二十八日，殿中侍御史王縉言：「初出官人監嶽廟，理資任，若便許用舉主關陞及年限磨勘，僥倖太甚。欲乞應初官監嶽廟人年未及格，并不理資任；選人候釐務書考，方許薦舉。釐務實及三考，無出身通理四考，方許用舉主關陞。承務郎以上釐務磨勘，一依舊法，自後未經參選人并父祖見任通判以上及宮觀通判請給者，更不差監嶽廟。所貴人知自勉，異日可備選用。」詔未經任人父祖已授通判以上差遣及提點以上宮觀，除用恩例陳乞外，今後更不許差監嶽廟。餘依見行條法。

六年正月二十六日，詔右通直郎沈雲紀許用父參知政事與求依條歲許陳乞親屬差遣恩例，特差監潭州南嶽廟。

三月二十日，右承務郎陳鼐言：「祖宗舊例，隨龍人子孫並與堂除差遣。鼐故父戬祗事潛邸，夤緣攀附，今鼐不敢別有僥倖，欲乞陶鑄一嶽廟差遣。」詔特差監潭州南嶽廟。

五月八日，臣僚言：「祠館之任，家居而食厚禄，本出朝廷禮賢優老之意。艱難以來，士或不調，陛下憫其失職，特授此命，甚大惠也。然格法之外，尚或僥求，有年甲、資序未及而輒陳乞者，有任數已過而陳乞再任者。求之於六等宮觀之格，五項嶽廟之法，無一合者，惟以貧窶爲辭，得於格法之外，亦未失陛下矜恤之意。但其間多有無厭之人，昔已叨竊名禄，廣殖田宅，自知抱負瑕釁，不復收用，惟知所在憑藉官勢，經營財利，視其家則豐羨而無須於禄廩，（掄）〔論〕其人則不當復齒於士類。如此之人，乃更與失職寒士（兵）〔並〕饗其食。今國 36 家所患正在官冗而財匱，若以既匱之財給至冗之官，恐不能徧及，徒使州郡之間用度不支，而實貧仰禄者先受其弊。欲乞今後陳乞堂除宮觀、嶽廟之人，除貧乏廉潔朝廷所知者，其餘一切按格與之。」詔依奏。除見任知州軍以上及曾任侍從官宮觀人依舊堂除外，餘令吏部按格擬申，尚書省給降付身。

九年三月二十六日，詔將許差宮觀兩次之人，内一任未及二考，不因過犯罷任，依嶽廟已得指揮別差一次。

十年正月八日，祕閣修撰張宗元言：「元係落（微）〔徽〕猷閣待制、提舉江州太平觀，蒙恩復秘閣修撰，差遣如故。其今任宮觀，乞自復職日理作自陳，仍依例二年半爲任。」從之。

十九年七月八日，詔：「達州刺史、添差兩浙東路馬步軍副總管、紹興府駐劄韋訊免赴任，與在外宮觀，隨侍父淵，令袁州按月支破請給。」以后族也。

二十年十一月二十九日，詔武功大夫、前藩邸（新）〔親〕隨曹昉差主管洪州玉隆觀，仍令久任。

二十五年十月二十二日，詔：「秦檜孫左朝散大夫、試尚書禮部侍郎、兼實録院脩撰塤，右承議郎、充敷文閣待制、提舉佑神觀堪，並除提舉在外宮觀。内塤除敷文閣直學士。」檜薨故也。

二十六年五月十七日，湖南轉運司申，潭州南嶽廟遺火，燒毀殿宇。詔監官先次放罷，令取勘具案聞奏。其殿宇下轉運司計料合用多少錢數，申尚書省取旨降撥。

二十七年七月二十二日，詔：「諸路〔監〕司屬官減員并添差未到任合省罷人，如赴任在降指揮一年內，願就宮觀嶽廟人，與特差一次。」

二十八年四月十七日，尚書左司員外郎王晞亮言〔一〕：「文武官實有疾病則許以尋醫，憫其年勞則優以宮觀，此舊制也。而紹興二十五年十一月指揮，乃有州縣官僚疾病日久者，許求宮觀而去，則是合尋醫人却得宮觀，與舊制相戾。有司疑惑，莫知所承，乞删去。」從之。

二十九年三月四日，詔權尚書工部侍郎楊倓除敷文閣待制、提舉佑神觀，奉朝請。

三十二年正月十三日，臣僚言：「郡守之職，其任爲至重，其事爲至繁。昨者朝廷因臣僚之請，以謂郡守年及七十，非惟不應格法，亦恐耄昏，爲民之害，遂令吏部並與自陳宮觀。其後吏部謂此乃一時申請，本非舊法，不肯永遠遵用。殊不知大（大）〔夫〕七十而致仕，乃古之令典也，今乞將前項指揮永爲著令。」從之。

紹興三十二年十二月二十九日，孝宗即位未改元。詔：「文武臣陳乞堂除宮觀、嶽廟，未曾立定員數。除在京宮觀文臣曾任監察御史以上，監司、郡守及帶職人，武臣（會）〔曾〕任宮觀、知閤、御帶、郡守、遥郡、横行及帶軍職人外，文武臣宮觀以四百人爲額，嶽廟以三百人爲額。大使臣注嶽廟以一百人爲額，小使臣曾從軍添置嶽廟以三百人爲額。宗室依格通差宮 37 觀、嶽廟，以七百人爲額。其溢額人許終滿今任。」

孝宗乾道元年正月一日大禮赦文：「應官員宮觀、嶽廟任數已滿，依法不應再陳者，更許陳乞一次。」三年十一月二日大禮赦〔二〕、六年十月六日大禮赦、九年十一月九日大禮赦並同。

四月五日，吏部侍郎葉顒言：「竊見選人監嶽廟差遣，在任未終滿，因丁憂罷任，即非別有罪犯，難以必要終滿一任，方與免試。今相度，欲將任嶽廟未滿丁憂罷任人，候服闋日並許依條收使，免試恩例參選。」從之。

八月十二日立皇太子赦，內應文臣曾任侍從官、見無差遣，未復職者，許陳乞在外宮觀一次。

十一月二十三日，執政進呈蘇楷乞宮觀，上曰：「可與宮觀。」因又曰：「蘇楷殊無一言，朕欲批不善奏對，又恐從此以口辯取進。」

二年二月八日，權吏部侍郎陳之茂言：「契勘本部侍闕宮觀計三百四十四人，見在窠闕計二百八十員，其間多是廣南瘴癘，人所不願注授。今歲黄甲約五百人，并特奏名上二等免銓試約二（十）〔千〕餘人，官有十倍而可注之闕無三分之一。竊見宮觀、嶽廟有堂除，有部差。堂除所得優厚，非有祖父恩例不許陳乞。至於部差，月得五十而貧

〔一〕「左」下原有「右」字，據《建炎要録》卷一七七、一八一删。
〔二〕此注原作大字，今改爲小字。

者不足於用，然非西北流寓、江南無産業，父祖無人食禄，又不可得。此待闕之官所以積壓尤多。今欲將一歲所差過員數隨宜增添，量州郡大小，各置宫觀、嶽廟，立爲定額。内以五分之一爲堂除，以處恩例特旨者；餘悉爲部闕，次第注授。」從之。

四年五月十八日，臣僚言：「紹興三十年十月二日指揮，郡守年及七十者，(計)〔許〕令自陳宫觀，不請者與宫觀，理作自陳。今畧數班簿，亦幾二十輩，恐其間有精力未衰，朝廷擢用，合加優禮外，乞降旨檢會前令，特與宫觀，理作自陳。具下項：新知州賈价、新差知南恩州田伯彊、知汀州韋能定、知肇慶府秦籲、知昭州葉秉彝、知廉州章兼、知廣安軍姚悠、知滎州楊高、新差知辰州黄繹，並年七十一，知萬州梁載年七十二，已過滿。知陜州胡括年七十三，直秘閣、新差知常德府張允蹈，知連州錢師仁。」詔並與宫觀，理作自陳。

七月十二日，尚書吏部員外郎林栗言：「在法，諸宗室宫觀、嶽廟，若前任不釐務，滿罷願就前任者聽。契勘本選小使臣、校尉曾經從軍立功，依累降指揮注授諸州軍添差指(揮)使、聽候使唤、不釐務及嶽廟差遣。如任滿替回，願就前任州軍添差不釐務等窠闕，有妨礙於前任，不許差注。切緣揀汰離軍之人多是貧乏，般挈可憫，乞將添差指使、嶽廟之人比附宗室嶽廟不釐務，差注不礙前任州軍〔一〕，仰稱陛下優卹之意。」從之。

十一月九日，詔：「今後選人任嶽廟者，悉不理考第，吏部立爲定格。」

十二月二十六日，尚書吏部侍郎薛良朋言：「乞自今降嶽廟不理考指揮之前，應恩 38 科出官有嶽廟考第之人，並依隆興元年恩科出科官人一例理權入官。所有陞、改、循、轉，於上件考第並不合收使，欲望詳酌施行。」詔除隆興元年恩科人所授嶽廟已得指揮許理權官外，餘並依乾(進)〔道〕四年十一月九日指揮施行。

五年二月二十一日，吏部言：「檢準乾道四年七月十二日吏部員外郎林栗劄子，乞將應離軍添差指使、嶽廟之人，比附宗室嶽廟不釐務，差注不礙前任州軍。已降指揮依本官所請。其太使臣即未有該載明文，亦合一體差注。」從之。

三月七日，吏部契勘：「未降嶽廟不理考第指揮之前，除并注授嶽廟見今在任之人，將來嶽廟任滿，並不理考第。本部今措置，欲乞除隆興元年恩科注授嶽廟合理權官之人，自合候終滿外，其餘見今在任人，願截日批書罷任、赴部參選，別注授差遣者聽，不願者候終滿罷。所有初官授嶽廟，不曾銓試中願罷任之人，如有免試恩例，許收使赴部參選；如無恩例，自合依指揮候銓試中到部。」從之。

九月二十八日，吏部狀：「準批下白劄子：『竊見嶽廟

〔一〕州軍：原無，據下文「五年二月二十一日」條補。

差遣既不理考，則文臣無有肯授者，乞差注武臣離軍在部待闕之人。』送部措置。尚書右選勘會，依條以武功至武翼大夫曾任路分都監以上，右武大夫不曾任，同許注授嶽廟，大藩、節鎮二員，餘州一員。又紹興二十九年四月十五日指揮，將應從軍發遣添差任滿到部武功大夫至修武郎、不曾任路分都監以上差遣，每州軍嶽廟不得過一員，內大藩、節鎮更差一員，並二年爲任。本選見在部待次修武郎以上官共三百五十餘員，差注不行。除本部依條注授橫行嶽廟，今來更不增添員闕外，今措置，欲將上件嶽廟每州軍各更增添一員，依見行格法差注，庶幾不致積壓。日後依此使闕。侍郎右選勘會，見在部待次小使臣、校尉共一千七百餘員，除昨承紹興二十九年四月十五日指揮，將應從軍發遣小使臣添差任滿到部之人，以資序名次高下並注嶽廟，諸州軍各添置四員，內大藩、節鎮州軍五員，並二年爲任。本部見遵依使闕，今措置，欲每州各增添一員。」詔權添一次。

六年三月十九日，吏部侍郎陳彌作言：「契勘宗室小使臣添差親民差遣，每州一員；經任監當，每州十縣以上五員，七縣以上四員，五縣以上三員，餘二員。初任大藩、節鎮二員，餘州諸縣各一員。逐時差注經任初任人外，常有二百餘闕無人願就。本部有軍功補授之人，員多闕少，差注不行，欲乞借上件宗室監當見闕，權改作嶽廟稱呼，依本部見行條法差注一次。如已經注後，却有宗室願就，亦許依員數差注。候今來借使一任滿日，依舊撥還宗室使闕，庶可時暫發遣在部軍功補授之人。」（照）〔詔〕依，（曾）先注曾立戰功之人。

六月十三 39 日，吏部言：「選人嶽廟考第在不理考指揮之前，考第、舉主及格，乞退新任陞改，依今旨雖許收使，緣無法可以比類。檢照止有舉主除差遣牽復許退新任磨勘關陞條法，欲比附上條，許令退（關）〔闕〕陞改。」從之。

十一月六日南郊赦：「應貢士年五十以上，五舉到省，合赴乾道五年特奏名殿試之人，緣事赴試不及，若將來殿試唱名，補授文學，年六十以上，與理乾道五年年甲，用今年赦恩召保參選，特差嶽廟一次。」

七年六月二十四日，中書門下省言：「檢會乾道二年八月二十四日已降指揮，諸軍將士曾與金人接戰及守禦立功之人，將戰功顯（暑）〔著〕一十三處立定格目。近來不住有上件立功揀汰離軍及已經添差滿罷之人陳乞嶽廟，今措置，欲將上件經一十三處戰功顯著之人，已經添差滿罷、未曾注授嶽廟，與差注嶽廟一次。已經差注嶽廟，別無差遣，與差破格嶽廟一次。其破格嶽廟依正差嶽廟請給料錢減半。」從之。

九年四月二十三日，詔：「今後離軍橫行使臣，令樞密院審（差）〔察〕，與差將副差遣。若年六十以上，精力已衰，有戰功，依已降指揮與差宮觀，餘差嶽廟。」以樞密院勘會，諸軍離軍橫行使臣添差，吏部見與大使臣一例衮同注授差遣，無以甄別，理宜措置。故有是命。

六月一日，吏部言：「據武功大夫、台州刺史張福等狀：伏覩本部見使横行嶽廟闕，並無本等人指射，欲乞盡數剗刷已未有到任及見榜嶽廟員闕，依乾道六年例借差一次。本部契勘，見榜横行嶽廟員闕無本等人指射，欲乞朝廷指揮借差一次。欲許修武郎以上曾經立功之人指射差注，如同日却有本等横行人指射，即先差本等人。日後依舊使闕，差注本等人。」從之。

淳熙元年二月二十日，吏部言：「棗陽軍合差嶽廟，尚右差横行一員，先親民，次監當，并曾立戰〔功〕人二員，係循環使闕差注。乞自今更不差撥。侍右合差從軍添差任滿人四員，戰功人二員，今乞減從軍添差任滿一員，戰功一員，更不作闕差注。」從之。

二年十二月十七日慶壽赦：「應選人年七十以上，依法不應到部，仰長貳銓量，將尚堪釐務人與注殘零闕一次。内四川、二廣令逐路轉運司結罪保明申部，依此施行。願就破格嶽廟者聽。」十三年慶壽赦同此。

三年九月二十三日，詔：「外官任宮觀者，依宗室宮觀例，以二年爲任。」既而權吏部尚書韓元吉言：「賦禄之法，所以待任事之有勞者。自唐至本朝，百官有分司者，號爲降黜，禄不全給。神宗皇帝始置宮觀差遣，以易分司之任，當時優待耆老侍從及庶官知州資序年六十以上人，其選亦艱。數十年來，士大夫病廢窒礙，動輒請祠，而宗室自大使臣，又有逐州立定宮觀員闕，武臣久歷行陣而資序高者亦復與之。州縣間 40 宮觀廪禄多於見任釐務之官。今京朝官在職例以二年爲任，而宮觀獨以三年半爲任，蓋祖宗朝在官者任皆三年，故宮觀止以二年半，號三十箇月，是不得與在官者比。至元祐員多闕少，在官者亦減作三十箇月爲任，而宮觀因仍不革。紹興初，京朝官又減作二年爲任矣，而宮觀失於契勘，獨用三十箇月，返優於職任之人。」故有是命。

十月八日，詔：「自今有曾經論列放罷之人，必其罪戾可恕，日月已久者，然後上其奉祠之請。」既而臣僚言，昨嘗論奏知贑州陳天麟不應便舉奉祠，因有是詔。

十一月十二日南郊赦：「選人陳乞關陞致仕，通理任嶽廟差遣，如在乾道四年十一月九日以前罷任并出違條限人，其考第並許收使。」

五年十二月十八日，詔：「自今除監司、郡守，並須契勘年甲，年及者與祠禄。」

六年三月四日，詔：「自今堂除添差宮觀、嶽廟，未曾用過戰功恩例人，並使闕差填，帥府、節鎮不得過三員，其餘州軍不〔曾〕〔得〕過二員，仍不得差過元兩任之數。自今降指揮日爲始，其已差人候任滿日更不作闕。」

九月十六日明堂赦：「選人先一任差遣未滿，因避親之類以理去官，而第二任授嶽廟不釐務差遣已滿，又行別注第三任，亦曾於限内陳乞通理，雖係隔任，緣嶽廟不釐務差遣既不與理考第，若作隔任，妨礙通理。可特許將第三任補滿第一任，理爲考第。」

七年八月十一日，詔：「見任宰執、臺諫子孫、京官監當資序人並差嶽廟。已注授未赴上者，許父祖陳乞改差。」

八年閏三月十七日，詔勅令所於通判關陞知州條内删去注文「堂除宫觀聽用一任即不許理當實歷」一十五字，却修入「宫觀並不許理當任數」〔八〕〔九〕字。從知江陰軍王師古請也。

二十八日，詔：「自今應曾被彈劾放罷之人，須是宫觀任滿，然後取旨除授。」

十年二月二十三日，詔：「自今内外諸軍元有例帶離軍之人合得陳乞差遣，願就宫觀、嶽廟者聽，仍理當離軍添差一任恩例。」

十二年十一月二十二日南郊赦：「應紹興三十一年以後歸正京朝官、大小使臣、選人、文學、校副尉、下班祗應任數已滿之人，緣添差不釐務不許關陞，將來有礙蔭補。自今可令吏、兵部依官序先次注授正闕差遣，將副以上隨才擢用，或願就宫觀、嶽廟者，特許陳乞一次。内任數未滿人，願依舊添差者聽。其諸州軍〔歸〕順官候滿七任日，一體施行。」既而十五年明堂赦同此：「所有紹興三十一年以後歸朝人未曾該載，深慮關陞、奏薦亦有妨礙。可將已經添差七任之人，依條去替半年陳乞，就注正關陞差遣。將副以上隨才擢用，或願就宫觀、嶽廟，亦許陳乞一次。」

同日南郊赦：「特奏名文學依法遇赦日，年已六十者許二年内參選，注權入官。其年六十三歲以上如有 41 舉主二員，可權差破格嶽廟一次。」十五年九月明堂赦同。

十三年正月一日慶壽赦：「應無官宗室見年七十以上，可令經所屬陳乞，申大宗正司契勘詣實，保明以聞，特與補承信郎，仍添差嶽廟差遣一次，就寄居州縣支破請給，不理爲吏部立定員額。」

同日慶壽赦：「應文武臣宫觀、嶽廟任數已滿，依法不應再陳乞者，該今赦年七十以上，特更許陳乞一次。八十以上特許兩任。」

同日，赦：「選人任州縣官，在任偶因年老，監司、守臣申乞依淳熙八年指揮改差應格嶽廟，任滿不許再行陳乞之人，如委是年老不堪任釐務，若該今赦，許經所在州軍知、通保奏，再差嶽廟一次。」

同日，赦：「大小使臣年七十以上，體量不堪釐務之人，别無合入窠闕，尚慮失所，並特與差注嶽廟一次。八十以上特許兩任。」

同日，赦：「應曾經十三處立到戰功人，理宜優異。昨淳熙四年指揮，與兩任添差不釐務，或嶽廟差遣，仍支全分請給。如任數已滿，可更與放行一次。」

同日，赦：「應諸軍揀汰離軍大小使臣、校副尉、下班祗應年七十以上，許更添差嶽廟一次。」

同日，赦：「應淳熙十一年特奏名試在第五（第）〔等〕，如係國學、臨安府進士，特與差嶽廟一次，諸州進士與破格嶽廟。應淳熙十一年特奏名文學，見年七十已上，依法不應出官，許召保官三員，委保正身於所在州軍陳乞，保明申吏部，與差嶽廟一次。」

閏七月十一日，迪功郎應説等狀：「身老上庠，幸遇太上皇帝慶壽，以年及補官，乞照淳熙三年太學生潘貿等該遇太上皇帝慶壽恩例補官外，與嶽廟差遣。」詔並與嶽廟。

光宗紹熙二年正月二十八日，詔：「史彌正以偏親年老，乞奉祠禄，其志可嘉，可除直敷文閣，依所乞與主(觀)〔管〕建寧府武夷山冲佑觀。」彌正以直秘閣、新權發遣福建路提刑乞改授祠禄，侍養偏親，故有是命。

十一月二十七日南郊赦：「應紹興三十一年以後歸正京朝官、大小使臣、選人、文學、校副尉、下班祇應任數已滿之人，願就宫觀、嶽廟者，特許陳乞一次。諸軍揀汰離軍已經添差一任回，到部許注授嶽廟差遣。其間實緣殘廢，不能親身赴部，令召本色官一員結罪委保正身，許家人齎狀赴部陳乞差注。勘會昨遇登極赦恩，用舉數推恩補授文學并龍飛榜賜諸州助教，依下州文學恩例之人，依法遇赦日年已六十者，許二年内參選，注權入官。其年六十三歲以上，如有〔舉〕主二員，可權差破格嶽廟一次。其免解待郊特奏名〔文〕學礙年人準此。應進士年五十以上，五舉到省，合赴紹熙元年特奏名殿試人，緣事赴試不及，若將來殿試唱名入第四等以上、合補授文學之人，雖係年六十已上，與理紹熙元年年甲，用今年赦恩召保參(遺)〔選〕，特差嶽廟一次。」

五年正月一日慶42壽赦：「應文武臣宫觀、嶽廟任數已滿，依法不應再陳者，該今來慶恩日年八十以上，特更許陳乞一次。」（以上《永樂大典》卷一六二五一）

宋會要輯稿　職官五五

御史臺〔一〕

【中興會要】

1 國朝之制，大夫無正員，止爲兼官。中丞除正官外帶他官，尚書則曰「某官兼御史中丞」，丞郎則曰「御史中丞兼某官」，給事、諫議則曰「某官權御史中丞事」。次有知雜侍御史一員，以尚書省郎中、員外充，副中丞判臺事。又有左、右巡使，掌朝廷紀綱，分糾違失，及文武常參班簿、禄料、假告。凡文官違失，右巡主之；武官違失，左巡主之。舊以臺吏巡察，咸平四年始令左、右巡使分其職。又有監祭使〔二〕，掌祠祭受誓戒、致齋，檢視彈糾。左右巡使、監祭之外，又有廊下使，掌入閤監食；監香使〔三〕，掌國忌行香。二使臨時充。通謂之五使。其推直有四推：曰臺一推，臺二推，殿一推，殿二推。凡京師外推，則左右巡使臺鞫劾〔四〕；及出於外，皆推直。御史三院闕，則他官權充推直官。咸平中嘗置推勘官十員，後罷。又主簿亦專在臺鞫獄。

【宋會要】

2 太祖開寶七年閏七月，詔：「除授京官差遣、勾當、黜陟，令中書依朝堂官例降勅，御史臺修寫班簿，每十日一上中書。」

太宗太平興國九年七月，詔：「御史臺推勘公事，其當推御史並須當面推鞫，不得垂簾，只委所司取狀。仍令中丞、知雜御史專切提點，務在公當，不得淹延。如經勘斷後致人披訴抑屈，勘鞫不實，本推官吏重寘之法，知雜御史與中丞別取旨。」

淳化三年二月，詔：「京朝官除授、替移及丁憂、免官、請假、身亡，除朝旨出落班簿外，仍令進奏院晝時鈔録報臺。」

四月，詔：「今後御史臺所勘公事，徒罪已上案成後，輪差丞郎、諫議已上一員就臺録問，取伏欵文狀，方得結案以聞。」

四年二月，詔：「御史臺追勘外州刑獄，舊例差驅使官從人齎牒徑往追取，若取受錢物，縱放罪人，漏泄公事，即勘鞫決停。」

三月四日，詔：「御史臺勘事，須中丞、知雜當面引問，提舉催促，看詳欵狀盡理，方得結案。若無干礙，逐旋疏

〔一〕原無標題，據現存《永樂大典》卷二六〇七原標事目補。又，本書職官一七亦有「御史臺」門，應合，可互參。
〔二〕祭：原作「察」，據《大典》卷二六〇七改。
〔三〕監：原脱，據《宋史》卷一六四《職官志》四補。
〔四〕「臺」字上，《職官分紀》卷一四有「左」字。按，「左」疑爲「在」之誤，下文言「主簿亦專在臺鞫獄」，是也。

放，不得淹延枝蔓。每追到罪人，即躬親問過，令史引於直官前，點檢沿身及臥物，不得將紙筆、文書、刀子入獄。直官須輪次承事直印，禁人送食，不得用甆器。先於直官前呈過，及出再呈。不得帶文書器令，以致傳達獄情。其推事須問頭碎欵連穿，長欵圓寫，即經中丞、知雜看讀，録問[3]責伏欵狀，方具奏案。其孔目、衙直、四推、令史，遇勘事日不得出中門。因有病者，勾官醫人看治，省視湯藥，日具增損由報。夏月即五日一湯刷枷杻，令罪人沐浴，直官監視〔一〕，勿令交雜。每酉時直官押令史點唱鏁牢，夜問公事即據房旋開。在臺公人有因緣推勘乞覓錢物者，許人陳告決停。」

二十二日，詔：「今後御史臺所勘公事係徒罪已下，結成文案，更不差官録問，只委中丞、知雜録問，無致枉濫。」

六月一日，詔：「臺憲之地，朝廷要司，如聞近年，頗紊前制。立朝之士多闕於恪恭，執憲之臣務從於拱默。宜申詔旨，用警諸司。當思遵守典章，審詳按劾，使搢紳之内，各務恭虔，囹圄之間，不聞寃抑。共致和平之氣，體兹勤恤之懷。其御史臺合行故事，並令條奏以聞。應有刑獄公事，中丞已下躬親點檢推鞫，不得信任所司，致有寃濫。」

九日，詔：「御史臺四推主推四人，書吏八人，自今於京東、京西、淮南、河北四路選差。每有滿闕，先三兩月下轉運使指定州府，委知州、通判揀選廉幹有行止、能書札者。孔目、勾押官補主推，使、州院前行補書吏。給口券，押速赴臺試驗收補。主推四年無遺闕，與奉職。書吏三年滿轉主推，更二年亦與奉職；如無主推闕，即候滿四年與借職。若只願令州安排者，主推與都押衙，書吏與孔目官。」

八月，詔御史臺不得於兩軍巡府司押差曹司。

閏十月，詔：「御史臺就勘公事，令所[4]差臺官於軍巡府司權抽曹司取勘結案，申奏才畢，發遣歸本處。」

五年正月，詔：「在京臣僚有過犯，差官取勘結案申者，不得隨班起居及上殿奏事。仍令御史臺具名牒閤門。」

三月，詔：「御史臺應干刑獄機宜候朝旨者，即實封通進，常程文狀止得通封。」

至道元年四月，詔御史臺於三館不得與常百司雷同行遣。

真宗咸平元年六月，詔：「應丁憂京朝官，所在具名銜及聞哀月日、持服去處報臺，置簿抄上，候服闋前預奏，候朝旨。」

十月，詔中丞月給錢十五千，知雜十千，推直官七千〔二〕。

二年閏三月，詔：「御史臺勘案，杖罪已下責保在外，不得禁留。」

〔一〕直：原作「真」，據《永樂大典》卷二六〇七改。
〔二〕直：原作「真」，據《永樂大典》卷二六〇七改。

三年七月，詔御史臺糾察常參官進退出入。

十月，詔：「御史臺流罪已上奏案，自今尚書省郎中已上，兩省舍人已上，從下依次牒請録問。」

四年二月，詔：「御史臺差朝官録問軍巡院大辟罪人，不得與本院官相見，仍放常朝。」

三月，御史中丞趙昌言言：「近例，臺司多遣人吏巡察，請依故事令左、右巡使分其職。有踰越法式者，具名以聞。」從之。

閏十二月，詔：「臣僚勘鞫者，除三司臣僚及開封府臨時奏裁外，餘並即時劄送閤門，不令朝參。」

五年六月，詔御史臺勘事不得奏援引聖旨及於中書取意。

七月，詔：「御史臺於左、右金吾二司凡差使公人，每司抽三人在臺輪直差使，月給錢二百，以食茶充，歲一替。」

六年二月，詔：「御史臺今後推勘公事，令 5 中丞、知雜躬親披詳，必須子細詢問，御史臺推直官躬親勘鞫。仍令知雜與中丞提點勘當。其問間被推之人別有申訴，欲見中丞、知雜明理，仰引出更切審問，不得只憑元狀子，須令剖析，毋致有抑屈。如斷遣後却有偏曲，其本推官或重寘之法，中丞、知雜別取旨。」

四月，詔御史臺定職掌四十七人：主事一人，令史十六人，朝堂引贊驅使官十二人，四團驅使官五人，西臺驅使官一人，主推書吏十二人。所掌内彈六案，百司、待制、兩縣三案仍舊外，新賜、職田、六品三案不行。外彈三案，刑獄、色役二案見行，六品一案不行。雜事五案，禮錢、贓罰、月中申〔一〕、支計、解補並見行。四推，臺一、臺二、殿一、殿二，並見行。五使，右巡、左巡、監祭見行，廊下、監香使，每入閣，國忌臨時差。六察，吏察、兵察、户察、刑察、禮察、工察，及宣敕、公廨二庫，並見行。本臺奏狀中書丞銜，移牒三院書銜，除閤門平空外，自餘並不平空。開封府、九寺、三監並云牒上臺，臺申中書、密院並云申狀。

七月，詔：「應諸牌印官有改移、替免，令御史臺即時牒禮部，置簿追納。」

九月，詔：「丁憂京朝官令御史臺畫時鈔録，報銀臺司置簿舉行。其合給官誥，並送御史臺給還。」

景德二年九月，詔：「御史臺應差官就勘公事，量事大小給限，牒報刑部提舉，臺司常切催促。」

十二月，詔：「御史臺所勘罪人，並須依公盡理，即不得言語怕嚇，虚令招罪。違者重寘之法。」

6 大中祥符二年九月，詔左、右軍巡：「凡殺害人命未獲賊，令開封府別狀上御史臺，專切提舉，勒令追尋。」

三年三月，詔：「御史臺公用錢，令三司月給二百五十千，其(及)贓罰錢更不令支給。」

五年八月，詔：「南省及諸司五品已下官，各具本貫、

〔一〕月中申：「中」字疑衍。

三代、出身、歷任有無遺闕家狀上御史臺。自今新陞朝銜謝後，並須準此具家狀納審官院，逐旋牒送御史臺編聯收掌，準備非時檢閱。」

七年五月，御史知雜王隨言，請以御史臺新降條目編爲儀制，從之。

九月，王隨又請命兩制撰《重修御史臺記》，從之。

二十九日，詔步軍司差剩員五人於御史臺洒掃，不得抽差當直。

天禧元年十一月，知雜御史呂夷簡言：「臺直所劾公事，自來有同科同年及第者，多援詔文〔一〕，稱有違礙。望行條約，勿復迴避。」從之。

二年十月，右巡使王迎等言：「準詔，趙安仁所請重修定令式，緣諸處文字悉無倫序，難以編緝，欲望且仍舊。」從之。

仁宗天聖三年六月，右巡使張億等言：「御史臺推勘公事，可只就本臺差人，更不於開封府抽差曹司。」宰臣曰：「本臺自有四推人吏，公事至少，請如億奏。」從之。

四年閏五月二日，御史臺言：「近年外州差到四推人吏共十二人，多未諳推事。欲下開封府，於使院前行内揀選有行止、諳會公事者六人充。候三年滿日，如無贓罪，節(給)〔級〕與御史臺主推，前行與書吏。候有闕，於開封府依上項資次抽取填7補。」從之。

七年九月十一日，御史知雜鞠詠言〔二〕：「故事，三院御史除朝參，非公事不得出入并行人事。近年以來，看謁無度，乞今後並不許非時出入。」從之。寶元二年四月中，以御史王素言，又申明降詔。

八年六月，詔：「御史臺今後凡有刑獄文字，更不供報糾察刑獄司。」

寶元三年正月二十八日，侍御史方偕言：「見供職臺官有男女親家并五服内外親屬，許令相看。」從之。

慶曆六年六月，詔：「御史臺凡大辟囚將決，而獄吏敢飲以毒藥及諸非理預致死者，聽人告論，支賞錢十萬。」

七年七月五日，詔：「御史臺自今後定奪公事，如有人請求行用，許人陳告，支賞錢二伯千。」從權御史中丞魚周詢所請也。

至和二年，知諫院范鎮言：「先朝以御寶印紙給言事官〔三〕，使以時奏上，所以知言者得失而殿最之。陛下雖喜聞諫争，然考其施用，其實無幾，豈大臣因循而多廢格乎？請據今御史、諫官具員，置章奏簿於禁中，時時觀省之。仍以尚書舊所置簿具其言行否，每季録付史官。」詔中書置臺諫官言事簿，令以時勾檢銷注之，仍録與樞密院。

嘉祐六年正月十九日，詔今後兩制臣僚許如諫官例與

〔一〕援：原作「授」，據《長編》卷九〇改。
〔二〕鞠：原作「鞫」，據《長編》卷一〇八改。
〔三〕言：原脱，據《宋史全文》卷九下補。

臺官相見。從權御史中丞王疇之請也。

七年正月，權御史中丞王疇等言：「聞糾察在京刑獄司嘗奏，府司、左右軍巡皆省府所屬，其録大辟之翻異者，請下御史臺。竊惟府縣之政，各存官司，臺局所領，自有故[8]事。若每因一囚翻異〔一〕，用御史推劾，是風憲之職下與府司軍巡共治京獄也，恐不可遽行。」從之。

英宗治平元年閏五月，詔：「御史臺、閤門舊十日一具文武細書班簿以進，自今大書爲册，月上之。」以上《國朝會要》。

神宗熙寧元年六月十八日，中書門下言：「御史臺季進班簿，所供逐官職任去處，並不開説某人見在任，某人見待闕，及無明具係堂除、堂選、審官院差遣，路分兼多錯誤。臺司點檢班簿，内審官院依外任官闕到逐官待闕去處，諸州進奏院申到外任官到任替罷姓名勾鑿外，其見在京京朝官勾當差遣去處，自來未有指揮，多不供申赴臺，致無憑勾鑿。乞下三司、開封府、大宗正司、都水監、群牧司、三館、秘閣、尚書都省、諸司、寺監、皷院、檢院、銓曹、官誥院，遍令所轄諸司庫務，到任、替罷、勾當京朝官，畫時具職位、姓名報臺，庶得修進班簿齊整。」從之。

二年正月二十三日，權監察御史裏行王子韶言：「朝廷以職事官年七十已上及疾病疲癃者付御史臺體量可否，此宜悉委有司，豈可每煩朝廷？伏況内外職任頗有事繁務劇之處，其不能勝任者豈獨老病？至於孱懦庸闇之人，亦能曠官敗事者也〔二〕。今必待朝廷指揮然後體量，則所察者少，而所遺者衆，恐未足以澄清簪笏也。臣竊見得替、赴任官並有臺參、臺辭之制，自來只於朝堂與丞、雜、御史拜揖而已，徒襲舊儀，殊無義理。欲乞今後臺參辭並[9]須詣御史臺，本臺每日令御史一人接見，詳加詢察，遇有老病昏懦之人，即白丞、雜再同審覈。若委實不堪釐務者，並許彈奏。」從之。

〔三年〕二月十〔二〕〔三〕日〔三〕，王子韶又言：「自來冬、年、寒食節放見謝辭，正衙引對之時，亦不曾到臺參辭。其間頗有避見本臺體量，多趁假故〔四〕，冀幸免放。有自到闕至出京，並不曾到臺參辭。乞今後除朝〔庭〕〔廷〕非汎差遣及請假依舊外，其得替到闕及赴任出京，須候臺參、臺辭。況節假自來止三日不入臺，顯不〔注〕〔住〕滯。」從之。

八月二日，詔三館、秘閣借《會要》付御史臺謄録。從所乞也。

十一月三日，御史臺言：「臺參辭臣僚，自來於朝堂先赴三院御史幕次，又赴中丞幕次，得以體按老疾之人。今若只於御史廳一員對拜，不惟有失舊儀，兼恐不能公共參驗。乞依舊制，朝堂拜揖，如遇放常朝，即於御史臺。」

〔一〕異：原作「罪」，據《長編》卷一九六改。
〔二〕亦：原作「是」，據本書儀制九之一六改。
〔三〕「三年」原脱，「十三」原作「十二」，據本書儀制九之一六補改。下文「十一月三日」條，據《長編》卷二一七亦是熙寧三年事，益可證當作「三年」。
〔四〕趁：原作「赴」，據本書儀制九之一六改。

從之。

元豐二年十月二日，參知政事蔡確言：「御史何正臣、黄顔皆臣任中丞日舉，臣今備位政府，理實爲嫌，乞罷正臣、顔御史。」於是權御史中丞李定言：「臺官雖令官長薦，然皆陛下召對，以爲可者，然後命之，取舍在陛下，不在所舉。今欲迴避，不過以爲恩有所在矣。舍公義而懷私恩，此小人事利者之所爲。今選爲臺官者，必以其忠信正直、足以備耳目之任，儻以區區之嫌，遂使迴避，則是以事利之小人待陛下耳目之官，此尤義理之所不可者也。」詔不迴避。

十二月六日，詔御史臺重[10]修一司敕。

八日，詔内外官司於中書、尚書省、三司，不以有無統攝，用申狀，唯御史臺於三司移牒。後又詔御史臺，應官司冠尚書字者用申狀。

〔三〕〔六〕年八月三日〔一〕，詔：「御史勘公事權罷本職，不得與在外官吏往還。」從中丞黄履奏也。履言：「本臺推鞫公事，至有逾年而後畢者，迂爲行遣，以致淹久。欲乞自今本臺獨勘或外官同勘，並令宿直，仍罷本職，不與在外官吏交往，而吏人食直隨獄大小立以三等，爲之給式：大者三十日，中者二十日，小者一十日。過此，雖獄畢亦不給，而官員食緡亦少裁損。」詔尚書省立法，送中書省取旨。

七年二月三日，詔：「外任官乞赴闕奏事，如到闕無所陳，其事非不可形於文字者〔二〕，委御史臺彈奏。」

十二月一日，詔：「應臺察事已奏，雖經恩不原。」

八年九月十九日，尚書省言：「朝奉郎、試御史中丞黄履奏：本臺察案檢察官司稽違，其勾朱、架閣、簿書違式之類，係事理輕小者，欲止從本臺牒官司改正，仍不理爲官吏功過殿最。已依所乞。所有被察官司除官員依法減等無罪外，其人吏自合隨事上簿，理爲過犯，歲終比較。」從之。

哲宗元祐元年三月十八日，詔：「應差除更改事，畫黄録到六曹，並畫時報御史臺、後省諫官（按）〔案〕。」從御史中丞劉摯請也。

三年十二月十四日，詔刊神宗皇帝舉御史詔于御史臺。從滕元發請也。

四年，詔邊機文字不許御史臺取索。此據《職官志》。

四月[11]十八日，詔：「應臺察事已彈察後，及一月以上遇赦降者，其稽違本罪不得原減。」從侍御史盛陶言也。

七年七月十一日，殿中侍御史楊畏言在京刑獄姦弊：「近開封縣申李寶病癰身死〔三〕，而本臺牒府差官覆驗，乃係拷掠致死，不可不察。其糾察在京刑獄一司，今後臺察專領，欲乞今後若有禁囚死亡，專委御史臺定差自來合檢驗官員，依條檢驗。」從之。

〔一〕六年：原作「三年」，據《長編》卷三三八改。
〔二〕非：原脱，據本書儀制八之三二補。
〔三〕開封：原作「聞府」，據《長編》卷四七五改。

九月十四日，監察御史楊畏言：「應吏部銓量官吏職位、姓名，請依三省、樞密院奏差除人例，關御史臺以憑考察。」詔今後銓量到人，依條聞奏外，仍關吏部置簿籍記。

十二月四日，詔：「應獄死罪人歲終委提刑司、在京委御史臺取索姓名、罪犯報刑部，數多者申尚書省。」

紹聖元年七月十一日，詔：「應御史臺見領舊糾察司職事內，録問公事令刑部右曹郎官施行，餘並仍舊。」從御史劉拯言也。

三年正月二十二日，殿中侍御史董敦逸言：「伏覩朝旨，大理寺翻異公事，徒以上送御史臺者。臣竊詳臺獄與開封府三院事體不同，本臺除承行官吏外，應干公人、兵級之類，多是旋差，日有添支食錢及諸般費用，難以淹久。今乞所鞫之事易爲結勘者，乞依今來指揮；若根磨官物或移文他路，未可遽畢者，乞別取旨施行。」從之。

六月一日，御史中丞黄履、監察御史蔡蹈言：「近詔以大理寺申請，自今御史臺彈察諸司違法稽滯等人，候朝廷批降大理⑫寺，從本寺牒元舉發處，令責限取索，送寺書斷。緣本臺紀綱之地，豈可代有司區區應報！請應彈奏諸司違慢等事，依元豐舊例，止從大理寺取索約法，庶官司各安分守。」從之。

四年九月七日，御史臺言：「應非察案人故入察案門者，乞依人六曹法。」從之。

元符元年八月五日，刑部言：「在京官司被受朝旨，乞依元豐四年以前指揮關報御史臺〔一〕。」從之。

二年二月二十二日，詔吏部：「守令課績在優上等，即關御史臺嚴加考察，如有不實，重行黜責。」從吏部之請也。

徽宗大觀四年六月二十八日，詔：「比（覺）〔覽〕臺諫所上章疏，論列政事，挾情觀望，迎合大臣，公肆好惡，務快私忿，乘間伺隙，枝蔓無窮。且以慶賞已行而力請追削，臣僚放廢則極意傾擠。罷革政令，損減員額，十去七分，而紛紜不已；撙節用度，省罷營造，殆無虚日，而裁減未止。託是以濟非，指無以爲有。逮從究治，而後交章論辯，揣度人主，竦動群聽。遂致在位在服，各懷畏縮，不安所守；發號施令，下多阻礙，莫知孚信。良由建明失中，攙摭已甚。君弱臣彊之漸，不可不革。自今臺諫言事若涉好惡，迎合觀望失當者，國有常刑，必罰無赦。應章疏不可施行事，並將上取旨。」

政和元年十二月十一日，詔曰：「耳目之寄，臺諫是司。今言者不沽激以徼名，則畏避以趍利。或陰交貴勢，顯比近習，職所當糾，縱而弗治。盛則俛首附麗，黜則鼓舌詆訾。以此觀望⑬而取世資，何所賴焉！朕宵旰圖治，懔乎以聽言爲難。有言責者，宜直道而行，必覈是非，毋憚大吏，毋溺舊習。」

六年十月八日，臣僚言：「乞在京職事官與外任按察

〔一〕年：原作「月」，據《長編》卷五〇一改。

官，雖未至通直郎，並赴臺參辭謝。」從之。

七年七月十四日，御史中丞王安中奏：「陛下躬覽萬機，凡大號令政事皆出親翰，而又必詔憲司耳目之官覺察彈奏。比者面蒙聖訓，以謂承乏之臣視爲空文。臣聞命震恐，思所以自効，繹尋彙聚，粗見本末。契勘本臺政和四年建請修總官制格目，成《彈奏》三卷。續有所降付，雖未經編纂，亦循舊制，應彈奏事並揭于牓，初未嘗釐去御筆，盡與海行舊條、一時指揮不見少異。臣恭覽御筆所（調）〔諭〕告，有以一道德、（言）〔嚴〕分守者，有以隆道揆、明法守者，有肅朝儀者，有整軍政者，有正官制者，有抑吏强者，有戒元祐黨人覆出爲惡者，有戒諸司奏請之有衝改者，有戒監司、守令不切遵守御筆者，有戒侍從而下非職干預侵越者，有戒除横行落内職夤緣請求者，有申敕常平散斂玩法爲姦者，有申敕和預買前期給價者，有申敕賚錫錢妄傳文移者，有申敕推賞濫冒、不以勞能定等者，有申敕明堂推恩輒有攀援者。凡此皆大猷，顧合與行馬失序等同爲一格，綱目混淆，舊牓昏黑，寖昧本意。臣今乞除已脩成格目外，別將本臺前後所奉御筆令覺察彈（奉）〔奏〕事專爲一書，每殿中侍御史以上即鈔録一本給付，14仍牓内釐出御筆，揭示其餘條令之首，庶幾上可以嚴君父之命，下可以儆有司之守。」從之。

宣和二年十月二十九日，臣僚言：「天下所恃以安者，朝廷之紀綱；紀綱所恃以立者，臺諫之風采〔一〕。若臺諫有所畏忌，受制於人，必容姦於國，而紀綱以壞。是故人君惜之，事權不繫於官長，不拘於大臣，養其志氣，使不挫於權豪，不畏於彊禦。雖其人未必皆賢，其言未必皆當，許以風聞而貸其不實之愆，納以虚懷而開其敢言之路，豈徒然哉！凡欲以破姦回之膽，救陵夷之患也。方今天下平治，朝廷清明，然間有擅權挾寵之徒，肆爲敗常亂俗之惡，蔑視風憲之官，不啻奴僕之役。若非處以私情，終必結爲仇怨。恐其攻己，則先設隄防以拒其來；聞其有言，則廣行營救以反其罪。不擠排以今事，必中害以它非。指切直者爲沽名，謂披忠者爲訕上，巧言令色，千計百端。是致發意欲彈者改遷，抗章纔及者貶竄。前者沉滯流落而不聊其生，後者惴恐憂思而深以爲戒。忠義風采，消委殆盡。臺臣雖備位，名存而實亡，恐非朝廷之福。夫彈劾之職，當急先其大者，譬如捕盜先其渠魁，去草急在根本。今使置其大者而言其小者，是猶捨渠魁而攻疲羸，留根本而摘枝葉，適以激其怒而滋其萌，是豈除惡務本之意乎！且姦人始兆，在糾劾而非難；其惡已成，雖斧鉞而何及！故治國者平時宜有直言頂豸之士，則悠久庶無15姦謀指鹿之臣。今陛下仁天廣覆，智燭旁臨，賞罰如寒暑，號令如風雷，所以舉直錯枉、防微杜漸者，固不患不至。所患者姦回植黨，堅不可破，牢不可拔，或左右先容，或前後救援，不能無誤聞聽。

〔一〕風采：原作「臣」，據《國朝諸臣奏議》卷五五改。

至有逆已行之命，或方頒而旋改；沮必罰之威，或朝黜而暮陞。蠹國害民之事，或遏而復熾；欺公罔上之人，或沮而復起。國是動摇，人心惶惑，其根源不在於他，在於彊援奥知之間而已。夫搏擊之任，豈人樂爲，公議所存，有不得已。人孰不欲保其父母妻子，孰不願富貴安榮，何苦取怨於權臣，犯顔於人主耶！聽言之道，當以事觀。苟惟在己無慾，則於人言何卹，安用預設隄防！苟事干國體，則亦何黨何讎，奚事賡行營救！臣願陛下深惟此理，上體祖宗之成訓，下爲萬世之成規，重惜憲臺之權，優養直士之氣，使姦回必劾而無遺，罪戾必罰而無赦，止其防備之私，絶其救援之弊。明出詔令，自今凡臺臣有所論列，與夫干請私謁，拯姦護惡，巧爲粉飾者，寘之重辟。庶姦無所緣，紀綱一正，天下幸甚。」詔牓朝堂。

三年五月三十日，詔：「臺諫耳目之官，辨忠邪，伸枉直，別勤惰，明是非，乃惟其職。近歲任非其人，懷諼罔上，同于流俗。小大之臣苟有勢援憑藉，雖犯義抵法，緘口弗言；而内外尊君事上、竭節首公、不恤怨忌、無所阿諛者，摭以他事，或受偏詞，類遭彈擊。使蠹瘁之吏每懷顧避，弗敢自効，朝廷之上亦無以器使[16]群工，豈不大辜風憲之任！甚者至背公死黨，肆爲詭譎，阿附權貴。爲臣不忠，孰大於此！自今尚敢狃習近態，靡有革心，邦憲具存，當於衆棄。仰三省覺察，取旨竄責。仍牓御史臺。」

六年四月一日，臣僚言：「竊見御史臺每被詔旨令覺察彈奏，有牒言官之文，有揭榜長貳廳之法。閲歲寖久，被受滋多，而無成書可以總括，詔旨遂爲虚文。乞令臺臣搜閲，修成格目，以備稽考。」從之。

八月十五日，手詔：「御史以持邦憲、糾官邪爲職，治忽所繫〔一〕，豈容曠官！比來中執法而下，類皆朋附，無所建明，觀望意鄉，靡有定論，攟摭細故，僅塞言責，鉗口結舌，寖以成風。每務函容，屢申戒諭，既失所守，終以不悛。紀綱耳目之寄，何所望焉！宜從薄責，以示好惡。御史中丞周武仲與宫祠，侍御史洪擬、殿中侍御史許景衡〔二〕、知洋州吴巖夫並送吏部。」以巖夫通私書妄薦景衡等故也。

七年正月三日，手詔：「持邦憲，糾官邪，責在言事之臣。往者臺綱不振，植黨交私，耳目之寄，夫何賴焉！朕既遴選臺察，廣開言路，爾其各揚乃職，毋憚大吏，毋狥私交，毋伺大臣風旨以爲鄉背，務公好惡，振紀綱。朕方虚己以聽，尚祇欽兹毋忽！」

欽宗靖康元年四月二十六日，詔：「臺諫者，天子耳目之臣，宰執不當薦舉，當出親擢，立爲定制。」

五月十七日，御史中丞陳過庭言：「自祖宗以來定令，本臺僚屬非有出身，未嘗除授。近者唐恕除監察御史，恕實有行[17]業，士類推許，儻使分領六察，固優爲之。然以

〔一〕繫：原作「擊」，據《永樂大典》卷二六〇七改。
〔二〕侍：原脱，據《永樂大典》卷二六〇七補。

蔭補入仕，有違祖宗條例，恐此端一開〔一〕，自是袴𧟸之子攀援進取者，足相躡於憲府矣。欲乞改除一等差遣。」詔以恕爲郎官。

高宗建炎元年十二月，詔四參日差知班通作六人，下殿編排班次。舊例二人，政和間添作四人，今以員數倍多，故有是命。

三年三月六日，詔：「臺諫員闕甚多，令侍從官公共薦舉堪充臺諫官二員。」

四年七月二十二日，宰執進呈臣僚言，乞以所論事行與不行，劄下照會。范宗尹曰：「凡言官所論，朝廷但當容納，可即行之，不可即已，不必相與較是非也。」上以爲然。

紹興元年五月二十五日，詔：「應選人投下磨勘官文字，以姓名及到部月日關報御史臺，置簿籍定。如人吏受賂及故違條限，仍許御史臺檢舉，送大理寺依法斷遣。所有京朝官、大使臣亦依此。」

二年六月二十二日，詔：「臺諫、言事官係非時上殿，不合在輪對條具之數。」先是，有詔外内侍從、省臺職事官等，限半月各述所職利害條具以聞，及應行在通直郎以上輪對。臺諫申明，諫官及本臺言事官遇有時政利害，並非時上殿敷奏，若依自來轉對條例，恐不合在輪對及條具之數。故有是命。

三年正月九日，手詔：「臺屬憲臣檢察刑獄，月具所平反過刑獄以聞。」御史臺狀，除行在大理寺、殿前、馬步軍司，本臺已檢察外，有臨安府并錢塘、仁和縣係浙西路，合屬憲司檢察。刑 18 部檢準臺令，每季詣大理寺及應有刑獄去處點檢。既稱應有刑獄去處，其臨安府錢塘、仁和縣亦係刑獄去處，合依上條每季點檢。從之。

九月二十五日，侍御史辛炳言：「三省(黜)〔點〕檢、都録事授官，即無不赴臺謝之法，所有今年二月十四日魏彦弼、楊從古、俞宗适等畫降聖旨不赴臺指揮，竊慮有礙臺令。」詔今後轉官人依條令赴臺謝。

十月二十日，詔：「御史臺每日體量臺參謝辭官合用木炭、茶湯等，内木炭於左藏庫勘請，茶湯下臨安府支破。」

四年二月一日，詔南班宗室今後並赴臺參。以殿中侍御史劾奏右監門衛大將軍士穧等一十一員不赴臺參、拒過飾非故也。

五月二十三日，詔：「今後吏部奏鈔、刑部斷案，每鈔、案上省，限次日報御史臺。其間經涉日久，無故留滯，許本臺彈劾。」

八月二十五日，進呈樞密院進擬崔慎習、王宏差遣，上曰：「此是魏矼所薦論。臺臣爲朕耳目之官，職在彈擊官邪，若因而薦論人才，竊慮私有好惡。慎習等且依舊，可上簿籍記姓名，他日遇有差使，量材選用。」宰臣朱勝非等曰：「陛下聖德英斷，非臣下所能仰窺萬一。」

〔一〕端：原脱，據《靖康要録》卷五補。

十一月八日，上宣：「臺諫論事許風聞，要須審實，至如排擊人才，豈容無好惡？若果務大體，不指摘纖瑕細故，彊置人於有過，豈惟陰德不淺，亦可銷刻薄之風，成忠厚之俗。」趙鼎曰〔一〕：「聖訓廣大如此〔二〕，言者宜奉以周旋。」

五年三月十五日，御史臺言：「德[19]音根勘前湖州州學教授汪處厚公事，本臺主推書吏人力不勝。今欲貼差推司三人、書寫人三人，許於本臺察案并内外官司指差，不以有無官資，並許不拘常制抽差，不許執滯。仍依從來例，帶行見請給，理爲在任、在司月日，候畢日發歸元處。其鞫宿根勘公事，例有雜支錢，欲於左藏庫每次支錢五十貫。」從之。

九月十七日，詔：「大理寺、臨安府等處杖以下罪，並令一面斷遣，具名申臺，從本臺檢察，有挾情曲法鬻獄等，彈劾施行。」

十二月十三日，詔本臺朔參用釐務、不釐務通直郎以上，望參用釐務通直郎以上趁赴。除宣制、非時慶賀以望參官，餘並以朔參官赴。

六年三月二十四日，右諫議大夫趙霈言：「竊見御史臺察案近有察吏部書令史隱匿過名遷補事〔三〕，既已申之朝廷，付之有司，乃私呼棘寺人吏，事涉容情，致被罪者不伏，以爲棘寺有所觀望。朝廷移赴臨安府再勘，而臺吏二人悉坐特旨編管，臺吏緣此遂有糾察之嫌，司局緣此遂有慢易之弊，寖以成風，漸不可長。」詔劄與御史臺。

十月八日，詔：「御史臺所受諸路詞訟，如有事理重害、日久不決者，具申尚書省取索看詳。其監司、州縣留滯經時、裁處失當，亦許依法彈奏。」從監察御史趙渙之請也。

七年九月二十九日，詔御史臺守闕驅使官，令依條揀試。從本臺申明也。

八年五月十一日，詔御史臺於六察使臣及書吏内從[20]上選差一人，充點檢文字。

九年二月五日，詔御史臺將不赴朔望、在告最多之人核實彈奏。

六日，宰執進呈，上曰：「朕欲用謝祖信爲臺官，恐祖信不知朝廷今日事機，卿等可召赴都堂，與之議論。」臣檜等奏陳：「臺諫乃天子耳目，自朝政闕失所當論列，恐召至朝堂，然後除授，外間不知陛下之意，不能無嫌。」上曰：「大臣朕股肱，臺諫朕耳目，本是一體。若使臺諫機察大臣，豈朕責任之意耶！」臣檜等雖荷上眷知，卒不敢召祖信，但退相勉策，曰：「上虛懷待遇如此，其忍負哉！」

四月，詔御史臺守闕驅使官許招收十人爲額。

十年閏六月二十日，詔：「應有刑獄去處，獄具違戾，

〔一〕趙：原脱，據《建炎要録》卷八二補。
〔二〕如：原脱，據《建炎要録》卷八二補。
〔三〕書令史：原作「書令吏」，據《永樂大典》卷二六〇七改。

令御史臺彈劾以聞。」

十一年四月十七日，詔：「訊囚非法之具並行毀棄，尚或違戾，委御史臺彈劾以聞。」

十二年四月二十一日，詔：「鞫獄干證等人，行在委御史臺常切檢察，月具有無違戾聞奏。」

九月十三日，詔：「禁囚貧乏，無家供送飲食，依法官給，委御史臺常切檢舉約束。」

十二月，詔：「御史臺守闕驅使官上三名，每日支破食錢二百文，餘七人每日支破錢一百文。」

十三年四月二十九日，詔：「今後筵宴等臣僚戴花過數，令御史臺、閤門彈奏。」

閏四月七日，詔：「四川、二廣定差窠闕，令吏部四選逐色闕置號簿各二扇，一納御史臺，一留本部，行下川廣，依准起置。遇川廣用字號定差差遣，以細狀申部，以逐號單狀申御史臺，注名於簿。」21 從臣僚請也。

九月二十二日，詔：「將來郊祀大禮，導駕文武官分左右步騎導，本臺與閤門編排報引。」

同日，詔：「大禮前二日朝獻景靈宮，前一日朝饗太廟，至日圜壇行禮，導駕文武官分左右步騎導，本臺量差知班於禁衛内往來覺察。今後遇車駕行幸準此。」

十月十五日，詔：「將來郊祀大禮，應行事官等務在嚴肅。如有懈怠不恭，令閤門取旨，送御史臺施行。」

十四年正月九日，詔：「每遇駕出，其前導後從臣僚各有行列次序，令御史臺、閤門編排遵守施行。」

十一月五日，詔：「察案後推書吏〔一〕，今後如有願換副尉之人，並依六曹寺監人吏法比換副尉。如不願換，即依本臺見行出職條法。」

二十五年十二月一日，内降詔曰：「臺諫風憲之地，振舉紀綱，糾逖姦邪，密贊治道。年來用人非據，與大臣爲友黨而濟其喜怒，甚非耳目之寄。朕今親除公正之士以革前弊，繼此者宜盡心廼職，惟結主知，無更合黨締交，敗亂成法。當謹茲訓，毋自貽咎。」二日，右正言張修請刊聖詔於御史臺、諫院，從之。

二十六年十二月二日，御史臺言：「六察貼司見管一十人，今欲減罷四人；守闕(騎)〔驅〕使官舊額一十人，今欲減罷五人；主管班次舊額五人，今管三人，見闕二人；引贊官格法一名，副引贊官格法一名，知班驅使官兼書令史格法九人，今管五人，見闕四人。待次守闕驅使官二十人，委是冗併，並合減罷。」從之。以上《中興會要》。

22 紹興三十二年八月二十四日，孝宗即位未改元。詔：「御史臺今後引贊官出職已補授官之人，存留充主管班次，却將見今主管班次之人從上一名儹出，發遣歸部。」從本臺請也。

十月十九日，右正言周操言：「三省有六房，其屬爲六

〔一〕察案：原倒，據後「隆興元年三月」條乙。

部，而御史臺有六察，蓋所以相爲表裏也。祖宗之意，正欲御史糾六房、六部之稽違者。今之六房、六部人吏，積習玩侮，情弊百出。欲望申嚴行下六察官，每月糾察所隸官司，親加詢究，小事具奏，大事隨長貳上殿。庶幾察官雖不得言事，亦得各舉本職。」詔令檢舉見行條令施行。

孝宗隆興元年三月十二日，詔：「御史臺將察案後推書吏，自被差到臺及五年，如有願比換之人，依察案貼司用抵保，依條比換。」從本臺請也。

八月三日，御史臺狀：「依指揮條具併省吏額。前司：主管班次五人爲額〔一〕，見係右從政郎馬彦俊并已年滿合補官人胡世昌二人充，今欲並行減罷，發遣歸部；所有見闕主管班次三名，更欲裁減一名，止以二名爲額。書令史目今見闕四人，並省減罷，自後更不立額。驅使官五人已經裁減，今乞更不省減。六察：書吏一十三人，今併省二人，内成忠郎、六察點檢文字盧宗邁，成忠郎、吏察書吏馬希顔，各見依已降指揮本臺專法理爲資任，欲候逐人任滿解罷，其上件窠闕更不差人。貼司六人，已經裁減，今並乞存留。後推〔二〕：書吏七人，今乞減書吏李汝楫一名。」詔依，23見在人且令依舊，將來遇闕，更不遷補。

乾道元年三月十七日，御史臺狀：「本臺係掌行糾彈百司稽違，點檢推勘刑獄，定奪疑難刑名，婚田、錢穀并諸色人詞訴等，事務繁重，全藉知次第人主行。今欲將察案後推書吏如有願陳乞比換之人，候比換訖，許本臺存留，依舊祗應。」從之。

三年五月十一日，上宣諭曰：「昨批韓曉奏狀，知隨州林薿放罷，如此處置莫是。」葉顒奏曰：「臣昨見言者論罷韓曉，臣知林薿陰遣其家屬來行在，納短卷於臺諫。臣方欲再開陳，今陛下批出，可謂明見萬里之外。」陳俊卿奏曰：「近日此風頗盛，惟其巧造語言以陰中傷，是使監司不敢按郡守，郡守不敢按縣官，臣嘗見之。」上曰：「此風誠不可長，朕方欲手敕戒諭臺諫。」

六年五月四日，御史臺狀：「依指揮條具併省吏額。前司：舊額主管班次五人，已經裁減三人，今止以二人爲額。正、副引贊官舊額管二人，今乞依舊。入品知班舊額管三人，今乞依舊。知班舊額管六人，欲乞止以五人爲額，候有闕補。書令史舊額管九人，已經裁減四人，今更省減一名。驅使官舊額管十人，已經裁減五人，今更省減一名。法司一名〔三〕，今乞依舊。前司共以二十一人爲額〔四〕。六察：舊額管書吏一十三人，今乞以九人爲額。舊額管貼司一十人，今乞止以五人爲額。舊額管通引官五人，今乞止以三人爲額。理檢院舊額管手分二名，本臺已申朝廷，乞將一名24撥送諫院；見管一名，今乞省減，其所掌行遣文

〔一〕人：原作「十」，據下文改。
〔二〕推：原作「擢」，據下「六年五月四日」條改。
〔三〕一名：《宋史》卷一六四《職官志》四作「二人」。
〔四〕二十一：原作「二十三」，按，據上文數字合計僅得二十一人，因改。

字欲併入刑案兼管。後推：〔書吏〕舊額管七人〔一〕，今乞止以五人爲額。」詔依。將來見闕日，依名次撥填。其減下人願依條比換名目者聽。

二十八日，詔：「舊制設兩省言路之臣，所以指陳政令得失，給舍則正於未然之前，臺諫則救於已然之後，故天下事無不理。今任是官者，往往以封駁章疏太頻，憚於論列，深未盡善。自今後給舍、臺諫凡封駁章疏之外，雖事之至微，亦毋致忽。少有未當，可更隨時詳具奏聞，務正天下之事。」

九年五月十六日，詔：「在外臣僚召赴行在或令赴行在奏事，被旨日久，往往遷延，間有托故稽留起發，令御史臺覺察以聞。」

九月二十日，御史臺狀：「本臺前司所掌事體非輕，全藉慣熟諳練儀範舊人應奉。其引贊官依條年滿出職，解發赴部擬官訖，依已降指揮，存留充主管班次。三年滿日，從上儹那赴部注授差遣。昨來紹興七年指揮內，引贊官候年滿出職了日，存留充主管班次，不妨赴部注授差遣。今欲乞將見今主管班次并日後引贊官出職補官人，先次赴部注授差遣訖，却依元降指揮，存留充主管班次。候三年滿日，儹那離臺。如注授差遣後未滿三年，偶因應赴，亦合離臺施行。」從之。

十二月三日，御史臺狀：「檢準《御史臺格》，户察貼司三人，本臺節次承指揮裁減貼司二名外，目今户察只有貼司一名。契勘本臺日受詞狀，多是25争訟婚田事，屬户察行遣；及本臺所轄户部五司倉場、庫務五十餘處，逐時取索點檢，事務繁劇，貼司一名支捂書寫不及，乞以二人爲額，庶幾職事不致妨廢。」從之。以上《乾道會要》。

淳熙三年八月三日，詔：「御史臺六察官近日糾察庶務，各揚其職，臺綱益振，各特轉兩官。」傅淇、齊慶胄、劉藩。

四年七月十七日，敕令所上《重修淳熙編類御史彈奏格》三百五條，詔頒行。先是，御史臺言：「覺察彈劾事件〔二〕，前後累降指揮，經今歲久，名件數多，文辭繁冗，又有止存事目，別無可考，竊恐奉行抵牾。乞下敕令所删修成法，各隨事以六察御史所掌分成門類〔三〕，繳申取旨，降下本臺遵守。」批下本所，至是（止）〔上〕之。

五年正月二十一日，詔：「御史臺六察，自今如有違戾去處，許隨事具實狀彈劾，仍許令訪聞覺察聞奏。」

六月二十一日，詔：「翰林學士、諫議大夫、給事中、中書舍人各舉堪任監察御史二人，以備擢用。」

七年十月十六日，詔：「監察御史張大經察到諸路刑獄奏報淹延未決者至一百六十餘件，當以奏狀付外，令所司勾銷，未結絶者催促結絶。大經既能舉職，可與轉

〔一〕書吏：原無，據前文「（隆興元年）八月三日」條補。按，此處所言僅指後推下書吏之員額，並非在後推官、吏之總數。
〔二〕劾：原作「刻」，據《建炎雜記》乙集卷一二改。
〔三〕「史」下原有「察」字，據《建炎雜記》乙集卷一二删。

兩官。」

八年八月十一日，詔：「新權發遣舒州王藺兩經奏對，鯁亮敢言，朕甚嘉之。雖不曾作縣，可特除監察御史。」

十四年十月十四日，詔：「御史臺減前司看管案牘剩員五人，六察看管案牘剩員三人。」既以司農少卿吳煥議減冗食，下敕令所裁定，故有是命。

26 十五年六月十一日，詔：「冷世光身居風憲，囑託狥私，可放罷。」既而以大理少卿袁樞言：「奉旨令本寺勘通州百姓高楠訴兄居賢事，却承御史臺姓閻人傳意本寺〔一〕，欲責出余瑑〔二〕。竊詳其人係的切干證，竊恐上下觀望，乞改授差遣。」奉旨，將作監丞鄭湜就臨安府置院，追王楫及姓閻人鞫實，乃殿中侍御史冷世光、閻大猷囑王楫，云余瑑是殿院親戚，罪已該赦，錢有下落，可與責出知在。故有是命。以上《孝宗會要》。

淳熙十六年八月十三日，宰執進呈李信甫乞遵用天禧、熙寧故事，許六察言(之)〔事〕。上曰：「祖宗前後典故甚明，宜且遵守，不可輕易更變。」留正等奏：「六察《臺格》具在，條目詳備，若能舉職相事，亦儘有可言者。誠如聖訓，不必更變舊制。」

紹熙四年正月一日，御史臺檢法官李謙、御史臺主簿彭龜年狀：「謙等昨從侍御史林大中奏辟入臺，林大中既遷，法合隨罷。今來侍御史張叔椿再行奏辟〔三〕，令依舊在任。緣大中所劾大理少卿宋之瑞回邪等事，謙等亦嘗與聞，今來大中既除職與郡，即是以當來所劾爲非，謙等禆贊無狀，豈得無罪？若再從辟入臺，是以禆贊無狀之人復誤憲府。乞與謙等一在外差遣，下御史臺別辟屬官。」詔李謙除太常丞，彭龜年除司農寺丞。以上《光宗會要》。

慶元二年四月二十七日，侍御史、兼侍講黄黼言：「竊惟御史臺有三院，其一爲監察御史，列職甚衆，蓋使之糾正官邪而分察六曹 27 之務也。高宗之時，固嘗置六員矣，孝宗之朝亦嘗(治)〔置〕三員。臣以非才，濫司風憲，不曾敢辟臺屬，而分察之任止有胡紘、姚愈二人，訟訴之紛至，勸講之番直，點檢刑獄之(中失)〔失中〕，考校簿書之稽違，監董祠祭之不如儀，舉劾官吏之不奉法，分頭營幹，常有日不暇給之憂。乞更與增置一員，庶幾稍振臺綱，不敢闕誤。」從之。

六年十一月二十八日，臣僚言：「御史臺紀綱之地，風憲之司，非特糾逖官邪，維持國是，凡上而朝廷，下而百司庶府，外而監司、州縣，一事之罷行，一民之休戚，所可以爲據依、所可得而稽考者，文書而已。今所至循習日久，應有文書不問緊慢，多是不報。本臺所置簿書無不詳備，事無大小，有報必録。如人户之詞訟，百官之脚色〔四〕，以至臺

〔一〕傳：原作「傅」，據《永樂大典》卷二六〇七改。
〔二〕瑑：原作「琢」，據下文改。
〔三〕侍：原作「御」，據《永樂大典》卷二六〇七改。
〔四〕色：原作「也」，據《永樂大典》卷二六〇七改。

諫之言章，給舍之繳駁，監司、守臣之按劾，凡命自上出，事由下達，片紙到臺，皆有拘籍。近日以來，事多不報，報不以時，六察之中，惟存虛簿，事有罷行，民有休戚，不得而知。檢照在法，諸被受條制，限三日謄報三省、樞密院，御史臺、尚書刑部、門下中書後省、諫院、大理寺左斷刑、右治獄、開封府司。五十紙以上五日。即一時指揮準此。仍別爲籍節録，朱書注之。仰惟祖宗立法，蓋如此其嚴且密。有萬世不刊之典，無恪意奉行之官吏，其視一臺，畧無少憚。近者秋頒申明指揮，蓋七月内雕刊已就，及其到臺，凡四閲月。臺、部相去無一里遠，稽違如此。乞詔申飭攸司，各遵成憲，自今以往，遇有片紙文28書，並照條限謄報。如仍前稽違，從本臺覺察彈奏，所有人吏重行斷罷。」從之。

嘉定四年九月二十八日，臣僚言：「嘗考《臺令》，參、謝、辭三者之文最爲詳備。今也不然，文武官之任者多不赴臺參、辭，御帶、環衛、南班等除授轉官，並不赴臺參、謝，其尊朝廷之意安在哉！且御史耳目之寄，凡官僚到部，必先令赴臺，視其言辭儀矩，驗其能否盛衰，然後就（郡）〔部〕差注，安得先授差遣，臨岐出關，涉迹臺門，飄然徑去之理！又況有不赴臺參驗者乎！紀綱不肅，莫甚於此。乞申敕中外，今後外官任滿到闕，先須赴臺參，出給關子付之，以憑參部。所有在京除授及轉官，合赴臺謝；或赴外任，亦合臺辭。並照例給關子，付本官照應。」從之。以上《寧宗會要》。（以上《永樂大典》卷二六〇七）

進納補官〔一〕

【宋會要】

29太宗淳化五年正月，詔：「諸州軍經水潦處，許有物力户及職員等，情願自將斛㪷充助官中賑貸，當與等第恩澤酬獎。一千石賜爵一級，二千石與本州助教，三千石與本州文學，四千石試大理評事、三班借職，五千石與出身奉職，七千石與別駕、不簽書本州公事，一萬石與殿直、太祝。」

真宗咸平二年三月，兩浙轉運使言：「越州民石湛、明州民楊文喜各納粟五千石，王澤、徐仁贇各納粟三千石賑貧民。」詔以湛、文喜守本州助教，澤、仁贇攝助教。又詔江南、兩浙災傷州軍，如有人户情願將米救濟飢民，一千石者與攝本州助教，餘並依舊等第恩澤。內有將稻穀散施者，依鄉土例折充米數。如諸雜斛㪷，亦仰轉運司相度，比類指揮。

十月，楚州百姓邵革、習學究張遜出家粟賑貧乏，並授試大理評事。

〔一〕原無標題。《永樂大典目録》卷一一載《大典》卷三八七八原標事目作「納粟補官」，但正文內容包括納錢補官等，實不止於納粟，今補作「進納補官」。

三年八月，賜邵州進士趙世昌、趙世長並爵公士。以其出粟濟飢民也。

四年六月，台州言黄巖縣民葉文晟出穀二千斛救飢民，詔授攝州助教。

五年四月，濱州言學究寇賓王以粟三千斛賑飢民，詔授試大理評事。

景德二年正月，河陰都監、兼知汴口許玄豹言：「沿河州縣和糴，准備漕運軍儲，常患不足，乞逐州軍及時增價收市。如少見錢，即乞許人入進軍儲，等第酬獎。」詔三司詳
30 定。權三司使劉師道等言：「檢會咸平六年十月河北轉運使劉綜等奏：『先准咸平四年閏十二月勅，應河北實有飢民州軍，如有民庶出(來)〔米〕救濟，並令第加恩澤。今河北諸州軍大屯軍馬，除近裏并通河路之處，本司自來科納轉置，常有准備外，有定州、廣信軍、安肅軍、北平寨四處不通水運，深入邊陲，折中則坐費官財，轉輪則動勞民力。乞詔河北州軍，應有民庶願以軍儲於四處送納者，依下項等第酬獎。或不願離鄉者，亦許别議旌酬。竊以漢時賈生建言，晁錯進説，以爲方今之務莫若務農，欲民務農在乎貴粟。爵者上之所擅，出於口而無窮；粟者民之所種，生於地而不乏。使入粟以受爵，塞下之粟必多。文帝從之，令民入粟備邊，六百石爵上造，第二等爵也。稍增至四千石爲五大夫〔一〕，第九等爵也。萬二千石爲大庶長，第十八等爵也。各各以多少級數爲差。』臣等今詳所奏，欲依劉綜等前議。」三司初請及今條件施行劉綜等元奏，定州、廣信軍、安肅軍、北平寨四處，乞許納斛㪷千石與本州助教、文學，二千石與出身，三千石與簿尉、借職，四千石與奉職，五千石與諸寺監主簿，六千石與正字、校書郎，七千石與太祝、奉禮，八千石與大理評事、殿直，九千石與諸寺監丞、侍禁，萬石與大理寺丞、供奉官。洺州、邢州、趙州、貝州、冀州、博州、濱州、德州、棣州〔二〕、滄州、深州、祁州、瀛州、莫州、雄州、霸州、保州、鎮州、乾寧軍、順安軍、信安軍、
31 永定軍、永静軍、保定軍，千二百石與本州助教、文學，二千四百石與出身，三千六百石與簿尉、借職，四千八百石與奉職，六千石與諸寺監主簿，七千二百石與正字、校書郎，八千四百石與大理評事、殿直，萬八百石與諸寺監丞、侍禁，萬二千石與大理寺丞、供奉官。懷州、衛州、磁州、相州、澶州、通利軍、天雄軍，千五百石與本州助教、文學，三千石與出身，四千五百石與(薄)〔簿〕尉、借職，六千石與奉職，七千五百石與諸寺監主(薄)〔簿〕，九千石與正字、校書郎，萬五百石與太祝、奉禮，萬二千石與大理評事、殿直，萬三千石與諸寺監丞、侍禁，萬五千石與大理寺丞、供奉官。真宗曰：「爵賞之命，尤宜慎重，此事若行，經久便否？」宰臣寇準等對：「幸有

〔一〕夫：原作「人」，據《漢書》卷一九上《百官公卿表》七上改。
〔二〕棣：原闕。此州與德州、滄州等相連，據宋代區劃，所闕字當是「棣」，此乃是《永樂大典》避明成祖朱棣諱而空字。今補。

典故，以濟邊備，欲望施行。兼乞陝西亦依此例，別詳酌聞奏。」從之。

是月，詔陝西州軍許民輸軍儲，如願於陝府西諸州軍送納者，依逐等數酬奬。鎮戎軍、環州、渭州、保安軍、延州、原州、慶州，千石與本州助教、文學，二千石與出身，三千石與簿尉、借職，四千石與三班奉職，五千石與諸寺監主簿，六千石與正字、校書郎，七千石與太祝、奉禮，八千石與大理評事、殿直，九千石與諸寺監丞、侍禁，萬石與大理寺丞、供奉官。涇州、寧州、儀州、邠州、鄜州、秦州、隴州、鳳州，千二百石與本州助教、文學，二千四百石與出身，三千六百石與簿尉、借職，四千八百石與三班奉職，六千石與諸寺監主（薄）〔簿〕，32 七千二百石與正字、校書郎，八千四百石與太祝、奉禮，九千六百石與大理評事、殿直，萬八百石與諸寺監丞、侍禁，萬二千石與大理寺丞、供奉官。永興軍、鳳翔府、同州、華州、河中府、解州、陝府、乾州、耀州、丹州、坊州、（號）〔虢〕州、成州、階州，千五百石與本州助教、文學，三千石與出身，四千五百石與簿尉、借職，六千石與奉職，七千石與諸寺監主（薄）〔簿〕，九千石與正字、校書郎，萬五百石與太祝、奉禮，萬二千石與大理評事、殿直，萬三千五百石與諸寺監丞、侍禁，萬五千石與大理寺丞、供奉官。

四月，閤門祗候郭盛言：「洪州、南康軍民李士衡等願輸米賑飢民，請准詔與官。」帝曰：「若其人曾犯刑憲，不可授以官秩，聽擇本家次第親屬代之。」

十月，以淄州學究鄭沔爲鄆州中都縣尉，沔輸粟三千斛於永定軍助邊費故也。

三年正月，以濰州學究鄧世英爲沂州沂水縣尉，入粟濟飢民故也。

三月，賜青州習三史麻温叟同學究出身，温叟納粟麥二千餘石賑貧民故也。

大中祥符六年三月，詔：「應富民得試銜官者，不得與州縣屬使臣接見。如曾應舉及衣冠之族勿拘。」

九年九月，詔：「災傷州軍有以私廪濟貧民者，二千石與攝助教，三千石與郡助教，五千石至八千石，第授本州文學、司馬、長史、別駕。」

天禧元年四月，翰林學士、知通進銀臺司、兼門下封駁事晁迥、李維言：「中書門下劄子付登州，據牟平縣學究 33 鄭河狀，以本州民闕食，願出粟五千六百石賑濟，望賜弟巽班行不許者。臣等商度，損餘補乏，爲利亦大。望（今）〔令〕宰臣定議，特從其請，俟豐稔即止。庶儲積之家有所勸率，大濟乏餒，上寬聖憂。」詔補巽三班借職。

五月，高郵軍民荀懷玉補本州助教。懷玉進米麥共三千石以濟飢民，故有是命。時參知政事張知白言曰：「自古入粟拜爵，皆歸公廪。今則不然，但以民或阻飢，自相假貸，官爲受領，均給貧窮。陛下深軫皇慈，所以不惜虛名，特加旌賞耳。」帝曰：「彼多言之人止以譏切爲務，安肯思慮及此！」

仁宗天聖七年閏二月四日，中書門下言：「河北沿邊經水州軍，望許入粟濟民，第加恩賞。」從之，仍聽以麄細參半。

八年正月二十六日，詔：「河北水災州軍，今春斛食踊貴，人民闕食，許諸色人於沿邊進納斛㪷，千石與攝助教，千五百石與本州助教，二千五百石與長史、司馬。近地州軍千二百石與攝助教，二千石與本州助教，三千石與長史、司馬。」

明道二年正月十八日，中書門下言，願減粟數，且令轉送八州。有詔輸滿千五百石攝助教，二千石爲助教，三千石爲長史、司馬，四千石爲齋郎，四千五百石試銜若同學究科，五千石者除簿尉。時淮南八州飢甚，官募人納粟不至，故有是詔。

景祐元年二月五日，河北都轉運司言：「淮勑，(令)〔令〕指揮州軍，許諸色人進納斛㪷，與借職、奉職、殿直等第酬奬。乞依例出 34 給班行空名宣補文字，付臣等收掌。」詔令轉運司候有人入狀進納斛㪷，立具姓名并石數聞奏，便與出給文字，降付本處，候納足斛㪷給付。

二十三日，詔：「河東州軍諸色人進納斛㪷，依例與恩澤，公筵許令預坐。其攝助教，犯私罪杖以下情理輕者，特與收贖；若三度過犯，奏取指揮。其餘進納路分亦依此施行。」

寶元二年九月十一日，中書門下言：「近制，許諸色人於益、利、梓、夔州路入粟，等第推恩。欲令逐路轉運司速徧指揮州、府、軍、監、縣等，分明出榜曉示，應有今來入粟授齋郎、試銜、出身、簿尉、殿直、借奉職酬奬者，依見任文武品官例，與免本家州縣色役〔一〕，亡没者不在免限。若已後改轉有蔭，亦依條貫施行。其上件人并受攝助教及本州助教、長〔史、司〕馬等，遇公筵許令預坐。其攝助教，犯私罪杖已下情理輕者，特與收贖；如三度過犯，奏取指揮。」從之。

康定元年四月十五日，陝府西路安撫使韓琦等言：「慶、鄜、涇三州調民修城，有妨農種，復少兵士以代夫役。今請聽富民自雇人夫修築，三萬工與太廟齋郎，五萬工與試監簿或同學究出身，七萬工與簿尉，八萬工與借職，十萬工與奉職。」從之。

【宋會要】

慶曆四年正月二十三日，詔：「陝西州軍災傷，雖已令諸處糴常平倉米救濟，慮所藏數少，許諸色人納粟，等第 35 賜官。」

五月，詔：「淮南比穀不登，今春又旱蝗，其募民納粟賜官，以備賑貸。」

十二月二十二日，詔：「進納授官人舉充縣令者，須歷官及五考，有外朝官三員同罪奏舉，方許施行。」

〔一〕免：原作「色」，據《長編》卷一二四改。

五年三月二十八日，殿中丞張庚言：「昨以羌種侵擾，邊費寖繁，納粟授官，有助軍食。今干戈漸戢，簪笏是澄，況農稼之屢登，所在軍儲稍足，進納之令，宜且寢停。」從之。

七年二月二日，詔流内銓：「應納粟授官人不除司理、司法參軍洎上州判司，資考深、無過犯方注主簿、縣尉。如循資入縣令、録事參軍者，銓司依格注擬，止令監臨物務。」從御史知雜李柬之所請也。

十一月一日，判大名府賈昌朝、河北轉運使皇甫泌等言：「澶、（具）〔貝〕、德、博、滄、大名、通利、永静八州軍闕少修河物料，乞許諸色人進納稈草，等第與恩澤。雜稈每束濕重五十斤，一萬五千束與本州助教，二萬束與司馬，二萬五千束與長史，三萬束與別駕，四萬束與太廟齋郎，四萬五千束與試銜、同學究出身，五萬束與簿尉、借職，六萬束與奉職。稈草每束濕重一十五斤，二萬束與攝助教，三萬束與州助教，四萬束與司馬，五萬束與長史，六萬束與別駕，七萬五千束與太廟齋郎，八萬五千束與試銜、同學究出身，九萬五千束與簿尉、借職。」詔令開封府、河北、京東西轉運司遍行指揮。

八年七月四日，三司言：「准權發遣三司户部判官燕度言，商胡河決，乞寬進納之 36 法。省司相度，如今後諸色人於澶州進納，於元定下數目内十分中減下一分，與元定恩澤。及乞依陝西、河東納糧草例，齋郎至大理評事與免本家色役，亡殁者不在免限；若已後改轉有廕，亦依條施行。除耆長不免外，與免理正一次。如知州、通判勸誘得人進納，令本路轉運司批上曆子。如人數多，候得替，委本司保明，與理爲勞績，或與先次差遣。所乞進納竹竿，委澶州當職官員將稈草束數價例比折中奏，乞行酬獎。省司今更與添定殿直已上進納數目，比附錢糧例添定下項等第酬奬。於元進十分數内各減一分。守監簿：雜稈八萬束，減一分外納七萬二千束；稈草一十四萬束，減一分外納一十二萬六千束。侍禁、太祝、奉禮郎：雜稈九萬束，減一分外納八萬一千束；稈草一十六萬束，減一分外納一十四萬四千束。大理評事：雜稈一十萬束，減一分外納九萬束；稈草一十八萬束，減一分外納一十六萬二千束。」詔三司遍行指揮，所乞進納太祝、奉禮、大理評事并免色役並不行。

是月，修河都大總管郭承祐又上言：「伏覩澶州見許人進納稈草，訪聞亦未大段有人進納。伏緣進納人自來所受宣勅之内，明言進納某人受某官，以此豪民之家恥見『進納』二字，多致延滯。欲乞願免『進納』二字者，於元數上量加三二分，於所補恩澤宣勅之上除落（免）「進〔納〕」二字。如允所奏，乞降勅命下本州曉諭。」37 詔應今來澶州進納稈草人，並於所受文字内與落「進納」二字，亦更不量加數目。

嘉祐六年四月，詔：「凡入貲爲官至升朝者，諸户役皆免之。京官不得免衙前，自餘免其身丁而止。若入官後增置田産直五千萬以上者〔一〕，復役如初，傭代者聽之。」

【宋會要】

熙寧元年九月六日，審刑院、大理寺言：「今後本無税貫差役之人，不限丁數，並許進納外，其有税貫等第人户進納人，本身外若更有兩丁，如願不礙色役，亦許進納。仍許雇人充役。」詔應兩丁之家如情願不免差役乞進納，仍雇人充役，並聽。

二年七月二十七日，荆湖北路提刑司體量，荆湖十州軍皆獨名進納外，鼎、澧州各分得監簿一道，齋郎二道，擘畫令散户共力進納，尚有辭免者。今本司勘二州官吏不合會散户共力進納，如轉運司通知，亦仰取勘轉運司官吏以聞。其人户已納錢數，即仰給還。

【宋會要】

哲宗元祐二年八月四日，復進納人四任十考改官舊法，仍增舉者二人。

五年十月七日，禮部言：「降送到空名假承務郎、州助教敕，齋郎補牒，以《千字文》爲號印記，發下所屬官司，仍具注給降事因、去處，候申到給訖因依，即行銷注。應敕、牒並置籍拘管，以事因注簿訖，關送 38 吏部，即行銷簿。應敕、牒不得下司，出榜召人進納，當職官躬親書填給付，具姓名、鄉貫、三代、年甲、字號及年月、因依申吏部。應敕、牒如客人販賣者〔二〕，指定所詣州，每道給公據照牒，以字爲合同號印押。其照牒公據批鑿毁抹訖，限兩日具姓名、鄉貫、三代、年甲、敕補牒上字號，報元承受處。」從之。

元符三年十二月二十一日，尚書省言：「訪聞河北、河東、陝西今歲豐熟，有物之家多願入中斛㪷，以官其身。緣逐路斛㪷價不等，欲河北諸州軍（今）〔令〕措置糴便司，河東、陝西令逐路安撫司，各依所定價直錢召人入納斛㪷。仍以本處在市實直紐筭價錢，内陝西、河東路以銅錢分數紐計，奉職六千貫，借職四千五百貫，齋郎三千二百貫。候納足，仰本州限一日具狀保明聞奏，出給付身告牒，並與免試注官。如未願參部，亦聽從便，仍不以歲月釐革。其納到斛㪷作朝廷封樁，準備移用。」從之。

徽宗建中靖國元年十月二日，河東經畧司言：「據晉軍効用高仲适狀〔三〕，乞入中斛㪷，進納借職一官。竊緣仲适曾決杖罪外，別無過犯，本司看詳元降朝旨，許召有物産人情願入中斛斗以官其身外，即不聲説曾有杖罪情輕之人許與不許進納。」詔高仲适詣狀元降朝旨進納出官〔四〕，陝西、河北、河東路似此進納奉職人准此。

大觀三年九月二十日，吏部員外郎盛章言：「勘會小使臣奏舉員闕並係事務繁劇去處，内有舉 39 到進納出身之人，盡是豪富之家，因緣計會奏舉差遣，恐於職任別致闕

〔一〕者：原作「年」，據《長編》卷一九三改。
〔二〕賣：原作「買」，據《長編》卷四四九改。
〔三〕晉軍：疑有脱誤。
〔四〕詣狀：似當作「許依」。

〔誤〕。本部欲乞今後進納人除赴部依格注擬外，更不許諸處（奉）〔奏〕辟差遣。」從之。

四年二月二十七日，臣寮言：「竊謂賣官鬻爵，非前代盛典，而重惜名器，澄清仕源，正今日之急務。朝廷以三路財用少乏，邊儲未豐，近年以來，出頒假將仕郎等告牒，比之往歲不啻數十倍。凡富商巨賈，乘時射利，以輕貨轉易三路，其入已厚；復伺其粒米狼戾，則低價以深藏廣積，惟俟便糴之急，則高價以中官。如假將（仁）〔仕〕郎官直三千二百緡，民間所中斛斗計直千緡，必高擡價例以就一假將仕郎所直之數。每得三分之芻糧，已給十分之告牒。由是一假將仕郎，其直止一千餘緡，非特富商巨賈皆有入仕之門，但人有數百千輕貨以轉易三路，則千緡之入爲有餘，人人可以濫紆命服，以齒仕路。遂致此流遍滿天下，一州一縣無處無之，已仕者約以千計，見在吏部以待注擬者不下三百人。是皆豪猾兼併之徒，屠酤市販之輩，惟利是謀而一毫必競，素非士流而一畫不分，或假手以就銓試，或偃居以俟殘零。及入仕禄食，曾無區別。使之居官則人所竊笑，使之管學則士爲之羞，況復性本狼貪，所至而民蠹。且一任俸給供須已償其直，又率貪（職）〔贓〕竊取，不知其幾倍，州郡監司多失按治。爲害之大，莫甚於此。臣謂納粟不問工商，既霑爵命以庇其身 40 矣，又入仕一任已足償所直矣，是宜立法，爲之防限。臣愚欲望應進納入仕一任之後，除軍功、獲盜合該酬賞外，其餘更不許注擬。見在部、在任者不許帶管勾學事。仍委按察官司常加察治，少有不法，按罪以聞。庶使此流知懼，不敢自厠於士人之列，而流品亦少別矣。陛下性堯之仁，躬禹之儉，一夫失所，仰軫聖慮，必不忍以嗜利之徒重困吾民。近者罷冗員、節浮費而理財，政事一遵熙豐之成憲，則一二年間，當旋復於熙寧之盛，而財用未富，邊儲未豐，似非所患也。此鬻爵之令宜在所重。方今吏部員冗，注擬不行，正以入流繁雜，在所澄汰，縱未能盡絶此流入仕之源，亦當斟酌元豐之數而減節之，不亦可乎？臣不知政體，姑（磬）〔罄〕愚忠，伏望聖慈詳酌可否施行。」又言：「臣竊觀方今入仕之門，多流外之員，其冗濫尤在於進納。今進納之直雖曰奉職六千緡，借職四千五百緡，假將仕郎三千二百緡，而商賈猾民於三路入中斛斗以虚估價支折，其多者乃不過於千緡，少者止數百緡。及注授差遣，計一任廩稍、公田所得，已過元納之數，致銓曹猥積入仕者幾以千計。然詢於州縣，求其所謂勤職奉法者不可得，至駑鈍貪沓則往往而是。若不稍加裁抑，深恐蠹弊日滋，愈不可革。伏望特降睿旨下有司，將給降三路空名官告、補牒之數量行減節，及須入納一色見錢，方許補授。及立法每歲一次銓試，41 別作一項考較，所取合格人以十分爲率，不得過二分，無即聽闕。其已出官人每任得替到部，亦須如上法，銓試中方許注授，仍不許用恩例免試。庶幾少抑市井商販臨治吏民，流品有（物）〔別〕，名器增重，以清入仕之源，實天下之幸也。」詔並依元豐舊制。

四月二十九日，臣寮言：「訪聞河北路買官之人，多是市井庸猾，門户科役輒恃無賴以免，郡縣莫之能制。暨乎出仕一二任間，已與納粟之價等矣。欲望立法，限定出官任數，并與本貫守令別立儀制。」詔進納官人見本貫守令不得接坐。

九月十九日，蔡州言：「諸處承買到空名州助教及將仕郎等敕牒赴州書填，各係空年日月，多係以前給降，宰執銜位委是不相照應，竊慮經久無以考究。」詔應官中見在空名敕牒，並三年一易。

宣和元年九月二十一日，詔：「非泛補官者輸納差科免役等，並不依官户法減免，進納人依本條。」

三年十二月十六日，臣僚言：「進納人自元豐迄今，吏部入仕皆有常格，應入令録及因賞得職官者，並准監當應磨勘者換授降等使臣，有止法，仍不免科配。其爲裁抑有自來矣，所以覈名實、別流品也。屬者東南用兵，募民入金穀以省轉輸，補文武官一階，武臣以効用盡心、文臣以上書可採爲出身，並理選，依官户法。若遂行之，臣恐弗便。且常歲科配皆出富室，一旦入粟，遂爲官户，終身獲免，則是每户得數千緡於須臾，42而失數萬斛於長久矣。頗聞江浙入粟者衆，其失不知幾萬也。凡今州縣賦役、糴買，百色具存，既失富家則移之下户，富家僥倖而下户重貧。理選限，有出身，自可不注監當，不限磨勘，與士大夫流品混矣。又居鄉不修而齒仕版，或浸漁百姓，取償前日之費，則公私皆被其患。以一時措置而廢經常不刊之典，得失孰多？伏望聖慈特賜改正，並依進納法施行。」詔：近東南捕賊、入金粟補官人與常法進納人稍異，可特依已降指揮與理選限，不限止官磨勘，以示奬録。餘從之。

七年十二月二十三日，詔：「王永從願自辦本家糧斛一百萬石措置赴闕，體國助軍，宜加奬擢。可先次與轉一官，候(借)〔措〕置般運足辦，取旨不次褒擢。」

欽宗靖康元年五月十八日，尚書省言：「昨降詔，天下士民有能推其財穀贏餘以佐軍興者，各以名聞，等第推恩。訪聞忠義户民多願獻納儲蓄以助國用，如沂州沂水縣民程渥獻斛斗五千石，搬輦至京，已與補保義郎，仍不作進納。其似此之人，當隨所納之數與補官資，以爲勸賞。」詔：應人户在京獻納者，金帛、見錢委元豐庫，糧斛委司農寺，别路各委州縣官授納訖，並申尚書省，河北、河東路申安撫司，與隨所納之數計價，依條補授名目，特與不作進納。内宣撫司令將空名告一面書填，即不得抑勒搔擾。

六月二日，詔：「昨童貫出使東南，請降告牒，召人入粟納金，補授文武官43階，文臣作上書可採，武官作効用盡心，並理選限，依官户法。後因臣僚言不爲官户，及近衝改依進納法。緣江浙用兵，所費不貲，因人户納金粟應辦，遂免科擾轉輸，實爲公私之利。事平之後，復行改革，致失信於民，無以誘勸，可並依元指揮施行。」

八月十三日，詔：「應緣獻納補官並貼納改換新告不作進納之人，並令作官户及理選限。」

【宋會要】

高宗建炎元年九月二十七日，詔：「靖康元年六月一日指揮，進納補官立爲三等，七千貫承節郎，五千五百貫承信郎，六千貫迪功郎。今增立諸州文學而下至進武副尉爲六等，庶幾中産之家易於獻納。進義副尉七百貫，進武副尉一千貫，進義校尉一千五百貫，進武校尉二千貫，諸州司士、文學二千五百貫，諸州助教二千貫。」

十一月十八日，詔：「應監司、郡守辟官及差權官，不得辟差本土進納人。」

二年六月二日，詔：「獻助補官，每路差監司一員專一提舉。七千貫承節郎，五千五百(官)〔貫〕承信郎，六千貫迪功郎，依已降指揮，並不作進納出身。已係進納人願繳納元授付身，貼納數中以十分爲率，更減一分。」

三年三月二十一日，詔給降通直、修武郎官告各一十道，聽人户從便納錢。及五萬緡，書填告一道給付，理爲官户，仍依條格封贈，並許不限内外差遣注 44 授，有藝能許量材録用。從兩浙運使劉誨所請也。

六月四日，詔給降文臣承直、儒林、文林、從事、迪功郎，武臣修武、從義、秉義郎空名官告，立價召人納錢書填。承直郎二萬五千貫，儒林郎二萬貫，文林郎一萬八千貫，從事郎一萬六千貫，迪功郎一萬貫，修武郎四萬五千貫，從義郎三萬五千貫，秉義郎三萬貫。其告身止稱「某鄉某人奉公體國，宜加獎録，特授某官」。所有參部、注擬、資考、磨勘、改轉、蔭補、封叙之類，一切並依奏補出身人條法。應今日以前立定出賣文武官告命補牒等第價錢指揮更不施行。其諸路官司先給降過空名官〔告〕、補牒，除已出賣外，其未賣數並不得書填，仰盡數繳申尚書省毁抹。

九月二十六日，尚書省言：「新給降空名官告，雖出身資格與常法不同，緣所立價直太高，例皆變轉不行。契勘舊法，官告理選限：文臣迪功郎六千貫，修職郎七千五百貫，從政郎九千貫〔一〕，從事郎一萬五千貫，文林郎一萬二千貫，儒林郎一萬三千五百貫，承直郎一萬五千貫。武臣進義副尉七百貫，進武副尉一千貫，進義校尉一千五百貫，進武校尉二千貫，承信郎五千五百貫，承節郎七千貫，保義郎八千五百貫，成忠郎一萬貫，忠翊郎一萬一千五百貫，忠訓郎一萬三千貫，秉義郎一萬四千五百貫，從義郎一萬六千貫，修武郎二萬三千貫，敦武郎三萬貫。錢數適中，易於變賣。」詔令吏部各 45 計元價改給逐等官告，依舊不作進納，理爲官户，仍理選限外，候到部日各更與免試注官。其紹興元年六月四日已降措置給賣新告指揮更不施行。應已給降過數目，並繳申尚書省毁抹。

十月十七日，詔：「獻納補官，自今不許差注令、録。」

〔一〕政：原作「正」，據《宋史》卷一六九《職官志》九改。

〔紹興□年□月〕十五日〔一〕，江南西路安撫大使李回言：「補官告牒不許以空名預給，蓋防冒濫之弊。昨劉光世招降虜人，請給告牒，得旨先命詞書告降下，自不能他用。今淮南州縣類皆闕食，官既無以贍恤，若客人有欲輸錢鬻爵者，復待朝廷頒降，坐費歲月。欲乞依劉光世例，以臣所部淮南七州軍博易錢糧，先命詞書告降下。」從之。

三年十一月十七日，吉州進士段元禮言：「已獻納錢六千貫，合補迪功郎。緣元禮曾經杖責，不敢陳乞補官，止乞計價給還度牒。」詔與補授承信郎。

四年三月二十六日，詔：「應納貲授官，武臣至大夫日，遇郊方許封贈。」

四月二十七日，權發遣興國軍應繪奏：「浙西博糴授官之人，校尉免本身丁役，更許用蔭；承信、承節、迪功郎理爲官户，與免試注官。竊詳博糴授官與進納無異，止乞依進納條令，官至陞朝聽免色役，仍不免科配。」從之。

六年正月九日，詔：「今後應納粟別作名目補官人，不得注親民、刑法官。見在任人罷任到部，別作注授，仍不注司理、司法。」

三十日，詔：「淮南東路豪民已曾買官，願就都督行府官資差遣人，許於元名目上陞[46]補官資，或帶閤職，賜帶。文臣見係迪功郎，陞補承直郎一萬五千貫，特改宣教郎七萬貫，特改通直郎九萬貫；武臣見係進義校尉，陞補保義郎一萬貫，陞補修武郎二萬貫；見係承信郎，陞補修武郎一萬五千貫，陞補敦武郎一萬七千貫；見係承節郎，陞補修武郎一萬三千貫，陞補敦武郎一萬五千貫；見係保義郎以上，帶閤門祗候三萬貫；見係武翼郎以上，帶閤門宣贊舍人十萬貫。已係有官人，特賜金帶，五萬貫，其金帶重二十兩，特行給付。以上並作軍功理選限，依立定格目與見闕差遣〔二〕，目下便行起支請給。其家並作官户，本户見充保副正當差役，官中科敷，自陞補官資、賜帶日，並行蠲免。其餘一切並依奏補出身條法施行，仍免銓試。」從都督行府參謀官陳桷所請也。

十月二日，詔諸州勸誘豪民進納，及三十萬貫以上，知、通、縣令、當職官各減二年磨勘；及二十萬貫以上，知、通、縣令、當職官各減一年磨勘。仍令都督行府核實，如別無抑配騷擾，依此推賞。

十二年十二月七日，詔：「入貲授官通及二萬貫以上人，方許作官户免役。」

二十九年十二月二十四日，詔：「四川進納人依例每鐵錢二文折銅錢一文，每鐵錢一貫折川錢引一道。其所補

〔一〕此條原無年月，然上條爲十七日，此條反爲十五日，應有誤。按文中言江西安撫大使李回，考《建炎要録》卷四八、卷六三，紹興元年十月二日乙丑，李回始自參知政事出爲江西安撫大使，至三年三月罷，則此條必爲紹興元年至三年間事，惟確切年月已不可考。以下各條（如「四月二十七日」條）亦均爲紹興事。

〔二〕差：原作「遂」，據《建炎要録》卷九七改。

官，文臣特免銓試，武臣特免呈試短使。」

三十一年六月四日，户部言：「措置中賣米斛，不願請價錢、願補官資人，其米止許於立定椿管州府入47中，仰椿管州軍保明，申本路轉運司審實，先給公據，保明申朝廷，給降付身。一萬貫修職郎，八千貫迪功郎，五千貫承節郎，四千貫承信郎，與理作官户，仍理選限。一千七百貫進武校尉，一千四百貫進義校尉，並不作進納名目，許參部注授，令吏部出給公據，永遠照使。一千五百貫不理選限將仕郎，八百貫諸州助教，依條聽贖。」從之。

十月二十三日，詔：「勳臣、戚里、內侍貴近之家，有願輸家財物助國者，令於所屬自陳，納足具姓名以聞，優加旌賞。」從殿中侍御史杜莘老之請也。

十一月十八日，詔每縣降右迪功郎、承信郎告各一道，進武校尉、進義校尉綾紙各三道。內右迪功郎八千貫，與免試，先次注授差遣，理爲官户，依奏蔭人例。承信郎四千貫，進武校尉一千七百貫，進義校尉一千四百貫，並免試弓馬及短使，先次注授差遣，並無衝改。如係大縣，增賣右迪功郎、承信郎告各一道。錢許用金銀，米斛依市價准折，並令本州書填。如已經獻納補官之人擬注差遣，願再獻元納之半，亦依前件指揮。應知縣勸諭及二萬貫，與減二年磨勘，選人比類施行。如增賣及一萬貫，更與減磨勘一年。本州知、通究心勸諭，諸縣出賣數足，各與減二年磨勘。續户部言：「諸縣民户貧富不同，不可據縣大小一例降付。及止降付轉運司，令詳度管下諸縣民户貧富，隨多少給付。」從之。

十二月二十六日，宣州言：48「戴公度獻納錢一萬貫，合補修職郎。緣公度見係將仕郎，欲更與循一資。」從之。

三十二年閏二月十九日，詔：「進納補助教曾犯杖罪非情重，更不具奏。」

五月二十九日，詔：「中賣米斛推恩，即與納粟事體不同，如補官之後有司輒敢沮難，以違制論。」

紹興三十二年十月四日，孝宗已即位，未改元。右宣教郎致仕潘好古特轉一官，依舊致仕，仍賜緋。以獻錢一萬貫，故有是命。

十一月十一日，臣僚劄子：「竊見進納及科降博糴得不理選限將仕郎及助教之人，因罪追毀元補授文書者甚多。欲望詳酌，自追毀後兩遇赦恩，無過犯，許再進納一次，願超等進納者亦聽。」從之。

十五日，吏部狀：「准都省劄子，諸州獻納願補官人甚多，户、吏部非理取會，行遣留滯，致有詞訟，將當行人重作施行。本部勘會，今欲將不理選限將仕郎未有納到綾紙錢朱鈔之人，日下符文思院，先借綾紙出給，續下元納錢州軍取索朱鈔。其無家狀人，即將所給綾紙實封入遞，從本州軍照應鄉貫、三代、年甲，一面書填。」從之。

十二月四日，左朝請大夫致仕黃韜特轉行一官，依舊致仕。以韶知建州日獻助國用，故有是命。

隆興元年六月十七日，户部狀：「准批下吏部侍郎徐林劄子，乞將空名官告承信郎以上，並依紹興三十一年十月八日指揮理作官户。本部契勘，承紹興三十二年閏二月十九日指揮，出賣官告迪功郎八千貫，與[49]免試差遣，理爲官户；承信郎四千貫，進武校尉一千七百貫，進義校尉一千四百貫，並免試弓馬及短使，授差遣。內承信郎即不曾聲説理作官户。今勘當，欲依本官所乞。」從之。

二年六月一日，户部狀：「准批下福建路轉運司奏，近准拋降空名官告下諸州出賣，多緣知縣過迫期會，僥冒賞典，或勒上户承買，或勒中産均敷，或勒質庫户探鬮。授官者使人貼助，大爲僥倖；同納者率斂無名，徒被追擾。乞權行住賣。本部勘會，除進義校尉不理選限，將仕郎元價低小，依舊存留不拘年限請買外，將迪功郎、承信郎告、進武校尉綾紙繳赴尚書省。」從之。

十月二十日，户部狀：「准批下秀州申，福州助教錢宗俊乞將已補助教并空名將仕郎、進武校尉綾紙換補承信郎，送部勘當。本部檢准隆興元年十一月六日敕節文，處州麗水縣進士柳渭老乞將紹興十八年納錢八百貫買到助教，更貼七千二百貫文，通計八千貫，補授迪功郎。今勘當，欲乞依前項已降指揮換補。」（紹）〔詔〕依。

閏十一月二日，户部狀：「准批下四川總領所申，保明到右迪功郎楊似、進武校尉楊與可獻納錢引五萬道，比折銅錢二萬五千貫，乞推恩，送部指定。本部照得右迪功郎楊似獻錢一萬二千五百貫，比類金州右迪功郎田溉例，合與循兩資，至從政郎，仍更減一年磨勘。進武校尉楊與可獻錢一萬二千五百貫，比類廣州蒲琚[50]例，於見今名目上擬補至保義郎。續承批下楊與可狀，稱與可雖受上件名目，年歲未及，所有已補進武校尉不願祇受，乞以獻助過錢一萬二千五百貫比換文資。本部看詳，即無體例。如本人止願將今來所獻錢比換文資，仍繳連進武校尉綾紙赴部毀抹，依已降指揮一萬貫格，合補修職郎。」從之。

乾道二年四月三日，都省批下刑部看詳，進納人身亡，子孫不作官户。本部今擬修下條：諸進納授官人特旨與理爲官户者，依元得旨，若已身亡，子孫並同編户。從之。

十一月二十九日，廣南西路提刑司保明，忠翊郎鄭大猷於廣州石康倉請跋鈔鹽七百籮〔一〕，約錢一萬貫省，獻助招募効用之費，乞加旌賞。詔鄭大猷特轉忠訓郎，仍堂除差遣一次。

七年二月二十三日，詔吏部給降太孺人告三百道，每道價錢七百貫，就户部置場出賣。從太學正薛元鼎之請也。

【宋會要】

〔一〕忠：原作「志」，據《宋史》卷一六九《職官志》九改。

乾道五年六月十九日，户部言：「建寧府進武副尉游松減價出（糴）〔糶〕米八千餘石賑救細民，合補進義校尉。本人既有前件名目，欲減磨勘五年。」從之。

八月二十四日，户部言：「建寧府進義校尉張國秀減價出糶過米一萬三十五石，緣本人已係進義校尉，欲與減磨勘五年。」從之。

九月四日，户部狀：「准批下饒州保明到進士程衮 51 乾道四年正月至六月糶過米穀，并借與近鄰，共計二萬四千五百三十六石八斗五升，令年認糶穀米共五千一百五十石，乞賜推賞。本部契勘，程衮係糶過米穀二萬四千餘石，價亦不甚高貴，欲比擬補下班祗應。」詔特與免文解一次。

十月四日，户部言，建寧府進士游九齡減價賑糶米六千三百餘石，詔特與免文解一次。

六年二月十九日，詔：「建寧府張安道減價出糶米一萬四千一十石一斗，又設米粥救濟，與補下班祗應。」

三月二十四日，建寧府將仕郎蕭戩減價出糶米二萬八千餘石，乞將合得賞與男夢良補進武校尉。詔從之。

七年八月一日，中書門下省奏：「旱傷州軍有賑濟上户，許州縣保明申朝廷，依今來所立格補授名目。無官人一千五百石補進義校尉，願補不理選限將仕郎者聽。二千石補進武校尉，如係進士，與免文解一次；不係進士，候到部與免短使一次。四千石補承信郎，如係進士，與補上州文學。五千石補承節郎，如係進士，補迪功郎。文臣一千石減二年磨勘，如係選人循一資。二千石減三年磨勘〔一〕，如係選人循一資。仍與各占射差遣一次；三千石轉一官，如係選人循兩資。仍各與占射差遣一次；五千石以上取旨，優異推恩。武臣一千石減二年磨勘，陞一年名次；二千石減三年磨勘，占射差遣一次；三千石轉一官，占射差遣一次；五千石以上取旨，優異推恩。」從之。

二十九日，詔：「衢州江山縣毛琯賑糶米二萬四千九百三十六石五升，與補進義校尉。」

十一月 52 二十日，權發遣隆興府龔茂良言：「成忠郎張翬居吉州永新縣，獻米三千石賑濟。」詔張翬除閤門祗候，添差吉州兵馬都監。

八年二月四日，詔：「吉州尹真賑濟米五千石，筠州陳元老一千五百石，吉州吳紀一萬石，吳守道四千石，撫州張嘉謀三千石，傅值三千石。數内尹真、吳紀補迪功郎，餘並補進義校尉。」

四月十四日，龔茂良又言：「去歲大旱，吉州敕補助教詹忠節以其子承信郎詹師言任荆南石首縣税官過滿，久不得罷，情願獻米一千石充賑濟，乞將詹師言授家便差遣，一面替罷。」從之，仍與堂除差遣。

十六日，龔茂良言：「吉州太和縣税户陳龍藻獻米一萬石賑濟，乞於内將五千石賞補長男德元武官，并將五千石賞補第三男恪文資。其陳德元本是士人，雖曾陷刑辟，

〔一〕三年：原作「二年」，據《救荒活民書》卷中改。

審量其人器資豐偉，可以寘之武階。」詔陳恪依所乞與補右迪功郎，餘一名(令)〔令〕別具陳乞。

五月八日，詔：「吉州右文林郎易嘉言賑濟米一千石，與循一資。」

二十八日，知饒州王秬言：「本州去年荒歉，鄉官右通直郎張垓前去諸縣，勸諭到認糴米六萬六千一百五十九石，右迪功郎許軫糴米三萬五千七百七十二石。已降指揮，許軫特與轉兩官外，有餘干縣進士董時敏糴米一萬三百石，樂平縣進士程轙糴米四千三百石，德興縣董簡糴米四千石，僧紹禧、行者知脩煮粥供膳過五萬三千三百六十五人，僧法傳、53行者法聚煮粥供膳過三萬八千五百六十一人。」詔張垓特與轉一官，董時敏與補右迪功郎，程轙與免文解兩次，董簡與補進武校尉，僧紹禧、法傳各賜紫衣，行者知修、法聚各給度牒披剃。

七月十八日，潭州進士劉光祖非等第户，率先獻米五百石賑濟，及躬親勸率有力之家出米三千八百餘石，詔與免文解一次。

二十六日，詔：「右迪功郎郭仲武賑糴米二千九百六十石、穀二百石，與循一資，占射差遣一次。」

九月五日，龔茂良言：「吉州承信郎易致恭賑糴米一千八百餘石，今再出米四千五百石，所得酬賞乞與第二男登仕郎易嘉敏與理選限。」從之。

十一月十九日，詔：「永州鄉貢進士蔣勵獻助米一千五百石賑濟，更減價糴米三千石，與免文解一次，仍候將來赴殿試，與陞甲恩例。」

八年九月二十一日，建寧府免解進士張茂先狀，昨於乾道四年内賑糴過米四萬餘石，乞推賞。詔補下州文學。

九年二月三日，户部狀：「准批下湖北安撫司申，乾道七年亢旱，枝江縣韋安世糴稻穀五千石及中糴二萬石，通計二萬五千石，乞推賞。本部欲紐計比折，依賑濟五千石賞格補迪功郎。」從之。（以上《永樂大典》卷三八七八）

官制別録

【宋會要】

❶神宗元豐三年六月十五日，詔中書置局詳定官制，命翰林學士張璪、樞密副都承旨張誠一領之〔一〕，祠部員外郎王陟臣、光禄寺丞李德芻檢討文字。應詳定官名制度，竝中書進呈。先是，元豐二年五月二十二日，右正言、知制誥李清臣言：「本朝官制踵襲前代陳迹，不究其寔，與經舛戾，與古不合。官與職不相準，差遣與官、職又不相準。其階、勳、爵、食邑、寔封、章服、品秩、俸給、班位，各爲輕重後先，皆不相準。乞詔有司講求本末，漸加釐正，以成一代之法。」

七月六日，以著作佐郎、祕閣校理何洵直兼詳定官制所檢討文字〔二〕。

八月十四日，詔吏部流内銓自今稱尚書吏部。

十五日，詔中書曰：「朕嘉成周以事建官，以爵制禄，小大詳要，莫不有叙，分職率屬而萬事條理，監於二代，爲備且隆。逮于末流，道與時降，因革雜駮，無取法焉。惟是宇文造周，旁資碩輔，準古創制，義爲可觀。國家受命百年，四海承德，豈兹官政，尚愧前聞！今將推本制作董正之原，若稽祖述憲章之意，參酌損益，趨時之宜，使臺、省、寺、監之官寔典職事，領空名者一切罷去，而易之以階，因以制禄。凡厥恩數，悉如舊章。不惟朝廷可以循名考正萬事，且使卿大夫涖官居職，知所責任，而不失寵禄之寔，豈不善歟！其應合行事件，中書條具以聞。」

九月二日，翰林學士蒲宗孟〔三〕、知制誥李清❷臣兼詳定官制，檢正中書户房公事畢仲衍、檢正中書禮房公事王震並兼檢討文字。

十六日，詳定官制所上以階易官《寄（録）〔禄〕新格》：中書令、侍中、同平章事爲開府儀同三司，左、右僕射爲特進，吏部尚書爲金紫光禄大夫，五曹尚書爲銀青光禄大夫，左、右丞爲光禄大夫，六曹侍郎爲正議大夫，給事中爲通議大夫，左、右諫議爲太中大夫，秘書監爲中大夫，光禄卿至少府監爲中散大夫，太常至司農少卿爲朝議大夫〔四〕，六曹郎中爲朝請、朝散、朝奉大夫凡三等，員外郎爲朝請、朝散、朝奉郎凡三等，中書舍人爲朝請郎，起居舍人爲朝散郎，司諫爲朝奉郎，正言、太常、國子博士爲承議郎，太常、祕書、殿中丞爲奉議郎，太子中允、贊善大夫、中舍、洗馬爲通直

〔一〕密：原作「察」，據《長編》卷三〇五改。
〔二〕討：原作「詞」，據《長編》卷三〇五改。
〔三〕宗：原作「知」，據《長編》卷三〇八改。
〔四〕天頭原批：「寄案：徐輯《永樂大典》引《會要》，云太平興國元年，詔改唐朝議大夫爲朝奉。」按，屠寄所言徐稿今未見。

郎，著作佐郎、大理寺丞爲宣德郎，光禄、衛尉寺、將作監丞爲宣義郎，大理評事爲承事郎，太常寺太祝、奉禮郎爲承奉郎，秘書省校書郎、正字、將作監主簿爲承務郎。又言：「開府儀同三司至通議大夫已上無磨勘法，太中大夫至承務郎應磨勘。待制已上六年遷兩官，至太中大夫止。承務郎已上四年遷一官，至朝請大夫止，候朝議大夫有闕次補，其朝議大夫以七十員爲額。選人磨勘並依尚書吏部法，遷京朝官者依今新定官。其《禄令》並以職事官俸賜禄料舊數與今新定官請給對擬定〔一〕。」並從之。

十七日，詔：「開府儀同三司爲使相，不繫大勳銜〔二〕。」**3** 又詔：「見任宰相、使相食邑寔封通及萬户，前任宰相食邑及萬户，並封國公。宗室如舊例。」又詔：「臣僚加恩並依舊，勳已至上柱國即併加食邑寔封，給、諫、待制許加寔封〔三〕，省副、知雜許併加勳，勳已至上柱國，食邑自今當加，食邑減數令中書本房立法。」本房尋奏：「自來大禮，加功臣、階、勳、食邑、寔封凡五等。今已罷功臣及以階易官，即止有勳及食邑、寔封凡三等。勳止柱國，而食邑當依舊法，自三百、四百、五百、七百至一千户，寔封自一百、二百、三百、至四百户。仍乞各于舊條官序上遞減一等加之，如食邑合加千户止加七百户之類〔四〕。其寔封亦以此爲率，即食寔封一百户并初封食邑三百户仍不減。欲乞先行下，候成書日別删定。」從之。

同日，中書言：「據官告院狀，諸班直都知、押班、長行等，諸軍使、副，指揮使、軍使、副都兵馬使、都頭、副都頭未曾受加恩者，遇大禮授銀青光禄大夫、檢校國子祭酒、兼監察御史、武騎尉。緣見今臺、省、寺、監之官易之以階，則所授銀青光禄大夫正爲階，而國子祭酒、監察御史乃職事官，皆不合用爲加恩。今明堂諸如此類未加恩者，並乞加武騎尉，欲送官告院照會施行。」從之。

同日，中書言：「官制所申，朝旨除三公、三師外，餘檢校官并散階並罷。所有宗室及文武臣正任至内常侍已上，内臣供奉官已下，選人、技術官、將校、中書樞密院主事已下，及諸司吏人所授勒留官、銜 **4** 校等，各有帶文散階、檢校官及憲銜，欲並除去。其僧官并溪洞蠻人知州鎮，及化外蕃官所帶散官等，合自朝廷指揮。」從之。

二十四日，宰臣王珪自尚書禮部侍郎易正議大夫，參知政事章惇、蔡確，同知樞密院孫固，並自右諫議大夫易太中大夫，同知樞密院薛向自工部侍郎易正議大夫。

二十六日，觀文殿大學士、集禧觀使、尚書左僕射、舒國公王安石爲特進，改封荆國公。宣徽南院使、檢校太尉、開府儀同三司、西太乙宮使王拱辰落開府儀同三司。並以官制行正名也。舊制，以開府〔儀同〕三司爲加恩散階，官制行，易爲使

〔一〕禄令並：原作「禄並令」，據《長編》卷三〇八乙。
〔二〕大：原作「六」，據《長編》卷三〇八改。
〔三〕許：原作「詳」，據《長編》卷三〇八改。
〔四〕合：原作「今」，據《長編紀事本末》卷八〇改。

相。拱辰未至使相，改正其名。　翰林侍讀學士王陶自給事中（選）〔遷〕正議大夫，又進職爲觀文殿學士。　端明殿學士、兼翰林侍讀學士、龍圖閣學士韓維，寶文閣學士、兼侍讀陳薦，並自右諫議大夫遷通議大夫，仍並進職爲資政殿學士。　樞密直學士孫永自兵部郎中遷太中大夫，進職爲端明殿學士。　陶等以東宮舊臣，因換官特遷之。

二十七日，正議大夫、同中書門下平章事、集賢殿大學士王珪遷銀青光禄大夫，皇弟岐王顥、嘉王頵、皇伯豫章郡王宗諤、濮陽郡王宗暉、天水郡公宗旦，並自節度使、同中書門下平章事換開府儀同三司。　顥、頵仍自檢校太尉並遷守司空，顥進封雍王，頵進封曹王，宗旦進封華陰郡王。　河東節度使、檢校太師、守司徒、兼侍中、判大名府、潞國公文**5**彦博落兼侍中，除守太尉、開府儀同三司，依前河東節度使，判河南府。　景靈宮使、護國軍節度使、檢校太師、守司徒、兼中書令、河中尹、金鄉郡公曹佾落兼中書令，除開府儀同三司，進封濟陽郡王。　武寧軍節度使、檢校太師、守司空、同中書門下平章事致仕富弼依前檢校太師、守司空，落平章事，換開府儀同三司。　通議大夫、知樞密院馮京遷正議大夫，樞密使。　皆加食邑、寔封。　故事，大禮，宰臣以下惟加恩。　至是，因改官制，珪、顥、頵、彦博、京特遷官，群臣並換新階加恩。

同日，詔：「嘗任翰林學士，除資政殿學士已上，更不別兼學士。」

閏九月十九日，詔：「自今致仕官領職事官，許帶致仕，若有遷轉，止轉寄禄官。　若止係寄禄官，即以本官致仕。　其見致仕官，除三師、三公、東宮三師、三少外，餘並易之。」

十月九日，詳定官制所言：「譯經僧官有授試光禄、鴻臚卿、少卿者，今除階、散已罷外，其帶卿、少官名寔有妨礙。　欲乞以授試卿者改賜譯經三藏大法師，試少卿者改賜譯經三藏法師。　其師號及請俸之類〔一〕，並依舊。」詔試卿者改賜六字法師，試少卿者四字，並冠「譯經三藏」，餘依舊。

十二月六日，詔：「應遷官除授者，並即寄禄官除，大兩省待制已上至太中大夫，餘官至朝請大夫。　並通磨勘，進士八年，餘十年一遷。　所理年月，自降指揮日爲始〔二〕。」自官制行，以舊少卿、監爲朝議大夫，諸卿、監爲中散大夫，祕書監爲中**6**大夫。　故事，兩制已上轉官至前行郎中，即超轉諫議大夫。　前行郎中於階官爲朝請大夫，諫議大夫於階官爲太中大夫，而兩制磨勘者舊不轉卿、監，即以今制不當轉此三階。　又舊制朝議大夫止以七十員爲額，餘官轉至朝請大夫，即須俟有闕，方許次補。　至是，因有司申明，乃降是詔。　其大兩省待制以上，自通直郎至太中大夫，磨勘

〔一〕「其師」下原衍「其師」二字，據《長編》卷三〇九删。
〔二〕自：原作「日」，據《長編》卷三一〇改。

理三年，承務郎已上至朝請大夫理四年，自如舊制。

四年二月十三日，詔審官東院所請重詳定令敕，並歸官制所。

七月二十三日，命權判尚書吏部、集賢院學士蘇頌同詳定官制。

八月八日，朝散郎、直龍圖閣曾鞏言：「伏覩修定官制，即百官庶務既已類別，自一事以上本末次第，使更制之前習勒已定，則命出之日，但在奉行而已。蓋吏部於尚書爲六官之首，試即而言之：其所總者選事也，流内銓、三班、東西審官之任皆當歸之。誠因今日之有司，擇可屬以事者，使之區處。自今僕射、尚書、侍郎、郎中、員外郎，以其位之升降，爲其任之繁簡，使省書審決，某當屬郎中、員外郎，某當屬尚書、侍郎，某當屬令、僕射，各以其所屬預爲科別。如此，則新命之官不煩而知其任矣。曹局吏員如三班諸房十有六，諸吏六十有四，其所別之司、所隸之人，不必盡易，惟當合者合之，當析者析之〔一〕，當損者損之，當益者益之，使諸曹所主，因其舊習。如此，則新補之吏不諭而知其守矣。7 憲令、版圖、文移、案牘、訟訴、期會，總領循行，舉明鉤考，其因革損益之不同，與有舉諸此而施諸彼，有捨諸彼而受諸此，有當警于官、布于衆者，皆前事之期，莫不考定。如此，則新出之政不戒而知其敘矣。夫新命之官不煩而知其任，新補之吏不諭而知其守，新出之政不戒而知其敘，則推行之始，去故取新，所以待之者備矣。其於選事如此，旁至於司封、司勳、考功當隸之者，内服、外服、庶工萬事當歸之者，推此以通彼，則吏部之任不待命出之日聞而後辨〔二〕、推而後通也。試即吏部言之，體當如此，其于百工庶職素具以待新政之行者，臣之妄意，竊以爲無易此也。」詔送詳定官制所。

十月二十七日，詔：「自今除授職事官，並以寄禄官品高下爲法。凡高一品已上者爲行，下一品者爲守，下二品已下者爲試。品同者不用行、守、試。」

十一月八日，詔中書丁酉開天章閣，進呈官制。

九日，手詔：「官制所分撥事類已見次第，已得旨減省官吏。緣使臣、吏人中其有昨編修内諸司敕式所取到之人，其本司已令釐正，編脩勑式已經取會，未能了當事務不少，宜令元編脩官張誠一等比前占之數量行裁減，精選可用者，依舊置局結絶。」

十五日，對輔臣於天章閣，議行官制。既而中輟。

二十一日，詔太中大夫待制以上帶脩撰者並罷。又詔諸省曹、寺監元額以職事繁簡及資序高下互除。尚書、侍郎奏事，郎官 8 一員同上殿。大理寺左廳已畫旨公案批送門下省。罷宣徽使，見任人依舊，自今更不除人。

二十二日，詔：「增減官吏，並門下、中書省同取旨。

〔一〕兩「析」字，原作「拆」，據《長編》卷三一五改。

〔二〕聞：《元豐類藁》卷三一作「問」，較勝。

樞密院置知院、同知院，餘悉罷。」

五年正月二十六日，詔：「文武散階除化外人依舊外，餘悉罷。」

二月十五日，詔：「官品卑而任職事官品高，若議請減，隔一等者，聽從高品；隔二品以上，應議者請，應請者減。」

四月二十三日，詔中書五月朔行官制。

同日，詳定官制所言：「唐制，內外職事官有品者給告身，其無品及一時差遣，不以職任輕重，皆中書門下給黃牒，樞密院降宣。今若盡如唐制，例給告身，則職卑而事微，恐不勝盡給。今擬階官、職事官、選人，凡入品者皆給告身；其無品者，若被敕除授則給中書黃牒，吏部奏授則給門下黃牒，樞密院差則仍舊降宣。於事簡便。」從之。

二十四日，詔：「應除職事官，候官制行日罷舊職事。尚書省執政官不用此例。」

二十五日，詔承議郎、試吏部尚書李清臣寄祿官太卑，特遷朝奉大夫。上曰：「安有尚書而猶承議郎者！」

二十六日，詔中書舍人罷執事官日，除龍圖閣待制。

二十七日，詔：「六曹尚書依翰林學士例，六曹侍郎、給事中依直學士例，朝謝日不以行、守、試，並賜服佩魚，罷職除他官日不帶行。」

五月一日，御文德殿視朝，新除職事官未正謝者許立班。

是日，[9]詔：「大理寺、國子監官差承務郎以上。如無，即差選人充。正官立行、守、試請受法，雖外任用前資。」

二日，詔：「先王以道在天下，列而爲事，陳而爲法，人各有分然後安，官各有守然後治。三代以降，累世相仍，(寖)〔寖〕迷本原，遂亂名寔，餘敝斯積，其流及今。朕閔古弗還，因時改造，是正百職，建復六聯。先後重輕，粗獲條次；小大貴賤，迭相維持。差擇羣材，分委成憲，佇觀來效，共致丕平。敢有弗欽，將致厥罪。新除省、臺、寺、監官，詳定官制所已著所掌職事，如被選之人不循分守，敢有僭紊，其申諭中外，違是令者，執政官委御史臺彈奏，尚書以下聽長官糾劾以聞。」《文昌雜録》云：元豐壬戌五月朔，上御文德殿視朝，仗衛如式。既退，三省已下職事官各釐新務，蓋一時之榮也。初三日，詔曰云云。詔自內出，非學士之辭也。

同日，手詔詳定官制所曰：「有應報新置官司事件不少，其李清臣已下應新除職事官之人，並令依舊。」

三日，手詔：「朝廷議更官制，本欲覈正吏治，非徒膠古希奇而已。比命官置司，脩講逾年，迨今頒行，尚爽條理。若自爾去，分撥事類，仍前糾紛，不免咨侮四方，貽譏來世。事繫國體〔一〕，二三執政可不究心？其詳定官恐須

〔一〕繫：原作「繁」，據《長編》卷三二六改。

益得深曉文法之人，如頃所論體統，令以此意著爲式令。」上嘗論蘇綽建復官制，上自朝廷，下至州縣，悉分爲六曹，體統如一，今先自京師，候推行有序，即監司、州縣皆可施行矣。

10 同日，以御史中丞徐禧同詳定官制。詔：「如聞官制新行，諸司不知所屬，可一切申尚書省。其舊官司如殿中省、翰林院之類，有見任官者，令依舊治事，候新官上即對罷。其妄稱疑廢，託故避事，以擅去官守律論。」

九日，王珪言：「故事，中書進熟、進草，惟執政書押。(令)〔今〕官制，門下省給事中獨許書黄而不得書草。舒亶疑之，因以爲請。」上曰：「造令行令，職分宜别。給事中不得書草，著爲令。」

同日，三省言：「九寺、三監，分隸六曹，欲申明行下。」上曰：「不可。一寺一監職事或分屬諸曹，豈可專有所隸？宜曰九寺〔一〕、三監於六曹隨事統屬，著爲令。」

十一日，上批：「自頒行官制以來，内外大小諸司及創被差命之人，凡有申稟公事，日告留滯，比之舊日中書稽延數倍，衆皆有不辦事之憂。未知留滯處所，可速根研裁議，早令快便，大率止似舊中書遣發可也〔二〕。」于是三省言：「尚書省六曹，如吏部尚書左、右選舊係審官東西院〔三〕、流内銓、三班院，户部左、右曹係三司、司農寺，舊申中書者，今合刺都省〔四〕。其應奏及本部可即施行者並如舊。内外諸司皆準此，可申明行下。」

同日，詔〔五〕：「秘書省、殿中省、内侍省、入内内侍省於三省用申狀，尚書六曹用牒，不隸御史臺六察。如有違慢，委言事御史彈奏。其尚書六曹分隸六察。」

十五日，詔：「三省、樞密院獨班奏事，每日不得過三班。其樞密院自今應入進文字，自來用押字者，並依三省例書臣名。」

11 同日，詔：「直翰林醫官院至祗候依舊，更不改換，其見帶太僕丞並化外主簿並罷，仍今後更不除授。令詳定官制所立法以聞。」先是，官制所定到改醫官院爲翰林院，惟使、副、尚藥、奉御依舊外，直院而下隸太醫局，今復如故。六月癸亥，翰林醫官院改爲翰林醫官局，使、副已下如舊〔六〕。

十七日，詔：「五品已下官應得旨改官，並爲敕授。」

十九日，詔：「翰林學士、兩省官見執政官議事，並繫鞵，六曹尚書以下並靴笏。」

六月十三日，詳定官制所言，定到制授〔七〕、敕授、奏授告身式。從之。翌日，詔官誥及奏鈔體式，令官制所取房

〔一〕曰：原作「白」，據《長編》卷三二六改。
〔二〕似：原作「以」，據《長編》卷三二六改。
〔三〕選：原作「遷」，據《長編》卷三二六改。
〔四〕合：原作「各」，據《長編》卷三二六改。
〔五〕詔：原脱，據《長編》卷三二六補。
〔六〕按，據《長編》卷三二六，此是李燾之注。原作大字，今依《長編》改爲小字。此注爲《大典》所添。
〔七〕到：原無，據《長編》卷三二七補。

(元)〔玄〕齡官告看詳，改定以聞。

二十五日，給事中陸佃言：「三省、樞密院文字已讀訖，皆再送令封駁，慮成重複。」上批：「可勘會差素重複進呈。」乃詔罷封駁房。先是，故事詔旨皆付銀臺司封駁，官制既行，猶循舊，至是始罷之。

二十七日，詳定官制所言：「御輦院乞依舊隸太僕寺，其輿輦及應供奉事隸殿中省。牛羊司隸光禄寺，其養牛乳牛兵匠入牛羊司。」從之，惟御輦院不隸省寺〔一〕。

七月三日，尚書省奏：「自五月一日奉行官制，推原法意，每事講求，緣其端本，增立支節，須纖悉備具，即施用著明。奉行以來，於今踰月，凡續降指揮，申明條制，雖未周詳，僅備大畧〔二〕。竊慮董正之初，在所考察，(令)〔今〕繕寫集爲二策，乞賜覆覈。」

八日，詔：「譯經潤文使、同譯經潤文並罷，自今令禮部尚書領之，廢譯經使【12】司印。」

同日，詔應冠「尚書」字者，官司並申狀〔三〕，門下、中書外省準此。

十四日，詔：「諸改官於官名應避者，擬以次官，資品、恩數並依合改官法。」

二十一日，通直郎、守考功員外郎蔡京爲起居郎，仍同詳定官制。京前爲官制所檢討文字，于是上批「京久在官制所，諳知創法本末，其弟雖見充詳定，緣係暫置官局，所職止于看詳文字，別無政事關由，雖兄弟共處，理亦無害」故也。

二十四日，詔御輦院既未有所隸，宜令專達。時上欲釐正殿中省職事，置六尚，如唐故事。度禁中未有置省之所，未遑也，故有是詔。

八月一日，詳定官制所言：「尚書省施行政令，分屬六曹之事〔四〕，都省總之，或有稽違，所當察舉而任其責。今擬立法：諸六曹事有稽違而不察舉者，以律『上官按省不覺』坐之，令、僕、丞爲一等，左右司爲一等，都事、主事爲一等，令史以下爲一等〔五〕。」從之。

四日，詔三省、樞密院、秘書、殿中、内侍、入内内侍省，聽御史長官若言事御史彈糾。先是，置監察御史，分六察，隨所隸察省曹、寺監，而三省至内侍無所隸，故以長官、言事御史察之。

九月十四日，詔：「應脩明法式，並尚書省議定上中書省，速者先次施行，餘半年一頒。其樞密院并不隸六曹者下刑部，緣功賞者下司勳修立，還送尚書省議。」

二十三日，詔詳定官制所罷局，六曹等條貫送編敕

〔一〕寺：原作「事」，據《長編》卷三二七改。
〔二〕僅：原作「謹」，據《長編》卷三二八改。
〔三〕並申狀：原作「申狀並申」，據《長編》卷三二八改。
〔四〕分：原作「勿」，據《長編》卷三二九改。
〔五〕史：原作「吏」，據《長編》卷三二九改。

所〔一〕。其未了事，限十日結絶，先罷官吏請給。

十月十二日，詳13定重脩編敕所言：「準朝旨，六曹等處條貫送編敕所修定，乞自朝廷于官制所見在屬官内，選差六員爲删定官。」從之。

十七日，詳定官制所言：「準尚書省劄子，官制所定雜事奏鈔奏有司事，舊令式並尚書省左、右僕射與左、右丞簽書。蓋朝廷以法在所司，按法聞奏，稟候朝命，而人主於有司之成務付之執政，執政官所宜代天工而任賞罰，則人主但聞之而已。朝廷以天下事分六曹以治之，都省以總之，六察以按之。六曹失職則都省在所糾，都省失糾則六察在所彈，上下相維，各有職守，則奏鈔書都省執政官，于理爲當。其房(元)〔玄〕齡等告身四道，内三卷敕授〔二〕、制授不書尚書都省官；内一卷奏鈔，並著尚書都省官而不書名。按，敕授、制授則尚書省有書有不書者，唐告體制不一。至於奏授，則尚書省具鈔奏上，未有不具尚書都省官者。然于告身有不書名者，蓋告身翻録奏鈔，其鈔已付吏部翻録爲告，故或不書。今奏鈔已書名〔三〕，即告身止令代書。」從之。

二十七日，尚書吏部言：「待制已上，舊法六年遷官；今準新制，三年一遷。其已滿三年，磨勘外有剩年月者，乞許通理磨勘。」從之。

十一月十七日，尚書户部言：「行官制以來，惟是吏禄條目最多。一等吏人職次既同，責任又均，而獨於禄廩頗有厚薄。乞三省六曹諸司、省臺、寺監見充正額人數，不問舊請多寡，並依新格支給。其係撥到逐等守闕或帶14『權』字人，並給正額請受十分之七。應前後許帶舊請指揮更不施行。」詔除三省外依奏。

十八日，詔：「大宗正司不隸六曹，其丞屬聽中書省取旨差。」

十二月一日，上批：「起居舍人王震諳曉吏文，即今全無職事。官制所擬脩六曹敕令〔四〕，文字浩繁，詳定官安燾、崔台符各有尚書省職務〔五〕，不能專力，可差震同詳定。」

十三日，詔朝散大夫、試吏部尚書李清臣〔六〕，通議大夫、守侍郎蘇頌，奉議郎、試中書舍人蔡卞，通直郎、試起居郎蔡京各遷一官；樞密都(丞)〔承〕旨、客省使、舒州團練使張誠一領秀州防禦使；故起居郎畢仲衍賜絹百匹〔七〕；檢討、檢詳官一年已上減磨勘三年，一年已下減二年；離局者第減一等。並以官制成推恩也。

〔一〕貫：原無，據《長編》卷三二九補。
〔二〕卷：原作「等」，據《長編》卷三三〇改。
〔三〕名：原脱，據《長編》卷三三〇補。
〔四〕曹：原作「書」，據《長編》卷三三一改。
〔五〕崔：原作「曾」，據《長編》卷三三一改。
〔六〕臣：原脱，據《長編》卷三三一補。
〔七〕匹：原脱，據《長編》卷三三一補。

六年三月二十五日，詔罷銀臺司取索舉奏令。故事，銀臺司凡奏狀諸處已施行者，有著令得取索行遣看詳，若有不當，聽舉劾。時官制行，封駁悉歸門下省，故罷之。

七月五日，門下中書外省言：「自官制行已及期年，其間利害官吏固已習知。（令）〔今〕編脩敕條〔一〕，理當博采衆智，欲乞許見任官到局參議，及許其餘人具所見利害赴本省投狀，如有可采，量事推恩。」從之。

七年十月二十一日，詔：「應執事官以除授先後爲序，同日除者以寄禄官。」

十（一）〔二〕月二十六日敕〔二〕：「諸官司倉庫事不可專行及無法式須申請者〔三〕，並申所屬寺監〔四〕；寺監不可專行，並隨事申尚書省本部；本部又不可專行，即勘當 15 上省。若直被朝旨應覆奏者，依本條，仍各申知。上條合入《在京通用》。今看詳：不可專行若無法式事，係干邊防及緊急理不可緩者，盡令申所屬待報，竊恐遲誤害事。今脩立下項：諸事干邊防及應緊急理不可緩，申所屬本部不及，聽直申尚書省、樞密院。右入《寺監（務）庫務通用令》。諸事非邊防及應緊急理不可緩者〔五〕，申本部不及輒直申尚書省、樞密院者杖一百。右入《寺監庫務通用令》。奉聖旨依，如違，令御史臺覺察彈奏。」詔遵守元豐詔書，如違犯，令尚書省糾劾。

哲宗元祐元年閏二月六日，詔：「自今觀文殿學士、資政殿大學士，班序、雜壓並在六曹尚書之上。資政殿學士曾任執政官者準此。」

八日，資政殿學士、新知（穎）〔潁〕昌府曾孝寬言：「乞下吏部取官制以前舉官名數〔六〕，委官司裁定，有可以仍舊者，著爲令。」詔可。吏部勘會見使罷舉窠名及許奏并權暫奏差朝旨，緣無以見在京并外路事務繁簡，恐該載不盡，難以立定成法。詔應沿邊州軍城寨巡檢、都監、監押、寨主、巡防、諸路捕盜官及課利係三萬貫已上場務，舊係舉官員闕處，許依舊奏舉。如數內今來事務稀少，不消奏舉，及事務繁劇，合舉官去處，具因依、窠名，各限一月奏聞。

（二）〔三〕月二十八日〔七〕，詔：「職事官許帶職，其班序、雜壓依職事官〔八〕；如職高於寄禄官，並以職爲行、守、試。應緣職添支，除酒外，餘不給。內尚書非學士除者，更不帶待制〔九〕，候二年 16 加直學士。中丞、侍郎、給舍、諫議非待制除者，通及一年加待制。其見任職事官內舊帶待制

〔一〕「敕」下原有「令」字，據《長編》卷三三七刪。
〔二〕十二月：原作「十一月」，據《長編》卷三五〇改。
〔三〕諸官司：《長編》卷三五〇作「諸路官司」。
〔四〕申：原作「由」，據《長編》卷三五〇改。
〔五〕理不：原脱，據本書職官五六之五〇補。
〔六〕舉：原作「舍」，據《長編》卷三七五改。
〔七〕三月：原作「二月」，據《長編》卷三七三改。
〔八〕職：原作「執」，據《長編》卷三七三改。
〔九〕「帶」上原有「待」字，據《長編》卷三七三刪。

已上職者〔一〕，並還舊職，只降敕，仍免謝。集賢殿脩撰、直龍圖閣、直集賢院、直秘閣、集賢校理、秘閣校理已上職，今後内外官並許帶。除職食錢并理任外，其餘恩數並依官制已前條貫。其横行使、副並依舊通管勾客省〔二〕、四方館、閤門公事，其輪直日依舊令。」

六月十四日，左司諫王巖叟言：「近制，職事官許帶職，内尚書二年加直學士，中丞、侍郎、給舍〔三〕、諫議及一年加待制，臣所未諭。望詔輔臣別加講議，裁定歸一。」詔學士除尚書，學士、待制除侍郎〔四〕，並許帶職，中丞、給事中、舍人、諫議更不帶待制。若除它官及外官者，自侍郎至諫議並換待制，尚書換直學士，即進擢責降者勿用此例。

十六日，右正言王覿言：「近制，通議大夫已上皆通行磨勘〔五〕，故自推行官制以來，或以特恩、或以磨勘而轉一官，比舊有實轉兩官以至三四官，非所以愛惜名器也。請自今官至太中大夫已上，毋以磨勘轉官。」詔文臣磨勘，待制、太中大夫已上至通議大夫止，餘官至中散大夫止。其中散大夫已上以勞酬獎合轉官者，許回授子孫。特旨昇遷不拘此制〔六〕。

十月四日，詔：「應試中館職者，内選人除試正字，改官、請俸等並依太學博士法〔七〕。未陞朝官除校書郎，陞朝官除秘閣校理。正字供職四年，除秘閣校理，仍候改寄禄官日除校書郎。供職二17年除集賢校理、秘書郎。著作佐郎比直集賢院、直秘閣。」

二年七月四日，詔：「除諸行侍郎如未歷大兩省及待制已上職者，帶『權』字，叙班在諸行侍郎之下，雜壓在太中大夫之上，禄賜比諫議大夫，仍不賜金帶，候及二年取旨。其六曹郎中雖係知州資序，未寔歷知州及監司、六曹員外郎、開封府推判官者，並只除員外郎。」

八月六日，太師文彦博進除改舊制、甄別資品除授之法。詔三省參詳資品履歷，按新舊制除授〔八〕。

三年二月六日，詔：「自今朝議、中散、正議、光禄、銀青光禄、金紫光禄大夫，並置左右。進士出身及帶職轉至左朝議、中散爲二資，餘人轉至朝議、中散，分左、右字爲四資。以上各理七年磨勘。其正議至金紫並分左右爲八資，應今官已及此者悉加之。」

十四日，樞密院言：「文臣换右職，舊屬本院，自改官制後歸三省〔九〕。緣换授大使臣係入樞密院奏差遣，又有以本院差在武臣去處，因事取旨換授者行遣不一，合依例同

〔一〕職者：原作「執事者」，據《長編》卷三七三改。
〔二〕勾：原作「司」，據《長編》卷三七三改。
〔三〕舍：原作「諫」，據《長編》卷三七九改。
〔四〕除：原脱，據《長編》卷三七九補。
〔五〕議：原脱，據《長編》卷三八〇補。
〔六〕旨：原作「上」，據《長編》卷三八〇改。
〔七〕等並依：原作「並等於」，據《長編》卷三八九改。
〔八〕按：原作「授」，據《長編》卷四〇四改。
〔九〕改：原無，據《長編》卷四〇八補。

呈取旨。」詔今後文臣换大使臣〔一〕，並三省、樞密院同取旨。

六月二十八日，詔：「今後應除六曹郎中，選第二任知州已上資序、寔歷知州或曾任監司官、六曹員外郎、校理、臺諫官、開封府推官並滿二年人充。少監、員外郎、府推官，選第二任通判以上資序、或初任通判曾歷外任親民二年人充。寺監丞選第二任知縣以上資序人充。」

八月四日，詔：「文武官雜壓，增冀、兖、青、徐、揚、[18]荆、豫、雍州牧，在御史大夫之上。」

十一月十四日，詔：「左、右中散大夫以二十員，左、右朝議大夫以五十員爲額。」

十二月十六日，詔：「應緣例陳乞子弟宫觀、嶽廟差遣再任者，不理爲資序。」

閏十二月一日，尚書省言：「未行官制以前，凡定功賞之類，皆自朝廷詳酌。自行官制，先從六曹依例擬定。其事例輕重不同，合具例取裁；事與例等，不當輒加增損。若不務審察事理，較量重輕，惟從減損，或功狀微小，輒引優例，亦當分别事理輕重及已未施行，等第立法。今以舊條增修，凡事與例同而輒增損漏落者杖八十，内事理重已施行者徒二年。如數例重輕不同，或無例而比類他例者，並具例勘當，擬定奏裁。」從之，仍增三省、樞密院相干事並同取旨。

十四日，詔：「陝西、河東蕃官、蕃兵，三路、廣西、川陝、荆湖民兵及敢勇、効用之屬，並隸樞密院、兵部依舊主行，其餘路民兵令兵部依舊上尚書省。應小使臣初補及改轉，並吏、兵部擬鈔畫聞訖，送樞密院降宣。其定州北平軍使，瀛州知肅寧城，雄、霸州沿界河及海口巡檢、都監，青澗、綏德、大順、水洛、甘谷、定西知城，並樞密院差人。雄、霸州沿界河同巡檢，歸信、容城知縣、縣尉，河東河外六巡檢，忻、代州都巡檢使，寧化軍天池〔二〕、岢嵐軍草城川都巡檢使〔三〕，沅州渠陽寨，邵州蒔竹縣，廣西左右江都巡檢，左江、右江四都同巡檢，宜融溪洞都巡檢，朱崖軍使，吏部依格擬[19]差，申樞密院銓量，降宣處分，在京者引驗。河東、陝西、川峽、荆湖、廣西極邊及接連溪洞巡檢城寨大小使臣，即吏部先條具差舉窠名，申樞密院看詳，指定要切處，别具取旨銓量〔四〕。」初，官制循唐舊典，以名寔釐正，由是三省、樞密院舊所領事各隨名分隸。至是，因樞密院請改焉。

十八日，置六曹尚書權官，俸賜依六曹侍郎守法，叙班在試尚書之下，雜壓在左、右常侍之下，滿一年取旨。

四年二月四日，侍御史盛陶言：「近詔除六曹郎中，並于第二任知州以上資序〔入〕〔人〕内，選寔歷知州或曾任監

〔一〕文：原作「大」，據《長編》卷四〇八改。
〔二〕池：原作「地」，據《長編》卷四一九改。
〔三〕川：原作「州」，據《長編》卷四一九改。
〔四〕旨：原作「首」，據《長編》卷四一九改。

司、六曹員外郎、校理、臺諫官〔一〕、開封府推官滿二年人充。竊詳監司係朝廷擢用，復滿二年除六曹郎中〔二〕，固不爲過〔三〕。其第二任歷知州人，多是吏部嘗調諸路監司被召入省，若稍資淺，止爲員外郎，而轄下守倅及資格者乃直爲郎中，理似未安。望且除員外郎，有勞乃遷郎中。」詔於元降旨内刪「寔歷知州或」五字〔四〕。

四月十九日，詔：「今後差除及責降告，令吏部並依見任官職差遣進入。」

十一月四日，三省言：「舊制，京朝官已上各分進士及餘人，自改爲寄禄官後，並一等改轉，别無分別。除諫議大夫已上置左、右兩等改轉外，承務郎已上至朝散、朝請大夫，欲依朝議大夫已上分左、右兩等，進士出身人加左，餘人加右字。遷轉、磨勘，自依見行條制。其所加字，仍自寄禄官朝奉郎、職事官監察御史已上並給黄牒，餘職事[20]官尚書省給劄子，寄禄官吏部給牒。」從之。

五年三月二日，詔學士院，文彦博麻制内特不用「守」字。以彦博嘗正任太師也。

八月二日，詔權侍郎並日參。

十月二十日，詔：「近除權侍郎，並依諫議大夫及待制例。」

六年六月十七日，詔應侍從官待制已上，職事官監察御史已上，寄禄官中散大夫已上，武臣横行諸司使遥郡已上，及宗室侍講、侍讀、崇政殿説書、脩撰、直龍圖閣、都知、押班、開封府推判官、開封府界提點、發運、轉運使副、判官、提點鑄錢，並進敕。

八年十二月二日，尚書左僕射呂大防言：「乞倣《唐六典》，委官置局，脩成官制一書，以爲國朝大典。仍乞令脩史院官兼領。」從之。

紹聖元年閏四月十六日，左司諫翟思言：「先帝脩定官制，循名辨寔，元祐以來，(寝)〔寖〕以變亂。如六曹尚書與侍郎，有去行、守、試而加權者，學士、待制、校理有兼尚書、侍郎、郎中、員外郎者。請詔有司，各與釐正。」詔令編修官制局考具元合改正事目申省取旨，改正畢罷局。其元請集成六典更不修纂。

五月一日，詔罷編脩官制局。

七日，監察御史劉拯言〔五〕：「請六曹侍郎復八員之額，除貼職外，擇可罷者罷之，餘立年限，如祖宗故事。寺監、寺丞已下闕還吏部者還之，已有差遣不許自請在任待接人，以除冗濫。」詔已授差遣人並罷權差遣。

十五日，右正言張商英言：「熙寧五年任監察御史裏行日，曾乞釐正本朝官制，臣[21]輒推原先帝之意，著之于

〔一〕諫：原脱，據《長編》卷四二二補。
〔二〕中：原脱，據《長編》卷四二二補。
〔三〕固：原作「同」，據《長編》卷四二二改。
〔四〕或：原脱，據《長編》卷四二二補。
〔五〕拯：原作「極」，據《宋史》卷三五六《劉拯傳》改。

篇。」詔送給事中、中書舍人看詳。

紹聖二年三月二十一日，監察御史常安民言：「乞考祖宗用人之制，脩立權侍郎遷進法。」詔三省擬法。三省奏：「政應權乞自起居郎〔一〕、起居舍人、侍御史及帶脩撰除者，滿三年取旨除正，與外任者除待制。自侍御史不滿二年除者，滿三年取旨。自七寺卿、國子祭酒、太常少卿、秘書少監、直龍圖閣除者，滿二年取旨，除脩撰與外任；職事脩舉者再留二年，取旨除正，與外任者除待制。即材能爲衆所推賞，績効顯著〔二〕、朝廷特拔擢者，不在此限。」從之。《燕翼貽謀録》：云云。且天子侍從之臣，非有才能績効而可冒居之乎〔三〕？信如其言，如銓部注擬常調，計資歷歲月者之爲也。是時雖出此令，卒莫能行。章惇之意，蓋欲假此以扼異己之人，而不次超越者則曰人主特拔擢也，豈不愚哉！

二十四日，三省言：「編修官制局王欽臣奏：近制，有權尚書、侍郎，職事官帶職，皆元豐官制所無。緣尚書、侍郎或有資淺者，帶權字欲且依舊；職事官不帶職，欲依元豐制。」從之。罷帶館職人如該今年大禮奏薦，特與一次。

四月三日，詔：「職事官罷帶職，非職事官仍舊許帶。易集賢院學士爲集賢殿脩撰，直集賢院爲直祕閣，集賢校理爲祕閣校理，見帶人並改正。寄禄官除正議大夫、光禄大夫、銀青光禄大夫分左、右，朝議大夫、中散大夫亦仍舊存左、右，作兩資遷轉，以分雜出身、22 無出身人，餘並廢罷。」

同日，詔：「許將仍舊守吏部尚書，今後前執政官除尚書準此。」

七月二十五日，三省言：「夔州路轉運判官黎珣言：臣於先朝元豐七年中曾進《開封六曹官制格》，尋令知府蔡京等編脩成書。今其具草見在，欲望紹承前志，早遷天府，以正官司之弊。」詔送户部尚書蔡京看詳以聞。

三年九月十二日，户部侍郎吳居厚言：「神宗議行官制，使之各正其名，凡臺省寺監之官，制禄有三等之別，行、守、試是也。元祐中裁減浮費，而職事官帶「行」者遂令存虚名而已。且職事官帶「行」字者，凡今且亦無幾，使如官職制賦禄，其費又有幾何？伏望朝廷以其事付之有司講求，復行舊制。」從之。

四年八月三日，翰林學士、兼侍讀蔣之奇言：「伏以官制之弊久矣，名秩舛迕〔四〕，位序顛倒。在漢，何武嘗請建三公而不能定；在周，盧辯嘗述著六官而不能久〔五〕。先帝元豐之間，慨然一變，以階寓禄，雖用舊文，而傳以新意，可謂盡善矣。然有所未安者，試、守之謂也。蓋所謂試，則

〔一〕三省奏政應權：《太平治迹統類》卷三〇作「三省應奏權侍郎」，皆不通，疑當作「三省奏應權侍郎」。
〔二〕著：原作「者」，據《燕翼詒謀録》卷四改。
〔三〕才：原無，據《燕翼詒謀録》卷四補。
〔四〕迕：原作「迭」，據《長編》卷四九〇改。
〔五〕辯：原作「辨」，據《周書》卷二四《盧辯傳》改。

非正官也，今爲尚書、侍郎者皆正官也，而謂之試，此失之矣。本其始，所謂試者，爲其階之卑也，如以其階卑則謂之守可也。臣按(正)〔貞〕觀令，以職事高者爲守，職事卑者爲行。舊制階尊職卑爲行，階卑職尊爲守，階與職等者不行不守，此三者足以該之矣，其不必謂之試亦明矣。何以知階卑職尊可以謂之守也？守者非真也。臣按《李固傳》注：23漢故事，先守一歲，然後爲真。又《馬援傳》注：試守者，一歲乃爲真，食其全俸。故薛宣入守左馮翊，滿歲稱職爲真；張敞守太原，滿歲爲真；王尊守京兆尹，後爲真。又『茂陵守令尹公』，注云『守茂陵令，未真爲之』。以此考之，則階卑職尊者謂之守(足)〔是〕矣，不必試也。且如正議大夫視六曹侍郎，光禄大夫視左右丞〔一〕，通議大夫視給事中。今六曹侍郎自正議大夫除，則官與階等，不守不行可也；自光禄大夫以上除，則階尊官卑，謂之行可也；自通議大夫以下除，則階卑官尊，謂之守可也，何必云試哉！凡此三等者，皆古之制也。今中大夫爲尚書侍郎則稱試，爲左、右丞則稱守。且新制左、右丞爲輔臣，在尚書之上，豈有中大夫可以守左、右丞而不可以守尚書、侍郎乎？此可謂倒置也〔二〕。臣請參酌典故，特爲釐改，凡爲正官者皆改試爲守，庶幾協於名義，全一代之盛典。議者謂：以試爲守，如制禄之差，何以應之？曰：定制禄之差，使守如試，無不可者。臣聞明聖潤色祖業，傳之無窮。先帝考復官名，規摹宏遠，則脩飾而潤色之，正在陛下，惟留神財幸。」

元符元年二月十三日，三省言：「裁定六曹寺監文字所狀，乞降旨，翰林侍講、侍讀學士向去置與不置。」詔元祐復置翰林侍讀、侍講學士指揮更不施行。

九月二十二日，詔：「六曹權侍郎三年磨勘，著爲令。」

二年十一月十三日，詔：「集賢殿脩撰、直龍圖閣、直秘閣依舊外，餘24依前詔。」

徽宗崇寧元年六月二十九日，詔令國史院以神宗所定官制，依《唐六典》編脩成書。

七月三日，詔曰：「内外官並以三年爲任，廼元豐舊制。比歲以來，官守屢易，至有歲内，再三改移。暫居官次，突不及黔，時序未更，已聞移去。惟是覬望進擢，日俟遷陞，決詞訟則鮮肯究心，視公局則猶同傳舍。簿書案牘，首尾罕詳，吏緣爲姦，民受其弊。蓋是除擬之際，愛惡未同，順親愛者務令資任暗陞，因憎惡者欲令遷徙不定。遂令老幼懷道途之畏，吏卒疲將迎之勞，送往迎來，煩擾百出，唐虞考績，幾成虚文。自今後内自臺省寺監，外及牧守、監司，宜一切依元豐舊制，並以三年爲任。如未及成資已上，不得(得)輒有替移。其在祗率先猷，無或違盭，惟吏安厥職，民懷其惠，乃稱朕紹休聖緒之志。咨爾中外，體予

〔一〕「丞」上原有「中」字，據《長編》卷四九〇删。
〔二〕謂：原作「倒」，被圈去而未改，茲據《長編》卷四九〇改。

至意。」

八月二十九日，臣僚上言：「陛下臨御以來，求治深切，脩廢救弊，常若不及。臣愚區區，備位言職，每思自效，仰裨聖慮之萬一，敢舉一端以陳之。蓋官有溢員則吏有冗額，官溢吏冗而欲事簡而不留者，不可得也。竊觀今日尚書六曹之司，與寺監事皆重複，至于有司所涖不一，往反稽滯，徒費案牘，而無益於治。既設尚書六曹於上，百司皆有所統屬矣，又置寺監，而百司復分涖焉。凡六曹文符指揮直下諸司可也，今乃止及於寺監；寺監受之，謄報於諸司而已，亦無可否於其間也。舉寺監中號[25]爲煩劇，莫如太府，一卿、二少、三丞、一簿，置吏六十餘人。其所治之事，止於以受户部符命内法式所載者，録而告於諸司；法式之不載者，復上於户部，聽其裁決之命受而行焉。若移户部之符以付太府者，載其法式而與裁減之命徑下于諸司，豈不爲簡且便乎？此所謂重複也。事初至于户部，行遣已有日限；符于本寺，行遣又有日限；或上其事而聽命者，往反亦如之。此所謂稽滯也。其號爲煩劇，事止如是，其他寺監率皆倣此，其理甚明，豈宜因襲而不更張之也！稍有改易則官可省，吏可削，事自簡矣。如太常秩禮，大理決刑，光禄奉祭祀，衛尉充仗衛，鴻臚治喪葬，司農按倉場，太府主度量，少府涖鑄造，將作領軍器，都水董工役。其所涖諸司大畧悉歸於〔六〕曹，則可使卿、丞補吏三（人數）〔數人〕亦足辨也；六曹文符直抵于諸司，則重複留滯之弊曉然可革，其在廩禄亦無虚授者矣。」詔令吏、户部同共相度聞奏。

二年九月二十五日，刑部尚書鄧洵武言：「吏部選人自節、察判官以至簿、尉凡七等，有帶知安州雲夢縣事而爲河東路轉運司勾當公事者，有河中府司録參軍而監楚州鹽場者，有瀛州防禦推官知（太）〔大〕名府元城縣事，爲濮州學（校）〔教〕授者，淆亂紛錯，莫甚於此。乞留守、節、察判官爲承直郎，掌書記、支使、防團判官爲儒林郎，留守節察推官、軍事判官爲文林郎，防、團軍事推官爲從事郎，録事參軍、縣令[26]爲通仕郎，知録事參軍、知縣令爲登仕郎，軍巡判官，司理、司法、司户、簿、尉爲將仕郎。」詔付吏部。

三年三月二十四日，詔：「（令）〔今〕後省臺寺監官并牧守、監官依崇寧元年七月三日手詔，並以三年爲任。如未成資已上，非緣事故，不得輒有移替。」

大觀二年三月十五日，吏部狀：「準尚書省劄子，奉御筆：『寄禄官在神考時不分左右，曩雖釐正，猶有存者。若盡去之，則序爵制禄，等級差少，人易以及。可令有司條畫以聞。』付本部施行，謹具下項：一、元豐寄禄官格，開府儀同三司、特進、金紫光禄大夫、銀青光禄大夫、光禄大夫、正議大夫、通議大夫、太中大夫、中大夫、中散大夫、朝議大夫、朝請大夫、朝散大夫、朝奉大夫、朝請郎、朝散郎、朝奉郎、承議郎、奉議郎、通直郎、宣德郎、宣義郎、承事郎、承奉郎、承務郎。一、紹聖二年給事、中書舍人看詳一項，寄禄官分左、右。竊見先帝以文散官定爲寄禄法，寔一代之新制，而議者淺陋，妄加穿鑿，遂請分爲左、右。元法本緣禄秩，不爲流品，今合除(法)〔去〕。若謂正議大夫、光禄大夫元是六曹及左右轄(細)〔紐〕轉，法有未盡，合行完補，即乞存此三等分左、右外，餘並廢罷。仍朝議大夫、中散大夫亦依舊存左右字，以分雜出身及無出身人，依舊作兩資遷轉。一、紹聖三年十一月十四日，中書省勘會元豐四年正月九日中書省劄子，應大兩省待制已上並轉朝議大夫、中散大夫、中大夫[27]三官。至元祐三年二月九日敕，寄禄官並置左、右字，因此許帶職人待制已上，職事官諫議大夫以上，自朝議大夫便轉中大夫，比其(地)〔他〕出身人超越一官遷轉。近降紹聖二年三月二十六日敕，正議大夫、光禄大夫、銀青光禄大夫分左、右，餘並廢罷外，仍朝議大夫、中散大夫亦依舊作兩資遷轉，其朝議轉中大夫一節亦合廢罷。奉聖旨依擬定，其已轉過之人更不追改。一、崇寧四年三月十九日，朝奉大夫、試中書舍人、兼直學士院林攄狀：承尚書省劄子，據吏部狀，勘會寄禄官分左、右字，係元祐年指揮，雖已焚毀不行，緣却有紹聖二年内正議大夫、光禄大夫、銀青光禄大夫并朝議大夫、中散大夫分左右指揮，及臣僚上言欲依官制不分左、右字等，奉旨(今)〔令〕審覆省、寺、監諸司元祐法官，別立新法。今參酌脩立下條：諸朝議、中散、正議、光禄、銀青光禄大夫應轉官者，各以左、右爲兩資轉，先右而後左，有出身人應轉朝議、中散大夫者更不轉右，止作一官轉。即朝請大夫至中散大夫仍各理七年磨勘。右入《吏部考(巧)〔功〕令》。奉聖旨依。一、大觀二年二月二十一日敕：中書省、吏部供到狀，檢會崇寧四年三月十九日敕條，即不該載帶職及兩制已上無出身人超轉之文，其元祐法帶職并任諫議已上職事官轉左字指揮已焚毀不行事。檢會熙寧中書條，應帶館職及侍講、天章閣侍講、崇政殿説書[28]並轉左曹。其無出身人帶上件職者，依進士帶職人例轉。今看詳脩立下條：諸朝議、中散、正議、光禄、銀青光禄大夫應轉官者，各以左右爲兩資轉，先右而後左。有出身及無出身而見帶直祕閣已上職，或任諫議大夫已上應轉朝議、中散大夫者，更不轉右，止作一官轉。即朝請大夫至中散大夫仍各理七年磨勘。右入《中書省吏部考功令》，衝改崇寧四年三月十九日敕全條不行。」從之。

五月十七日，中書舍人、兼直學士院葉夢得劄子：「勘會編脩神宗官制六典，昨承朝旨再展一年，至今年五月限滿。緣官制係總三省、密院、省臺寺監、諸司庫務，不隸省曹寺監、諸司庫務計三百餘處，並逐一取索本處條例所立事務齊足，攢類成沓，方可下筆編脩。兼朝廷日近補完官制事，如殿中省六尚、開封府牧尹、諸曹及禮樂、學校之類，並合候法令完備日取索編載，委于限内難以了當。今欲乞朝廷詳酌，寬展限期。」詔再展半年。

六月二十七日，中書省檢會：「大觀二年三月十五日奉御筆：『寄禄官在神考時不分左、右，曩雖釐正，猶有存者，若盡去之，則序爵、制禄，等級差少，人易以及。可令有司條畫以聞。』今擬下項：金紫光祿大夫、銀青光祿大夫、光祿大夫舊係右銀青光祿大夫，宣奉大夫舊係左光祿大夫，正奉大夫舊係右光祿大夫，正議大夫、通奉大夫舊係右正議大夫，通議大夫、太中大夫、中大夫、29中奉大夫舊係左中散大夫，中散大夫、朝議大夫、奉直大夫舊係右朝議大夫。」詔依擬定，應見帶左、右字人並除去，依逐等所定官換授，別給黃牒，仍免謝。內有出身及帶職人更不轉中散、奉直大夫，其品從、雜壓、請俸、磨勘等，並依舊官條格施行。

三年九月一日，臣僚上言：「伏覩神宗肇建文昌，脩明官制，尊卑有等，先後有倫，尤謹資格，以正官常，法比成周而萬世不可易者，宜大小之臣遵而勿失，以稱陛下繼志述事之孝。臣考元豐官制，六曹郎官以知州資序人除郎中，通判已上人除員外郎〔一〕，凡所除授，不敢踰此。如大觀元年府司録何述乃通判資序，止除員外郎，於官制爲不越。及大觀二年韓瑗、陳師文止係通判、知縣資序，乃自(序)司録而除郎中，重違官制，至今士大夫以爲非。臣伏見朝奉大夫、開封府左司録參軍樓异擢長府掾未及一月，考之資格，尚係通判，今據(援)〔瑗〕例以除司封郎中，臣竊惑之。臣謂法者所以盡天下之公，而例乃一時之私，今輒援例而廢法，則人得以私徇而法將無所用矣。方陛下追復熙豐之政，百度具舉，而官制尤在所先焉，豈不遵官制而用違官制之例，越次除授！以例承例既久，則例爲定法，而官制遂至於隳(庶)〔廢〕，宜陛下之深察也。臣愚伏望聖慈詳酌，特降睿旨，一依元豐官制施行，則官不紊常矣。」詔六曹郎官在元豐官制，通判已(下)〔上〕資任人除員外郎。大觀元30年韓瑗、陳師文破例輒除郎中，今樓异遂援引，違紊官制差注，可並行改正。今後並遵官制施行。

四年四月二十七日，勅中書省內降劄子：「近來寺監、六曹諸司等多是直申朝廷陳請事件，並不次第行遣，顯見有違元豐官制，可檢具格法作申明，遍令行下。」

八月十一日，中書〔省〕檢會：「今年七月十四日奉聖旨：『自今並依熙寧、元豐除(日)〔官〕資格差除，其太學博士、正、録，諸州軍教授，依元豐格法選試。』今勘會，除依元豐官制格差除施行外，下項窠闕係元豐官制格內所無，并後來創置去處，並係見今堂除：文臣鄭州知州、洪州知州、開封尹、開封少尹、開封府左右司録，開封府六曹參軍、符寶郎、殿中丞、殿中省主簿、夔州知州、諸路提舉學事、提舉福建市舶、諸路提舉(監)〔鹽〕香、洛口提舉交裝、汜水同提舉輦運、淮南措置礬事、三京司業、勅令所刪定官、諸宅宗子博士。下項窠(關)〔闕〕並送吏部依格差注，內學官依近降指揮選試，舊係舉官去處依舊法。諸路提舉學事司主管文字、檢察私錢、南北平準務、榷貨、大觀庫、封樁竹木務、折鈔官物香藥等，法酒庫、外香藥庫、石炭場、熟藥所、太官令，太醫局令、正、丞，國子博士、正、録，染院添差官，車輅

〔一〕上：原作「下」，據本卷前文職官五六之一七改。

院、中車院添差文臣近已減罷〔一〕。國子監書庫、登聞鼓檢院。」詔並依舊堂除。（以上《永樂大典》卷三八〇五）

【宋會要】

31 政和二年三月十七日，奉議郎、左司諫王甫奏：「臣仰惟神考以堯、舜之獨智，拯文、武之墜典，出道制法，作新垂裕，皆有成憲，而政事之原，莫大于官制。臣聞元豐中官制既行，乃取三省逮寺監凡所上所行之事，張官置吏，講明蒐舉，倣周天地四時之官，辨其掌治與所統屬，爲《官制格目》，頒之有司。其書起三省、樞密院，次以六部，而九寺、五監隨所屬部附焉。分列科指，條析庶事，以類相從，下至一時之務，咸有秩叙，大綱大紀，無不備具。元祐姦臣欲肆紛更，棄而勿用。遵揚丕謨，寔在今日。臣比者欽承聖訓，委臣參照違格目事務，條列元祐紊亂事迹、年月，并釐正類成事件，甚盛舉也。臣愚謂當將應該《官制格目》所載省曹寺監一切事務，依今來聖旨悉行照參，及條列廢紊事迹、年月，取元豐以後繼述增立之事，並依例補完，釐正成書奏御，斷自淵衷，然後頒之天下，以詔萬世。伏望陛下留神，如上當聖心，即乞特降詔旨。仍乞更不置局，止以參詳補完官制格目所爲名，以便文移。除臣合遵依聖訓參詳外，乞差宰執一員總領，選差手分五人。及乞三省、察院各差供檢人吏一人，以便報應行遣。除官給紙（扎）〔札〕之類并人吏添給外，臣等乞並不支破諸色請給。應今來修書麋費事件，如聚議之類，亦乞更不陳請，仍限一季結絶。伏望聖慈詳酌施行。」詔：「元 32 豐官制，政事本源，上下維持，講究備具。若非元祐姦臣啓例隳紊，紛更至今，則孰敢輒有擬議！近嘗委官參照尚書省格目，悉依官制，甫復有請，應干官制所載及後來增立事件，委官修完，仍乞差宰執總領。可並依所奏，委鄭居中總領，蔡薿、王甫參詳，不許添官增吏，只就議禮局人吏限一季書成，不得展限。依已降指揮疾速行下。」

四月十八日，參詳補完官制格目所奏：「臣等恭惟《官制格目》是爲元豐不刊之典，蓋與《周官》並傳而無遺。曩緣元祐隳紊，循以積習，（寑）〔寖〕以違戾，特詔臣等參照釐正，欲以先朝垂裕之成憲，及陛下纘述先志而見於大政事，俾得依倣《格目》，附爲全書，甚盛舉也。契勘見（於）〔以〕參詳補完官制格目所爲名，竊慮四方萬里妄議臆度，謂于補完有所去取。臣等再詳所名，恐有未當，欲乞改以參照官制格目所爲名。」從之。

五月十七日，詔參照官制格目所：「參照省曹寺監見行事務，有與元豐官制違戾不同者，一切遵依《格目》。」

六月二十九日，參照官制格目所奏：「本所取索參照據省曹寺監等處具到格目，內有逐處合行點檢并合旬申、月申、季申及每年舉行事務，例稱自來未經行遣，即今並無

〔一〕此處小字原作正文書寫，茲據文意改爲小注。

文字，顯是蹈襲隳廢。欲望委長貳、郎官、(承)〔丞〕屬檢照《官制格目》所載事務，自來隳廢不曾施行者，一切遵依《官制格目》舉行。如事係諸處合行申請，並隨事行下本處照會，遵依《格目》施行。33仍委左右司逐案檢察，所降今來指揮以後，依前隳廢，即乞委御史臺舉劾，具奏聽旨。」又奏：「尚書度支事目格有點檢、驅磨官員請受、券曆、銷簿、架閣等四項，至元豐七年九月二十八日，準勑將在京券曆做帳法，本部磨訖送比部驅磨，其在外券曆並歸轉運司施行。紹聖二年六月已後，户部申請到朝旨，徑申比部。大觀二年四月二日，修立成條，在外券曆申轉運司覆磨架閣，在京所給兼請他路錢物者，申尚書刑部。雖與度支格目不同，又緣比部官制格目亦掌追(給)〔納〕欠負、侵請及有驅磨文曆一項，欲乞遵依比部格目并元豐、紹聖、大觀逐次已降勑條釐正施行。」又奏：「乞在京出給選人文曆，令度支依官制格置簿，比部關報勾銷。其官員事故住支請受，令度支關報比部追取驅磨。如得允當，乞依此釐正。」並從之。

九月二十九日，手詔：「所與共天下之政，惟二三執政之臣，而官稱、位序未足以垂示萬世。昔我神考，訓迪厥官，有司不能奉承。仰惟前代而以僕臣充宰相之任，六卿爲三公之官，有志改爲，或未遑暇。朕遹追來孝，若昔大猷，稽三代公孤之名，考左輔右弼之號，是正名寔，惟古之師。官不必備，而惟其人，祗于新書，克謹厥服，以成烈考之志。宜以太師、太傅、太保爲三公，少師、少傅、少保爲三孤，以左輔、右弼、太宰、少宰易侍中、中書令、左右僕射之名。舊以太尉、司徒、司空爲三公，及尚書置令，並34罷。」又詔：「新官公、少若除，三公即爲宰相，合不帶太宰、少宰、左輔、右弼之任，三少、特進以下即帶太宰等官稱治省事。新官三公舊爲三師，新官太師舊亦爲太師，新官太傅舊亦爲太傅，新官太保舊亦爲太保。此古三公之官，爲宰相之任，今爲三師。古無三師之稱，合依三代爲三公，論道經邦，燮理陰陽，官不必備惟其人，爲真相之任。新官三少舊爲三公，新官少師舊爲太尉，新官少傅舊爲司徒，新官少保舊爲司空。太尉以下舊爲三公，緣司徒、司空周六卿之官，非三公之任，乃今之六曹尚書是也。太尉秦官，居主兵之任，亦非三公。太尉、司徒、司空合罷，並依周制立三孤之官，乃次輔之位。三孤貳公洪化，寅亮天地，或稱爲三少，爲次相之任。尚書省令，太宗曾任，今宰相之官已多，不須置。新官太宰舊爲左僕射，新官少宰舊爲右僕射，門下省新官左輔舊爲侍中，中書省新官右弼舊爲令。」唐太宗曾任尚書令，非本朝也，今具載當時詔旨，不敢改易。《九朝紀事本末》：寔録有此，但畧加删潤，今以詔旨別修。爲尚書令者，唐太宗也，當時有失稽考，今但存本文。蔡絛亦同此誤。蔡絛《國史後補·官制》：「國朝沿唐故事，太師、太傅、太保爲三師，太尉、司徒、司空爲三公，尚書令、侍中、中書令爲三省長官，同中書門下平章事爲宰相。元豐中官制行，皆如故，獨改平章事爲尚書左、右僕射。至政和初，倣《周官》之制，遂以35太師、太傅、太保爲三公，易少師、少傅、少保爲三少，蓋古謂之三孤。孤之爲名不雅，因以爲三少焉。尚書令則國初太宗皇帝嘗爲之，後不敢肆，以爲故事則如故。若侍中、中書令，因易爲左輔、右弼。雖易名焉，亦未始有除授者。至左、右僕射則改爲太宰、少宰。又復存太尉，乃倣秦、漢以爲掌兵官，其恩禮、儀物，咸視執政，蓋特命武臣焉。而三公者，當時爲官不必備，惟其人，非前日之制徒爲官稱而已，乃職任也，故以三公兼領三省事。三省事宰相未嘗不兼領，但不若今制以三公別總三省事爲官長矣。時魯公既爲太師，乃號公相，蓋以三公而下兼相任者。然魯公懼權重，固辭此禮，丐免書門下省。所以丐免書門下省者，以樞密院事皆過門下省，不欲任兵柄故也。上始不聽，魯公曰：『今獨臣免書而已，其制固存。』乃從之。行之久矣，宣和七年李邦彥執政，魯公既罷而致仕，乃改太師，直以尚書令代爲三公，蓋塞復相之路而使不敢拜焉。」

同日，詔曰：「在昔神考〔一〕，董正治官〔二〕，肇建文階，以禄多士，聯職合治，各有等差，名寔既賓，以克用乂。而武選官稱，循沿末世，有志未就，以迄于今。述而後明，靡敢怠廢。朕夙夜惟念，易而新之，訓迪厥官，自我作古。夫名不正則言不順，言不順則事不成。凡爾有官，尚謹乃止，欽我成憲，其爾之休。所有武階磨勘、遷改、請給、奏蔭等，凡厥恩數，悉如舊章〔三〕。咨爾有衆，其祇新書毋忽。」正任 36 節度使、觀察留後、觀察使、防禦使、團練使、刺史〔四〕，右六階仍舊不帶持節等。横行新官：通侍大夫，舊官内客省使。正侍大夫，舊官延福宫使。中侍大夫，舊官景福殿使。中亮大夫，舊官客省使。中衛大夫，舊官引進使。拱衛大夫，舊官四方館使。左武大夫，舊官東上閤門使。右武大夫，舊官西上閤門使、中亮郎，舊官引進副使。中衛郎，舊官引進副使。左武郎，舊官東上閤門副使。右武郎，舊官西上閤門副使。右一十二階。大夫帶遥郡仍舊，内通事舍人、閤門祇候、看班祇候仍舊。皇城使已下新官：武功大夫，舊官皇城使。武德大夫，舊官宫苑使、左右騏驥使、内藏庫使。武顯大夫，舊官左藏庫使、東作坊使、西作坊使。武節大夫，舊官莊宅使、六宅使、文思使。武畧大夫，舊官内園使、洛苑使、如京使、崇儀使。武經大夫，舊官西京左藏庫使。武義大夫，舊官西京作坊使、東西染院使、禮賓使。武翼大夫，舊官供備庫使。右八階。帶遥郡仍舊。皇城副使以下新官：武功郎，舊官皇城副使。武德郎，舊官宫苑副使、左右騏驥副使、内庫藏副使。武顯郎，舊官左藏庫副使、東作坊副使、西作坊副使。武節郎，舊官莊宅副使、六宅副使、文思副使。武畧郎，舊官内園副使、洛苑副使、如京副使、崇（義）〔儀〕副使。武經郎，舊官西京左藏庫副使。武義郎，舊官西京作坊副使、東西染院副使、禮賓副使。武翼郎，舊官供備庫副使。右八階。内殿承制以下小使 37 臣新官：敦武郎，舊官内殿承制。修武郎，舊官内殿崇班。從義郎，舊官東頭供奉官。秉義郎，舊官西頭供奉官。忠訓郎，舊官左侍禁。忠翊郎，舊官右侍禁。成忠郎〔五〕，舊官左班殿直。保義郎，舊官右班殿直。承節郎，舊官三班奉職。承信郎，舊官三班借職。進武校尉，舊官三班差使。進義校尉，舊官三班借差。右一十二階。入内、内侍兩省新官：供奉官，舊官東頭供奉官。左侍禁，舊官西頭供奉官。右侍禁，舊官殿頭。左班殿直，舊官高品。右班殿

〔一〕在：原無，據《長編紀事本末》卷一二五補。
〔二〕正：原作「政」，據《長編紀事本末》卷一二五改。
〔三〕如：原作「加」，據《長編紀事本末》卷一二五改。
〔四〕史：原作「使」，據《長編紀事本末》卷一二五改。
〔五〕忠：原作「終」，據《長編紀事本末》卷一二五改。

直、舊官高班。黃門、仍舊。祗候侍禁、舊官祗候殿頭。祗候殿直、舊官祗候高班。祗候黃門內品、舊官祗候高班內品。祗候內品、仍舊祗候內品。貼祗候內品，仍舊貼祗候內品。右一十一階〔一〕。八階改，三階仍舊。大將等新官：進武副尉、舊官大將。進義副尉、舊官正名軍將。守闕進義副尉，舊官守闕軍將。右三階。殿侍新官：下班祗應，差在京宗室及外州軍祗應〔二〕，稱殿侍非是，除東西班應奉人依舊外〔三〕，餘令改作下班祗應。南班環衛官：諸衛大將軍、諸衛將軍、率府率、率府副率，別無領職，不礙官制，合仍舊。衛官各有三等，上將軍、大將軍、將軍，共四十二階〔四〕。左右金吾衛、左右驍衛、左右武衛、左右屯衛、左右領軍衛、左右監門衛、左右千牛衛、左右衛，合依舊。率府率、率府副率，五等十階。左右衛司禦率府率、左右衛清道監門內率府率〔五〕、左右衛司禦（青）〔清〕道率府副率、左右監門率府副率、左右內率府副38率，合仍舊。醫職新官：和安大夫、成和大夫、成安大夫、成全大夫、舊官軍器庫使。保和大夫、舊官西綾錦使。保安大夫、舊官榷易使。翰林良醫、舊官翰林醫官使。和安郎、成和郎、成安郎、成全郎、舊官軍器副使。保和郎、舊官西綾錦副使。保安郎、舊官榷易副使。翰林醫正〔六〕。舊官翰林醫官副使。詔令吏部依此頒行。《九朝紀事本末》：朱勝非云：元豐議官制，殿帥張誠一有眷〔七〕，數言事。內出誠一劄目送局，請改內侍官名。局官蘇頌、蔡京、王震、陳積同奏事進呈，神宗顧視左右曰：「此無內侍，祖宗爲此名蓋有深意，豈可輕議！」取劄子入御袖。至崇寧初，蔡京相徽宗，置殿中監，近侍遂有分職。鄭居中執政〔八〕，議武選，其後命下，文武俱稱郎、大夫，內侍預焉。自是押班、都知、殿頭、內養等各一切革去。蓋京與居中皆結閹寺以進，故與之爲地如此。

又詔節度使以下更不帶「持節」等〔九〕，只稱某軍節度使之類。其通侍、正侍、中侍大夫三階，內外通轉，所理磨勘並依橫行舊例。

又詔新定三公、輔、弼并武選等官名，自來年正月一日奉行。

又中書省言：「擬官新定：副使爲郎。武功大夫、有戰功三轉，無戰功四轉。武德大夫、無戰功三轉。武顯大夫、有戰功二轉。武節大夫、無戰功二轉。武畧大夫、有戰功二轉。武經大夫、無戰功一轉。武義大夫、武翼大夫，右八階，舊官皇城使、宮苑、左騏驥、右騏驥、內藏、左藏庫使、東作坊、西作坊、莊宅、六宅、文39思、內園、洛苑、如京、崇儀、西京左藏庫使、西京作坊、東染院、西染院、禮賓、供備庫使，欲磨勘超一資轉，有戰功人超二資，至武畧大夫以上並超一資，非次轉官者

〔一〕一十一：原作「一十二」，據《長編紀事本末》卷一二五改。
〔二〕京：原脱，據《長編紀事本末》卷一二五補。
〔三〕西：原脱，據《長編紀事本末》卷一二五補。
〔四〕四十二階：《長編紀事本末》卷一二五作「四十八階」。
〔五〕清：原作「青」，據《長編紀事本末》卷一二五改。下同。
〔六〕正：原作「政」，據《長編紀事本末》卷一二五改。
〔七〕眷：原作「奏」，據《長編紀事本末》卷一二五改。
〔八〕政：原作「改」，據《長編紀事本末》卷一二五改。
〔九〕持：原脱，據《長編紀事本末》卷一二五補。

並超一資。內武德郎即轉武功郎，再該磨勘，有戰功人轉武畧大夫，無戰功人轉武經大夫。」從之。

十月三日，詔檢校官除太尉依舊外，司徒爲少傅，司空爲少保，左輔、右弼、太宰爲正一品，少師、少傅、少保、少宰爲從一品。

同日，中書省送到劄子：「契勘太尉在正一品，開府儀同三司在從一品，執政在正二品，節度使在從二品，欲太尉入正二品，在執政官之下、節度使之上。執政官料錢二百貫，欲太尉減半，只給一百貫。」詔並依。執政官仍立西班。

十一月五日，詔：「新官制內武階橫行四方館舊無副使員額，今既析司置屬，理不可闕，宜置拱衛郎，在左武郎之上。可速添入格目。」

十二月十六日，詔檢校太尉改爲檢校少師。

三年正月十七日，御史中丞王甫奏：「臣頃奉詔參(祥)〔詳〕《官制格目》，方事之初，嘗乞差總領官，仍乞避宰執，被旨委鄭居中。居中方領祠宮居家，不與朝廷政事，臣是時承乏諫路，不以糾察百官爲職，與之參詳，于理無嫌。臣今待罪憲臺，居中知樞密院，若與居中共事，寔於分義有所未安。伏望特降睿旨，(詳)〔許〕臣罷參詳官職事。」從之。

閏四月十一日，尚書省言：「使臣差遣內有緣邊州軍寨主之名，慮合依京城例改作知某寨。」【40】詔並改作知寨。

十七日，尚書省言：「今擬定諸州掾、縣丞從事郎以上充者，非簿、尉、城寨馬監主簿及長史〔一〕、司馬、別駕，見知州庭參不拜。右欲入《儀制令》，衝舊《儀制令》全條不行。」從之。

二十一日，中太一宮使、兼侍讀鄧洵武奏：「伏見陛下若稽古初，繼述先志，出自睿斷，肇新官名，中外洪纖，莫不完具。今則開封牧尹下逮六曹，率屬分職，悉合古制，聲明文物，光彼方來。臣竊以河南、應天、大名府寔號陪京，故城則謂之皇城，庫則謂之左藏，有國子監以掌學校之政，有御史臺以典省官之儀。至於司局之稱，多類天府，而知、通之號，尚同列郡，非所以尊天子之別都也。伏望明詔有司，依開封新制，正三京尹少之名，以仰副陛下推廣先烈、董正治官之意。」從之。

二十五日，宣德郎呂頤浩奏：「契勘祖宗時，內外差遣並付審官院、流內銓，堂除窠闕不多，士大夫自有調官之路，故請謁奔競之風息。近世以來，堂除闕多，侵占注擬，士人失職，廉耻道衰，若不更改，爲患滋甚。欲望聖慈下吏部，考祖宗朝故事，除監司、知州軍及舊格堂除通判外，如監司屬官、鹽場、坑冶、錢監等窠闕，一切撥還吏部。自監察御史、省郎以上，及秘書省官、書局計議、編修官堂除外，如寺監丞、法寺官、外路學官，亦依祖宗及熙豐間故事，令吏部依格法注擬。如此則數十年以來奔競之風必衰，士人既有入仕之路，則自知廉恥矣。」詔內武【41】臣依樞密院條

〔一〕馬：原作「軍」，據《宋史》卷一六八《職官志》八改。

格，并準備將領、正副將以上，依舊樞密院差注外，餘弓手部將、縣尉、州指使以下，並撥歸吏部注擬。

八月三日，詔：「《參照官制格目》了畢，比舊增立及創脩事件，功力不少。三經進書，凡九百餘册，官吏應奉有勞。參詳官白時中、强淵明、王甫各特轉兩官；承受官賈詳回授與五服内白身親恩澤一名；參詳官張閣已身亡，轉一官，更減四年磨勘；書寫人有官人各轉一官，有資人轉一資；三省、樞密院供檢文字張祈等八人各轉一官，礙止法人回授有(言)〔官〕、有服親；點對御筆、進册文字，有官人各轉一官，有資人轉一資。已上未有資人，候出職或補副尉日收使。投送文字等，大程官各轉補，與先支正額請受，將虞候、親事官、裝界匠二人，看管等剩員五人，各支賜絹五疋。」又臣僚上言：「伏覩紹述丕烈，稽古正名，自三公、宰輔而下，文武官僚以至命婦、士子、管句觀寺之稱，莫不有制，彌文盛典，焕然一新，寔萬世宏規也。臣竊謂府史胥徒，考之成周，各有深意，而名寔未始少紊，蓋使之循其名而恭乃事，不可不正也。今在官趨走之吏，名尚有舛訛，〔内〕則如進奏官、親事官、大程之類，外則如句押官、孔目官、散從官之類，寔古之胥徒也，乃謂之官。至如省吏有主事之稱，則尤所當避也。臣愚欲乞明詔有司，詳酌改定，庶幾名分悉正，而增太平至治之美。」詔進奏官以事進而奏於官者也，親事官以42身親其事于官者也，散從官以役而從其官者也，皆從其舊，不須改。主事可改爲典事。大程官之名不正，仰尚書省改正施行。

九月二十二日，保静軍節度觀察留後、提舉龍德宫、直睿思殿楊戩奏：「朝廷肇新直殿之職，其繫銜等次序安敢有議，若止以帶職非帶職、正任轉官，先後爲次，大恐未稱朝廷肇新直殿職任之意。伏望詳酌立法施行。」詔帶直睿思殿人繫銜、序位等，在不帶職人之上。

十二月十八日，中書省言：「勘會直睿思殿既繫銜、序位在不帶職人之上，合爲貼職立文，其睿思殿供奉亦當一體立法，文武官勛(罷)〔爵〕并參軍等文並合改修。今參酌修立到集賢殿脩撰至直秘閣，直睿思殿并睿思殿供奉爲貼職等條：諸太師、太傅、太保爲三公，少師、少傅、少保爲三少，三公、左輔、右弼、太宰、少宰爲宰相，知樞密院事、兩省侍郎、尚書左右丞、同知樞密院爲執政官，簽書樞密院同。本條不同執政官者依本條。開府儀同三司爲使相，特進至承務郎爲寄禄官，通直郎、脩武郎以上爲陞朝官，有執掌者爲職事官，觀文殿大學士至徽猷閣待制爲侍從官，集賢殿脩撰至直秘閣、直睿思殿并睿思殿供奉官爲貼職，王、公、侯、伯、子、男爲爵，金吾衛上將軍至諸衛將軍爲衛官，太子太師至率府副率爲東宫官，節度、觀察爲兩使，留後、觀察、防禦、團練使、刺史爲正任，領他官者爲遥郡，通侍大夫至右武43郎爲横行，知〔入〕内内侍省事至内侍(郎)内品爲内侍官，武功大夫至脩武郎、閤門祗候爲大使臣，從義郎至承信郎爲小使臣，京府至軍監六曹爲曹官，通仕郎已下爲掾官，及縣令、丞、簿、尉、城寨馬監主簿並爲州縣官，承直郎至將仕郎爲階官，節度副使、行軍司馬、防禦團練副使、別駕、長史、司馬、司士、文學、助教爲散官，和安大夫至醫學、太史令至挈壺正、書藝圖畫奉御至待詔爲伎術官〔一〕。」詔並依。

四年八月三日，改端明殿學士爲延康殿學士，樞密直學士爲述古殿直學士，恩數、品秩並依舊。

二十一日，詔：「中亮、中衛大夫共一十人，左武、右武大夫共一十人，中亮、中衛、拱衛、左武、右武郎共三十人，定爲額，并遥郡，令尚書省措置。」

九月一日，詔：「宣德郎官稱與宣德門相犯，改爲宣教郎。其係宣德郎人更不別給文字，自合一面改正稱呼。」

十二月十二日，詔朝議、奉直大夫自今共以八十員爲額。

六年正月五日，吏部侍郎韓粹彦奏：「契勘侍郎右選郎一員。元豐官制初行，小使臣止九千員，今增至二萬三千餘員，人吏自元豐後來亦四次增添。（令）〔今〕欲乞添置郎官一員，分案管句。」從之。

四月十日，御筆：「集賢殿無此名，秘書省殿以右文殿爲名，見任集賢殿脩撰並改作右文殿脩撰。」

六月四日，太師、魯國公蔡京等奏：「崇、觀、政和以來，中書省除授内外省官制，參照元豐舊格，成書一百二十卷，乞【44】以《中書省官制事目格》爲名。」詔頒行。

九月十七日，手詔：「天下人材富盛，趨事赴功者甚衆，舊貼職惟直秘閣、直龍圖閣、右文殿脩撰，不足以待多士。可增置直徽猷閣、直顯謨閣、直寶文閣、直天章閣、秘閣脩撰、集英殿脩撰，并舊爲九等。」

十一月二日，詔大司樂馬賁秩視待制，班著依舊。

十八日，中書省言：「檢會十一月十六日奉御筆：假板官行于衰亂之世，姑從板授，蓋非真官，不可循用。可改依下項：假將仕郎可去『假』字，初與官人猶未入仕，可爲將仕郎。假承務郎可爲登仕郎，假承事郎、承奉郎可爲通仕郎。舊將仕郎已入仕，不可稱將仕，可爲迪功。舊登仕郎可爲修職郎，舊通仕郎可爲從政郎。餘並依舊，通爲十階。」詔應見仕合改正官名並帶假官人，並依今來官名稱呼，更不給降誥敕，令吏部出給公據。

二十三日，吏部奏：「勘會假將仕郎係本部出給補牒，假承務郎、承奉郎、承事郎係朝廷出給黃牒，其自來將仕、登仕、通仕郎並係出給官誥。今承御筆指揮，假將仕郎除去『假』字，可爲將仕郎，假承務郎可爲通仕郎，致本部未敢依舊出給付身、黃牒、補牒，亦未敢並依階官出給官誥。所有今日已前見帶階官之人，亦乞依崇寧二年九月三十日指揮，並隨本資帶階官，更不出給告身。從本部行下本州、本司、本處，一面改正施行。勘會見帶階官合改官名人，已降指揮令吏部出給公據。」詔並【45】出黃牒。

〔一〕圖畫：原作「圗畫」，據本書職官三六之九五改。

三十日，詔：「官爵以待勞能，(令)〔今〕興事造功，能者輩出，而官名不足，何以寵賚多士！ 可增下項，仍通舊依此。郎亦如之[一]，惟不置通侍。」右武、左武、拱衛、中衛、中亮、中侍、正侍、通侍，凡八階，舊已有。今又增親衛、翊衛、協忠、履正、宣正，凡五階。

七年二月二十二日，臣僚言：「名位不同，命數亦異，此先王之法、元豐之制也。今乃有非待制而視待制，非卿而視卿者。寄禄有止法而許回授[二]，選人有比類而許循資，今乃礙止法者多特轉行，合比類者多特(選)〔遷〕改。朝廷之上，見闕而除官；居官之吏，俟期而受代。今乃有直替見任人，令別與差遣者；有衝改已差下人，令別與差遣者；有新闕未到，且在任待闕者。本朝監唐末五季藩鎮擅命之弊，乃廷授通判，外察守臣，此萬世法也[三]。今方面之臣有辟置通判者，甚失監郡之意。乞正紀綱，以革奔競。」〔詔〕三省、樞密院遵守，御史臺覺察彈奏。

三月，臣僚上言：「伏仰神考肇建六聯，董正治官，元豐訓敕，有小大貴賤迭相維持之文。陛下纘述大猷，守之彌確，比年訓迪在位，復以有彝有倫、小大承式爲言。先聖後聖，創立持循，與天地同爲常久，嗚呼休哉！ 宸慮焦勞，猶恐百司不遵成憲，紊亂體統。大觀中，嘗因六曹、寺監事不次第行遣，或徑申朝廷，有違元豐官制，(今)〔令〕有司申明法禁，臺憲舉劾，具有明詔。令行之初，官司遵守甚嚴。近訪聞寺監將常事非緊急而徑取朝旨者，稍復 46 有之，若都省批送逐部勘當，則又次第行遣迂緩，是徒犯法禁而紊體統爾。竊謂成而不易者聖王之法，應而不窮者天下之事，因循怠廢者常人之情。以法馭事，事無不理，然事或侵紊而不理者，亦人樂因循而慢法故也。昔堯、舜極治之時，庶事已康，而益之所陳亦不忘於警戒。況百司庶府之臣，情易怠於守常，則董察振舉，其可畧乎！ 臣愚伏望聖慈詔寺監謹守彝憲，毋或侵紊。」詔依。今後有違者，以違御筆論，令御史臺覺察彈奏。仍具元豐官制詔書牓于官府廳事，令遵守。

四月八日，臣僚上言：「近論列劉昺、董正封違法奏補親屬，未聞施行。竊惟前之所是著爲律，後之所是疏爲令。律、令一定，有司所宜奉行，臣民所宜承稟。倘或不然，是謂析律，析律者有誅；是謂廢令，廢令者有禁。搢紳大夫(柝)〔析〕律、廢令，而獨曰吾所伸者懇請，吾所蒙者特旨，謂人莫得擬議。然則公議不復有矣。請摭一二陳之。夫臣僚遇大禮，蔭補本宗有(親服)〔服親〕一人者，此一定之制也；今則不然，蓋有奏異姓無服親者矣。三遇大禮，聽以本宗恩澤蔭異姓緦麻親者，此一定之制也；今則不然，蓋有未六十有子而蔭期親者矣。蔭補親屬特推恩有官人轉

[一] 郎：原作「即」，據《九朝編年備要》卷二八改。
[二] 有：原作「者」，據《歷代名臣奏議》卷一六二改。
[三] 此：原作「以」，據《歷代名臣奏議》卷一六二改。

承直郎以下循資者，此一定之制也；今則不然，蓋有以從政郎改承奉官，假承奉郎落『假』字而爲承奉者矣。遇大禮惟内命婦得封贈其父母者，此一定之制也；今則不然，蓋有外命 47 婦以子恩叙封而回授其父母者矣。凡此數端，蓋臣之所知也。竊惟祖宗設爲等級，推恩群臣，幾二百年矣，其法大備，而人心無厭，乃至如是。是將法外生法，日(慎)〔甚〕一日，陛下之紀綱(寢)〔寖〕至於紊矣。」詔劉昺大晟府教樂轉官特令回授弟光、董正封回授女夫曹授指揮更不施行。

重和元年十一月十六日，吏部奏：「檢準《政和官品令》節文，諸中亮、中衛大夫，防禦、團練使，諸州刺史，爲從五品；諸知、同知内侍省事，拱衛、左武、右武大夫，爲正六品。今來本部未審將親衛、翊衛資格在中衛之下爲從五品，惟復在拱衛之上作正六品稱呼，有此疑惑。」詔翊衛、親衛大夫並爲從五品。

宣和元年八月二十九日，中書省檢會：「奉詔，鄧之綱久任軍器監，累乞宮祠，可依馬賁例視待制，再任。吏部供到，檢承敕，臣僚上言：『官有定職，職有定員，名位不同，命數亦異，此先王之法、元豐之制也。今乃有秩視之例，非待制而視待制，非卿而視卿，凡此之類，寖紊紀綱。』奉御筆：臣僚所言可採，利害甚明，已行者與免改正，今後仰三省、樞密院遵守，御史臺覺察彈奏，違者以違詔論。」詔鄧之綱特依已降指揮視待制。

二年八月十八日，吏部狀：「元豐年選人曾任下項窠闕：太學博士、正、録，律學博士、正、録，國子博士、正、録，武學博士、正、録，大理寺司直、評事，秘書省正字，敕令所删定官，國子監書庫官。見今選人任在京窠闕下項〔一〕：秘 48 書省正字，辟廱博士、正、録、直學，太學博士、正、録，國子博士、正、録，武學博士、正、録，律學博士、正、録，大理寺司直、評事，敕令所删定官，國子監書庫官，六部架閣文字，編估局，剗刷折鈔官物〔二〕，打套新法香藥，開封府學博士，河南第一至第十石炭場，河北第一至第十石炭場，京西軟炭場，抽買石炭場，豐濟石炭場，城東新置炭場，醫藥中惠民局，管句禮部貢院，平貨東場，平貨東場交易官，在京都茶庫，大觀東庫，大觀東庫門，大觀西庫，大觀西庫門，封樁竹木務車場，封樁竹木務東第二場，封樁竹木務西場，皇后宅小學博士，睦親宅宗子學正，睦親宅宗子學録，睦親北宅宗子學正，睦親北宅宗子學録，睦親西宅宗子博士，周王宮宗子學正，廣親北宅學正，尚書吏部官誥院善利門管句，專一入門監事，作坊料物庫門，作坊料物庫，東作坊庫，西作坊門，金耀門文字庫，開封府架閣文字，西抵當所，南抵當所，北抵當所，東退材場管句，監轄炒造丹粉所，在京裁造所，東永豐倉門，在京木炭場，京東箔場，京東抽税竹木

〔一〕「見」字上原有「一」字，當是衍文，今删。
〔二〕物：原脱，據下文及本書職官二七之二二、二三補。

箔場，皮角四物庫管句，外排岸司，麥料下第八界，軍器監準備差使，粳米上第八界，粳米下第八界，文繡局，天駟監，倉草場，麥料上第二界，安肅門，廣利門，藉田令，権貨務，軍器什物庫，太社令局，城西炭場，大理寺學習公事。」詔元豐選人窠闕并學官，並依元豐法差，管句六曹架閣文字並罷，令本49部末曹郎官兼領。打套新法香藥併歸権貨務，官吏更不差。編估局、剗刷折鈔官物併爲一局，差文武陞朝官各一員。餘併鈔録吏額，令尚書省措置存廢。內合存留官，止差京朝（將）官、大小使臣。

二十七日，臣僚上言：「元豐官制敕、令、格、式，字畫滅漫，秩序差互，條目無倫，檢舉遵奉，殆不可考。夫以內外官司昔嘗欲降元豐法令，不惟歲月之久，寖以散失，亦有如省部轄下元不曾被受（法）〔去〕處。今紹述政事成憲，有司奉行，大懼違戾，然非朝夕從事于其間，豈得周知盡聞，以時而檢舉哉！伏望（朝）〔聖〕慈命有司契勘內外官司，別行頒降。」從之。

十一月十九日，臣僚上言：「臣恭聞神宗皇帝元豐中嘗詔天下，以閔古弗還，因時改造，是正百辟，復建六聯。又有小大貴賤迭相維持之語。當是時，省曹寺監各循分守，所掌職事未嘗聞有僭紊也。仰惟陛下紹述大猷，訓迪在位，宸心所慮，猶恐體統失序，先後紊差。大觀間，以六曹寺監諸司等直申朝廷，並不次第行移，有違元豐官制，遂檢具格法，修立條禁，有事非邊防及應緊急理不可緩，不得直申尚書省、樞密院法。陛下申敕告戒，深切著明。昨者官司因循弛慢，不守彝憲，不由本部，徑申朝廷，是致臣僚論列，嘗降睿旨，令具元豐官制詔于官府，如違以違御筆論，庶幾奉以周旋，不忘夙夜。且王言惟作命，命出惟行弗惟反，是豈徒爲空文哉！邇來寺監等處又復侵50紊，徑申朝廷，其事不一，未可以立談也。況事非緊急，若先期檢舉，次第行移，豈不辦集，安有申部不及之理！寺監諸司往往以一時（措）〔指〕揮踏差差官之類，許其徑申，遂執爲專法，仍舊引用。豈不知陛下前後德音（其）〔具〕在，非不諄復，方當正大體統，振肅紀綱，遵守元豐憲度之制，尚或侵越如此，非所謂迭相維持之意。伏望聖慈詳酌，特降睿旨，寺監、庫務、諸司等處，前後應有專許直申朝廷指揮，並乞賜衝罷不行，悉依元豐官制及遵守累降詔旨。如後有冒犯，令本部覺察糾劾，三省取旨，必科以違御筆之罪。庶幾取信于人，而法度紀綱持循無怠，以光先烈，以幸天下。」吏、刑部供到政和七年三月指揮、元豐五年四月二十八日詔、大觀四年四月二十七日內降劄子。檢會元豐七年十二月二十六日敕：「諸官司倉庫事不可專行及無法式須申請者，並申所屬寺監〔一〕；寺監不可專行〔二〕，並隨事申尚書本部；本部又不可專行，即勘當上省。若直被朝旨應覆奏

〔一〕申：原脱，據《長編》卷三五〇補。

〔二〕監：原脱，據《長編》卷三五〇補。

者，依本條，仍各申知。上條合入《在京通用》。看詳：不可專行若無法式事，係干邊防及緊急理不可緩者，盡令申所屬待報，竊恐遲誤害事。(令)〔今〕修立下項：諸事干邊防及應緊急理不可緩，申所屬本部不及，聽直申尚書省、樞密院。右入《寺監庫務通用令》。諸事非邊防及應緊急理不可緩者〔一〕，申本部不及輒申尚書省、樞密院者杖一百〔二〕。右入《寺監庫務通用令》。三省、樞密 51 院同奉聖旨依。如違，令御史臺覺察彈奏。詔遵守元豐詔書，如違犯，令尚書省糾劾。」依政和七年三月指揮，如違以違御筆論。詔事干邊防及應緊急理不可緩、申所屬本部不及者，依大觀四年四月申明指揮。

十二月三日，手詔：「州縣之官，最爲近民，一官闕則一事廢。訪聞諸路民事不理，盜賊竊發，場務虧額，稅賦少欠，多緣久缺正官，或差權攝，僥倖廪禄，不復顧省(事職)〔職事〕，甚者貪贓横恣，民被其害。近陝西漕臣張汝霖奏，陝西六路闕正官一百八員。天下之大，所闕豈可勝計！況邊遠僻左，人罕願就，尤在所恤。應闕官去處，令吏部限三日差注。如無本等人，即破格差注一次。虧欠場務及邊遠闕官半年已上，除通判、司録、都監、監押外，許帥臣、漕司奏差。」

三年五月九日，尚書省言：「勘會堂除館職、書局及在京差遣久例，曾除授初出官人，合依宣和二年八月十八日指揮外，緣見今除授不同，今來合依舊例施行。」詔申明行下。

五年正月二十九日，臣僚上言：「臣聞名不正則言不順，蓋名以出信，初無内外大小之間。臣竊見京師官府長貳舊多謂之判，如判國子監、判太常寺之類是也。元豐中，官制既修，一切釐正，惟(太)〔大〕宗正司官尊有稱判，其次曰知、曰同知而已。今登聞鼓、檢二院官，且如諸道進奏院官，稱監可也，而仍曰判，此百執之間，其名不可以不正者也。」詔依。

六年二月二十八日，詔：《事實》：朕 52 立政造事，以熙庶績，董正治官，唯前烈是承。永惟文考所以敷遺後人者，莫重官制。元豐肇分六曹、寺監之任，非碩德博望，蓋弗以居，選擢之間，多所闕員，不爲人擇官也。近歲爵禄之柄浸輕，士無惬志，雖(婁)〔屢〕命簡汰，纔及疏遠之人〔三〕，權貴幸進益衆，資淺望輕者遍據要路，其何以紹先猷、勸寒儁！「自今不歷省、臺、寺、監、監司、郡守、開封府曹官，雖嘗踐更而係監當資序〔四〕，若宰執有服親及戚里，並不除郎官、寺監長貳；非歷監察御史以上及監司、郡守，仍不除卿、少若諸監長官；非歷寺監丞若校書郎以上及監司、郡守，仍不除郎官、少監。著爲定令。内宰執有服親及戚里應仕進者，遵熙豐故事與宫祠，當褒擢者除職。三省常切遵守，違者執奏取旨，

〔一〕非：原作「干」，據本書職官五六之一五改。
〔二〕院：原脱，據本書職官五六之一五補。
〔三〕纔：原脱，據本書職官一之四四補。
〔四〕資：原作「次」，據本書職官一之四四改。

御史臺覺察，隨除目彈奏。咨爾在位，其祇予意〔一〕。」熙豐故事檢未獲。

七年六月二十三日，講議司奏：「奉御筆下項：紊亂官制，數内視官奉旨送講議司看詳。視官非元豐官制，不惟紊亂名寔，兼亦蠹耗國用，其視官人合取旨。」詔視官非元豐法，並罷。

欽宗靖康元年十一月二十九日，詔三省長官名可並依元豐官制，改太宰、少宰復爲尚書左、右僕射。（以上《永樂大典》卷三八〇六）

〔一〕予：原作「于」，據本書職官一之四四改。

宋會要輯稿　職官五七

俸禄〔一〕

【宋會要】

1 宋朝俸料：宰相、樞密使，月三百千；樞密使帶使相者四百千。參知政事、樞密副使、宣徽南北院使、知樞密、同知樞密、三司使，各二百千；簽書樞密院事，鹽鐵、度支、户部使，百五十千；檢校太保簽書者同副使。三師、三公，百二十千；東宫三師、僕射，九十千；三少、御史大夫、尚書，六十千；門下、中書侍郎，御史中丞，五十五千；太子賓客，四十五千；太常、宗正卿，左、右丞，侍郎，五十五千；左、右散騎常侍，六十千；給事中、中書舍人、大卿監、國子祭酒、太子詹事，四十五千；諫議，四十千；鹽鐵、度支、户部副使，五十千；左、右庶子，三十千；諭德、少卿監、司業、郎中，三十五千；起居郎、舍人、侍御史、司諫、殿中侍御史、員外郎、赤令，三十千；少詹事，二十九千；正言、監察御史、太常博士、通事舍人、國子五經博士，太常、宗正、秘書、殿中丞，著作郎、大理正，二十千；太子率更令、中允、贊善、中舍、洗馬，六局奉御，十八千；太常博士舊十五千，雍熙三年增二千；著作郎二十千，減三千；洗馬十七千，減二千。司天五官正，十三千；秘書郎、著作佐郎，十七千；秘書郎舊無俸，兼二館職事者給八千，至道二年令同著作佐郎給之。大理寺丞，十四千；諸寺、監丞，十三千；大理評事，十千；諸（司）〔寺〕監丞舊十二千，雍熙初〔增〕二千，大理評事舊六千，增二千。太祝、奉禮，八千；司天監丞，五千；主簿，五千；靈臺郎，三千；保章正，二千。六軍統軍，百千；諸衛上將軍，六十千；左、右金吾衛大將軍，三十五千；諸**2**衛大將軍，二十五千；將軍，二十千；率府率、副率、中郎將，十三千；内客省使、延福宫使，六十千；景福殿使，二十七千；舊六十千。客省使，三十七千；宣慶、引進、四方館、宣政、昭宣，閤門使，二十七千；皇城以下諸司使，二十五（年）〔千〕；客省及皇城以下副使，二十千；内殿承制，十七千；崇班，十四千；閤門通事舍人，二十千；供奉官十千，兼閤門祗候者十二千；侍禁七千，〔兼〕閤門祗候者十千；殿直五千，〔兼〕閤門祗候者九千；三班奉職、借職，四千。皇親：觀察使，三百千；諸衛大將軍遥領刺史，八十千；諸自節使至遥團並如臣僚舊式，刺史大將軍領者如今數，將軍領者六十千。諸衛大將軍，六十千；諸（位）〔衛〕將軍，三十千；舊式將軍有五十千、四十千、三十千凡三等。諸司使有四十千、三十千二等；副使以下與庶姓同而並給實錢〔二〕。内臣：都知、押班、諸司使，二十五千；副使，二十千；遥郡以上半給

〔一〕原題「俸禄四」。按，此乃《永樂大典》卷一三一七五原有標目。《大典》「俸禄」門共分十一卷，此乃是第四卷，見《永樂大典目録》卷三五。今删去「四」字。

〔二〕姓：原作「注」，據《宋史》卷一七一《職官志》一一改。

實錢，半給他物，諸司使以下全給實錢。入内供奉官，十二千；殿頭，七千；高品、高班，五千；黄門，三千；祗候殿頭至散内品并雲韶内品，並七百；入内内品，二千、一千五百、一千凡三等；内常侍、内供奉官，十千；殿頭，五千；高品、高班，三千；黄門，二千；北班内品，七百；殿頭内侍、入内高品，二千；高班内品，一千五百；黄門内品，一千；寄班小底〔一〕，二千；入内小黄門、前殿祗候内品、外處揀來至西京北班内品，並七百；西京内品，五百；郢、唐、復州内品，三百。舊式供奉官七千五百，殿頭四千，高品三千，高班二千五百，黄門一千五百，西京内品三百，寄班小底二千。樞密都承旨，四十千；副都承旨、副承旨、諸房副承[3]旨、逐房副承旨、中書提點五房，三十千；中書堂後官，二十五千；中書、樞密院主事，二十千；録事、令史，十千；主書，七千；守當官、書令史，五千。自副承旨並增七千。中書、樞密、宣徽院、三司、學士、舍人、待制、御史臺、開封府、三館、祕閣、審刑院、刑部、大理寺、諸王府翊善、記室、侍講、教授、侍教、知審官院、勾當三班院、糾察刑獄、判吏部銓、南曹、登聞檢院、司農寺、三司判官、主判及國子監直講，河北、河東、陝西轉運使，直舍人院及權領兩制差遣，並給見錢，餘官悉三分之二給以他物。節度使，四百千；使相及親王爲節度使同。節度觀察留後，三百千；觀察使二百千。遥領同，或三百〔千〕。防禦使二百千，遥領百五十千；團練使百五十千，遥領百千；刺史百千，遥領五十千。自防禦使已下諸衛將軍、横行諸司使，遥領者（領）如百官之制，三分之二給以他物。開封府判官，三十千；推官，二十千；皆給見錢。西、北、南京留守判官，河南、應天、大名判官，節度副使，三十千；行軍司馬、節度觀察判官，二十五千；防禦、團練副使，掌書記、支使、諸府少尹，二十千；行軍司馬、副使不釐務者，悉給以他物。留守京府節察推官，十五千；防、團軍事推官，軍、監判官，七千，新增至十二千；防、團判官，如本州録事參軍及依倚郭縣令〔二〕，舊十五千。軍事判官、如本州録事參軍。司録參軍，二十千；諸曹參軍，十千；以京官知者俸從多給。景德三年，詔司録、六曹官及畿縣官悉給春、冬衣。五萬户以上州録事參軍，二十千；司理、司法，十二千；司户，十千；三萬户以上州録事，十八千；司法、司理十二千；司户，九千；萬户以上州録事，十五千；司法、司理，十千；司户，八千；五千户以上州録事，十二千；司法、司理十千；司户，七千；不滿五千户〔州〕録事、司法、司理，十千；司户，七千；新增，録事十[4]二千以下並增至十五千，判司十千以下並增至十二千。四京軍巡判官，十五千。東京畿縣七千户以上，朝官二十二千，京官二十千；五千户以上，朝官二十千，京官十八千；三千户以上，朝官十八千，京官十五千；三千户以下止命京官，十二千；縣丞，十五千；河南、洛陽縣令，三十千；萬户以上縣令二十千，簿、尉十二千；七千户以上令十八千，簿、尉十千；五千户以上令十五千，簿、尉八

〔一〕班：原作「品」，據《宋史》卷一七一《職官志》一一改。
〔二〕依倚郭縣令：原作「倚郭令」，據《宋史》卷一七一《職官志》一一改。

千；三千户以上令十二千，簿、尉七千；不滿三千户令十千，簿、尉六千。新增令、録十二千者並爲十五千，判、司、簿，尉十千以下並爲十二千。京官及三班知縣者給縣令本官俸〔一〕，多者從多給，兼監兵者止請本俸添給。別駕、長史、司馬、司士、文學，七千；嶽瀆廟令，十千；廟丞、主簿，七千。別駕以下悉他物。

凡春、冬以衣賜：宰相、樞密使，春、冬各綾二十匹、絹三十匹，冬綿百兩；參知政事、樞密副使、宣徽南北院使、三司使、知樞密、同知樞密，俸給並同副使，惟知院餐錢同使。簽書樞密院事，鹽鐵、度支、户部使，春、冬各綾十匹、春絹十匹、冬二十匹；檢校太保簽書者，春、冬各絹十匹；三師、三公，春、冬〈冬〉〔各〕綾十匹、絹三十匹；舊同僕射。東宮三師、僕射，春、冬各綾十匹、絹二十五匹；三少、御史大夫、尚書〔二〕、御史中丞、太子賓客，春、冬各綾七匹、絹二十匹；門下、中書侍郎，太常、宗正卿，左、右丞，侍郎，舊式兩省侍郎同尚書。觀文殿大學士、學士，依從本官，凡不載者並準此。資政、端明學士，春、冬各綾五匹、絹十七匹；翰林承旨、學士，春、冬各綾三5匹、絹十五匹；本官多者自從多給。舊式他官若充翰林承旨及侍讀、侍講，各綾加二匹，絹加三匹。翰林侍讀、侍講，閣學士，樞密直學士，春、冬各綾五匹、絹十七匹；閣直學士，春、冬各綾三匹、絹十五匹；左、右散騎常侍，給事中、諫議，中書舍人、知制誥、待制，大卿監、國子祭酒、太子詹事，春、冬各綾三匹、絹十五匹；充職者自從多給，若中書舍人充翰林學士亦準此。閣直學士、知制誥、待制依同諫議。鹽鐵、度支、户部副使，春、冬各絹十五匹、春綾三匹、冬五匹。自參知政事至此，各冬綿五十兩。左右庶子、諭德、少卿監、司業、起居郎、舍人、侍御史、郎中、司諫、殿中侍御史、員外郎、赤令、少詹事，春、冬各絹十三匹；正言、監察御史、太常博士，春、冬各絹十匹；國子五經博士，太常、宗正、秘書、殿中丞，著作郎、大理正，太子率更令、中允、贊善、中舍、洗馬，六局奉御，春、冬各絹七匹。自左、右庶子至此，各冬綿三十兩。司天五官正，春、冬各絹五匹，冬綿十五兩；秘書郎、著作佐郎，春、冬各絹六匹，冬綿二十兩。自宰相至此，各春加羅一匹。大理寺丞、諸寺監丞，春、冬各絹五匹；大理評事，春、冬各絹三匹；三司、刑部檢法、法直、副法直官，司天監丞，春、冬各絹五匹；主簿，春、冬各絹三匹。自大理寺丞至此，冬各綿十五兩。舊太祝、奉禮同司天監丞。靈臺郎、保章正，春、冬各絹三匹，冬錢三千。六軍統軍、諸衛上將軍，春、冬各綾五匹、絹十匹，冬綿五十兩；左、右金吾衛大將軍，諸衛大將軍，春、冬各綾三匹、絹七匹，冬綿三十兩；將軍，春、冬各綾二匹、絹五6匹，冬綿二十兩；率府率、副率、中郎將，春、冬各絹五匹，冬綿十五兩。自統軍至此，春各羅一匹。内客省使、延福宮使、景福殿使、客省使，宣慶、

〔一〕本官：原作「本言」，據《宋史》卷一七一《職官志》一一改。
〔二〕御史大夫尚書：原重此六字，據《宋史》卷一七一《職官志》一一删。

引進、四方館、宣政、昭宣、閤門使，皇城已下諸司使，春各絹七匹，冬十匹，綿三十兩； 閤門通事舍人，春、冬各絹七匹，春羅一匹，冬綿三十兩； 客省及皇城以下副使、内殿承制、崇班，春各絹五匹，冬七匹，綿二十兩； 供奉官，春絹四匹，冬五匹，綿二十兩； 侍禁、殿直，春、冬各絹四匹，冬綿十五兩； 三班奉職、借職，春、冬各絹三匹，錢二千。 皇親任諸衛大將軍及領刺史〔一〕，春、冬各綾十匹，絹十五匹，冬綿五十兩。 諸衛將軍有二等： 一等春、冬各綾五匹，絹十匹，冬綿二十兩； 一等與庶姓將軍同。 諸司使至殿直，春、冬各綾二匹，絹五匹，冬綿四十兩。 自大將軍至此，各春加羅一匹。 入内供奉官，春絹五匹，冬七匹，綿三十兩； 殿頭、高品、高班，春絹五匹，冬六匹，並綿二十兩； 黄門祗候殿頭至後苑散内品，并入内内品，春、冬各絹五匹； 雲韶内品，春、冬各絹四匹，並綿十五兩； 前省内常侍、内供奉官、北班内品、外處揀來至西京北班内品、内品，春、冬各絹五匹； 殿頭、高品、高班、黄門、入内小黄門、前殿祗候内品，春、冬各絹四匹； 殿頭内侍、入内高品，春、冬各絹三匹，無綿，加錢二千； 在京黄門内品，春、冬碧綾羅、黄白絹共六匹； 寄班小底，春、冬各絹十匹； 郢、唐、復州内品，春、冬各絹二匹，布半匹，無綿，加錢一千。 7 内班高品衣帶，舊内侍春加羅一匹，供奉官、殿頭、高品、高班冬綿二十兩，在京黄門内品八兩，餘並十五兩。 舊式供奉官至高班，並春、冬各絹五匹，供奉官並冬綿二十兩； 西京内品，春、冬各絹三匹，冬綿十兩。 樞密都承旨，春、冬各絹十五匹，春綾三匹，冬綾五匹，綿五十兩； 副都承旨、副承旨、諸房副承旨、中書提點五房，春、冬各絹十五匹； 逐房副承旨，春、冬絹十三匹。 自副承旨以下，冬綿各三十兩。 中書堂後官，中書、樞密院主事，録事、令史，春、冬各絹十匹，主事以上冬綿五十兩，録事、令史三十兩； 堂後官加特支錢五千。 自都承旨至此，春、冬加羅一匹。 主事、守當官、書令史，春、冬絹各二匹，主事、書令史春錢二千，冬綿十二兩，錢一千，守當官冬錢一千； 留守判官、府判官，春、冬各絹十二匹，冬綿二十兩； 節、察判官，春、冬各絹六匹，冬綿十二兩半； 書記、支使，春、冬各絹五匹，冬綿十兩〔二〕； 留守推官、府推官、節察推官，春、冬各絹五匹，綿各十兩。 節度使、親王爲節度使，春、冬各絹百匹，大綾二十匹，小綾三十匹，春羅十匹，各加綿五百兩； 節度觀察留後、觀察使，防禦使，團練使，刺史遥領掌兵者，春、冬各絹十匹，冬綿五十兩。

凡禄粟： 宰相、舊無，自趙普加。 樞密使、參知政事、樞密副使、宣徽使、三司使，月各一百石； 簽書樞密院事、三部使、權三司使，七十石； 權發遣使公事，三十五石； 内客省使、景福殿使，二十五石； 節度使，二百石，初除一百五十石，皇親帶者一百石，掌兵及遥領百五十石； 留後，觀 8

〔一〕衛：原作「位」，據《宋史》卷一七一《職官志》一一改。
〔二〕綿：原作「絹」，據《宋史》卷一七一《職官志》一一改。

察，防禦使，一百石，掌兵、遥領同；團練使，七十石，掌兵及遥領五十石，正任亦有五十石者；刺史，五十石或三十石，掌兵、遥領二十五石、十石，有二等，皇親遥領者無米。赤縣令，七石；縣丞，四石；京府司録，五石；諸曹參軍，三石；東京畿縣，六石至三石有四等；諸州録事，五石至三石有三等；司理、司法，四石、三石有二等；司户，三石、二石有二等；河陽、洛陽縣令，視其户口差降；諸縣令，五石至三石有三等；簿、尉，三石、二石有二等。新增令、録三石者並爲四石。防、團軍事推官，軍、監判官，判、司、簿、尉，二石者至三石、四石。軍巡判官、司天監丞，並四石；自赤縣至此，米、麥各支半。入内供奉官，四石；殿頭高品，三石；高品至散内品并入内内品，並二石；雲韶内品，一石；内供奉官，三石；殿頭、高品、高班，二石；北班内品、前殿祗候、外處揀來至郢、唐、復州内品，並二石；黄門、殿頭内侍、入内高品，米麥各五㪷；在京黄門内品，二石五㪷；入内小黄門，一石；寄班小底，四石。舊式除小底外，供奉官、殿頭並三石，高品已下並二石，仍米、麥各半。

凡添支：權三司使、知開封府、權三司使公事，百(十)〔千〕；舊權公事七十千。權發遣三司使公事，五十千；觀文殿大學士、諸宫觀使、三部副使，三十千；觀文殿、資政殿大學士〔一〕、宫觀、三司、開封府判官〔二〕，審刑、刑部提舉帳司，檢正、檢詳官，判子司，提舉諸司庫務〔三〕、管轄三司軍大將、都提舉市易司、提點倉場、提點内弓箭庫、府司録、宗室大宗正，二十千；舊審刑十五千。判諸寺監，二十千，9 一等十五千；舊司農寺七千。宫觀都監、勾當官，十七千；任都知、押班二十千。資政殿、端明殿、翰林侍讀、侍講，樞密直、閣學士、直學士，理檢使、知雜，群牧使、副使，判兵部、諫官、開封府推官、宗正諸寺監丞，十五千；提舉宫觀，曾任兩府三十千，餘二十千，提點十千；群牧都監，十三千；御史，十二千；銀臺司、審官、三班院、吏部銓、登聞檢院、鼓院、太常寺、太常禮院、官告院、禮部主判官，糾察在京刑獄、群牧判官、監祭使〔四〕，崇文院(較)〔校〕書、直講、教授，十千；審官、三班、吏部、司農、軍器、將作、太常主簿，十二千。諸在京勾當公事、主簿，法官至太學正、録，以十五千、十二千、十千、八千、七千爲差；諸倉、庫、務、院，諸所管勾，各以公事閑劇差定其數焉。

凡外官知、判州府：三師、三公錢六十千，米十石，麵十石，羊十口，傔三十人，馬七疋。前任兩府并東宫三師〔五〕、僕射錢五十千，米七石，麵十石，羊十口，傔十人，馬五疋。舊式：曾任兩府須丞郎以上，米五石，羊七口。餘同。三少、尚書并丞錢三十千，餘同僕射。侍郎至大卿監、學士至知制誥、待制知州府兼都總管、安撫經略錢三

〔一〕殿：原無，據《宋史》卷一七二《職官志》一二補。
〔二〕官：原無，據《宋史》卷一七二《職官志》一二補。
〔三〕庫：原作「主」，據《宋史》卷一七二《職官志》一二改。
〔四〕祭：原作「察」，據《宋史》卷一七二《職官志》一二改。
〔五〕宫：原作「京」，據《宋史》卷一七二《職官志》一二改。

十千，米七石，麪十石，羊十口，傔十人，馬三匹。除桂州〔外〕並(時)〔特〕添二十千，并州帶學士者自給五十千，更無特添例。又有一等錢二十千，餘同上。朝臣已上知荆南、永興、揚、潭、江寧並同待制知州府本例。舊式河南、大名、杭、并、代州並同。知廣州年給錢七百千，分月分支，米十石，麪十石，羊五口，傔七人，馬三疋。舊月給錢百千，大中祥符六年，令歲取五百千爲公用。鳳翔、洪錢二十千，米五石，麪十石，羊七口，傔十人，馬五疋。舊式：應天、真定、保、定、秦、延、府並同。桂除大卿已上外，餘只錢二十千，米三石，麪五石，羊五口，傔七人，馬三疋。江淮發運使學士至大卿監充使，如尚書知州府；朝臣充使、副并諸司使充使，如朝臣知鳳翔；副使充副，傔減三人，馬減二疋；充都監，錢二十千，米三石，麪 10 七石，羊五口，傔七人，馬三疋；朝臣充判官，錢十千，麪五石，餘同都監。舊式：朝臣充發運制置使，麪五石，餘同都監。學士至大卿監充河北、河東、陝西都轉運使如大卿監充發運使例，諸路都監、運使并京畿轉運使同。朝臣充諸路轉運使、副如朝臣知桂州。白波發運使同。轉運判官錢十千，米三石，麪五石，羊五口，傔七人，馬三疋。福建、廣南加錢五千。提點刑獄如運使，副同提點諸司使。錢二十千，米五石，麪十石，羊七口，傔十人，馬五疋。橫行副使至帶職供奉，錢一十千，米三石，麪七石，羊五口，傔七人，馬三疋。帶職侍禁錢十五千，麪五石，餘同上。帶職殿直羊三口，馬二疋，餘同上。開封府界提點諸縣鎮公事朝臣充者如提點諸路刑獄，諸司使充同提點，錢十五千，餘如提點諸路刑獄。橫行副使至崇班，錢十五千，餘並如橫行副使、提刑。府界提點錢帛公事朝臣充者錢二十千，米三石，麪五石，羊五口，傔七人，馬三疋。武臣(同)〔充〕者錢十五千，麪七石，餘同。提舉(銅)〔銀〕銅坑治鑄錢、提點銀銅鉛(場)〔錫〕坑治鑄錢等公事如福建運判例。提舉常平廣惠倉朝臣視大郡通判，京官視兼兵知縣。大卿監知州軍府錢十五千，米五石，麪十石，羊七口，傔十人，馬五疋。朝臣知河陽、河中、許、襄、潭、相、滄、邢、恩、華、潞、晉、壽、廬、宿、楚、越、蘇、潤、泗、常錢十五千，米三石，麪七石，羊五口，傔七人，馬三疋。舊式：滑、鄭、鄆、滄、福建諸州軍、廣南路州〔軍〕並同。兖及福建諸州、廣南諸州軍麪五石，餘同上。諸州〔府〕錢十千，餘同上。其權知州府並用此例。一等傔五人，餘同上。知軍、監并使錢十千，米二石，麪五石，羊三口，傔五人，馬二疋。京官知州、軍、府錢七千，米三石，麪五石，羊三口，傔五人，馬二疋。知福建諸州、廣南諸州軍錢十千，米三石，麪五石，羊五口，傔七人，馬三疋。知軍、監并使錢七千，米二石，麪三石，羊三口，傔三人，馬二疋。邵武、興化、懷遠等軍，錢十五千，傔五人，餘同上。州縣官知春州(北)〔比〕京官知軍，羊減一口。差知州人通判諸州府朝臣視防、團知州舊例，大者從多給，京官視京官知州軍。朝臣通判廣州、河南、應天、大名、永興、江寧、荆南、揚、杭、潭、并、代，福建、廣南諸州錢十千，米三石，麪五石，羊五口，傔七人，馬三匹。內廣州二十千，餘同。京官通判廣州， 11 錢十五千，傔五人；荆南，米二石，麪三石，羊二口，傔三人，馬二疋；福建、廣南州，傔五人，馬二疋。舊式，閩、廣只載朝臣通判泉、宜、邕，同并、代。諸州府錢十千，米二石，麪五石，羊三口，傔五人，馬二疋。諸軍錢七千，米二石，麪三石，羊三口，傔三人，馬二疋。內邵武、興化、懷遠錢十千，傔五人，餘同。京官通判諸州軍羊二口，餘比朝臣通判諸軍。邵武、興化、懷遠比朝臣錢減三千。舊式：京官通判諸州軍並如諸軍，亦有馬三疋者。通判人簽判朝臣如通判諸州，京官如通判諸州軍。通判朝臣知開封府界、陳留、雍丘、咸平、襄邑、東明、考城、尉氏、太康、陽武九縣，同簽書兵馬司公事視朝臣通判諸州府。**諸知縣兼都監、監押**朝臣如九縣同簽書，京官如通判諸州軍。京官廣南知縣兼監押，錢十千，米三石，麵五石，羊五口，傔七人，馬三疋。舊式：京朝官並錢十千，餘如京官通判諸州軍。**管勾機宜文字**親民朝臣至京官，各如本官通判諸州府。**朝臣都大提舉河渠司勾當公事**錢十五千，餘比朝臣通判諸州府。**提舉管勾三京留臺、國子監，諸州宮觀、嶽廟**大兩省、卿監職司視本官知小郡例，知州人視本官通判小郡例，武臣比類支給。舊式：朝臣盡比通判諸州府，將軍至崇班比知州、軍、城。**朝臣監當物務**錢十五千，米三石，麵五石，羊五口，傔七人，馬三疋。一等錢十千，米二石，麵五石，羊三口，傔五人，馬二疋。一等錢七千，餘同上。一等麵二石，傔三人，餘同上。一等羊二口，餘同上。内三萬貫已上比通判鳳翔。舊式並(加)〔如〕最低等。**京官監當物務**錢七千，米三石，麵五石，羊五口，傔五人，馬二疋。一等羊三口，餘同上。一等米二石，麵三石，傔三人，餘同上。一等羊二口，餘同上。一等錢五千，麵四石，傔三人，餘同上。一等錢四千，餘同上。内三萬貫已上如通判諸州軍。舊式並錢五千，餘如最低等。**横行諸司使充諸路都總管、權總管、都鈐轄**錢十五千，米五石，麵十石，羊七口，傔七人，馬五疋。舊式：自遥領防禦至諸司使，各視官及地望爲差，兼知州軍者止從本給〔一〕。復又有一等，錢三十千，米七石，麵十石，羊十口，傔十人，馬五匹。一等羊七口，一等如今路分都監。**諸路鈐轄**横行諸司使充高陽關路、知雄州，如都總管例；并代路知代州，錢減二十千，餘同。横行使、副、諸司使充諸路鈐轄，同并代路分。廣西羊添三口。横行、諸司副使權者，同諸路都監。舊式：諸司使、12副充，並如今之路分都監。**諸路都監**諸司使(加)〔如〕同提點刑獄。横行、諸司副使，錢二十千，餘如横行副使同提點府界諸縣鎮公事。諸司副使、通事舍人權者，十五千；承制至帶職供奉官同上。帶職侍禁錢十千，帶職殿直錢八千，羊三口，馬二匹，餘同。**州鈐轄**横行諸司使、大將軍及權輔郡鈐轄，並同諸司使充路分都監。諸司副使權(北)〔比〕路分都監。舊式，諸司使、副並如副使充路分都監。**州都監**諸司使、大將軍，錢十五千，餘同州鈐轄。横行副使至帶職供奉充州縣鎮寨都監，及充提舉捉賊、巡檢、都巡檢使，錢十五千，餘同權州鈐轄。内常侍錢十二千，餘同上。帶職侍禁錢十千，麵五石，餘同上。帶職殿直錢八千，羊三口，馬二疋，餘同上。率、副率錢十千，羊五口，馬三疋，餘同上。内供奉權者比走馬承受。**開封府諸縣都監并巡檢**諸司使比知州、軍、城。横行副使至帶職供奉，並比諸司副使知州、軍、城。内常侍錢十二千，餘同上。帶職侍禁、供奉官、率府(牽)〔率〕，同帶職侍禁知州、軍、(域)〔城〕。帶職殿直比本官知州、軍、城。殿直錢七千，傔五人，餘同上。奉職、(供)〔借〕職錢五千，米二石，麵三石，羊二口，傔二人，馬一疋。舊式：府界諸州都監並同今知州、軍、城。**河北沿邊安撫副使并都監**横行使充副使，比諸路鈐轄；諸司使充副使，横行副使充副使、都監，比諸司使充路分都監。諸司副使至崇班充都監，比副使路分都監。帶職供奉比本官路分都監、同管勾河東沿邊安撫司公事。横行副使至崇班(比)〔比〕諸司副使充安撫都監，帶職供奉比本官安撫都監。舊式：帶職承制、崇班充兩路都監，並如諸路鈐轄。**知諸路州、軍、城**横行副使比諸司使安撫都監，有錢三十千者。諸司使錢十五千，餘同上，有錢三十千或二十千者。副使至帶職供奉並比帶職供奉充安撫都監，帶職侍禁、殿直各比本官州都監。**知廣南州軍**諸司副使至帶職殿直，各比本官知諸路州、軍、城，充路分兼知者自依本給。舊式：將軍、諸司使及遥領知諸州，並如今之諸司使知州、軍、城。**勾當汴口、都大巡檢汴河堤岸**諸司使及横行副使至帶職供奉，各比本官知諸路州、軍、城。供奉官、帶職侍禁至内供奉官，比帶職侍禁知諸路州、軍、城。侍禁、帶職殿直至殿頭，比帶職

〔一〕給：原作「匄」。據後「知廣南州軍」條，有「充路分兼知者自依本給」一語，與此意同，據改。

殿直知諸路州、軍、城。殿直至高班，錢七千，傔五人，餘同上。都大提舉巡護管勾河堤至提點馬監等副使至帶職供奉，比知諸路州、軍、城。帶職侍禁及供奉官權者錢十千，帶職殿直錢八千，羊三口，(餘)馬二疋，〔餘〕並同上。走馬承受供奉官及内供奉官比帶職侍禁知州、軍、城，侍禁至殿頭比帶職殿直知州、軍、城。殿【13】直至高班錢七千，傔五人，餘同上。黄門錢五千，米二石，麵三石，羊二口，馬一疋，傔二人。御前忠佐、提舉巡檢捉賊、都提舉、都巡檢馬步軍都軍頭比府縣都監，諸副使、副都軍頭比横行副使，馬軍、步軍兩都軍頭比帶職侍禁，兩副都軍頭比侍禁。沿邊諸族蕃官巡檢諸司使至借職，各比本官充府縣都監、巡檢。殿侍錢四千，麵二石，餘同上。兩内侍省外任都大提舉管勾修護河隄至監捉賊，供奉官至黄門，各比本官走馬承受。一等供奉官錢七千，米二石，麵三石，羊二口，傔三人，馬二疋。高品錢五千，高班至内品錢四千，餘並同上。黄門並内品錢三千，馬一疋，餘同上。諸(事)〔司〕副使都監除館券外，每月添支五千。諸司使、副監當物務錢十千，米三石，麵五石，羊五口，傔七人，馬三疋。三班使臣一等監押、權都監、知軍監縣堡寨、駐泊等，供奉官至殿直各比本官走馬承受，殿直亦有羊五口者。奉職、借職比蕃官巡檢。舊式只以官序，自供奉至借職内品，凡分五等爲差。一等馬監、河隄埽岸，供奉官錢七千，米二石，麵三石，羊二口，傔三人，馬二疋。侍禁錢六千，麵二石，傔二人，餘同上。殿直錢五千，奉職錢四千，借職殿侍錢三千，馬一疋，餘各同上。一等監院、務、場、監、堰、閘、橋、税等，帶職供奉如同諸司使副監當。供奉官、帶職侍禁錢七千，米二石，麵三石，羊二口，傔三人，馬一疋。侍禁、帶職殿直錢六千，奉職錢四千，餘同上。借職殿侍錢三千，馬一疋，餘同上。諸巡監當萬貫課利已上，諸司使至帶職供奉錢十千，米三石，麵三石，羊五口，傔七人，馬三疋。〔率〕、副率至帶職侍禁錢七千，米一石，麵三石，羊七口，傔三人，馬二疋。内常侍錢八千，餘同上。侍禁、帶職殿直至殿頭，錢六千，麵二石，傔二人，餘同上。殿高品錢五千，奉職、高班内品錢四千，借職、殿侍、黄門内品錢三千，馬一疋，餘各同上。内收及三萬貫，諸司使、率府率已下比都監，三班使臣(北)〔比〕監押，内臣比走馬。舊式：監當(收)〔物〕務使臣分五等，錢自七千遞減，餘準此。凡它任使，並臨時約官秩高下廩給，不爲定制。

凡川峽鐵錢界，則别定差給之制：丞郎、給事、諫議以上朝臣帶樞密直學士知益州鐵錢三百千，米二十石，麵三十石，羊二十口，傔十人，馬十疋。今不以官序，並準此給。(侍)〔待〕制、少卿以上及朝臣知梓州鐵錢二百千，米十石，麵二十石，羊十口，傔五人，馬五疋。朝臣權知者(加)〔如〕知諸州。丞郎至給諫、學士至待制知諸州府鐵錢二百千，餘同内【14】地。大卿監鐵錢百五十千〔一〕，餘同内地。朝臣充益梓利夔路轉運使、提點刑獄鐵錢百五十千，米三石，麵五石，羊五口，傔七人，馬三疋。同提點，帶職供奉已上鐵錢百五十千，帶職侍禁已下鐵錢百千，餘同内地。轉運判官鐵錢八十千，餘同内地。朝臣知川峽諸州府鐵錢八十千，米三石，麵五石，羊五口，傔七人，馬三疋。知軍監鐵錢六十千，餘同上。京官知諸州府同朝臣知軍、監。知軍監鐵錢五十千，米三石，麵三石，羊三口，傔五人，馬三疋。朝臣通判益州鐵錢八十千〔二〕，米三石，麵五石，羊五口，傔七人，馬三疋。通判諸州府及永康軍鐵錢五十千，餘同上。京官通判諸州府鐵錢五十千，米三石，麵五石，羊五口，傔五人，馬二疋。軍、監米二石，麵三石，羊二口，餘同。差通判人僉判益、梓州朝臣、京官各視通判諸州府。朝臣知縣兼兵馬都監如差通判人僉判益州。京官知縣兼兵馬監押同京官通判諸州府。四

〔一〕百五：原作「五百」，據前後文例乙。

〔二〕千：原脱，據文例補。

路〔鈐〕〔鈴〕轄益、利路，橫行使、副鐵錢二百千，米七石，麵十石，羊七口，傔十人，馬五疋。諸司使鐵錢百五十千，餘同。兼知利州者米十石，麵二十石，羊十口，傔五人，餘同。梓、夔路，諸司使同益、利路。副使鐵錢百千，米三碩，麵七石，羊五口，傔七人，馬三疋。舊式：諸司使并遥郡刺史充益、利路鈐轄，並如今之諸司副使。都監益、利路兼知利州，橫行副使至崇班同益、利路鈐轄。諸司使兼知利州，帶職供奉鐵錢一百五十千，米三石，麵七石，羊五口，傔七人，馬三疋。梓、夔路，橫行副使至帶職供奉官鐵錢百千，餘同上。諸州鈐轄益州比梓、夔路，兼知利州比帶本路分兼知者。知夔州橫行副使至帶職供奉，鐵錢百五十千，餘比本路分都監。帶職侍禁麵五石，餘同。舊式，崇班已上至副使數同。知諸州軍并充都監諸司使鐵錢百千，米五石，麵十石，羊七口，傔十人，馬五疋。〔漢〕〔橫〕行副使至帶職供奉，鐵錢八十千，米三石，麵七石，羊五口，傔七人，馬三疋。帶職侍禁鐵錢六十千，麵五石，餘同上。帶職殿直鐵錢五十千，羊三口，馬二疋，餘同上。舊式：諸司使至閤門祗候以上知文州、永康軍及充兵馬都監、都巡檢、寨主，並如今橫行副使例。州都監益州，橫行副使至崇班比諸司副使充路分鈐轄。帶職供奉鐵錢八十千，餘同。帶職侍禁鐵錢六十千，麵五石，餘同。漢、遂州、劍門，橫行副使至帶職供奉，並比益州崇班。餘州府并興化軍使，橫行副使至帶職供奉並比益州帶職供奉，帶職侍禁比益州帶職殿直並劍門都監，鐵錢五十千，羊三15口，馬二疋，餘同上。益、彭、威、茂州、永康軍都巡檢使橫行副使至帶職供奉，並如崇班充益州都監。帶職侍禁鐵錢八十千，帶職殿直鐵錢六十千，餘同。舊式：諸司使至閤門祗候以上知文州、永康軍及充兵馬都監、都巡檢、寨主，並鐵錢八十千，米三石，麵七石，羊五口，傔七人，馬三疋。監州監朝臣〔北〕〔及〕京官，各視本官通判州府，朝官有馬二疋者。京官監益州軍資庫交〔子〕務同。諸知縣兼都監、〔監〕押京朝官各視本官通判。供奉官充監押、巡檢、寨主、走馬承受公事鐵錢六十千，米三石，麵五石，羊五口，傔七人，馬三疋。侍禁鐵錢五十千，米三石，麵五石，羊三口，傔七人，馬二疋。殿直鐵錢四十千，傔五人，餘同上。奉職鐵錢三十千，米二石，麵三石，羊二口，傔三人，馬一疋。餘監當差遣各比類定給朝臣及供奉官鐵錢五十千，米三石，麵五石，羊五口，傔五人，馬三疋。侍禁鐵錢四十千，米三石，麵五石，羊三口，傔七人，馬二疋。殿直、京官鐵錢三十千，傔五人，餘同上。比折銀錢三萬貫以上，將作監主簿鐵錢三十千，米二石，麵二石，羊二口，傔二人，馬一疋。奉職及萬貫以上監簿，鐵錢二十五千，米三石，麵三石，羊二口，傔二人，馬二匹。借職馬一疋，餘同上。內供奉官三萬貫以上，並〔北〕〔比〕監押四等添支，仍分親民、監當視課利兩項凡三等。內供奉官比供奉官，殿頭比侍禁，高品比殿直，高班比奉職，黄門比帶職。折銅錢三萬貫已上，供奉官鐵錢六十千，傔七人，殿頭鐵錢五十千，高品鐵錢四十千，高班鐵錢三十千，馬一疋，餘並依萬貫例。

凡元隨、傔人衣糧：宰相、樞密使給七十人，宰相舊五十人衣糧，二十人日食，後加。參知政事、樞密副使、宣徽院使、三司使五十人，簽書樞密院事、三部使、權三司使三十人，檢校太保，簽書樞密院事、權發遣三司使公事十五人，副使、判官，判子司五人，觀文殿大學士二十人，觀文殿學士、資政殿大學士十人，資政殿至樞密直學士各七人，玉清昭應宮、景靈宮、會靈觀、三部副使，判官五人，舊〔二〕〔三〕部副使十人。節度使一百人，掌兵遥領及初除五十人，留後觀察使五十人，防禦、團練使三十人，團練或二十人，防16禦使以上掌兵遥領十五人，團練十人，刺史二十人或十人，掌兵遥領十人或五人，團練、刺史遥領有不給者。內客省使、景福殿使二十人，樞密都承旨十人，副都承旨、諸房副承旨、中書提點五房七人，逐房副承旨五人，中書、樞密主事已上各二人，録事、令史、寄班小底各一人。中書、樞密、宣徽、三司使及正刺史以上各有元隨，餘止（兼）〔傔〕人。其龍圖閣學士、樞密直學士七人，止給日食。內景福使今不載。

凡月給餐錢：宰相、樞密使、宣徽使、知樞密院五十千，參知政事三十五千，樞密副使、同知樞密、簽書樞密二十五千，秘書監、判三館及諫、舍以上任三館職者五千，天章閣侍講十千，崇政殿説書七千，修撰、直館閣、校理、直龍圖閣、檢討、校勘官各三千，國子監判監、直講各五千，自修撰以上又有職錢五千，檢討以上三千。知審刑院十五千，如已有餐錢即充添支互名給，如兩有即罷。審刑詳議官十千，三司二百千，學士院百千，中書堂後官共百二十千，樞密院承旨以下二百七十千，宣徽院吏屬三十千，京城諸司庫務、倉場監官，朝官自二十千至五十千凡八等，京官十五千至四千凡五等，諸司使副、承制、崇班二十千至四千凡七等，閤門祗候及三班十五千至二千凡九等，內侍八千至二千凡七等。（文）〔又〕學士權三司使以上兼秘書監，及曾任二府提舉宮觀，日給酒者法酒自五升至一升有四等，法糯酒自一升至二升有三等。權發遣三司使公事，法酒半升，糯酒半升。又宮觀副使、觀文殿大學士至樞密直學士，並月給茶。又節度副使以下各給國料米六斗，麵一石二斗。又薪、蒿、炭、鹽之給：宰相、樞密使月給薪千二百束，樞密使有五百束者。參知政事、樞密副使、宣徽使、簽書樞密院事、三司使、三部使、權三司使四百束。權發遣三 17 百束。三部副使、樞密都承旨百三十束。樞密副都承旨、諸房副承旨、中書提舉五房百束。開封府判官、節度判官，薪二十束，蒿四十束。開封府推官、掌書記、支使、留守節度推官、防團軍事判官〔一〕，薪五十束，蒿三十束。留守判官，薪二十束，蒿三十束。防、團軍事推官，薪十束，蒿二十束。宰相、樞密使歲給炭，自十月至正月，月二百秤，餘月百秤。樞密使有五十秤者。參知政事、樞密副使、宣徽使、簽書樞密院事、三司使、三部使，三十秤。觀文殿大學士至樞密直學士及提舉宮觀，各十五秤。都承旨，二十秤。宰相、樞密使給鹽七石，樞密使有三石者。參知政事、樞密副使、宣徽使、簽書樞密院事、三司使、三部使、權三司使二石。權發遣一石。節度使七石，掌兵遥領五石。留後、觀察、防禦、團練使、刺史五石，掌兵遥領皆不給。又給馬芻粟者，自二（千）〔十〕疋至一疋凡七等。其軍職、內侍、寄班、伎術、中書、樞密、宣徽院〔二〕、侍衛、殿前司、皇城司、內侍、入內省吏屬借官馬者，其（木）〔本〕厩馬芻粟隨給焉〔三〕。（以上《永樂大典》卷一三一七五）

俸禄雜録 上〔四〕

【宋會要】

18 太祖乾德三年六月，制爲蜀主孟昶給見任上鎮節度使俸禄。

四年五月，詔：「應西川諸府幕職、令、録、判、司、簿、尉、馬步判官，逐月所支俸禄等。自平僞蜀，每念生靈，無言不務於撫綏，靡事不思於優恤。削除蠹弊，禁止貪婪，頻降勑文，非不嚴切。如聞僞蜀之時，州府長吏、（某）〔幕〕職、

〔一〕官：原作「守」，據《宋史》卷一七一《職官志》一一改。
〔二〕宣：原作「直」，據《宋史》卷一七一《職官志》一一改。
〔三〕「其」上原有「支」字，據《宋史》卷一七一《職官志》一一刪。
〔四〕原稿題作「俸祿五」，其下又批「雜録上」。按「俸祿五」爲《永樂大典》卷一三一七六原有之標題（見《永樂大典目録》卷三五）；「雜録上」則爲屠寄等人所加（北宋部分爲「上」，南宋部分爲「下」）。今既只録《大典》此一卷，自當删去「五」字，至於「雜録」上、下，則姑仍其舊。

令、録、判、司、簿、尉諸色官吏等，多是干民圖運，枉道誅求，頗致傷殘，須議懲革。起今後應西川管界（暮）〔幕〕職州縣官等，所支月俸並與見錢，米麥、衣資仍給本色。如敢復有踰越，當行極斷。仍令所在榜壁曉告。」

七月，詔曰：「州縣之職，民政是親。自來所請料錢，多是折以他物。既將貨易，未免擾人，豈惟傷廉，抑亦犯禁。且民惟邦本，禄以代耕，俸給苟有不充，官吏何以知勸！應天下令、録、簿、尉、判、司等，宜準漢乾祐三年敕，復於中等無色役人户内置俸户，據本官所請料錢折支物色，每一千給與兩户貨賣，逐户每月輸錢五百文，除二税外〔一〕，與免傜役。其折支物色，每歲委官吏隨蠶、鹽一併給付元數。等第定置逥易料錢人户等：萬户以上縣，令料錢二十千、四十户；主簿、縣尉料錢各十二千，每人二十四户。七千户以上縣，令料錢十八千、三十六户；主簿、縣尉料錢各十千，每人二十户。五千户已上縣，令料錢十五千、三十户；主簿、縣尉各八千，19 每人十六户。三千户以上縣，令料錢十二千、二十四户；主簿、縣尉料錢各七千，每人十四户。不滿三千户縣，令料錢十千、二十户；主簿、縣尉料錢元各六千，今添及七千，每人十四户。五萬户以上州，司録、録事參軍及兩京司録，每人料錢二十千、四十户；司户、司法每人料錢十千，各二十户。三萬户已上州，司録、録事參軍每人料錢十八千、三十六户；司户、司法每人料錢九千，各十八户。萬户已上州，司録、録事參軍料錢十五千、三十户；司户、司法每人料錢八千，各十六户。五千户已上州，司録、録事參軍每人料錢十二千、二十四户；司户、司法每人料錢元是六千，今增及七千，各十四户。不滿五千户州，録事參軍每人料錢十千、二十户；司户、司法每人料錢元是六千，今增及七千，各十四户。軍巡、馬步判官正攝者，各與本州府判司料錢例支給。州縣闕正員差人充攝者亦準此〔二〕。即不得增置及令當直手力別更納課〔三〕。其請物人户不得假託州縣爲名，更將出放，違者許人告糾。三千已下者，決臀杖十七〔四〕；五千（户）已下者，決臀杖二十；五千已上者，決脊杖十七。仍以家産之半給告事人。其州縣官不得更於所管鄉料人户内出放，及元數料錢外影占人户納課。所犯者以枉法贓論，至死刑者並當極斷；如不至死者，不計多少，並除名配流，縱逢恩赦，永不録用。仍令逐處降敕榜曉告。」

五年六月，荆湖南路轉運 20 使高雅言：「伏見荆湖諸州通判官，朝廷已各給俸錢、羊、麵等，復於本州受添給錢及米麵。」詔自今勿得復受〔五〕。

〔一〕二：原脱，據《宋大詔令集》卷一七八補。
〔二〕闕：原作「關」，據《宋大詔令集》卷一七八改。
〔三〕直：原作「置」，據《册府元龜》卷一八載五代漢少帝乾祐三年勅改。
〔四〕杖：原脱，據下句文例補。
〔五〕勿得復受：原稿本作「勿得復受」，又被勾乙爲「勿復得受」。今按，作「勿得復受」是。《長編》卷八作「毋得受所在州官賜外添給錢物」，是也。

開寶三年七月，詔曰：「朕自削平巴蜀，恢拓提封，列州縣以彌多，設職官而甚衆。選擇除任，務恤疲民，庶於臨蒞之間，各盡廉勤之効。今於禄俸，更與增添。應西（州）〔川〕縣官等料錢，宜令一例於舊俸外每月加給五千，並支見錢。其米麥依舊。」

開寶四年五月，詔：「恩赦侯劉鋹月俸外別給錢五萬、米麥五十斛。」

十月，知邕州范旻上言：「管内州縣官逐年減下料錢計千四百六十七貫八十文，皆是廣南差人驅納，却屬覆勘司課程。其錢元是人户税錢額内分出。」詔宜令本州於兩税錢内收附。

十一月，詔曰：「諸道州府幕職及軍判官等，朝廷擇才授任，以禄待人，苟俸給之稍虚，在公清而何責！向者州縣官已立定規，而藩郡職寮尚從折色，宜頒條制，用表優恩。自今節度、防禦、團練副使，節度、觀察、防、團軍事判官，推官，節度掌書記，判官等，並據逐人所請料錢貫百，依州縣官吏例，差定迴易料錢俸户。副使不知州、掌書記非朝廷除授及不判別廳公事者，並依舊折給。」《事類合璧》：開寶四年詔：「吏不廉則政治削，禄不充則饑寒迫。自今諸道州幕職官並依州縣官例置俸户。」

九年十一月，詔曰：「西京及諸道州府俸户宜停罷，本官月俸並以官物給之。」

太宗太平興國二年二月二十八日，詔：「左監門衛上將 21 軍劉鋹、右千牛衛上將軍李煜，常俸外增以他給。」優之也。

三十日，詔曰：「兩京、江南、荆湖諸道州府幕職、州縣官月俸先已停罷俸户〔一〕，自今以度支官錢給其三分之一，其二分以官物給之。當以時價貴賤計其直，無使官吏受禄不充，失其舊貫。其等第添支米麥，並仍舊支給。」

四月，詔曰：「劍南諸州幕職官聿捐本土〔二〕，從官異鄉，皆祇畏於簡書，宜稍增於廪禄。其於常俸外，月更給錢五千，仍許令依州縣官例，分舊俸之半於鄉里，給其父母。」

七年二月，以右衛大將軍王仁贍爲唐州防禦使，月給俸錢三十萬。

八月，詔曰：「金科玉條，所掌尤重，非稍優其常俸，何以勸於盡心。自今刑部、大理寺官，自少卿、郎中已上〔三〕，月俸支二分見錢；員外郎已下〔四〕，並全支實俸。」

八年十一月，鹽鐵使王明言：「西川、廣南、兩浙，漳、泉等州幕職、州縣官，朝廷以其遠地，並許分割一半請俸與本家骨肉。切見兩京諸道州府，應幕職、州縣官有父母垂老，岐路稍遥，多不遂於般迎，乃有虧於侍奉。自今有願分

〔一〕「諸道州府幕職州縣官」原作「諸道州幕府職縣官」，「罷俸户」原作「罷户」，並據文意改補。停罷俸户事見上文。
〔二〕聿捐：原作「違例」，據《宋大詔令集》卷一七八改。
〔三〕中：原無，據《宋大詔令集》卷一七八補。
〔四〕下：原作「上」，據《宋大詔令集》卷一七八改。

支請俸者，望許其請。」從之。

雍熙二年正月，詔賜安定侯德恭〔一〕、長寧侯德隆常俸外，年支錢各三百萬。

三年正月，以給事中、參知政事李至爲禮部侍郎。至素病目，及參國政，復作，遂連表乞罷職養病，詔不許。固請，乃從之，特賜月俸錢十萬。

四年二月，詔增殿前司并侍衛司諸軍兵士料錢有差。

七月，賜禮部侍郎李至月給本[22]官全俸。先是，至以目疾罷知政事，特給俸錢十萬，至以端坐私室而享厚禄不自安，遂置而不取。太（祖）〔宗〕知之，特給全俸，優之也。《事類合璧》：以實價給。雍熙四年詔：「王者設班爵以馭貴，差禄秩以養賢，顧其稍食，宜在優豐。應内外文武臣僚等折支俸錢，舊以八分爲十分支給，自今並以實價給之。」又詔：「應除授廣南、西川、漳、泉、福、建州縣官，訪聞久拘選調，多是貧虚〔二〕，涉此長途，將何以濟！自今並令給券，宿於郵置。」

十一月，詔：「内外（郡）〔群〕臣并諸道本城軍校兵士所請折色料錢，先因朝臣所請，以八分作十分支給者，自今並依實估錢數支給，更不加擡二分。」

十二月，詔曰：「訪聞諸道州府軍監知州、通判、監當朝臣、京官、使臣并幕職、州縣官等，所請俸錢内折支雜物，多是逐處闕絶，動經年月，積滯請人。宜令三司今後常切預先計度，支撥應副，無令闕絶。不如詔旨，並科違勅之罪。」

端拱元年六月，詔曰：「王者設官分職，求材任能，俾庶績以允釐，即黎元之受賜。然責其廉則豐其禄，督其理則足其家。朕自臨御已來，十有四載，或親民之吏，或佐幕之僚，觀其考課之間，悉乃廉平之績。苟不均其資奉，何以絶其覬覦？今除西川、廣南外，其餘諸道州府幕職州縣官俸錢，自來皆一分見錢，二分折支，自今令半給他物。」

十一月七日，以鎮州馬步軍副總管、同知州事、光州刺史王明爲禮部侍郎，仍同知州，給刺史月[23]俸。

淳化元年八月六日，鎮國軍節度使錢惟治病滿百日，詔有司仍給俸料。惟治上表辭免，優詔不許。以錢俶之子，示褒寵之也。

三年二月，户部言：「桂州給真珠十七兩四錢充折轉運使時載月俸五十一貫八百文，有踰常例，望（合）〔令〕按劾。」詔以珠賜載〔三〕，仍别給俸錢。

四年十一月十一日，詔曰：「朝廷務清庶品，慎擇官材，適當求理之時，尤重親民之任。特加真俸，用示優恩。體予憫惻之仁，勵乃廉勤之節。京東西、河北、河東、陜府西幕職州縣官所受俸，合支一半折支者，自今每貫給見錢七百。」

五年五月，帝自書一幅曰：「公務刑政，惠愛臨民，奉法除姦，方可書爲勞績。本官月俸並給緡錢。」事具「戒教官吏」門。

〔一〕安定：原倒，據《宋史》卷二四四《趙德恭傳》乙。
〔二〕是：原作「士」，據《古今合璧事類備要》後集卷六改。
〔三〕珠：原作「殊」，據文意改。

九月，以右神武大將軍李從謙守本官，充安遠軍行軍司馬，月給俸錢三十千。從謙故吴王煜之弟，僞封吉王，歸朝爲大將軍。聚族五十口，寓京師幾二十年，貧不能自給，因上表求外任，而有是命。

至道二年正月，詔曰：「先是秘書郎不給月俸，自今宜與著作佐郎同。京官先以三十月爲滿，即罷給俸料，自今宜續給之。並著于甲令。」

三月，詔曰：「自今侍御史春、冬衣及殿中侍御史、左右司諫俸錢、春冬衣，並如員外郎例給之。」

三年八月，令有司重定百官俸給折支物。先是，三司估其物，率增市直數倍。真宗聞之，詢於度支使王延德，延德言往例行之已久，帝遽令改估。

十月，知益州張詠言，屯駐[24]兵士所請錢，乞依元降宣旨，銅錢一文與折支鐵錢伍文。是時峽路轉運使韓國華到闕〔一〕，言川峽州縣幕職官等所請月俸，銅錢一文止折鐵錢二文，望增加鐵錢分數。帝令支銅錢一文，易給鐵錢五文。

真宗咸平元年六月，詔：「文武群臣有分俸他所而身没遠任，未聞訃前已給者，有司例行追索，深可嗟憫。自今比類，係川陝、廣南、福建路者，與免一季，餘處與免兩月。」

九月十九日，左衛上將軍張永德病假滿百日，詔再賜告，續其俸廩，優耆舊也。

二年四月三日，定百官添饒折支則例：在京每貫上茶添二百文，若雜物添三百文；外道州府每貫上添百文。從之，仍令所有諸道折支物色，令三司常切計度，不得闕失。

六月，詔：「漳、泉、福、建等州幕職州縣官，並依西川例預借俸錢。」

三年五月，應川峽州軍屯泊巡檢諸兵及校帥，凡請受當請銅錢一文，折支鐵錢五文者，並與支鐵錢十文。及川峽州軍諸色職官、使臣料錢并驛料内錢等亦如之。

五年七月，詔增川峽路京朝官、使臣等月給添支。

六年五月，宰相呂蒙正再表求罷，詔不允，命李沆傳旨敦諭，令三司仍舊給俸。至八月，又以疾辭，詔亦固勉之，仍令續其月給。

六月，詔：「河北、河東、陝西轉運使副按行邊陲，經度軍費，比之他路爲勞，其月俸可全給實錢。」

景德元年五月，有司言：尚書左丞、集賢院學士陳恕在假百日，合停月俸。詔特給[25]之。

十月二十八日，起居舍人、直昭文館种放言：「先得假歸，止計其月，不敢受俸。」詔特給之。

十一月十五日，詔：「留守判官、推官月俸、添給、厨料，依開封府判官、推官例頒諸路。」

二年正月，令廣南諸州應試銜知州、通判，除給（禄）〔録〕事俸外，更准試例給添支錢物。

〔一〕華：原脱，據《長編》卷四二補。

十二月九日，詔：「左武衛大將軍、富州刺史李琪特與假養疾，仍舊給月俸。」琪年八十餘，去歲以老疾不任朝謁，表乞五日一赴内殿起居，詔可之。俄爲御史所舉，令奉常參，至是再表請如前詔。帝憫其昔事宣祖，最爲勤舊，因特許之。

十一日，詔三司：「衡州衡山縣奉職徐鑒可接支與本縣令請受，前已請者勿復收償。自今應三班使臣差知縣不兼兵馬監押者，支與縣令俸。」鑒監修嶽廟功畢，降敕就差知縣事，本州依縣令例給俸，爲三司糾(剥)〔劾〕，轉運使滕元晏奏理之，故有是詔。

三年五月十二日，詔：「國子監學官月俸，自今並給見錢。」

十五日，詔曰：「東京赤畿知縣已令擇人，務在精審，其於俸給，宜示優豐。自今兩赤縣月支見錢二十五千，米麥共七斛。畿縣户及七千已上，朝官錢二十六千、米麥六斛；京官錢二十千、米麥五斛。户五千已上，朝官錢二十千、米麥五斛；京官錢十八千，米麥四斛；户三千已上，朝官錢十八千、米麥四斛，京官錢十五千、米麥四斛；户三千已下，止命京官，錢十二千，米麥三斛。春、冬並給本官衣。」

六月，詔：「京朝官26知開封府司録參軍，月給錢二十千，米麥五斛。其六曹官月給錢十千，米麥三斛。以京官知者，如本官俸多，即從多給米麥及衣。」初，京朝官知府録、掾曹者，請本官俸則不給衣糧，請本任俸則不給衣。至是，與知赤畿縣京朝官悉優給之。

九月，刑部員外郎鄭文寶以久病表求藩郡散秩，詔許不落班籍，給俸養療，仍以其子鄆州(官)〔觀〕察推官於陵爲大理寺丞。

四年四月七日，給前大理評事田慶遠月俸終喪，以其諫議大夫田錫之子，優之也。錫之卒也，二子悉改官給俸。至是母亡，復有是命。

四年七月，有司言翰林侍讀學士呂文仲疾告滿百日，當停俸料，詔續給之。

八月，以右監門衛上將軍錢惟治爲右武衛上將軍，月給俸錢百千，仍舊在家養病。時惟治弟太僕少卿〔一〕、直秘閣惟演上《聖德論》，帝覽之，謂宰臣曰：「惟演文學可稱，且公王貴族而能留心翰墨，有足嘉者，可記其名，仍以論付史館。」因曰：「錢氏繼世忠順，子孫可念，如聞惟治頗貧匱。」遂詢其官俸而有是命。

九月九日，詔曰：「並建庶官，以釐衆務，宜稍豐於廩給，使各礪於廉隅。自今掌事文武官、使臣，月請折支並給見錢六分，外任給四分。其外但願請折支物者亦聽。」

十五日，詔：「自今外任文武百官、使臣所請料錢，須於逐處接續逐月勘請，不得積留月分，帶來京中一併

〔一〕惟治弟太：原作「爲治第大」，據文意改。

請領。」

十月十八日，以左龍武軍大將軍、平州防禦使、分司西京27上官正守本官致(士)〔仕〕，給全俸。

十一月，詔：「大理(平)〔評〕事邵焕、宋綬本官俸，並特給見錢。」焕、綬皆以幼而能文，置在書府，至是帝知其貧，故特加優給。

大中祥符元年正月，詔定入内内侍省、内侍省官俸料：供奉官俸錢七千五百，殿頭四千，高品三千，高班二千五百，黄門千五百。供奉官、殿頭米三石，高品、高(小)〔班〕、黄門二石五斗。供奉官至高班，春、冬各絹五疋，黄門四(定)〔疋〕；供奉官冬加綿二十兩，自餘十五兩。

九月，閤門言：齊州防禦使韓崇訓假滿百日，例當落籍。帝以樞要舊臣，令續給俸。

二年正月，詔：「左降官遇恩不還者，節度、行軍副使月增錢三千，防、團副使至參軍二千。」

十八日，詔豐州防禦使王承美月給錢五萬。自承美奉土内屬，以蕃官例賜禄，至是特增焉。

二月五日，以許州參軍王中正爲左武衛將軍致仕，仍給全俸。

是月，賜衡州刺史陳文顥内地刺史俸料。文顥知濮州，有置頓之勞，自康州遷衡州，又增俸奬之。

是月，詔諸軍增俸有元給不及千洎二千者，例加至三千，頗爲不等，乃令樞密院取有勞者，爲旌别焉。

四月，詔：「兖州官吏月請折支並以官物充，其嶽廟令别定俸給。」先是，泰山廟每歲四方之人所獻物色，常合存留以供修廟之費，其後本處官吏取爲月俸，故有是詔。

三年四月，詔：「幕職州縣官除川峽、廣南、福建路已令預借俸錢外，江浙、荆湖遠地，麟、府等州，河北、河東緣28邊州軍，自今並預借兩月俸，餘近地一月。」

七月，詔以左龍武軍大將軍、韶州防禦使、分(使)〔司〕西京韓崇訓近免樞職，卧疾已久，累重家貧，雖係分司，其請俸並令同見任例支給。

八月，樞密院言，新除尚書工部侍郎、充龍圖閣學士杜鎬俸未有舊制，帝令依樞密直學士例支給。

五年十一月，詔曰：「上真降格，景貺來同，仰膺顧諟之祥，誕布厖鴻之澤。眷惟多士，共贊昌期，念盡瘁以在公，宜推恩於賦禄。令定加文武職官月俸。」俸禄之制，具見前文。自唐(正)〔貞〕元四年定百官月俸，至僖、昭亂離，國用窘闕，天祐中止給其半。梁開平三年，始令全給。後唐同光初，租庸使孔謙以軍儲不充，百官俸錢雖多，而折支非實，請減半數而支實錢。是後所支半實俸，復從虚折。周顯德三年，復給實錢。本朝之制，皆約後唐所定數，其非兼職者皆一分實錢，二分折支。由景德罷兵，始詔嘗經掌事，其俸當給他物者，京師每一千給實錢六百，在外四百。帝承二聖恭儉之餘，富有多積，以庶官食貧勤事，非厚其廩則無以責廉隅，故因有慶，特議增給。

六年正月，詔：「文武百官已增給俸錢，其入内内侍省亦等第加。」

二月二十二日，以深州團練使、天雄軍副都總管楊嗣爲左龍武軍大將軍致仕，給全俸。

四月十一日，詔：「文武百官、諸司使副已下并三班使臣及諸色人請受，自來合係正身，各別出給請受文曆。如經改轉職名，29 給出官合出新曆，并爲事停落及逃亡人等，仰糧料院起置文曆。纔候承准諸處申報，及省司開落文字，其合追舊請文曆，便仰晝時抄上職位、姓名、轉補及停落、逃亡因依，限五日差人於本家追索元請受文曆。候到，委本院分明批鑿毁抹訖，即勾銷元上文曆，具追到文曆紙數繳納三司。其三司亦置簿，候有申報，便抄上拘管，朱鑿行下日月。仍不住劄刷，頻行催索，候見逐處連到文曆，三司再行毁抹訖，逐(施)〔旋〕繳連於宣敕庫送納，架閣收管。仍勾鑿元上簿，經本押判官點檢呈押。所有割移請受在外請領者，即行下本處開落，仍一面行遣追取元請文曆，令本處毁抹訖，繳連申省。」

十三日，令糧料院置諸道幕職州縣官借支料錢文簿，請訖勾鑿。初，度支判官祖士衡上言：「銓注官訖，吏部格式司移牒三司借俸錢，三司下糧料院施行〔一〕，至有候請不及而赴官者，未嘗申舉，致有欺倖。」因請置簿以統之，經百日而不請者，就新任給之。

七年七月，詔：「吏部尚書王欽若、户部尚書陳堯叟月俸支實錢，仍添給三十千。」以欽若編修《册府元龜》及校道經，堯叟充群牧制置使，故有是命。又詔外任官不得挈家屬赴任者，許分添支錢贍本家。

十二月二十三日，樞密院言：「諸州本城馬步軍都指揮使已下給俸等差不一，請自來年已後，令三司以京爲一等，節鎮爲一等，防、團、刺史州爲一等。」從之。

八年五月 30 四日，中書門下表，以(燔)〔藩〕邸燔燒，帑藏延及，方興力役，且務繕完。乃惟中外之官，宜輟優豐之禄。望詔(圓)〔圜〕府，罷給緡錢，庶助縣官，稍均歲計。所有宰臣、樞密使等月俸，欲乞自六月以後並且住支。」詔答不允。

五日，臣僚言：「切見内藏、左藏庫有燒損物，乞權將内外文武百官、使臣等料錢見請分數，實錢内支與二分見錢，一分折支。」送三司定奪以聞。

十一日，中書門下上表：「伏見庫藏内有燻損疋帛、諸雜物色，欲乞於臣等所請月俸及衣賜内充一半折支。」詔答不允。俄而文武百官御史中丞馮拯等〔二〕、翰林學士晁迥等相繼拜章陳乞，帝勉而從之。

十二月，詔：「近臣在位，封奏至於再三，願以帑府之幣餘，盡充官吏之月入。勉從輿論，深軫朕懷。特示推恩，

〔一〕施：原無，據《長編》卷八〇補。

〔二〕拯：原作「極」，據《宋史》卷二八五《馮拯傳》改。

並仍舊貫。宜令三司自來年正月一日料錢，並仰住折支，依舊特支與見錢。」

九年五月，詔：「流内銓選人引見與知縣者，與十貫以上至十五貫料錢縣分，仍依資次注擬，不得隔越。」

八月，以右僕射陳堯叟判河陽，月給實俸，歲賜公用錢百萬。其河隄事令通判專領。《事類合璧》：真宗祥符九年，詔〔一〕：「職田彝制，品秩定規，蓋有優待于庶官，且旁益于稍食。州縣之職，慈愛靡聞。耕布之始，奪農力以多求；斂熟之時，峻公方而奄取。無水旱蠲除之惠，無鄉原賑濟之恩。自今天下群官職田，並須遵守元制，無擾客户〔二〕，遇災殄即蠲省之。」

天禧元年二月八日，流内銓31言：「合（外）〔升〕令録選人願折資入司理參軍者，自今望與録事俸料，止于五十千。」從之。

七月，詔：「玉清昭應宮使、守太尉王旦月給俸錢百二十千，其他俸料及衣悉依丞相之半。」

八月，吏部流内銓言：「西川、河北在任官及三年已上闕人填替者，欲依先例，於河東、京東、陝西州軍在任人内就移填替。其移官人仍依銓司注官例，令逐州軍預借料錢。」從之。

十二月，和州團練使陳文顗久疾在告〔三〕，詔仍舊俸。

二年正月，詔諫官月俸自今並給實錢。

二月二十七日，左領軍衛大將軍、連州刺史張正言足疾賜告滿百日，願給俸治療。從之。是月，虞部員外郎畢世長丁母憂，給俸終喪，仍賜繒帛、緡錢。世長，故相士安之子，以藩府之舊，故優卹焉。

四年二月，以侍衛馬軍都虞候、并代副都總管楊崇勳爲客省使，依前英州防禦使，兼群牧使，同勾當三班院、皇城司〔四〕，其月俸如管軍防禦使例。

八月，樞密院言，新除直學士、右諫議大夫、太子賓客張士遜請俸，詔料錢、衣如賓客，餘（容）〔如〕學士之例。

九月，詔左屯衛上將軍致仕王嗣宗月給食俸五十千。從其請也。

五年五月，詔流内銓：「應入令録人等，自今如是今任内犯贓罪，及因公事非次衝替、注替、勒停，未得與官，并犯私罪徒以上，合該參選，以例注官者，仰據逐人前任所請料錢，自二十貫已下遞降一等與注官，三十貫文止。如是歷任内有所説料錢多處，即説多者降32等。候此任迴，若別無上件罪名，依並却（知）支與前任料錢。或再有前項罪犯者，即更與遞降一等支給。」

十月，給左領軍衛大將軍石普月俸實錢，仍與添支。時普妻表求授普小郡，帝不許而有是命。

仁宗天聖元年三月，三司言：「未歷任勾當京朝官只因暫差祠祭行事，便將料錢二分本色折支比在京勾當曾經

〔一〕詔：原作「守」，據《長編》卷八七改。
〔二〕擾：原作「優」，據《長編》卷八七改。
〔三〕和：原作「知」，據《宋史》卷四八三《陳文顗傳》改。
〔四〕司：原脱，據《長編》卷九五補。

歷任京朝官例請六分見錢，以此甚有枉費，乞行釐革。」從之。

五月二十二日，樞密院言：「(降欲)〔欲降〕詔命下三司，自今後應有在任就轉京朝官使臣，如有合改定添支者，仰即聞奏，乞行定支。仍且准接續支給，候降到詔命則例，即依新例貼支。」從之。

二十四日，詔流内銓：「今録引見與職事官，如先請料錢十五千以上，新注軍事判官，雖料錢小處，亦依舊數支給，以爲著例。」

十二月，詔：「陝西諸州軍蕃落諸指揮十將已下至長行，春、冬衣絹今後並特支與本色。」

三年三月，右諫議大夫、充集賢院學士薛奎言：「蒙差知秦州，乞許賜支與館職請受見錢。」從之。《宋續通鑑長編》：天聖三年，涇原路總管司言，宗哥立遵乞給俸錢，詔渭州月給衣着五十疋、茶五十斤。

四年七月，詔：「幕職州縣官在京預借過料錢，或除還未足間身亡，特與免放。」

十二月，流内銓言：「詳定開封府兩縣丞料錢請受聞奏。准詔開封府開封、祥符兩縣特置縣丞，在簿、尉之上。今本縣簿、尉各請料錢十二千，今縣丞並於幕職、令、録内
33 揀選注擬，欲定料錢十五千、米麥四〔石〕。」詔三司依府界簿、尉例並支見錢。

六年四月，詔：「節、察推官與軍事判官資叙，近有合入支、掌，防、團判官，情願折資，乞注節、察推官，並與支、掌請受。」流内銓言：「今後職事官權超折注擬者，並支與本資請受。如資考合入令、録，並依本處録事參軍例支給。如無録事參軍處，即依倚郭縣令例支給。各不得過十五千。内有前任請受多者，聽依前任所請；有不願權超折者，聽候本資員闕。」

六月，蘄州防禦判官軒轅損校磨到本州蘄水、廣濟等縣升降户口，將分煙折生户口充數，大支過縣令、(薄)〔簿〕、尉料錢千五百三十八貫五百文、米麥共三百九十八石。詔諸路及開封府，今後供申升降，須依元降詔命。有新收户口，須依元降租賦委是合該升降，即令本屬州府、當職官吏勘會，(給)〔結〕罪保明施行。如更以分煙折生客户虚作主户，即令吏部格式(司)具事聞奏。

七年三月，詔：「諸州軍文學、司馬、别駕、司士、行軍副使、不勾當事京官使臣，文武分司、致仕官，及恩澤除授上件官等人，執文曆稱有未請身分積併料錢乞在京支請者，更不行下逐處會問有無見在折支，據未請月，並依(無)〔元〕降詔内定下累月折支料錢支給。如有已曾在京支給後來更有未請月分，即接續支與。」

六月，權判三司度支勾院張應物言：「請今後左右金吾、千牛衛長史，中書省主事，太常寺太樂、鼓吹局令 34
丞，禮院禮直、副禮直官等所支料錢，令本屬處依京朝官例逐月(俱)〔具〕合請人數、姓名，牒三司勘會支給。」從之。先

是，左千牛衛長史王惟則坐事停職，本衛不以關聞三司，吏因以惟則舊請受曆不經毀抹〔一〕，故盜請官錢。事敗，應物乃有是請。

是月，三司言：「准淳化五年至大中祥符七年條貫，不般家地分官員添支米麥，並許分割，於在京或別州請領。又准天禧三年八月敕(廣文)〔文，廣〕南兩路州軍守任官，自今並許取便般家赴任。今詳廣南路去京地遠，亦有不曾般家赴任者，許召命官使臣同罪保委，許分割添支米麥在住家處請領。如般家赴任者，不得一例分割。」從之。

七月八日，流內銓言：「選人時群狀，歷三任五考，資考比附簿、尉，合入令、録。准詔就差監壽州(藿)〔霍〕山茶鹽酒稅，在任止給前任海州團練推官俸料。乞勘會前任，比支合入令、録俸。銓司據群初任勒停，合准近勑且入司理參軍、萬户簿尉。將來考滿，却依令、録資敘。今欲將群自海州推官差往壽州霍山監當一任，貼支與萬户簿、尉俸料。他後有似此比者，率以爲例。」從之。

二十二日，臣僚言：「應係奏廕子孫未經勾當者，乞更不支賜請受；候差使勾當，即依例支給。」詔：「應今後奏乞別房及異姓骨肉，年未及格，未得支給請受。或本家委是孤幼，別無人食禄，即奏取朝旨。」

十一月，流內銓言：「請今後選人應係兩任令、録，並請料錢十八35千。至得替引見，奉旨與大縣令、無闕注授小縣者，依例支給十八千。若不與大縣令者，即支十五千。

如內有六千已下無縣令闕，情願乞小處録事參軍者，亦依小縣令例支與前任大料錢，永爲定式。自今前任帶職官知大縣者，今來權超折注職官，欲只依本職官資敘支與請受，其前任知縣料錢、米麥，乞更不行支給。」從之。

(八月十二日)〔八年十二月〕〔二〕，詔：「自今御史臺官并三司判官、開封府推判官差出勘鞫公事，或已請驛料外，並依舊支與本職添支。」《事類合璧》：仁宗天聖七年，詔曰：「洪惟先聖，勤卹庶工，謂給廩之稍豐，則潔廉之易守，爰稽故實，並賜公田。歲月浸深，侵牟滋長〔三〕，苟例停于租入〔四〕，將曷勸于官勤〔五〕？歛而均之〔六〕，孰曰不足。其罷天下職田，悉以歲入租課送官，具數上三司，以所在估定價例而均給之。」九年，詔：「吏給職田〔七〕，所以惠養廉節也。比詔有司，皆從停罷〔八〕。如聞勤事之吏，禄薄不足自養，朕甚愍焉。其議復職田，即無得多占佃户〔九〕，及無田而配出租，違者以枉法論。」

景祐五年六月十一日，四方館使、連州刺史、勾當皇城司王克明言敘年勞援例進職，詔特賜遥郡大分俸料。《玉海》：寶元二年，命近臣去浮費。六月壬戌(一云丙戌)，詔百官俸毋得裁減。

〔一〕則：原作「職」，據上文改。
〔二〕八年十二月：原作「八月十二日」，據《長編》卷一〇九改。
〔三〕牟：原作「年」，據《群書考索》後集卷一七改。
〔四〕「停」原作「傍」，「租」原作「粗」，並據《群書考索》後集卷一七改。
〔五〕曷：原作「易」，據《群書考索》後集卷一七改。
〔六〕均：原作「約」，據《群書考索》後集卷一七改。
〔七〕給：原脱，據《群書考索》後集卷一七補。
〔八〕「從」下原衍「定」字，據《群書考索》後集卷一七删。
〔九〕得：原脱，據《群書考索》後集卷一七補。

《事類合璧》：仁宗寶元二年詔：「惟其廩給之稍，具載等差之常。其文武百官及班行等俸賜，宜令詳定所不得輒行裁減其數。」

慶曆二年四月，詔：「近令三司減省諸費，其 36 文武官及諸班諸軍料錢、月糧、衣賜、賞給、特支，並聽如故。」

六月，三司減省所言：「比來醫官多僥求實俸，至有尚藥奉御而其入多於醫官副使者，請自今並依例折支。」從之。

十月，詔：「戰没臣僚子孫若親屬補班行而年幼者，特給俸。」

三年五月，司徒呂夷簡請罷所給俸禄，詔給宰臣俸料之半。

（五月）〔四年三月〕〔一〕，詔曰：「國家設巡檢、縣尉，所以佐郡邑制姦盜也。朕每念其勤勞，而俸入未優，何以責其盡力乎！自今巡檢、縣尉月俸，並特給見錢，更不折支。」《事類合璧》：慶曆三年，詔：「昔者先帝詔復公田，合《王制》班禄之差〔二〕，得聖人養賢之義。比者搢紳謂郡縣受地〔三〕，有無不齊〔四〕，銓審補闕，權利爲幸〔五〕。奔競以之傷俗〔六〕，因緣至于害人〔七〕。所宜給其所未給，均其所未均，約爲等差，槩令周足。應天下職田，大藩府長吏二十頃，通判八頃，判官五頃，餘並四頃；節鎮十五頃，通判七頃，判官四頃，餘並三頃五十畝；防、團，使以下州軍十頃，通判六頃，小軍監七頃，判官三頃五十畝，餘並三頃；縣令萬户以上六頃，五千户以上五頃，不滿五千户並四頃；簿、尉萬户以上各三頃，五千户以上各二頃五十畝〔八〕，不滿五千户並二頃〔九〕；發運、轉運使及武臣總管比節鎮長吏〔一〇〕，鈐轄比防、團州長吏，路分都監比節鎮通判，都監比藩府判官，監押比節鎮判官，監當不得過本處職官之數，在縣鎮監當不得過簿、尉之數，録事參軍比本處判官，判司比倚郭簿、尉。宜令 37 三司具所定職田，並於慶曆四年爲始。内無職田處及有職田而頃畝少處，并元標得山石積潦之地不可耕種者，限三年内檢括官荒地并絶户田及五年以上逃田，添換其數。」

五年七月二十一日，詔新除彰信軍節度使、（司）〔同〕中書門下平章事、充景靈宫使李用和依見任兩府臣僚例請受。從所乞也。

九月，詔：「河北、河東、陝西路鈐轄，自今初除遥郡者，其俸廩並依緣邊帶遥郡例給之。」

十月十九日，判并州夏竦言：「臣前充宣徽南院使，進奉、請受、賞賜皆準兩府。」詔依前例。

十二月十五日，殿前副都指揮使、寧武軍節度使李昭亮言，乞比類特給大例請俸。詔昭亮昨任觀察留後，料錢已給四百貫，特依大例定支，餘人不許爲例。

六年二月，賜太傅致仕張士遜月俸百千。

〔一〕四年三月：原作「五月」。按，《宋大詔令集》卷一七八、《長編》卷一四七載此詔均繫於慶曆四年三月壬申（十日），據改。
〔二〕合：原作「今」，據《宋大詔令集》卷一七八改。
〔三〕謂：原作「爲」，據《宋大詔令集》卷一七八改。
〔四〕有無：原倒，據《宋文鑑》卷三二乙。
〔五〕利：原作「吏」，據《宋文鑑》卷三二改。
〔六〕奔：原作「辨」，據《宋文鑑》卷三二改。
〔七〕緣：原作「沿」，據《宋文鑑》卷三二改。
〔八〕以上：原無，據《宋文鑑》卷三二補。
〔九〕二：原作「三」，據《宋文鑑》卷三二改。
〔一〇〕使、臣：原無，據《宋大詔令集》卷一七八補。

八年五月，詔司空致仕章得象月給見錢俸，春、冬衣比太子太師。

皇祐元年五月，詔：「建寧軍節度觀察留後楊景宗特給節度使俸，毋得爲例。」景宗初爲徐州觀察使，即給留後俸，至是又增，皆以太后族優恩也。

五年八月，詔：「知州理轉運使資序者，自今止給知州添支。」初，知諫院李兑言〔一〕：「轉運使主一路兵食、户税、經費、財用，故優以俸廪。今或因彈劾罷免，或以年高自求便郡者，多得理轉運使資序而叨厚禄，甚非朝廷勸沮之意。」故裁約之。

九月二十一日，殿前都虞候、隴州防禦使、權管勾步軍司公事王覬乞大例請俸 38 給，詔以覬權步帥，特從之。

至和二年七月十九日，賜祁州團練使李珣大例俸給，仍毋得爲例。以珣章懿皇太后之姪也。

嘉祐二年九月，詔：「真定府、高陽關路安撫、都總管添支，如陝西四路例，並支五十千。」

五年三月，詔：「廣南東西路攝官皆處荒遠炎瘴之地，而月俸不足以自給，其月增錢一千五百。」

六月，内三司減省冗費所言：「比歲内人請俸倍多，乞約天聖初宫禁嬪御以下人數，著爲定額。」從之。

六年閏八月，詔給前宰臣富弼月俸之半，固辭免之。後給文彦博准此，亦固辭也。

七年三月，三司言：「乞今後如有官員、使臣得假出看親之類，並令請受文曆赴閤門，依授差遣體（條）〔例〕，批鑿辭見月日，令糧料院照會分數見錢。如有不將文曆赴閤門批鑿人數，並（料）〔科〕違制之罪。」從之。

九月，詔：「横行使及内臣昭宣使以上持服者，並全給料錢。節度使給其半，正任刺史以上給三分之一。」

英宗治平元年六月，以皇子耀州觀察使頵爲左衛上將軍，命給前官（録）〔禄〕。

十一月，翰林侍讀學士劉敞以疾滿百日，再給病告，三司言例不當給俸，詔特給之。

二年六月，詔前樞密副使吴奎月給俸錢之半，固辭之。以丁憂去位也。

三年五月，詔：「司天監官自今不差監諸倉門〔二〕，監、丞以下月俸皆給見錢。」

四年神宗即位未改元。十月十一日，太子少保致仕李東之、刑部侍郎致仕李受並支半俸見錢，並以 39 先朝隨龍也。

十一月二十三日，管勾客省、閤門公事張希一言：「文武臣僚每月料錢，在京支六分、外任支四分見錢，並以朝見辭日增減分數。兼先降條貫，臣僚授差遣後五日朝辭。既有上項指揮以分内外職任，緣閤門無由見得所授宣敕日

〔一〕知：原作「支」，據《長編》卷一七五改。

〔二〕司天監：原作「司天臺」，據本書職官三一之三改。

月，切慮透請官錢及時服。欲乞自今後文武臣僚及大使臣、三班使臣降宣敕授差遣者，乞中書、樞密院畫時各以姓名及所授日月降付閤門；逐人投下朝辭牓子，亦(今)〔令〕供授宣敕日月。」從之。

神宗熙寧元年三月二日，詔：「節度使李端愿已除太子少保致仕，可特給節度使月俸之半。」

五月九日，以龍圖閣直學士、工部郎中、知滑州王獵守工部侍郎致仕，從其請也。詔以王獵係先朝從龍，仍特支半俸見錢，不得爲例。

二年七月六日，陳州通判、虞部郎中趙至忠守本官致仕。詔至忠自契丹歸明人，特與支見錢俸。

八月，詔：「淮南等路發運使、司(動)〔勳〕郎中薛向見理三司副使資序，宜令支與副使請受。」

十一月二十三日，詔：「自今嘗任職司及大卿監、到闕差權判寺監者，並與添支俸錢十千。」

十二月二十二日，詔：「自今權發遣三司副使據見任官資給見錢料錢外，其諸添支、衣賜等並依正權副使例施行。」

二十五日，詔：「今後文武升朝官乞致仕，歷任有功績治狀顯著者，與支在外見任官料錢、衣賜。京官、班行准此。其雖無功績治狀顯著，但歷任中 40 無公私罪事理重及無贓罪者減半。歷任中有公私罪(重)事理重及有贓罪，并因過犯及老疾體量與致仕，歷任中無顯著功績治狀者，即依舊法。」

三年七月二十七日，詔：「三京留臺、國子監、諸州宮觀嶽廟提舉、主管官等，大兩省、卿監及職司資序人，添支視知小郡〔一〕，知州資序人視小郡通判。武臣倣此。遥郡以上罷正任及遥郡改授南班官，元自文資換者，却與換文資〔二〕。功績殊異者別取旨。」

八月二十六日，詔：「司農寺丞月添支錢十五千，主簿京朝十二千，選人十千。」

八月，詔令三司：「今後應不帶職官僚直舍人院及權領兩制差遣者，並支與見錢請受。」

是月，知大宗正丞張稚圭言：「今相度到宗室諸般請受券曆，分擘合爲四百一十九道，乞付三司勾磨，逐月止隨料錢請勘，委實簡徑。」從之。

十二月二日，詔三司：「令(在)〔左〕藏庫每年特支錢五千貫，充濮王宮公用支使，本位皇親俸錢更不尅除。」先是，大宗正司奏宗樸言〔三〕：「先奉内批指揮，令弟兄量尅料錢入濮王庫，爲四仲月祭饗支用，而近降指揮不許尅皇親俸錢。」故有是命。

四年九月二十二日，中書門下言：「天下選人俸既薄，

〔一〕知：原無，據《長編》卷二一三補。
〔二〕與：原無，據《長編》卷二一三補。
〔三〕樸：原作「撲」，據《長編》卷二一八改。

而又多少不一，恐不足以勸廉吏，今欲月增米麥、料錢：縣令、録事參軍五百七十六員，舊請十貫、十二貫，米麥三石，並增至十五貫，米麥四石；司理、司法、司户參軍，主簿、縣尉二千五百一十三員，舊請七貫、八貫、十貫，[41]米麥兩石者，並增至十二貫，米麥三石；防團軍事推官、軍監判官一百七十二員，舊請七貫、米麥二石，並增至十二貫、米麥三石。每月通增俸錢一萬二千餘緡〔一〕，米麥二千八十餘石。」並從之。

六年十二月十二日，以勾當（禦）〔御〕藥院李憲爲遥郡團練使寄資，給全俸。

八年二月二十九日，詔籍熙寧元年至七年終增減武臣、内臣并俸給數目以聞〔二〕。

七月六日，左侍禁、閤門祗候周宥母喪去職，特給俸禄，以舊事東宫，家貧故也。

九年四月十二日，詔：「丁憂人樞密直學士孫永，朕藩邸舊臣，其家素貧，可特依見任支給添支、俸料。」

八月五日，上批：「贈太尉劉從廣妻普寧郡主，太宗皇帝之孫，吳王元儼之女，於皇家爲尊屬，可增給俸錢二十千。餘人不得爲例。」

元豐元年五月二日，詔：「廣西轉運司官員、使臣、諸軍料錢等物，願以其半折銀者聽。」

七日，起復樞密直學士、起居舍人、簽書本院事曾孝寬乞終喪，許之，給半俸。又辭，從之。

十三日，詔觀文殿大學士、尚書左僕射、集禧觀使王安石依知大藩府例給添支。

十四日，詔：「權及權發遣省府推判官及職司等職任，除依本資序奏薦外，請給、錫賜並依正入資序例。」

二十一日，中書言：「奉詔，選人禄以户口定數，令吏房立法。雖約主户數以爲增損，恐未盡天下繁簡之實。欲令逐路轉運、提點刑獄、提舉司同約州縣繁簡，分三等至五等以聞，乃隨等定俸。」從之。後不果行。

二十四日，詔：「差待闕、得替官權住程員闕[42]者支本任俸給〔三〕，若朝廷泛遣〔四〕，以等第給添支食錢。餘官司依條牒差者，惟給食糧〔五〕。以上選人止給前任請俸，即未經任者依資序〔六〕。」

十一月二日，詔：「諸路都總管司所在州官及過往，止令本州供給；兵官、使臣、軍員，令總管司供給，仍令都副總管同主管〔七〕；如副總管司錢少，即於本州公使錢内添

〔一〕「米麥二石」至「二千餘緡」：原脱，據《長編》卷二二六節引此奏之文、並參上文文例補。其中「每月」句係《長編》原文。
〔二〕俸給：原作「增減」，據《長編》卷二六〇改。
〔三〕本：原脱，據《長編》卷二八九補。又「住程」，《長編》作「住俸」，當誤。
〔四〕泛遣：《長編》卷二八九作「發遣」。
〔五〕惟：原作「准」，據《長編》卷二八九改。又「食糧」，《長編》卷二八九作「食錢」。
〔六〕者：原無，據《長編》卷二八九補。
〔七〕都副總管：原作「都總管司」，據《長編》卷二九四改。

給之〔一〕。」

十六日，三司言：「寶文閣學士陳薦請給未有例。寶文閣學士在天章閣學士之下，樞密直學士之上，今欲就天章閣學士例載之《禄令》。其直學士、待制亦增入。」從之。

十二月十九日，詔：「自今司農寺除本寺官請受及吏人衣糧、食鹽依舊三司支給，餘支本寺所管常平、免役、頭子、蹙零等錢。」從判寺蔡確請也。

二年五月十三日，詔：「右贊善大夫、同提舉成都府等路茶場范純粹廩給〔二〕、人從視提舉常平司。」

八月九日，詔：「無料錢京官差知縣、縣丞者，給令、丞俸，罷添支、驛料。」

二十六日，詔：「判(太)〔大〕宗正司宗旦舊例添厨食料，雖有後條衝革，可以見領宗正特給〔三〕。他官雖等，非職事同者，無得援爲例。」

二年十一月二十七日，詔：「太子少師致仕李端愿，故獻穆大長公主之子，自致仕後特給節度俸見錢之半，餘人不得援例。」初，端愿以太子少保致仕，詔給節度使俸錢之半。至是，驅磨請受官以謂非前任兩府不當得見錢，有增請錢萬餘緡〔四〕。端愿自陳，故有是詔。

三年正月二十九日，詔給歸明人宫苑副使儂智會全俸。以智會年老43有功也。

二月十二日，三司言：「駙馬都尉李瑋昨責授郴州團練使，陳州安置，誤給見任團練使俸禄，當追納。」詔蠲之。

四月二十七日，上批：「新授供備庫使曹諭舊有廢疾，未嘗出官，故未得俸。既以恩遷，可給俸。」

三年五月一日，詔：「月增中丞添支錢二十千，察案御史十千。」

二十二日，詔：「藉田令隸太常寺，月給添支錢七千。」

六月一日，上批：「彰信軍節度觀察留後、駙馬都尉李瑋丁所生母憂，可依宗室給全俸。」

七日，詔：「宗室教授並兼大、小兩學，廣親、睦親、北宅二員〔五〕，餘各一員。月增添支，記室、講書十五千，教授十二千。即受宗室月給、賂遺者坐贓論。」初以宗室學官員多俸薄〔六〕，頗納諸宫贈遺，寖隳職守，遂詔中書議減員增俸。中書裁定留十三員，省十員。

七月四日，詔：「資政殿學士呂惠卿丁母憂〔七〕，俸外月特給錢五十緡。」

八月五日，詔：「宗室祖免以下親，其俸錢支見緡。」

閏九月十一日，景福殿使、入内都知張茂則言：「臣以

〔一〕給：原作「從」，據《長編》卷二九四改。
〔二〕提：原脱，據《長編》卷二九八補。
〔三〕正：原脱，據《長編》卷二九九補。
〔四〕有：原脱，據《長編》卷三〇一補。
〔五〕北：原作「比」，據《長編》卷三〇五改。
〔六〕句首原有「三年六月七日」六字，據《長編》卷三〇五删。
〔七〕政：原作「正」，據《長編》卷三〇六改。

衰晚，累奏乞歸田里，聖恩不許，尚令赴職。臣縻禄多年，甚慙尸素，所有未請米〔一〕、麥、俸錢，已嘗面陳，天意不違，乞下三司拘曆毀抹。麥請至治平二年九月，米請至熙寧三年二月，錢請至熙寧六年十二月。」上批：「方今廉隅之風頹靡不振，士大夫之於朝廷，鮮知欽其事而後其食者。宜因茂則之請，聊愧勉之。可依所乞〔二〕，降詔奬諭。」

十月八日，御史臺言：「資政殿學士呂 44 惠卿丁憂，奉旨本俸外月特給錢五十千。惠卿月又請添支錢十五千，即非本俸。諸司糧料院吏舉首，而三司不行，乞究治。」詔付大理寺〔三〕。後大理寺言，已下揚州取惠卿(奉)〔俸〕曆。詔：「惠卿前執政，治之傷體。誤請俸錢宜除之〔四〕，餘官司依已得指揮〔五〕。」既而惠卿奏，稱添支係俸。奉旨，舉發不當，令御史臺劾官吏以聞〔六〕。御史滿中行言：「《禄令》所載本俸、添支，立文各異。若以添支爲俸，恐自今引用不行，乞改正。」上曰：「惠卿乃朝旨給俸，誠優于見任者。惠卿受而不辭，固爲貪冒，以義責之可也，於法無可改正。」《玉海》：嘉祐二年十月丙午〔七〕，頒《嘉祐禄令》；四年正月壬寅，頒《嘉祐驛令》。

四年三月六日，中書户房言：「諸因戰陣及捕盜陷没，其親屬録用，充承奉郎以上及使臣、三班差使、借差、殿侍，雖年小未該出官，其俸錢、衣糧乞並與支給，仍著爲令。」從之。

五年三月二十三日，樞密都承旨張誠一言：「今後諸軍因功或捕賊換大、小使臣者，許帶舊請受。」從之。

四月七日，上批：「仲潦新婦文安郡夫人曹氏〔八〕，昨以太皇太后遺恩進封，增給俸錢等，有司自陳，以爲誤支，可依舊支破〔九〕，仍免追理。」

四月十七日，大名府安撫司言：「宣德郎致仕常昇母李年百有十歲，昇累歷資任，以母老不能之官，遂求致仕。家素貧，遇歲饑無以爲養。乞令昇依京官致仕例，給以半俸。」從之。

二十二日，詔陝西都轉運司：「涇原路逐司係去年六月以前〔一〇〕，舊有窠闕文武官 45 料錢、米麥、添支諸般請受依舊勘請外，後來因軍興創添員闕并諸般差使，除身分料錢、米麥外，餘添支諸般請受，並權於關東州軍或在京支給。」

五月一日，詔：「大理寺、國子監官，差承務郎以上〔一一〕。

〔一〕所：原無，據《長編》卷三〇九補。
〔二〕所：原作「取」，據《長編》卷三〇九改。
〔三〕付：原作「什」，據《長編》卷三〇九改。
〔四〕宜：原無，據《長編》卷三〇九補。
〔五〕餘：原作「所」，據《長編》卷三〇九改。
〔六〕以聞：原無，據《長編》卷三〇九補。
〔七〕嘉祐二年：原作「元豐三年」，據《玉海》卷一三五改。按《長編》卷一八六頒《嘉祐禄令》亦在嘉祐二年十月。
〔八〕仲潦：原作「范仲淹」，據《長編》卷三三五删改。
〔九〕依：原作「以」，據《長編》卷三三五改。
〔一〇〕前：原脱，據《長編》卷三三五補。
〔一一〕上：原脱，據《長編》卷三三六補。

如無，即差選人充。正官立行、守、試請受法，唯外任用前資。」

四日，詔：「引戰環州弓箭手都指揮使王隱舊病右目，因奪隘力戰，箭中左目，與三班借職俸禄終其身〔一〕，並與引戰支賜，仍許子孫承襲。」

八月二十三日，詔罷增減幕職州縣官俸〔二〕。先是，有旨令吏部以繁簡增減天下選人俸錢，而吏部以事簡則僻遠而員少，事繁則當要而員多，遠則人不願行，要則趨之者衆，俸不可減〔三〕。遂寢。

六年四月十八日，詔：「前宰臣、執政官宫觀差遣添支，依知大藩府《禄令》給之。」

五月十七日，詔：「熙河路蕃官等，願以請受易茶、綵者聽。」

七年正月十一日，東上閤門副使景思誼母德安縣太君董氏月特支錢二十千，候思誼子有俸日住支。蓋思誼以隨軍没于永樂故也。

十三日，詔户部侍郎蹇周輔罰銅六（斥）〔斤〕，員外陳向八斤。坐違法割門下侍郎章惇俸錢於相州也。

四月三日，詔：「濮安懿王女吳承渥妻長樂郡主、曹誦妻延安郡主、劉承緒妻建安郡主、梁鑄妻同安郡主、夏大醇妻永嘉郡主，可並增俸錢三十千。」

十一月五日，詔：「承務郎及使臣以上致仕，嘗以戰功遷官者，俸錢、衣並全給。餘歷任無公私罪事理重及贓 46 罪給半，因過犯若老疾體量致仕者不給，非戰功而功狀顯著者奏裁。」

十二月二十八日，詔請給毋得於三路勘請。

八年四月二十七日，尚書省奏：「刑部言，今年正月九日赦書，應復舊官者支所叙官俸。」從之。詳見「叙用」門。

六月三日，詔：「内臣梁從政改遥郡防禦使，吴靖方改遥郡團練使，並特與見寄官請給，仍自寄官日爲始。」

十月十八〔日〕，資政殿學士、正議大夫、兼侍讀、提舉中太一宫、兼集禧觀公事韓維爲資政殿大學士，仍依守尚書例給俸廪。以維先帝宫臣也。

十二月二十二日，詔增講讀官職錢爲三萬。

哲宗元祐元年三月二十八日，詔：「職事官許帶職〔四〕，其班序、雜壓依職事官〔五〕。如職高於寄禄官，並以職爲行、守、試。應緣職添支，除酒外不給。集賢殿修撰、直龍圖閣、直集賢院、直祕閣、集賢校理、祕閣校理已上職，今後内外官並許帶，除職食錢并理任外，其餘恩數並依《官制》已前條貫。」

四月二十一日，新除尚書左僕射司馬光言：「臣以假

〔一〕「俸」上原衍「終」字，據《長編》卷三一六删。

〔二〕「詔罷」原倒，「幕」原作「暮」，據《長編》卷三一九乙改。

〔三〕減：原作「簡」，據《長編》卷三一九改。

〔四〕官：原脱，據《長編》卷三七三補。

〔五〕「依」原作「衣」，「官」原脱，據《長編》卷三七三改補。

滿百日，自四月以後不敢勘請俸給。竊聞近有指揮，特再給臣寬假將治〔一〕，其俸給等接續支給。伏望許臣依條百日外住支，候參假日依舊。」詔不允。

二十三日，給事中胡宗愈言：「河北轉運使范子奇奏，乞三路轉運判官依轉運使支見錢，准朝旨依。臣恐遠近相師，貪冒成俗，破法申請，禄廪增加，何有藝極！其范子奇所乞，伏乞只依舊法折支。」從之。

二十四47日，户部言：「講筵所奏：本所請給令，侍讀、侍講、説書職食錢十貫文。近准朝旨，侍讀、侍講職錢特添作三十貫。按舊例，侍讀、侍講、説書請給一同，其説書程頤未敢依例支破。」詔程頤職錢特添作二十貫。

八月十八日，詔：「不帶職官充侍讀、侍講、崇政殿説書，其請俸依職事官例支見錢。」

十月四日，詔：「應試中館職者，内選人除試正字，改官、請俸等並依太學博士法。」

二年七月二十四日，詔免死事之孤納不應給俸錢。

三年四月二十四日，詔司空、同平章軍國事呂公著俸賜依宰相例。

十月二十八日，詔：「横行使、副無兼領者，許兼宫觀一處，月給食直錢，使十五千，副使十千，其宫觀合破添給勿支。」

閏十二月六日，詔：「太中大夫以上知、判州府，添賜公使錢，正任團練使、遥郡防禦使以上至觀察使並分大郡、次郡。初除次郡，俸錢各減四分之一，移大郡全給。留後〔二〕、節度使分大鎮、次鎮、小鎮，遞減五萬，刺史以下、使相以上不減。其刺史至節度使公使錢，依俸錢分數裁減。」

十八日，置六曹尚書權官，俸賜依六曹侍郎守法。

四年二月二日，户部言：「得旨，取索裁減在京職事官俸。按《官制》職事官職錢以寄禄官高下〔三〕，分行、守、試三等。看詳，寄禄官既高則本俸自多，不須更支上等職錢，欲乞去『行』字一等，行者止依守法，及不帶行、守者亦如之。舊無行、守兩等職錢者，依元定數。」從之。

五年二月六日，48詔：「諸王府翊善、侍講、記室參軍請前任俸者聽。」

三月二日，詔：「起支官員俸及添給，不以則例限内申户部者杖一百；擅給曆及不候分移曆到而收併者，各徒二年。」户部言，起支請給，舊無法禁，多重疊僞冒，有已分移而他處全請、已身亡而分移處猶請者，故立是法。

五月十一日，户部言：「應殿侍差出幹當，事畢并替罷。已承發遣而有違程不赴本班公參者，其所破請受勿給。」從之。

六年十二月十四日，户部言：「乞今後應致仕有戰功、

〔一〕將：原作「得」，據《長編》卷三七五改。
〔二〕留後：原倒，據《長編》卷四一九乙。
〔三〕職事官：原作「職事寄」，據《長編》卷四二二改。

曾經轉兩官已上者，並許支給全俸。」從之。

八年正月二十八日，户部言：「官員料錢應折支者，到闕自朝見日支見在京分數，朝辭日支在外分數。今欲除見任人依本任請受外，係請新任及前任料錢者，在京及外處各依本處支給分數。」從之。

紹聖元年八月二十六日，詔：「（筵）〔講〕筵官非侍從官，諸王府翊善、侍講、記室參軍，諸郡王位説書，願請前任請給者聽從多給指揮更不施行。」用御史郭知章言也。

二年六月二十一日，詔：「元祐裁定除授正任已下俸禄，減損不多，有虧朝廷優異之禮。其見行條令勿用，並依元豐舊制。」

三年七月二十二日，户部言：「衛尉寺丞張保微〔言〕：伏見元豐中官制初行，職事官以行、守、試三等定禄秩，至元祐間遂罷，止從一等給禄，復增聚議錢。欲乞申明元豐之制，罷聚議錢。」從之。

九月十二日，户部侍郎吳居厚言：「神宗皇帝議行官
49 制，使之各正其名，凡臺省寺監之官，制禄有三等之別，行、守、試是也。元祐中裁減浮費，而職事官帶「行」者遂令存虚名而已。且職事官帶「行」字者，凡今亦且無幾，使如《官制》賦禄，其費又有幾何？望付有司講求，復行舊制。」從之。

徽宗建中靖國元年三月二十五日，詔：「自今除遥郡正任，並依元祐三年閏十二月敕，分大郡、次郡、大鎮、次鎮、小鎮。所有今日已前誤除大郡、次鎮人，並支次郡、小鎮俸，已請者勿追，仍免改正。候再該除授，即依今詔。」初，元祐中嘗會内外正任之數，皇祐八十五員，治平二百六員，元祐三百五十二員。遂有旨，今後除管軍及初落權軍班外，自正任團練使、遥郡防禦使以上至觀察使，並遞減。詳見元祐三年閏十二月六日詔。

五月十七日，詔近降減損宗室及遥郡以上月（奉）〔俸〕指揮更不施行。

六月二十四日，户部狀：「准都省批送下鄜延路經畧安撫使司奏：檢準《嘉祐禄令》，諸帶遥郡若係沿邊任使就轉及在京除授，差充河北、河東、陝府西路沿邊路分鈐轄者，依全分例定支，餘依減定例支。今來沿邊漢官、蕃官凡帶遥郡，不以資任高下，一例却摘出『沿邊就轉』之文，却將下文『路分鈐轄』別爲一事，遂致見今本路城寨都監、准備差使及蕃官帶遥郡之人，乃與路分鈐轄一等請受，必非立敕之意。本司已指揮延安府、綏德、保安軍將不係鈐轄漢官、（藩）蕃官帶遥郡之人，請
50 受且依減定例支給，別聽朝廷指揮去訖。其以前大支請過請受之人，欲乞除漢官並令於請受内限三年剋納外，有蕃官乞朝廷詳酌指揮。」詔漢官依鄜延路安撫司所奏，蕃官特免追納。

十月四日，都省批送下權知開封府司録參軍公事王旂狀：「切見天下勘給官吏軍兵請受及勘支官物，並須先由糧料院批勘，封送勾院點檢勾勘訖，倉庫方得依數照支。

今天下州府糧料院批勘，而判勾即皆專委通判。蓋通判是本州按察官，使之判勾則其勢可以點檢糧料院違條妄支官物及諸般差錯作弊等事，唯縣則皆倒置不同。今府界等縣勘給務反令知縣領之，簽勾反令監當官領之。夫監當官視本縣長吏，其勢與按察官無以異，雖坐視勘給務違法等事，在於人情，豈敢追呼點檢？欲乞特降指揮，應縣有勘給務處，俾監當官兼之，而簽勾即專委本縣長吏。如此，則簽勾之勢可以點檢勘給務，而關防之法不爲虚設矣。」從之。

十月二十二日，户部狀：「據内殿崇班趙令瘠等狀，係祖免親首，依紹聖元年九月内聖旨，祖免親授班行者，出官未出官，料錢並依元豐三年指揮支給見錢。本部看詳，元豐三年朝旨，係因世括等奏男補右班殿直，係小使臣，降到上件指揮，即不包載轉至大使臣許與不許亦支見錢明文。今取會到宗室祖免親莊宅副使趙令瑊等换授外官，在外並請六分料錢。51 契勘大使臣以上本身俸、莅事添支供給已是優厚，兼既服紀一般，即换授與補授無異。本部今相度，欲據宗室祖免補授外官轉至大使臣以下者，料錢並依宗室祖免换授外官分數支給。」從之。

崇寧元年七月十一日，中書省〔言〕：「勘會熙寧三年五月詔，以諸臣歷監司、知州有衰老不任職者，使食其俸給，令處閑局，故令諸州增置宫觀員數，使人各得便鄉里，且以優老示恩。自後添支屢經裁減，而諸州供給亦無明文，是致往往失所，恐非先帝創立宫觀、優老示恩之意。今以熙寧、元豐以來條制參詳，修立下條：諸三京留司御史臺、國子監，諸州宫觀嶽廟提舉、管勾等官添支，前宰相、執政官依知判諸路州府例，待制已上依見任官知郡例，中散大夫以上併職司資序人依知諸路州府大卿監例，知州資序人依見任官充小郡通判例，通判資序人依見任官充軍通判例，武臣正任横行已上依諸司副使知州例，路分鈐轄已上依侍禁、閤門祗候知州例，路分都監已上依殿直充諸路走馬承受例。上條合入《禄令》，衝改元豐三年十一月十八日并元豐六年四月十八日、紹聖元年五月十六日指揮不行。諸宫觀嶽廟提舉、管勾等，文官因陳乞及非責降充者〔一〕，並月破供給，於所居處依資序降二等支。職司以上資序人依通判例，知州資序人依簽判例〔二〕，無簽判處及通判資序人並依幕職官例〔三〕。前宰相、執政 52 官及見帶學士已上職者不降。」從之。元豐三年十一月十八日、紹聖元年五月十六日指揮檢未獲。

八月六日，皇后祖母慶國太夫人慎氏、皇后母衛國太夫人呂氏等授國太夫人，乞比劉宅魏國太夫人王氏例，請諸般請給。從之。

十一月十一日，尚書右僕射、兼中書侍郎蔡京等劄子：「伏考宗室在祖宗朝制禄蓋寡，至仁宗時始除南班官，

〔一〕「非」字原在「陳」字下，據本書職官五四之三五乙。
〔二〕例：原脱，據本書職官五四之三五補。
〔三〕無簽判、幕：原脱，據本書職官五四之三五補。

自率府副率凡五六遷，遂至正任。承平日久，皇支（寢）〔寖〕繁，月給俸料錢幾十數萬。欲乞今後應宗室非袒免已下親試出外官者，並各於員闕外添差，每大郡通屬縣不得過十人，中郡不得過七人，小郡不得過四人。候到任，不得簽書本職公事，如有本轄長貳或監司二人保奏堪任釐務〔一〕，方得供職。未釐務者，添支、驛券、供給、人從，並減半支破。」從之。詳見「宗室雜録」。

十七日，詔：「六曹尚書以下尉錢〔二〕，其錢並於榷貨務朝廷所收頭子、市例錢內支給。如逐月支使有剩，聽後月併數支用。仍選差人吏主管，置曆支破，即不得算請見錢。六曹尚書、御史中丞各十貫，六曹侍郎，給事中、中書舍人、侍御史各六貫，諸寺監長貳、秘書監、少監、門下中書後省餘官、左右司郎官、殿中侍御史、監察御史、六曹郎官、中秘書省餘官各五貫。」

四年三月二十九日，吏部員外郎卓厚等狀：「諸司糧料院申：『元豐四年十一月初二日指揮，定職事官職錢。數內六曹員外郎：行，三十五貫；守，三[53]十二貫；試，三十貫。列曹員外郎知縣資序人二十貫，監當資序十五貫。本院自來止依條以行、守、試三等支破職錢，今來六曹員外郎內有承務郎、宣義郎、宣德郎，切慮有知縣以下資序人，却合復依元豐四年十一月二十日以資序支破指揮。』厚等自崇寧元年九月已後，並係朝廷不以資序特有除授，所降告內並依寄禄官品帶行、守、試字，當時糧料院已依條用行、守、試法支給職錢。今來經隔年歲，又却稱慮合用元豐四年知縣已下兩等支給職錢改正施行，切慮所請未得均一。」詔依行、守、試法支給。

八月二十七日，詔：「上作人補授別立職名〔三〕，比附使臣支請給，令尚書省議禮武選房立法〔四〕。」

五年八月七日，户部請減百官俸廩，上曰：「所減不多，況美事，悉仍舊。」

大觀元年八月十四日，詔：「親親睦族，義所當先，異時裁削過薄，爲之惻然。可依熙寧、元豐法，應袒免、非袒免親，常許指射差遣、差注，並替成資，俸給支見錢，任外官依在京。」

二年三月九日，户部侍郎、兼提舉茶事洪中孚奏：「伏覩致仕官朝廷憫其嘗服勞王家，尚錫之禄，可謂厚矣，但所給往往折支。欲乞應致仕官朝士以下年八十已上者，特免折支，合得俸料並支一色見錢。」從之。

二年三月二十三日，詳定一司敕令所狀：「檢會《嘉祐禄令》，節度使同中書門下平章事已上、前兩府除節度使及節度使移鎮，料錢四百貫文，禄粟二百石，食[54]鹽七石，駿

〔一〕轄：原作「豁」，據本書帝系五之一八改。
〔二〕尉錢：疑當作「廚錢」。宋制，宰執侍從、臺省寺監等中央官員每月均發給廚錢。
〔三〕上作人：疑有誤。
〔四〕此句亦疑有誤。

馬二十匹，元隨二百人。」

大觀三年九月八日，中書省劄子：「詳定官制所擬定，開府儀同三司料錢一百貫，新春服小綾一十匹、絹三十匹、羅一匹，冬服小綾一十匹、綿五十兩、絹三十匹。勘會開(封)〔府〕儀同三司除授並帶節度使，所有請俸係依《嘉祐祿令》內節度使同中書門下平章事則例支，緣節度使同中書門下平章事《官制》改爲開府儀同三司，合行修正。其則例依舊外，《官制》創立開府儀同三司請受，自來別無獨除充者，今合删去。」從之。

九月十日，户部尚書、詳定一司敕令左膚等劄子：「勘會特進至承務郎，今爲寄祿官，惟承務郎未有立定料錢，釐務止破驛料。《元豐官制》立定承事郎料錢十貫文，承奉郎料錢八貫文，今承務郎名寄祿官而實無祿賜，恐非元豐寄祿之意。」詔承務郎每月支破料錢七貫文。

十一日，又奏：「伏覩崇寧詔旨，開封府置牧，皇子領之，而尹以文臣充。今府尹分行、守、試三等，其職錢自一百貫至八十貫修立有差，惟府牧未嘗制祿。」詔開封牧典治京師，以皇子領之，任責亦重，其祿如執政官，立爲定制。

又奏：「臣等見編修《祿格》，伏覩學士添支比正任料錢相遼邈。且如觀文殿大學士、節度使從二品，大學士添支錢三十貫而已，節度使料錢乃四百千，傔從、粟帛等稱是。或謂大學士自有寄祿官料錢，故添支數少。臣等以銀青光祿大夫任觀文殿大學士較之，則 55 通料錢、添支不及節度使之半，其厚薄之不均明矣。切謂觀文殿大學士近制非曾任宰相者不除，而節度使或由行伍，或立戰功，皆得除授，曾無流品之別，則朝廷顧遇大學士豈輕於節度使哉？而祿秩甚微，殊未相稱。自餘學士視諸正任，率皆如此，其所給添支，非前任兩府在外則勿給，比正任且無正賜公使。自待制至直閣，皆朝廷遴選，亦有添支，又學士或守大藩，或領帥權，自有添支，而職錢亦謂之添支，其名重復。今欲將職錢改作貼職錢以別之，謹以正任料錢、公使爲率，參酌立定。自學士至直閣以上貼職錢，不以內外並給。觀文殿大學士一百貫，觀文殿學士、資政殿大學士八十貫，資政殿學士、端明殿學士五十貫，內前執政加二十貫。龍圖、天章、寶文、顯謨、徽猷閣學士、樞密直學士四十貫，龍圖、天章、寶文、顯謨、徽猷閣直學士三十貫，龍圖、天章、寶文、顯謨、徽猷閣待制二十貫，《事類合璧》：外任納內曾任執政官以上不限內外，並給公使錢。大觀文曾任宰相一千五百貫，觀文、大資政、端明曾任宰相、執政官一千貫，餘七百貫，龍圖至徽猷學士、直學士、待制、樞密直學士及太中大夫五百貫。已上兼(按)〔安〕撫、經畧或馬步都總管、兵馬都鈐轄，各加一百貫。集賢殿修撰一十五貫，(真)〔直〕龍圖閣、秘閣十貫。」詔依所奏。

又奏：「伏見《元豐官制》，以太師、太傅、太保爲三師，太尉、司徒、司空爲三公，侍中、中書令、尚書令爲三省長官，56 係正一品。職任既重，當稱是以制祿。元豐中，止除左、右僕射及執政官，獨公、師、三省長官虛位未除，是以未曾修立俸禄，合自聖裁。」詔：公、師〔一〕、三省長官，其俸可增，僕射一百貫爲四百貫，其餘雜給可準此量增，詳定聞奏。又奏：「伏見親王俸禄，久來係用《嘉祐禄令》，内皇族所請隨官序支給。見今親王俸給係循嘉王、岐王舊例，與《嘉〔祐〕禄令》多寡不同，此蓋元豐特恩，令甲之所不載。本所累行取索不到，今參酌，除親王公使錢係朝旨逐次特恩添賜，自隨所得指揮外，其俸給欲並依見請修立。」詔：「以見今請給之數立爲定制。天倫之愛，理宜加厚，今親王居三公之位而未給三公之禄，可自今帶司空以上官者給其俸。」

大觀三年七月二十四日〔二〕，（應詔）〔詔：「應〕内外官司近來有免供職等人，依見任人例支破添給、茶湯錢之類可令住罷。」

政和二年六月七日，詔：「昔我神考，董正治官，省、臺、寺、監，增賜禄廪，銓選下吏，加給緡錢，又禄庶人之在官者，費踰百萬，恩至厚矣。而迺者有司持鄙陋吝狹之見，不知生財之道、理材之義，交結近習，託節儉之名，行刻削之令。廢宗室陞等以薄骨肉之恩，弛重禄以開乞取之路。下至食直、俸料、厨錢之類，悉從裁省。歲減無幾，國用靡豐，而官吏遂有貧乏不足之憂，其可乎！應減廢併罷指揮更不施行。」

九日，尚書省言：「勘會官員料錢、衣賜，立法許分割，本以便禄養、給孤遺。昨户部陳請，57不究本源，止以逐路撥還未足，分割數多，一切住罷，全失立法之意。況分割（科）〔料〕錢、衣賜，自是久來條制，亦有立定分數，兼逐路自有撥還之法，即非侵損省計。」詔今後官員分割料錢、衣賜，並依大觀三年四月以前指揮施行。指揮檢未獲。

二十日，安德軍節度使、醴泉觀使曹誘等奏，乞依開府儀同三司任宮觀使給添支。詔：「使相位居前兩府之上，禮宜優異。誘等以節鉞領宮祠，坐享厚俸，不能安分守職，乃攀援使相添給，有紊祖宗彝憲。特示函容，置而不問，所請勿行。」

九月十三日，詔：「横行額外人不支真俸，只支舊官請給。」

十二月十一日，尚書省〔言〕：「勘會諸路近各添置六曹建椽，及宮廟并不釐務宗室巡尉、指使等官，所支添給，切慮轉運司財用不足，艱於支給。」詔令諸路運司各具逐路添給每月破數聞奏，别行應副支給。

五年八月二十三日，中書省、尚書省言：「檢會政和《禄令》，諸學士至直秘閣貼職錢，内外並給；致仕者減半，因事責降不支。待制已上米麥，在京任職即支。□取到度支狀：契勘命官致仕内曾任侍從官者，依條合支見任官支破請受；其帶職人致仕者，依條合減半支給貼職錢。其帶侍從

〔一〕師：原作「使」，據前文改。「師」即前述「三師」。
〔二〕按，此條月分失次，疑有訛誤或錯位。

官致仕者，係在直秘閣之上，合行比附申請，支破所帶侍從官職錢。看詳：帶侍從官已上職事官致仕之人，係在直秘閣之上，其所支職錢未有明文。并（侍）〔待〕制以上職錢，亦當一體修立。今擬修58下條：諸致仕帶諫議大夫以上職事官者，其職錢並全給，因事責降不支。諸學士至直秘閣貼職錢，内外並給；致仕者待制以上全給，餘減半，因事責降不支。待制以上米麥，在京供職即支。」從之。

七年正月一日，户部尚書孟昌齡等奏：「奉御筆，差張汝霖點檢措置糧勾院〔一〕，長貳看詳可否，開（祈）〔析〕申奏取旨。（令）〔今〕據員外郎張汝霖申，措置：今後應官員分割請受與在京親屬者，並依式具家狀一本，同保官狀連粘在前申户部，從本部實封關吏部，並將狀子細勘對，次第用印封（四）〔固〕，方得爲憑，行下分割。將見今分割請受内已勘支及三年者並行住支，令度支取索點檢，根究有無事故，僞冒盜請錢物，依法施行。應有身故之人，令所屬廂界限當日關申糧料院。於監官廳置都簿一面，將關報到身故之人即時抄上，先次申比部注（藉）〔籍〕。仍追曆，限三日批抹送比部驅磨。」從之。

政和七年十二月十三日，臣僚言：「切見崇寧以來，興事造功，不吝爵賞，用以爲勸。雜流入仕之人，往往至横行遥郡，不知止足，貪求轉甚。自政和四年立法，轉至武功大夫止。官不得遷轉，乃立增俸之格一十二等以待之。法行以來，自武功大夫轉入遥郡横行者，不可計數。本等之人既不能遏，而又冒濫之弊生。且如三省人吏，每以轉一官資換增俸一等，雖末等一月所〔支〕之數，已過政和令換支賜之數。上自中奉大夫，下至白身未有官59人，有一名而陞數等者，終身請領，並無限隔。其他得增俸請給之人不少，難以遍舉。契勘雜流入仕之人，止官自（自）〔有〕舊制；其增俸之議，在於熙豐並無此法。乞將增俸格令更不施行，見請之人截日住給，已請之數與免追納。」從之。

政和八年三月三日，臣僚言：「州軍唯知州、通判所得供給往往優厚，其次兵職、監當官及倚郭知、佐等，謂之州官，亦預給散。其外縣鎮官等所得甚微，至有全不霑及者。欲望特詔有司，並須據等，内外均給。」從之。

四月二十二日，詔：「皇后親姑宜春郡夫人鄭氏等三人，並特依鄭直之妻永嘉郡夫人朱氏例支破請受。」

宣和元年五月二十四日，河北路都轉運司奏：「據懷州申，朝請大夫致仕蘇湜所請料錢，（各）〔合〕依《禄令》減半勘請一分見錢，二分折支。準大觀二年三月十日敕，户部侍郎洪中孚奏，乞應致仕官年八十以上者特免折支，合得俸料並支一色見錢。詔依。切詳洪中孚申請到朝旨，恐止爲選人因致仕授官，合全給本色折支之人，乞明賜指揮施行。」詔洪中孚奏請支見錢指揮更不施行。

宣和元年九月十六日，詔：「鄭居中已除少傅、威武軍

〔一〕霖：原作「霜」，據下文改。

節度使、佑神觀使、充神霄玉清萬壽宮使，進封崇國公，所有應干恩數、請給，並依宰臣例施行。」

二年六月五日，中書省〔言〕：「檢會臣僚上言：神考添支吏禄，以廉養士，惟在百司遵守。臣聞在京官吏有一職兼數局，而添給從而 60 隨之。或元無添給則例，創行增立；或不由有〔司〕勘給，直行判支。冗費邦財，爲害最大。伏望睿斷，並依元豐舊法，官吏除本職請給外，兼局雖多，止許從一多給，其不理爲一處指揮更不施行。凡在添給，若不經由有司勘給，亦不許直行判支。」詔並依元豐舊法，如違，並以違御筆論。御史臺彈奏，尚書省互察。

十四日，詔：「應因本職，如三省禮房緣學制，工房緣坑冶，六曹吏部緣名籍，禮部緣祥瑞，應州縣官緣管勾學事，敦宗田產之類，支破請給、食錢等並罷。」

二十日，詔：「奉使新格支賜，齋宿給錢，支前任、新任請給，並依元豐法。」

七月十四日，中書省言：「勘會應專承指揮接續支破添支，依舊帶行見請給，并帶前任或新任諸般添給，及依某處支給添給之類，自合遵依今年六月五日指揮，添給不得過一處。并六月二十日支前任、新任請給，並依元豐法。」詔申明行下，如敢夾帶請降指揮，並送御史臺，以違御筆論，人吏配千里。

八月一日，太宰余深、少宰王黼、門下侍郎白時中、中書侍郎馮熙載、左丞張邦昌、右丞王安中奏：「臣等契勘崇寧四年聖旨，自今宰執除依條格支破請給外，更許支破寄禄官及本官身分請給，及應請給並支本色。臣等俸給過厚，實有叨踰，欲乞請罷見今所給俸禄，並依舊法禄格行下。」詔不允。再陳乞，從之。

九月十三日，詔：「已降處分，應緣本職增添請給者皆合住罷。所有外 61 路官司因本職增添請給，如轉運司緣買木及修造，常平司緣水利若興修隄堨，諸州緣修城壁之類，官吏所添請給，並合依緣本職增添請給指揮住罷。」

三年五月六日，户部尚書沈積中等奏：「契勘官員副尉等授在外差遣，分割下料錢、衣賜在京請領，每歲支過萬數不少。雖年終會數，行下所屬轉運司兑撥起發，多是遷延歲月，不見撥還了足。緣上件錢物本係外路合支之數，似此拖欠，顯見暗侵在京經費。兼政和元年曾降朝旨，緣諸路拖欠數多，令權住分割。今欲乞應分割錢物，依政和元年指揮權行住罷，止令本處請領。後諸路錢物撥還數足，即却依舊。」從之。

六〔十〕〔月〕十一日，户部尚書沈積中、侍郎王蕃奏：「契勘元豐法，帶職人係依《嘉祐禄令》該載，觀文殿大學士以下至天章閣直學士，除料錢隨本官外，等第支破添支。内錢三等，自三十貫至〔十〕〔一〕十五貫；米麵兩等，自八石至五石。昨於大觀年後來，因敕令所節次起請，將添支錢改作貼職錢，觀文殿大學士至直秘閣，自一百至一十貫九等支破。兼增添在京供職米麥，觀文殿大學士至待制，自五十石至二十五石四等支破。比之舊法，增多數倍。切詳帶職官授内外差遣，自有寄禄官請受并本任添給，又依此則例支破貼職錢、米、麥，係是兩重，顯屬太優。欲望應帶職人請給，並依元豐法施行。」又奏稱：「學士提舉在京宫觀，除本身請[62]受外，更請貼職并差遣添支等錢物，有比六曹尚書、翰林學士承旨錢、米、麥增多幾及一倍上者。例皆如此，輕重不倫，恐非稱事制禄之意。」詔並依元豐法。

五年十一月十三日，詔：「户部違定限不支俸錢，特於榷貨務支見錢一十萬貫，專充應副結絶。户部選委度支郎官一員，以遠及近，監支給散。左藏西庫監官特降兩官衝替，户部長貳罰銅二十斤，度支郎中降一官，户部及庫吏各決杖，有官者降一官。今後仰依定限，按日支給，户部逐旬點檢按治。」

六年四月二十三日，詔：「應隨龍官請給并米麥、草料等，自今後可按月支給，並支本色，免折價錢。在外者依此。」

七年五月七日，河北河東陝西路宣撫使童貫奏：「伏見諸路州軍在任官月請供給，熙豐時有及百千者，號爲至厚，所聞不過數處。近年一例增添，知、通所得數倍，或至千貫。考之歲賜及醋(昔)〔息〕之屬，各有限定，若非違法經營，無由取足。欲乞應郡守、監司每月所受公使庫應干供給，紐計錢數，不得過二百貫。總管、鈐轄、通判不得過一百五十貫。其餘等級，依倣裁定。若舊例數少者依舊，不得增添。如違，計所剩以盜論。委監司據歲分州郡，季一取索檢察，若有違法，按劾以聞。或敢隱蔽，即監司互察，仍令廉訪所彈奏。如此，不惟多寡得中，少抑擾民之弊。」從之。

六月二十五日，講議司奏：「看詳臣僚恩數、請給、人從等，皆有著令。欲應臣僚[63]恩數、請給、人從等，各依本法，其依某人等例指揮並更不施行。」從之。

七月二十五日，講議司奏：「奉御筆送講議司，内侍官請給，武功大夫以上可支一分見錢、二分折支，武功大夫以下並依《嘉祐禄令》，祗候内品以下並依見請隨龍、戰功見行條令施行。看詳節度使并正任團練使至刺史亦合依此外，再詳内侍官即今已不寄資，各繫直官，祗候侍禁、祗候殿直、祗候黄門内品資序係在祗候内品之上，其見今所請比祗候内品以下數多。今來若將祗候侍禁、祗候殿直、祗候黄門内品作武功大夫以下，依所降御筆指揮，依《嘉祐禄令》支破，即比次等祗候内品數少。欲自祗候侍禁以下，並依見請施行。」詔並依看詳。其正任並知省事，並依《嘉祐禄令》。内武功大夫以下至修武郎，並合依《嘉祐禄令》内供奉官則例支破。申明行下，餘依已降御筆指揮施行。

欽宗靖康元年五月一日，詔資政殿大學士、中大夫、提舉龍德宫王昜簡爲係東宫講讀官，其請給、人從、恩數，並依簽書樞密院例。（以上《永樂大典》卷一三一七六）

俸祿雜録 下[一]

高宗建炎元年六月十四日，詔宰執俸錢、支賜，見任宫觀及有差遣待闕並未有差遣京朝官以上俸，並權減三分之一。軍興之際財用闕乏故也。

十月二十八日，詔：「應見闕未赴官人，可罷請受，將合請錢物於新任勘請。」

十二月三日，詔：「留守司違法差權在京百司窠闕，并妄作名目差出浙江等處幹事，每月除【64】本身合請分數料錢外，所請過錢、米並行追納。」

二年三月七日，詔：「諸路帥臣供給，每月不得過二百五十貫。諸路提舉茶鹽公事，(挾)〔陝〕西、福建路提舉茶事，廣南路提舉市舶，江淮等路提點坑冶鑄錢，都大提舉成都府等路榷茶司，蔡河撥發催趁綱運，廣濟河都大主管催遣輦運公事，提舉三門白波輦運公事，同提舉三司輦運，汜水同提舉催促輦運公事，并知縣資序知州軍人，並與通判供給，每月不得過一百五十貫。舊例數少者並依舊。其節序并非泛供給，紐計充本月供給數。」

七月十九日，詔：「應命官無職事請俸者，專委逐州通判檢察，其違法請過錢物，並行追納。」

九月二十五日，詔：「除責降人外，見任宫觀及未有差遣待闕京朝官以上俸錢，依舊全支。」

三年正月四日，詔：「歸朝官如見係軍前使喚及曾隨軍立功人，舊曾全支，後來減半支給者，並全給。其不係隨軍及不曾立功人，止支俸給之半。」

三月二十一日，詔：「行在官如願將料錢、米麥於所寄住州軍請領者聽，不以路分錢數爲限。」以臣僚言車駕駐蹕杭州，一州所積不足以供用，故有是詔。

十一月七日，詔：「昨降指揮，流寓文武官許破格差嶽廟宫觀一次，其請受與支破本身料錢、衣賜外，選人自承直郎至迪功郎，給錢五貫文。仍於付身内該説係破格差注，令所屬批上文曆，於所居州軍按月批勘。堂除並依格除授人自依常【65】法。文臣朝奉郎以上，武臣武翼大夫以上，十貫；文臣宣教郎以上，武臣修武郎以上，七貫；文臣承務郎以上，五貫；武臣承信郎以上，三貫。」

四年二月十八日，詔：「應監司并屬官赴行在，合破供給並於元置司州軍請領。」

三月二十五日，廣南東路轉運副使趙億等言[二]：「大宗正司近移廣州，廣東地瘠民貧，倉庫空竭，無以支遣。欲自遥郡刺史以上，每月請俸權支一半，俟財用豐足日給還。其使臣、人從乞各限人數，自外更不勘給。」詔依。其使臣、人從減半。

八月十五日，詔：「兩浙西路安撫大使司官屬請給，參

[一] 按，原稿正文接上文寫，屠寄分卷並加題。
[二] 副使：原作「司」，據《建炎要録》卷三二改。

謀、參議官依本路提舉茶鹽官例；主管及書寫機宜文字、幹辦公事以上，京朝官依通判例，選人依簽判例；准備將領、准備差遣、差使、使喚使臣，並依本軍逐等官見今所請則例支給。內已請供給人更不支破驛券。」

二十八日，詔諸處不得援例，將積下未請錢物陳乞勘請。

九月二十日，詔支韓世忠和國夫人梁氏自去年九月積下請給。三省檢會，近有旨特支隆祐皇太后殿積下供奉物，已估價支給，餘人不得援例。繼有賢妃位亦乞勘請，已降旨不給。上曰：「朕妃嬪所請可以不給，如將帥朕所委用，當厚恤其家〔一〕，可特支與，餘人不得援例。」

十月十九日，詔：「宗室已出官有差遣人，許支破所差去處立定請給；未出官宗室，依見今官序支破請給。」

紹興元年正月一日德音：「陣亡之家，録用子孫親屬，雖未出官，【66】依條合先次起支請受。蓋朝廷優恤其家，爲死事者之勸。尚慮州縣官司非理阻節，不即支給，却致失所，自今須管多方那融，按月批勘。如敢違戾，許本家越訴。」

十六日，詔：「應行在供職官吏，除本身合得請受外，其添給等不得過三色。內有兼職人，更許支破兼職一色，通本職添給等不得過四色。若已過今來立定之數，即將數少名色減罷。如違，計贓科罪。批勘官司不覺察，與同罪。」

二十六日，詔：「命官因犯公私罪衝替、勒停，與改正理元斷月日者，其衝替勒停年月日內請受並不支破。」以廣南西路轉運司申明，糧料院以爲非法故也。

六月二十六日，臣僚言：「契勘請給各有定格，今局、所官吏每月除請添給數項外，更請御厨折食錢。昨以東京物價低賤，逐時減落，每月旋估支折。今來時物踴貴，尚循舊例，其所折錢往往增過數倍，暗侵財計。」詔裁定則例，永爲定法：第一等折錢八十四貫六百二十文，減作四十貫文；第二等折錢七十四貫文，減作三十七貫五百文；第三等折錢六十八貫三百八十三文，減作三十五貫文；第四等折錢五十一貫八百文，減作三十二貫五百文；第五等折錢四十七貫四百六十文，減作三十貫文；第六等折錢四十二貫八百三十二文，減作二十七貫五百文；第七等折錢四十一貫八百文，減作二十五貫文；第八等折錢三十八貫二百二十六文，減作二十二貫五【67】百文；第九等折錢三十三貫文，減作二十貫文；第十等折錢三十一貫三百九十五文，減作一十七貫五百文；第十一等折錢三十貫九百文，減作一十五貫文。

十月八日，户部言：「昨緣行在班直軍兵請受不一，遂降指揮，隨本資給月糧與口食米料錢、食錢，並從一多給。訪聞外路諸州誤將見屯駐軍兵，例從一多批勘。契勘自來

〔一〕當：原作「富」，據《建炎要録》卷三七改。

軍兵料錢，上軍至優者每月不過一貫。今日支食錢一百，即是每月三貫，已爲過優，若更依行在軍兵則例從多支破，切慮財賦有限，難以供億。欲除行在班直五軍等從一多支破外，其外路屯駐軍兵止依舊例支破食錢、口食。」從之。

九日，詔：「諸路州軍見屯駐官兵，其所支錢米内有官員，仰帥司照帳内姓名徑下本軍取索付身照驗，如係正授朝廷付身充本軍差遣，及專降指揮許差之人，即行下本州，隨見今職名依舊放行。若係官司一面補授，或本處自行差委，即是不得批勘。」

十二月十五日，詔行在職事官每月添支職錢十貫文。

二年三月九日，知英州王繙言：「近降指揮，官員宫觀依元豐法三等添支，其下者知州資序人依軍通判，更不給驛料，而通判以下資序人未有明文。若依軍通判，則是陞等；若給驛料，則有多於軍通判者。乞權令通判以下資序人，據合得驛料遞降一等。」從之。

二十二日，詔：「州縣過往官初到申乞請給，並依宗室孤遺檢察法，委職官一68員先行檢察訖，然後過糧料院放行請受。」

六月二十二日，詔州縣官雇人錢及般家人依舊支差。以臣僚言贓吏之罪已重，而官吏俸給不足以供横費，難以責其廉隅，故有是詔。

七月二十六日，詔：「訪聞江北諸路士人流寓廣東西路州縣，或不支請給，致令失所，仰逐路經畧安撫、轉運等司存恤。其合得宫觀監廟人，聽申所居州軍，日下申尚書省，仍並支與俸給，不得積壓。」

八月十七日，詔：「比降指揮，措置武臣横行正任遥郡請俸，各依出身權行減借錢。内管軍謂殿前、馬、步軍司。并宗室月廪，合依宣和七年十二月二十五日指揮，節度使權依六曹尚書，承宣使權依侍郎，觀察使權依給、舍，防、團依郎官例支破。其統兵戰守之官謂身在軍中，充都統制、統制、統領、將副之類。更不權減。其諸路總管、鈐轄、都監、巡檢及州鈐轄、都監、巡檢，係是職任差遣，不合作統兵戰守之官。除係宗室更不減借，其餘轉至遥郡以上，俸錢、衣賜、傔人、俸馬，依靖康元年二月二十七日指揮，權支三分之二；并當年七月九日指揮，於見請二分則例上以四分爲率，權借一分支給。月廪依宣和七年十二月二十五日指揮，傔糧等錢依靖康元年閏十一月二十一日指揮，權行住支。外路依此施行。自今降指揮日爲始。」

十一月二十五日，詔：「諸學士、待制合請職錢、米麥等，依《嘉祐禄令》支破。中散大夫以上提舉在外宫觀，69依《嘉祐禄令》隨資序立等支破添支。如州郡官失覺察，從杖一百科罪。」

十二月二十九日，詔：「士衔除本身合得請給，令温州勘給外，應緣五享獻官所得添給並行住罷。其手分、人從並減罷，遇五享，令本州量差撥手分、人從，事畢句回。」以温州奏士衔俸給已厚，而又有五享獻官添給使臣、人從等，支請數多，本州難以應副，故有是詔。

三年正月二十四日，詔：「百官、諸司、諸軍本色麥並依見支折分數支給外，其合支本色米内見用麥支折者，今後依舊支米，更不支折。」以尚書省言諸倉麥數不多故也。

四月二十六日，詔諸路提刑司：「近令兼幹辦常平官每月添支食錢五貫文，以本司常平等頭子錢支給。」從江南西路提點刑獄丁彬請也。

六月十八日，詔：「令時、安時、士穊、士輵月廩特免一半折錢，依尚書侍郎等則例，並支本色。」

九月十七日，廣州言：「近降指揮，宮觀庶官除中散大夫以上依小郡知州例，職司資序依小郡通判例，餘依軍通判例，分三等支給添支、驛料外，有曾任宰相、兩府及見任待制以上官任宮觀，未審〔添〕支是何則例。」户部契勘：「前宰相、執政官充宮觀差遣，元豐法合依知、判諸路州軍府例支破添支。待制以上依紹興三年六月二十五日指揮「從官不帶職任宮觀差遣，通議大夫以上依知諸路州軍府」例。太中大夫以下並依元豐三年十一月十八日指揮中散大夫以上提舉 70 宮觀例。緣太中大夫元豐未改官制以前係諫議大夫，其諫議大夫係在待制上，欲乞應太中大夫任宮觀差遣，依待制以上例支破添支，中大夫以下依中散大夫例。」從之。

十八日，詔：「仲湜、士從、士術、士籛月廩特免一半折錢，依郎官例支破本色。」

十九日，詔：「武功大夫、忠州團練使、兼閤門宣贊舍人、神武軍左部統領官范温係歸附忠義人，可特令户部給料曆，餘人不得援例。」初，温止日請衙官券錢一貫六百文，至是自陳（瞻）〔贍〕養不足，故有是詔。

十二月二十五，詔：「三衙（軍管）〔管軍〕官月廩並依統兵戰守官批勘，如見依侍從官則例，所請數多，即依舊支給。」

四年九月六日，詔：「新差詳定一司敕令所删定官、充史館校勘鄧名世先次供史館校勘職事，許支破新任删定官請給，御厨食錢依檢討官則例支破。」從史館修撰常同請也。

五年二月十五日，神武中軍統制、兼〔提〕舉宿衛親兵楊沂中言：「沿江諸帥并神武中軍捍禦金人，立功統制、統領、將佐、使臣等有未給到料錢文曆人，已令降指揮，户部免取會，不以拘礙，特行出給。契勘本軍所管統領、將佐，並係久從車駕，非承朝廷差撥，無緣立功。緣本軍見統領、正副將〔一〕，（目）〔自〕到管幹軍馬，協濟事務，各有勞效。兼各家貧，及養戰馬，其所請除本身驛券外，別無請受，養（瞻）〔贍〕不足。乞下所屬，先次將本軍見統兵統領、正副將官並免取會，不以拘礙，特行出給身分料錢文曆。如後別差 71 到統領、正副將官無曆頭人，候到軍管幹職事及一年，別

〔一〕正：原作「立」，據下文改。

無遺闕，亦與特給本身請受曆頭。及乞將本軍准備將以下至使臣，於每年春秋按閲，武藝精熟最高（疆）〔彊〕人，至時取旨放行料錢曆，以示激勸。」詔依，每春秋按閲，令本軍先具入教人數，射斗力申樞密院。

閏二月二十二日，詔：「應陳乞宫觀人，在内曾任左右司郎〔中〕以上，在外曾任帥臣、轉運副使、提點刑獄以上，依第二等知州例支破添支。在内曾任監察御史以上，在外曾任節鎮、知州、轉運判官、提舉茶（監）〔鹽〕以上，依第三等知州例支破添支。」

二十七日，詔：「中散大夫以上宫觀人，依曾任監察御史例支破添支。」

七月一日，詔：「任在京宫觀請給、人從，從前宰執依見任減十分之二，閣學士以上依六曹侍郎，直學士以上依中書舍人，太中大夫以上依左右司郎中，任樞密都承旨、閣學士以上依六曹尚書，直學士以上依六曹侍郎，太中大夫以上依中書舍人。」

十二日，詔：「選人嶽廟應格之人，與支本身請受外，支食錢五貫；破格之人止與支破本身料錢，更不支破食錢。」

十月十日，詔於《紹興令》删去臣僚宫觀嶽廟差遣月破供給之文。詳見「外任宫觀」門。

十一月十五日，中書門下言：「宰執見請錢、米麥已減三分之一，今於内權減二分。」從之。

六年四月二十九日，詔：「昨降指揮，權減行在官吏俸禄，所減不多，無補國用。其紹興五年十一月十五日以後

72 減俸指揮可罷。」

八月二十五日，詔：「寺監丞，太常博士，館職，御史臺主簿、檢法，大理（寺）〔司〕直、評事，每月特支米三石，計議、編修官二石，自今年九月爲始。」以職事官除本身料錢外，止有添給職錢，别無米麥，（瞻）〔贍〕給不足，故有是詔。《玉海》：紹興六年九月二十一日丁亥，右相張浚上《重修禄秩新書》，《敕》二卷、《令》三卷、《格》二十五卷、《申明》十五卷、《目録》十三卷、《修書指揮》一卷，共五十八卷〔一〕，《看詳》百四十七卷。吏部侍郎晏敦復〔二〕、户部侍郎王俣等上，乞鏤板施行。八年十月三日丙辰，右相檜等續上《重修禄秩》一卷，《禄令》二卷，《禄格》十五卷；《在京禄秩》一卷，《禄令》一卷，《禄格》十二卷。詔自九年正月朔行之，以《紹興重修祿秩勅令格》爲名〔三〕，及《申明》、《看詳》八百十卷。先有詔，將嘉祐、熙寧、大觀《禄令》并《政和禄令格》及續降指揮編修，至是續修上之。

七年二月十一日，淮南西路兼太平州宣撫使劉光世言：「近得旨，劉光世妻漢國夫人向氏、張浚妻華原郡夫人魏氏，可並依韓世忠妻越國夫人梁氏例支破請給。今朝廷方務恢復，軍旅之計，費用不貲，乞賜寢罷妻向氏支破請給恩命。」不從。

〔一〕按，《建炎要録》卷一〇五亦作五十八卷，但以上卷數相加共五十九卷，其中當有誤字。

〔二〕敦：原作「端」，據《建炎要録》卷一〇五改。此當是避光宗諱改字。

〔三〕禄：原脱，據《玉海》卷一三五補。

八年十月五日，三省言：「劉大中已罷政，初除支賜尚未過勘。」詔令支給。

十二月十三日，同判大宗正事士㒟言：「南班宗室團練使以上，每月合支俸米，遥刺以下則不合支，此成法也。然在承平時，如生日、郊天支賜既厚，每月又有生料米麥，今一切住罷，而 73 俸錢又不足於糴。乞將南班宗室遥刺以下權依寺監丞近例，每月特給米三石，俟將來放行其他支賜日罷。勘會紹興府不帶遥郡宗室一十八員〔二〕。」詔紹興府每歲於合發上供苗米内支撥五百石，付士㒟均俵。

十二年五月二十七日，詔：「拱衛大夫、秦鳳路兵馬都監張保係樞臣親弟，特令户部出給料錢文曆。」保隨軍，在法不合參部，未曾出給料錢文曆，其兄俊以爲請，故有是詔。

二十九日，武當軍節度使、充侍衛親軍步軍都虞候、利州路經略安撫使、兼知興元軍府事、兼川陝宣撫使司都統制楊政言：「臣元係涇原路漢弓箭手，累立戰功，緣出身以來並係在外就除，不曾到部，未有太府寺出給請受文曆。」詔特令户部出給。

十三年六月四日，詔：「殿前司等處統制、統領、將官，除本身請受外，別無供給、職田、特送之類，其間累重贍養不足者，輒差官兵營運，寖壞軍政。可特與逐月支破供給錢，隨券曆按月勘給。其帶外任差遣人，令駐劄州軍將合破供給係殿前司、步軍司者起發赴户部，係外路者起發赴總領司。後有陞帶差遣人依此。若諸軍更敢擅差軍兵回易，行在委殿前司、馬步軍司，在外委諸路都統制，嚴行覺察。并興販去處，委所在州縣收捉，押赴朝廷。其擅差官兵，依私役禁軍法；其所販物貨，計贓坐罪。若諸州縣知而不舉，與同罪。其逐月支（供破）〔破供〕給，統制、副統制一百五十貫，統領 74 一百貫，正將、同正將五十貫，副將四十貫，准備將三十貫。」

七月四日，詔：「諸軍揀放添差不釐務官，如請給比軍中元請數多，即與半支；如所請數少，並依在軍日數目支破。」

九日，尚書省勘會，諸軍悉罷回易，内都統制欲每月支供給錢二百貫。從之。

十月十二日，詔：「諸軍揀罷使臣等，昨歲添差諸州軍差遣，其所支請給已立定則例，及約束州軍按月勘支。所有供給，令逐路轉運司別作一項措置，依時給散。如米麵數少，即許於係省錢物内支破，具數申尚書省。」

十五年九月十六日，詔：「諸路監司、郡守，若所部官有過，自從按治，不得閣其月俸。」從荆湖北路提點刑獄路彬請也。

十七年九月八日，詔：「已降指揮，所在州軍各委宗室見任官一員充尊長，檢察宗室請受；又委職官一員，檢察宗室過往批請。被委之官，增其添給。凡及若干人無詐〔僞〕及冒濫，各減磨勘二年。訪聞被委官多貪賞典，不以

〔二〕一十八：原作「十十八」，據《建炎要録》卷一二四改。

實聞，今後可止支添給食錢五貫文。若能獲詐僞及冒濫，即依條推賞。」

二十三年三月八日，詔：「太尉、奉國軍節度使、御前諸軍都統制、充利州西路安撫使、知興州吳璘〔一〕，特與依楊政、田師中例支真俸。」

二十八年五月十一日，詔：「内外臣僚請給，今後不得陳乞免行借減。雖已得指揮，許户部執奏。」

二十九年三月十一日，詔：「神龍衛四廂都指揮使、榮州團練使、樞密副都承旨吳拱與轉行兩官，依統兵官例給[75]俸。」

十二月二十二日，中書舍人洪遵、侍御史朱倬言：「昨臣僚等言，乞裁損兼職請俸及人吏犒設等錢，并諸路圭租事，詔令臺諫、給舍一一取索，同議裁減，條具聞奏。今取索到應干兼局添破請給、折食等錢，及人吏諸般犒設錢物數目，并諸路圭租物斛，逐一參照，有合減損處。一、左藏庫具到二十年請過錢物數目，三省、樞密院激賞庫除絹外，計錢二十八萬五千貫。今具下項：料次錢一十九萬貫，欲令本庫將應干合支錢通減一半，今後不得增添名件，過數支撥。大禮折酒錢四萬貫，造酒庫柴米一萬八千貫，欲每歲止支一萬貫。大禮合用酒并折酒錢，候至大禮年分，前期申取指揮。堂厨每月一千三百貫，一年計一萬五千六百貫。東厨每月一千貫，〔一年〕計（萬）〔一〕萬二千貫。逐厨月錢已經節次裁減，欲依舊。料次銀三千兩計一萬二百貫，料次絹六百疋，欲令本庫預具實用數目申乞支降。玉牒所修書犒設錢每月三百貫，一年計三千六百貫，料次錢五千貫，諸司料次錢四千貫，泛支錢一萬二千貫，進書人吏犒設并雜支錢三千三百貫，計錢二萬七千九百貫〔二〕。國史、日曆所修書犒設錢每月三百貫，一年計三千六百貫，料次錢五千貫，諸司料次錢四千貫，諸司進書料次錢六千貫，犒設錢二千貫，計錢二萬六百貫。國史院料次錢旁支四千貫，曆支四千貫，諸司料次錢五千貫，諸司進書料次錢[76]四千貫，泛支錢三千貫，酒菓泛供生料二千貫，計錢二萬二千貫。敕令所料次錢每月一千五百貫，一年計一萬八千貫，諸司料次錢四千貫，計錢二萬二千貫。契勘諸司、局已降指揮減併及裁減官吏料次錢，更不入曆批勘，於激賞庫每月各支錢一百貫文充公用。尚書省犒設錢一萬七百三十五貫一百四十一文，上半年犒設銀四百二十二兩五錢，下半年犒設銀四百二十六兩三錢，計錢一萬三千六百二十一貫六十一文。中書省犒設錢四千三百四十四貫七百七十九文，上半年犒設銀四百五十九兩五錢，下半年犒設銀四百六十九兩九錢，計錢七千五百四貫七百三十九文。樞密院犒設錢五千三百二十五貫，上半年犒設銀五百九十二兩六錢四分，下半年犒設銀五百九十八兩二錢九分，計錢

〔一〕璘：原作「憐」，據《宋史》卷三六六《吳璘傳》改。
〔二〕二萬七千九百：原作「二萬九千七百」，據以上數目之和改。

九千三百七十四貫一百六十二文。契勘上下半年犒設係承指揮支破，欲依舊，其餘名色犒設錢依激賞庫例與減一半，今後不得創添（色）〔名〕色支破。一、諸司糧審院具到行在百官人吏每月所請兼職添破折食等錢，每月計錢三千六百七十六貫四百五十文，每年計錢四萬四千一百一十七貫四百文，每月已住支錢一千五百九十餘貫外，其餘實係兼職人，欲依舊。一、軍器所具到三省、樞密院支過犒設錢，共計錢四千貫，欲住罷。今看詳，欲將逐項錢物並依左僕射湯思退奏請（又）〔已〕得指揮施行。又左藏庫并雜賣場具到[77]户部人吏支過犒設錢共計一萬五千三百四十二貫五百文，今看詳，此項錢數户部並無請到聖旨與朝旨指揮許行支給，皆係本部一面符下逐處支取，顯屬違法。乞下户部並行住罷，今後如有違戾，重寘典憲。一、工部具到諸路見任每歲合支職田總數，租米、大小麥、雜豆共二十二萬九百二石六斗九升四合六勺六抄三撮四圭三粟，租錢并花利柴葉等錢共一萬三千八百二十四貫一百二十文，絹一百一疋一丈一尺，絲一萬一千五百八十五兩五錢三分，布三疋，油麻一百七十石七斗一升八合八勺，麻皮四百一十六秤四斤半，租稻二千四十四鈞七斤，楮皮一十秤九斤八兩，白皮一十二斤半，茶一十七團二百三十九斤八兩，桑葉三百四十九秤一斤八兩，柴四十七束二十擔并半隔，禾草六百六十七斤一十四兩半，麥稈豆雜色草三千三百五十五束一斤七兩八分九厘，茅二十斤，漆六百七十三斤十十二兩〔一〕，青麻一百九斤二兩，芋一斗，苧麻皮三百四十四斤一十一兩半，枝子十一五斤〔二〕，油條五兩。今看詳，見任官每月已有諸般請給外，有（漆）〔添〕破供給酒錢。其前項圭租每年支用物斛委是浩瀚，并有不因田園所出，諸般地利錢物在外。今將諸州數目比較得多寡大段不均，亦慮未致盡實，乞下逐路提刑司子細取見詣實，分明條具，申尚書省取旨施行。」

紹興三十年二[78]月十八日，吏部尚書張燾乞致仕〔三〕，詔除資政殿學士致仕。未幾，復命轉一官，與支真俸。

二十四日，詔：「知金州王彦見節制御前軍馬，可特與出給料錢文曆，仍免借減。」

九月四日，詔：「每歲差賀金國正旦、生辰使副及三節官屬〔四〕，並以朝廷指揮下日爲始，支破請給。」

三十一年四月十一日，詔：「楊存中已除太傅、和義郡王，充醴泉觀使，其應干請給特與依舊支破。」

五月十六日，户部侍郎錢端禮爲妻高氏辭免請俸〔五〕，

〔一〕十十：疑當作「一十」。
〔二〕十一五：疑當作「一十五」。
〔三〕仕：原脱，據下文補。
〔四〕三節官屬：原作「節屬官屬」，據文意改。本書職官五一之二六「每歲朝廷遣使賀金國生辰、正旦，其三節官屬」云云，文例正與此同。宋代與遼、金交往，使臣人從分爲上、中、下三節。
〔五〕錢：原脱，據《宋史》卷三八五《錢端禮傳》補。

詔與改正。先是，户部、太府寺勘當高氏合作戚里之家，依條給俸。上曰：「朝廷初無此例，若創許一名，則攀援者衆。朕方崇儉率下，一錢以上未嘗妄用，豈可却放行如此濫賞。」故有是命。

二十日，詔太尉劉錡依吳璘等例與支真俸。

二十五日，保寧軍承宣使王彦特(旨)〔支〕真俸。

三十二年正月十九日，嚴州幫源洞義兵效士方文郁言：召募到敢勇義兵一百一十人，在忠鋭將使唤，支破錢米。詔栲送忠鋭將寄收，方文郁權支進義副尉請給，餘並依武勇效用例支破錢米。

二十七日，詔：「諸軍陣亡軍兵及見請銜官五人、三人例券錢人，并敢勇、效用民兵、義兵、弓箭手，依舊放行全分諸般請給一年，付其家，令所在按月幫勘，以示存恤。」

十月二十日，詔今後武臣不得陳請真俸。以臣僚言武臣真俸甚厚，中興以來立減借之法，而陳請不絶，乞行禁止，故有是詔。

孝宗紹興三十二年已即位，未改元。七月 79 二十三日，户部奏：「承六月初九日指揮，趙密請給依田師中例，與免借減。本部(儉)〔檢〕準紹興二十八年五月十一日指揮：『内外臣僚請給，今後不得陳乞免行借減〔一〕，雖已得指揮，許户部執奏。』契勘趙密已除萬壽觀使，即非統兵官，未敢施行。」詔依六月九日指揮施行。

八月十三日，少傅、保康軍節度使、大寧郡王吳益言：「除少保日已降指揮，請給依韋淵恩數，依楊存中體例施行。向來楊存中妻趙氏已支破請給，益妻王氏亦乞依趙氏例。」從之。

九月十七日，户部(奉)〔奏〕：「准八月二十七日敕，殿前指揮使、榮州刺史張宏，與依楊真、侯福例，特與支破帶遥郡刺(支)〔史〕全分諸般請給。檢准紹興二十八年五月十一日指揮，内外臣僚請給，今後不得乞免借減，雖得指揮，許户部執奏〔二〕。今來張宏即非統兵戰守之官，請給未敢施行。」從之。

二十日，試給事中金安節言：「殿前司護聖步軍統領于守道放行諸般請給，仍免借減。檢准紹興十年六月指揮，應諸軍將領、使副有能建立奇功者不次推賞，令吏部別造一等空名官告，臨軍給授，旌別立式，書於告前，候到部出給料錢文曆。今于守道殊常之效未聞於人，而遽有此授，非唯不應條法，亦恐無以厭服衆論。乞候立到奇功，不次推賞。」從之。

十月八日，户部狀：「明州申，添差通判趙伯圭母張氏特與依《禄式》支破諸般請給，乞從太府寺給曆，開坐合得諸般請給則例，行下本州幫勘。80 本部下諸司糧料院，照

〔一〕免行：原脱，據前「(紹興)二十八年五月十一日」條補。無此二字則其意相反。

〔二〕户部：原作「吏部」，據前「(紹興)二十八年五月十一日」條改。

得即無似此合破請給條格外，其內東門司條格有國夫人請給則例，欲依上件條格則例給曆支破。」從之。

二十日，户部侍郎向伯奮言：「契勘武臣正任以上真俸厚甚，所立借減之法，謂如節度使真俸四百貫、米麥通二百五十石，至借減只支錢二百貫、米麥二十石，又元隨米支錢三十貫，其相去遼絶如此。惟統兵節度使則例，支錢四百貫、米麥四十五石，元隨米錢三十貫，要之統兵官亦不得全真俸也。今總管之類却乞免行借減〔一〕，欲望令户部申嚴前法，自今不得陳請真俸。」從之。

十一月二十四日，試給事中金安節言：「契勘傅選、李師民等添支（保）〔係〕額外之數，并吴益妻趙氏支破請給，户部合行執奏。」奉旨，依已降指揮。安節等又言：「傅選等添給及吴益妻援例請受，雖出聖恩，臣等謂皆可以義已之，蓋重陛下之命令而欲有司得其職也。」得旨特依已降指揮，今後不得援例。安節等又奏：「竊惟命令所以取信於天下者，必行而已。今執奏之命既類虚設，而復降不得援例指揮，則後日又安能使人必信而不違乎？伏望特回睿鑒，俯從户部所奏，庶幾命令無反汗之（機）〔譏〕。」詔傅選、李師民依奏，內吴益妻係太上皇后親弟婦，合與吴蓋妻一體放行。

（以上《永樂大典》卷一三一七六）

【宋會要】

81 隆興元年正月十九日，户部言：「趙述已除在京宮觀，俸給依舊支破。本部於紹興三十二年嘗得旨，內外臣僚數外陳乞請給，許本部執奏。趙述昨任知閤門事日，承指揮許依格批放請給，今止合依在京宮觀則例支破。」從之。

二月十一日，尚書左僕射陳康伯、尚書右僕射史浩、同知樞密院事黄祖舜、張燾奏：「今日之務，節省爲先。臣等備位近臣，所有逐月請給，乞下有司裁損。」得旨令户部條具聞奏，今擬定下項：一、左右僕射每月見幫支請給，依建炎元年八月二十八日指揮，請受權支三分之二。料錢三百貫，內三分已減一分，見請二百貫，今欲更減五十貫。粳米、小麥各一百二十二石五㪷，內三分各已減一分，見各請八十一石六㪷六升，今欲更各減二十石四㪷一升。同知樞密院事每月見幫支請給，依建炎元年八月二十八日指揮，請受權支三分之二〔二〕。料錢二百貫，內三分已減一分，見請一百三十三貫三百三十三文，今欲更減三十三貫三百三十三文。粳米、小麥各一百石，內三分各已減一分，見請六十六石六㪷六升，今欲更各減一十六石六㪷六升。並比元請係減半之數，候事定日依舊。（照）〔詔〕依。

三月七日，陳康伯等又言：「蒙宸翰：『太上皇帝宣問卿等請減俸給事，太上聖意以謂國家待大臣自有典禮，已

〔一〕免行：原無，據文意補。無此二字則文意相反，參上頁校記。

〔二〕三分之二：原作「三分之一」，據下文「三分已減一分」語，則支給者當爲「三分之二」，因改。

經裁減，不必再有謙遜，卿等可仰承太上聖訓，已降指揮更不施行。」伏見[82]近日宗室、戚里等方陳乞裁減，若行蠲免，於理未安。欲望聖慈許依已得聖旨。」詔依所請。

八日，太傅、寧遠軍節度使、和義郡王楊存中，崇信軍節度使趙密，定江軍節度使田師中，太尉、保信軍（度節）〔節度〕使鄭藻言：「伏見宰執申請，以國用寖廣，將請給通行減半，乞依例裁減。」從之。

六月二十三日，詔：「蒲察徒穆、大周仁，令户部出給料文曆。」

七月八日，昌州防禦使、提舉佑神觀趙不微奏：「近降指揮，諸州官員職田權借一年，添助用度。乞將臣所得支賜、郊賞、拆洗盡行住支，逐月料錢、米麥，春、冬衣絹，乞隨官品減半。」詔除月俸，春、冬衣勿減，餘依所乞，仍降詔獎諭。

十月二十一日，詔：「見今軍人出戍，其效用軍兵食料錢及五人衙官以上，並與支給見錢，免致變轉減折。」

二年五月一日，權直學士院洪适等討論到環衛官故事，詔依舊制，應堪任將帥及久勤軍事、暫歸休佚之人，並爲環衛官，更不換授，止令兼領。如節（改）〔度〕使則領左右金吾衛上將軍，承宣使即領左右衛上將軍之類，並依舊令。其朝參、職事、俸給、人從，並令有司條具。户部言：「下糧料院契勘，節度使至正任刺（使）〔史〕兼領環衛官，除各隨本身官序依（格祿）〔《祿格》〕支破請受外，其環衛官月給，今欲乞依紹興《祿格》，將兼領左右金吾衛上將軍支職錢六十貫文，左右金吾衛大將軍支職錢二十五貫文，諸衛大將軍支職錢二十五貫文，諸衛將軍支職錢三十貫文〔一〕。」從之。

六月五日，户部狀：「批下權知復[83]州張沂奏，宗室添差嶽廟，並依見任支破請給，所以（憂）〔優〕皇族也。今軍中揀汰使臣注宗室嶽廟差遣人，合依外官嶽廟支破請俸。本部照得宗室任嶽廟，除身分請受外，自有立定添支并每月合破供給錢。其揀汰使臣任嶽廟差遣，即無合破供給錢外，其身分請受若有省寺給到文曆，方合批勘。欲下諸路轉運使，行下州軍，遵依施行。」從之。

九月二十二日，詔：「諸軍自效人，竊慮無俸闕食，令所屬權與放行見存官員請給。無官人權支五人衙官例，元不及五人權依舊給，候立到新功日叙復元官，仍加優賞。」

十二月二十八日，户部狀：「准批下知鬱林州王過奏，乞將州軍減罷官，逐路總領（其）〔具〕員數計其供給，別行樁管，年終發赴户部交納。户部契勘，在法，公使庫給供給，帥臣不得過二百貫，監司、知州軍不得過一百五十貫，通判不得過八十貫，兵職官、監司屬官不得過三十貫，外縣知縣、縣丞不得過一十五貫，簿、尉、監當官不得過一十貫。本部今看詳，欲乞下諸路提刑司，依本官所乞事理，取見州

〔一〕三十貫：似當作「二十貫」，蓋上文大將軍僅支二十五貫，將軍不應多於大將軍也。

縣所減錢數，自隆興二年爲始，隨總制錢起赴行在送納。」從之。《清德志》：舊志，隆興元年以後，州見任官并監嶽廟、添差監押及揀汰離軍指使，約支二萬五千八百八十一貫七百一十文，米二千六百三十四石。

乾道元年正月一日大禮赦：「勘會諸軍揀罷使臣并歸正官，各已添差州軍差遣并宫廟之人，仰據合得請給，按月批放，毋令阻節，致有失所。及蠻傜人依此施行。」三年 84 十二月二日、六年十一月六日、九年十一月九日(九)〔大〕禮赦並同。

八月二十三日，執政進呈臨安府具添差官趙不阿等四人因兼職支全俸事。上曰：「初以其有材，處之兼職，只是依不釐務人減半請給。若兼職自有添給，即不妨；若自來無，不可創增。」

九月二十日，詔：「故太尉蕭琦妻榮國夫人耶律氏，恤其遠來，孀孤俸薄，特與支破國夫人合得諸般請給，令建康府按月支破。」

二年九月十七日，臣僚言：「張師顔離軍日久，見任帶御器械，可比附離軍參部人，與出給料錢文曆。今檢准《紹興重修禄令》，諸使臣、校副尉未經參部，已有住程或時暫差遣者，並候參部了日，方許給曆起支；即未曾到部，止與支破本處添給。今來張師顔雖是離軍日久，未曾參部，即不該給曆。若以見充帶御器械，欲比附離軍參部之人，則帶御器械乃是差遣，在《禄令》所謂已有差遣須候參部了日許給曆，其法甚明，切恐難以不用正條而委曲比附。所有録黄，未敢書行。」詔前降指揮更不施行。

十月二十二日，臣僚言：「已降指揮，華容軍(丞)〔承〕宣使、提舉隆興府玉隆觀士洪將應干舊請支賜等，照應不微、士衎等則例支破，令任便居住，於所在州軍照應施行。今契勘陳乞在外宫觀、任便居住之人，本身俸廩已自不少，又於所在州軍有宫觀添給，亦爲優厚，不應更援在内奉朝請之人諸般請給支賜。士衎、不微放行日久，恐難改正。今士洪又輒援例，若遂放行，85 則本身俸廩與夫宫觀添給之外，又須支破厨食料、俸馬草料、春冬(折)〔拆〕洗、歲賜公使錢、生日大禮支賜，比在内南班既免朝謁之勞，又享祠禄之厚，切恐自此人人援例。」詔已降指揮更不施行。

三年二月十一日，樞密院水軍統制馮湛言：「元係殿前司統領，陞差本院統制，所有供給錢，伏望行下所屬支給。」詔令自供職日支給。臣僚上言：「諸軍統制、統領官供給本非《禄令》合得，只緣住罷諸軍回易，特支以示恩恤。馮湛之請，尤爲非理。若謂前任供給錢今任合有，則文臣爲監司、郡守，各請職田、供給，一旦入朝爲職事官，復引用外任增給乎？欲望將馮湛支破供給錢指揮特賜寢罷。」從之。

閏七月十七日，三省、樞密院〔言〕：「勘會已降指揮，復置在外諸軍副都統制，裨贊主帥。今措置，每月支供給錢一百八十貫文。」從之。

十月十二日，户部狀：「准批下添差兩浙西路兵馬都監、臨安府駐劄趙開狀，爲前任殿前司右軍統領，准宣添差前件差遣，所有料錢、衣賜，自有太府寺曆幫勘。今來糧料院稱係外任，依指揮並借減一半，乞下所屬免借減。契勘本官係職任差遣，其身分請受自合借減支破。」從之。

四年四月十三日，故贈寧國軍節度使魏勝妻齊安郡夫人于氏進狀〔一〕，乞依歸明人蕭琦妻耶律夫人例放行請受。蔣芾奏曰：「前此無例，然魏勝事非他人比。」上曰：「以其死節可佳，特與支給。」

九月十一日，詔：「權主 86 管殿前司公事王逵〔二〕、權主管侍衛步軍司公事王宏，並特與依例支破供給券錢。」

二十三日，户部狀：「准批下提領會子庫申，契勘近承指揮，差右迪功郎方伯達監會子庫，填創置（關）〔闕〕。所有請給等，本部看詳，欲乞依見任打套局監官則例支破，會子庫添給食錢一十五貫文。」從之。

二十九日，詔：「御前忠鋭軍統制張師顔、正將王倫、副將齊琮請給，並依三衙統制、副將例支破。」

十一月八日，詔：「新差權發遣無爲軍徐子寅，已降指揮令往楚州界相視措置官田，除糧料院供到合請料錢、職錢、貼職錢、厨食錢、特支米外，每月添支特給錢七十貫，於所在州軍按月批支。」

五年四月十八日，詔：「蔣芾見任宰相，丁憂，與依典故，給月俸之半，（今）〔令〕所在州軍按月支給。」

六年正月十三日，户部言：「據行在諸司糧料院狀：切見奉使大金及接送、館伴所差官屬，往往互相攀援，帶行新舊任諸般請給，不理名色次數，仍理爲資任。如後來再差充接送、館伴，或奉使大金之類，又行陳乞帶行前次奉使經請諸般請給，委是重疊。今相度，除新任請給，若授行在差遣，見得合請則例，許令帶行；或係外任（任）差遣，無經請曆帳，並不許帶行。或不願帶行見請及無舊請者，各許支贍家别給錢。後來再充前件差遣，如無新、舊任，止合將别給贍家錢依舊請。如日後再行申請，並不許衝改今降指揮。」從之。

十七日，詔：「李顯忠請 87 給，與依管軍則例支破。」

閏五月六日，御前忠毅軍統制張師顔特與出給料錢文曆。臣僚言：「檢准《紹興重修禄令》，諸未經參部時暫差遣者，候參部了日，方許給曆，即未曾到部止與支破本處添給。張師顔既未經參部，即是未應給曆之人。嘗有陳乞，臣僚繳奏，蒙睿斷即日寢罷。今來又重疊僥求，再降恩命，若從其請，他日（板）〔扳〕援，將（例）〔何〕以杜之？欲望聖慈特賜寢罷。」詔張師顔係管兵官，累立戰功，非常選之比，可依已降指揮。

十二日，詔：「侍衛親軍都指揮使、淮南西路安撫使郭振諸般請給，可特支全俸。」

六年正月二十二日，詔：「（還）〔環〕衛官儲育將帥之

〔一〕于氏：原作「妾子氏」，據《建炎要録》卷一九八删改。
〔二〕逵：原作「達」，據《宋史》卷一一二《禮志》二四改。

地，可與增俸。左右金吾衛上將軍每月添支供給錢一百貫文，諸衛上將軍并左右金吾衛大將軍每月八十貫文，諸衛大將軍每月六十五貫〔文〕，諸衛將軍、中郎將每月五十貫文。内統兵官兼者，已支供給錢，更不添支。」

二十六日，詔：「已降旨，入内内侍省寄資中侍大夫、遥郡承宣使楊興祖轉歸吏部，特差永祐陵攢宫都監，填見闕。先次出給料錢文曆，仍免參部指揮更不施行。」從臣僚之請也。臣僚言：「竊謂以内侍勞績遷轉而寄資横行遥郡者，則自國朝以來蓋有之，以内侍而爲在外差遣如攢宫都監之類，則所不當得。今楊興祖者，既便轉歸吏部，乃免參部，料錢文曆所不當出，乃與先給。臣謂若内省一時除授，外廷有不得而預者，若歸吏部則有法 [88] 存焉。按《在京禄令》，使臣堂除未經參部人，不在給曆之限。又《紹興重修令》，諸未經參部或時暫差遣者，候參部了日，方許給曆起支。國家之法，明白如是，而乃以一時之恩而隳之，可乎？欲望聖慈將楊興祖免參部、先給料曆指揮特賜寢罷。」詔依，楊興祖特(受)〔授〕中侍大夫、保寧軍承宣使。

十月十七日，詔：「池州駐劄御前諸軍副都統制秦琪，特與出給料錢文曆。」

八月二日，户部狀：「准批下總領兩淮浙西江東財賦軍馬錢糧所申，得(首)〔旨〕，郭振諸般請給，可特支全俸。本部勘當，統兵戰守之官合支諸般全分請給下項：料錢四百貫文，禄粟一百五十石，准細色九十石。内米四十五石，

二十二石五斗住支，二十二石五斗本色；小麥四十五石，内二十二石五斗住支，二十二石五斗折錢，每石折錢二貫文。元隨五十人，各每月糧二石，計一百石，每石折錢三百文。」詔依已降指揮支全俸。

三十日，户部狀：「據太府寺申，奉(首)〔旨〕，安穆皇后母福國夫人趙氏特與依《禄式》則例支破諸般請給。據糧料院申，《禄格》内無立定外命婦國夫人《禄式》請給則例。」詔依秦國夫人王氏見請則例支破。

七年四月六日，户部狀：「准批下寧國府奏：『皇子大王出判寧國府〔一〕，已擇三月二十七日開府視事，每月俸料錢外，欲每月支供給錢五百貫文。所有一行官屬每月供給錢，今參酌立定則例下項：一、長(使)〔史〕、司馬依監司例，各支給一百五十 [89] 貫文。一、參議一員，如已關陞知州資序，與支一百五十貫文；若通判資序，與支八十貫文。一、路鈐一員，支一百五十貫文。一、記室參軍(事)兩員，各支六十貫文。一、幹辦府〔事〕三員，各支五十貫文。一、隨行醫官三員并使臣一十八員，各支錢一十貫文。乞於經總制錢内支給。』本部勘當，欲乞依立定則例支給，將長史、司馬、路鈐、記室參軍(事)依知州、通判、職官、路鈐例，於公使庫支給外，所有皇子大王并參議、幹辦府〔事〕、隨行醫官、

〔一〕皇：原作「王」，據下文改。按《宋史全文》卷二五下及《宋史》卷二四六《宗室傳》三所記，此人乃魏王趙愷，孝宗子也，不得云「王子」。

使臣供給，緣創置之初，恐難應副，許於經總制錢内支給。」從之。

六月一日，臣僚言：「沿邊諸州訪聞除守倅外，郡縣官請俸至累月不支，何以養廉？欲望睿旨令淮南安撫司於激賞庫借支錢一二萬緡，差官將沿邊（請）〔諸〕州官吏請俸盡數支給，却令諸州刷合用錢還安撫司。日後尚有違戾，委監司覺察按劾。」詔依。

七月三日，左右司劄子：「勘會臨安府申請，少尹等請給，欲乞令本府照應自來知臨安府帶安撫使請給格法，除本身料錢外，支破特給、添支、供給。其判官雖比通判，緣昨（除）〔降〕指揮係依兩省奉使，（具）〔其〕供給錢合與破一百貫文。如係行在職事官兼領判官，其職錢等自於行在糧審院幫支，止於本府支供給錢。如係正差本府判官，其驛料、添支等合依本府通判則例支破，仍支上項供給錢數。其本府推官舊注選人，今來既在知州軍之上，除本身驛料、料錢（内）〔外〕，支破供給錢八十貫 90 文。」從之。

十月十八日，詔：「曹勛除太尉日，應請給並全支。今來已落致仕，可與依除太尉日體例支破。」

十一月三日，皇弟少保、静江軍節度使、充醴泉觀使、恩平郡王璩奏：「准敕除醴泉觀使，任便居住，欲乞依舊於紹興府居止。所有見今差破官屬、諸色人從、請給、恩數，并生日取賜等，並乞依恩平郡王前後已降指揮。兼妻澤國夫人王氏見差破官屬、人從、諸般請給、歲賜錢米、衣賜、時服等，乞依舊於紹興府上供經總制錢帛、湖田米内支給。」從之。

八年四月一日，詔：「殿前司額外統制任壽吉，特與依正官例，每月批勘供給。」

二十一日，提領户部犒賞酒庫沈夏奏：「契勘犒賞庫監官降到指揮，隨官序破券食錢，如收息增剩，以額錢高下立定每月添支食錢外，所有本身料錢并春冬衣賜，指揮内不曾該載。今乞將兩浙犒賞酒庫監官料錢、衣賜，（今）〔令〕所在州軍依條幫勘。内衣賜依行在激（賓）〔賞〕酒庫官體例，取會市價折錢批放，並於本所五釐錢内支給。」從之。

九年六月五日，臣僚言：「伏覩指揮，李顯忠請給特免借減。在法，非管軍統兵官及在外宫觀之人，法當借減，無可疑者。顯忠貲裝至厚，初不假此，臣區區論列，恐倖門一開，不可復塞。所有前項指揮，欲望聖慈寢罷。」從之。

十二日，樞密院奏：「勘會諸軍申，官兵詭名承代人，乞敦減作白身，止收使親身立功官資。朝廷參照得，若便減定官員支破請給，却 91 恐失所。詔使臣元請七人例以上并將校、都虞候請給之人，各減四分之一。謂如元請十二人例券錢〔一〕，合敦減請七人例，止支八百文，今與增作十人例支一貫二百之類。使臣五人例以下并其餘將校、節級以下請給及春冬衣賜特與免減外，令户部總領所並作添支名色支給，候將來立功，轉至元承代官資日，正行幫勘。」從之。

〔一〕請：原缺，據前後文例補。

十六日，詔：「皇弟保康軍節度使、權主奉益王祭祀居中，可特與依士銖體例，依《禄格》全支本色。」

九月十四日，詔：「故忠州防禦使趙良輔妻王氏陳乞，孤遺累重，並無俸給，每月特支料錢二百貫文、米二十石、春冬衣絹各二十匹、冬綿一百兩。」

十一月四日，户部狀：「據行在諸司糧料院申，契勘内外諸軍代名官兵，昨承指揮，可將使臣元請七人例以上并將校、都虞候請給之人各減四分之一。使臣五人例以下并其餘將校、節級以下〔一〕，除敦官資合得請給及春冬衣賜仍與免減外〔二〕，續承指揮，元請七人例券錢，見授到五人例付身之人，與支破本等五人例券錢。逐院見行遵守外，所有今年十一月九日郊祀大禮賞給、支賜，若不申明，恐臨期無以遵執。本部除已下糧料院并淮東西、湖廣總領所，各遵依指揮，將使臣七人例以上并將校、都虞候合得賞給、支賜，各減四分之一。其餘依元承代官資支給。」從之。

十二月二十四日，詔：「秘書省正字崔敦詩兼翰林權直，所有請92給除身分料錢隨階官，時服照秘書省正字格法，并本省會要茶湯錢依舊支破；其職錢并米麥、衣賜依翰林學士則例三分減一。」

【宋續會要】〔三〕

熙寧三年八月癸未〔四〕，上批：「聞在京諸班直并諸軍所請月糧，例皆斗數不足，内出軍家口虧減尤多。請領之際，倉界斗級、守門人等過有乞取侵尅〔五〕，甚非朕所以愛養將士之意。宜自今每石實支十斗。其倉界破耗及支散日限，斗級人等禄賜，告捕關防乞取條令，三司速詳定以聞。」先是，諸倉吏卒給軍食，欺盜劫取，十常三四，上知其然，故下是詔，且命三司條具。於是，三司言：「主典役人歲增禄，爲錢一萬四千餘緡。丐取一錢以上，以違制論，仍以錢五十千賞告者，會赦不原。」中書謂：「乞取有少多，致罪當有輕重。今一錢以上論以一法，恐未當。又增禄不厚，不可責其廉謹，宜歲增至一萬八千九百緡。在京應(于)(干)倉界人，如因倉事取受糧綱及請人錢物，并諸司公人取受應(于)(干)倉界并糧綱錢物，並計贓錢。不滿一百徒一年〔六〕，每一百錢加一等；一千流二千里〔七〕，每一千加一等，罪止流三千里。其過致并與者，減首罪二等。徒罪皆配五百里外牢城，流罪皆配(十)(千)里外，滿十千即受贓爲

〔一〕句中兩「下」字，原作「上」，據前九年六月「十二日」條改。
〔二〕及：原作「内」，據前九年六月「十二日」條改。
〔三〕陳智超云：自此以後似爲「吏禄」（《解開宋會要之謎》頁二一七）。按，據内容觀之，陳説甚是，但《大典》未分卷，似非另有小題。
〔四〕「癸未」二字當是《大典》據《長編》卷二一四添。本條自此句至「從之」，除錯字外，與《長編》全同。
〔五〕過：原作「遇」，據《長編》卷二一四改。
〔六〕不：原作「凡」，據《長編》卷二一四改。
〔七〕一千：原作「二千」，據《長編》卷二一四改。

首者配沙門島〔一〕。若許贓未受，其取與過致人，各減本罪一等；爲首者依上條内合配沙門島者，配廣南牢城。仍[93]許人陳告〔二〕，犯人該徒給賞錢百千，流二百千，配沙門島三百千。若係公人，給賞外更轉一資。以上人仍亦許陳首免罪、給賞。」從之。其（從）〔後〕内則政府百司，外則監司、諸州胥吏，率多增禄而行此法，謂之倉法。京師歲增吏禄四十一萬三千四百餘緡，監司、諸州六十八萬九千八百餘緡。

九月一日，中書言〔三〕。初，上詔中書議裁省中書吏員，存者增其俸。於是中書復請減不習事守當官五人、主事二人、録事三人，與出職，更不補額。見留録事以下第增禄廩〔四〕，重其乞取之法，又置簿書其功過而比之，以爲陞降。遇堂後官闕，如本院有廉謹曉吏事者，更不簡試選人。從之。《九朝長編紀事本末》：四年正月甲寅〔五〕，詔三司，應買撲酒麯諸坊場錢〔六〕，每千納税錢五十，仍别封樁以禄吏。五年五月癸未，詔增中書審官東西、三班院、吏部流内銓、南曹、開封府吏禄，其受（財）〔賕〕者以倉法論。六年四月戊戌，詔裁定在京諸司吏請給。先是，吏禄各有定式，後以兼局增茶湯、紙筆等錢，僥倖相因，畧無限制，而樞密院有言，故降是詔。已而王安石白上曰：「如吏人馬驤差往西川、陝西，又往湖南、北兩路溪洞，又如中書檢正吏皆一人兼兩人文字，若不許兼請，即誰肯任勞責者？既是官有兩局〔七〕，若不許兼，止是占吏人愈多，而妨其本勾當處，且令日食不足耳。」上曰：「一人兼五七處〔八〕，如何？」安石曰：「凡兼局吏非在一員官之下，即亦不可兼。既無一員官兼五六處差遣者，即豈有兼五七局之吏？」上乃追前詔寢之。七月庚午〔九〕，詔樞密院減書令史五人，增令史俸月錢二千，書令史五千，春、冬各絹五匹，以汰冗養廉也。十二月壬申，三司言：「新法所增吏禄，除舊請外，歲支錢三十七萬一千五百五十三緡有奇。」詔以熙寧四年後坊場税錢撥還，不足則以市易司市例等錢補之。仍令提舉帳司歲考支收數上中書。時内自政府百司，外及監司、諸州，胥吏皆賦以禄，謂之倉法。京師歲增吏禄四十一萬三千四百餘緡，監司、諸州六十八萬九千八百餘緡。然皆取足於坊場、河渡、市例、免行、役剩〔一〇〕、息錢等，而於縣官歲入財用初無少損，且民不加賦而吏禄以給焉。六年十二月乙酉〔一一〕，中書言增開封府等處吏禄[94]以行重法。上曰：「異時吏不賦禄而受賕輒被重劾〔一二〕，今朝廷賦禄而責人，可謂忠恕矣。」

五年五月四日，詔增中書審官東西、三班院、吏部流内銓、南曹、開封府吏禄，其受賕者以倉法論。

十二月三日，三司言：「新法所增吏禄，除舊請外，歲支緡錢三十萬。」

七年七月二十四日，江寧府言：「乞以衙前寬剩錢增給法司吏，如因職事取受，依轉運司吏法。」從之。《九朝長編

〔一〕即：原作「節」，據《長編》卷二二四改。

〔二〕人：原無，據《長編》卷二二四補。

〔三〕按，中書所言已經删落，《長編》卷二二五雖有其文，但主旨不在俸禄，不便補入。

〔四〕第：原作「等」，據《長編》卷二二五改。

〔五〕甲寅：原作「辛亥」，據《長編》卷二一九改。

〔六〕買：原作「賣」，據《長編》卷二一九改。

〔七〕既：原作「即」，據《長編》卷二四四改。

〔八〕七：原作「人」，據《長編》卷二四四改。

〔九〕庚午：原作「丙寅」，據《長編》卷二四六改。

〔一〇〕役：原作「後」，據《長編》卷二四八改。

〔一一〕六年十二月：原脱，據《長編》卷二四八補。

〔一二〕「輒」原作「輙」，「劾」原作「刻」，並據《長編》卷二四八改。

紀事本末》：八年閏四月癸巳，權三司使章惇言：「昨增吏禄行河倉法，蓋欲革絶私弊。今聞却有以假借〔一〕、典質之類爲名，經隔月日方受財物者，宜爲防禁。」詔行倉法人因職事以借使、質當爲名受財者，告賞刑名論如倉法。十二月：自熙寧三年始制天下吏禄而行重法，以絶請託之弊。其年京師諸司支吏禄錢凡三千八百三十四貫有奇〔二〕。及沈括爲三司使，當熙寧八年，其年支吏禄凡三十七萬一千五百三十三貫有奇，京師舊有吏禄者及天下吏禄，皆不預此數云。元豐六年正月，詔户部尚書安燾同本部郎官立省曹寺監新吏禄法。

〔八年〕十一月二十四日〔三〕，詔自今臣僚不得奏乞諸司吏充指使出外。以樞密院言「諸司吏或有行倉法處，請給甚厚，而反規避本役，干求臣僚奏帶出外，仍請舊禄，防廢諸司事務，宜禁止之」故也。

元豐五年十一月十七日，尚書户部言：「自行官制以來，惟是吏禄條目最多。一等吏人職次既同，責任又均，而獨於禄廩頗有厚薄〔四〕，誠若未安。乞三省、六曹、諸司、省、臺、寺、監見充正額人數〔五〕，不問舊請多寡，並依新格支給。其係撥到逐等守闕或帶『權』字人，並給正額請受十分之七。應前後許帶舊請指揮更不施行。」詔除三省外依奏。

六年正月二十九日，詔户部尚書安燾同本部郎官立省曹寺監新舊吏禄法。

八年六月十四日，户95部言：「自奉行新制後，省曹、寺監吏禄通爲一色〔六〕，不分舊請新添〔七〕，無以會見新法增添合還之數。兼吏員並次第權入，即比舊不能無加。」詔以元豐三年錢數爲額，仍自六年爲始，依元條撥還。

八月二十四日，門下中書後省言：「詔詳定三省吏禄并增給請，釐爲一法。除今來所定并舊勞績已得添料錢自隨身分，并時服、官馬合依舊外，其應外取撥到并額内人，並從今來新定則例。其兼領、因事別給并舊來請受並罷。即應權若領兩房職名同，唯許從一多給。」從之。

哲宗元祐元年閏二月十八日，侍御史劉摯言：「吏禄之法，除熙寧以前舊法有禄公人並依舊外，應新法所創及增給吏禄，並行減罷。」詔(今)〔令〕韓維等相度以聞。

四月二十二日，三省言：「三省録事以下以勞應添料錢者，累至十貫止。」從之。

五月一日，尚書省言：「舊制以贓抵罪，重輕有等，今又立重法，則是罪均刑異，未稱朝廷矜卹之意。請罷諸路重禄法及復熙寧已前吏禄。」從之。

二年正月八日，户部言：「中都吏禄歲計緡錢三十二萬，法當以坊場税錢及免行、市易司市利、僧道度牒等錢

〔一〕聞：原作「開」，據《長編》卷二六三改。
〔二〕年：原脱，據《長編》卷二七一補。
〔三〕八年：原無，據《長編》卷二七〇補。
〔四〕頗：原作「頓」，據《長編》卷三三一改。
〔五〕寺：原作「等」，據《長編》卷三三一改。
〔六〕色：原作「邑」，據《長編》卷三五七改。
〔七〕「請新添」及下句「無」字，原作「不能無加」，據《長編》卷三三一改。

充。會元豐七年所入，纔二十三萬，兼以係省錢給。今議罷市易，則市利錢隨廢，將見闕乏。」因究諸司有以應給吏禄錢別費者，適與所闕數相當，度支以聞，詔以坊場税錢盡充吏禄，毋得他用。

三年閏十二月八日，御史中丞李常言：「先帝以人吏無禄[96]爲不足以責廉，遂重其罰而禄之。今省、臺、寺、監人吏無慮二千四百餘人，百司庫務又二千三四百人，歲費錢斛舉數十萬。當時利源指以充吏禄者十無一在，至侵縣官常費以足之。向以命官覈實而汰冗，遲久未上，請督責成書。」詔門下中書後省疾速立法。

四年六月十七日，户部言：「光禄、衛尉寺、少府、軍器監并太常寺人吏，不以新舊請給，内將見錢依太常寺分數支折，仍依舊行倉法。」從之。

五年十二月二十七日，户部言：「司封、禮祠、主膳、兵職、駕庫、司門、屯田、虞部吏禄錢，依在京文武官料錢分數，其職級互相兼領者，從一多給。」從之。

徽宗大觀四年五月十六日，臣僚言：「乞詔有司將崇寧以來應内外所增吏禄窠名逐一相度，可裁省即乞特降睿旨施行。今具崇寧以後内外所增重禄官司，更望特立睿斷，付有司施行。」詔依奏並罷，令户部條具申尚書省。

政和二年七月二十二日，臣僚言：「乞應監司人吏請給顧直，並依官兵法，專責本司管勾文字官，依州通判句覆法，逐月句覆勘支。其隨逐出巡食錢，則專委出巡監司每日押曆，行下所至勘給。候歸司日，依前責管勾官逐一點勘。其管勾官如點檢敗獲，特與依獲彊盜法計數酬賞。其或鹵莽漏落，循情畏避，致冒請官錢者，亦乞依盜法坐之。」從之。其妄請依自盜法，仍入《元符給賜令》。

宣和二年六月五日，臣僚言：「在京官吏有一職[97]兼數局，而添給從而隨之。或元無添給則例，創行增立；或不由有司勘給，直行判支。不惟廪禄未均，其於貪饕之人，冗費邦財，爲害最大。此弊不革，日甚一日，蠹耗國用，無有窮已。伏望睿斷，並依元豐舊法，官吏除本職請給外，兼局雖多，止許從一多給。其不理爲一處指揮更不施行。凡在添給，若不經由有司勘給，亦不許直行判支，庶幾宿弊頓革。」詔自今應官吏差遣兩處以上合支添給等，止從一多給[一]，並依元豐舊法施行。如違，並以違御筆論罪。（從之）

三年七月六日，户部言：「諸官司陳請諸司庫務官吏專典等各立定請給，比年攀援，殊非稱事制禄之意，乞各依本處元立則例。及在京官司人吏理年出職，近多循情，額外存留，其名闕又補以次人，至支破請給重（復）〔複〕。乞依元豐舊制。」並從之。

六年閏三月二十二日，尚書省言：「榷（貸）〔貨〕務狀，兩浙路提舉鹽香茶礬事司申：『勘會本路管下諸縣鹽香礬案人吏，見依指揮月給重禄錢五貫，委是盤纏不就。及

[一] 從：原作「行」，據上文改。

典史兼押，不支破請給，顯見難以責其廉隅。本司今相度，諸縣鹽香茶礬事，欲乞並依先降朝旨撥入户案，選差書佐二名專一掌行，仍差次名典史一名點檢繫書。如祇管典史一名縣分，即選差上名書佐管句。所有月給重禄食錢，仍乞依舊以事務繁簡，分立三等支破。』榷（貸）〔貨〕務勘會，除人吏合依見行朝旨差破，係依宣和元年十一月五日朝 98 旨，於户案内選差二人專一掌行新法事務，即不撥入户案外，所乞差次名典史，欲依所乞，仍依人吏每月添給食錢五貫文。若緣鹽香茶礬事乞取錢物，並依重禄法。」從之。

七年七月四日，講議司言：「奉御筆，吏職出身不以是何官資，只支武功大夫俸，及恩例、奏薦，令講議司條畫以聞。看詳：吏職出身之人，依法轉至武功大夫止。除轉遥郡人合依下項御筆止支武功大夫俸及恩例、奏薦依武功大夫格法外，所有轉至正任人，理須分别。」詔吏職出身轉正任人，請俸依遥郡格遞降一等支破。内正任刺史依遥郡本等，其合得請〔俸〕、添支依條施行，恩例、奏薦依此。

十一月，講議司言：「檢會吏職出身（降）〔除〕正任官已降一等支遣遥郡俸外，見在遥郡官未曾比擬立定。」詔元係吏職已改换出身見請全俸人，並依逐等減半支破，内刺史料錢、禄粟減三分之一。不曾改换出身人，依見減半則例更遞降一等支給。内觀察使降防禦使，仍減禄粟十石；團練使不降，減料錢、禄粟三分（支）〔之〕一；刺史依已降指揮，（抵）〔祇〕支武功大夫俸。技術、作匠入流人依此。所有不以官資並支武功大夫俸係爲今後〔二〕，劄付户部疾速施行。

高宗建炎四年十月十六日，詔：「行宫禁衛所使臣、吏人等，可住支贍家錢，特與依舊破每日券錢。其餘官司不得援例。」

二十三日，户部言：「從衛府藏空乏，除節度使司楊惟忠一行統領、將官、五軍 99 使臣見請驛券等，及効用軍兵、親從、親事、輦官、海巡、厢巡、神主所軍兵、三省樞密院親兵等見破米一切依舊外，其三省、樞密院及臺、寺、監、局、所、庫、務、三衙有官公吏等已請本身請受，又破贍家券食錢，及帶行前任、新任請給者，並權閣，候有財賦日申乞依舊。」從之。

紹興元年六月二十八日，詔：「州縣常平免役案吏人合支重禄錢，依逐州役法元載立顧食錢數支給。」初，罷常平司，有旨諸州常平官吏月食錢並罷。續建康府申明，州縣免役案吏人食錢合與不合支給，故有是命。

七月五日，詔：「諸州軍每季取索本州并屬邑一季内應支借過發運、監司并屬官下公吏請給錢物數目，如逐縣有坑冶、鹽場、鑄錢監院之類，亦從本州取索，限次季孟月終申户部。若有漏落，州縣官吏並依借請借兑違法當職官故縱條科罪。」以臣僚言諸路監司若屬官縱容人吏，不幫勘

〔二〕「今後」下當有脫文。

券曆借支食錢，乞行禁止，故有是命。

二年閏四月六日，江西轉運副使韓球、提點刑獄蘇恪言：「本路筠、袁州、興國、南安軍獄訟至繁，舊爲役錢不足，推法當司吏人不行重禄，有犯止依常法斷罪，無以懲戒貪墨。乞依崇寧四年二月二十日指揮，推行重禄。」從之。

六月二十四日，詔：「應有官充吏職之人，止與支破吏職請給，其本身請給並行住罷。外路依此。」

十三年六月二十二日，御史中丞羅汝楫言：「人吏受賕，法所不容，顧其罪100有等差，著於三尺詳矣。近世增立重禄之令，給重禄者，爲重禄公人。夫既享其俸入之饒，不能自愛，則雖處以峻法，彼亦何辭？而(彼)〔比〕年中外有司每因一事欲嚴其禁，即申乞依重禄法，初未始給其禄也。不給其禄而用其法，無乃太不恕乎？按重禄贓自一錢以上皆杖脊、刺配，雖飲食亦計之。刑名如是之嚴，詎可輕以加之！乞委刑部長貳檢會不給重禄法者其數有幾，悉從蠲削，庸示矜恕。」詔令刑部取索重禄并非重禄條法，及有司因事申請指揮，逐一開具，申尚書省取旨。（以上《永樂大典》卷一三一七七）

宋會要輯稿　職官五八

職田

宋真宗

【宋會要】

1 咸平元年十二月，詔賜靈州知州已下官至五十頃，令樞密院等第分給。

二年七月，真宗欲興復職田，三司請令依例輸税，詔三館祕閣檢討故事沿革以聞。檢討杜鎬等言〔一〕：「按《王制》：『古者公田藉而不税。』藉之言借也，借民力治公田，美惡取於此，不税民之所自治也。又曰：『夫圭田無征。』夫，猶治也；征，税也。孟子曰：『卿以下必有圭田，治圭田者不税，所以厚賢也。』《周禮》載師之職，有士田〔二〕，有官田，有賞田，又以家邑之田任稍地，以小都之田任縣地，以大都之田任疆地。家邑，大夫之采地；小都，卿之采地。漢制，列侯皆衣食租税，而不得臣其吏民。晉制有芻藁之田，大國十五頃，次國十頃，小國七頃。又占田之限，官第一品五十頃，二品已下每品減五頃以爲差，第九品十頃。又得蔭人爲衣食客及佃客。後魏宰人之官各給公田，刺史十五頃，太守十頃，治中、別駕各八頃，縣令、郡丞六頃，更代相付，賣者坐如律。職分田起於此矣。北齊京城四面諸坊之外三十里内爲公田，一品以下逮于羽林、虎賁各有差，多者至百頃，少者三十頃。唐制，永業田各有等差。武德元年十二月，制内外官各給職分田，自一品至九品，以十二頃至五十畝爲差。京司及外縣 2 又各給公廨田，以供公私之費。又准令：諸外司公廨田，大都督府四十頃，中都督府三十五頃，下都督、上州各三十頃，中州二十頃，下州十五頃。又《田令》：諸職分陸田限三月三十日，稻田限四月三十日，以前上者並入後人，以後上者入前人。麥田以九月三十日爲限，若前人自耕未種，後人酬其功直；已前種者，准分租法。此皆歷代故事、令文舊制也。今三司建議，但係官水陸莊田，據州縣近遠並充職田，召人佃蒔，所得課利隨二税輸送，置倉收貯，依公使錢例上曆公用，具帳申省。又令悉輸二税。臣等按隋、唐給田之制有三：一曰永業田，依品而給，聽其子孫相承；二曰職分田，隨官而給，更代相付；三曰公廨田，據省寺州縣地望而給。永業田唯不許私賣，職分、公廨田唯課營種以給公私之費，別無禁止之制。且百官廪賜莫盛於唐，月俸之餘既有食料雜給，禄粟之外又有息利本錢，加以白直、執刀、防閤〔三〕、掌

〔一〕杜鎬：原作「杜錫」，據《玉海》卷一七七改。
〔二〕士：原作「土」，據《周禮·地官司徒下》改。
〔三〕「刀」原作「力」，「閤」原作「閣」，據《玉海》卷一七七改。

固之類，悉許私用役使，潛有所輸。五代所支，裁得其半。太祖始定添支，太宗增給實俸。職田之制廢於五代，興於本朝，而計臣以出納之吝，遂有茲議。且歷尋故事，並無輸税之文。臣等參詳，請不計係官□土及遠年逃田充州縣官吏職田者，悉免二税及緣納物色，許長吏已下募人牛墾闢，所得租課均分，如鄉原之例〔一〕。不須置倉上曆，造籍申省，唯準令式，三年一造簿，替日遞相交付，不得私以貼 3 賣。給受之制，一如《田令》。其桑果菜茹薪芻及陂池所産，悉以均分。仍俟今秋委轉運使就近差官，盡括係官水陸莊田頃畝，據逐州官員分定頃畝，州縣長吏給什之伍，自餘均其沃瘠，與通判、幕職、簿、尉差降給之。其兩京、大名、京兆、真定、江陵、河中、鳳翔及大藩鎮各四十頃，次等藩鎮三十五頃，防禦、團練使州三十頃，中、上刺史州二十頃，下州及軍、監十五頃，邊遠小州户口少處比上縣給十頃，上、中、下縣以十頃至七頃爲三等。轉運使、副許於管内給十頃。其諸州給外剩者許均給兵馬都監、〔監〕押、寨主、監臨文武職官、録事參軍、判司等，其頃畝多少類通判、幕職之數。其州縣闕官，即以一分職田給權簽判官。所召佃户止得以浮客充，仍免鄉縣差徭，不得占庇税户。如此，則中才之類可革於貪心，上智之人益興於廉節，與夫周之采地、魏之公田，其揆一也。經久之利，無出於茲。」從之。

八月，詔：「諸州新給職田，其知州、通判自今須及三周年方替。遠地自依元敕，不得輒差。」

景德二年七月，詔：「諸州職田止得召客户佃蒔。如有災傷，並準例蠲租。」

大中祥符六年五月，令三司檢會幕職州縣官元定職田頃畝數付流内銓，仍別具轉運使副〔二〕、知州、通判及京朝官、使臣、幕職州縣官等，應見請職田頃畝數目編録以聞。

七月，樞密副使王嗣宗言，請復天下幕職州縣官俸户。帝曰：「頃年楊礪、夏侯嶠言，若立俸户，便於 4 官員，於國亦無所妨，俸户亦欲爲之。但慮人或踰制科率，則俸户不任，有受弊者，却成擾人，此爲不便。中書更檢討典故，從長而行。」宰臣王旦奏曰：「此事恐未可遽行，候檢詳聞奏。」

九年七月，詔曰：「職田彝制，品秩定規，蓋優待於庶官，且傍益於稍食。夫厚禄食者，蓋欲聳其廉節；務稼穡者，亦在利於貧民。佇介潔之洽聞，必甄揚而明陟。而州縣之職，慈愛靡聞，罔恤人勞，且違田制。闢汙之始，奪農力以多求；斂熟之時，峻公方而奄取。無水旱蠲除之惠，無鄉原賑濟之恩。有一于茲，動興訟訴，沮傷和氣，深敗素風，各宜革心，用叶求治。自今天下羣官職田，並須遵守元制，無得侵擾客户，遇災沴即蠲省之。」先是，殿中侍御史王奇請籍納職田以助賑貸，帝曰：「奇未曉給田之理。然朕

〔一〕原：原無，據《宋史》卷一七二《職官志》一二「職田」條補。
〔二〕具：原作「且」，據《玉海》卷一七七改。

每覽法寺奏款〔一〕，官屬所占職田多踰往制，不能自備牛種，或水旱之際又不蠲省，致民無告。」遂罷奇奏而申戒之。

天禧二年十一月，詔：「諸路職田，自今三月、四月、九月或值閏月內，官員、使臣赴任者，並依條；月分已後上官，例給與前人，不得更理閏月。」

三年六月，河北緣邊安撫司言：「定奪到雄州李允則買到近城民田八頃，望令見佃客人佃蒔，歲納課子，充通判、都監、幕職官職田。」從之。

仁宗

【宋會要】

5 天聖元年七月，詔：「諸處職田多不依條召浮居客户，却令公人及税户租佃，所納斛㪷又更加量，以至水旱災傷不許申訴。宜令今後不得更然，所收課子亦須平量，災傷依税放免〔二〕。日前有違條者並改正，今後有違，當重寘於法。」又詔：「訪聞兩浙轉運使、副職田元在蘇州，昨緣水災，輒於杭州换易。令本路勸農司給還蘇州元標職田，其杭州田土依例召人承佃。」

二年六月，河南府言：「三陵副使、都監先有職田，因置永昌院，撥充常住，每月逐官各給錢五千。檢會永安縣界甚有荒田，欲依舊標發，其食直錢却住給。」從之，仍各給五頃。

八月，祕書郎韓琚言：「今後闕官職田，如正官到任該得敕限，即給；或不該，盡收入官，更不給權管勾者。」從之。

七年七(年)〔月〕，上封者言，乞停廢天下職田。詔資政殿學士晏殊與審官、三班院、流内銓、三司使副詳定以聞。殊等上議：「伏以朝廷所置職田，蓋欲稍資俸給。其如官吏不務至公，或差遣之間狗於僥競，或横斂之際害及人民，屢致訟言，上煩聽覽。既有虧於廉節，復多犯於憲章。所宜寢停，用絶姦弊。所有職田，並乞納官，依省莊例入帳拘管。」詔曰：「洪惟先聖，勤卹庶官，謂廪給之稍豐，則潔廉之易守，是稽故實〔三〕，並錫公田。歲月(寢)〔寖〕深，姦蠹滋長，或作威以害單弱，或横斂以急羡(嬴)〔贏〕，屢瀆公朝，甚喧清議，已從廢罷，式警貪殘。重念釐務之臣〔四〕，固多稟節之士，例停租入，曷勸勤勞？斷自 6 朕懷，頒兹永制，俾均歲取，溥被官聯。式推優渥之科，用報夙宵之效。布告中外，咸使聞知。應天下職田宜依奏停罷，其見佃人户逐年分收課利並納入官；諸州、府、軍、監每年各具夏秋納到石㪷，時估價例申三司，令三司類聚天下都收數目，紐定價錢，均給與諸道州、府、軍、監見任官員。其均給等第合行條約，令三司以聞。」三司奏：「應諸道州、府、軍、監職

〔一〕款：原作「疑」，據《長編》卷八七改。
〔二〕依税放免：《長編》卷一〇〇作「蠲租如例」，疑「税」當作「例」。
〔三〕故：原作「政」，據《宋大詔令集》卷一七八改。
〔四〕務：原作「革」，據《宋大詔令集》卷一七八改。

田，今年秋已種未收刈者，據合收分數目，並納入官，紐計價錢，給與本官，尋施行訖。其來年夏色子㪷課利等并向去數目，悉令納官附帳，各具價例申省施行。應職田課利内有細粹非理收充者，及有人户不曾佃地、虚納課利要免州縣差役者，并自來曲循官員妄作名目抱虚認定額數目，乞下逐路轉運司委使副、判官體量，具所收物色數目，乞行除放。應承佃人户所納夏秋斛㪷物色，並令送納本色，不得支移折變。仍許就便近州府縣鎮倉驛收受，不得別有加量，妄收出剩。應見佃人户並令依舊，如無力佃事者，許召第四、第五等主户或客户承替，仰州縣常切存恤。應諸雜差徭科配，並與免放；或少糧種，官爲支借；如遇災傷，即依例檢放。應轉運使副、判官、諸州縣官，各須常切管勾，勿令荒廢。仍候逐官得替，各具一州一縣交管頃畝子利，一任内比附增虧，分明批上曆子，令審官院、流内銓候參選磨勘日，依税數户口增虧例施行。應每年夏[7]秋納到石斗，乞下諸州以逐色見糶價申省，類聚天下都數定價錢，限至四月終已前，須管均給與官員。諸州官員有替移及新到任者，各依料錢例，據在任月數分給。其替移已離任者，自本處行移文字所住處支給。如諸般事故，除犯贓私罪至去官者不在此限，其餘去官依例支給。應諸州軍候供到職田價錢，自三司分定等第均給。如遇以到數多即添起支給散，數少量減支給。自來不該支撥職田官員不在此限。應諸道轉運司，令將自來合得職田官員人數供報三司，置簿抄上，專差節級前後行主掌行遣。應天下職田，並令人户依舊住佃，更不依省莊送納税租。應天下職田，自來逐官分收，別無案帳勘會詣實。今乞令逐處長吏掛心檢括每年舊例出納課利，不得漏落。應納官職田地内桑棗竹木園林之屬，並令逐州點檢拘管上簿，不得散失。」並從之。

寶元二年二月四日，流内銓言：「銓司注擬幕職州縣官，先准敕，並須將有無職田州縣相度均平定差，而累有稱訴頃畝不實及所收至薄。銓司相度，欲以幕職令録與判司簿尉各作一等，大約隨路分斛斗貴賤分定石數。如京東、京西、河北、淮南、兩浙、江南皆物價中平，其幕職令録以歲收一百五十石已上、判司簿尉一百石已上者爲有職田；陜西、河東、荆湖、福建、廣南土(簿)〔薄〕物賤，即幕職令録以二百石、判司簿尉以一百五十石爲限。[8]唯川峽穀貴，與〔諸〕路不同，其幕職令録斷自百石已上、判司簿尉五十石已上並爲有職田處。且舉此爲例，共得天下幕職州縣官係職田者裁六百八十餘員，其一州幕職、一縣令佐内一員已及所限石數，餘員雖石數差少者，亦須至收在有職田頃内。除上件六百八十餘處員額置簿并出榜曉諭選人不得連任注擬外，自餘並不問職田頃畝，一依甲次名字先後注官，則公(租)〔私〕稍得均濟。其合入近地情願乞入遠者，自依舊條頃畝施行。又勘會諸處過滿見闕不少，雖有選人情願陳乞，或礙職田條貫，是致注擬不行。銓司相度，應係省罷員闕及季闕經三季已上，并非次闕經三月已上未注使者，更不勘會職田，並與注擬。」並從之。

康定元年十月十一日，權三司使葉清臣言：「勘會通判、知縣甚有僻遠及無職田之處，過滿無人承替。欲乞今後遠惡無職田州縣，通判、知縣在任過滿四年已上者，候得替到，與理爲兩任；或與勘會合入遠近，就移通判、知縣差遣。」詔審官院，今後無職田處，滿五年得替，與理爲兩任。仍令轉運司具遠惡去處聞奏。

慶曆元年十二月十三日，知許州李淑言：「伏見官員職田雖有條約，或聞所收亦有欲成之際，預差公人詣地制撲合收子斗。公人畏懼威勢，遂於所佃内揀地土肥沃、苗稼最盛之處，每畝制定分收一石至八九斗者。切緣地土肥瘠不同，設使全然肥沃，[9]仍值大段豐稔，每畝亦不過分收一石以來，以此佃户供納不易，多是陪備。或更催督緊急，便致逃竄，不能安居。欲乞今後應職田地土，如瘠薄處即據畝壠分收，如肥沃處每畝不得過五斗。如於數外大收及值災傷不隨税減放者，並依元條施行，仍許佃客自經官。」詔依奏頒行。

三年十一月，詔曰：「昔者先帝，詔復公田，合《王制》班禄之差，得聖人養賢之義。載原深旨，本自愛民。比者縉紳之間，屢陳利害之意。以謂郡縣受地，有無不齊；銓審補員，權利爲倖。奔競以之傷俗〔一〕，因緣至于害人。故命有司，斷以定數，誠足釐于浮弊，然未安於余懷。《禮》不云乎：『厚禄以勸羣臣，則下之報禮重。』凡厥文武，仕於朝廷，雖廉素者惟士之常，而富貴者是人所欲。其全寬大之體，自有公平之制。所宜給其所未給，均其所未均，約爲等差，槩令賙足。使事父母者得以致其養，畜妻子者得以致其樂，冠婚喪祭有所奉，慶恤饋問有所資〔二〕，不牽私室之憂，必專公家之慮，則六計可以弊羣吏之治，四方可以期衆職之脩。儻自犯於有司，亦何逭於彝憲！上廣先朝之惠，示不敢渝；下俾諸臣之言，審兹自定。惟爾中外〔三〕，體予所存。應天下職田，大藩府長吏二十頃，通判八頃，判官五頃，餘並四頃；節鎮十五頃，通判七頃，判官四頃，餘並三頃五十畝；防、團以下州軍十頃，通判六頃；小軍監七頃，判官三頃五十畝，餘並三頃；縣令萬户以上[10]六頃，五千户以上五頃，不滿五千户並四頃；簿尉萬户以上各三頃，五千户以上各二頃五十畝，不滿五千户並二頃。發運、轉運使及武臣總管比節鎮長吏，鈐轄比防、團州長吏，路分都監比節鎮通判，州都監比大藩府判官，監押比節鎮判官，監當不得過本處職官之數，在縣鎮監當不得過簿尉之數，録事參軍比本判官〔四〕，判司比倚郭簿尉。所定職田，並以四年爲始。内無職田處及有職田而頃畝少處，并元標得山石積潦之地不可耕種者，限三年内檢括官荒田并絶户田及五

〔一〕奔：原作「辨」，據《宋文鑑》卷三二改。
〔二〕資：原作「交」，據《宋大詔令集》卷一七八改。
〔三〕爾：原作「示」，據《宋大詔令集》卷一七八改。
〔四〕比本判官：原無，據《宋大詔令集》卷一七八補。

年以上逃田添換其數。若係官莊田見有人户出租者，不得一例支撥。如逐處職田比今來所定頃畝不足，即據見在頃畝或子利，重與上件衆官等（弟）〔第〕均分。如地内有桑棗果蔬之利者，即以所收利約度折充職田。許自差公人勾當，并招置客户，每頃不得過三户，即不得全令州縣差人及招客户〔一〕。或遇災傷，並依例檢覆減放。以上違者，官員以違制論。如恐減下職田子利，不肯接災傷詞狀者同，其所收子利並納官。如將職田影庇合入差徭及抑配虚作佃户令出課者，並以受所監臨財物論〔二〕。仍專令逐路提點刑獄司覺察，若犯者情重，有失於覺察，亦當以罪坐之。」

七年四月，詔定諸職田，若後官不該合得月分，如前官有不種地土，許後官耕種，收取地利。

【宋會要】〔三〕

11至和元年十一月，三班院請下諸路轉運司，具部内使臣歲所收職田之數〔四〕，第爲上、中、下三等，凡差遣不許連入上等。從之。

神宗

【宋會要】

治平四年十一月二十八日，神宗已即位，未改元。詔：「自今諸官廨及職田内無得種植鬻賣，其官廨内蔬圃止得給食用；陂塘蒲魚之利，不許占充職田；及於職田内修建邸舍，收取課利。如有犯者，情重即取旨，重行黜降，經（敕）〔赦〕未得叙用。」

十二月四日，侍御史張紀言：「應天下州軍差衙前收種職田、幹勾私事，請並不理重難。如違，所差授之人並科違制。」從之。

熙寧二年三月五日，詔成都府路提點刑獄司：「以本路職田自熙寧三年爲始，候收到子利稻麥等，仰本州軍掌管出賣收錢，從本司將一路所收錢數紐爲斛㪷價直，依所定均給。」成都府知府一千石，轉運使六百石，鈐轄二員各五百石，轉運判官五百石，通判二員各四百五十石，簽判、節推、察推、知録、勾當糧料院、監軍資庫〔五〕、都監、都巡檢、巡檢、係大使臣。走馬承受、京朝官知縣等各二百石。内職官係兩使支、掌以上資序者，二百石；如係初等及權入者，各一百五十石。監商税、市買院、監交子務京朝官或大使臣，各二百12石。内有三班使臣并城外巡檢、監排岸、十縣巡檢係三班使臣，各一百五十石。司理、户曹、府學教授、係敕劄正授者。監甲仗庫〔六〕，各一百石。彭、雅、邛、嘉、綿、漢、眉、蜀、簡、陵州、永康軍，知州軍各四百五十石，通

〔一〕全、户：原無，據《宋大詔令集》卷一七八補。
〔二〕受所：原倒，據《宋大詔令集》卷一七八乙。
〔三〕此條之前原標有小題「英宗」，而至和乃宋仁宗年號，標「英宗」誤，今删。
〔四〕部：原作「在」，據《長編》卷一七七改。
〔五〕庫：原作「軍」，據《宋史》卷一七二《職官志》一二「職田」條改。
〔六〕仗：原作「伏」，據《宋史》卷一七二《職官志》一二「職田」條改。

判各三百石。威、黎、茂三州知州各三百石，都監、監押、駐泊、都巡檢，以上係大使臣。簽判、推官、判官，係兩使職官并支、掌以上資序。知録京朝官并職官知縣、監棚口鎮京朝官，各二百石。監押、巡檢、同巡檢、駐泊，以上係三班使臣。初等職官或權入職官，録事參軍、縣令、試銜知縣，各一百五十石。司理、司户、司法、諸縣主簿、縣尉，應係監當場務選人監税、監鹽、巡轄馬遞鋪，係三班使臣。各一百石。應諸縣令佐係職員權攝者，更不支給。均分後如臨時有剩，即以剩數依等第紐計分數，自上及下再行均給，取合浄盡均分。臨時有少，即以少數依等第紐計均減。先是，權御史中丞呂誨、御史知雜劉述奉詔同均定成都府、梓、利、夔四路職田，誨等取索成都府路逐年所收子利稻麥、桑絲、麻竹等物逐處不同，遂計實直都紐作稻穀一色，每斗中價一百二十文，自知成都府以下官員等第均定訖〔一〕。詔再令詳定成都府、梓、利、夔四路職田，「臣等看詳别無未均，只以梓、利、夔三路數少，均分不足，今乞將成都府路定到分數目以聞。」中書再行詳定，而有是詔。

六年三月二十八日，詔詳定職田〔二〕：知州，藩府三京、京兆、成都、太原、荆南、江寧府、延、秦〔三〕、揚、杭、潭、廣州。二十頃，節鎮十五頃，餘州及淮陽、無13爲、臨江、廣德、興國、南康、南安、建昌、邵武、興化軍並十頃，餘軍、監七頃。通判，藩府八頃，節鎮七頃，餘州六頃。留守、節度、觀察判官，藩府五頃，節鎮四頃，掌書記已下幕職官三頃五十畝，防禦、團練軍事推官、軍監判官三頃。令、丞、簿、尉，萬户已上縣令六頃〔四〕，丞四頃；不滿萬户令五頃，丞三頃；不滿五千户令四頃，丞二頃五十畝。簿、尉各減令之半〔五〕。藩府、節鎮録參比本州判官，餘比幕職官。藩府、節鎮曹官比萬户縣簿、尉，餘比不滿萬户縣簿、尉。發運、轉運使副比節鎮知州，開封府界提點比餘州知州。發運、轉運判官、常平倉司提舉官比藩府通判，同提舉官比萬户縣令。發運司勾當公事、轉運司管勾文字、提刑司檢法官，比節鎮通判。蔡河、許、汝、石塘河都大催綱管勾機宜文字，開封府界提點司勾當公事，比節鎮判官。總管比節鎮知州，路分鈐轄比餘州知州，安撫、路分都監、州鈐轄比節鎮通判，藩府都監比本州判官。走馬承受、諸州都監、都同巡檢、都大巡河，並比節鎮判官。巡檢、堡寨都監、寨主、在州監當及催綱〔六〕、撥發、巡捉私茶鹽賊盜〔七〕、駐泊捉賊，並比幕職官。巡轄馬遞鋪、監堰并縣鎮寨監當，並比本縣簿、尉。諸路州學教授，京朝官比本州判官，選人比本州曹官。

〔一〕自：原作「省」，據《宋史》卷一七二《職官志》一二「職田」條改。
〔二〕職田：原無，據《長編》卷二四三補。
〔三〕秦：原作「泰」，據《宋史》卷一七二《職官志》一二「職田」條改。按《元豐九域志》，秦州乃下府，泰州則僅爲軍事州，作「秦」是。
〔四〕上：原作「下」，據《長編》卷二四三改。
〔五〕之：原作「一」，據《長編》卷二四三改。
〔六〕催：原作「摧」，據《長編》卷二四三改。
〔七〕捉：原作「提」，據《長編》卷二四三改。

八年五月二十一日，詔：「發運司勾當公事比節鎮通判。府界提點司、轉運司管勾文字，提刑司檢法官，提舉常平倉司勾當公事，比不(漏)〔滿〕萬户 14 縣令。」

元豐元年十二月八日，詔：「諸路將副聽比類熙寧附田令勑給職田，正將視路分都監，副將視藩府都監。其青、鄆州雖已撥黄河淤地及廢罷都監職田與將副，而多寡未均，並依令改正。」

二年二月二十九日，經制熙河路邊防財用司言：「乞收熙、河、岷州、通遠軍官員職田以募弓箭手。視逐官元給頃畝，每畝歲給本司錢十千。」從之。

五年六月四日，熙河經畧安撫司奏：「蘭州内外官屬法當撥地爲圭田，今新造之區，居民未集，耕墾人牛之具皆彊役之。乞計數給以錢鈔，而留其地以爲營田，或募弓箭手。」從之。

六年四月十八日，尚書工部狀：「陝西路轉運司言，舊管使、副、判官四廳職田，昨因軍興，逐路增員至十二，職事一等勞苦，(雖)〔難〕令八員並無職田，乞均給。」從之。

七年正月二十三日，尚書左右司言，給陝西、河東官俸餘職田，支鹽鈔二十五萬八千五百二十六緡，無拘收法。詔已支錢令户部限五年還。

【宋會要】

哲宗

紹聖三年十二月五日，荆湖北路轉運司言，將川峽官員校入便職田錢，並依熙寧舊法。從之。

元符三年九月二十六日，工部言：「朝散郎杜子民奏：職田之法，每患不均。神宗朝首變兩川之法，均給上下，一路便之。元祐中推廣此意，以限月之法變而均給。元符新勑又復限 15 月，士大夫貪冒者，或窮日之力以赴期會〔一〕，或交書請囑以幸權攝，奔競之風長，廉耻之節喪〔二〕。欲乞復元祐均給之法，以養士廉節。」從之。元祐均給及元符限月指揮後未獲。

徽宗

【宋會要】

建中靖國元年二月五日，工部狀：「據隨州申，據添差兵馬監押傅千狀，乞行支撥合得職田。今勘會得信陽軍監押侯青已準勑支給得職田。當部今看詳，傅千與所攀侯青事體相類。」詔歸明人如係(訥)〔納〕土，即依例支破職田。所有已前不係(訥)〔納〕土歸明之人已支職田，並特免改正，今後更不支破。

十七日，知延安府范純粹奏：「近充河東路經畧安撫使，訪聞得晉州知州所得職田，因李君卿充守臣日，諭意管

〔一〕「日」上原有「一」字，據《宋史》卷一七二《職官志》一二「職田」條删。
〔二〕節：原無，據《宋史》卷一七二《職官志》一二「職田」條補。

下縣官違法增額。内襄陵一縣有縣令劉可諛悦君卿，抑勒百姓，知州職田所得比舊增五七倍。後守臣張公庠知民間冤抑，畧曾裁損一二。今有縣令周汲不肯循舊，乞行改正。有昨得替知州時彦即依所申，只襄陵一縣歲減所入約八百貫。周汲者奉公守法，力正姦弊，而時彦不少吝惜。伏望畧賜獎擢，以勸天下守令之官。除李君卿聞已身亡外，其劉可亦望特賜懲艾，以戒害民之吏。」貼黄稱：「欲乞朝廷下有司立法，凡職田土地只許依遠年夏秋所種各色租額，令佃户承認送納，不得半種分收及差人監視收穫。」工部 16 勘當，欲依范純粹所奏。從之。

政和元年三月二十八日，左右司奏：「準尚書省批送下工部三狀，湖北路提刑陳仲宜奏：『欲望選委逐路監司一員，(差令)〔令差〕官逐一按視職田頃畝、佃户租課。數内有抑勒差佃、糾決虚納、厚斂過數應干違法，請更不根究，止令著實改正，保明申所委監司審度保奏。隱蔽鹵莽，必罰無赦。』内降黄貼子稱：『昨已罷提刑職田，今點檢，可下諸路提刑司逐一檢察，如有違犯抑勒、厚斂掊民、虚增頃畝者，並限半年改正訖，保明申尚書省。如輒敢隱蔽鹵莽，許人越訴，其檢察不當官當重行黜責。』又京東路轉運副使韓嚮奏：『欲乞專責提刑司，逐州委常平管勾官，先將逐縣見管職田頃畝分數，合具元佃户人鄉村、等第、姓名、每户所佃頃畝、著望四至，遍詣逐縣，同令或佐躬親下鄉，逐一根究打量。』又京東西路提刑孫漸奏：『伏望將一路職田盡輸於官，徑委所屬監司類聚都大收數，紐定價錢，各計見任官到任月日，依條合得頃畝，據數均給。』本部看詳：『諸路官員所破職田已有等第，及吏部差注，隨其厚薄，自有定格。』左右司看詳，韓嚮、陳仲宜、孫漸上件所言並係職田事，欲並依陳仲宜所言，依内降黄貼子指揮施行。」詔依左右司所申。

四年十一月十一日，中書省言：「臣寮上言：『近見朝廷行遣河北官員辭受園利事，懲勸明白，足以風示四方。然切謂外官職田本以養廉，而自來 17 非理取租課，害有甚於賣菜者。近(穎)〔潁〕川百姓孫真訴本縣勒充司録廳職田户，云初未嘗撥田給種，但令承受散到憑由，認納斛㪷。如臣所聞，(穎)〔潁〕州知州歲入千餘斛，餘官亦皆厚於他州。不問豐凶歲，必取(嬴)〔贏〕焉。乞下逐路提刑司，選差無妨礙官詣所部(知)〔州〕縣，考覈其實。』檢會政和令，諸職田縣召客户或第四等以下人户租佃，已租佃而陞及第三等以上願依舊租佃者聽。或分收，每頃至十户止。租課須税入中限，乃得催納，遇災傷檢覆減放，準民田法。分收者依鄉例，不得以肥地製撲收課。遇收種，許差本廳公人管勾。止有兵級及地在別縣者，本州於外縣同本屬量差公人管勾。」詔於令内除去「遇收種許差本廳公人管勾止有兵級及」字，計一十六字，餘申明行下。

五年十一月十一日，京西北路提刑司狀：「本司契勘闕官等職田租課，未準今年六月初二日都省指揮作朝廷封椿以前，係歸常平，屬提舉司，致令職田租課，提舉常平司至今承行管勾。今來提刑司主行没官租課，又作朝廷封椿，提刑司具帳供申，即提舉司似於職田租課事別無干涉，慮不合更行管勾。緣未有釐革明文。」工部看詳，職田準大觀四年十月二十二日敕節文，專委提點刑獄官。今勘當，欲乞依本司所乞，並隸提刑司，其交納等約束，並依前後已得指揮施行。諸路亦乞依此。從之。

六年十二月三十日，權發遣舒州 18 周焘狀：「伏見諸州教授合給職田，多是無田可給，所在州、軍、縣各將闕官職田租税課給見任教授。契勘本州添差教授一員，所管職事等與見任正官一同，其合得職田未有許給明文，欲乞將添差教授依見任正官教授給職田法施行。」從之。

八年九月十九日，臣寮言：「伏覩尚書省近因臣僚上言，士大夫皆輕縣令之選，特行措置，自不滿五千户已上至滿萬户縣，遞增給職田一頃。然臣切見國家太平日久，生齒至衆，邑無曠土，而比年以來，官吏增圭租，往往虚立歲課，勒令村保召佃。地既無所出，則一鄉之民聚而償之。部使者上下交私，恬不爲怪。伏望申詔三省，將天下縣令已有圭租斷自若干斛已上，更不增給。」又臣僚言：「臣切唯天下圭租多寡不均久矣，縣令所得亦合隨諸路參差不齊。今且以臣所聞言之，其多有至九百斛者，如（緇）〔淄〕州之高苑是也；有至八百斛者，如常州之江陰是也；有至六百斛者，如常州〔之〕宜興是也。自是而降，或四五百，或三二百。凡在河北、京東、京西、荆湖之間〔一〕，其少則有至二三十斛者；二廣、福建則多有自來無圭租處；川峽四路自守倅而下，至於簿尉，又以一路歲入均給，令固不得而獨有也。天下縣令圭田所賦不同如此，今朝廷乃欲一槩增給一頃，豈可得哉！」詔應縣令職田頃畝未及條格去處，催促標撥，其措置遞增一頃指揮更不施行。

宣和元年六月五 19 日，詔：「諸路當職官各賜職田，朝廷所以養廉也；縣召客户或（等）〔第〕四等以下税户租佃分收，災傷檢覆減放，所以防貪也。訪聞諸縣例多違法，勒見役保正長及中上等人户分佃，認納租課，不問所收厚薄，必輸所認之數。設有水旱，不問有無苗稼，勒令撮收。其甚有至不知田畝下落，虚認送納，習以成例。農桑之家受弊無告，聞之惻然，可嚴行禁止。諸縣官吏違法以職田令第三等以上人户及見充役人，或用詭名、或令委保租佃，許人户越訴，以違詔論；災傷減放不盡者，計贓以枉法論；已入己者以自盗論。提刑、廉訪常切覺察。」

十四日，中書省、尚書省言：「檢會臣寮上言，諸路監司職田數内，有所納租課並納上色斛斗，又有無田可撥去處。州縣觀望，臨時旋行抑配有力人户，致有破蕩産業。又河北監司運使、運副、措置糴便、提舉東路常平廨宇並在大名府，東路提刑、提舉廨宇在恩州，標撥職田，多有於濱

〔一〕荆：原作「京」，據《宋史》卷一七二《職官志》一二改。

州，顯見意在厚利。欲乞諸路並依成都府均給職田法式。詔令措置立法，將上取旨。今參酌修立下條：諸發運、監司屬官同。職田，廨宇所在有田而於別州標撥，及租課不以地土所出，抑令輸納上色物者，徒一年。無田或頃畝不足，而抑配虛納租課者，徒二年。本官知情與同罪，不知情減三等。」

三年五月三日，知嘉州呂由成稱：「本路官員職田，自熙寧朝旨，均定紐計斛斗，出賣收錢，從提刑司均 20 給。今契勘逐年有不均盡錢約一百貫文，於法合行再均，其錢見在，並可取撥以充學費。欲望許令本司劄刷本路諸州自熙寧三年後來至今，逐年所管均給不盡續收職田錢數，撥充給學，應副接續封樁。所有自宣和三年已後收到職田錢數，仍乞下本路提刑司照會，遵奉熙寧勅條施行。」尚書屯田供到狀：「契勘諸官員職田熙豐年除四(司)〔京〕并三路沿邊州軍係支錢外，其餘路分係支本色，其政和條令亦似此支給。勘會學事司已罷。」詔依。令本路提舉常平司劄刷，候見數，仰本司拘收封樁訖，具數申尚書省。諸路支錢斛去處依此。

閏五月十日，海州申：「忠翊郎、添差充本州兵馬監押不釐務張谿狀，元係北界燕京人(事)〔氏〕，所有職田，自有《政和令》該說。今來本州稱不合支破，申乞施行。」工部看詳：「歸明人添差不釐務，《政和令》即無許與不許支破明文，合取自朝廷指揮。檢會《政和令》，諸添差官係納土歸明，西北歸明人雖非納土同。職田依正官給。」詔歸明不釐務人依條支給。

七月二十四日，京西北路提點刑獄司奏：「切詳職田租課給受封樁，俱有成憲。邇來州縣玩習爲常，遇在任官省員廢併，或闕正官，其職租錢物應入封樁者，多不申報提點刑獄司檢察拘收。或以見任官應得職田偶闕地田未標撥到，便行將前件應封樁之物支充。在法雖有(檀)〔擅〕支借科徒二年之罪，緣上件錢物未拘收作朝廷封樁 21 間，若有侵支，切慮難以便行引用，伏望立法禁止。」尚書省檢會，今據修下條：諸職田收到租課應充朝廷封樁錢物者，州限十日具數申提點刑獄司檢察拘收。入《政和田令》。諸職田收到租課應充朝廷封樁錢物，不依限申提點刑獄司檢察拘收者，杖八十；未拘收封樁而輒支借，加二等。入《政和户婚勑》。從之。

四年十二月二十五日，詔：「應職田並所屬州縣以官員職任、見破的實頃畝、鄉村卓望、佃户姓名、耕佃年月、租課色數，置籍拘管。遇有改更，即時揭貼。如不盡或不以地土所產抑令輸納上色物者，各徒二年。已上本官知情與同罪，不知情減三等。委提點刑獄常切檢察，因巡歷所至，取籍點檢。」

六年閏三月二十八日，京東路提刑司申：「據登州申，歸朝官釐務乞標撥職田。」詔燕雲路歸朝官係正任窠闕有職田外，應添差釐務、不釐務差遣，並不合給職田。

四月二十三日，兩浙轉運司奏：「昨來制置所奏請，爲新復被賊縣分所任之官有無職田供給者，降聖旨：曾經燒劫縣分，每月縣(分)〔令〕別給驛券一道，餘官如丞、簿、尉、監當、巡檢之類，各別給食錢七貫文，並候三年住罷。緣本路昨被劫，婺、處等州放税三年，限滿，自今年起理税賦。職田如舊，合發上件物帛，依元額起發。其上項別給驛券、食錢，本司即未審合自甚年月日罷支。」詔自起税日罷支。

七年四月二十六日，京東路轉運副使黃潛厚22言：「在任官職租，方起納之時，督責甚於税賦；逮其既足，不時變糶，坐邀善價。貪鄙之風，不可不革。乞應職租候税入中限，令人户依實直中價赴常平庫納見錢。」從之。

十一月十九日南郊制：「比緣臣僚陳請，職田租課並折納見錢，以利佃户。訪聞諸路舊來有坐倉收糴及合納絲帛雜物，或民間有易得物斛去處，仰提刑司勘會詣實，許令依舊送納本色。」

十二月十九日，詔：「職田本以養廉，訪聞諸路租存田亡者甚多，督民代納。仰提刑司根括，如無實田，與蠲租額，仍將一州職田重均爲額。所委官根括不實，如係知、通、監司職田者坐贓論，餘官減二等。」

欽宗

【宋會要】

靖康元年五月十二日，詔諸路職田租存田亡者，並與落租額。

十四日，詔：「外任官職田權借一年，自今年夏料爲始，令逐路提刑司變轉貨計綱送納内藏庫。内河北、河東毋起發，令逐路轉運司樁管，應副軍期。」

七月十五日，詔：「近降指揮，外任官職田權借一年，頗聞三路物重錢輕，妻孥不得温飽，難以養廉，河北、河東、陝西路可並免借。」

高宗

【宋會要】

23建炎元年六月十三日赦：「應州縣官職田，訪聞多係實無田土，抑令人户輸租，仰提刑司勘驗詣實，常切覺察。」

二十七日，詔：「應監司州縣職田並罷，令提刑司拘收樁管，具數申尚書省。」

二年五月三十日，詔：「圭田，士大夫資以養廉，國用雖乏，其可取此！自今更不拘借。」

三年十一月三日，詔：「諸州職田，可自來年依元祐法計月均給。」

紹興元年十月十日，新知西外宗正事士撙言：「乞將西、南兩司官屬所請職田錢并日批驛券並行寢罷，以省國用。」從之。

三年四月二十三日，工部侍郎李擢言：「圭田之法，皆以逃亡五年以上及絶户荒田爲之，故其膏沃者少，歲收無幾。而有司拘以舊籍已定之數，脅以當官必行之威，民已告病，吏莫之恤。願詔有司，將見令職田數委通判同縣令覈實，除其不可力耕之田，損其已定過多之額，使之適平而後已。或以蠲除之後非所以養廉，則乞將空閒之田及往爲大安撫司及他司增置官屬所占者撥以足數，仍先自簿、尉始。」從之。

七月十七日，詔：「諸路提刑司將見任官至選人、小使臣應合得職田，依格法標撥。如本州見任官數多，所管田不足，令提刑司於一路鄰近州縣通融標撥，須管數足。即不得挑取膏腴田土及過數標撥，并標撥未歸業人田土。又選人、小使臣任外路州縣差遣，内有無職田及雖有職田不曾依格撥足，每月止請錢三五貫，難以養 24 廉，仍令諸路提刑司依格法標撥。竊慮行法之初，或標撥未足，夏秋未有所得，仰轉運司權將無職田選人并親民小使臣，每員每月支茶湯錢一十貫文。内雖有職田，每月不及一十貫處，補足一十貫。如每月(細)〔紐〕計，支得職田計三貫，添支七貫之類。候依格撥到職田，其所收租課(細)〔紐〕計一十貫文以上即罷。」

二十日，詔：「職田雖堪耕種而彊抑人户租佃，及佃户無力耕種不令退免，各徒二年。遇災傷已經撿放，或不堪耕種，無人租佃而抑勒鄉保鄰人陪納租課，并計所納數坐贓論罪，輕者徒二年。非縣令而他官輒干預催佃自己職田者杖一百。並許人越訴，仍令提刑司覺察按劾。」

五年十月三十日，詔：「兩浙轉運司據本路州縣官一歲應合給職田租會定實數，權宜並行收糴一次，價直每斗五百文省。其本錢許令本司通融拘截本路諸州應干合赴行在上供等錢内取撥，其價錢以官職高低從下支給。」以兩浙職田最多，且連歲豐稔，而軍興之際，方患無糧，因臣僚請，故有是命。

七年四月十二日，詔：「今後州縣官職田，不得輒令保正(摧)〔催〕納。如違，仰提刑司按劾。」以侍御史周祕言，州縣官職田自來多令保正催納，兵火之後，佃户逃亡，而官猶以其常數責令陪納，故有是命。

十一年十二月十一日，詔：「諸州縣職田令提點刑獄司覈實，使佃民按實輸租，毋得代納并抑配。如監司、知、通失於檢察，與犯人減二等斷罪。」

25 二十五年十一月十九日南郊赦：「官員職田，在法以官荒及五年以上逃田撥充。訪聞州縣多不問年限拘占，人户既無業可歸，多致流徙。或間有災傷，須令依舊數輸納，甚者抑令過數(拆)〔折〕納見錢，民甚苦之。仰諸路提刑司體訪，如有似此，依條改正，除放施行，仍不許收加耗。」

二十九年十二月二十二日，户部言：「官員職田，依紹興條格，各有定數。其間有踏逐係官田産，并因省員廢併及添差官罷任後來職租等，擅行均撥，並係格外之數，有礙成法，並合改正。欲令諸路提刑照應條格施行，如有格外標撥去處，拘收入官，具數申尚書省。」從之。

三十年十一月六日，詔：「應諸路有職田米麥麻豆處，只令納本色，隨月支給，依市價出（羅）〔糶〕。如敢抑勒牙人，科敷人户，許越訴，以所剩利依法計贓。」

孝宗

【宋會要】

紹興三十二年七月二十一日，已即位，未改元。詔：「諸路州縣官應請職租可權借撥，專令常平司樁管贍軍，候邊事寧息日取旨。仍仰諸縣各具所收實數，類申尚書省。」

二十五日，中書門下省奏白劄子：「諸路州縣有職田去處，監司、知、通、屬官、職官、曹官、縣官，皆違法將合得職田立定等第，於受納官處令人户高價折納見錢，公然取受，遞相容庇。」詔：職田米自今輒敢折納見錢，並計贓坐罪。

26 八月二十四日，右正言袁孚（言）奏：「臣聞圭田所以養官吏之廉，在法以官荒及五年以上逃田充，召客户或第四等以下户租佃或分收，遇災傷撿覆減放准民田法，分收者依鄉例，不得以肥地制額收課，載諸令甲，非不詳備。而比年以來，所在職田姦弊不一。欲望下諸路，委提刑取見所部官吏職田詣實，將無田而有租去處改正除落；若有田而無租户，即召人情愿租佃分收，不得輒勒令鄰保承佃及重立租額。專委提刑覺察，違者劾奏，計贓科罪，仍許人越訴。如提刑隱（弊）〔蔽〕，即重寘典憲。」從之。

隆興元年六月十二日，工部尚書張闡等言，欲權借諸州官員職田一年添助用度。從之。

八月十一日，詔：「昨因措置財賦，議臣乞權借職田添助國用，深慮吏無圭租，何以養廉，前降指揮更不施行。」

九月二十七日，户部言：「勘會明堂赦内，逃田嚴五年之限，州縣不問年數拘占，撥充職田，無業可歸者多致流亡。有似此去處，日下依條改正，違戾者按劾。本部切詳，逃田官爲拘收，許人請射，如業主於限内歸業，自合給還。所有拖欠租賦，已有放免指揮，若州縣將所拘逃田撥充職田，亦合遵守明堂赦文五年之限。如是州縣違戾，其所屬監司合行按劾奏聞。今看詳，欲下諸路提刑、轉運、提舉常平司，行下所部州縣遵依施行。」從之。

乾道元年正月一日，改元赦内：「勘會官員職田，不問年限拘占，人户無 27 業可歸，多致流徙，甚者將租課本色抑令折變及過數折納見錢，增收加耗，民甚苦之。仰諸路提刑司體訪，日下改正除放。如尚違戾，按劾聞奏，計贓斷罪。許被科抑人越訴。」三年十一月二日大禮赦、六年十一月六日大禮赦、九年十一月九日大禮赦，並同此制。

七月七日，詔：「職田雖有前降指揮，近王大寶所陳可採，可權拘三年，以裨經費。」

十二月二十九日，上宣諭宰執曰：「職田米借三年，選人養廉錢自合支與。」洪适等奏：「元無職田處，養廉錢亦皆住支。」上曰：「可降指揮，並依例。」

同日，中書門下省奏：「勘會諸路無職田選人，每月例支茶湯錢一十貫，緣近降指揮權借職田，致令諸處一例不支。」詔將新借職田選人仍支茶湯錢。

二年五月八日，中書門下省勘會，今來已住罷權拘職田指揮。詔令逐路州軍將新借職田選人月支茶湯錢却行住支，其無職田選人茶湯錢自合依舊。

三年六月三日，中書門下省奏：「知太平州王秬爲蕪湖縣令張文昌以所得職田不除放災傷分數，盡行支請，除將文昌計贓、追毁出身以來文字、除名勒停外，慮其佗州縣亦有違戾去處，理宜措置。」詔令諸路州縣將歲認見任官職田虚數，仰提刑司盡數蠲除，止據實有數目支給。如遇災傷不除收分數或高價折錢，許諸色人越訴，計贓斷罪。

四年三月六日，宰執進呈四川宣撫使虞允文言：「欲將見任官職田租[28]斛自乾道三年爲頭，權借十年，委提刑司拘收，具數報轉運司，將離軍官兵并歸正人酌量分撥，專用贍養，非唯官兵便得請受，又州縣省計不致闕乏。」上曰：「不知見得職田錢果可以周許多人請給否？」蔣芾奏曰：「允文以爲可周。」上曰：「宜從其請。」陳俊卿奏曰：「便當必行，如頃年臣僚請收諸路職田以濟國用，得旨借三年，已而論者以爲不可，隨即改之。」上曰：「卿言極是，往時此間亦無用許錢。」遂已之。

六年六月十八日，江浙荆湖淮廣福建路都大發運使史正志言：「契勘諸路監司、州縣職田，各有元撥頃畝額數，比年以來，多是將續開耕并逃移等田撥充額外職租。如隆興府兩通判廳，每廳元管職田一百餘石，今增作八九百石，曹職官亦倍數增添。它郡似此不少。今乞將續標撥并省罷員闕數目，從本司拘收，添充糴本。」從之。

八月四日，户部狀：「臣僚言，權借職田三年，令折納馬料，其不通水路及僻遠去處，計價折錢，發赴淮南運司收糴，令户部條具。今具下項：一、浙東、福建州軍多無水路，乞令轉運司將職田米或自來折納錢盡行拘收，發赴行在省倉，委官收糴馬料。一、浙西、江東、淮東西州軍，乞令逐路運司將每年職田米數依數納馬料。内有折錢去處，依自來例，據每石錢數拘收糴馬料，起赴兩淮總領所令項樁管。一、江西土地闊遠，州縣往往將別色田畝占充職田，欲乞令漕司將本路[29]歲得職田米盡行折錢收糴馬料，起赴湖南總領所令項樁管。一、湖南北、京西路，乞令轉運司將應管職田盡行折納馬料，内有從來折錢，即依體例折納，收糴馬料，起赴湖廣總領所令項樁管。一、二廣地里遥遠及不通水路，乞令轉運司拘收折錢變輕賫，赴湖廣總領所收糴。」從之。

八年十月二十一日，詔：「權借職田可自今年十月一日爲始，與免拘借。」

十二月十四日，詔：「諸路職田，已降指揮與免拘借，尚慮循襲舊例，額外收斂，自今止理正色，仍不得過數多取。如有違戾，令提刑司按劾以聞。」臣僚上言：「職田所以養廉也，而士大夫取之，適以啓其不廉。國朝自咸平以來，始議復興，而杜(錫)〔鎬〕討論之，有曰：『中才之類可革於貪心，上智之人益興於廉節。』此言爲養廉而興也。至天聖中，獻言者乃乞停廢，而晏殊詳定之，有曰：『差遣之間，徇於僥競；收斂之際，害及人民。』此言適以啓其不廉也。頃者權借三年以助經費，今已與免拘(至借德)〔借，德至〕渥也。尚聞循襲舊例，額外征求。或高爲價直以折錢，每斗有至於五百者；或倍取本色以爲數，每石有取二石者。水旱所當減也而不減，逃亡所當除也而不除。田户困於輸納，縣道窘於(捉)〔促〕辦。欲望睿慈嚴爲之禁，應天下職田止得收取本色，庶使小民不至重困，縣道亦以少寬，貪心可息而廉節可興矣。」故有是命。

淳熙元年六月二十五日，臣僚言：「諸州職田有額 30 存實亡者，乞委逐路漕司覈實，將有額田虛認之數盡與除放外，將實有田數依各州逐官元舊所得分數重行撥給。」從之。

二年十二月十七日，慶壽赦：「官員職田遇有水旱，合行減放。今兩淮、江東、浙西州軍間有旱歉，可並民田分數減放。民户拖欠，催理失時，勒令保正副陪納者，並與除放。」

七年十二月二十一日，詔：「諸添差不釐務官依條不許支破職田，雖有指揮許依正官例支破請給之人，只爲請給、供給，自不合給職田。」從知歸州王湝請也。

十六年五月二十四日，户部言：「湖南提刑姚恪奏：『本路職田輸納支請，甚失其平。欲使本路職租舊納本色，不得折支；元係折支，並從民願。如納本色，不許廣收斛面縻費；如折價錢，每石不得過一貫六百文足。支米折錢悉歛于本州倉庫，司法收支，通判主管。凡監司、州縣官券旁，幫審然後支行，不得科抑吏民糴糴，亦不得過數折支一錢，違者並以贓坐。』户部看詳，欲下本司參酌今來奏陳事理，照應時直，遵守見行條法施行，毋令稍有仍前違戾。」從之。

光宗

【宋會要】

紹熙二年九月十六日，新知瓊州黄揆言：「臣前任新州，竊見舊例職租皆是輸納本色米。淳熙初，間始有令佃户折納價錢，其數至三四倍於本色。佃户因是逃竄，遂 31 至均之鄉保，凡有職田之鄉，無有幸免之家。乞行下新州，不得仍前折變。其佗州郡應有職田折變去處，各仰監司、守臣嚴行約束。」從之。

十一月二十七日南郊赦：「勘會官員(折)〔職〕田，在法以官荒及五年以上逃田撥充。訪聞州縣不問年限，輒行拘占，致人户無業可歸。間有災傷，却令依舊數輸納租課。並仰日下依條改正除放，仍令提刑司常切覺察。尚敢違戾，許人户越訴。」

寧宗

【宋會要】

嘉泰三年十一月十一日南郊赦文：「官員職田，在法以官荒及五年以上逃田撥充。訪聞州縣不問年限，輒行拘占，致人户無業可歸。間有災傷，却令依舊數收納租課〔一〕。並仰日下依條改正除放，仍令提刑司常切覺察〔二〕。尚敢違戾，許人户越訴。」開禧二年以後明堂赦並同此。

嘉定二年十二月十五日，臣僚言：「自開禧三年圭租權令拘樁起發，按時給付價錢。州郡起發既不如數，價錢多匿而不還。嘉定元年，各州擅自拘糴，抑以低價，復不盡給。竊聞今歲欲拘，以至於俸給有積下數月者，復抑酒折閔，小官下吏何以養其廉乎？宣帝欲增俸以禄吏，而今州郡乃朘剋其俸以自豐。乞嚴飭州郡，圭租則無復拘糴，盡數給還；俸料則按月幫支，不致積欠。有法以治贓吏之罪，有禄以養官吏之廉。」從之。（以上《永樂大典》卷四七八二）

〔一〕收納：據上條，當作「輸納」。
〔二〕切：原無，據上條補。

宋會要輯稿　職官五九

考課

【宋會要】

1 太祖建隆二年，令右監門衛將軍魏仁滌等以監酒麴市征額外有羡利〔一〕，並令遷秩。故事，文武常參官各以曹官事繁省著爲月限，考滿則遷轉〔二〕。太祖循名責實，非有勞者未嘗進秩，自是歲滿序遷之典頗不復舉行。

太祖建隆三年十一月十日，有司上言：「准《考課令》，諸州縣官撫育有方、户口增益者，各準見户爲十分論，每加一分，刺史、縣令進考一等。其州户不滿五千，縣户不滿五百，各準五千、五百户法爲分。若撫養乖方，户口減損者，各準增户法，亦減一等，降考一等者。當司近年例不進考，唯是點檢考帳闕失，不問重輕，便書下考。今請應州縣官撫養乖方，減損户口一分以上者，並降考一等。州比州，縣比縣。如有公事疎遺，曾經勑命殿罰者，降考一等。所有增添户口、租税課績并兵戈災沴，並準《長定格》處分。又諸道州府逐年考帳多不坐户口數目，只見催科、刑獄公事有無遺闕比較，升降考第申奏。今請令逐州府考帳，須以逐人到任至成考日月，具係税户口、租賦開坐比損多少，及有無功過。如違，並準考帳違限例殿罰。又州縣官每考滿罷任，本州批給解由曆子，若不是校考之時，即不與批書末考。直候合書校日，方先批罷任日月，然後始書末考。況銓曹檢勘，只憑省校，今後欲請罷任如月數合書末考者，便令批書，方批離任月日，免使更勞往復。其考課候至書校時，依舊附帳申省，不得漏落。又應京官月限多少不等，有以三十六月、三十月爲滿者，有以二十月住支料錢者，當司逐年書校考第，並無準繩。今後欲請應有曹局料錢京官〔三〕，並以三十月爲滿。內有合校考第者，以此爲限，其料錢一依舊例月數支給。」從之。

二十二日，詔：「令、尉在任，如能肅静鄉州，一任内並無賊寇，仰本州聞奏，别行旌賞，仍書上考。應縣尉較考，並依判司、主簿月限。應有劫賊、殺人賊，並給三限捕捉，每限二十日。第一限内獲，不計人數，令、尉各減一選，半已上減兩選；第二限獲，不計人數，令、尉超一資，半已上超兩資；第三限獲，不計人數，令、尉加一階，半已上加兩階。出三限不獲，尉罰一月俸，令罰半月。三度罰俸，尉殿一選，令四度罰俸亦殿一選。經三度殿選者勒停。應有劫賊、殺人賊，限内已獲、限外不獲，並仰本州批書曆子，於逐年考帳内分明開坐罰殿，較定功過考第申省〔四〕。」

〔一〕羡：原作「美」，據《長編》卷二改。
〔二〕滿：原無，據《宋史》卷一六〇《選舉志》六補。
〔三〕有曹局料錢：原作「無曹局錢錢」，據《長編》卷三改。
〔四〕天頭原批：「《宋史·志》：令、尉與賊鬬而能盡獲者，賜緋陞擢。」

乾德二年二月二十日，詔曰：「周廣順三年五月詔書：『應前後出選門州縣官，内有十六考〔一〕，叙朝散大夫階，次赤令，並歷任中曾陞朝，及兩使判官、諸府少尹，罷任後及一周年〔二〕，與除官。曾任兩藩營田判官〔三〕、書記、支使、防禦團練判官，罷任後及二周年〔四〕，與除官。並許經中書陳狀，點檢不欠年限，當與施行。選限既近，不得依常選人例更理減選〔五〕，仍須批書曆子，請給解由。如是逃走户口，降書考第，及顯有過犯，必行殿降。應諸色選人過三選以上〔六〕，及未成資考丁憂，課績官無選可減者，各令自於吏部南曹投狀，准格2勑磨勘無違礙，申送中書門下，並與除官。其州縣官自恐虧損年限資序，願歸選門者，亦聽自便。如或曾任推、巡、軍事判官并諸色出選門官，並據見任官選數叙理，取解赴集，依格勑磨勘，送名申中書門下，於銓司注擬。』前先次除官者，並自前應於中書陳狀乞官，及過三選，未成資考丁憂，及諸色出選門官送名人等，宜令今後一准元勑年限選人例，並須取解赴集，送銓先次注擬。其課績官仍令吏部南曹準格勑移牒三司，會問户口，税錢數同，准例合該減選者，令所司給付公憑。如無選可減者，亦送銓司注礙。所有雪活官依例刑部磨勘，便令送銓，準元敕資叙注擬。其課績及雪活官候銓司注官，畢日内有合該改服色、轉檢校、兼試銜者，仍令銓司具名申奏。餘依格式處分。」

四年八月十日，詔曰：「憲府繩姦，天官選吏，秋曹讞獄，俱謂難材。循名既責其勤勞，滿歲宜行於旌賞。應御史臺、吏部流内銓、南曹、刑部、大理寺，見任及今後自少卿、郎中、員外郎、知雜侍御史已下及丞、簿、司直、評事等，並以三周年爲滿，閏月不理。須常在本司莅事者，至月限滿日，便與轉官。其尚書侍郎、御史中丞、大理卿，別議加恩。如在官不恪〔七〕，事有廢闕，即不得例遷，仍量罪寘罰。」

開寶九年十一月八日，詔：「諸道州府知州、通判及監臨事務官吏，宜令諸路轉運司廉訪其能否第爲三等，歲終以聞。以臨事簡慢、所莅無狀者爲下，恪居官次、職務粗治者爲中，治狀尤異、大有殊績者爲上，當行賞罰。」

太宗太平興國二年正月十一日，詔曰：「《虞書》考績，爰自三年；漢官奏課，聿定九等〔八〕。應諸道州府曹掾官及縣令、簿、尉，先是吏部南曹給印紙曆子，俾州縣長吏書其績用僣過，秩滿，有司詳視而差其殿最。斯舊章也，執事

〔一〕十六考：原作「歷六考」，據《五代會要》卷二一、《册府元龜》卷六三四、《長編》卷五改。
〔二〕及：原無，據《長編》卷五補。
〔三〕藩：原作「番」，據《五代會要》卷二一、《册府元龜》卷六三四改。
〔四〕及：原無，據《長編》卷五補。
〔五〕減選：原無「選」字，據《五代會要》卷二一補。
〔六〕色：原作「免」，據《長編》卷五改。
〔七〕官：原作「者」，據《補編》頁三八二改。
〔八〕聿：原作「事」，據《補編》頁三八二改。

者其申明之，無或蔽欺，以紊經制。諸州先於曆子外給公憑者罷之。敢有妄書功勞，輒隱違犯，致磨勘彰露，或爲人陳告，本判官、録事參軍悉除名，長吏重罰，曹司決配。仍令揭榜于録事參軍聽事。」

三年二月二日，判吏部南曹董淳言：「諸州録事、掾、縣令、簿、尉，先給南曹曆子，州吏批書，多所漏畧。今於令式收其合書者，如館驛、義倉、官市、牛皮筋角、前代帝王陵寢、嶽瀆河海祠廟及監給麴、商税〔一〕、黏粎等並書，敢漏一事者殿一選，三事者降一資，初入令録者只於本資降，州縣吏加笞責焉。（今）〔令〕式所合書者，雖所部無有，亦著其無，以相參驗。望頒行諸州。」從之。

六年二月一日，詔曰：「朝廷伸懲勸之道，立經久之規，應群臣掌事于外州，悉給以御前印紙，所貴善惡無隱，殿最必書。俾因滿秩之時，用伸考績之典。如聞官吏，頗紊綱條，朋黨比周，迭相容蔽，米鹽細碎，妄有指言，蠹有巨而不彰，勞雖微而必録。有司 3 披文而校，件析以聞，志既切於澄清，恩或由於僥倖。成命不反，蓋示信以當然；出令惟行，於垂勸而安在！宜行誡諭，用儆因循。自今應出使臣僚在任日勞績非尤異者，不得批書；曾有殿犯，不得隱匿。其餘經常事務，不在批書之限。」

九月十二日，詔：「應京、朝官將命出入及秩滿受代歸闕者，宜令中書舍人郭贄、膳部郎中知雜事滕中正、户部郎中雷德驤同考校勞績及銓量材器，候外任有闕，中書下其名，類能以授之。」先是，常參官自一品以下皆謂之京官，其未常參者謂之未嘗參官。近代以常參官爲朝官，未常參官爲京官，故有京朝官之目焉。

七年五月十七日，詔曰：「朝廷重賞罰之柄，爲懲勸之典，蓋生民之利病，由官吏之能否也。所以旌别善慝〔二〕，黜陟幽明，每思精審，以立制條。州縣官所考殿最素繫南曹，而知州、通判别給御前印紙，以書功過。洎歲時斯久，因循失職，遂成私徇，（寢）〔寖〕以混淆。特舉舊章，以明申警。自今外任京、朝官凡從政之迹，並委本部州縣以實狀書於所給印紙，不得增減功過，阿私罔上。其關津書考之官，悉書其名，違者寘罪。」

二十九日，詔：「應知州、通判、知軍監、知縣京官及進士及第幕職州縣官曾給御前印紙者，宜令齎往任所，批書事迹，納差遣司磨勘功過，定升降等第及堪何任使。京官以下送閤門引見，朝官件析以聞。」

十月，詔：「應監臨物務京、朝官及知州軍監、通判兼監物務者，替日令御史臺曉諭，先齎御前印紙於三司，仍件析以聞。任内所收課利，委三司磨勘增虧，條報差遣院，一依五月詔旨詳定升降、堪何任使以聞。」

十二月五日，詔：「應文武京、朝官，委御史臺取鄉貫、

〔一〕税：原作「祱」，據《補編》頁三八二改。
〔二〕慝：原作「匿」，據《補編》頁三八三改。

年甲、出身、歷任文狀。如赴舉時先於他州寄應者，亦明陳本貫，不得妄繆。足日以大策録進，今後除授者亦續供奏。其西川、廣南、荆湖、江南、兩浙人勿充本道知州、通判、轉運使并臨蒞公事，已差往者具名以聞。」

八年四月一日，詔曰：「國家並建庶官，分掌衆務，各司攸局，咸盡其材，不明殿最之文，曷伸懲勸之道！應州縣幕職官等，吏部蓋有舊規。自今京、朝官釐事於外者，秩滿歸闕，曾經責罰及臨事簡慢者，並與邊遠州郡；課績高等，治行尤異者，授以近地。式示勸能，著爲定制。」

六月三日，刑部郎中楊徽之、庫部郎中孔承恭同考校京、朝官殿最。

八月十日，詔曰：「朕選用群材，令司衆職，九品之賤，一命之微，未嘗專委於有司，必須召對於便殿，親與之語，以觀其能。儻敷納而可觀，必越次而命賞，靡容僥倖，庶叶澄清。自今應親臨選擢官吏，並送中書，更審勘履歷，別聽進止〔一〕。」

雍熙二年十月十七日，右諫議大夫雷德驤同知京、朝官考課。初，帝謂宰臣曰：「朕前日閲班籍，欲擇一人爲河北轉運使，而臣僚既【4】衆，不能盡識，亦不知其履行。自今令德驤具臣僚歷任功過之跡引對取旨，既以漸識群臣，可以擇才委任，且使有官政者樂於召對，負瑕累者耻於顧問，懲惡勸善，於是在焉。」

四年三月十二日，詔曰：「國家分職建官，蓋期於共理；信賞必罰，以示於無私。用敦激勸之風，冀盡忠勤之節。應天下知州、通判等，共分憂責，各效官成，政理之臧否攸歸，黎庶之慘舒是繫。所宜明爲賞罰，以示勸懲。先給御前印紙，令書課績，而功過未盡其實，黜陟未得其宜。自今並條其事迹：凡決大獄幾何，凡政有不便於時、改而更張〔二〕、人獲其利者幾何，及公事不治、曾經殿罰，並具書其狀，令同僚共書，不得隱漏。罷官日，上中書考校，以定殿最。」

淳化三年正月十日，左諫議大夫魏庠、知制誥柴成務同知京、朝官考課。

十九日〔三〕，詔曰：「國家擇幹蠱之才，領轉漕之任，生民繫乎舒慘，國用倚之盈虚。百吏承風，在舉措而宜慎；三年會計，固黜陟以是行。苟無課最之文，曷伸懲勸之道！應諸道轉運使，自今釐革庶務，平反獄訟，及貨財盈羡，飛輓辦集，有利於民等事，並令所在州府軍監每歲終件析以聞。非尤異之績者，不得申舉。」

十月十六日，詔曰：「三考黜陟，有虞之茂典；八使按行，東漢之舊章。苟課最之不明，於賞勸而何在！應諸道知州、通判及釐務京朝官、録事、判官、縣令、簿、尉等，內有

〔一〕聽：原作「德」，據《太宗皇帝實録》卷二六改。
〔二〕改：原作「政」，據《長編》卷二八改。
〔三〕十九日：《宋大詔令集》卷一六五、《長編》卷三三均繫於正月戊午即十四日。

治行尤異、吏民畏服、居官廉恪、涖事明敏、獄訟無滯、倉庫盈羨、寇盜剪(滅)〔滅〕、部内清肅者，本道轉運使各以名聞，當召赴闕，親臨問狀，增秩懋賞，以旌其能。其有貪猥自私、臨涖無取、稽留犴獄、叛離(言)〔官〕次、盜賊群起、賄賂公行者，並須條狀來上，當行貶斥。」

二十日，户部侍郎王沔、度支副使謝泌〔一〕、秘書丞王仲華同知京朝官考課，吏部侍郎張宏、户部副使高象先、膳部員外郎范正辭同知幕職州縣官考課，左贊善大夫魏廷式與樞密都承旨趙鎔、李著同校三班殿最。時帝慮内外官吏清濁混淆，莫能甄别，故分命沔等考校其課績以狀聞，因行黜陟之典。

十一月七日，沔等言：「應京朝官殿犯，望令刑部件析供報，以贓私、公罪分三等以聞，取候進止。其京朝官投牒所陳歷任殿最，有敢隱漏者，並除籍爲民。刺問有司而受請託、隱蔽殿罰、不以實報者同罪；胥吏杖脊，配隸遠惡處。」從之。

十一日，御史中丞王化基同知京朝官考課。以王沔卒故也。

四年二月十八日，以考校京朝官院爲審官院，幕職州縣官院爲考課院。

二十一日，審官院言：「水部員外郎、知鄆州張正倫，殿中丞、監香藥榷易院李建中，所供歷任漏落過犯，當除名。」詔各奪一官，依舊在任。

五月二十日，詔以京朝官考課院翰林學士錢若水、樞密直學士劉昌言同知審官院。又以幕職州縣官考5課院歸流内銓，命翰林學士承旨蘇易簡、知制誥王旦同領其事〔二〕。先是，置京朝官考課院，又别令校其殿最，至是併而爲一，命若水等主之。

五年五月十九日，臨軒親選郭玘等四人爲升朝官，仍給御前印紙，令書今任課績，滿日自齎赴御前，較其課績。帝面諭玘等：「爾爲布衣在塵埃時，見一朝官還羨否？今來未滿歲而卒擢選，宜自厲力，以答殊恩。」

二十七日，審官院上新選京朝官充知州二十餘人御前印紙曆子，帝(視)〔親〕書紙前曰：「公務刑政，惠愛臨民，奉法除姦，方可書爲勞績。本官月俸並給實錢〔三〕。」令知審官院錢若水分賜之，因謂若水曰：「所賜誡諭有『奉法除姦』之語，恐不曉者别思生事，以求功勞，可語之曰：『除姦之要在乎奉法，故有是言也。』」

七月三十日，詔：「三司總計使及十道判官等，自今年七月以前奉行公事及課最殿罰，並令條奏。自今月八日以後，各給御前印紙，使判官吏書其績，滿歲考校以黜陟之。」

八月二十九日，詔給諸道轉運使御前印紙，令部内知

〔一〕副使：原倒，據《長編》卷三三乙。
〔二〕誥：原作「諸」，據《補編》頁三八四改。
〔三〕給：原作「結」，據《長編》卷三六改。

州、通判批書殿最，每歲滿上審官院，考校黜陟之。

至道元年正月，審官院考課引對，水部員外郎毋克讓以足疾，國子博士車成務以從政無聞，並出爲諸州團練副使，克讓許簽書公事。

二年十二月二十三日，詔：「今後州縣官部内流民及亡失租調什之一者，並書下考。」

真宗咸平元年六月十四日，詔：「自今知州、通判以不治代還者，並授閒冗釐務。」

八月二十七日，詔：「自今後監倉京朝官無得以羨餘斛㪷爲課績。」

十二月二十一日，三司言：「監官釐務者，一務歲課或虧，而兼掌處有贏羨者，請許補其數。」從之。

二年二月，詔：「知州軍、通判、本判官、録事參軍、諸縣令佐到任日，交管户籍，新舊逃户數目書於印紙曆子。如在任日招到逃户，即書某年月日招到，元是何年月逃移，夏秋税計若干，合至何年收理。若任内却有人户逃移，亦書。因以户數并逃帶税物事件（成）〔咸〕具奏聞，不得妄有增減。候代訖，令新任官責應干繫主者批書，委是確的，結罪狀繳連印書付本官，自齎赴闕，於審官院或銓曹通下，逐司點勘及會問三司，具以實聞。如顯然招到人户，增添税數，及不因災傷致逃移人户，並取勑裁。」

三年七月，帝諭宰臣，令録内外庶官歷任功過，編策進内。其該恩復用者别編，以備親覽。

景德元年五月，詔：「諸州通判、幕職州縣官、監物務京朝官使臣等，任居民政，職臨物局，儻能招輯流民，增集官利，耗登可較，黜陟必行。近據勘得替人在任事件，未叶公平。自今宜令轉運司遍諭所部批書曆子，明具州縣元管主客户口，在任至替，逐年流移、歸業，件析口數；招添賦税，明言實納色額。不得衮同增加，并以在任走失户税次年歸業者妄爲勞績〔一〕。應監場務，須具租額及前界遞年實收錢數增虧，比類批 6 書。敢有庇覆隱漏，干繫官吏悉論以違制。或官吏爲形勢所抑，狥情批書不實，亦許經新到任官陳首，令具奏聞，當行指揮。應會問之司宜專行點檢，依理關報，不得輒有增減。仍委三班院、流内銓、審官院精加詳審，方得引見。儻涉鹵莽，所經歷官局並嚴朝典。」時帝以考課京朝官、使臣，或招輯户口及監臨餘羨多或不實，特約束之。

九月五日，詔：「諸路轉運使、副察所部官吏能否，辨爲三等：公勤廉幹、文武可取、利益於國、惠及於民者爲上；幹事而無廉譽、清白而無治聲者爲次；畏懦而貪、慢公不治、贓狀未露、濫聲頗彰者爲下。並列狀以聞。」從右司諫高伸之請也。

四年七月，詔樞密院：「今後諸司使、副使至閤門祇候外任代還，或召赴闕者，先具履歷以聞。」時帝以引見或不

〔一〕妄：原作「忘」，據《補編》頁三八五改。

能盡記其人履歷，或有勤勞及歲久當遷者，故下是詔。

大中祥符元年三月二十三日，詔曰：「國家並建庶官，分治百職，每循名而責實，冀獎善以勸能。屢降詔條，俾言課最。委攸司之參校，稽善狀以甄升。亦有竊覬朝恩，妄增功績〔一〕，靡慙醜行，深斁彝章。思革弊風，用頒嚴戒。自今文武官書曆子、解由，不得虛録勞課及隱漏過犯，違者重寘其罪。」

二年六月二日，頒幕職州縣官招攜户口旌賞條制。

三年九月十五日，詔：「自京至雄州諸縣鎮，令佐、使臣供契丹國信驛置無闕者，許書爲勞課，替還日與優便官。」

五年六月，知龍州吴濟言：「准勅，諸州省錢修至聖文宣王廟及禮器及天慶節醮器將畢，自今乞當職官吏書上到任曆子，迭相交割。」從之。

七年十月，詔：「奏舉選人引對與京官者，例入川峽官，或未有闕，權令近地釐務，而雖踰年，不理課績。自今理爲考任。」

八年八月，詔：「應選人已得替，帶本任官，別奉宣勅差親民任使，得替離任，出給到合成考第課績單狀，並與依例較成考第。如得替後只係本州轉運司差諸處勾當，不在此限。」

天禧三年四月十四日，詔：「轉運使副、提點刑獄、館閣臺省官外任，歲滿代還，並依京朝官例，於審官院投狀考課。」

五年十月六日，審刑院詳議官尚霖言：「奉詔往陝西規畫入中芻糧，其入中比遞年一倍已上者，請許監官書曆爲課。」從之。

仁宗景祐元年正月二十五日，中書門下言：「諸路提點刑獄朝臣使臣，舊例給御前印紙，批書在任事件，候得替磨勘。」從之。

三年十月一日，置磨勘諸路提點刑獄司，以翰林學士承旨章得象、學士丁度、權御史中丞張觀領其事。

慶曆二年正月十八日，御史中丞賈昌朝言：「近歲舉諸路提刑多非其人，請廢考課黜陟之法。」詔自今提刑到闕，令磨勘院具在任功過分三等聞奏，上等除省府判官或轉運使、副，中等與大藩知州後方升 7 陟差任，下等止知州郡。如未替間別有差委，不拘此限。

五年二月三日，詔京朝官考課之法並如舊制。先是，監察御史劉元瑜上言：「近年更張條制，求士之道，盡由保舉〔二〕，方得進用，習長奔競，無甚於此。自朝官轉員外郎，員外郎轉郎中，郎中轉少卿監，各須清望官五人同罪保任，方許磨勘。此詔一降，浮薄之人日趍權門，求爲舉主，不復更有廉耻，清介自守則終老無所進身。望指揮中書，別立

〔一〕妄：原作「忘」，據《宋大詔令集》卷一九一改。
〔二〕由：原作「申」，據《補編》頁三八七改。

黜陟之制。」故有是詔。

皇祐元年二月五日，權三司使葉清臣言：「三司總天下錢穀，贍軍國大計，所切一十七路轉運司公共應副，仍須有材幹臣僚，方能集事。伏以朝廷責(辨)〔辦〕財賦，出於三司。近年荆湖等路年額上供斛㪷虧欠萬數不少，皆是轉運司無所稟畏，致此弛慢。苟不振舉，久遠上下失職，號令不行，虧損財用，有誤支計。臣伏見提點刑獄，朝廷以庶獄之慎，特置考課一司，專考提刑朝臣進退差遣。欲乞今後轉運使、副得替，亦差兩制臣僚考較，分上中下上下六等〔一〕。若考入上上，與轉官陞陟差遣；上下者，或改章服，或升差遣；及中上者，依舊與合入差遣；中下者，差知州；下上者，與遠小處知州；下下者，與展磨勘及降差遣。仍每到任成考，並先供考帳申省，關送考課院。今具考課事目如後：一、户口之登耗；二、田土之荒闢；三、茶、酒、鹽税統比不虧遞年祖額；四、上供、和糴、和買物不虧年額拋數；五、報應朝省文字及帳案齊足〔二〕。户口增，田土闢，茶、鹽等不虧，文案無違慢，爲上上考；户口等五條及三以上爲中上考；若雖及三以上者，(爲)〔而〕應報文字、帳案違慢者爲中下考；五條中虧四者，下上考；全虧及文帳報應不時者，爲下下考。」詔從之，仍令磨勘提點刑獄院一處施行〔三〕。

嘉祐二年七月二十一日，命翰林學士承旨孫抃、權御史中丞張昪磨勘轉運使及提點刑獄課績〔四〕，仍詔今後常以御史中丞、學士典領。初，知諫院陳升之言：「生民休戚，繫郡縣政之得失。今天下州三百，縣千二百，其治否朝廷固不得周知，必付之十八路轉運使。而預選者，自三司副使、省府判官、提點刑獄，或以資序，或以薦引，才不才固以混淆〔五〕，一旦付以一道按察之寄，雖知其不勝任，必重退之，是重抑一人希進之心，而輕一道生民之命。今選用不精，又責任無法，考課不立，其間非闒滯罷懦則凌肆刻薄，十嘗八九，所以下之疾苦不得上聞，而重其愁歎顑頷也。朝廷有意天下之治，宜自轉運使始。今上選用、責任、考課三法。」其選用法曰：「以公正、明斷、惠愛爲本，公正可使糾肅官吏〔六〕，明斷可使決治煩劇，惠愛可使卹民之隱。苟無此數者之長，即以補他職，其禄賜恩典視轉運使可也〔七〕。」其責任法曰：「唐虞四岳、十二牧，三代方伯、連帥，漢部刺史，皆今轉運使之任。8今居職者非其人，專以辦財賦爲職業，故郡縣之政不修，掊斂刻暴之令行，而民受其弊，蓋典制不立所致也〔八〕。今舉其切務有五〔九〕：一、

〔一〕六：原作「五」，據《長編》卷一六六改。
〔二〕省：原作「臣」，據《長編》卷一六六改。
〔三〕院：原無，據《長編》卷一六六補。
〔四〕昪：原作「昇」，據《長編》卷一八六改。本條下文同。
〔五〕固：原作「因」，據《長編》卷一八六改。
〔六〕官：原作「爲」，據《長編》卷一八六改。
〔七〕典：原作「與」，據《長編》卷一八六改。
〔八〕制：原作「政」，據《長編》卷一八六改。
〔九〕切：原作「功」，據《長編》卷一八六改。

稱薦賢才，各堪其任；二、案劾貪謬，修舉政事；三、實户口，增墾田；四，財用充足，民不煩擾；五、興利除害。仍令歲終條具所施行以聞〔一〕。」其考課法曰：「故事，轉運使給御前印紙，歲滿上審官院考校之，三司亦嘗立考課陞黜條，其後卒不行。蓋委計司，則先財利而忽民事；在審官，又因循常務而無課第之實。按漢世御史中丞外督部刺史，今宜付御史臺考校爲三等，仍委中書門下參覆其實。其上等量所部事之劇易而褒進之，中等仍舊秩，下等退補小郡〔二〕。若風績尤異，即擢以不次。其職事弛廢，不俟歲滿，明行黜削。」乃命昇等同領之。

六年八月，詔曰：「先王考績之次序，雖見於經，而其詳不傳於後世。朕若稽古，以修衆功，而諸路刺舉之官，未有以考其賢否。比令有司，詳議厥制，條奏來上，詢謀悉同。其使布宣，以勵能者，而擇左右可信之良，使典治之。古人有言曰：『徒善不足以爲政，徒法不能以自行。』今朕有念功樂善之志，而又繼之以黜陟幽明之法，以待天下之大吏矣。然非夫任事之臣躬率以正而考慎其實，與士大夫之宣力于外者皆安於禮義，而不以便文徼倖爲姦，則朕之志豈能獨信於天下，而法亦何恃以行哉！咨爾在位，其各悉力一心，務祗新書，以稱朕至誠惻怛之意。其令考校轉運使副、提點刑獄課績院，以所定條目施行。」先是，帝欲責諸路監司舉職事，遂下有司別議考校之法而頒之。其法以歲滿所上功狀定其殿最，爲上中下三等，用唐考功四善之法以稽其行實，其等亦如之。

英宗治平三年六月，駕部郎中、知磁州李田監淄州鹽酒税。初，嘉祐六年始置考課法，至是本院言田再考在劣等，故有是命。坐考劣降自田始。以上《國朝會要》。

治平四年神宗已即位，未改元。閏三月二十四日，考課院言左藏庫副使李從實前知階州政迹，第一年中等，次年劣等。詔展一年磨勘，與州都監差遣，仍令後知州准此。如兩考俱在劣等，即展二年，與監當差遣。

八月十四日，考課院言：知潭州、司農卿王罕課績連上優等。詔降勅書獎諭，賜絹三百匹。

十一月十三日，手詔曰：「考課之法，所以練群臣而覈名實也。今逐路監司與夫郡守之政，既已科别其條，具爲令矣，至於縣令之職，與民尤近，而未嘗立法，恐非所以愛養元元之道。宜令天下州軍，各具所轄縣令治狀優劣，以副吾陟罰之意。其條約令考課院詳定奏聞。」

十二月十八日，考課院言：「新知廣濟軍、祕書監祝正辭前知衛州，課績連上優等。」詔勅書獎諭，仍差知襄州。

9 神宗熙寧二年五月，考課院言：「準詔定到考校知縣、縣令課法下項：在任斷獄平允，民無冤濫；賦税及時了辦，不煩追擾；及差役均平，並無論訴之人，及雖有論訴

〔一〕條具：原倒，據《長編》卷一八六乙。
〔二〕小：原作「以」，據《長編》卷一八六改。

而人無不當之理。在任能屏除盜賊，里民安居；勸課力田，使野無曠土；及能振卹困窮，不致流移，雖有流移之人，而多方招誘，却令復業；一任之中，主客户比舊籍稍有增衍。在任架閣簿書務令整齊，經提刑、轉運點檢，别無散失；及興修水利，疏導積水，以利民田；能勸誘人户種植桑棗。天下州軍委知州、通判每歲終取索轄下得替知縣、縣令前項三條課績，兼依唐四善德義、清謹、公平、恪勤，採訪逐人有上項事實，即參詳分爲上中下三等，申本路轉運、提刑司。逐司類聚齊足，同共將一路所供三條課績〔一〕、四善事實再行審定上中下三等。內有績狀尤異出於上等之外，則更定爲優等；如政事昏繆，出於下等之下者，即定爲劣等。即不得將合在三等政事定優或劣。其奏狀並限次年春季申奏到，送考課院看詳。如所奏委得允當，即從本院保明申奏，其知縣、縣令依下項賞罰。若所奏徇情，功過不實，及虛奬權要，困抑孤寒，其轉運使副、提點刑獄及知州、通判並科違制之罪。京朝官係優等人，到院日與升在院人名次之上，仍令指射家便近地差遣，及令中書記録姓名。其劣等人並降入監當。選人係優等人，如到銓合該磨勘，判成過銓日，令銓司與不依名次，先入申引見，改轉合入京朝官近地差遣。其未該磨勘者，如已係職官，並與循資；若係令録，即與兩使職官；如係試銜知縣，即充遠小判司〔薄〕〔簿〕尉。定到武臣知縣爲上下等之人，即乞比類上項賞罰施行。」詔並從之。

九月二十九日，考課院言：前知温州、職方郎中周廷儁，前知渝州、太常少卿江中行，課績連上優等。詔廷儁以見知虔州，賜絹二百匹，中行堂除差遣，並降勅書奬諭。

十一月二十一日，詔：「諸路轉運及提點刑獄司，如一路長吏别無能否尤著，可入優劣之人，且作上中下三等區别以聞。」

三年七月十八日，詔中書門下考察內外官司，置〔薄〕〔簿〕記功過，俟年終及非次除擢，檢録比較進呈，擇其尤甚者進絀之。

十二月十三日，工部郎中、兼侍御史知雜謝景温兼考較諸路轉運使副、提點刑獄課績。

五年六月一日，中書門下言：「檢會外官發運、轉運使，提點刑獄、提舉司、經畧、安撫、總管、鈐轄、監牧司、府界提點司、知大州府，並已申中書置〔薄〕〔簿〕記録，合要考察逐司功過事外，其常調知州又各有逐路職司考定優劣。自來考課院只是據逐路區别到等第聞奏，其考校職司課績殿最，即只開坐逐人區别到部下官吏等第；其採訪行實，即但稱採訪到逐官行實合爲中等。全無實狀，無補於事。其考 10 課院顯見虛設，欲乞廢罷。」從之。

九年四月十三日，右諫議大夫程師孟以廣州再任課最爲給事中、集賢殿修撰。

〔一〕績：原作「續」，據《補編》頁三八九改。

元豐六年正月二十四日，尚書省乞都司置御史房〔一〕，主行彈糾御史察案失職并六察殿最（薄）〔簿〕。從之。

二月十八日，三省言：「御史臺六察案官以二年爲一任，欲置簿各書其糾劾之多寡當否爲殿最〔二〕，歲終條具，取旨陞黜。事重者隨事取旨。」從之。

六月一日，詔京東路轉運副使吴居厚，具所知通判以上及别路監司、提舉官可充本路轉運司官協力推行鹽法者〔三〕，及本路行鹽法當選委知州、通判處以聞。户部言：「元豐三年，諸路主管官無優等，止有劣等三人：萊州通判郭弁、權濠州團練判官王舜臣、鎮戎軍判官趙至。」詔並降一官。

八月九日，詔：「自今户部考校提舉官功過係上下等，送中書省取旨。」

九月二十一日，詔：「降授朝散郎、守大理少卿呂孝廉昨任京東路轉運判官，與本司官長協心修辦職事，致課入登羨，可復所降官，爲京東路轉運副使。」

七年正月十一日，詔提舉京西南路常平等事、承議郎葉康弼衝替。以尚書户部言，六年終提舉官歲考功過簿，康弼比諸路上簿獨多故也。

二十二日，尚書左右司狀：「御史糾劾六曹官之多寡〔四〕、當否、殿最，每歲終比較取旨。」從之。詳見「御史臺」。

九月十二日，詔：「都大提舉茶場陸師閔近以論奏登羨，尚書户部只下本路驅磨保明，可令比部取師閔隨行帳案驅磨，限半月保明取旨。其緣事有勞官吏，宜令師閔第上司勳擬賞。」

哲宗元祐元年五月二十八日，御史上官均言：「守令考課入優等者，取旨特與推恩。」從之。

二年二月十四日，樞密院言：「内外坊監使臣任滿當被賞，無責罰，有舉主二員，皆令再任。次任如之。第三任滿，取勞最者與補騏驥院闕。任内職事修舉，亦與再任。次任如之。第三任與理路分都監資序，任滿取勞最者與補提點左右廂諸監闕，仍陞一等資序。並太僕寺考察以聞。」從之。

十六日，三省言：「知州考課，請令吏部上其事于尚書省，關中書省取旨賞罰。其劣等應罰而已衝降者，仍從衝降法。縣令已下即本部賞罰。」從之。

五月十八日，三省言：「吏部狀，文彦博奏請，委本部尚書、侍郎依三類之法，將本選守令、通判考其才德功效爲上中下三品，送中書門下覆驗可否，委本選長官引對。間有人才高下絶異者，特以名聞而進退之。」詔送給事中、中書舍人、左右司郎官、吏部、禮部參詳，應守令、通判請依元豐考課令，通取善最分爲三等。候罷任，委監司審覆，具事

〔一〕都：原作「郡」，據《宋史》卷一六一《職官志》一改。
〔二〕糾：原脱，據《長編》卷三三三補。
〔三〕轉運司：原作「轉運使」，據《長編》卷三三五改。
〔四〕劾：原作「刻」，據《長編》卷三四二改。

狀保明以聞，付吏部定本選合入差遣。內知州、通判申尚書省覆驗可否定訖，付本部官，候注擬日引對。即守令、通判內有才德功效過惡顯著，令尚書侍郎銓【11】量高下，特以名聞，乞行陞黜，歲毋得過五人。」從之。

八月六日，詔：「吏、户部郎官任滿治狀顯著者，長貳保奏，與陞任訖令再任，仍陞一任資序。通及五年，理爲兩任。吏、户部諸司郎官亦如之。」從文彦博請也。

四年八月五日，吏部言：「縣令罷任，委知州、通判考察課績。以德義有聞，清謹明著，公平可稱，恪勤匪懈爲四善；以獄訟無寃、催科不擾，税賦無陷失、宣敕條貫案帳簿書齊整，差役均平爲治事之最；農桑墾殖〔一〕、野無曠土，水利興修，民賴其用爲勸課之最；屏除姦盜、人獲安處，賑恤貧困，不致流移，雖有流移而能招誘復業爲撫養之最。仍通取善最分爲三等，及七事爲上，五事爲中〔二〕，餘爲下。限次月申監司類聚〔三〕，每半年一次同行審覆，若有能否尤著者，別爲優劣等。上半年限八月，下半年限次年二月〔四〕，保明以聞。知州除太中大夫、觀察使以上及三京留守、安撫使、鈐轄不考察外，其餘並委監司依此考察，吏部開析等第申尚書省。」從之。

八日，詔：「郡縣考課優等人，令三省考察任使。」從左諫議大夫梁燾請也〔五〕。

五年二月八日，太師文彦博言：「前通判同州趙亢所管沙苑監馬數蕃息，乞堂除有監處知州軍、通判。」詔亢權知隴州。

二十三日，詔：「府界、諸路三萬貫已上課利場務，二年併虧及監官不職，許令轉運司、提舉司別舉官。」

紹聖元年八月十九日，詔：「大名府等處通判周誼、韓跂、唐弼，與依《元祐編敕》內第五等酬奬。」以御史郭知章言其賑濟有勞也。

九月十五日，殿中侍御史郭知章言：「元祐著令，知州考課委監司考察，吏部開析等第，入優等者中書省取旨。其法雖具，然自知州考課而蒙超擢者幾何人？蓋法有求盡，則不能無弊。願詳議考課之令，每路考察知州優課一人以（升）〔申〕吏部，吏部更加銓量，人材與治効參相得，然後條析上聞。或省部〔六〕、監司、藩郡有缺，則隨其資序之高下以次用之。」詔令諸路監司考察知州，每歲具課績優等者一名保明聞奏；如無，即闕。若不實，即依貢舉非其人法。

二年四月八日，詔：「內外官批書印紙，並依元豐式。」

七月八日，尚書省言：「今增損諸轉運、提刑、提舉官

〔一〕殖：原作「值」，據《長編》卷四七二改。
〔二〕五：原作「二」，據《長編》卷四七二改。
〔三〕限：原無，據《長編》卷四七二補。
〔四〕年二：原倒，據《長編》卷四七二乙。
〔五〕燾：原作「義」，據《長編》卷四三二改。
〔六〕或：原作「域」，據《補編》頁三九一改。

合上簿七事：一、舉官；二、勸農桑；三、招流亡；四、興利除害；五、按察部吏贓罪；六、部内置獄及平反獄訟；七、幾察盜賊。並開具互申都司，都司限兩月開具申尚書省。諸考課事該賞罰而隱漏不申者，徒二年；遂曹失報者，責其吏。」從之。

四年十二月二十二日，詔：「户部每歲春季具諸路轉運等司起發上供錢物多寡、職事修廢最甚者，申尚書省。」

元符元年四月二十六日，户部比較到紹聖三年上供金帛錢物數，京東路最，轉運使黄寔、判官趙竦各減磨勘二年；兩浙路殿，轉運副使張綬、判官陳安民各展磨勘二年。

十二月 12 十八日，宣德郎陳亨伯言：「乞守令考課優等，召對擢用。」詔守令課績優異者，令吏部每歲具姓名取旨。

二年二月二十二日，詔吏部：「守令課績在優上等，即關御史臺嚴加考察，如有不實，重行黜責。」從吏部請也。

徽宗崇寧元年十一月二十八日，臣僚言：「吏習因循，不能樂事赴功；人拘苟簡，不能安職宿業。以因循苟簡之積弊而無以繩之，則官雖備，亦徒充位而已。臣願陛下操責成之柄以馭群吏，限之以歲月，責之以績効，勤者置，怠者廢，然後可使百工允釐、庶績咸熙也。乞嚴立條式，每歲終委省、寺、監之長攷其屬官之成，六曹尚書攷其郎官之成，尚書都省（視）〔考〕六尚書之成。成者陟之，不成者黜之，如《周官》大計群吏之治而誅賞之法。庶幾官師相規，亹亹夙夜，率職趨事，以上副陛下董正治官之意。」詔令吏部修立每三歲郎官黜陟之法聞奏。

二年九月二十四日，講議司白劄子：「詔令修立諸路知州、通判、令佐任内如能盡心經畫財用，應副上供及本處支使各得足備，或不能悉心營辦，却致闕乏，殿最賞罰聞奏。今參酌，應知州、通判、縣令佐，（歲）〔任〕内能盡心經畫，計置財用，應副上供錢物，封樁起發無欠、不違限，及本處支用備、二税無拖欠外〔一〕，仍以場務房園等課利通比（租）〔祖〕額數，增一倍轉一官。」從之。

三年十月二十二日，提舉措置兩浙茶事司奏：「睦州在城茶場自今正月止六月終，買到茶八十七萬六千餘斤，比去年增四十二萬三千餘斤，賣及九分以上。一路州縣各不及，睦州增數爲最。本州知州、朝請郎方通，通判、朝散郎江懋迪，監場、文林郎王公壽，通仕郎范景武，乞特賜推賞。」詔方通、江懋迪各轉一官，王公壽、范景武各與循兩資，占射差遣一次。

十一月三日，詔奉議郎、新差權發遣廣南東路轉運判官公事王覺特授承議郎，差遣如故。以墾闢農田幾及萬頃故也。

十二月四日，中書省、尚書省送到左右司狀：「比較到崇寧二年分六曹諸部所收生事并行遣迂枉、不當、違滯等

〔一〕二：原作「一」，據《補編》頁三九二改。

件數，兼事多全無迂滯失當去處，并郎官在任日月下項：度支生事五萬一千一十五件，郎中石謂在任六箇月零一十六日；金部生事四萬四千一百三十五件，員外郎莊徽在任八箇月零二十一日。行遣迂枉〔一〕、不當、違滯等最多：禮部生事一萬四千四百二十八件，員外郎何昌言簽書迂枉、不當、違限一十一件。事少部分：水部生事九千六百八件，員外郎韓輯簽書違限三件；虞部郎中梁子野兼權簽書，違限三件。申聞事。」詔莊徽特轉一官，石謂減三年磨勘，何昌言降一官，韓輯、梁子野各展三年磨勘。

四年閏二月六日，新差權提舉廣南東路常平等事陳杞劄子〔二〕：「伏（觀）〔覩〕陛下立守令課最之賞，在優等者轉官，仍與堂[13]除差遣一次，誠奬勸能吏之良法也。欲乞更申命有司，如遇諸路奏到守令優課人，於格推賞外，令詣三省審察。果可録用，賜之召對，以觀其能。誠有可取，特加奬擢，庶使郡縣之吏益知勸勉〔三〕。」從之。

七日，提舉措置兩浙路鹽香等司（二）狀：「近承金部符，宣德郎姚祐狀：前任知杭州臨安縣，頒行茶鹽法，竊恐合該賞典。本司今會到姚祐任内推行鈔法，趁到課利計增一萬五千餘貫，産茶增倍，顯是本官委實宣力奉行新法，比類推恩。」詔特與轉一官。

九月一日，户部奏：「檢會元符《考課令》，監司功過及措置利害，本曹上簿，歲終考校外，分爲三等。本部看詳，崇寧二年分考課：京西運司具到南路提舉王璘合爲上等，北路提舉王孝偁合爲中等，府界提點司具到提舉宋喬年合爲優等，江西運司具到提舉韓宗直合爲中等，廣西運司具到提舉何康直合爲上等，廣東運司具到提舉王覺合爲上等，成都運司具到提舉向宗哲合爲上等，京東運司具到東西路提舉詹適、郭長卿、王公彦合爲中等，湖北運司具到提舉林虞合爲中等，河東運司具到提舉洪中孚合爲上等，梓州路具到提刑權提舉王峴合爲上等〔四〕，夔州路運司具到提舉俞次夔、提舉謝皓合爲中等，江東運司具到提刑權提舉王甹、提舉孫虞丁合爲中等。崇寧三年分考課：江西運司具到提舉何宗範、喬方合爲中等，（崇寧三年分）河北運司具到提舉鄧甯、呂沆合爲上等，梓州運司具到提舉陸如岡合爲中等，廣西運司具到提舉何康直、劉川合爲中等。奏聞事。」詔優等與轉一官，減一年磨勘；上等減三年磨勘。仍令吏部立法。

五年五月十八日，臣僚言：「伏以考課之法，所以旌別淑慝，責成吏治。竊見近日諸路監司不能據法守正，上體陛下願治之意，觀望附會，習以成風，交結請託，無所忌憚。如黄輔國之知高郵，姚祐之知臨安，初無異績著於士論，及爲從官，而淮南、兩浙保明考課並在優等。今則非特觀望

〔一〕「行遣」上，《補編》頁三九二有「一」字，表示爲另一項。
〔二〕杞：原作「祀」，據《補編》頁三九二改。
〔三〕勸：原作「觀」，據《補編》頁三九二改。
〔四〕王：原作「工」，據《補編》頁三九二改。

從官而已，臣僚有自外召入爲寺監屬官者，監司猶必逢迎，處之上等，如江東保明衛尉寺丞胡擇中是也。崇飾虚辭，並無實狀，其言徒以擇中有執政、禁從交章稱薦，召登省寺，因此考爲上等。訪聞擇中知江寧府上元縣，比之諸邑最爲巽懦，非有能名。擇中嘗請假往江寧府搬家，臣或慮其因此請託監司，爲之保奏。」詔自今仰三省、御史臺覺察彈劾以聞，當重行黜責。

大觀元年八月二十八日，朝散郎、新差權京西路轉運判官葉大方奏：「伏聞張官置吏，莫非爲民，而職任與民最親者莫如守令，其任豈不重哉！陛下臨御以來，爲官擇人，以民爲本，循名責實而不容私焉。故謹擇守令以成郡縣之治，立四善、四最以爲考課之法。每守令替移，令 [14] 諸監司參考其任内課績，以定優、上、中、下之等，優、上者有賞，其下者有罰。然爲監司者，或昵於親故，或狃於貴勢，而甚者至於以貪爲廉，以暴爲良。既上下之等不實，則賞罰遂至於失當，其爲負陛下耳目之寄孰甚焉！欲乞每歲將諸路監司所定守令考課等第，令御史臺重行審察，如有不當，重加黜責，不以赦原。庶幾考課得實，人有勸懲，上以稱陛下勵精求治之意。」詔：「寄耳目之任於諸路監司，以察吏之能否而行賞罰，或背公合私，不以實奏，害黜陟幽明之政，豈可無罪？可依所奏。」

十一月九日，吏部奏：「准敕，畿縣知縣今後並堂除，考課賞罰，令吏部立法聞奏。今立下條：一、課績入上等，知州減二年磨勘，占射差遣一次；知縣、縣令承務郎以上減二年磨勘，畿縣知縣加半年。承直郎以下循一資。乞候將來堂除人罷任定到等第日，即依今法施行。」從之。

二年十一月八日，尚書省劄子：「中大夫、新差權提點荆湖南路刑獄公事謝瑾劄子奏：『臣伏覩陛下親灑宸翰，發爲明詔，無非新美教化，寬恤民力，德至渥也。四方之遠，尤在監司、守令終始悉心奉行。欲乞監司、守令考課，並以奉行手詔無違戾爲考課之首，歲擇其最優者一二而陞擢之，使知奬勸，終始悉心奉行，四方萬里無不蒙被德澤。』」從之。

三年三月五日，刑部奏：「據永興提舉司保明到崇寧三年分提刑官考課一員承議郎錢蓋，任内勸誘人户栽種桑柘棗等。吏部狀稱，見任朝散郎、權知興(仁)〔元〕府，今考爲上等。」又奏：「據京西北路提舉司保明到崇寧三年提刑官考課一員王夬，任内勸誘人户栽種桑柘棗等，今考爲上等。」詔王夬與轉一官，錢蓋依王夬例轉一官。

四年四月五日，考功員外郎吳時奏：「守令考課，諸路雖具實跡保奏，亦有不切指定去處。欲乞今後保明考課，如有開耕荒田，須具所屬鄉分人户姓名、元初荒廢因依，其招集到民户並指定實户數目，不得泛言若干餘户。仍具何年月因水或旱流移。若内有開墾到荒田數目，亦須聲説是與不是抛棄元業，合行給付。即有栽植過桑等，並須開具於是何去處栽植，有無妨礙稼穡，見今有無青活。」吏部勘會，守令考課開具實跡保奏，雖有指揮，緣自來諸路監司並不開具以是何事爲實跡考校，未得遂行取會，往往留滯。詔令吏部依此行下諸路。

二十七日，臣僚言：「竊觀陛下激勵教官，尤以課最爲首務，古之道也。故考課以四事第之，分爲三等；以一路總之，別爲優劣。而學事司於歲終類聚審覆，具事狀聞奏，其不實之尤者科以違制，次則遞減，關防之意可謂周密而曲盡矣。而臣區區之愚，猶慮曠日持久，不容無觀望阿私之弊。今欲乞將提舉學事司所定教官考課等第，委御史臺常切覺[15]察，有未允當，彈劾以聞，庶有以副陛下留神學校之意。」詔依。

五月十一日，吏部奏：「勘會諸路州學教授《考課格》內，第一項教養有方，注謂貢士至辟廱升補推恩者多。又第四項生徒率教，注謂士庶爭訟戾規者少。即未該載以多少分數定格。今欲乞將前項《考課格》內兩項比類貢士條分數，應升補推恩者如及六分以上即爲多，戾規者即以四分以下爲少，行下諸路州軍照會考校施行。」辟廱、太學勘當：「推恩如及六分以上爲多，即是貢十人有六人以上該升補，方及今來所立分數，深恐諸州難以應格。若減作五分以上，慮貢二人得一人升補亦便爲多，却成僥倖。其戾規者若以四分爲少，尋常學校犯罰不曾有及四分者。今同共相度，欲委逐州保明申學事司，將本路州軍參定，取得士最多去處依條施行。其戾規一節，亦乞依得士最多處委逐州保明申學事司，將本路州軍參定戾規學士最少去處爲少，依條施行。」從之。

政和元年三月二十四日，吏部狀：「準都省批送下户部劄子，乞將監司考課依户部所乞，下等與上等對修賞罰事，從之。勘會監司考課，除預優、劣取旨及上等減三年磨勘外，其下等即自來未有責罰條制。今勘當，如户部所請，以考課該入下等者與上等減年磨勘對立展年施行。」詔監司考課入下等，取旨責罰。

四月二十四日，臣僚言：「乞詔有司申明常平賑給借貸之法，專責守令以勸農之政。監司所至察其勤惰，歲取三數人最優、劣者以聞，重行陞黜。」詔立法以責實效。

同日，又言：「乞縣令課績載於批書曆，歲薦舉詞不得溢美，並著實狀。」從之。

十二月二十二日，臣僚言：「縣令考法，入優等者即命堂除，而省郎、監司獨未有褒勸之道。」詔郎官考課治最上等優者，取旨陞擢。

三年五月十六日，臣僚上言：「伏覩崇寧中，命御史臺修立守令考課上等之法，至爲詳盡。轉官減年，視其功之輕重，故當時在職者莫不黽勉向公。後來異意之臣，遂抗議罷之。欲望詔有司復行崇寧二年指揮，庶使守令知勸。」詔吏部，守令考課法依大觀元年十一月指揮。

六月二十三日，朝散郎、試中書舍人陸蘊奏：「諸路提舉學事司管勾文字官於所部學事悉皆干預。臣竊惟中人之資無勸沮，鮮有不自營而幸免者，乞下有司參酌提舉學事官考課之法，別爲格目。應管勾文字官任滿，以其課最委他司考其優劣，第而上之，以加賞罰。庶幾小大交修，無所苟且，仰稱陛下興崇學校之意。」從之。

七月十四日，吏部奏：「户部三曹關〔一〕，濟源縣申奉議郎薛蒼舒〔二〕，池州申前權青陽縣主簿王伯熊〔三〕，京畿轉運司申前雍丘縣尉程若英，任内栽種到桑柘，各乞推賞。送詳定三司敕令所疾速立法。今參酌修立下條：諸監 16 司保明到令佐使臣充知縣、縣尉同。任滿添植到桑柘等爲最多之人，並驗實依格推賞等條。」從之。

政和四年十二月十五日，户部侍郎賈偉節奏：「竊以監司、守令攷課賞罰之法，駕馭群吏，纖悉備具，德至渥也。然狥私忘公，曠職失守者，尚或有之。欲乞立法，應諸監司、守令課績優異者，依條推賞外，歲令三省具姓名敷奏三數人有望實者，揀拔而試任之，進賢者有賞，不才者有罰。」詔每路歲具三員申中書省取旨，《考課法》令尚書省改修。

六年八月二十四日，通直郎、新權發遣成都府路轉運副使公事吕濟夫奏：「居養、安濟、漏澤，州縣官任滿無違戾，方田限滿無詞訴，勸誘折納及錢數，合依條推賞，多是人吏蔽於私意，每遇官員替罷，經五日不爲保明〔四〕。如奉行違戾，或人户詞訴，或折納不及，合該責罰，亦不舉行，甚非朝廷勸沮之意。欲望指揮，應州縣官替罷及方田限滿，折納了畢，並限五日内具奉行次第、合該是何賞罰，申提舉司。縣申本州者，通限十日。本司限五日依條申奏，若有未完，再限五日疏問，依限別申。如出限不申，或再申依前不完，州縣人吏並乞重立刑名放罷。」從之。

十一月一日，奉議郎、新差權發遣梓州路轉運副使盧知源奏：「伏見自來監司考任當滿或改除差遣之類，並只於置司所在州批書印紙。今欲監司考課互申立法，庶幾仰副陛下循名責實之意。」從之。

七年正月十八日，提舉東南路坑冶徐禋奏：「乞每歲許本司會九路應坑冶課入之數，比較增虧，具監司、州縣監官并本司所遣勾當等優劣申奏，取旨陞黜，以示勸沮。」從之。

八年四月五日，臣僚上言：「臣聞元豐稽唐外銓之制，以吏部注擬之法行於八路，令四選待次之人在逐路者，各就本路運司射闕，以資格之人定差申部，請命于朝廷。蓋省士大夫調官往來之費，憫吏卒遠道將送之勞，其法至詳，其惠甚大。然行之歲久，弊倖日滋。臣考究其源，今選官之在吏部者，以尚書侍郎典之，別無他職；而八路則委運司。所謂使、副、判官者，以軍儲、吏禄、供饋、支移爲己責，而以差除爲末務，乃付僉廳。所謂主管文字者，又以勾稽

〔一〕關：原作「開」，據《補編》頁三九五改。
〔二〕奉：原作「奏」，據《補編》頁三九五改。
〔三〕青陽：原作「貴陽」，據《元豐九域志》卷六改。
〔四〕五日：原作「五年」，據下文改。

簿書、點檢行移之冗爲先，而不暇究於差注，乃付士案之胥吏。比年以來，賄賂公行，以選爲貨，視闕之得否，惟賕之多少。欲乞特降睿旨，嚴加督責檢察，令典領之官務在究心。每歲終，吏部以差注當否爲考課而賞罰。謂如一歲定差若干到部，退難不及若干分者有賞，退及若干者有罰，較其優劣而廢置之。庶注擬公當，而絶吏之受財；選用清平，以副朝廷銓選人材之意。」詔令尚書省立法。

重和元年十二月五日，奉議郎、新差權發遣提舉成都府路學事黄謌奏：「伏見近降御筆指揮，於知、通任滿考課添入17『誘進道學』四字，聖心亹亹，至教是崇。臣竊以（請）〔謂〕，道徒既資教養，則諸路提舉學事官與州學教授、逐縣令佐當身任其責。欲望申詔三省，應干學事官並依今來知、通任滿指揮，以教導外貢道徒等事立考課殿最之法。」詔依，於考課項内添入「誘進道學」四字。

宣和元年七月十八日，都省言：「知平江府應安道等奏，昨辟差從政郎、台州司儀曹事、就充崑山縣令張承，自到任以來，推行賑濟如法，别無違戾，及本縣自今春興修水利，開治浦港，協力應辦，並無搔擾。乞許令本官終滿今任，如舉官、考第合格，即乞令就任改官，所貴不致妨闕。」從之。

二年十一月八日，尚書省言：「奉詔：『國家富有四海，取於民者不過二税。訪聞近來州縣受納，情倖百端，當職官恬不留意，坐視違欠，却只臨時倚靠漕司那移，稍不如數，便行紊煩朝廷應副。仰漕司差委鄰州不干礙官前去屬縣，取索干照，點對拘納足與未足數目，保明申漕司覆實，取最勤、惰去處，具知、通、令、丞名聞奏，當議特行黜陟。』今契勘，納足最多處係大名府管下十三縣。未足最多處，博州博平縣。係當催令丞：知縣張樞，丞陳敦詩。保明是實。」詔大名尹梁子美令學士院降詔奬諭，賜茶藥銀合各一具；少尹韓思儼、宗綱各特轉一官，令再任；張樞、陳敦詩各特降一官，仍差替。

三年四月十日，中書省、尚書省言：「吏部狀：『本部勘會，掌行諸路互申到轉運、提刑、提舉學事管勾文字官考課。緣近降指揮，諸路提舉學事管勾文字官並減罷，所有今後諸路提點刑獄司官考課文字，却令是何監司互申，緣條内即未有明文，合取自朝廷指揮。』勘會提舉學事并管勾文字官雖已省罷，其已歷歲月未經考校賞罰者，自合考校施行。所有提刑司考課，合依未置提舉學事官日前，委提舉常平司互申。」詔令吏部申明行下。

四年五月八日，詔朝奉郎、侍御史周武仲可朝散郎。以任右司員外郎日，榷貨務收趁鹽錢通及一億三千萬貫也。

十月十二日，吏部奏：「諸監司考課入下等者，展磨勘三年〔一〕。今河東運判郭琰，湖北提刑李東表，京兆府等路提刑王師古、郭允迪，河東提刑張宗武並下等，合展磨勘三年。」從之。

五年九月十三日，詔：「淮南合發宣和四年斛㪷，內宿州額斛最多，椿辦數足，知、通各轉一官；高郵軍、楚州出限拖欠錢數最多，知、通各降一官。今後限滿，從轉運司依此比較賞罰。」

六年正月十三日，尚書省言：「送到朝請大夫李端弼奏：『比蒙朝廷付以使事。竊按今之縣，邑令非其人者十常五六，欲望申飭銓曹，遵奉見條格外，益嚴縣令之選，凡老疾瞀昏，勿復注擬。仍乞詔諸路監司，自今邑令老疾，雖未有顯過，亟具奏免。監司考課式中，乞增入按察贓吏、爲善最之首，及【18】令諸司歲終具部內有無贓私之人，連銜結罪以聞。若因人陳論及爲臺諫、廉訪使者彈劾，事發，所部監司與同罪。』尚書省勘會，注擬縣令，除老疾昏昧、不堪釐務者，吏部逐選已有長官審量條法，并在任官老疾不職，並許監司具奏。其失按贓吏，監司考課格式內亦已有該載，及宣和五年八月二十日、政和元年九月八日、十二月二十二日朝旨，州縣官犯贓若昏謬廢職，老疾不任事者，歲中部內有似此違犯之人，監司申吏、刑部，申三省具名取旨責罰指揮，自合遵守外，所有按察過贓吏比較酬賞一節，未有明文。」詔於監司考課格式內「失按察所部官」項內，「失」字上各添入「按察并」字，仍於式內失按察開項前添入「一、按察某處、某職位、姓名官某事犯贓流以上罪」字，令左右司歲終考較賞罰。

二月三十日，中書省言：新除權發遣提舉廣南西路常平等事齊公燮奏，欲將諸路帥臣屬官立法考課而賞罰之。詔令尚書省立法。

四月十四日，尚書省言：「兩浙路提舉鹽香司申：契勘本路管趁新額住賣鹽課萬數浩瀚，從來唯藉本鎮監官同共協力，檢察禁止私鹽，招誘客人般販趁辦。今來除在外城稅務監官許令別作一項比較外，所有管下鎮稅場監官，未有許立項比較明文。今相度，除諸縣令、丞仍舊合以所管鎮通計比較外，所有本鎮監官，欲乞依在城稅務監官已得指揮，別作一項比較施行。」榷貨務勘當，欲依本司所乞申明行下，諸路亦合依此施行。從之。

二十四日，尚書省言：「提舉江南東路鹽香茶礬事褚宗諤劄子：『契勘州縣鹽課管勾全季以上當職官並合比較賞罰，其時暫在假月日，若許除豁，竊慮有妄託假故僥免比較之人，欲乞應時暫在假月日更不除豁。』榷貨務勘當，欲依本官所乞事理施行，諸路亦乞依此。」從之。

十一月二十一日，詔：「京東等路官措置濼池租課事

〔一〕三年：原作「二年」，按下文作「三年」。又據前文「政和元年三月二十四日」條，監司考課「下等與上等對修賞罰」，即上等減三年磨勘，下等則相對展三年磨勘。據此，「二」當爲「三」之誤，因改。

務，究心職事，奉行不擾，課利增羨。起復朝散大夫、濟州通判毛孝立，武經郎、廣濟河都大江惇，奉議郎、知東平府中都縣呂民中，通直郎、中都縣丞王隨，朝請大夫、開封府兵曹鄧交，起復朝奉郎、京西北路常平李與權各轉一官。」

七年八月十七日，吏部奏：「勘會左右司近因榷貨務椿收鹽錢通計一億九千五百餘萬貫，准敕郎官各轉一官，願换章服者聽。數内朝散郎、左司員外郎李皓申，不願换章服，合該轉一官，已除起居郎。」詔李皓可朝請郎。

九月六日，兩浙路轉運副使程昌寓奏：「欲乞將本路諸縣本年夏秋税租限滿，比較催理、拖欠分數，及州縣酒税務截日增虧，取虧欠數多去處官吏放罷，本司官公共選官，具名申尚書省填闕。」詔令具本路税租拖欠最多處知令、課利虧欠最多處監官各一兩處，及可選填闕 19 人職位、姓名，申尚書省取旨。以上《續國朝會要》。

高宗紹興二年八月十五日，臣僚言：「守令有四善、四最考課之法，雖具載條格，欲望明詔監司、守臣遵行考課良法，責以誠實治狀上聞。如得優異之人，乞加奬擢，以爲循吏之勸。」詔令吏部申明行下。

三年二月一日，權吏部尚書席益言：「太祖乾德四年詔曰：『自今常調赴集注選人，吏部南曹取歷任中多課績而無闕失者，觀其人才，詢以吏術，可副陞擢者，具名送中書門下省引驗以聞，當與量加甄奬。』欲望稽用乾德詔書，凡常調中材行可取或課績優著者，長貳具名以聞。」從之。

十月六日，禮部員外郎舒清國言：「諸路殘破州縣，乞以户口增否别立守令考課之法，分爲上中下三等，每等又分爲三，置籍比較。縣令課績，知、通考之；知州課績，監司考之。考功會其籍而較其優劣，凡賞給用見行條法。賞格之最優者，其再考在上等之上者，除依格推賞外，任滿日知州優加擢用。」詔令與陞擢差遣，下等取旨責罰。（從之）。

十二月十五日，詔：「令佐替移，催科夏秋二税不經批書，及當行人吏所批不實，並杖一百。内人吏勒停，永不收叙；令佐到部日，依衝替人例。」

五年七月二十三日，權通判岳州王嘉言：「湖北兵火之後，全藉官吏招集流移。乞將州縣最親民官初到任日，據見存户口、二税批上印紙，候任滿日，再據户口、二税增加者書爲課最，别有遷擢。若任内不能招誘户口、二税，或復有減少者，書爲課殿，亦寘典憲。」詔依，諸路殘破去處准此。

八月十六日，都督行府言：「湖北、淮南自兵火之後，百姓流亡，田多曠土，令佐招誘增虧，已有立定殿最賞罰。欲今後守令到任一年，雖該到任酬賞，若不曾招誘人民歸業，雖有而不及分數，並不在保明推恩之限。仰監司常切遵守。」從之。

六年四月三日，殿中侍御史周祕言：「國家以十五事考校監司，以四善、四最法校守令，保奏有違限、不實者有罪。而五六年間，惟成都、潼川路一嘗奏到，其餘諸路課績並不申奏，法令廢弛，能否無辨。欲望特命有司檢其考課條令，申嚴行下，責諸路監司、州縣，自今各依限保明；其累年輒不申奏者，亦乞取問因依。仍乞自今從朝廷審度，歲取殿最各一二人，重行賞罰。」詔令吏部申嚴行下，諸路常切遵守。如違，仰御史臺糾劾以聞。餘依奏。

五月十七日，權户部侍郎王俁言：「酒税務監官任滿，比祖額增剩，有定賞格，并支給賞錢，所以示激勸。兵火以來，有案牘赤曆不存，只憑省記爲額理賞，往往不實。故有祖額絶少而所增數多，坐受厚賞者，却成僥濫。欲乞今後諸路酒税務監官任滿，未立到新額去處，並且以紹興三年所收數爲則，比較推賞。如常行數少於舊祖額，即 20 以舊祖額比較。」從之。

十三年九月十六日，詔令淮東、京西路監司，歲終取州縣所增户口以聞。太府寺丞張子儀乞三歲考察守令，以户口復業登耗重爲陞黜之典，故有是詔。

十四年五月二十八日，吏部言：「臣僚奏，乞將守令逐考批書立項開説增添户口之數，勸課農桑之實，及興修水利事件，每歲終專委監司覆實，比較殿最，申奏朝廷，乞行賞罰。欲乞照應已定見行監司互申考課式，據實批書。」從之。

十五年十二月三日，右司郎中李樫言：「官員批書，人吏乞覓無厭，稍不滿意，必生姦弊，或不依次序，或漏落事件，或闕少字數。及到部點檢，稍不依式，部吏因以爲弊，苟不厭所求，則必復下所屬會問，路遠者動經年歲，致有在部日久、狼狽失所者。欲乞申嚴條式行下，戒敕官吏，責以依式批書，簽書之際，精加檢察。如到部點檢，有不依式去處，即符下所屬，將當行人吏重斷。其印紙若止是小節不完，乞先次放行。」詔令吏部檢坐見行條法措置行下。

十六年十一月十日南郊赦：「官員批書印紙，具有體式，近來胥吏舞文，邀索賄賂。或捃以細故，不肯批書；或雖批書，漏落不完。仰吏部檢坐應官員依條并續降指揮合批書事件，逐一立式，行下州軍等處照會遵守。今後須管依式批書，勿令漏落。其別無官物縮繫，亦不得阻節留滯。如依前違戾，當職官吏並重作行遣。」

十八(日)〔年〕九月四日〔一〕，宰執進呈新知湖州趙叔涔言：「守令銜内帶『勸農』二字，而州縣之吏漫不加省。望詔有司，今後守令任滿，考其增户口、勸農桑、修水利之殿最以陞黜之。」上宣諭曰：「勸課農桑，守令之職也。能使其境内無曠土，無游民，斯爲稱職矣。淮南阡陌相望，素號沃壤，自休兵以來，不耕之田尚多有之，良由州縣曠弛，不能招徠安集，致流移之民未盡復業。建隆初，以户口增耗爲守令歲課之法，所以明示勸戒，宜令吏部申嚴行下。」

十九年十一月十四日南郊赦：「官員任滿得替，批書印紙，多是胥吏舞文，批書不完，有礙注授陞改。許召陞朝

〔一〕年：原作「日」，據《補編》頁三九九改。

官二員結罪委保，先次放行，續行取會批書施行。」二十二年、二十三年、二十八年南郊赦，三十一年明堂赦，並同此制。

二十一年十月四日，吏部郎中沈虛中言：「批書條式，最爲備具，守臣批書有九，通判批書十有四，令佐而下，各各不同。緣條式頒降有前後〔一〕，官司檢照有差殊，到選之日，間有不完之患。今欲委有司將吏部前後批書條式指揮稍加參訂，鏤板頒降，俾之遵守。」從之。

二十三年八月一日，侍御史魏師遜言：「郡縣之官滿罷批書，監司、郡守多以私意過爲阻抑。望申敕監司、郡守，督責官吏及時舉職，既罷舊任，即爲批書。如仍前挾私阻節，乞令御史臺按劾以聞。」從之。

二十六年二月四【21】日，吏部言：「應官員批書考任事件，已有立定成法，合行遵依批書外，如考任内若曾經取勘或追攝及住公事，并責罰案後收坐，及去官自首釋放之類，其應官員在任如有不了罪犯，自合遵依上條批書。後來節次一時所降增添批書事件、續降指揮，自不合遵用。」詔令吏部並遵依舊制施行。

十二月九日，右正言凌哲言：「祖宗時，監司考課之法尤所注意，至給御前印紙，批書事件。候其滿歲，用以磨勘。至於保奏、互舉，各有期限，違者論罪如律。比年以來，文存實廢，漫不加省，善否混淆，莫之旌別。欲望申命有司，檢坐見行考課條法，嚴飭諸路監司恪意遵守，以時互舉，聞于朝廷。且使稍久其任，以究行殿最。」從之。以上《中興會要》。

紹興三十二年孝宗已即位，未改元。九月二十四日，權吏部侍郎、兼權尚書凌景夏言：「右承直郎、前監雅州名山縣茶税場王驤任内買起綱茶，合得第一等酬賞，依格轉一官。元豐格，第一等承務郎以上轉一官，幕職州縣官改合入官。紹興十八年，監雅州名山縣茶税場家僎買發陝西綱茶，合得第一等，緣係右迪功郎，歷任止四季，依條比類循兩資。王驤係右承直郎，歷任滿六考，與家僎事體不同，今欲乞除資考不及之人自不合改官外，其資考已及之人欲依舊法改官施行。」詔依紹興十八年十一月十一日降旨比類。

孝宗隆興元年四月七日，吏部言：「左迪功郎、臨安府富陽縣主簿章汝（揖）〔楫〕乞關陞職官知縣〔二〕，欲將無出身歷過月日作有出身人用三考關陞，自今以爲永例。」從之。

二十七日，吏部侍郎兼權尚書凌景夏、吏部侍郎徐林言：「看詳百官應詔言事，考課所以辨別能否，祖宗鑒月限叙遷之弊，非有勞者未嘗進秩。比年仕於朝者，或季一遷，或月一改，居官而書考者鮮矣，況三考乎？外之監司、郡守，小州换大州，西路易東路，送迎往來，祇益擾擾。考課之弊如此。臣願用祖宗久任之法，則能否可以悉得矣。」詔三省、樞密院檢坐紹興二十八年久任詔書指揮行下。

〔一〕降：原作「重」，據《補編》頁四〇〇改。
〔二〕富陽：原作「當陽」，據《補編》頁四〇〇改。

二十九日，吏部侍郎、兼權尚書淩景夏等看詳：「百官應詔言事，祖宗守令之法尤重其選，今則不然，輕外而重内。欲望委監司、郡守歲考縣令之課以上之，考不以實者令御史臺糾劾。其縣令之有治績者，寵之以賞，不特賞其人也，并與其所舉者而賞之。有不任職者加之以罰，不特罰其人也，并與其所舉者罰之。如是，則舉者不敢狥私，而被舉者無不竭力，則州縣之民可得被其實惠矣。」從之。

八月二十九日，知明州、沿海制置使趙子潚言：「奏辟左儒林郎林公望充幹辦公事。公望歷任六考，用改官舉主二員，已循資，依條，次任如前任磨勘。緣充本司幹官，今任與前任不同，欲望將今任理作令 22 丞一等資任〔一〕。」從之。

九月八日，左文林郎、監太平惠民和劑局昌永言：「前任鄂州教授，過滿六箇月，未曾收使，欲許通理今任。」從之。

十月四日，左修職郎、主管刑工部架閣文字劉文辯言：「先任武臣，歷過權浙東安撫司準備使唤八箇月有奇，皆折合得四箇月，乞賜通理。」詔許減半收使。

二年二月二十一日，吏部言，承節郎耿輔乞磨勘。輔係吏部奏辟國學公厨使臣，帖内無理任之文，會國子監稱與指使理任一同〔二〕，詔放行磨勘理任。

二十二日，吏部侍郎錢端禮言：「右從政郎种邠乞改官，緣初任歷過二考，係定差替闕，即非見闕。但在任已及成資，兼本部先有一員與邠事理一同，曾許理任。」詔與理任。

三月二日，吏部侍郎葉顒條奏革弊便宜：「四川選人依條以二年爲任，其間合用考第陞改，依條有出身許展三考，無出身許展四考。或漕司已作成資闕差人在任者，展考往往在後，類多屬託本司或齎定差文書人，遷延沉溺，務令已請先謁而獲，致後官闕次改替，暗增年考。措置：四路轉運司如見任人委合用考第陞改，未有代人，即依條限陳乞展考；若已使闕差人，不許更令展考。」從之。又勘會：「小使臣到部繳印紙，陳乞覆較前任六項闕選，照會任數作功分注授。及前任巡檢、縣尉繳印紙，比較任内有無未獲强盜賞罰闕選。并前任巡轄馬遞鋪乞比較遞馬，緣無該載比較遞馬條法。措置：自今除比較遞馬賞，更不許訴乞。其前任巡檢、縣尉，止於覆較狀内作一狀聲説，次日闕選。有合整會破考任及比較降罰等事，開具條法，分明指定不合成任因依，限二日闕選。」從之。

十一月六日，潼川府路轉運判官李燾乞以今任兩月二十五日補滿前任知榮州一年九月五日，通成兩考資任外，仍别理爲任。吏部言據法有礙。詔許通理，仍别理爲任。

〔一〕丞：原作「承」，據《補編》頁四〇一改。
〔二〕「指」下原有「揮」字，據《補編》頁四〇一删。

十二月十〔六〕日〔一〕，德音：「楚、滁、濠、廬、光州、盱眙、光化軍管內，并揚、成、西和州、襄陽、德安府、信陽、高郵軍守令，能措置安輯流亡、勸課農桑首就緒者，令本路監司保明事實以聞，當議優異推恩，仍加擢用。內選人減舉主二員。」

乾道元年正月一日，南郊赦書：「應文武官所任差遣，依條合行批書到罷，有無不了，方許放行，陞改注授。恐其間有所任差遣因事廢罷元置司去處，無處批書之人，許於所在州軍召本色保官二員，結罪委保批書。候到部，令吏部照應出身以來文字，委無詐冒，放行。其州軍批書不完，有礙注授陞改，亦許召陞朝官二員，先次放行，續行取會批書。」

同日，南郊赦書：「勘會四川、二廣官員陞改，考第舉主、定差使闕、恩例名次應得格法，緣本路運司行遣，或州軍批書小節不完，致取會留滯，許令就行在召本色官二員委保〔二〕，先次放行。案後取會，如有違23礙，依條施行。」

二十一日，中書門下省〔言〕：「勘會兩淮民户並已復業，宜先勸課農桑，若不稍優其賞，委監司、帥守督責，竊慮以爲虛文，無緣就緒。今擬定：縣令、丞於本縣界內種桑栽及三萬株，承務郎以上減三年磨勘，承直郎以下循一資，占射差遣；六萬株，承務郎以上減磨勘四年，承直郎以下循兩資，占射差遣。守、倅勸課部內栽植，二十萬株以上轉一官。應守、倅、令、丞賞格，任滿本路轉運司覆實保明以聞。仍統具一路已未栽種數，州縣別若干，申尚書省，監司、守令恪意奉行。」

二年四月二十六日，臣僚言：「考課之法，自古有天下者未嘗不盡心焉，祖宗之時尤所留意。熙寧中，王安石用事，始奏罷之。自此州縣之吏苟簡自恣，雖有所謂批書，大抵牽於常程，徒爲文具。欲望遵用太宗皇帝故事，應監司、郡守朝辭日，別給御前印紙曆子，至興某利，除某害，各爲條目。每考令當職官吏從實批書，任滿精覈，自然風俗丕變，何事不治，何功不成！」詔經筵官參照祖宗考課之法與見今所行條制，務要適中，可以久行，取旨。

十一月十七日，殿中侍御史單時言：「伏覩制旨，監司於所部，郡守於所屬保明知縣、縣令治狀顯著，令中書門下省籍記，取旨甄擢。又有以臧否守令之説獻于朝，朝廷行之。雖然，人之才術各有分量，吏之治迹未易稽考。臣願訓敕監司、郡守，列其所舉之人治狀之目，詳著于薦書，或有片善寸長，亦令毋隱。然後大明賞罰，舉得其實則受上賞，舉失其實則寘重憲，庶幾選舉之法得矣。」從之。

三年十一月二日，南郊赦書：「任滿批書印紙，多是胥吏舞文，批書不完，有礙注授陞改。并四川、二廣陞改，考第舉主、定差使闕、恩例名次應得格法，緣本路轉運司行

〔一〕六：原脱，據本書禮二〇之一、食貨六四之七七補。
〔二〕「官」上原有「保」字，據下文「三年十一月二日」條删。

遣，或州軍批書小節不完，致取會留滯，並許令就行在召本色官二員委保，先次放行。案後取會，如有違礙，依條改正施行。」六年十一月六日、九年十一月九日南郊赦書並同此制。

四年五月二十九日，淮東總領所言，欲將逐路州軍凡錢穀隸總所者，量立殿最之法。下大理寺參議，欲令諸路總領所歲終將所轄州軍當發錢物之數十分率之，欠及二分，知、通各展磨勘二年。欠數即多，取旨重罰。辦集無闕，減磨勘二年。從之。其後七年正月，中書門下省復言：「近立殿最之法，諸路仍前欠負，蓋以監司恬視，略不程督，州郡循習，無以勸懲。欲自今諸路監司一例賞罰，如有違戾，從總領所以名聞。庶幾信賞必罰，知所沮畏。」從之。

七月十二日，四川宣撫使虞允文乞定西和〔一〕、階州知、通賞罰。從之。詳見「馬政」門。此後凡買馬、發馬、養馬等賞罰條約，悉歸本門。

九月二十四日，吏部言：「右朝奉大夫蘇楷乞關陞。勘會乾道二年六月集議，獲旨：知縣關【24】陞，勘會通判兩任內須實歷知縣一任，其宮觀嶽廟不理爲任。緣關陞通判人即無不許用宮觀任數明文，楷已關陞通判，即與知縣關陞通判不同，伏乞詳酌指揮。」詔令吏部放行關陞。

五年七月十九日，司農少卿李洪等言：「乾道二年至四年，綱運欠米約八萬餘石，州郡視爲常文，漫不追理。今次將見監欠人押發往元裝州軍，專委通判限兩季附綱補發。借如合催三千石，以十分爲率，能於限內盡數追理，減半年磨勘，及八分減一季，五分免罰；不及五分，展磨勘半年。如能加倍追理，紐計推賞。或不及賞罰，即候任滿揍理。仍令本州勘會詣實，申運司陳乞推賞。」從之。

十一月二十一日，吏部言：「淮南、京西、利州路極邊州軍推賞〔二〕，後乃與次邊州軍一例減半，事體輕重，無以分別，理合斟酌裁定。淮南路廬、楚、光、濠州、盱眙、安豐軍，京西路襄陽府，均、隨州、棗陽、信陽、光化軍，利州路興元府，洋、階、成、鳳、金、西和州。」詔將似前極邊州縣官到任、任滿賞，通與轉一官。內不終任人非因罪犯，止推到任賞，與減二年磨勘，見任人依今旨施行。其後七年三月，四川宣撫使司言：「興元府依紹興十七年四月朝旨，權作沿邊。緣在金、洋州近裏，與關外州軍事體有別，依沿邊州軍一等推賞，竊慮太優。欲依次邊例，於元立全賞格上三分之一推行，到任、任滿共減磨勘二年，不終任人非因罪犯〔三〕，止推到任賞，減磨勘一年。」從之。

十二月十日，吏部言：「靖、邕、宜、欽、廉州知州文武臣到任，並各減三年磨勘，奏補子孫或期親條旨更不施行。緣融州承前依宜州例，今旨有失該載，合依宜州，止減三年

〔一〕四川：原作「四州」，據《補編》頁四〇三改。
〔二〕「極」下原有「及」字，據《補編》頁四〇三刪。
〔三〕罪：原無，據上文補。

磨勘。」從之。

六年二月十二日，主管侍衛步軍司公事王友直言：「乾道三年、四年，御前軍器所製造御前降樣宣賜諸軍，并泛拋諸色軍器，並各精緻，委有績效，已及二年，合依已得旨推賞，欲望特降睿旨施行。」從之。既而臣僚駮奏，推賞展作三年，礙止法人依條回授，不得轉行。

五月十二日，詔：「點檢贍軍激賞酒庫所屬官依已降旨，任滿轉一官；提領官實及三年，與轉一官。」

閏五月九日，户部侍郎、江浙京湖淮廣福建等路都大發運使史正志言：「巡尉職捕私茶，賞罰備具，緣所屬吏史舞文，凡合推賞，輒非理阻難，合責罰則隱庇不舉，致皆苟且，無盡力意。今被旨榷兩淮京西茶事，乞自今應巡尉捕捉并透漏私茶，並從本司保明，朝省賞罰施行，庶有以激勸。」從之。

六月十三日，詔左朝散郎李發特降兩官，勒令致仕。以發年七十不該磨勘，於家狀内擅減十歲，僥冒關陞知州資序，故有是命。

七月十六日，樞密院言：「平江府許浦鎮駐劄御前水軍諸軍統制馮湛乞批書。切詳本軍統制官印紙，係申樞密院批書外，統領、將佐、大小使臣等印 25 紙批書，緣本軍他無所隸，合自本軍施行。」從之。

八月二十八日，詔：「淮南監司屬官酬賞，各隨置司所在州縣官格法，依乾道五年十一月獲旨推賞。餘路監司屬官置司之所，即在元旨該載州軍之内，亦依此施行。」

九月十九日，重修敕令所言：「看詳獲盜條格，凡州縣巡尉闕官之處〔一〕，如係州府監司差權，於任内獲彊盜，即依正官法推賞。即有正官，偶病故在假，權攝已及半年以上，獲盜亦以正官法；不及半年，并督捕官非捕盜官獲彊盜者，自依隆興元年九月之制，兩名比當一名理賞。如權巡尉有不獲火數，隨所得賞典輕重，比附正官責罰條法施行。如獲彊盜，案證已完，本州長貳聚録，或已審録無翻異，偶(瘦)〔瘐〕死者，正官一名與當半名，權官兩名與當半名。即未嘗結録而(瘦)〔瘐〕死，更不計數。」從之。先是，隆興元年九月二十五日，臣僚言：「祖宗成憲，盜賊許諸色人告捕，比妄有開陳，謂非捕盜官則減半推賞，不許以兩名比一名，賞格愈薄，人何知勸！」以其言下吏部勘當，乞將諸路權巡尉及督捕并非捕盜官捕獲贓滿罪至死彊盜并兇惡彊盜〔二〕，依臣僚所陳，以兩名比當一名理賞，餘依見法。從之。

同日，臣僚言：「乞將巡尉收捕逃卒立定斷罪賞罰，責在巡尉，每年具已捕逃亡名數批書印紙〔三〕，任滿到部稽考。巡尉任内捕及十人，陞半年名次，二十人陞一年，三十

〔一〕闕：原作「關」，據《補編》頁四〇四改。
〔二〕贓：原缺，據《補編》頁四〇四補。
〔三〕印：原重一「印」字，據《補編》頁四〇四刪。

人減一年磨勘，五十人減二年磨勘。知、通在任督責巡尉收捕逃卒，若及三十人，減半年磨勘，五十人減一年，七十人減二年。」從之。

十一月六日，南郊赦書：「應命官酬賞，因犯公罪，須候一任回方合推賞者，若經今赦合依無過人例，便許收使。」

十二月十七日，詔：「州縣到任賞，並候任回陳乞，依條推賞施行。」

七年正月二十二日，詔：「新州簽判任滿，依梅州簽判賞格。」以新州援梅州奏請也。

三月十九日，明州海内巡檢洪偉特轉一官，以捕獲私鹽賞也。宰執進呈，上曰：「得非明州保明？」虞允文等奏曰：「明州不曾與此人乞賞，臣等看奏案，見洪偉親率官兵鬬敵被傷。從來巡尉罕有躬親者，故欲少加旌勸。」上曰：「當推賞，在法如何？」允文等曰：「在法，命官親獲私鹽一火五千斤，減三年磨勘。計偉所獲亦五千斤。」上令依格，允文復奏：「偉親被傷，乞特與轉一官。」從之。

五月四日，臣僚言：「自今諸州軍知、通及諸路安撫、轉運、提刑、提舉并市舶官，任内各司能拘發無額錢物及一萬貫，減磨勘一年半，一萬五千貫減磨勘二年，三萬貫以上轉一官。即更溢數，比類推賞。」從之。既而臣僚言太爲僥濫，諸路知、通急於受賞，人人競利，欲令每歲起發無額錢及三萬貫以上，減三年磨勘，雖云過厚，庶幾適中。從之。

十四日，詳定一司敕令所言：「監司、知、通，昨降旨不許申陳26通理。其前任不因罪犯罷任人，許通計前任考任；其見任官自合依遵已頒之旨。」從之。

二十八日，權尚書吏部侍郎張津言：「使臣止用六考或五考關陞親民，至出官後連任嶽廟，或不釐務，未嘗經歷州縣，即得關陞注親民職任。平居懵然不知民事，一旦遽使決擇可否，是猶未能操刀而使割，其傷固已多矣。欲望睿旨，除見從軍人及宗室且依自來關陞資格外，其餘奏補及諸色出身人，並於所歷考任内須曾實歷州縣職事或諸司官屬一任二考，方許通理前後任關陞，注親民窠闕。」從之。其後吏部侍郎兼權尚書王之奇言：「自承敕旨，亦有元任軍中考任已及、今任添差未歷州縣職事許乞關陞之人，即與其他從軍考任未應關陞、乃用今任添差差遣揍成考任事體不同。今相度，欲將使臣曾任軍中差遣，在軍批書已及十二考以上，比折有兩任六年，偶因離軍已授添差差遣，與依條放行關陞，即與元旨别無妨礙。」從之。

六月十二日，太府寺主簿趙思覈實淮東二麥。上問輔臣：「比前揚州帥臣晁公武數增虧如何？」虞允文等奏：「其數同。」上曰：「守令當定殿最以行賞罰。」允文等曰：「趙思正論此，謂兩淮多已耕未籍之田，州縣取其已耕者號爲增種，其實未嘗勸課。不如先括見（令）〔今〕荒田頃畮，然後責令勸耕，他日用此以詔賞罰，廼得其實。」上曰：「善！」公武實所部六年栽麥二萬六千二百二十四頃有奇，故命思按覆焉。

七月二十日，吏部言：「欲乞應選人循資酬賞，除依法文學注權入官，并前任停替及降資之人依條合侯一任回推恩外，其餘循資之人如未曾推賞，偶已注授及待闕未上，及雖已赴上而未及二考，并已及二考丁憂、尋醫、侍養，非因體量過犯離任，不係超循之人，止據得賞時考第推恩，皆不作隔任推賞循資。或已循至此官，并本任内已該關陞之人，將已得循資酬賞許换次等占射，及改官後收使施行。」從之。

八月八日，詔知平江府常熟縣趙善括特轉左宣教郎，知平江府崑山縣聞人大雅特降授左宣教郎。以本路漕司言，昨朝廷委勸諭賑（糴）〔糶〕，許令以殿最爲懲勸，擇其尤者以聞，故有是命。

二十五日，詔：「四川總領所主管文字，依金州州縣官到任、任滿已獲旨推賞施行。」先是，隆興二年四月，詔金州昨隸京西，依光州推賞，今撥隸利州路，依光州已獲旨施行。至是，四川總領錢糧韓曉言金州係極邊，本司簽廳官一員，專任本州主管職事，若不推賞，無以激勸，故有是命。

九月十二日，江西帥臣龔茂良言：「近責守令賑濟，恐有徒爲文具之人，欲先差官覈實户口，將來比較，以定殿最。」上曰：「善，恐猶有未盡者。」虞允文奏：「臣等商量，旱傷州縣已有流移人户，若以今覈實爲定，來歲間有 27 復業之人，必難稽考。欲令併籍已逃見在之數。」上令諸路旱傷之所並依此施行。

十三日，江西帥臣龔茂良言：「比緣江西諸郡荒旱，已降旨令本路帥臣、監司將旱傷州縣守令精加審量。竊謂朝廷既下審量之令以謹其始，宜有殿最之法以覈其終。契勘諸縣户口各有版簿，今欲併老幼丁壯，無問男女，根括而籍之，帥臣、監司總其實數，明諭州縣，自今以始，至于來歲賑濟畢事之日，按籍比較，稽其户口之登耗以議舉劾而上之[一]。通一郡之數，稽其登耗以議守臣之賞罰。如此，則殿最分明，官吏聳動，非小補也。」詔從之，仍將以流移人與見户通籍，務令得實，以俟比較。餘旱傷之所依此[二]。

十八日，兩浙路計度轉運副使沈度、轉運判官胡堅常言：「被旨糴米一百萬石。檢照前旨，所委官糴米及五萬石，減磨勘二年。候足，郡守比附糴官，從本司保明取旨。緣今所糴比常平浩瀚，欲候糴足，守令同監糴官等第推賞，庶有以激勸，亟獲辦集。」從之。

十月七日，詔：「淮東路帥、漕臣將諸州軍係官荒田，官爲借種，責委守臣招召人户，及時廣種二麥。人户請佃未耕，亦仰勸諭，盡行布種；及招誘大姓，假貸農民。候歲終差官覈實，取旨賞罰。淮西路依此施行。」

[一] 上：原作「廣」，據《補編》頁四〇六改。
[二] 「所」上原有「數」字，據上條文例删。《補編》頁四〇六有「數」字無「所」字，亦誤。

八日，吏部言：「提轄行在左藏東、西庫係創闕，承前未有立定賞典，欲乞依東西庫監官格法推賞。」從之。

十一月三日，司農少卿、提領户部犒賞酒庫姚憲言：「元旨，諸庫監官許踏逐見任得替待闕已未到部大小使臣、校副尉内選差權官，候及一季，見有成効，方許申辟。緣去就稍易，皆以暫近爲辭，不復悉力。欲乞今後遇差權官，未辟正員，並一體批書到罷，以歲額分計所權月分合辦息錢，誠無虧闕，方許批書離任。候界終，照指揮比較賞罰[一]，吏刑部減磨勘施行，庶有以責辦。」從之。

二十九日，詔臨安府推官馬希言依六曹郎官例關陞。以吏部言臨安府推官係創闕，即未有該載關陞格法，故有是命。

八年正月十四日，詔：「滁州州縣到任、任滿，依次邊舒州州縣官推賞施行。」

六月十日，權尚書禮部侍郎、兼權中書舍人李彦穎言：「竊見天下文武官員數至多，其出身、履歷、改官、功過等事，吏部合有名籍具載。今惟尚左一選有籍，若侍左固已不備，如尚右、侍右兩選，承前不曾置籍，因循苟簡。欲乞降旨，本部長貳將各選文武官盡數括實[二]，如法置籍。遇有遷轉、差除、責罰、黜降等事，專委逐曹郎官即時添注入籍，仍於月終檢察遺漏。庶幾若文若武入仕本末，有所稽考。」從之。

八月四日，度支郎中朱儋言：「經總制錢昨專任諸州通判，其後臣僚建請，於是有知、通共催分賞之制。夫經總制分隸之數，常患爲守者侵取以供妄費，此專任通判之意也。今諸路上供錢斛等，或者**28**建議違欠前限，如宰執、侍從所領州郡，先申奏通判以下。且財賦守實專之，降官、放罷之罰乃先及通判以下，事涉倒置，理近姑息。欲望明詔執事之臣，於經總制賞仍舊委通判，而守臣不預；於拖欠上供之罰，則先守臣而及以次官，庶幾事實稍稱，勸沮必行。」從之。其後權户部尚書楊倓等復言：「專任通判，恐守臣妄生異同。欲乞知、通依舊協力催轄，分受賞罰。仍委自提點刑獄官督責州縣，若歲終比較虧額違限，知、通悉劾。」從之。

五日，試尚書吏部侍郎、兼權吏部尚書張津言：「州縣之吏合該賞典，司勳格目不一，比年旁緣法制，僥冒生姦。臣先以五事言之：州縣場務課息增羡，内合發上供，並無行在交納朱鈔，而推增剩賞；州軍禁卒，兵官同管，而乃巧作名目，分管人數，稱無逃亡[三]，而推全賞；巡轄遞鋪使臣任内催發常遞，不件具名數、經過日，而推無稽違賞；縣邑興修水利，並無功料實迹，而推水利賞；近裏州軍非沿邊而推控扼賞。是數者積習既久，前後相因，臣切惜之。

[一]賞：原作「當」，據《補編》頁四〇六改。
[二]實：原作「責」，據《補編》頁四〇六改。
[三]亡：原作「忘」，據《補編》頁四〇七改。

欲望特降處分，日後州軍、監司更有保明泛濫，經由所屬已行，許司勳開具取旨，庶幾弊源可塞，實非小補。」從之。

十月九日，户部言：「欲下諸路轉運司，下所部州軍，自今起納場務課息朱鈔内，須開具若干係某場務某監官在任所收，發納何所。候推行監官增剩酬賞，從本部參照，庶革泛濫。」從之。

十二月十九日，樞密院奏兩淮、荆襄沿邊州郡畫一約束。詔帥、漕臣并諸郡參對遵守月日施行聞奏。上半年委監司因行郡，照畫一分臧否三等，各以名聞，俟替當議黜陟。仍令三省、樞密院隨事目置籍銷注。畫一凡六條：恤民，謂邊州之民皆宜撫之以恩，結之以信，不可貪縱，妄有横斂。審官，謂部内常須體量老慢廢職及貪污非才若廉於可任之人〔一〕，舉按以聞，毋得狥私，致誤賞罰。勸課，謂山林藪澤原隰之地，無問肥瘠，勸誘人户墾闢種植，要害邊關之地廣植雜木榆柳之類以捍奔衝〔二〕。豐儲，謂一郡一邑必積畜以備凶荒，并凡雜賦入務不滲漏，以備緩急實邊之用。興利除害，謂上究凡利於民者悉舉行之，下究凡害於民者悉除去之。户口，謂招徠人民，凡勞來安集之理，隨力措置。

九年正月十一日，臣僚言：「伏見省倉、豐儲倉等處坐倉和糴，係（正）〔止〕收糴軍人食不盡米斛，元不出倉，而乃依收糴客米之例，至一任之内減磨勘一二年者，誠爲僥濫。欲乞更不推賞。」從之。

閏正月二十七日，吏部言：「四川茶馬主管秦司簽廳在興元府置司，係極邊去處，昨許推到任、任滿賞止載轉運、安撫等置司所在賞並依州縣官，即無載茶馬司明文。今欲依興元府府縣官已承乾道七年三月之制推賞施行。」從之。

三月十五日，新差知處州趙善仁言：「處[29]州轄下坑冶，乞令通判、令、丞秩滿無虧欠，并巡、尉任内無私採透漏，依條推賞。」詔從之。通判、令、丞任内無虧欠，各減磨勘二年；巡、尉官任内無私採透漏，任滿令本州批書，巡檢減磨勘半年，尉陞名次六箇月。仍令敕令所立法。

六月二十七日，詔諭守令、監司勸課農桑，視親書以從事，仍申諭賞罰。詔書見「墾田」門。

九月四日，吏部言：「凡選人任京官、京官任選人、文臣任武臣差遣，前後更互，或該賞典，未有比類明文。措置：凡酬賞處，但所任差遣同，文武臣、京官、選人並比類推賞。其有比類不等，輕重不一，即聞朝廷取旨，庶絶沮格之弊。」從之。

同日，吏部言：「選人通理，或有前任未滿、非以罪罷，陳乞先以今任月日補滿前任，然後別再起理。緣其間或前

〔一〕於：疑當作「隅」。
〔二〕類：原作「數」，據《補編》頁四〇七改。

任未滿，所欠月日尚多，一槩僥求，致妨後官之任〔一〕。措置：欲除豁緣故、尋醫、侍養罷任人外，前任丁憂、省併、朝廷改除誤注改正別調差遣、不以罪去替、止少半年考第以下之人，許令通理成任外，別起理今任月日。即前任少半年以上考第之人不許陳乞。」從之。其後吏部復言：「京朝官承務郎以上除知縣外，並二年爲任，選人並三年爲任，即各歷任不同。若依選人去替半年通理前任，別理今任，即暗展半年，妨後官之任。欲將京朝官承務郎以上有前任非以罪罷之人，去替止少一季，方許通理，補滿前任，別理爲任。若少一季以上之人，不許陳乞。」從之。

十月一日，户部言：「淮東提舉茶鹽司覈實本路州縣乾道七年全年住賣鹽增虧比較，楚州係增三分以上，知、通依格各減磨勘一年；淮陰縣增八分以上，知縣依格合減磨勘二年。選人比類施行。」從之。

二十九日，吏部言：「京西南路安撫司乞將郢州依襄陽府等州軍推任滿賞：郢州雖稍近裏，亦與極邊棗陽軍等處道路通徹，欲比附作極邊。到任減磨勘一年，任滿減磨勘二年。」從之。

十一月二日，吏部言：「權發遣滁州辛棄疾乞將滁州依舊作極邊推賞。參照滁州北至淮百六十里，舒州至淮六百里，蘄州至淮九百十五里，若以滁州止依蘄州、舒州推賞，地理既殊，輕重不倫。今相度，欲將滁州州縣官比附極邊推賞，到任減磨勘一年，任滿減磨勘二年。」從之。

二十五日，詔：「諸路以所隸公私陂塘川澤之數專督縣丞，有田民户分布工力，務廣水利。如無縣丞，責以次官，歲終以工力最多處言，常平司覈實，申朝廷推賞。怠慢不職之人，取旨責罰。」

十二月七日，皇城司言：「提點本司官右武大夫、福州觀察使、入內内侍省押班、提點皇城司王槩今已任滿，合依元旨，初任滿人依樞密院舊法推賞。」詔轉行安慶軍承宣使。

〔三〕〔二〕十七日〔二〕，京西南路安撫司言：「本司正任指使三員，與襄陽府正任指使一同，乞比類襄陽府 30 指使推賞。」從之。以上《乾道會要》。（以上《永樂大典》卷一七四八四）

〔一〕致：原作「到」，據《補編》頁四〇八改。
〔二〕二：原作「三」，據《補編》頁四〇九改。

宋會要輯稿　職官六〇

轉對

【宋會要】

1 太祖建隆三年二月二十二日，内出御札曰〔一〕：「朕膺運開基，推誠待物，顧干戈之漸偃，欲華夏之永安，渴聽讜言，庶臻治道。今後每遇内殿起居，應在朝文班朝臣及翰林學士等以次轉對，即須指陳時政闕失，明舉朝廷急務。或有刑獄冤濫，百姓疾苦，並聽採訪以聞。凡關利病，得以極言，朕當擇善而行，無以逆鱗爲懼。如有事干要切，即許非時上章，不必須候輪次，亦不得將閑慢事應副詔旨。仍須直書其事〔二〕，不在廣有援引。卿等或累朝舊德，或間代英才，當思陳力事君，豈得緘言食禄！竚禆闕政，用副旁求。」

太宗淳化二年十一月一日，詔復百官次對。唐制，百官入閤，有待制次對官，各舉論本司公事。德宗興元中，詔延英座日，常令朝官三兩人面奏時政得失。至後唐天成中，詔百官每五日内殿起居，拜舞訖便退，因此遂廢（侍）〔待〕制次對之官。每遇起居日，令百官轉對言事。至長興初，詔今後五日内殿起居，宜停轉對，百官如有論奏〔三〕，許非時上言。晉天福中，詔依舊五日内殿起居，以兩人轉對，各具實封以聞。漢乾祐初，陶穀奏停，詣閤門拜章。至是始復舊制，每起居日，常參官兩人次對，閤門受其章焉。

真宗咸平三年十一月（二十一日）〔九日〕〔四〕，詔曰：「朕詳延俊髦，勤納規諫，嘗頒詔旨，誕告周行，而鉗口居多，沃心彌寡。豈朕之誠信未孚于下歟？將庶官2因循，竊禄于時歟？是用順考前規，舉行轉對。自今後眇躬之過失，時政之否臧，教令之闕遺，人情之壅閼，並依宜條奏，勿或緘藏。涉訕訐者固可優容，乏詞藻者許其直致。朕當親覽，擇善而行。其未預次對羣官，各許上章奏事。國（疵）〔疵〕時病，吏蠹民艱，悉冀敷陳，以助宵旰。」

十二月九日，詔有司轉對章疏，别録一本留中。

仁宗天聖七年（二）〔三〕月二十四日〔五〕，詔曰：「國家深惟闕職，渴佇正人。設制策之科，將博詢于鯁議；復登聞之匭，期盡達於芻言。載念朝闈，固多邦彦，慮素懷於直道，耻自列于公車，特舉彝章，俾輸忠款。其或規朕躬之過失，陳宰政之闕遺，紀中外之姦回，斥左右之朋比，述未萌之機事，責無隱之密謀，以至省臺衆官阿私而罔上，郡國庶

〔一〕札：原作「禮」，據《愧郯録》卷五改。
〔二〕須：原作「許」，據《愧郯録》卷五改。
〔三〕論：原作「輪」，據《玉海》卷六一改。
〔四〕九日：原作「二十一日」，據本書帝系九之四、《長編》卷四七、《宋史》卷六《真宗紀》一改。
〔五〕三月：原作「二月」，據《長編》卷一〇七、《宋史》卷九《仁宗紀》一改。

吏横恣以濫刑，或納受貨財，潛行請託，或恃憑權勢，敢肆貪殘，並許極言，朕當親覽。儻備覩於指切，必特議於褒陞。況在公朝，勿虞後害。宜令御史臺告示百官，遇起居日，依舊儀轉對，其餘内外文武臣僚未預轉對者，亦許具章疏實封聞奏。」

二十五日，帝謂輔臣曰：「所下轉對詔，宜更增朋黨之戒。」

六月四日，命資政殿學士兼翰林侍讀學士晏殊、龍圖閣（侍）〔待〕制孔道輔、馬季良，看詳轉對章疏及登聞檢院所上封事可施行者以聞。七月二日，復詔罷看詳。

八年九月六日，御史臺言：「先准勅，百官起居日令轉對奏事，今已周遍。」詔權罷。

皇祐三年六月十一[3]日，天章閣（侍）〔待〕制梅摯請復百官轉對。帝曰：「今朝廷得失，軍民利害，自公卿至於士庶，皆許指事而陳之，縱涉繆妄，亦未嘗加罪，何用此紛紛也！」

五年五月二十六日，詔：「兩制、兩省、臺諫官、三館帶職、省府推判官等次對言事。凡朝廷得失，生民利病，災異時數〔一〕，直言無隱，不得朋私挾情，抉摘陰細〔二〕，無益治道，務在公實。觀文殿學士至待制〔三〕，合係直牒閤門上殿者許請對；餘官具奏章實封以聞。」

治平四年十一月四日，神宗即位未改元。詔曰：「朕惟眇德，初踐夷圖，欲躋方夏於已安，浩若巨川之未濟。聰明所及，固不能燭萬事之幾；夙夜雖勞，將何以救羣元之失！煢然在疚，殆此淹年。顧善化以寖微，懼皇猷之弗嗣，遂緣象類之發，欽承譴告之仁。氣欬感通，陰陽愆繆，星文屢變，地震不寧。竊服成王畏天之明，深嘉大禹拜言之美。咨於羣辟〔四〕，夙奉公朝，特舉舊章，俾從轉對。尚慮盈庭之士，未知側席之懷，宜立明科，庶來讜議。其或補朕躬之遺闕，箴時政之靡臧，斥有位之阿私，糾在朝之朋比，述爲邦之急務，貢禦敵之密謀，通人情壅塞之端，救民力困窮之弊，以至臺省之職崇虚譽而養私，郡縣之官諫空文而尸素，廉察日嚴而吏道日濫，賦入日增而國用日虧，或變風俗之澆訛，或駮刑名之得失，或議當今之所尚，或陳往事之可懲，號令之所未孚，恩澤有所未究，並宜極論，式副明揚。多文者無闕於事情，寡詞[4]者直述於己身。播告中外，咸體至誠。宜令御史臺每起居日，令百僚轉對。」

十二月一日，御史臺言：「准詔，令百官每起居轉對，臺司檢會儀制，於兩省及文武内官高者從上輪二員。其兩省官有充學士、待制者，本臺爲學士、待制綴樞密班起居，未敢移牒逐官。檢會《閤門儀制》，只是百官起居日轉對，不載内朝臣僚轉對。」詔依《閤門儀制》。

〔一〕數：原作「事」，據《長編》卷一七四改。
〔二〕抉：原作「決」，據《長編》卷一七四改。
〔三〕文：原作「大」，據《長編》卷一七四改。
〔四〕句首原有一空格，據文體文意，此處並無缺字。

十八日，詔御史臺，遇起居日轉對官增二員。

神宗熙寧元年三月二十三日，詔：「今後臣僚授外任差遣者，如轉對資次未到，許令先引對，對訖朝辭。」

五月十九日，侍御史張紀言：「轉對臣僚隨班起居，於殿庭留身，行綴不至齊整。乞候起居罷，隨大班齊退至殿門板壁外，令閤門知班揖住。候兩省官才退，再引。檢會儀制，轉對官隨班退，轉對官二員出班，引班舍人近前接引。」詔依儀制。

八月三日，侍御史劉琦等言：「臣僚受差遣後，每遇起居日，令四人轉對。員數既多，遂至淹延月日，有妨赴任。」詔應臣僚已授差遣，並令依例朝辭，許於當日實封轉對，文字於閤門投進。

十一月四日，以翰林學士司馬光、知制誥吳充同詳定轉對封章。

三年五月九日，以集賢校理孫洙、館閣校勘蒲宗孟同看詳轉對封章。以轉對封章條事甚多，欲有採用故也。

十三日，詔：「百官轉對封章〔一〕，分委三館應係帶職臣僚看詳〔二〕，具所陳當否送司馬光詳定，令中書取旨。」上頗欲採5用轉對之言，初命集賢校理孫洙、館閣校勘蒲宗孟看詳，至是又付三館，令已有法者即明具條貫〔三〕，欲以見館職才能，因以考知轉對官知法理與否也〔四〕。

四年八月十九日，御史臺言：「檢會儀制，兩省及文班官候轉對將遍，先申中書門下。今來員數不多，乞預賜指揮。」詔候未經轉對人周遍，即罷。

哲宗元祐七年五月十八日，吏部尚書王存言：「自今文德殿視朝，特免侍從官轉對，專責以朝夕論思之效，於體爲得。」從之。

八年正月二十一日，詔職事官權侍郎以上並免轉對。

紹聖四年四月二十六日，臣僚言：「文德殿視朝輪官轉對，蓋以襲唐制，其來舊矣。建隆御札曰〔五〕：『今後內殿起居，應文班朝臣及翰林學士等，並依舊例轉對。』故祖宗以來，每遇轉對，侍從之臣亦皆與焉。元祐間，因臣僚建言，乞免侍從官轉對，續有旨職事官權侍郎以上並免，自此轉對，止差卿、監、郎官而已。臣以謂（待）〔侍〕從之臣皆文學極選，以備顧問，公卿之才繇此塗出，乞自今視朝轉對，依元豐以前條制。」從之。

徽宗宣和四年六月八日，臣僚言：「唐太宗詔五品已上更宿內省，以次輪轉對，博詢外事。以初觀之，若未有補，及觀李逢吉、蘇遇輩結爲朋黨，勢傾內外，無復忌憚，獨以延英次對爲深可防，然後知次對有補也。祖宗鑒唐之制，詔旨諄諄，神考尤注意焉。嘗因陳昂轉對文字可取，

〔一〕官：原作「户」，據《長編》卷二一一改。
〔二〕「三館」下原衍「分委」二字，據《長編》卷二一一刪。
〔三〕具：原作「其」，據《長編》卷二一一改。
〔四〕知法：原脱「知」字，據《長編》卷二一一補。
〔五〕札：原缺，據《長編》卷四八六補。

(令)[令]三省察問，又常欲汰館職，乃以轉對文 6 字委之詳定，豈特納其言而施於政，又以考人材之賢否，可謂一舉兼得矣。昔有五日一轉對者，今惟月朔行之[一]；有許朝官轉對者，今唯待制以上預焉。比年以來，緣明堂行視朔之禮，歲不過一再而已，則是畢歲而論思之無幾矣。乞如遇不視朔，即令具章投進，以備乙夜之觀，因以助詢訪而考人材。」從之。以上《續國朝會要》。

高宗紹興二年五月二十九日，詔：「朕承中否之運，不啻創業之難，宵衣旰食，猶恐不逮，尚敢暇逸！昔我太祖皇帝嘗令百官輪次對日[二]，並須指陳時政得失，舉朝廷急務，凡關利害，得以極言。可自今後，行在百官日轉輪一人面對，宜各盡底蘊，以捄其時弊。朕當虛佇以聽其言，且觀其行，將有非次之選，用凱多士之寧。」既而御史臺言：「奉詔，自今行在百官輪一員面對，又詔省臺等官，限半月各述利害條具以聞。切緣臺諫係言事官，遇有職事，即非時上殿敷奏，若依自來輪對條例，恐不合與條具及輪對之數。」又閤門言：「在部釐務官，未委合與不合輪對，亦未有指定某官以上輪對并自某日爲始明文。」遂詔釐務通直郎以上，自六月二日爲始。仍令所屬每十日具職位、姓名，前期排定，報閤門審察。餘從御史臺所請。

六月十二日，詔：「今後面對臣僚遇隔次日便引，餘面對官遞躦一日。」

八月九日，詔：「釐務官並免轉對，候來年三月別聽指揮。」

二十七年六月十一日，宰執進呈著作 7 佐郎黃中言：「百僚轉對，今行之二十年，而大臣專恣，好佞惡直。一時習尚，往往以言爲諱，凡所建明，不過務爲塞責而已。望申飭在位，自今已往，應轉對之官有所(聞)[開]陳，要在竭誠盡忠，切於治道，毋得蹈常習舊，攟摭細微，以應故事。然後陛下觀其人，擇其言，而爲之虛心訪問，俾得以盡其情實。積日累月，庶幾有補於萬一，則舊章不爲虛設矣。」上曰：「所論極是。朕方欲與卿等相度指揮，大抵轉對之法，恐朝政有闕失，民間利病有不得上聞者，皆當論奏。自秦檜當國，轉對之名雖不廢，而所論者但應故事，初無鯁切有及於時事者，如此則謬悠之談，何補於國！今黃中所言頗合朕意。」詔可。

二十九年三月十七日，守侍御史朱倬言：「凡侍從常參下逮百執事，每五日一次奏對，而獻言之臣視爲彝儀，多取無益之空言，或建難行之高論，以應故事。間有言之而不可行，行之而不可久，甚失陛下所以求言(問)[開]納之意。望戒飭有司，今後臣僚面對劄子，若委於舊法有弊合改，即乞下所屬討論參計，然後頒行。庶幾獻言者不爲虛文，而奉行者可爲永式。」從之。以上《中興會要》。（以上《永樂大

[一] 惟：原作「准」，據《宋史》卷一一八《禮志》二一「百官轉對」條改。

[二] 次：原作「之轉」，據本卷後文職官六〇之一三改。

典》卷一五一四五）

宣對

【宋會要】 **8** 紹熙二年五月二十五日，宰執進呈侍從宣對事，上曰：「今後權官亦令不時宣對，指揮內可添入。」於是有旨：「論思獻納，侍從之職，今經筵、翰苑官時得宣詔，其餘從臣率數月一對，甚非建（宮）〔官〕之意。自今侍從與經筵〔一〕、翰苑官並不時宣對，庶可以廣詢訪求〔二〕，有補於治道。權官准此。」（以上《永樂大典》卷一五一四五）

輪對

【宋會要】 **9** 高宗紹興二年八月二十六日，閤門言：「近詔釐務官通直郎以上輪對，今吏部闕宣教郎、秘書省正字徐林面對，係職事官，在通直郎之下，即無許面對之文。」詔徐林係館職，難以不輪面對。今後准此。

三年三月二十七日，詔：「今後輪當面對官，如有爲患請假，上殿未得，並不許趁赴朝參，依在將理假條法。痊安日，待制已上依（議）〔儀〕制入見。餘官門見訖，次日攙補上殿。」

五年五月十日，尚書吏部員外郎周秘輪對。上曰〔三〕：「自今臣僚輪對，甚有所補，緣此擢用者亦甚多。其間縱有不當，亦不欲責罰，恐人不敢論事。」

十二月十一日，給事中呂祉言：「近詔行在職事官並輪日面對，切詳侍從官以論思獻納爲職，豈可令與庶官輪對？願詔侍從官免輪對，如有己見，即許請對，不拘時限之數。」從之。

二十三日，殿中侍御史周葵言：「輪對之法，肇自祖宗，陛下首復此制，然尚有可言者。今監尚書六部門，非若監登聞檢、鼓院之隸諫省也，而輪對之際，檢、鼓院弗與焉。樞密院編修官與勅令所删定官，均爲書局也，而輪對之際，删定官弗與焉。望詔有司，俾監登聞檢、鼓院官依監六部門，删定官依編修官，同預面對之列。」從之。

六年三月六日，太常丞華權言：「乞詔有司，凡行在輪對官未經上殿者，並以次輪；其已經召對及既嘗輪者，每吏部會問訖，然後（開）〔關〕報 **10** 閤門，願對者俾以次進。或當再輪而獨無己見，願輪以次官者聽，每輪問不必强焉。」從之。

九月十三日，吏部言：「勘會昨在臨安府，依已降指

〔一〕自：原作「目」，據《宋史》卷三六《光宗紀》改。
〔二〕庶：原作「廣」，據《宋史》卷三六《光宗紀》改。
〔三〕上曰：原作「二日」，據《建炎要録》卷八九改。

揮，每日輪職事官一員面對奏事。今已到平江府，未審合與不合輪官面對。」詔輪對。時以巡幸故也。

十月十九日，左司諫陳公輔言：「仰惟陛下求言之切，令行在職事官輪對，所以廣覽兼聽，日聞天下之事，非小補也。比緣巡幸，駐蹕平江，而隨駕臣僚不多，已降指揮面對一次。今聞所輪之人相次已周，目今臺諫官止有三員，逐日上殿班次亦少，欲令見在行在審計、官告、糧料、榷貨、鹽倉及茶場等元不係面對，緣係文臣，皆朝廷選差之人，今若有已見願面對者，許輪對一次。庶使臣下得盡其所言，而艱難之際，亦可少裨聖政。」從之。

十一月四日，詔：「應輪對官如有疾病、事故，許實封投進文字，更不引對。」

七年十月二十八日，右正言李誼言：「昨緣車駕巡幸，朝廷機務少暇，扈從臣僚不多，准三月二十日詔，行在職事官止許輪對一次。今已輪徧累月，未見再有指揮。今百司官吏半在行宮，若只將見今臣僚輪對，委是次數頻繁。望准建隆、天聖故事，每遇内殿起居日，輪一員或兩員面對奏事。候百官俱集，自依近制。庶幾嘉言罔攸伏，以稱陛下明目達聰之美。」詔遇六參日輪一員。

十四年四月十八日，詔皇太后宅教授依諸王公教授次序輪對。

十【11】七年八月二十五日，詔：「輪對官稱病在假，多是繳進文字，合行約束。今後遇輪對官請假，並令按日奏對，令吏部申嚴約束。」

二十四年八月十一日，上謂輔臣曰：「近來輪對官多請假避免。百官輪對，正欲日聞所未聞，可令檢舉已降指揮約束施行。」〔一〕

乾道二年十一月二十日，有旨：「今後遇閤門入進班次訖，臺諫官有本職公事，許次日具奏引對。」

七年十二月六日，詔：「臨安府推官四參輪對，依六曹郎中例。」時太子爲臨安府尹。

二十日，詔：「閤門舍人自今後依文臣館閣，以次輪對。」

八年六月八日，成忠郎、閤門祗候、武學博士孫顯祖劄子：「伏覩指揮，百官輪對奏事。顯祖雖武弁小官，而所任差遣忝在職事官之列，合行輪對，欲望指揮。」有旨依。以上《乾道會要》。

淳熙四年二月二十四日，詔：「官告、進奏、糧審院官不須輪對，如有已見利害，許令通進司投進。」

十四年五月二十五日，詔自今監六部門官更不輪對。

十五年三月二十六日，著作郎、兼權禮部郎官倪思等言：「乞比附典故，自聖神武文憲孝皇帝虞主回日，至於祔廟，更不輪對引見百官班次。」從之。先是，思等嘗奏乞於未掩攢前暫停百官輪對引見班次，已得指揮施行，今復有

〔一〕此處當脱「以上《中興會要》」。

是請。詳見「視朝」。

十一月十四日，詔：「自今上殿輪對官，對劄不得過三。」詳見「章奏條貫」。以上《孝宗會要》。

淳熙十(七)〔六〕年二月二十七日〔一〕，詔：「臨御之初，日令職事官一員輪對，俟周遍日復用五日之[12]制。仍自四月爲始。」

紹熙二年五月四日，臣僚言：「檢會淳熙三年故事，六院特許編入雜壓。照得檢、鼓兩院從舊至今輪對，其餘糧、審、邸、告四院，亦望出自聖裁，並特許輪對上殿，或有可採，不次選用。庶幾慰作邑之辛勤，復熙朝之盛美，開英雋之壅塞，廣民俗之詢訪，一舉而四美具。」從之。

十二月十六日，詔：「應合上殿文武官，並權令赴都堂審察，其輪對官權免。候二月一日別行取旨。」(以上《永樂大典》卷一五一四六)

面對

【宋會要】

[13]紹興三十二年六月十五日，孝宗即位未改元。詔面對班改用三、八日。先是，面對班用一、五日，以其日分車駕詣德壽宮，故有是命。

二十七日，詔百官日輪面對，候既周復舊。殿中侍御史張震奏：「伏見紹興二年五月三十日詔書，其畧曰：『昔我太祖皇帝常令百官輪次對日，並須指陳時政得失，舉朝廷急務，凡關利害，得以極言。可自今後，行在百官日輪一員面對。朕當虛佇以聽其言，且觀其行，將有非次之選，用凱多士之寧。』蓋方是時，太上皇帝躬履艱難，思欲明目達聰以防壅蔽，考察能否以知下情，故於聽納不倦如此。恭惟陛下初承聖緒，即詔中外士庶咸貢直言，廣覽兼聽，不遺疏遠，甚盛德也。今侍從、言事官非時得以己見奏聞，惟是卿、監、郎官以次暨百執事，皆願亟望清光，披露心腹，而既限以五日，又間以休假，非閱再歲，莫能周徧，未稱陛下急欲求古之意，且無以輸在朝惓惓之忠。欲望舉行舊典，許令百官以序進，陛下反復諮詢，使竭盡，陳時政之得失，條邊防之利害，凡係於國體，關於民事，皆得盡言。如其所論或干機密，則乞留中省覽，餘皆付外類聚詳閱，擇其可采者而施行之。則數月之間〔二〕，議論畢陳，而賢愚可以概見。俟其既周，即復依舊五日輪對，亦不爲煩。此於初政，誠非小補。」故詔從之。

同日，閤門狀：「昨降指揮，車駕詣德[14]壽宮起居用一、五日，其面對班改用三、八日。今續准指揮，車駕詣德壽宮起居用初八日、二十二日，所有日後面對官，未審合與

〔一〕十六年：原作「十七年」，按淳熙無十七年。觀詔文，此乃淳熙十六年二月光宗初即位事，據改。

〔二〕月：原作「日」，據《建炎要録》卷二〇〇改。

不合於三、八日引對。」詔初八日改用初七日，二十二日改用二十四日。

同日，吏部狀：「昨降指揮，每於六、三日輪面對官一員，合自卿、監以下至律學正，依雜壓轉輪當對。本部已輪秘書丞鄭聞至監登聞鼓院沈載二十員，回報了當。緣自今卿、監、郎官有自除授之後未經面對之人，今欲乞將卿、監以下不以曾未輪對，依雜壓從上創行輪對。其已關二十員，仍候將來輪到日，依次輪對施行。」有旨依。

孝宗隆興元年六月二十四日，有旨：「昨已降指揮，六、三日引面對官，遇上殿班數足，臺諫官下到文字，隔面對官於六、三日引。令今後遇引面對官日，如臺諫、侍從以上乞上殿班次數足，令面對官次日及以後班空日引。」

淳熙四年四月二十四日，詔自今面對官依舊六、三日引。

淳熙十六年二月十二日，禮部太常寺言：「討(輪)〔論〕到面對官，昨紹興三十二年六月十五日改作三、八日引對，今來乞依前項體例施行。」從之。(以上《永樂大典》卷一五一四四)

休沐

【宋會要】

15 國初休假之制，皆按令式：歲節、寒食、冬至，各假七日，休務五日；聖節、上元、中元，各假三日，休務一日；春秋二社、上巳、重午、重陽、立春、人日、中和節、春分、立夏、三伏、立秋、七夕、秋分、授衣、立冬，各假一日，不休務；夏至、臘日，各假三日，不休務；諸大祀假一日，不休務。其後或因舊制，或增建慶節、旬日賜沐，皆令休務者，並著于令。其慶節但錄休假，而事詳見本篇。其親行大禮及車駕巡幸，賜羣臣休假，皆無定制，今並載于後。

太祖開寶九年四月二十三日，詔：「自今遇旬假不御殿，百官賜休沐一日。」

大中祥符七年二月五日，車駕至自亳州，賜隨駕臣僚休沐假三日。

慶曆六年四月二日，詔：「駕幸金明池并撥麥、刈穀、諸處遊宴，後一日並放歇(洎)〔泊〕、(沐)〔休〕務假，前後殿不坐，永爲定式。」

紹興元年正月十八日，詔今後朝廷百司依條月中每旬仍舊作休務假。先是，建炎初，邊事未寧，凡旬休及遇假日，百司皆入局治事，其後每旬唯以晦日休務。至是，宰執擬進旬休假，范宗尹奏曰：「官吏旬日之勞，一日洗沐，亦不爲過。其它假日，恐未可行。」上曰：「然。一日休務，亦不致廢事。使一月之間措置得十事，則雖二十日休務亦復何害？若無所施設，雖窮朝夕，何補事功？」故降詔旬休仍舊焉。

乾道九年二月二十一日，詔吏部具目今行在百司見行立定假式，頒下諸州縣，令遵守。以臣寮言：「伏覩太祖皇帝開寶九年四月二十三日詔〔一〕，自今遇旬假不御殿，百官賜休沐一日。國朝旬休賜假始見于此，仰見藝祖創業之初，勤勞萬機，雖休日亦御殿也。」（以上《永樂大典》卷一九六三六）

自代

【宋會要】

16 真宗咸平四年二月〔二〕，祕書丞陳彭年言：「請依唐朝故事，新授常參官朝謝日，並進狀舉官自代，各隨所長，具言其狀。儻所諳知，無避親黨。」事下樞密直學士馮拯、陳堯叟詳議。拯等上言，乞應係兩省、臺官、尚書省六品以上授訖，具表舉一人自代。從之。

真宗咸平四年二月，祕書丞陳彭年言：「爲邦之道，莫切於求賢；求賢之方，莫先於公舉。然隄防不峻，則濫進之路興；憲綱稍嚴，則明揚之典廢。期臻多士，在振宏綱。臣請依唐朝故事，新授常參官朝謝日，並進狀舉官自代，各隨所長，具言其狀，或以文學，或以吏能，或以強明，或以清白，務在摭實，不許飾詞。儻所諳知〔三〕，無避親黨。既經御覽，即付宰司，待至年終，具名條奏。在外者委諸道轉運使，在京者委本司長官，更審其能，以驗所舉。薦揚既數，採聽非虛，即與量材，各加進用。其後或不修操行，故黷彝章，即舉主依法科刑，以懲謬舉；或政績殊異，課最有加，則舉主隨事旌酬，以褒進善。賞罰既信，清濁自明。蓋聽群議則人無以私，有常規則衆皆知勸。然《思皇》之詠，必見於方今；《空谷》之詩，徒聞於往昔。」事下樞密直學士馮拯、陳堯叟詳議，拯等上言：「切詳往制，常參官及節度、觀察、防禦、刺史、少尹、畿赤令并七品以上清望官授 17 訖，三日内於四方館上表，舉一人以自代。其表付中書門下，每官闕即以見舉多者量而授之。即緣後來官品制度沿革不同，欲乞應係兩省、臺官、尚書省六品以上，諸司四品以上，授訖具表舉一人自代，於閤門通下，方得入謝。在外者授訖，三日内具表附驛以聞，仍報御史臺。其表並付中書門下籍名，每闕官即取舉多者以名進擬。所舉之人，若任用後顯有器能，明著績用，其舉主特與旌酬；不如舉狀者，即依法科罪。如其表不到，委閤門、御史臺糾督以聞。」從之。

景德元年二月二十五日，以國子博士薛顏爲虞部員外郎、夔州路轉運使，代丁謂，從其所請自代也。謂在本路招撫溪洞夷人，頗著威惠，部民借留，累年不得代。至是，詔謂薦可以代己者，以顏爲請，乃從之。

三年九月二十七日，以雄州團練使何承矩爲齊州團練使，便道之任；以西上閤門使、河北安撫副使李允則知雄

〔一〕九年：原作「元年」，據《長編》卷一七改。
〔二〕按，此條爲下條之節文，當是《大典》録自《宋會要》之不同門目。
〔三〕儻：原作「償」，據《長編》卷四八改。

州，兼河北安撫使。承矩以老疾求解邊任，真宗令自擇其代，故表薦允則而命之〔一〕。

神宗熙寧三年十一月八日，詔：「省副、知雜已上官依舊舉官自代外，其餘常參官不用此令。」

徽宗崇寧二年三月二日，臣僚上言：「爵位相先，儒生之常也；從官初除，三日内舉自代者，恐英俊沉於下僚耳。若名已聞於朝廷，位將逼於侍從，何以薦爲？乞詔薦自代者，勿以左右史、國子祭酒、大卿監已上人。」從之。

五年九月四日，工部尚書18錢遹罷工部尚書，除顯謨閣待制、知秀州，尋又落職。以言者論馮澥乃元祐學術，遹不當薦澥自代，故有是命。

（致和）〔政和〕元年三月十九日〔二〕，臣僚言：「臣伏覩朝廷慮有英俊之士沉於下僚，謂禁近之臣可以取信，故於除授之初，俾舉官一員自代，著於甲令，行之久矣，曾未聞録一人而用之。臣欲乞今後應舉自代者，令三省類聚，將上取旨，出自睿斷，稍加甄别，取其尤者，特賜進擢。」從之。

八年八月七日，詔：「舉官法責甚謹〔三〕，舉非其人，則坐之以罪，理所當然。若舉者有罪而坐被舉之人，審而思之，事屬倒置，非法之意。前降舉自代責降指揮可更不施行，已離任者别與一般差遣。」先因劉昺任户部尚書及翰林學士日，數舉自代之人，其後昺坐罪惡逆，而所舉官盡皆及責，至是乃降此詔〔四〕。

高宗紹興四年二月十九日，吏部侍郎鄭滋言：「著令，

諸侍從官授訖，三日内舉官一員自代，既舉然後入謝。自來循守此制惟謹。臣僚既因推擇而許薦士，往往謹惜，不肯妄舉，然亦罕聞有因舉代而獲除用者。苟以爲所舉多非其人，則此令固可廢矣。切詳舉官自代，本遵唐制，官品制度，沿革不同。祖宗故事，其表並付中書門下省籍名，每闕官，即以舉多者姓名進擬。所奏舉之人若任用後顯有器能〔五〕，明著績用，其舉官特與旌酬；不如舉狀，即依法科罪。謂宜參酌舊制，示以必行，每於歲終類聚將上，以所舉多者量能19任使。儻非其人，即以繆舉坐之，庶幾法不徒設。縱使人材難知，拔十尚可得五也。兼契勘武臣中，豈無忠勇智畧可用而未顯者，攷之往制，亦許節度、觀察、防禦使、諸州刺史舉官自代。欲乞倣文臣之制，令三衙及見帶軍職與見任將帥正任觀察使以上，因除授日，亦許舉代，以備選任。」詔令吏部勘當，申尚書省。

五年六月十五日，徽猷閣待制、提舉建隆觀、兼史館修撰、兼侍講、資善堂翊善范冲言：「準令，諸侍從官授訖，三日内舉官一員自代。伏覩和靖處士尹焞，誠明之學，實有淵源；直方之行，動應規矩。内外淳備，毫髮無玷。實爲

〔一〕《補編》頁三四九此下注云：「以上《國朝會要》。」
〔二〕政和：原作「致和」，據《補編》頁三四九改。
〔三〕甚：原作「其」，據《補編》頁三四九改。
〔四〕《補編》頁三四九此下注：「以上《續國朝會要》。」
〔五〕奏：原作「奉」，據《補編》頁三四九改。

鄉閭之所尊禮，士夫之所矜式，臣無能髣髴。舉以代臣，允愜公議。」詔尹焞召赴行在，仍令川陝宣撫司以禮津遣前來〔一〕。（以上《永樂大典》卷一五〇〇八）

久任官

【宋會要】

20 仁宗慶曆七年八月十二日，詔淮南發運副使許元令久任。

至和二年二月十七日，河北都轉運使周沆言：「知雄州、西上閤門使馬懷德註審用心，乞令終任。」詔雄州知州近年頻有替移，懷德宜令久任。

二十七日，同知諫院范鎮，內殿承制、閤門祗候、勾當京東排岸司王光祖等言：「體問得恩州自皇祐五年秋至去年冬，已換知州七人。河北諸州大率如此，而欲望訓練兵馬，固不可得。伏見雄州馬懷德、恩州劉渙、冀州王德恭，皆武臣有材勇智慮，可以辦治州事〔二〕，乞令久任。」並從之。

嘉祐三年十月二十七日，詔：「淮南等路都大發運使孫長卿令久任，將來如遷改，並依三司副使例。」

六年八月二十九日，詔曰：「朕觀古者欲治之世，牧民之吏多稱其官，百姓得安其業。今求才之路非不廣，責善之法非不詳，而吏多失職不治，不稱所以爲民之意。豈今人材獨少而世變之殊哉，殆以不得久其官故也。蓋智能才力之士，雖有興利除害、禁姦勸善之意，非稍假以歲月，則其吏民亦且媮而不爲之用，欲終厥功，其路無由。今夫州縣恃以爲命者，守、令也。察其能者，使得久于其官，而褒厚以勸之，豈非所謂先務者哉！今後諸路知州軍監、知縣〔三〕、縣令，內有清白不擾，而政迹尤異、實惠及民者，如係三周年替，到任已及成資；係三十箇月替，到任已及一年 21 半以上；係二周年替，到任已及一年以上。其知州軍監，令本路安撫、轉運使副、判官、提點刑獄，所是知縣、縣令，即更與本處知州軍監、通判，並連書同罪保舉再任。仍須于奏狀內將本官到任以來政迹可紀實狀件析以聞，委中書門下便加察訪得實，當議推恩，許令再任。噫！先王置君域民之大法，朕未能逮也，漢宣所以致平之要，其又可以不勉哉！咨爾庶工，當知朕旨。」

英宗治平元年六月十九日，資政殿學士、知太原府陳升之言母老，請揚、湖、越一州以便奉養。上以邊臣當久任，難于屢易，不許。

神宗治平四年未改元。十月一日，淮南等路發運副使張芻與落「副」（宇）〔字〕，仍令久任。

〔一〕《補編》頁三四九此下注云：「以上《中興會要》。」
〔二〕辦：原作「辨」，據《長編》卷一七八改。
〔三〕縣：原無，據《宋大詔令集》卷一六二補。

熙寧元年五月三日，樞密院言：「管勾麟府路軍馬公事、皇城使、果州團練使王慶民(目)〔自〕換右職，在麟府路十年。」詔遷遥領防禦使，仍令久任。

二年二月十四日，太原府代州管内都鈐轄、四方館使、隴州防禦使李定入覲奏事，上念久任邊要，頗著勞効，特〔遷〕團練使。

十一月十六日，詔鎮戎軍西路都巡檢何澤授閤門祗候，令久任。澤因奉使夏國回，赴闕得對，故有是命。

四年正月二十五日，以内殿承制、閤門祗候、同勾當汴口李宗善爲禮賓副使。宗善明曉水事，在汴口十二年，都水監請增秩再任故也。

十一月二十一日，上謂文彦博曰：「馬政未盡善，群牧使〔一〕、判官非其人，且不久任，無以責成効。」令中書擇人充使，彦【22】博舉判官，俾之久任，冀國馬蕃息，以給騎兵。

五年十月二十三日，詔知德順軍景思立令久任。朝廷方倚以捍邊也。

元豐元年正月十八日，詔：「權發遣夔州路轉運使副、判官、提點刑獄，如(今)〔令〕再任者，並取裁，與升任或減磨勘。」

二年四月十二日，詔環慶路都鈐轄、皇城使、帶御器械梁從吉領昌州刺史。從吉在環慶歷四任故也。

六年十月三日，詔以西頭供奉官、知歸信、容城縣宋彦圖爲閤門祗候再任。以韓忠彦、劉舜卿薦彦圖材武曉邊事故也。

七年十二月八日，詔中散大夫、前成都府路轉運使李之純爲尚書右司郎中。之純在蜀三任，至是代還，上勞之曰：「遠方不欲數易大吏，今邊夷安静，年穀屢豐，實分朝廷之憂。」(從之)〔二〕

哲宗元祐八年二月十四日，御史中丞李之純言：「西戎未附，邊鄙用兵，守土之臣不宜屢易。蓋欲責其實効，必須假以歲月。況帥臣總握中權，指受規畫，日久而後士心信服；料敵折衝，立威制勝，日久而後虜心知畏。未有歲月淺近，施設尚疎，而可立武事也〔三〕。近者慶、渭二帥召還移替，皆未成資。若以護邊有功，猶宜增秩以久任；若以備敵亡狀，豈當免過而優遷？欲望精選材臣，付以閫外，應機制變，得以專行。明示三載考績之限，非以功進，非以罪黜，更不先期除代。庶幾邊事整備而戎人款服。」《實録》不載處分〔四〕。

紹聖元年十月十九日，詔：「宣慶使、階州防禦使、熙河蘭岷【23】路都鈐轄、總領岷州蕃兵將李祥五任十一年，累有功，與除内侍省押班，仍令久任。」

〔一〕群：原作「郡」，據《群書考索》後集卷四四改。
〔二〕「從之」當衍。又「實分」以下《長編》卷三五〇作：「斯見朝廷綏遠之意也。因有是命。」
〔三〕武：原無，據《長編》卷四八一、《宋名臣奏議》卷七三補。
〔四〕此注原作正文書寫，茲據文意改爲小注。

徽宗崇寧元年七月三日，詔曰：「内外官並以三年爲任，迺元豐舊制。比歲以來，官守屢易，至有歲内再三改移。時序未更，已聞移去，覬望進擢，日俟遷陞，決詞訟則鮮肯究心，視公局則猶同傳舍。蓋是除擬之際，愛惡未同，順親愛者務令資任暗陞，因憎惡者欲令遷徙不定。自今後内自省臺寺監，外及牧守監司，宜一切依元豐舊詔，並以三年爲任。如未及成資以上，不得輒有替移。」

五年四月二十一日，吏部狀：「昨準崇寧元年七月内手詔，牧守並以三年爲任。内川、廣路牧守準當年十月敕，依元豐四年三月指揮，並三十箇月爲任。今來即未審川、廣路牧守理年限，合依元豐四年三月敕三十箇月爲任〔一〕，或未審並合依今來正月二十五日敕三考任滿，伏乞明降指揮。」詔依元豐法，三十箇月爲任。

大觀三年七月二十三日，詔：「昨降手詔，内自省臺寺監，外及牧守監司，並以三年爲任。比來内外之官，更易頻數，政不修舉，以至送往迎來，吏卒疲困，州郡借請，縻費帑廩，寖長奔競，全隳靖共，可申明前詔施行。」

八月九日，臣僚言：「漕計之官，不可輕授數易，伏望擇通曉之人久其任，而責之理財之實。檢會今年七月二十三日手詔，並遵元豐舊法，以三年爲任。欲乞申嚴前詔施行。」從之。

二十七日，提點陝西等路[24]解鹽王仲千劄子奏：「臣昨自崇寧四年奉詔相視解州鹽池利害，續奉詔專切主管措置。臣上遵睿訓，盡瘁興復。今來竊慮久玷使令，必招人言，伏望許臣罷提點解鹽。」詔鹽池夫工未畢，王仲千更候一年取旨，官吏並依舊存留。

四年七月二十七日，臣僚上言：「臣竊謂外官委寄之重，莫如郡守，當久其任，不可以數易也。數易則吏緣爲姦，下不安業；久任則人心信服，風化遂行。誠爲治之本，不可不謹也。日者陛下深察其如此，數下明詔，屢加戒飭，而近歲以來，更易益頻，豈終不可以使之久耶！三年之限，可行于列郡而不可行于大藩，如青、鄆、揚、杭、潭、洪、明、潤、永興、江寧等處，皆目前易見可數者，其他未可以遍舉也。臣願陛下講明祖宗彝訓，申飭前後詔旨，名藩大郡，量其先後，每加謹選，不輕（卑）〔畀〕人，俾得以盡心民政，毋令輒易。」詔：「牧守、監司三載考績之法，蓋循熙豐舊制。自崇寧以後，屢降詔旨，申飭戒諭，丁寧備至，各謹遷陟，使終其任，務在紹休先烈，祗率貽訓。三省遵奉匪虔，不切檢會。自今有差除未及三年者，並檢舉將上取旨，仍契勘前後所降指揮立法，三省常切遵依施行。」

政和二年八月二十九日，刑部侍郎馬防等奏：「大理評事主斷天下疑獄，熙寧有法官再任酬獎。乞候法官任滿，擇其職事修舉、人材可録者，奏舉再任，增其酬獎，理爲堂除。大約留一半舊人，使後來者有諳承。」從之，仍[25]就

〔一〕四年三月：原作「四月三日」，據上文改。

任闕陞，理本資序。

八年正月三日，詔：「自今監司、郡守可三載成任，不許替成資闕。三省遵守，御史臺覺察彈奏。」

二十一日，詔：「監司郡守並須實滿三歲，不得陳通理，違者以違御筆論。」

宣和二年八月二十六日，詔：「知明州樓异職事修舉，治狀著聞，可特除待制再任，不令辭避。」

十月三日，詔中大夫、右文殿脩撰、知河陽王序職事修舉，治郡有方，除徽猷閣待制，令再任。

三年六月十四日，詔：「降授中衛大夫、茂州防禦使劉延壽久任極邊，累經戰陣，所立奇功，理宜旌擢。可〔持〕〔特〕落中衛大夫，除解州防禦使。」

七月十九日，詔：「朝奉大夫、直龍圖閣、權知湖州王倚令再任，朝請大夫、直祕閣、新知湖州韓思誠改替王倚再任。」

四年正月四日，詔：「應隨龍見任宮觀人，並依舊久任。」

二月二十四日，詔：「監司、知州、通判，自熙寧至元豐奉行官制以後，例替成資，可並遵依熙豐舊制。其治績顯著及專委主管合滿三年或令再任者，自依專降指揮。」

五年二月十九日，詔：「知衛州劉豫恪勤職事，特令再任一次。」

二十六日，詔：「成都路提舉常平王琮自到任首治贓吏，陳令胙、范霑、王恪贓狀敗露，本路諸司多所干涉，琮獨能自潔。候今任滿日，特令再任。」

六年二月十七日，臣僚言：「近歲官于外服者經營再任，郡守貳幾至數十百人，而司録、曹掾、令佐，其數尤多，守臣至有連併三任者。是特出于諸司保明，26奏取一時指揮而已。伏望申明有司，遵守舊制施行。」詔今後實有治狀，許令再任，令中書省遵守。

十月三十日，詔：「累降詔書，内外官並三年爲任，後復衝改，可依元降處分，立爲永式。内有治政修舉者，仍令再任。」

七年三月十一日，詔：「朝請大夫、知遂寧府士陴，武德大夫、知永康軍俞焕，職事修舉，可候今任滿日，特令再任一次，以勸循吏。」

五月二日，詔：「今後内外官如治狀顯著，仍許再任。輒敢陳乞替成資，以違御筆論。」

十五日，詔：「燕山府路新邊文武官已有經第一任合推恩之人，如不願罷任，自合別理第二任酬賞。可令安撫、轉運司遍行取問，如不願再任，仰逐司申尚書省、樞密院，差注替官。若願再任，即合別理酬賞。仍令三省、樞密院立定第二任賞格施行。」

七月五日，詔：「權發遣唐州韓宗胄職事修舉，可特與轉一官，令再任。」

二十三日，詔：「知容州莫知微職事修舉，候今任滿日，令再任一次。」

八月七日，利州路轉運判官張上行奏：「知閬州梁潡自到任以來，夙夜在公，持身廉潔，乞令再任。」從之。

十月九日，臣僚言：「竊觀近降睿旨，今後守臣並三年爲任。竊考近日有未閱歲而易七人者，相州是也；有未閱歲而易五人者，拱州、慶源府是也。其他或中道而改命，或始至而輒遷，或不因親嫌亦許對移，或已到官，或尚待次，寅緣干請，亦得兩易闕次。欲望其表厲官屬，修理衆職，豈不難哉！27伏望明詔重郡守之選，罷去無故兩易之命。」詔今後非實有親嫌，並不得兩易其任，雖奉詔亦許執奏不行。餘依奏，令中書省遵守。

十一月二十二日，詔：「奉直大夫、權發遣福建路轉運副使趙岍，朝請大夫、福建路轉運判官唐績，措置造茶有方，並特令再任。」

二十四日，詔：「朝散大夫、京東路都大提舉汴河堤岸榆柳賊盜皇甫彦今任滿日，特令再任。」

欽宗靖康元年四月十七日，監察御史胡舜陟言〔一〕：政和以來〔二〕，吏員繁冗，闕次難得，有援助者既得佳闕，到任未幾，必求再任，其甚有至三任、四任而不更者。孤寒抱流滯之憂，州縣蒙積久之弊，此不可不革也。如〔知〕懷州霍安國、知密（知密）州郭奉世並再任。安國去秋方到任，治効未聞；奉世雖到任期月，亦無政績，使之再任，不應條法，適啓僥求之路。願痛削此弊，以振淹滯，實寒畯之幸。」從之。

高宗建炎四年九月二十一日，詔監御厨潘縝令再任。三省檢會縝元係添差，法不當再任，須降特旨更添差一次。上曰：「既不合再任，則不須與，若更添差，則人得以援例，而法廢矣。」

十一月四日，詔知潼川府宇文粹中候任滿日，令再任。以本路轉運、提點刑獄司言粹中務行寬大，憂國恤民，士民願留故也。

紹興元年九月二十三日，詔知太平州郭偉除職名，令再任。以部民舉留故也。

二年閏四月十三日，樞密院計議官魏矼言：「場務監官課利增倍，于法保明再任，而吏部以已差下替人，例不施行。乞依法令再任，庶幾有以激勸。」詔依條令轉運司保奏，如已差下替人，許轉運司保明申尚書省，先次除授差遣。

六月九日，詔知成都府王似除顯謨閣直學士，令再任。以知樞密院事、宣撫處置使張浚言：「似選練軍馬，創置將分，整治器械，應辦軍須，備見宣勞，無所侵擾，將欲任滿，衆惜其去。」故有是命。

〔一〕舜：原無，據《靖康要録》卷五補。

〔二〕原稿自「政和以來」至「（紹興二年）六月九日」條之「似選練」凡四百又一字原錯簡在下文「（紹興）四年四月十八日」條「緣邊守臣」之後，造成文字不通、年代錯亂，廣雅書局清本亦承其誤。今據文意及史事年代移正。

九月十八日〔一〕，詔知泰州張榮令再任。以榮自陳任内安集之功，乞許再任，故從其請。

十月十三日〔二〕，詔：「今後除監司、沿邊守臣外，餘不許再任。仍令御史臺覺察彈奏。」臣僚言：「國家之制，文臣京朝官、武臣堂除官，皆二年而代，謂之成資。文臣選人、武臣吏部差者，皆三年而代，謂之年滿。近士大夫貪冒苟得，巧圖再任，帥臣、監司率任私意以應請求，訟訴交興，風俗敗壞，乞行禁止。」故有是詔。

三年五月八日〔三〕，詔：「知大宗正丞謝伋許通理前任成資月日，别令理任。」謝伋與權行在宗正司令時同措置移司事務，令時言伋將通理罷官，故有是命。

十九日，中侍大夫、忠州防禦使、荆南府歸峽州荆門公安軍鎮撫解潛言：「昨臣乞依諸路帥臣例，以二年成任罷，得指揮，候及三年取旨。今已及三年，乞行解罷。」詔令再任。

28 二十三日，權吏部尚書洪擬言：「監司、知、通見在任官，昨降指揮不得申陳通理，止是欲革數易之弊，今却有丁憂及朝廷改差已罷任人，若不與通理歷過月日，遂與罪犯之人一等。欲將前任不因罪犯罷任人，許通計前任考任。」從之。

四年四月十八日，詔：「昨降指揮，除監司、緣邊守臣 29 外，餘不許再任，其一司一路一州一縣有專法許令再任者，更不衝改。」

五年五月十八日，詔：「嚴州壽昌縣令臧梓特與改合入官，候任滿日令再任。」以治績顯著，民惜其去，故有是命。

六月二十三日，詔：「知舒州武起、知復州韓遹各特與轉一官，候任滿日再任。」以都督行府陳其善最，乞加旌賞，故有是命。

六年六月二十二日，王弗乞令江淮守令久任。上謂輔臣曰：「朕昔爲元帥時，嘗見州縣官説及在官者以三年爲任，猶且一年立威信，二年守規矩，三年則務收人情，以爲去計。況今止以二年爲任，雖有緝治之心，蓋亦無暇。王弗所論甚當，宜如此施行。」

七月九日，權發遣金州柴斌言：「金州係緊要邊面，軍民事務全（籍）〔藉〕通判協力管幹。今通判向洌持己端廉，爲政練達，到任以來，措置營田，贍養軍兵，刑獄無冤，錢糧不闕。見委本官專一措置營田，實（倚）〔荷〕倚仗，乞令再

〔一〕九月十八日：按錯簡未移正前此條在上文「欽宗靖康元年四月」條之後，則似爲靖康元年之九月十八日。實則張榮初知泰州在紹興元年四月（見《建炎要録》卷四三），至三年八月朝廷别以文臣知泰州（見《建炎要録》卷六七），可知此條之「九月十八日」乃紹興二年之九月十八日。

〔二〕此亦紹興二年之十月十三日，見《建炎要録》卷五九。

〔三〕原稿「三年」右側屠寄批有「高宗建炎」四字。彼不知有錯簡，見上文有「靖康元年」字，而靖康無三年，遂以爲此「三年」爲建炎三年，因而誤批此四字。實則謝伋任大宗正丞在紹興二、三年間（見《建炎要録》卷六六），此三年實乃紹興三年。以下各條亦均爲紹興事。

任。」從之。

十月十二日，諸路軍事都督行府言：「鄂州蒲圻縣累經盜賊，人户逃移，本路安撫使司先辟差右從事郎劉旁充縣令，招集流亡，存撫疲瘵，獄訟無冤，催科不擾，户口歲增，田野日闢，乞令再任。」詔特授右文林郎，令再任。

七年十一月二十四日，侍御史石公揆言：「臣竊以官冗之弊久矣，30 士大夫守一闕，有至七八年者。今朝廷急于用材，或令再任。夫以見食禄之人而得再任，可謂優矣，其如待闕者何？況除授之際，皆所選用，無故使之久于其職，安知來者之不如今也？乞自今後除守令有政績、百姓愛之者，方許再任。其餘在任之人，如有職事修舉，但加甄擢而已。庶使寒俊均一，無有淹滯之歎。」從之。

九年五月二十三日，殿中侍御史周葵言〔一〕：「自頃大臣市恩而不任怨，爵賞輕而人有奔競之心，刑罰弛而下無畏服之意。請畧言其端。侍從官號爲論思獻納之臣，異時宰輔從此其選，除授既輕，人皆可以指日而得，至有結果之論。自餘官非其才，賞過其實，例開僥倖之門。故士大夫無安分效職之心，奔走權勢，惟恐不及。職事官半年不遷，往往有滯淹之歎。外官則求京局，選人則求上殿，責降人則求除落，士人則求免省解，吏人、軍人則求轉資。上書投牒，屢却復來，至于十數，不得不已，畧無誰何，馴致其弊，可勝言哉！今朝廷使人經（彊）〔理〕應辦劇務，必先驟進官職，或遞起于罪籍之中，或亟擢于冗散之列，猶且百計圖免。在外則求入對，在内則須力辭，威令至不行于士大夫。甚者布衣獻書，敢薦宰執，州縣官有請誅大臣者，此風豈可長哉！願詔大臣，悉心奉法，苟無愧于中，則爵賞必審，刑罰必行，無爲怨謗之恤，庶幾漸矯前日之弊。」詔今後百官並久任，如有僥冒陳乞之人〔二〕，取旨黜責。

31 十一年三月三日，樞密院言：「江南西路安撫司統制官程師回招捕賊徒，民獲安業。今將任滿，竊恐管下土賊出没，闕人彈壓，乞任滿日令再任。」從之。

十四年十月十四日，詔：「知洪州李迨與復龍圖閣直學士，令再任。」

十五年八月十三日，詔：「知宣州、龍圖閣學士秦梓除端明殿學士，令再任。」以部民舉留，故有是命。

十六年五月十六日，饒州進士傅取新等舉留德興知縣陳鼎再任。上謂輔臣曰：「若德政果及于民，士庶舉留，不可不從。然其間不能無計屬，須加覈實可也。」

十七年正月十三日，詔：「右宣教郎、大理寺丞孫敏修令再任。斷刑官願再任者聽。」

十九年七月二十五日，知建康軍府事俞俟言：「江東路屯駐大軍轉運判官鄭僑年才術精敏，究心宣力，一路屯戍，實賴以濟，乞令再任。」從之。

〔一〕葵：原作「英」，據《建炎要録》卷一二八改。
〔二〕冒：原作「是」，據《建炎要録》卷一二八改。

二十六年六月三日，沈該等言：「欲令諸路監司、帥臣同共考察郡守課績，列銜保舉再任，仍令尚書省置籍。」從之。

二十七年七月十日，上謂輔臣曰：「近者監司、郡守席未及暖，輒已更易，不惟州縣迎送勞費，而官吏軍民職事、獄訟亦莫之適從，今後悉令久任。」

十二月十二日，上謂輔臣曰：「監司、郡守固當久任，然其間有癃老疾病之人，使之在職，實有利害。蓋移易差遣，慮有煩費及迎送之擾，與其職事廢弛，貽患一州一路，利害孰輕孰重？今後如有此等，可（興）〔與〕宮觀，仍理作自陳。」

二十八年正月二32十四日，給事中賀允中言：「武功大夫、國信所掌儀、特添差秀州兵馬鈐轄聶收今復再任〔一〕，則是連差四任，居官八年，不待一日闕，殊拂公議。」詔聶收候今任滿日，令指（謝）〔射〕應入闕，其已降再任指揮更不施行。

二十九年十一月二十八日，詔：「知宣州南陵縣葛僎特與轉一官，令再任，仍令中書門下省籍記姓名。」以本路監司列薦及縣民舉留，故有是命。

三十年二月十五日，詔：「敦武郎、閤門祇候、特添差秀州兵馬鈐轄劉祖智，候今任滿日令再任，仍釐務。」

七月六日，詔：「左武大夫、福建路安撫司水軍統領、兼福州興化軍都巡檢張佐特差充東南第十將，餘並依舊。」佐領水軍十五年，安撫司言其宣力，可倚辦，乞陞擢久任，故有是命。

紹興三十二年孝宗已即位，未改元。十二月十七日，詔：「添差充東南第五副將、信州駐劄不釐務馬章特令再任。」以信州申，管下時有劫盜，措置彈壓一方，人惜其去也。

隆興元年四月二十七日，吏部侍郎凌景夏等言：「看詳到百官應詔可行事件，數內一：『考課所以別能否也，祖宗鑒月限叙遷之弊，非有勞者未嘗進秩。乾德四年，又詔自侍御史、郎中、少卿以下，莅事滿三年遷秩，御史中丞、尚書、侍郎別議優寵。故當時任作坊副使有十餘年者，任補闕有十六年者，任御史中丞有十二年者。比年以來，仕于朝者或季一遷，或月一改，居官而書考者鮮矣，況三考乎？外之監33司、郡守，小州換大州，西路易東路，送迎往來，祇益擾擾，考課之弊如此。臣願用祖宗久任之法，則能否可以悉得矣。』今檢會紹興二十八年三月十八日手詔：『今後侍從有闕，通選帥臣、監司第二任提刑資序者、曾任郎官以上者以名聞，候朕親擢。卿、監、郎官闕，亦通選監司、郡守之有政績者。並須治狀昭著及有譽望之人。卿、監、郎官未歷監司、郡守者，更迭補外〔二〕。在內官除兩省、臺諫以上親擢外，餘並須久任，方許遷除。』」詔令三省、樞密院

〔一〕聶收：原無，據下文補。
〔二〕迭：原作「送」，據《建炎要録》卷一七九改。

檢坐行下。

隆興二年三月十五日，詔：「權發遣高郵軍宋肇候今任滿日，特令再任。」以都督江淮軍馬張浚言肇到任以來修治城壁，催運錢糧，安輯流移，究心民事，乞令再任，故有是命。

八月十五日，詔：「橫州通判賈成之令任滿日，特令再任。」從廣西轉運提刑司言，成之佐郡有方，爲政不擾故也。

十一月十五日，詔知叙州高輝令再任。以瀘南沿邊安撫司奏輝過滿，職事修懃故也。

閏十一月十二日，詔：「知台州天台縣事王琰與轉一官，特令再任，候任滿與陞擢差遣。」從守臣趙伯圭奏舉，琰宰邑有方故也。

乾道元年四月十八日，詔廬州兵馬都監郭璘特令再任。以金人渡淮，保焦湖舟舡無虞，從本州請也。

十二月二十九日，宰執進呈廣西諸司保奏權發遣雷州蕭翬再任，上曰：「可依，仍與轉一官，爲遠方激勸。」

二年十一月二十八日，詔：「直徽猷閣、知鎮[34]江府呂擢除直龍(閣)〔圖〕閣，候今任滿日令再任。」以邦人舉留，從本路帥、漕保奏也。

十二月十六日，詔：「提舉福建路市舶程祐之職事修舉，可轉一官再任。」

三年二月六日，主管尚書禮兵部架閣文字衛博奏事，論用人宜録所長，棄所短。上曰：「卿言極是，用人不當求備，知禮者(必不)〔不必〕知樂，知樂者(必不)〔不必〕知刑。若得其人，不當數易，宜久任以責成功。」

五月二十八日，詔揚州兵馬鈐轄魏全特令再任一次。以全在任彈壓盜賊、教閱軍兵有勞，從本州守臣請也。

五年正月二十六日，詔：「添差權發遣淮南東路兵馬副都監、兼知招信縣(令)劉偁特轉一官再任。」以偁乾〔道〕二年權知招信縣，得旨職事修舉，轉一官再任；繼被旨，久任邊邑，彈壓有勞，故有是命。

四月二十四日，詔：「京西路轉運判官姚時行職事修舉，轉一資，特令再任。」

六月十二日，詔：「舒州懷寧知縣韓喚、桐城知縣王子發各特轉一官，候任滿日令再任。」以四川宣撫使王炎言，各以淮南近邊兵火之餘，招徠安集，乞賜旌賞，故有是命。

七月四日，詔：「秘閣修撰、知臨安府周淙職事修舉，除右文殿修撰，令再任。」

五日，詔：「知揚州莫濛職事修舉，特令再任。」

同日，詔權發遣隨州胡明令任滿日再任。以本州士庶保奏，明持身廉潔，涖職精強，馭吏甚嚴，教條寬簡，故有是命。

九月三日，除添差東南第四將、明州駐劄不釐務賀允特令再任一次，仍[35]令吏部取索本人增收課利公據批鑿。以允自陳前任成都酒官，措置增收課利二百餘萬貫，從所乞也。

七年五月一日，詔：「成都府路兵馬鈐轄吳勝特令再任。」以勝通練軍政，從四川宣撫使請也。

八日，詔：「夔州路兵馬鈐轄陳彥候任滿日，特令再任。」以彥紀律嚴明，從四川宣撫使請也。

十二月三日，詔：「知安豐軍張士元職事修舉，與轉一官，令再任。」

八年二月五日，詔：「知明州、兼沿海制置使趙伯圭除顯謨學士再任。」以本州士庶葉武言，伯圭在任承流宣化，惠浹于民，今來累表丐祠，一方失望，乞賜再任，故有是命。

七日，四川宣撫使王炎劄子：「據都大提舉茶馬司申，黎州知州宇文紹直到任以來，民安其政，尤能撫存遠人，所買到馬多是良細，委是協濟馬政，已具奏令再任一次。」詔特轉一官，令再任。

三月二十三日，詔：「直顯謨閣、權發遣隆興府龔茂良除右文殿修撰，仍再任。」以茂良捄荒有勞，故有是命。

四月二十七日，寧國府奏：「江南東路兵馬鈐轄劉易，自乾道五年十二月再任，至七年十二月任滿。今契勘劉易累立戰功，精力未衰，及任内訓練兵卒，委無弛慢，乞許令再任一次，專管轄訓練本府禁軍。」從之。

七月十二日，詔：「權發遣舒州、兼措置淮西鐵錢許子中除直祕閣，令再任。」以子中創行措置鼓鑄鐵錢三十萬爲額，故有是命。

二十七日，詔：「直秘閣、都大主管成都府利36州等路茶事趙彥博除直顯謨閣，再任。」以職事修舉，故有是命。

十二月十一日，廣南西路經略、安撫、提刑、轉運司奏：「契勘海南瓊管一州三軍，隔越大海，最處極邊，正與生、熟黎人錯居，全（籍）〔藉〕守臣彈壓撫綏。竊見知瓊州魏彥林到任以來，撫綏有方，黎人尚慕，願還省地，興復舊縣。乞候今任滿日，特令再任一次。」從之。

九年九月二十三日，詔：「顯謨閣學士、知明州、兼沿海制置使趙伯圭除龍圖〔閣〕學士，令再任。」以士庶陳惟一等言，伯圭到任以來，聽訟詳明，持心忠厚，乞賜再任，故有是命。

十二月三日，詔：「右通直郎、直祕閣、權知安豐軍張士元職事修舉，與轉右奉議郎，特令再任。」

【續會要】

淳熙元年五月十四日，簽書樞密院事葉衡言：「兵權繫于將帥，民命宅于牧守，二者之患，每在數易。乞自今精加選擇，使材稱其職，然後力守久任之説，以破數易之害。」從之。

二年六月二十六日，臣僚言：「論用之人道，未有不以久任爲説。諸路則監司、帥守，諸軍則都統制，此尤不可不久。乞詔大臣，求材預備，待其或闕，則取而用之。如此，則官得其人，可久于其任。」從之。

八年二月二十七日，詔：「久任四川監司、郡守之人，令更迭爲東南差遣。其在任未久者，既有任滿前來奏事指揮，候到闕，始得别與除授。」從臣僚請也。詳見「監司雜録」。

淳熙十六年六月 37 九日，詔：「顯謨閣直學士、知鎮江府張子顔除龍〔圖〕閣直學士，令再任。」

八月十一日，詔知平江府趙彦操令再任。

二十四日，臣僚言：「今日監司、郡守，患在于職任之不久。欲乞職事修舉者，加之寵錫，使之久任；庸繆而爲民害者，即行罷黜。如過之小者，姑且鐫秩存留，使之自新，庶報罷之命不至煩數。」從之。

九月十七日，淮南東路安撫使鄭興裔言：「本路副總管、揚州駐劄宋亮久從軍旅，諳練事情。向來郭棣任内，修築城壘陂塘，熟知首尾地利，欲令再任。」從之。

紹熙元年正月九日，右諫議大夫何澹言：「今日吏治之害，在于更易之太頻。乞詔三省，自非甚不得已，勿輒更易。正使欲加擢用，俟其任滿，固亦未晚。至若知縣，則須滿三考，乃聽審察及行召除。庶幾官宿其業，民安其政，其人得以究其功能，所至亦可少寬事力。」從之。

八月八日，詔權發遣和州劉煒轉一官，令再任。

九日，詔知建康府章森除顯謨閣待制，令再任。

十月二十五日，詔：「顯謨閣待制、知襄陽府吴琚特轉一官，令再任。」以本府士民丐留，京西運判萬鍾狀其治績于朝故也。

十一月四日，臣僚言：「近者一二大郡，未一歲間至三數易，迎新送故，財計爲之不支。乞自今朝廷除授監司、郡守，必審之又審，其有不協公論，臺諫早與論列。仍檢坐接送人數條法，〔森〕〔申〕嚴約束，供帳之類，令痛加裁損，庶幾少減横費。」從之。

二十五日，詔直 38 顯謨閣、權發遣瀘州王卿月除直龍圖閣，令再任。

十二月八日，詔知鳳州郭諝令再任。興元府駐劄御前諸軍都統制彭杲奏：「本司所管大散關一帶係衝要來路，全藉鳳州知州協力彈壓戍兵，措置邊面。照得郭諝自到任以來，邊界寧静，人民安堵，可以倚仗，乞令再任。」故有是命。

二年正月一日，宰執進呈四川制置使京鏜因任。上曰：「且與加寶文閣待制，令再任，特賜帶。」鏜元帶敷文閣待制。

八月二日，詔龍圖閣直學士、知泉州顔師魯除焕章閣學士，令再任。

三年閏二月二十一日，詔：「成都運判王溉特轉一官，候今〔任〕滿日，令再任。」溉奏：「蜀中税租，所科激賞絹布〔佑〕〔估〕錢，最爲重困民力。本司節約妄費，出錢引三十三萬五千七百二十道，已代爲本路人户輸納一年。」故有是命。

三月十七日，詔徽猷閣學士、知興元府宇文价特除寶文閣學士，令再任。

十月二日，詔直顯謨閣、權兩浙運副沈詵除直龍圖閣，令再任。

二十五日，詔直寶文閣、權發遣揚州錢之望除直龍圖閣，令再任。

五年五月二十六日，樞密院言：「鄂州駐劄御前遊奕軍統制、兼權發遣光化軍傅汝楫乞差官承替，復還舊職。」詔特轉一官，令再任。

慶元六年二月十一日，臣僚言：「臣以爲欲今日百官之任事，莫如久其任而後行賞罰。如在朝者，自職事官以上，並令由本曹次第而遷，俾之歲月稍深，得以習知其事之本末，而吏不能欺。39在外監司、郡守，俾之並循資考，若有治理效者，不必遽遷以他官，但璽書增秩以勵之，或因而再任，庶幾不撓其成，而亦足以勸。夫然後，稽其勤惰，明其黜陟，任事者計功而受賞，不任事者亦無辭以逃責。如此，則賞罰有所施，而事亦無有不立者矣。」詔所陳切中時病，三省宜常切遵守。

二十九日，臣僚言：「竊謂吏强官弱，最今日之大患。外而州縣，固已不勝其弊矣；內而百司，抑又甚焉。請尋其源，夫豈無自！蓋居官者遷徙不拘歲月，而爲吏者傳襲及于子孫。以數易不常之官，御生長子孫之吏，坐曹而問，莫究源流，涉筆以書，唯牽例比。顧雖弊蠹百出，何暇爬梳！縱有精彊之官，少行檢柅之令。警戢之效未著，而遷徙之命已頒。吏彊之患，實基于此。竊謂量能而授，則官可久于其任，而無數易之患；官宿其業，則吏知所畏憚，而無姦欺之虞。此理灼然，所宜加意。乞明詔大臣，除授之際，因所長以畀其職，而後可以言久任；久其任以責其成，而後可以戢吏姦。」從之。

嘉泰二年閏十二月十四日，監察御史朱欽則言：「總戎之官，掌計之臣，任之尤不可以不久。將帥之于士卒，訓治欲其有常，拊循欲其有素，亟用而亟易之，豈惟上下之情有不相諳，凡號令紀律亦將先後異施，而士卒莫知所守矣。掌計之司，尤號叢委，本末源流，未易稽考。弊端利孔，非精講而熟究之，往往得其一而遺其一。使前者未究其40源而來者又沿其流，簿書相仍，徒容吏欺，姦弊不除，適滋民病。今日總戎之官，有如諸軍都統制之屬，掌計之臣，有如總領諸路財賦之司，當選擇人材于其始。擇之既得其人，姑遲之（已）〔以〕久，而使得效其所長，毋爲亟易，而重貽兵財之弊。或者謂：『人情樂于數遷而厭于久滯，以樂遷之情而處久厭之職，則曠弛之患將若之何？』臣竊以爲不然。彼（誰）〔惟〕知其弗久也，則或苟媮而幸免。夫既責任之專矣，一若曠弛，咎將誰歸！大抵任用之道，當爲官而擇人，不當以官而徇人。徒人情之是徇，則一歲九遷，未必能窒其欲。誠考課之有法，雖三考九年而後爲之陟明，不聞其有淹滯之歎。況加爵秩以寵褒之，如高宗之聖訓，亦足以勵其怠而勸其功。或者之疑，殆非所慮也。乞令二三大臣恪守祖宗久任之成憲，毋事數易。」從之。

三年七月十九日，右正言楊炳言：「內而戶部長貳，太府、農寺卿少，外而四總領，不久任，則雖有奇才，無以自效其所長。孝宗皇帝淳熙間，葉翥之在户部〔二〕，爲貳爲長凡八年；蘇峴在太府，韋璞在農寺，由少而卿，皆涉四年；趙汝誼爲淮西總領，亦八年。今居是數職者，未滿歲則望遷，豈復以職守爲意？乞自聖斷，爲户部長貳，爲太府、農寺卿少，爲四總領，擇人而久其任，寬假委用而勿奪其權。遲之一二年之後，考其去弊若何，成效若何，果有可觀，則增秩示勸而勿易其所居之官。又一二年之 41 後，其績用顯著，有大過人者，則雖不次進用，何所不可！其或始則奮勵，若有志于事功，終則鹵莽廢弛，實無勞效，則又不當以常典議罰。」從之。

嘉定六年九月十七日，祕書省校書郎姚師虎言：「仰惟熙朝，世嚴載筆，貽謀垂範，將億萬年。今職任不專，無以究其技；選掄或泛，無以見其功。館閣著庭，間令共二；史院列職，未免兼官。而況遷易不時，任責無所，文書填委，胥史攸司。累簡聯編，歷吉將上，則官吏皇皇，夜以繼日，雖勤删潤，寧暇精研？殆以積年之書，定于時月之頃，豈無脱畧，有媿纂修，非所以尊鉅典、詔來世也。乞增重茲選，使久其任。其或更迭他職，仍兼史局，庶幾人盡其才，官任其責，研精覃思，作宋一經。臣不勝大願。」從之。

十一年十月十四日，臣僚言：「竊惟于蕃于宣，皆牧守責也，而今日之事尤急于邊郡。仰惟陛下比年以來，經理邊事，細大畢舉，而又明詔侍從、臺諫、監司各舉所知，以備乘障之寄，聖圖淵慮，不爲不切。近者廷臣抗論，帥閫建明，選畀欲精，銓量欲審，陛下又未嘗不俞其（情）〔請〕而施行之。然猶未免以嘗試之人，處以不克勝之任，迨其曠敗，從而更易，亦已晚矣。欲乞明詔大臣，採之人望，精求而遴選之。然後參稽藝祖委任邊臣之方，責以晁錯守邊備塞之實，久其職任，假以事權。其有治行表表者，寧增秩賜金以示其褒異之恩，毋驟使改易以恣其苟且之意。他時邊事向寧，升 42 擢未晚。次而倅貳，所以贊藩條，下而幕屬令佐，又皆所以共王事，協心同力而無苟焉朝夕之意，庶克有濟。今任于邊者，率無固心，或委轉求檄，或改圖辟置，或僅欲求足舉員，補滿考第，往往突不待黔而歸裝已束矣，其何以責其勞效哉！并乞申嚴行下，應邊郡倅貳及幕職令佐等官，其有考第雖及、舉員已足之人，並須成資，方容受代。庶幾人有定志，職業交修，不爲小補。臣竊惟爵禄所以厲世，中興之初，邊賞爲重，元立定格，例得六年，中間事定，復從減損，已非人情之所樂。況兩淮鐵錢日賤，銅券日穹，所得俸給，常若不贍，毋怪其無固志也。今邊事未寧，馳驅在列，勞瘁甚矣，正當有以激昂而興起之。乞明詔有司，邊賞之行則悉還舊格，俸給之薄則量與增益，庶幾人有覬心，

〔二〕葉翥：原作「蕭翥」。按蕭翥其人不見於記載，應是「葉翥」之訛。考之文獻，淳熙十一年、十四年、十五年葉翥均任户部侍郎（見《宋史全文》卷二七上、《文獻通考》卷一二六、《周文忠公集》卷一七二），紹熙元年、二年則爲户部尚書（見《直齋書録解題》卷五、《玉海》卷一八五、《宋史全文》卷二八），與此處所云「在户部爲貳爲長凡八年」之記吻合。據改。

樂于趨事，亦厲世之一端也。」從之。（以上《永樂大典》卷三八七六）

再任〔一〕

【續宋會要】〔二〕

43 李宗善明曉水事，句當汴口十二年，增秩再任。

熙寧有法官再任酬奬。政和二年，刑部侍郎馬防等奏：「大理評事主斷天下疑獄，熙寧有法官再任酬奬〔三〕。乞候法官任滿，擇其職事脩舉、人材可録者奏舉再任，增其酬奬，理爲堂除。」

樓异治狀著聞，除待制再任。异知明州。王序治郡有方，除待制再任。序知河陽府。並宣和二年。

王琮首治贓吏，特令再任。琮爲成都提舉〔四〕。宣和五年詔。

趙岍、唐績造茶有方，特令再任。岍福建運副，績福建運判〔五〕。

胡舜陟論知懷州霍安國、知密州郭奉世不當再任。安國去秋方到任，治效未聞；奉世到任期月〔六〕，亦無政績。使之再任，不應條法，乞罷。從之。范純粹知慶州，拜寶文閣待制再任。《四朝國史·傳》，哲宗初年。

嘉祐守令再任詔。嘉祐六年，詔曰：「朕觀古者欲治之世，牧民之吏多稱其官，百姓得安其業。今求才之路非不廣，責善之法非不詳，而吏多失職不治，不稱所以爲民之意。豈今人材獨少而世變之殊哉，殆以不得久於其官故也。蓋智能才力之士，雖有興利除害、滅姦勸善之意，非稍假以歲月，則其吏民亦且媮而不爲之用，欲終厥功，其路無由。今夫州縣恃以爲命者，守、令也。察其能者，使得久於其官，而褒厚以勸之，豈非所謂先務者哉！今後知州軍監令轉運、提刑，知縣、縣令令知州、通判〔七〕，連書保舉，許令再任。」（以上《永樂大典》卷一九三八七）

〔一〕原無此題，據陳智超所擬補（見《解開宋會要之謎》頁二一八）。《大典》卷一九三八七爲「任」字韻。

〔二〕按，以下六條並非録自《宋會要》，而是抄自某種類書，由其體裁可知。但其所述之事，除第五條范純粹外，均見於本書職官六〇之二〇至六〇之二八，蓋其書乃節引《會要》及他書修寫而成。然究出何書，今已不可知。

〔三〕官：原脱，據正文大字補。

〔四〕提：原脱，據本書職官六〇之二五補。

〔五〕績：原作「續」，據上文改。

〔六〕期月：原作「暮日」，據原稿職官六〇之二八改。

〔七〕以上二句，「今後」原作「令」，「縣令」原脱「縣」字，「令知州」原脱「令」字，並據本卷職官六〇之二〇至二一改補。

宋會要輯稿　職官六一

省官

【宋會要】〔一〕

1 太祖開寶三年七月壬子，裁減西川州縣官，以户口爲率，差減其員，舊俸外月增給五千。詔曰：「與其冗員而重費，不若省官而益俸。」

丙辰，詔天下州縣官依西川例減省員數。一云八月戊辰。

四年正月丙午，詔停攝官。

五年正月壬寅，減省州縣吏。

咸平四年二月，陳彭年上五事，四曰省官。

六月癸卯，直集賢院梅詢言：「三司總括諸路減省冗吏十九萬五千八百二人，請付史館。」（以上《永樂大典》卷三八八〇）

改官

【宋會要】〔二〕

2 哲宗元祐二年，詔：「吏部選人改官，每歲以百人爲額〔三〕。」從孫覺之請也。

紹聖元年〔四〕，詔：「引見磨勘改官人權依元豐令〔五〕，五日引一甲，每甲引三人，每年不得過一百四十人。俟後次不及百人，取旨。」（以上《永樂大典》卷三八七三）〔六〕

換官

【宋會要】

3 太宗太平興國三年十一月，以殿直王操爲太子中允。操，江表人，獻《南郊頌》稱旨。太宗召問操曰：「汝在江南與誰等？」操對曰：「與張洎同。」帝問：「洎今任何官？」左右對曰：「太子中允。」即以是官命之。

雍熙四年五月，以侍御史鄭宣、司封員外郎劉墀、户部員外郎趙載並爲如京使，殿中侍御史柳開爲崇儀使，左拾遺劉慶爲西京作坊使。宣等儒業登科，咸負勇敢之氣，累當邊任，能幹戎事，故以命之。

淳化二年七月，以三班奉職和皞爲大理評事。皞即五代宰相凝之子，少勵志修學。帝登極之初，補内職，至是進

〔一〕按，以下數條全抄自《玉海》卷一二七，非《會要》之文。

〔二〕以下二條，《記纂淵海》卷三六引，末注「中興會要」。按此當出於《續國朝會要》，而非《中興會要》。此處所録與《記纂淵海》全同，當是轉録自該書。

〔三〕百人：原作「人七百」，據《記纂淵海》卷三六改。

〔四〕紹：原作「詔」，據《記纂淵海》卷三六改。

〔五〕引、改：原脱，據《記纂淵海》卷三六補。

〔六〕原稿所標《大典》卷次作「三千八百七十二」，據《永樂大典目録》卷一一改。

所業文，因而改授。

三年三月，以供奉官張晟爲左贊善大夫。晟舉《三傳》及第，任大理評事，上書願從軍，故授以内職，至是求換秩，而有是命。

十月，以供奉官張敏中爲大理寺丞。敏中，宣徽北院使遜之子，嘗進所業文，願改秩，從其請也。

五年三月，以大理評事陳舜封爲殿直。舜封父善秦聲，隸教坊爲伶官，坐事黥面流海島。舜封舉進士及第，任舒州望江簿，轉運使言其通法律，宰相以補廷尉屬。因奏事，頗口諧捷給，舉止類倡優。帝問曰誰之子，舜封自言其父。帝曰：「此真雜類，豈得任清望官！」亟令改秩，而有是命。

至道元年三月，流内銓引見選人，内秦可觀者，常負微譴，占對之際，詞氣慷慨，帝目之數四。又陳廉者，自陳前任冀州屬邑[4]簿，防援城壘有勞。詔並補右班殿直，授監押差遣，各賜紫袍、靴、笏、銀百兩。帝謂之曰：「汝等苟能副吾任使，朕固不惜恩澤。他年勤幹有勞，願復文資者亦聽。」

二年二月，以工部侍郎錢昱爲郢州團練使。昱，秦國王俶兄之子，歸朝領白州刺史，上表自陳嘗習文藝，求改職。除祕書監，遷工部侍郎，連知宋、宿、泗等州，無善政。至是郊祀，中外官進秩，帝謂宰相曰：「昱貴家子，無檢操，不宜任丞郎。」故有是命。

三年七月，以給事中喬維嶽爲海州刺史。

真宗咸平三年二月，以國子博士鮮于粲爲如京副使。粲本燕人，挺身歸國，真宗以其習武藝，練邊事，故換秩焉。

三月，以太常寺奉禮郎雷孝若爲西頭供奉官。孝若即盧州觀察使有終之子，有終時知益州，奉命討王均，遣孝若以捷書入奏。帝召孝若，賜對久之，孝若自陳願改職以自効，故有是命。

四月，以殿中丞魏霽爲崇儀副使，賜袍、笏、銀帶。先是，詔朝臣舉文班有武勇者，霽被薦，故有是命。

五月八日，以國子博士劉固爲如京副使，太子右贊善大夫石熙政爲西京左藏庫副使，賜袍帶如例。從武勇之舉也。

九日，以鄆州觀察推官王瞻爲西頭供奉官。瞻前任集州，有禦賊之勞，至是自陳，故奬之。

二十日，以右神武軍將軍錢惟演爲太僕少卿。惟演，吴越王俶之子，幼好學，至是獻所著文，召試學士院，而有是命。

六月，以殿中侍御史張利涉爲[5]崇儀使，祕書丞邢文紀爲崇儀副使。從武勇之舉也。

四年九月，以虞部員外郎張志言爲西京使。志言習武藝，朝臣屢稱其才幹，至是自陳願換秩故也。

五年六月，以工部侍郎、集賢院學士錢若水爲鄧州觀察使。

景德元年二月五日，尚書左丞、集賢院學士陳恕言其子太常寺太祝淳不率教道，喜習武藝，願補外州軍校，詔授滁州司馬。

大中祥符二年三月二十五日，以東上閤門使王承衎爲左武衛大將軍，仍領永州刺史、知壽州。承衎以足疾求換秩居外故也。

三年正月，詔：「京朝官欲換武職、諸司使副、三班使臣欲換文資者，並試時務策三道，不習文辭者許直述其事。其換武職者問以邊事。」

八月，以御史中丞、兼工部侍郎王嗣宗爲耀州觀察使、知永興軍府、兼總管。

五年五月，詔：「自今文臣求換武職者，並詢其武藝。」

八年十一月二日，以虞部員外郎王序爲如京使。

十八日，以國子博士、通判邢州郭懷玉爲供備庫使。

九年三月，以四方館使、獎州刺史李允則爲引進使，領敘州團練使〔一〕。尋改高州，避契丹國諱「緒」字也。允則知雄州赴闕，帝以久在邊任稱職，增秩遣之。允則以境上書牒往來，宜避「緒」字，故命之。後沿邊安撫副使賈宗領平州刺史，以北界平州常移文往來，使名稱非便，亦改領高州。

九月，以太子右贊善大夫高志寧爲供備庫副使、知祁州，賜紫袍、銀[6]帶。時志寧獻封事，帝曰：「朕聞其知兵，而未常言。」故命換秩，任以邊郡。

天禧二年十二月，以殿中丞史瑩爲崇儀副使。

四年三月，以都官員外郎雷孝先爲内園使。

八月，以屯田員外郎駱與京爲如京使。

十月，以虞部員外郎田定機爲西京左藏庫使，太子左贊善大夫宋平爲供備庫副使。

是月，以太常寺太祝丁珝爲内殿崇班〔二〕，從其父宰相丁謂所乞也。

十一月，以右贊善大夫宋世基爲供備庫副使。

五年二月，以虞部員外郎王準爲西京左藏庫副使。

五月，以大理寺丞、通判澧州劉象中爲内殿承制、知辰州。象中父仁霸知澧州，溪蠻畏服之，象中亦累任是境，故換秩命焉。

七月，以殿中丞、知洺州魏昭文爲崇儀副使。

十一月，以秘書丞、知常州竇謁爲洛苑副使。

乾興元年仁宗已即位，未改元。三月，六宅副使、知安肅軍高刃言：「臣男延光授試將作監主簿，欲乞對換一班行隨行指使。」從之。

五月，右班殿直王寶臣言：「臣應進士四舉，三經御試，乞換文資。」詔授試銜知縣。

〔一〕敘：原作「緒」，據《長編》卷八六改。按宋無緒州。又《長編》載允則之言曰：「契丹國主名緒，境上書牒往來，嫌名非便。」嫌名者，謂音相近，如直爲「緒州」，則是正諱，而非嫌名矣，作「敘」爲是。此敘州在今湖南懷化南。

〔二〕太祝：原作「丞祝」，據《長編》卷九六改。

十一月，荆湖北路轉運使、金部員外郎劉承顏言：「欲乞依屯田員外郎駱與京等例，對换一諸司使名額。」從之。

十二月，御史中丞、知審官院劉筠言：「近歲以來，京朝、幕職州縣官頗援條例，乞换武班。臣體量得多以父母之年逼于喜懼，苟希改轉，幸免持服。欲望今後乞换武班者，令所司勘會，委是永感，即許依條例施[7]行。」從之。

仁宗天聖元年二月，步軍副都指揮使、威塞軍節度使夏守恩言：「女夫試將作監主簿趙宗爽昨修真宗上下宮，隨行指使勾當，乞依姝女夫王仁禎例，對换侍禁。」詔授右班殿直。

六月，翰林待詔王明言：「臣本祕閣楷書，係資善堂祗應，天禧五年充翰林書藝，昨遇登極恩授待詔。切緣臣元不攻習諸家書體，欲乞比换班行。」詔授左班殿直。

八月，以三司鹽鐵判官、侍御史劉平爲衣庫使。

閏九月，故職方員外郎張懌妻李氏言：「有男習進士旦，昨蒙恩與下班殿侍，念妾家傳儒素，年登八十，别無依倚，其男旦乞改授一齋郎侍養。」從之。

十一月，内殿承制、閤門祇候鄧雅言：「奉勅知宜州，有男試校書郎齋參，乞對换班行，于岳州側近監當，照管家屬。」仁宗以鄧雅曾在溪洞差使，今復遠任，特從其請，不得爲例。

二年六月，故右諫議大夫劉綜妻長樂縣君司空氏言，有男東頭供奉官允中，乞换一文資。詔授光禄寺丞。

四年二月十二日，保大軍節度使錢惟演言，次男大理評事晦，乞换内殿承制。詔授内殿崇班。晦娶駙馬都尉李遵勗女〔一〕，即冀國大長公主所生也，故特從其請。

十三日，以權三司度支判官、屯田員外郎劉牧爲如京使。

三月，以翰林學士承旨、刑部尚書、知制誥李維爲相州觀察使，從其所請也。

十一月，詔：「三班使臣内有元是舉人入班行者，如樂换文資者，左班殿直[8]與試銜近地知縣，候得替無贓罪，與節察推官；右班殿直與家便大縣簿尉，候得替無贓罪，與初等職事官；諸科與令録。三班奉職與除簿尉，進士與家便，諸科與近地。三班借職與小處判官簿尉。殿侍補郊社齋郎。」

五年八月，以翰林學士、兼龍圖閣學士、工部侍郎、知制誥、權知開封府陳堯咨爲宿州觀察使、知天雄軍。

十月，翰林侍讀學士、刑部侍郎孫奭言：「孫男四人，雍、維、雄、雅，並右班殿直。切聞近敕，今後文官只許奏廕文資。四孫雖在條約以前奏廕，其如尚皆幼稚〔二〕，虛請俸錢，欲望並與改授無料錢京官。」從之。

六年十一月，以故太尉王旦孫三班奉職恪爲無料錢京

〔一〕勗：原脱，據《長編》卷一〇四補。
〔二〕如：原作「餘」，據《長編》卷一〇五改。

官。從旦子雍之所陳也。

七年五月二十二日，詔：「應殿侍乞換文資人等，今後如委是自來文資之家子孫，即表狀内開説所習文業或經書名目，元授殿侍因依，所司方得收進，當議差官考試。」

七月，詔：「今後殿直已上乞換文資者，並不行。」

八年二月，三班院言，奉職陳象自陳元是進士，乞對換文資。從之。

四月五日，三班奉職宋回言：「先因妻叔樞密直學士、知（穎）〔潁〕州劉筠奏官，念臣早親學問，嘗稟義方，乞換文資。」從之。

三十日，鳳翔府言，三班借職、監司竹監侯訢乞換簿尉。從之。

五月，三班院言，奉職林太蒙乞換文資。從之。仍詔今後班行委是文資之家骨肉，年二十五以上，特許改授文資。仍令逐處量試讀律，及親[9]寫家狀繳奏以聞。

六月四日，龍圖閣直學士、左諫議大夫陳從易言：「奉敕知杭州，有男三班奉職紹孫，欲望改授無料錢京官，于杭州側近監當。」從之。

二十七日，三班院言：「借職王衮乞換文資，今試驗本人讀律稍熟，及親寫家狀繳連以聞。」從之。

七月，三班院言：「左班殿直郭道暎乞換文資，試讀律稍熟。」詔與換簿尉。

八月，太子少保致仕馬亮言：「次子仲甫先遇承天節奏授右侍禁，後轉左侍禁，今則頗習儒業，乞改授文資。」詔授大理評事，仍與家便差遣。

十一月，三班院言：「借職史世隆自陳是文資之家，乞換文資。今試讀律稍精熟，及親寫家狀。」從之。

康定元年七月二十二日，太常博士、陝西河東制置青白鹽使薛宥爲監察御史〔一〕，所領如故。以陝西都轉運使龐籍等言，朝廷命宥幹鹽事，若令官名清峻，則事權益重，望換臺憲之官也。仍諭諸路自今不得奏舉對換臺官。

慶曆元年七月，詔：「言邊事補班行者，自今不許換文資。」

二年四月，以樞密直學士、禮部郎中、知秦州韓琦爲秦州管内觀察使，樞密直學士、右司郎中、知渭州王沿爲涇州管内觀察使，龍圖閣直學士、左司郎中、知慶州范仲淹爲邠州管内觀察使，龍圖閣直學士、吏部郎中、知延州龐籍爲鄜州管内觀察使。尋從仲淹、籍請，復舊官職。

三年五月，詔：「内殿崇班以上，非有邊功及捕劇賊而嘗歷知州軍、同提點刑獄者，不[10]許換諸衛將軍。」蓋將軍品第三，每郊祀得任子孫，而願換秩者皆老疾無狀之人，故釐革之。

七月，詔：「三班奉職以下換文資者，歷官無贓罪，雖三代非文資而有親叔伯兄弟見任者，亦聽。」

〔一〕青：原脱，據《長編》卷一二八補。

四年三月十八日，以翰林醫學劉涉補三班殿侍。涉家于邊陲，熟知山川道路，累與戎人戰鬭，實有膽勇，用大臣所薦，乞換班行，因有是命。

二十三日，內藏庫副使、知丹州張龜年授太常博士。龜年在朝行，知己薦其材武，因換右職，今引疾復舊官。

五年六月十七日，李昭述言：「(史)〔吏〕乞換文資，惟試讀律、寫家狀，便與換官，其年及格(五)〔三〕班使臣却試書算或弓弩，條制輕重不等。」詔依文資例與試。

七年正月七日，以太常博士楊畋爲東染院使、荆湖南路駐泊兵馬(鈴)〔鈐〕轄，用名將之後也。

十月，詔賈昌朝、程琳、楊適、葉清臣、田況舉京官各一人換右職。

八年正月，詔：「舉官陞陟及換右職者，非依編敕及御劄，毋得施行。」時言者以爲近歲薦舉多濫，亦有負罪不可洗滌之人得更右職，率爲朋黨，以市公恩，不可不革也。

皇祐元年三月，以東染院使、荆湖南路兵馬(鈴)〔鈐〕轄楊畋爲屯田員外郎、直史館，從所請也。畋先自太常博士換右秩，至是自陳在嶺外捉殺蠻賊，因得瘴霧之疾，願還文資，徙知近北一小郡，故有是命。

六月，以光禄卿、分司南京余靖爲左神武軍大將軍、雅州刺史、壽州兵馬(鈴)〔鈐〕轄。尋請以舊官侍11養，從之。

四年八月，以知英州、祕書丞蘇緘爲供備庫使。方賊圍廣州，緘率丁壯修完州城，設守拒，又領兵屯廣州北邊村以控賊路，故特賞之。

十二月十一日，詔：「今後殿侍乞換文資者，習文業則試詩賦各一，並依禮部條例施行；習經業則須精一經，以問十得六爲通，貼以念律。仍差判禮部貢院官與判國子監官同加考試。」

至和元年十二月，內園使、昭州刺史譚嘉震爲司門郎中。嘉震自換右職，累更邊任，晚以目疾，願得復還文資也。

嘉祐二年五月，(召)〔詔〕樞密院：「近臣嘗舉文臣換右職者，自今遇邊要闕人，即差擇以聞。」

三年四月，以御前忠佐馬步軍副都軍頭向寶爲禮賓使、并州兵馬都監。寶素有武藝，屢更戰鬥，用邊臣薦而特擢之。

四年十月，以內殿崇班柴詠爲殿中丞，封崇義公，簽書泰寧軍節度判官廳事。録世宗之後也。

五年正月，以客省使、眉州防禦使張亢爲祕書監。中丞韓絳言其貪橫不法，而亢因自請復爲文資而許之。

六年六月十五日，權秦鳳路總管、西上閤門使、循州刺史劉几乞復換文資。詔除兵部郎中，差提舉西京嵩山崇福宮。仍令中書勘會，如舊係着緋，即賜金紫。

英宗治平二年六月，詔：「在京知雜御史以上，殿前、馬步軍副都指揮使及三路都總管、副都總管，舉文吏可換右職者各一人。」

十二月十八日，陝西安撫使馮京言：「殿中丞种診、國子博士种[12]諤並是世衡親子，倜儻有材，知慮深遠，乞與遷換右職，于環州、保安軍任使。」詔种諤除左藏庫副使、權鄜延路都監，种診除洛苑副使、充環慶路都監，候逐路有先年滿者，更不差人。

三年四月九日，樞密副使呂公弼言：「大理評事种古，世衡之後，習知疆事，勇於有爲，伏望優與一右職，沿邊任使。」詔种古特授（殿内）〔内殿〕崇班，差充陝西沿邊駐泊都監。

神宗熙寧元年五月七日，以駕部郎中陳求古换宮苑使，遥領團練使，不得爲例。求古累歷知州，有治聲，翰林學士鄭獬應詔舉官，力薦之，故有是命。

九月十八日，詔醫助教今後不許奏換三班差使。

二年七月十九日，詔：「今後奏舉文臣换右職，並須實有武畧，曾著績效，即許以聞。」

八月十八日，宰臣曾公亮言：「親姪右班殿直孝廣頗習文業，乞依例换調一官。」詔與堂除初等職官。

三年八月二十四日，以皇姪右羽林軍大將軍、邵州團練使令晏爲左騏驥使，仍領邵州團練使、外任都監。令晏以首應熙寧二年敕乞换外官，至是宗正司同學官保明堪充任使故也。

十月十二日，以提舉陝西常平廣惠倉、太子中舍劉瑄爲西京左藏庫副使、環慶路兵馬都監，用宣撫使韓絳薦其才也。

十九日，以太常博士陳箴爲西上閤門副使、知欽州。續詔箴權廣南西路鈐轄、邕州駐劄。

四年正月十八日，以虞部員外郎尚縝爲西京作坊使。縝用其母萬[13]年郡主遺表求换右職故也。

五年二月十二日，以知冀州、皇城使王亞换虞部郎中，堂除知州。亞前爲員外郎，以近臣薦右職，至是自陳願還文吏，故有是命。

三月十九日，中書言：「禮房修换官法。自今祕書監换防禦使。大卿、監换團練使。祕書少監、太常、光禄少卿换刺史。衛尉以下少卿監换皇城使、遥郡刺史。前行郎中换宮苑使，中行郎中换内藏庫使，後行郎中换莊宅使，並帶遥郡刺史。前行員外郎换洛苑使，中行員外郎换西作坊使，後行員外郎换供備庫使。以上如正郎帶職，即换閤門使，仍帶遥郡刺史；員外郎帶職，（郎）〔即〕换遥郡刺史。太常博士换内藏庫副使，國子博士换左藏庫副使。以上如帶職，换閤門副使。太常丞换莊宅副使。祕書丞换六宅副使。殿中丞、著作郎换文思副使。太子中允换禮賓副使。贊善大夫、太子中舍换供備庫副使。祕書郎、著作佐郎换内殿承制。太理寺丞换内殿崇班。諸寺監丞，節、察判官，並换東頭供奉官。大理評事、支使、掌書記，並换西頭供奉官。太祝、奉禮，並换左侍禁。正字、祕校、監簿、兩使職官、防團判官、令、録，並换右侍禁。初等職官知令、録，並換左班殿直。初等職官知令、録未及三考，換右班殿直。判、司、主簿、尉成三考以上，換三班奉職；未及三考并試銜齋郎，各換三班借職。內如帶職，各陞一資。起居郎、起居舍人、左右司諫、正言、侍御史、殿中侍御史、監察御[14]史已上，各比類官序，依帶職人例。如籍人材或曾有過犯，並臨時取旨，特與陞降官資。其右職換文資並依此。內奉職以下並換堂除主簿、尉，三班差使、殿侍換郊社齋郎。」從之。

五月九日，檢詳兵房文字朱明之言：「乞今後自承制以下，如願換文資者，不須三代曾任文資之家子孫及親伯叔兄弟子孫見任文官，並許依得替守選幕職州縣官乞試斷案或律義，并奏補京朝官及選人乞依進士試經義或依試法官條例施行。如試中合格，可與比類文資安排。所貴各盡其材，以就職業，少副朝廷因能任官之意。」從之。

七年五月八日，樞密院上言：「權通判辰州、著作佐郎謝麟累經差使，乞與酬奬，換諸司使或橫行副使、知沅州。」詔遷麟兩資至太常博士，特換西上閤門副使，就差知沅州，兼沿邊溪洞都巡檢使。

八年四月二十五日，以皇城使、忠州刺史、新差廣西(鈐)〔鈐〕轄石鑑特換衛尉少卿、直昭文館。鑑累有邊功，至是乞復文資，上以鑑本儒者，特命直昭文館以榮之。

閏四月十七日，詔：「武臣已有試換文資法，今後更不許臣寮舉換。」

十年六月十八日，詔：「使臣換文資者，並試律令大義十道，第一等八通，第二等六通，第三等四通爲合格。」

元豐元年二月二十四日，詔：「外任文武官乞試換者，並候已替就試。」

九月二十八日，詔：「京朝官、選人并使臣換文資，所試上等第一，宜賜進士出身；中等[15]稍優，與堂除差遣；中等與不依名次注官。下等與注官，內未出官與出官，已出官與免短使，無短使者升半年名次。」

五年十月十八日，詔：「自今義勇、保甲及呈試武藝得班行者，不許試換文資。」

七年三月十六日，東頭供奉官劉儼乞換太史丞，從之。

八月五日，右監門率府率子漪換通直郎，以祕書省試應格也。

八年四月二十七日，詔供備庫副使、兼閤門通事舍人文貽慶爲奉議郎、都官員外郎。

哲宗元祐元年二月十二日，詔通直郎李琓特換授供備庫副使。從判大名府韓絳請也〔一〕。

五月十八日，殿中侍御史呂陶言〔二〕：「皇城使蘇緘忠義死節，其子子元近任朝奉郎，乞換武官。舊制，換過武臣多自樞密院便除知州軍差遣，乞下樞密院除荆湖、廣南極

〔一〕名：原作「明」，據《長編》卷三六六改。
〔二〕史：原作「言」，據《長編》卷三七八改。

邊差遣。」從之。

二年(十)〔七〕月六日〔一〕，詔朝奉大夫朱衍特換莊宅使、文州刺史。以苗授薦其沉勇有謀也。

九月三日，詔莊宅使、文州刺史朱衍復爲朝奉大夫。先是，有司言衍宜任武吏，至是上書乞復故官也。

二十日，詔太子右監門率府率令䍐授通直郎。

十月八日，詔奉議郎、通判宜州黃裪換授莊宅副使〔二〕，充廣南西路都監，兼知賓州。

十一月二十七日，詔罷內殿承制至差使試換文資法。

三年二月十四日，詔：「今後文臣換大使臣，並三省、樞密同取旨。」從樞密院請也。

四年四月十二日，詔：「右監門衛大將軍士香特授朝請郎，轉至 16 左朝議大夫止。」先是，士香進所業議論，詔令秘書省試換，故有是命。

紹聖二年四月十八日，三省請同知樞密院以上用門客、醫人恩澤乞改授者，擬假承務郎，不理選限。從之。

三年七月二十九日，詔：「宣德郎种師中換內殿承制，充環慶路經畧司准備將領。候將來磨勘轉通直郎日，與轉禮賓副使。」

四年正月十七日，詔：「熙河路經畧司幹當公事、宣德郎种師中罷換授內殿承制，充熙河路第一副將。」從經畧孫路請也。

十月二十一日，詔以通直郎陳安上換禮賓副使、兼閤門通事舍人。從知樞密院曾布薦也。

元符元年十月二十一日，詔：「武官試換文資，吏部依元豐試法重修以聞。」從吏部侍郎黃裳請也。

二年二月四日，朝奉郎、廣南西路察訪董必言：「通直郎、新知柳州陶逵素窮武畧，深曉蠻情，望考察換右職。」詔陶逵特與換禮賓副使。

三年三月五日，徽宗已即位，未改元。詔左中散大夫、新知壽州趙令綽換金吾衛大將軍、均州防禦使。

徽宗崇寧二年二月八日，使臣王審言乞檢舉元豐法，使臣試換文資。敕令所看詳：「王審言等所乞，吏部元勘會未曾指定今來試格。若依元豐法制，隨銓選歲以兩試止試律義。至元符中，因臣僚奏請，令吏部重修試法。其所修到法，比之元豐舊法太嚴，今合以前後試法比倣熙寧、元豐酌中，重別擬修下項。」詔諸內殿承制至差使，不曾犯贓私罪及笞刑經決而 17 願換文資者，聽召保官二員，具家狀二本，詣登聞鼓院投進。外任人候替罷就試。文資換武職者准此。即授小使臣後未及三年、差使後未及五年，三省、樞密院書令史以下授使臣、差使。若義勇、保甲及試武藝并進納流外出身人，不用此令。諸武臣試換文資者，於《易》、《詩》、《書》、《周禮》、《禮記》各專一經，第一場試本經義三道，《論

〔一〕七月：原作「十月」，據《長編》卷四〇三改。
〔二〕黃裪：《長編》卷四〇六作「黃陶」，又卷三三五亦同。

語》或《孟子》義一道。第二場試論一首。限五百字以上成。願依法官條試斷案、《刑統》大義者聽。上條入《選試令》。元符重修法，檢未獲。

大觀二年十月二十二日，侍衛親軍步軍都指揮使高俅奏：「伏見通直郎張撝潛心武畧，久習兵書，曩在有司，已嘗試藝。昨緣其父恩例奏名文資，比又獲賊，蒙恩改官。臣究其才力，于武尤長，伏望特依王厚例換一右職，付以邊任。」詔張撝特與換禮賓副使，令樞密院與差遣。

政和元年三月十一日，詔：「章綎于舊官承奉郎上特與換内殿崇班，仍令軍頭司取旨。」綎初雖以盜鑄錢坐罪，而鼓鑄之具無一可證，鍛鍊成獄，至是還官。以綎嘗黥，故特易以武弁。

三年八月四日，詔：「宗子秉義郎令溠經術該明，行誼修飭，與換承奉郎。」

四年九月十四日，詔：「武臣橫行自今通侍大夫實及四年，方許換正任。雖奉特旨，亦令中書省執奏，御史臺覺察。」

七年三月四日，太尉高俅奏：「伏覩朝散郎錢懌才力勁强，知識明敏，留心武畧，深曉兵機。頃緣親叔景臻授以文資，凡歷數任，屢獲强盜。臣究其才能，尤[18]長武備，伏望特許換一右列，必能立功。」詔依格與換武義大夫。

二十二日，右武大夫、成州防禦使、提舉玉清儲祥宮鄭子奇奏：「頃以庸凡，獲預隨龍，不幸疾患，未盡勤節。切見同時官石端、翟成等男，例蒙擢任閤門祗候，臣有二男中行、中復，已係保義郎，年將及格，素習經術，拙于武事，伏望比換文資。」詔特令國子監召試，仍依武臣試換法施行。

四月二十五日，廣南西路經畧司奏：「承議郎、權發遣藤州郭曄，親領兵捕獲海賊陳持等六十七人，詔與轉兩官，如願換右職，與換橫行。緣曄自之官廣西，盡蒙差辟極邊任使，累立戰功，粗知邊計，今情願恭依詔命，改換右職。」詔特與換右武郎。

六月二十一日，詔忠訓郎姚汝賢赴中書省試換文資。續承中書省奏試策，已引試訖，考校合入第五等上。詔姚汝賢換承奉郎。

重和元年十二月二十八日，臣寮言：「契勘開封府刑曹掾趙士訙係仲輗之子，不曉義理，獄事曠弛，每批判訙囚，『訙』字作『詢』。欲望令依舊充武臣，以清左選。」詔依見任官換武節郎。

宣和三年正月二十九日，詔：「保義郎苗梗爲進頌文理可採，及係武舉上舍出身，特與換文資。」

四月四日，貢士舉院別試所奏：「奉敕考試侍從官奏舉使臣試換文資人，上等成忠郎王以寧，中等保義郎路允修。」詔王以寧與換從事郎，路允修與換迪功郎。

二十九日，詔：「梁師〔成〕下使臣忠訓郎儲[19]宏、承信郎曹組，特令就殿試，考中第五甲賜同進士出身，仍轉一官。」

六月四日，江浙淮南宣撫使司奏：「勘會近據浙西鈐轄曾孝蘊申，具到杭州臨安縣尉施提與公人戴禹節殺退賊，保護邑民功狀，數内中等保户駱閲獲十一級，係進納登仕郎。」詔駱閲與換承信郎。

四年六月十一日，刑部奏：「大名府朝城縣迪功郎王康獲五級，合該減三年磨勘，因捕盜改次等合入官。本部勘會，本官係流外出身，未及三考，依條合換降等班行。」詔換成忠郎。

七月一日，中書省言：「檢會奉御筆：『醫官曹孝忠子二人見任文臣，伎術塵俗，玷辱士類，可令對換醫官名目。自今後令尚書省遵守，不得換授文臣。』吏部供到，曹濟見係朝奉大夫，曹澄見係奉議郎。」詔曹濟特授成安大夫，曹澄特授成安郎。

五年四月十八日，詔：「宋曉名臣之裔，曾預選尚，特與換文資，仍差近見闕監司屬官。」

五月八日，詔：「宗室換官人並依元換舊官支破請給，今後依此。」

六年四月四日，詔：「侍從官依元豐法，不許薦舉武臣試換文資。」

欽宗靖康元年五月五日，詔：「少傅、安武軍節度使錢景臻，鎮安軍節度使、開府儀同三司劉宗元，爲左金吾衛上將軍。檢校太保、保信軍節度使劉敷，檢校少師、武成軍節度使劉敏，嚮德軍節度使張楙，岳陽軍節度使王舜臣，檢校少傅、應道軍節度使朱孝孫，檢校少保、瀘川軍節度使錢忱，並爲右[20]金吾衛上將軍。」先是，御史中丞陳過庭言〔一〕：「竊惟祖宗創業艱難，愛惜名器，當時將帥建節，不輕授人。自崇、觀以來，權臣專政，啓僥倖之路，高爵厚禄，視如土芥，雖胥史厮役，間亦濫除功臣，貴戚羞與爲伍。況廪給之厚，傔從之衆，坐縻國用，百倍佗官。今陛下循名責實，恭儉節用，以身率四海，凡任節度使者，人人願自貶損，以從德化，特重于自陳爾。近因范訥有請，願歸環衛，授以上將軍。制命一頒，衆皆歡抃，臣恐自此相繼有請多矣。與其有請而後從，不若先爲之所。嘗聞藝祖削平禍亂，一日罷諸節度悉歸環衛，而人無異議者，分當然也。欲望指揮所屬，詳加裁度，除宗室及實有軍功人别作措置外，〔其〕餘並依范訥例換授施行，以協天下公議。」詔令吏部，除宗室外，開具内外節度使姓名、元除授因依聞奏，故有是命。

二十四日，檢校少保陸海軍節度使鄭翼之、安德軍節度使鄭成之乞換授環衛官，不允。

高宗建炎元年十二月九日，詔：「歷考祖宗朝，后父無爲文臣侍從官者。朕欲遵依舊制，以復祖宗平治之時，豈可以近親違戾彝憲。邢焕可特换光州觀察使，依舊提舉亳州明道宮。」初，焕除徽猷閣待制，以右諫議大夫衛膚敏言，

〔一〕御：原作「衛」，據《宋史》卷三五三《陳過庭傳》改。

祖宗之法，后族戚里不得除文資，恐撓法而干政，故有是命。

二年正月十八日，詔：「后族自今不許任侍從官，著爲令甲。顯謨閣直學士孟忠厚特與换授常德軍承21宣使。」從臣僚之請也。

二月二十四日，詔：「劉正彦與换武德大夫、威州刺史。」先是，朝請大夫、新差通判虔州劉正彦言：「建炎元年十一月四日手詔，求可使絶域、能將萬衆者，不以有無官資，許詣登聞檢院自陳。臣元係修武郎、閤門祗候、熙河蘭湟路經略使司書寫機宜文字，以先臣法任帥熙河，陷没戎虜，蒙朝廷優卹，許换文資。方今國步多艱，世讎未復，如臣父子，蒙恩至厚，感激所至，亦能忘身，願復武階，以應明詔。」吏部言正彦合授武德大夫、遥郡刺史，故有是命。

四年九月五日，詔以成忠郎、閤門祗候、建昌軍兵馬監押蔡延世爲承事郎、通判建昌軍。延世本太學諸生，後以本軍兵馬監押特差權主管軍事，募兵守城，江西及福建諸司上其功狀，乞依格换文資通判建昌軍，特有是命。

紹興元年九月十日，朝請郎楊持乞將换授宣教郎後所得把隘賞合轉武翼郎，于見今朝請郎上轉行一官。從之。

二年五月二十四日，詔：「韓文冑元係進士，以叔祖駙馬都尉嘉彦致仕恩澤補承信郎，今同兄肖冑奉使，可特與换迪功郎。」

二十五日，詔：「忠訓郎、閤門祗候劉軫特换左奉議郎。」軫初以上舍及第，政和二年任（穎）〔潁〕昌府郾城縣尉，以獲盗功授保義郎、閤門祗候。至是，吏部以無條例，特與改正。

六年五月十七日，詔：「秉義郎、權淮南西路宣撫使司主管機宜文字張勳久在學校，文行俱優，令中22書後省量試，與换文資。」從都督諸路軍馬張浚之請也。

六月十五日，詔右修職郎何焯特授忠翊郎。初，焯以獲彊盗合改官，自陳元係獻納出身，不願用賊賞循資，乞换使臣，故有是命。

七月二十七日，詔：「吴玠男忠翊郎、閤門祗候扶，忠訓郎撝，並特與换文資。」

七年二月十三日，詔：「武節郎、閤門宣贊舍人高公繪换授右朝請郎。」以朝廷差公繪奉使，公繪自陳元係進士，後改入武學，賜承節郎出身，續又曾請文解到省，且嘗兩差奉使無曠職，乞换文資，故有是命。

九月二十六日，詔：「武節郎張子儀可召試，令吏部依格與文資。」吏部言無武翼郎以上立定换官條格，詔特换右通直郎。

八年二月二十四日，詔：「權發遣鄧州、充湖北京西路宣撫司幹辦公事于鵬，令中書後省召試時務策一道，如文理可採，特與降等换文資。」

九年二月十三日，詔：「郭仲荀男武翼郎、閤門宣贊舍人及之，令吏部與依格换文資，添差僉書昭慶軍節度判官廳公事。」

十年八月一日，詔：「從義郎楊師中，令中書後省召試時務策一道，與換授右承事郎。」

十三年十二月二十二日，詔：「楊政男武德郎庭，令川陝宣撫司試策一道，與換右通直郎。」

十四年五月二十四日，趙子攸進所業，乞換文資。上謂輔臣曰：「要換文資，須今後省試策乃可。朕固喜宗子向學，然文資豈可令僥倖得之？」

二十二年六月五日，詔閤門 23 宣贊舍人劉伉與換右武郎、幹辦皇城司，右通直郎劉炎與換閤門宣贊舍人。

二十八年二月十四日，詔吳國長公主孫從義郎潘昌衡、昌甫、昌嗣、昌朝可並換授右宣義郎。

三十年四月二十一日，詔：「修武郎趙不暴係濮安懿王近屬，可特依不悗等例，與換文資。」

三十一年八月十二日，詔右通直郎、直敷文閣劉堯勛與換授武畧郎、閤門宣贊舍人。從其請也。

孝宗隆興元年六月二十六日，臣僚〔言〕：「伏覩祖宗朝，文武兩途，視爲一體，未嘗偏輕偏重，故有自武臣而以文學換授文資，或有自文臣而以材武智謀換右職，當邊寄者多矣。錢若水以工部侍郎爲鄧州觀察使，李維以翰林學士承旨爲相州觀察使〔一〕，王嗣宗以御史中丞爲耀州觀察使、知永興軍，陳堯咨以翰林學士爲宿州觀察使、知天雄軍。至如韓琦、王沿、范仲淹、龐籍四人，皆以一時縉紳冠冕，改授觀察使，充四路經畧。又有從朝臣所薦，如呂公弼之薦种〔吉〕〔古〕，自大理評事授内殿崇班，充陝西駐泊都監；韓琦之薦李丕諒，自館閣乞換右職，以備西邊任使，是也。方今胡塵未息，干戈未靖，陛下智勇天錫，厲恢復之圖，欲望稽考典故，博採中外之臣，儻有材智權畧，可以臨邊制閫，如侍從大臣則出自聖斷，依陳堯咨、王嗣宗、韓、范，徑行改授。仍許自郎官以上，依呂公弼、韓琦例，荐舉京朝官、選人可備邊任者，加陞擢而改授之。」從之。（以上《永樂大典》卷三八七四）

以官回授

【宋會要】

24 高宗紹興元年九月三日，知樞密院事、宣撫處置使張浚言：「昨任殿中侍御史，自應天府扈從車駕至揚州，合轉一官，乞迴授兄迪功郎滉，改初等合入官。」從之。

四年六月二十八日，左儒林郎、前建州觀察判官黃彧，乞將致仕合改通直郎，回贈父意一官。從之。

五年正月七日，中書門下省檢正諸房公事晏敦復言：「曾祖母張氏已封孺人，今乞將妻該遇明堂大禮合得宜人封號回授，加封宜人。」從之。

〔一〕李維：原作「李惟」，據《宋史》卷二八二《李維傳》改。

三月十日，敦武郎朱仲祖乞以封妻恩例回授祖母馮氏。詔封太孺人。

六年十一月二十日，尚書右僕射、提舉詳定一司敕令張浚言，乞以《祿令》成書特授左光祿大夫恩例回授兄滉。從之。

十二月十一日，資政殿學士、左太中大夫、提舉臨安府洞霄宮沈與求言：「乞以磨勘合轉一官，回授兄右迪功郎夢求循轉。」從之。

八年六月二十一日，尚書左僕射、同中書門下平章事趙鼎以累辭免特進恩命不允，乞回授。從之，仍賜一子六品服。

九年六月十一日，新除江南西路轉運判官宋棐乞以合轉朝散大夫恩例，回授父右朝奉郎峴，改賜緋章服。從之。

十年十一月十三日，詔太師、尚書左僕射秦檜辭免轉官，特賜一子六品服。

十二年十一月六日，詔太師、尚書左僕射秦檜母秦國夫人王氏追封秦魏國夫人。檜乞以進封秦魏公 25 恩回授，故有是命，仍不許回授。

十五年四月二十四日，胡振言：「蒙恩授河南府助教，重念父能耄年，欲以上項官資回授。顧官秩卑微，無可回授者，乞特加存恤。」詔胡能特與補諸州助教。

十六年三月十三日，忠翊郎、新差監潭州南嶽廟趙詠之言：「母李氏年七十，未蒙恩封，乞將合轉忠訓郎一官回授。」詔特封太孺人。

二十一日，吳國長公主言：「昨該郊祀大禮，合得奏補親屬恩澤二人，內一人欲乞回授與男潘端卿，于遙郡上轉行一官。」從之。

十七年十二月十二日，太師、尚書左僕射秦檜乞以進書合轉一官回授，賜親屬一名六品服。從之。

二十年八月九日，詔：「右正議大夫、權尚書户部侍郎宋貺特轉一官，許回授。」以驗獲趙青等僞造殿前司券牒推恩故也。

二十四年十一月八日，太師、尚書左僕射秦檜乞免加食邑實封恩命。詔許將依授官例所得親屬六品服與孫女夫吳益賜紫章服，孫堪之妻趙氏與封令人。

二十六年正月二十六日，昭化軍承宣使、知閤門事、兼客省四方館事錢愷，乞以四遇大禮合奏異姓恩澤回授所生母田〔氏〕加封。詔〔加〕封兩等。

三月三十日，詔：「成彦忠可與落閤門宣贊舍人，將父閔護衛皇太后轉一官、濠州立功轉一官並回授，特除右武郎。」

四月十三日，詔：「王繼先合轉一官，乞回授，可與男悦道，特除直祕閣。」

二十七年三月二十九日，詔趙祐 26 之母程氏特封太孺人。祐之以宗子賜進士出身，乞用唱名合得循資（恩）〔恩〕例回授，故有是命。

八月二十五日，詔武功大夫、貴州團練使、兼閤門宣贊舍人李邦傑可轉遥郡防禦使。以父合轉一官回授故也。

三十年七月二十六日，故慶遠軍節度使張澄孫焕言：「祖澄以措置捕捉虔州軍兵齊述等功轉一官，乞回授與本家左選官。」吏部言依條合回授右選，詔依所乞。

十一月十日，吏部言：「故右承〔務〕郎趙洙妻孺人陸氏言，先舅鼎昨于紹興八年因修禄秩成書，蒙恩特轉一官，依條回授。今乞與長男右承務郎趙益。照會依條因戰功許回授者，被賞人身亡，許行收使。其本官係因脩書特轉一官，身亡難以回授，然鼎在罷政，一向遷謫，以致身亡，即與其他人回授事體不同。今欲將上件賞比附戰功被賞條，與孫益于見今官上轉行。」從之。

紹興三十二年孝宗已即位，未改元。六月二十四日，中書門下省檢會覃恩赦書，文武官並與轉官，有該載未盡事理，合措置。詔文臣中大夫、武臣承宣使以上，并其餘礙止法人，並與回授。

孝宗乾道四年六月十五日，吏部狀：「故履正大夫、安德軍承宣使傅忠信妻郭氏狀，乞將故夫德順軍與金人見陣立功轉一官指揮，回授與男鈞收使。本部照得昨降立定戰功格目内，即無德順軍功指揮，乞將傅忠信前項已得旨轉一官，依條回授與男收使。後有似此生前[27]見陣立功、已得旨轉官許回授之人，亦乞依此。」從之。

五年九月十八日，詔榮州刺史士恭特授楚州團練使。以兄武當軍承宣使士程該覃恩礙止法回授，從其請也。

六年閏五月六日，臣僚劄子：「近來南班官往往將所得轉官礙止法恩賞，乞回授與一般南班收使，作一官轉行，顯是太優。欲望朝廷指揮，將南班宗室所得轉官恩賞礙止法之人，如回授與一般南班收使，即乞特與收給減十年磨勘，其承受減年人若該磨勘，即照應隆興二年三月二十三日指揮，對用實歷改轉。」詔依。

二十三日，故鼎州觀察使、隴右郡王趙懷恩男從義郎寧國狀：「故父蒙恩特陞正任觀察使，昨于紹興三十二年該遇皇帝登寶位覃恩，合得轉官，經成都府保明，蒙本府稱礙止法，而父懷恩身故，未曾收使。緣父止有寧國一名，乞將上件故父合覃恩依條回授，于臣見授官上轉行。准吏部告示，稱依近降指揮，四川陳乞覃恩申截自今年正月一日，以後申發到部，更不受理。」詔特與放行。

七年十二月十日，詔：「安德軍承宣使張去爲該覃恩合轉一官，可依王謙等近例，回授與男安中，特轉和州防禦使。」

淳熙元年四月二十八日，詔被没王事恩澤人，非本宗親不許回授占射。詳定一司敕令所言：「紹興舊法，諸殁于王事，被録用之親，聽十年内陳乞占射應入差遣一次，或于授承信郎或將仕郎以上者兩[28]次。即願回授身亡人緦麻以上親者聽。昨緣有異姓承受殁于王事恩澤之人，一槩陳乞占射，故紹興二年十月九日指揮，本宗被録用親許依條乞占射外，餘不許陳乞。即非本宗親，皆不許陳乞占射。其指揮內雖無回授之人，既非本宗親尚不許陳乞，其回授自合亦與本宗，欲依乾道法。」從之。

六月二十七日，迪功郎孫逢辰乞將賑濟循資賞回授，封母羅氏。詔封太孺人。

八月六日，皇子魏王府記室參軍耿秉言：「自襁褓中出繼伯父之後，當出繼之初，所後父母即世已久，仍鞠養于本生父母。今本生父見年七十有八，欲將今赦合該封妻恩回授本生父。」從之。

二年十月二十七日慶壽赦：「歷事太上皇帝轉官資礙止法，許依條回授。曾任執政、侍從官並轉一官，年七十以上轉兩官，龍飛榜登第人各轉一官資，隨龍人並轉五官資。德壽宮官吏、諸色人，在宮祗應，備見勤勞，今該遇慶典，並與轉兩官資，及十年以上與轉三官資。」十三年慶壽同此。

同日，赦：「應轉太中大夫、觀察使以上，特許回授。宗室文武官及宗婦、宗女年七十（號年七十）以上之人，特與轉官、加封，礙止法人依條回授。」

三年九月二十三日，監尚書六部門錢瑞忠言：「亡母王氏生前，秦魯國賢穆明懿大長公主遺表特封感義郡夫人。及臣陞朝，每欲加贈，以臣父愷見任承宣使，司封格法只得碩人。緣此拘礙，無因控陳。將來郊祀大29禮，合該奏子，若未及親，情所難安。欲將合奏子恩澤回授先妣王氏，于郡夫人上追封國號。」從之。

十一月十二日，南郊赦：「應見任及致仕文武陞朝官、禁軍都虞候以上，并藩方馬步軍都指揮使，父、母、妻並與封叙，已封叙者更與封叙；亡歿者與封贈，已封贈者更與封贈。如祖父母在，願合授者聽。」自後逐郊同此。

六年十二月十八日，詔：「知巴州楊虞仲乞將本身該服色回授與父，特依所乞。」是日，宰執進呈虞仲所乞，上曰：「其父見存，以服色回授，非若胥吏輩以減年乞封贈。」故特從之。

九年十二月五日，江西運判兼提刑丘崈言：「崈母臧氏先緣淳熙二年十二月十七日慶壽赦恩封至太宜人，及該今年明堂大禮赦恩，以崈官品未合封叙，而妻安人吳氏却合封叙宜人，乞將妻所封回授（其）〔臣〕母。」從之。

十年五月七日，詔：「鄂州駐劄中軍統制閻世雄母太碩人王氏，特封太淑人。」世雄言：「先父皐在中興初致身橫列，今贈宜州觀察使。老母王氏累封太碩人，今年八十三歲，衰耄多病，非經遇郊祀，無從叨竊異恩。乞將世雄蒙恩所轉一官回封。」故有是命。

十一年正月十六日，户部員外郎、總領浙西江東財賦、淮東軍馬錢糧吳琚言：「被旨，太上皇后慶壽七十，推恩親屬，數內吳琚與轉一官資，乞回授乳母范氏，特與初封。」從之。

十三年正月一日慶壽赦：「文武官、校副尉、下班祗應，該遇今赦，各與理當三30年磨勘。選人比類施行。礙止法人特許依條回授。」

四月八日，中書門下省檢正諸房公事孫楙言：「乞將該遇慶典所得理當三年磨勘回授父逵，改轉章服。」從之。

十二月二十一日，思州言：「楊氏乞故夫田祖行在任酬賞回授與孫男田慶裕等補官。」上曰：「夷人補官，止是羈縻之術，可與放行。」乃詔田慶裕、田慶琪各特與補進義校尉。

十六年二月四日，登極赦：「應文臣承務郎、武臣承信郎以上，并内臣及致仕官，依紹興三十二年赦文，並與轉官，不隔磨勘。仍依當月二十四日續降指揮，文臣中大夫、武臣承宣使以上，并其餘礙止法人，並依條回授。」

同日，赦：「應重華宮見今侍衛親從官僚等，于今赦合轉官外，特與各轉兩官資，礙止法者許回授。」

同日，赦：「應文武陞朝官并禁軍都虞候以上，父、母、妻未有官封者並與封叙，已封叙者更與封叙，祖父母在者聽回授。」

三月二十一日，敷文閣待制、提舉佑神觀吳琚言：「臣乳母范氏見年七十有九，昨因該遇壽聖皇太后慶七十恩典，陳乞回授，已特封孺人。今乞將所該覃恩一官更與回授，於孺人上加封。」從之。

二十九日，祕書省正字李寅仲言：「父䕭實年七十，已叙封京秩，今乞將寅仲該遇覃恩合轉奉議郎一官回授，換緋章服。」從之。

四月十三日，通判永州程行敏乞將磨勘合轉朝散大夫一官，回授與本父偉，贈初品官。詔特贈承事[31]郎。

六月二十三日，樞密院言：「殿前司選鋒軍統制張國珍供職滿十年，乞依張彦達等轉官體例推恩施行。」得旨，與帶遥郡刺史。吏部勘會，係礙止法，詔令回授。

七月三日，利州觀察使耶律适哩言：「該遇登極轉一官，緣礙止法，乞回授與長男妻蕭氏。」詔特封咸安郡夫人。

十月十九日，詔：「閤門宣贊舍人、左武衛將軍黃夷行爲係前春坊該遇登〔極〕轉兩官，一官特與帶行遥刺，一官回授。」

十一月十四日，吏部申明：賈惟聰用酬賞轉遥郡團練使。留正等奏：「前後轉行體例雖多，然揆之于法則不可。」上曰：「且當守法，止令回授。」

二十六日，知黎州李嘉謀、通直郎馮適之乞將赦恩改授服色回授與父。從之。

十二月八日，永慶軍承宣使趙師夔言：「該遇登極赦轉官，依條合行回授。緣師夔元係朝散郎，充敷文閣待制，于淳熙十五年十月四日换授永慶軍承宣使。師夔四男並見係文臣，若將上件恩賞回授與武臣，則師夔所得恩霈無所收使。乞回授與長男希道，于修職郎上循轉。」吏部照得諸臣僚轉官礙止法應回授者，止許回授本宗本色有官有服親，師夔所乞即不是本色官，有礙條法。詔特令回授。

紹〔興〕〔熙〕元年八月二十三日〔一〕，左丞相留正辭免進書轉官。詔留正兩局提舉，並充玉牒禮儀使，可特轉兩官，與轉特進，內一官許回授。

二十六日，參知政事葛邲辭免進書轉官。詔不允，可特轉 32 一官，內一官許回授。

三年九月二十五日，岳陽軍節度使、龍神衛四廂都指揮使、提舉佑神觀蕭鷓巴言：「臣自遠歸朝，兒婦淑人耶律氏有子存德，自襁褓間攜之來歸。今來存德乞將本身秉義郎合該磨勘轉官，與母回授加封。」從之。

四年七月二十五日，吏部言：「太常丞李謙乞將磨勘轉朝奉郎回授，贈本生父母。本部照得李謙本珝之子，珝死，其母陳氏繼亡，伯母蕭氏遂立謙爲伯父養素處士珙之後。昨因郊恩，謙既乞贈其父珙及二母矣，而又欲以磨勘朝奉郎一官回授與本生父珝及本生母陳氏、前母王氏，雖在法不許，而事關風教，理則可行。」詔特依所乞。

八月十六日，池州駐劄御前諸軍副都統制率逢原言：「昨往巢縣起蓋樓櫓等了畢，特減二年磨勘。緣逢原見任武功大夫，係礙止法，乞回授與男承信郎勛。」吏部勘會，照得元降指揮，即無許依條回授之文。詔特與回授。

九月七日，新成都府司户參軍李僑奏：「本貫邛州，前來祇赴御試，注授上件差遣。重念先父證苦學不售，先母廖氏〔劭〕〔劬〕勞異常，今來禄不及親，不忍出仕。欲將本身所得官資回授二親，即日休致，歸奉林〔龔〕〔壟〕。」奉旨，李僑其志可嘉，特依所乞。吏部照得初官未曾經任，從條止合守本官致仕；陞朝官遇赦封贈，父合初贈承事郎，母初贈孺人；又有京官承直郎以下，父年九十以上，遇赦初封，合擬承務郎致仕。所有加 33 官致仕回授二親，即無上項條令，乞將李僑守本官致仕，贈父迪功郎，母孺人。從之。

紹熙五年閏十月七日，都省言：「承信郎、新差監潭州南嶽廟趙汝常奏：『元係無官宗子，曾請到取應解，該遇淳熙十六年龍飛赦恩，特補承信郎。今來已歷一任，合該磨勘，乞將轉行一官回封所生母鍾氏。吏部乃以條法有礙，難以施行。竊緣先臣善學于紹興二十六年，曾以磨勘轉官陳乞回封祖母李氏，高宗皇帝嘉之，特旨命詞，有曰：『朕以天下爲慈寧養，猶爲未足，凡子之孝于親者，每樂聞之，況近在吾宗乎？』至今綸言，子孫傳誦。又覩紹興二十七年宗室不息及淳熙八年彦邈、淳熙十三年汝悉等，皆有陳請，各將合轉官資回封母及所生母，得旨並依奏。茲者恭遇陛下嗣登大寶，祇奉三宫，方將以孝治風化天下，而臣所請，情實懇切。母子至親，綱常所繫，律設大法〔二〕，禮順人情。爲人子而忘其母，雖授爵食禄，有所不安。今吏部稱諸臣僚不許以加恩轉官、服色之類回授封贈，緣臣係本身

〔一〕紹熙：原作「紹興」，據《宋史》卷二一三《宰輔表》四改。

〔二〕設：原作「彳乚」。按，「律設大法，禮順人情」八字出自《後漢書·卓茂傳》，據改。

磨勘有用官資，即非恩轉、減年、服色之比。又遇覃恩該轉一官，亦不願祇受。乞依先臣善學及宗室不息等已行體例，將臣合轉兩官回封母鍾氏。」詔將磨勘一官特與回封。

慶元元年四月十七日，吏部言：「權吏部侍郎孫逢吉乞將轉一官回授，贈祖父叔遇、祖母李氏。本部勘當，在法：『諸臣僚不許以轉官之類回授封贈。』注[34]云：『太中大夫以上不拘此令。』照得本官見任權吏部侍郎，雜壓在太中大夫之上，于法有不拘此令之文，乞指揮施行。」詔從之。

二年十月十四〔日〕，保寧軍節度使〔一〕、開府儀同三司、充萬壽觀使韓侂胄言：「壽聖隆慈備福光佑太皇太后上尊號，皇后以正位中宮，並加册寶，臣猥饕肺腑，槩諸舊比，當各進一官。念臣先曾大父司徒、贈尚書令、魏郡王、謚忠獻，配享英宗廟庭琦，先臣誠寔唐國賢穆大長公主之子，早嘗際會高宗、孝宗，屢加識擢，迄未一施，齎志莫償，迺俾臣濫竊官榮。此臣日夜慚懼，食不克甘，寢不克寐。竊惟國朝近世，王安石、秦檜俱以真封王舒，王申，而臣曾大父琦昔在三朝，累承顧命，臣爲之曾孫，雖不敢輒妄評議，然天下萬世之公論皎如日星，誰能揜之！昔所追封，且以（郡）〔群〕言，今恭覩中宮加封三代，臣曾大父琦復弗能及，此有識之士未忘慨歎而惕惕焉不容自默。先臣誠今雖追贈公師，謚且闕如。欲望聖慈念臣曾大父琦寔相三聖，功在皇家，而祖妣唐國賢穆大長公主身殁之後，其有恩數不敢悉行陳乞，欲以今茲恩命一官，許曾大父琦照王安石、秦檜例加以真封，以一官賜謚先臣誠。豈獨增賁九原，抑以見聖朝之孝治。」從之。

六年五月四日，正奉大夫、同知樞密院事許及之言：「臣近兩具辭免敕令所修進《慶元編類寬恤詔令》并《役法撮要》了畢，經修不經進官特與轉行[35]一官，依例加恩恩命，蒙賜不允批答。伏念臣出于白屋，致身兩地，曾祖以下皆霑宮少卹典。緣先臣樞乃先叔祖懿文、先叔祖妣王氏所出，叔祖以力學授徒爲業，臣童蒙逮事，實被義方之訓。先臣抱罔極之痛，欲報無所。竊見在法：『諸臣僚不許以轉官之類回授封贈。』注云：『太中大夫以上不拘此令，從官則得封贈父母。』而紹興、淳熙及慶元初，從臣相繼有請，皆得回授，以贈其祖，間有併贈所生父母者。望許臣以今來合轉一官回授與先臣所生父母，量贈秩號，以見微臣不忘自出之意。」從之。及之父所生父懿文贈朝奉郎，所生母王氏贈安人。

十月五日，吏部言：「朝奉郎、祕書郎楊濟乞將明堂大禮赦恩合該封叙妻張氏安人所封，回授母太安人牟氏。照得淳熙九年江西運判丘崈母臧氏已封太宜人〔二〕，因該明堂大禮，緣官品未合封叙，將妻吳氏合封叙宜人回授其母。今來楊濟引例，係是特降指揮。」詔特依所乞。

嘉泰二年十月七日，華文閣待制、提舉江州太平興國

〔一〕保：原作「你」，據《宋史》卷四七四《韓侂胄傳》改。

〔二〕九年：原作「元年」，據前文「〔淳熙〕九年十二月五日」條改。

宮俞豐奏，乞將磨勘合轉一官回授，贈祖母藍氏。詔特依所乞。

三年六月五日，朝奉郎、將作監陳景思言，乞將進呈玉牒了畢合得修書一官，回贈先兄景參直徽猷閣職名上轉行。詔特贈直顯謨閣。

十一日，中書舍人、兼實録院同修撰王容言，該遇修進實録，得減三年磨勘，乞回授父朝散郎致仕林宗改轉服色。特依所乞。

同日，王容又言：「準告[36]轉中奉大夫，合該封贈一次。父已封朝散郎，繼母安人鍾氏未該加封，妻周氏却合加封令人，乞將妻所該恩例回授與繼母加封。」詔特依所乞。

開禧元年十一月一日，禮部侍郎李壁言〔一〕：「恭被詔書，爲臣辭免奉使回程特轉一官不允，重念先臣燾贈官已至少師，職名見係敷文閣學士，今來乞將臣合轉一官，于先臣職名上特賜加贈。」詔依所乞，李燾特贈端明殿學士。

三年二月十九日，中書門下省言：「下班祇應、鎮江府駐劄御前後軍統制許浚乞將合得官資回授，贈父許超及封母王氏。照得近據畢再遇申請，許浚因淮陰縣劫寨立功，已降轉六官指揮。」詔令吏部特與封贈一次，已降轉官指揮更不施行。

嘉定元年閏四月二十四日，四川總領陳咸奏：「蒙恩以粗知守節，特轉兩官。咸既叨寵數之非常，適有私恩之未報。重念先伯父升卿知池州青陽縣，有政及民，受知孝宗。咸以治命出繼叔父巨卿，今巨卿以咸陞朝，已累贈至朝散大夫，妣亦至宜人，而伯父官止朝散郎，伯母喻氏、史氏止封安人，乞將今轉兩官回授本生父母轉行。」詔許令將一官加贈本生父母，餘一官依已降指揮。

四年九月九日，迪功郎、新成都府司户參軍史公亮，迪功郎、新綿州司户參軍史天應〔二〕，並乞以其官封贈父母。詔史公亮、史天應各特循從事郎致仕，仍特依所乞。公亮、天應皆蜀進士，出赴廷試。授闕後，公亮以先父嘗充賓貢，抱遺編以終身，[37]天應以先父苦學不售，並陳乞援李僑、房悱例，以其官資回封贈父母，故有是命。互見「致仕」門。

十五年十二月十九日，樞密院言：「今年正月十日寶赦内，應文武官僚特與轉一官，礙止法人許依條回授。照得京東忠義諸軍都統李全昨任承宣使日，該遇上件寶赦轉官，未曾陳乞回授。」詔特令回授與男李順卿，于見今官上轉行。（以上《永樂大典》卷三八七五）

〔一〕李壁：原作「李璧」，據《宋史》卷三九八本傳改。

〔二〕史天應：原作「史天錫」，據魏了翁《鶴山集》卷七三《承奉郎致仕李公僑墓誌銘》、宋刻元修本《續編兩朝綱目備要》卷一二、《宋季三朝政要》卷四改。下同。本書別有史天錫，乃另一人。

對換官

【宋會要】

38 太宗至道三年九月，宋州言：「知寧陵縣張克勤父潤授壁州符陽令，年老地遥，克勤願代父之官。」詔許與父換任。

真宗景德二年十一月，詔：「大名府元城縣主簿鄭暕、解州安邑縣尉李獻可，令吏部銓對易其任。」暕以母老家貧，寓居關右，難以迎侍，表乞移官就養，詞甚懇切，真宗憫之，特有是命。

大中祥符五年十月二十三日，以樞密直學士、右諫議大夫任中正知并州，（徙樞密直學士右諫議大夫任中正知并州）徙樞密直學士、禮部侍郎張秉知相州。秉多與同僚博戲，又與轉運使陳若拙飲席詬争，軍務不輯故也。

六年十月，以知洪州馬亮與知荆南府朱巽對換其任，以巽撫遏部内溪洞失措也。

八年二月二十八日，詔河東轉運使段惟幾、京西轉運使陳堯佐交換其任，以弟堯咨親嫌故也。先是，堯咨知永興軍，與轉運使樂黄目不協，乃徙知河南府，因有是命。

天禧二年二月二十四日，命益州路轉運使韓庶、京西路轉運副使趙賀兩換其任。以庶上言母年八十，無兄弟供侍故也。

仁宗康定元年六月二十八日，樞密直學士韓琦言：「知陝府楊偕與夏竦累次謀議不協〔一〕，竦今節制陝西，偕之所任恐有妨礙。」詔河東都轉運使高覿與偕換任，覿仍加集賢院學士。

二年四月二十一日，詔：「秦州管界諸縣令佐并鎮寨主、都監、監 39 押、巡檢等，委陝西都轉運司體量年老昏昧懦弱不得力者，于轄下選公幹得力使臣對換訖奏。如别無可差，即具以聞，當議選人對替。」

慶曆六年九月一日，詔新差知邢州郭承祐與相州對移，從諫官錢明逸之奏也。承祐舊知邢州，爲部民訴，納朝廷别與差遣，明逸以爲言，故有是命。

皇祐四年十一月八日，詔以知慶州、天章閣待制張昪進龍圖閣學士、知秦州，龍圖閣直學士何中立復知慶州。先是，何中立已差知秦州，而諫官、御史指言中立既乏時材，不諳邊事，交章不已，故兩易之。

嘉祐三年十二月三日，以右諫議大夫、新知鄧州周湛改知襄州，少府監、新知襄州馬尋改知鄧州。湛，鄧人，奏乞對換其任也。

英宗治平元年閏五月十二日，河北都轉運司言：「睦州刺史、恩州（鈴）〔鈐〕轄張賽本出恩州員僚直，在城多有親戚，深爲不便，伏望對移一兵官。」詔差潞州總管、秦州團練

〔一〕楊偕：原作「楊階」，據《長編》卷一二六改。

使郭緒對易其任。

治平四年三月二十五日，神宗即位未改元。以太常少卿楊士彦知登州。先是，差光禄卿陳鑄，上以鑄才（職）〔識〕不稱，令別與知州差遣，故命士彦代之。

七月十四日，差莊宅使賈師熊知鼎州，替劉章。以章北人，不安水土，從其請也。

神宗熙寧元年七月二十四日，以都官員外郎馬淵權知棣州，虞部員外郎陸若濟權知德州。並從上旨，以河北地震、水災，易庸暗年老之人，可選精吏處置，故有是命。

40 三年十月六日，以御史知雜、知審官西院謝景温，同修起居注、知審官東院蔡延慶兩換其職。以景温言「同知西院李壽朋迺知慶州復圭之兄，臣屢言復圭邀功生事，壽朋懷此怨嫌，數蒙侵怒，乞易地」故也。

四年三月十六日，以河北轉運使楚建中、權發遣三司鹽鐵副使傅堯俞兩易其任。以堯俞言爲御史日，嘗彈劾薛向，恐難共事故也。

元豐元年閏正月二十三日，知慶州高遵裕乞避轉運判官孫迥，詔迥與權發遣河北路轉運判官黄莘對移。遵裕與迥嘗互訟市易，及以結糴起詔獄故也。

十一月十八日，詔提舉永興軍等路常平等事、右贊善大夫李孝博，新提舉秦鳳等路常平等事〔一〕、右贊善大夫范純粹，兩易其任。

十二月二日，詔開封判官蘇涓先次與判登聞檢院杜訢權對易〔二〕，仍令開封府許將根究。以御史黄廉言「聞百姓傅澤妻經開封府判狀，以夫出外不知消息，乞改嫁，後判官蘇涓雇以爲婢。近澤還家訴理，有司欲坐其妻之父罪，而同列疑焉。按涓開封官屬，必知澤妻妄乞改嫁，而令人宛轉顧買，乞盡理推治」故也。

二年五月四日，詔權發遣三司户部副使韓忠彦、權發遣鹽鐵副使王居卿兩易其任。以上批「鹽鐵事煩，居卿兼職別司，恐難剸辦，又事與市易相干妨礙」故也。

十月十四日，詔利州路轉運判官程之才、夔州路轉運判官徐師旦兩易其任，以利州轉運 41 使劉忱與之才有嫌當避也。

五年二月九日，上批：「新判尚書刑部何正臣自擢置朝廷以來，未嘗踐履刑獄職任，可改差判尚書兵部，兼知審官東院。」

五月九日，詔知青州、龍圖閣直學士劉庠，與知永興軍鄧綰對易。以御史中丞徐禧言：「永興浩穰，其民鬬暴，綰闒茸偷惰，乞移綰内郡，別選才望之臣。」故有是命。

九月八日，詔管勾永興軍等路常平等事張大寧徙秦鳳路〔三〕，提舉秦鳳路常平等事陳康民徙永興軍路。以提舉

〔一〕等：原作「軍」，據《長編》卷二九四改。
〔二〕訢：原作「訴」，據《長編》卷二九五改。
〔三〕管：原脱，據《長編》卷三二九補。

弓箭手營田蕃部事康識置局在渭州〔一〕，大寧兼提舉，故移就本路。

六年正月二十九日，宣德郎、守大理正賈種民爲尚書吏部員外郎，給事中陸佃繳奏：「吏部郎官寔與選事，非種民刑法之吏所宜冒處。」詔改駕部。

七年七月四日，詔新河東轉運副使范純粹爲尚書右司郎中，右司員外郎、承議郎孫覽爲河東轉運副使。以上批「聞純粹與知太原府呂惠卿素有私嫌，恐難協濟邊事」故也。

八月二十四日，詔通直郎、提點河北西路刑獄呂温卿，與東路、承議郎呂仲甫兩易其任。以知定州蔡延慶言「先任福建路，嘗舉温卿縣令，鼂秀州置獄，臣嘗陳首，今合迴避」故也。

十一月二十六日，詔新除吏部侍郎領左選熊本與吏部侍郎領右選陳安石兩易其任。以本目疾，引見選人不能讀奏也。

哲宗元祐二年七月二十三日，右司員外郎王覿爲侍御史，杜純爲右司郎中。以[42]御史中丞胡宗愈言純無學術科第，用法徇私，故與覿更任。

十二月十四日，龍圖閣直學士、知瀛州滕元發與龍圖閣待制、知成德軍蔡京對易。以元發父名與府同，自陳故也。

三年十一月八日，新任工部員外郎高士英改提點開封府界諸縣鎮事，承議郎張元方爲工部員外郎。因言者論士英資淺，太皇太后慮違新格，未協人望，詔易之。

四年七月二十四日，新除國子監丞王讜改爲少府監丞。讜，宰臣呂大防子壻，諫官言其不協公論，而大防亦自請改除故也。

五年五月二十三日，殿中侍御史賈易言：「臣昨在諫省，嘗論呂陶姦罔，因及蘇轍朋邪害正之迹。今轍除御史中丞，臣爲屬官，理合避嫌。」詔易與度支員外郎田子諒兩易其任。

紹聖四年十月四日，詔新江淮等路提點坑冶鑄錢事呂公雅與知齊州王奎對易其任。公雅以母老有請也。

元符二年八月十六日，以寶文閣待制、知熙州孫路措置邈川事乖錯，移知河南府；以寶文閣待制、知慶州胡宗回知熙州。

徽宗崇寧二年九月十一日，吏部尚書何執中劄子：「伏見官員授差遣，兩係應入而各願對換者，不以路分，依條限許對換。若其間係承務郎以上，依法合借侍郎左選員闕，却願與已授差遣選人對換，及選人合借尚書左選闕願與承務郎以上對換者，雖各係應入闕次，自來未有許對換之人。今欲將承務郎以上[43]及選人所授員闕，如願對換，各係應入差遣，亦許依條對換。」從之。

〔一〕識：原作「民」，據《長編》卷三二九改。

政和三年三月十八日，湖北轉運副使孫漸奏：「先任京西轉運判官，巡歷汝州魯山縣，點檢得官庫金銀、鹽鈔曆各有少數，牒唐州根究。後因犯人妄經朝省陳訴，蒙下陝西路再差官根究，遇恩原免，更不結案，即是已經按發。其時本縣令係范之才，今之才按察點檢荆湖南北路州縣、監司職事，緣臣本職正係統轄相干，有此妨嫌，欲望對移別路一合入差遣。」詔孫漸與江東運副姚孳對移，通理前任月日。

四年三月二十二日，提點荆湖南路學事林儔奏：「准敕節文，令轉運、提舉司契勘諸縣官，對移上、內舍登科人，隨資序到任二年以下充令、佐。如不足，申吏部注人。契勘本路所管縣分內，有令、佐皆無出身去處，除盡數對移上、內舍人，見今闕有出身官，已具供申尚書吏部注人。竊慮未即到任，檢承政和二年十月二十三日敕節文，審察如令、佐雖無出身，却通經術，可以委責之人兼或對移。今欲且一面依上條審察通經術人兼管或對移，候差注到，依稟施行。」詔政和二年十月二十三日指揮更不施行。

八年九月十一日，工部侍郎蔡安持奏〔一〕：「先于政和四年任河南尹日，與京西轉運使王璹議論不合。臣尋蒙誤恩，除(迹)〔述〕古殿直學士，王璹落職放罷。去年臣任刑部侍郎，其父詔除刑部尚書，曾乞迴避，蒙對移工部。今來詔
44 除工部尚書，已交割職事，與之同部，顯有妨嫌。」詔與刑部侍郎王孝迪兩易。

宣和二年九月十八日，詔武節大夫、提舉秦鳳路弓箭手吳子厚降授武德大夫，與京兆秦鳳等路保甲兼提舉王師古兩易其任。

三年四月二日，詔權知南雄州楊禋與知康州胡愈對移，仍各通理前任月日。先以通判師揚互論不協時和〔二〕，故有是命。

五月一日，武節郎、瀘南潼川府路廉訪使者郭衛奏：「臣伏覩元豐敕，應知州、通判，（無通判只有僉判或職官獨員處同）〔三〕。川峽路不得並差川峽人。臣竊見本路合州知州、朝奉郎史堪，眉州眉山縣人；司録、承議郎馬祖武，潼川府郪縣人。緣合州係無通判州軍，司録係以次官屬史堪，史堪于今年二月一日到任，馬祖武于今年三月十四日到任。」詔馬祖武可對移川路州軍不係川人知、通一般差遣。

閏五月五日，詔知鼎州范世雄與本路(鈴)〔鈐〕轄薛蒼舒有嫌，可令范世雄與江南路虔州守臣兩易其任。

四年十月九日，臣僚言：「昨有旨，守臣三年爲任，然猶有對移兩易之弊。乞重郡守之選，去對移兩易之命，必使三年爲任（然猶有對移兩易之弊乞重郡守之選去對移兩易之命必使三

〔一〕持：原作「時」，據《宋史全文》卷一四改。按蔡安持屢見於《宋會要輯稿》及他書，而文獻中未見有「蔡安時」，是當作「持」。
〔二〕揚：原作「楊」，據雍正《廣東通志》卷二六改。
〔三〕此處小字原作正文書寫，據文意改爲小注。

年爲任)〔一〕，毋輒更易。」從之。

十一月十一日，兩浙轉運副使奏：「本路財計係逐州户曹專任其責，自來吏部注擬之際，别無銓擇之法。故任此職者，其間多有全然不曉財利之人，隳廢職 45 事，容縱姦弊，隱占侵欺，爲害不細。今來本路如有似此之人，不敢陳乞辟官，只乞于本路見任官内許臣移易一次，被移官不理遺闕。庶各當其任，可責勞効。」從之。

七年十一月二十四日，臣僚上言：「竊見州縣命官因事對移，邇來徇私之臣，專以喜怒爲用，無問事之巨細、罪之有無，一不如意，則必移之僻遠，逮其怒釋，乃使還任。欲望嚴立法禁，應命官寔有罪犯，不可存留其任，已行奏劾聽旨之人，許(移)〔依〕條對移外，其罪無實狀者，不得對移。」從之。

欽宗靖康元年三月十九日，詔：「諸路將副、押隊并統領、訓練、部押官，已詔安撫司不依常制移易選差，如輒有錯避，致誤軍期，帥臣具奏，當議軍法從事。」

四月十七日，監察御史胡舜陟言〔二〕：「孫覿知利州則奪連端夫者，以張炳爲太學博士則奪湯弼者。端夫與弼皆待次久矣，雖非覿、炳以計攘之，然朝廷奪彼與此，一何偏也！願痛削此弊，以振淹滯，實寒畯之幸。」從之。

十月十九日，臣僚言：「近制，守臣以三年爲任，毋輒更易。竊考近日郡守有未閲歲而易七人者，相州是也；有易五人者，拱州、慶源府是也。或中道而改命，或始至而輒遷，未易徧舉。此除授不審之過。或因避親嫌許其對移者，法也，今不因親嫌亦許對移矣。窮邊絶塞，緩急之際，帥守非人，俾之兩易，尚爲有名；今均任内地，或已到官，或尚待次，寅緣干請，亦得兩易。未至官者有爲人待闕之譏， 46 已至官者有道路流離之苦。願確守三年爲任之文，罷去無故兩易之弊。」詔今後非實有親嫌，並不得兩易，雖奉御筆，亦許執奏不行。餘從之。近制，謂宣和七年十月九日指揮〔三〕。見「久(在)〔任〕」門。

高宗建炎元年六月五日，詔以新除江東運判李彌遜爲直祕閣、淮南轉運副使。彌遜言弟彌正係江南東西路經制使翁彦國壻，乞迴避故也。

紹興元年三月十一日，詔福建路提點刑獄廖剛與王圭兩易其任。初，制置使辛企宗措置福建盜賊，討邵武賊余汝霖未獲，剛糾合鄉社，欲撫諭歸業，符企宗緩師，企宗嘗奏劾之。至是，剛有新命，以爲嫌云。

二年閏四月十日，提舉兩浙東路茶鹽朱綷以本貫台州屬本路，乞迴避。詔與韓協兩易其任。

十月十六日，詔通判常州鄭釋之與通判池州葛立隆兩易其任。以兩浙轉運副使徐康國等奏，知常州俞俟治郡有績，近釋之到任，頗以職事不協，乞對移釋之，故有是命。

〔一〕以上二十八字重出，據文意删。
〔二〕陟：原作「臣」，據《宋史》卷三七八《胡舜陟傳》改。
〔三〕七年：疑當作「四年」，見上文「(宣和)四年十月九日」條。

十一月二十四日，江南東西路宣諭薛徽言〔言〕：「比來小官下吏一被對移，終爲罪累，故爲之長者常難之。今臣宣諭所到州縣，乞許視吏之能否兩易其任，通計月日，不理遺闕。」詔如有合對移官，具事因申尚書省，取旨施行。餘路依此。

十二月二十五日，臨江軍新喻縣丞李維蕃、吉州安福縣丞鄧涇州言〔一〕：「近承江南西路安撫大使司奏辟兩縣差遣，緣各是本貫，乞兩易。」從之。

三年三月二十[47]二日，詔福建路安撫司幹辦公事任良臣與主管機宜文字王傳兩易其任。詳見「避親」門。

五月六日，詔李弼孺與江西轉運判官姚宗文兩易其任。初，荆湖南路安撫使、兼知潭州折彦質任河北河東路宣撫副使，嘗按知深州李元孺棄城逃遁，捕繫孟州獄。至是彦質以本路轉運副使李弼孺乃元孺之弟，乞迴避故也。

六月十一日，尚書吏部員外郎徐林言：「淮南收復之初，士大夫零落畧盡，諸州窠闕一時從權，或自借補入官，或自舉辟正任。其間多鄉曲輕猾之徒、甿隸之人，平時暴傑無賴，一旦任職，凡可以營私盜貨之事，無不爲也。乞應係淮南州軍(士)〔土〕人所任差遣，并委轉運司限一月對换鄰州一般差遣，其不願對换者即罷。」從之。

七月十日，權發遣鼎州程昌禹言：「昨權荆湖北路安撫使，曾按發漢陽知軍范寅亮違法事。今寅亮除湖北路轉運判官，乞迴避。」詔不許。

十月十一日，詔：「四川元係轉運司擬注窠闕，仰依舊法施行。如遇軍興，緩急之際，州縣官有不堪倚仗之人，仍許宣撫處置使司差官對移，各不理遺闕。」詳見「(奉)〔奏〕辟」門。

四年四月十三日，權發遣建康府呂祉言：「本府都監所管在城巡檢烟火公事實爲繁劇，本府駐泊職事稀簡。見任都監喬昌祖才力綿弱，臨事怯懦，添差都監趙子淡輕率恣縱，不循分守，各難倚仗。其正任駐泊監押李翼、添差駐泊都監王潤，各係材武[48]出身，賦性忠樸。乞以趙子淡與王潤兩易其任，喬昌祖與李翼兩易其任，各不理遺闕。」從之。

二十七日，詔知建州江少虞與知饒州魏矼兩易其任。以矼言「本路提點刑獄虞澐初除起居舍人，矼任侍御史，嘗論奏澐(報)〔執〕政親戚，不當任兩省官，依條合迴避」故也。

五月五日，詔工部員外郎章傑、倉部員外郎江公亮兩易其任。詳見「避親」門。

六月十日，江南西路諸司言：「洪州南昌縣事務繁重，見任知縣晁頌之以疾作力衰，乞于外縣選官兩易其任。今欲將靖安知縣王愷與晁頌之兩易其任，不理遺闕。」從之。

九月二日，知温州章誼言：「近有司申請，部内知縣有不可倚仗之人，乞(與)〔於〕縣丞、監當、幕職官内，諸司共選

〔一〕鄧涇州：按「涇州」似不宜作人名。雍正《江西通志》卷四九、五〇有鄧涇舟，建炎二年進士，吉廬陵人，與此條所云吉州是本貫相合，是則「州」當作「舟」。

有風力之人，兩易其任。契勘温州負海窮僻，加以歲事不稔，正賴邑長撫字，乞許臣用前指揮，於所部官内量度才能，兩易其位，不理遺闕。」從之。

六年六月二十二日，荆湖南路提點刑獄趙子崈言，兄子崧先葬衡嶽，乞對易别路合入差遣。詔子崈與廣西轉運副使曾幾兩易。

十四日，中書門下省勘會，權發遣桂陽監趙公爟與本路轉運判官王震等互陳職事不同，難以依舊在任。（訟）〔詔〕公爟與知峽州劉亶兩易其位。

十年七月十七日〔一〕，權發遣吉州王洋言：「與知虔州梁揚祖因公事所見不同，遇有監司行下兩州互勘公事，必相迴避。今揚祖充本路安撫使，乞迴避。」詔王（祥）〔洋〕與知邵武 49 軍許知微兩易其任。

九月二十三日，知臨安府俞俟言：「臨安府應辦事務甚多，全藉官吏協力，其職事繁冗，才力不易其任〔二〕。」

七年四月十九日，故特進、觀文殿大學士李邦彦母尚氏言：「邦彦以責官身歿瘴鄉，有長孫衡老，今差象州簽判，深恐終致流落，乞對移湖北一等差遣。」詔李衡老特令吏部改差武昌軍簽判。

九月十七日，徽猷閣直學士、新知袁州李擢言：「往任左司諫，曾論列今江西安撫制置大使李綱，而袁州正係統屬，乞追寢新命。」詔李擢别與郡。

八年十月十四日，詔新通判秀州莫庭詢、新通判建康府葉棟兩易其任。庭詢以私計不便有請故也。

〔十年七月〕二十七日〔三〕，臣僚言：「江西轉運副使歐陽（與）〔興〕世出官未久，若使遽當漕計，竊恐未易責辦。況江西民吏頑悍，殘寇猶存，使者按臨，任兼彈壓，乞别選彊練疏通、可委漕輓者填闕，興世别與差遣。」從之。

十一年六月二十九日，詔通判湖州楊可久與通判處州郭亢兩易其任。以可久縱吏爲姦故也。

七月八日，詔知太平州王禔與知處州朱亮功兩易其任。詳見「避親」門。

八月五日，詔提舉江南東路茶鹽公事鄭喬年與兩浙市舶王傳兩易其任。詳見「避親」門。

九月六日，新差主管官告院詹猷言：「高祖名告，難于官稱，乞特兩易行在一般差遣。」詔與提轄雜買務雜買場顔嶕兩易其任。臣僚言：「提轄雜買務係見闕，新差監官告

〔一〕天頭原批：「十年七月十七日及九月廿三日兩行，移至八年十月廿七後，提行接寫。」按，據吳廷燮《南宋制撫年表》，梁揚祖以紹興十年閏六月知洪州，則本條年代不誤，確當後移。

〔二〕按，據本條文意與上條文例，「不」字下當有闕文，最後當是詔某某與某某「兩易其任」。

〔三〕原稿無年月，承上條，似爲紹興八年十月二十七日。然據《建炎要録》卷一三七載：紹興十年七月七日戊申，「尚書都官員外郎歐陽興世爲江南西路轉運判官。既而言者論興世儒雅自將，而更任未久，仍改知太平州」。顯然與本條所述爲同一事，則此「二十七日」當爲紹興十年七月二十七日，因補。

院僉猷50係替見任人徐清來年六月成資闕。兼兩處局務清冗雖差異，而提轄雜買物賞格、俸皆優于官告院，今許令兩易，竊恐漸起攘奪之風。」詔僉猷與新監進奏院胡涓兩易其任。

十二年四月二十一日，詔平（山）〔江〕府崑山縣丞吳詢仁與正差知金壇縣事。詢仁對移知金壇縣，治縣有功，從沿江安（副）〔撫〕使劉子羽之請也。

九月十三日，詔知南安軍大庾縣徐彭年，令本路提刑司依條對易。彭年以論知軍范振不法事引嫌，本路提刑司爲之請，故有是命。

十四年五月二十一日，詔權發遣仙井監何伯熊與知懷安軍羅萬兩易其任。詳見「避親」門。

十八年十一月九日，權兩浙路轉運判官曹泳言：「通判常州張瑜、沈長卿與知州莊必彊互論，欲將張瑜與通判湖州趙善良對移，沈長卿與通判嚴州汪伃對移。」從之。

二十四年十二月十七日，尚書司封員外郎王葆言：「近者監司、郡守多緣好惡之私更易縣令。且在法，命官犯罪雖有實狀，亦須具奏，方許對移。今或謂贓污不法而對移者，初未究見罪迹，亦有不俟奏稟而行者。在法，縣有繁簡難易，監司察令之能否隨宜對換，亦必具奏聽旨。今或謂疲懦不材而兩易者，所易之官未必循良，亦有反爲民蠹者。乞賜禁約。」詔應對移具實申尚書省。

二十七年十月八日，詔：「應命官於（陀）〔他〕州縣寄居已及七年，雖未及七年而有田產物力及三等户以上，並不51許注授本處差遣。訪聞近者注授多有違戾，可並兩易。」從左司諫凌哲之請也。

三十年八月二十八日，詔：「沿江一帶巡檢職事稽察姦盜，利害甚重，其間有年高力衰之人，令諸州守臣各于本處使臣或閑慢差遣官內選擇有材武人對易，先具職位、姓名申樞密院取旨。」

孝宗紹興三十二年未改元。十二月二十四日，詔新知池州呂廣問與知徽州薛良朋兩易其任。以廣問言管下石埭縣界委有田產，欲望換易它郡，故有是命。

隆興元年正月二十一日，右諫議大夫劉度言：「浙西安撫司參議官何大圭以私計不便，乞易差遣，得旨與福建路安撫司參議官鄭績兩易。臣竊見紹興二十七年十月八日指揮，西北流寓及東南人雖無產業，見寄居處不許注授差遣。契勘大圭久居福州，平日固以請求擾政凌物，得官不赴浙西，必欲易任以就所居之地，無乃與紹興法禁大相戾乎？乞賜罷黜。」詔差主管台州崇道觀，理作自陳。

四月三十日，詔通判濠州鮮于廣與通判揚州蔣該兩易其任，其已差下呂企中改替鮮于廣，通理成資闕。從江淮都督府請也。

七月五日，知靜江府方滋劄子：「竊惟祖宗以來，武人在邊郡，必差文臣通判，專任民事，其于親民之官，如此留意。（神）部內有貪殘爲人害者，自當按劾以聞。其間有選儒不任民事者，欲令郡守具名申朝廷，乞與宮祠差遣；通判、縣令，許令同52（曹）〔漕〕臣、憲臣量其輕重劇易對换差遣訖，申朝廷給降敕劄。」從之。

八月四日，殿中侍御史周操言：「臣伏聞近日改差張祁知太平州，林珦知江州。方今防秋在近，諸處守臣不是紛然移易之時。太平州所差林安宅，聞已辭免，朝廷遂致别選守臣。今來林珦見在荆襄，徑使知太平州，誠爲合宜；其張祁在江州已久，方且諳知人情，遽與珦更易，必有迎送往來之擾。乞追寢前命，令林珦徑知太平州，張祁依舊知江州，實爲兩便。」從之。

十月四日，詔通判揚州鮮于廣差通判利州。以廣言：「伏覩（主）〔王〕之望除户部侍郎，參贊軍事。緣廣先知潭州醴陵縣日，之望任湖南提舉，曾因職事干涉，將廣放罷，乞行迴避。」故有是命。

二年八月二十一日，詔江南東路轉運判官史正志、江南西路轉運判官葉仁兩易其任。以知饒州王十朋言：「昨任侍御史日，曾論列史正志，今饒州實隸江東，理合迴避，乞除宮祠。」故有是命。

乾道元年二月二十日，詔：「今後應堂除在外差遣人，非選材能特旨陞擢者，並不許干求更换差遣。三省、樞密院可常行遵守，仍著爲令。」

三月八日，詔權通判鎮江府陸游與通判隆興府毛欽望兩易其任，仍各通理前任月日。已差下杜易改替毛欽望，邊維改替陸游，並通理成資闕。中書門下省奏：「陸游以兄沅提舉本路市舶〔一〕，欽望與安撫陳之茂職事不協，並乞迴避。」故有是命。

十四日，詔知蜀53州吴援與知利州王璠兩易其任。從四川宣撫使吴璘奏，以入覲乞男援照管家屬故也。

七月四日，詔通判温州方翺與新監行在都進奏院汪悟兩易其任。以翺、悟各爲私計不便，乞兩易故也。

十八日，詔新知饒州徐蒧與新知江陰軍蔣天祐兩易。已差下王直中改替徐蒧，莫沖改替蔣天祐，並成資闕。以蒧言父老抱疾，義難遠去，故有是命。

八月二十八日，向汸、吴交如令兩易，各通理前任月日。以尚書刑部侍郎方滋（劉）〔劄〕子：「契勘大理寺（正）〔左〕斷刑寺正自來差試中刑法人，其右治獄係差有出身或蔭補及試中刑法人。竊見見今左斷刑大理正向汸不曾試中刑法人，欲乞令逐官兩易其任。」故有是命。

二年十一月十五日，詔權發遣池州戴達先與知江陰軍趙彦倬兩易其任。以達先言母久抱疾，難以迎侍，欲乞近處軍壘，與見待次人兩易，故有是命。

三年五月十九日，詔新差權通判臨安軍府姜詔與新隆興府通判富杞兩易其任。以詔兄任兩浙漕使，乞避親

〔一〕沅：原作「沆」。按，陸游兄名沅，見陸游《渭南文集》卷三四《陸郎中墓誌銘》，據改。

故也。

四年六月十一日，詔新知建寧軍府韓元吉改知江州，與王淮兩易其任。以元吉言：「福建路安撫使王之望係有嫌隙。元吉任度支郎官，蒙其論罷，建寧正在統部，法當迴避，乞改別路差遣。」故有是命。

十月二十七日，詔新大理寺丞胡仰與太府寺丞梁季珩兩易其任，内梁季珩通理前任月日。以胡仰言：「竊見左斷刑54評事燕世良係故大理寺丞燕仰之子，昨先父舜陟知静江府日，無辜遭謗，其燕仰之被差鞫獄，今乞迴避。」故有是命。

十一月二十五日，詔尚書右司員外郎林栗與樞密院檢詳諸房文字黄石兩易其任。以栗言：「昨嘗集議疑貸强盗刑名，今來伏覩頒降刑部修立强盗斷例，與栗所見不同，緣栗見係右司郎官，所管刑房職事難以書擬。」故有是命。

五年九月七日，詔新權發遣江南東路計度轉運副使程大昌與兩浙東路提點刑獄公事陳漢兩易其任。以大昌本貫徽州，乞迴避故也。

六年六月二十六日，殿中侍御史徐良能劄子奏：「伏覩關報，曾逢差知衢州，胡堅常差知秀州。二人治郡，固優爲之。然以逢守衢，第恐諸兄弟多居衢城，出入往來，難以止絶，邦人觀之，豈免瓜李之嫌？堅常毗陵人，親故經從往來甚邇。欲蚤正素定，莫若使逢與堅常兩易，庶幾杜絶猜嫌，盡公涖職。」從之。

十月九日，四川宣撫使司申：「契勘關外階、成、西和、鳳州知州，從來宣撫使司于統兵官内踏逐奏差。契勘武德郎、閤門祇候、知成州梁柄于本州見有田産，乞改差知階州，却將右武大夫、知階州王中正差知成州，所貴兩便。」從之。

七年五月六日，殿中侍御史李處全言：「伏見新知吉州曾協，故文昭公肇之孫，博極羣書，温文而懿。但吉州繁夥，其民嚚訟，小有不至，爲協之累，則是朝廷用〔非〕其長。新知撫州周樞撥55煩治劇，素稱敏健。若使二人兩易，則才適于用，事無廢矣。臣又聞知信州林機頃常守信，今習其寬厚；知嚴州王師愈爲政强敏，姦猾斂畏。然師愈婺女人也，嚴與婺實爲鄰郡，親舊請託，不無瓜李之嫌。若使二人兩易，則寬猛相濟，政必和矣。」並從之。

八月二十四日，詔新知撫州曾協與新知永州賈遨兩易其任。以協于撫州有田産，乞迴避故也。

八年二月十六日，新知廣德軍丁仲京與新權發遣建昌軍富杞兩易其任，各以私計不便有請故也。

十二月六日，詔新知鄂州王習與新權發遣房州張椿兩易其任。

九年四月二十二日，詔權發遣高郵軍王定國與安豐軍高夔兩易其任，各通理前任月日。以定國言「比覩關報，王之奇改除知揚州〔一〕、兼淮東安撫，緣有私嫌，恐不安迹，乞迴避」故也。

六月二十一日，詔權發遣均州尹機與辰州高泗兩易其任。

七月二十二日，詔淮東總領沈祖德與知饒州曹總兩易其任。以御史中丞姚憲論祖德知常州，專以聚斂爲事，故有是命。

淳熙二年閏九月十三日，浙西提刑徐本中言：「近者州郡之間，率用私意更易官吏，不申省部，不報監司，移郡之邑，移邑之郡〔二〕，或以他官而兼攝，或以卑官而任重〔三〕。往往辭煩就簡，捨薄從厚，請求僥覬，惟利是趨，易置紛然，(浸)〔寖〕亂舊制。乞戒勅州郡長吏，毋得私自更易。」從之。

五年七月二十二日，詔兼權(右侍)〔侍右〕郎官木待問與56兼權司封郎官黃洽兩易。待問自言：「係著作郎，見立限修纂日曆；又兼太子侍講，凡遇上堂，至午方退。其權郎官逐日所受詞訟及銓量審保，(辦)〔辨〕驗告身，必須親臨，于修書、講經實有相妨，乞免兼侍右職事。」故有是命。

十六年六月二十四日，詔太府寺丞張同之與司農寺丞郭德麟兩易。同之以堂叔張孝伯見任幹辦諸軍審計司，乞迴避故也。

十二月二十八日，詔通判臨安府趙師復與添差通判嚴州不釐務趙師𢉁兩易〔四〕。以守臣張杓言：「師復素有耳聵之疾，難以貳政天府；師𢉁兩宰劇邑，精力方强。」故有是命。

紹熙元年八月十一日，詔新除國子正李大異與太學正田澹兩易。大異以官稱上一字與父名下一字同〔五〕，乞迴避故也。

二十五日，新權發遣秀州兵馬(鈴)〔鈐〕轄劉端仁狀：「宣現任揚州兵馬鈐轄〔六〕，去年十二月蒙辟差再任，緣已差下劉端仁，遂差宣充秀州兵馬鈐轄。今來端仁以老母卧疾，情愿兩易，庶使宣就任得禄，端仁得待次以便侍養。」從之。

二年正月十一日，詔知寧國府沈揆與知婺州蔣繼周兩易。以余端禮新除知建康，係本路安撫使，沈揆舊因職事有嫌，乞改宫祠，故有是命。

十五日，詔知秀州章沖與知信州張稜兩易。以兩浙運判沈詵係沖外甥之夫，職事相干，乞迴避故也。

三年二月五日，詔新權知茂州喻文然與新權發遣西和州洪槻兩易。緣利路運判楊王休係槻壻父，乞行迴避故也。

〔一〕王之奇：原無，則不知除知揚州者爲何人。查《宋史》卷二一三《宰輔表》四：乾道九年「正月辛未，王之奇罷簽書（樞密院事），以資政殿學士知揚州、淮南安撫使」。則此處必是脱去「王之奇」三字，據補。

〔二〕移邑：原倒，據《宋史全文》卷二六上乙。

〔三〕或：原作「成」，據《宋史全文》卷二六上改。

〔四〕𢉁：按字書無此字，恐當作「𢈔」（《説文》有此字，音匆）。此人當是宗室，但《宋史·宗室世系表》亦無趙師𢈔，存疑。

〔五〕異：原作「易」，據正文改。

〔六〕「宣」字當是人名，而脱其姓，俟考。

三月十八日，詔知宜州徐梋與本路副總管、新兼知鬱林州沙世堅兩易。詳見「溪洞諸蠻」門。

57 八月十四日，詔重慶府通判朱焕與施州通判曹熙兩易。焕與知重慶府劉德秀職事不協故也。

四年十一月二十六日，詔新知泉州何澮與知明州朱佺兩易其任。澮命下請祠，欲以奉親養疾，故有是命。

嘉定二年十一月二十六日，詔侍衛步軍司統領姚琚與换在外軍中一等差遣。以臣僚言：「琚乃附和羅日愿圖謀不軌徐濟之妹壻，統領在軍，其任已重。徐濟姦謀彼固不預，但其與之有連，豈能無疑？若久留步旅，序進（高益）〔益高〕，恐亦未便。」故有是命。

十三年三月十五日，詔命吏部：「自今後應命官（司）〔私〕計不便或避親之人，除期親並合解罷外，餘並要闕期在一年限内，方許對换。」以吏部申請，故有是命。

十六年正月十八日，都省言：「朝散郎、新通判寧國府史安之狀：『昨蒙陶（注）〔鑄〕前件差遣劉瑀闕，緣安之與親兄見任江東提舉定之係是本路監司，委有妨嫌，合行迴避，乞于一等州郡内改差。』」詔與通判紹興府丘壽倩兩易其任。（以上《永樂大典》卷三八七五）

宋會要輯稿　職官六二

借補官

【宋會要】

1 高宗建炎元年十月二十四日，詔：「今年五月一日以後，諸路帥臣、監司等應借補官資之人，令所在官司拘收元借補付身公據，並行毀抹，具姓名申三省、樞密院。其今年五月一日以前借補官資，非專承聖旨及朝廷借補者，令帥守、監司並拘收毀抹。其擅行借補官司，特與免罪，今後不得更輒借補。內有係盜賊招安借補者，具元承指揮及所借補官司，令所在帥臣勘驗，開具申尚書省。」

十二月二十一日，京畿留守宗澤言：「昨充兵馬副元帥，見當職官措置應副人馬口食錢糧，委有勞效，已各與借轉一官。」詔特於元官上轉一官。

二年二月二十一日，臣僚言：「兵興以來，例用便宜指揮借補擬轉官資，如高公純、齊詔、謝貺輩，所與借官人皆是客司、虞候，下至屠沽不逞之徒。雖累降約束，猶未知禁。乞應諸路借官人，委提刑、安撫司依弓馬所格法比試，將合格人兩司擬定合得名目，徑申省部，給進義、進武校尉兩等文帖，拘收借補文字毀抹，繳申省部對名。仍令安撫司先次別項籍定，充準備軍前使喚，不得充州縣監當等差使，仍不限員數。每月依格法支破食錢，候將來立功或因捕盜得賞者，即與保奏，依法比附轉行。試不中者，特許再試一次。或又不中，即追取原借補文字毀抹 2 入官，放令逐便。若試中人內有日前委曾立功或捕盜功賞照據可以憑用者，（今）〔令〕係籍處安撫司取索勘驗，具詣實保明，朝廷依法推恩。如隨身別無照據，或雖有而不可憑用者，如元立功處相去不遠，雖非本路，亦許移文勘驗。仍令轉運、提刑司覺察符同并詐僞不實等弊，庶使不致阻遏功賞，有以激發忠義之士。應因功遷轉入品者，逐旋申解樞密院，以備銓擇。其餘在司人候將來士馬寧息日，具姓名、人數取旨發遣，赴沿邊帥司聽候使喚。不願前去者，即申解都官，別聽差使。今具弓馬所試驗格法下項：步射兩石硬弓，馬射一石一㪷，走馬射各隨身弓并走馬使鎗，以上合格人補承節郎。步射一石八㪷，馬射一石一㪷，走馬射各隨身弓并走馬使鎗，以上合格人補承信郎。步射一石五㪷，馬射一石一㪷，走馬（射）各隨身弓并走馬使鎗，以上合格人補進武校尉，日支破食錢一百文省。步射一石三斗，馬射一石，走馬射各隨身弓〔并〕走馬使鎗，以上合格人補進義校尉，日支食錢七十文省。」詔令諸路安撫、提刑司驗實有功已補借官人，依格比試訖，具功狀及別應格法解發赴御營使司審試。餘依所請。

二十八日，臣僚言：「張守《論借補狀》云：『臣聞傳曰：『善爲國者賞不僭而刑不濫。賞僭則懼及淫人，刑濫則懼及善人。若不幸而過，寧僭無濫，與其失善，寧其利淫。』是則聖人立國之意，每過於厚，不使過[3]於薄也。故傳又曰『賞疑從予』，所以廣恩勸功也。《司馬軍法》曰『軍賞不踰月』(一)，欲民速得爲善之利也。其意皆本於此。伏覩靖康元年十一月詔書，有能應率衆勤王立功人，聽便宜權行補授文武官資，候到闕正授。於是四方之士，各効所長，官司依詔借補以官，上之朝廷，酌其功之大小而正授之。信賞示勸，中外具孚。而二月二十一日指揮，乃有『應借官人内，有委實曾習弓馬或武勇之人，委諸路提刑、安撫司依弓馬所格法比試，兩司將合格人擬定合得名目，徑申省部，給進武、進義校尉兩等文帖，將元借補文字毀抹繳申』之文。兹蓋朝廷愛惜名器，杜絶冒濫之意。然猶有所未盡，請試言之。一則難槩試以弓馬，二則推恩太薄，三則試格太峻，四則得賞太緩。何謂難槩試以弓馬？立功之人，色目不一，或輸家財以助國費，或齎蠟書而冒險阻，或有進士借補文臣，皆未必有過人之武勇也，試之弓馬，必無倖中。(令)〔今〕乞借補文臣，則試兵書戰策以爲殿最；若輸私財數多，齎蠟書已達，自無僥倖之理，便可驗實，免試授官。何謂推恩太薄？艱危之際，有累立功節次借補至陞朝官、大使臣者，設即試中，乃與借補初官者同得校尉，未爲允愜。今乞凡試中人，於所借官上降三資，以次補授；無資可降人，聽補守闕副尉。何謂試格太峻？弓馬格法，乃白身人州縣解發，中即補官。今借補之人，各已立功，若試不中則前[4]功俱廢，似於常情有所未安。今乞更於弓馬所試格法小加裁降，使可通行。何謂得賞太緩(二)？借補之人，類在一二年前，及得所屬保明，間關以至行在，更經有司問難，如達朝廷，已是艱滯，今又令歸諸路安撫、提刑司同共比試擬定，解赴御營使司審試而後授官，須更經涉期月。今乞且據逐處保明功狀，就御營使司類聚，差官比試，便與補授。張守狀云(三)：「凡此數條，實有利害。又四方得賞歸鄉者亦已甚多，一旦驟革之，則有功同而賞異，不能無幸不幸也。」今方救寧四方，正須激賞以勸後來，張守狀云：「又況孔子以兵食可去而必欲存信，而成湯之誓亦曰朕不食言。」若謂諸處保明不實，則在審擇將帥而已，行賞之際，恐非所當致疑也。』」張守狀云：「所謂不幸而過，寧僭無濫，庶幾合於古之賞疑從予及賞不踰月之義。謹録奏聞，伏候勅旨。」詔將今年二月二十一日已降指揮内試格，步射、馬射各遞減二斗，餘並依奏。

四月八日，詔：「應借官及加借官資人，果有顯効，(令)〔今〕所屬保明，取旨推恩。如係一時官司逐急借補、加借資之人，別無功績，並與改正。」從(官)〔臣〕僚請也。

三年五月二十一日，詔：「軍興以來，諸處多將使臣、將校等名目借補。今專差官，將今日以前應借補人參酌正

(一)「軍」字原在「司馬」下，據《漢書》卷七〇《陳湯傳》乙。
(二)賞：原作「實」，據《歷代名臣奏議》卷一八九改。
(三)以下三處小注當是《永樂大典》編者據張守原文（見《歷代名臣奏議》）補足臣僚删節之文。

補合得名目外，如日後有實立功之人，止令所轄官司出給所立勞績公據，即不得依前借補。其借補官司、被受借補名目之人，並依軍法施行。」

二十八日，知單州高德仁言：「比國家多事，急於用人，許從便宜，借補官資，以激勸有功之士，而諸處知州有非帶職而借人以閣[5]職、委之權將領者，有自白身補名目而令權(處)〔巡〕尉者。乞行下諸路監司、郡守，今後應緣軍事，止許借補保義郎至副尉，充捉殺使臣使喚，不許差權兵官及巡尉。候立功日，具立功等第(第)保奏，依格補授。如違，並科以違制罪。」從之。

紹興元年八月二十五日，大理寺丞劉藻言：「諸鎮帥臣以便宜借補官資，間有借補人以文資者，乞令赴行在量試程文，以觀所蘊，等第推賞。」從之。

十月二十六日，江淮路招討使張俊言〔一〕：「李允文專擅創置司屬，妄作便宜指揮，補轉官資，陳乞恩賞，及冗占差遣，支破請受。乞行下諸軍及掌兵官并諸州軍縣鎮檢察，如有似此借補官資之人，並不得收使。」從之。

二年三月二十一日，詔：「知東海軍使葛珝所帶一行官兵，內有舊借補官資人，請給依正補支破。候到任及二年，內有立功人，即具名取旨補正。」

三年二月十九日，三省、樞密院賞功房奏：「襄陽府幹辦使臣、守闕進義副尉、加借進武副尉丘异、侯通，借忠翊郎商玘，借承信郎艾璋，借守闕進義副尉裴進言：近蒙本鎮差委管押蕃賊首領鄭務兒并齎號牌、軍期捷報文字赴行在，經涉水陸，往復萬里，乞依例推恩。」詔丘异、侯通各轉兩資，於正名目上收使；商玘正補下班祗應，艾璋正補進義副尉，裴進正補効用甲頭。借補付身令尚書省毀抹。

三月十五日，詔：「應便宜借補官資人有犯，許依攝諸州助教法，犯贓[6]私罪杖、公罪徒以下並贖。」從大理寺正劉藻請也。

十二月十三日，川陝等路宣撫處置使司言：「給換借補付身，合將每員應便宜補轉過官資聚起改換，止給付身一道，將所立功因依於付身內分明開說。今措置立式下項：某官、某人、本貫、三代年甲。一、某年月日緣某事補授某名目。一、某年月日緣某事轉授某官，一次立功作一項開呈。以上某名目官資已授到朝廷付身，某名目官資今乞換給付身。」詔令宣撫處置使司今後依此式，每三十員類聚作一狀開具，申三省、樞密院。

十八日，加借右宣教郎孫恔言：「元係國學免解進士，建炎二年從南輔都總管司立(借補功)〔功借補〕迪功郎，次用便宜加轉至宣教郎，乞補正官資。」詔孫恔許用前後勞効特與補上州文學。

四年二月一日，神武右軍都統制司言：「借補忠訓郎韋進等八人元係馬進下借補人，先隨馬友掩殺孔彥舟，吏

〔一〕張俊：原作「張浚」，據《建炎要録》卷四一改。

部〔接〕〔給〕到一資公據；後與賊劉忠戰有功，又給到兩資公據。今乞將韋進等借補官資補正及收使轉三資公據。」詔韋進等許將吏部已給轉三資公據，依陝西効用法，各與補守闕進義副尉。

五月十六日，詔借補右儒林郎、充襄鄧郢州鎮撫使司幹辦公事謝製特與正補右迪功郎。製係襄陽府進士，襄陽乃淵聖皇帝舊鎮，以登極恩免解。後鎮撫使李横借補鄧州文學，差充幹辦公事，累以功借轉儒林郎。至是乞補正，故有是 7 命。

五年閏二月十日，詔：「今後借補官資公據已經朝廷看詳不合收使者，並當毁抹，不得仍舊給還。」

六年十二月二日，荆湖南路安撫制置大使司言〔一〕：「安撫制置大使司後軍正將裴鐸屢因戰功借轉至敦武郎、閤門祗候，緣借官擬轉不行，乞賜換補。」詔裴鐸與正補成忠郎、閤門祗候。

九年八月三日，詔：「應便宜借補官資人，自今降指揮日，限一年陳乞，換給付身，出限更不施行。」

十二年五月二十六日，虔州管内安撫司言：「招到信豐、龍南等縣兇賊首領陳積、彭富，依指揮斟量各擬補守闕進勇副尉，收充聽候使唤訖，乞給付身。」從之。

二十六年七月三日，三省、樞密院言：「勘會前四川安撫〔製〕〔制〕置使司鄭剛中、李璆書押過便宜付身，其見從軍官兵雖累行展限，緣路遠趁赴不及，至今換給未絕。」詔自今降指揮，特與除程展限一年換給。〔今〕〔令〕四川安撫〔製〕〔制〕置司依限保明申三省、樞密院，若違令限，更不施行。

三十二年正月九日，詔：「契丹奉國上將軍、武勝軍節度使、兼鄧州管内觀察使、威畧軍都總管蕭中一棄虜歸正，守城有功，遇盗被害，實可憐憫，男借補武翼大夫潁可與補正。」從鄂州駐劄御前諸軍都統制吴拱請也。

二十九日，京東西路河北東路淮北泗宿州招討使成閔言：「已收復泗州，有土豪借補修武郎、兼閤門祗候劉鐸團集人民，於清平嘉山殺退賊兵，保守州境無虞，已權差鐸 8 知泗州軍州事，乞行補正。」從之。

孝宗乾道八年七月二十五日，樞密院勘會：「昨自紹興三十一年以後軍興，一時許諸軍主帥并逐路帥臣、監司、郡守等出給借補付身，已行換給真命補正了當。所有未換給付身，已是出違日限，依指揮更不行使外，今來有不應借補官資去處，擅行出給付身，理宜約束。」詔今後輒敢擅行借補，以違制論。如有人材可委使、合行借補之人，先次具姓名申取朝廷指揮，許出給文帖，候勞績顯著，與行補正。

九月十三日，詔：「近降借補官資更不行使指揮，緣有司勘會失當，可更不施行。」

〔一〕湖：原脱，據《建炎要録》卷一〇七補。

特恩補官

【宋會要】

高宗建炎二年二月二十三日，詔：「王貺已遣奉使，特與補朝奉郎。」初，貺以進頌特授從事郎，累遷奉直大夫。靖康元年，以言者指陳名器之濫，例行追奪，至是差奉使，故特與補官。

紹興二年正月六日，詔：「宣撫處置使張浚書寫奏報文字進士張棹，特與補承務郎。」棹，浚之姪也。

四月十八日，詔：「樞密院所差探事謝興等四人與補承節郎付身，令樞密院（繳）〔激〕賞庫寄收，候回日給付。」初，樞密院止欲借補，詔特令補正，候得北界機密事宜乃付之。

十九日，詔太學生許熹奏對可嘉，特與補迪功郎。

三年九月二十一日，詔布衣李杞特與補右迪功郎。奏對稱旨，故有是命。

五〔年〕七月五日〔一〕，詔祝世榮特與補下州文學。先是，唐州以世榮獻策保全州境有功，借補迪功郎，續 9 差賫蠟彈赴行在，朝廷補世榮登仕郎，不理選限，世榮乞換文學，故有是命。

二十三日，諸路軍事都督行府言：「免解進士聞人耆招到水寨張百通、楊奴、楊壽，兼本貫係今上皇帝封牧舊鎮，拜表稱賀，合該免省恩例，今乞將招安功賞、拜表恩例一併推恩。」詔特與補下州文學。

八月五日，吏部言：「右迪功郎郭湜政和間兄弟五人並入小學聽讀，其後召試都堂，並賜童子出身，係不繇科舉補官，依指揮合審量。」詔郭湜特與補下州文學，仍注權入官，兩任訖注正官。

六年二月十一日，詔：「借補迪功郎李彲與補下州文學，候兩任權官回日與補正。」彲先以從軍借補，至是自陳係元符末上書邪上人子孫，乞依赦補文學，故有是命。

十三日，右修職郎呂潮言：「父諒卿係元符末上書邪上尤甚，特勒停，永不收叙，送（毫）〔亳〕州羈管，在范柔中等二十七人數內。依近降指揮，合得下州文學一名，緣潮別無兄弟，及潮之子尚幼，未堪仕宦，乞奏補異姓有服親。」從之。

三十一年六月九日，詔布衣陳光、國大同、王德並與補右迪功郎，薛志忠〔二〕、朱興、鞠炳並補承信郎。制曰：「布衣陳光等忠義自奮，議論可采，各命一官，以示爲爾榮。」

紹興三十二年八〔月〕十八日，孝宗已即位，未改元。詔進士李珂上書有補治道，特補右迪功郎。

孝宗隆興元年正月一日，詔：「進士李申甫陳獻封事，

〔一〕年：原缺，據《建炎要録》卷九一補。
〔二〕忠：原作「中」，據《建炎要録》卷一九〇改。

議論可采，特補右迪功郎。」

乾道五年三月一[10]日，密州歸正過省進士徐濟川進狀：「係京東密州人，陷於僞境。因魏勝先復海州，臣同父好古糾集密州鄉人數户，赤心歸朝。臣陷虜日應進士科，取到文解三次，後來過省殿試下。伏見青州鄭謨係三舉到省，一般過省殿試下歸正人，已補惠州文學。臣累狀陳乞，蒙批下禮部，本部更不照臣先狀，便作一舉到省，至今不蒙改正。」詔特補下州文學。

十二月二十七日，詔賜對布衣林某可特補右迪功郎。

六年閏五月二十四日，詔：「布衣楊絳上書可嘉，特補廣州文學。」

七年八月七日，詔：「王篪陳獻利害可採，特補忠州文學，添差兩淮州軍司户差遣，仍釐務。」

九月二十一日，國史院狀：「准批下故少宰、觀文殿學士吳敏孫楠投獻欽宗皇帝御書一百軸。契勘乾道五年内，資州助教楊志發投獻熙寧以來御劄，本人元係特奏名第五等補授不合出官之人，已得補榮州文學，合乞照楊志發體例推恩。」詔吳楠特補將仕郎。

九年閏正月十日，知明州軍州事趙伯圭奏：「臣先人有館客周士筌，隸籍上庠幾三十年，臣欲以合得恩澤回授與之，緣礙格法，不敢陳乞，欲望特補一文資恩澤。」詔恭奉太上皇帝聖旨，特補右迪功郎。

二月二日，故尚書刑部侍郎程振孫饒州鄉貢進士邵，進其祖存日鈔寫崇寧以來詔旨等文字二十册，并御製、御書通一百一十三册，詔補下州文學。

借補官 〔一〕

【續會要】

[11] 淳熙元年正月十四日，臣僚言：「白身人借補官資，本以爲内地徙邊及良家從軍者之勸。近年兩淮帥司給授太濫，或以親故干請，或以勢位囑託，又夤緣請謁權攝，税場、酒務、學職、公帑，皆收用借補人。乞下兩淮帥臣，不許濫補官資。自指揮到日，應有權攝日下住罷。儻有違戾，所請俸給並依法施行，因而有罪犯者，元差官與被差人均罪。」從之。

八月二十八日，江西路安撫使龔茂良言：「已降指揮，應歸正忠義人當時（供）〔借〕補官資，令逐路帥司取索見在人付身，審驗元借補因依申樞密院，先令逐路帥司換給文帖，候將來立到新功與補正。恐自今無以示信於人，不若且令各據元得付身依舊收執，候將來別立功日，併與酌度換給。」從之。

六年六月八日，右諫議大夫謝廓然言：「兩淮之間，無非軍興白帖借補官資之人，憑（籍）〔藉〕名目，冒受權攝。如光州最爲窮陋，而借補名目及一百五十餘人，則他郡可知。

〔一〕按，此當併入上文同一門内。

乞下兩淮帥臣、監司，應以借補名目權攝之人，並日下住罷。除都督府因軍功出給文帖且免繳納外，其他帥守、監司一時給帖借補之人，並立限責令齎出毀抹。」上因諭宰執曰：「既非軍功，如何輒敢借補名目，違法輒差權攝？可依奏。」七月七日，詔令徐子寅、韓俣將曾與金人接戰宣力并差幹事實有勞効之人，先次依舊例保明申尚書省，不 12 得泛濫。其餘借補人，並依已降指揮。

十年二月十三日，詔：「二廣帥臣覈實二廣州郡白帖借補校副尉、助教等權攝人數，將因捕賊立功出給文帖與免繳納外，其餘並追索毀抹。仍仰具析不照應節次指揮拘收因依聞奏。」

淳熙十六年七月二日，興州駐劄御前諸軍都統制、充利州西路安撫使吳挺言：「熟户蕃龍家族都管借補承信郎包千，因蕃賊首領芃拶忽令聚衆入界作過，包千能設謀捉獲。緣上件蕃賊係屬北界洮州鐵城地分極邊蕃部，今來包千若以捉獲芃拶忽令等祗受朝廷推賞官資真命，其包千見今亦在極邊居住，切恐事體稍重。乞下四川制置司，將包千於宣撫司借補名目上量賜加借，出給制置司劄子給付。」詔包千特加借一官，令制置司出給付身。

紹熙元年十一月八日，軍器少監、兼權吏部郎官趙儼之言：「往年用兵之初，諸軍主帥并逐路監司、帥守並許將忠義立功人借補付身，其間多有實未嘗立功、但以貲得之者，真僞混爲一區，散在緣邊州縣，輒假虚名，扇惑上下，甚者請求職任。乞行下緣邊州縣，應借補人未經朝廷補正者，不得仍前妄居職任。若倉庫、局務闕官，只許就見任州縣官内差人措置。」從之。

特恩補官 [一]

【續宋會要】

淳熙二年三月三日，詔：「承節郎向定特轉忠翊郎，令吏部更與添差差遣一次。白身人王仲特與補承信郎，仍 13 支賞錢五百貫。」以樞密院奏，定、仲告首姦細張弼，故有是命。

十二年八月五日，詔歸州助教張蒙正補進武校尉。蒙正先詔特補興州文學，與軍中屬官差遣。臣僚言：蒙正初係白身，以趙撙之薦得補助教，至今二十年，梁師雄舉前事以薦之，遂與補正官資。法不當予，人以爲異。乞止處以武階，庶幾不紊成法。

十五年四月二十五日，詔憲節皇后親姪免解進士邢鏄、邢鏞、白身邢鑊，並特補初品官。以憲節祔高宗室故也。

淳熙十六年二月二十七日，汀州寧化縣首領楊光祖特補進義副尉，以本州申擒獲兇賊官黃三等，故有是命。

紹熙四年三月二十八日，詔：「白身張祐在潛邸歲久，係是隨龍人數，見今應奉勤勞，特補承信郎。應有違礙，依

[一] 原無此題，據内容補。此可與上文同一門合。

今降指揮可與放行，餘人不許援例。」

慶元元年七月二十六日，吏部言：「故朝散郎虞似昌男安民狀稱，故父係因祖澐生前任祠部員外郎、右司檢正、起居舍人，雖係承議郎、直龍圖閣致仕所得恩澤，即非一時特旨及非泛等補授，乞照先祖曾經除擢因依施行。本部勘會，虞澐生前歷任館職、郎官、都官、起居舍人，正爲避執政親嫌，除職補外任提刑差遣，即非因言章及過犯降黜，兼從來未曾經奏補恩澤，其子盡係白身。有旨，特依常明等例，與一子初品官恩澤。今照得虞澐元係承議郎、直龍圖閣致仕，所與恩澤不係依格蔭補，却緣虞澐昨任館職、郎官、都官、14起居舍人，係是朝廷擢用之人，因避執政親嫌補外，即非降黜。後任承議郎、直龍圖閣致仕，承指揮特與一子初品官恩澤，即與尋常非泛一時特旨補官之人事體不同，取自朝廷指揮施行。」詔令吏部特與放行，其餘非特補授人不許援例。

開禧三年正月七日，詔：「知楚州李郁堅壁禦虜，先已推恩，今又遣男慶臣親來稟議，李慶臣特與補承信郎。」

三月十三日，詔張自明特補迪〔功〕郎。以湖廣總領、兼知鄂州項安世奏：「國家方有事於中原，若專尚科舉，未免有遺才之嘆。伏見國子進士張自明本以文字中選，其實非科舉之士。生長建昌，素有膽畧，久遊邊徼，喜交豪傑。覩逆胡之猖獗，搤腕抵掌，嘗有奮身報國之志，若假以尺寸之權，必能出其才智，以濟事功。雖當無事之時，使之效官州縣，必有可觀，決不偷安，自同時輩。有士如此，沉伏草野，實爲可惜。乞特加官使，以助科舉之所未及。」故有是命。

二十日，詔張思晦特與補迪功郎。以湖北京西安撫司奏：「據金州副都統彭輅申，進士張思晦係彭州崇寧縣人，曾於慶元元年間詣闕進書，言北虜事勢，已蒙朝廷付外看詳。緣本人疾病西歸，未準朝廷推恩。於去年五月内聞朝廷調撥指揮，復有恢復十議，因此具禮羅致之。今參論機密文字，多有所補，乞保奏得於文資優與推恩。本司已借補迪功郎，欲望朝廷給降張思晦迪功郎真命。」於是從之。

15五月二十四日，詔侯正國特補迪功郎。以四川宣撫副使安丙奏：「據西和州申，進士董昱等去冬以來，醜虜猖獗，侵犯本州，州城陷没，進士侯正國全家被執。至十二月五日，金人劫侯正國，欲以充隨軍參謀，稱吳曦遣使投拜，已授告封爲蜀王，有詔書并書劄，欲令侯正國驅引虜酋同去投下。侯正國不屈，虜帥誘以高爵厚禄，必欲脅從。正國厲聲曰：『只知有趙官家，不知有吳蜀王。』虜欲殺之，正國引頸就刃，神色不變。後得生還。鄉閭老幼聞之，不覺擊節。昱等見得侯正國委抱忠誠，刀鋸在前，終不肯宂頂左袵以事夷狄〔一〕，若不申陳，不唯侯正國忠節朝廷無由得知，亦無以示天下忠臣義士之勸。乞保明推恩，丙已將侯

〔一〕宂：疑當作「完」，同「髡」。《集韻》卷九：「髡，去髮刑，或作完。」五忽切，音兀。按《康熙字典》引作「宂」。

正國先次從權借補將仕郎。」故有是命。

嘉定元年正月二十九日，詔張謂特補上州文學。以四川宣撫副使安丙奏：「昨奉詔誅逆，即分遣兵將收復關表陷没州郡。正以得人爲難，適有西和州進士張謂是時流徙沔州，詣臣面陳利害，憤虜蹂踐四州，民陷塗炭，鋭然請行，願效尺寸之功。臣嘉其志，即遣隨李好義參佐軍事，收復西和。好義得之，亦愛其才，凡所籌畫，悉合事機，竟助好義，遂至成功。收復西和之後，邊遠創殘，人心驚擾未定，賊盜蝟起，州縣闕官，遂差張謂攝西和長道縣主（薄）〔簿〕，專一以團結民兵，措置備禦。謂能恪意遵承，安集流亡，歸者如市，措置團結，寬猛適中，人皆【16】樂然從事。賴此盜賊屏息，境内晏安。今來上件民兵創爲忠勝軍，其數五千餘人，率皆彊壯可用，並已結爲隊伍，各遵紀律，衣甲、軍器，色色俱辦，即自各逐鄉社同與正軍分布守把關隘，西和兵勢由是增壯，其於邊防誠非小補。謂一儒生，學業通貫，智畧優長，奉公集事，不以寒素自棄，使其得一命，必能展布效職。昨已從權借補將仕郎，左隨見知西和州劉昌國參佐經畫邊事〔一〕。今謂收復西和功賞，已係該轉十官資，乞將張謂逐項功賞勞效先次比换一文資，可以爲邊遠小官趨事赴功者之勸矣。」故有是命。

七月四日，詔呂祖泰改正過名，特補上州文學。祖泰慶元六年以上書送連州拘管，復從真決，免刺面配欽州。嘉泰三年放令逐便，至是改正補官。

九月七日，詔吴鉅特補迪功郎，仍許還赴省試一次。羅蓋特補進義副尉，陳協、吴顯並特補守闕進義副尉，王汶、莫希亮、輔叔章並特補（勇）〔進〕勇副尉，蔣祁特減舉主二員。以鉅先從王相持書〔往〕金國議和，訖事推恩也。

二年五月十三日，詔景德常特補轉武節郎，賜錢三千貫、銀五百兩；賈昂特補轉武翼郎，賜錢二千貫、銀三百兩。仍與州路分差遣。以告首羅日願等欲狂妄作過推賞也。

十一月一日，詔盧興祖特補進勇副尉。以湖北京西宣撫司申，爲借補進義副尉、鄂州崇陽縣保伍團長盧興祖捕獲姦細，乞推賞，故有是命。

十一年三月四日，詔武節郎、主管侍衛步軍司公事王斌特轉武翼大夫，帶行遥郡刺史，與在京宫觀。長子【17】庭芝特與補承節郎，次子庭蘭特借補官承信郎。

十三年三月十一日，詔利州副都統司帳前統領馬中和可特補承信郎。以四川宣撫使安丙奏：「虜賊寇邊，中和奮不顧身，自辦己財軍器，招集忠義，同與官兵於灘哥堡馬頭山鏖戰，勦殺虜人，焚燒糧道。又緣虜兵侵入宕昌，於附近山林保護，蹂踐之餘，糧運不繼，艱於糴買，中和能助納軍糧千石，應副官軍支遣。又招集忠義，保守邊界，不失疆土，委有前項功績。」保明來上，故有是命。

九月十五日，詔忠義軍統制單平、孟春可並特補承信

〔一〕左：疑當作「差」。

郎，充忠義軍統制，兼淮東制置、京東河北節制使帳前統制。以淮東制置副使、京東河北路節制使賈涉奏：「單平、孟春日備糗糧，保守山崗，戰禦克捷，志不可奪，忠節可嘉。」故有是命。

十四年六月二十二日，詔燕王宮、翼王府故修職郎、福州永嘉縣尉希壚長男與莒特補秉義郎〔一〕。

十五年二月五日，樞密院言：「京東河北節制司申，據忠義都院兼路鈐張惠申，有白洋河歸正頭目李元，殺死河北守把番官，并殺死僞提控温罕、僞都統石抹王奴、僞萬户獨吉木胡連，奪到僞銀牌印等，將帶部下人兵前來歸正。本司已遵照便宜指揮，李元係捨逆從順，將帶人兵歸正本朝，可見忠赤，已特補從義郎，充淮東制置司制勝軍鈐轄。所有將帶部下人兵，收剌(克)〔充〕制勝軍，發往盱眙軍屯駐捍禦。」詔從之。

三月二十四日，18 樞密院言：「京東河北節制司申，照應忠義汲君立，本司先借補承信郎，(克)〔充〕忠義軍鈐轄，自從歸順，未曾補官。除已遵照便宜指揮，於朝廷發下空名告内，將承節郎告一道書填。」詔從之。

二十七日，都省言：「昭信軍承宣使、左衛大將軍、京東忠義諸軍都統制、楚州駐劄李全上表言，恭覩詔書，元日受玉寶，遣男順卿進貢，捧表稱賀，合補承信郎。緣係京東忠義統軍之子，兼見習進士，特與優異推恩。」詔李順卿特與補承務郎。

九月二十九日，樞密院言：「勘會京東河北節制司昨遣呂柟自軍前捧護皇帝恭膺天命玉寶一座前來投進，委有勞績，合議推賞。」詔呂柟特與補轉從義郎，仍特與添差將副差遣一次。

同日，樞密院又言：「鎮江副都統制翟朝宗昨遣守闕進勇副尉余應揚自軍前捧護皇帝恭膺天下之寶玉檢一座前來投進，委有勞績。」詔余應揚特與(承)〔補〕承信郎，仍特與添差堂除差遣一次。

十六年正月七日，樞密院言：「京東河北節制使司據忠義都統李全申，近於去年九月六日，青崖寨屯守總管彭義斌備滕州知府陳存差委通判夏斌金等齎到僞金銀牌一十三面，内虎頭金牌一面，素金牌一面，銀牌一十一面，僞劄付二十道，及前去尅復勝、兖二州，招獲到僞金銀牌九面，内素金牌二面，銀牌七面。全令管押支犒人兵交子、朐山縣主簿張宇齎管申解，見到本司。欲將滕州知府 19 陳存補成忠郎，承節郎、權通判滕州、兼管忠義軍夏斌金仍舊管幹職事，秉義郎、忠義軍鈐轄文義補轉修武郎。」詔並從之。

三月二十六日，詔陸九淵之子持之、沈焕之子省曾各特補迪功郎，並令赴秘書省讀書。

〔一〕莒：原作「宫」，據《宋史》卷四〇《寧宗紀》四、《通鑑續編》卷二〇改。按此人即宋理宗。

特恩除職

淳熙元年五月十八日，詔直徽猷閣、權知湖州趙師夔除直龍圖閣。以師夔首能體國，應濟雖軍北軍官衆請給〔一〕，措置有方，故特除此(賊)〔職〕。

六月二十六日，詔龍圖閣待制、知建康府、兼行宮留守胡元質除敷文閣直學士。元質修築圩岸，累歲有勞，故有是命。

七月二十二日，詔提舉江南東路常平茶鹽潘甸除直秘閣，提舉兩浙東路常平茶鹽劉孝韙除直徽猷閣。以職事修舉，故有是命。

二年正月十九日，詔浙西常平茶鹽陳峴除直祕閣。以峴職事修舉，故有是命。

二月二十二日，詔直祕閣、明州長史俞召虎除直徽猷閣。以召虎職事修舉，故有是命。

二十七日，詔直寶文閣、江西運副李燾除祕閣修撰。燾進《續資治通鑑長編》，故有是命。

六月五日，詔起復祕閣修撰、知平江府韓彦古除敷文閣待制。以彦古自言平江期年，財賦豐盈，乞解郡事，上以爲勞効顯著，故有是命。

七日，詔直顯謨閣、知臨安府胡與可除右文殿修撰。以與可職事修舉，故有是命。

八月四日，詔直祕閣、知平江府陳峴除直敷文閣。以峴任浙西提舉日措置支還亭户本錢及增賣袋鹽、修水利有勞，故有是命。

閏九月二十八日，詔江西提刑辛棄疾、江西運副錢佃並[20]除祕閣修撰，廣東提刑林光朝進職一等。以棄疾節制軍馬捕茶寇有功，佃軍前提督運錢糧辦集，光朝督捕有勞，賊不入境，故有是命。

十二月三日，詔知吉州王濆除直祕閣。以江西茶寇之擾，濆宣力甚多，今執政條具功狀，故有是命。

三年正月六日，詔知西外宗正事不敵除直祕閣。以不敵操守廉正，糾率有方，故有是命。

三月二十七日，詔直祕閣、淮南運判、兼淮西提舉張士元除直敷文閣。以士元教集淮西民兵整肅故也。

四月七日，詔知黎州祿東之除〔直〕祕閣。以知成都府范成大及潼川府帥司言，東之於淳熙元年知叙州日，蠻寇橫江，邊寨危急，東之以郡事委佐官，用沿邊都巡檢使職事提兵出討，焚蕩聚落五處，蠻酋納其銅鼓重器，面縛出降，東之以軍法誅召寇之人，群蠻讋服，故有是命。

五月一日，詔直敷文閣、知平江府陳峴進直徽猷閣。以峴治郡事無廢弛，財賦豐饒，故有是命。

九月二日，詔知嘉州楊起除直祕閣。以起獻言忠憤深切，當於(是)〔事〕理，故有是命。

十月十二日，詔知寧國府曾逮除集英殿修撰。以中書

〔一〕雖軍：疑當作「淮軍」。

門下省言：「劉靖喫菜夜聚，誑誘五千餘人，往來四路，經涉四十三處，至寧國府方始敗獲，其守臣理宜旌異。」故有是命。

四年三月二十二日，詔資政殿大學士、知建康府劉珙除觀文殿學士。以珙守建康績効顯著，故有是命。

四月六日，詔太常少卿顔度除直寶文閣、江東轉運副使。以度昨提領犒賞酒庫，措置 21 有方，革去宿弊，至是請外，故有是命。

五月十六日，詔殿中侍御史柴瑾除直敷文閣、福建路轉運副使。以瑾久處憲臺，謹身率職，至是欲奉親補外，故有是命。

同日，詔直徽猷閣、知臨安府趙磻老除祕閣修撰。以磻老彈壓有方，職事修舉，故有是命。

六月三日，詔直龍圖閣、知隆興府呂企中除祕閣修撰。以企中職事修舉，故有是命。

九月二十四日，詔浙西提舉芮輝除直祕閣。以輝職事修舉，故有是命。

十一月三日，詔都大〔提舉〕四川茶馬朱佺直祕閣。以職事修舉，故有是命。

五年二月二十四日，詔直敷文閣、權發遣兩浙轉運副使吳淵除祕閣修撰。以淵職事修舉，故有是命。

五月四日，詔直祕閣、明州司馬陳延年除直徽猷閣。以延年贊治有勞，故有是命。

二十五日，詔權户部侍郎劉邦翰除集英殿修撰、知襄陽府。以邦翰昨總軍儲，屢上最課，故有是命。

六月十二日，詔明州長史鞏湘除直敷文閣。魏王愷言湘政事詳明，贊佐有補，故有是命。

二十二日，詔集英殿修撰、知廣州周自强除敷文閣待制〔一〕。以自强職事修舉，故有是命。

閏六月十九日，詔直寶文閣、知秀州韓彦質除直龍圖閣。以彦質職事修舉，故有是命。

二十二日，詔兩浙運副、祕閣修撰吳淵除右文殿修撰。以淵職事修舉，故有是命。

二十八日，詔知静江府劉焞除直敷文閣〔二〕。以焞奏陳舊任利（當）〔害〕皆當事宜，故有是命。

七月二十四日，詔祕閣修撰、知遂寧府馬琪除右文殿修撰。以琪治郡所至有績，故有是命。

三十日，詔户部侍郎、兼詳定一司敕令單夔除敷文閣待制、知平江府。以夔昨總軍賦 22 有勞，屢加擢用，故有是命。

八月八日，詔福建提刑謝師稷除直祕閣。以師稷能覺察科鹽之擾，故有是命。

九月十九日，詔權知道州趙汝誼除直祕閣。以汝誼能恤民隱，故有是命。

十月六日，詔四川制置使、知成都府胡元質除龍圖閣

〔一〕强：原作「然」，據後七年「五月七日」條及雍正《廣東通志》卷二六改。

〔二〕敷文：原無「敷」字，而「文」下存「門」字左部。按後七年正月，劉焞由直敷文閣、知静江府除集英殿修撰，則本處當作「敷文」。

直學士。以元質政事修舉，夷人畏服，故有是命。

十一月十五日，詔權知夔州李景孚除〔直〕祕閣。以本路提刑陳升卿、運判韓晚保奏故也〔一〕。

十二月十二日，詔知温州韓彦直除敷文閣學士。樞密院言：「温州海寇作，本州差委準備將領陳廣、土豪陳丕顯親獲賊徒四十九人，守臣韓彦直遣發官兵，授以方畧，捕獲有勞。」故有是命。

十五日，詔祕閣修撰、知澤州王佐除集英殿修撰。以佐久任帥閫，績效著聞，故有是命。

六年正月十九日，詔夔州路運判韓晪除直祕閣。以四川制置使胡元質等言，蠲免夔州路科買民間金銀等，民受實惠，晪措置爲多，故有是命。

二十三日，詔淮南轉運判官薛居實除直祕閣。以居實在任節省浮費，職事修舉，故有是命。

二月三日，詔添差浙東路安撫司參議官呂祖謙除直祕閣。先任館職日編次《文海》成書，故有是命。

三月十二日，詔知鎮江府司馬伋除寶文閣待制。以本府濬河修閘，惠利甚廣，故有是命。

五月七日，詔左司郎中趙公碩除直徽猷閣、福建運副。公碩言：「一去墳墓，十有三歲，未曾拜掃，人子之心，不遑寧處。」因而申請，故有是命。

七月二十三日，詔集英殿修撰、湖南帥臣王佐除顯謨閣待制，湖南運判陳孺除直祕閣。樞密院言，收捕郴寇日，佐節制軍馬，平蕩賊巢，忠勞備著，孺應副捕賊官兵錢糧辦集，23故有是命。

十一月十一日，詔提舉浙西常平茶鹽顔師魯除直祕閣。以師魯職事修舉，故有是命。

十四日，詔右文殿修撰、權知溫州胡與可除集英殿修撰〔二〕。以與可造海船精緻，故有是命。

七年正月十六日，詔直敷文閣、知静江府劉焞除集英殿修撰。焞節制軍馬捕獲妖賊，功効顯著，故有是命。

二月二十五日，詔龍圖閣待制、知隆興府張子顔除敷文閣直學士。以子顔職事修舉，故有是命。

三月六日，詔司農卿葉模除祕閣修撰，與監司差遣。模以久任司農，至是乞補外，上以和糴（位）〔倍〕增，建修西倉，故有是命。

五月七日，詔敷文閣待制、知廣州周自强除龍圖閣待制。以自强久任閫寄，備宣忠力，故有是命。

十月二十四日，詔右司郎中鄭良嗣除直徽猷閣、知揚州。以良嗣措置酒事有勞，故有是命。

十一月十二日，詔知嚴州蕭燧除敷文閣待制、知婺州。以燧治郡有勞，故有是命。

十四日，詔興元府韓炳除直祕閣。以炳久鎮邊闉，兵民便安，故有是命。

十二月四日，詔知鄂州丘崈除直祕閣。以崈職事修舉，故

〔一〕韓晚：下文作「韓晪」，當有一誤。

〔二〕溫：原脱。按本書職官七二之二七，淳熙七年四月知溫州胡與可因打造海船擾民罷任，與此條所述正是一事，知此處脱「溫」字，今補。

有是命。

八年二月二十三日，詔知明州范成大除端明殿學士〔一〕。以成大治郡有勞，故有是命。

七月四日，詔兩浙運判燕世良除直敷文閣。以世良職事修舉，故有是命。

十七日，詔江西運判尤袤〔二〕、淮南運判兼提舉常平茶鹽趙彥逾、知廣德軍耿秉、江西提舉常平茶鹽朱熹並除直祕閣，直徽猷閣、知寧國府丁時發除直寶文閣。以諸路州軍去歲旱傷，其監司守臣修舉荒政，民無流殍，故有是命。

同日，詔淮南運判兼淮東提刑王渥除直祕閣、四川茶馬。以渥守邊有勞，故有是命。

二十二日，詔敷文閣直學士張子 24 顏除顯謨閣直學士。以子顏前知隆興府，賑濟有勞績，故有是命。

十月四日，詔荆湖北路提刑江溥除祕閣修撰。以溥覈實邊防，職事修舉，故有是命。

九年正月十九日，詔直祕閣、知明州謝師稷除祕閣修撰。以師稷公勤清約，政績著聞，故有是命。

五月二日，詔權吏部侍郎、兼太子右庶子趙汝愚除集英殿修撰、知福州。以汝愚屢(磬)〔罄〕論思，宜分委寄，故有是命。

七月十一日，詔直祕閣、福州運副陳孺除直顯謨閣，廣東提刑楊萬里除直祕閣。以孺、萬里節制軍馬督捕有勞，故有是命。

八月十九日，詔知紹興府王希呂除敷文閣直學士，江東提刑梁總除直敷文閣，直祕閣、江西提刑朱熹進直徽猷閣，浙西提舉張杓除直祕閣。以去歲旱傷，監司、守臣賑濟有勞，故有是命。

十月三日，詔司農少卿楊獬除直顯謨閣、知明州。以獬屢更繁劇，備見宣勞，故有是命。

十四日，詔直徽猷閣、兩浙運判吳琚除直寶文閣，除副使。以大禮應辦有勞，故有是命。

十年二月二十三日，詔吏部尚書、兼侍讀、兼修國史鄭丙除龍圖閣學士、知紹興府。丙論思之久，遽請退閑，故有是命。

三月十三日，詔知鎮江府錢良臣除端明殿學士。以良臣治郡踰年，職事修舉，故有是命。

四月十五日，詔權吏部侍郎、兼太子左庶子詹儀之除集英殿修撰、知靜江府。儀之保奏二廣利害，深知民瘼，故有是命。

五月九日，詔權福建路計度運副蘇峴除祕閣修撰、江西運副。以峴廉介律身，職事修舉，故有是命。

七月十九日，詔國子司業黃定除直顯謨閣、知温州。以定治郡有聲，居官不苟，故有是命。

十一年正月二十七日，詔直龍圖閣、 25 權知揚州鄭良嗣除祕閣修撰，都大提點江淮等路坑冶鑄錢耿延年除直敷文閣。以良嗣守邊累年，安静不擾，延年皷鑄有勞故也。

二月四日，詔：「直徽猷閣、福建轉運副使趙公碩荐更麾節，備著賢勞，除直龍圖閣。」

七日，詔集英殿修撰、知婺州洪邁除敷文閣待制。進

〔一〕學士：原作「大學士」，據《宋史》卷三八六《范成大傳》删。

〔二〕尤袤：原作「尤柔」，據《宋史》卷三八九本傳改。

呈邁奏竄卒自斃劄子，上曰：「邁有知慮，今賞邁，諸郡自知勉厲。」故有是命。

五月八日，詔浙西提刑傅淇職事修舉，除直龍圖閣。

九月四日，詔知建康府趙彦操職事修舉，除直龍圖閣、福建轉運副使。

十月十七日〔一〕，詔：「利州路提刑勾躍宣勞所部，荒政具修，除直祕閣、知夔州。」

十二月十九日，詔：「禮部尚書、兼侍讀張大經久持從橐，屢請退閑，除徽猷閣學士，與郡。」

二十六日，詔：「知太平州陳騤躬行阡陌，備著勤勞，除集英殿修撰。知池州陳良祐早歷從班，宣勞民事，除敷文閣待制。」

同日，詔新知楚州錢之望除直祕閣。以之望前知和州措置屯田有勞，故有是命。

十二年二月四日，詔：「淮南轉運判官趙不流職事修舉，除直祕閣。」

七日，詔端明殿學士、知建康府錢良臣除資政殿學士。良臣言修築圩田了畢，上謂良臣職事不苟，於軍務尤留意，故有是命。

十七日，詔：「龍圖閣直學士、四川安撫制置使、兼知成都府留正職事修舉，除敷文閣學士。」

同日，詔：「直顯謨閣、都大主管四川茶馬王渥職事修舉，除直龍圖閣。」

二十二日，詔：「恭奉太上皇帝聖旨，祕閣修撰、知明
26 州趙師夔，秀王長孫，除敷文閣待制。」

四月二日，詔新差知揚州趙子濛除直龍圖閣。子濛自司農少卿出知揚州，上曰：「子濛亦是肯做事人，前係郎官除直徽猷閣，今已在卿列，可與進職。」故有是命。

四日，詔：「新知閬州曹訓屢分郡寄，勞効著聞，除直祕閣。」

六月二十四日，詔：「湖南提刑潘畤屢更事任，備著賢勞，除直祕閣、知廣州。」

七月二十四日，詔：「禮部侍郎史彌大舊學之子，自奮儒科，除敷文閣待制、提舉隆興府玉隆萬壽宮。」彌大乞祠，而有是命。

二十八日，詔：「直徽猷閣、知臨安府張杓職事修舉，除直龍圖閣。」

〔十〕三年六月十二日〔二〕，詔知平江府何萬除直龍圖閣。以萬到任未半年，積錢增羨故也。

十五日，詔：「興元府閻蒼舒職事修舉，除敷文閣待制。」

十六日，詔：「知遂寧府徐詡宣勞日久，除直徽猷閣。」

七月七日，詔：「大理少卿王尚之屢更事任，彌著勤

〔一〕原稿「十」與「月」之間右側又有一小橫，似爲「十一月」。

〔二〕十三年：原脱「十」字，據前後年月順序補。

勞，除直寶文閣、浙西提刑。左司郎中周頡宣勞滋久，有志事功，除直顯謨閣、湖北路轉運判官。」

十四年五月九日，詔：「江東轉運判官朱安國職事修舉，除直祕閣、知廣州。」

二十四日，詔：「新江東轉運副使沈揆久侍東宮，講讀有勞，除祕閣修撰。」

六月八日，詔：「朝奉大(人)〔夫〕林枅屢更事任，具著勤勞，除直祕閣、福建轉運判官。」

九月七日，詔：「淮南轉運判官王正己職事修舉，除直寶文閣。」

二十三日，詔：「太常少卿朱時敏久踐周行，備更事任，除直龍圖閣、知潼川府。」

十一月二十四日，詔：「前吏部侍郎王藺累經親擢，除敷文閣待制、27知隆興府。」藺丁母憂服除。

十五年正月十五日，詔：「兩浙轉運判官鄭汝諧差知紹興府，爲係選用，除直祕閣。」

三月五日，詔：「利州路提刑張縯賑濟有勞，職事修舉，除直祕閣、知遂寧府。」

二十三日，詔：「敷文閣待制、知静江府詹儀之宣勞累載，除敷文閣直學士，依舊知静江府。」

五月十七日，詔：「兵部尚書宇文价久司武部，職事究心，除徽猷閣學士、知紹興府。」

二十八日，詔：「知瀘州張忞屢更麾節，知止可嘉，除直顯謨閣，主管華州雲臺觀。」

六月四日，詔浙東提舉田渭除直祕閣。以永思陵訖事故也。

九月二日，詔：「浙西提舉史彌正舊學之子，職事修舉，特除直祕閣。」

十六年正月二十五日，詔：「刑部侍郎劉國瑞嘗居風憲〔一〕，久罄論思，除焕章閣待制、提舉亳州太清宮。」（以上《永樂大典》卷三八七七）

進納補官〔二〕

【續宋會要】

淳熙二年十一月二十六日，吏部言：「合州民袁驤入貲書填承信郎，錢未足身亡，乞改補孫允中，緣無許改補孫條法，合行刊正。」從之。以兼詳定一司敕令蔡洸等言，所修改補新法比舊法稍涉寬縱，因條具事下部看詳，故有是命。

〔一〕劉國瑞：原作「劉谷瑞」。按，谷瑞之名不見於宋代相關典籍，而國瑞則多見，且與本條内容相符。如《文獻通考》卷三二有淳熙十一年「侍御史劉國瑞」之記，與本條「嘗居風憲」合。《群書考索》後集卷一〇焕章閣條更明言：「待制，淳熙十五年置，初除劉國瑞也。」可謂鐵證，因改。

〔二〕原無此題。按《永樂大典》卷一一所載《大典》卷三八七八原目作「納粟補官」，而上文内容實不止於納粟，今改。前職官五五有相同之目，均出於《大典》同一卷，時代亦相接，應合併。

三年十月十九日，御筆：「鬻爵非古制也，夫理財有道，均節出入足矣，安用輕官爵以益貨財，朕甚不取。自今除歉歲民願入粟賑饑，有裕於衆，聽取旨補官，其餘一切住罷。已給降付州縣勸誘書填見在綾紙告身，並繳赴尚書省毁抹。」《寧宗紀》：開禧二年夏四月甲子，以薛叔似爲兵部尚書、湖[28]北京西宣撫使，鄧友龍爲御史中丞、兩淮宣撫使，下納粟補官之令。

開禧二年四月十三日，都省言：「諸路州軍近來饑賤傷農，從長措置，取到户部供具乾道七年、紹熙五年、嘉泰二年指揮，曉諭諸路州軍，如願納粟人户，隨時直紐計，與補官資。開具賞格：迪功郎、承節郎各一萬貫，承信郎、上州文學各八千貫，進武校尉四千貫，進義校尉三千貫，進武副尉二千貫，不理選限將仕郎一千貫，諸州助教五百貫。」詔令吏、刑部照應前項賞格，先給降空名告敕、綾紙付身等，付淮東西、湖廣、四川總領所官庫收管。如諸州軍有納粟之人願以米赴四總領所入納，即經本州給公據照應，與免沿路征税。仍先申尚書省，各照總領置司去處市價紐計錢數，徑從本所保奏，行下總領所，依前賞格書填給告。其所補官資，並照乾道七年指揮，不作進納名色。内文臣許依舊法關陞改官，永不衝改。令吏部出給公據，隨付身永遠收使。如有願就本州軍納米之人，即照本州軍市價紐錢，與補官資。

五月九日，詔：「應進納及吏職補授礙止法人，令赴封樁庫納錢一萬貫，申三省出給照劄，許於吏部收使，特與轉行。以後起理磨勘，所有日前歷過月日并已得酬賞公據，並不在收使之限。」

十月二十六日，詔：「承直郎、前建康府江寧縣丞章飛英父子悉力助邊，忠誠可尚，飛英特與改合入官，章慈龍與補修職郎，仍依蔭補法。」知池州韓茂卿言：「飛英以[29]王師征行，出家貲四萬貫少裨財用；其子慈龍以聖上鋭意恢復，欲效卜式輸財助邊，出家貲四萬少助軍需。飛英係壽聖皇后宅門客出身，銓試上等，關陞及格，更歷三任九考，有舉主四員，乞與免舉主一員改（宫）〔官〕。慈龍係應進士舉，所輸合迪功郎四員之直，乞特補一官，不以進納爲名。若不（擾）〔優〕異推恩，無以風示天下樂輸之意。」故有是命。

十二月二十四日，詔從事郎、新差監行在太平惠民和劑局徐普特與改次等合入官。以獻穀二萬石，并備錢九千九百貫，招募忠勇、效用三百四十七名，特有是命。

嘉定二年正月十五日，詔：「將見賣官告綾紙、敕帖照立定價貫，以十分爲率，各權減一分。並限兩月，如在限外，更不裁減。」以臣僚言，救濟兩淮饑民，乞將立定文武官品價錢量減，令以時價折納米斛，故有是命。

三年三月二十八日，詔靖州文學易蒙正與補迪功郎。蒙正元係建昌軍南城縣待補太學生，先於嘉定二年正月十七日，以獻米五千石賑濟，補下州文學。續又陳乞曾獻軍儲，户部指定進納軍儲米一千五百石以助軍糧，乞稍加旌別，繼有是命。

十二月十五日，詔：「朝議大夫、直徽猷閣張宗愈，承事郎張鉅，承奉郎張錧，各特轉一官。」以宗愈等共獻米二萬石，故有是命。《寧宗紀》：十年冬十二月戊申，以軍興，募民納粟補官。

十二年正月二十九日，臣僚言：「國家自殘虜渝盟之後，調度寖廣，遂下鬻爵之（臣）〔令〕，30 以佐軍興。監司、帥守非不欲悉意奉承，期於趣辦，然州縣之間罕有應令者。官司無以爲策，未免抑配，或令富室鳩金共買，或將税户計産敷錢。物價既足，往往決得失於呼盧一擲之間，氣象萎薾，非所以令衆庶見也。臣嘗反復思之，止緣前來鬻爵之賞既優復吝，人懷二三。如出官一節，近限以兩試終場，令其破格注授，恩似優矣，然多貲之人，文學、法理未必素習。彼捐萬緡與官爲市，正利便得虚名，二年兩試，患得患失，悠悠歲月，恐誤指準。乞下曉諭，如人户願買武資，即與就部量試墨義，（使）〔便〕令出官。如買文資者，除曾請文解人外，委自吏部長貳倣任子年及法，躬親簾引小經義一道，或省題詩一首。若文理稍通，即與免銓出官，更不衝改。庶幾百姓見之，不復疑惑，樂於應命。」從之。

十五年十月二十六日，臣僚言：「頃歲在蜀，恭聞朝廷給降將仕郎綾紙，而宣司敷下鹽井等户，以爲鹽本。每道之直以千緡計，所以權一時之利也。補授之人許令鎖試，所以示其薦進之便也。近歲以來，敷賣既多，並緣致害。井户等家既迫官司之命入納其直矣，停滯既久，轉變不行，急於求售，損其價貫，每道減至百五十千川楮，遂使蜀民利其易售，輕出川楮，圖爲補授之計。使其初止爲鎖試之階，猶未爲甚害也，而姦駔之徒左右罔利，夤緣宣司差補攝職，憑藉聲勢，擅作威福，此豈不爲四蜀之大害乎！且此徒入 31 楮規圖補授，既不問其來歷，則未必皆公卿大夫之子孫，未必皆知禮義廉耻之善類，僅出微直，遂衣品服，徒知姦貪，何有顧藉！臣近聞蜀守憤其妄作，嘗形奏疏，俾罷差攝。陛下俯俞其請，已行禁戢，未能盡去。乞行下四蜀諸郡，凡有承買綾紙之人〔一〕，止許其隨路鎖試。脱或軍興，亦不許暫差權攝，關涉州縣職事。庶幾蜀士安分，不至思出其位，肆爲民害矣。」從之。

賑貸補官〔二〕

【續宋會要】

淳熙元年三月二十四日，詔：「浙東路賑濟、賑糶，依湖南、江東西米數減半紐計推賞。」謂如四千石合補承信郎，今減作二千石之類。已而淮南一路亦許依此。

四月五日，江西安撫使龔茂良言：「吉州廬陵縣鄉貢進士易嘉謨、安福縣税户朱大臨各出米四千石，廬陵縣將

〔一〕買：原作「賣」，據本卷後文職官六二之五九改。

〔二〕原無此題，據《永樂大典目録》卷一一所載《大典》卷三八七八原目補。

仕郎王邦乂、承節郎王孚各出米一千石賑濟，乞推恩。」詔易嘉謨補上州文學；朱大臨合補承節郎，以曾抵流刑，許與子孫正名承受；王邦乂循一資，仍與占射差遣一次；王孚減二年磨勘，陞一年名次。尋詔嘉〔謀〕〔謨〕仍循一資，以復納米一千石故也。

七年十月十九日，詔：「已降指揮，江西、湖南旱傷，立定賞格，委州縣守令勸誘有米富室賑糶、賑濟補官資等。今歲江浙、湖北間有旱傷處，令户部檢坐已定賞格，行下逐路監司、帥臣，於旱傷州軍依此施行。」

八年三月二十八日，詔吉州進士譚焕，常州進士施浦、徐溥，並特補迪功郎。宰執進呈浙西帥、漕、憲[32]司保明，焕等各出米五千石賑濟，欲遵格補官。上曰：「朕不鬻爵，以清入仕之源，今以賑濟補官，却是爲百姓。」

九月二日，南康軍建昌縣進士張世亨補承節郎，劉師興補承信郎，張邦獻、黄澄並迪功郎。

十一月二十六日，詔：「兩淮州軍并紹興府、徽、嚴州，各將今來願出米賑濟、賑糶之人，與依淳熙元年減半推賞。」先是，權刑部侍郎賈選言：「昨以江浙、湖北旱傷，檢坐乾道七年賞格，勸誘富室賑濟。緣今歲江浙、兩淮連年旱傷，米價寖貴，與去歲不同。今賞典既輕，積粟之家尚多靳閉，乞引用乾道七年賞格減半推賞。」事下户部，本部言：「淳熙元年耿延年申請浙東路賑濟，已依湖南、江西米數減半紐計推賞。」故有是命。

十二月十二日，浙東提舉朱熹言：「本路州縣災傷，唯紹興府最甚。今臣僚奏請依淳熙元年指揮減半推賞，本府田土瘠薄，連年災傷，及格者必少。乞令諸路州縣，人户願自般運米穀前來紹興府賑糶、賑濟，亦乞依指揮減半推賞。」從之。

同日，兵部員外郎黄定言：「閩、廣州郡連歲豐稔，粒米狼戾，皆係瀕海去處，便於般運。乞令户部紐給憑由，以米一十萬石爲約，均下廣東、福建路曉諭，願爲僧道之人，每名備米三百石請换度牒一道。限來年五月以前津運，赴紹興府倉或行在豐儲倉送納，候數足，赴禮部給降度牒書填。如出限，即不許請换。」從之。既而九年二月八日，中書門下省言，[33]恐米數稍多，詔每道特與減五十石。黄定又言，恐所減太少，蓋度牒本價只四百貫，更合小損，不當反高其直。詔浙東米價稍高，每道更減五十石。

十五日，臣僚言：「出粟推賞，自有乾道指揮，近獻議者欲減半推賞，朝廷委曲從之。使其所賑之數，民間實得之，官爵何足靳也。今賑濟米數先納於官，人户不得干預者，猶有説也。至於賑糶，難於稽考數目虛實及的確價例，不知富室大家計會吏胥，以相影蔽，縣官令佐但憑糶曆，便與保明，仍與賑濟者分數受賞。乞行下戒敕。」從之。因臣僚奏賑濟被賞太濫，乞别立銓選之法，執政奏：「出米賑濟，經官交量，賞之以官，其弊猶少。若減價賑糶之賞，初無監臨，特因其自陳，官司保明，無非冒濫。」上曰：「自今或有災傷地分，欲勸民户出粟，此項賞格除去。」

二十五日，詔：「禮部給降空名度牒一百道付紹興府，每道許諸處人户以（來）〔米〕三百石請換，依條書填。其米委守臣認數椿管，仍旬具已給度牒并交收米斛數目申尚書省。」

九年二月十四日，詔迪功郎、新贛州龍南縣尉胡昌朝特循一資。以賑糶過米數折賑濟米一千石推賞。

六月二十二日，詔明州奉化縣進士汪伋特補迪功郎。以獻助賑濟米六千石推恩。

十年正月二十八日，湖北安撫、轉運、常平司言：「鄉貢進士呂遵運米五千石獻助鄂州賑濟，遵居鄰路潭州，冒涉重湖，載米相賑，乞從立定賞格補以文資。」上曰：「賑濟補官，與理34選限，自今非旱傷州不許獻米補官。」於是依格補迪功郎。

六月二十一日，上謂輔臣曰：「賑濟補官，得理選限，豈可輕以授人？自今州縣或遇災傷，須有指揮許行勸諭賑濟，諸司方得保明推賞。」

九月十一日，詔傅杰、吴葵補上州文學，嚴迪補進義校尉。以賑濟推賞也。

十月十一日，詔江元英、桂晞龍、董待聘、鄭守、胡文龍、胡如璋，各於賑糶賞格遞降一等推恩。

十一年十一月六日，詔台州進士沈汝奎補進武校尉。汝奎獻穀五千石、米二千五百石，浙東諸司保奏免文解一次。汝奎進狀稱推賞不當，户部乞從賑濟米二千石格推賞，故有是命。

十四年六月十一日，詔：「常州進士嚴龜年補進武校尉，候到部免短使一次，更減二年磨勘。」户部言：「龜年獻米三千五百石賑濟，緣無三千五百石賞格，欲將二千石與本人補進武校尉，一千五百石合補進義校尉，比擬作減二年磨勘，於進武校尉上收使。」故有是命。

十二月十四日，詔臨安府府學生任定與補上州文學，吴壯猷、諸葛永年並補進武校尉。定以出米四千石，壯猷、永年並以出米二千石賑濟推恩。

十五年二月二十日，詔吉州進士袁捐之補進義校尉。以出米一千五百石賑濟推恩。

三月十五日，詔秀州周世恭補承節郎。以出米五千石賑濟推恩。

四月十五日，詔南康軍民牛汝霖補承信郎，池州進士姜庭資補不理選限將仕郎。汝霖以出米四千石、庭資以出米一千五百石賑濟推恩。

五月十一日，詔江陰35軍進士徐昌宋與補迪功郎。以糶米五千石賑濟推恩。

淳熙十六年十一月二十六日，詔進武校尉張龜從特與轉一官。以湖北安撫司申，勸諭出米三千石賑濟，故有是命。

紹熙二年十二月二十五日，淮南東路安撫司申：「管下州縣多有旱傷去處，米價頓長。檢照淳熙八年朝廷劄下兩淮州軍，應出米賑濟、賑糶之人，特依淳熙元年三月二十四日減半指揮推賞官，今乞依前項減半推賞。」詔依，仍照應節次已降指揮。

四年八月十二日，詔：「逐路諸司如實有旱傷州縣，許勸諭官民户有米之家赴官輸米，以備賑濟。委知、通交量，認數樁管，相度荒歉輕重，申取朝廷指揮，方許支撥。其出米及格人，仰逐司連銜保奏，依立定格目推賞施行，不得科抑。」以中書門下省言，今歲浙東、江東、淮南等路州縣間有旱傷去處，故有是詔。

紹熙五年九月二十七日，檢正都司言：「照得元立納米補官賞格，係以豐年米價爲準，每石只計錢兩貫，委爲太輕。耿延年所請，却係大荒米價甚貴之年，每石計錢四貫，委是太重。況所在米價高下不同，難以一槩。（令）〔今〕參照前後條格指揮，將官資計錢立價：迪功郎、承節郎一萬貫，承信郎、上州文學八千貫，進武校尉四千貫，進義校尉三千貫，進武副尉二千貫，不理選限將仕郎一千貫，諸州助教五百貫。却令入納人以見在市米價計米入中，須管於州縣倉送納，據數樁管，具申朝廷，聽候指揮分撥糶濟。其米價令知、通、令、佐同市令官重結罪賞保明[36]詣實。淳熙十四年七月内指揮，從本州徑行保奏，免經由其他官司。其所補官資，照乾道七年八月一日指揮，不作進納名色。令災傷州縣鏤牓曉示。」從之。

閏十月二十一日，詔宣義郎張宗況、宗愈特轉一官，與屬官差遣。以兩浙州縣米價騰貴，小民艱糴，詔許帥守、監司勸諭豪右出米賑糶，保奏推賞。出米最多、利濟及民者，優加旌擢。至是，臨安府言，在城張、楊、劉府歲入甚豐，以理勸諭，宗況、宗愈首出米一十萬石，乞先次推賞，敦勸餘人，故有是命。

十一月二日，詔：「臨安府等處見行濟糶，用米數多，令户部檢坐已降賞格行下。令吏部每郡各給空名付身三十道，内迪功郎告二道，承節、承信郎告各三道，上州文學敕、進武進義校尉綾紙、進武副尉帖各二道，不理選限將仕郎綾紙四道，諸州助教綾紙十道，降付臨安、平江、建康、鎮江府，委守臣措置勸諭富室上户及四方客旅，照立定錢數估直時價米入官。候納足日，申取朝廷差官覆量見數，保奏（書）〔畫〕填，不得容令吏人乞覓阻節。每有入到米數，另項寄敷樁管，聽候朝廷指揮，不得擅行支用。」

慶元二年六月七日，詔修職郎汪伋循一資，汪份特補迪功郎。以同知樞密院事何澹言〔一〕：「頃歲假守慶元，適當大歉，有奉化縣寄居修職郎、新漢陽縣尉汪伋不待勸諭，捐穀四萬，減價賑糶，以救災傷，又爲本縣代納税錢五個月，以使細民從便興販，一[37]時人户賴以存活。淳熙年間亢旱，亦（當）〔嘗〕令其弟份納粟輸官。本府以應格保明推賞，朝廷竟未給告。伋好施不倦，繼又爲奉化小民代納一年丁錢，以此知其前後務在濟人，誠可嘉尚。乞還汪份之

〔一〕何：原作「河」，據《宋史》卷三九四《何澹傳》改。

賞，以示大信，量與伋循轉，風示中外，爲歉歲富人之勸。」故有是命。

嘉定九年六月二十九日，淮南運判喬行簡言：「光州光山縣寄居承信郎、新黄州黄岡黄陂麻城三縣巡檢方暉，當本縣勸分之初，白於其母，以稻一千五百石應副光山，以二千石應副固始。仍於沙窩市置場賑濟，每斗市價二貫四百文省，暉減作一貫一百五十省，每斗計減錢一貫二百五十省，通減四千餘緡。又自出力以主其事，兩縣飢民多得其力。訪聞方暉之母年八十，輕財樂施，每遇歉歲，即發所藏減價出糶，又將所得之資隨力濟人，如是者已二十年。乞將暉少加旌賞，或以初封加惠其母。」詔方暉母王氏特與初封孺人。

十一年五月六日，詔登仕郎蔡允成特補進武校尉。允成先以賑濟推賞，補授文資。嘉定八年，復能自備米穀濟糶鄱陽六鄉飢民，江東提刑司保明來上，故有是命。（以上《永樂大典》卷三八七八）

假試官

【宋會要】[一] 38 元豐四年十月庚辰，詔：「自今除授職事官，並依寄禄官高下爲法。凡高一品者爲行，下一品者爲守，二品以下者爲試，品同者不用行、守、試[二]。」此宋制所謂「試」也。

攝官

【宋會要】

太祖開寶四年正月，詔：「今後諸道州縣不得更差攝官，凡有闕員，畫時以聞，當旋與注官。若正官未到，各以見任他官權管。如有日前已差攝者，限以勑到日停罷。」

十一月，詔：「諸處攝官，近皆停罷，或有累親公事，稍負器能，慮成棄捐，所宜搜訪。其令吏部流内銓、南曹徧下諸道[三]，有曾經三度攝官無遺闕者，仰點檢解由，具名以聞，當與考試，量材録用。其僞命差攝者，不在此例。」

六年五月十五日，詔：「今後應虛稱鄉銜攝官，不曾到任勾當并取解赴舉人，並不得與州縣官客禮相見。其假僞攝牒文書，便委逐處追取焚毁。所有曾親公事、攝領分明及嘗舉人，不在此限。」

太宗太平興國六年十月，詔：「應諸道州軍不得占前州縣官假攝他職。」先是，京西轉運上言：「管内諸州闕員多以前資官充攝，不給俸禄，恐乖廉恥之道，願一切罷之。」故有是詔。

[一] 按，下條當非《宋會要》之文，除用干支紀日外，末句語氣亦不似宋人語。末句以前之文字則引自《長編》卷三一八。
[二] 行守試：原脱，據《長編》卷三一八、本書職官五六之七補。
[三] 徧：原作「編」，據《宋大詔令集》卷一六〇改。

九年五月，詔：「廣南攝官並給印紙，令本州依正官例批書在任功過。」

雍熙四年六月，詔：「向者嶺南闕官處，權以攝官處之，而多非[39]其人。自今並令試問吏理，及察驗人材行止，稍有可取[一]，即選用之。三年無遺闕，送赴京，當與出身敘録。仍不得於外增添差攝。每攝須及一周年已上，理爲一任。如經三攝有勞績，無殿犯，方得奏解赴闕。候到，試問所業淺深，引見量材録用。如嶺北人到彼見差攝勾當者，委本州長吏常須察訪，在任有踰違者，差人押過嶺北，歸本屬州縣。今後北人過嶺南者，不得更有差攝。」先是，上封者言：「北人不調者，拋離父母，往嶺南求充攝官，所爲率多踰越。」故條約之。

淳化二年閏二月，詔：「嶺南管内州縣先闕官處未有正官，即於本管差攝，宜令兩路各於攝官内選留二十五人以備承乏，餘悉放歸田里。内有嶺北人，並發遣歸本道。」

四年七月，詔：「廣南諸州攝官，如逐任有勞績，無殿犯，仰轉運司發解赴闕。」

真宗咸平三年四月，詔：「自來所差攝官勾當及三十六個月，内有犯公罪至徒及私罪至杖以下，無贓污者，依法當贖。累攝考限滿日，依例解送赴闕。」

景德三年四月，瓊州左都押衙、權知崖州韋懷逸言：「海南儋、崖、萬安三州，並以瓊州職員勾當，乞依攝官例，公罪聽贖。」從之。

大中祥符九年六月，廣南西路轉運使余獻可請以西南蕃歸明人陸光映充小郡攝職事官，詔以光映攝昭州軍事推官。

天禧五年正月，廣南西路轉運司言：「今後瓊管轉運司闕攝官，望委當司於諸州試到明法攝官内覆試刑名，合格者[40]差攝瓊、儋、崖、萬安四州判司簿尉。其攝官歲滿者，並令磨勘，試問才業深淺，無贓私徒罪，即發解赴闕。」從之。

五月，廣南西路轉運司言：「元准詔存留攝官二十五人差遣，尋以諸州正官事故及過滿，准銓牒放罷任，却令差官權勾當。勘會諸州例皆獨員，無官可差，須至於前攝官内權差勾當。上件攝官勾當錢穀刑獄公事，逐月請受並有過犯依例停削，並與正攝事同。内有年滿乞解人，已磨勘出給文解，發遣赴銓去訖，欲望特下銓曹依例施行。」從之。

十二月，權三司户部判官黄宗旦言：「前在廣南西路提點刑獄，見轄下攝官頗多不法。況遠方之民，冤枉難訴，所置攝官殊無所益。乞除見任及自來不合差使去處爲闕官權差勾當者，候三十六箇月滿，別無遺曠，令轉運司依舊制解來赴銓外，其餘已受(世)〔試〕補及隨軍充使文牒、未經差使者，並放逐便。仍乞不抽已受文牒，許令鄉曲稱呼。其逐州府自今更不得解送入轉運司乞行試補，所有闕官

[一] 有：原無，據《太宗皇帝實録》卷四一補。

處，下銓司差廣南本土人見在諸處守官及鄉土相（迎）〔近〕者充填。」從之。

乾興元年四月，詔：「儋、崖、萬安三州知州，並於廣南見任解官内選差權知。其瓊、儋、崖、萬安四州判司簿尉，銓除。天禧五年十二月二十日勅前已經試補中祇候差遣并見勾當者，並仰存留依舊，候年滿日依前後條貫差攝，今後不得解送赴轉運司試補添置。」

十一月，詔：「廣南東、西路依舊 41 差補攝官，以曾攝人充，每司各留二十五人。如少人，取進士曾應兩舉、諸科三舉者充。如犯杖罪已下及徒以上公罪，依法收贖。徒以上私罪真決并家屬押過嶺北曾有過者，須通攝滿五年，方許解送。其解官自來兩（佐）〔任〕五考便入令録，自（令）〔今〕並以三任七考爲限。」先是，黄宗旦言：「廣南諸州請不許試補攝官，所闕官處並令吏部銓注。」至是，銓司言少人注擬，故復有是命。

仁宗天聖七年七月，詔廣南東西路轉運司：「自今發解攝官，内有諸般事故，不管公事不得理爲月日外，及得年限，即依條解發赴闕。」

嘉祐五年三月，詔：「廣南東西路攝官皆處荒遠炎瘴之地，而月俸不足以自給，其月增錢一千五百。」

治平二年九月，詔：「廣南路攝官犯贓罪杖以下，雖會赦，追所授牒，後不得復攝。」

神宗熙寧三年十一月十九日，編修中書條例所詳定：「應廣南東、西路轉運司，每二年一次以本路兩舉進士合差攝者，先定月日，差官三兩員考試公案五道，該涉刑名五七件，分作五場，齎所習文字就試，以通數多少挨排。仍契勘二年合用攝官人數爲額，以通數多者爲合格，其餘駮放。不限試數，並許再試。」詔廣南攝官見請料錢三千，更特添支二千，仍支見錢。餘並從之。

九年七月十七日，中書門下言：「廣南東路轉運司言：本路正額攝官，今來事宜之際，各差押運糧（解）〔斛〕，闕少攝官差那替起正額攝官赴本司差官分試公案。42 今來廣西事宜未定，上下官司所差分頭幹事官員人數不少，不唯正額攝官見在任者無人權替，至額外官亦恐逐急差使外，見在人數不多。所有廣東、西兩路〔分〕試公案，欲令候事宜寧息日施行。」從之。

元豐元年十月十四日，司農寺言：「進士李復、王諶踏逐府界官荒地，募誘閩、蜀民種稻有勞，乞推恩。」詔李復、王諶並與廣南路攝官。先是，熙寧六年十月八日，詔布衣李復、王諶聽往川峽募人，分耕畿縣荒地以爲稻田。

哲宗元祐元年閏二月二十八日，詔：「八路知州、通判、僉判、監司屬官、承務郎以上知縣、大使臣員闕〔一〕，並歸吏部差注。内接送人合支顧錢者，並官差兵士〔二〕。内

〔一〕「大」下原有「小」字，據《長編》卷三七〇刪。按，小使臣不歸吏部差注。

〔二〕官差：《長編》卷三七〇作「只差」。

有專條并奏差及一時指揮，及其餘闕并水土惡弱及自來差攝官處，並依舊。」

四月十八日，詔：「八路選人員闕，除有專條并奏差及一時指揮、并水土惡弱及自來差攝官處並依舊外，餘歸吏部。」

徽宗崇寧元年正月十五日，廣南東路提舉司言：「準元祐二年詔：『攝官，本路轉運（副使）〔使副〕每年同罪奏舉四人，先次入額，提刑、運判二人，知州一人；西路轉運使副五人，提刑三人，知州一人；無可舉者聽從便。』今來即未該載提舉官之文，乞於『運判』字下添入『提舉常平官』五字。」從之。

大觀三年五月十八日，吏部言：「除見將願就二廣、黔南差攝官符逐路轉運司及曉示一面前去就攝外，其梓夔路新邊州軍並二廣、黔南路判司簿尉命官員缺，43 有出榜無人願就去處。」詔：「令吏部審驗堪任釐務人，依敕闕資次，文學注權官，次參軍注攝官。內文學願往逐路轉運司射闕，本部出給公據發遣前去。其在外願赴逐路射闕人，所在轉運司依此審驗發遣。其文學經恩日係年六十已外以未到任，聽依條保舉。如舉主員足，候一任回日，方許依本法注正官。其舉主並聽依元奏舉日收使。以上如有合支遠接顧錢，候到任日依條支給。」

政和二年六月六日，吏部言：「陳州文學徐猷等狀：『伏覩禮部曉示，諸州文學遇赦保注權入官。猷等蒙恩釋褐，若待赦恩注官，日月尚遠。竊聞黔南、二廣等路見多闕官，伏望免經恩保奏注官。』檢準令，諸恩應舉授散官，如遇赦與注權官。又元豐三年六月大赦節文：應進士、明經、諸科恩澤授諸州參軍，年六十以下，並許召保注權官。乞依元豐赦施行。」詔：「應特奏名授諸州參軍，係三舉年未六十人，並許權注廣南東、西路并梓夔路新邊州軍攝官。其曾充上舍及貢士、太學、辟廱在學職事人差權注僻遠及遠惡州教授、諸州文學人，願就前項路分差遣者聽，仍免經恩保奏，許注權官。餘並依本法。」

三年二月六日，尚書省言：「勅賜榮州參軍武航狀，元應新科明法，兩舉到省，昨緣廢罷本科，授前件官，見年三十九歲，即非老榜奏名，乞依三舉人例送吏部，注授廣南東西、梓夔路攝官。吏部檢照政和二年六月七日敕：『應特 44 奏名授諸州參軍，係三舉年未及六十，並許權注廣南東、西路並梓夔路新邊州軍攝官。其曾充上舍及貢士、太學、辟廱在學職事人差權注僻遠及遠惡州教授〔一〕、諸州文學人，願就前項路分差遣者聽，仍免經恩保奏，許注權官。餘並依本法。』」詔：應特奏名參軍人，二舉以上，年六十五已下，許依政和二年六月七日指揮施行。

二十五日，吏部言：「據敕授榮州文學李林等狀：『昨因應進士舉，蒙恩授前件出身。竊詳政和二年六月七日指

〔一〕注：原作「諸」，據上條改。

揮，其文學、參軍並許注授。近承朝旨，參軍二舉以上，年六十五以下，依政和二年六月七日指揮，許注廣南及梓夔新邊攝官。文學係在參軍之上，年六十五以下之人，即未審許與不許依參軍已得指揮。』又送到敕賜石州文學張踶狀：『竊念踶係應進士舉，蒙恩授文學，見年六十三歲，欲乞依上件參軍例，注授二廣等路攝官。』」（照）〔詔〕依今年二月七日已降特奏名參軍指揮施行。

七年十一月十五日，知潭州陸藻言：「二廣攝官，其法至弊。以場屋蹉跎之餘，苟賤不廉，與吏民素昵，一命承乏，爲良民害。」詔：應文學、助教不許差攝縣令。

高宗建炎二年十一月二十二日赦：「應進士、貢士補授文學，並許奏注權入官。」

二十五日，吏部言：「二廣承直郎以下窠闕，自熙豐以來，本路召人指射，多是白衣舉人權攝。近勑歸吏部，非惟攝官差注不行，兼本處地遠烟瘴，願就者少，本部又無合行45差攝之人。欲將二廣窠闕，依舊令本路差（法）〔注〕。」從之。

三年九月二十五日，詔：「今後諸路時暫差官權攝職任，若犯入己贓，其元差官司並與同罪。」

四年五月六日，詔：「廣東路見闕巡尉去處，令本路轉運司限一月差注。如限滿無人願就，令本司具闕關提刑司，許行奏差一次。」

七月十二日，詔：應監司、郡守違法差權官並罷。

紹興元年九月五日，詔：「諸州縣闕官，除係繁難知縣及係獨員無官可（無）〔差〕去處，並許選官權攝幹當，其餘（正）止令以次官兼權。其未降指揮以前已差權官並罷。」

十八日赦：「（令）〔今〕後遇正官有闕，其所差權官應差出者，將職事令本處見任官兼領，不得更差人權攝。其朝省差去正官，並令放上，毋輒阻節。敢有違犯，並科違制之罪。仰監司、帥臣互察，御史臺彈奏。」

二年五月二十五日，詔：「應行在權官並罷，户部、刑寺許長貳指差見任人兼權。」

十月十五日，詔：「諸州縣闕官而依法合差罷任待闕官權攝者，並令本州取印紙批書到任月日，替罷亦批有無不了事件訖，方得離任。如無印紙，即取誥勑、宣劄，於背後真謹批書，當職官具銜書押用印。候參選日，吏部取索點檢，如曾權攝職任而不批罷事因者，依非任滿擅去官守法施行。」

三年正月十九日，吏部言：「廣南上等攝官窠闕共八十二處，欲乞權行撥歸本部差注。」從之。

五年五月四日，前充瓊州州學教授鄔大昕言：「二廣地理遥邈，利入不足以資正官，故有攝職。祖宗朝，一路46以二十五人爲額，號曰正攝，由二年而陞以真命。後又增二十五人，號曰待次。崇、觀以來，又增五十人，號曰額外注授。並由轉運司，他司無預而總焉。近年總司不一，交爭貨易，攝官窠闕，遂注武夫。」事下吏部，本部奏（訖）〔乞〕今後攝官窠闕，如遇闕官去處，所總之司差官攝權，不得互差，候正官到日罷。若權官作緣故執占及監司非所統窠闕而輒差權官者，各徒二年。從之。

二十一年閏四月二十二日，詔：「諸州軍見任官闕，如監司、郡守應差官權攝，仰於本月内具權官職位、姓名申吏部稽考。如有違法，重寘典憲。」

二十五年十月五日，詔：「川、廣遠地守令有闕，或以見任官時暫兼權，仰即申吏部選差正官，不得隱藏闕次，違法差權。」

二十六年八月三日，吏部言：「八路官定差權注見闕，而勘會應差者所權月日，聽理爲任，舉主仍許收使。紹興十五年續降指揮，逐路以前定差見闕，（見闕）雖及成資，如未經考功陞改，及今後定差之人在任雖及二年，不該差注、不曾承受省符者，不許理爲資任。與前法抵牾，合依舊制。」從之。

二十八年三月四日，詔：「州縣闕官法應差攝者，不得差本處寄居（言）〔官〕。其被差官到罷月日，必書于曆，無得漏畧。如有違冒，重寘典憲。」從右正言何溥請也。

三十年四月二十三日，臣寮言：「二廣去京極遠，祖宗時置攝官，以曾請兩舉省試下人就轉運司試刑法，取合格者，始則以待次補之，又陞 47 而至於正額。正額須歷任四周年，無過犯，方從轉運司解發赴部，改授爲真。兹祖宗優恤嶺表士人之良法也。昨見廣西轉運司申，乞將攝官四十一處窠闕差小使臣、選人。且攝官之俸，月不過錢十貫、米二石，而小使臣、選人請給比攝官數倍，州郡豈能枝梧？兼失攝官榮進之望，乞依舊法。」從之。

三十一年二月十五日，御史臺言：「乞專委諸路轉〔運〕司，每月取索所部州縣有無違法差過權官，申本司訂正，每季開具，保明申臺，以憑點檢。若轉運司失於取索及供申不實，亦乞一例彈劾。」從之。

六月九日，詔：「廣南路攝官待次、正額各以五十人爲額。遇闕，轉運司將本路實請兩舉人差官鏁試注授。其請一舉、或免解、或未請舉人因捕獲賊賞陳乞補充攝官，並不得補攝。」從本路轉運司請也。

三十二年五月十三日，詔：「廣南西路幹官有闕，可令幹官兼權。或無他幹官可權，以本府（募）〔幕〕職官時暫權攝，不得以外州判、司、簿、尉離任就權。」以本路邊郡判、司、簿、尉間有酬賞之處，入仕者憚遠不屑就，惟不能銓試者以殘零授之。及至任，又巧圖幹官權攝，坐享優逸，任滿不失酬賞，僥倖爲甚，故有是命。以上《中興會要》。

孝宗隆興元年三月十四日，樞密院言：「殿前、馬、步三司所入有限，而縻費甚廣，所請權攝幹官與提點醫藥、飲食及准備差遣、差使、使喚之類，率以權攝爲名，更無限員。欲望劄下逐司，日下住罷，庶得用度稍充。」詔 48 今後除合差員數外，不許非泛差權。如違，當寘典憲。

二年三月二十七日德（昔）〔音〕：「勘會廣南缺官去處，於法許差攝官，近來往往徇情違戾，致所差人廢弛職事，貪暴苛刻。仰本路監司體訪，日下並罷。」

四月十五日，詔權攝人並罷。以臣寮言權局之弊也。

九月十九日，權發遣昌化軍李康臣奏：「皇祐廣南東、西路通行勑節文：應闕官處許轉運司差攝官。臣契勘二廣舉人兩舉到省試下，家貧親老，無以贍給，即就本路轉運司試刑法、勑令格式、斷案五場，考中者補爲南選攝官，迺祖宗優異遠方，永爲不刊之典。其權攝監税、簿、尉月俸不過十餘貫，非惟攝官者得以供贍，亦所以省小郡財賦也。且以昌化一軍言之，本軍税務日收止一貫或二貫，税官皆承信郎，月入不償其俸。又感恩縣一季税錢及經總制錢共不過百十貫，其縣多是秉義、保義郎，又延德知寨及主簿亦差命官，月俸無以支給。前權軍鄧璵曾申三司，乞奏朝廷，將感恩縣并隸昌化縣，庶省請給，蒙委瓊管司見行勘會。乞行下二廣，如此遠小縣寨去處，其監税、縣令、簿、尉及寨官止差攝官。」户部看詳，欲行下本州照會施行。從之。

十月一日，廣南西路轉運司申：「隆興二年四月十五日赦節文，應權攝人並罷。契勘本路係僻遠去處，諸縣寨等多闕正官，兼諸務止有令一員，簿尉一員，若省部俱未差到，無官可兼，竊恐職事廢弛。欲依八路事 49 法，令逐司差官暫權。」吏部勘當，欲依專法，令權官暫權。從之。

乾道元年正月一日大禮赦文：「勘會近降指揮，諸路員缺不許差官權攝。其二廣州軍有依條令差攝官去處，可依舊制。」三年十一月二日大禮赦同此制。

六月十五日，中書門下省奏：「勘會諸路差試官不足去處，許於縣令、丞内差撥，其被差官闕，多差寄居待闕官權攝，理宜約束。」詔應差知縣、令、丞充考試官，其職事令以次官兼權，不得别差官權攝。

十二月二十五日，臣僚言：「淮甸近年以來，監司、守帥私差權攝，刻剥斯民以給其俸。以廬州一郡觀之，其他可知。酒税自有正員，今也增檢察、監轄二員，又增都檢轄一員。舒城、梁邑酒税本令知縣兼領，而檢察、監轄專任焉，俸何以給？欲望指揮，並罷權攝，庶幾少寬民力。」從之。

二年三月十三日，詔：「今後二廣縣令闕正官一年去處，許本路諸司奏辟，不得差官權攝。」

十二月二十五日，中書門下省奏：「訪聞廣南州郡守臣改移事故，多是寄居待闕官以勢力圖權郡事，公庫郡帑，私費妄用，深屬未便。乞自後以廣闕守臣〔一〕，差通判或僉判兼權。如並闕，令帥、憲、轉運司同共於鄰州選差正官通判或簽判暫攝。其通判、簽判、曹職官、丞、簿，止許以次官兼。所有知縣、縣令無(承)〔丞〕、簿處，并場務及巡尉闕官，在法應差權者，方許差權。如違，請給計贓，元差官具姓名申尚書省取旨。許監司互行覺察，有違戾，按劾 50 以聞。」從之。

〔一〕以：疑當作「二」。

六年三月二十三日，臣僚言：「近時監司、郡守多將不理選限納粟借補之人，互以諸司幹官、州郡幕職、監當、簿、尉名目出給虛文，致使富民輒作官户避免税役。欲乞行下監司、帥守，互行覺察。」

五月二十五日，臣僚言：「廣中進士兩舉於禮部者，舊法許從轉運司試補攝官。蓋緣祖宗朝仕宦者憚於入廣，所在闕官，因而廢事，兼廣中士人艱於仕進，故優爲此法以激□□□□子激昂不乏人，與曩時異，今甘爲攝官者，其人可知也。欲乞盡以其闕歸轉運司差注爲便。」詔令吏部勘會，申尚書省。本部照會：「二廣水土惡弱，自來有攝官專司。今據廣東轉〔運〕司申：見管攝官以二十五人爲額，内窠闕元係上中下三等。内上、中等已准朝廷取撥歸部差注外，有下等一十九處，内五處荒廢外，有一十四處命官未必願就，乞依舊存留攝官。廣西轉運司申：見管四十五處内，乞撥象、藤、貴、鬱林州在城税務及静江府永寧場、梧州蒼梧縣尉兼主簿、潯州桂平縣尉兼主簿、鬱林州南流縣尉兼主簿、潯州馬平岡鉛場共十處，乞從本司依現行條法差注。所有正額、待次攝官各五十員，今欲各留三十員爲額。其逐司議論互有不同，若依臣僚陳請盡罷攝官，即恐惡弱等處無人願就。今指定，欲依廣東轉運司所申，撥一十處窠闕歸本司定擬選人、小使臣依條使闕外，如將來出榜召官指射，限滿無願就 51 人，依條再榜一季，又無官願就，却令本司注攝官。」從之。

八年二月一日，詔：「應諸軍揀汰大小使臣，不得攝行差充權攝并押綱諸般差使。如違，重寘典憲。」

十一月六日，郊祀大禮赦：「勘會〔二〕廣州軍依條合差攝官去處，可依舊制。若初補京官、選人如兩經銓試不中，願就二廣州縣合入差遣者，許赴吏部投狀，權行注授一次。任滿依條施行。」九年十一月九日大禮赦同此制。

九年九月二十六日，吏部狀：「准都省批下廣南東路轉運司奏，並據廣南東路轉運司、提刑司并提舉常平司申，保明到正額攝官前監南恩州陽春縣税陳勛〔一〕，任滿減三年解發，通共四年，改授正官。本貫封州封川縣，於紹興二十年八月及紹興二十九年九月内，兩請到封州文解，并於隆興二年三月内試補充額外攝官，又於乾道二年四月内試補充待次攝官，已於乾道四年四月内補正額攝官。初任監韶州洲頭津鹽税成一考，替〔罷〕無不了事件，任滿依崇寧五年十月指揮減三年解發，通共及四年。已行引試陳勛所業律義三道，見得法律精通，別無違礙，保明是實。尋檢到伍時繹元補官奏鈔檢目，并經本部陳乞，出給印紙訖。照得所坐條法指揮與陳勛事體一同，今指定依條關司勳審覆。」從之。

淳熙三年四月八日，新知秀州陳騤言：「今州郡下至

〔一〕陽春：原作「陽奉」，據《方輿勝覽》卷三七改。

倉場庫務之屬，既有正官，別無差權〔一〕，局有至三四人者，或居家而遥請俸給，如曰措置、曰提點、曰52管掌之類，名目競生，多是處已有差遣待闕之人。願嚴戒監司、郡守，應權攝去處並行住罷。」上曰：「州郡多言匱乏，往往耗於此類，須嚴於禁戢，將諸請過供給計贓，自然不敢冒犯。可依所奏，應見違法差權去處，日下並罷。如尚敢違戾，州郡從監司按劾，諸司許互察。其請過錢物計贓，將所差官司及被差人一等科罪。仍委御史臺覺察以聞。」

四年五月十五日，廣南諸州言：「乞正額、待次攝官各以三十員爲額，其試補攝官一節，具與權行住罷，候將來撥盡見管額外人數，遇額方行類試。仍乞依祖宗試攝舊法，倣銓試初出官人體例，通試律義、時義各一場，斷案三場，取合格人依名次補攝外，有見管三十五處窠闕，依舊令轉運司遵依本路大觀專法差注攝官管幹。其正額攝官理考解發去處，自依舊法施行。」從之。

五年二月六日，權禮部尚書范成大言：「深廣州郡多以進士攝官權録參〔二〕、司理者，攝官月俸微既，無以養廉，悉以賄成。乞下二廣轉運司，除依法不許權攝外，不得徇私逐急以進士攝官兼權獄官。或遇闕員，只以本州縣見任官兼攝。」從之。

六年十二月十六日，宰執進呈刑部尚書謝廓然言〔三〕：「二廣有攝官定差之文，縣或有闕，監司、守臣並緣越法，輒差校副尉攝參軍、助教權攝。乞下二廣諸司、守臣，應以校尉攝參軍、助教見今權縣，並令日下解罷。自今常切遵守，再有違戾，與差受者並以53違制論。」上曰：「遠方用此曹權縣，細民何賴！可令二廣帥、漕、憲司，將似此名色見權縣人，並日下解罷。自今州郡違戾，仰按劾施行。如諸司違戾，許互察。」

八年六月十四日，詔：「吏部權將四川諸司屬官窠闕發下制置司，照應資格，銓量人材，具名奏差。如係見闕，依條先次就權。仍許用三年以下闕，即不得將不應資格人以奏差爲名，一面權攝。如或違戾，依淳熙三年權攝指揮，將請過計贓，其所差不當官司及被差人並一等科罪。」

十二年七月二十一日，吏部言：「二廣考試補攝官人，乞依本部銓試出官指揮，將考校到合格人以十分爲率，取五分。」從之。先是〔四〕，廣東提舉韓璧言：「二廣兩薦之士許試攝官，謂之試額；二年再試，謂之待次；累至三試，謂之正額。然後得以就禄〔五〕，或處以鹽税之任，或授以簿、尉之職，至有闕官甚處，雖待次亦得以濫授。其試攝之程度，大畧如銓試之五場〔六〕，自非雜犯，雖文辭鄙俚，亦在所

〔一〕別無差權：此語與前後文意正相反，疑「無」當作「有」、「又」之類。
〔二〕「深廣」不可通，據下文當作「二廣」。
〔三〕廓：原作「廊」，據《宋史全文》卷二六下改。
〔四〕先是：原無，據《宋史全文》卷二七下補。
〔五〕禄：原作「録」，據《宋史全文》卷二七下改。
〔六〕如：原作「加」，據《宋史全文》卷二七下改。

録，僥倖太甚。乞令自（令）〔今〕一如銓試法。」下吏部勘當，而有是請。

紹熙元年正月二十九日，前權知英州葉鎬言：「嶺南州縣闕官，許監司、帥臣得以差官權攝，止於巡尉、縣令、場務三者。今則不然，求之者或以身坐罪累，不可到部，或以銓選不中、未曾出官，皆爲是請託之計。予之者徒以周旋親故，始則姑以巡尉、邑宰、監當檄之，其後或就差丞、簿，或就差曹職官，甚至有以武弁而權簽幕者。彼皆貪冒無恥之**54**士，及其狼籍，則飄然而去，州郡未嘗敢索印紙以批到罷、紀功過，去就得以自陳。乞詔二廣監司根刷州〔縣〕久無正員去處申吏部，作破格差遣，許人注授，或行下本路監司定差一次。如有不得已差官權攝，必令州郡於到任之日收索出身文字，點檢批鑿，方許赴上。將來罷權，亦令稽考有無絓繫，始得離任。」從之。

三月一日，將作監蘇山言：「竊見州郡往往於正官之外巧立名號，在權税則曰機察，在酒醝則曰措置，在劑局則曰提點。似此之類食錢窠闕，或一官而數人共之，怙勢陵轢，雖正官反出其下。臣乞除二廣外，欲申敕諸路州郡，嚴守累降指揮，不得仍前差待闕等官權攝，如機察之類，日下盡行住罷。若正官暫闕，只委在任人兼領。」從之。

五年九月十四日，明堂赦文：「二廣州軍合差攝官去處，可依條施行，精加選擇。」以後南郊、明堂赦並同。

嘉泰元年十二月十三日，吏部言：「前權知惠州梁京奏：『竊見贛客爲廣東擾固非一日，最可慮者，莫如管下數鐵場耳。何者？惠州鐵場有四，曰新興，曰帽峯，曰鐵冶，曰三峯，皆係贛客前來烹燒，凡無行止之徒皆歸焉，作過非一。爲守者雖屢行約束，而聽之藐然。曏來帽峯一場，居人不堪其擾，當土百姓遂就官撲斷，自招爐丁烹燒，情願輸賣官司，緣此一場稍獲安靖。且本州四場監官請給，每歲虛費千緡，較其所費，比之私下價直不啻多增一倍，而百姓復遭其擾。**55**乞行下本路轉運司詳酌，罷去四鐵場攝官，只令本縣縣尉兼管。仍許當地百姓經官拘認，自招當土爐丁烹燒，從私下價直供賣，而官司以其本錢及監官請給之費，從私下價直就百姓和買。居民既免其擾，而又獲鐵貨贏餘之利，百姓豈不樂從？』本部照得惠州四處鐵場（鹽）〔監〕官既非堂除，又非本部合使窠闕，所奏委得允當。欲下本路轉運司，罷去四場攝官，只令本縣縣尉兼管施行。」從之。

二年十一月十一日，南郊赦文：「廣南州郡擅差權攝、借補，或白牒，或冒名，或使臣之不識字者，皆得以規圖差權，專爲民害。前後指揮禁戢甚嚴，其監司、郡守奉行不虔，未嘗杜絶。間有正官赴任，憚入瘴鄉，（于）〔干〕懇帥守、監司，截留本司，積資考，糜廩稍，或至侵漁百姓。可令刑部申嚴前後條法指揮，行下監司、郡守，重行禁止，毋得違戾。」以後南郊、明堂赦並同。

四年三月九日，臣僚言：「伏覩淳熙十三年臣僚論（春）

〔奏〕州郡權攝之弊，於是降旨，應見違法差權去處日下並罷，如尚有違戾，請過錢物計贓科罪。法非不嚴，久而玩習，復不知畏。今者歲當大比，至期見任有差充考試者，闕員尤多。乞申嚴前後權攝指揮，重行禁戢外，所有將來被差考試者，止令見任人時暫兼權，不許差待闕閑居之人。其如教官職事，雖不係有出身人亦許兼權，止令暫展月試。仍乞令諸州諸司將來所差見任人時暫兼權考試官職事者，並即時具職位、56姓名申御史臺照應。」從之。

開禧元年二月二十七日，臣僚言：「二廣烟瘴之地，吏部牓闕無人願就，故諸司有辟差之法，漕司有定差之法。然皆已受命，或尚闕人，則又有攝官之法，亦取兩舉貢士召保就試，選曉法之人問以吏道、刑名，考校應格，次第差攝。今定差、辟差之外，攝官一塗，姦弊唯甚，多是白身之人營求干請，徑圖權攝，恣爲非法，漁獵自豐。乞行下二廣州縣，職事簡省，如闕官處，止令見任人通攝；或必不可免，則求待闕官及正額攝官内選差，不許出帖輒補白身之人。自今諸司尚或不悛，因事發覺，坐以違制之罪。」從之。

二年正月二十三日，臣僚言：「二廣白身之人妄求名目，或借補校尉，或攝助教，纔得補帖，遇闕營求，無所不至。乞明詔二廣監司、帥守，應州縣場務闕官，許以見任官兼領；如或盡闕，方許以州縣通那暫攝。令諸司互相覺察，每季具有無權攝違戾保明申尚書省。如或不悛，委臺諫論奏，差攝者有罰，受攝者計贓坐罪。」從之。

三年八月十日，臣僚言：「沿邊州軍守倅方闕，爲監司者或應親故之求，或爲幕屬之地，隨即差權，蠹耗帑藏，實爲害政。乞申嚴舊法，今後守倅有闕，止許以次官兼權。仍乞戒飭監司，毋復徇〔情〕。」從之。

嘉定五年二月五日，臣僚言：「兩淮自兵興以來，借補名目，實繁有徒。乞行下兩淮，應干借補名目，悉收元帖毀抹，凡權攝一切住罷。今後監司、帥守並不許以白57牒補官，違者坐罪。」從之。

十一年七月二十九日，臣僚言：「設官分職，以爲民極，尊卑職守，截然一定。縣有佐官，郡有職曹，所以上下相維而聯事合治者也。而今之仕于縣者，則以貳令、簿、尉爲卑賤，而必欲入郡之簽廳；仕于州者，則以職曹、監當爲塵冗，而必欲攝（諸）〔路〕之幕屬。經營結託，無所不至。乞下臣此章，戒飭監司、帥守，凡日前差入簽廳之人，並仰日下發回本任。今後敢有違戾，委自御史臺覺察，受差之人並行罷黜，所差之官一例責罰。如見得受差者委係權貴子弟、親戚輒爲囑託者，即與併行按治，重錫鐫斥，或與在外差遣。仍乞備榜臺諫、侍從客次，各令遵奉，斷在必行。」從之。

九月二十七日，臣僚言：「嶺右素稱炎地，獨桂林近似中土，宦進來者，名爲職隸諸州，率願身留八桂，貪緣囑託，驅去復來。正官多是虛身，止將從權差攝。州縣不治，職此之由。乞下臣此章，令東、西二廣帥臣、監司恪意遵守，如有右列求辟守、令，與夫改辟選人，苟圖薦削，不安本任，輒留桂林，仰帥臣、監司按奏之，重錫鐫斥。或帥臣、監司不守〔令〕來約束，許御史臺覺察以聞。近者臺臣有請，乞戒飭諸路監司、帥守，凡日前差入簽廳之人，並仰日下發回本任，深中時病。今又別立色目，曰措置，曰機察，曰提督，離局侵官，紊亂常法，併乞申飭諸路監司、帥守，繼今更或別立名色差辟權攝，必罰無貸。」從之。

十二年正月七日，臣僚言：「伏覩 58 在法，諸縣尉闕，許從提刑司差官權攝。今乃不然，一尉有闕，百計營求，若權要之書一馳，則監司、郡守奉承尤謹。每遇縣之丞、簿或有事故，即以簿攝丞、尉攝簿，却以尉職待求攝之人，謂之牒倒應副。間有即所居之邑就求權攝者，不特漁取於一時，抑以成異日武斷之計，其爲害益又甚焉。欲乞申飭攸司，删改提刑差官權攝之法。自今以往，止許就本縣見任官内時暫兼權，催促下次人赴上。又照得有膏粱之子乍中銓闈，韋布之士乍脱場屋，便就都下營求書劄，規圖權攝。監司、帥守但知觀望奉承，殊不知後生晚進不能奉法守職，但聞蠹政害民。欲望聖慈下三省，檢照嘉定十一年七月二十九日已降指揮，申嚴行下諸路監司、帥守，務要遵守，將已前差入僉廳權攝之人並日下發還本任。如更違戾，許諸〔司〕互察，及御史臺按劾以聞，將被差及所差之人并爲囑託者，並照已降指揮施行。」從之。

十五年八月四日，朝請郎、新除刑部郎官沈實言：「臣嘗〔聞〕人材不擇地而出，在於教育之而已。且廣右爲郡者二十有六，地非不廣矣，學非不建矣，三歲大比，獲試於禮部而登名者獨少，何邪？豈人材不産於遐方僻壤者乎？臣(當)〔嘗〕思其故，長育人材之道，當堅其進學之念，不當開其爲利之心。瘴癘之區，監當、簿、尉、縣令之職無人權注，故立攝官之科，俾得注選，固良法也。然科舉取士有定額，雋異既少，稍能綴 59 緝者，咸得厠名於其間。僥倖兩舉，即得試攝官；僅能免過，即許解發，俾授正官。人情趨利，如水就下，往往當進學之年，即萌(科)〔利〕禄之謀，人材不淑，其或由是。古人四十曰彊而仕，漢〔舉〕孝廉，亦限以四十充選。今欲士子涵養器識，勉彊學業，莫若限四十方許攝官。誠使之從政，庶免牆面。」吏部看詳：「照得廣郡水土惡弱去處，監當、簿、尉或許令攝官，有正額，有待次。其待次無過犯人與(陛)〔陞〕正額，額外人與入額，可謂優異。儻不限以四十彊仕之年方許攝官，竊恐向後僥倖冗濫者多，(易)〔宜〕沙汰。」從之。

十月二十六日，臣僚言：「朝廷給降將仕郎綾紙，而宣司敷下鹽井等户，以爲鹽本，每道直以千緡，所以權一時之利也[一]。近歲以來，敷賣既多，轉變不行，每道減至百五十千川楮。蜀民利其易售，輕出川楮，圖爲補授之計，貪緣宣司差補攝職，憑藉聲勢，陵轢州縣，哀刻民户。欲望聖慈

[一] 一：原無，據本書職官六二之三〇補。

行下四蜀諸郡，凡有承買綾紙之人，止許其隨路鎖試。脱或軍興，亦不許暫差權攝，關涉州縣職事，庶幾蜀士安分，不爲民害。」從之。

十六年正月十一日，臣僚言：「比年以來，不許辟差攝職之禁申嚴不一，而士大夫問津仕版，席寵世賢，多有不安義命之戒。寒士叨一第，任子得一官，（本）〔未〕及赴上，即爲營圖，身在家（廷）〔庭〕而名掛幕府，職居征権而權預僉廳。又有需次家居，求入鄉校，以謀月俸，必欲操正録之權，司出納之吝，假服色以就列，與教官而60争衡，剥床及膚，分啖士友。凡此者，皆不正其趨嚮、養其器質之故也。願陛下察臣所陳，行下諸路監司、守臣，應初入仕人並不許檄入僉廳、辟充幕府若權攝之類，以啓僥倖之心。庶幾砥礪廉隅，涵養器質，俾筮仕者皆平心定氣，以功名自見。」從之。（以上《永樂大典》卷三八三八）

宋會要輯稿　職官六三

避親嫌

【宋會要】

1 太宗淳化四年十月二十九日，以虞部員外郎、知制誥王旦爲禮部郎中、集賢殿脩撰，仍同知吏選事。旦以妻父趙昌言參政非便求解職，而有是命。

真宗天禧二年五月二日〔一〕，以刑部員外郎兼侍御史知雜事呂夷簡守本官，同勾當通進銀臺司、兼門下封駁事。度支郎中杜夢證兼侍御史知雜事。夷簡與中丞趙安仁近親，避嫌也。

仁宗明道二年十一月二十八日，詔：「判審官院、三班院官員親戚京朝官、使臣差遣磨勘，更不逐旋申奏，便仰牒同判官員一面依例施行訖以聞。」

景祐二年八月二十八日，知制誥李淑言：「奉宣差同勾當三班院，伏緣廷臣選授，事本樞司，繫之官聯，是爲統屬。外舅韓億見領樞密副使，詢于前例，合避親嫌，欲望比類別換一處。」詔不須避。

五年三月六日，翰林學士李淑言：「伏見恩制，臣父若谷蒙授參知政事，臣忝服近列，理合 2 避嫌。蓋以局禁之嚴，號令所出，本於訪(間)〔聞〕時政，不止典作詔辭。唐朝獨孤郁爲妻父任宰相，亦罷學士之職；況今父子，顯妨公議。臣遭逢先聖，擢在文館，繼踐兩制，垂二十年，雖無補於論思，敢自廢於典故？欲望許解職内廷，別授以一次無職局學士名目。兼臣見領三班、禮院，皆是總屬，亦乞別換一次差遣。自餘書筵、史局，不敢辭避。如此，則當陛下任人之際，免速譏嫌；在私門驚寵之辰，不憂泰盛。臣之懇請，非涉僥覦，必冀允從之恩，曲全退損之節。」詔換翰林侍讀學士。

康定二年正月二十八日，翰林學士丁度等言：「詳定服紀親疏，在官迴避條制，請本族緦麻以上親及有服外親〔二〕，並令迴避，其餘勿拘。」從之。

慶曆五年二月十一日，以翰林學士、吏部郎中、知制誥宋祁兼龍圖閣學士，依前翰林侍讀學士，以兄庠參預朝政求解禁林之職也。

四月二十四日，河北安撫都監、文思副使桑宗望言，女壻供奉官劉淵是知保州劉涣親弟，及緣界河同巡檢王令問是親家。詔與河東安撫都監、禮賓副使靳宗説對易其任。

八月二十三日，梓夔路駐泊兵馬鈐轄馬端言，知施州陳曉是親家，係轄下，慮有妨礙。詔(以)〔與〕荆湖南路駐泊兵馬都監、禮賓副使武永符對易其任。

〔一〕真宗：原作「貞宗」，徑改。

〔二〕此下原有「無服外親」四字，據《長編》卷一三〇删。

十一月十五日，徙河東路轉運使柳灝與新除陝西路轉運使李昭遘〔對〕易其任，避親嫌也。

至和二年七月二十五日，同 3 判吏部流内銓劉敞言：「伏見審官、三班院、流内銓注擬外官，其間或兄弟、伯叔、子姪自相爲代。所注擬外官〔一〕，其五服之内於法許相容隱者，皆不得相爲代，有敢妄冒居之者以私罪論，於理爲便。」從之。

嘉祐元年三月，樞密副使、給事中王堯臣爲户部侍郎、參知政事，給事中程戡爲户部侍郎、樞密副使。以戡與宰臣文彦博爲姻家，故易之。

三年三月，以起居舍人、同修起居注范鎮知制誥，太常丞、直集賢院〔二〕、同修起居注馮京爲右正言、龍圖閣待制。鎮與京同試中書，而京宰相富弼婿，故以待制命之。

七月，權御史中丞包拯言：「右正言吴及立身有守，遇事敢言，緣與樞密副使張昪妻是親〔三〕，奏乞外郡。緣昪妻亡已久，理不當避，乞令依舊供職。」許之。

八年十二月十四日，詔審官院：「應京朝官有親戚妨礙合迴避者，如到任未及一年，即與對移。本縣官相妨礙，於本州別縣對移；本州官相礙，於鄰州對移；本路職司相妨礙，於鄰路對移。及一年已上者，除祖孫及期已上親依此對移外，其他親戚即候成資放罷。令樞密院、三班院並准此施行。」

治平元年正月九日，南作坊使、閤門通事舍人、勾當左騏驥院李瑊與左藏庫副使、勾當翰林司郭宗古對易其局。以瑊與(郡)〔群〕牧都監張宗道親嫌故也。以上《國朝會要》。

治平四年正月二十九日，神宗已即位，未改元。樞密副使陳升之言：「權步軍司公事 4 竇舜卿是臣妻弟，乞別差人。」詔不許迴避，候宋守約回日取旨。

三月九日，權提點京西路刑獄公事、祠部郎中陳安石與權提點河東路刑獄公事、太常少卿母沆對易差遣〔四〕，以安石避親故也。

神宗熙寧元年正月二十一日，翰林學士、知通進銀臺司、兼門下封駁事吕公著兼判尚書兵部，以龍圖閣直學士、判尚書兵部張掞知通進銀臺司，兼門下封駁事。公著自陳兄公弼任樞密使，領封駁非便也。

二十三日，以糾察在京刑獄郭申錫同判太常寺，知制誥吴充同糾察在京刑獄。以申錫與龍圖閣直學士、給事中、權知開封府吕溱親嫌故也。

二年二月十一日，刑部郎中、知制誥、同知諫院吴充罷知諫院。充言與新除參知政事王安石是親，例合迴避言職故也。

〔一〕此句與上文不甚貫通，依劉敞《公是集》卷三三本文，可補「臣謂審官、三班、流内銓」句。
〔二〕賢：原作「覽」，據《長編》卷一八七改。
〔三〕昪：原作「昇」，據《長編》卷一八七改。
〔四〕母沆：按此人，《長編》、《鄖溪集》、《南陽集》等文獻中又或作「毋沆」。

十月八日，樞密院言：「就差憲州曹偃知石州，其石州自來帶嵐石隰州同都巡檢使，勘會内藏庫副使曹偓見知隰州，當避弟偃。」詔偓與知忻州陳永圖對移。

三年十一月二十六日，詔：「應内外官事局相干或係統攝，若本族同居無服以上親，異居袒免以上親，親姑姊妹、姪女、孫女之夫，凡言親者，堂從不避〔一〕。其子壻、子婦之父及其親兄弟、母妻親姊妹之夫、親姨之子、親外孫、外生女之夫、母本服大功親，若嫡繼慈母亡即不避〔二〕。皆令奏請迴避。若審官、三班院、流内銓主判官差注官員及其餘司局事有干礙者，許一面牒同職官 5 管勾當，並免簽書，更不逐旋申奏。若無官可牒，依公施行。」

四年二月十三日，新差權同提點夔州路刑獄公事王居卿、權發遣京東路提點刑獄公事段繹兩易〔三〕。以居卿避親故也。

五年八月四日，樞密院言：「權同檢詳兵房文字蘇液言：自來諸路都總管司走馬承受使臣與本路官避親者，不以有無統攝，一皆妨礙，理未允當。乞自今〔承〕受與本路轉運使副、判官、提點刑獄、通判、幕職令録、判司簿尉及監當官吏不迴避，其路分都副總管并路分鈐轄、都監以下應帶兵職，及知州軍城寨、管勾機宜文字臣僚等，並迴避。」從之。

七年十月二十一日，詔：「今後應管軍臣僚，如未管軍已前係親屬，即須自陳；如管軍已後，並不得共爲婚姻。」

九年正月二十五日，判將作監謝景温言：「蒙改差同提舉在京諸司庫〔務〕，與張谔對換。況張谔爲避沈括親嫌，緣括亦是臣父之表弟，乞各依舊局。」從之。

元豐元年十月十九日，詔：「定州路副都總管、兼河北第一將、殿前都虞候、深州防禦使劉永年，太原府路副都總管、兼河東第一將、馬軍副都指揮使、黔州觀察使盧政，對易其任。」永年以知州韓絳親嫌故也。

二年六月二十七日，詔改權發遣淮南東路提點刑獄、尚書金部員外郎范百禄權知唐州。以百禄與知揚州鮮于侁避親故也。

四 6 年七月二十四日，同知諫院蔡卞言：「武學教授蔡碩近留修葺軍器監，敕於樞密院置局。碩執政之弟，與承旨張山甫聯親，慮交相黨援，得復備員，襲勢營私，漸不可長，乞罷免以協公議。」詔樞密院別差官。

六年七月九日，詔朝請大夫試太常少卿孫覺、秘書少監朝散大夫葉均兩易其任。以覺與禮部侍郎李常親嫌也。

哲宗元祐元年七月二十五日，詔：「堂除官應避親者，

〔一〕堂從：疑當作「堂除」。

〔二〕按，此句原作正文大字，今改爲小字。

〔三〕原稿「權發」與「遣」字之間空二十三字，然按文實應相連。《長編》卷二二〇載：熙寧四年二月二十一日丁丑，權發遣夔州提刑段繹以親老辭夔州之命，詔徙京西路。是二月十三日詔繹與王居卿兩易爲夔州提刑，方七日又改京西。可證此段中間並無缺文。今接書。

到官後限一月自陳。」

八月六日，吏部侍郎、兼侍講傅堯俞以職煩日病，乞罷侍講，宰臣司馬光請改堯俞爲侍讀，而用范祖禹爲侍講。祖禹，呂公著之壻也，請避嫌。光奏宰相不當以私嫌廢公議。門下侍郎韓維奏：「朝廷遴選執政，本以進達賢能爲職，今乃以執政妨用人，不可。方今人材難得，幸而可用之人，又以執政故退罷。若七八執政各避私嫌，甚妨賢路，且多存形迹，非大公之道。」遂以祖禹兼侍講。

二年四月十四日，同知樞密院事范純仁以户部侍郎韓宗道、門下侍郎孫固以太師文彦博親嫌爲言。劉摯言：「故事，執政於同列少有避親者。」太皇太后曰：「執政於親戚無迴避之理，如用人合公議，雖親何害？若或徇私，雖非親戚，必致人言。惟盡公滅私則善矣。」

五年十月五日，吏部請《避親法》注文添入「或妻之大功以上姊妹之夫及其子」一十四字，從之。

八年四月二十三日，臣僚上言：「伏見自祖宗以來條制，凡官員 7 親戚於職事有統攝或相干者並迴避。近時朝廷侍從近臣職事，或有親戚相妨，多用特旨，更不迴避。今乃類使叔姪、兄弟更相臨統，則是按察之法名存而實廢矣。望應今後内外官職事有親戚相妨，並令依法迴避，更不降特不迴避指揮。」詔依奏，内有服紀遠，職事疎，臨時取旨。

紹聖四年十二月二十三日，詔責授涪州别駕、黔州安置黄庭堅移戎州安置。以避部使者親嫌也。

徽宗建中靖國（六）〔元〕年九月九日[一]，鄜延路經略安撫使司狀：「准敕：『諸司屬官與本路經略安撫、監司係親嫌者並迴避，經略安撫司管幹機宜文字官非。』今來本司契勘，一路監司於所部官並係統屬，雖於别司屬官，在法亦合互察。除（師）〔帥〕臣子弟充書寫機宜文字自有别條外，其餘辟置機宜官，依條並在敕舉之例。今若不避親嫌，則恐於薦辟、敕舉皆有妨礙。今條内並不該載，慮有未盡，欲乞依上條内除去注文『經略安撫司管幹機宜文字官非』一十三字外，即别無衝改前後條貫。」從之。

十二月二十七日，吏部侍郎黄裳奏：「臣之女與右僕射曾布之子爲親，法當迴避。」詔黄裳除龍圖閣待制、知（穎）〔潁〕昌府。

崇寧元年六月八日，吏部狀：「準批下簽書保信軍節度判官廳公事蘇象先狀，與本路運判韓宗武、運副畢仲游礙親[二]，兩浙、淮南轉運司已勘會到簽書杭州觀察判官葛平恕申部對移。本部將葛平恕作係用家便恩例注授，依 8 本部（今）〔令〕不許對移。又緣平恕與象先係兩情願，欲望依運司所定，本部勘會，有礙條貫。」詔依逐人所乞，今後更

[一] 元年：原作「六年」，按建中靖國僅有一年，因改。

[二] 運副畢仲游：原作「運」□運仲游」，顯誤。考《永樂大典》卷二〇二〇五所載《畢仲游墓誌銘》，仲游於徽宗初年任淮南轉運副使，又長女嫁蘇氏，皆與本條内容相符，因改。

有似此之人準此。

大觀三年十月十九日，臣僚言：「應避親者當移一等職任，不則辭尊居卑。比來省曹、寺監避親，例獲遷擢，如余清、向久中自員外郎除諸寺少卿，閭丘籲自太僕少卿除宗正少卿，單暐自禮部員外郎除衛尉少卿，尤爲僥冒。」詔今後六〔曹〕郎官與丞□親更不迴避。

政和元年三月十二日，樞〔密〕院奏：「如京使、新差權發遣河北沿邊安撫副使王拱〔之〕親〔足〕〔兄〕掞見任權發遣安肅軍事，正係轄下，職事相干，合該迴避。」詔王拱特不迴避，便令赴任。

八月十三日，臣僚言：「在京内外局所應親戚職事相干或相統攝、法所當避者，欲乞並令逐處檢舉，依法如敢隱蔽，尚容在任，委御史臺覺察。詔立法聞奏。今看詳修立下條：諸在京内外官司局職相干或統攝係親、法應避而隱蔽容留在京者，委御史臺覺察聞奏。」

六年十一月七日，熙河蘭湟路經畧司言：「武翼大夫、同總領洮州蕃兵將竇調有女，近與本路廉訪使者劉彦遵男爲親，竊慮依條合行迴避。」詔劉彦遵罷廉訪使者，今後廉訪使者不得與本路在任官爲婚姻，違者依統屬爲婚姻法。

十二月三日，臣僚言：「近年見任官以親戚應迴避者，往往得旨特不迴避。伏望申明條令，改正施行。」詔除御筆令不許迴避外依奏。

9 十六日，臣僚言：「近嘗論列見任官以親戚迴避者，比多得旨特不迴避。竊惟嫌疑之際，古人動加分别。神考熙豐致治之際，持之尤嚴。臣前所奏陳，僅及外路按察之官，至於京師，曾未暇也。法令之行，理宜自近。」詔令省、臺、寺、監，其合避之親，申尚書省進入。

宣和二年九月十八日，起復朝議大夫、試吏部侍郎、權開封尹王鼎奏：「契勘近除刑部尚書何志同係鼎妻之父，職事相干，依條合該迴避。又緣鼎見任右選劇曹，復兼尹事，深恐力所不及，欲望許引親嫌，罷攝府政。」詔依，罷權開封尹。

十二月二日，給事中葛次仲奏：「太宰王黼實臣親妹之夫，而臣男娶黼女已言定，其於門下省係統屬，在法應避，伏望除臣在外一郡。」詔葛次仲除大司成。

三年四月十六日，以朝奉大夫知舒州徐克温、奉議郎知高郵軍曾纁兩易其任。以避親嫌故也。

二十五日，臣僚言：「東平府通判係朝散郎梁嚴祖，提舉京東西路常平係中散大夫梁揚祖，提舉京東西路香鹽係朝請郎、直秘閣梁端。其常平并香鹽司廨舍并在東平府，其梁揚祖係嚴祖之兄，梁端係嚴祖之子〔二〕，世爲東平府巨族。以本貫之法言之，則端爲監司，而嚴祖不當在其部

〔二〕嚴祖：疑當作「揚祖」。下文云「陛下以梁揚祖嘗任執政官，特爲優假，不欲使子並弟遠去侍下」，所謂「子」即指梁端。又云「無使父子、叔侄併聚一州」，所謂「叔侄」即指梁嚴祖與梁端。若梁端爲嚴祖子，與此二處所云皆不合。

下；以互察之法言之，則兩司不無按舉之嫌。是三人者，於法無一爲可。今守臣並在一州，所按察總當一路，訪聞日逐判引公事，並在本家。且涖官之所，宛轉寅緣干求請託，尚【10】或不免，矧於鄉曲、親戚、相知常居其衙，若引公事而歸私室，則一州之事從可知矣。又況兩司不無人吏違法不公事件，其於互相覺察之法又如何哉！如陛下以梁揚祖嘗任執政官，特爲優假，不欲使子并弟遠去侍下，則可與一子近便任使，其餘若人才可用，即乞別與一路差遣，無使父子、叔姪併聚一州。」詔梁端移河北東路提舉香鹽，梁嚴祖與青州通判李訦對移，仍各通理前任月日。□命下未幾〔一〕，而嚴祖更不對移，特與宮觀，端依舊京東西路鹽香，對移指揮更不施行。臣僚復□□□梁端與河北東路鹽香李謨對移〔二〕。

四年二月四日，起復光祿大夫、行開封尹王革奏：「今臣（南）〔男〕鼎蒙恩除刑部尚書，臣見任開封尹，自來在京刑獄並係刑部統攝，伏望許依著令，以嫌引避。」詔蔡懋除刑部尚書，王鼎移工部尚書。

六年八月十九日，中書省言：「新差夔州路計度轉運副使郭倫狀，爲本路轉運判官張深係倫同堂妹夫，申乞迴避。政和敕稱親戚條『母妻大功以上親』字下，專設『姊妹之夫同於同堂姊妹之夫』，不合迴避。」詔令吏部申明，遍牒行下。

十一月二十七日，尚書右丞宇文粹中奏：「臣弟時中以親嫌乞罷虞部員外郎職任，已許迴避，今衆議尚以職事進擬。臣竊惟天府廼刑獄官司，典治輦轂之下，自來未嘗以執政子弟參佐府事，而寺監長貳皆統屬於六聯，今歲所降詔旨丁寧，所當遵【11】守。乞罷守宮祠。」詔宇文時中特除直秘閣，管勾萬壽觀。

七年五月四日，臣僚言：「都水監隸工部，孟今上御名爲都水使者〔三〕，其兄揆爲工部侍郎；法酒庫隸光祿寺，許浹爲本庫監官，其叔仔爲光祿寺丞；州郡隸監司，趙遹知（穎）〔潁〕昌府，其壻程芾爲本路提舉常平。皆以親嫌，乞令迴避，以絶黨附之私。」從之。

欽宗靖康元年四月二十七日，中書侍郎唐恪言：「本宗兄恕除監察御史，男璟除大理丞，臣備數執政，實有嫌疑，乞改除在外閑慢差遣。」不允。

五月六日，御史中丞陳過庭言：「新右正言許景衡乃臣同堂妹夫，臺諫官事相關連，同在言路有嫌，乞罷免中丞職事。」詔（從）〔徙〕景衡太常少卿。以上《續國朝會要》。

高宗建炎元年五月十五日，京兆府路安撫使張深言，

〔一〕所缺字，疑當作「然」。
〔二〕所缺三字，疑當作「有言詔」。
〔三〕今上御名：原作正文，今改爲小字。按，據本書職官六九之二〇、《宋史》卷九三、九五、《靖康要録》卷二、卷六等載，自大觀迄於靖康，孟昌齡、孟揚、孟揆父子「相繼領水衡職二十年」，宣和四年孟揚爲都水使者。揆、揚又有弟孟持，然皆不犯帝諱；或是另有一弟名「擴」，犯寧宗諱。俟考。

男安老見任本司幹辦公事，乞對移鄰路合入差遣。從之。

九月二十日，詔：「黄潛厚除延康殿學士、提舉醴泉觀，同張慤專一措置財用，依舊提舉一行事務。」初，上擢潛厚爲户部尚書，中書舍人劉珏奏潛厚乃尚書右僕射潛善之親兄，未有弟爲宰輔、兄爲八座而同居一省者。兼潛善、潛厚皆乞迴避，故有是命。

四年五月十三日，同簽書樞密院事張守言：「兩浙制置使韓世忠奏差臣族叔鋭知常州，乃臣鄉里，乞改差鋭別州軍差〔遣〕。」從之。

七月二日，詔吏部員外郎鄭士彦改祠部員外郎。以士彦與吏部侍郎綦密禮爲姻家，乞避親故也。

紹興12元年十二月二日，都轉運使張公濟言：「舊發運司畫降（降）指揮，諸路州縣官除真、揚、楚、泗州監轉般倉、排岸、船場、堰閘官係職局相干合避親嫌外，餘應知、通、幕職州縣官等，雖係部下，並不迴避。今欲比附施行。」從之。

二年九月二日，新除右司諫劉棐言：「監察御史李藹係親姑之子〔一〕，同處言地，豈無黨與之嫌？乞罷新命。」詔職事不相干礙，依條不合迴避。

十一月二十三日，中書舍人胡松年與新除左司諫唐煇爲女壻，松年以嫌乞外任，煇亦辭免新除〔二〕，詔不從。

三年三月二十三日，福建路安撫司言，右承奉郎、本司幹辦公事任良臣與本路轉運副使劉寀係姊之夫。詔與主管機宜文字王傳兩易其任，仍各通理前任月日。在法，機宜文字官與諸監司雖親不避。

九月十六日，簽書樞密院事徐俯言：「洪柟，臣之甥，今召赴都堂審察，實有妨嫌。」詔洪柟更不審察，令閤門引見上殿。

四年四月十四日，新起居舍人陳桷言：「妻鄧氏與右僕射朱勝非之妻同曾祖小功親，若在後省，實有妨嫌。」詔改除太常少卿。

五月五日，工部員外郎章傑言，從兄僅任軍器監丞，又工部侍郎蘇遲爲傑之從母夫〔三〕。詔與倉部員外郎江公亮兩易其任。

八月二十四日，知樞密院事趙鼎言：「宗正少卿范冲除起居郎，臣與冲姻家，雖法不當避，而搢紳不知出自聖意，必謂臣援引親黨，乞罷冲新除，依舊任。」從之。

九月13七日，新除起居舍人虞澐除直龍圖閣、江南東路提點刑獄。以澐乃僉書樞密院事胡松年妻之兄，松年自言：「臣叨聯政府，雖於二省進擬人材初不干預，在人情則委有妨嫌。」澐亦自列請外，故有是命。

〔一〕親姑：原作「姑舊」，據《建炎要録》卷五八改。
〔二〕煇：原作「輝」，據《建炎要録》卷六〇改。
〔三〕蘇遲：原缺「蘇」字，考《建炎要録》卷六九、八四所記，蘇遲於紹興三年十月除工部侍郎，至五年正月方罷，且侍郎僅除一人，則本條所稱工部侍郎必爲蘇遲，因補。

五年閏二月十九日，權主管殿前司公事劉錫言：「王瓛除主管侍衛馬軍司公事，係妻妹之夫，竊慮於軍政有妨嫌。」詔不許迴避。

六年九月十五日，詔：「四川都轉運使可依江淮六路發運使、副例，見任官内有合迴避親，並免迴避。」

七年八月二十六日，秦彬言：「先蒙江東路安撫司辟差充營繕幹辦官，今弟檜見任樞密使，而臣於行在供職，實有妨嫌。」詔特差充兩浙東路安撫制置大使司幹辦公事。是時車駕駐蹕建康，而江東安撫司亦在建康故也。

八年十一月五日，參知政事、同提舉詳定一司敕令孫近言，乞罷男大雅見任詳定一司敕令所删定官，詔與外任。

十年十月六日，太常寺主簿蘇籍言：「禮部侍郎蘇符係臣堂兄，乞迴避。」禮部契勘，主簿職事止是主管簿書，詔免迴避。

十一年四月四日，將作監丞李若谷言〔一〕：「昨除司農寺丞，以本寺卿李若虛係臣親弟，合迴避，詔與將作監丞王言恭兩易。契勘將作監統轄文思院上下界，而幹辦文思院上界李若川亦係臣親弟，又有妨嫌，未敢供職。」詔特免迴避。

七月八日，知太平州王禔言，江東轉運副使王喚係從兄弟，詔與知處州朱亮功 14 兩易其任。

八月五日，提舉江南東路茶鹽公事鄭僑年言：江東轉副使王喚係親姊之夫，有諸司互察之嫌。詔與提舉兩浙市舶王傳兩易其任。

九月二十六日，大理卿周三畏言，左斷刑寺正許絳與左斷刑少卿薛仁輔係婚姻之家，合迴避。詔許絳與大理寺丞李景山兩易其任。

十三年九月二十四日，軍器監主簿王曮言：「工部侍郎王喚係臣本宗有服兄，乞迴避。」詔王曮與太府寺主簿詹棫兩易其任。

十四年五月四日，知宣州秦梓言：「新除本路安撫大使張守係臣前妻之親叔，乞迴避。」不從。

二十一日，權發遣仙井監何伯熊乞避本路提刑何掄親嫌，詔與知懷安軍羅萬兩易其任。

二十五年十月三十日，秦熺言：「舅王會見知平江府，乞與知建康府宋貺兩易其任，庶得相聚，照顧家屬。」從之。

二十八年六月二十七日，詔：「福建帥沈調、廣東帥蘇簡措置海寇有功，各進職推賞。」宰臣沈該以親嫌乞行寢罷。上曰：「慶賞刑威之設，所以待功罪，有功而不賞，何以示勸？卿兄自以措置海寇被賞，非恩例所得，何辭免之有？」

三十年三月十五日，中書舍人沈介言：「準中書門下省送到詞頭貳道，爲莫伯甄除潼川府路轉運判官，莫伯虛降一官。竊緣伯甄係介母之兄，伯虛係介母之堂兄，服紀

〔一〕谷：原脱，據《建炎要録》卷一四四補。

相妨。」詔時暫差楊邦弼撰述。以上《(申)〔中〕興會要》。

孝宗隆興二年十月十七日，給事中吳芾奏：「參知政
15 事王之望係臣姻家，臣備員後省，理合避嫌。」詔改除吏部侍郎。

十八日，總領淮西江東軍馬錢糧、專一報發御前軍馬文字楊倓劄子：「伏爲父存中除同都督江淮軍馬，見在建康府置司，委有妨嫌，乞迴避。」詔特免。

十一月二十五日，起居郎、權中書舍人何俌劄子奏：「伏覩今月十七日麻制，陳康伯拜左僕射。康伯係臣再從姊之夫，自合迴避。」詔特免。

乾道三年正月十三日，臣僚言：「伏見近日臣僚因避親而求換易，或丐罷而別乞差遣者，如臨安府通判沈雲卿迴避本路提刑姚憲，陳乞兩易。據其所申，踏逐到明州通判錢璘，不曾會問，璘既不樂換易，而雲卿徑行之任。秀州通判周極迴避本路漕使周淙，陳乞解罷，以知縣資序遽授盱眙軍而去。公論不平，咸謂雲卿以力取，極以巧得，紊亂格法，超軼資序。若使後人倣此，是因避親而得美官，豈不長奔競之俗，而成攘奪之風哉！欲望聖慈並賜罷黜，以爲貪得躁進者之戒。」詔沈雲卿依奏與宮觀，理作自陳；周極與見闕通判差遣。

六年二月十五日，福建路提點刑獄公事吳龜年言：「伏覩新除本路帥臣薛良朋係龜年妻之叔父，雖於服屬稍疏，緣職事相關，切慮合該迴避。」詔吳龜年除江南西路計度轉運副使。

七年六月三十日，詔左翼軍統制趙渥特免迴避王友直指揮更不施行，以臣僚論列故也。臣僚上言：「近覩録黃，殿帥王友直
16 奏，男娶左翼軍統制趙渥之女，即目渥雖駐劄泉州，緣是部曲，拘礙親嫌。已降指揮特免迴避。竊恐自後諸軍見有免避之例，漸開不避之端，不可以不論。臣嘗見主帥與將佐姻連者多矣，當其無釁也，上則曲意容庇，下則恃勢妄作，積弊日深，軍政遂壞。及其交惡也，小則紊煩朝廷，大則誤敗國事。如近年劉錡之於劉汜，不避子姪之嫌；吳璘之於姚仲，不避姻家之嫌。敗事失職，天下迄今恨之。欲乞下臣此章，令諸軍不得輒容合避之親充填本軍將佐。有未經改正者，並仰日下自陳。庶幾申嚴國法，振起軍政，非細務也。」故有是命。

九年九月二十九日，臣僚言：「臣竊見監文思院上界門傅伯高係中書門下省檢正諸房公事傅自修親姪，近緣自修時暫兼權工部侍郎，其文思院正係工部所轄，合行迴避。伯高遂自踏逐省倉上界監門董隩對換，更不取本人願狀，董隩不甘陳訴。再降劄子，候伯高任滿日却還舊任。臣契勘伯高既係自修期親，在法即合解罷，初無許行對換明文。兼伯高亦合取對易人願狀同共陳乞，乃倚力營求，至乞四降朝旨，抑勒孤寒，幾於攘奪。欲望睿斷，令伯高日下解罷，庶幾不壞成法。」從之。（以上《永樂大典》卷二〇四八〇）

宋會要輯稿　職官六四

黜降官 一

【宋會要】

■1 太祖建隆四年十月一日，德州刺史何隱責亳州別駕。先是，隱擅出軍食，爲判官郭象所發，按之得實，故黜隱，而升象爲祠部員外郎，權知州事。

六(月)〔日〕[一]，亳州蒙城令朱英奪兩任官。先是，英自通事舍人出爲縣令，上言願與同列王信等校其能。既而宣贊，不及信等，故黜之。

十九日[二]，翰林學士、中書舍人扈蒙責左贊善大夫。先是，左補闕仇革奉命監市征於迎鑾鎮，蒙嘗薦僕夫扈繼達于革。至是，繼達盜官鹽，洎獄具來上，太祖怒之，故有是命。

乾德二年正月十日，祠部郎中、知制誥、充史館修撰張澹責左司員外郎。先是，秘書郎、直史館張去華上章訴居官久次，且言澹及知制誥盧多遜、殿中侍御史師頏等文學膚淺，願與較其優劣。太祖臨軒策試，仍命翰林學士承旨陶穀、學士竇儀、吏部尚書張昭、知制誥趙逢、高錫考其程式，乃以去華爲右補闕[三]。以澹所對不應策問，故有是命。

五月四日，屯田員外郎、知制誥高錫責萊州司馬。以錫發書薦僧妄求恩澤，將命出使，道途非理責人，蕃鎮無名受賂，故及於責。仍令御史臺差人監送貶所。

九月一日，《周易》博士奚嶼責乾州司户參軍，庫部員外郎王貽孫責左贊善大夫，翰林學士承旨、禮部尚書陶穀奪兩月俸。先是，國家遵舊制，臺省■2六品、諸司五品已上官皆得蔭補，歲令兵部、禮部試念書，精通者中選。至是，穀請補其子戩爲殿中省進馬[四]，太祖遣嶼等試之。戩所業未精，穀私請於嶼，嶼即以戩合格聞，爲人所發，下御史府按之，以嶼受穀請求而貽孫不之覺，故有是命。

三年正月十六日，吏部郎中鄧守中責本曹員外郎。先是，守中試諸司吏書判，考(覆)〔覈〕不當，太祖命覆試，黜退數人，故有是命。

太宗太平興國六年十一月三日，膳部郎中、侍御史知雜事滕中正責本曹員外郎，依舊知雜事。先是，監察御史張白坐知蔡州日假貸官錢三百貫糴粟麥，居以射利，棄市。中正坐薦白故也。

七年四月二十一日，中書舍人、史館修撰、判館事李穆責司封員外郎，坐與盧多遜同門生，頗與多遜厚善，爲言事

[一] 日：原作「月」，據《長編》卷四改。
[二] 十九日：《長編》卷四繫於十月三十日戊申。
[三] 華：原作「革」，據《長編》卷四改。
[四] 戩：原作「鄙」，據《長編》卷五改。下同。

者所發故也。

八年四月十一日，威塞軍節度使、判〔穎〕〔潁〕州事曹翰削奪在身官爵，御史臺遣吏護送登州禁錮。先是，翰知〔穎〕〔潁〕州，部内不治，汝陰縣令孫崇望詣闕擊登聞鼓，訟翰盜用官錢〔一〕，擅築烽臺，私蓄兵器，擅補牙官，取官租羨利錢五百萬，絹百疋，諸不法事。帝怒，命膳部郎中、知雜滕中正就鞠之，翰具伏。獄成來上〔二〕，法當死，命百官集議。工部尚書李昉等奏議曰：「曹翰身備將壇，職當郡寄，不守法度，黷亂紀綱，請如有司所定，寘于極典。」帝以其勞舊，未忍寘于法，故止行黜削焉。

十二月二十六日，右補闕、直史館胡旦責殿中丞、充 3 商州團練副使，依分司官吏支給半俸，仍不得簽書州事。先是，旦獻《河平頌》，帝覽之震怒，召宰相謂曰：「胡旦所獻頌詞意悖戾。朕自擢于甲科，歷試外任，所至無善狀。知海州日，爲部下所訟，獄已具，適會大赦，朕録其才而舍其過，尚令在近列，又領史職，乃敢自恣胸臆，狂躁如此。今朝多君子，如此人豈宜尚列於侍從耶！亟逐去之。」且以其頌下史館。中書舍人、史館修撰王祜等奏議曰〔三〕：「胡旦幸以常材，謬登上第，職在史氏，身備諫垣，而乃獻頌明廷，發泄私憤，謗讟聖代，指斥大臣。躁人詞多，前代尤戒；下流訕上，先儒所惡。宜加竄逐，以肅縉紳。」故及於責。

雍熙二年三月二十二日，祠部員外郎、知制誥蘇易簡罷知制誥。初命易簡與賈黄中等同知貢舉，各以子弟甥姪籍名求别試。易簡妻兄進士崔範，故職方員外郎憲之子也。憲死，易簡以外服請告，範服未闋，易簡隱而不奏，薦名在高等。又有王千里者，故水部員外郎孚之子也。孚在蜀爲翰林學士，易簡父協即孚之門生〔四〕，易簡以故薦千里。帝聞之甚怒，範及千里並加罪，仍令御史劾易簡于私第，罷職。

四月十六日，判四方館事田仁朗責商州團練使〔五〕，令御史臺遣吏監送赴任。初，李繼遷率蕃部屢爲邊患，是歲二月攻麟州，汝州團練使曹光實領兵儌巡，爲其所誘而没，又圍三族寨〔六〕。麟州馳驛以聞，遣仁朗與閤門使王侁、宫苑使李繼隆、閤門副 4 使董愿馳發邊兵數千擊之。仁朗至綏州，駐月餘，奏請益兵。於是三〔旌〕〔族〕寨蕃將折御乜殺監軍使者〔七〕，與繼遷合。帝聞之大怒，亟遣軍器庫使劉文裕自三交疾馳代仁朗赴闕，下御史按問仁朗陷三族狀。對云：「所徵兵在銀、綏、夏等州，本州以城守爲備不遺。

〔一〕訟：原作「送」，據《長編》卷二四改。
〔二〕成：原作「咸」，《長編》卷二四作「具」，亦即「成」之意，今參考原字形改。
〔三〕祜：原作「祐」，據《長編》卷二四改。
〔四〕孚：原作「父」，據《宋史》卷二六六《蘇易簡傳》改。
〔五〕事：原作「使」，據《宋史》卷二七五《田仁朗傳》改。
〔六〕族：原作「旌」，據《太平治蹟統類》卷二、《文獻通考》卷三三四、《宋史》卷二七五《田仁朗傳》改。下同。
〔七〕乜：原作「乜」，據《宋史》卷二七五《田仁朗傳》改。

有兵千餘，乃曹光實舊卒，器甲不完，故請益兵。轉運芻粟復未備，三族寨與綏州道遠，非元詔所救也。昨臣已定擒繼遷策，會詔至，其謀不果。」因言：「繼遷得蕃情，願且降優詔懷來之，或懸厚賞以誘部落酋長，令斬其首。不爾，恐佗日漸難爲制，雖大益兵深入其地，無益也。」臺司以聞，帝大怒，切責憲府官吏，御史遂重劾之。法司以乏軍興者斬，征人違期二十日者絞，帝止令降黜焉。是行也，仁朗誠爲稽緩，然計已決，而爲王侁等媒蘖，搆成其罪，故及於貶。

三年七月三日，天平軍節度使、兼侍中曹彬責右驍衛上將軍，河陽節度使崔彦進責右武衛上將軍，内客省使郭守文責右屯衛大將軍，天武四廂都指揮使傅潛責右領軍衛大將軍，沙州觀察使杜彦圭責均州團練副使，光州刺史陳廷山責復州團練副使，仍不得簽書州事，亳州刺史蔡玉除名配商州，文思使薛繼昭降供奉官。彬、守文、潛坐違詔逗遛，退軍失律，士多亡死；彦進坐違節制；彦圭坐不容軍士餔食；玉坐畏懦伏匿；廷山坐汾州會戰失期；繼昭坐先謀退陣。刑部請據律皆處斬，以三品 [5] 議責〔一〕。翰林學士賈黄中等上議，請議如律，詔從寬宥，而及是責。

八月十五日，忠武軍節度使、檢校太師潘美削三任爲檢校太尉，西上閤門使、蔚州刺史王侁除名配金州，軍器庫使、順州團練使劉文裕除名配登州。先是，王師北征，以美爲雲應路行營都總管，命雲州觀察使楊業副之。及侁以文裕護其軍，連援雲、應、寰、朔四州，次桑乾河。會曹彬之師不利，諸路班師，美等復歸代州。未幾，詔盡遷四州民於内地，令美等復歸所部兵護之。時契丹領衆十餘萬復陷寰州，業謂美等曰：「今賊勢甚盛，不可與戰。朝廷祇(令)〔令〕取數州之民，但領兵出大石路，先遣人密告雲、朔州守將〔二〕，俟大軍離代州日，令雲州之衆先出。我師次應州，契丹必悉衆來拒，即令朔州吏民出城，直入石碣谷，遣强弩千人列於谷口，以騎士援於中路，則三州之衆萬全可保矣。」侁沮其議曰：「領數萬精兵，豈必如是之畏懦耶！」文裕亦贊成之。業曰：「不可，此必敗之勢也。」侁曰：「君(俟)〔侯〕素號無敵，見敵逗撓不戰，豈有它志乎？」業曰：「業非畏死，蓋時有未利，徒殺傷士，大功不立。今君責業不以死，當爲諸公先死爾。」即率帳下騎馬自石硤路趨朔州。將行，泣謂美曰：「此行必不利。業太原降將，當死，帝不殺我，寵我以連帥，授我以兵柄，非縱虜不擊，蓋將立尺寸功報陛下耳。今諸君責業以避敵〔三〕，當先死於虜。」因指陳家谷曰：「君侯於此張步兵强弩，爲左右 [6] 翼以援業，俟業轉戰至此，以步兵擊之。不然者，無遺類矣。」美即

〔一〕議責：疑當作「議貴」。《周禮·小司寇》有「八議」之説，「六曰議貴」，謂爵位高者犯罪，先議而後處之也。歷代皆行之，宋亦有議貴之例，如《隆平集》卷一八《石普傳》，普「私藏天文法當死，官節度使，當議貴，除名貶賀州」，是也。

〔二〕「守」下原有「等」字，據《長編》卷二七删。

〔三〕君：原作「軍」，據《長編》卷二七改。

與佖領麾下兵陣於谷口〔一〕。自寅至巳，佖使人登托邏臺望，以爲虜寇敗走，佖欲争其功，即領兵離谷口，美不得制，乃沿灰河西南行二十餘里，俄聞業敗，即麾兵却走。業力戰，自日中至暮，果至谷口，望見無人，即拊膺大慟，再率帳下士戰〔二〕，身被數十創，其子延玉死焉〔三〕，帳下士殆盡，業猶手刃數十百人，馬重傷不能進，遂爲虜所擒。因太息曰：「帝遇我厚，爲姦臣所逼，使王師敗衂，何面目於虜中求活哉！」因不食三日死。天下寃之，聞者皆爲流涕。

四年十月十七日，右驍衛上將軍劉廷讓除削在身官爵，送商州安置。先是，廷讓爲雄州兵馬總管，以疾上聞，不待報，擅離治所，故及於責。

端拱元年三月十五日，鹽鐵副使〔四〕、户部郎中陳象輿責復州團練副使，度支副使、刑部郎中董儼責海州團練副使，司封員外郎、知制誥胡旦責坊州團練副使，右正言、直史館梁顥責虢州司户參軍。坐樞密副使趙昌言之黨也。象輿素與昌言善，儼、旦皆昌言同年生，顥又嘗在昌言幕下，四人皆厚善，日夕多會於昌言之第〔五〕，故京師有「陳三更、董夜半」之言。先是，有傭書人翟穎者，姦險誕妄，素與胡旦親狎，旦知可使〔六〕，乃作大言怪誕之辭，使穎上之，仍爲穎改名馬周〔七〕，以爲唐馬周復出也。其言多排毀時政，自薦可爲天子大臣，及力舉十數人皆公輔之器，令昌言内爲之助。人 7 多識其辭氣，知旦之爲也。會京尹陳王使親吏儀贊廉知其事，捕馬周繫獄。時張去華爲府判官，親窮治之，以其狀聞。帝怒，杖馬周脊，黥而流海島，禁錮終身。昌言等並加貶黜。

十九日，鄭州團練使侯莫陳利用除名，配商州禁錮。利用西蜀人，始賣藥於都市，多變幻之術，眩惑閭里。時樞密承旨陳從信得之，以爲方士，遂聞於帝。即日召見，驟加恩遇，遂歷職内外，累至單州刺史、鄭州團練使。前後賜與，寵澤莫二。時以左道得幸，無復畏憚，所爲不法，至於居處服玩，皆僭乘輿宫殿之名，佗亦稱是。依附者頗獲薦舉，士君子畏其黨而不敢言。會趙普再入中書，廉得其狀，乃力言於帝前，盡發其事，而遣近臣就按，咸得姦狀，故貶竄焉。普復言，以爲利用罪重責輕，未塞天下之望，存之何益。帝不獲已，尋賜死於商州。既而悔之，遽遣使馳傳以免其死。使者至新安，厩置馬踣墜傷其趾，追不能及，利用(以)已磔於市，聞者快之。

淳化元年二月十八日，崇儀副使王惟德責殿前承旨，殿中丞王淮責濠州定遠縣主簿，宦官傳懷志杖脊配隸忠

〔一〕佖：原作「先」，據本書兵八之七、《長編》卷二七改。
〔二〕帳：原作「上」，據《長編》卷二七改。
〔三〕玉：原作「昭」，據《長編》卷二七改。
〔四〕鹽鐵：原倒，據《長編》卷二九乙。
〔五〕第：原作「弟」，據《長編》卷二九改。
〔六〕旦：原作「且」，據《長編》卷二九改。
〔七〕「上之仍爲穎」五字，原脱，據《長編》卷二九補。

靖，坐監香藥榷易院姦贓，爲部下所告，鞫得錢二百七十六萬故也。淮，參知政事沔之同母弟，事發，自度當死，遂從闕下亡命。有司召捕，踰月不獲。沔方得幸，頗慚憤，因上表待罪。獄已具，惟德等皆坐棄市，帝方寵待沔，故盡貸其死，但責降焉。淮數月自歸，沔以聞，詔令沔 8 就私第杖一百，遣之任。

二年二月二十二日，降棣州防禦判官史堯爲滄州司馬〔一〕，封川縣令李孚爲襄州司馬，徐州彭城縣令傅昭遜爲曹州司馬。先是，帝勵精爲治，分命使者按行郡國，州縣吏有貪汙不親事者以名聞，常參官即授以諸司副使，京官及幕職州縣官並以上佐、文學、參軍處之。至是，首黜堯等，以懲簡慢。

九月二日，左司諫、知制誥、判大理寺王禹偁，庫部員外郎、知制誥、判刑部宋湜，祕書丞、權大理正李壽，左贊善大夫、刑部詳覆趙曦，左散騎常侍徐鉉，開封府判官、左諫議大夫張去華，皆免所居官，仍削一任。續責禹偁商州團練副使，湜均州團練副使，鉉靜難軍節度行軍司馬，去華安遠軍節度行軍司馬。坐廬州尼道安嘗（請）〔詣〕開封府訟兄蕭獻臣、嫂姜氏不養母姑，府不爲理，械繫道安送本郡。至是，道安復擊登聞鼓，自言嘗訴兄嫂不孝，嫂姜氏，徐鉉妻之兄女，鉉以尺牘請託張去華，故不爲治；且誣鉉與姜姦。帝頗駭其事，以道安、獻臣、姜氏及鉉、去華屬吏。獄具，大理寺以鉉之姦罪無實，刑部詳覆，議與大理寺同，尼道安當反坐。帝疑其未實，盡捕三司官吏繫獄，而有是命。

九（月）〔日〕〔二〕，以左正言尹黃裳知邕州，馮拯知端州，右正言王世則知象州〔三〕，洪湛知容州。先是，黃裳等五人伏閤上疏，請建立許王元僖爲儲貳，詞章狂率，帝怒，不加罪，但宥之，以黃裳、世則、湛先直史館，盡解其職。9 右正言宋沆坐呂蒙正親嘗先斥，至是始黜黃裳等。

十一月十一日，工部侍郎雷德驤責感德軍節度行軍司馬，其子少府少監有終責衡州團練副使，孫祕書省校書郎孝先除籍配隸均州禁錮。坐帷薄不治，爲其壻如京副使衛濯所訟，帝以德驤大臣，不欲暴揚其事，特免鞫劾，而有是命。

三年五月十四白，户部郎中、知陳州田錫責海州團練副使，通判、殿中丞郭渭責郢州團練副使，並不簽書州事；著作佐郎東野日宣免所居官，仍削三任，大理評事張熙績出爲鳳州河池縣令。先是，部民王裕被酒，與里中民張矩

〔一〕棣州：原作「杕州」。按「杕」乃「杖」之俗字，然杕州應作「棣州」，因明成祖諱棣，明人遇「棣」字，每或空字，或改爲同音字「杕」。如《明一統志》卷一順天府「人物」門云：「李全忠，范陽人，仕爲杕州司馬。」查《舊唐書》卷一八〇《李全忠傳》正作「棣州司馬」，此其明證。《宋會要輯稿》抄自《永樂大典》，遇「棣」字亦每如此處理。

〔二〕九日：原作「九月」。按《長編》卷三二繫此事於九月乙巳，據陳垣《二十史朔閏表》，此月丁酉朔，乙巳乃九日。上條已有「九月」，此當作「九日」，因改。

〔三〕「則」原作「責」，「象州」原作「蒙州」，並據《長編》卷三二改。

相訴，是夕爲矩所殺。方輿尸棄野次，裕壻孫忠適見矩，問矩妻父何在，矩詭以對，因又殺忠。家人訴於州，凡禁繫七十日，長吏不慮問。家人不勝其冤，詣闕擊登聞鼓，（召）〔詔〕遣熙績馳傳就鞫之，具得其狀。獄已具，大理疑其詞未盡，遣日宣再劾之。日宣平反張矩，云王裕、孫忠非其所殺。裕家甚冤，其子福詣闕應募爲軍，因引對自言曰：「臣非願隸軍籍，蓋家冤求見縣官自訴耳。」備陳本末。帝怒，命御史府鞫之，張矩果殺人，寘于法，而錫等皆抵于責。

十一月九日，給事中李惟清責衛尉少卿，鹽鐵判官、倉部郎中李瑄降本曹員外郎。坐任鹽鐵使日，淮南榷貨務賣岳州茶，斤爲錢百五十，主吏言二十六萬六千餘斤陳惡，惟清擅減斤五十錢，不以聞，虧損官錢萬四千餘貫，爲勾院吏盧[10]守仁所告。詔罷惟清，使劾之，而有是命。

三十日，開封府判官、右諫議大夫呂端降衛尉少卿，推官、職方員外郎陳載降殿中侍御史。坐禆贊許王無狀也。

四年閏十月十三日，翰林侍讀、左司諫呂文仲直祕閣，免侍讀之職。文仲先受詔與祕書丞、直史館陳堯叟同巡撫關右，關右民訟宦官方保言聚斂掊克，凡獻狀者百餘人，文仲等以其事聞。帝怒，急召保言至，反爲保言所訟，因下御史府驗問。文仲等所坐皆細事，而保言增酒榷及他事，以困民受弊。文仲文吏巽懦，恥與保言對，但俯伏請罪，因解職，堯叟亦罰銅免罪。既而帝知其故，復有此命。

五年正月十五日，侍衛馬軍都虞候、峰州觀察使王榮責右驍衛大將軍。榮少有膂力，能引强弓，給事故瀛州防禦使馬仁瑀充厮役。帝在晉邸日，得隸左右，既而擢領禁兵，與故涪王廷美帳下親吏相厚。因狂言曰：「我不久當得節鎮。」爲仁瑀子所告〔一〕，帝怒，削籍流海島。雍熙中召還，復總兵柄，率兵屯定州。所爲多不法，侵取官草場地爲蔬圃，悋惜官錢，不以犒士卒。母年老不迎養，但置于村舍中，供給甚薄，首飾止銀釵而已。帝聞而怒曰：「忠臣出孝子之門，榮事親如此，又嘗經竄逐，性兇率不改，豈可復在左右！當寘于法，第以其舊人爲忍耳，趣令貶降。」故有是命。

三月三日，前西川轉運使、給事中樊知古降知均州。先是，青城縣民王小波、李順繼聚徒爲[11]亂，陷郡縣，殺官吏。知古在任轉運使，脱身乘善馬離所部，詣闕自歸，求見帝謝罪，不得對。令中使問狀，知古具伏擅離所部，撫御無狀，特宥之，而有是命。

二十一日，三司河東路判官、左司諫張觀黜知道州。先是，三司官吏多上書言事，無益于理，命總計使陳恕諭令各司其局，無或出位。觀因上疏陳述拾遺、補闕之任，自唐則天始建此官，迄今數百年，居侍從之列，當言責之任，不可失職。帝覽奏，謂宰相曰：「近以三司官吏多不率職，故申警勵，且令非兩省諫官不言時務。況諫諍之任，自古有

〔一〕子：原作「之」，據《宋史》卷二八〇《王榮傳》改。

之，仲尼所謂『天子有争臣七人』是也。今觀乃引武后妖亂之世以諷朕躬，援引如此，殆無人臣之禮。俾守遠郡，尚爲輕典。」

十月九日，右諫議大夫、知秦州温仲舒降知鳳翔府。先是，仲舒在秦州日，内附蕃部有居於渭河之南者多占山林，每官伐木入其境，必厚賂遺之。仲舒欲得其地，因驅之於渭北，乃立堡寨以限之，已便宜行而上聞。帝覽之，大駭曰：「仲舒頃在朕左右，亦合少知道理，何得不俟朝旨，邊境之上輒敢生事！古之伊洛之間尚羌戎雜居，彼蕃戎之性易動難安，仲舒無故驅逐之，萬一有徵發，又重煩關右之民也。」乃命使往安撫其帳族，而有是命。

至道元年正月二十日，西京作坊副使、度支都監趙贊削奪在身官爵，配隸房州禁錮，所在馳驛發遣。西上閤門副使、鹽鐵都監鄭昌嗣責唐州團練[12]副使，不簽書州事。既行，盡於所在賜死。贊，故太原軍小卒，誣告軍中謀叛，劉繼元盡屠之，以贊爲内職。歸朝，隸三司爲走吏，因告訐本司事，復爲殿直。恃險詖捷給，好言利害，帝頗任使之。會改創三司官屬，以贊爲度支都監，益恣横，所爲皆不法。昌嗣，金陵人，亦自三司走吏稍遷爲侍禁。因言事得與贊親比厚善，亦横恣不法，帝頗知之。會上元張燈，上清宫成，帝駕初臨幸，都人尚未得游觀。宫中三清閣，佗人不得至，贊與昌嗣率其黨數輩犯關而入，擕妓樂登閣，飲宴通夕。掌舍宦官不能禁止，因以其事聞。帝怒，已先知其恣横，猶疑之，至是以前事並實，因下詔斥逐，既而盡縊殺之，中外莫不稱快。

十月四日，前陝西路轉運副使、工部員外郎鄭文寶責郴州藍山縣令，所在馳驛發遣；轉運使、吏部員外郎盧之翰責國子博士，轉運如故。先是，文寶建策築清遠軍，及禁戎人賣鹽，致關中縲騷。之翰心知非便，以文寶方言事得幸，雷同其議。至是帝怒，并責之。

二年七月十日，陝西都轉運使、刑部郎中宋太初責懷州團練副使。轉運使、吏部員外郎盧之翰，副使、祕書丞竇玭，並除籍。以之翰爲許州司馬，玭爲商州司户，並員外置。供奉官、閤門祇候李守仁決杖，配隸汝州禁錮。坐違制發軍糧詣靈州，爲李繼遷所剽劫故也。

九月八日，靈州環慶清遠軍路馬步軍都總管、會州觀察使田紹斌責率府[13]副率，虢州安置〔一〕。先是，詔紹斌領兵於普樂河應接裹送糧草入靈州，尋遇番賊劫虜，抛失官糧。準律，守備不設、爲賊所掩覆者斬；準令，五品已上犯非惡逆以上聽自盡。時從寬宥。

三年四月二十七日，兵部郎中、知制誥、史館修撰胡旦責安遠軍節度行軍司馬。旦草行慶制詞，頗恣胸臆，多所溢美，語復訕上故也。

真宗咸平元年三月十五日，大理寺丞、知開封府功曹

〔一〕虢：原作「號」，據《宋史》卷二八〇《田紹斌傳》改。

參軍陳質責道州寧遠縣令。質獻宮詞言多鄙艷故也。

二年六月十一日，大理評事葉齊責郢州別駕。齊先直史館，坐上疏率易免職，至是拜章益狂妄，故有此責。

三年正月一日〔一〕，前光禄寺丞李永錫責康州瀧水縣主簿，權户部判官、殿中丞皇甫選責南劍州團練副使。時永錫居父喪，大言歷詆近臣，自謂有致太平滅虜之術。選因表獻，且稱薦之〔二〕，及追赴行在試策問，與所言異，故並黜之。

七日，鎮定高陽關三路行營都總管、侍衛馬步軍都虞候、忠武軍節度使傅潛，都鈐轄、西上閤門使、富州刺史張昭允，並削奪在身官爵〔三〕，潛長流房州，昭允長流通州。初，潛與昭允及内侍都知秦翰領兵屯定州以備戎，而潛畏懦無方畧。始，戎人攻狼山寨，圍威虜軍，沿邊城堡悉飛書告急。潛麾下步騎凡八萬餘，咸自置鐵檛、鐵捶，人蓄鋭氣，争欲擊賊，而潛閉門自守，將校請戰者輒醜言駡之。無何，虜破狼山諸寨，悉鋭以攻威虜，兩夜不勝，**14** 遂引兵畧寧遠軍，入祁、趙，大縱鈔劫，鎮定路不通者踰月。朝廷屢間道遣使督其出師，而范廷召、桑贊、秦翰等屢促之〔四〕，皆不聽。不得已，乃分騎八千、步二千付廷召等〔五〕，於高陽關逆擊之，仍許出兵爲援。洎廷召等與虜血戰，而潛不至，康保裔遂陷于賊。及帝將親征，又命石保吉、上官正自大名領前軍赴鎮、定，與潛會而擊虜，潛卒逗遛不發，以至虜騎渡河湊淄、齊，皆潛翫兵養寇之所致也。帝駐大名而邊捷未至，且聞驍將楊延朗、楊嗣、石普輩屢請益兵，潛不之與，有戰勝者潛又抑而不聞，繇是大怒，命樞密都承旨王繼英召潛與石保吉等，各以所部兵赴貝冀路行營〔六〕。潛至冀州，乃遣高瓊即軍中代之，令潛等詣行在。至則下獄，命工部侍郎錢若水、御史中丞魏庠、知雜御史馮拯按劾之，一夕而獄具，罪當斬。百官議請如律，上封者皆請正刑典，詔特貸其死，中外公議無不憤惋。

二月十八日，鎮定高陽關路先鋒使、邢州觀察使田紹斌責率府副率〔七〕。先是，紹斌爲先鋒，次定州。蕃賊圍威虜軍，紹斌等發書與傅潛，只（令）〔令〕於唐河南岸排陣，背城相殺〔八〕，故潛等只在定州，不出城救應，致蕃賊燒劫城寨，殺虜萬民，勞煩聖駕巡幸河北。準律，主將守城，若不覺賊來，爲賊掩襲至城外，人兵有覆敗者，斬。傅潛前案已於死刑上奏斷訖，紹斌合於傅潛死刑下爲（從）〔徒〕流三千里私罪，故及是責。

四月二十五日，左 **15** 諫議大夫、知益州牛冕削籍流儋

〔一〕一日：《長編》卷四六作「三日」。
〔二〕且：原作「旦」，據《長編》卷四六改。
〔三〕削：原缺，據《長編》卷四六補。
〔四〕促：原作「從」，據本書兵八之七改。
〔五〕「二千」下原有「步」字，據本書兵八之七删。
〔六〕貝：原作「具」，據本書兵八之七改。
〔七〕邢：原作「刑」，據《宋史》卷二八〇《田紹斌傳》改。
〔八〕背：原作「被」，據《長編》卷四六改。

州，西川轉運使、祠部郎中、直集賢院張適削籍爲連州參軍。初，成都既陷，冕、適失守奔漢州，詔令赴闕。行至永興軍，就命制劾。法官議冕當死，詔特貸焉。其通判已下並第加貶黜。

七月二十九日，知鄆州、職方員外郎馬襄，通判、秘書丞孔勗，巡護河隄、左藏庫副使李繼源，並削兩任，繼源配隸許州，餘官降責有差。以河決故也。

十月十五日，前知磁州、如京使劉蒙正責亳州團練副使。坐擅乘驛馬也。

十六日，濱州防禦使王榮削籍流均州。榮帥兵援糧於靈武，素無術畧，又不嚴斥候，至積石，夜爲蕃賊所鈔，榮部大亂〔一〕，死者甚衆。以其嘗有戰功，特恕其死。

十一月一日，環慶副總管、博州防禦使徐興，鈐轄、六宅使李重誨並削籍，興流郢州，重誨流光州。副總管、慶州團練使孫進責復州團練副使，都監、内殿崇班張嘏責舒州教練使。興、重誨坐與王榮喪師於積石，進、嘏以擅離所任赴闕故也〔二〕。

四年閏十二月十日，邠寧涇原環慶州副都（統）〔總〕管楊瓊流崖州，副總管、海州團練使潘璘流康州，鈐轄尚食使李讓、内園使馮守規流瓊州，都監、崇儀使張繼能流儋州，西京左藏庫副使劉文質流雷州，如京使、順州刺史、知環州王懷普流賀州。初，遷賊攻清遠軍，瓊等不時赴援，以至陷没。賊退不追捕，復棄青崗寨，（禁）〔焚〕其軍儲，詔御史臺按劾之。獄具，罪當斬首，百官議請論16如律，帝念其舊勞，故宥其死。

五年四月十四日，比部員外郎、直史館洪湛削籍流儋州，工部尚書、兼御史中丞趙昌言，膳部郎中、兼侍御史知雜事范正辭，並削一任，昌言責安遠軍節度（副使）行軍司馬，正辭滁州團練副使。推直官殿中丞高鼎、主簿王化，並削兩任，鼎責蘄州別駕，化黄州參軍。先是，孟州民常德方訟劍州臨津縣尉任懿咸平三年應學究舉，用賄登第，詔御史臺鞫之。昌言因逼其友黨，令引參知政事王欽若。帝察其不實，（今）〔令〕翰林侍讀學士邢昺、内侍都知閻承翰、工部郎中知曹州邊肅、虞部員外郎知許州毋賓古覆按之。懿具言納賂於湛得奏名，故竄出（參）〔焉〕，而昌言等以故入欽若罪，并有是責〔三〕。

六月三日，以工部郎中陳若拙爲刑部郎中、知潭州。翌日，追還制書，仍舊知處州。若拙任京東轉運使，被召，自以爲將膺顯用。洎受命，頗不自得，請對固辭，且言嘗任三司判官、轉運使，今知潭州，乃類責降；復以親老爲辭。帝曰：「潭州大藩，朕以方面擇人，所委不在轉運使下。況輔相舊人亦出典藩郡。」若拙懇訴不已，故有是責。

〔一〕榮：原作「營」，據《長編》卷四七改。
〔二〕嘏：原作「礙」，據《長編》卷四七改。
〔三〕責：原作「言」，據《長編》卷五一改。

咸平五年七月六日，殿前副都指揮使、保静軍節度使王漢忠降左屯衛上將軍。坐率兵護邊違詔無功也。

十月十三日，司封員外郎高如晦削兩任，爲沂州別駕。先是，參知政事王欽若言：「如晦向分符竹，出涖蔡州，逃主户三千五百九家〔一〕，失國賦五萬三千餘 17 貫。薦士有十否之謬，在官無三異之稱。引對素有職司〔二〕，理考自經服制，誠非天吏失於與進，軒檻不能燭幽。而靡知省循，冒進詞狀，且曰：『陛下止見臣面，不見臣心〔三〕，不能恤臣，故令擯斥〔四〕。終身抱恨，非外損傷。以此而言，無罪可坐。』狂躁之甚〔五〕，乃敢若兹！如晦自陛下登極以來，兩經任使，計度鐵冶，差知蔡州。奏云『場務皆有羨溢』，而虧失稅錢甚多；『人户亦不凋殘』，而逃散主户頗衆。無功罔上，怨天尤人。且竊議腹非，尚歸司敗；況妄形奏疏，仰瀆聖聰。臣謬玷台司，莫敦薄俗，安敢僶俛顧位，脂韋惜言！齒路馬者必誅，指乘輿者有法。請以審官院考課文籍并如晦所進狀付有司施行。」詔以如晦付御史臺劾罪，而有是命。

二十五日，右僕射、判永興軍府事張齊賢降太常卿，分司西京。先是，故相薛居正子惟吉妻柴氏無子，惟吉有子安上、安民，家甚富。柴素與二子不叶，既寡，盡蓄其祖父金帛計值三萬緡，并其書籍、綸告，以謀改適齊賢。安上詣京府訴其事，柴復訟宰相向敏中賤貿居正故第〔六〕，又嘗求妻己，不許，以是教安上誣告母，且陰庇之。柴又伐鼓訟益急，遂并其狀下憲司鞫之，而敏中實貿安上居第〔七〕。於是罷敏中相，并黜齊賢，削張宗晦一任〔八〕，貶海州別駕。柴用蔭罰銅百觔〔九〕，以所得廩藏財貨贖還其第。

六年五月二十四日，霸州防禦使、鎮州副總管李福削籍流封州，拱聖軍都指揮使王昇決杖配隸瓊州。18 初，望都之敗，中使入奏，且言當戰有引師而旋者，乃命宫苑使劉承珪〔一〇〕、供備庫副使李允則馳驛按問。獄具，流竄福等，餘皆決杖配隸。

二十五日，度支使、陝西制置使、右諫議大夫梁鼎罷使，守本官。先是，鼎議鹽法，公私大擾，儲峙益空，詔張詠等與鼎會轉運使參訂，鼎前議公私非便，（鼎）〔後〕又請復舊商販，遂及於責。

七月二十四日，沿邊都巡檢使、西上閤門使、康州刺史李繼宣責如京副使。先是，（藩）〔蕃〕賊至保州寧邊軍界虜

〔一〕三千：《長編》卷五三作「二千」。
〔二〕司：原作「同」，據文意改。
〔三〕見：原脱，據《長編》卷五三補。
〔四〕斥：原作「守」，據《長編》卷五三改。
〔五〕狂：原作「任」，據《長編》卷五三改。
〔六〕賤貿：原作「錢質」，據《長編》卷五三改。
〔七〕貿：原作「質」，據《長編》卷五三改。
〔八〕張：原無，據《長編》卷五三補。參下注。
〔九〕百觔：《長編》卷五三作「八斤」。
〔一〇〕珪：原作「桂」，據《長編》卷五四改。

劫人口資蓄，繼宣領師，觀望寇戎，遷延不救援，故及於責。

景德元年九月二十日，陝西轉運使屯田郎中楊覃降知隨州，工部員外郎直史館朱台符降知郢州，取便路赴任。先是，台符多謀改革，覃止務因循，殊乖輯睦，日有異同。遣使按問，事理違戾，故及於責。仍令御史臺傳告諸路轉運使、副，各令儆勵。

二年正月十九日，侍衛馬步軍都虞候、天平軍節度使王超降崇信軍節度使，便道之任。坐北戎犯塞，留屯外屏，當督護之權，乏驅攘之効，稽違詔旨，緩失師期，故出。

四月二十日，樞密直學士、工部郎中、權三司使劉師道責忠武軍節度行軍司馬，仍不得簽書本州事。右正言、知制誥陳堯咨責單州團練使。先是，師道弟幾道進士禮部奏名，將預殿試，近例糊名考較，堯咨嘗爲卷使刺針眼爲識驗。既擢第，事泄，詔落幾道名籍，永不得預舉。帝含容，不復窮理，師道固求辯對〔一〕，乃命【19】東上閤門使曹利用、内侍省副都知閻承翰、兵部郎中邊肅就御史臺雜治之。師道坐誣罔論奏，堯咨引次前事，故有是責。

八月十一日，翰林學士、右諫議大夫、知制誥晁迥責左司郎中充職〔二〕，給事中、知澶州馮起責左諫議大夫，淮南轉運使、侍御史鞠仲謀責殿中侍御史〔三〕，並依前在任。先是幸澶州歲，迥等爲留守雍王元份府僚〔四〕。有劫盜繫右軍巡獄，欵狀未具而繼獲餘黨。既至，見徒謀奔竄，獄吏不能制，遽遣巡邏擒捕。主吏恐復亡，亟折其足。元份始聞獄亂怖芒，又不忍其酷法，以至疾作。帝以元份疾未痊，釋而不問，元份薨，乃有是責。

三年五月六日，萊蕪監判官歐陽冕責連州司户。冕求應賢良方正，而大言自薦，以姬旦、皋、夔爲比，且云：「使臣日試萬言，一字不改；日覽千字，一句不遺。」由是促召赴闕，中書試五論、三頌、詩四十首，共限萬言。題既出，冕惶駭，自陳止應賢良，不應萬言，幸垂假貸。乃以所上表示之，冕不復言。至晡，但成五論、一頌，共三千字。既奏御，帝令問表中所陳條目，冕伏躁妄之罪，故責之。

八月十日，工部侍郎董儼責山南東道節度行軍司馬，不簽書州事。儼性貪躁，急於進用。前是，工部員外郎黄觀罷益州路轉運使歸闕，儼嘗在計司，即告知雜御史王濟言於觀，求薦己知益州。俄而觀復領陝西轉運，得對便殿，儼謂必薦己。一日上殿，遽言：「黄觀智識膚淺，素無特操，恐爲執【20】政者所使，妄相論薦，俾臣遠適。」辭甚懇激，殊不知觀未嘗敢言也。帝不之詰。數日，濟對，言有息女歸儼之猶子，慮合差使，願不與儼同事。又言：「儼嘗託告黄觀求薦知益州，臣尋語觀，儼性猜詐，不可爲言。」帝不欲

〔一〕固：原作「故」，據《長編》卷五九改。
〔二〕誥：原無，據《宋史》卷三〇五《晁迥傳》補。
〔三〕仲：原作「衣」，據《宋史》卷四四〇《鞠常傳》改。
〔四〕留守：原倒，據《長編》卷六一乙。

暴揚其事，乃出儼知青州。儼既辭，復請對〔一〕，自陳忽授外任，慮爲權臣所擯，帝慰遣之而不去。帝不得已，乃謂之曰：「爾自告黄觀求知益州，復有何人排爾？」儼瞿然自失，涕泗交下，乃曰：「觀曾言益州須是臣往彈壓，濟亦嘗言及。」帝以其辭不類，因令具狀件數，當爲對辯。儼不得已而獻狀，於是召濟質同，仍遣使詣陝西，令觀具本末以聞。觀奏云：「(非)〔昨〕自川西歸闕，儼問：『益州張詠疾狀何如？』(自到)〔臣對〕以稍痊。又問臣：『詠求替否？』臣因言：『益州人傳云董侍郎、丁諫議來此，餘無他語。』翌日，王濟語臣云：『董儼昨日三遣其姪來託告舉知益州。』〔臣〕言：『豈敢及此？』濟云：『慎勿舉之，異時必爲所累。』」觀又奏：「先朝淳化中，儼爲度支使，臣爲判官。儼知臣不飲酒，因重陽聚會，親酌一巵勸臣飲盡〔二〕，臣强飲五分。有頃，趙贇遣人召臣議事，臣即往，贇視曰：『飲酒耶？』臣且以實對。翌日，儼即與贇密奏臣多酒廢職。儼素待臣如此，又臣素知其事猥濫，安肯許其彈壓藩鎮？此足明儼欺罔。」遂命樞密直學士劉綜與御史雜治之〔三〕，儼引伏，乃有是責。

十月十三日，兩浙轉運使、起居舍人、直史館姚鉉除名爲連州文學。鉉在任鬻銀多取直，託湖、21婺、睦三州長吏市縑帛，不輸征算，占留州胥在司〔四〕，又擅增修廨宇〔五〕，貿部内子女，爲知杭州薛映所發。法寺議罪，當奪一官，特詔削籍，而映言亦有不實者，當罰金，命釋之。因下詔以戒諸路轉運使焉。

四年六月三十日，祠部員外郎、知滑(洲)〔州〕朱搏責潭州湘陰令〔六〕。搏性狂率，前歲上章，言五緯當合于星辰張，周分野，請以今夏幸洛陽，封中岳，至秋乃還。洎朝陵詔下〔七〕，又言朝拜諸陵當用寒食，且謁拜丘墓不足以動星辰。其術大抵多厭勝事。至是復言：「昨車駕駐洛止二十餘日，還京踰月，乃有中宫之喪，則臣之愚言多所預中。」又妄自誇誕，以求信用，帝盡出以諭輔臣，方有是責。

大中祥符元年八月八日，降三司户部判官、殿中侍御史王好古監潤州商税〔八〕，工部員外郎、直集賢院劉隲監漣水軍商税，太常丞、判三司催欠憑由司王(曉)〔曙〕監廬州鹽務〔九〕。先是，好古等解送國子監秋試舉人〔一〇〕，有初場十不者，准法當停官，會赦，故薄責之。自是諸州率以爲例。

二年十月二日，度支員外郎、直史館、通判濠州趙況除

〔一〕請：原作「久」，據《長編》卷六三改。
〔二〕親：原作「觀」，據《長編》卷六三改。
〔三〕史：原作「支」，據《長編》卷六三改。
〔四〕在：原作「左」，據《長編》卷六四改。
〔五〕宇：原作「字」，據《長編》卷六四改。
〔六〕搏：原作「博」，據《長編》卷六五及下文改。
〔七〕洎：原作「泊」，據《長編》卷六五改。
〔八〕潤：原作「閏」，據《長編》卷六九改。
〔九〕廬：原作「盧」，據《長編》卷六九改。
〔一〇〕「先是好古等解送」七字原無，據《長編》卷六九補。無此七字則文意不明。

名爲民。先是，濠州民齊睿坐惡逆逃亡，會東封首露，本州用赦原之。知定遠縣王仲微言〔一〕，況受睿錢三千，不以上聞，請重寘其罪。詔特斬睿，論況枉法。

三年四月七日，太常博士石待問責滁州團練副使，不簽書州事。初，待問上時務十餘條，大率言邊兵，而詞斥先朝。帝曰：「人臣言時政所闕及朕躬過失，雖不近理，亦當 22 優容之；若矯誣祖宗，不可恕也。」乃命翰林學士李宗諤詰之，待問辭窮，故及於責。

九日，權左巡使、殿中侍御史龔識責平江節度副使，不簽書州事。識以眼疾假告，百日符簿，復請賜告，故及於責。

四年四月八日，左龍武軍將軍、澄州刺史、駙馬都尉李遵勖責均州團練副使〔二〕，坐私主之乳母。尋以疾求住蔡州，從之。

五年四月十八日，樞密直學士〔三〕、給事中邊肅追奪三任，爲岳州團練副使，不簽書州事。肅前知鎮州，以公費錢貿易規利〔四〕，又遣部吏强市民羊及買女口〔五〕，通判東方慶等列狀于州，知州王嗣宗以聞。帝以肅居近職，不欲屬吏，命樞密直學士劉綜、任中正以嗣宗奏示之，肅盡引伏〔六〕。初，景德中，肅守邢州，契丹南牧，其地屢震，密詔令棄城入保近地。會虜騎來逼，肅能固守，遍(聞)〔閱〕部兵列郊外，戎人不測，遂引師而退。帝録其勞，故薄責焉。

六年三月十七日，主客員外郎、直史館、判三司都磨勘司楊嵎監汝州稻田務。嵎以重法按本司吏，吏訟嵎嘗私役使公人，法當奪官，帝特寬宥，訟者決杖停職。

七年八月五日，刑部郎中、直史館張復降工部郎中，左司諫、直史館崔遵度降左正言，職如故，並罷修起居注。坐記注以恭謝天地壇「昊天上帝」爲「天皇大帝」〔七〕，及增聖祖配位故也。

八年四月二十九日，比部員外郎、判三司都磨勘司王贗通判道州。時詔文武官直言闕政，贗疏中辭理荒 23 謬，有乖詔意，故出之。

〔九年〕六月五日〔八〕，比部員外郎、知齊州范航免死，杖脊黥面，配沙門島。航爲吏，所在貪狠，持人短長，衆多憚之。帝之尹京也，航宰東明，民有訟其鬻虛鈔納物者〔九〕，事狀明白，按鞫已就，府佐皆曰此凶人，慮有反復，須結正

〔一〕微：原作「徽」，據《長編》卷七二改。
〔二〕勖：原無，而有小字注云「下字音同即之」，「即之」疑當作「御名」，指神宗名「頊」。此處避諱所去之字實爲「勖」字，勖與頊音同。《長編》卷七五述此事正作李遵勖，據補。
〔三〕直：原作「院」，據《長編》卷七七改。
〔四〕貿：原作「質」，據《長編》卷七七改。
〔五〕部吏：原倒，據《長編》卷七七乙。
〔六〕盡：原作「阻」，據《長編》卷七七改。
〔七〕壇：原作「擅增」，據《長編》卷八三改。
〔八〕九年：原無。按，《長編》卷八七繫此事於大中祥符九年六月八日辛巳，今據補「九年」二字，「五日」則仍舊。
〔九〕鈔：原作「抄」，據《長編》卷八七改。

堅固，乃可上聞。洎付臺覆按，事果中變，航止罰金而已。後任河東提點刑獄，表求知博州聊城縣，雖云（使）〔便〕於舉葬，實以是邑富饒，利於掊取。在齊州尤狡蠹不法，笞箠無度〔一〕，强取財貨。其子昭爲太常博士、直集賢院，聞其醜聲，走僕賫書諫勉。航怒，重抶其僕。至是，提點刑獄滕涉、常希古發其奸贓，又揭榜令吏民首露，得罪狀數十條，遣御史李餗就鞫得實而竄之。

九年九月四日，前江南東路提點刑獄、太常博士、直集賢院范昭降知小郡。先是，昭言：「父航坐法流海島，臣今受代，行至南京，願身爲邊卒，贖父移善地。」宰臣言父子罪雖不相及，亦當降其任使故也。

十一月八日，河西軍節度、知許州石普除名爲民，配賀州，遣內侍縶送流所。先是，普上言九月下旬日食三，帝以普奏虛妄，召還，命知雜御史呂夷簡置院推劾，令入內押班周懷政監之。獄成，集司天官驗定，九月下旬日不蝕。又普言二十七〔日〕戊辰蝕，其日皇帝本命。普又引私藏《天文乙巳占》、《太陰太陽日月占》，又意圖召還，得逢郊禮恩賞。大理言私習天文罪當死，合從議責，文武百官尚書左丞趙安仁等獻議，24 請依斷處死。詔除名爲民，流配，子弟皆釐務外州，自餘一切不問。

天禧元年十二月二十六日，玉清昭應宮判官、禮部郎中、知制誥夏竦降職方員外郎、知黃州。竦與妻楊不睦，楊與弟倡疏竦過，竊出訟之。竦母與楊母相詬，交競於開封府，府以聞〔二〕，並下御史獄，故有是責。仍令與楊離異。

二年閏四月十六日，宮苑使、獎州團練使李溥責忠正軍節度使，不簽書州事。溥爲江浙發運使，私役兵健爲姻家吏部侍郎林特起宅〔三〕，又附官船販鬻材木，規取息利，爲黃震所舉。鞫之得實，未論決，會赦，故薄責焉。

三年三月二十二日，工部郎中陳堯佐責起居郎，依前直史館，監鄂州茶場。右正言陳執中責衛尉寺丞、監岳州酒務。先是，定考試條制，舉人納試卷，即先付編排官，去其卷首鄉貫狀，以字號第之，付封彌官謄寫校勘，始付考官定等訖，復封彌送覆考官再定等，乃送詳定官啓封，閱其同異，參驗著定，始付編排官取鄉貫狀字號合之，則第其姓名差次并試卷以聞，遂臨軒放榜焉。而堯佐、執中爲編排官不詳此制〔四〕，復改易其等級。翌日，內庭覆驗，多所同異，遂悉付中書，命魯宗道、馮元閱視之〔五〕，具言其差互。詔宗道召堯佐、執中洎考校、詳定官對辨之〔六〕，堯佐等具伏，命御史劾問，法官定罪。宰臣等言，堯佐等所犯誠合嚴譴，然屬吏議，其責尤重，請止據罪降黜，故有是命。

〔一〕笞：原作「笞」，據《長編》卷八七改。
〔二〕府：原無，據《宋史》卷二八三《夏竦傳》補。
〔三〕特：原作「持」，據《長編》卷九一改。
〔四〕爲編排官：原無，據《長編》卷九三補。
〔五〕元：原作「方」，據《長編》卷九三改。
〔六〕「定」原無，「之」原重，據《長編》卷九三補刪。

二十六日，降翰林學士、工部侍郎、知制誥25錢惟演爲給事中，樞密直學士、給事中王（曉）〔曙〕爲右諫議大夫，工部侍郎楊億爲秘書監，户部員外郎、知制誥李諮爲禮部員外郎，刑部員外郎、直史館陳從易爲工部員外郎，並五職如故。進士陳損、黄異等五人並決杖，配隸諸州，其連狀人並殿兩舉。初，損、異等既率衆興訟，命陳堯咨等詳閲試卷〔一〕，具言惟演等所送進士内五人文理稍次，從易所送進士内三人文理荒謬，自餘合格，而損、異等所訟亦有虚妄，故并責焉。

五月九日，龍圖閣直學士、工部郎中陳堯咨降兵部員外郎充職。坐舉曹仁用犯贓故也。

十一日，左諫議大夫、知鄆州戚綸責岳州團練副使〔二〕。坐言涉訕上，爲提點刑獄李仲容等所發也。

四年七月二十六日，翰林學士、兵部郎中、知制誥盛度，樞密直學士、給事中、兼太子賓客王（曉）〔曙〕，並落職，守本官知光、汝州。坐交結周懷政故也。

八月二十三日，太常卿、知安州、萊國公寇準貶道州司馬，坐交通周懷政。制書以準「不務敦修，密朋凶慝，辱予輔弼〔三〕，玷乃搢紳〔四〕，特屈憲章，免其流竄，黜居典午，允謂寬恩」，仍以其事傳告諸州，御史臺揭榜朝堂以示百辟。

九月一日，右諫議大夫、兼太子右庶子、權知開封府王隨爲給事中、知杭州。隨嘗假周懷政白金五十兩，至是具狀首露，故黜之。

〔八月〕二十五日〔五〕，入内押班鄭志誠削兩任，配隸房州。坐納朱能音問及搜獲表章有請儲闈親政之辭故也〔六〕。

〔九月〕十26四日〔七〕，知永興軍府、給事中、集賢院學士朱巽，陝西轉運使、工部郎中、直集賢院梅詢，並削一任。巽爲護國軍節度副使，詢爲懷州團練副使，並不簽書州事。轉運使、度支員外郎劉楚降祠部員外郎、監汝州葉縣鹽税。勸農使、職方員外郎皇甫載時丁憂，候服闋與通判。副使、閤門祗候程紹忠爲陽武縣都監。本軍通判、幕職官並罰銅，釋之。侍御史、知鳳翔臧奎换都官員外郎，通判寧州。巽等嘗薦舉朱能及不察奸妄，致害制使，奎坐與能交結，故並責之。

五年十一月十七日，山南東道節度使、同中書門下平章事王欽若降司農卿，分司南京。欽若知西京，疾甚，累表求歸養療，不待報至京師，故及於責。

乾興元年六月二十七日〔八〕，仁宗即位未改元。太常丞、直

〔一〕咨：原作「諮」，據《長編》卷九三改。
〔二〕責：原缺，據《長編》卷九三補。
〔三〕予：原作「于」，據《長編》卷九六改。
〔四〕乃：原作「及」，據《長編》卷九六改。
〔五〕八月：原無。原文承上條似爲九月二十五日，然查《長編》卷九六，此乃八月二十五日甲辰之事，今據補。此條應與上條對移。
〔六〕請：原作「諸」，據《長編》卷九六改。
〔七〕九月：原無，據《長編》卷九六補。
〔八〕按，《長編》卷九九繫此條事於七月一日。

集賢院丁珙落職監郢州酒稅，内殿承制丁玓、光禄寺丞玘、珷並勒停〔一〕，隨父謂在西京，以父謂貶故也。

七月十一日，殿中丞、集賢校理、知開封府開封縣錢致堯落職監池州順安鎮茶鹽酒稅。先是，丁謂知江陵府，致堯爲本府賓佐。及謂入相，致堯驟升館職，仍知赤縣，而恃謂勢援，深相朋附，賂遺請託，喧于羣聽，故有是命。

二十四日，太子少保、分司西京丁謂貶崖州司户參軍，員外置，同正員。制書以謂：「早踐台司，備承朝眷，曾靡圖於爲報〔二〕，乃公肆於非心。昵彼妖巫，館于私舍，潛通詭計，假託靈神。與孽官以連謀，幸先皇之違裕，將逞姦回之志，恣談禍[27]福之端。既蒐慝之旋聞，且閱實而具在。背恩棄德，一至於斯，竄處遐方，尚寬嚴憲。」仍遣吏監送。

仁宗天聖元年三月二十二日，禮部郎中、知吉州祖士衡監江州商稅。時内出上封者言：「士衡朋附丁謂，居官治民，殊不修謹。前自綸閣，出領郡寄，其責尚輕，望重行黜降。」故有是命。

十月二十八日，右巡使、監察御史鞠詠降太常博士、同判信州。詠自授一官巡使，兩經罰俸，皆爲臣僚失儀不彈奏。時率府率安崇勳失儀，又不舉察。方當劾問，復上言：「武班臣僚今後小可失儀，乞免彈奏。」帝以其失職文過，故有是命。

三年六月八日，直昭文館陳從易降直史館〔三〕，集賢校理聶冠卿、李昭遘並落職。坐校太清樓書《十代興亡論》多差互故也。

七月二十日，知邵武軍、職方員外郎吳植特除名，與上佐官安置；前殿中丞余諤特追一任官，勒停；右侍禁鄭斌配衙前編管。諤等爲吳植托付金與宰相王欽若；斌取受贓銀，不即催遣吳植前來；植爲附金與欽若乞就移差遣。欽若以重傷大臣，矜而不問。

八月二十六日，入内副都知、涇原路都鈐轄周文質降率府率，荆湖南路安置；續除名，白州編管。先是，文質與總管王謙、史崇信議斷〔四〕，斬作過投首蕃部首領厮鐸論〔五〕；又與知渭州馬洵美同放質子，有違宣命；修治兵器，驚動諸蕃首領，致有疑慮，結構鬥敵，死傷軍馬。故及於責，仍差使臣伴送往彼。謙、崇信並免勘[28]差替，洵美特罰銅三十斤，移別處差遣。

四年三月二十七日，同詳定計置司、樞密副使張士遜，參知政事呂夷簡、魯宗道，各罰一月俸。樞密直學士劉筠已下各罰銅三十斤。前三司使、右諫議大夫李諮落樞密直學士，依舊知洪州。侍讀學士孫奭已下及干係官吏等，並特放。三司勾覆官勾獻配沙門島。坐改更茶法、計置糧草

〔一〕停：原脱，據《長編》卷九九補。
〔二〕圖：原作「徒」，據《宋宰輔編年録》卷四改。
〔三〕直：原作「職」，據《長編》卷一〇三改。
〔四〕史：原作「吏」，據《長編》卷一〇三改。
〔五〕論：《長編》卷一〇三作「倫」。

前後異同故也。

六年十月二十二日，知鄆州、考功郎中杜堯臣責濟州團練副使。坐部内買物虧價等罪，合流二千五百里贓罪，追見任官故也。帝曰：「此人素聞贓濫否？」宰臣王曾言：「堯臣所至酷於刑法，吏民苦之。近亦降指揮（一）〔下〕轉運司體量，據此事狀發露，仍以賄（間）〔聞〕，難逃嚴憲矣。」

七年二月十四日，左千牛衛上將軍、知隨州曹利用責崇信軍節度副使，房州安置。先是，利用姪汭以蔭爲左侍禁，領趙州兵馬司。州民趙德崇者詣登聞院告汭密事，即詔龍圖閣待制王博文〔一〕、監察御史崔暨與内侍羅崇勳馳往，逮繫真定獄鞫治之。獄具，汭坐被酒衣黄衣，訶斥乘輿尤切害。又軍民王旻、王昱、李惟慶、蔡釗、康證、宋達、孫政、王元亨八輩，於汭前呼萬歲。法寺議，汭當斬，母鄭、妻鄭悉徒三年，二女未十歲，請以贖論。王旻輩爲王元亨有當上請，餘悉抵死。詔汭特重杖處死，母年五十九，聽以杖七十論，妻、女論如法。王旻等並貸命，杖脊、黥面配隸。王旻沙門島，遇赦不還；王元亨本 29 州編管，餘悉配廣南、荆湖牢城。趙州知州、通判並絀令釐務，職官及本路前後轉運、提點刑獄官特釋其罰。又利用弟利涉任左侍禁、閤門祗候，前爲趙州都監，在官强市邸店虧估〔二〕，役軍士治第〔三〕。利涉時在京師，亦詔開封府劾問，法當流三千里，蔭減外奪三官，勒停，詔特除名編管；續詔開封府決杖一百，依舊編管。又有殿直田務成〔四〕，在利用門下掌家事；崇儀副使田承誅嘗詒書務成〔五〕，妄言錢惟演有章薦利用，及以金遺務成。詔并劾之。務成坐贓應徒二年，追二官，勒停；承誅杖八十，官減外贖銅七斤。詔可，務成仍羈管之，承誅亦徙監當。又四門助教鄒利見本以占命稱，嘗爲利用治莊，因受試秩，議法當贖銅七斤，詔削試銜，決杖八十。初，利用領景靈宮使，令樞密主事蘇藏用、令史趙兼素、中書堂後官宋昱主宮中公使錢〔六〕，嘗（遺）〔遣〕教練使杜昇就貸官錢，藏用輩不敢拒，返詐爲見數。法寺斷利用爲首，藏用輩爲從，應徒二年半；昱追別駕，罰銅二十斤；藏用亦追一任，罰銅十斤；兼素追兩任，勒停；杜昇當杖八十。詔昱等三輩免追官，止勒停，杜昇仍羈管之。利用坐數獄，法官以借用公錢爲重，當除名，詔免除名，而有房陵之徒。四子崇（議）〔儀〕副使淵而下左降二官，除許隨行外，並差荆湖、江南僻遠監當。家族隨任所外，官給脚乘津遣，使臣防護，悉赴房州。令隨州給汭田五頃，錢二百

〔一〕待：原作「侍」，據《長編》卷一〇七改。
〔二〕邸：原作「脚」，據《長編》卷一〇七改。
〔三〕士：原作「工」，據《長編》卷一〇七改。
〔四〕田：原作「曰」，據《長編》卷一〇七改。
〔五〕田：原作「曰」，據《長編》卷一〇七改。又「誅」，《長編》作「説」。
〔六〕「後」原作「門」，「錢」原無，並據《長編》卷一〇七改補。又「宋」，《長編》作「孟」。

千賞德崇。

十五日，三司戶 30 部副使、度支員外郎王礪降司封員外郎，知湖州；羣牧判官、太常丞韓琚通判濠州；太子中允、集賢校理李丕諒落職，通判和州。礪、(居)〔琚〕嘗爲曹利用知奬薦舉，丕諒即其妻兄，故出之。

閏二月九日，太子中舍致仕韓君素除名，配隸沂州衙前。君素，曹利用之舅，居棣州〔一〕，頗恃勢舉債造麴，故責焉。又有范仁遇，利用家僕也，亦坐舉債計贓，杖脊十五，黥面，配柳州牢城。

五月十七日，知制誥、史館修撰、充景靈(官)〔宮〕判官、同糾察在京刑獄李仲容〔二〕，知制誥、史館修撰、同知審官院石中立，屯田郎中丁慎修，並罰銅十斤，仲容、中立落修撰、糾察、審官之職，慎修絀小處釐務差遣。坐薦舉尹尚不當。尚坐贓法當絞，減一等。初，仲容等知尚欲敗，亟自首露，法寺引知人欲告而首減外，當坐徒二年，罰銅四十斤；又引勑，舉官犯贓，舉主雖不至追官，具情取旨。故有是命。

七月二日，左領軍衛大將軍、知光州石普責左監門衛率府副率，滁州安置；祕書丞、通判光州王植責郴州長史〔三〕，永不録用。普受所部贓，估絹四百八十疋，法應加役流除名；植受所監臨贓，估絹百二十七疋，法應流二千五百里，免三官。初，植發普罪，有司并得植贓，詔並安置，植亦除名。轉運使坐不覺察，治其罪。

八日，玉清昭應宮判官、翰林學士、兼侍讀學士、中書舍人、史館修撰、判館事、同修國史宋綬落學士職；都監、禮賓副使任文慶(除)〔降〕內殿崇班〔四〕； 31 承受上御藥藍元用、入內供奉官楊懷志、江德用諸處勾當悉衝替；勾當法從備物庫高班石惟岳、高品何繼恩，各追一任勒停；高品溫惟緒、梁守元、林志兼，殿直韓興、尹宗謂，各降一官差替。時昭應宮火，御史府鞫延燒之狀，因言道士輩茹葷聚飲〔五〕，法官議罪，悉當徒坐，特命末減。判官而下法止杖一百，帝以不戒備，特重其罰。

十二日，知(杕)〔棣〕州、比部員外郎楊籌追三任，特除名，責澧州團練使，不簽書州事。通判、贊善大夫宿靖言除名，責潭州別駕，永不録用。天雄軍判官、知陽信縣郭研幾追一官勒停，宿州編管。判官杜從一、推官李務德、德清軍判官監酒税張玘，並特勒停。厭次令魏諫特衝替。籌、靖言並坐以土户爲職田佃客，虛出租課，買賣虧價，計倍贓籌絹百三十匹，靖言三百四十匹；研幾而下皆坐多取田課。詔御史鞫詠馳往案鞫。法寺案：靖言當加役流，除名；籌流二千五百里，追三官勒停；研幾流二千五百里，追官勒

〔一〕棣：原作「杕」，據《長編》卷一〇七改。
〔二〕李：原作「季」，據《長編》卷一〇八改。
〔三〕郴：原作「彬」，據《長編》卷一〇八改。
〔四〕禮：原稿作「李」，校者圈去而未改字，兹據《宋史·職官志》改。
〔五〕葷：原作「暈」，據《長編》卷一〇八改。

停；務德、從一各徒一年半；玘杖一百；諫準赦原罪，特重其罰。故有是命。

九月十三日，知澶州、禮賓使張綽降崇儀副使，通判、祕書丞柳灝降著作佐郎，太子中舍辛有孚降大理寺丞，都大修護堤埽、禮賓副使戴潛降内殿承制，閤門祗候、鎮寧軍節度推官陳湜降沂州防禦推官，權知慶寧軍節度推官事、泉州觀察(知)〔支〕使、知觀城縣劉旦降泉州節度推官，職任如故。坐河決也。

32 八年六月四日，度支員外郎、祕閣校理韓義爲司封員外郎，落職，通判冀州。先是，春召執政及文館之臣賞花于後苑，因入清輝殿觀唐明皇所畫山水石，既而咸命賦歌以美其事，即席奏御。後因差次羣篇優劣，義辭尤劣，乃遷秩外補焉。

九年七月二十二日，詔前河北轉運使王沿，候服闋以僻小知州授之。先是，命河北李識覆驗沿治狀，識按沿嘗假官舟販鹽，以男爲名，令其幹釀，故免鞫問，而有是責。

八月二十七日，殿中丞、審刑院詳議官王濆監蔡州商税〔一〕，著作郎、直集賢院王堯臣知澤州。濆即祕書丞沖之兄，堯臣濆子也，沖坐事貶竄，故特降授焉。

閏十月二日，樞密直學士、給事中、知京兆府李諮降右諫議大夫，度支郎中、知泰州朱頔降祠部郎中，左侍禁、閤門祇候王温追一官勒停。坐奏舉王沖責之。

十一月二十四日，刑部員外郎、兼侍御史知雜事曹修古降工部員外郎，通判杭州；殿中侍御史郭勸、楊偕降太常博士，勸濰州，偕舒州監商税；太常博士、權御史臺推直段少連降祕書丞，監漣水軍商税。坐抗言劉從德卹後之恩過爲僭濫故也。

十年正月二十日，前益州路轉運使、兵部員外郎高覿降通判杭州。坐不覺察知嘉州張約受賕故也〔二〕。

明道二年正月二十八日，國子博士張正中降知太平州。正中前爲夔州路轉運使，政苛察，不稱職，蕭律既代正中，乃劾奏，故降之。

33 四月二十五日，殿中丞、知吉州方仲弓降太子中舍、監建州豐國監。仲弓性詭僻險佞，在皇太后時，陰揣時事，乃上言立劉氏七廟，如唐武后故事，太后不聽而章留禁中，以左右之(授)〔援〕得知吉州。帝惡其姦險，又事經累赦，故貸而不誅，止于貶焉。

七月二十日，户部侍郎、知永興軍陳堯佐降知廬州，爲狂人王文吉所誣也。

九月四日，泰寧軍節度使、同中書門下平章事、判河南府錢惟演落同平章事，(從)〔徙〕崇信軍節度使，赴本任。先

〔一〕濆：原作「度」，據《長編》卷一一〇、張方平《樂全集》卷三九《贈給事中太原王公墓誌銘》改。
〔二〕知：原無，據《長編》卷一一一補。

是，權御史中丞范諷言：「惟演與李遵勖爲婚家〔一〕，及共劉美結托，先太后時最爲權倖，相次與后族郭家連姻。今聞又與莊懿太后弟論親，及上章妄陳章獻明肅、莊懿太后祔廟事，朝野聞者無不咍笑。伏乞（時）〔特〕議黜降，明警羣邪。」帝諭以山陵在近，候禮畢日降黜。諷復云：「臣將來差往山園勾當，恐被惟演令人刺殺，已將到權中丞誥勑，如不行，乞進納。」帝敦諭，不退，直候有旨許降責惟演，方出。

景祐元年三月十七日，右正言劉渙降殿中丞、通判磁州。渙初爲奉禮郎〔二〕，表莊獻還政，詞甚峭訐，擢授諫列。未幾，并州走馬承受張承震言，渙前監并州諸倉，多作違非，頗爲踰濫，故被絀。

八月四日，河陽三城節度使、同中書門下平章事、判陳州楊崇勳落平章事，知壽州。先是，周懷信言：「兄懷政先在東宮，最處親信，爲見姦臣結黨，謀危皇嗣，心懷忠孝，欲除姦險，被楊崇勳、楊懷吉妄 34 有告首，枉遭殺戮。懷吉雖亡，崇勳尚在，乞賜行遣，稍雪幽冤。」詔崇勳累經赦宥，仍處近密，特示寬恩云。

二十五日，皇城使、英州刺史王懷節降左驍衛將軍，依前英州刺史。坐不合令弟懷德婦持表入内告尚美人乞管軍故也〔三〕。

二十八日，開封府判官、殿中侍御史龐籍爲祠部員外郎、廣南東路轉運使，左司諫滕宗諒爲祠部員外郎、知信州。坐言宮禁事失實出之。

二年正月五日，秘書丞、監察御史裏行孫沔守本官，落御史裏行，知潭州衡山縣。坐李安世誑妄言事乞矜免故也。

二月十二日，龍圖閣直學士范諷責授鄂州節度行軍司馬，不簽書州事；祠部員外郎龐籍降太常博士、知臨江軍。坐奏論事不實，籍合追見任，更罰銅十斤勒停，諷合罰銅三十斤。諷又以不候旨擅歸兗州，合罰銅九斤，特有是命。吳守則不候省司磨勘，進狀乞酬奬轉官，合罰銅九斤，該赦原追納。東頭供奉官、前知齊州李遜移小處知州，知宿州董儲移通判差遣，知信州滕宗諒移監當差遣，知湖州安吉縣范拯降上佐官，監都進奏院石延年落校勘，同判差遣。仍降勑榜曰：「懷諼罔上，彝憲之深懲；挾黨背公，前訓之攸疾。矧踐揚於近列，宜表式於羣倫。苟致人言，實干邦治。范諷早繇官牒，擢處諍臣，當銘澤以誓忠，庶敦風而報國，而乃性資僞辯，志騁比周。頃主計文昌〔四〕，冒干賞典〔五〕。吳守則常司國帑，未結歲勞，輒廢格於 35 舊條，妄保

〔一〕勖：原無。按《宋史》卷三一七《錢惟演傳》：惟演子晦娶獻穆大長公主女。公主即李遵勖之妻，則知此處當作「李遵勖」，宋人避神宗趙頊嫌名而去「勖」字。今補。
〔二〕郎：原作「部」，據《宋史》卷一六九《職官志》九改。
〔三〕懷德：原作「雜」，據《長編》卷一一五改。又「持表」，《長編》作「持貨」。
〔四〕昌：原無，據《宋大詔令集》卷二〇五補。
〔五〕干：原作「奸」，據《宋大詔令集》卷二〇五改。

任於空簿。加以內營產利，外託廉貧，假什物於禁司，形妄言於奏牘。仍於列郡，輒市公田〔一〕。因夙昔之薦論，致州縣之阿狥。洎從訊逮，咸露欺誣。伊具獄之上聞，合免冠而俟報，擅還治所，尤駭輿情。特申降黜之科，用判忠邪之類。龐籍比參臺選，亟貢囊封，事雖失于審詳，理特從於矜貸。噫！事君盡節，乃克荷於寵榮；行己弗臧，蓋自取於尤悔。凡百多士，宜悉朕懷。」令進奏院遍行告諭。諷令殿直胡仲宣疾速判送赴鄂州，乘驛發遣。候到，只得在本州居住，勿令他往。

二十五日，資政殿大學士、兼翰林侍讀學士、刑部尚書李迪降太常卿，知密州。初，迪以善范諷罷宰相，願留京師。既又疾呂夷簡在中書事多獨行，因奏夷簡嘗爲荆王元儼除僧官。及按其事，而夷簡在齋祠中，乃迪奉行之。帝遣知制誥胥偃、三司副使張傳就第鞫其狀，迪辭窮待罪，故復降黜之。

十月一日，太子中允陸東停見任，處州安置。先是，東爲太子中舍，獻文召試，換中允。東性狷躁，冀於帖職，但聞換官，悉而陳狀不就〔二〕。恩詔曰：「陸東近造公（庫）〔車〕，自陳儒藝，特試言於禁省，俾寘迹於詞科，仍換美資，固爲優澤。而輒賜輕率〔三〕，列露干求。矧素定於等彝，敢妄希於超越。逮茲信宿，不領命書，告諭莫從，拒違斯甚，有瀆朝聽，難逭刑章。用警澆浮，聊申譴黜。御史臺差人監押出門，轉送往彼。」

三年五月九日，吏部員外郎、天章閣待制、權 36 知開封府范仲淹落職知饒州。坐言事惑衆，離間君臣，自結朋黨，妄有薦引，知府區斷任情故也。

十五日，祕書丞、集賢校理余靖落職〔四〕，監筠州酒稅。坐與范仲淹互相朋黨，妄有奏陳故也。

十七日，太子中允、館閣校勘尹洙責崇信軍掌書記、監郢州酒稅。以洙言：「伏覩朝堂榜示范仲淹落職內，有『自結朋黨、妄有薦引』之言。臣識慮闇短，常以其人直諒有素，義兼師友。自其被罪，朝中口語籍籍，多言臣亦被論薦，未知虛實。仲淹若以它事獲譴，臣固無預，今以朋比得罪，臣與仲淹義分既厚，縱不被薦，猶當從坐。況如衆語，則臣負罪實深。雖然，國恩寬貸，無所指名，臣內省於心，有靦面目。況余靖自來與范仲淹蹤跡比臣絕疎，今止因上言，猶以朋黨坐罪，臣不可幸於苟免，乞從降黜，以明憲法。」故也。

二十一日，鎮南軍節度掌書記、館閣校勘歐陽修責峽州夷陵縣令。先是，右司諫高若訥言〔五〕：「勑榜范仲淹免勘落職知饒州及（成）〔戒〕諭臣僚事，臣以備位諫列，自仲淹

〔一〕市：原作「示」，據《宋大詔令集》卷二〇五改。
〔二〕悉：疑當作「忿」或「怨」。
〔三〕賜：疑誤。
〔四〕靖：原作「華」，據《長編》卷一一八改。
〔五〕訥：原作「納」，據《長編》卷一一八改。

貶職之後〔一〕，諸處察訪端由，參驗所聞，畧與勅榜事意符同，臣固不可妄有救解。歐陽修持書抵臣，言仲淹平生剛正，好學通古，今班行中無比者，責臣不能辨仲淹非辜，猶能以面目見士大夫，出入朝中稱諫官，及謂臣不復知人間有羞恥事。臣與修交往絶疎，未嘗失色，本人謂仲淹班行無比，稱其非辜，仍言今日天子與宰相以迕意逐賢人，37責臣不得不言。臣謂賢人者，國家以爲治也。若陛下以迕意逐之，臣合諫諍；宰臣以迕意逐之，臣合論列。臣愚謂范仲淹頃以論事切直，比來亟加進用，知人之失，堯舜病之。忽兹狂言，自取譴辱，寬大之典，固亦有常。今修謂之非辜，稱其無比，仍謂天子以迕意逐賢人，中外聞之，所損不細。望令有司召修戒諭，免惑衆聽，而書謹具繳進。」故及於貶，仍令御史臺催發之任。

〔慶曆〕四年三月十一日〔二〕，前知鄧州、翰林侍讀學士、給事中柳植降右諫議大夫、知黄州。坐賊人張海入境，不時掩煞故也。

寶元二年正月十九日，知延州、工部郎中、天章閣待制郭勸落職〔三〕，知齊州；鄜延路鈐轄、兼知鄜州、四方館使、惠州刺史李渭降尚食使，依前惠州刺史、知汝州。責其戎務不治，邊情失於詗候故也。侍御史李制言：「伏見知延州郭勸落職知齊州，蓋以失於事機，有誤邊寄。竊知前龍圖閣直學士范諷昨負罪黜官，見在齊州居(州)〔住〕，本人任知雜日舉勸充御史，今同一處，深爲未便，乞徙勸側近一郡。」詔勸對移淄州。

〔康定元年〕二月二十八日〔四〕，振武軍節度使〔五〕、知延州范雍降吏部侍郎、知安州，坐邊事不備也。

〔寶元二年〕八月十一日〔六〕，武寧軍節度使王德用降右千牛衛上將軍、知隨州。先是，德用言：「臣僚上言，知府州折繼宣賣馬與臣，前後於販馬百姓陳貴處當面商量，元不曾於繼宣處買馬。」特有是命，令審官院隨州特置通判一員。

十四日〔七〕，38祠部郎中、判大理寺杜曾降知密州。先是，曾言：「法寺久例，將行劫賊人本因吞併財物，或嫌懦弱傷殘，恐有累敗，遂自相屠害，又(併)〔并〕不依應宣教告官，羣(前)〔盜〕因(怯)〔劫〕贓物竄伏草野，不改前非，別謀行劫，捕獲之後，只作杖六十定罪。深恐今後賊人得便恣行强盜，俟得財自滿，即於徒伴中間屠一名；相次又更行劫，

〔一〕職：原作「識」，據《長編》卷一一八改。
〔二〕慶曆：原無，據《長編》卷一四八補。蓋《永樂大典》書吏抄此條時未標年號，編纂者誤作景祐四年而廁於此。又「十一日」，《長編》繫於十八日庚辰。
〔三〕待：原作「侍」，據《長編》卷一二三改。
〔四〕康定元年：原無，據《長編》卷一二六補。此亦脱去年號，誤插於寶元二年之間。
〔五〕振：原作「候」，據《長編》卷一二六改。
〔六〕寶元二年：原無，據《長編》卷一二四補。以下均爲此年事。
〔七〕十四日：《長編》卷一二四繫於十一日庚午。

亦候得財至多，依前潛損一命。如此重複爲之，乃至終身行劫，不來經官首告，於後事敗，惟獲杖六十罪，有此惠姦不便。至如今年五月九日新勅，許賊徒自相殺併，勅内亦不言殺併後經官告首，然其理必須首告，不言可知。若不歸首，使官司可以施行賞典，恰與編勅内言放罪支賞不殊。及今來廬州將似此不歸首劫賊已行處死，寺司已依舊斷體例疏駁，乞行推勘去訖。蓋緣未有明文，致中外用刑，死生異制。乞送有司詳定，明立罪名。」詔以廬州見勘官吏，曾未合起請，故出之。

九月六日，殿中丞、集賢校理張宗古除外任通判差遣。先是，有詔以御史中丞孔道輔居近太廟〔一〕，出入導從喧瀆，俾（從）〔徙〕它處，而宗古言西漢及國朝舊制，廟垣側近皆有官私府第，乞不令道輔遷移。詔以尊奉宗廟〔二〕，宗古不合妄有上言，免勘出之。

十一月九日，御史中丞孔道輔降給事中、知鄆州，刑部員外郎、天章閣待制龐籍知汝州，開封府判官、金部郎中李宗簡追一任官勒停，司封員外郎、直集賢院〔三〕、判三司開（折）〔拆〕39司、同修起居注麻温其落職監當，司門員外郎張純、堂後官國子博士李備遠處監當，光禄寺丞程琰荆湖北路監當。太常博士、直集賢院呂公綽，太常博士呂公弼、王疇，各贖銅十觔；奉禮郎丁諷贖銅四觔〔四〕。初，權知開封府鄭戩發使院行首馮士元姦贓及私藏禁書〔五〕，事連樞密使盛度、參知政事程琳，籍與公綽、公弼皆令士元雇女口，温其坐託士元賒買鹽，虚作還錢月日，而純與備亦坐託引致親戚爲軍巡、推司及府貼司，疇、諷並嘗以簡囑士元求理逋負〔六〕。士元既杖脊配沙門島，而府判官李宗簡輒私發公案，欲營救之。府推官王逵即白於戩，遂奏移鞫御史臺。獄既具，詔翰林學士柳植録問。是日旬休，帝特御延和殿，召宰相等議決之。帝以道輔嘗預奏獄事，頗涉阿狥，又以事初下臺，止隔鄭戩、龐籍入朝，而不隔盛度、程琳，故特貶之。

十二月十三日，侍御史王素降都官員外郎、知鄂州。素先爲御史中丞孔道輔所舉，素兄嘗娶孔氏之族，及薦爲臺官，不以親聞。俄而道輔以鞫獄依違出鄆州，帝怒其隱，故復出素焉。

康定元年三月六日，工部郎中郭勸降兵部員外郎，候服闋與小處知州。尚食使、知磁州李渭降右監門衛將軍〔七〕，依舊惠州刺史、白波都監。勸前知延州，渭爲鈐轄，會西賊腹心山遇叛而來投，勸等不敢納，送還本界，至是

〔一〕近：原無，據《長編》卷一二四補。
〔二〕宗：原作「宏」，據《長編》卷一二四改。
〔三〕直：原無，據《長編》卷一二五補。
〔四〕奉禮郎丁諷：原作「奉禮部郎中諷」，據《長編》卷一二五改。
〔五〕首馮：原作「百博」，據《長編》卷一二五改。
〔六〕諷：原作「風」，據《長編》卷一二五改。
〔七〕渭：原作「謂」，據《長編》卷一二六改。後同。

責焉。

四月二十七日，吏部侍郎、知安州范雍降户部40侍郎。延州通判、祕書丞計用章特除名，不刺面，配廣南遠處本城。左麒驥使、榮州防禦使、鄜延路鈐轄盧守懃追一官、荆湖北路都監。守懃坐私役兵士，換胡延謂馬入己，及蕃賊圍城時，(推)〔椎〕胸下淚，合流三千里私罪，減外徒三年，追一官，更罰銅二十斤，勒停。用章坐誣告守懃詐病端坐〔一〕，及不合告知延州范雍欲棄延州城、移保鄜州，合徒二年私罪，官減外追兩任官，罰銅一十斤，勒停。詔用章特除名，配隸。

九月八日，知杭州、天章閣待制司馬池降知虢州。先是，兩浙提刑司言：「池政術非長，吏才無狀，恣意行刑，每日令兵士、獄子執梃立廳前，不分曲直。」詔池免勘徙小郡。

十一日，龍圖閣直學士張存降天章閣待制、知澤州〔二〕。右正言梁適言「存昨以延安邊塞重地，故進其職名以命之，今既不能效用，换易小郡，則學士職亦當削去」故也。

十二日，鄜延副都總管、捧日天武四廂都指揮使、象州防禦使趙振降左清道率府率〔三〕，澤州安置〔四〕。振昨在延州，西賊來圍塞門〔五〕，屢遣人間道告急，振擁兵不即救援，致寨爲賊所破，寨主高延德、監押王繼元及軍民皆陷賊。准律，乏軍興者斬。振官因上請〔六〕，詔特貸極刑。

二年二月二十二日，前判鄭州、武成軍節度使、同中書門下平章事、駙馬都尉柴宗慶降判濟州，坐買物虧價徒三年，官減外罰銅五十斤〔七〕，該去官勿論，詔特有是命，仍放謝辭，每官減公用錢四千貫。令御史41臺催督赴任，轉運司選公正朝官一員通判。

四月五日，陝西經畧安撫使、樞密直學士、起居舍人韓琦降右司諫，依舊職知秦州。知延州、龍圖閣直學士、户部郎中范仲淹降户部員外郎，依舊職知耀州。先是，元昊遣前(寨)〔塞〕門寨主高延德來詣仲淹，云欲與中國和親。仲淹因爲書答之，喻以逆順之意。至是，仲淹坐擅移書，琦坐任福失利也。

五月二十二日，龍圖閣直學士、權三司使葉清臣罷知江寧府，天章閣待制、權知開封府吳遵路罷知宣州。時宰相以參知政事宋庠、樞密副使鄭戩與清臣皆同時及第，又與遵路素相善，並據要地以爲朋黨〔八〕，故出之。

八月十五日，荆湖南路轉運使王逵降知池州，坐處職乖方故也。

十月二十六日，樞密直學士、知并州楊偕降知邢州。

〔一〕坐誣告：原脱「坐」字，據《長編》卷一二七補。
〔二〕按，據《長編》卷一二八，知延州張存徙知澤州在八月二十八日庚戌。
〔三〕象州防禦使：原作「蒙州防禦」，據《長編》卷一二八改補。
〔四〕澤州：《長編》卷一二八作「潭州」。
〔五〕塞：原作「寨」，據《長編》卷一二八改。
〔六〕官：疑是「家」之誤。
〔七〕外：原脱，據上文「四月二十七日」條文例補。
〔八〕據：原作「權」，據《長編》卷一三二改。

先是，偕上言請便宜行事，總管楊瓊不堪任使，移麟州，州在嵐州合河津不便；如不許便宜及須差瓊，即乞移江浙、福建一小郡。詔以河東方當用兵之際，慮本司難爲商量公事，故有是命。

慶曆元年十二月二十五日，知府州、宫苑使、普州刺史折繼閔降如京使，仍舊刺史。坐防護官物往麟州，被西賊奪劫，合決重杖一頓處死，該赦原，特有是命。

二年二月十三日，内園使、昌州刺史郝緒降内園使。坐與西賊鬥敵退走，輸折軍馬，合流三千里，官減外追刺史勒停，該赦原，特有是命。

十四日，太常博士、天章閣侍講林瑀落[42]職，通判歙州〔一〕。時中丞賈昌朝上言，瑀所進《會元紀》全涉圖緯，瑀爲儒官，專以陰陽之説上惑君聽，不宜在勸講之地，故落職外任。

六月十八日，三司鹽鐵判官、太常博士、集賢校理李昭遘罷三司判官。昭遘上言：「近言朝廷減省事，蒙中書戒勵，緣臣只要慎惜國體。」帝以其飾過不謝，故有是命。

七月四日，利州路轉運使、祠部員外郎張宗彝降太常博士、監河中府鹽務。坐買賣不公故也。

十月十九日，涇州觀察使、知渭州王沿降天章閣待制、刑部郎中、知虢州。坐節制之失也。

十一月二十九日，永興軍鈐轄、東上閤門使、恩州刺史馬崇正責衡州司馬〔二〕。坐前知邠州日，准招討司牒探西賊，(面)〔而〕申本司，稱差甚人探候。兼累據臣僚上言，乞行重斷，故有是命。

三年正月七日，大理寺丞、集賢校理、同知太常禮院陸經落職監汝州酒稅〔三〕。先是，以鄂王成服五日宴契丹使，詔太常禮院參詳儀制，有司以鄰好爲重，鄂王下殤，於禮宜作樂。既宴罷，經復論奏以爲非是。帝以經前後議論自相反覆，故貶焉。

四月二十二日，三司副使、兵部郎中李宗詠降知徐州。坐三司後行崔珏等僞學權使姚仲孫等押字脱賺錢物〔四〕，仲孫等不盡理根勘，珏乃簽書過僞濫文字。仲孫已知蔡州，宗詠以當案驗，俱失覺察，過聽商量，助成私曲，特有是命。

五月三日，河陽三城節度使、同中書門下平章事楊崇勳責左衛上[43]將軍致仕。崇勳領成德軍，爲指使借職任昭敏、直省官李咸新取受本軍十老人楊寄等銀，禱崇勳男内殿承制宗誨求免決杖，故有是責。宗誨追兩任官，更罰銅一十斤，汝州編管。中書直省官李咸新罰銅四十斤，潭州編管。指使、殿侍楊顯脊杖十三，放。

七月三日，翰林學士、禮部郎中、知制誥、史館修撰蘇

〔一〕通判歙州：《長編》卷一三五作「通判饒州」。
〔二〕衡：原作「行」，據《長編》卷一三八改。
〔三〕陸經：原作「路經」，據本書禮三五之一一、《長編》卷一三九改。
〔四〕脱：疑當作「規」，《長編》卷一四〇記此事云「規取商人財物」。

紳爲龍圖閣學士〔一〕、知揚州。諫官以紳舉馬端臺官非其才故也。

四年正月九日，刑部員外郎、天章閣待制、權知鳳翔府滕宗諒降祠部員外郎、知虢州，職如故。引進使、果州團練使、并代州馬步軍副總管張亢降四方館使、本路兵馬鈐轄。並以鄭戩發其前在陝西過使公用錢，而御史亦奏劾之。初命太常博士燕度鞠于邠州，參知政事范仲淹謂邊城過費公錢，宜闊畧其罪，朝廷復以繫逮者久，不俟獄上而降黜之。

十一日，揚州駐泊都監、供奉官、閤門祇候王乙追閤門祇候，常州編管。都巡檢、内殿崇班韓象中追見任官，和州編管。同巡檢、左班殿直史燁特追兩任官，勒停。監押、左班殿直李奉先特追兩任官，海州編管。知天長縣、大理寺丞邵先(時)〔特〕追兩任官，道州編管。天長縣尉舒安易追見任官，泰州編管。天長縣巡檢、奉職張永追見任官，通州編管。江都縣尉劉亮追見任官，通州編管。高郵軍知軍、太常丞晁仲約追三任官勒停外，更特追兩任官，韶州編管。監押、供奉官李文炳特追兩44任官，配岳州編管。判官閻丘孝直、録事參軍鄭昭慶並特勒停。高郵縣尉陳用和追兩任官，潤州編管。三塾鎮巡檢、侍禁辛亮追兩任官勒停。楚州高郵軍巡私茶鹽、左班殿直李士安追見任官勒停。監新河堰、奉職傳達追兩任官，特勒停。坐率斂金銀與軍賊王倫及怯懦避賊故也。

十三日，滁州通判、屯田員外郎吳幾復追兩任官，衡州編管。滁和州同巡檢、侍禁劉宣追兩任官，常州編管。監押、供奉官趙宗望追一任官，通州編管。清流縣尉符衡追見任官，通州編管。全椒縣尉吳元卿追見任官，海州編管。來安縣尉羅茂孫追見任官，光州編管。來安縣令李陽、全椒縣令安節，各追見任官，勒停。坐軍賊王倫入境，怯懦故也。

三月七日，開封府推官、殿中丞張庾降知虢州〔二〕。以庾受命荆湖南路體量安撫捉殺賊盜〔三〕，而求爲御史，免使，以殿中侍御史王絲代之〔四〕，未幾出焉。

十四日〔五〕，知(穎)〔潁〕州、翰林侍讀學士、給事中柳植降右諫議大夫、知黄州。坐不能察軍賊張海發所部也。

四月十日〔六〕，兩浙路轉運使、金(都)〔部〕員外郎邵飾降知洪州。坐錢仙芝知秀州違越枉法贓滿失覺察故也。

十九日，監察御史王礪降太常博士，通判鄧州。礪既奏論陳留移橋事，而諫官歐陽修言其陰徇朋黨，挾私彈事，故黜之。

〔一〕紳：原作「神」，據《長編》卷一四二改。下同。
〔二〕張庾：《長編》卷一四六、一四七及宋祁《景文集》卷三一均作「張庚」，疑「庾」字誤。下同。
〔三〕量：原作「亮」，據《長編》卷一四六改。
〔四〕殿中：原無，據《長編》卷一四七補。王絲遷侍御史在本年九月丙子，見《長編》卷一五二。
〔五〕十四日：《長編》卷一四七繫於十八日庚辰。
〔六〕按，《長編》卷一四七原注云邵飾降官在五月庚午，即五月九日。此作四月十日，疑誤。

四月二十一日，權三司使王堯臣罰銅七斤；權三司户部副使郭勸、知陳留縣贊善大夫杜衎、開封縣主簿 45 楊文仲、陳留等縣催綱右侍禁李舜舉，並罰銅六斤：皆以公罪坐之。三司户部判官、國子博士慎鉞罰銅七斤，提點在京倉草場、殿中丞陳榮古罰銅十斤，都官員外郎王溟追一官，衛尉寺丞盧士倫追一官，仍罰銅十斤：並以私罪坐之。先是，舜舉建言，請移陳留南鎮土橋於近西舊施橋處，以免傾覆舟船之患。開封府差文仲與衎相度，而衎等請如舜舉之奏。士倫，縣之大姓，有邸舍在橋下，橋徙則邸舍盡廢。溟前監縣税，嘗減直僦士倫舍居之。溟與三司使王堯臣爲同年，因白堯臣，且謂徙橋於官無利害，又橋舊未嘗壞舟船，安用徙爲。翌日，堯臣謂本判官慎鉞曰：「自移陳留橋僅三十年，今忽議徙故處，動廢官錢不貲。」時開封府已毁橋，而三司帖下縣止不得毁，因奏遣陳榮古往相度，而請於舊橋西展木岸五十步，擗水入大洪，而罷移橋。權知開封府吳育固争之，又命監察御史王礪再定奪。礪言徙橋故處便，且言三司稱橋下有官私屋，今按其處惟有士倫邸舍而無官屋，竊恐私有請求。於是内降下開封司録司，命尚書工部郎中呂覺就鞫之。鉞坐嘗遣人詣礪刺其事，爲礪所得，榮古不言慶曆二年有船觸橋柱破，故以私罪論。及獄成，特詔免溟追官，罰銅二十斤，榮古暨鉞仍改從公坐。

五月九日（一），内殿崇班、渭州西路巡檢劉滬降一官，著作郎董士廉移别路差遣。初，鄭戩爲陝西四路 46 招討經畧都總管，滬獻策以秦、渭二州發卒相援，由隴山之内道甚回遠，若自山外築水洛、結公二城以屯戍兵，緩急通援兵之路。戩以狀聞，（逐）〔遂〕差滬及士廉督其役。樞密副使韓琦陝西宣撫回，請罷四路招討，以戩知永興軍；又言山外多生户，恐工未就而寇至，請罷修築。朝旨從之。戩雖罷職，極言水洛通秦、渭之路，築之甚便。詔遣三司副使魚周詢計度可否。未到，涇原總管司以朝旨召滬，滬以戎人既聚而官物無所付，請托其役。總管司以滬不受節制，枷送德順軍。周詢回，言水洛之利與戩議同，故有是命。

十四日，衛尉寺丞丘濬降饒州軍事推官、監邵武軍酒税。上封者言：「濬先作詩一百首，訕謗朝政，言詞鄙惡，兼以陰陽災變，皆非人臣所可言者，傳布外夷非便。在杭州持服，每年赴闕，逐處稍不延接，便成嘲咏，州縣畏懼。又印書令州縣强賣，以圖厚利。去年朝廷以無名詩嚴勑禁捕，近又有賦詠傳寫。如濬使在京師，必須復妄謗好人。國家多事之時，亦宜使邪正區别，風俗淳厚，無容小輩敢肆輕易（二）。」故有是命。仍令福建路轉運、提刑司常切覺察，如有違越，並具以聞。

六月三日，前京東路轉運使、工部郎中魏兼特勒停。

（一）按，劉滬降官，《長編》卷一五一繫於七月二十六日乙酉。
（二）肆：原作「恃」，據《長編》卷一四九改。

坐詐作女夫名目買莊田及剩收職田故也〔一〕。

七月五日，洛苑使、知府州王舜臣降禮賓副使。舜臣自盜公酒入己贓至死，帝以邊任過費公務，特免深責，止降官。

八月[47]三日，前淮南路轉運使、司勳郎中張可久責保信軍節度副使〔二〕。坐販私鹽部中也。

二十日，蔡州都監、供備庫副使閻士良降内殿崇班，知蔡州、司勳員外郎陳述古罰銅七斤，衝替。初，述古奏士良所爲不公，而士良反訟述古，述古因發士良陰事〔三〕。既置劾許州〔四〕，而士良辭不伏，乃命監察御史劉湜再鞫，而士良坐受所監臨贓，追二官，述古亦以所言不實故也。

九月四日，河北路都轉運使、工部郎中、充天章閣待制張昷之落職知虢州；刑部郎中、直史館張沔落職知汝州；河北提刑、司勳員外郎王儀降一官，知澤州；同提舉、供奉官〔五〕、閤門祗候王秉降一官，河陽都監；知雄州、兼河北沿邊安撫、四方館使、榮州刺史王德基降西上閤門使，衝替；河北沿邊安撫都監、供奉官、閤門祗候趙牧降一官，都監差遣；知定州、皇城使、賀州刺史王果降一官，知密州；知大名府、兼北京留守司、資政殿學士、工部尚書程琳罰銅二十斤；保州路走馬承受公事、入内供奉官宋有言降一官，監當差遣；真定副都總管李昭亮、沿邊都巡檢入内押班楊懷敏，並特免責罰。初，保州巡檢兵伍怒本路轉運減罷口糧，遂殺知州、通判、都監，據城作亂，昷之等坐是責罰。昭亮、懷敏奉敕書招叛卒，開城來降，誅首惡數百，以勞免罪。果始將兵保城，不能撫馭，士卒叛，故及之。

五日，權保州兵馬都監、西頭供奉官韋貴降右侍禁，監岳州茶鹽酒稅。監保州倉草[48]場、權保州兵馬監押、左班殿直侍其臻降右班，監曹州倉。徙監保州屯田務、右侍禁賈世永監鄆州倉，保州廣信軍管界巡檢、右侍禁史克順爲澤州管界巡檢。保州指使、三班奉職張濆決脊杖二十〔六〕，刺配沙門島。貴本劉從德家奴也，從德卒而恩補班行，累爲西頭供奉官，權保州、廣信、安肅軍沿邊巡檢。至是，權保州兵馬都監。會兵叛，貴雖不能死節，然屢發奏城中，又日趣亂軍降，及城門開，居民賴貴不甚被殺害。臻父濬知安肅軍，領兵會城下，城中疑爲内應，屢欲斬之，求哀得免。世永廨舍在南關城裏，偶入城遇亂，遂被留。及田況以敕榜招諭，世永爲亂卒遣出城見況，欲得走馬宋有言入城，乃開門；有言既不去，嘗令世永復入諭亂軍。克順廨舍在東關城，是日領兵與亂軍格鬭，矢中其目。濆，府州府谷人〔七〕，應

〔一〕剩：原作「乘」，據《包孝肅奏議集》卷四《請法外斷魏兼》改。
〔二〕保：原脱，據《長編》卷一五一補。
〔三〕「述古」至「陰」：原無，據《長編》卷一五一補。
〔四〕置劾：原倒，據《長編》卷一五一乙。
〔五〕官：原脱，據《長編》卷一五二補。
〔六〕奉：原作「奏」，據《長編》卷一五二改。
〔七〕府谷：原脱「府」字，據《元豐九域志》卷四補。

進士舉，因府州防城免解，授長史，試方畧，得三班奉職〔一〕，未仕時嘗犯徒刑。韋貴既勸諭亂軍，濆乃言我嘗讀法書，此非可赦之罪也。

二十八日，同提點兩浙路刑獄公事、崇(議)〔儀〕副使柴貽憲降宣州兵馬都監。以知秀州錢仙芝贓敗不即按舉也。

十一月七日，監進奏院、右班殿直劉巽，大理評事、集賢校理蘇舜欽，並除名勒停。工部員外郎、直龍圖閣〔二〕、兼天章閣侍講〔三〕、史館檢討王洙落侍講、檢討，知濠州；太常博士、集賢校理刁約通判海州，殿中丞、集賢校理江休復監蔡州税〔四〕，殿中丞、集賢校理王益柔監復州税，並落校理；太常博士周延雋降秘書丞；太常丞、集賢校理章岷通判江州；著作郎、直集賢院、同修起居注呂溱落修起居注，知楚州；殿中丞周延讓監宿州税；秘書郎、館閣校勘宋敏求簽書集慶軍節度判官事〔五〕；將作監丞徐綬監汝州葉縣税。初，巽與舜欽本院賽神，輒用官故紙錢召妓樂，與洙等間(久)〔入〕爲會。而舜欽，宰臣杜衍之婿，御史以故極論之。事下御史臺劾，得洙等與伎女雜坐，而休復、約、延雋、延讓又服慘未除〔六〕，益柔并以謗訕之語坐之。

八日〔七〕，點檢廣南東路刑獄公事、都官員外郎徐仲謀降知邵武軍。坐部使取軍債事發而詐爲月日發體量狀也。

十二月十八日，知楚州、職方員外郎胡楷通判泰州〔八〕，提點淮南刑獄、秘書丞祖無擇知黃州。初，淮南都轉運使王素徙渭州，乃移文知楚州胡楷權領本司事，無擇既不平，因與楷互有論，事雖會赦，猶降之。

十九日，大理寺丞、集賢校理陸經責袁州別駕。經爲汝州監酒，轉運司差磨勘西京官物〔九〕，而(當)〔嘗〕貸西京民錢；又數與僚友燕聚，語言多輕肆。監察御史劉元瑜挾私忌劾奏之，請不以赦原。乃遣太常博士王翼就按其罪，并以前預進奏院祈神之會坐之。

二十七日〔一〇〕，太常博士茹孝標降光 49 州鹽酒税。臣僚上言：「去歲諫官言孝標不發父喪，推勘蹤跡，不甚明白，遂降指揮，候服闋日未得與差遣。臣以爲凡人被不孝之名而出入朝序，未得差遣，豈能默默以受愧恥，必有詞

〔一〕奉職：原作「奏裁」，據《長編》卷一五二改。
〔二〕自「龍圖閣」至「十九日」條「語言多輕」凡三百八十餘字，原錯簡在下頁職官六四之四九「閏五月」條「及素爲」之後，以致文意不通，年月錯亂，今據《長編》卷一五三及文意、年月順序移正。
〔三〕講：原作「讀」，據《長編》卷一五三改。
〔四〕休：原作「沐」，據《長編》卷一五三改。下同。
〔五〕書：原脱，據《長編》卷一五三補。
〔六〕服：原作「復」，據《長編》卷一五三改。
〔七〕以下三條錯簡未移正前承上爲慶曆五年事，而據《長編》卷一五三，實爲慶曆四年十一月、十二月事。
〔八〕胡楷：原作「胡偕」，據《長編》卷一五三改。下文同。張方平《樂全集》卷二一有寶元元年知睦州、都官員外郎胡楷，當即此人。
〔九〕西：原作「四」，據《長編》卷一五三改。
〔一〇〕錯簡未移正前，此條承上爲十一月二十七日，而據《長編》卷一五三，實爲十二月二十七日。

訴〔一〕，上煩朝聽，孝標乞早與一外任差遣。」故有是命。

五年四月三日，知渭州、刑部郎中、天章閣待制王素降知華州，坐託劉京市木虧價也。

五月八日，前殿前都虞候、邕州管内觀察使石元孫削除官爵，全州編管。寶元中，元孫爲鄜延路副總管，戰陷賊中而不能死節，賊既納款，乃送至境上。臺諫官請加誅，而帝特貸之。

十五日，以右正言、知制誥、史館修撰余靖知吉州。初，靖奉使契丹，采蕃語爲詩，失使者體。帝以靖累出使，不欲加責，而侍御史王平等彈奏不已，故出之。

閏五月十三日，刑部郎中、天章閣待制王素降知江州，前河東轉運使、司勳員外郎劉京降知淮陽軍〔二〕。初，范仲淹宣撫河東，言京在所部市私物擾民，既降爲知州，又下并州明鎬體量。及素爲 50 諫官時〔三〕，嘗託京市材木，而京委并州文水令董望市之，虧所僦車直及瞞税錢總四十千。下御史臺按其事，而皆在赦前，并素降之。

十四日〔四〕，福建路轉運使、金部員外郎高易簡降知衢州，坐不合擅行鼓鑄鐵錢故也。

六月四日，刑部郎中、天章閣待制、知江州王素落職，司勳員外郎劉京監徐州利國監，秘書丞、監察御史裏行閻詢落裏行，監河陽酒，御史臺主簿楚泰送流内銓注外任官。素既責知江州，而言者謂當落職。制云：「素嚮自外朝郎位擢爾諫曹，言聽計從，已任大事，忠義之語日 51 熟，朕固信之，謂其可任，而乃權脅外使，巧爲私書，貨悖藏家，全不償券。制下即問，簿對靡誠，人之匪彝，乃至於是！朕特從輕典，遷服遠藩，而羣言憤興，公論弗允。載惟家世之舊，亦有夙夜之勞，止解近班，尚仍舊治。夫懷諼不可備顧問，坐墨不可侍禁嚴，皆汝前言，無曰文害。」又言御史臺鞠素事，而詢、泰與素連姻而初不以聞，故并責之。

七月六日，前知温州、都官員外郎左瑾追一任官，特勒停。坐違朝旨不赴陝西提舉〔銀〕銅坑冶鑄錢事，却奏舉知温州孫梁充代故也。

二十一日，知潞州〔五〕、起居舍人、直龍圖閣尹洙責隨州節度副使，坐前任渭州侵使公用錢也。

八月二十二日，河北路轉運按察使、龍圖閣直學士、右正言歐陽修降知制誥、知滁州；太常博士、權發遣三司户部判官公事蘇安世降殿中丞〔六〕、監泰州茶鹽税；入内〔内〕侍省内東頭供奉官王昭明監壽州壽春縣酒税。初，修有甥張少鞠于家，因嫁其姪處州司户參軍歐陽晟。後張與僕陳諫姦通，事發，始鞠于開封府，語有連及修者。及命安

〔一〕訴：原作「諜」，據《長編》卷一五三改。
〔二〕勳：原脱，據《長編》卷一五六補。
〔三〕「及素爲」之後原有一段文字係錯簡，已移至上頁。
〔四〕十四日：《長編》卷一五六繫於六月二日丙辰。
〔五〕潞：原作「路」，據《長編》卷一五六改。
〔六〕遺：原脱，據《長編》卷一五七補。

世等再劾，修乃只坐用張氏盜買田立己名，安世等以直牒三司取録問吏人而不先以聞，故皆責焉。修甥張及諫杖脊，晟勒停，知開封府楊日嚴以下罰銅。

九月二十二日，江南東路轉運使、兵部員外郎楊紘降知衡州。坐按部苛察也。

十一月二十一日，荆湖南路提點刑獄、太常博士楊畋知太平州。坐52本路駐泊都監胡元討猺賊唐和所敗，措置乖方故也。

十二月十一日，知潭州、龍圖閣直學士、右諫議大夫劉沆降知鄂州〔一〕。以胡元等軍敗也。

六年三月二十六日，荆湖南路轉運判官、太常博士李上交降知筠州。以在部苛察也。

四月十一日，刑部員外郎、集賢校理李昭遘落職知澤州。坐入國不覺察人從盜北界金酒器故也。

七月十八日，太常少卿、判三司開拆司錢暖追三任官勒停。坐妄奏班行受贓故也。（以上《永樂大典》卷三八八三）

〔一〕沆：原作「沅」，據《長編》卷一五七改。

宋會要輯稿　職官六五

黜降官　二

【宋會要】

1 仁宗慶曆七年正月八日，降三司鹽鐵副使、禮部員外郎劉湜知沂州，度支副使、吏部員外郎陳洎知濠州〔一〕，户部副使、户部員外郎梅摯知海州〔二〕。舊制，紫宸殿燕契丹使，三司副使當座朵殿。閤門吏以告，而湜等以爲當座殿上，即趨出不就席，爲閤門所彈，帝怒而責出之。

十一日，西上閤門副使、荆湖南路兵馬都監劉貽孫責安遠軍節度行軍司馬，岳州安置。本路安撫使崔嶧言，猺賊未平而貽孫輒托疾求尋醫也〔三〕。

二月二日，前知宣州、太常丞、集賢校理趙宗道追一任官，落職，勒停。坐立鹽鈔上客人王安姓名，將賣鈔錢買絹〔四〕，并兑借職田米錢，及奏雪時隱避詐妄，上書不實故也。

三日，刑部員外郎、知制誥王琪責授信州團練副使〔五〕，不僉書州事。初，琪奉使契丹，既入境，屬疾，肩輿以行。及還，副使錢晦言琪至韃淀，虜使醫候之無疾，又在道多失言〔六〕。蓋晦希執政意以傾之。

四月五日，新陜西路轉運使薛紳降知陜州，新兩浙路提點刑獄王鼎降知深州，前江南西路轉運判官王綽候服除日取旨，并知衡州楊紘自今毋得除監司。内降劄子：「紳前使京東路，常委部吏孔宗旦、尚同、徐程、李思道捃摭郡縣細過，搆起刑獄，陷害人命。又紘、鼎、綽前在江東爲監司，謂之三虎，紘已降知衡州，2 而紳、鼎猶領使他道，豈稱宣布德澤之任？其各降知州，宗旦等並與遠小處差遣。」

九月四日，引進使、眉州防禦使、知渭州張亢降領果州團練使、知磁州。時三司給軍士郊賞，渭州庫舊估物輕重不侔〔七〕，亢輒平其直而給之，故及於責。先是，詔亢不俟代乘驛赴闕，續以告敕付陜西轉運司，俾俟亢至永興軍給付，便道赴任。

十一日，新提點利州路刑獄公事、太常博士張肅降知岳州。坐前爲廣南東路轉運判官，於所部過市物也。

十月十六日，引進使、果州團練使張亢降右領軍衛大

〔一〕濠：原作「豪」，據《長編》卷一六〇改。
〔二〕摯：原作「贄」，據《長編》卷一六〇改。
〔三〕猺賊：原作「徭賦」，據《長編》卷一六〇改。
〔四〕鈔：原作「抄」，據文意改。
〔五〕授：原無，據《長編》卷一六〇補。
〔六〕道：原作「告」，據《長編》卷一六〇改。
〔七〕渭州：原作「濠州」。按，亢知渭州，與濠州無關，「濠」應爲「渭」之誤。《長編》卷一六一但云「州庫物良而估賤」，亦指渭州。估：原作「佑」，據文意改。

將軍、知壽州。亢嘗假官銀遣人鬻于蜀，又奏令軍民以物質公使庫，取息錢以佐公用，故特降之。

十一月二十三日，前京東路轉運使、兵部員外郎張鑄降通判太平州。先是，李孝仙嘗告孔直温變事，鑄疑其妄，置而不問，及直温被誅，故降之。

八年閏正月七日〔一〕，降河北路轉運使、兵部郎中皇甫泌監青州商税；提點刑獄、祠部員外郎田京監鄆州商税；前知恩州、四方館使、昭州刺史裴德輿追三官，爲池州團練副使；前恩州鈐轄、皇城使李昭度追三官，爲濠州團練副使；恩州駐泊兵馬都監、内殿承制馮文吉除名，長流梅州；兵馬監押、右侍禁趙惟一杖脊，黥配沙門島。泌、京坐變發所部，德輿、昭度並以妖黨結搆久而不之察也。文吉、惟一皆懦怯棄城，而文吉後頗宣力，故得以減等論。

二十五日，新知江寧府、[3]司農卿林濰降知袁州〔二〕。先是，江寧府火，而濰辭不行，故降之。

二十六日，降勾當皇城司、建寧軍節度觀察留後楊景宗爲徐州觀察使、知濟州；皇城使、康州刺史、入内内侍省副都知鄧保吉落副都知，爲（穎）〔潁〕州兵馬（鈴）〔鈐〕轄；左藏庫使、通州團練使、入内内侍省副都知楊懷敏爲文思使、賀州刺史；北作（房）〔坊〕使、廉州團練使劉永年爲洛苑使、英州刺史；蔡州兵馬都監、洛苑使、眉州防禦使趙從約領陵州團練使，爲濮州兵馬都監；供備庫使、榮州刺史、帶御器械王從善落職，爲曹州兵馬都監。時崇政殿親從官顔秀、郭達〔三〕、王勝、孫利等夜殺軍校，劫器械，登延和殿屋，入至禁中，焚宮簾〔四〕，斫内人傷臂。其三人爲宿衛兵所殺，王勝者走匿宮城北樓，經日方得，而捕者即支分之，卒不知其始所以謀。景宗等皆領皇城司，故坐貶之。

二月六日，文思使、賀州刺史、入内内侍省副都知楊懷敏爲左藏庫使、通州團練使、滑州兵馬鈐轄，落入内副都知。初，懷敏以所部親從官謀爲亂奪二官〔五〕，而職如故，諫官、御史皆言：「今懷敏獨留不遣，所坐與衆人同而罰異。」故還所奪官而黜之。

十六日，降龍圖閣直學士、給事中張存爲左諫議大夫、知池州，工部郎中、直史館張沔爲都官員外郎、監宣州税，並落職。工部郎中張昷之爲祠部員外郎，監鄂州税；濟州防禦使李端懿爲單州團練使〔六〕，鄭州鈐轄；殿中侍御史韓贄爲太常博[4]士，監江州税；監察御史梁蒨爲秘書丞，監衡州税。習妖術人李教父屯田郎中曇爲昭州別駕，兄周卿韶州衙前編管，母曹州編管；趙仲父、母、妻並鄆州編管。初，曇居冀州武邑，有告其子教嘗在真定府師趙仲傳

〔一〕按，《長編》卷一六二繫於閏正月二十二日辛酉，與此不同。
〔二〕林濰：原作「林灑」，據《長編》卷一六二改。
〔三〕郭達：《長編》卷一六二作「郭逵」。
〔四〕焚：原作「禁」，據《長編》卷一六二改。
〔五〕親：原作「新」，據《長編》卷一六二改。
〔六〕懿：原作「意」，據《長編》卷一六三改。

妖術者，轉運司檄德州通判梁蒨鞫之〔一〕，而曇匿教不出。及移文追逮甚急，教遂自縊。趙仲既論死，而轉運司奏教暨仲父、母、妻、子牧放〔二〕。王則叛恩州，武邑吏魏化詣北京賈昌朝言教尚在恩州〔三〕，與賊同爲亂。比下御史臺治其事，教實縊死。存坐前知真定府，又與曇爲姻家，昷之、沔前爲轉運使〔四〕，端懿前知冀州，贄爲通判，皆失覺察，蒨爲勘官而獄狀失詳，故並責及之。

十九日，祠部員外郎、集賢校理、判三司度支勾院韓綜落修起居注，知滑州。綜奉使契丹，問其家世，綜言父億亦嘗持禮來。契丹喜，令酌酒，既而復（水）〔以〕大觴勸綜。國信司言其生事，故責及之。繼以滑當虜使所由道，徙許州。

三月十五日，知江寧府、右諫議大夫、集賢院學士李宥降秘書監致仕，通判、水部員外郎高中立，（鈴）〔鈐〕轄、供備使張昭懿，兵馬都監、内殿崇班侍其渙，兵馬監押、供奉官朱爲政，並罰銅衝替。坐延火燒官舍，不救護故也。

四月四日，翰林侍講學士、給事中、羣牧使柳植落職，知蔡州；知益州、樞密直學士、刑部郎中程戡落職，知鳳翔府；知澶州、翰林侍讀學士、兼龍圖閣直學士、禮部侍郎王拱辰落職，依舊知澶**5**州；右諫議大夫、權御史中丞魚周詢落職，知永興軍。並坐舉張得一不當故也。

五月二日，降知池州、左諫議大夫張存知郴州，衛州團練使、知澶州王德基爲四方館使、榮州刺史，西上閤門使、知保州王中庸爲引進副使，殿中侍御史劉元瑜罰銅二十斤。並坐嘗舉張得一也〔五〕。

八月十一日，殿前副都指揮使、寧遠節度使許懷德知亳州，落管軍〔六〕。翰林學士、兼端明殿學士、右諫議大夫、知制誥、史館修撰張方平，右諫議大夫、權御史中丞楊察，兵部員外郎、兼侍御史知雜事張昪，祠部員外郎、集賢校理、知許州韓綜，並落職。方平知滁州〔七〕，察信州，昪濠州，綜袁州。開封府判官〔八〕、司勳員外郎种世材奪兩官，勒停。三司户部判官、祠部員外郎、集賢校理楊儀奪三官，責邵州別駕。楊儀之妻富氏〔九〕，程文昌妻之從姊也，以故儀與文昌交私。文昌叔守顗爲人訟冒名買中牟死馬務，文昌爲請于儀，而持簡者誤達知開封縣楊日就〔一〇〕，日就告發之，命翰林學士錢明逸、知制誥呂公綽鞫其事。而懷德故從妹有別産在許州陽翟縣，以無子籍入官，懷德因文昌從儀乞書禱綜，欲妄認同姓産。書至而其獄已移他州，綜坐

〔一〕德州：原作「惠州」，據《長編》卷一六三改。
〔二〕牧：疑誤。
〔三〕「武邑」下原有「停」字，據《長編》卷一六三刪。
〔四〕沔：原作「污」，據《長編》卷一六三改。
〔五〕坐：原作「主」，據《長編》卷一六四改。
〔六〕「殿前」至「管軍」原無，據《長編》卷一六五補。無此句，則下文「懷德」無所承。
〔七〕知：原無，據《長編》卷一六五補。
〔八〕「府」下原有「官」字，據《長編》卷一六五刪。
〔九〕氏：原作「民」，據《長編》卷一六五改。
〔一〇〕知：原無，據《長編》卷一六五補。

不時以聞。守顗嘗詈人，而世材聽儀之請輒貸之。又昪爲判官日，文昌母誣家婢置藥羹中，而昪未嘗追辨其事。方平坐嘗託儀市女口，察以知開封府失察舉。然察〔一〕、昪皆去官，而方平法不應得罪，特皆貶之。

十六日，三司鹽鐵副使、兵部員外郎仲簡爲工部郎中、河東轉6運使。簡奉使過陝州，謁知州吳育，御馬者不由戟門而入。簡怒，舉馬箠擊之流血，爲育所奏而出之。

十月二十六日，翰林學士、兼侍讀學士、右諫議大夫、知制誥、史館修撰宋祁落職，知許州。國朝以來，命妃未嘗行册禮，然故事須俟旨方以告敕授之。又凡降制，皆從學士院待詔書告辭，送中書結三省銜，官告院用印，然後進書入。時宣制畢禮〔二〕，止就院寫告，直取官告院印用之，遽封以進。妃方寵盛〔三〕，欲行册命之禮，得告怒，擲地不肯（授）〔受〕，故貶及之。而祁上言：「昨宰臣召赴中書，（詰）〔詰〕問學士院誤進入貴妃官告事。伏緣册禮久不曾行，臣實不知典故次第，將謂先合進納制書，一面自行册禮，所以修寫不先報中書，誤便投進，並是臣不詳典禮，成此過誤，不敢逃罪。切以朝廷方舉盛禮，中外欣聞，臣當鏁宿降麻，乃是榮幸。今來過誤進入恩告，非緣人使之罪，罪盡在臣，乞從貶黜，以正公議。伏望哀憫臣性識疏暗，不諳朝廷制度，只是一時誤謬，即別無他情理，乞除臣合得罪外，其干繫人吏特行寬貸。」

二十七日，三司鹽鐵判官、金部郎中金良孺降知利州。坐不覺察吏受財也。

〔十一月〕二十九日〔四〕，虞部郎中、知漣水軍逢冲責安化軍節度副使，不簽書州事。冲母老，不肯去鄉里，而冲輒迎妻、母之官，爲御史臺所彈，〔故〕責及之。

皇祐元年三月七日，邢州管内觀察（史）〔使〕李端愿特奪一官，勒停。以内殿崇班曹諷訟端愿納7父婢，又嘗殺驢以饗賓客，故責及之。

〔二年〕四月十三日〔五〕，降翰林院學士錢明逸知蔡州〔六〕，開封判官、祠部郎中張式知岳州，推官、屯田員外郎李舜元通判壽州。先是，妖人冷青妄言母王本宮人，因禁中火出之，以嘗得幸有娠，嫁冷緒而生青。明逸以爲狂人，置不問，止送汝州羈管。開封府推官韓絳上言，青留外非便，宜按正其罪，以絶群疑。既按，得其姦狀，青與其黨高繼安皆處死。又府有婦人鄭以罪繫獄，而爲獄吏榜之，墮足死，故皆及於責。

〔元年〕八月二十四日〔七〕，建寧軍節度觀察留後楊景

〔一〕察：原無，據《長編》卷一六五補。
〔二〕禮：似當作「祁」，屬下讀。
〔三〕妃方：原倒，據《長編》卷一六五乙。按「妃」指張貴妃，此文交待不清。
〔四〕十一月：原脱，據《長編》卷一六五補。
〔五〕二年：原無，據《長編》卷一六八補。此條當移後。
〔六〕錢明逸：原無，據《長編》卷一六八補。按，時明逸權知開封府，此處亦交待不清。
〔七〕元年：原無，據《長編》卷一六七，此仍爲皇祐元年事，因補。

宗責左監門衛大將軍，均州安置。坐不覺察從人王安兵刃入皇城，誣告同列不軌，故貶之。尋徙鄧州。

二年六月十五日，判亳州、宣徽南院使、建武軍節度使郭承祐落宣徽南院使，知亳州。以諫官、御史言其在南京日輒批宣頭，擅留上供糧船，又出入擁衛（搶）〔槍〕旗，以禁兵作圍，狂僭無人臣禮，詔本路提刑楊孜體量得實，乃有是命。

八月三日，再降知亳州、建武軍節度使郭承祐為許州兵馬總管。先是，臺諫論列承祐，以降黜，復言乞不與知州差遣，故有是命。

三年正月二十三日，降大理寺丞譚異、王鑑為幕職官，遠小處監當。初，異與鑑自言在銓磨勘當在祀明堂前，與閭丘孝修等一甲引見，而為有司離為二甲，致改官不得預覃恩，請如孝修例更遷一官，帝疾其僥求而降之。

二月二十八日，翰林侍讀學士、兼龍圖閣學 8 士、給事中、史館修撰宋祁知亳州。坐張貴妃母家門客張彥方偽為敕〔一〕，而祁子嘗與之遊也。

七月二十五日，職方員外郎、知萊州聶世卿降知信陽軍。殿中侍御史張擇行言：「近為京東賊盜虜劫通判、虞部員外郎井淵，斯亦州郡不得其人也，而井淵身為通判，不能為國除盜，而復為賊所縛，甚辱君命也，降充監當，雅協公議。其知州聶世卿為郡長吏，不能覺察盜賊，今聞止移知州差遣，乞亦降充監當。」故有是命。

二十六日，降提點河北路刑獄公事、度支郎中席平知棣州〔二〕。以職事不修也。

八月二十三日，提點河北刑獄公事、祠部郎中孫預降知小郡，供奉官、閤門祗候張易降小郡都監，今後更不差充按察官。先是，內侍李希晟迎候虜使，在雄州與判官左振筵會踰例，有言其事者，下提刑司體量。既而畏避，但言歲遠無以辨明，特免振、希（成）〔晟〕官，故及於責。

十月十九日，殿中侍御史裏行唐介責授春州別駕。初，介上疏言宰臣文彥博陰結禁中，且薦富弼為相。帝怒，召兩府以疏示，而介面（諭）〔論〕不已。樞密副使梁適叱曰：「唐介下殿！」介辭益堅，帝令送御史劾介。既下，彥博獨留，再拜言：「臺官言事，職也，願不加罪。」帝不許，乃命當制舍人就殿廬草制而貶之〔三〕。翌日，改英州。

二十三日，起居舍人、知諫院吳奎知密州，時言者以奎素結文彥博也。

四年二月三日，降利州路轉運使、度支郎中李熙輔知 9 商州，提點利州路刑獄公事、度支員外郎張經知歙州〔四〕，並坐按部無狀也。

六日，降提點江南東路刑獄公事、都官員外郎張肅知

〔一〕方：原作「萬」，據《長編》卷一七〇改。
〔二〕棣：原缺，據《長編》卷一七〇補。
〔三〕當：原作「告」，據《長編》卷一七一改。
〔四〕張經：《長編》卷一七二作「張紀」，但《包孝肅奏議集》卷三亦作張經。

睦州，同提點、内殿承制、閤門祇候趙牧小處都監。先是，朝廷以京東、淮浙、江湖路災傷，令轉運使、提點刑獄分部巡察〔一〕，而肅等稽違不行，乃奏準《編敕》，每遇出巡，仍須同行，又請挈家於分定州軍。帝曰：「始令分路巡按，蓋急於撫卹疲羸，督視盜賊，而肅等乃欲挈家以自便。」故降之。

八月一日，廣南西路轉運使、主客郎中劉文炳削五任官，責筠州團練副使，不僉書州事。前本路轉運使、司封員外郎蕭固降知吉州。坐儂智高反，失備禦也。

十六日，廣南東路轉運使、金部員外郎王罕降主客員外郎，監信州酒。罕初往潮州議鹽事，聞智高圍廣州，即領兵還，入城爲守禦備。其城所以得不陷者，皆罕之力，然朝廷以章奏不時達，故降之。

二十五日，提點廣南西路刑獄公事、職方員外郎李上交降太常博士，監安州酒税。坐失禦賊也。

九月十五日，降廣南西路同體量安撫經制賊盜、起居舍人、直史館、知諫院楊畋知鄂州，仍落知諫院；同體量安撫、西上閤門副使曹修爲荆南駐泊兵馬都監〔二〕；東路兵馬鈐轄、兼捉賊盜、宮苑使、韶州團練使蔣偕爲潭州駐泊兵馬都監。十六日，再降畋爲屯田員外郎、直史館，修爲洛苑副使〔三〕、兼閤門通事舍人，偕爲北作坊使、忠州刺史。初，畋**10**與修聞智高徙軍沙頭，將濟，因命棄英州，且令偕焚糧儲，及召内殿承制亓贇〔四〕、岑宗閔、西頭供奉官閤門祇候王從政退保韶州，仍以公文申御史臺及諫院，故并責之。

十月十五日，兵部郎中、天章閣待制仲簡落職知筠州。以簡在廣州，雖不能禦智高，而完城自守，故薄責之。

五年正月七日，兵部郎中、知筠州仲簡降刑部郎中。簡既落職知筠州，而言者以智高方至廣州，老幼皆奔走入城，簡拒而不内，以故多被害，而廣人怨簡，故再責之。

二十三日，屯田員外郎、直史館、知鄂州楊畋降太常博士，知光化軍。畋先降官，而言者尚以處事乖方、後師逗遛，再有是命。

二十七日〔五〕，降廣南東路兵馬鈐轄、文思使王鍇爲文思副使、建州兵馬都監。初，智高自邕州順流而下，仲簡令鍇領兵扼端州，乃留市舶亭不行〔六〕，欲還守城。簡不許，遂自領兵入城。翌日，海上巡檢、右侍禁王世寧請分兵以往，鍇懼，不從；及賊至城下，促世寧入城〔七〕。既至南門，引大義責鍇稽留不進，鍇怒，以世寧違軍令而斬之。朝廷下廣州體量，而魏瓘言世寧爲海上巡檢，若令勒兵入城，則舟船爲賊所有，自當獲罪；況其人膽畧敢戰，且能守職，其

〔一〕巡：原作「處」，據《長編》卷一七二改。
〔二〕門：原脱，據《長編》卷一七三補。
〔三〕修：原作「修撰」，據《長編》卷一七三删。
〔四〕亓：原作「井」，據《長編》卷一七三改（亓或寫作丌）。
〔五〕按，《長編》卷一七四繫於十九日庚申。
〔六〕舶：原作「船」，據《長編》卷一七四改。
〔七〕入城：原脱，據《長編》卷一七四補。

死甚冤。既降鍇，而令訪世寧子以聞。

二月二日〔一〕，降西京左藏庫使、康州刺史沈（維）〔惟〕恭爲供備庫使〔二〕、監蔡州商税，西染院副使、兼閤門通事舍人張承衍爲供備庫副使、監汝州商税，並坐勾當會靈11觀遺火也。惟恭，德妃之弟；承衍，樂安郡主婿也。既以謫降，而妃、主爲之上章〔三〕，乞留京師。帝曰：「已行之命爲國戚所回，則法徒設矣。」乃召開封府促行。

二十一日，貸知邕州、禮賓使宋克隆死，除名，杖脊刺配沙門島。溪洞都巡檢、東頭供奉官、同修城劉莊除名，杖脊刺配福建牢城〔四〕。賓州推官、權通判王方，欽州靈山縣主簿、權推官楊德言，並除名，免杖刺配湖南本城，永不録用。並坐儂賊至棄城也。克隆自智高陷邕州，殺陳拱，被選知州事，而經賊踐蹂之後，未能葺城壁，頗縱士卒下諸山寨，殺逃民詐爲獲賊，一級賞錢十千。又爲僞帖與親兵，以爲嘗有功。及賊再據州，而城中無兵備，遂遁去。斷敕下，是日大雨雹，帝急遣中使追敕，已不及，人頗憫之。

三月九日，廣南東路兵馬都監、供備庫使蘇緘責房州司馬。廣南西路兵馬都監、内殿崇班趙懷恩追三任，爲太子右内率府副率，全州安置〔五〕。右侍禁尹修己、左班殿直蔡鼎臣各追三任官，配京東本城。並坐邕州金城驛軍敗也。

四月八日，陝西路轉運副使、度支員外郎范祥降屯田員外郎、知唐州。祥初議解鹽通商，驟加擢用，狃於激切，故擅起古渭之役〔六〕。雖行降黜，議者猶以爲輕。

五月四日，審刑院詳議官周識監無爲軍茶鹽酒税務，詳斷官陳宗道監池州清酒務，坐斷奏永興軍江皁案内有（況）〔呪〕詛厭魅誤進入故也。

閏七月二十三日，降翰林院侍讀學12士、刑部郎中呂公綽爲龍圖閣學士、知徐州，侍御史吴秘知濠州，提點淮南路刑獄公事、度支員外郎、集賢校理孫錫知太平州，度支員外郎王礪知信州。初，道士趙清貺配嶺外，行至許州死，諫官、御史皆言龐籍陰諷公綽，面令決杖近脊下，故清貺不至配所而死，公綽遂得罪出外。而錫坐前爲推官，礪爲判官，秘亦以獨不彈奏，故皆責及之。既而公綽上章自辨，乃詔知開封府楊察按其事，具言斷清貺實在判官聽〔七〕，非公綽面決。然命已行，止令劄示公綽而已。

八月二十九日，前知常州、祠部員外郎、集賢校理邵必落職，監邵武軍税，坐在任日誤斷犯鹽人高慶徒刑。江陰軍江陰知縣、殿中丞陳合重勘悮斷公事，復收慶，供析不

〔一〕按，《長編》卷一七四繫於正月二十九日庚午。
〔二〕供：原作「庸」，據《長編》卷一七四改。
〔三〕主：原無，據《長編》卷一七四補。
〔四〕杖脊刺配：原作「杖刺」，據《長編》卷一七四補。
〔五〕全州：《長編》卷一七四作「金州」。
〔六〕渭：原作「謂」，據《長編》卷一七四改。
〔七〕「具」原作「且」，「實」原作「時」，並據《長編》卷一七五改。

實，再決杖刑，合特勒停。前提刑、度支員外郎蘇舜元，同提刑、内殿崇班、閤門祗候常鼎，提刑、屯田員外郎苗振免勘，各罰銅一十斤。高慶，常州特支錢一十千。

十月十六日，滁州録事參軍路盛追官勒停〔一〕。盛馬斃，怒廐人芻秣不時，杖之，令抱巨石立五晝夜，又杖之。大理寺斷杖八十私罪〔二〕。帝以盛所爲苛暴，貴畜而賤人，特貶之也。

六年二月二十四日，同知太常禮院、祠部員外郎、史館檢討張芻落職，監潭州稅。坐乞罷温成皇后忌辰，復爲父太祝牧已授資州僉判，不合乞落職代父入川故（故）也。

至和元年七月二十二日，殿中侍御史馬遵知宣州，殿中侍御史呂景[13]初通判江寧府〔三〕，主客員外郎、殿中侍御史裏行吳中復通判虔州。初，遵等既彈宰相梁適多私，又言三司判官李虞卿根究出客人李士宗所陷茶錢數萬緡，士宗與司門員外郎劉宗孟同販茶，而宗孟與適連親，乃出虞卿爲陝西提點刑獄。及事下開封府，而宗孟未嘗與士宗販茶，又與適非親。帝以遵等言不實，故并出之。

十一月三日，降同知太常禮院、太常博士、集賢校理吳充知高郵軍，太常寺太祝、集賢校理鞠真卿知淮陽軍。初，中書下禮直議温成元廟事，判寺王洙令禮直官填印紙申中書，充等乃移文送開封府，而知府蔡襄釋不問。及諫官論其事不已，朝廷以爲充等風使言之，故有是命。

五日，太常丞、直集賢院、判三司都磨勘司馮京落同修起居注。坐上言吳充〔四〕、鞠真卿不當出外。

二年四月十五日，兵部員外郎、知制誥吳奎知壽州。初，奎爲契丹國生辰使，既至，會（丹契）〔契丹〕主加號，欲奎入稱賀，而固執不從，因別設次，令就觀禮。既而涿州移文，以謂契丹使至南朝，遇盛禮皆入預慶賀，故出之。

六月三日，群牧判官、祠部員外郎李壽朋降知汝州。坐皇城卒報其游從不檢也〔五〕。

七月六日，龍圖閣直學士、刑部員外郎任顓降天章閣待制，仍舊知渭州。先是，顓知潭州，會廣州大商道死，且籍其財，得真珠八十兩〔六〕，以無引漏税没於官，顓與本路轉運判官李章及其僚佐賤市之。其後死商之子[14]訟於三司，遂置獄湖南。案未上，三司使王拱辰悉以珠進内。御史趙抃彈奏拱辰，以李章宰相陳執中之壻〔七〕，陰有附結，請并劾拱辰，以戒中外。至是，奪顓職，徙章監當，餘悉追停之。

十一日，宣徽北院使〔八〕、判并州王拱辰復爲尚書左

〔一〕滁州：《長編》卷一七五作「徐州」。
〔二〕斷杖：原倒，據《長編》卷一七五乙。
〔三〕呂景初：原作「李景初」，據《長編》卷一七六改。
〔四〕吳：原作「吾」，據《長編》卷一七七改。
〔五〕其：原無，據《長編》卷一八〇補。
〔六〕八十：原作「半」，據《長編》卷一八〇改。
〔七〕壻：原作「婚」，據《長編》卷一八〇改。
〔八〕北：原脱，據《長編》卷一八〇補。

丞、端明殿學士、兼翰林侍讀學士、知永興軍。初，御史趙抃等累言拱辰前知并州，與僚官頗從燕逸；爲三司使，令内臣廖浩然進未斷商人真珠入内； 又奉使契丹，與宋選飲至醉，座〔問〕〔間〕賦詩不謹語言，遂罷之。

十二月一日，知廬州、龍圖閣直學士、刑部郎中包拯追一官，降小郡。坐任陝西轉運使日舉鳳翔監税、柳州軍事判官盧士安不當故也。

嘉祐元年六月十一日，降知澶州、修河都總管、天平軍節度觀察留後李璋知曹州〔一〕，河北轉運副使、同管勾修河，司封員外郎燕度知蔡州，提點開封府界縣鎮公事、同管勾修河、度支員外郎蔡挺知滁州，修河都鈐轄、北作坊使、果州團練使、内侍省内侍押班王從善爲濮州兵馬監押，修河都監、供備庫副使張懷恩爲内殿承制，提舉黄河埽岸、殿中丞李仲昌爲大理寺丞。 初，黄河自商〔湖〕〔胡〕決，北流經大名、恩、冀，歲暴溢爲民患，而挺與仲昌等建議，塞北流以入于六塔河。 然六塔河隘而不能容，一夕河復決，漂溺兵夫與楗塞之費不可勝計。

七月一日，同提點廣南東路刑獄公事、左藏庫副使馮文俊降廣南西路都監。 初，審刑院斷 15 文俊前知鎮戎軍失入死罪二人，引去官勿論，帝以人命之重特降之，故有是命。

八月十二日，降荆湖南路轉運使李肅之知齊州，知荆南府王逵知兖州〔二〕，知辰州宋守信爲鄧州駐泊兵馬都監，通判辰州賈師熊通判邵州。 以肅之、守信、師熊等人同討彭仕羲〔三〕，而軍士被殺傷者二百四十餘人，及王逵給軍士裝錢不均也。

十一月二十六日，降知澶州、樞密直學士、給事中施昌言爲左諫議大夫、知滑州，天平軍節度觀察留後李璋爲邢州觀察使〔四〕，司封員外郎燕度爲都官員外郎，北作坊使、果州團練使、内侍省押班王從善爲文思使，度支員外郎蔡挺追一官勒停，内殿承制張懷恩潭州編管，大理寺丞李仲昌英州衙前編管。 初，仲昌等修六塔河既不就，而言者以謂齊、博、濱、棣之民重罹水患〔五〕，乃遣殿中侍御史吳中復、文思副使帶御器械鄧守恭置獄于澶州。 昌言等並坐奉詔俟秋冬塞北流，而懷恩、仲昌擅違約〔六〕，既塞而復決，枉費工料，懷恩與仲昌仍坐於河上盜所監臨物，故重貶之。

十二月二十七日，皇親克敦罰銅十斤；屯田員外郎阮逸追三任官，湖北編管； 進士曹觀、劉規各殿一舉，罰銅六斤； 主簿辛有儀衝替。 坐唱和詩語涉不遜故也。

二年七月二十八日，知麟州、六宅使、帶御器械武戡除

〔一〕「平」原作「章」，「璋」原作「章」，並據《長編》卷一八二改。
〔二〕逵：原作「達」，據《長編》卷一八三改。下同。
〔三〕羲：原作「義」，據《長編》卷一八三改。
〔四〕璋：原作「章」，據《長編》卷一八四改。
〔五〕「齊」原作「濟」，「棣」原脱，據《宋史》卷三三一《周沆傳》改補。
〔六〕違：原作「進」，據《長編》卷一八四改。

名，江州編管。坐與西人戰斷道塢，而棄軍先入城。

八月一日，知襄州、兵部員外郎、知制16誥賈黯降知郢州。初，黯以父疾，輒委郡印歸鄧州。御史吳中復等言，黯父年高，不能解官就養鄉廬，乃擅去官守，撓朝廷法。又通判襄州胡揆不待命而承權州事，請劾罪以聞。既降黯，而揆特釋之。

九月十六日〔一〕，知鄧州、吏部郎中、天章閣待制劉元瑜降知隨州。坐前知潭州，私補畫工易元吉爲助教。

十月十四日〔二〕，降内侍省内侍副都知、昭宣使、果州防禦使武繼隆爲海州兵馬都監，翰林侍讀學士、新知鄆州趙槩罰銅三十斤。坐私役兵葺園亭，當追一官勒停，免之。槩嘗與繼隆同提舉諸司庫務，繼隆既被劾，上言營救，爲御史所彈。

十一月九日〔三〕，太常博士、祕閣校理、知濱州王起，著作佐郎、簽書判官公事宋定國，各追一官，勒停。初，本州衙前劉玉經轉運使李參訟私船侵奪官渡課利，而起等嘗以私船回易官鹽以益公用〔四〕，故主私船户而不直玉。及轉運司劾其事，起輒上奏論辨〔五〕，至是遣職方員外郎李真卿就州置獄，皆以上書詐不實罪坐之。

二十六日，昭德軍節度使、知并州龐籍降觀文殿大學士、户部侍郎、知青州。初，司馬光以築堡事（曰）〔白〕籍，籍因檄麟州築之。及郭恩等敗没，遣御史張伯玉按鞫，而籍匿光初所陳事，故光得以去官原罪，而籍爲諫官、御史所言，故有是命。

三年正月二十九日，提點利州路刑獄公事、都官郎中馮誥降知商州。坐前知華州失入劫囚吳義等十六人17死刑。

二月十日，太常博士程初責邵州團練副使〔六〕，監衡州鹽税。皇祐中，初嘗鞫叛囚失實貶官〔七〕，至是上章自訴，其辭語皆屬以聲韻，頗爲慢侮，復貶之。

三月三日，勾當御厨、駕部員外郎李象中，供備庫副使張茂之，内殿承制韓從，並貸命，配江南、京西等處衙前編管。入内西頭供奉官盧待問追兩任官，勒停。坐自盜厨膳〔八〕。

十五日，新提點江南東路公事沈康降知常州。以知諫院陳升之言康才品下人而素無廉白之譽故也。

二十一日，刑部郎中、直龍圖閣、知兗州王逵追一任

〔一〕按，《長編》卷一八八繫此事於嘉祐三年九月十九日丁亥，而注云：「《會要》在二年九月，今從《實録》。」
〔二〕按，《長編》卷一八八繫此事於嘉祐三年十月。
〔三〕按，《長編》卷一八八繫此事於嘉祐三年十一月四日辛未。
〔四〕回：原作「日」，據《長編》卷一八八改。
〔五〕論辨：原作「輪辨」，據《長編》卷一八八改。
〔六〕「程初」上原有「言」字，據《長編》卷一八七删。又「邵州」，《長編》卷一八七作「郴州」。
〔七〕「鞫」原作「翊」，「囚」原作「因」，並據《長編》卷一八七改。
〔八〕盜：原作「此」，據《長編》卷一八七改。

官，勒停；都官員外郎、通判馬預贖銅，徙小處通判。初，逵以公用蠟燭及墨遺京師要官，又課人輸枯骨而葬之，以故冢墓多被發者，及離細民夫婦而自主其嫁婚。馬預訟其事，而預亦以鬻所得酒於部中，故皆坐之〔一〕。

五月九日〔二〕，降知汝州、祠部員外郎李壽朋知荆門軍，同提點京西路刑獄公事、西京左藏庫副使石用休知威勝軍。時御史朱處約奉使過汝州，言京西歲饑，壽朋令郡人獻林木修官廨宇亭榭，以勞民，下提刑司體量而不以實，故并責之。

十三日〔三〕，三司鹽鐵副使、右司員外郎郭申錫降知滁州。敕牓朝堂曰：「申錫官職事守不爲輕矣，所宜慎其所舉以道吾民者。屬與李參相視決河，論議之異，遂成私忿，章奏屢上，辨訴紛然，敢爲詆欺，處之自若。以至興起大獄，置對逾旬，參驗所陳，無一實者。士人之行，乃至18是乎！使吾細民，何所視効！」先是，申錫至澶州，與本路都轉運李參議河事。既而不協，申錫訟參遷諫議大夫繇呂公弼私相薦引爲僥倖；又言參密遣指使高守忠齎黄河畫圖入中書，私干宰相文彦博，爲御史張伯玉彈奏參等姦邪結托。遂詔天章閣待制盧士宗、右司諫吳中復制勘，而申錫所訟及彈文皆不實，伯玉以風聞免劾，故止坐申錫而貶之。

七月二十一日，降前知雄州、舒州團練使馬懷德爲四方館使、英州刺史，前高陽關路兵馬鈐轄、北作坊使、廉州團練使閻士良爲崇儀使。以御史呂景初言，懷德在雄州，因士良入奏事而嘗以牛黄、麝（賸）〔臍〕賂之。

十月三日，新除齊州防禦使、高陽關路馬步軍總管劉鼎年爲單州團練使、知涇州。以臺諫官言鼎年進緣戚里，且未嘗有邊功。

四年二月七日，提點河東路刑獄公事、祠部郎中龐汝弼降知華州。坐嘗知遂州，補畫工陳義爲傳神學究〔四〕。

二十七日，吏部員外郎、天章閣待制、知隨州劉元瑜降禮部員外郎〔五〕、知信州。坐失舉也〔六〕。

五月八日，屯田員外郎、通判定州安保衡責昭化軍節度副使〔七〕、監高郵軍酒税。以御史知雜事吳中復言〔八〕：「保衡訴其父取雜户任氏〔九〕，奏授邑號。且其父死時，保衡尚幼，及今三十年，豈無保養之恩？此人情之所不忍，請行廢黜之〔一〇〕。」

七月十二日，觀文殿學士、禮部侍郎、知壽州孫沔責寧

〔一〕皆：原作「偕」，據《長編》卷一八七改。
〔二〕五月九日：《長編》卷一八七繫於五月一日。
〔三〕十三日：《長編》卷一八七繫於十六日乙酉。
〔四〕陳義：《長編》卷一八九作「陳乂」。
〔五〕瑜：原作「渝」，據《長編》卷一八九改。
〔六〕也：原無，據《長編》卷一八九補。
〔七〕昭：原作「左」，據《長編》卷一八九改。
〔八〕吳：原作「其」，據《長編》卷一八九改。
〔九〕氏：原作「民」，據《長編》卷一八九改。
〔一〇〕黜：原作「點」，據《長編》卷一八九改。

國軍節度副使、知忻州，四方館使李[19]中吉降東上閤門使、汝州兵馬鈐轄。初，臺諫言沔前在杭州貪穢不法，又在并州多暴虐，及令李中吉自忻州載家妓縱飲。下逐路按得其實，而貶責之。

八月二十八日，降知河陽、龍圖閣直學士、工部侍郎李柬之爲給事中、知虢州，知蘇州〔一〕、工部郎中、知制誥王琪爲度支員外郎、知饒州。並坐失保任也。

九月二日，權發遣三司度支判官事、太常博士張田知蘄州。初，田請減宰臣至百官袷饗恩賜，而宗室、內臣、軍班並如故，諫官唐介言其志在沽激，故出之。

二十一日，翰林院侍讀學士、尚書禮部郎中、知和州呂溱落職，分司南京。溱初坐在真定私使官米麴等事已奪官〔二〕，而權御史中丞韓絳、知諫院唐介等言不已〔三〕，遂遣官置〔獄〕而再降之。

二十一日，鄜延路馬步軍總管、光州刺史王德恭降西上閤門使、榮州刺史、權永興軍路總管。坐前在真定假寺僧牛車赴鄜延路也〔四〕。

二十四日，降禮部郎中、分司南京呂溱爲兵部員外郎。以言者言前責尚輕也。

十月一日，虔州巡檢、左侍禁王咸孚除名，廣南編管。以江南鹽賊戴小八殺虔化令，不即掩捕也。

五年正月七日，新知信州、屯田員外郎蔡挺降知南康軍。初，挺與李仲昌開六塔河，坐罪勒停，以袷饗赦起知信州，而監察御史裏行王陶言挺前罔朝廷以希功賞，使濱河以來民被其害〔五〕，至今未已，故復降之。

九日，度支員外郎、集賢校理胡俛特勒停，兵部郎中、秘[20]閣校理解賓王落職知建昌軍。始，賓王因營葬求知登州，及俛代賓王，乃上言營葬者不得請鄉郡，又因事杖其妻黨。賓王深銜之，遂訟俛嘗擅役軍匠，伐州廨中桐木作私器〔六〕。俛既坐自盜，而知諫院范師道言賓王與俛並在館閣，事緣鄉里，嚚然作訟，頗虧士風，故并黜之。

四月二十九日，降右司諫〔七〕、秘閣校理吳及爲工部員外郎、知廬州〔八〕；太常博士、監察御史裏行沈起落裏行，通判越州。初，諫官陳升之建議裁節班行補授之法，下兩制、臺諫官集議已定，及與起擅改議草，令買撲興國軍磁湖鐵冶，仍舊與班行。翰林學士胡宿等奏劾及等職在臺諫官〔九〕，而爲磁湖大姓程叔良家營致恩澤，乞召問其狀。既

〔一〕知蘇州：原無，據《長編》卷一九〇補。
〔二〕在：原作「枉」，據《長編》卷一九〇改。麴：原作「麪」，據《長編》卷一八九、《宋史》卷三二〇《呂溱傳》改。
〔三〕已：原無，據《長編》卷一九〇補。
〔四〕牛車：原作「車牛」，據《長編》卷一九〇乙。
〔五〕河：原缺，據《長編》卷一九一補。
〔六〕伐：原作「代」，據《長編》卷一九一改。
〔七〕諫：原作「監」，據《長編》卷一九一改。
〔八〕廬：原作「盧」，據《長編》卷一九一改。
〔九〕諫：原作「課」，據《長編》卷一九一改。

而及等引罪無以對，故並黜之。

五月八日〔一〕，户部郎中、知制誥張瓌降知黄州，秘書省秘書郎、館閣校勘劉瑾落職。初，瓌當草故宰相劉沆贈官告辭，而其言多鄙易，瑾懇訴於朝，且詆瓌出外，而瑾亦落職。仍命舍人别撰告以賜之。

二十二日，右諫議大夫、權御史中丞韓絳罷職知蔡州。初，絳彈奏宰臣富弼，且言張茂實人以爲先帝子，而引用管軍，事密難測。既而居家待罪，自言不敢復稱御史中丞〔二〕。帝遣中使召，不出。翊日，臺屬官往勸之，乃出，又不秉笏穿朝堂〔三〕。知諫院唐介、右正言王陶、侍御史知雜事范師道、御史陳經、吕誨、裏行陳洙等皆言絳論事不當，又失於舉錯，故黜之。

七月十一日，知[21]晉州、都官員外郎吳京追三官，壽州編管；前提點河東路刑獄公事、祠部郎中龐汝弼特勒停；同提點刑獄、西京左藏庫副使寇利一，前同提點刑獄、禮賓副使段隱，各衝替。先是，京犯自盗贓，而汝弼嘗多取寄州厨生餼，又利一數與京聚會，隱亦嘗受公用銅洗羅，故并坐之。

九月二十四日，降駙馬都尉、安州管内觀察使李瑋爲和州防禦使，仍與外任差遣。瑋所生母忤公主〔四〕，公主夜開皇城門入訴禁中〔五〕，瑋上表自劾，故責及之。俄免降官，止罰銅三十斤。

十月十四日，祠部員外郎、知建昌軍楊儀免追官〔六〕，與監當差遣。先是，建昌富民曾均毆殺人，獄未具，轉運使馮浩移所部官石麟之推劾，連逮而死獄者十有餘人，儀論其事，坐不實，法當追一官，特寬之。

十一月一日，知桂州、刑部郎中、集賢殿修撰蕭固落職知江州，降知邕州、西上閤門使蕭注爲引進副使、荆南兵馬鈐轄。初，臺諫官等並言固等在廣西所爲不公，至是又不察管下西平州溪洞使臣匿外界人口，致領衆殺害兵官，故責及之。

六年四月二十七日，禮部郎中、天章閣待制、知諫院唐介知洪州，右司諫趙抃知虔州〔七〕，兵部員外郎、兼侍御史知雜事范師道以本官出知福州，侍御史吕誨知江州。初，陳升之除樞密副使〔八〕，介等交上章彈奏升之素與勾當御藥院王世寧連姻，因而圖（炳）〔柄〕臣；又知開封府，嘗於豪民家市馬，而賤償其價。帝[22]出奏示升之，升之請下有司辨虚實，遂家居不出，自求罷去。帝遣中使以手詔召出之，介等復居家待罪，頃復出，如是者數四。帝顧謂輔臣曰：

〔一〕五月八日：《長編》卷一九一繫於五月一日。
〔二〕自言：原倒，據《長編》卷一九一乙。
〔三〕又：原作「入」，據《長編》卷一九一改。
〔四〕忤：原作「惜」，據《長編》卷一九二改。
〔五〕訴：原無，據《長編》卷一九二補。
〔六〕儀：原作「義」，據《長編》卷一九二改。
〔七〕諫：原作「監」，據《長編》卷一九三改。
〔八〕使：原作「史」，據《長編》卷一九三改。

「凡除拜二府，朕豈容内臣預議耶！」而介等言不已，故兩罷之。

七月一日，光禄寺丞、知蘇州長洲縣夏噩特勒停，坐私貸民錢。噩中制科，以本路提點刑獄陳道古惡其輕傲，摭其事而按發之。

十七日，知江州、刑部郎中蕭固追三官，責蔡州團練副使；廣南西路轉運使、度支郎中宋咸追一官，勒停。固坐知桂州日，令部吏市女口，及差指使入兩浙商販私物。咸在邕州，射銀楪子凡九百六十九片〔一〕，及事覺察，詐收入本司公使簿。

七年二月三日，環州都巡檢、内殿崇班柴元肅，平遠寨監押、右侍禁安鎮，並勒停；寨主陳玉淮南編管。坐擅用蕃法和斷也舊族蕃官咩迷埋，及擅放質子還也。

十月十九日，翰林學士、左司郎中、知制誥、權知開封府賈黯同提舉在京諸司庫務〔二〕。先是，權御史中丞王疇、諫官司馬光、龔鼎臣、王陶，御史陳經、呂誨、傅堯俞等，皆言黯剛愎自任，赦書下府而罪當原者返重行之；又嘗因忿怒以矢塞人口，都人莫不憤怨，故罷之。

八年六月二十一日，司封郎中、知桂州潘夙降比部郎中、監隨州酒税。初，夙轉運湖北〔三〕，與判官韓繹不協，而繹又與知鄂州王正民有隙，夙乃以匿名書構繹於正民，以聞，具服，故坐貶之。

英宗治平元年正月【23】二十三日，荆湖北路轉運使劉述降〔知〕睦州，坐擅支茶本租錢及令商人貼鹽（抄）〔鈔〕錢以亂鹽法，而奏報不實故也。

四月十九日，左騏驥使、廉州團練使、真定府路鈐轄閻士良降北作坊使、滁州兵馬都監。坐數侵詆安撫使張掞，詐疾在假，不赴行香、巡教；帝即位，遣使賜詔書、衣帶而不肯出迎拜受也。

五月九日，太子右贊善大夫致仕劉注追三官，潭州編管。注，故宰相沆弟，坐盗里人牛殺食之，及刺僕人面爲逃走字故也。

閏五月八日，陝西路轉運使、主客郎中薛向降知汝州。初，向按部夜至陝州靈寳縣驛，有前滎州應靈縣令崔令孫已舍堂上。向令舍行李於廳事，而從卒南密等五人突入，趣令移徙，孫因驚，遂仆死。其家訟冤，獄成，法寺比附恐迫人致死論密斬。詔貸密死，杖脊刺配，而向坐失約束也。

二十二日，翰林學士范鎮罷爲翰林侍讀學士。初，遷宰相各一官，而鎮草制，已遷曾公亮一官，誤以兼門下侍郎。後帝覺其誤，而公亮亦辭，遂帖制而絀鎮焉。

七月六日，侍禁、監成都府税趙昌緒特勒停。昌緒，參知政事趙槩兄子，坐母自殺而妄稱風疾，當罰金。槩言昌

〔一〕九百六十九：《長編》卷一九四作「九百九十六」。片：原作「斤」，據《長編》卷一九四改。

〔二〕庫：原作「務」，據《宋史》卷三〇二《賈黯傳》改。

〔三〕湖：原作「胡」，據《宋史》卷三三三《潘夙傳》改。

緒不孝，乞法外重斷，詔論罰如法，而特勒停。

八月十一日，提點在京倉草場、比部郎中薛仲孺通判汝州，同提點、西京左藏庫副使、帶御器械衛克懃鄆州(注)〔駐〕泊都監。坐擅越界支軍糧故也。

十七日，荆湖南路轉運使、光 24 禄少卿杜植知安州，轉運判官、職方員外郎宋迪知萊州。初，永州零陵縣令徐復誤斷縣人失牛，提點刑獄方勑，而植等誤引大理失入杖罪不勑例，牒提點刑獄令勿勑。及奏上，復坐衝替，而植等亦坐罰。及更訟，復以爲不足罪，若朝廷謂臣等挾情營救，乞責降。故有是命。

十月二十八日，江東路轉運判官、屯田員外郎謝景温降通州通判。坐修萬春圩不當也。

十二月一日，右贊善大夫程嗣直除名，荆門軍編管，坐謀殺其兄子詵孫也。初，嗣直虐其兄諸子，閉之一室，薄其衣食，課書不中程，輒笞榜，又縱婢子詈辱之。至是，詵孫竊出盜家財，傷嗣直，嗣直囚詵孫，絶其食，與毒藥令自殺〔一〕。事發，詵孫貸死配沙門島，而嗣直有是命。

十六日，知制誥錢公輔責滁州團練副使，不僉書州事，祖無擇罰銅三十斤。初，王疇守本官充樞密(直)副使，公輔嘗言疇未有功效可稱，進擢太速，故責之。無擇坐營救公輔，并及罰。

二年正月二十四日，翰林侍讀學士、左諫議大夫張瓌降左司郎中、知濠州，翰林侍讀學士范鎮罰銅三十斤。初，銓法選人當補考，須州申考功，得報乃聽補；既補，而州以帳上考功，乃得書爲考。然例或帳未至而以隨身曆較考者，皆審取選人狀以證。瓌子庖民主鄜城縣簿，鏁廳舉進士，未嘗申考功補考，而又帳未至，同判銓范鎮令用例以隨身曆爲證，而不取審狀書考移縣令。當是時，瓌亦判銓，雖不豫此事，而罪問考功吏可否，25 御史林大年以此彈瓌，而開封治考功吏，對如此。府奏上，乃不復劾問，奪瓌一官而貶之，鎮止贖金而已。

二月十六日，陝西路都轉運使、光禄卿陳述古降少府監、知忻州。初，述古權渭州，夏人圍同家堡，副總管劉几請出兩將援之〔二〕，述古不肯。几與諸將連狀請，又不肯。几以手詔趣，述古怒，移几權知鳳翔，而奏几生事，稍爲軍人所怨怒。又嘗無名出兵致寇。朝廷以總管非轉運司所得擅移，方劾，而劉几又自言爲述古所誣，於是遣御史林大年劾，述古所言皆無實狀，故貶之。

三月十七日，祠部員外郎、秘閣校理、同知太常禮院晏成裕追兩官，勒停。坐監禮太廟，留祭酒不以實尊，及闌入真宗廟室，爲宮闈令所發。會降當從(御史杖)〔杖，御史〕趙鼎請重竄責以懲(貧)〔貪〕惡，故有是命。

八月二十五日，前提點福建路刑獄公事、度支郎中王

〔一〕前「辱之」至本句「毒藥」，原作雙行小字，據文意改作正文。
〔二〕劉几：原作「劉凡」，據《長編》卷二〇四改。以下「几」字皆同。

陶責建寧軍節度副使，不僉書州事，復州安置。坐妄奏知南劍州吳天常徇私不公，挾情紀捨構事〔一〕，不覺察男履潔興販私茶鹽、收買銅器、受客人銀錢、夾帶私鹽故也。

十二月十九日，太子中允、集賢校理、新知曹州（翔）〔鞠〕真卿落職，知南安軍。真卿當仁宗時，每遷除輒引儕輩有先已進用者，怨望不遜。至是，曹州多盜，選真卿以往，而真卿又不肯往，中書具真卿治平元年從後七奏進，而有是命。

三年正月三日，降知溫州張倜知小州，兵馬監押張宗古監當。坐溫州火燒屋萬[26]四千間、死者五十人。

八（月）〔日〕〔二〕，兵部員外郎、侍御史知雜呂誨降知蘄州，侍御史范純仁通判安州，太常博士、監察御史裏行呂大防知歙州休寧縣。先是，誨等言追尊濮安懿王典禮，以參知政事歐陽修首倡邪議，宰相韓琦等附會不正，皆當譴絀，以解天下疑謗。於是各納臺官告牒，家居待罪。帝命（關）〔閤〕門以告牒還之，及令中書降劄子趣使赴臺供職，而誨等繳還劄子并前後所奏九狀申中書，堅辭臺職〔三〕。是日，帝閱誨等奏，問執政當如何，韓琦對曰：「臣等忠邪，唯陛下所知。」歐陽修曰：「御史以爲理難並立，臣等有罪，即留御史；若以臣等無罪，則取聖旨。」帝猶豫久之，乃令出御史，而曰不宜責之太重也，故有是命。

（二）〔三〕月七日〔四〕，起居舍人、同知諫院傅堯俞降知和州，侍御史趙瞻通判汾州，趙鼎通判淄州〔五〕。瞻、鼎自契丹使歸，以嘗與呂誨言濮王等事，家居待罪，而堯俞新除御史知雜事，告牒不受。帝數俞留，堯俞等終求去故也〔六〕。

六月二十一日，前知泉州、秘書監關詠責保静軍節度副使〔七〕，不僉州事。坐買部內蕃客禁物虧價九十八匹，及於仁宗喪中用妓謳歌飲酒，不察子逸受賕故也。

七月十四日，太子中舍、通判祁州孫祺監袁州鹽酒稅。坐越職言事，又布露所奏故也。

八月五日，右司郎中、天章閣待制、新差知廣州閻詢落職知商州。詢三月告歸鳳翔焚黃，五月發在道，而監察御史裏行劉庠言：「詢偃[27]蹇自便。近歲人臣以不虔君命爲高，積習驕慢，（寢）〔寖〕以成俗，請黜一人，以勵其餘。」故有是命。

十三日，監富國倉、屯田員外郎萬及降一官，內殿崇班王從謹、西頭供奉官戴宏皆勒停。坐受米濕惡，（懷）〔壞〕十八萬石，法官以遇疏決請減，特有是命。

九月十六日，太常博士、監察御史裏行馬默落臺職，通

〔一〕紀捨：此二字疑倒。
〔二〕日：原作「月」，據《長編》卷二〇七、《宋史》卷一三《英宗紀》改。然二書記此事於正月二十七日壬午。
〔三〕辭：原作「辟」，據《長編》卷二〇七改。
〔四〕三月：原作「二月」，據《長編》卷二〇七改。
〔五〕淄：原作「溜」，據《長編》卷二〇七改。
〔六〕俞：原作「喻」，據《長編》卷二〇七改。
〔七〕關：原作「闕」，據《宋史》卷三三〇《杜純傳》改。

判懷州。坐供職已來言事無狀故也。

十月七日，前知房州、職方員外郎董經臣勒停。坐用南郊赦擅放叛人景珣妻子。〔祖〕〔景〕珣亡入夏國，涇原路送珣妻子房州編管。後環慶路取珣妻子，欲撫養以間珣，則經臣於慶州〔一〕，法司比附應奏不奏杖八十公罪，去官勿論。時鎡有母服，經臣特有是命，鎡服除與監當。

治平四年二月二十五日，神宗即位未改元。權提點廣南東路刑獄公事、司勳郎中呂元規降知歙州；知英州、職方員外郎黄師旦追一任官，監洪州酒稅。元規坐鹵莽舉〔駭〕〔劾〕、移譚餘等公事赴韶州取勘。師旦因縣尉王履亨捉到譚餘作殺人賊，後勘得餘無罪，爲元規移送韶州取勘，疑履亨教唆，便枷禁履亨。及放免百姓黄真徒役，并借教閲兵級等罪故也。

三月四日，御史中丞、工部侍郎彭思永降給事中，知黄州；主客員外郎、殿中侍御史裏行蔣之奇降太常博士，監道州酒稅務。坐言參知政事歐陽修閨門事故也。

四月二十四日，右諫議大夫、權御史中丞王陶罷中丞，充樞密直學士、知陳州；侍御[28]史吳申、呂景罰銅二十斤。坐不合過毀參知政事吳奎也。

六月五日，鄆州居住、兵部郎中致仕王逵宿州編管。先是，京東轉運司奏：「逵凶險貪婪，干撓州縣，本路之人比之盜賊，但干有利，無不爲者。望送僻州軍安置，永不量移。」至是，侍御史張紀繼言，乞送廣南遠惡州軍編管，故有是命。

七日，龍圖閣學士、工部侍郎、權知開封府傅求知兗州。先是，言事者累言求之不職，求亦自請補外，〔故〕有是命。

二十二日，開封府推官、祠部員外郎、集賢校理竇卞知深州〔二〕。言事者以傅求不職，因連及之，亦自請補郡故也。

八月二十二日，權發遣三司度支判官公事、屯田郎中皮公弼降知袁州。坐於搉貨務買真珠喧競故也。

二十四日，都官郎中、知邵武軍吳師服監南康軍鹽稅務。以考課院言師服連三考俱在下劣等，故有是命。

二十五日，太常博士、監真州糧料院孫邵武候今任滿，更與監當一任。以臺官張唐英言：「邵武妻余使過千錢，因而打詈其妻，典沿身衣物填還，後懷憤自割身死。案到，稱余患心神不寧，恐非本情。乞酌情重行貶降，庶使余冤伸于泉下。」故有是命。

十月三日，兵部員外郎、寶文閣待制傅卞知懷州。以侍御史張紀、裏行張唐英言卞素稟姦邪，陰相附會，處在〔京〕〔經〕筵，不厭朝議，故有是命。

十一月十六日，右諫議大夫、天章閣待制陸詵知晉州。

〔一〕自此句以下文意不明，當有脱誤。
〔二〕深：原作「擢」，據《宋史》卷三三〇《竇卞傳》改。

坐延州不舉職也。

十二月四日，陝西路轉運29使、司勳郎中、權發遣延州薛向知絳州。坐處置邊事失宜也。

神宗熙寧元年二月十三日，京東路提點刑獄、光禄卿鞏申知蔡州。以侍御史張紀言，申材識庸下，賦性(情)〔猜〕疑，濫處監司，首宜澄汰，故有是命。

三月十八日，兵部郎中、知制誥宋敏求降刑部郎中，依舊職知絳州。祠部員外郎、祕閣校理鄭雍，太常博士、集賢校理劉瑾，各降一官，與通判差遣，雍峽州，瑾睦州。右司郎中、天章閣待制郭申錫，户部郎中、集賢殿修撰龔鼎臣〔一〕，工部郎中、秘閣校理、同修起居注蘇頌，員外郎、集賢殿修撰、兼侍讀周孟陽〔二〕，屯田員外郎、集賢校理王汾，秘書丞、秘閣校理韓忠彦，各罰銅二十斤。坐在禮院定議皇親婚嫁異同不當也。

六月十六日，淮南轉運使、光禄卿史炤降太常少卿，知單州。坐體量知泰州曹元舉疾愈不實故也。

二十三日，太常少卿張頌分司南京。以前任知劍州日考課累在劣等故也。

七月十二日，右正言、直集賢院、同知諫院孫覺降太子中允，依前供職。坐上言指名陞黜兩府大臣故也。

八月三日，太子中允、直集賢院、同知諫院孫覺通判越州。以言事失實故也。

十月二十八日，屯田郎中陳習監齊州新係鎮酒税。坐於轉對狀内將不干己事夾帶論述，指人過惡以逞私憾故也。

二年三月十七日，前兩浙路提點刑獄、司封郎中、直昭文館、知桂州元積中，同提舉兩浙路開修河渠、虞部郎中30胡淮，各降一官，積中仍落職，皆監當差遣。知常州王説、前常州武進縣尉凌民瞻皆衝替。積中、淮坐浚常、潤州運河不如法而勞弊百姓，及復望亭堰不利；民瞻坐首議復望亭堰及分料不均；説坐初與積中等連狀奏浚河之利，朝廷遣使按視，乃更極論其害，及被劾，乃曰忘前嘗連狀也。事下輔臣議，以爲民瞻當勒停。上曰：「朝廷以一路事付積中等，自不當聽用民瞻，民瞻不足深罪。」令衝替而已。

二十四日，都水監丞宋昌言降一官，通判冀州王庠等令衝替，同判都水監張鞏等罰銅各二十斤。坐去年河決冀州棗(疆)〔彊〕故也。時方委昌言治二股河，故特令奪官，領職如故。

四月十八日，前知信州、都官郎中朱師道降監當差遣。坐在任日以二卒犯徒杖罪，決刺差互故也。

二十二日，龍圖(門)〔閣〕直學士、工部郎中、知秦州孫永降天章閣待制、知和州。坐帥鎮亡狀，奏報失實故也。

六月二十二日，右諫議大夫、權御史中丞呂誨罷中丞，知鄧州。以誨論參知政事王安石見利忘義、朋姦害政、商

〔一〕龔：原作「襲」，據《宋史》卷三四七《龔鼎臣傳》改。
〔二〕陽：原作「易」，據《宋史》卷三二二《周孟陽傳》改。

摧財利、動摇天下等十事，安石求去位，上命出誨故也。

七月二十七日，著作佐郎、新知衡州衡陽縣章辟光降湖南路監當。初，御史中丞呂公著言辟光不當干議岐王建外邸事，及素行貪猥，所至狼籍。上諭以言事不可加罪，然以辟光誠貪猥，乃止其素行絀之。

閏十一月二十八日，知華州、都官員外郎郭源明監淮
31 陽軍鹽酒稅。坐理斷白麟偷稅公事不當，及申奏不實，通判以下皆會降，而源明又坐詈提點刑獄雷周輔，故特有是命。

三年正月九日，彰信軍節度觀察留後、駙馬都尉李瑋責郴州團練使、駙馬都尉，陳州安置。楚國大長公主薨，車駕幸其第，召中書入，慟哭，諭以瑋奉養公主無狀，故有是命。

十七日，前知莫州、莊宅使柴貽範特追兩官，壽州編管；順安軍簽判、屯田員外郎王槩移遠小處差遣。貽範坐知莫州日，任内貸富人錢及市賣物有剩利，槩坐鞫貽範事不盡故也。

十九日，知濰州、比部郎中步翔特勒停，青州簽判、庫部員外郎薛維與監當差遣。翔坐知濰州日剩差人員、兵級送家眷，濰坐失點檢，會降，特有是命。

三月一日，皇城使、忠州團練使馬偁降鄆州鈐轄。坐前知涇州不覺察孔目官周實受賕故也。

七日，翰林學士范鎮罷知通進銀臺司、兼門下封駁事。先是，諫官李常言，州郡官吏有時不俵常平錢斛與民，而使民虛出息二分入官者，上令常具州縣所在官吏姓名聞奏，欲劾治之，而鎮封還中書劄子，以爲常但風聞言事，不當使之具析。中書以聖旨喻之使下，至數四，終不肯。會司馬光乞罷樞密副使，許之，而鎮又封還詔書，言光不可罷，且自請解封駁事，故有是命。

二十五日，右正言、直集賢院、同修起居注孫覺落職，
知廣德軍。始，上欲使覺體量開封府界散常平有無抑 32
配，覺奏敢不虔奉聖旨，即日治行；既而張戩等言不當遣，覺因固辭弗肯往。上以爲反覆，故絀。

四月八日，户部侍郎、守御史中丞呂公著爲翰林侍讀學士，知（穎）〔潁〕州。坐數言事失實也。

二十二日，右正言、秘閣校理李常降太常博士；監察御史裏行張戩、太子中允權監御史裏行王子韶並落臺職，與知縣差遣。常坐言散常平錢，州縣有不散而徒使民出息，令具州縣官吏姓名〔一〕，至五六，終不肯具〔二〕；戩坐侵侮柄臣〔三〕，誣罔事實；子韶坐所入章疏與面奏事反覆不一故也。

二十四日，右諫議大夫、知制誥宋敏求罷知制誥。坐不草李定除御史制詞及自以疾乞罷職故也。

〔一〕令：原作「今」，據《長編》卷二一〇改。
〔二〕具：原作「其」，據《長編》卷二一〇改。
〔三〕侮：原作「悔」，據《長編》卷二一〇改。

五月十四日，工部郎中、知制誥李大臨、蘇頌落職歸班。坐除李定御史，累格詔命不下，妄引詔中丞薦舉條貫故也。

二十一日，皇城使、開州團練使沈惟恭除名，瓊州安置；進士孫棐處死。棐爲惟恭門下客，惟恭以干求恩澤不如所欲怨朝廷，假他人指斥乘輿之言以語棐，因僞撰近臣章疏，巧爲謗讟，詞極切害故也。

六月二十七日，祕書丞〔一〕、集賢校理、同知諫院胡宗愈落職，通判商州。手詔：「宗愈氣燄姦慝〔二〕，自領言職，未嘗存心裨補朝廷治道，凡進對論事，必潛伏姦意，含其事情，旁爲邪説，以私託公，專在破壞正理，中傷善良。所爲如此，而置之左右前後，豈非所以自蔽聰明！可落職與外處差遣。」

七月二十五日，前知杭州、龍圖閣學士、33右諫議大夫祖無擇責授忠正軍節度副使〔三〕，不僉書州事。丁憂人屯田郎中任浩追一官〔四〕，勒停，經恩未得叙用。國子博士致仕錢羔羊追一任官，衢州編管。殿中丞致仕王景追一任官，勒停。泗州參軍張應巖追參軍敕，明州編管。監杭州軍資庫、司法參軍孫輔特衝替。無擇坐知杭州日借貸官錢，受浩等告囑，法寺言已會德音，無擇、羔羊、應巖皆特斷，而餘如有司所奏。

二十六日，龍圖閣直學士、刑部郎中、判太常寺、兼禮儀事陳薦降工部郎中，祕書監、權同判太常寺、兼禮儀事李及之降光禄卿，起居舍人、直集賢院、同判太常寺、兼禮儀事章衡降右司諫，工部郎中、充集賢殿修撰、同判太常寺、兼禮儀事周孟陽降兵部員外郎，祠部員外郎、充祕閣校理、同知太常禮院文同降太常博士，太常丞、充祕閣校理張公裕降太子中允，並仍舊職。並坐議宗室襲封不當，而薦已差知蔡州，未行，審刑院言去官，御札批云「雖去官，薦實議首，可更不原」故也。

八月四日，光禄卿苗振責復州團練副使，前明州司理參軍韋肅特勒停〔五〕。坐前知明州不法及故入裴士堯罪〔六〕，肅以阿隨振故也。

九日，侍御史劉琦爲都官員外郎〔七〕，監處州鹽酒税；金部員外郎、御史裏行錢顗守本官，監衢州鹽税務。坐言事失實也。

十一日，殿中侍御史孫昌齡爲屯田員外郎，通判蘄州。坐論辨謀殺法不當也。

〔一〕丞：原作「省」，據《長編》卷二一二改。
〔二〕氣燄姦慝：此四字原在本條末句「可落職」上，據《長編》卷二一二移此。
〔三〕責授：原無，據《長編》卷二一三補。
〔四〕人：原無，據《長編》卷二一三補。又「任浩」，《長編》作「任造」，下文「浩」同。
〔五〕韋肅：《長編》卷二一四作「辛肅」。
〔六〕「入」原作「人」，「裴」原作「棐」，據《長編》卷二一四改。
〔七〕史：原重此字，徑删。

十四日，兩浙轉運使、太常少卿賈昌衡〔一〕，提刑、光[34]禄卿侯瑾，同提刑、南作坊使李惟賓〔二〕，並追一官，仍降等差遣〔三〕。坐不能舉劾祖無擇、苗振故也。

十五日，兵部員外郎、兼起居舍人、直集賢院、同修起居注、同知諫院范純仁罷起居舍人、同修起居注，知河中府。坐嘗歷詆大臣及與御史擅去官曹也。

二十八日，工部郎中、侍御史知雜、判刑部劉述知江州，金部郎中、集賢校理、權判刑部丁諷通判復州，審刑院詳議官、都官員外郎王師元監安州稅。述、諷坐不依程限録降謀殺刑名敕，及誤引《編敕》奏聽朝旨；師元以論列謀殺刑名事，不聽繳納差敕，擅不赴職故也。

十月十九日，工部郎中、直龍圖閣、知慶州李復圭責保静軍節度副使，不僉書州事。坐擅易詔命，出師侵敵，騷動邊境，敗衄喪師故也。

二十二日，前知秦州、右司郎中、充天章閣待制李師中落職，降度支郎中、知舒州。秦鳳路鈐轄、皇城使、帶御器械向寶落帶御器械，充本路鈐轄。著作佐郎王韶降授保平軍節度推官，依舊提舉秦州西路蕃部及市易司公事。師中、寶坐前在秦州日稽留朝旨，奏報反覆，韶妄指閑田，故有是命。

同日，集賢校理王介、館閣校勘劉攽罷判鼓院、同知太常禮院，並令歸館供職。先是，介、攽充進士考試官，議事不和，御史張戩言介、攽天資薄惡，污辱書館，肆爲喧鬥〔四〕，慢侮多士，命監試、御史知雜陳襄具析因依。襄具相詬詈之語以聞，詔各特罰銅八斤。既而御史中[35]丞呂公著言〔五〕：「攽素行猥薄，言多褻慢，一時流輩比之俳優。介稟性躁妄，喜於争鬥，所至州軍目爲狂疾。昨試院中，放恣益甚，語言傳播，中外鄙笑。乞削職與外處差遣。」故有是命。

四年正月二十二日，太子中允、權監察御史裏行薛昌朝、林旦并除舊官合入差遣。坐言事失實也。

三月十日，工部郎中、寶文閣待制王廣淵降度支員外郎，依舊知慶州。初，慶州兵亂，徙廣淵知永興軍。及叛兵隨定，廣淵止以賊發所部奪兩官，故令復領慶州。

十二日，殿前都虞候、邕州觀察使、邠寧環慶副都總管竇舜卿降康州防禦使〔六〕。出叛兵故也。

十六日，都官員外郎施邈特勒停。坐與故左藏庫副使高允元妻林氏爲婚，夫服未滿，爲夫弟高允懷告論，御史林旦言其素行不修，會降法不當停，特行之〔七〕。

〔一〕衡：原作「朝」，據《長編》卷二一四改。
〔二〕使：原脱，據《長編》卷二一四補。
〔三〕遣：原脱，據《長編》卷二一四補。
〔四〕鬥：疑當作「鬧」。
〔五〕呂：原作「吳」，據《宋史》卷三三六《呂公著傳》改。
〔六〕卿：原無，據《長編》卷二二一補。
〔七〕之：原無，據《長編》卷二二一補。

二十一日，度支員外郎、知制誥呂大防落職，仍奪兩官，知臨江軍。禮部郎中、集賢殿修撰張問落職，知光化軍。刑部郎中、直史館陳汝義落職〔一〕，知南康軍。皇城副使种諤責汝州團練副使，潭州安置。大防以預辟宣撫司敗事，問、汝義以調發勞民，諤以撫寧堡失守也〔二〕。諤未幾再貶賀州別駕。

四月二十六日，皇城副使、兼閤門通事舍人、知環州种診降西作坊副使，依前閤門通事舍人。坐擅回牒夏國韋州，許其通和故也。

二十七日，河東轉運副使韓鐸降一官，徙江東路。初，河外修建堡寨，以撫寧不守，囉兀城無援，有詔止河外創修
36 堡寨軍馬歸本路，鐸所奏前後反覆異同，故有是責也。

五月二十五日，龍神衛四廂都指揮使、昭州防禦使、涇原路副都總管張玉降一官，落軍職，充本路總管。玉以遣兵討慶州叛軍，韋達等勢窮降邠寧部將任懷政〔三〕，送玉，玉盡受達等降，又殺之於邠州朝天，故有是命。

六月二十一日，武寧軍節度使、左僕射、同中書門下平章事、鄭國公富弼落節度，同中書門下平章事，知汝州。先是，提舉淮南常平倉趙濟言，亳州界災傷縣分多不曾放稅，及逐縣官吏不行詔令，沮遏願請青苗錢之人，置獄劾治，其事皆出弼意，故有是責。而通判、職方郎中唐諲，僉判、都官員外郎蕭傳，屯田員外郎徐公衮，支使石夷庚，永城、鹿邑、衛真、蒙城、城父、譙、酇七縣令佐等十八人，並衝替。

七月三日，兵部郎中、天章閣待制、知秦州韓縝落職〔四〕，分司西京。坐指使傅勍夜被酒誤隨入州宅，縝令員僚以鐵裹頭、藤棒杖脊百餘致死。大理寺約法，合加役流，除名勒停，該德音降徒一年公罪〔五〕，追一官勒停，故有是命。仍賜勍家絹百匹，恤非辜。

四（月）〔日〕〔六〕，降環慶路兵馬鈐轄、文思副使郭忠嗣一官〔七〕，徙永興軍兵馬都監。坐慶州軍叛，忠嗣遣（曰）〔白〕直軍人送家屬往彭原縣，虛散首功貼子。以忠嗣討賊有勞，又嘗經德音，故止降徙而已。

十四日，翰林學士、度支員外郎、權御史中丞楊繪落翰林學士，充翰林侍讀學士，知鄭州。太子中允、館 37 閣校勘、兼監察御史裏行劉摯落職〔八〕，監衡州鹽倉。坐論役法不當也。

八月二十六日，司封員外郎晏成裕特勒停，經恩未得敘用。坐行檢不飾，嘗褻服狎游里巷，爲御史言而絀之。

〔一〕義：《長編》卷二二一作「羲」。按此人，諸書或作「羲」，或作「義」，而作「羲」者較多，當是。
〔二〕撫：原脱，據《長編》卷二二一補。
〔三〕韋達：《長編》卷二二三作「吴達」。
〔四〕韓：原作「朝」，據《長編》卷二二五改。
〔五〕一年：《長編》卷二二五作「三年」。
〔六〕日：原作「月」，據《長編》卷二二五改。
〔七〕「一官」上原有「降」，據《長編》卷二二五删。
〔八〕監：原作「觀」，據《長編》卷二二五改。

五年五月十八日，左藏庫副使、知保德軍高渙責授太子左清道率府率，湖南監當。河東經畧使劉庠言：「先是，呂公弼於新地建生寨，俾渙提舉，累牒催促不來。渙申自來不習武藝匹夫驍捷之能，切慮差充（編）〔偏〕裨之任，爲人驅策，有誤國家大計。」兼連到奏檢，稱萬一或有差使，不爲在上者節制驅策，俾專統三五萬衆，蕩平兇寇。初，囉兀之役，心憚其行而外爲大言。及具元狀進呈，上謂輔臣曰〔一〕：「渙違帥臣節制，當時呂公弼不能行法，曲有假貸。朕方責邊臣以事効，如渙之選懦詐誕，不黜無以勵衆。」故有是命，仍令進奏院遍牒諸路曉示。

閏七月三日，職方郎中李瑜、周約，供備庫使羅居中，各降一官。坐爲利州路監司日，稱薦知利州、左藏庫使周永懿不以實〔二〕，永懿後以贓抵罪故也。

八月二十五日，知階州〔三〕、內藏庫副使劉舜臣特追一官勒停。舜臣在階州掠上番義勇僦錢〔四〕，及橋梁過者人率錢，謂之「打撲」，皆以供公庖。臺官彈奏，下本路體量有實，故有是責。

二十七日，太子中允、同知諫院唐坰降大理評事，監廣州軍資庫。坐言事詆忤大臣也。

十一月二十五日，太子中允、監察御史裏行張商英降光禄寺丞，監荆南府商税務。坐言事失 38 實也。

十二月二十六日，權河東轉運使、工部郎中、充祕閣校理孫坦降兵部員外郎，屯田郎中、通判河陽李師錫降職方員外郎，江南東路轉運副使、屯田郎中韓鐸降職方員外郎，差遣並如故。坐前任陝西轉運日，慶州兵叛，不能招安也。

七年五月一日，右司郎中、充天章閣待制、知瀛州李師中責和州團練副使，淮南安置。坐應詔書事誕謾，輒求大用故也。

八月十七日，三司使、翰林學士、起居舍人、知制誥曾布落職知饒州。坐言財用數不以實故也。

九月十九日，權三司使、翰林學士、兼侍讀學士元絳落侍讀學士，罷三司使〔五〕；鹽鐵副使、户部郎中張問降禮部郎中，知虢州；判官、金部郎中李端卿降虞部郎中，通判淮陽軍；太常博士、集賢校理韓忠彦降秘書丞，依舊職通判永寧軍；權度支副使、太常少卿賈昌衡降兵部郎中。以制置永興、秦鳳路交子公事宋迪來稟事三司，人從遺燼於鹽鐵之廢聽，三司遂燔，而莫能救，故迪坐免官，而絳等及責〔六〕，有職于三司者皆贖金。

十月二十九日，樞密直學士、兵部郎中、權知開封府孫永落樞密直學士，罷權知開封府，充龍圖閣直學士。永被

〔一〕輔：原作「撫」，據《長編》卷二三三改。
〔二〕懿：原作「意」，據《長編》卷二三二改。下句同。
〔三〕階：原作「偕」，據《長編》卷二三七改。
〔四〕番：原作「蕃」，據《長編》卷二三七改。
〔五〕三司使：原無，據《長編》卷二五六補。
〔六〕絳：原作「降」，據《長編》卷二五六改。

詔定免行錢，前後上(儀)〔議〕異同，上以永所守不一，責之。

十一月二日，嵐嵐軍使、左藏庫副使劉琯降一官，通判、大理寺丞蔣深之展二年磨勘〔一〕。坐州準朝旨根括曠土，有民訟冒佃事，琯等注滯及所考不實〔二〕，并不覺察孔目官受賕鬻39獄故也。

六日，端明殿學士、翰林侍讀學士、龍圖閣學士、吏部郎中、知河陽府韓維落端明殿學士，以嘗在京廉問輸免行錢不詳究利害也〔三〕。

八日，侍衛親軍馬軍副都指揮使、昭信軍節度觀察留後賈逵降利州觀察使，(俸)〔捧〕日左廂都指揮使、彭州團練使孫吉降潮州刺史，右廂都指揮使、文州團練使張忠降蓬州刺史。以三司燔，不能救止也。

八年正月十三日〔四〕，金部郎中、集賢校理、判檢院丁諷落職監無爲軍酒，大理寺丞、集賢校理王安國放歸田里，度支郎中王克臣追一任官，河南軍巡判官鄭俠英州編管。初，俠進《流民圖》，又擅發遞馬奏事，上憐之，放罪。會呂惠卿參政，俠復詆其姦，惠卿怒，請誅俠，諷、安國連累故也。

二月七日，龍圖閣直學士、給事中、知永興軍吳中復降左諫議大夫，職、差遣如故。中復以歲歉上聞，所奏流亡多過事實，至欲括責民糧，强質畜產，諷發義勇戍守縣城，因下本路使者參驗，報多非實，以經大宥，止降秩云。

閏四月二十一日，丁憂人前翰林侍讀學士、禮部侍郎滕甫落職，候服闋差知州；祠部員外郎、天章閣待制、知瀛州劉瑾落職，知明州。坐與宗室世居饋問關通，而甫知青州，李逢於所部姦發，不以親引避故也。

七月二日，皇伯昭信軍節度使、知大宗正事宗旦降彰化軍節度觀察留後，忻州防禦使、同知大宗正事宗惠降霸州團練使，知大宗正丞太常40少卿趙丙、屯田員外郎張叙，國子博士宋靖國、諸王宮記室參軍屯田郎中王慥各降一官，皇伯連州防禦使從賁降左武衛大將軍、洺州防禦使。皆坐不幾察世居陰謀，而從賁以世居之尊長也。

六日，同知諫院、金部員外郎、直集賢院范百禄降一官，落職，監宿州酒稅。坐劾世居事議論不同故也。

八月九日，庫部郎中、知丹州宋昌言，通判涇州、左藏庫副使郭若虛降一官。坐奉使從人(夫)〔失〕金酒器故也。

九月八日，前京東西路提舉倉司、大理寺丞吳瑑特勒停，每該叙理，只與除散官。坐不還質庫户典物本利，并盜僉判廳官賞錢故也。

九年二月四日，刑部郎中、天章閣待制沈起責郢州團練副使，本州安置；祠部郎中、直史館劉彝責均州團練副使，隨州安置。御史蔡承禧言：「起、彝任桂林，違詔生事，

〔一〕深：《長編》卷二五八作「承」。
〔二〕注滯：似當作「住滯」。
〔三〕免：原作「克」，據《長編》卷二五八改。
〔四〕十三日：《長編》卷二五九繫於七日庚子。

臨撫無謀，至交賊背叛，欽、廉已破，邕管既危，數郡橫蒙屠害。乞特申國典，以誡幸進之臣。」故有是命。

三月二十七日，均州團練副使、隨州安置劉彝追毁出身以來告敕〔一〕，送涪州編管。以權御史中丞鄧綰言「昨以交賊作過，沈起、劉彝並行降責，外議以爲施行有所未盡。及沈起分析，根究到劉彝張皇之罪，乞重行誅戮」故也。

四月七日，刑部員外郎向宗儒追一官，免勒停，罷中書檢正官，權同判將作監，依舊修内諸司式。坐私役將作監人吏管勾錢物，致吏人因而賒放減刻在監公人請受，及人僕姦 41 私故也。

五月十九日，秘書監王端特免除名勒停，降太常少卿致仕。坐知鄭州日盜倒死柳木入己，年七十歲，故有是命。

二十一日，提點京西南路刑獄公事、國子博士張復禮降殿中丞，前通判沂州、司門員外郎周禹錫特勒停，沂州判官楊維、推官王中正、司理參軍鄭延各特追一官勒停。坐前任不覺察李逢結連及勘劾鹵莽故也。

二十三日，龍圖閣直學士、前知成都府蔡延慶降天章閣待制。以西南夷寇茂州，撫御不至，乃有是命。

八月十一日，職方員外郎、權發遣秦鳳路轉運副使張頡降湖南北小處知州事。坐不依朝旨開淘運河，及不施行放陳公塘水入河，回牒發運司并不計置運鹽故也。

九月七日，殿中丞、提舉河北東西路糴便糧草王子淵降一官。坐前任京東轉運判官日，不覺察李逢結連故也。

十月五日，翰林學士、兵部郎中、權御史中丞鄧綰落職，知(號)〔虢〕州。手詔中書門下，以「綰操心頗僻，賦性姦回，論事薦人，不循分守」故也。

九日，橫海軍節度推官〔二〕、崇文院校書、兼中書户房習學公事練亨甫降漳州軍事判官。先是，九月中，宰臣王安石上言：「臣久以疾病憂傷不接人事，以故衆人所傳論議多所不知。昨日方聞御史中丞鄧綰嘗爲臣子弟營官及薦臣子婿可用，又爲臣求賜第宅。綰爲國司直，職當糾察姦邪，使知分守，不相干越，乃與宰臣乞恩，極爲傷辱國體。兼 42 綰近舉御史二人，尋却乞不施行，必須別有緣故。臣但聞一人彭汝礪者，嘗與練亨甫相失，綰聽亨甫遊説，故乞別舉官。亨甫身在中書學習公事，兼臣屢嘗説與須避(歉)〔嫌〕疑，勿與言事官子弟交通〔三〕。今審如所聞，即綰豈可令執法在論思之地〔四〕，亨甫亦不當留備宰屬。乞以臣所奏付外，處以典刑。」故綰先行貶責，至是乃亨甫焉。

二十六日，試秘書省校書郎馮正符追奪出身已來文字，遣歸本貫〔五〕。先是，御史中丞鄧潤甫言〔六〕：「伏見陛

〔一〕隨州：原作「趙州」，據上條及《長編》卷二七三改。
〔二〕軍：原作「中」，據《長編》卷二七八改。
〔三〕官：原無，據《長編》卷二七八補。
〔四〕執：原作「熱」，據《長編》卷二七八改。
〔五〕遣：原作「遞」，據《長編》卷二七八改。
〔六〕潤：原作「閏」，據《長編》卷二七八改。

下近日用大臣所言，罷出御史中丞鄧綰，既又斥逐中書習學公事練亨甫，以身備宰屬而與綰交通。然臣聞二人所以能闢通者，有蜀人馮正符爲之往來傳道語言，綰信其説而幸其利，故正符以布衣直入臺謁。綰之所以懷挾回邪〔一〕、傷辱國體者，正符者有力焉。此姦人之尤，不可不治。」故有是命。

十二月九日，太子中允、集賢校理許安世僉書濠州判官廳公事。先是，李逢等獄事連安世，曾以鈒龍刀遺術士李士寧〔二〕，而士寧轉以遺世居，法當追兩官勒停。會赦案奏，安世方居喪，今服闋，（故）有是責。

二十二日，翰林學士、兵部員外郎、兼侍讀陳繹落翰林學士、兼侍讀，充集賢院學士，知滁州。太子中允、直集賢院、兼直舍人院張諤落直集賢院，罷直舍人院，勒停。先是，繹知開封府，諤判司農寺，有寺吏劉道沖盜用官錢〔三〕。事發，府司勘劾，諤以簡抵繹催促，繹呼勘司人吏喻意，仍遣見 43 諤，具道獄事，不候會問，便行區斷，出却逐人重罪。提舉司推考獄具，諤復避罪翻異，乃詔先罷所領差遣，命三司度支副使王克臣再劾。獄成，繹落翰林學士、以知制誥知滁州。而知制誥熊本上言，繹典治都府，不務共靖，雖奪一官，未離侍從，故再有是命。

十年五月十五日，翰林學士、禮部郎中、知制誥楊繪責荊南節度副使，不僉書本府公事。刑部員外郎、充天章閣待制竇卞落職，提舉舒州靈仙觀。坐與王永年交通、受賂遺故也。

七月九日，翰林學士、起居舍人、權三司使沈括落翰林學士，充集賢院學士，知宣州。坐上言財用數不同也。

八月一日，宣徽南院使、雄武軍節度觀察留後郭逵責左衛將軍，西京安置。吏部員外郎、天章閣待制、知桂州趙卨降右正言、直龍圖閣，依舊知桂州。司封郎中李平一降屯田郎中，監廬州鹽礬務。丁憂人太常丞、直集賢院蔡燁落職，降太子中允，依舊持服。太子中允周沃降光禄寺丞。坐安南出師逗遛及饋運不集也。

九月二十五日，祠部員外郎胡援降太常博士，太常丞王子韶降太子中允。坐定鄭俠罪不當也。

十月五日，觀文殿學士、户部侍郎、知洪州王韶落觀文殿學士，知鄂州。坐《洪州謝上表》語不當也。（以上《永樂大典》卷三八八四）

〔一〕回：原作「固」，據《長編》卷二七八改。
〔二〕以：原作「有」，據《長編》卷二六六改。
〔三〕沖：原無，據《長編》卷二七九補。

宋會要輯稿　職官六六

黜降官 三

【宋會要】

1 神宗元豐元年正月九日，知虢州鄧綰罷龍圖閣待制，爲集賢學士、知河陽。時權御史中丞鄧潤甫言：「綰在言路，肆爲邪慝，陰連公府掾屬〔一〕，數爲大臣祈恩，傳笑四方，傷辱國體，故斥逐之。今綰去位未幾，亟復待制，莫知所謂，乞追寢成命。」

十七日，前知真定府、龍圖閣直學士、吏部侍郎致仕韓贄降一官，追其孫思純將作監主簿告〔二〕，通判鄭淵、僉判王欽臣各降一官〔三〕，判官許章、推官劉處厚衝替，司録參軍劉舜理以下三人勒停，北寨主楊允德以下三人除名編管，並不用赦降、去官。坐易州捕盜，誤以解子平爲北界地，啓虜人爭疆之隙也。

二十二日，秘書省著作佐郎張琬衝替。坐越職言知荆南張頡不當也。

二十三日，尚書刑部員外郎、知制誥熊本落知制誥，爲屯田員外郎，分司西京，饒州居住。大理寺丞、權知都水監丞陳祐甫爲(穎)〔潁〕州團練推官。權知都水監主簿、司農寺主簿史邈追兩官，與遠小處合入差遣。權知都水監丞范子淵追一官，差遣依舊。並免勒停。權河北東路轉運副使陳如儉追一官，衝替。文彦博特放罪。大名府(寇)〔冠〕氏、臨清、清平縣干繫官吏并東流南岸都大司，並令提點刑獄司劾之。初，都水監程昉請開運河，范子淵言遣官併用濬川杷疏濬〔四〕，奪水勢悉歸二股故 2 道，退出民田數萬頃，詔大名府保明。既而文彦博奏，止因霜降水落，今年未嘗用杷，而退地更多。上命熊本按視，以彦博所陳有害無利爲是，乞廢濬河司。於是子淵言，本等所陳事理未盡至公，乃詔置獄。至是獄具，濬川杷僅同兒戲，子淵所陳固多妄，然史邈初勸本先行河決利害〔五〕，乃見彦博，而本修私禮於彦博〔六〕，非公事赴彦博飲，故上不直本也。

閏正月八日，陳繹落知制誥〔七〕，爲祕書少監、集賢院學士。知諫院蔡確言：「繹陰與中書屬官張諤、練亨甫等交相朋附，因公事受張諤私簡，蹤跡已露，不可更污侍從。」故有是命。

十八日，詔大理寺丞王欽臣展磨勘四年〔八〕，前降一官

〔一〕掾：原作「椽」，據《長編》卷二八七改。
〔二〕告：原作「造」，據《長編》卷二八七改。
〔三〕臣：原作「若」，據《長編》卷二八七改。
〔四〕杷：原作「把」，據《長編》卷二八七改。下同。
〔五〕先行河：原作「光河行」，據《長編》卷二八七改。
〔六〕本：原作「未」，據《長編》卷二八七改。
〔七〕誥：原作「詔」，據《長編》卷二八七改。
〔八〕丞：原無，據《長編》卷二八七補。

指揮更不施行，其轉太常丞及降授太子中允敕並追毀。坐定奪解子平地界不實，案未上，年例當遷〔一〕，已改太常丞，及案奏，奪一官，法當自未遷官責降故也。

二月二十四日，知廉州、供備庫副使李時亮降一官，監押、右侍禁衛立之降兩官，司户參軍孔元孫衝替。坐不救火，焚器甲二十四萬，會赦特責也。

四月十二日，右諫議大夫、兼侍讀、權御史中丞鄧潤甫落職，知撫州。太子中允、權監察御史裏行上官均責(受)〔授〕光禄寺丞，知邵武軍光澤縣。以右正言、知諫院蔡確言：「被命同鞫相州獄，潤甫與均密自奏事，不令臣僉書，必以臣見其朋姦之迹，恐臣論列〔二〕，故造非語中傷，及欲動摇獄情，陰結執政，乞早賜罷斥。」上初以潤甫、均言，故疑獄詞非實，及3遣使審詳，罪人卒無異辭，上以潤甫、均誕妄，故貶之。

五月二十五日，知慶州、直龍圖閣范純仁奪職，知信陽軍；永興軍路鈐轄种古追一官，知寧州；比部郎中史籍追兩官〔三〕，並勒停；知環州种診免追官勒停，罰銅二十斤；環州僉判党師經以下三人衝替。純仁坐不追捕作過熟户蕃部，古虚訟純仁不公，診爲其兄發奏狀入馬遞〔四〕，籍申制院不實，師經等推勘僉書劫盜公事失入故也。

六月十九日，殿中丞陳安民追一官，勒停，展三期叙；太常博士吳安持追一官〔五〕，免勒停，衝替；前檢正中書刑房公事劉奉世落直史館，免勒停，監陳州糧料院；詳斷官竇莘追一官，勒停；詳議官周孝恭、大理評事文及甫並衝替。安民嘗官相州，坐與失入馮言死罪，囑及甫言於宰相吳充〔六〕，安持坐受及甫囑諭奉世，奉世坐諭法官指定不作失入〔七〕，莘、孝恭坐定爲非失入。其牽連得罪者又數十人，充釋罪。初，制勘相州獄，蔡確鍛鍊，欲以傾充，至是獄成，人以爲冤。

二十七日，尚書主客郎中張充宗、供備庫副使高遵制並追一官，勒停。先是，充宗、遵制接伴遼使，以違禁物償所亡器皿，於驛舍姦雜户，詔開封府劾，先衝替，聽追攝。至是得實，故坐責也。

七月二十五日，京西將官李延遘衝替。上批：「延遘捕盜，募兵自隨，初無明條，乃是憚賊怯懦，滋大事勢。不惟不足彈治士卒，傳聞四方，亦足啓侮，宜衝替。」

八月六日，澶州巡河欒文德淮南4編管，都大提舉苗師中衝替，免勒停。並追兩官。都水監丞王慎微衝替，權外監丞陳祐甫降一官〔八〕。知澶州韓璹以應副修閉決口，

〔一〕遷：原作「還」，據《長編》卷二八七改。
〔二〕恐：原無，據《長編》卷二八九補。
〔三〕比部郎中：原無，據《長編》卷二八九補。
〔四〕診：原作「謬」，據《長編》卷二八九改。
〔五〕持：原作「特」，據《長編》卷二九〇改。
〔六〕充：原作「元」，據《長編》卷二九〇改。
〔七〕「奉世」原脱，「諭」原作「論」，並據《長編》卷二九〇補改。
〔八〕祐：原作「佑」，據《長編》卷二九一改。

聽以功贖過。坐澶州河水抹岸，不預請修貼隄岸，各該赦恩，故特責之。

十月十四日，散員都虞候、萬州刺史全信追刺史，罰銅六十斤，降充湖南本城都頭。先是，上批：「全信乞取本班長行錢物，已奏案，可速進呈裁斷，庶軍中有以警勵。」至是，樞密院奏斷也。

二十八日，開封府判官徐大方、推官許彦先衝替。坐以同文館制獄連涉也。

十一月十七日，詔汲逢先勒停，送秦州制院，委李孝博選差獄官，與莊黄裳同鞫。時孝博新權發遣永興軍等路常平等事，言：「秦、熙州自置市易，乃提舉官汲逢專領。今本務欠錢十二萬餘緡〔一〕，聞逢母族亦嘗貸借，兼驅磨官稱逢有虚增錢數七萬餘緡。」故有是命。

十二月一日，詔京東西路第七副將、供備庫副使張永昌降一官，與淮南遠處監當差遣。以本路提點刑獄司言與將官楊桂不務協和，常凌忽之，故有是命。

二日，右諫議大夫呂公孺罰銅十斤。坐御史何正臣言，檢正中書刑房文字杜紘見公孺理雪失入死罪事〔二〕，而陰與苞苴往來，究實故也。

二十四日，詔京東第八將張建中先衝替，令轉運司體量罪狀以聞。坐所教兵衆應格人數全少故也。

二年二月七日，河東火山軍巡檢韓渭衝替，詔轉運司劾罪。坐經畧司言，渭擅領 5 兵士入北界〔三〕，與虜人相射，及誘致蕃部，待以客禮故也。

八日，知南劍州萬公儀追一官〔四〕，免勒停；通判黄子春、知邵武軍周約、簽判李上賓，各罰銅二十斤，差替；權發遣江南西路提點刑獄、尚書都官員外郎李莘衝替，展磨勘二年；知建昌軍蔡若水等罰銅，差替有差。坐不覺察廖恩爲盜，及討捕無功，雖會赦、去官，特責也。恩所經地巡檢、巡茶、縣令尉，追官、勒停、罰銅、衝替凡二十九人。

十二日，知越州、給事中、集賢殿修撰程師孟降右諫議大夫。坐前知廣州失入市易牙人杖罪〔五〕，及斷割牙錢不當。

十七日，降右諫議大夫蘇頌爲秘書監、集賢院學士、知濠州，尚書司門員外郎徐大方奪兩官，虞部員外郎孫純奪一官，國子博士許彦先監吉州酒税，大理少卿韓晉卿、呂孝廉各罰銅二十斤。初，頌知開封府，大方爲判官，彦先爲推官，純知祥符縣，相國寺僧舊爲純主治田産，而自貸常住錢給純。事覺，頌及大方、彦先密諭純償之，不正其罪，爲人所告，下有司劾治理斷不當，故有是命。

三月八日，河北東路轉運副使陳知儉、判官汪輔之，各

〔一〕萬餘：原倒，據《長編》卷二九四乙。
〔二〕杜紘：原作「杜絃」，據《長編》卷二九五改。
〔三〕「渭」原作「謂」，「領」原無，並據《長編》卷二九六改補。
〔四〕南：原無，有校者旁批「兩」字，茲據《長編》卷二九六改。
〔五〕「牙人」下原有「尚」字，據《長編》卷二九六删。

特罰銅二十斤。坐三司言會計河北東路熙寧十年收支實闕錢帛等，比知僉、輔之元奏之數少七十三萬餘緡，乞降黜以誡諸路故也。

二十八日，降東上閤門使、果州刺史、秦鳳路副總管夏元幾爲鈐轄。坐前知鎮戎軍失入死罪也。

五月二日，前權發遣環[6]慶路經略使高遵裕追兩官，知淮陽軍；慶州通判吳仲舉衝替；柔遠寨主孫貴、兵馬監押王顧並追一官，免勒停；都巡檢輔佐罰銅二十斤，差替；柔遠寨巡檢胡永德追兩官，免勒停；環慶路走馬承受、入内東頭供奉官王懷正罰銅七斤，降京西監當；前知大順城康大同等四人差替；蕃官軍使羅遇杖脊，刺配廣南東路牢城。先是，遵裕數使蕃部乙訛及顧入西界，見蕃族梁訛移探事，且誘訛移來降。後乙訛爲西人所執，永德等擅發兵出塞追取，遇縱火焚新和市，遵裕隱庇不治。西人以爲言，詔選官根治爲首者，痛繩以法，遵裕亦不奉行。上遣樞密院檢詳官范育就按，還具奏其狀，因命育推鞫。獄成，永德、遇抵罪，遵裕坐不奉詔及所奏漏畧，懷正亦以體量不實黜〔一〕，餘皆從坐也。

同日，秦鳳路副總管夏元幾罷任，坐前知鎮戎軍買水銀，令指使販易，及毁公使文記也。

六日，知潤州呂嘉問落直昭文館，衝替，免勒停。監市易務門、河南府左軍巡判官華申甫除名〔二〕。兩浙路提點刑獄王陟臣落集賢校理，衝替。供備庫副使張濟追一官，遠小處監當。知慶州俞充罰銅三十斤，檢正中書孔目房曾伉二十斤，三司度支副使張璪十斤。初，江東轉運判官何琬劾奏嘉問不法，詔御史臺推治，申甫得之於濟及陟臣、充，自京師以私書報之。陟臣檢正中書吏房，充都提舉市易司，濟故三司吏，伉嘗爲璪道嘉問[7]事，而璪漏其語於所親。上命取進奏院發書曆，得嘗與嘉問通書主名，乃下開封府令人自陳，不盡當除名，而申甫不以實聞，故除名，嘉問坐報上尚不以實，雖會恩不貸也。

十七日，國子監直講、河南府密縣令孫諤，集慶軍節度判官葉唐懿，各追兩官，免勒停，特衝替；參知政事元絳知亳州，子耆寧罰銅十斤。先是，太學生虞蕃訟絳使耆寧私禱族孫伯虎於諤、唐懿，升補太學内舍生，及屬諤於判國子監官處求爲小學教諭〔三〕。下御史臺推治，絳復坐辯訴不實，諤、唐懿坐聽請，絳子耆寧亦坐傳道絳語於諤等，御史推問不以實對，故有是命。

十八日，京西第五將陳宗等並勒停，坐按試軍馬弓箭手馬步射不應格故也〔四〕。

二十八日，永興軍等路提點刑獄王孝先、熙河路副都總管王君萬並降一官，君萬改鳳翔府鈐轄。西上閤門使、

〔一〕黜：原無，據《長編》卷二九八補。
〔二〕除：原作「降」，據《長編》卷二九八改。
〔三〕求：原作「永」，據《長編》卷二九八改。
〔四〕軍：原脱，據《長編》卷二九八補。

榮州刺史、知淮陽軍高遵裕展三期叙。遵裕先知熙州，與君萬嘗借請給糴邊儲錢，違法回易，轉運判官孫迥按治之〔一〕。君萬乃教蕃官木册訟迥嘗加箠掠，遵裕以聞，欲以中迥。命孝先推劾，而孝先觀望不盡力，再遣提舉茶場李稷鞫得實，故皆抵罪。

六月二十八日，大理評事元大成追兩官，除名；荆湖北路提點刑獄蘇涓、轉運判官馬瑊各奪一官〔二〕。大成坐前知江陵府長林縣受賕，涓、瑊嘗薦大成，故及。

七月十三日，前知青州陳薦、滕甫、李肅之，權知青州王居卿，通8判張永等十一人，各罰銅三十斤；恩州青陽縣尉成象罰銅二十斤。坐失覺察青州民楊和真自熙寧六年傳習妖教，薦等迭爲州守若通判、都監。

二十六日，詔殿中丞、國子監直講龔原追一官勒停，展三期叙。前國子監直講、和州防禦推官沈銖，國子監直講、潤州金壇縣令葉濤〔三〕，各罰銅十斤。銖勒停，濤衝替。原坐受生員張育銀、綾及直講王沇之請求〔四〕，升不合格卷子爲上舍，銖坐受育甆器、竹簟，濤坐受育茶、紙并非假日受生員謁。

八月六日，西京左藏庫副使楊進等二十三人各展磨勘二年。坐試諸軍武藝，誤給銀萬餘兩，爲殿前司劾奏，詔免備償，薄懲之〔五〕。

七日，詔知開封府蔡延慶落翰林學士，知滁州。先是，李憲妻王氏之母詣府訟憲婢謀害王氏，延慶初欲避免僉書，又謂王氏欵辭有狀外事，不當治。推官蔡承禧争之，與延慶更論奏，乃下審刑院、刑部定，以應爲受理。於是御史舒亶言，乞重紬責，故有是命。

十三日，右諫議大夫、直學士院安燾，入内都知張茂則，各罰銅二十斤。以御史何正臣彈奏，燾、茂則驗覆導洛通汴利害不當故也。

十五日，知虔州劉瑾落史館修撰，三班奉職楊懋贖金，免勒停。初，懋因募兵至虔，矯稱聖旨，爲瑾所奏。懋因奏瑾嘗對懋言，往時有聖旨，瑾尚不應副。下江東鞫治，皆引伏。大理當瑾杖一百，懋坐徒一年，當追一官，詔贖金，免勒停。

十八日，知虢州、龍9圖閣直學士劉庠罰銅二十斤，西上閤門使狄詠十斤。坐前爲成都府、利州路鈐轄，越職受訴故也。

二十一日，權知開封府許將落翰林學士，知蘄州；前司户參軍李君卿降一官，前士曹參軍蔡洵，並衝替；國子

〔一〕迥：原作「迴」，據《長編》卷二九八改。
〔二〕馬瑊：原作「馬城」，據《長編》卷二九八改。按，關於此人，可參見本書職官四三之一二〇校記。
〔三〕濤：原作「洵」，據《長編》卷二九九改。下「洵衝替」句同。
〔四〕沇：原作「沈」，據《長編》卷二九九改。
〔五〕薄：原作「簿」，據《長編》卷二九九改。

監丞王愈追一官勒停〔一〕；直講周常差替；開封府判官許懋、李寧、祕書丞熊臯罰銅有差〔二〕。初，進士虞蕃訟太學不公事，付府推治，辭連上舍生，將奏以爲無罪，出之。君卿、洵、懋、寧皆坐阿隨將，愈坐爲進士陳雄請屬陞上舍，臯、常皆轉相牽連，特有是責。

二十二日，權發遣京西南路提舉常平等事張商英罰銅十斤，免衝替。坐越職治提點刑獄司事也〔三〕。

九月十二日，詔大理寺卿、少各罰銅十斤，丞二十斤。以勘前國子博士陳世孺并妻李等獄不當故也。

十月七日，權荆湖北路轉運判官、降授太常寺丞、奉禮郎馬瑊勒停，江陵府通判王伾、周之純各追一官勒停，僉書判官周常衝替。先是，有詔瑊違法擅貸預借江陵府公使錢，先衝〔替〕，令京西轉運判官胡宗回劾治。至是按（責）〔實〕抵罪，伾、之純亦坐公使庫違法也。

十三日，太常丞、集賢校理、兼天章閣侍講、同修起居注，直舍人院，主管國子監沈季長落職，勒停；右正言、知制誥、兼侍講、知諫院、同修國史、詳定郊廟奉祀禮文、宗正寺玉牒官〔四〕、提舉官告院、判國子監黄履免追官勒停，聽贖銅，除侍講外差遣並罷；樞密院直學士陳襄罰銅十斤；國子監直講、（穎）〔潁〕10州團練推官王沇之除名，永不收叙；太常丞余中追一官，勒停；監東作坊門、河南府右軍巡判官王沔之，祕書丞范峒衝替。季長、沇之坐受太學生賂，升補不公，履坐不察屬官取不合格卷子，襄坐請求，中坐受太學生陳度賂，峒坐爲封彌官漏字號，沔之坐納賂屬請〔五〕。皆因虞蕃上書，御史臺鞫以爲罪。沇之、中、峒、沔之雖會赦降，猶特責焉。

十一月二十七日，明州象山縣尉張中衝替。坐嘗以詩遺高麗貢使故也。

十二月二十六日，尚書祠部員外郎、直史館蘇軾責受檢校水部員外郎、黄州團練副使，本州安置，不得簽書公事，令御史臺差人轉押前去。駙馬都尉王詵追兩官，勒停；祕書省著作佐郎、簽書應天府判官蘇轍監筠州鹽酒稅務，祕書省正字王鞏監賓州鹽酒務，令開封府差人押出門〔六〕，趣赴今任。太子少保致仕張方平、知制誥李清臣罰銅三十斤，端明殿學士司馬光等二十人各罰銅二十斤。初，御史臺既以軾具獄上，法寺當徒二年，會赦當原。於是中丞李定言：「軾譏諷時政，訕上惑衆，今已具服，伏乞特行廢絶〔七〕。」御史舒亶又言〔八〕：「駙馬都尉王詵收受軾譏朝廷文字，與王鞏往還，漏泄禁中語，陰通貨賂，密與宴游。

〔一〕愈：原作「悆」，據《長編》卷二九九改。
〔二〕祕書丞：原無，據《長編》卷二九九補。
〔三〕也：原無，據《長編》卷二九九補。
〔四〕寺：原作「等」，據《長編》卷三〇〇改。
〔五〕沔：原作「汚」，據前述改。
〔六〕出：原無，據《長編》卷三〇一補。
〔七〕伏乞：原無，據《長編》卷三〇一補。
〔八〕又：原作「文」，據《長編》卷三〇一改。

按誑列在近戚，而朋比匪人，原情議罪，不以赦論。」疏奏，軾等皆特責焉。

三年正月十七日，前虔州瑞金縣尉張格放歸田里，令開封府押歸本貫。坐妄訟三司、吏部及遮執政馬喧哼**11**也。

十八日，太常博士范峒、太常丞彭汝礪各奪一官。坐鞫前知江寧府呂嘉問獄不盡，雖會恩，特奪之。

十九日，大理寺丞王觀除名，永州編管，提點淮南東路刑獄范百禄罰銅二十斤。觀坐知揚州江都縣枉法受財，百禄坐轉運司遣官鞫觀而擅止之。

二十六日，都官員外郎、大理寺丞葉武送審官東院。以御史中丞李定劾奏武同賈種民劾蘇頌，種民增移事節而武不能察，故罷之。

二月二十五日，大理寺丞賈種民衝替，大理卿崔台符、少卿楊汲、權監察御史裏行何正臣各罰銅十斤。大理初鞫陳世儒獄，并治世儒妻李氏，母呂氏嘗干其叔父公著，請求於知開封府蘇頌。公著未嘗以語頌，而種民挾情傅致其罪〔一〕。公著自辨，移御史臺推治得實〔二〕，種民坐罪，而正臣坐嘗監勘，與台符、汲各不舉察故也。

二十八日，知濠州、秘書監、集賢院學士蘇頌歸班，群牧判官、尚書都官郎中龐元英送審官東院，大理評事呂希亞、贊善大夫晏靖並衝替。頌坐前知開封府鞫陳世儒事，而元英詣頌探問，頌嘗酬對，但言情狀極醜惡，刑名未可知。法寺當頌〔三〕、元英以不應爲從重〔四〕，希亞、靖亦嘗探問，後坐報上不實也。

三月二十五日，西上閤門使狄詠展磨勘一年。詠知廣信軍，契丹嘗入新河鋪縱火，坐斥堠不嚴贖金，至是當改官故也。

二十七日，判太常寺李清臣〔五〕、陳薦，知禮院葉均、崔公度、曾肇、王子韶**12**各贖銅，及禮直官、禮生等各決罰有差〔六〕。以御史何正臣言：「近被差監太廟祔饗祭，而神主幄殿無侍衛之儀。乞治其主者，以懲不恪。」詔御史臺取勘以聞，故有是命。

同日，環慶路走馬承受胡育、副總管兼第一將林廣並罰銅十斤，育移別路。育坐例外取索，廣坐引莊賈故事非是故也。

四月十二日，詔虞部員外郎陳玕放歸田里，永不收叙。玕，陳世儒之從兄。世儒殺母事覺，玕諭世儒自盡而心利其財故也〔七〕。

〔一〕傅：原作「傳」，據《長編》卷三〇二改。
〔二〕移：原作「秋」，據《長編》卷三〇二改。
〔三〕頌：原無，據《長編》卷三〇二補。
〔四〕重：原作「事」，據《長編》卷三〇二改。
〔五〕清：原作「靖」，據《長編》卷三〇二改。
〔六〕決罰：原作「罰銅」，據《長編》卷三〇二改。
〔七〕「諭」上原有「論」字，據《長編》卷三〇三删。

十三日，詔監文思院王史、許選並衝替〔一〕。坐造山陵皇堂鐵葉不中度也。

五月十三日，詔前知衛州魯有開罰銅二十斤〔二〕，通判〔三〕、幕職官、汲縣主簿、尉並衝替，巡河部役官追官、勒停、差替。並坐河溢失救護也。

二十七日，前冀州司理參軍孔端彦編管袁州。端彦先坐歐婢死，免勒停，〔衝〕替；至是，又坐歐婢死及誣告妻與奴姦也。

六月九日，權提點河北東路刑獄汪輔之、陳知儉各罰銅二十斤。並坐前在河北轉運司奏錢帛數不實也。

八月二十五日，光禄寺丞周沃追兩官，勒停。初，沃言帥臣以宰相書意彈壓衆人，使不敢輒議邊事，御史臺彈治，沃坐所言不實獲罪。

九月七日，江東路轉運使孫珪、提刑王安上各追兩官，勒停。安上、珪交訟不實故也。

八日，權三司使李承之、前副使韓忠彦、判官黄好謙各展磨勘二年。先是，百姓閻慶詐爲中使程昭吉狀，稱内中降錢買三司銅鑄鐘，三司不詳真僞，聽買。13及覆奏，慶既決配廣南，故承之等有是責。

十一日，中書檢正官張商英落館閣校勘，監江陵府江陵酒税。坐知諫院舒亶言「商英與臣手簡，并以其婿王溈之所業示臣，事涉干請」故也。

閏九月二十七日，詔翰林學士、權御史中丞李定落翰林學士，以知制誥知河陽。上以定言開封府界養馬事失實故也。

十一月六日，知隴州、左藏庫使薛繗衝替。坐陝西轉運司言，繗闇繆，不覺察吏受贓，乞放罷。上批：「繗嘗以賣酒過度得罪，今又不能率履勵行，整飭職事，乃因循縱弛，有甚前日，不可不痛懲治。其隴州干繫官，令轉運司劾之。繗先衝替今任〔四〕，内舉繗官亦案後收坐。」

八日，前權知熙州趙濟落直龍圖閣，追三官，勒停。前主管機宜文字許醇、經制熙河路邊防財用司幹辦公事趙輝各追一官，並勒停。涇原都監第六將張恩、熙河都監第二將許利見各追一官。指使張祚、吕忱各贖銅十斤，並衝替。濟坐遣祚、忱以禁軍至京買婢，醇、輝各以般家人假濟踰數，並特責之。而濟又坐奏熙河錢數馬料不實，復詔俟合叙官更展兩期。

十三日，主管國子監舒亶罰銅十斤。亶言：「太學官不詳考校，巡鋪官不指約補試生員，臣以督官屬爲職，實無幸免之理〔五〕。」初詔中書上簿，亶以責輕爲請，故罰之。

十二月八日，前權發遣瀘州喬叙、前梓州路轉運使高

〔一〕許選：《長編》卷三〇三作「許遷」。
〔二〕知：原無，據《長編》卷三〇四補。
〔三〕判：原無，據《長編》卷三〇四補。
〔四〕先：原作「元」，據《長編》卷三一〇改。
〔五〕之理：原無，據《長編》卷三一〇補。

秉並除名；前梓州路轉運判官許安世降一官，與本等小[14]處差遣；知遂州、尚書比部員外郎范純禮，前淯井監判官王參，各衝替；瀘州指使楊可久勒停。叙等坐奏蠻乞弟打誓不實，致乞弟殺都監王宣等七百餘人，又虛奏鬬處非省地也。

十三日，河北第十二將段懷德、副將王用各特追兩官，勒停；押隊、供奉官苗遇、楊立，殿直石舜封特勒停。坐不曉軍中教閲軍馬，多不應格故也。

二十二日，驅磨市易錢物范百嘉追一官，勒停；權發遣三司户部副使、提舉市易司王居卿免追官勒停，聽以贖論。百嘉坐前任監鹽違法冒賞，而居卿失保明被劾也。

四年正月二十六日，許將追龍圖閣待制、知秦州敕告，依舊〔知〕蘄州。時知諫院舒亶言：「將職在論思，而潛行請寄，爲亂法首，聖恩寬大，止從薄責，未幾有此除授，伏望追寢。」故有是命。

五月八日，淮東團結訓練官丁誨、淮西趙永寧衝替，餘押隊使臣俟殿最畢取旨。坐不依元法結隊，武藝生疏故也。

十七日，判軍器監、龍圖閣直學士、太中大夫安燾降授中大夫。坐與曾孝廉議事不協互論奏，大理推治，燾所奏不實也。

六月一日，梓夔路轉運司劾知遂州李曼，仍發遣出川界，永不得與川峽差遣。坐決配犯階級卒郭立不當，及昨知瀘州，引惹邊事，故有是命。

九日，朝散大夫、判登聞檢院王琉衝替。以御史朱服言：「琉父子惡行如禽獸，雖會赦降，而朝廷原情揆法，固將投棄荒裔，終身不齒。今有司雖令釐[15]務，而琉畧無愧恥，遽請朝見」故也。

十八日，淮南轉運副使薛正彦知蔡州，提點開封府界諸縣鎮公事葉温叟及祥符、長垣、韋城知縣、丞、主簿、尉、監驛使臣十四人罰銅有差，入内殿頭吳從禮、張積、史革各展磨勘三年〔一〕，祥符縣主簿王容、韋城縣主簿姜子年各差替。並坐失計置遼使路驛亭也。

八月十七日，樞密直學士、朝奉郎、權三司使李承之落樞密直學士，爲寶文閣待制、知汝州。承之先奏請濮州遺直院墳寺與陳留縣開福寺對易，既得旨，其姪孝伯詐增制書立榜，欲取開福常住入墳寺，爲僧所訟，送御史臺根治，坐報上不實，故有是命。

九月十七日，朝奉大夫、寶文閣待制、知成德軍章衡落職，守本官提舉杭州洞霄宮。坐縱指使回易公使，下本路體量得實也。

十九日，奉議郎、充館閣校勘、同知太常禮院王仲修罰銅十斤，衝替。仲修，珪之子。先謁告往淮南，諫官蔡

〔一〕張積、史革：原作「張積、史華」，據本書方域一〇之一五、《長編》卷三一三改。

下言其在揚州燕飲，所爲不檢，體量得實故也。

二十一日，前江淮等路發運使、朝散大夫沈希賢追三官，勒停。坐被詔不即赴闕，先以衝替，下御史臺鞫之，又供報不實也。

二十六日，都大提舉修護澶濮州隄岸、東頭供奉官張從惠追毀出身以來文字，除名，勒停，編管黄州；前知南外都水丞蘇液、前權發遣北外都水丞陳祐甫皆追兩官；前通判澶州戚守道追一官；河北路轉運判官呂大中罰銅三十斤。坐小16吴埽河決也。

十月五日，知越州剡縣蘇駉衝替，同修國史、兼起居注陸佃罰銅八斤。佃嘗與駉書〔一〕，託庇鄉親黄庸與人訟田，駉奄至追捕及奏佃書〔二〕，故罰及之。

七日，承事郎、大理寺丞王援，朝奉郎、集賢校理、大理少卿朱明之，承務郎王昉，各追一官，勒停，明之落職。前權漳州軍事判官練亨甫除名，勒停，編管均州。知諫院舒亶、大理卿崔台符、少卿楊汲各罰銅二十斤。通直郎、集賢校理蔡京落職。先是，大理寺鞫王珫與石士端妻王氏姦罪，辭及王珪之子仲端〔三〕，亶上言珫父子事連仲端甚明，有司以珪故觀望，不敢盡理根治，仲端亦自訴。上命内侍監勘，而仲端事果不實。明之乃王安禮之姪婿，知安禮等與珪有隙，諭旨於援，令劾仲端。及以兩詞聞上，退又僞爲上語以語其妻。於是安禮子防以語亨甫，亨甫以語亶，亶信之以聞。京嘗在朝堂與明之語仲端事，台符、汲坐知援事爲姦，俱不按發故也。

十一月二十五日，鄜延路轉運使李稷降兩官，爲轉運判官〔四〕。坐應副軍糧闕乏乖方，及累奏誕妄，致令行營士卒乏食逃潰，故有是命。

十二月十五日，岷州團練使高遵裕降爲西上閤門使，就差知坊州〔五〕。西上閤門使、果州團練使劉昌祚，東上閤門使、英州刺史姚麟，各降三官，並就差爲永興軍路鈐轄。内藏庫使、忠州刺史彭孫貸死，爲東頭供奉官，添差金州監當，令涇原路差人監伴前去。17遵裕坐帥涇原環慶，攻取靈州無功，昌祚、麟坐戰兵逃潰數多，孫坐糧草爲賊抄劫、不能禦敵故也。

五年正月十七日，降授西上閤門使、知坊州高遵裕責授郢州團練副使、員外置〔六〕，本州安置。坐用軍失律、多戮無辜故也。

〔一〕駉：原作「駉」，據《長編》卷三一七改。
〔二〕「奄」下原有「坐」字，據《長編》卷三一七删。
〔三〕辭：原作「稱」，據《長編》卷三一七改。
〔四〕「爲」下原有「判」字，據《長編》卷三二〇删。
〔五〕坊：原作「防」，據下「五年正月十七日」條及《長編》卷三二二改。
〔六〕員外置：原作「員外郎」，《長編》卷三二二無「郎」字。按，「員外郎」當作「員外置」。唐、宋官制有「員外置」，謂不在正員之内。《太平治迹統類》卷一五載沈括「責授均州團練副使、員外置，隨州安置」，《長編》卷三三五有「單州團練副使、員外置東方戒」，均與此同例。今改。後文職官六六之一九云「沈括責授均州團練副使、員外郎置」，雖亦衍「郎」字，但有「置」字，是也。

二月二日，知潤州鞠真卿衝替〔一〕。以兩浙轉運司言真卿侮法專威、贓污不法故也。

七日，承議郎、天章閣待制、河東都轉運使趙禼落天章閣待制，追兩官，免勒停，知淮陽軍。坐應副餽輓不如法、稽違朝旨也。

二十七日，河東路提點刑獄、承議郎、集賢校理黃廉降一官。坐不案省本路諸司，及數言出界所亡財用〔二〕、軍器、兵夫不可勝計，增事張皇〔三〕，奏乞降進納宣敕及令民納粟釋罪也。

三月一日，提點江南西路常平等事劉誼特勒停。坐論新法不便。

十八日，涇原路諸將趙定等八人各追一官，徐鎮等四人各追兩官，俱千、劉珣各追四官，張逸、成恭各追五官。以涇原路經略、都總管司上諸將出界所部正兵〔四〕、漢蕃弓箭手亡失分數，除劉祚、姚麟已降官外，餘官有是責。

四月六日，侍御史知雜事滿中行罷臺職，爲直集賢院、知無爲軍。坐因取開封簿書奏王安禮不當，故黜之。

十二日，權主管涇原路轉運判官、兼同主管經制熙河路邊防財用、承議郎胡宗哲降授承事郎，權發遣同經制熙河路邊防財用、通直郎馬申降授承務郎，展磨勘八年。坐闕軍前糧餉也。

二十二日，河東提點刑獄【18】黃廉、知汾州周覺、晉州王說、平定軍康昺各展磨勘三年。先是，追官勒停人余行之以謀逆伏誅，廉等坐嘗遺酒及差人護送，原赦特責也。

〔五月〕二十三日〔五〕，降天章閣待制王克臣知單州〔六〕。克臣前知太原，措置乖方，奏事誕妄〔七〕，體量得實，雖會赦免劾，特責之。

二十六日，新知徐州趙禼依舊知淮陽軍。以改差徐州，偃蹇不赴故也。

六月四日，主管麟府路軍馬張世矩降一官，移熙河路將。以河東不能出力展拓境土，主帥、將佐惟欲廣占兵馬，不恤耗蠹國財，便己自營〔八〕，不可倚仗〔九〕，故有是命。既而又坐應接麟延〔一〇〕，奏請遲慢〔一一〕，差充涇原路都監。

二十七日，通直郎、監察御史豐稷爲秘書省著作佐郎。

〔一〕鞠：原作「鞫」，據《長編》卷三二三改。
〔二〕出：原作「坐」，據《長編》卷三二三改。
〔三〕「不可勝計增事張皇」八字原無，以致文意未完，茲據《長編》卷三二三補。
〔四〕諸：原作「將」，據《長編》卷三二四改。
〔五〕五月：原無，按《長編》卷三二六記此條於五月二十三日癸卯，又下條亦載於五月，因補。
〔六〕單：原作「軍」，據《長編》卷三二六改。
〔七〕事：原作「方」，據《長編》卷三二六改。
〔八〕己：原作「以」，據《長編》卷三二七改。
〔九〕仗：原作「伏」，據《長編》卷三二七改。
〔一〇〕麟延：疑當作「鄜延」。張世矩主管麟府路軍馬，麟州是其轄地，無所謂「應接」。
〔一一〕奏：原作「奉」，據《長編》卷三三〇改。

先是，稷言：「吳安持以宰相子請屬公事坐追官〔一〕，今祥禫未除，即除太府少卿，恐執政家勒停、衝替子弟用爲例。」又言：「方官制施行，章惇以罔上爲門下侍郎，王安禮以穢德守尚書右丞，以至尚書、侍郎，至寺監丞、簿，不應輕法守，署清議，致謫籍之徒首與裒選。欲望令中書省條具職事官所犯罪，事理稍重者先放罷。」稷坐此故左遷。

八月二日，判司農寺曾孝寬贖銅八斤，丞王端臣、主簿莫士先各十斤，以申明條制不當故也。

八日，中書舍人曾鞏罰銅十斤。坐草知潁昌韓維再任制辭不當故也〔二〕。

二十二日，龍神衛四廂都指揮使、鳳州團練使种諤降授文州刺史，金州觀察使、提舉西太一宮王中正降授嘉 19 州團練使，並不用敘復法。以上批「昨大兵出界，諤迂路捨取直之利，中正不審議道路迂直利害，及不討蕩左廂地分賊黨」故也。

九月二十三日，河東路提舉常平等事趙咸、權轉運判官莊公岳各降一官。坐大軍出塞，糧饋不繼，人夫亡者過半〔三〕，而報上不實故也。

十月七日，龍圖閣直學士、朝散郎、知延州沈括責授均州團練副使、員外置〔四〕，隨州安置。坐始議城永樂，既又措置應敵乖方故也。

同日，龍神衛四廂都指揮使、懷州防禦使、鄜延路副都總管曲珍降授皇城使〔五〕、鄜延路鈐轄兼第一將。坐永樂城陷，不審量事勢，以至敗事故也。

二十一日，三川寨都監、如京使張進等各降一官。以輕敵出戰，士多失故也。

二十六日，新知太原府、資政殿大學士、通議大夫呂惠卿落職，守本官知單州。初，惠卿除母喪入見，上將改授以鄜延，且諭令總四路守備〔六〕。惠卿手疏言，陝西之師不可攻守。上謂輔臣曰：「如惠卿之言，陝西一路無可守之理，豈宜委以邊事？」王安禮奏曰：「宜落大學士，與一閑郡如單州之類，告命中明言惠卿之罪。」上曰：「甚善。」故有是命。

同日，環慶路副總管狄詠、鈐轄梁從吉〔七〕、張守約各奪一官。以出塞亡失三分三釐也。

十一月二日，梓州路轉運判官、承議郎程之才，知徐州、朝散大夫趙鼎並衝替。之才坐與前知瀘州任伋交訟，報上不實，鼎坐乘官舟附私物也。

三日，梓夔路鈐轄、20 供備庫使高遵(治)〔治〕，戎瀘等

〔一〕持：原作「特」，據《長編》卷三三〇改。
〔二〕潁：原作「隸」，據《長編》卷三二九改。
〔三〕亡：原作「士」，據《長編》卷三二九改。
〔四〕「員外」下原有「郎」字，據《太平治迹統類》卷一五删。
〔五〕鄜：原作「麟」，據《長編》卷三三〇改。
〔六〕總：原無，據《長編》卷三三〇補。
〔七〕吉：原作「古」，據《長編》卷三三〇改。

州都巡檢、西京左藏庫副使張壽各降一官。坐瀘州蠻已降，惟未肯解弓刀，而輒殺之，自上獲渝水夷人冒賞〔一〕，雖會恩，特責之。

四日，皇城使張免等三人各追五官，文思使高致等二人各追四官〔二〕，供備庫副使潘定、劉青各追三官，皇城使桑湜等三人各追兩官，皇城使、沂州團練使李祥等四人各追一官，東上閤門使狄詠等三人各降一官。並坐出界將領，計亡失所部兵，用十分法追奪也。

十六日，汪輔之罷知虔州，依舊分司〔三〕。以監察御史王桓言輔之謝表詞意狂誖故也〔四〕。

二十八日，提點開封府界諸縣鎮、承議郎楊景畧降一官，幹當官歐陽棐、任元渥各罰銅二十斤。並坐遷本司廨舍違滯〔五〕，及景畧不親督趣捕蝗，雖會恩，令特責也。

十二月十一日，知延州种諤罰銅三十斤。以諤預議進城山界，又永樂失守，時領一路經畧安撫副使，朝廷寛恩，方責後効，乃敢妄爲子弟乞恩，故有是命。

十七日，陝西轉運司幹當官呂宗岳衝替。以陝西轉運判官范純粹言，宗岳管認計備延州懷寧、浮圖寨守禦，已被受，託故不肯就事也。

二十四日，判刑部、大理卿以下二十人，御史中丞以下十人，罰金、展磨勘年有差。以成州奏造妖人趙福繫八十餘人，案上歲餘〔六〕，累經巡白，並不與奪故也。

六年正月一日，太僕寺丞安宗爽、王得君各罰銅三十斤，衝替。入內西頭供奉官 21 王逵、殿頭李永言各追一官，罰銅三十斤，勒停。高品陳惟和追兩官，勒停。先是，朝會儀物陳列於殿，既而儀鸞司徹覆輅幕屋，屋壞毁輅〔七〕，詔大理寺問罪，并案太僕寺殿宿官以聞，故有是命。

十四日，鄜延路經畧副使种諤罰銅四十斤，主管機宜文字汲光罰銅三十斤〔八〕，仍衝替。蕃官劉永隆降一官，朱昇等以赦原〔九〕。初，諤及經畧使沈括輕信汲光，奏發將官劉紹能遇敵不力戰，與西人交通，皆不實。汲光妄信蕃官屈埋〔一〇〕，教令蕃部誣紹能事，以狀告經畧司。御史宇文昌齡言：「案發紹能自汲光始，故採不根之言而爲實，潤色張皇。沈括輕聽易摇，遽以其狀劾奏，去是存非，蓋欲置之無疑，以邀朝廷必信。朱昇偷安曲從。乞先重行譴黜。」括以坐別罪安置，遂責諤、光罰銅也。

十八日，朝奉大夫、直龍圖閣、前知桂州張頡落職知筠

〔一〕渝：原作「偷」，據《長編》卷三三一改。
〔二〕高致：《長編》卷三三一作「高政」。
〔三〕「分司」上原有「例」字，據《長編》卷三三一刪。
〔四〕王桓：原作「王栢」，據《長編》卷三三一改。
〔五〕並坐：原倒，據《長編》卷三三一乙。
〔六〕案：原作「察」，據《長編》卷三三一改。
〔七〕屋壞：原脱「屋」字，據《長編》卷三三二補。
〔八〕光：原作「洸」，據《長編》卷三三二改。
〔九〕昇：原作「昪」，據《長編》卷三三二改。下同。
〔一〇〕光：原無，據《長編》卷三三二補。

州[一]。坐不能察蠻夷爲寇，會赦也。

二十三日，隆德寨主賈宗諤衝替，巡檢張志等勒停，餘監押以次各贖銅、降官有差。先是，詔經畧司：「近西賊入隆德寨[二]，老幼、牛羊，横見剽畧，乃是寨官不稟戒敕預爲清野之計。」故有是命。

二十五日，權京西路轉運使向宗旦、權判官唐義問各特衝替。上以吳居厚使京東，財利豐羨，宗旦、義問不能經營，每有費用，悉干朝廷，故有是責。

二月四日，尚書吏部員外郎劉奉世、文及甫各罰銅八斤，左司郎中吳雍六斤，御史臺失察官吏上簿。坐住滯差周 22 宥等幹當軍頭司文字，會降特責之。

十日，熙河蘭會路經畧安撫制置使、景福殿使、武信軍節度觀察留後、入内副都知李憲降(受)[授]宣慶使，經畧安撫都總管、殿前都虞候、沂州防禦使苗授罰銅三十斤，經畧安撫副使、知蘭州、引進使、隴州團練使李浩降授四方館使、階州刺史。坐西賊犯蘭州，幾奪西城門乃覺，賊乘虚破西關也。

十三日，吏部員外郎唐淑問可差監撫州鹽礬酒税務。淑問以疾屢請補外，上以爲不肯任職故也。

十四日，詔：「瀘州文思副使秦世章追一官，勒停，展一期叙，押出川界。内殿承制焦勝、侍禁孟文宥各追一官，免勒停。」以大理寺言，世章、勝、文宥各坐買乞弟首級與子冒賞，檢會別案秦世章爲乞弟打誓事也[三]。

十五日，崔台符罰銅十斤，韓晉卿、莫君陳各八斤。以御史楊畏言：「大理寺近斷邵武軍婦人阿陳等案上，刑部郎中杜紘獨讞議，而侍郎崔台符等無所可否，循默苟簡，無任責之心。」故有是命。

二十八日，詔：「蘭州主管官李浩[四]、劉振孫、王安民留不堪披帶病卒於極邊難得糧草處，李浩坐斥堠不明，已降監當，可從一重；振孫、安民各罰銅三十斤。」

同日，宜州溪洞都巡檢薛應之除名，勒停。坐與蕃賊鬭敗走藏也。

四月二十三日，熙河蘭會路制置司言：「准詔劾李浩罷蘭州猶帶本路鈐轄擅奏赴闕罪狀，浩自言雖嘗奏赴闕，未離任。」詔浩於法當以擅去官守論，以未離本路，及近出塞有功，罰銅二十斤。

五月六日，前兩浙路監司 23 蘇澥、胡宗師、朱明之各罰銅二十斤。坐不舉發知秀州吳世安贓罪也。

十九日，大理正杜純特追一官，勒停，將來叙復永不令典刑獄。先是，商税院送客人尹奇於隰州博碌礬，引外有剩數，杜純乞以所剩礬六斤没官而釋尹奇，詔大理寺勘結施行。大理寺上純妄議客礬案，當公罪笞。該疎決，故特

[一] 筠：原作「均」，據《長編》卷三三二改。
[二] 近：原作「追」，據《長編》卷三三二改。
[三] 秦：原作「奏」，據《長編》卷三三三改。
[四] 主管官：《長編》卷三三三作「主兵官」，似是。

有是責。

二十日，涇原路京東第八將梁用、副將趙潛各罰銅二十斤。坐步卒常賫指斥乘輿，語切害不可録奏，經畧司以聞故也〔一〕。

六月一日，萊州通判郭弁〔二〕、權濠州團練判官王舜臣、鎮戎軍判官趙至並降一官。坐户部言，元豐三年，諸路鹽法管勾官無優等〔三〕，止有劣等三人，故有是命。

三日，絳縣尉王君陳等八人各罰銅三十斤，殿直張整等十人各二十斤，供奉官焦清等十三人各十斤，借職胡奭八斤。坐部夫逃死三分、五分以上，合該德音原免，故(持)〔特〕與責之。

四日，户部尚書安燾罰銅十斤，侍郎陳安石八斤，郎官金部晁端彦、倉部韓正彦、度支陳向各六斤。坐妄作見闕差本部主事，又以未該出職人欲授以班行，皆爲失當故也。

五日，通直郎、試御史中丞、權直學士院舒亶免除名，追兩官勒停。坐直學士院勘請公使受供給，妄言尚書省不置録目，詐以他簿書爲臺中録目〔四〕。亶身爲中丞而詐妄，不可恕。

九日，王(栢)〔桓〕論舒亶事不當，罷右正言，送尚書吏部。既黜亶，(栢)〔桓〕待罪，故有是命。

十三日，知渭 24 州盧秉落寶文閣待制〔五〕，降直龍圖閣〔六〕，差遣依舊。坐稽違詔旨，不能保護邊防，自言父老，免從吏議，重行黜責，故有是命。

二十八日，詔尚書刑部郎中杜純罰銅八斤，展磨勘二年。以議獄不當故也。詳見「議讞」門。

閏六月五日，入内省東頭供奉官甘師顔除名〔七〕。坐私使鈞容直兵〔八〕、皇城司親事卒也。

十二日，知宜州錢師孟追一官〔九〕，通判曹覯追兩官，並勒停。推官崔堯章、司理鄒長卿各罰銅二十斤，衝替。推官謝宬、司户盧叔度、張翼並衝替。坐裁減蠻人管設生事，雖去官、會赦，皆特責也。

七月六日，詔將作少監鍾浚衝替。坐西府蒲宗孟位修屋多役兵匠，初無朝旨，詔以浚邪佞不法，故有是責。

十七日，詔：「太常、大理、衛尉、司農寺、將作、都水、少府、軍器監長貳、主簿，並降一官，正、丞並展磨勘二年，各以去官原。」先是，寺監主簿止是專掌簿書，寺監事自當丞以上通議施行，今取問逐處，不應僉書官並僉書公事故也。

同日，知瓊州劉威勒停。坐擅遣瓊山縣令李好龍往朱

〔一〕故也：原無，據《長編》卷三三五補。
〔二〕弁：《長編》卷三三五作「棐」。
〔三〕勾：原無，據《長編》卷三三五補。
〔四〕簿：原缺，據《長編》卷三三五補。
〔五〕盧：原作「瀘」，據《長編》卷三三五改。
〔六〕降：原無，據《長編》卷三三五補。
〔七〕除：原作「徐」，據《長編》卷三三六改。
〔八〕鈞：原作「鉤」，據《長編》卷三三六改。
〔九〕師：原無，據《長編》卷三三六補。

崖軍火黎人居〔一〕，會赦特責之。

十九日，前提點廣南東路刑獄林積降一官。以在任點檢軍器不精也。

八月十八日，中大夫、尚書右丞蒲宗孟守本官知鄆州〔二〕，尚書工部侍郎王克臣罰銅二十斤，工部郎中范子奇、員外郎高遵惠、將作監丞韓玠各罰銅十斤，少監鍾浚罰銅八斤，宰臣王珪、蔡確各罰銅八斤，右丞王安禮罰銅十斤。以 25 御史楊畏言：「樞密院吏周克誠申乞修葺左右丞兩位廳堂，止是蒲宗孟、王安禮僉書，用尚書省印，既不赴王珪、蔡確書押，又不經開拆房行下工部。工部案檢批稱，不候押先印發。是夜四鼓，巡兵下符將作監。」詔中丞黃履與楊畏等推究，故有是命。

同日，朝散大夫、前知徐州趙鼎勒停。坐以買箔爲名，差人船載家屬，應徒二年私罪，會赦特旨也。

二十一日，宣德郎、前鄜延路經畧安撫司機宜文字徐勳除名；文思副使、前鄜延路走馬承受公事楊元孫，右侍禁、安撫司主管文字劉航，各追一官；左班殿直、閤門祗候种朴追閤門祗候，並勒停。文思使李珪、內殿崇班李彥申、東頭供奉官安合、右侍禁楊達、右班殿直劉伯初、宣義郎監延州鹽稅鍾正範罰銅有差。以大理寺上勳盜用印印奏狀，元孫私役人，航、朴各奏事不實，珪等各告囑差遣，并報上不實也。

二十二日，都水使者范子淵追一官，知河陽張問罰銅二十斤。子淵坐開河奏死亡夫不實〔三〕，問坐上書誤也。

同日，國子司業朱服、丞葉祖洽、主簿王元各降一官，祖洽仍罰銅二十斤。服坐擅令主簿主管錢庫收支，祖洽坐不監視開閉，再令主簿主管故也。

九月二十六日，前京東路轉運使、朝散大夫、集賢校理、知亳州劉攽落集賢校理，降朝請郎，增差監衡州鹽倉。坐任內不能修舉職事，經用闕乏也。

十月八日，東上閤門使李綬，閤門 26 看班祗候、主管簿書宋褱〔四〕，各罰銅十斤；客省使曹評、東上閤門使曹偃、客省副使曹誘，各罰銅六斤〔五〕。坐失點檢江東轉運判官郟亶見有罪被劾乞上殿故也〔六〕。

十六日，廣南西路轉運判官馬彥先衝替。坐與副使馬默不協，所奏歲計異同，故有是命。

十九日，宜州監押陸原貸命〔七〕，免決刺，除名，配沙門

〔一〕李好龍：《長編》卷三三七作「李孝龍」。又「往」下原衍「來」字，據《長編》刪。
〔二〕鄆州：按《長編》卷三三八、《宋史》卷三二八《蒲宗孟傳》皆作知汝州，疑此誤。
〔三〕亡：原作「士」，據《長編》卷三三八改。
〔四〕褱：原作「環」，據《長編》卷三四〇改。
〔五〕各：原作「客」，據《長編》卷三四〇改。
〔六〕亶：原作「擅」，據《長編》卷三四〇改。
〔七〕陸原：《長編》卷三四〇作「陸厚」，下文「原」字並同。

島。普義寨監押何希古〔一〕、權融州都巡檢李貫除名，千里外編管。通判曹覿前坐他罪，候當叙日展三期。推官孫立節，司户張峒各衝替。土丁指揮使莫令頑、石聘，副指揮使陸計〔二〕，宜州澄海十將謝進，並特放罪。初，安化州蠻賊千餘人鈔劫〔三〕，原等坐與蠻賊鬭先退，覿征討稽期，立節等失出令頑流罪，而令頑等以嘗累白陸原，欲出救應之故也。

二十一日，朝奉大夫、試尚書户部侍郎蹇周輔降一官，江陵府長林縣主簿蹇序辰除名，市易務下界監官宋喬年、梁鑄、内殿崇班符守規、借職史安世各衝替，三班借職宋仲約刺面配車營務〔四〕，少府監修製官宋世隆刺面配沙門島。周輔坐不覺子貸官錢，以措置江西、福建鹽事有勞免廢黜；序辰貸度僧牒錢，喬年、鑄不覺吏乞取宋世隆錢〔五〕，餘並以貸官錢連坐，會赦特斷也〔六〕。

同日，定、祁州官吏資政殿學士〔七〕、光禄大夫呂公著以下八人各降一官。坐違法差禁軍防送罪人。

同日，皇城使、惠州團練使李舜聰免勒停，降兩官，展三期叙。坐提舉開封府界賊盜巡檢，私使兵級，及 27 事發自訟不實，會恩也。

十一月二十四日，户部尚書李承之、侍郎蹇周輔各罰銅六斤，金部郎中晁端彦、員外郎井亮采各罰銅八斤，户部及都省吏以差罰金。以議茶法不當也。

十二月二日，監察御史陳師錫送尚書吏部。坐乞罷諸生習律，唱爲詖説〔八〕、惑亂士聽故也。

七年正月十一日，提舉京西南路常平等事、承議郎葉康弼衝替。以尚書户部言，六年終提舉官歲考功過簿，康弼比諸路上簿獨多故也。

十三日，户部侍郎蹇周輔罰銅六斤，員外郎陳向八斤。坐違法劄門下侍郎章惇俸錢於相州也。

十八日，廣南西路累任轉運使張頡〔九〕、陳倩，副使苗時中、馬默、朱初平、吴潛，判官朱彦博、謝仲規，各罰銅二十斤。坐本路提舉常平等事劉誼於桂州治廨舍，費官錢萬緡，不切覺察故也。

二十四日，知渭州盧秉、知延州劉昌祚各罰銅三十斤。坐得蘭州被圍聞報，不即出兵牽制也。

二十八日，降右諫議大夫趙彦若一官，試祕書監。坐輒侵越御史論事故也。

〔一〕普義寨：原作「普儀寨」，據《長編》卷三四〇改。按此寨之名，《武經總要》前集卷二〇、《元豐九域志》卷九及《長編》、《建炎要録》、《宋朝事實》、《宋史》等書均作「義」字。
〔二〕副：原無，據《長編》卷三四〇補。
〔三〕鈔：原作「致」，據《長編》卷三四〇改。
〔四〕三班借職：原無，據《長編》卷三四〇補。
〔五〕宋世隆：原作「安世降」，據《長編》卷三四〇改。
〔六〕特：原作「時」，據《長編》卷三四〇改。
〔七〕「定」字原脱，據《長編》卷三四〇補。按以下責降官吏二州皆有。
〔八〕詖：原作「陂」，據《長編》卷三四一改。
〔九〕累任：原無，據《長編》卷三四二補。

二月十二日，降引進使、高州防禦使李浩爲四方館使，皇城副使、吉州防禦使苗履爲左藏庫使。以奏賊犯蘭州事異同也。

〔三月〕十三日〔一〕，前汀州通判、奉議郎郭祥正勒停。坐權漳州補僧道亨住持不當受金，悔過還主，及違法差送還人，經赦也。

三月九日，知洺州、朝請大夫王荀龍，通判、奉議郎孟蘊，各降一官。坐差禁軍防送也。

十〔三〕28日〔二〕，監察御史朱京降監興國軍鹽酒務。坐言董揚休〔三〕、宋彥磨勘不當故也。

十六日，詔：「浮圖寨監押、殿直晁立貸死，免除名，勒停，追兩官，衝替。」坐令十將續璉殺投降都頭寨主王傑〔四〕。

二十五日，鄜延路第二將、西頭供奉官張禧追一官，勒停。初，經略司劾禧罪，法當罰銅。既而劉昌祚言：「禧故不稟本司處分，至殺無罪十四人，有司議法不當情，恐將佐觀望，以誤邊計。」故有是命。

二十七日，宣德郎、權檢詳樞密院兵房文字黃寔衝替。坐御史朱服言：「寔以舅陳朴之喪，率斂士大夫以爲賻，内有武臣隸樞密院，尤於事體有嫌，望付有司推治。」詔送大理鞫實，故有是命。

三十日，廣南西路轉運判官許彥先已差替，改爲衝替。坐輒以本職事妄移他司，肆爲張皇，誼言闕乏，内摇士卒之心，外亦示弱蠻夷，有虧邊備，故有是命。

四月二日，秀州軍事推官桑景彝、左侍〔禁〕李侔並除名，宣德郎裴陟追三官，勒停。景彝仍送唐州編管。景彝、侔皆博徒，以巧勝陟錢，并坐污濫也。

十七日，廣南東路轉運副使孫迥、提舉常平等事朱伯虎各降一官，知廣州、朝請大夫、寶文閣待制王臨落職知濠州，通判畢居卿、司理滕伯雄、陳謂、番（隅）〔禺〕縣尉石大受、轉運司主管文字連希元並衝替。臨坐鞫孫迥求囑，居卿隨從臨、迥，不檢舉轄下兵替換優重差遣，及失出入鄧滿等罪，伯虎奏事不實，伯雄鞫何卿私鹽事不盡，謂鞫石大29受事不盡，大受以官板造匣椁平人，希元隨順迥不檢舉轄下兵，雖會赦，特降是命。

五月九日，供備庫副使、知火山軍康昺衝替。以在任籍行人糧斛故也。

二十二日，通直郎、寶文閣待制、知潭州何正臣，奉議郎、提點湖南路刑獄劉載各降一官，通判潭州李綱罰銅十斤。正臣知廬州，載、綱並衝替。綱坐私忿提點刑獄司吏，

〔一〕三月：原無，承上則似爲二月十三日。然《長編》卷三四四繫此事於三月十三日壬子，是此處脱「三月」二字，《大典》遂誤編於此，因補。此條當移後。
〔二〕十三日：原缺「三」字，據《長編》卷三四四補。此與上文郭祥正條爲同日事。
〔三〕揚：原作「楊」，據《長編》卷三四四改。
〔四〕續璉：《長編》卷三四四作「續連」。都頭寨：《長編》作「秃頭寨」。

教人舉首而案其罪，正臣、載坐互論奏故不以實也〔一〕。

六月一日，太中大夫、落龍圖待制、知江寧府陳繹免除名勒停，追太中大夫，龍圖閣待制，知建昌軍。子承務郎彦輔衝替。繹坐前知廣州作木觀音像易公使庫檀像，私用市舶乳香買羊，虧價爲絹二十八匹；彦輔坐役禁軍織木棉、非例受公庫饋送而報上不實。

七月十一日，侍御史張汝賢落侍御史，知信陽軍。坐論王珪、王安禮陳乞子姪差遣不實也。

同日，入内内侍省東頭供奉官麥文昞衝替。以管押回鶻、韃靼蕃到熙河，令人於蕃界内市快行馬等，故責之。

十八日，判大名府王拱辰罰銅十斤，館陶尉姜子厚、冠氏尉桑嘉之、知縣鄭僅各罰銅八斤。坐擅役保甲，會赦特責之。

八月五日，吏部郎官罰銅十斤，都省郎官六斤。給事中韓忠彦言「吏部奏鈔，擬注江寧府司録參軍、前刑部法直官郝京試大理寺直，廢條用例」故也。

九日，監察御史來之邵爲將作監丞。先是，御史中丞黃履言，之邵顧雜户女爲婢，乞付 30 有司根治，故有是命。

二十六日，六宅使、涇原路都監、知鎮戎軍張世矩追兩官，免勒停，罷都監，領榮州刺史〔二〕、知鎮戎軍。坐先爲河東軍馬司上出界功狀〔三〕，劾用賈仲實重傷不實，盧秉等言，乞少寬假，詔候案上取旨故也。

九月二十五日，河東都轉運使、朝請大夫、天章閣待制陳安石，權判官、奉議郎莊公岳，各罰銅二十斤；主管文字、奉議郎晏明，宣德郎王惟正，各十斤。坐不應副麟、府州賞功絹也。

十月二十四日，泰寧軍節度推官、知大名府莘縣晁端禮追三官〔四〕，贖銅二十斤，勒停，千里外編管。坐以官錢貸進士閻師道，及師道請求欲預借保甲錢買弓箭，爲提舉保甲司所劾。

二十九日，詔河北路轉運使蹇周輔罰銅十斤。坐奏供備庫副使翟儀避責罰乞致仕，朝旨依衝替人例，儀子元建言乞定奪，刑部考實如元建所言，乞衝替故也〔五〕。

十一月五日，大理寺斷官罰銅十斤，餘干繫官各八斤，刑部干繫官吏各六斤。以尚書省言「大理寺斷潞州民王德與弟亮婦程姦，造意與程謀殺亮死，程案問從故殺處死，德減死流二千里刺配，案王德不應用程爲首減等」故也〔六〕。

八年三月一日，詔：「熙河蘭會路經畧安撫制置使李憲追入内副都知〔七〕、武信軍節度觀察留後，應熙河蘭會路

〔一〕載：原作「再」，據《長編》卷三四五改。
〔二〕州：原脱，據《長編》卷三四八補。
〔三〕司：原無，據《長編》卷三四八補。
〔四〕端：原無，據《長編》卷三四九補。
〔五〕按此數句叙事太畧，語意不明，可參見《長編》卷三四九。
〔六〕用：原無，據《長編》卷三五〇補。
〔七〕内：原重此字，據《長編》卷三五二刪。

差遣並依舊，以遣將討賊有功，特免勒停。安州觀察支使、主管機宜文字鍾傳除名勒停，郴州編管。東頭供奉官、閤門祗候、[31]書寫機宜文字李宇追閤門祗候。右侍禁、點檢文字蔣用，左班殿直、熙河北關守把兼制置司譯語米安，並追一官，罰銅十斤，免勒停。右班殿直皇甫旦除名勒停，南安軍編管。左侍禁、通遠軍榆木岔巡檢何貴，西頭供奉官、熙河路監牧指使張守榮，並降一官，免勒停。」坐奏邊功不實也。

五月八日，太原府路兵馬鈐轄〔一〕、專管勾鄜延路軍馬公事張之諫降充鄜延路兵馬都監。以本路經略司言，之諫措置乖方，與諸將不叶故也。

二十四日，户部侍郎李定、給事中兼侍講蔡卞、起居舍人朱服，各降一官；權知開封府蔡京、判官胡及、推官李士良，各罰銅八斤。卞、服坐知貢舉日貢院遺火，京及士良坐救火延燒，雖會赦特責故也。

十月二十五日，朝散郎、直龍圖閣、權提點開封府界諸縣鎮公事范峋落職，知臨江軍。以應奉山陵與户部更相論奏不直也。

十一月十六日，王子京罷知泰州〔二〕。以前任福建路轉運副使日買茶抑配故也。

哲宗元祐元年正月十二日，朝散大夫、光禄卿呂嘉問知淮陽軍〔三〕。以監察御史孫升言，市易之法初行，嘉問實領其事，罔上壞法，失陷甚多，故有是命。

二月十四日，福建路轉運副使賈青添差衡州在城鹽酒稅〔四〕，轉運副使王子京添差監永州在城鹽倉兼管酒稅務，轉運副使陳紘坐罰金。先是，福建路按察張汝賢言：「青提舉鹽事，嚴督州縣，廣認數目，令鋪户均買；子京[32]相承違法，過爲督迫；紘明知新增鹽額高大，曾無辭。」故有是命。

二十二日，刑部侍郎蹇周輔落職知和州，權江南西路轉運判官朱彦博知興國軍，承議郎、司封員外郎蹇序辰簽判廬州，奉議郎程之邵罷提舉梓州路常平等事。以右正言王覿奏：「竊見江西、福建鹽法皆蹇周輔等相度，增添課額，害民罔上。」故有是命。

二十八日，成都府提點刑獄郭槩特差替。以右司諫蘇轍言：「近以蜀中賣鹽、榷茶及市易比較爲人疾苦，槩體量事實，畏憚茶官陸師閔、提舉韓玠權勢，不依限體量，乞罷黜〔五〕。」故有是命。

閏二月四日，知邵武軍張德源特衝替。以右司郎中張汝賢言德源增鹽額抑配故也。

同日，提舉荆湖南路常平等事張士澄特衝替，郟亶送

〔一〕鈐：原作「軫」，據《長編》卷三五六改。
〔二〕州：原作「軍」，據《長編》卷三六一改。
〔三〕呂：原脱，據《長編》卷三六四補。
〔四〕青：原作「清」，據《長編》卷三六六改。
〔五〕黜：原作「出」，據《長編》卷三六九改。

吏部與合入差遣。以江南西路按察司言，蹇周輔請運廣鹽代淮鹽，例涉搔擾，陳偲、士澄附會增數，肆行抑配，而亶亦與焉。偲已死，士澄、亶故有是責。

（二）〔三〕月十八日〔一〕，劉淑罷祠部郎中，差知宿州。以江西湖南路發運使蔣之奇特展二年磨勘，仍罰銅十斤。以監察御史孫升言：「江西、湖南鹽法之害，知吉州魏綸虛增鹽數，民最苦之。綸既以丁憂去官，而發運使蔣之奇乃薦綸悉心職事，乞候服闋再令知吉州。江南西路轉運使劉淑再任本路，首尾五年，坐視毒虐其民，曾無一言，今乃除祠部郎中。望特正蔣之奇、劉淑之罪。」故有是命。

四月十八日，李憲降節33度觀察留後一官，提舉亳州明道宮；王中正降遥郡團練使、刺史兩官〔二〕，提舉兖州太極觀。並本處居住。石得一降爲左藏庫使，管勾西京崇福宮。宋用臣降爲皇城使，添差監太平州茶鹽酒稅。以御史中丞劉摯、殿中侍御史林旦言：「中正元豐四年將王師二十萬，由河東入界，徘徊境上，逗遛不進，公違詔書，坐失興、靈會師之約。天寒大雪，士卒饑凍物故者十七八。李憲之於熙河，貪功生事，一出欺罔。興、靈之役，憲首違戒約，避會師之期，乃頓兵以城蘭州，遺患今日。及永樂之圍，憲又逗遛，不急赴援，使數十萬衆肝腦塗地，罪盈惡貫。宋用臣奮其私智，以事誅求，摧奪小民衣食之路，瑣細毫末，無所不爲，使盛朝之政幾甚於弊唐除陌、間架、搨地之事〔三〕，傷污國體。石得一領皇城司，夫皇城司之有探邏也，本欲知軍事之機密與夫大姦惡之隱匿者，而得一恣殘刻之資，爲羅織之事，以無爲有，以虛爲實，上之朝士大夫，下之富家小人，飛語朝上而暮入於狴犴矣。是四人權勢烽焰，震灼中外，先帝未及肆其誅於市朝，而以遺陛下。伏乞聖慈以臣章付外，議正四罪，暴之天下而竄殛之。」故有是責。

五月六日，梓州路轉運副使李琮知吉州。先是，臣寮言琮在江南、兩浙、淮南路以根究逃移爲名，增常賦取民，令監司考實。至是，諸路言琮以遠年開閣稅賦令人户均納，故有是命。

十八日，相州觀察使、知潞州張34誠一特追觀察使、遥郡防禦、團練使、刺史，依舊客省使，提舉江州太平觀。以左司諫王巖叟言誠一盜取父墓中犀帶，故有是命。

二十七日，吏部員外郎呂升卿通判海州。以右正言王覿言其有狀引用朝旨及先帝德音乞理知州資序，貪競反覆，故有是命。

六月十二日，金部員外郎呂和卿權知台州。以右司諫蘇轍言其愚騃貪殘，不宜寘在省闥，故黜之。

同日，知濟州、朝請郎段繼隆特勒停，權知開封府蔡京

〔一〕三月：原作「二月」，據《長編》卷三七二改。
〔二〕兩官：原無，據《長編》卷三七五補。
〔三〕搨：原作「榻」，據《長編》卷三七五改。《玉海》卷一八一：「（唐）武宗即位，崔珙又增江淮茶稅，諸道置邸收稅，謂之搨地錢。」

特罰銅二十斤。繼隆坐妄冒奏薦恩澤，而京失根治也。

二十五日，中散大夫、光禄卿、分司南京、蘇州居住呂惠卿前責見「分司」門。責授建武軍節度副使，本州安置，不得僉書公事。以司諫王巖叟言前責未厭衆議，故有是命。

二十七日，寶文閣待制、知廬州楊汲落待制，刑部侍郎崔台符知相州，大理少卿王孝先知濮州。以監察御史孫升等言，孝先等乘先帝不豫之時，斷王仲京狗情曲法之罪故也。

同日，承議郎、都大提舉成都府、永興軍等路搉茶事陸師閔降授奉議郎、主管兖州東嶽廟。以御史中丞劉摯言〔一〕，師閔領數路，與爲姦者衆也。

十月十八日，章惇依舊知汝州，罷揚州新除。以左司諫朱光庭言其在樞府悖慢，失大臣體，謫官未踰年，遽移大藩，遷陟無名。

二十六日，江西路提舉常平等事曾孝廉特不以赦原，追兩官勒停，送房州安置。以撫州制勘到孝廉驅迫知州石禹【35】勤獄死〔二〕，及奏事不實故也。

二年二月十六日，觀文殿大學士、正議大夫、知陳州蔡確落職，守本官知亳州。以御史中丞傅堯俞等劾奏確居相日竊弄威福，故縱其弟，養成姦贓故也。

二十八日，新除知亳州蔡確知安州。以給事中顧臨、右諫議大夫梁燾、右司諫王覿共言其姦惡，乞重行屏斥，故有是命。

五月四日，西京左藏庫副使、邕州左右江都巡檢使成卓責授内殿承制，添差監均州酒税。以樞密院言其保任交人不當〔三〕，及擅將黎文盛所上書狀録與安南等罪故也。

同日，前廣南東路經略安撫張頡、提點刑獄林顔各展二年磨勘，轉運副使高鎛、轉運判官張升卿各降一官，升卿仍與小郡通判。坐言者論頡等不戢將佐，因捕岑探殺及平人故也。

二十三日，朝請大夫、充龍圖閣待制、知洪州熊本降朝散大夫。以先知桂州分畫地界失當故也。

六月八日，朝散大夫、新除吏部侍郎、兼侍讀傅堯俞爲龍圖閣待制〔四〕、知陳州。先是，監察御史張舜民以論夏人邊事失旨，詔罷舜民御史，以祕閣校理判鼓院。時堯俞爲御史中丞，言：「比聞監察御史張舜民因論邊事、文彦博照管劉奉世失實罷言職。竊以朝廷置御史，蓋慮下情壅塞，以開廣聰明，故得風聞言事。今舜民一言不當，便奪官改差遣，於舜民何損，而無益陛下，亦非彦博所敢安者。」監察御史上官均言：「舜民所論文彦博事得於傳聞，不【36】敢隱默以負朝廷。使其言爲是，陛下所宜虚心而行之；其言爲非，苟無邪枉附會之意，陛下亦當察其疏直無他，以開諫諍

〔一〕摯：原作「贄」，據《長編》卷三八一改。
〔二〕勤：原作「勒」，據《長編》卷三九〇改。
〔三〕保：原作「任」，據《長編》卷四〇〇改。
〔四〕待制：原無，據《長編》卷四〇二補。

之路。今以一言之失，遽行罷黜，臣竊恐自是言者以舜民爲戒。望還舜民職任，以安士論。」右司諫朱光庭言：「舜民有正直之節，司馬光賢之，薦充館職，陛下擢至御史，士論皆以爲得人。（令）〔今〕視職纔兩月，正直之節未獲少伸，一言不合大臣，已聞罷職。自陛下臨御以來，天下之人唯知從諫如不及，聖德冠古今，若遽使舜民罷職，使陛下今日有逐言事官之名〔一〕，臣爲陛下惜之。望還舜民舊職，以盡其効。」右司諫王覿、右諫議大夫梁燾、侍御史王巖叟、監察御史韓川等相繼論列，章數十上，詔令三省、樞密院召堯俞等赴都堂，出舜民章示之。仍諭以：「舜民不獨妄論大臣，且今日朝廷務以安邊息民爲心，而舜民謀動師旅，非體國也。然知其無他，故止去言路，徙他職。恐外庭不知，故茲宣諭。」堯俞等退，終守前論。已而堯俞、巖叟因言：「殿中侍御史呂陶、監察御史上官均皆爲臣等言，亦嘗論留舜民，各於衆坐誦其疏中語。今都堂之召，二人不預，疑二人有欺。」有旨陶、均分析。陶狀云「始欲論之〔二〕，其後意寢」，均狀云實有疏不妄。而燾一日遇給事中張問於禁中，面詰問以不能駁還舜民制命爲失職，老而不任職，貪禄不去，是不知世所謂廉恥。監察御史孫升因劾奏問不職，而疏引燾語。既而批旨付三37省，曰巖叟、光庭、覿、川等久在言路，多所補益，宜稍遷擢；燾於禁省詬同列，升朋附燾〔三〕，宜罷。於是巖叟等第遷，皆避新命，巖叟改直集賢院、知齊州，堯俞改吏部侍郎，兼侍讀如故〔四〕。堯俞乃言與巖叟事始末同〔五〕，願并罷補郡，故有是命。

七月四日，知絳州李元輔轉官、減年磨勘各追奪一半。元輔初以轉易川陝錢物有勞遷官，至是御史呂陶言其侵漁冒賞，故有是命。

八日，新少府少監沈季長罷少監，知秀州。以左諫議大夫孔文仲言：「季長本無學問技能，徒緣宰相王安石族婿，鼓唱王氏經義，聾昏衆學，一旦召從外路，副貳寺監。季長之黨，布散如蟻，一季長進則百季長相繼而來，不可拒矣。」故有是命。

八月二日，朝奉郎、右司諫賈易知德州。以言事失當，故黜之。

十二日，司農少卿宋彭年權知邢州。以御史趙屼言其險刻也〔六〕。

十月二十八日，資政殿學士王安禮提舉西京嵩山崇福宮。初，安禮除知成都府，辭不行，言者論其託疾辭遠，故有是命。

十一月八日，肅遠寨巡防、右侍禁戴榮追兩官，蓄官東

〔一〕日：原無，據《長編》卷三九九補。
〔二〕始：原無，據《長編》卷四〇二補。
〔三〕燾：原作「黨」，據《長編》卷四〇二改。
〔四〕兼侍讀：原作「侍講讀」，據《長編》卷四〇二改。
〔五〕末：原作「未」，據《長編》卷四〇二改。
〔六〕趙屼：《宋史》卷三一六《趙抃傳》作「趙岏」，典籍中二字互見，故不改。

頭供奉、巡檢慕化追一官罷任。以擅入西夏界侵畧也。

三年二月八日，司勳員外郎何洵直特展二年磨勘。以亡失司勳印及告身故也。

二十四日，蔡確、章惇罷所復職，確知鄧州，惇知越州。以給事中趙君錫論駁也。

四月二十五日，詔龍圖閣直學士、提舉南京鴻慶宮盧秉降爲寶文閣待制，展 38 二年磨勘。秉熙寧間推行二浙鹽法，犯禁抵罪者多，論者及之，故有是命。

五月二十五日，承議郎、右諫議大夫王覿直龍圖閣、知潤州〔一〕。覿彈奏尚書右丞胡宗愈，故有是命。

七月十二日，皇城使、漢州刺史、廣南西路兵馬鈐轄張整，内殿承制、閤門祗候、知融州温暠各降三官，整就添差監江州税務，暠就差監歙州茶鹽酒税。右侍禁、權邵州臨口寨主鍾仲仁，左侍禁、管勾融州臨溪堡事、兼地分同巡檢杜震，各降兩官，衝替，仍（令）〔今〕後各不得差充廣南、荆湖路差遣。整、暠坐擅斬蠻人楊進新等十有九人，仲仁、震坐誘致進新等。以邊事未寧，特免究治，故有是黜責。

九月七日，龍圖閣待制、權知開封府錢勰知越州，朝散大夫、倉部郎中范子諒知蘄州，朝奉大夫、新差提點河北西路刑獄林邵知光州〔二〕，仍各罰銅二十斤，内勰展三年磨勘，邵展二年磨勘。坐奏獄空不實也〔三〕。

十二月二十二日，詔江寧府司理參軍、鄆州州學教授周穜罷歸吏部。以劉安世、蘇軾言穜欲以王安石配享神宗也。（以上《永樂大典》卷三八八五）〔四〕

〔一〕「知」上原有「直學士」三字，據《長編》卷四一一删。
〔二〕河：原作「江」，據《長編》卷四一四改。
〔三〕句首原有「以」字，據《長編》卷四一四删。
〔四〕《大典》卷次原缺，據《永樂大典目録》卷一一補。

宋會要輯稿　職官六七

黜降官　四

【宋會要】

1 元祐四年正月十二日，詔正議大夫、寶文閣直學士、權刑部尚書謝景温別與差遣。以右正言劉安世言：「尚書位亞執政，建官已來，吏、户之外它曹多不並置〔一〕，今創爲新意，特設權官，必將援引資淺望輕之人〔二〕。景温昨治開封無狀，崇信妖人，目爲聖母；以婢妾子爲左右吏，至負勢醉歐人，景温釋而不問。今不因省部闕官，忽有不次之舉，公議不允。」故有是命。

五月八日，新除都官員外郎李德芻依舊校書郎。以右司諫吳安詩言，在宗正司憑藉王安石氣燄，後爲王珪耳目，故有是命。

十二日，侍御史、新除太常少卿盛陶知汝州，殿中侍御史翟思通判宣州，監察御史趙挺之通判徐州，王彭年通判廬州。先是，吳處厚繳進蔡確《車蓋亭詩》，而右司諫吳安詩、右正言劉安世、左諫議大夫梁燾復指摘「思郝甑山」及「滄海揚塵」語，劇論確怨悖。既詔確具析，燾等攻之如初。時陶因言：「確自引而去，豈不知幸，後以弟碩犯法降知安州，是朝廷常典，確不應有恨。使確無心於言，偶涉疑似，人雖注釋，近於捃摭；使言而有意，終不能强自爲辭。事關君親，臣子難於輕議，欲乞因其詩之言以觀其心，據所引之事以考其迹，苟涉譏刺，何憚不誅！其告言之人，亦願詳酌處分。」安世又論：「陶居風憲之地，曾不糾劾，2 雖備禮一言，又是非紛錯，皆無定論。翟思以下仍無章疏。」於是陶等被黜。

十八日，蔡確責授英州別駕，新州安置，仍詔給遞馬發遣。丁憂人前朝奉郎、直龍圖閣邢恕，候服闋日落直龍圖閣，降授承議郎，添差監永州在城鹽倉〔三〕，兼管酒稅務。以正言劉安世言：「蔡確、章惇〔四〕、黄履、邢恕四人者，在元豐之末，相與交結，號爲死黨。惇、確執政，倡之於內；履爲中丞，與其僚屬和之於外；恕立其間，往往傳送。天下之事，在其掌握，公然朋比，旁若無人。以至先帝厭代，聖上嗣統，四人者以謂有定策之功，眩惑中外，無敢與辨。及司馬光被用，姦人懼爲己害，乃使惇於上前極口詆毀。陛下以惇無人臣之禮，逐之於外。確又以弟碩贓污事發，亦罷宰相。履、恕坐事，相繼外補。臣雖疏遠，不知先帝傳位之詳，然縉紳士大夫之間，亦嘗講聞其畧，今試條析，爲陛下言之。臣聞元豐七年秋宴之辰，今上皇帝出見群臣，

〔一〕並：原作「立」，據《長編》卷四二一改。
〔二〕淺：原作「賤」，據《長編》卷四二一改。
〔三〕鹽：原作「監」，據《長編》卷四二八改。
〔四〕章：原作「張」，據《長編》卷四二八改。

都下喧傳，以謂盛事。明年三月，神考晏駕，衆謂前日之出，已示與子之意。其事一也。自先帝違豫，岐、嘉二王日詣寢殿候問起居。及疾勢稍增，太皇太后即時面諭，並令還宫，非有宣召，不得輒入。有以見聖心無私，保佑慎重。其事二也。建儲之際，大臣未嘗啓沃，太皇太后内出皇帝爲神考祈福手書佛經宣示執政，稱美仁孝發於天性〔一〕，遂令草詔，誕告外廷。蓋事已先定，不假外助。其事三也。陛下聽政之初，首建3親賢之宅，纔告畢功，二王即日遷就外第，天下之人莫不服陛下之聖明，深得遠嫌之理。其事四也。臣之所聞，大畧如此，實太皇太后聖慮深遠，爲宗廟社稷無窮之計。彼四人者，乃敢貪天之功以爲己力，臣雖愚陋，心常疾之。近司馬康赴闕，邢恕邀至河陽，燕語之次，稱賛確等不已。賾其微意，類皆捭闔〔二〕，蓋欲康來京師，傳送在位，陰與確等謀爲復用之計。臣恐歲月浸久，邪説得行，離間兩宫，有傷慈孝，則確輩萬死，何補於事！伏望陛下起福於無形，防患於未兆，明詔執政及當時受遺之臣，同以親見策立今上事迹作爲金縢之書，藏之禁中，又以其事之本末著之實録，然後明正四凶之罪〔三〕，布告天下。除蔡確近已貶竄外，所有章惇、黄履、邢恕，欲乞並行廢斥，屏之遠方〔四〕，終身不齒。所貴姦謀弭息，他日無患。」時御史中丞傅堯俞、左諫議大夫梁燾、右司諫吴安詩、侍御史朱光庭、右諫議大夫范祖禹亦相繼論，故有是命。數日後，太皇太后御延和殿宣諭三省曰：「確罪前後不一，以先朝舊相，因其自請，備朝廷禮數，令其外任。輒懷怨望，自謂有定策大功，意欲他日復來，妄説事端，眩惑皇帝，以爲身謀。皇帝是神宗長子，子繼父業〔五〕，其分當然。昨神宗服藥既久，曾因宰執等對，時吾嘗以皇帝寫佛經宣示，其時衆中止是首相王珪因奏延安郡王當爲皇太子，餘人無語。安燾其時悉見，確有何策立功勞？若是4確他日復來，欺罔上下，豈不爲朝廷之害？恐皇帝制御此人不得，所以不避姦邪之怨，因其自敗，如此行遣，爲社稷也。」〔吕〕大防等奏曰：「昨者建儲一事，當時衆臣寮僉書所批聖旨月日、次序，事理甚備，文字盡在中書，兼已關實録院編記分明，小人乃欲變亂事實，輒生姦謀，以圖異日徼倖之利。今來又非朝廷尋事行遣，自是確怨憤不遜，譏訕君親，公議所不容。臺諫二十餘章，陛下方行之，命下之日，咸知朝廷有典刑也。」

十九日，中書舍人彭汝礪可依前朝奉郎、知徐州。先是，蔡確被黜，盛陶等議不同，亦黜之，汝礪封還詞頭，故有是命。

二十四日，知虢州蒲宗孟特落資政殿學士。宗孟守鄆

〔一〕孝：原作「考總」，據《長編》卷四二八改。
〔二〕捭：原作「押」，據《長編》卷四二八改。
〔三〕「明」下原有「言」字，據《長編》卷四二八删。
〔四〕屏：原作「併」，據《長編》卷四二八改。
〔五〕子：原無，據《長編》卷四二七補。

失職，冤獄有聞也。

二十六日，龍圖閣待制、知瀛州蔡京爲江淮荆浙等路發運使，罷寶文閣直學士、知成都府指揮。以諫官梁燾、范祖禹、吳安詩、御史朱光庭等言京黨附蔡確故也。

八月十四日，劉淑特罷祠部郎中，莫君陳罷兩浙提刑，與知州差遣。以言者論淑先知蘇州日，與君陳不受理章惇彊買崑山民田事也。

十二月二日，正議大夫章惇降授通議大夫，提舉杭州洞霄宫。先是，以左諫議大夫梁燾、左司諫劉安世、右司諫吳安詩言：「章惇違法買田，罰銅十斤，所責（大）〔太〕輕，未厭公議。況惇與蔡確、黄履、邢恕素相交結，自謂社稷之臣，天下之人指爲四凶。陛下無恤反汗之嫌，自遺養虎之患，宜候惇服闋，[5]特行廢置。」八月十九日，詔章惇候服闋與宫觀差遣。故有是命。

元祐五年正月二十四日，河東路經略使、龍圖閣學士、左朝散大夫曾布特降一官，改知河陽。以本路將官宋整實病而攝入禁，致觸階而死，故有是命。

四月一日，龍圖閣直學士鄧温伯兼侍讀，提舉醴泉觀，其新除翰林學士承旨告上之。以言者論其資質柔佞、隨事俯仰，冒耻苟進，爲公議所薄也。

五月二十六日，新除太學博士秦觀罷新命，別與差遣。以右諫議大夫朱光庭言觀素號薄徒，不可以爲人師，故有是命。

八月二十四日，客省使、嘉州刺史王光祖爲太原府路副總管。時光祖除知邢州，御史中丞蘇轍言其知瀘州用刑慘酷，買金虧價，不可以長民，故有是命。

九月十八日，新除集賢修撰、樞密都承旨黄廉依前職爲陝西都轉運使。以殿中侍御史上官均言，廉在元豐初嘗爲御史，與蔡確鞫相州獄，廉曲意附確，鍛鍊士人，悉皆無辜被罪，故有是命。

十月十八日，左侍禁、閤門祗候、東南第九將雷瑜特追閤門祗候，勒停。坐託疾不赴邵州策應故也。

十二月十四日，殿中侍御史上官均知廣德軍。以均言尚書右丞許將不當罷執政，中丞蘇轍、侍御史孫升等論均附會大臣意，姦邪不忠，故有是命。

六年正月十九日，資政殿學士、知蔡州王安禮知舒州。二十六日，又落資政殿學士。以右正言劉唐老等言，頃在青[6]州貪穢不法故也。

八月十二日，新除成都府路轉運使劉珵改差知邠州。以給事中范祖禹言，珵與蔡確交結醜迹，士大夫所共知故也。

二十八日，涇原路第十將、西染院使李浦，副將、如京副使張藴，各特降兩官，衝替。權同副將、供備庫副使王祕特展磨勘三年，差替。以懷遠寨監押、供奉官李遜與西賊鬬敵被圍，而浦等觀望不救，且供報誕妄也。

九月二十二日，河北都轉運使蔣之奇罷新除刑部侍郎。以中書舍人孫升言，之奇昔爲御史，以陰私事中傷所舉之人歐陽修，故有是命。

十一月八日，皇城使、嘉州防禦使、管勾鄜延路軍馬公事張若訥降一官，皇城使、太原路都監、知麟州孫咸寧降兩官衝替，皇城使、象州防禦使、知府州折克行降一官。以斥堠不明及不預爲清野之備，致西賊侵犯，恣行劫掠故也。

十二月十八日，觀文殿大學士、太中大夫、知河南府范純仁降中大夫。以自陳昨禦戎失策，累章待罪，蒙恩罷帥，移知河南府，竊恐未厭公論，望再行黜責，故有是降。

七年二月六日，禮部侍郎葉祖洽知海州。以御史言其貪鄙凡下，廉節不立故也。

三月四日，左朝奉大夫、前知和州孫賁特差替。以殿中侍御史楊畏言，聞弟喪，式假内用女優飲會，論刑雖輕，犯義實重，宜特懲黜，以警在位，故有是責。

四月二十一日，寶文閣直學士、中大夫、兵部侍郎李之純降授左中散大[7]夫。以知開封府日廨宇遺火故也。

七月二十四日，孫咸寧罷涇原路准備使喚〔一〕，添差監邵州酒稅。御史吳立禮、黃慶基再論咸寧知鄜州守邊，斥堠不明，不豫清野，致西賊恣行劫掠，乞削奪遠竄，以警邊吏。

同日，鄜延第四將、宮苑副使向懷德追一官，充鄜延路准備差使。以經略司言其私役禁軍，借用公庫錢，及西賊侵犯綏德城，不即時策應。

十月十六日，左奉議郎、太常博士朱彦權通判博州。以彦自陳：「昨與侍從官集議南郊合祭事，今曾肇既罷禮部，臣係與肇同論之人，備員禮官，俱爲失職，乞賜罷黜。」故有是命〔二〕。

八年正月十二日，右朝奉大夫温俊乂罷知同州，令吏部與合入差遣。先是，御史來之邵言俊乂知耀州，遣子弟載陶器入京貿易，令户部體量是實，故有是命。

二月二日，張利一罷知渭州，以監察御史黃慶基言：「涇原一路内總師律，外控羌戎，邊面曠遠，最爲重地，自非深謀遠畧、智勇過人者，不可輕以畀付。如利一者，不特人材凡下，不足以當其任，又其弟兄嘗以從叛而蒙顯戮，惡逆之家，安可委以强兵，付以重任！」及侍御史楊畏、監察御史來之邵、權給事中虞策俱上言故也。

五月三日，通議大夫、新除吏部尚書李清臣爲資政殿學士，知真定府。以權給事中姚勔論清臣不當召用故也。

紹聖元年四月十一日，蘇軾落端明殿學士、翰林侍讀學士，降充左承議郎、知[8]英州。以御史虞策、來之邵言軾元祐擢掌外、内制，譏斥故也。已而再有論疏，於是責授寧遠軍節度副使，惠州安置。

〔一〕喚：原作「换」，據《長編》卷四七五改。
〔二〕命：原作「也」，據《長編》卷四七八改。

閏四月十八日〔一〕，詔：「蘇軾合叙復日，未得與叙復。秦觀落館閣校勘，添差監處州茶鹽酒税〔二〕。」以監察御史劉拯上言：「軾怨忿形於詔告，王得君憤其誣詆，上書言之，被斥以死。觀浮薄，影附於軾，故進策謂秦二世不變始皇之法而至於亡，漢昭帝變孝武之法而存，軾遂考爲第一。」故也。

同日，工部尚書李之純落寶文閣直學士，降授寶文閣待制、知單州〔三〕。以劉拯言其前任御史中丞，阿附蘇軾、蘇轍，反爲其用，故有是責。

六月五日，太中大夫、知汝州蘇轍可降授左朝議大夫，知袁州。初責見「罷免」門。

同日，前勾當御藥院陳衍落遥郡刺史，降充左藏庫副使，添差監郴州酒税。以言者論「衍元祐中自王府官驟蒙擢用，方陛下未親萬機，衍怙寵驕肆，交通權要，竊弄威福，望重行降黜」故也。

八日，梁惟簡罷入内押班，差提舉亳州明道宫。以侍御史來之邵言前勾當御藥院陳衍依附惟簡以進，不一二年驟躋要近故也。

十三日，内侍、皇城使張士良添差監（穎）〔潁〕州鹽酒税，皇城副使梁知新添（知）〔差〕監亳州鹽酒税務。坐黨附陳衍故也。

十六日，資政殿學士、中大夫、知鄆州梁燾落資政殿學士，降授左中散大夫、知鄂州。以右正言張商英言「當呂大防擅權時，相爲表裏，中傷無罪」故也。

同日，左承議郎、充 9 寶文閣待制、知成德軍劉安世落寶文閣待制〔四〕，降一官，知南安軍〔五〕。左朝奉大夫、直集賢院、管勾西京嵩山崇福宫吳安詩落直集賢院，降一官，監光州鹽酒税。以言者論其皆由權貴親黨躐取要官，圖復怨仇也。

七月十七日，詔奪呂希純寶文閣待制、司農卿。以張商英論於元祐中繳駁詞頭不當，及附會呂大防、蘇轍也〔六〕。

十八日，詔：「司馬光、呂公著各追所贈官并謚告，及追所賜神道碑額，王巖叟所贈官亦行追奪。」

同日，通奉大夫范純仁特降一官。以三省言純仁朋附司馬光變亂法度，首建棄地之議，滋養邊患故也。

同日，左宣德郎、差監處州茶鹽酒税務秦觀降一官。以監察御史周秩言其罪重責輕，再有是命。

同日，詔：「陳衍傲狠不恭，威行宫省，遇事專肆，多不奏聞，同類畏之，莫敢指目。據其罪惡，當伏重誅，姑示寬

〔一〕十八日：《長編紀事本末》卷一〇一繫於十五日乙酉。
〔二〕酒税：原無，據《長編紀事本末》卷一〇一補。
〔三〕單：原作「軍」，據《宋史》卷三四四《李之純傳》改。
〔四〕成：原作「盛」，據《長編紀事本末》卷一〇一改。
〔五〕南安軍：原作「懷安軍」，據本卷後文及《長編紀事本末》卷一〇一、《宋史》卷三四五《劉安世傳》等改。
〔六〕轍：原作「軾」，據《長編紀事本末》卷一三下改。

仁，未欲置之極典。可追毀出身已來文字，除名勒停，送白州編管。」以右正言張商英言：「按衍與宰臣呂大防交通，干預大政。劉摯未除相前十日，人已知之；蘇頌未罷相前十日，人已知之。其姦狀明白，中外共知，欲乞削奪衍官，配流海島。」故有是詔。

二十七日，唐義問罷知廣州。以御史來之邵言其在元祐中棄渠陽寨也〔一〕。

八月二日，丁憂人前左朝請郎、寶文閣待制范純粹降一官，爲直龍圖閣、知延安府。以御史郭知章論其在元祐間嘗獻議棄安疆、葭蘆、吳堡、米脂等寨 10 故也。

九月十六日，唐義問責授舒州團練副使。胡田、李備並降授供備庫副使，胡田充廣南西路經畧司，李備充熙河蘭岷路經畧司，並准備差使。余卞追因棄渠陽授賞所轉兩官并所循一資，特勒停。歐陽中立追所循一資，依衝替人例，所追官資仍並不用敘法。以樞密院言：「按義問累奏乞廢渠陽等寨，後因蠻人作過，統兵萬餘，措置乖方，奏報欺罔。而李備、胡田遺棄官物，擅行斬戮。勾當公事官余卞兩上書乞棄渠陽，及差領中軍至洪江，若水應接官軍，身不親到。勾當官歐陽中立撰《征蠻記》，謬妄失實。」義問先知廣州，田先知鼎州，卞知沅州，中立知黔陽縣，並已先次放罷，再有是責。

二十六日，涇原路副總管苗履責授太子左清道率府副率，房州安置。以經畧使孫覽言，差履統制軍馬策應西賊，拒抗不行，故特責焉。

十一月一日，河北西路提舉官孫載送吏部。坐不奏陳流民故也。

十二月十一日，知深州吳安行特衝替。坐不受民訴災傷故也。

二十七日，龍圖閣直學士、提舉亳州明道宮范祖禹責授武安軍節度副使，永州安置。翰林侍讀學士、提舉兖州仙原縣景靈宮太極觀趙彥若責授安遠軍節度副使，澧州安置。集賢校理、管勾亳州明道宮黃庭堅責授涪州別駕，黔州安置。以臺諫章疏言所修《實録》多詆斥故也。

二年正月九日，呂大防特追奪兩官，趙彥若、范祖禹、陸佃〔二〕、曾 11 肇、林希、黃庭堅各追奪一官。以御史中丞黃履言其修纂先帝實録厚加誣毀也。詳見「修書」門。

二月五日，呂大防降一官。以權中書舍人劉定及右正言劉拯累論奏大防提舉編修實録挾怨誣詆故也〔三〕。詳見「修書」門。

三月二十八日，供備庫使李惟永降充供備庫副使，仍添監汀州商税鹽務。以詔書言其前後陳述矯直似忠，不循分守故也。

六月七日，皇城使李元輔降爲皇城副使，准備將韓廉

〔一〕來之邵：原作「來京邵」，據《宋史》卷三五五本傳改。
〔二〕佃：原作「田」，據《九朝編年備要》卷二四改。
〔三〕「劉拯」下原有「言」字，據文意刪。

降監當差遣，部將雷周勒停。以鄜延路經畧使范純粹言元輔、廉與西賊戰，退走，周不救援故也。

八月十六日，張商英罷左司郎中，添差監商州酒税務。先是，(穎)〔潁〕昌府民蓋漸訟侍御史來之邵令子娶蓋氏，規奪祖業，誣漸非蓋氏子，下有司根治。商英時爲右司諫，數論其事，其後坐令僧奉召及開封府皂侯璋與漸計會情弊，故有是命。

九月三日，前齊州司理參軍王世存、推官張崇並特勒停，通判滕希靖特衝替，知州、朝請郎杜紘，審問官京東路轉運副使、朝散大夫范諤各降一官。以刑部言齊州官吏失入張宣死罪，皆係去官，雖會赦原，特責之。

二十日，監察御史常安民可罷監察御史，送吏部與監當差遣。先是，安民數論事，無所阿比。論章惇：「以大臣爲紹述之説，實假此名以報復私怨。一時朋附之流從而和之，遂至已甚。故凡勸陛下紹述者，皆欲託先帝以行姦謀，謂它事難惑聖慮〔一〕，若聞先帝 12 則易爲感動。故欲快恩讎，陷良善者，須假此以移陛下心意。」至引王鳳亂漢、林甫亂唐，以比惇擅作威福。論蔡京：「巧足以移奪人主之視聽，力足以顛倒天下之是非。朝廷之臣，大半爲京死黨，它日援引群姦，布滿中外，雖欲去之無及。」論張商英：「在元祐之時，上呂公著詩求進，其言諛佞無耻，士夫傳笑。近爲諫官，則上疏乞毀司馬光、呂公著神道碑。周秩在元祐間爲太常博士，親定司馬光謚曰文正；近爲言官，則上疏論光、公著，乞斲棺鞭屍。陛下察此輩之言，果出於公論乎？」又論林希、李琮不當違新制權尚書侍郎，吳居厚宣仁所斥，不宜復待制。惇等積怒，合(史)〔力〕排陷，譖毀日間〔二〕。它日，上問曰：「聞卿嘗上呂公著書，比朕爲漢靈帝〔三〕。」安民對曰：「臣在元祐初，獻書公著，勸其博求賢才，嘗引陳蕃、竇武、李膺事。不謂惡臣深者指摘臣言，推其世以文致臣，雖辨之何益？」於是監察御史董敦逸奏論：「安民前嘗稱二蘇文章士，負天下重望，不當彈擊，乃軾、轍之黨，平居論議主元祐者。」詔罷安民御史，與知軍，而惇批詔語，乃擬送吏部與監當。

十月七日，錢勰落翰林學士、〔知〕制誥、兼侍讀，知池州。以臺諫黄履、翟思、劉拯言勰嘗批答不允鄭雍所請〔四〕，詔草有「群邪共攻」之語，代言不實，意在朋比〔五〕，故特黜之。

二十五日，知開封府王震落龍圖閣直學士，降授朝散郎、知岳州。司録參軍陳厚降爲通直郎、監浙州茶鹽酒税。時大 13 理卿路昌衡、左正言孫諤言：「震爲知章惇主張蓋漸家財，震與惇不相得，令厚節外勘出許與良借(等錢)〔錢

〔一〕惑：原作「感」，據《長編紀事本末》卷一〇六改。
〔二〕間：似當作「聞」。
〔三〕靈：原作「哀」，據《宋史》卷三四六《常安民傳》改。
〔四〕鄭：原無，據《長編紀事本末》卷一〇一補。
〔五〕意：原作「章」，據《長編紀事本末》卷一〇一改。

等〕數事進呈，欲證惇庇蓋漸，事皆挾情。」上批：「王震等陰謀附會，賊害忠良，欺罔朝廷，侮玩獄事，宜加深責，以誡中外。」故也。

十一月六日，太府少卿范諤知壽州。諤自轉運使入對，言有捕盜功，乞賜章服。上謂輔臣曰：「捕盜常職也，何足以言功？」故黜之。

十三日，太中大夫、充寶文閣待制、知開封府蔣之奇降授左朝議大夫，皇城使、嘉州刺史、權發遣本路兵馬都監高永〔享〕〔亨〕，朝奉郎、通判熙州王本並衝替。內永亨仍特降遥郡一官。以樞密院言，按熙河蘭岷路經畧司分畫地界遷延，并西人掠取，軍司並不申奏，永亨申狀虛誕，故有是命。而之奇先任經畧使，亦預責焉。

十四日，入內東頭供奉官康德輔降一官。坐施帳蔽車以觀車駕，法當罰銅，特有是責。

二十二日，提舉亳州明道宮梁惟簡除名，送全州安置，其後永不收叙。以三省言：「惟簡負罪當誅，先帝曲加容貸，不能感悔，復引陳衍濟其餘惡，惟簡仍居要職。今衍已竄嶺表，而惟簡猶以使職領宮觀，刑不稱罪。」故也。

三年正月二十日，西上閤門副使苗履特責授太子右清道率，添差監峽州酒税。以進狀稱孫覽挾情劾己、絶無悛懼之意故也。

二十一日，楊畏落寶文閣待制，依舊知河中府。中書舍人盛陶繳還詞頭，遂移知虢州。以右正言 14 孫諤言：「畏在元豐間爲御史，其論議皆與朝廷合。及元祐末，呂大防、蘇轍等用事，則盡變而從之。紹聖之初，陛下親政獨斷，則又偷合詭隨，締交執政，傾亂朝廷，天下之人謂之『三變』。今畏罷帥真定，仍以寶文閣待制知河中府，非所以慰公議〔一〕。」故有是命。

五月七日，孫諤罷右正言，差知廣德軍。以詳定重修敕令蔡京言諤所言役法詆誣先朝，故有是命。詳見「役法」門。

二十五日，知睦州呂希純知歸州。以隱匿不回避張次元親故也。

七月二十八日，集賢殿修撰、知潞州呂陶落職，差監潭州南嶽廟；通判范鉞特追一官，令吏部與監當。以糴常平斛㪷納下私小錢三萬餘貫，容縱私鑄、惠姦民故也。

八月二十三日，責授武安軍節度副使、永州安置范祖禹責授昭州别駕，賀州安置；責授奉議郎、試少府少監、分司南京、南安軍居住劉安世分司南京已見「分司」門。特責授新州别駕，英州安置。以元祐中造誣謗故也。

九月十三日，前福建路轉運判官文勛、前兩浙路轉運判官陳安民，並吏部與合入差遣。以奉使無善狀故也。

十月十二日，姚勔落寶文閣待制，管勾杭州洞霄宮。以寶文閣待制、知瀛州路昌衡言「勔無行，尚玷從班，今止罷磨勘，罪大罰輕」，故有是命。

〔一〕以：原無，據《長編紀事本末》卷一〇一補。

十二月三日，知同州、寶文閣直學士呂大忠降授寶文閣待制〔一〕，差遣如故。以陳奏邊事與元祐所言反覆故也。

四年二月四日，故司空、同平章[15]軍國重事呂公著可追貶建武軍節度副使，故正議大夫、守尚書左僕射、兼中書門下侍郎司馬光可追貶清海軍節度副使，故端明殿學士、左朝請郎王巖叟可追貶雷州別駕，奪趙瞻〔二〕、傅堯俞贈謚，追韓維致仕及孫固、范百祿、胡宗愈遺表恩例。以三省言：「司馬光、呂公著唱爲姦謀，詆毁先帝，變更法度。及當時同惡之人偶緣已死，不及明正典刑，尚且優以恩數，及其子孫親屬，使後世亂臣賊子何以創艾？至於告老之人，雖已謝事，亦宜少示懲沮。」故也。

五日，詔文常昨緣文彦博致仕所授五臺主簿特追奪。

七日，承議郎張競辰罷提舉夔州路常平等事。以御史蔡蹈言其嘗諂事呂大防、蘇轍故也。

二十三日，内殿承制、提點都亭驛班荆館、兼提點修營所黄卿從添差監南安軍鹽稅，係陳衍黨人故也。

二十八日，詔：「降授中大夫、守光祿卿、分司南京、安州居住呂大防責授舒州團練副使，循州安置；降授左朝議大夫、試光祿卿、分司南京、蘄州居住劉摯責授鼎州團練副使，新州安置；降授左朝議大夫、試少府監、分司南京、筠州居住蘇轍責授化州別駕，雷州安置；降授左中散大夫、守少府監、分司南京、鄂州居住梁燾責授雷州別駕，化州安置；大防等分司東京，並見「分司」〈四〉〔門〕。降授通議大夫、知隨州范純仁責授武安軍節度副使，永州安置；資政殿大學士、太子少傅致仕韓維落資政殿大學士，特降授左[16]朝議大夫致仕；左朝議大夫、充天章閣待制、提舉亳州明道宮范純禮落天章閣待制，依前官管勾亳州明道宮，蔡州居住；朝請大夫、充天章閣待制、提舉亳州明道宮趙君錫落天章閣待制，依前管勾亳州明道宮，本處居住；朝請大夫、充寶文閣待制、提舉南京鴻慶宮馬默特落寶文閣待制〔三〕，依前管勾南京鴻慶宮，單州居住；朝散大夫、天章閣待制、知歙州顧臨落天章閣待制，依前管勾洪州玉隆觀，饒州居住；降授朝散郎、充寶文閣待制、知滑州范純粹落寶文閣待制，依前管勾江州太平觀，均州居住；朝散郎、充寶文閣待制、知宣州孔武仲特落寶文閣待制，依前官管勾洪州玉隆觀，池州居住；中大夫、充寶文閣待制致仕王汾落寶文閣待制，依前官致仕；朝請郎、充集賢殿修撰、知饒州王欽臣落集賢殿修撰，依前官管勾江州太平觀，信州居住；承議郎、直龍圖閣、管勾亳州明道宮張耒落直龍圖閣，依前官添差監黄州酒稅；朝請大夫、管勾亳州明道宮呂希績降授朝請郎，差遣依舊，光州居住；降授朝請郎、監均州酒稅務吳安詩責授濮州團練副使，連州安置；承議郎、充秘閣校理、通

〔一〕呂大忠：原作「呂大中」，據《長編》卷四八五改。
〔二〕瞻：原作「贍」，據《九朝編年備要》卷二四改。
〔三〕舉：原作「奉」，據《宋史》卷三四四《馬默傳》改。

判亳州晁補之落秘閣校理，依前官添差監處州鹽酒税務；知齊州賈易添差監海州酒税務；通直郎程頤追毁出身文字，放歸田里；并錢勰、楊畏，並依紹聖二年八月二十一日指揮，永不叙復。郴州編管秦觀移[17]送横州編管。吴安詩、秦觀，令所在州差職員押伴，仍謹護視之。朱光庭追貶柳州別駕，孫覺、趙卨並追職并兩官及遺表恩例，李之純追職及遺表恩例，杜純追職，李周追貶唐州團練副使。」以三省言：「近降朝旨，以司馬光等造爲姦謀〔一〕，詆毁先帝，變更法度，各加追貶，其首尾附會之人亦稍奪其所得恩數。其餘同惡相濟，幸免失刑者尚多，亦當量罪，示其懲艾。」故有是命。

閏二月一日，太師致仕文彦博諸子並令解官侍養，司馬康追奪贈官。

二日，朝請郎、尚書屯田員外郎、分司南京、隨州居住韓川特責授岷州團練副使〔二〕，道州安置；朝請郎、尚書水部員外郎、分司南京、峽州居住孫升責授果州團練副使〔三〕，汀州安置。以附姦凶譏訕故也。

五日〔四〕，觀文殿學士、太中大夫、知定州韓忠彦可依前官，降充資政殿學士。

七日，鄭雍落資政殿學士，依前太中大夫、知大名府；安燾落觀文殿學士〔五〕，依前左正議大夫、知鄭州。並以中書舍人蹇序辰言其附會姦惡，同爲毁訕也。

同日，故朝奉郎、試中書舍人孔文仲追貶梅州別駕，及追遺表恩例；鮮于侁追左諫議大夫、集賢殿修撰；故朝請郎吴處厚追貶歙州別駕。

十七日，葉濤可罷中書舍人，依前官知光州。以不草安（濤）〔燾〕降授資政殿學士誥詞也。

十九日，寧遠軍節度副使、惠州安置蘇軾責授瓊州別駕，移送昌化軍安置；韶州別駕、賀州安置范祖禹移送[18]賓州安置；新州別駕、英州安置劉安世移送高州安置。

四月十八日，故追貶建武軍節度副使吕公著特追貶昌化軍司户參軍，故追貶清海軍節度副使司馬光特追貶朱崖軍司户參軍。公著制詞畧曰：「廢體國之大義，忘事君之小心。陰結姦臣，私懷異意，謗訕先烈，變亂舊章。積惡終身，久益暴露。」光制詞畧曰：「嘗與凶黨，實藏禍心，至引宣訓衰亂不道之謀，借諭寶慈聖烈非意之事。興言及此，積慮謂何！雖免嚴誅，載加貶秩。」蓋用邢恕之譖也。

十九日，詔：「范純仁元祐四年罷相恩例不追奪，其已追奪並給還；王巖叟依吕大防等例追奪，司馬光、吕公著遺表恩例並依例追奪。」又詔：「趙卨追元任太中大夫、中

〔一〕造：原無，據《長編紀事本末》卷一〇二補。
〔二〕岷州：原作「岷川」，據《長編紀事本末》卷一〇二改。
〔三〕「升」下原有「降」字，據《長編紀事本末》卷一〇二删。
〔四〕五日：按《長編紀事本末》卷一〇二此條事仍繫於二日丁亥。
〔五〕按，《長編紀事本末》卷一〇二載安燾落觀文殿學士在十七日壬寅。

大夫兩官并歷任職名，所有贈官亦行追奪〔一〕。更有似此者，依此施行。」因吏部、刑部有請也。

二十四日，故金紫光禄大夫、守尚書左僕射、兼門下侍郎、贈太師王珪追貶萬安軍司户參軍。從給事中葉祖洽請也。

五月二十四日，降授左朝議大夫致仕韓維責降崇信軍節度副使致仕，均州居住〔二〕。以三省言其乃先帝東宮舊臣，在元豐末朋附司馬光最爲盡力故也。

八月二十二日，西上閤門使、端州刺史、權環慶路兵馬都鈐轄張存落遥郡刺史，降本路兵馬鈐轄。以統制將兵牽制涇原進築〔三〕，逢西賊鬬敵，失亡數多，故有是命。

九月二十七日，折可適、辛叔獻特追諸司副使，文思副使曲[19]充特降兩官，原州通判李之儀特差替，經畧使章楶特罰銅二十斤。以涇原路進築，同統制擅遣充作先鋒，繼領人馬追賊，亡一百三十三人。叔獻總領蕃兵，輕易出塞，亡失士馬，付原州根治，雖會兩赦，特罪之。李之儀以鞫勘鹵莽，經畧使章楶以失案舉，故併坐。

十一月二十三日，中大夫、郴州安置劉奉世責授隰州團練副使〔四〕，郴州安置；知常州劉當時差監潭州衡山南嶽廟。以御史中丞邢恕言奉世兄弟元祐間附吕大防等也。

十二月十七日，秘閣校理劉唐老落職，添差監桂陽監茶鹽酒税賣礬務。以唐老元祐黨人，故有是命。

元符元年三月九日，詔徙内侍張士良羈管于白州。先是，章惇、蔡卞痛詆垂簾，結宦官郝隨爲助於上，欲追廢宣仁聖烈皇后，自皇太后、皇太妃皆力争之，上感悟，焚惇、卞所上章。隨覘知之不悦，密語惇、卞。明日再上奏，堅乞施行，上怒曰：「卿等不欲朕入英皇宗廟乎？」以其奏抵地〔五〕。惇、卞不得已，請於雷州取宣仁殿御藥官張士良付詔獄。士良至，即以舊御藥院告，并列鼎鑊刀鋸置前，謂之曰：「言有即還舊官，言無即就刑。」士良仰天大哭曰：「太皇太后不可誣，天地何可欺也！」乞就戮。奏至，上不以惇、卞爲直，遂徙士良白州，押赴貶所。

四月十四日，御史中丞兼侍讀邢恕知汝州。以私懷怨憎，揚言排擊，妄意進用，不計後先，故有是命。

五月三日，詔劉摯、梁燾諸子並特[20]勒停，永不收叙。先是，少府監主簿蔡渭奏〔六〕：「叔父碩曩於邢恕處見文及甫元祐中所寄恕書，具述姦臣大逆不道之謀〔七〕。及甫乃彦博愛子，必知當時姦狀。」詔翰林學士承旨蔡京同權吏部侍郎安惇即同文館究問。初，及甫與恕書，謂「司馬昭之心

〔一〕追：原作「隨」，據《長編》卷四八六改。
〔二〕均州：《長編》卷四八八、《長編紀事本末》卷一〇二作「筠州」。
〔三〕築：原作「策」，據《長編》卷四九〇改。
〔四〕副：原無，據《長編》卷四九三補。
〔五〕抵：原作「詆」，據《長編》卷四九五改。
〔六〕渭：原作「確」，據《長編》卷四九〇改。
〔七〕具：原作「且」，據《長編》卷四九〇改。

路人所知，又濟之以粉昆，朋類錯立，欲以眇躬爲甘心快意之地」。及甫嘗語蔡碩，謂司馬昭指劉摯〔一〕，粉昆指韓忠彦，眇躬及甫自謂。後蔡確母又言，梁燾嘗與懷州致仕官李珣言〔二〕，朝廷若存確則當除邢恕，以告邢恕，詔令恕詳具以聞。其後三省（及）又言李珣元祐中常對尚洙説梁燾語言，詔李珣限指揮到日，畫時供具從初語言詣實，仍結罪委無漏落，實封以聞。既令恕詳具以聞，而又以詰珣，至是洙等所言無實，乃詔逐人偶皆亡，不及考驗，故特有是命。

六月一日，徙方澤知萬州。以權吏部尚書葉祖洽言：「近照驗在部官名籍，伏見方澤熙寧十年爲提舉官，奏請乞放罷見顧役人〔三〕，將三等人户仍舊差役。坐不知職守，詔送審官東院，與合入差遣。而澤於元祐二年訴理，遂得除落元豐指揮，繼除知州差遣，外議未安。」故也。

十四日，知霸州李昭珙降一官，通判侍其琮追一官勒停，權通判寇毅並依衝替人例，推官郎渙差替〔四〕，界河同巡檢王溥、勾當榷場徐昌明各追兩官，劉家渦莫金口巡檢賈喦、刀魚巡檢楊拯各追一官勒停〔五〕，河北路沿邊巡撫使、東上 21 閤門使、資州刺史李諒落遥郡，別與外任差遣，副使劉方降一官，機宜張棠差替。昭珙等坐昨爲北人盜拆霸州橋，入榷場殺傷人兵，並無措畫，亦不豫爲隄防，雖該赦，特責之。

九月二日，詔王珪諸子並特勒停，永不收叙。以權吏部尚書葉祖洽言：「近劉摯、梁燾諸子並勒停，永不收叙，王珪罪惡比摯等最爲暴著，今罪罰輕重不相准，何以慰天下？」故有是命。

十六日，詔呂大防諸子並勒停〔六〕，永不收叙。以權殿中侍御史鄧棐言：大防子景山見任宣義郎，乞依范祖禹等諸子例。

二十一日，詔罷江淮荆浙等路制置發運使呂温卿〔七〕，仍就近供答文字，有罪不以前來赦原。以察訪孫傑言其不法故也〔八〕。

十月十四日，奉議郎、權知陝州馬瑊降爲通直郎〔九〕。以元祐間嘗言元豐傅致鍛鍊，抑就深刑〔一〇〕，故有是責。

同日，王覿特責授鼎州團練副使，澧州安置。以看詳訴理所言：「元祐臣僚上言，乞展訴理日限，所貴銜冤之人皆得洗雪。按所言於先朝不順。」故有是責。

二十三日，朝奉大夫、前夔州路提舉閤令降爲朝請郎。

〔一〕昭：原缺，據《長編》卷四九〇補。
〔二〕珣：《長編》卷四九〇作「洵」。下同。
〔三〕奏：原作「奉」，據《長編》卷四九九改。
〔四〕郎：《長編》卷四九九作「梁」。
〔五〕拯：《長編》卷四九九作「極」。
〔六〕呂：原無，據《長編》卷五〇二補。
〔七〕浙：原作「州」，據《長編》卷五〇二改。
〔八〕傑：原作「謂」，據《長編》卷五〇二改。
〔九〕馬瑊：原作「馬城」，今統改，參見本書職官四三之一二〇校記。
〔一〇〕抑：原作「却」，據《長編》卷五〇三改。

先是，令因推勘王光祖事特追兩官勒停。元祐除落，顯屬不當，其元祐指揮勿行。

同日，新除京東路轉運判官秦定知濠州。以權殿中侍御史鄧棐言，定頃緣姪覯與蘇軾、蘇轍厚善，遂擢監司，乞罷新命。

二十五日，朝散郎汪衎、瀛州防禦推官余爽並除名勒停，永不收叙。衎送昭州，爽送封州編管，【22】仍備坐本人所上書行出。先是，三省言：「衎、爽元豐末各上書詆訕先朝，爽又元祐中曾上書乞宣仁歸政，險詐反覆。」故有是命。

二十六日，邢恕特降授承議郎、知南安軍。以中書省言：「元祐間，恕爲起居舍人，上書言王安石之短，呂惠卿之姦，及言韓維端諒名德，乃與司馬光、呂公著一等。」故有是詔。

二十九日，朝請郎、秘閣校理、權知潞州歐陽棐落職，送吏部與合入差遣。坐朋附元祐大臣故也。

同日，王愍特落軍權，依舊吉州刺史，充熙河蘭會路副總管。以經略司言愍北討賊，不能深入破蕩巢穴，故有是命。

十一月三日，詔孫杞緣右司郎中身亡合得恩例勿行。以殿中侍御史鄧棐言其察訪河北日，曾薦執政大臣親黨門人也。

四（月）〔日〕（一），故通直郎宋保國追毀出身已來文字，除名。以三省檢會元祐七年，保國曾奏請太皇太后行躬謁太廟之禮也（二）。

九日，朝散郎王鞏特追毀出身已來告敕文字，除名勒停，送全州編管。通直郎張保源特勒停，仍展三期叙，峽州居住。坐元豐、元祐累上書議論朝政故也。

十二月二十一日，朝散大夫謝景初男謝愔特勒停，韓忠彥、王存各贖銅三十斤。以看詳訴理文字所言：「朝散大夫謝景初昨任成都府路提刑有踰違，特追兩官勒停。元祐初，孫永、李常、韓忠彥、王存乃奏景初事出曖昧，顯涉冤抑，特與奏雪。」而愔亦坐與其父訴理，言涉不順故也。

二十三日，【23】陳禹功特送鄰州編管。以看詳訴理所言元祐訴理除雪故屯田員外郎陳舜俞不奉行常平法降監當等不當（三），及其子陳禹功妄有言故也。

二年正月十七日，資政殿學士、太中大夫、知大名府韓忠彥，資政殿學士、右正議大夫致仕王存，各降一官。先是，中丞安惇言存、忠彥奏雪謝景初語言不順，各罰銅三十斤，議罪未愜，故有是命。

二十四日，詔奪趙景先元授恩澤。以看詳訴理文字所言：「元祐訴理所公案，前知徐州趙鼎在任，於官船附帶私物，及以買絹爲名，差破人船附載骨肉，各坐私罪。元祐二

（一）四日：原作「四月」，以時間順序推之，當作「四日」。《長編》卷五〇四繫於十一月五日己酉，僅相差一日。
（二）太皇：原作「太后」，據《長編》卷五〇四改。
（三）奉：原作「奏」，據《長編》卷五〇四改。

年特與除落。本所看詳，顯屬觀望。」及吏部供元祐四年呂大防等劄子：「陛下臨御之初，察鼎非辜身亡，其家無人食禄，殊可矜憫，子景先推恩補郊社齋郎〔一〕。」詔元祐指揮更不施行。

同日，朝散郎、差知吉州周邠送吏部，與合入差遣。以訴理不當故也。

二(十)〔月〕四日〔二〕，奉議郎、充高密廣平郡王院大小學教授陳并送吏部，與遠小監當差遣。以嘗上書毀佛道不當也。

三月十一日，吏部員外郎孫諤送吏部，與合入差遣。以監察御史、兼權殿中侍御史左膚言：「諤在元豐中以監制勑庫漏落條貫罷去，而元祐中三省有訴陳，且言幸遇朝廷欽恤刑獄，使銜冤飲恨者皆得以上聞。諤獨指元祐爲欽恤，則是先帝未嘗欽恤。」故有是命。

十六日，朝奉大夫致仕葉伸特降三官，陳郛、吳儔、蘇嘉、朱光裔並特勒停。24 以御史中丞安惇言：「元祐初，姦臣置訴理所，將熙寧、元豐以來斷過刑名輒行奏雪。陛下委官考閱案牘凡千餘人，其元斷重輕，一一當罪，已具聞奏改正。元看詳官劉摯、孫覺、胡宗愈、傅堯俞、管勾文字葉伸、蘇嘉、朱光裔、吳儔、陳郛等罪跡顯著，義不可容。」故有是命。

二十二日，熙河蘭會路經略判官、降授宣德郎鍾傳責授連州別駕〔三〕，韶州安置；試户部侍郎陸師閔落職，知蘄州；前權知熙州、直龍圖閣張珣特責授歙州別駕〔四〕，池州安置；前秦鳳路提點刑獄故陳敦夫追元與一子官及所賜錢；熙河蘭會路經略司勾當公事、宣德郎陳中夫特除名勒停，歙州編管；司户參軍錢升特除名勒停；秦鳳路經略司管勾機宜、承議郎任鯤特勒停；熙河蘭會路經略司勾當公事、宣議郎董采，承議郎李夷行，熙河路經略司管勾機宜文字、承務郎李毅，通遠軍通判、奉議郎李深，僉判、承事郎胡泳，各特降一官，内李毅無官可降，展四年磨勘，董采仍衝替；陝西轉運司勾當公事、承議郎李宗愿，熙河路經略司勾當公事、禮賓副使王原，各特降一官；通判熙州、奉議郎孫适特降兩官〔五〕；侍禁王士元、滄州司理參軍章綖特勒停；侍禁康厚降一官；走馬承受、入内供奉官周珪特追一官勒停；前東頭供奉官滿志行特除名勒停，岳州編管；熙河蘭會路鈐轄、崇儀使、成州刺史王舜臣追十官，除名勒停，留充涇原路効用，準備 25 使喚；熙河蘭會路都監、知河州、皇城使、榮州防禦使王贍追十一官，免勒停，權管勾

〔一〕郎：原作「即」，據《長編》卷五〇五改。

〔二〕月：原作「十」，據《長編》卷五〇六改。

〔三〕降：原無，據《長編》卷五〇七補。

〔四〕張珣：《長編》卷五〇七作「張詢」，當是。《長編》、《九朝編年備要》等書中多作「詢」字。

〔五〕孫适：《長編》卷五〇七作「潘适」，然同書卷五一九亦作「通判熙州軍州事孫适」，是《輯稿》未必誤。潘适，《長編》中屢見，元祐中曾任渭州通判（見王鞏《甲申雜記》），當另是一人。

河州及安撫司公事；熙河第五將、知通遠軍、降授莊宅副使康謂追七官，免勒停，權管勾通遠軍；權知岷州〔一〕、皇城使、昌州刺史李澄追十四官，免勒停，權管勾岷州；熙河路都監、右騏驥副使李澤追十官〔二〕，特除名勒停，送均州編管；熙河第二副將、文思副使秦世章追十八官，特除名勒停，送江州編管；熙河第一將、左騏驥使姚師閔追十二官，勒停；河州都總管、領蕃兵將、皇城使劉戒追十七官，勒停；熙河第三副將、莊宅副使張論追十五官，勒停；熙河第五將、前崇儀使辛叔獻追三官，勒停；副將、西作坊使董隱追四官；蘭州都總領蕃兵將〔三〕、禮賓使李忠追一官；餘部隊將、使臣、人吏、敢勇、効用等，各等第追降、勒停，編管、決配有差。內曾有戰功，並聽陝西、河東路經畧司留充効用，準備隨軍使喚。傳等皆以白草原討蕩妄增首級，冒受功賞，虛上首級與使臣親戚，付秦州制勘得實，故有是命。

四月六日，看詳訴理所言：「元祐訴理不當：宋喬年、梁鑄衝替，元祐改作差替；符守規衝替事理重，改作事理輕；王安上追兩官勒停，改作追一官；王棫、張舜民、曹輔、劉符元追兩官，改作追一官；李夷行、陳述之元追三官衝替，張宗諤、張升卿元追兩官勒停，並與除落；王覺贓罪，改作私罪；王防私罪徒，改作私罪杖；周常差替，與除落。乞重行改正。」26詔元祐指揮更不施行。

十七日，董必罷新除工部員外郎。以左司諫、權給事中陳次升言必劾衡州糴常平〔四〕，置獄潭州，瘐死者三人故也。

二十二日，朝奉郎、水部員外郎、分司南京、睦州居住黃隱特責授平江軍司馬，南安軍安置。以與元祐黨偷合取容也。

二十六日，陳次升罷職，添差監全州鹽酒稅。以在元祐間任御史，所上章疏率附會權臣、詆毀先政故也。

五月二十四日，如京副使韓資罷涇原西路同總管，令吏部與閑慢差遣。以元祐中訴父存寶事語涉不順也。

六月二十三日，監內香藥庫李之儀放罷。以權殿中侍御史石豫言：「之儀因蘇軾知定州日，薦辟勾當機宜文字，豈可更居此職！」故有是命。

八月五日，龍圖閣待制盛陶知和州。以言者論陶昨在元祐中，緣詆毀先烈，協比權臣，排毀舊弼故也。

九月十一日，觀文殿大學士、降授通議大夫、知陳州范純仁可落觀文殿大學士，知隨州。以純仁言：「呂大防等竄謫江湖，已更年紀，未蒙恩旨，久困拘囚。伏願宸衷獨斷，因大禮赦文放令逐便，使得自新改過。」詔以純仁立異邀名，故有是責。

〔一〕知：原無，據《長編》卷五〇七補。
〔二〕十官：《長編》卷五〇七作「十五官」。
〔三〕兵：原作「官」，據《長編》卷五〇七改。
〔四〕平：原作「米」，據《長編》卷五〇八改。

閏九月一日，朝請郎賈易特責授保静軍司馬，邵州安置。以言者論易在元祐中任臺諫誣毁先烈也。

二日，奉議郎、知昌州文軨，奉議郎、通判泗州沈銜〔一〕，宣德郎持服人王高，淮南節度推官、知達州新寧縣張湜，各特衝替；奉議郎楊阜依衝 27 替人例。以訴理所言軨等進狀語涉譏訕故也。

三日，知解州劉斐，通判劉公明，同監解池郭群、鄭道安、張侁，監安邑池蘇之純，解敞、劉世隆，各特除名勒停，送逐處編管。判官崔貫之，推官劉公謹，監門李景、張琪，安邑主簿劉忞，虞鄉縣尉陳希高，各特勒停，仍展五期叙。録事參軍、權推官徐琮，特衝替。權判官高興禮，特依衝替人例施行。安邑縣尉畢大純，特差替。以解鹽池決溢，斐等坐不謹護視故也。

八日，李公弼、陸彦回、李復、杜譚、王箴、李惇禮〔二〕、謝瑾、鄧球、方希哲、董夔、方次夔〔三〕、袁符、劉唐肱〔四〕，各特衝替；馮豫、崔振、王申、周惟和、張松年、郭復、張寶臣、王常、張茂先，各特差替。並坐訴理言涉詆訕故也。

同日，王吉甫知磁州。以安惇言「吉甫授蔡河撥發，臣昨被旨看詳訴理文字，辟吉甫充管勾官，覷望畏避，不肯就職」故也。

九日，奉議郎、前知揚州江都縣呂振追出身已來文字，除名勒停，撫州編管。坐自盜贓故也。

十四日，涇原路第三將、皇城使孫文〔五〕，副將〔六〕、皇城副使許元凱降一官，並降充准備將領。西京左藏庫副使翟士彦降一官，充準備差遣。以不體探西賊動息，致八巡檢入界，爲西人掩殺也。

十八日，涇原路經畧使、端明殿學士、太中大夫章楶降授中大夫。以稽留朝命，不即修置烽臺故也。

二十六日，宣義郎、試起居舍人、充崇政殿説書周常特降兩官，添差監郴州茶鹽酒税〔七〕。先是，常以狀申臺出送 28 黄履，又鄧洵武等分析，周常言黄右丞之出爲救鄒浩，志在廢法取名故也。

十月十九日，朝請郎、權刑部侍郎周之道降授朝散郎，差遣如故；降朝奉大夫許介卿罷刑部郎中；降授宣義郎錢蓋罷刑部員外郎。皆坐出送右丞黄履知亳州也。

二十六日，郭知章罷中書舍人，以前官充集賢殿修撰〔八〕、知和州；魯君貺罷司農少卿，以前官知均州；王森

〔一〕銜：《長編》卷五一六作「衜」。
〔二〕李惇禮：原作「李惇李禮」，據《長編》卷五一六删後「李」字。
〔三〕方次夔：《長編》卷五一六無此人，疑涉「方希哲、董夔」而衍。
〔四〕肱：四庫本《長編》卷五一六作「股」，浙江書局本則作「服」。
〔五〕「皇城」上原有「副」字，據《長編》卷五一六删。
〔六〕副將：原無，據《長編》卷五一六補。
〔七〕監：原脱，據《長編》卷五一六補。
〔八〕官：原作「言」，據《長編》卷五一七改。

罷倉部郎中，梁鑄罷工部員外郎〔一〕，鄭佑追所授恩賞〔二〕，責授鼎州團練副使，筠州安置；李仲、李偉追所授恩賞，仲添差監永州在城酒稅務，偉添差監全州鹽酒稅，並候任滿日更不差人；俞瑾罷都水監丞；文及甫差知漢陽軍；呂希純責授舒州團練副使，道州安置；王令圖、王宗望追所授恩賞，其應緣恩賞、轉官所得恩例，（今）〔令〕所屬追奪；黃思等十六員，並追所授恩賞，內竇訥仍令吏部與監當差遣。以元祐間主導河東流之議無功也。

十一月七日，翰林學士、知制誥、兼侍講蔣之奇落職知汝州；寶文閣待制、權知開封府呂嘉問落職知懷州；權吏部尚書葉祖洽罷知濟州；奉議郎王回除名勒停；奉議郎、勾當雜買務田衍，奉議郎、監元豐庫王琳，奉議郎岑棫，承議郎、秘書省正字吳師禮，宣德郎李友諒，承議郎、監榷貨務陳舉〔三〕，朝請郎、都官員外郎朱紱，承議郎、諸王府翊善傅楫，通直郎、監在京麴院胡安修，越州山陰縣主簿范致君，各特追一官勒停；宣德郎 29 岑穰〔四〕、秘書省校書郎白時中、樞密院編修文字張庭堅〔五〕、監元豐庫蔣球、吏部員外郎畢漸、考功員外郎蔡蹈、承議郎張琳、試太學博士范致虛各衝替；宣德郎、秘書省正字葉承差替；王溥落閤門祗候勒停。坐與諫官鄒浩語言交通及以錢銀遺浩，且致簡敘別也。

十五日，詔：「尹材追毀出身已來文字，仍令河南府體訪有無子孫仕宦，具名以聞。」以給事中劉拯言尹材係知河南府孫固以遺逸薦於朝，特授虢州司户參軍，上太皇太后書語言狂妄故也。

十（一）〔二〕月二日〔六〕，知祁州馬仲良追兩官，免勒停，仍不用敘法。以不詳悉根磨進築平夏、靈平役兵死亡人數故也。

三年正月十五日，責診視大行皇帝醫官秦玠、孔元、耿愚等，並除名、勒停、編管、奪官〔七〕、罰金有差。

二月四日，寶文閣直學士、左朝議大夫、新知成都府孫路落職知興國軍。坐前帥熙河日，王贍乘虛擣青唐〔八〕，而路輒追回援兵，致失機會故也。

三月十七日，朝奉郎、直龍圖閣、權發遣陝府文及甫落職。初，及甫除都司，爲劉摯論列；又摯常論彥博不可除三省長官，故止爲平章事；又彥博致仕，及甫自權侍郎以修撰守郡，母喪除，與恕書論請補外，因爲躁忿詆毀之辭。

〔一〕鑄：原作「轉」，據《長編》卷五一七改。
〔二〕佑：原作「佐」，據《長編》卷五一七及《宋史》卷九三《河渠志》三改。
〔三〕監：原作「兼」，據《長編》卷五一八改。
〔四〕郎：原無，據《長編》卷五一八補。
〔五〕堅：原無，據《長編》卷五一八補。
〔六〕十二月：原作「十一月」，據《長編》卷五一九改。
〔七〕「奪官」上原有「除」字，據《長編》卷五二〇刪。
〔八〕贍：原作「瞻」，據《宋史》卷三三二《孫路傳》改。

蔡渭奏其言，詔即同文館根問。及置對，以昭比摯〔一〕，以眇躬指上，而粉昆謂指王巖叟、梁燾。巖叟面如傅粉，故曰「粉」；燾字況之，以況爲兄也。所言皆亡狀。至是，中書舍人張商英上【30】言，欲正其罪。上以及甫數更赦宥，止行鐫職。

十九日，詔：「太常少卿曾旼、孫傑，丞吳絪，博士王允中、黃中、鄭居中各降一官，旼仍與小郡。」以太常寺昨議三年服制，稱「易月公除，可以聽樂」非是故也。

五月二日，貶前知湟州王贍爲諸衛將軍〔二〕，房州安置；隴右同都巡檢使王厚爲太子右率府率，添差監隨州酒稅。贍、厚盜青唐庫物，及妄誅首領九人，因隱其物產，上以事連將士，不欲窮治，姑從薄責，仍諭將士知之。

十六日，王祖道罷左司諫，知海州。坐阿諛苟容、畧無獻替也。

十八日，入內內侍省、西京左藏庫使武球送吏部。以捶人苛虐，且嘗與瑶華詔獄故也。

二十二日，內侍高品白諤編管唐州。坐奏疏乞皇太后不候陞祔還政，仍以副本納樞密院。上諭輔臣以故事內侍不許言事，故有是責。

二十七日，知河南府孫覽降二官。以京西北路提舉常平方宙體量到河南府諸處解發到盜賊計一百三十餘名，覽悉親加〔評〕〔訊〕治，致斃於捶楚者十人，故有是命。

七月二十一日，安惇落職寶文閣待制，依舊知潭州。前廣東轉運判官鍾正甫，前監察御史左膚、石豫，並送吏部。以言者劾正甫頃在廣東受臺牒往新州追攝鄒浩詔獄，欲置浩於必死。造意爲虐，實自惇等，而正甫觀望風旨，奉行過當，故皆貶之。

九月十六日，詔：「蹇序辰、安惇並特除名，追毀出身以來文字，放歸田里。文及甫、蔡渭送吏部，與遠小【31】監當。」紹聖中，安惇奏乞委官取元祐理訴所公案看詳改正，申明從初加罪之意，復依元斷施行。詔委蹇序辰、徐鐸，而序辰輒將臣僚章疏傅致語言，指爲謗訕，凡因看詳施行者千餘人。又乞以其事付史館，修入實録，并編類貶責臣僚所言所行事狀。內有文及甫與邢恕書，蔡渭援以爲證，進狀追訟司馬光、呂公著、劉摯、呂大防、梁燾、王巖叟、劉安世、吳安詩、傅堯俞、朱光庭、范祖禹、蘇軾、蘇轍等害其父確，謀危宗社，乞奪逐人所得子孫恩澤，其間存者乞正反坐之法，投之嶺外，以爲姦臣賊子之戒。至是，中書省檢會，故有是責。

十七日，詔：「右司諫陳瓘上疏言皇太后尚預政事，其言失實，可添監揚州糧料院。」後詔瓘知無爲軍。

二十一日，資政殿學士、知江寧府蔡卞落職，提舉杭州

〔一〕昭：指司馬昭。此節文字删削過甚，不便徑補，讀者可參閲《宋史·刑法志》二。

〔二〕湟：原作「湼」，據《宋史全文》卷一四改。又「贍」原作「瞻」，據上引及《宋史》卷三五〇《王贍傳》改。下同。

洞霄宮，太平州居住。

同日，龍圖閣待制、河北都轉運使張商英，龍圖閣待制、知瀛州范鏜並落職，商英知隨州，鏜知滁州。二人亦坐惇、卞黨故也。

二十六日〔一〕，詔特進、新知越州章惇特責授武昌軍節度副使，潭州安置。以中書省檢會左司諫陳瓘前後章疏論惇罪惡故也。

二十九日，詔龔原議論不當，罷給事中，降兩官知南康軍。

同日，知隨州張商英降一官。以臣僚上言：「紹聖初備位諫官，與宰相章惇結爲死黨；又與百姓蓋漸增改詞狀，要用中傷大臣；到任謝表又肆詆誣。」故有是命。

十月二日，吳居厚特落32職知和州，宋喬年、李公年、王穀、盧槩各特降一官，内盧槩仍衝替。居厚嘗充哲宗皇帝靈駕橋道頓遞使，喬年、槩、公年、（轂）〔穀〕提舉修治橋道，爲道路泥水，致靈駕陷泥露宿，并鄭州迴鑾門道内地勢鐵背，致力士難以著力，留滯靈駕，詔御史臺制勘得實，故有是命。

十六日，内侍裴彦臣追五官勒停，送峽州羈管，令開封府差人押送，其前降依隨龍人例指揮勿行。坐勾當御藥院閣守懃在御前進呈文字，而彦臣輒扣守懃之冠，高聲與語，靳侮不恭，侍御史陳次升彈奏，乞正典刑，故有是責。

十七日，降寶文閣待制、知延安府陸師閔爲集賢殿修撰。以右正言陳祐言其頃帥永興，輕變鈔法，輒減物價，令下之始，幾至生事故也。

二十二日，資政殿學士、知大名府林希降端明殿學士，知揚州；龍圖閣待制、知洪州葉祖洽落職；知青州徐鐸落龍圖閣待制，知湖州〔二〕。以中書省檢會御史中丞豐稷言：「希助惇爲惡，布在王言，掩宣仁聽政之明，蔽永泰知人之鑒。鐸編類章疏，隨惇好惡，爲之輕重，存歿名臣，橫遭貶竄。祖洽觀望惇意，欲擅元豐末命之功〔三〕，誣奏王珪圖危正統，皆未見施行。」故有是責。其後言者不已，希又自通議大夫降太中大夫。

二十六日，殿中侍御史錢遹提舉京湖北路常平。以遹論侍御史陳次升元祐初出使詆毀鹽法，附會姦臣、不當在言路非是，故黜之。

十一月八日，端明殿學士、知江33寧府蔡京落職，提舉杭州洞霄宮。以侍御史陳次升、殿中侍御史龔夬累章論其「交結近習〔四〕，蹤跡詭秘，自除邊帥，即懷怨望，少丐宮

〔一〕按，《長編紀事本末》卷一二〇繫於十月三日丙申。
〔二〕以上二句，「徐鐸」下原無「落」字，據《長編紀事本末》卷一二〇補。按《長編紀事本末》敘此事云：「朝散大夫、龍圖閣待制、知洪州葉祖洽落龍圖閣待制，知洪州（按徐乾學《資治通鑑後編》卷九三此句作「依舊知洪州」）；朝奉大夫、龍圖閣待制、知青州徐鐸落龍圖閣待制，知湖州。」本文即據此標點，但文意不若《長編紀事本末》完整明晰。
〔三〕末：原作「未」，據《豐清敏公遺事》改。
〔四〕夬：原作「史」，據《宋史》卷三四六《龔夬傳》改。

祠，偃蹇不行，願正典刑，以警在位」，故有是命。

十二月五日，陝西路都轉運使、直龍圖閣賈種民特落職。以臣僚論其「諂事章惇，陰陷良善。創洛口之填，昔嘗敗功；狹汴渠之隄，今亦爲病」故也。

建中靖國元年正月十七日，朝請郎、尚書度支員外郎王詔，朝散郎、光禄少卿王博聞，承議郎、京西路轉運判官鄧棐各降一官，棐仍知興化軍。並以任京西漕臣，治道不謹，致哲宗靈駕稽留故也。

二月二十二日，通議大夫、知揚州林希降知舒州。以右司諫陳祐言希謝表不自引咎故也。

二十六日，武昌軍節度副使、潭州安置章惇責授雷州司户參軍，員外安置。以左正言任伯雨累章數其罪〔一〕，乞行誅戮故也。

三月十七日，詔龍圖閣直學士、新差知成都府孫覽降充寶文閣待制、知永興軍。以辭成都府不行故也。

十九日，福州觀察使、入内内侍省都知梁從政降授榮州防禦使，提舉亳州明道宫，本處居住。以宰臣韓忠彦等奏：「昨聞大行皇太后宣諭，云嘗召從政詢及定策之事，從政意在黨附章惇，今乃在君側，理所未安，望屏黜。」上本無罪從政意，故薄其責。

二十一日，詔：「降充右千牛衛將軍、房州安置王贍除名勒停〔二〕，免決刺，特配昌化軍，永不放還。降充率府率、添〔差〕監 34 隨州酒税王厚責授賀州別駕〔三〕，郴州安置。」初，贍等領兵入青唐，邈川酋長封帑藏，齎簿書、筦鑰，請以獻諸朝，而贍等即開（封）府庫，以給散將士爲名，盡取其金、珠、犀、玉，妄殺無辜，贍又掠蕃婦六人爲婢。朝廷初恐連逮者衆，不欲窮治，始從薄責。至是，熙河帥司奏青唐諸族怨入骨髓，相與結集作過，日圖報復，至今未息。樞密院請斬贍等以謝一方，而言者亦有彈奏，故有是責。

三月二十五日，寶文閣直學士、知徐州胡宗回落職知蘄州。坐王贍在熙河貪功生事，欲收西蕃，而宗回乃趣其入據青唐。甫踰月，蕃部背叛，殺戮兵民甚衆。累詔令贍歸湟州，宗回意尚依違，逮朝廷命姚雄節制〔四〕，贍方還歸。其後溪巴温每送到蕃奏，宗回匿不以聞。自去年九月以來，湟州蕃部多囉巴等屢擁衆出没爲患，而宗回不即上聞。至是樞密院條數其罪，故有是責。

〔崇寧元年〕五月四日〔五〕，端明殿學士、知鄆州劉奉世特落職知徐州。以言者論其在元祐間先助劉摯，後附呂大

〔一〕雨：原作「兩」，據《長編紀事本末》卷一一七改。

〔二〕贍：原作「瞻」，據《宋史》卷三五〇《王贍傳》改。後同。

〔三〕厚：原作「原」，據《宋史》卷三五〇《王贍傳》及前文職官六七之三〇改。

〔四〕自本句「朝廷」至本條末，原在後文職官六七之三六「崇寧元年四月十七日」條「落涇原路都鈐轄」後，與本條原有之「以捕獲」數句互爲錯簡，今據文意及《長編》卷五一六以後諸卷所叙史事移正。

〔五〕原稿此條時間只作「五月四日」，承前似爲建中靖國元年五月四日，然據《長編紀事本末》卷一二一注，實爲崇寧元年五月四日事，今補。以下二條亦崇寧元年事，誤插於此。

防、蘇轍，内交陳衍，相爲表裏故也。

十一日〔一〕，故資政殿大學士、贈金紫光禄大夫李清臣奪職，追所贈官。

十六日〔二〕，詔〔三〕：「故太子太保司馬光降授右正議大夫，太子太保呂公著降授左光禄大夫，太師、河東節度使、開府儀同三司、太原尹、潞國公文彦博降授太子太保，光禄大夫呂大防降授太中大夫，中大夫劉摯降授右朝議大夫，左中散大夫梁燾降授朝請大夫，朝奉郎王巖叟降授定遠軍節度行軍司馬，朝奉郎蘇軾降授崇信軍節度行軍司馬，其元追復官告並繳納。贈左銀青光 35 禄大夫王存追所贈官，資政殿學士、太中大夫鄭雍追所復職。贈右銀青光禄大夫、謚獻簡傅堯俞，贈銀青光禄大夫、謚懿簡趙瞻，並追所贈官及謚告。贈太中大夫趙卨追所贈官。已上告身並追毁。朝散郎、充集賢院學士孫升追所復職。朝奉郎孔文仲，朝散郎朱光庭，宣德郎秦觀，延福宫使、入内内侍省都知、定國軍節度觀察留後、贈安化軍節度使、謚信獻張茂則，並追所復贈官。贈開府儀同三司范純仁追例外所推恩數。中大夫劉摯葬事依前宰臣例指揮勿行。資政殿大學士〔四〕、太子少傅韓維，贈開府儀同三司孫固，爲係神考潛邸人，已復職名及贈官免追奪。太中大夫蘇轍，朝奉大夫范純粹，朝請大夫、寶文閣待制吳安詩，更不叙復職名。端明殿學士、太中大夫范純禮落端明殿學士，提舉西京嵩山崇福宫。朝奉大夫、顯謨閣待制、知潁昌府陳次升降集賢殿修撰〔五〕。朝請郎、充集賢殿修撰韓川落集賢殿修撰，管勾西京嵩山崇福宫。朝奉郎、直龍圖閣、知汝州張耒落直龍圖閣〔六〕，管勾亳州明道宫。直秘閣、朝請大夫、知曹州呂希哲，朝請郎、知相州劉唐老，朝奉大夫、知蔡州歐陽棐，並落職，差遣依舊。朝奉大夫、提舉永興軍路刑獄孔平仲，朝奉大夫、淮南路轉運副使畢仲游，朝奉大夫、提舉河東路常平徐常，朝奉郎、知太平州黄庭堅〔七〕，朝散郎、知密州晁補之，朝散郎、軍器少監韓跂〔八〕，朝散郎王鞏、劉當時、常安民，承議郎黄隱，通直郎張保源，並送吏部與合入差遣。朝散郎汪衍，瀛州防禦判官余爽，陳州别駕湯（戫）〔馘〕，更不收叙。泉州教授鄭俠放罷〔九〕，通直郎常立追所得一子官〔一〇〕，奉議郎程頤追所復官，依舊致仕。西上閤門使張巽

〔一〕按，此「十一日」乃崇寧元年五月十一日乙丑，見《長編紀事本末》卷一二一。

〔二〕十六日：按《宋史》卷一九《徽宗紀》一亦載此事於崇寧元年五月十六日庚午。《長編紀事本末》卷一二一繫於五月乙亥，即二十一日，稍異。

〔三〕詔：原無，據《長編紀事本末》卷一二一補。

〔四〕按，原稿自此句至本條之末，凡六百七十餘字，原錯簡在本卷後文職官六七之三六「六月四日」條後，今據《長編紀事本末》卷一二一移此。

〔五〕此句原脱，據《長編紀事本末》卷一二一補。

〔六〕耒：原作「來」，據《長編紀事本末》卷一二一改。

〔七〕庭：原作「廷」，據《長編紀事本末》卷一二一改。

〔八〕跂：原作「跛」，據《長編紀事本末》卷一二一改。

〔九〕俠：原無，據《長編紀事本末》卷一二一補。

〔一〇〕常立：原作「常平立」，據《長編紀事本末》卷一二一刪。

追所復兩官，依舊差遣。應曾經貶責人，除遺表及罷政恩例已給還外，其亡歿後所復官職，已得指揮依遺表條與推恩之人並減半〔一〕。其三人以上，餘數聽從多，仍並與假承務郎。用上件恩例轉官、陞資者，依此比折磨勘資考年月。應送吏部人，並令在外指射差遣，令吏部依條差注。承議郎任伯雨准此〔二〕。」以臣僚上言：「伏見先朝貶斥司馬光等，陛下即位之初，當國之臣不能檢會事狀進呈，以此牽復。臣愚伏願明諭執政大臣〔三〕，使公共參議，詳酌輕重行遣。」又奏：「曾經責降人見今任監司、蕃部者，必不肯公心奉行法度，亦乞朝廷契勘，改授閑慢差遣。」又言：「切見元符之末，簾帷同聽政事之日，元祐大臣乘間用事，盡復紹聖間負罪責降之人，或盡還舊官〔四〕，或超授職任。其復在朝廷者，或見於論議，獻上封章，或在言路與大臣爲表裏者，皆有可考之實。伏望聖慈令所屬取上件合該行遣之人，或削奪官職，或旋行懲戒〔五〕，各以類舉，必當其罪，天下幸甚。」故有此詔。

〔建中靖國元年〕七月一日〔六〕，吏部尚書陸佃贖銅十斤，起居舍人李昭玘放罷，朝請郎、少府少監韓粹彥降一官。坐欽聖憲肅皇太后陵奉虞主不恭，佃嘗自言，故薄其罪。

二十一日，朱紱罷給事中，知壽州。以右司諫陳祐論事不實，紱爲之救解，故黜之。

二十七日，詔降寶文閣直學士、知永興軍范純粹爲寶文閣待制。坐帥鄜延日論奏邊事不當故也。

八月二十九日，觀文殿學士、提舉杭州洞霄宮呂惠卿落職。以前帥鄜延日上功冒賞，言者以爲附下罔上。又鄜延路經略司奏：「本路自紹聖年以來，前後所奏功賞例多妄冒。其間有冒二十資至一十資已上，至有小使臣轉皇城使、効用轉諸司使副者不少。及環慶路勘會到自効用之例推恩，最高者止於右班殿直，有上件詐冒功賞，並係帥臣保奏不實。」故有是責。

十月四日，寶文閣待制、36知永興軍范純粹落職知金州。以言者論其不能飭兵謹備，乃於奏章數有沮壞之議故也。

崇寧元年四月十七日，引進使、威州刺史、涇原路都鈐轄、知鎮戎軍、涇原路同統制官姚古追引進使，落涇原路都鈐轄。以捕獲避役軍人〔七〕，不稟統制折可適，擅決配故也。

二十七日，詔降寶文閣待制、知杭州龔原爲集賢殿修

〔一〕條：原脱，據《長編紀事本末》卷一二一補。
〔二〕雨：原作「兩」，據《長編紀事本末》卷一二一改。
〔三〕諭：原作「論」，據《長編紀事本末》卷一二一改。
〔四〕盡：原作「只」，據《長編紀事本末》卷一二一改。
〔五〕旋：原作「庭」，據《長編紀事本末》卷一二一改。
〔六〕以下五條仍爲建中靖國元年事。
〔七〕「以捕」至本條末，原錯簡在上文職官六七之三四「二月二十五日」條末，據文意移此，參前文校記。

撰知揚州。以諫議大夫陳次升論其降授不厭人望故也。

四月二十九日，詔史院官供職及二年已上者，各特罰銅二十斤。以臣僚上言史院官僅及十年，方修帝紀五册，兼用王安石《日録》，美安石而掩蔽神考盛德，故罰之。

五月十三日聖旨，朝請大夫、秘閣校理李德芻特落職，差監華州西嶽廟。以治亳州酷虐故也。

十八日，左中奉大夫、知蘄州胡宗回特降一官，授左朝議大夫，依前知蘄州。以邊事奏報不實故也。

六月四日，户部尚書王古爲寶文閣待制，知成都府。以御史中丞趙挺之論古裁減浮費欺罔不實，又嘗與古同領放欠事，知古與吏爲姦，意欲盡傾天下之財而無孑遺，不可任計省之長，故有是命。

38 閏六月十五日，詔龍圖閣直學士、知定州曾肇落職，知和州。肇嘗以史事與陸佃同謫，至是佃罷右丞，訓詞及之，肇不自安，上章待罪，故有是命。

十八日，詔寶文閣待制、新差知越州鄒浩可特責授衡州别駕，永州安置。以臣僚言詆毀椒房，重泰陵之非，特有是責。

二十九日，故資政殿大學士、右光禄大夫李清臣特追貶安武軍節度副使；新知常州豐稷責授海州團練副使，睦州安置；新知（諤）〔鄂〕州張舜民責授楚州團練副使，商州安置。皆坐言章論其嘗於奏議及謝表中譏訕先朝故也。

七月二日，降寶文閣待制、新知河中府葉祖洽爲集賢殿修撰，提舉建州武夷山冲佑觀。祖洽既補外官，言被遇兩朝，及妄陳功効，規欲復留，故有是責。

三日，觀文殿大學士、知潤州曾布落職，提舉亳州明道宫，太平州居住。以言者交章論其援引朋黨，交結近習，縱子與壻通賄賂等罪，故有是責。

八日，樞密直學士、朝奉大夫、新差知鄧州郭知章降充龍 39 圖閣直學士。知章劄子奏：「臣伏見臣僚上言，謂臣以臺官往相度河事，實定東流之議，本以從官降修撰、小郡，今乃翰林學士。臣昨奉勑體量賑濟，即不曾差相度河事。王宗望議閉北流，吴安時等保明，即臣非定議之人。又臣以修撰知和州，未已間，已聞哲宗有旨令上殿。方陛下登極，首蒙聖恩拔擢，兩除侍郎，又除寶文閣直學士、知永興軍，又權尚書，又除知開封府，方除翰林學士。今來即不敢言官辨罪。」先是，閏六月十四日，言者論及，詔知章降爲樞密直學士知鄧州，都水使者黄思放罷，知章輒具本末進呈，故有是命。

二十二日，直龍圖閣、權發遣陝西府路都轉運使孫傑落職，令吏部先次與小州。傑嘗建言沿邊見任官月俸米麥並移於近裏州軍勘請，鄜延路安撫使王博體量非便，而言者論傑臆見生事，故有是命。

二十七日，詔朝散郎、管勾亳州明道宫張耒特責授房州别駕，黄州安置。坐以蘇軾卒縞素而哭，因言者彈論，故有是責。

八月八日，寶文閣待制、知舒州王涣之落職，以言者論其朋附臺諫也。

十三日，直龍圖閣、知齊州周鼎特落職知郢州，户部侍郎徐彦孚降授奉議郎，秦鳳等路提點刑獄許端卿降授承議郎。知常州朱彦，朝奉大夫、淮南東路提點刑獄鍾正甫，降授朝奉郎李昭玘，左朝議大夫向綡，朝請郎劉唐老，承議郎陳瓘，朝奉大夫歐陽棐，朝請郎、直秘閣、權 40 發遣襄州陳察等，並降一官。以諂附柄臣，傾揺先烈，(猖)〔倡〕從寬之邪説，誣至正之典常也。

二十五日，寶文閣待制周常落職，管勾江寧府崇禧觀，婺州居住；知廬州龔原管勾成都府玉局觀，和州居住；端明殿學士、知徐州劉奉世落職，提舉西京嵩山崇福宮，沂州居住；朝奉大夫呂希純管勾南京鴻慶宮，汝州居住；降授承議郎王覿管勾江州太平觀，朝散大夫王古管勾台州崇道觀，謝文瓘罷給事中〔一〕，管勾洪州玉隆觀，並本處居住；朝請郎陳師錫管勾舒州靈仙觀，知蔡州歐陽棐管勾台州崇道觀，朝請大夫呂希哲管勾建州武夷山冲佑觀，朝散郎晁補之管勾江州太平觀〔二〕，朝奉郎黄庭堅管勾洪州玉隆觀，承議郎黄隱管勾舒州靈仙觀，朝奉大夫畢仲游管勾江寧府崇禧觀，朝散郎常安民管勾成都府玉局觀，朝奉大夫孔平仲管勾兖州太極觀，王鞏管勾江州太平觀，張保源監華州西嶽廟，朝奉大夫陳郛管勾杭州洞霄宮，朝散郎朱光裔管勾建昌軍仙都觀，蘇嘉管勾華州靈臺觀，余卞監西京中嶽廟，鄭俠監潭州衡山南嶽廟，胡田管勾建昌軍仙都觀，遂州觀察使孟存提舉西京嵩山崇福宮，承議郎、知沂州劉安世依前承議郎、提舉西京嵩山崇福宮，知金州范純粹管勾南京鴻慶宮，鄂州居住，集賢殿修撰、知應天府呂仲甫落職，追復寶文閣待制吳安時落職。事因闕。

二十八日，鹿敏求追 41 所授承事郎，降充簿尉；呂彦祖追所授官，永不得應舉；高士育追所授官，依舊左班殿直；何大正追所授出身及所授官，永不得應舉。以言者論其獻書得官，所言無補，志在僥倖故也。

九月九日，前知荆南府馬瑊追三官勒停〔三〕，海州安置。以傜賊入寇不即聞，御史臺具獄上，故責之。（以上《永樂大典》卷三八八六）〔四〕

〔一〕中：原無，據《宋史》卷三五四《謝文瓘傳》補。

〔二〕之：原無，據《宋史》卷四四四《晁補之傳》補。

〔三〕馬瑊：原作「馬城」，今統改，參見本書職官四三之一二〇校記。

〔四〕《大典》卷次原缺，據《永樂大典目録》卷一一補。

宋會要輯稿　職官六八

黜降官　五

【宋會要】

1 崇寧元年九月十四日，詔開具元符三年臣僚章疏姓名。

邪上尤甚：范柔中、鄧考甫、封覺民、李新、吳朋、衡鈞、胡端修、趙令畤、周誼、安信之、孫琮、高公應、郭執中、王察、趙峋、李傑、李賁、石芳、吳安遜、朱紱〔一〕、周永徽、楊琳、金極、張集、呂諒卿、蘇昞、鮮于綽、黃策、高漸、王吉〔二〕、張夙、王貫、葛茂宗、曹益、趙天佐、衮公適、洪羽、柴衮、劉謂。

邪上：梁寬、曹興宗、謝潛、許安修、羅鼎臣、于肇、黃遷、劉吉甫、王公彥、(萬)〔万〕俟正、楊朏、許堯輔、胡良、李修、黃安期、梅君俞、沈千、張居、黃才、寇宗顏、曹譽、林膚、葛輝、逢純熙、王炎〔三〕、張溥、胡潛、劉勃、陳唐、董祥、陳師錫、王守、蔣津、高遵恪、王陽、張裕、王拯、侯顯道、周遵道、宋壽岳、扈充。

邪中：趙越、朱光裔、王忠恕、劉質夫、鄧允中、王岐、謝悰、蘇處厚、高公湜、吳偉、江洵〔四〕、劉冲、蕭刓〔五〕、劉戣、宋勛年、吳文規、張悰〔六〕、狄瑾、郭時、楊令、劉憲、張寀、任竇賢、任伯雨、蘇大本、沈街、王箴、陳師錫、王發、呂陶、李浩、王履、陳師道、上官公裕、劉天啓、張耒〔七〕、史彭年、梁俊民、黃竑、李賡、李昇、楊垣〔八〕、薛逢、梁景初、李霔〔九〕、張諟、耿毅、劉渙、李平、劉廓、李孝迪、陳中夫、張永弼、張戩、李良翰、竇誦、黃安期、孫大臨、張恕、宋許、李寀〔一〇〕、馬衷、高定、唐秬、富開、鮮于綽、韓英、范鍔、陳象古、王天常、甯祖武、李幹、翁升、邵伯温、張上行、韓安岳、商師申、宇文譓、李知遠、吳瓌、潘見素、蘇 2 之悌、張蘇、李閎、衡石、祁彭年、陳喆、葉世英〔一一〕、孫琮、毛隨、楊敦仁、檀固、許廣淵、李雲從、夏侯景仁、唐廣仁、許邵、高徽、楊明、郭簡修、黎延、孫秉義〔一二〕、陳昇、朱曾、陳琰、段察、武仲荀、姚諷、王望之、李由頤、蘇迥、段瓚、馮伯藥、陳良能、王迴、趙孝立、宋之

〔一〕紱：原作「竑」，據《長編紀事本末》卷一二三改。
〔二〕王吉：原作「王右」，據《長編紀事本末》卷一二三改。
〔三〕炎：原作「交」，據《長編紀事本末》卷一二三改。
〔四〕洵：《長編紀事本末》卷一二三作「詢」。
〔五〕刓：原作「刑」，據《長編紀事本末》卷一二三改。
〔六〕悰：《長編紀事本末》卷一二三作「琮」。
〔七〕耒：原作「來」，據《長編紀事本末》卷一二三改。
〔八〕垣：《長編紀事本末》卷一二三作「植」。
〔九〕霔：原作「霪」，據《長編紀事本末》卷一二三改。
〔一〇〕宋許李寀：《長編紀事本末》卷一二三作「宋寀」一人。
〔一一〕英：《長編紀事本末》卷一二三作「美」。
〔一二〕義：《長編紀事本末》卷一二三作「善」。

珍、楚興宗、陳鄜〔一〕、李晉裕、馮千里、高士戩〔二〕、韓晞、王彦昇、張確、劉奕、王中師〔三〕、范植〔四〕、賀昌辰、張及、張鐸、鞠士復〔五〕、曹公裕〔六〕、裴迪祖、王祐、梁安國、晁説之、王奧〔七〕、劉經國、倪直孺、王夷約、楊天惠、劉覺、陳策、李處仁、朱恪、路昌衡、周鼎、李圭、陳縝。

邪下：王萃〔八〕、朱肱、錢昇、楊忠信、王收、李庚、劉端彦、梁光〔九〕、張叡、傅耆、王偉、趙茂曾、楊致祥、董丕、竹璟、鄭綱、党鈞、任日新、趙齊賢、蘇堯臣、高復、任仲奇、閭丘陞、陳琰、陳皋〔一〇〕、成彭年〔一一〕、梁嶷、陳琳、王腴、喬天錫、丁執善、何宗翰、卞衷〔一二〕、李知章、范子修、李援、徐瑛、王覬、毛叔度、吳倚、方適、林定、譚極、黄同、傅希龍、王彦若〔一三〕、王師正、劉知至〔一四〕、劉宲、李程、馬牧〔一五〕、任廱、竇護、黄汝方、宋適、張譽、杜之邵、王時、馬恕、孫發、李彦弼、倪直侯〔一六〕、王箴、楊韶、鄧安正、黄正一、呂公美〔一七〕、徐公亶、李公寅、楊伯〔一八〕、聶敏修、吳昞、崔陟、徐説〔一九〕、謝愔〔二〇〕、周邠、高臨、李士忞〔二一〕、蕭景修、徐俯、李孝常〔二二〕、范百億、何權、宇文輝、俞次契、甯宗傑、魏鐙、季羲叟〔二三〕、蘇之悌、時君陳、張照、李茂、安譚、章颯、魏价〔二四〕、江窔、陳雝、林宗直〔二五〕、陳京、陸渙、張保淳〔二六〕、程之才、余卞、呂蕡、魏當、陸彦述、支詠、劉勃、費勉中〔二七〕、馬永逸、董乂、辛春卿、毛撝、黄叔靖、陳竑、楊恂、鄭子淵、傅列〔二八〕、蓋 3 士宏、耿居正、

〔一〕鄜：《長編紀事本末》卷一二三作「鄜」。按字書不見此二字，似當作「鄜」或「彪」。二字相同，讀如彬，虎文也。
〔二〕戩：原作「鄙」，據《長編紀事本末》卷一二三改。
〔三〕中師：原作「由師」，據《長編紀事本末》卷一二三改。
〔四〕植：《長編紀事本末》卷一二三作「埴」。
〔五〕士：《長編紀事本末》卷一二三作「嗣」。
〔六〕曹：《長編紀事本末》卷一二三作「賈」。
〔七〕王奧：《長編紀事本末》卷一二三作「王奧之」。
〔八〕萃：《長編紀事本末》卷一二三作「革」。
〔九〕光：《長編紀事本末》卷一二三作「兑」。
〔一〇〕陳皋：原作「皐」，據《長編紀事本末》卷一二三改補。
〔一一〕年：原作「作」，據《長編紀事本末》卷一二三改。
〔一二〕衷：《長編紀事本末》卷一二三作「京」。
〔一三〕若：《長編紀事本末》卷一二三作「弼」。
〔一四〕至：《長編紀事本末》卷一二三作「止」。
〔一五〕牧：原作「收」，據《長編紀事本末》卷一二三改。
〔一六〕侯：《長編紀事本末》卷一二三作「孺」。
〔一七〕呂公：《長編紀事本末》卷一二三作「吳光」。
〔一八〕伯：《長編紀事本末》卷一二三作「直」。
〔一九〕説：《長編紀事本末》卷一二三作「詵」。
〔二〇〕愔：原作「諸」，據《長編紀事本末》卷一二三改。
〔二一〕士：《長編紀事本末》卷一二三作「志」。
〔二二〕李：《長編紀事本末》卷一二三作「季」。
〔二三〕季：《長編紀事本末》卷一二三作「李」。
〔二四〕价：《長編紀事本末》卷一二三作「介」。
〔二五〕宗直：《長編紀事本末》卷一二三作「崇旦」。
〔二六〕張：《長編紀事本末》卷一二三作「裴」。
〔二七〕「費勉中」上原有「陳京」，按上文已有此人，據《長編紀事本末》卷一二三删。
〔二八〕列：《長編紀事本末》卷一二三作「烈」。

毛完〔一〕、薛睿、黄諷、聶思孝、楊明、甯鳳、舒升中〔二〕、洪芻、武仲洵〔三〕、向湜、徐愈、王驥、陳力、閻建、孟道、張友、劉跂、汪忱、李燾〔四〕、邵樞〔五〕、胡盤、熊浚明〔六〕、崔鷃、向詢、黄應求、劉仲昕、司馬宏、孟宗直〔七〕、張元矩、黄熙、唐嘉問、曾嶧、范子舟、江汝言、馮正卿、王濤、劉思、徐大經、呂元中、吳文規、杜穎、柴羲、卞義、歐陽旻〔八〕、尹翊、胡沔、孫大臨、葛敏修、葉擬〔九〕、錢大中、燕景賢、任唐毅〔一〇〕、張碩、陳誨、李庭堅、史君陳、楊居、陳并〔一一〕、黄子蹇〔一二〕、趙晞、張沆、王彦、富純、江洵、劉溥、吳瓌、史保躬、趙丕遠、王璉、姜蹈中、朱繪、西門聿、趙襄、馬洙、張濟、朱恪、李黯、文嘉謀、上官彝、孫曾、潘瑶〔一三〕、黄瓘〔一四〕、胡庶、程俱、馬待問、李翦、周希尹〔一五〕、燕默、蕭拱辰〔一六〕、傅甯、鄭少微、王知常、郝宗臣〔一七〕、林駢、鄭語、劉寬、施邁、楊容之、高公湜〔一八〕、何景甫、范埴〔一九〕、張廷玉〔二〇〕、唐靖、張樸〔二一〕、趙衡、王適、曾驛〔二二〕、劉蒙、毛求〔二三〕、蓋薦、李敦常、張直、楊瓌寶〔二四〕、李處晦、晁詠之、宋由正、陳中、張珙、史彭年、李機、楊禾、梁鼎吉〔二五〕、高公傑、趙子渙、家愿〔二六〕、陸表民、楊傑、白鎮、袁公適〔二七〕、蘇象先、高漸、趙伾、郭永年、楊傳、朱行

〔一〕「完」下原有「師」字，據《長編紀事本末》卷一二三删。
〔二〕升中：《長編紀事本末》卷一二三作「洪中」。
〔三〕洵：《長編紀事本末》卷一二三作「詢」。
〔四〕燾：《長編紀事本末》卷一二三作「壽」。
〔五〕樞：《長編紀事本末》卷一二三作「秬」。
〔六〕浚明：《長編紀事本末》卷一二三作「俊民」。
〔七〕宗直：《長編紀事本末》卷一二三作「完旦」。
〔八〕旻：原作「昊」，據《長編紀事本末》卷一二三改。
〔九〕擬：《長編紀事本末》卷一二三作「嶷」。
〔一〇〕毅：《長編紀事本末》卷一二三作「瑴」。
〔一一〕并：《長編紀事本末》卷一二三作「升」。
〔一二〕蹇：《長編紀事本末》卷一二三作「寧」。
〔一三〕瑶：《長編紀事本末》卷一二三作「琮」。
〔一四〕瓘：《長編紀事本末》卷一二三作「權」。
〔一五〕周：原作「國」，據《長編紀事本末》卷一二三改。
〔一六〕蕭拱辰：原脱，據《長編紀事本末》卷一二三補。
〔一七〕郝：原作「赦」，據《長編紀事本末》卷一二三改。
〔一八〕湜：《長編紀事本末》卷一二三作「從」。
〔一九〕埴：《長編紀事本末》卷一二三作「塤」。
〔二〇〕廷：《長編紀事本末》卷一二三作「庭」。
〔二一〕張樸：原脱，據《長編紀事本末》卷一二三補。
〔二二〕驛：《長編紀事本末》卷一二三作「繹」。
〔二三〕毛求：原作「先才」，據《長編紀事本末》卷一二三改。
〔二四〕瓌：原作「懷」，據《長編紀事本末》卷一二三改。
〔二五〕吉：《長編紀事本末》卷一二三無此字。
〔二六〕愿：原作「願」，據《長編紀事本末》卷一二三改。
〔二七〕袁：《長編紀事本末》卷一二三作「衮」。按上文「邪上尤甚」中已有「衮公適」。《長編紀事本末》此人均作「衮」，疑「袁」字誤。

中、王注、滕友、侯晉升〔一〕、周謂、毛友直〔二〕、范世文、苗蓁、王景下〔三〕、王景行、謝舉廉〔四〕、李世基、陳慤〔五〕、竇卞、趙渥、孟長民、周秄〔六〕、閻崇、郭奉世、薛及、任有功、徐商美、宇文湛、劉之美〔七〕、上官均、張沔、王公彦、賈休復、宋直方、喬甫、高士丕、江煒〔八〕、劉鼎臣、常徽猷、何爽、韓升卿、何大受、陳修己、賀霖、張彦逸、俞唐、馬希道、蒲俊、劉爽、秦憲、蔣琳、方鼎、胡慎修〔九〕、馮正雅、張宇、張材、勾居體。

二十一日，韓**4**忠彦降三官，提舉西京嵩山崇福宮，外州軍任便居住。曾布降授中大夫、司農少卿、分司南京，依舊太平州居住。李清臣追貶雷州司户參軍，黄履追貶雅州團練副使。朝請大夫、提舉舒州靈仙觀曾肇降兩官，依舊提舉舒州靈仙觀，岳州居住。責授海州團練副使、商州安置豐稷責授道州别駕，台州安置。陳瓘、龔夬除名勒停，並編管。閻守懃責授鼎州團練副使，依舊舒州安置。宣政使、嘉州刺史、提舉亳州太清宫張琳除名勒停，依舊安州羈管。馬説特勒停，西京居住。曹益、葛茂宗、楊琳、蘇昞、劉謂、袁公適、柴衮、趙天祐〔一〇〕、馮百藥、洪羽除名勒停，並編管。以元符末大臣及臣僚累有奏陳乞復后並乞廢后事，故有是命。

十月三日，詔：「右正議大夫、提舉西京嵩山崇福宮韓忠彦可特授太中大夫〔一一〕，懷州居住，差遣如故。」以臣僚上言，忠彦前宰相，詆毁先烈，不遵父訓，權燄赫然，實專廢置故也。

二十七日，詔應責降充宫觀人不得同在一州軍居住。

十一月二十一日〔一二〕，降授中大夫、守司農少卿、分司南京、太平州居住曾布可特授武泰軍節度副使，衡州安置。制詞：「頃被國恩，嘗居相位，專權自恣，黷貨無厭。交通近習之私，顯有朋邪之迹，公行問遺，密達話言。捨他人之田以矯報親恩，請有讖之地以自圖己福。啓後世難防之弊，隳本朝有定之規。罪不勝誅，刑其可緩！」

二十三日，詔：「元符下詔求直言，蓋欲**5**廣朕聞見，裨益政治。比以所上章疏付之有司，考其所言，内有附會姦慝，誣毁先帝政事者，總五百四十一人。然惡有淺深，罪有輕重，取其詆譏謗斥言之尤甚者三十八人，覽之流涕，弗忍再觀。得罪宗廟，朕不敢貸，可責逐遠方。次等者四十

〔一〕升：《長編紀事本末》卷一二三作「卿」。

〔二〕友直：《長編紀事本末》卷一二三作「直友」。按雍正《廣東通志》卷二六，紹聖間有知雷州毛直友，當即此人，則當作「直友」。

〔三〕王景下：《長編紀事本末》卷一二三無此人，當是因下句「王景行」而衍。

〔四〕舉：《長編紀事本末》卷一二三作「學」。

〔五〕慤：原作「殻」，據《長編紀事本末》卷一二三改。

〔六〕秄：《長編紀事本末》卷一二三作「种」。

〔七〕之：《長編紀事本末》卷一二三作「文」。

〔八〕煒：《長編紀事本末》卷一二三作「偉」。

〔九〕慎：原作「謹」，據《長編紀事本末》卷一二三改。此是避孝宗諱改字。

〔一〇〕趙天祐：前文「邪上尤甚」作「趙天佐」。

〔一一〕忠彦：原倒，據後文乙。

〔一二〕按，《長編紀事本末》卷一三〇載此事在九月二十日壬寅，疑此誤。

一人，其言亦多詆譏，各與等第降官，責遠小處監當，以戒爲臣之不忠者。」勘會邪上尤甚係范柔中等三十八人，内郭執中已除名勒停，朱紱老疾。邪上次等係梁寬等四十一人，内陳唐、扈充、許安修已身亡，劉吉甫係承務郎致仕。奉聖旨：范柔中等並特勒停，永不收叙。朱紱免羈管外，餘分送逐處羈管。于肇至王公彦二十九名，並衝替。係私罪事理重，仍不得改官。

十二月二日，詔責授太中大夫、提舉西京嵩山崇福宫、懷州居住韓忠彦爲崇信軍節度副使，濟州安置。武泰軍節度副使、衡州安置曾布爲賀州别駕。降授端明殿學士、右光禄大夫、提舉西京嵩山崇福宫安燾爲寧國軍節度副使，漢陽軍安置。觀文殿學士、右正議大夫、知杭州蔣之奇落職。以御史中丞錢遹言，忠彦等輔政日棄湟州之地故也。

同日，詔：「降朝奉大夫、管勾舒州靈仙觀、濠州居住陳次升爲奉議郎，監西京中嶽廟，臨江軍居住。朝散郎、尚書左司員外郎都貺爲奉議郎，送吏部。」以尚書省檢會，皆嘗乞棄地，故有是命。

二十七日，辰州通判朱宗禮追兩官勒停，其高士俊追官勒停指揮勿行，陳舉 6 贖銅十斤。舉任湖北轉運判官，(常)〔嘗〕劾知辰州任琮與通判高士俊當猺人入寇，縱酒不卹邊事，琮除名勒停編管，士俊追兩官勒停，已而舉自言通判乃宗禮，非士俊也，故正其罪。

二年正月二十六日，降朝散郎、直龍圖閣、鄜延路經略安撫使王博聞落職，知懷州。以姑息將兵、闕於訓練故也。

二十九日，朝散大夫、管勾南京鴻慶宫、鄂州居住范純粹責授常州别駕，鄂州安置。臣僚上言：「紹聖中，先帝興師討伐西夏，進城築(舉)〔寨〕，盡得横山之地。訪(問)〔聞〕建中靖國之初，前安撫使范純粹本有棄地之謀，而陰輔權臣，上掩先皇帝用人討蕩進築之功，以快私憤。」故有是責。

三月六日，臣僚上言：「應元祐及元符之末黨人子弟，並令在外居住，不得擅到闕下，令開封府覺察。」從之。

十二日，朝奉郎、管勾洪州玉隆觀黄庭堅特除名勒停，送宜州羈管。坐陳舉奏，撰荊南府承天寺碑言涉謗訕故也。

十六日，宣德郎、守尚書禮部員外郎陳暘降授承事郎，奉議郎、守尚書禮部員外郎何昌言降授宣德郎，朝散大夫、試禮部尚書徐鐸罰銅二十斤。以試有官宗子差誤故也。

四月二十二日，左朝議大夫、寶文閣待制、充高陽關路經略安撫使、兼知瀛州胡宗師落職，提舉杭州洞霄宫。以臣僚論其薦楚州進士樂韶不當，韶，鄒浩之友故也。

三十日，詔：「故宰相王珪追贈官并謚，王仲端、王仲嶷並放罷，遺表恩例 7 減半。」以臣僚言其欲成姦謀故也。

五月七日，任伯雨除名勒停，編管昌化軍；陳瓘除名勒停，編管廉州；龔夬除名勒停〔一〕，編管象州；責授衡州

〔一〕夬：原作「史」，據《宋史》卷三四六《龔夬傳》改。

司馬、永州居住鄒浩除名勒停，編管昭州；馬涓除名勒停，編管澧州；陳祐除名勒停，編管歸州；李深除名勒停，編管復州；張庭堅除名勒停，編管鼎州；江公望除名勒停，編管南安軍〔一〕。已上並永不得收叙。王覿除名勒停，臨江軍居住；責授道州別駕、台州安置豐稷除名勒停，建州居住；降授承議郎、管勾洪州玉隆觀謝文瓘除名勒停，邵武軍居住；責授楚州團練副使張舜民除名勒停，房州居住。

八日，前承奉郎曾紆特送永州編管，承奉郎曾繰特除名勒停，曾布特責授廉州司户參軍，依舊衡州安置。時連坐編管、勒停、降官、贖銅者一百五十餘人，以開封府奏勘到紆、繰爲父任宰相日，受人賂遺錢、銀、犀、玉等，爲人請求差遣故也。

十五日，朝奉郎、中書舍人、兼直學士院、同修國史鄭居中知和州，東上閤門使鄭紳罷職，停朝參。初，紳客祝安惠上書狂妄，言涉謗讟，言者論紳暱近兇邪，居中不能規正季父之失，故皆責之。

十六日，寶文閣直學士、知應天府路昌衡落職，與宫觀。梁安國、何大受、蘇迥、檀固〔二〕、王箴並特勒停，永不收叙，分送逐州羈管。陳并、楊瓌寶、周鍔、蕭刓、趙越、倪直孺、滕友、洪芻並降兩官，與外任監當。鄧允中、梁俊民、葉世英、江洵、陸表民、方适並衝替。張恕落職，降兩官。以詆訕元豐、8 紹聖之政故也。

七月七日，降授皇城使、秦州居住李穀責授單州團練副使，秦州安置。以議棄河、湟地故也。

十三日，降授朝奉大夫、提舉舒州靈仙觀、岳州居住曾肇責授濮州團練副使，汀州安置。以元祐黨籍故也。

十九日，詔：「李湜追貶五官，唐義問〔三〕、李備已死，並追奏補恩澤；胡田已致仕，追任子恩，余卞追一官，並依舊致仕。」樞密院奏乞第罪元祐中與棄湖南地者，湜先爲湖南帥，義問、備措置邊事，田知鼎州，卞知沅州，故皆坐之。

二十六日，手詔：「朕恭惟欽慈皇太后生育朕躬，孝養弗及，即政之初，即詔有司議尊崇之典。祖宗以來，具存舊章，有司觀望，務從降禮，使朕不得伸罔極之報。興言及兹，慨然嗟悼。今雖悉從改正，而議禮之官未正其罪，如劉拯等抗論不從，亦未褒賞。其速定賞罰以聞。」於是朝請郎曾旼、屯田員外郎吳絪、知耀州王允中、知和州鄭居中各降一官。

八月一日，龍圖閣直學士、提舉西京嵩山崇福宫李南公落職致仕，内侍閤守懃責賀州長史，金州安置。以言者論其元符置使修奉哲宗廟室，南公、守懃領其事，而陛祔之日，乃置于東隅夾室中，藏之祝板之室，處以（桃）〔祧〕主之

〔一〕管：原無，據前文例補。
〔二〕檀：原作「擅」，據《長編紀事本末》卷一二一改。
〔三〕問：原無，據後文及《宋史》卷三一六《唐義問傳》補。

地，神帳、鼎俎皆裁損以就狹小，故有是責。

同日，除名勒停人龔夬〔一〕、張庭堅移化州、象州編管。責崇信軍節度副使韓忠彥爲磁州團練副使，安燾爲祁州團練副使，依舊安置。降右正議大夫、知杭州蔣 9 之奇爲中大夫，除名勒停人陳次升移循州居住，降授承議郎、知坊州都貺降宣議郎，添差監撫州鹽礬酒税務。並以嘗議棄湟州地，今湟州已復，故責之。

九月二十五日，臣僚上言：「乞具列姦黨姓名，下外路州軍於監司、長吏廳立石刊記〔二〕，以示萬世。」從之。御史臺録到下項：元祐姦黨曾任宰臣：文彥博、呂公著、司馬光、呂大防、劉摯、范純仁、韓忠彥、王珪。曾任執政官：梁燾、王巖叟、王存、鄭雍、傅堯俞、趙瞻、韓維、孫固、范百禄、胡宗愈、李清臣、蘇轍、劉奉世、范純禮、陸佃、安燾。曾任待制已上官：蘇軾、范祖禹、王欽臣、姚勔〔三〕、顧臨、趙君錫、馬默、孔武仲、王汾、孔文仲、朱光庭、吳安持、錢勰、李之純、孫覺、鮮于侁、趙彥若、趙卨、孫升、李周、劉安世、韓川、賈易、呂希純、曾肇、王覿、范純粹、楊畏、呂陶、王古、陳次升、豐稷、謝文瓘、鄒浩、張舜民。餘官〔四〕：秦觀、湯馘〔五〕、杜純、司馬康、宋保國、吳安詩、張耒、歐陽棐、呂希哲、劉唐老、晁補之、黃庭堅、黃隱、畢仲游、常安民、孔平仲、王鞏、張保源、汪衍、余爽、鄭俠、常立、程頤、唐義問〔六〕、余卞、李格非、商倚、張庭堅、李祉、陳祐、任伯雨、陳郛、朱光裔、蘇嘉、陳瓘、龔夬〔七〕、呂希績、歐陽中立、吳儔。

二十九日，集賢殿修撰、知(穎)〔潁〕昌府文及甫，集賢殿修撰楊康國，集賢殿修撰致仕呂陶，並罷職，與宮觀差遣，内係宮觀即依舊。以言者論：「及甫方元祐分更，彥博爲首，而及甫往來群邪之間，協濟姦謀。康國元祐中劉摯引爲死黨，徧歷臺諫，排擊所 10 (增)〔憎〕，傾詐憸邪。陶元祐中嘗自諫垣而歷中書舍人、給事中，終始附會，詭計實多。先帝皆以黜責，然尚聯職書殿，除陶已入籍外，所有職名乞行褫奪。如及甫、康國者，更乞顯黜，置之籍中，以爲臣子無窮之戒。」故有是責。

三年正月六日，吏部尚書何執中奏，應上書邪等人自不合擅到闕下及在京居住。詔從之，仍見任在京差遣人並放罷。

二月六日，詔：「章惇、王珪爲臣不忠，可別爲一籍，仍依元祐姦黨指揮施行。」以臣僚論其姦惡，乞編入元符姦籍故也。

十二日，詔：「故給事中張問入籍，仍爲下等。」以臣僚

〔一〕「人」原作「八」，「夬」原作「史」，據《長編紀事本末》卷一二一改。
〔二〕「於」、「長吏」三字原脱，據《長編紀事本末》卷一二一補。
〔三〕勔：原作「面」，校者改作「鄅」，皆誤，兹據《長編紀事本末》卷一二一改。
〔四〕餘官：原作「余卞」，據《長編紀事本末》卷一二一改。
〔五〕馘：原作「馘」，據《長編紀事本末》卷一二一改。
〔六〕義：原作「羲」，據《長編紀事本末》卷一二一改。
〔七〕龔夬：原無，據《長編紀事本末》卷一二一補。

上言問爲彦博之黨也。

十三日，詔：「提舉南京鴻慶宫李茂直入籍，仍爲下等。」以臣僚上言，元祐初茂直充湖北運副，預棄渠陽，乞實之黨籍故也。

五月二十五日，知鄂州潘适特衝替。以進銀五百兩助修宫庭，特有是責，其銀仍退回。

十月〔一〕，龍圖閣學士、知成德軍吕嘉問落職。以臣僚言其壻曾誠納賂曾布子紆求館閣差遣故也。曾誠特亦勒停。

七月二十九日，詔王防令吏部與添差遠小處監當。以臣僚上言，防自館職帶史院官，以罪送吏部，授德州德平鎮監税，乃違年不赴，巧爲避免故也。

同日，詔馮壁罷司門員外郎。以言者論其才品猥下、驟遷冒據。

十月二十一日，河東路經畧安撫使、兼馬步軍都總管、兼知太原軍府邢恕特降兩官。以涇原賊深入，有失措置故也。

二十六日，降武勝[11]軍節度觀察留後、熙河蘭會路經畧安撫使王厚爲秦州觀察使。以夏人寇涇原，不即應援，及失措置軍儲，故有是命。二十七日，再降厚爲郢州刺史。

十一月十一日，直龍圖閣、知(穎)〔潁〕昌府胡宗炎提舉南京鴻慶宫〔二〕。以言者論其庸懦，不足當藩翰之任故也。

四年閏二月二十一日，詔范坦罷殿中監，特責授舒州團練副使，房州安置。以辭免使事，徇私辭難故也。

三月七日，朝奉大夫、集賢殿修撰、知慶州曾孝序除名勒停，封州編管。以違戾詔旨，不與諸路約日出兵，故有是命。

十三日，右銀青光禄大夫、提舉西京嵩山崇福宫吕惠卿特令致仕。以言者論其驕蹇恣横等七罪，故有是命。

二十一日，户部侍郎、兼侍讀吳栻知單州。以知開封府日，宗邸訴家事，究治不實故也。

五月十四日，鍾傳落龍圖閣直學士知汝州，侍衛親軍步軍都虞候、武安軍節度觀察留後、涇原路經畧安撫使折可適落職，降刺史。以料敵不審也。

八月一日，京東路轉運副使王敷降兩官，奉議郎李景夏、朝奉郎李升各降三官，升仍送吏部。以提點刑獄李公彦奏，淮陽軍獄歲死七十二人，敷前爲本路憲，景夏、升爲守倅故也。

十一月十二日，天章閣待制曾孝廣降一官，落職，與小郡知州。以充泛使北朝國信使申奏語録隱漏，及與三節人從衩衣相見、接坐等罪故也。

五年正月二十六日，詔龍圖閣直學士、知[12]鄆州黄裳落職，提舉杭州洞霄宫。以言者論其目昏不事事，營飾臺

〔一〕按此處有月無日，又與前後條時間不相次，疑有脱誤。

〔二〕胡：原作「司」，據《宋史》卷三一八《胡宗炎傳》改。

樹，不卹軍民，故有是命。

四月二十一日，詔：「訪聞徐確知杭州日，公然寬縱販私鑄錢，緣此盜鑄之弊繁熾，不可禁止。可令吏部與遠小處監當差遣。」

五月二十四日，通議大夫、知鄂州張商英差提舉西京嵩山崇福宮。

六月六日，中書舍人許光(疑)〔凝〕罷知蘄州。以奏陳不實也。

八月二十四日，新除太常少卿馮澥放罷，送吏部添差郴州監茶鹽酒稅。以澥劄子論關陝勞弊，湟、廓、西寧三州乞采前世羈縻之義，招其酋豪，授以旄鉞，其餘首領等級命官。詔澥遽有羈縻之請，實爲捐棄之謀，故有是責。詳見「青唐」門。

同日，兩浙路轉運副使劉何、轉運判官胡奕修、提點刑獄公事祖理各降兩官，仍令兩浙路監司開具所辟勾當官職位、姓名申尚書省。以兩浙水災，委官調夫開導吳松、青龍江，計用過錢米一十六萬九千三百四十一貫碩，役夫死亡總計一千一百六十二人，而積水依舊爲害，故有是命。

二十八日，直秘閣曾孝序落職，差管勾西京嵩山崇福宮。以言者論其帥環慶日誤國無謀也。

九月四日，錢遹罷工部尚書，除顯謨閣待制、知秀州。以言者論其舉馮澥自代也。

七日，降龍圖閣學士、朝散郎、知河南府范致虛降兩官。致虛與兄致君坐與陳寧之訟田積二十餘年不決，至是大理蔽罪，曲在致虛故也。

十一月二十七[13]日，權將作監蔡芝送吏部，與合入差遣。以言者論其係執政親黨，而所爲輕儇，敗壞禮法故也。

十二月五日，中大夫、龍圖閣待制、知蘇州蹇序辰落職，提舉杭州洞霄宮。坐縱盜鑄錢，本州市肆所用皆非官鑄故也。

同日，詔：「顯謨閣待制、新知青州王端慢命不恭，輒自請留，稽違君命，可落職知黃州。」

八日，朝奉大夫、司勳郎中周彥質罷送吏部，王雲追奪逐次所推恩例，毛滂、翟汝文、元時敏並送吏部與監當。皆以章綎盜鑄連坐也。

十四日，兩浙路轉運使孫虞丁、判官胡璞、提點刑獄馬玿、黃克俊並放罷，令蘇州制勘。皆坐言者論其縱盜鑄者、人有告言亦置不問故也。

十五日，金部員外郎范域、祕書省著作(左)〔佐〕郎王寀，並與在外合入差遣。以言者論域、寀出入劉逵之門，內爲腹心，外作羽翼，故黜之。

大觀元年二月十八日，吏部侍郎白時中降一官。以言者論其申請廢內外辟舉之法，兼陽借元豐之名，陰排紹聖之政故也。

二十二日，詔謝中美罷祕書省正字。言者論中美捨所學而習天文占驗之術，巧爲傅會之說以干執政，乃得入館，名實不正，故有是命。

二十六日，朝奉郎、充顯謨閣待制、江淮荆浙等路制置發運使曾孝藴，降授承議郎胡師文，各降一官。以言者論其泗州直河之役績用弗成故也。

三月八日，前知蘇州蹇序辰勒停。以縱部民盜鑄，爲監察御史張茂直所劾，故再責之。

14 四月三日，承議郎、顯謨閣待制、知洪州李景直放罷，落職，差提舉舒州靈仙觀，令四輔外任便居住。坐言者論其闒茸，不可以當數路之對也。

五月二日，提舉京畿常平王仲原奏：「增修北輔推恩官計八十二員，二十四員受賞僥倖，一十八員受賞太優。所有臣轉一官，實無勞効，委是僥倖，伏望追還。」詔王仲原依所乞，餘僥倖并太優人並追奪。

四日，樞密直學士、朝散大夫、提舉西京嵩山崇福宮王能甫落職，朝議大夫呂淵，降授承事郎王溈之，並特追毀出身以來文字，除名勒停，免(直)〔真〕決，不刺面，淵配沙門島，溈之配朱崖軍。承議郎、顯謨閣待制、知密州王資深特責授衡州司馬，新州安置。延福宮使、唐州團練使、提舉西京嵩山崇福宮閣守懃責授團練副使，永州安置。觀文殿學士、右銀青光禄大夫、知杭州呂惠卿責授祁州團練副使，宣州安置。資政殿大學士、金紫光禄大夫、充醴泉觀使、兼侍讀蔡卞降充資政殿學士、提舉亳州太清宮。並坐妖賊張懷素謀反事。

九日，責中大夫、知亳州劉逵爲鎮江軍節度副使，安州居住。丁憂人降充顯謨閣待制胡師文落職，提舉亳州明道宮。朝請大夫、直龍圖閣、知應天府張詢落職，添差監高郵軍鹽税。顯謨閣直學士、知揚州劉拯落職，提舉南京鴻慶宮。逵以奉使高麗過諸郡汙濫，師文以議香鹽法不當，詢、拯不覺察章縡載盜鑄錢入境故也。

六 15 月二十六日，詔責龍圖閣學士、中大夫呂嘉問爲安化軍節度副使，郢州安置。坐知成都府不能律身奉法故也。

七月十一日，知興仁府周秩與小郡，以言者論其貪墨故也。

七月二十二日，蹇序辰責授單州團練副使，江州安置。以言者論其知蘇州，民盜鑄，致錢法大壞故也。

八月十九日，宣德郎、衛尉少卿王孝迪送吏部，與合入差遣。以言者論其爲奉常，建議有違典禮故也。

二十九日，兵部尚書石膚、刑部郎中朱確、員外郎游百揆各更降一官。以言者論行李無咎事乖謬，又以納樣小黄錢指揮行下他路，惑亂衆聽，雖已降官，未厭衆論故也。

十月十三日，詔責通議大夫、提舉西京嵩山崇福宮張商英爲安化軍節度副使，歸州安置。以言者論其險愎姦慝，中懷舊憾，輒肆詆斥，形於表奏故也。

閏十月七日，御史中丞盧航知海州，左正言陳禾送吏部添差監信州鹽酒務，開封尹李孝壽知虢州。航以無所建明，禾以論事誕謾，孝壽以朋邪縱姦，故責之。

十三日，龍圖閣直學士、知永興軍王宓知汝州。以言者論其守華州，治告訐之獄，侵冤無辜故也。

十二月二日，龍圖閣學士、朝散郎范致虚落職，提舉南京鴻慶宮。致虚以酒遺中書門下後省吏王孝恭等，刺探差除等事，御史臺獄具，故有是命。

二年二月二十七日，中書省勘會，河北河東路賊未見捉殺盡静，全無措置。詔胡宗回、[16]徐彦孚各先降三官，許良肱、王況各降兩官，仍限十日措置捉殺，如限滿不獲，别行黜責。

三月三十日，宣德郎、知同州韓城縣張剛中降一官。以妄告訐同僚郭子旂題詩有詆訕故也。

五月十一日，知亳州鄧洵武提舉亳州明道宫，知壽州蔡卞提舉亳州太清宮，知徐州吳居厚提舉南京鴻慶宮，知河中府鄧洵仁提舉杭州洞霄宫，知陳州王能甫提舉亳州明道宫。以臣僚上言係緣吳儲、吳侔等連坐稍重之故也。

十七日，單州團練副使蹇序辰移永州安置。序辰守蘇州日，開啓天寧節貺聖公筵係十月十日，序辰以父私諱移於九日，爲言者所論，再有是責。

二十四日，知開封縣丞、奉議郎胡綸，前知開封縣、朝奉郎賈公望，各降一官。以有蔭人黄澤等將小平錢出京，失覺察故也。

六月二十八日，工部尚書劉炳爲顯謨閣直學士，知陳州。以言者論炳昨在翰苑制詞荒繆，以不稱職罷爲工部尚書，其實遷也，今又以私意妄議新曆，故有是命。

七月二十九日，密州觀察使李許可降授濮州團練使。以上殿乞一知通州了婚葬故也。

八月三日，詔：「蔡薿罷給事中，落集賢殿修撰，依舊知和州。」以言者論其審量元祐得罪入籍之人，取情理輕者與落罪籍，既已議定，具狀申尚書省，薿獨不肯簽故也。

十五日，詔梁子挺、子直、子恕、子博，並罷見任。以臣僚言其兄弟資序未及，皆除監司、守倅，[17]未聞績效而驟進故也。

二十六日，開封府工曹參軍宋彧復换西京作坊使，大理寺主簿程貽孫送吏部與監當差遣。以言者論彧爲梁子美鷹犬，陵鶩不遜。彧，子美妻之兄弟之子，初不親文墨，自小使臣换文資，二年之間官至朝散郎。〔貽〕孫以父事子美，母事子美之妻，自稱曰末男。子美妻死，爲制服行喪，違犯律條，事在不齒。故皆黜之。

十月二十四日，中大夫、御史中丞吳執中罷知處州。以無所建明、奏陳狂妄也。

十一月二十一日，徽猷閣待制、知陳州劉炳及其弟焕並落職，候葬事了畢與小郡。以不葬祖母及父、母二十餘年，爲臣僚論列故也。

同日，將仕郎孫燮、宣德郎賈勵並特令吏部與遠小處差遣。爲考試卷收取犯不考者爲合格也。

二十八日，開封府參軍高日華、李端弼並降一官放罷。以推勘李中孚獄不務檢實故也。

三年正月五日，吏部員外郎張閌送吏部與監當。以接伴遼國人使失職也。

七日，權司門員外郎劉珦送吏部與監當。以言者論其素行貪濁也。

十日，翟汝文落直龍圖閣〔一〕。以臣僚言附會劉逵，迹狀顯著，衆所憤疾也。

二月二日，國信使承議郎、尚書吏部侍郎劉煥落集賢殿修撰，還所降官知蔡州。以不葬其親故也。

十一日，詔：「中散大夫、京西北路提點刑獄梁子雅降授朝議大夫，降授承議郎、京西南路提點刑獄王旍降授奉議郎，並差遣如故。」以18一路多强盜也。

四月二十八日，祠部員外郎、前京西南路提舉學（士）〔事〕路瑗罰銅八斤。以臣僚言：「近試貢士，京西南路上中下等並無中選者，若槩罰一路太守、教官，不勝其衆，提舉官不得其人，則人才等進，濫中者多。」故有是罰。

五月六日，尚書庫部員外郎胡直孺送吏部。以言者論其趣操回邪、交關權要故也。

十四日，詔葉夢得罷翰林學士，爲龍圖閣直學士知汝州。以言者論其內行不修故也。

同日，詔從事郎石悉罷删定官。以既罷詳定一司敕令所，删定官不當復（降）〔除〕也。

二十一日，提舉利州路學（士）〔事〕祝廷送吏部與合入差遣。以姦臣章復之親故也。

二十二日，詔：「李仔既已改正，則高述豈得無罪？可罷開封府刑曹參軍，送吏部與合入差遣。」以李仔因姊喪在假七日，被述捃摭放罷也。

六月二十二日，太僕少卿趙霆、奉議郎知襄州王傑並送吏部。言者論霆以知茶自名，取媚權要，傑嘗迎餞北使，以淫縱獲罪，故皆黜之。

七月三日，膳部員外郎張宏、駕部員外郎徐宅放罷。宏宋喬年所薦，宅諂事喬年故也。

八日，太常少卿陸蘊、蔣猷並送吏部，直注合入差遣，蘊知虔州瑞金縣，猷通判南安軍。先是，臣僚言景靈宮不建僖祖殿，有旨禮部、太常寺同討論，具議狀以聞。禮部兩集太常官及屢移文督促，而遷延不決。至是，言者謂蘊、猷皆前執政親戚所援，觀望附離，故有是命。

九日，19權太常寺丞李孝昌、太常寺丞姚易、太常博士張山、李勉各降一官。以議禮多曲説故也。

二十三日，尚書禮部員外郎葛勝仲送吏部。以言〔者〕論其議僖祖殿室唱爲異端故也。

二十五日，客省使、榮州刺史、知滄州辛叔獻放罷。以久在邊郡，豪横不循法守故也。

〔一〕翟：原作「濯」，據《宋史》卷三七二《翟汝文傳》改。

同日，蔡居厚罷戶部侍郎，知泰州。以言者論居厚昨爲諫官，密受權臣風旨，爲之鷹犬，而群邪亂政，無所排擊故也。

八月二日，劉法罷熙河蘭湟路經略安撫使；轉運使許天啓降兩官，差遣依舊；通判劉師民降兩官，衝替。以頒大樂至熙州，法不出迎，繼而安頓州學，法、天啓、師民始同來州學看，故併坐之。

二十三日，新除戶部員外郎李友聞、內殿崇班裴珪各降一官，並坐前任信安軍，定糴價太高也。

二十四日，知虢州何康直放罷，送吏部，永不得與知州軍差遣。以酷虐故也。

同日，通判秀州林旨放罷，送吏部與合入差遣。以林攄之姪也。

二十九日，符寶郎鄭南送吏部。以言者論南父母之年俱及七十，歷仕以來未嘗迎侍故也。

十月二十二日，提舉兩浙學事李敦義放罷，送吏部與合入差遣。以倚勢作威，造言惑衆也。

二十六日，責侍衛親軍馬軍都虞候、彰化軍節度觀察留後劉法爲武康軍節度副使，亳州安置。法前知熙州，不虔君命，放罷，令京畿聽候指揮。行至鄭州，故有是命。

十一月四日，詔：「顯謨閣直學士、新[20]知鄭州席旦上殿進對遲留，意在邀請，可降顯謨閣待制知滁州。」

十二月九日，刑部郎官、大理寺合干官各降一官，內選人比類施行。以獄成案具而稽留不斷也。

四年正月十七日，前知成都府路轉運判官張持送吏部，與遠小監當。以臣僚論持欺誕，擅以私意變更錢引故也。

十九日，刑部侍郎馬防降一官知蘄州。以使遼失指故也。

同日，直秘閣、湖南轉運使李偃落職，送吏部。以言者論偃累任監司，所至無善狀，父年八十餘，不復省侍故也。

二月二日，提舉亳州明道宮呂惠卿降一官。以言者論其《謝復官表》尚懷怨望故也。

三月二十五日，集賢殿修撰唐恪降直龍圖閣，知蔡州張爲落職知廣德軍。以言者論恪無他才能，職任過優，爲請託姻家，徼冒恩賞故也。

四月十日，知延安府錢昂及當職僉書官各特降一官。以文移內犯真宗廟諱故也。

五月一日，司農卿吳亮送吏部。以言者論亮昨爲都司，貪功冒賞，超躐崇資，不顧廉恥故也。

二十二日，工部郎官李稅罷職，送吏部。以不當獨銜具劄，不與長貳通知，輕忽長吏，越職犯分故也。

二十四日，追貶宣奉大夫王祖道爲昭信軍節度副使(一)，責知桂州張莊爲舒州團練副使，永州安置。皆以開拓新邊誕妄故也。

二十九日，詔：「河北、河東群賊經歷縣分及十次以上，知縣特降一官衝替，縣尉一官勒停。不及十次，知縣衝替，縣尉勒停。内一次、兩次，知縣各降一【21】官，縣尉衝替。内降官人選人比類施行。」

六月二十二日，降授朝奉大夫、提舉杭州洞霄宫劉炳勒停。以言者謂褫官輕典，未厭士論故也。

七月一日，詔馮大臨罷虞部郎中，送吏部與合入差遣。又詔特追兩官，免勒停，餘依已得指揮。以大臨附下罔上也。

十四日，新除淮南發運使周穜放罷。以言者論其害政虐民故也。

八月二十九日，知應天府何昌言特落徽猷閣待制，改差知(大)〔太〕平州。以言者論其唱爲異説、動摇國是也。

九月十五日，新除京畿路提舉常平唐庚送吏部，與廣南遠小處監當。以給事中蔡薿論其出入權門，輕儇儉薄故也。

十一月二十一日，河北糴便司勾當公事官蘇之孟放罷。以言者論之孟新差知明州奉化縣，冒法求辟，避事免縣故也。

十二月二十九日，温堯文罷衛尉少卿，管勾亳州明道宫。以言者論其攜家游青城，張蓋入泰壇故也。

政和元年正月七日，新差提舉京西鹽香茶事魏伯芻放罷，送吏部。以言者論伯芻乃堂吏之子，不可以玷清選故也。

十九日，朝請大夫周秩添差監歙州鹽酒税務。以言者論其污濫貪贓，前後屢有言章，罪大謫輕故也。

二月七日，水部員外郎、前提點荊湖南路刑獄公事吳孝能，荊湖南路轉運副使廖彦正，並放罷，送吏部與合入差遣，内廖彦正仍降兩官。以言〔者〕論在任各不依法用刑，及有詔士大夫更相訟訴，有害風化，體【22】量得實，故有是黜。

二十五日，降朝請大夫、提點京西南路刑獄陳革降兩官。以盜發匿不以聞，及不督捕故也。

三月六日，中書省言：「訪聞廣西運判周師中(名)〔各〕將前任副使張莊所舉官吏(窘)〔捃〕摭不已，人不安職。」詔周師中放罷。

十五日，權發遣廬州周燾、通判蔣堦、僉判陳簡夫各降一官，行舒城縣主簿、權縣事劉嘉止特降一官衝替。坐舒城縣私走歸明人也。

二十四日，李傳正罷開封府左司録參軍，送吏部。言者論傳正之弟成允没於王事，朝廷恤孤，官其三子，傳正殊

(一) 追貶：原作「追贈」。按追贈乃褒揚之舉，與此條文意不符。後政和元年五月二十二日條有「祖道已追貶」之語，據改。

無義養，至與寡婦分争恩澤，故黜之。

同日，罷户部尚書許幾爲天章閣待制、知婺州。以言者論其檢察染院不實故也。

四月十二日，直龍圖閣、夔州路轉運判官崔子堅降兩官，落職，提舉夔州路學事陳撝放罷。先是，詔諸路有弗便於民者，監司各得具狀實封以聞。子堅、撝諂諛偷安，皆以爲無可條具，故有是責也。

五月十三日，詔范柔中叙轉奉議郎指揮更不放行。以給事中蔡薿論駁柔中嘗詆毁先烈，上書邪等數百人，柔中爲之冠。今春有係籍人復官指揮，士論駭愕，至有疑於紹述者，故有是命。

二十日，禮部侍郎潘允知光州。以言者論其朝堂班退，以笏擊小吏，暴忿輕肆故也。

二十二日，詔（貴）〔責〕朝請大夫馮大臨爲濠州團練副使，滁州安置。以言者論其爲廣西機宜，與帥王祖道同惡相濟，累轉十一官。祖道已 23 追貶昭信軍節度副使〔一〕，而大臨止罷虞部郎中、監黄州久長鎮，尚爲輕典，故有是命。

二十三日，朝奉大夫、荆湖南路轉運判官徐輔送吏部，與監當。以言者論其非才多病，而乃騰奏自言無病故也。

二十五日，詔司勳郎中鍾正甫、司勳員外郎鮑慎田各降一官。以任淮南漕臣日違例受所部饋遺，爲言者所論故也。

六月一日，端明殿學士、知河陽府徐處仁落職知蘄州。以前知永興軍日，與漕臣論職事，語言凌毁，意在沮格近日改革陝右錢法，故有是責也。

六日，集賢殿修撰、知河陽胡師文落職，提舉亳州明道宫。前提舉河東鑄錢許天啓降兩官，與監當。以言〔者〕論鑄當十錢，天啓唱之，胡師文和之，故有是命。

二十三日，提點京畿路刑獄張堂放罷，西京左藏庫副使、提舉京畿保甲、兼提刑賈君文降兩官。以言者論其不戢盜賊，無辜被害，汴河流尸故也。

八月十一日，中書舍人陳噩知和州。以言者論其命詞失體故也。

十九日，顯謨閣待制、知秦州穆京落職，提舉華州雲臺觀。以言者論其任工部侍郎日，於所轄增價貨焉。

九月一日，觀文殿大學士、新知河南府張商英落職知鄧州。以言者嘗論其十罪，秘殿、名邦，皆非所當得故也。

四日，大理卿王穀放罷，少卿任良弼等各降兩官〔二〕。以違法勘劾開封府官吏故也。

十二日，知鄧州張商英降兩官，秘書省校書郎李士觀〔三〕、辟廱博士 24 尹天民並送吏部。以商英在政府時，擅出敕差士觀、天民爲政典局編類御前文字官故也。

〔一〕祖：原作「相」，據上文改。
〔二〕少卿：原作「少監」，據《文獻通考》卷一六七改。
〔三〕校書郎：原作「祕書郎」，據《長編紀事本末》卷一三一改。

十三日，詔：「殿中侍御史韓筠交結大臣，蹤跡顯著，送吏部與遠小處監當。」

二十一日，責武安軍節度使郭天信爲昭化軍節度副使，單州安置。以言者論其嘗薦張商英故也。

十月四日，庫部員外郎趙暘言：「邢倚已送吏部，臣與倚一體，乞賜黜責。」詔：暘小臣，不循分守，愚弄朝廷，追兩官勒停，送道州編管。二人皆商英所薦，倚出而暘不自安故也。

二十二日，責太中大夫、知鄧州張商英爲崇信軍節度副使，衡州安置。責昭化軍節度副使、單州安置郭天信爲昭化軍行軍節度司馬，新州安置。以開封府獄成，嘗令余負[一]、彭几[二]、僧德洪往來交結，臣僚再論列，故有是責。

十一月十日，范致明送蘄州編管、范致君放逐便指揮更不施行。皆以言者論其阿附張商英故也。

二十一日，衛尉少卿李詩降兩官。以任光禄少卿日不檢察祫饗牛數故也。

十二月十八日，顯謨閣待制、知明州蔡肇落職，提舉杭州洞霄宮。以言者論其非毀建立辟廱故也。

二十五日，詔淮西提點刑獄霍漢英、河北東路提舉常平向宗哲並放罷。以言者論其疲差廢職故也[三]。

二年三月八日，知定州王漢之落職，提舉杭州洞霄宮。以〔筠〕〔均〕羅違詔旨故也。

五月九日，利州路漕臣張臣放罷。以陝、晉軍餉，蜀漢是資，兩路告闕，方行按 25 治，遽進羨餘，剥下罔上。所進羨餘令本路提刑司樁管。

十一日，責提舉西京嵩山崇福宮范坦爲黄州團練副使，黄州安置。以言者論其首建鬻田之議，變亂舊章故也。

同日，知温州虞防除名勒停，送循州編管。坐妄建言講復當三錢爲當十錢故也。

二十六日，責内客省使、建雄軍節度觀察留後、知入内内侍省事、直睿思殿黄經臣爲右衛將軍致仕，任便居住。以言者論其力排紹述，傾摇國是，欲復元祐之舊故也。又二十七日，詔黄經臣單州居住。

六月十八日，内侍李石、王寀並罷職，石提舉亳州明道宮，寀提舉西京崇福宮。曹曚罷樞密都承旨，提舉西京崇福宮。以言者論其與黄經臣表裏倡爲紛更之議故也。

二十二日，朝奉大夫、國子司業胡伸放罷，送吏部與監當差遣。坐言者論李譓以姦慝助黄經臣，嘗以書薦伸。譓，伸之婿也。

九月五日，兵部員外郎王莘降一官，送吏部與監當差遣。言者論其前任江州日，任情不法，江西提刑體量到有〔寶〕〔實〕，故有是命。

[一] 余負：原作「餘員」，據《長編紀事本末》卷一三一改。

[二] 彭几：原作「彭九」，據《能改齋漫録》卷一二改。

[三] 疲差：似當作「疲瘥」。

十月二十八日，知滁州蔡嶷提舉杭州洞霄宫。以言者論其懷姦立異故也。

十一月五日，左司郎中李文仲降一官。以檢察翰林醫官滅裂故也。

十三日，承奉郎王彦憕、宣德郎高積中、承議郎趙公揆各降兩官，勒停。以被差太廟行事，各語笑高聲故也。

同日，轉運副使王勤送吏部，與遠小處監當。以臣僚上言：「近隆德[26]府黎城等縣抑配等第户喬智等津般夾錫錢赴晉寧軍等處交納，不及時支與脚錢，致津般到逐州，在政和元年九月頒降不行使夾錫錢指揮之後。本府勾追喬智等禁勘，監勒出賣家産陪納〔一〕。詔並放，仍免納，當職官、人吏並特衝替，臣有以見陛下愛民之心至深切也。然臣體訪得河東路政和元年九月内承受朝旨不行使夾錫錢，委官措置，實勤專領其事。勤措置乖方，一路受弊，應本路州軍勾追津般夾錫錢人户追納見行使錢，善人監勒出賣産業，並係受勤節次公牒。今隆德府官吏並已衝替，獨勤偃然，尚竊漕寄，中外尤以籍籍。臣訪聞勤性質貪污，善於營己，襄、齊二州有産業，一路官吏目之爲襄、齊轉運副使，蓋譏其背公營私也。伏望罷黜，使外臺苛刻乖謬、背公營私之吏知所懲戒。」故有是命。

十九日，承議郎謝孚送吏部，與合入差遣。言者論：「昨來臣僚論列户部尚書劉炳元符梓宫在(嬪)〔殯〕日延娼女等事，非炳，乃孚也，久未辯實，望加竄斥。」從之。

二十八日，梁子野罷知太原府，鄰近州軍取勘。先是，十月十九日，詔子野僞爲嘉禾以進，官吏送提刑司取勘。至是，臣僚言：「近來風俗之弊，誕謾相尚，特出於濫進無耻。侍從、守臣輩更相迭和，妄爲祥瑞之獻。李譓昨以蟾芝敗，而梁子野今嘉禾事發，將粟三科謂相隔五隴生爲一穗，膠粘紙纏，正類兒戲，情涉愚弄，其罪誠重於譓。譓帥永[27]興，先經放罷勒停，勘訖散官安置矣，而子野泰然，尚領帥權。伏望聖慈詳酌，將子野先次勒罷，依李譓例勘到。」故有是命也。

十二月二日，降宣德郎、大理評事李彦卿降一官。以議刑輕重失當故也。

二十四日，周師中、魯百能各罰銅二十斤，並放罷，送吏部與合入差遣。趙先之、關璘並取勘。提舉河北東路常平周師中奏：「恩州武城縣竇保鎮酒税、左侍禁趙先之收支官物不明，及少欠米麴數目不少，已牒恩州根勘。」又提舉秦鳳路常平魯百能奏：「皇城使、涇原第八副將關璘，任内(提)〔捉〕到打開永洛城門鏁弓箭手徐榮，不申解所屬，却用石於本人腿上致打〔二〕，致限内身死，已下順德軍根勘。」刑部檢會《元符敕》，諸路連監司事非職而輒管勾者徒一年，故兩行之。

〔一〕勒：原作「勤」，據下文改。
〔二〕致：疑誤。

三年正月二十一日，王寀先次勒停。昨政和二年十二月九日，陝西轉運副使侯臨奏：「臣僚言夾錫錢並當二文銅錢行用〔一〕，閿鄉知縣論九齡却將夾錫錢估價，七八文當一文，申轉運副使張深，乞依此價。其張深並不檢會前後夾（銀）〔錫〕錢敕條，便依所申行下，及牒知陝州王寀，依閿鄉縣所估貫伯施行。其王寀並不檢會申明，便依深牒內事理行下六縣，將夾錫錢七八文當一文收買輕賫。」至是，臣僚言：「朝廷比復行夾錫錢於諸路用之，既已通流無遏，陝西張深、王寀、論九齡迺敢恣壞成法，擅增物價。深暨九齡已除名勒停，寀獨依衝替人[28]例而已。況深暨九齡擅增物價，纔閿鄉一縣耳，寀害錢法，實行下平陸、湖城、靈寶、芮城、夏、陝六邑，伏望重行貶責。」故有是命。

同日，〔詔〕：「王仲薿可罷太僕少卿，提舉杭州洞霄宮；李侁可落康州刺史，監西嶽廟。」坐奉使失職也。

二十三日，户部侍郎張杲降授朝議大夫，依前試户部侍郎。以言者論其違令與宗室戚里之家往還故也。

二月十四日，前象州判官王佺勒停，送道州編管。以誣告不實故也。

二十五日，駙馬都尉潘正夫罰銅二十斤〔二〕。以不合妄陳乞太后陵園一行都總管差遣故也。

三月一日，詔：「承議郎賀端前除提舉利州路常平指揮更不施行，令吏部與合入差遣。」爲母老難以遠適，赴省陳狀，乞河東路提舉常平見闕，尚書省言其全無廉耻，不可使一路，故黜之也。

十一日，宣義郎趙士瑗特降一官。坐不早赴太廟致齋，點饌畢纔到故也。

五月二十二日，中奉大夫、行大理少卿任良弼放罷，送吏部與合入差遣。以言者論其治獄縱弛，囚禁淹留，乞賜罷黜，故有是責也。

同日，司農少卿盧法原放罷。以大盈倉遺火故也。

同日，宗正少卿吳幵、户部員外郎李東表、開封府司户曹事馮詢並放罷，依昨澄汰人例。以言者論幵治家不能肅清；東表居職不知靖共，爲范坦腹心，衆所指目；詢涖官不知裁處，付之胥吏，類多違慢故也。

六月十一日，通議大夫、徽猷閣待制、河東路經略[29]安撫使錢昌特罰銅十斤。以妄奏女夫常州內舍生胡朝書寫機宜文字故也。

二十二日，責崇信軍節度副使張商英爲汝州團練副使。以言者論鞠李彪指斥公事，商英以事在赦前，令開封府一面斷放，故有是責。

二十七日，罷太常少卿劉安節，與知州差遣。以臣僚言其「趣操不純，議論邪僻，親老居鄉，侍養有闕」故也。

七月三日，河東（河）〔路〕提舉常平崔鈞降一官。以隆

〔一〕錫：原作「銀」，據下文改。
〔二〕夫：原作「大」，據《宋史》卷二四八《秦國康懿長公主傳》改。

德府監竇寧監李拱收支不明，體訪聞奏。尚書勘會，鑄錢司係坑冶司統轄，本官妄行按發，既是隆德府申到，却作體訪，顯屬誕謾，故有是命。

十四日，提舉成都府路學（士）〔事〕王瞻放罷。以臣僚論其「學術頗僻，素號邪人，蔡肇嘗持異論，公肆詆欺，瞻又從而和之。蓋瞻乃肇之婿也，自到任以來，一向姑息，以賈士譽」，故有是命。

十九日，知溫州郭敦實、通判韓緒、權都監丁約各降一官。以遺火燒公私舍屋故也。

九月二十六日，管勾成都府玉局觀李之儀除名勒停，知太平州當塗縣、權通判孫郯，太平州司法尚子熹，司户程通，各衝替。其之儀（于）〔子〕令隨母，已補假將仕郎補牒追奪毀抹。淮東提刑司勘到之儀與楊姝踰濫，及信憑楊姝所生男爲己子，增歲乞補，孫郯、向子熹、程通失覺察，故皆坐之。

十月十七日，前太府寺丞周池降一官，户部員外郎李稅、户部侍郎胡師文各展二年磨勘。以刑寺勘到池承户部牒定奪行人染錢鹵 30 莽，師文、稅只憑所申，並不取會，故有是責。

十一月十四日，顯謨閣待制、提舉成都府玉局觀王覺落職。以嘗爲廣東漕臣納賂故也。

十二月十七日，責梁子美爲安化軍節度副使〔一〕，單州安置。以言者論其怙姦挾詐等罪故也。

四年正月一日，端明殿學士、知（穎）〔潁〕昌府徐處仁落職，提舉南京鴻慶宮。以言者論其縱釋有罪故也。

八日，四廂都指揮使薛安責授保康軍節度行軍司馬，衡州安置。以自爲管軍，私喜怒，擅決御前宣唤人，違慢不恭故也。繼而臣僚上言，復移永州安置。

十三日，承議郎、河北東路提舉常平郭久中降一官，劉恭革、趙希孟並衝替。以開德府稅户樂珍等陳訴，元豐年黃河口決，涉於城外，地土高新，城內窊下，漸成積水。當時並據緊慢裁稅，委是平允。尋差再（再）〔行〕方量，所定輕重不當。乞將元豐年均稅則例等第比類，均裁新稅。本路提刑司體量得本府南北二城屋稅，曾經元豐年方量，裁定十等稅錢，後來別無人户論訴不均。今來方田官劉恭革、趙希孟依政和二年十月朝旨，立定正次二十等，遞減五釐，均定稅錢，委〔於〕元豐年所定則例上輕下重不均，故有是責。

二月十一日，襄州通判王渝、鄧州通判蕭從並放罷取勘。以京西轉運司奏，唐、鄧、襄、汝四州稅，奉詔元豐已立五等之稅，今日自當遵守，令轉運、常平措置聞奏，而鄧、襄二州通判弛慢，並無報應，故有是責。

31 十三日，顯謨閣直學士、提舉西京嵩山崇福宮張近落職。以嘗爲河東帥，買馬科擾故也。

〔一〕子美：原倒，據《宋史》卷二八五《梁子美傳》乙。

十四日，顯謨閣待制、知鄆州孫鼛落職，提舉南京鴻慶宫。以言者論其在大觀間觀望取容，詆毁時政故也。

五月十九日，顯謨閣待制、知滁州郭敦實落職，提舉亳州太清宫。以知温州日定僧、道序位非是故也。

六月八日，罷給事中洪彦昇爲集賢殿修撰〔一〕、知滁州。先是，有旨張商英復官，命下之日，彦昇詐稱疾在告，爲言者論列，故黜之。

二十二日，詔：「京西路轉運使王璹、河南少尹范臻修西内科擾，並放罷。」

同日，直秘閣曹坦落職。以言者論其爲河北漕日暴虐，縱屬官張愨輩傷害善良，目爲五虎，故責之(故)也。

同日，朝議大夫、集賢殿修撰王璹落職。以言者論其責輕故也。

七月六日，朝散大夫、直秘閣、淮南江浙荆湖等路發運副使趙霆特降兩官。以言者論任京畿漕日按舉不公故也。

八月七日，朝散大夫、提點兩浙路刑獄李公年降官。以列奏罔功，以害黜陟故也。

十五日，知湖州章援除名勒停。時父惇追贈觀文殿大學士，援表謝乃曰：「先臣輔政於元豐之間，前後六年；當軸於紹聖之初，始終七載。神宗皇帝立子以長，故守死以奉憑几之言；哲宗皇帝愛弟惟均，故條陳以聽東朝之命。」其言多文飾，故有是命。

九月八日，述古殿直學士、知襄州石公弼責授秀州團練副使，台州安置。以詆誣32先烈故也。

二十三日，承議郎、珍州司録參軍湯嵩降一官衝替。以忠翊郎、管界巡檢葉仲琪買賣乞覓，斫到夷人頭級，冒求功賞，嵩失覺察故也。

二十六日，夔州路轉運司管勾帳司李公奕、知大寧監王藻各降一官。藻坐前知忠州，公奕任忠州墊江縣令，各失詳前後朝旨，借當二錢支俵預買紬絹錢故也。

二十八日，前相州通判晁將之、前河北第十二將晏遇並勒停，各特展兩期敘。將之坐禁軍當直及將長行作巡防占留，遇坐多差禁軍在將之下，不勾抽歸營，各該恩，特有是責。

二十九日，知永州唐懋、提點南京鴻慶宫俞瑾、提舉福建常平黄静，各降一官。以懋、瑾、静前任監司、專勾司，各不點檢〔二〕，放過史宗臣詐請不該請受曆故也。

十月二日，前通判隴州李僅降一官，仍依衝替人例。坐託隴安知縣買鷹、麝香、鹿茸，該恩特責。

同日，新知澤州康承衍降一官。坐知磁州日乞迴避運使曹坦不當，該赦特責。

八日，荆湖南路提刑苗仲淵降一官，知鄂州蘇敏中、通判董勵、李丹各降一官衝替。以容縱人吏乞覓，不支將帶

〔一〕昇：原無，據下文及《宋史》卷三四八《洪彦昇傳》補。
〔二〕各：原作「各各」，據文意删。

鹽鈔人鹽，致有詞訴，仲淵受狀亦不按治故也。

同日，顯謨閣待制、知黃州吳執中落職。以言者論其朋姦罔上故也。

二十六日，京東西路提舉常平吳仲賢特降一官。以按發濮州雷澤知縣胡鑑不支捕犯香人賞錢，取到刑部狀，香鹽事係屬提舉鹽香茶事司，33 即非提舉常平司職事，當牒所屬監司，不合直行按發故也。

二十九日，述古殿直學士、知開德府俞㮚責授常州團練副使，太平州安置。臣僚言：「謹按襄州衙規，每年差衙前管押荆南布至陳、蔡等一十三州軍，此紹聖所定，㮚名具在，永爲不刊之典。而前知襄州俞㮚在任輒累申朝廷，以自襄州般布至佗州，致使本州衙前多有逃避。且謂諸州衙前重難色役併在一州爲不均，欲乞令陳、蔡等州軍各自遣人備脚乘，前來襄州般取合起布數。如此，則紹聖所定一路衙規皆非而當改矣。又㮚奏狀内指言『衙前差出家人代管勾，侵欺愈多，不可勝禁，竊以爲未便』，係毁元豐法度；并列陳五未便，係毁紹聖法度。」故有是責。

十一月十二日，淮南運副石㤽，令吏部與遠小處監當。以㤽申乞立法，監司分巡州縣，許省察諸司倉庫，點檢諸司簿書，侵官越職，有違元豐成憲故也。

二十八日，提舉河北東路常平郭久中、提舉江南西路學事郭倫並放罷，送吏部。提點兖州東嶽觀唐最、朝奉大夫張翬、監楚州糧料院周彦質、提點西京嵩山崇福宮都貺各降一官，武功大夫錢景允降一官勒停。以御史臺看詳，久中、最皆論支移儹郡財用非是；翬言近詔陝西罷用大鐵錢，收鑄夾錫錢，其實鐵錙三積久生銹〔一〕，錫鐵無辨〔二〕，廢壞錢法；彦質、貺妄議州縣學生身丁，有害學法；景允坐論改官錢作當四、當五，非官 34 錢作當二，有害錢法。故有是命。

五年正月八日，顯謨閣待制、知揚州呂益柔，宣議郎曹公年，勒停人朝散大夫衛孚，各降一官。〔一〕以益柔昨知鄭州，與通判衛孚、户曹曹公年，因百姓扇摇，妄稱不使鐵錢〔三〕，並不措置，以致市井闕閉，故皆責之。

二月一日，監察御史虞奕罷，送吏部與合入差遣。以與歐陽奉世論及俞㮚事故也。

八日，知蘭州張必特降兩官，勒停。以大理寺奏，眉州勘到必令人户入錢助邊，以徼爵禄故也。

四月十五日，知咸平縣向子諲降一官，衝替。以咸平縣勘到劉青偷盜公事，不依條結解赴府，徑申朝廷，乞不原赦，爲開封府所奏，故有是責。

二十四日，詔秘書監林震知蘄州，太常少卿曾開與遠小監當。以言者論震漏榻前語，開權詞掖，妄有沮格，及從

〔一〕三：疑衍。銹：原作「繡」，據文意改。
〔二〕錫鐵無辨：原作「錫錢無辯」，據文意改。
〔三〕鐵錢：原作「錢鐵」，據文意乙。

駕不恭故也。

五月二十六日，徽猷閣直學士、提舉西京嵩山崇福宮龐恭孫落職。坐前知成都府貪墨營私故也。

七月十二日，醫學博士朱肱送吏部，與遠小處監當差遣。以言者論其黨元祐姦臣及爲元祐學術故也。

二十五日，兩浙路轉運副使徐鑄降一官。以前任兩浙常平日，考課前知温州呂由誠，引奏不當故也。

八月十一日，應天尹汪澥與宮祠。坐言者論其年老多病，事皆委積故也。

十三日，中書舍人陳邦光罷，差提舉杭州洞霄宮，池州居住。坐桂林易帥，邦光預選，而乃安寵辭難，抗避已行之命，爲言[35]者所論。

十六日，顯謨閣待制、知秦州穆京落職，提舉華州雲臺觀。以言者論其貪求苟得故也。

十八日，王寀除名勒停，免編管，勒令侍養。初，寀除知襄州，奉御筆：「王寀，張懷素案内有此姓名，與都下宮觀。」繼而寀奏以自辯，云：「張懷素等所犯兇逆，罪至誅夷。臣與張懷素並不識面，亦不係親戚婚姻，不曾保任薦舉逐人，亦不曾與書簡往還。」故特有是責。

九月十三日，顯謨閣待制、知河陽任熙明落職，提舉華州雲臺觀。以言者論其不救護河陽浮橋故也。

二十二日，秘書省校書郎王時雍送吏部。以言者論其貪墨頗僻，寅緣冒進故也。

十一月六日，司封郎官陳之邵、吳玕、考功員外郎鮑慎由、吏部員外郎葉唐稽、各降兩官，吏部侍郎姚祐降一官。以不覺察點檢人吏韓仲孫洗改官告也。

六年正月二日，詔顯謨閣待制、秦鳳路經略安撫使何常責授昭化軍節度副使，房州安置。以壬戌日擅決罰，大不恭故也。

九日，提舉荆湖南北路（監）〔鹽〕茶礬事陳彦武勒停，以言者論其酷虐故也。

二十七日，少府少監文維中送吏部〔一〕，與監當。以言者論維中擅其父彦博所得恩澤，不及孤遺，而孀㛐寡婦交訟故也。

三月十五日，朝請大夫、前知信州虞謩追毁出身以來文字，特除名勒停，永不得收叙，送朱崖軍編管。以私忿違法，擅行追攝本州通判郭沔送右獄留禁，且奏聞因依不實故也。

四月三日，[36]湖南轉運副使程元佐、轉運判官喬方、運勾蘇公才各降一官。以朝旨取會湖南北路土軍弓弩手人數及廢置，下逐路轉運司勘會，經六催不報故也。

二十八日，荆湖北路提刑毛衍、提刑司檢法官温琦各降一官。坐不催鄂州差撥邵州屯駐人兵也。

〔一〕文維中：按，後文有文維申，當是一人。文維申乃文彦博第九子，見《三朝北盟會編》卷六三、《建炎要録》卷六四，此處「中」疑爲「申」之誤。

五月七日，直龍圖閣、知兗州方邵落職，提點建州武夷山冲佑觀。以臣僚言其蹤跡污穢也。

十八日，直秘閣劉宗韓落職，依前提點西京嵩山崇福宮。以言者論其兄弟争訟、無雍睦之義也。

二十一日，前知常州晁端誠、通判朱轅各降一官，以均糴違法故也。又有旨監官衝替。

九月十七日，顯謨閣直學士、提舉南京鴻慶宮洪中孚降授顯謨閣待(詔)〔制〕。以言者論其帥真定，緣昏耄與宮祠，乃請入對故也。

二十九日，徽猷閣待制、知洪州張漴落職，提點江州太平觀。以言者論其朋附阿私故也。

十二月八日，南劍州司兵曹事、將仕郎章揆可勒停。以昨權劍浦縣事，將曾貢士陳汝賢斷決，仍更剃除頭髮，爲知州黄懋所奏故也〔一〕。

十一日，詔：「任宗易、張調檢踏建延寧軍城地基前後異同，比委帥司體究，雖是陽延俊〔二〕、董承有所獻地土，緣從初不竊子細，幾誤興築。可並追奪昨因檢踏轉官恩命，仍衝替，以戒誕謾。」

二十二日，京畿轉運徐閎中、運判陳迪各降一官。以(穎)〔潁〕昌府奏，勘會每年合起發上供木炭，合用本錢轉運司不肯依限支撥，並37無回報故也。

政和七年正月十四日，李孝彦罷尚書駕部員外郎。以言者論其妄奏請併左右騏驥院爲一院、紊亂官制故也。

十八日，提點淮南西路刑獄黄敦信、光州定城縣令王紳、巡檢忠訓郎張修各降一官。以開封府斷遣陳崇等夜聚曉散，傳習妖教，有旨事發日本處官坐之，故有是責。

二月十八日，淮南轉運副使李祉、轉運使張根各降一官。以妄舉發揚州户曹胡纁擅載蘄州綱米一千二十餘石，應副兩浙直(逹)〔達〕綱不當故也。

三月二十三日，知茂州劉唐詢特降一官。以茂州徭人作過故也。

四月十七日，尚書户部侍郎韓栢落職，與外任宮祠，日下令開封府押出門。以言者論〔其〕傾邪忿争故也。

二十一日，湖北提舉香藥盧宗原、湖北常平趙霖放罷，送吏部與(令)〔合〕入差遣。以言者論其欺妄誕謾、專恣狂妄故也。

五月十五日，大理寺權評事李龜長、評事薛仁輔各降一官，丞胡正修、劉元長、權正李彦卿各展一年磨勘，少卿周宗師罰銅十斤。以法寺斷毛旺係鬬殺，該赦刺配千里牢城，後來因朝廷問難，改斷鬬殺絞罪，故元斷官坐之。

二十二日，知處州晏曇降兩官，勒停。以言者論其荒淫不法故也。

同日，徽猷閣直學士、知中山府張杲落職，與宮觀；武

〔一〕知州：原作「和州」，據文意改。

〔二〕陽：原作「湯」，據《宋史》卷三四七《席旦傳》、《蜀中廣記》卷三二改。

翼郎孫用誠降三官，勒停，循州編管。以杲積慮乖違，臨機輕易，用誠職在巡防，弗究事情，敢爾輕易故也。

六月一日，天章閣待[38]（待）制、提舉洪州玉隆萬壽宮曾孝蘊責授安遠軍節度副使，筠州安置。以言者論其居池州，干擾州縣，侵奪民田，體究有實故也。

四日，河北西路常平賀希仲送吏部，與合入差遣。以言者論其猥惡不廉故也。

六日，知成都府周燾、利州路廉訪使者丁弼各降兩官，統制茂州軍馬張永鐸特降三官。以永鐸進兵出討靜州蕃賊失利，燾、弼措置乖方，故皆責之也。

十二日，勾當街道司曾絢、都大總領梁平並降兩官，勒停，仍展三期序。以私置枷棒、栲縛人兵故也。

十八日，詔：「饒州德興縣以前當職官降一官，見任降兩官，衝替。」以本縣稅户董鴻進狀，自大觀元年後，官中取索過金銀，以和買爲名，不支價錢。得旨，令本路提刑司體量。據體量到已後節次支還訖，猶有此責。

二十五日，朝請郎劉繹降一官。以御史言其著紗分服朝見，大理寺定到蔭減外，合罰銅四斤，特有是命。

二十七日，知積石軍辛興宗勒停取勘。以不法亂常、引惹邊事故也。

七月一日，勅令所删定官黃薦可衝替，係私罪重，永不得與教官差遣。以言者論其任學官日衩（祖）〔袒〕步出、歐人抵罪故也。

十七日，權發遣鼎州張察可降兩官。御筆：「以察差官齎御筆手詔撫納胡耳西道，輒遣男晙、姪照前去説諭。身爲帥臣，不能一意公家，選用材武，協濟邊事，而私其子姪，意在徼賞，可降兩官，以爲開疆拓邊、挾私害公之戒。」

同日，[39]步軍副都指揮使、麟州觀察使杜大忠特降授濮州團練副使，徐州（總）〔編〕管。以傲狠怨望故也。

八月十日，廣東運判黃叔敖降一官。以差人管押物赴京，元給到黑漆木牌上有金填一十二字，寫黃運判銜位，及用黃帕裹，爲江寧府奏到，故有是責也。

二十九日，前知虔州虔興縣歐陽知晦更降一官〔一〕，勒停。知晦昨在任被罪，追三官除名，（人）〔今〕已經一年以上，又理訴元勘，故復坐之。

九月二日，監察御史蔡純臣放罷。純臣奏：「臣竊惟今明堂之建〔二〕，其制度已純於古。兹者天休昭格，太史奏言火星行度遠避心星，而心爲明堂之次。越既望二日甲寅夜，流星出柳星，異光照地，而示宗廟有喜，建造宮殿之象。」有旨：純臣越職奏論，意在迎合，送吏部與監當差遣。

十七日，户部員外郎陳公彦送吏部。以宗祀明堂省饌日後至，故責之。

二十二日，顯謨閣直學士、提舉亳州明道宮胡師文落

〔一〕虔興：按虔州無此縣，當是「虔化」之誤。
〔二〕堂：原作「當」，據下文改。

職。以書神宗誕日雜於臣庶之間，言者論其不恭故也。

二十八日，徽猷閣待制、知洪州張漴落職，提點江州太平觀。以言者論其(明)〔朋〕附阿私也。

十一月二日，詔：「淮西提刑黄敦信縱盜，匿不即聞，可勒停取勘。」

八年正月二十七日，葛勝仲罷大司成〔一〕，提舉江州太平觀。以言者論其邪僻，不足當師儒之選故也。

四月三日，詔：「監察御史黄潁向因臣僚上言，有『陷穽』之名，豈可更爲臺屬，可送吏部，與合入差遣。」

四日，承[40]議郎、知南康軍奚獻之勒停。以江南東路提舉常平司奏其不法故也。

十四日，詔：「淮南運使張根輕躁妄言，不循分義，親書奏牘，注改草畧，傲慢不恭，可落職〔二〕，責監信州酒税。」繼而臣僚又論其輒肆姦言，欲害先烈，以斂散爲病民，以市易爲競利，有旨責授濠州團練副使，郴州安置。

五月三日，提點淮南西路刑獄李傳正勒停。以盜發大安，寢不關報，稽緩失機，故責之。

十三日，詔：「倉部郎官徐禋追毁出身以來文字，除名勒停，送廬州編管。」以禋被命措置東南九路銅錫及坑冶寶貨，專事欺罔，邀功倖賞，所至逼脅州縣，俾(丞)〔承〕虚數，致言者論列，故有是命也。

六月九日，給事中吳敏提舉南京鴻慶宫。先是，盜發淮西，朝廷遣兵討平，始以首惡三人置之極典，餘皆遞降。有傅旺等初被驅脅，後爲賊用，其丐法當論死，而敏疏駁，以爲脅從罔治，爲言者所彈，故有是命也。

二十一日，詔：「荆湖北路廉訪使者李滋奉詔遷延，妄受供饋，虧價買物，除名配衡州。」

七月九日，詔知温州徐韶美闒冗非才，與嶽廟。

十一日，徽猷閣待制、前知鎮江府蔡居厚落職，依舊宫觀。坐言者論其在任日迎接御書神霄宫牌不肅故也。

十八日，詔：「武功大夫、康州刺史、權發遣保州王拱降兩官，落遥刺，與宫觀，不得至京，以爲貪吏之戒。」時令漕臣措買名房廊，收諸州公庫醋務息錢以佐邦用，而拱輒奏委是供給不行，故有[41]是責也。

八月六日，詔：「禮部尚書蔡薿(明)〔朋〕附要權〔三〕，黨蔽其私，阿尊事貴，嘗命大臣往諭斯意，俾對便殿，面詰其由，而毅然弗從，殆今踰月。爲臣若此，於義安乎！責授單州團練副使〔四〕，房州安置。」

七日，資政殿學士、提舉杭州洞霄宫林攄落職。以幹人置田瘠民，抑令倍賞，制獄成故也。

十三日，吏部侍郎李杭提舉亳州太清宫，中書舍人賈安宅提舉杭州洞霄宫，中書舍人宇文黄中提舉鳳翔府上清

〔一〕仲：原作「中」，據《宋史》卷四四五《葛勝仲傳》改。
〔二〕職：原脱，據《皇宋十朝綱要》卷一八補。
〔三〕薿：原作「疑」，據《宋史》卷三五四《蔡薿傳》改。
〔四〕單州：原無，據《宋史》卷三五四《蔡薿傳》補。

太平宫，起居郎李彌遜、明堂頒事鄭昂並送吏部。以言者論其植黨分明〔一〕，冒犯廉耻，爲朝廷患故也。

十五日，尚書户部侍郎任熙明知同州。以奏請不當故也。

二十六日，詔罷鴻臚卿王俁，太常少卿莫儔，左司郎中姚宗彦、張大亨，右司員外郎王禮，符寶郎黄潁、錢藴之，並與宫觀。以言者論其趨權貴之門，爲偷合之計，朋比狥私，蔑棄公法故也。

九月十六日，詔：「徽猷閣待制、知□州王靚自備從官〔二〕，一無報効，造言附會，可落職知商州。」

二十四日，鼎澧路都鈐轄張察放罷，差提點西京嵩山崇福宫。初，臣僚嘗論列察不法事，有旨命本路漕、刑體究。湖北路轉運、提刑司體究，各無事實，以言者曾論，遂有此命。

二十九日，詔：「知襄州趙岍飲燕無度，搔擾百姓，可放罷。」

閏九月二日，右文殿修撰文維申罷知亳州，提舉南京鴻慶宫。以陳乞回授恩澤繆誤故也。

八日，太學博士錢圻〔三〕、辟(癰)〔廱〕直學錢堪 42 並送吏部。以言者論圻諂佞權貴，故兄弟併黜。

十七日，詔：「頃發運使(在)任諒奏泗州大水，躬親救護，得以無虞，致行賞典。尋知漂溺人口千數，學舍、倉庾悉已衝圮，浮橋斷壞，諒匿而不言，公肆虚誕，可勒停。」(以上《永樂大典》卷三八八七)〔四〕

〔一〕分明：似當作「分朋」。
〔二〕天頭原批：「『知』字下有避諱字。」按，或是缺「棣」字。
〔三〕圻：原作「圻」，據沈與求《龜溪集》卷一二《朝請大夫盛公行狀》改。下同。
〔四〕《大典》卷次原缺，據《永樂大典目録》卷一一補。

宋會要輯稿　職官六九

黜降官　六

【宋會要】

1 重和元年十一月十四日，淮南路轉運使李祉降兩官。以臣僚言：「近旨，非戰陣、開疆及朝廷灼見勞効，而有司擅爲奏者，嚴爲之禁。近者李祉以壽春府官有勞，乞降旨付己，保明推賞，未聞詔許而遽列姓名來上，玩法慢命，何以加此！」故有是責。

十二月九日，臣僚言：「六曹郎官五十五員，謹按不容於公議者十有六人，汪師心、黄願、汪希旦、李莊、李楊、成禔、張鎬、常懷、梁子誨、葉椿、唐作求、吴直夫、章芹、李與權、王良欽、强休甫，乞賜罷斥。」從之。

二十二日，江西運判劉蒙放罷。以臣僚論其不奉詔令，兇暴恣横，擅作威福，官吏上下恐懼咨怨故也。

二十七日，軍器監鄧之綱特降一官。以臣僚言，之綱以笞杖之罪減，輒指定刑名，止請入于流配，故有是責。

二年正月六日，詔：「淮南被水，令數下，訪聞楚州山陽、鹽城二縣餓殍萬計，扶老攜幼，號訴監司，而常平官告諭以乞米未下，令各歸業，轉于溝壑者不少。可支已截斛斗，日下賑濟；不足，於鄰州義倉兑换。其守、令、提舉常平先次勒停，受訴官及監司降兩官。」

宣和元年正月二十三日，詔：「龍圖閣學士、知成都府孫羲叟遠守西蜀，明見用紅繖迎神，不行焚毁，落職，降五官，與宫觀。」

三月四日，詔：「顯謨閣待制、知中山府沈純措置乖方，落職，提舉江 2 州太平觀。」

二十三日，提舉兩浙路常平趙霖降一官。以增修水利不當故也。

二十六日，朝請大夫、知房州李悝（水）〔先〕次除名勒停，僉書官並勒停。以權京西路轉運判官李祐奏：「房州去年七月八日，聞有百姓陳訴災傷者數百人，悝將狀首劉均等各斷杖六十，遍城市號令。兼劉均年七十三歲，因斷得病身死，緣此阻遏放税不及一釐。又賑救失時，致民户流移，饑殍者不少。」故有是責。

二十七日，直徽猷閣、提點永興軍路刑獄郭允迪落職，降兩官勒停。爲根究許信等公事不當故也。

四月二日，京西常平官孫延壽先次勒停；均、房州知、通，逐縣知縣，並衝替；汝州止係一邑，知、通各降一官。以京西路轉運判官李祐奏，漢江水漲，損害民田，州縣不依災傷檢放，及餓殍者衆，不行賑濟故也。

六日，提點京畿刑獄朱維差提舉西京崇福宫。以言者論其以病廢職，陳留、雍丘界内盜賊不戢之故也。

五月四日，刑部尚書薛嗣昌提舉西京嵩山崇福宫，以奏請吏部掌格誕謾故也。

五日，禮部尚書王孝迪、工部尚書王詔、兵部侍郎蔡安持，前兵部侍郎李揆、新差知密州軍州事李繹、刑部郎中陳彦恭、刑部員外郎聶宇、知饒州朱季端、吏部員外郎郭三益、丁憂人朝奉大夫張焘、開封府工曹何安中降官有差。坐前此不覺察胥吏僞押字小書、僞造省符、僞奉聖旨等事。

十一日，吏部侍郎孟揆與3小郡。以言者論其常諷臺臣令有所論奏故也。

十五日，太府少卿盧法原、前太府寺丞張錫、工部侍郎前任户部左曹侍郎柳庭俊、度支員外郎趙鼎臣、前監（量）〔糧〕料院賈公立、陸欽彦、見任監官陳居之、户部尚書王革、專計司監官閻孝思各降兩官。以各不覺察人吏盜印、僞造省符及妄僉押過盜請官錢、及妄出給曆頭等事欺弊故也。

十九日，新知蘄州孟揆提舉亳州明道宫，又責爲海州團練副使，郴州安置。以言者論列不已故也。

二十二日，秘書省著作佐郎王時雍與宫祠，以言者論其貪污邪慝故也。

六月七日，孟昌齡罷兵部尚書，依舊延康殿學士、提舉上清寶（録）〔籙〕宫、提舉三山河橋。坐其子揆兼臣僚上言故也。

十四日，起居郎李綱送吏部與差遣。以上言京師水災，援《周官》國危則有大詢之禮，所論不當故也。

同日，徽猷閣待制、提舉醴泉觀葉著落職，提舉西京嵩山崇福（官）〔宫〕。以携家登城觀水故也。

七月十三日，京畿提舉常平吉觀國送吏部。以水暴漲，端坐，恬不介意，並無措置，爲臣僚所論，故有是命。

十八日，責武成軍節度使、提舉亳州明道宫何訢爲昭化軍節度副使〔一〕，鼎州安置。宣奉大夫、提舉南京鴻慶宫盛章爲單州團練副使，筠州安置。以訢交私庭臣，姦狀暴列，章泄漏省語，慢上殘下，背公立私，故黜之。

八月八日，光禄寺丞鄧之光送吏部，與遠小處監當。時攝光4禄卿，八月一日朔祭别廟，之光爲聞親堂弟身亡，大功即不礙致齋行事，而之光不赴省饌，爲御史臺彈奏，故坐之。

十一日，威勝軍綿上縣令丁祖仁勒停，以貪污不法。知軍劉民瞻放罷，以不按察祖仁也。

十八日，田爲罷典樂，爲大晟府樂令。以臣僚言典樂在太常少卿之上，燕樂所製撰乃釐務官耳，太相遼絶，不（應）〔應〕冒躐如此，故有是命也。

二十八日，提舉（一）〔上〕清寶（録）〔籙〕宫李傳落職，提點南京鴻慶宫。以言者論其附麗盛章故也。

九月二十七日，詔：「延安府今年三月内給香鈔，與見

〔一〕訢：原作「訴」，據許翰《襄陵文集》卷四、《皇宋十朝綱要》卷一八改。下同。

錢鈔不合作兩等行使，奉行不當官並降兩官。」

十月三日，詔：「河東路提刑張宗武、高公純不按銅鞮縣令孫詵非理用刑，江南西路提刑莫砥不按虔州獄官濫刑，京西路提舉常平時道陳不按葉縣官吏不賑濟，永興軍路轉運判官張孝純、鄭集，提刑郭允迪不按慶陽府户曹鞏裕妄支官錢，潼川府路轉運判官湯東野不按瀘州監押李持詐請鹽鈔，提舉常平王晟不按鹽亭縣方田官陳端卿貪冒不法，淮南東路提刑劉燾、張勤，提舉常平顧彦成不按提刑司檢法官周元益私酤，並降兩官。」以臣僚上言也。

十九日，詔陳克昌元補授名目可改正追奪。臣僚言：「克昌家貲鉅萬，交結盛章，遂以轉一官恩例妄作外甥名目回授，一官仍理選限。伏望改正追奪。」從之。

十一月八日，詔：「司農寺丞張暨輕儇妄作，不務5協和職事，可送吏部，與監當差遣。」

十七日，詔潼川府士曹景錫可先次衝替根勘。以用小杖子訊打雜職鄧宗過數目至死故也。

十二月十二日，秘書少監劉燾提舉西京嵩山崇福宮。以臣僚論其昨任淮東提刑，輕肆妄作，蔑視詔條，任情廢法，輒入人罪故也。

二年正月二日，致仕馮浩追毁出身以來文字，除名勒停，枷項送永州編管。以臣僚論其兇暴姦惡，死有餘責故也。

二月二十七日，詔：「户部尚書唐恪姦回失職，奏報虚誕，可與小郡。」

四月十一日，權發遣鳳翔府孫漸降一官，衝替。以秦鳳提舉常平湯東野申，有旨將舊鐵錢與夾錫依舊銅錢二文一等行使，孫漸奉行不虔故也。

五月六日，高得仁、李麟並特勒停，大理寺卿少、刑部長貳、郎官並各降兩官。得仁、麟並坐前任寺官，以失斷婦人流配，卿少有失點檢，致誤省部依斷，因言者論列，以示懲戒，故有是命。

七月二十八日，徽猷閣待制、知潭州趙[山豦]落職，提舉江州太平觀。以不奉詔使道之任，輒至京畿故也。

八月十八日，新授徽猷閣待制鄧之綱責授英州別駕，韶州安置。以開封府勘到之綱任軍器監日，衩衣乘轎出入往宗子家，及臣僚論其修軍器名色多有欺弊故也。

十九日，知南康軍王賓提舉台州崇道觀。以賓前爲御史，勘鄧之綱獄觀望故也。

二十日，吏部尚書蔣猷除徽猷閣待制，與郡；給事中傅墨卿除6右文殿修撰，與宫祠。以言者論其朋附也。

二十三日，知饒州蘇熚差提舉建州武夷山沖祐觀。言者論其性質姦狠，加以衰耄故也。

二十四日，户部郎中陳彦恭送吏部，與監當。以其朋邪懷異也。

二十六日，慶遠軍節度使、知東平府林攄罷節度使，授正奉大夫，提舉亳州明道宫。臣僚論其往守東平，今移大名，陵轢官吏，恣行吞噬故也。

二十九日，御筆：「新知鄂州陳彥和上殿奏陳乖謬，可送吏部，與監當差遣，以誡妄作。」

九月五日，詔楊通除淮西提舉學事指揮更不施行。以臣僚論：「通學術膚淺，平易之字尚或不識。昨者陛辭劄目，所論柱斧乞行禁約，乃以『柱』爲『主』，且曰『主爲君道，斧象君德』。竊聞祖宗以來，京朝官以上許用柱斧執綏，各有儀禮，蓋民社之寄既重，非此則無以示等威。況柱斧之制，率以水晶、銀、銅爲飾，即未嘗有以斧形者。儒師領袖，不可冒居。」故罷之。

十四日，詔：「淮南運河淺澀，漕臣陳仲宜坐視，送吏部與監當。」

十二月十一日，詔秘書省正字潘宗四送吏部〔一〕。以言者論其自陳請乞還除故也。

三年正月四日，知滋州仁懷縣令綦母蕃放罷。以耳疾重聽，職事不修，新民、熟夷無所赴訴故也。

二月四日，徽猷閣待制、新知青州趙霆責授雷州別駕，吉陽軍安置。以前任杭州，方臘犯城失守故也。

五日，潼川府路計度轉運副使盧知原放罷。以言者論知原於本路私置 7 邊壘，厚增賦稅故也。

同日，棣華宅諸王府贊讀黃冠送吏部〔二〕。以言者論其講議不職故也。

十八日，詔：「司農寺稽滯諸軍馬料支帖，少卿李文仲、羅選特降兩官。」

二十四日，詔：「俞賙身爲監司，首先挈家避賊，動搖人心，特追毁出身以來文字，除名勒停，送永州編管。」

二十九日，朝奉大夫方邵除名勒停，筠州編管。以言者論邵强奪同郡王之才舍屋，怒其不從，又彎弓射其門，之才訴于憲臺，具陳邵居鄉不法凡六十餘事，故有是責也。

三月二日，詔：「知貢舉趙野、黃齊、郭三益分散試卷差互，並無措置，各特贖銅十斤。」

二十七日，直徽猷閣、京西路轉運副使時道陳落職，送吏部。以言者論其酷虐害民故也。

四月七日，知東平府壽張縣孔端節、德州司録梁敦禮、朝請大夫祖翺、范澄、新提舉京兆府路常平呂希莘、新通判永寧軍蘇羣、致仕王梓、承議郎彭師心、通判邵州祖德恭、通判階州鄭祖吉、開封府工曹王陟、承議郎孫擴、朝散郎呂直夫、監事材場安愚之、忠翊郎梁師德，各降一官。大理寺勘到黃中正等冒請左藏庫官錢，端節等嘗任京東排岸監官、八作司監官、糧料院監官、專勾司監官、西八作司監官，並不點檢覺察，致有冒請，故皆坐之。

十八日，御筆：「虞防所上書，皆耳剽已行之事，亂有

〔一〕四：疑當作「回」。雍正《浙江通志》卷一二四載松陽人潘宗回，登政和二年進士，或即此人。

〔二〕棣：原缺，據《玉海》卷一三〇補。

稱述，希命納諂，不類士人，可罷管勾南京留守司御史臺，送吏部與小處監當。」

十九日，吏部8員外郎鄭滋、司封員外郎張忞各降一官。臣僚上言：「省曹寺監官吏怠墮，職業一付胥吏之手，動涉歲月。如許岐任亳州永城縣尉日，合得減年磨勘，經隔十五年不爲出給公據，有如吏部右選者；趙士侗乞封母，經隔七年不爲施行，有如司封者。欲望特賜黜責。」故有是責。

二十五日，知鄧州崔彪勒停。以月支軍糧稽違故也。

二十八日，岳州當職官特降一官。以湖北路提點刑獄司奏，岳州虛申起發宣和元年分上供紬絹拖滯故也。

五月四日，徽猷閣待制、提舉南京鴻慶宮徐鑄落職。以先知杭州，修蓋蔡京私第，出納違法故也。

十三日，大理卿宋伯友、少卿聶宇各降一官，丞元袞、評事蘇恪各特降兩官。以斷役兵梁俊作賊不當故也。見「大理」門。

閏五月二日，右文殿修撰、淮南發運副使趙億可落職，管勾江州太平觀。以職事不脩，開河催促綱運疏謬故也。

五日，承信郎馬獻追見任一官，勒停。以耀州奏獻前任迪功郎、邠州儀曹，準告換承信郎，爲不意換授武官，罷見任職事，並不即時謝恩，將告擲于地，并于謝恩時依舊只著綠公服，故有是責。

同日，朝奉大夫、管勾江州太平觀趙億勒停。以前爲發（遣）〔運〕副使，奉職不虔，黜責尚輕故也。

十八日，徽猷閣直學士、太中大夫張莊降兩官。以前知東平府，城壁摧圮〔一〕，修治滅裂故也。

六月十五日，江淮荆浙等路發運副使林箎降一官。以前爲9江淮漕臣，賑濟失職故也。

七月八日，廣東運判鄭良降一官，知連州馮齊荀特勒停。坐兇賊陳十二燒劫民居作過，齊荀在任並無措置，及州指使李昌甫捕斫陳十二，齊荀乃妄奏爲己功，鄭良保奏不實，故併坐之。

同日，詔：「直祕閣、河北路轉運副使李昌孺落職，送吏部。」以言者論其攝帥中山，廉聲不聞故也。

十一日，詔：「祕書省正字秦坦、開封府刑曹劉汲送吏部，與遠小監當。」以兩人公然對衆妄詆國政怨謗故也。

同日，朝奉郎盛升追毀出身以來文字，除名勒停。先是，臣僚論升寓止寧（凌）〔陵〕縣，假民（産）〔屋〕以居，不償賃直，又挾恨箠打陳興，死而復蘇，以劍傷其腿股，終致身死，令提刑司取勘得實故也。

八月八日，詔：「趙霖興修水利，多是誕謾，其州縣補官冒賞人並追奪。」

同日，内侍省祗候内品、揚州建隆寺章武殿香火使臣趙舜輔勒停。以言者論其彊買民田，干預郡事故也。

〔一〕摧：原作「推」，據文意改。

九月三日，前知建陽縣鄧時特貸命，免真決，除名勒停，送蘄州編管。以建州推勘到貪贓等事。

十月二日，顯謨閣待制、新知德安府王仲薿落職，提舉亳州明道宮。發運使奏仲薿昨任越州日，拋羅錢物等不明白故也。

八日，知徽州李恪除名勒停，送潭州編管，餘責降有差。以方臘寇城，恪棄職逃避也。

十九日，新除徽猷閣待制、知慶源府董耘除集英殿修撰知深州。以言者論其猥薄躁競，節行不修故也。

10 二十二日，大理寺正尉遲紹先降一官。臣僚上言：「梁俊公事，大理寺引用條法不當，（承）〔丞〕、評各降兩官，長貳及連簽丞、評各降一官，而正獨不降罰之坐。第恐前日敕文偶失該載，紹先當時實與簽書，伏望一例降官施行。」從之。

二十七日，太僕卿王亶提舉江州太平觀。以言者論其挾相術奔競交結故也。

十一月二十六日，北丞司官張光懋并恩州知通〔一〕、（州）清河縣令佐各降一官。以河決恩州清河第二埽故也。

四年二月二日，兵部侍郎黃齊、新知蘄州梅執禮各降一官。以朝獻景靈宮，次詣熙文殿，班列已定，而二人獨後，爲臣僚所論故也。黃齊續奏乞黜，差知通州。

三月二十一日，詔：「提舉南京鴻慶宮賈禋、提舉河北糴（使）〔便〕張琰、朝請郎陳靖直、奉議郎江袞、平江府户曹劉茂年、密州司録朱瑀、新陝西路轉運司準備差使趙子嵓各降一官，長（州）〔洲〕縣尉章昭亮勒停。」並坐前任平江府官，獄吏出入死罪，失覺察故也。

四月五日，直秘閣、前知宣州俞燾可落職，送吏部與監當差遣。以燾所奏妄論九疇之序，學術迂僻，又犯廟諱二字不空闕點畫，亦不用貼黃，顯屬昏謬故也。

六月九日，新知宣州應安道提舉江州太平觀。以言者論其誕謾欺罔、（瀆）〔黷〕貨營私故也。

二十一日，新知河中府田登提舉西京嵩山崇福宮。以言者論其守郡輕脱，人所嗤鄙故也。

二十四日，知宿州林篪降一官。以前爲 11 發運副使，不申糴本數目，侮慢失職故也。

七月十二日，吏部員外郎楊信功送吏部，與遠小監當。坐前治郡乖謬故也。

二十八日，通侍大夫、相州觀察使和詵責授濠州團練副使〔二〕，筠州安置。以童貫奏詵玩寇誤國故也。

八月二十三日，詔：「新同州司户曹事范燾上書狂妄，送吏部，與廣南遠小監當。」

九月五日，前提舉亳州明道宮宋昭除名勒停，送廣南

〔一〕丞：原作「承」。按宋制，都水監丞分内外，外監丞負責在外治理河埽，又分爲南北二司，簡稱南丞司、北丞司。元豐六年北丞司自澶州移於恩州。見《長編》卷三〇七、三三七。據改。

〔二〕副：原無，據《宋史》卷三五〇《和詵傳》補。

編管。以上書狂妄、前後反覆故也。

十二月三日，徽猷閣待制、知襲慶府錢伯言落職，提舉南京鴻慶宮。以託疾避事故也。

八日，龍圖閣直學士、知杭州蔡嶷提舉南京鴻慶宮。以言者論其任意用刑，判詞鄙陋，因事中人，取其財以修城，故有是命。

十一日，直徽猷閣、提點京東西路刑獄梁揚祖落職，提舉亳州明道宮。以言者論其建議修東平府城壕，欲浚及泉，又乞用明年及次年春夫，輕作寡謀，故有是命。

二十四日，金部郎中林沖之、謝彦中並送吏部。以言者論其同僚交訟，有害士風故也。

五年正月二十七日，直龍圖閣薛尚志落職，送吏部。以言者論其輕儇無士行故也。

二十八日，知滁州唐恪提舉南京鴻慶宮。以言者論其于鄰郡營私第，搔動一方故也。

二月二十五日，知汝州李敦義管勾南京鴻慶宮。以漕司劾其昏耄廢職故也。

三月十七日，殿中少監李偘降兩官，管勾亳州明道宮。以言者論其任將作監日盜用修 12 宜春苑錢故也。

二十一日，江南東西路提舉鹽香官胡説可先次降三官，以私煎盜販公行，妨阻客旅，及推行新鈔以來，並無申陳措置故也。

同日，兩浙鹽香官詔降兩官。

六月十五日，中書舍人王綯降一官。以言者論其夏祭大禮行事奔趨後時故也。

二十一日，權知巴州熊倩降一官。以前任提點坑冶鑄錢，有連州衙皂黃瑗妄將同官銅場地段改名，妄作新地告發，尋委官體究不實，黃瑗特追毁元補授官，倩時僉書保明，故有是命。

七月五日，大理卿宋伯友降兩官。以刑部劾其上編斷例不（輕）〔經〕刑部、違紊官制（是）〔故〕也。

九日，知瀘州劉亞夫放罷。以接納溪州田才順搔擾，冒賞（坐）〔生〕事故也。

十一日，兵部尚書陸德先提舉江州太平觀〔一〕。以其交通近習，嘗觀望言事故也。

二十四日，詔：「胡師文復顯謨閣待制、蔣彝贈徽猷閣待制指揮勿行。」以言者論二人憸佞，師文不宜居法從，彝不當被卹典也。

八月一日，詔：「延康殿學士、知福州劉韐落職，提舉南京鴻慶宮。」先是，御史中丞陸德先被旨根治劉延慶公事，而韐私謁德先，爲言者所論故也。

四日，提舉江州太平觀聶山責授崇信軍節度副使，衡州安置。臣僚上言：「山自罷開封，退處臨川，干撓州縣，

〔一〕陸德先：原作「陸德光」，據《太平治迹統類》卷二七、本書方域一五之二九改。

營第城中，皆丁夫供役。有鄰田，其人孤幼，給其立券之後〔一〕，一文不與。」故有是責。

十三日，檢校少保、安德軍節度使、醴泉觀使李穀責授岳13陽軍節度副使致仕。以言者論其子雍奏乞析居，而穀遂逐之，不以爲子，慈孝兩失故也。雍亦追毀出身以來文字，放歸田里。

十五日，主客郎中賈鎮送吏部。以言者論其嘗爲都水監胥吏故也。

二十五日，管勾步軍司公事王元提舉西京嵩山崇福宮。以言者論其朋附權貴，沽譽希進，又招刺老弱充軍故也。

二十九日，大名尹王革爲延康殿學士，提舉西京嵩山崇福宮。以治郡慘酷無狀、捕盜措置乖方故也。

九月十三日，徽猷閣待制、提舉萬壽觀蔡絛勒停。以言者論其撰《西清詩話》，學術邪僻，多用蘇軾、黃庭堅之説故也。

十月八日，詔：「諸路漕臣呂淙、徐閎中、陳汝錫、李侗並落職，俞暉、向子諲各降兩官，范仲、柴夢、李孝昌各降一官，蔡傑、蔡蒙休、胡端平、鄭待問各降一官衝替。」以上供未到額斛數多，有誤中都歲計，發運司官坐視，並不措置故也。

十一月十一日，惠柔民可罷殿中侍御史，柳約罷著作佐郎。以差充府監發解別試所試官，具武士合格字號奏聞，數内係内舍試上舍試卷，其當行人却誤用外舍試内舍印子，致有差錯故也。

十三日，知撫州留怙令致仕。以聶山撓州政，每事曲從故也。

十五日，度支員外郎袁炳、監左藏西庫賈公彦各降一官。以户部違定限不支俸錢，時於榷貨務撥見錢應副故也。

二十一日，太府少卿李著、太府寺丞胡欽之各降一官。以洮州守14禦人兵唐突車駕，言得功支賜太府寺未與支給故也。

二十九日，詔：「右文殿修撰、河北燕山府路轉運副使王子獻剗刷廂軍等，輒經兩月，畧不措置，可落職。」

十二月十七日，詔：「勘會官員緣罪衝替，放罷，後來結斷，元犯罷前任，即不合更罷後任。若前任已滿，或因事故未差衝替，放罷者，合罷後任〔二〕。令吏部申命行下。」

同日，静江軍承宣使致仕李宗振降三官，給全俸指揮更不施行。以言者論其本胥史奴才，比使宣撫東南，恢復燕薊，而宗振居幕府，招權恣横，旁若無人故也。

二十一日，太常博士汪叔詹送吏部。以言者論其哀疚中訟于徽州，乞治言新城之不便者，惟以便己故也。

〔一〕給：原作「紿」，據文意改。
〔二〕後任：原倒，據文意乙。

宣和六年二月六日，寶文閣學士、知河中府程唐落職，提舉南京鴻慶宮。以言者論其交結貴臣、營私射利故也。

二十八日，太常少卿蘇元老、秘書少監洪炎並罷，與外任宮祠。以言者論元老乃軾之從孫，炎乃黄庭堅之甥也。

閏三月二十二日，榷貨務官并大觀、元豐、左藏東庫官，常、撫、洪、夔、桂、袁州、遂寧府買納官，並各降一官，知、通、令、(辰)〔丞〕及當職官各罰銅二十斤。以納到春衣紬絹布紕薄陳爛故也。

二十五日，應天尹葉著提舉西京嵩山崇福宮。以治郡無狀故也。

四月二十四日，詔龔況上殿奏對疏謬，人材闒冗，送吏部。

九月十三日，直龍圖閣鄧紹密落職，送吏部。以言者論其貪汚，又爲譚稹所薦故[15]也。

十月二十七日，吏部侍郎王時雍、御史中丞何㮚並爲徽猷閣待制，提舉西京嵩山崇福宮；中書舍人韓駒爲集英殿修撰，提舉江州太平觀。以三人俱元祐曲學故也。

十一月三日，吏部尚書盧法原，延康殿學士提舉上清寶(録)〔籙〕宮何志同並爲顯謨閣待制、提舉西京嵩山崇福宮，工部侍郎賈安宅提舉亳州明道宮，中書舍人張悫提舉杭州洞霄宮，高伯辰提舉南京鴻慶宮，給事中檀倬、中書舍人胡松年並提舉江州太平觀，起居郎周離亨送吏部。皆以言者論其朋附王黼，規摇時政，故黜之。

同日，徽猷閣待制、提舉西京嵩山崇福宮王時雍，集英殿修撰、提舉江州太平觀韓駒並落職。以言者論其責輕故也。

十九日，尚書右司員外郎宋孝先送吏部。以言者論其人才凡庸故也。

二十一日，河東路轉運副使韓揔、陝西路轉運副使王澤、淮南東路轉運判官向子諲、淮南西路轉運判官俞晭、成都府路轉運判官蘇覺、(童)〔潼〕川府路轉運判官梁子京、夔州轉運判官李定並放罷，内帶職人落職。皆以前用事者選任非人，臣僚論列故也。

二十三日，詔：「知東平府李延熙差管勾南京鴻慶宮，知深州向子伋、知磁州賀希仲並送吏部。」以言者論延熙嘗知密州，掊克諸色錢以入公使庫；子伋嘗爲京畿常平，提舉方田不均，虚增賦税；希仲曾任河北監司，凡所薦舉，使其私僕干求百出，故皆[16]罷之。

十二月四日，直秘閣、兩浙路轉運副使曾讜落職送吏部，大晟府典樂劉谷瑞送吏部，國子祭酒蔣存誠放罷。以言者論讜職事弛廢，谷瑞貪鄙冒進，存誠狠愎自大故也。

八日，直祕閣、新知鼎州宋晦，提舉江淮荆浙等路坑冶鑄錢沈公彦，並送吏部，晦仍落職。以言者論其貪鄙無行故也。

十一日，龍圖閣直學士、知成都府王復提舉西京嵩山崇福宮，顯謨閣待制、知鄧州葛勝仲提舉江州太平觀，並落職。祕閣修撰、提點河北東路刑獄李孝揚，直祕閣、提點河北西路刑獄陳隆壽，直秘閣、提點淮南東路刑獄徐閎中，直龍圖閣、提點淮南西路刑獄雷壽松，提點福建路刑獄俞尚，並落職，送吏部。知懷州李罕，知相州何漸，知慶源府趙令鹿，直秘閣蘇之悌，並送吏部。皆王黼黨也。

十六日，尚書都官郎中尚瑜送吏部。以言者論其病不勝任、素無廉稱故也。

同日，顯謨閣待制、提舉西京嵩山崇福宮何志同落職。以言者論其被責怏怏，遲留近邑，意欲營求，復居賜第，故有是命。

十八日，詔國子祭酒蔣存誠放罷。以言者論其主張僻學故也。

七年正月五日，詔太常少卿高景雲别與差遣。以臣僚論列也。

十八日，徽猷閣待制、提舉（確）〔榷〕貨市易務魏伯芻落職。以動摇鹽法故也。

二十二日，徽猷閣直學士、陝西路都轉運使趙子湎落職，提舉亳州明道宮。以朋附權勢、將漕失職故也。

二17月七日，京西轉運副使、直祕閣朱彦美放罷取勘。臣僚論：「彦美以州縣漕司錢物徙置僻左小邑，貯之别庫，悉皆移牒徑取，謂之筆帖，前後非一，莫可考驗。所起官錢，則縱吏爲虚，作券鈔折會盜請。既爲告者暴其罪，彦美不即案治。」故有是詔。

四月六日，提舉上清寶（録）〔籙〕宮、兼侍讀蔡絛罷侍讀，提舉亳州明道宮。以其僻學邪見，除邇英非所宜也。繼又詔絛出身敕可拘收毁抹。

同日，詔：「罷開封尹燕瑛，落龍圖閣直學士，與在外宮觀。」以不戢盜賊，輦轂之下白晝殺人故也。

十八日，提點江南東路鑄錢王闡除名勒停。以其貪墨，因巡歷賈販，盜取官錢，提刑廉訪，驗治有迹故也。

十九日，（京）〔宗〕正少卿李積中送吏部。以元符末上書詆誣先朝故也。

二十一日，吏部尚書葉夢得提舉南京鴻慶宮，試給事中翟汝文提舉江州太平觀，中書舍人李瓘提舉亳州明道宮，中書舍人曾開提舉杭州洞霄宮，吏部侍郎葉偲提舉江州太平觀，徽猷閣待制、知海州錢伯言落職提舉亳州明道宮。御筆：「夢得害風教，汝文狂率，瓘小人，開傲忽弗恭，偲無狀，錢伯言誕謾。」故有是命。亦以蔡絛之黨也。

同日，龍圖閣學士蔡絛落職。奉御筆：「絛妄意建議，請創置式貢司于宣和庫，張官置吏，又分六庫以括四方之幣，萬民之貢，凡金玉文織與良貨賄，下至袵席床笫，皆隸其中，又欲空府庫之所有以實之。違典式，興聚斂，18屈國用，啓私藏，陰懷姦詼，公肆狂率。」故有是命。尋又詔絛罪大責輕，特勒停。

二十六日，中書舍人張灝提舉亳州明道宮，提舉亳州明道宮韓招責授海州團練副使，黄州安置。以言者論灝致身掖垣，尚領宣和庫、式貢司，陰助條姦謀；招憑藉條勢，肆爲姦慝，祠宮自便，猶爲輕典。故有是命也。

同日，詔：「姜剛之、郭孝友、張觷並送吏部。李弼孺與外任差遣。」並以附麗蔡條故也。

二十七日，宗正少卿董濬放罷，徽猷閣待制、新知濟南府陳彦文提舉江州太平觀。以言者論濬附會蔡條，進用超躐，彦文天資兇悍，治郡無狀故也。

五月二日，詔：「孫默除陝西轉運副使、石㦸知解州指揮並勿行。」以言者論默殘忍不法，㦸駔儈小人故也。

六月十三日，詔兵部員外郎李悚送吏部，以言者論其傾邪反覆也。

同日，開封府右司録呂瓘、士曹李敏能並放罷。以言者論瓘，敏能爲燕瑛薦引，專權不法故也。

二十一日，權知邠州不諒放罷，差管勾亳州明道宮。近緣張確依舊知邠州，不諒別與差遣，奏乞終滿今任。已而張確除知解州，臣僚論不諒輒作急速文字，徑赴入内内侍省投進，緣近歲邊防機密或寇盜竊發，急於奏取聖裁，始有徑赴入内内侍省文字，號爲直達，未聞以私事直達、奪人差遣者也，故有是命。

七月十二日，延康殿學士、提舉西京嵩山崇福宮薛嗣昌降充徽猷閣待制。臣僚言：「奉御[19]筆，嗣昌有轉一官回授恩例未經行使，可依陳彦修男陳章例，特許回授與男昶，改合入官。檢會陳章改官元降御筆，未嘗有用父回授之語。況吏部又有回授不許改官之法，嗣昌自知回授恩例與選人改官輕重不倫，故啓擬之間，妄稱有例，以罔聰聽。伏望追奪薛昶已改之官，正嗣昌罔上之罪。」故有是命也。

八月三日，提舉潼川府路常平汪叔詹放罷。以言者論其操行狂率，罷歸銓部，擬官未赴，遽升使指，故有是命也。

十月十七日，詔：「高掞依舊通判衛州，前降知秀州指揮更不施行。」以言者論其趣操卑猥，治行無聞，累任憲司，屢以失職降秩故也。

二十三日，詔：「江淮荆浙等路提點坑冶鑄錢湯夢觀、林拯並送吏部。」以言者〔論〕夢觀貪虐，拯污謬故也。

十一月十八日，詔：「權發遣興元府李士式差管勾江州太平觀，永不得與知州軍差遣。」以臣僚論其視事之初，惟供給是務，配歛民户，勒賣醋錢，以入公使庫，致人户遠詣臺省論訴，兼入仕以來獲罪非一也。

二十二日，知濠州連南夫降一官。以言者論其與兄争論，訟十七年，不葬其親，及知濠州，乃因謝表文過飾非，無所忌憚故也。

二十三日，詔：「汪希旦前降復職指揮更不施行，送吏部。」以臣僚論希旦貪污不法，狼藉有聲。頃知泗州，無罪死於獄者三十餘人，張汝舟蓋常發其貪污，錢景述、向子諲、俞騆、常同奏其不法，故有是責。

欽宗[20]靖康元年正月三日，寧遠軍節度使朱勔放歸田里，續詔安置廣南，籍没財産。以言者交章論其罪惡荼毒天下，猶未正典刑，故特有是命。

同日，太傅、楚國公致任王黼責授崇信軍節度副使，永州安置，仍籍没資産。先是，臣僚言：「姦臣賊子如四凶者，蔡京、王黼、童貫、梁師成、李彦、朱勔。黼欺君罔上，蠹國害民，朔方之釁，黼實啓之。」故有是責。

二月十八日，太保、領樞密院事蔡攸可特授太中大夫、提舉亳州明道宫。以幽薊之役，攸爲宣撫使，邀功誤國，造怨結禍，致言者論罪，故有是命。

二月十九日，保和殿大學士孟昌齡、延康殿學士孟揚〔一〕、龍圖閣直學士孟揆並落職，昌齡與在外宫觀，揚依舊權領都水監職事，揆候措置橋船了日取旨。以言者論：「昌齡父子相繼領水衡職〔二〕，過惡山積，結内侍爲之奥主，超取名位，不知紀極。及首建回大河之勢，漂没生靈。身不在公，遥分爵賞，每興一役，乾没無數，莫能鉤考。」故有是責。二十七日，又降昌齡爲中大夫，揚、揆爲中奉大夫。六月二十七日，又責授昭信軍節度副使，袁州；其子揚海州團練副使，全州；揆黄州團練副使，永州安置；知磁州孟持落直徽猷閣放罷。復有論列也。

二十一日，詔朱勔令衡州居住，其子慶陽軍承宣使汝賢、静江軍承宣使汝功、妷華州觀察使汝楫〔三〕、明州觀察使汝舟並與武功大夫，朝奉大夫、直龍圖閣汝翼落職，並致仕。弟閤門宣 21 贊舍人勣，子汝文、汝明，孫綍、繹、約、絢、緯、綬，閤門祗候綽、紳並罷閤職。四月十七日，勔移韶州羈管，子汝賢全州，汝功復州，汝文峽州，汝明建昌軍，姪汝楫□州，汝舟臨江軍，汝翼歸州，弟勣撫州，並居住，逐人子並令隨父前去。追奪朱冲、朱勤官爵。以臣僚言：「人臣之罪，莫大於僭逆。按勔於私家建神霄殿，凡節朔郡吏與監司經由，皆朝拜于其家，大逆不道，迹狀明甚。今父子皆衡州一處，典刑未正，望肆諸市朝，與衆棄之。散遣其子孫，投之四裔。」故有是責。

二十七日，户部侍郎鄭望之提舉亳州明道宫。以言者論其和議爲非，又除授不當故也。

三月一日，兩浙提刑王仲閎、淮南轉運使俞賙、知秀州周審言落職，前發運判官陸寘、兩浙提刑胡邃、平江府通判許操，司録周杞、知常熟縣宋晦並送吏部。以言者論朱勔父子肆行姦惡，仲閎等刻剥民力，助其凶焰，乞行窮治，重賜黜責，故有是命。

十六日，詔：「元主和議李邦彦，奉使許棄河北地李棁〔四〕、李鄴、鄭望之，並罷黜。」

十七日，詔：「兩浙州縣應交通朱勔害民官吏，並令本路漕臣體究放罷。」

二十三日，詔：「江南轉運使曾紆，福建轉運使趙岍、

〔一〕揚：原作「楊」，據《靖康要録》卷二改。下同。
〔二〕衡：原作「衝」，據《靖康要録》卷二改。
〔三〕妷：原作「妖」，據文意改。下文作「姪」，「妷」與「姪」同。
〔四〕棁：原作「稅」，據《靖康要録》卷三改。

唐績，提舉市舶張佑，提舉廣東鹽香黃昌衡，提舉京畿常平陸棐並罷，送吏部，內有職者奪之。」以言者論皆緣交結權倖，躐取名位，邪佞凶狡，素無廉聲，皆不足以當一道之寄故也。

二十四日，監察御史胡舜陟[22]言：「西清次對之官，天子侍從也，非文學足以備顧問，德望足以儀朝廷者，豈容冒居？自崇寧以來，宰相之子例爲此官，既除修撰，即遷待制，有如階官，指日轉行。名器之輕如此！祖宗時，宰相子官至正郎者猶少。趙普、王旦爲相十二年，子猶白身，此蓋不欲使貴冑與寒畯争進。至蔡攸始爲待制，士論駭之。其後乳臭童稚，目未知書〔一〕，綺襦竹馬，方務嬉戲，而官已列禁從矣。蔡京、王黼之子今已落職，而鄭居中之子修年、億年，劉正夫之子皁民、阜民，余深之子日章，白時中之子彥暉〔二〕，或爲待制，或爲直學士，望悉褫其職，以協輿論〔三〕。」從之。

同日，延康殿學士、知廬州王孝迪落職，提舉南京鴻慶宮。以言者論其初無他長，徒以李邦彥姻家，驟至執政，故有是命。

二十八日，朱勔安置廣南，籍没財産。以言者交章論其罪惡荼毒天下，放歸田里，未正典刑，故有是命。

三十日，蔡京責授崇信軍節度副使，德安府安置。以言者論其懷姦誤國之罪，願亟行竄逐，以慰天下公議，故有是責。

同日，江淮荆淛制置發運使宋㬇落徽猷閣待制，與在外宮觀。以言者論其懷姦爲惡，反覆離間，黨庇姻家蔡攸，故黜之。

四月二日，王子獻送吏部，韓宗冑、劉愿、王澣並放罷。時子獻任監司，宗冑任郡守，愿、澣任縣令，以言者論嘗助李彥括田京東西〔四〕，大害于民，殘孽未殄，宜正典刑，故有是命。

八日，直祕閣、京西路轉運副使陸[23]宰落職，送吏部；知陝州王復放罷。以臣僚言，河陽、鄭州當兵馬之衝，宰爲漕臣，未嘗過而問，復臨民無狀，蓋王黼、童貫之僕隸，不宜典司方面故也。

同日，通議大夫、提舉杭州洞霄宮蔡行責授昭化軍節度副使，襄陽府安置。以御史臺根究到行(檀)〔擅〕去朝廷、逃歸東南故也。

十五日，工部侍郎馮溫舒提舉南京鴻慶宮，顯謨閣直學士、知平江府李倫落職，提舉華州雲臺觀。坐附會朱勔故也。

十七日，蔡京移衡州安置，童貫責授昭化軍節度副使，郴州安置。御史中丞陳過庭言「蔡京、王黼、童貫造爲亂

〔一〕目：原作「日」，據《靖康要録》卷三改。
〔二〕中：原無，據《靖康要録》卷三補。
〔三〕輿：原作「餘」，據《靖康要録》卷三改。
〔四〕括田：原作「廷由」，據《靖康要録》卷四改。

階，均犯大惡，然竄殛之刑獨加於黼，而京、貫止于善地安置，罪同罰異」故也。

同日，知青州宇文虛中罷赴闕。以言者論：「童貫始開燕薊，虛中嘗爲參謀，蠹國喪師，招納叛亡，結成邊患，皆虛中主其謀。後詭説求使虜帳，懷姦誤國，大逆不道，望賜流竄。」時召赴闕，故罷之。

十八日，詔知鄢陵縣張膺可除名勒停。以虜入寇，乃稱母喪，輒去官守，虜退復就職故也。

二十二日，顯謨閣直學士葉著降待制；徽猷閣待制馮躬厚、劉僩降秘閣修撰；直龍圖閣王辟疆、辟光、葛立經，直祕閣、提舉河北東路茶鹽霍知白，並落職；提舉三門白波輦運趙奇、開封府儀曹孟鉞、將作少監宋晟放罷；郭南仲、徐時彦依放罷人例。皆以蔡京、攸、王黼、王安中、孟昌齡之子弟親戚，言者論其傾附，爲之心腹，未蒙斥免，故皆責之。

24 二十九日，詔：「蔡京、童貫、朱勔久稽典憲〔一〕，衆議不容，京可移韶州，貫移英州，勔移循州，攸責授節度副使，永州安置。」以御史中丞陳過庭論列不已也。

同日，詔：「承議郎、直龍圖閣高堯明追五官勒停，提舉南京鴻慶宮馮溫舒勒停。」以閤門言其不曾辭朝，故有是命。

五月一日，詔蔡京、朱勔子孫已分送湖南，如本路州軍數少，分送江西遠地。於是蔡行移洪州，脩潭州，修衡州，絛邵州，並安置。徲、㣔袁州，徽道州；朱汝功移桂陽監，汝文郴州，並居住。其子各令隨侍。唯蔡鞗以駙馬都尉免竄。

十一日，徽猷閣待制蔡佃落職，提舉江州太平觀，筠州居住。以臣僚論其爲京、攸近屬，而贓污姦佞，賊害無辜故也。

同日，知汝州謝兢、知蘄州楊暎、工部郎中滕茂實、明堂令宋惠直並送吏部，與監當差遣。坐前爲明堂令，收楷書俸入己故也。

六月四日，詔顯謨閣待制葉著、祕閣修撰馮躬厚、劉僩並落職。以言者論其前雖降職，未厭士論故也。

同日，詔种師中下統制將佐各降五官。以河北東路宣撫使劉韐言：「師中逾次不利，兵馬潰散，統制、將佐逃遁不應援，致主帥死事。乞重立賞捕，雖遇恩數，必行軍法。」故薄責之。

十四日，金部員外郎陶恂送吏部。以往淮南催綱不反命故也。

十五日，廣東西路提點刑獄劉仿、廣西運判方畧並放罷。以言者論蔡京父子貶韶、潯二州，仿〔二〕、畧皆親黨，一旦持節，似欲與 25 蔡氏爲地，故黜之。

〔一〕稽：原作「積」，據《宋宰輔編年録》卷一三改。
〔二〕仿：原作「方」，按「仿」即上文「劉仿」，因改。

十八日，資政殿學士蔡懋落職。以言者論其以父確事迹妄加增飾，誣詆宣仁聖烈皇后，及諂附蔡攸以得執政故也。

十九日，詔追故徽猷閣直學士、通議大夫應安道職，仍奪兩官。以言者論其生前過惡故也。

二十七日，詔河東制置使姚古責授節度副使，廣州安置。以御史中丞陳過庭論古：「自太原被圍，古提重兵于威勝、隆德，逗遛弗進，致种師中之失利。虜方圍太原，未有一騎一卒敢窺南北關，古輒退師，威勝士庶叩馬懇訴，願共守禦，古乃夜半遁去。」故有是責。

七月四日，知威勝軍詹丕遠勒停，仍取勘。坐寇至逃遁故也。

九日，宋喚責授單州團練副使，永州安置。以言者論〔具〕〔其〕聯親奸邪，冒居華近，妄造語言，以肆欺罔，故有是責。

十一日，詔：「移蔡京于儋州，攸于雷州，令開封府差人管押前去。」以臣僚累章論其陰賊姦惡，罪釁彰著，天地所不容載，乞投畀海外故也。

十二日，詔：「童貫罪大責輕，可移吉陽軍安置。」

十九日，追貶故觀文殿學士林攄爲節度副使。以臣僚論其爲蔡京死黨，罪不在京下，故有是命也。

二十一日，詔：「蔡翛責授昭信軍節度副使，脩、絛、徽、徲、彶、衜、嶒、嶼、嶧、嶙並勒停。并京已下子孫等二十三人，遇有大赦不許量移，可布告中外。」

二十六日，徽猷閣待制、知越州李邴落職。以言者論其朋附王黼、中傷善類故也。

同日，前京東轉運副使王26子獻、前知淄州毛孝立、前東平通判呂岯、前京西轉運使任彥輝、前提舉常平李端願、劉寄，並令吏部直注遠小監當。以言者論其奴事李彥，姦蠹害民，雖已落職送部，止退居鄉里，不肯赴調故也。

同日，詔移蔡絛白州，蔡行郴州。

二十八日，詔：「自即位之初，未有論列蔡氏者，李擢首言之。今李光謂召擢不當〔一〕，顯與蔡氏爲地，可送吏部與小郡。」移蔡佃梅州居住，葉著勒停，既而亦令洪州居住。

二十九日，詔特進、觀文殿大學士致仕余深落職。先是，深以少傅、鎮西軍節度使乞納節致仕，有旨許守元官職。於是臣僚言：「昔張懷素以邪道蠱惑，妄言禍福，蔡京、呂惠卿師事尤謹。其後懷素謀不軌事覺，時深爲御史中丞，力爲掩覆之。京之姦謀詭計無不與，始終朋附，無如深比。今雖已納節鉞，而學士之優職，特進之崇階，皆非其所當得。」故有是命。

同日，詔：「沁源縣令曹統、銅鞮縣孟雍並先次勒停，令所在州軍收捉，枷項送本州使喚。」以河東勾當公事折彥

〔一〕「今」原作「令」，又「當」下原有「職」字，據《靖康要録》卷七改刪。

質言，虜犯威勝軍界〔一〕，統、雍並皆逃遁不還，乞嚴行誡勵故也。

八月二日，通判南劍州蔡倬特勒停。仍令諸路監司，凡州縣吏有係蔡京族屬奏官而不通世務與爲姦者並放罷，具名以聞。以臣僚論也。

六日，屯田員外郎程瑀、前侍御史李光，並送吏部與遠小監當。以言者論其朋附蔡攸、黨蔽蔡京故也。

八日，知葉城縣王滸勒停，魯山縣李 27 士渙、中都縣丞王隨、廣濟河都大輦運江惇、濟州通判錢棫、汝（周）〔州〕通判宋憲，並送吏部，與遠小監當。以臣僚論其諂附朱勔、李彥，供其役使故也。

十一日，劉寄、任彥輝、呂岯、毛孝立、李士渙、王隨、江惇、錢棫、宋憲、王子獻，各更追兩官；曾訴、許珪、劉願、吳子奇送吏部，與遠小監當。以臣僚論其皆朱勔黨與，前責尚輕故也。

十四日，中散大夫徐克温降兩官。以言者論其奴事朱勔，昨知黄州贓污刻剥故也。

十七日，知荆南李偃落職，提舉亳州明道宮。以言者論蔡京與子攸得罪至州，以公庫供饋阿附故也。

十九日，（該）〔詔〕：「都統制折可求降兩官，張思正等令李綱體度輕重，降奪官資，依舊軍前使唤，責以後効。」以河東察訪使張灝言可求等與金人合戰，潰退保汾州故也。

二十一日，詔提舉蔡河撥發官白醇中、韓璪並罷。以言者論醇中老不任事，璪多病衰憊故也。

二十八日，提舉江州太平觀盛章責單州團練副使，萬州安置。坐昨知京兆府，於盛暑中大興夫役，日有死損人數，修繕城壁鹵莽，爲提刑司所劾故也。

九月五日，詔：「朕即位以來，振淹起廢，庶銷朋黨，以厚風俗。中書舍人晁説之、許景衡擢爲侍從，兼職東宮，數嘗面論，皆出親選。今乃視大臣陞黜以爲去就，懷奸徇私，殊失事君之義。可並落職，説之提舉西京嵩山崇福宮，景衡提舉杭州洞霄宮。」

同日，直徽猷閣、兩浙路轉運副使程 28 昌弻落職，送吏部。以言者論其諂事魏伯芻，薦於王黼，遂擢監司，復媚蔡京以取貼職，不依赦與民間蠲除税租，部内騷然，大爲民害故也。

二十日，龍圖閣直學士、知應天府葉夢得落職（與）〔宮〕祠，起居舍人許亢宗與郡。以言者論夢得爲吳敏之黨，而亢宗又因夢得以進，故黜之。

二十一日，徽猷閣待制葛勝仲落職，提點京西路刑獄李申、提點京畿京西路茶鹽王珍並罷。以言者論勝仲汚穢無行，不可玷侍從之選；申年貌衰殘，不任煩劇；珍以戚里女夫得官，人才凡謬，皆不足以充廉按之任故也。

〔一〕勝：原脱，據《元豐九域志》卷四補。上文所述沁源、銅鞮二縣皆屬威勝軍。

二十四日，觀文殿學士李綱落職，提舉杭州洞霄宮。以臣僚論綱輕脱寡謀，强執自任，專主用兵之議，前後敗軍覆將非一。二十七日，又言綱身爲大臣，專制閫外，畧無成筭，誤國損威，顧賜黜奪。若鄒柄、張牧贊佐誤事，亦當追奪前命。故有是詔，柄、牧並罷見任。

同日，特進、資政殿大學士薛昂落職致仕。以言者論附會蔡京，與余深、林攄無異，未正典刑，故有是命。

同日，知鳳州趙令廌、知寧州向子伋、知海州吴直夫並罷新任。以言者論三人皆曾以有贓罪，或勘鞫，或停廢，徒緣霈澤，復冒郡寄故也。

十月二日，李綱責授保静軍節度副使，建昌軍安置。以臣僚言綱妄言與吴敏力建大策，贊成内禪，及使應援姚平仲，卒無尺寸之功，自宣撫河東，畧無經畫，肆意妄作，督諸將決戰，致數路敗衂，故29有是責。

十八日，直秘閣徐惕落職，追兩官，勒停。以言者論其爲廣西漕臣日，掊歛珍貨，獻于蔡京，故有是命。

十九日，詔：「前提舉京西北路常平劉寄、京西南路廉訪使者賈諶並除名、勒停、編管，寄商州，諶徐州。」以京兆府路經畧安撫使范致虚言其子寅夙於宣和中曾上書論寄附李彦之罪，時相不直之，命諶體究，諶觀望誣奏，(意)〔竟〕以冤死，故有是命。

二十七日，翰林學士承旨吴幵降三官。以被命出使，託疾不行故也。

二十八日，詔：「李綱罪惡深重，不自省循，輒有放言，鼓惑衆聽，可移夔州安置。候到，令本路監司常切覺察，仍仰經過州軍具到發月日聞奏。」

同日，知(穎)〔潁〕昌府、京西北路安撫使曾開落職，與宫祠。以引嫌乞改移别郡，意在避事故也。

十一月十日，知岳州邢倞除名勒停。以爲館伴日，聽燕人趙倫之詐，欲結余覩以圖虜酋故也。

十五日，龍圖閣直學士、河北河東路宣撫副使折彦質責授海州團練副使，永州安置；京西提刑許高、河北提刑許亢、知絳州李元孺並除名勒停，送瓊州、吉陽軍、華州編管。時金人入寇，彦質、高、亢各統兵防洛口，望風而潰，元孺不守禦，故有是命。

閏十一月一日，詔：「都大提舉京城四壁守禦使劉韐棄軍長寇，沮國摇民，可落資政殿學士，降五官，與宫祠。」初，黏罕陷太原，(幹)〔斡〕離不圍真定，韐至井陘，虜兩路併集，韐移保信德。及(貞)〔真〕定陷，上以韐爲宣撫使，30命移軍洛州。繼召至闕，虜已渡河薄城，韐言宜有以紓目前之急爲後圖者，乃除京城守禦使。已而論者謂韐嘗極言不可輕戰，故有是命。

二日，中書舍人孫覿降三官罷；宋伯友落職，降三官，提舉江州太平觀，本州居住。覿以支軍糧，賞賜不平，伯友以棄鄭州歸京師，故皆責之。

六日，詔：「右諫議大夫范宗尹首議割地，今戎馬再至，使朕失天下心，可先次落職。」既而以爲集英殿脩撰、提舉西京嵩山崇福宫。駙馬都尉向子扆、向子房坐擅登城〔二〕，各降一官。

十四日，中書舍人李擢降兩官，罷守禦提舉。初，護龍河自賊迫近，即決汴河以增其深。其後雪寒冰合，賊於冰上布板置草，覆之以土，將以攻城，而擢不介意。是日稍晴，上登城賞勞，見城壕填疊殆盡，乃有是命。

二年正月一日，延康殿大學士高伸落職，金吾大將軍高傑降爲左衛率府率。以開封尹徐秉哲言：「奉詔根括犒軍物，而伸寄藏金銀於兄傑家，爲婢所告，方追逮幹人，而皆親至府庭下。伸、傑受國厚恩，自恃官高，庇其家奴，難以集事。」故有是命。（以上《永樂大典》卷三八八八）

〔二〕向子房：原無，據《靖康要録》卷一〇補。

黜降官　七

【宋會要】

1 高宗建炎元年五月六日，工部尚書王時雍落職，提舉成都府玉局觀。八日，責授安化軍節度副使，黄州安置。

十一日，責授李邦彦建寧軍節度副使，潯州安置〔一〕；吴敏依前崇信軍節度副使，移柳州安置；中大夫、祕書少監、分司南京、亳州居住蔡懋寧國軍節度副使，英州安置；李棁平海軍節度副使，惠州安置；宇文虚中安化軍節度副使，韶州安置；鄭望之海州團練副使，連州安置；李鄴果州團練副使，賀州安置。先是，有詔：靖康之初，邦彦等主議誤國〔二〕，召致兵革，令三省取旨竄責，故有是命。

十六日，京東轉運判官閻丘陞責授濮州團練副使，封州安置。制書以其不興師赴援故也。

同日，顯謨閣直學士、知東平府盧益落職〔與〕宫觀。制書以其不勤王故也。

十七日，蔡確追所贈太師、汝南郡王，責授武泰軍節度副使；蔡卞追所贈太師、衛國公，責授寧國軍節度副使；邢恕追所贈少師，責授常德軍節度副使；蔡懋責授單州團練副使，依前英州安置。先是，詔曰：「朕惟宣仁聖烈皇后當元豐末，立哲宗皇帝爲皇太子，遂嗣大統，垂簾聽政，有安社稷大功。二王出居外第〔三〕，以别嫌明微，德意深遠。比者姦臣鉤黨以空造之言仰誣盛德〔四〕，著於史牒，以欺後世。其蔡確等令三省取旨行遣，仍不得引 2 用建炎元年五月一日赦文。」至是，三省來上，故有是命。

二十一日，新除給事中沈晦爲集英殿修撰、知舒州。晦自著作佐郎遷給事中，言者以爲超躐，雖嘗使虜逾年，而給事中以封駁爲職，政事得失之所繫，不可以賞功，故有是命。

二十五日，户部侍郎邵溥落職，與京東小郡。制書以溥規免奉使故也。

二十九日，資政殿大學士、西道總管王襄責授中大夫、祕書少監，分司北京，襄陽府居住。資政殿學士、北道總管趙野責授中大夫、祕書監，分司南京，青州居住。六月一日，襄永州安置，野邵州安置。制書以其不勤王故也。

同日，前户部侍郎邵溥降一官。制書以治財折閲故也。

六月一日，太府少卿徐公裕等降兩官。以臣僚言其市監臨物也。

〔一〕潯：原作「尋」，據《建炎要録》卷五改。
〔二〕議：《建炎要録》卷五作「和」，似是。
〔三〕外：原作「私」，據本書禮一一之四改。
〔四〕鉤：原作「鈎」，據本書禮一一之四改。

三日，資政殿學士、知江寧府宇文粹中落職，提舉亳州明道觀。以本府軍卒周德叛故也。

同日，資政殿學士、領開封尹、充大金通問使徐秉哲責授昭信軍節度副使，梅州安置。靖康之禍，秉哲爲開封尹，不忠之罪合即誅夷，上拔拭用之，使之使虜，猶辭避有言，故從貶黜也。

五日，耿南仲落觀文殿學士，依前提舉杭州洞霄宮。以南仲頃與政機，適當邊警，專主盟好，致誤國家故也。

同日，責授王時雍昭化軍節度副使，高州安置；王紹除名勒停，容州編管；吳幵昭化軍節度副使，永州安置；莫儔寧江軍節度副使，全州安置；李擢成州團練副使，郴[3]州安置；顔博文果州別駕，澧州安置；孫覿散官，歸州安置〔一〕。並令所在州軍差官管押前去。馮澥落資政殿學士，依前中大夫、知潼川府〔二〕；知洪州李回落延康殿學士，依前朝議大夫，與宮祠。既又回責授朝奉大夫、祕書少監，分司南京，袁州居住。以時雍等爲臣不忠，靖康之變，奉賊稱臣，至或因之肆爲姦利，言者列其罪惡來上，故皆黜之。

八日，述古殿直學士、提舉杭州洞霄宮謝克家降充龍圖閣待制。制以其受託淵聖，護持東宮，乃以多事之時，遽上乞身之請故也。

十二日，龍圖閣待制謝克家、徽猷閣待制知舒州范宗尹落職宮祠。制以「當國家遭變之時，昧賢者潔身之道。雖揚雄之投天禄，自謂無他；然鄭虔之貶台州，豈宜倖免」故也。

二十一日，檢校少傅、寧武軍節度使、東京留守范訥罷留守司，降授承宣使，淄州居住。以言者論其「專懷顧望，無意勤王，公縱剽攘，不能戢士」故也。

同日，龍圖閣待制錢益落職，提舉亳州明道宮。以益昨任陝西制置使，望風先潰，擁衆自營，仍從敗亡，肆爲攘劫故也。

同日，知淮寧府李彌大降兩官。以盜發所臨，城守幾亡，而彌大莅事之初，姑從末減故也。

二十五日，惠柔民、費若谷押赴河北、京東、陝西路監當差遣。制以柔民等被選爲郎，而逆料時艱，公然去國，故特皆責之，處邊地云。

二十七日，折彦質責授散官，昌化軍安置；錢益落職，降官分司；許高、許亢[4]編管海外州軍。以臣僚言：靖康末，彦質任陝西宣撫副使，乃入川蜀；益任制置使，逃湖北；高、亢統兵防河，逃於江南，故有是責。

七月十一日，朝議大夫、徽猷閣待制、知平陽府高衛落職，降兩官宮祠。制以「衛蒙國選掄，分時憂顧，虜兵一入，狼狽出奔」故也。

〔一〕歸州：原脱，據《建炎要録》卷六補。
〔二〕川：原作「州」，據《宋史》卷三七一《馮澥傳》改。

同日，顯謨閣學士、朝議大夫、知越州翟汝文特降兩官。以本路運判劾汝文擅減放和買税絹綿四十餘萬，故有是命。

十三日，金部員外郎丁深特勒停，令發運司根究所在申尚書省。以臣僚言「深自靖康元年十月被命東南，催促綱運，至是一無奏報，莫知存亡」故也。

同日，詔吳幵移韶州安置，莫儔移潮州安置，顔博文移賀州安置；李回責授安遠軍節度副使，惠州安置；朝奉郎朱宗責授祁州團練副使，岳州安置；通直郎、提舉杭州洞霄宫范宗尹責授忻州團練副使，鄂州安置；太中大夫、權開封尹盧襄責授成州團練副使，衡州安置；故尚書工部侍郎何昌言追授隰州團練副使，及追致仕恩澤；通直郎何昌辰除名勒停，送永州編管；中大夫、提舉成都府玉局觀馮澥責授朝議大夫、祕書少監，分司南京，成州居住；朝請郎、中書舍人李會責授承議郎、祕書少監，分司南京，筠州居住；朝請大夫黎確、朝散郎李健、朝請郎陳戩，並與遠小處監當；承議郎、侍御史胡舜陟，朝散郎、殿中侍御史胡唐老，奉議郎、監察御史馬伸，朝散郎、監察御史齊[5]之禮，朝請大夫、監察御史姚舜明，宣教郎、監察御史王俁，並降兩官；觀文殿學士、提舉杭州洞霄宫耿南仲落職，龍圖閣直學士耿延禧落職與宫祠。餘撰勸進文字及事務官，令留守司開具姓名申尚書省。

八月一日，余大均、陳冲、前諫議大夫洪芻，各特貸命，除名勒停，長流沙門島，永不放還。（邢）〔刑〕部郎中張卿材責授文州別駕，雷州安置；李彝責授茂州別駕，新州安置；王及之責授隨州別駕，南恩州安置；前大理卿周懿文責授隴州別駕，英州安置；胡思責授沂州別駕，連州安置。

十六日，通議大夫、提舉杭州洞霄宫耿南仲特責授單州團練副使，雄州安置。南仲堅主（謙）〔議〕和，致敗國事，言者論其罪大責輕，復有是命也。

九月五日，江南東路轉運副使劉蒙、提舉常平陸友諒各降五官。先是，翁彦國死，蒙、友諒奏乞優加贈卹，上以彦國騷擾東南，詔降兩官。後省謂彦國者，李綱姻黨也，蒙、友諒實悦綱意，故再降云。

同日，知襄陽府黄叔敖落職，降兩官監當。制以遇盜委棄城守，既會赦降，猶從薄責故也。

同日，龍神衛四厢都指揮使、河北經制使馬忠降兩官。十一月十八日，落龍神衛四厢都指揮使，降爲經制副使。二十二日，又降兩官。初以忠行師無律，逗撓不前；其後又謂擢領中權，偏師致敗，全軍退舍，坐失事機，故連有責降。

七日，徽猷閣待制、知河中府席益落職。制以益出專方面，走避[6]（疆）〔彊〕胡故也。

二十一日，刑部郎中呂勤、監察御史齊之禮並罷，令所在提刑司差人催督赴行在，大理寺取勘聞奏。是歲五月，勤、之禮受命江淮催促綱運，至是未還，亦無措置，故有是命。

二十二日，知秦州趙點特落職，勒停。先是有旨，點落職與宮祠，中書後省言，點爲秦州，爲有司所劾，至三十四事，乃獨落職，是謂失刑，故有是責。

十一月十四日，翁彦國追奪寶文閣學士。制以彦國頃治別都，阻威害物，諸路騷然故也。

二年正月十四日，朝散大夫、龍圖閣待制葉夢得落職〔一〕，提舉江州太平觀。坐守杭州軍變故也。

二十一日，中大夫、直龍圖閣、知建州張動降爲朝請大夫。制以不能馭軍撫民故也。

二月七日，龍圖閣學士鄭脩年、顯謨閣直學士劉阜民、徽猷閣待制余日章、白彦暉並落職。先是，元年六月十四日〔二〕，詔前宰執子弟恩澤帶貼職及待制以上者並罷，其四人以父任宰執，實緣僥倖，言者論之，故有是命。

十八日，中書舍人汪藻、滕康、衛膚敏並罷。以中書後省試四方薦士策，第二名何烈乃用廷試體稱臣，藻、康、膚敏坐考試鹵莽，故有是命。

二十三日，龍圖閣直學士、太中大夫、知鎮江府錢伯言降兩官。時張遇爲寇，伯言棄官保于丹陽，寇退自劾，量行是罰。

二十四日，朝議大夫趙子崧責授單州團練副使，南雄州安置。子崧前守鎮江，寇至棄城故也。

二十五日，祕書省正字胡珵特 7 追所有官，梧州編管。以臣僚言珵阿附李綱故也。

四月六日，承事郎、新宗正寺主簿胡愉先次勒停，立賞告捉，仍拘籍産業。以荆湖南路轉運司奏，愉押載内庫錢綱，莫知所在故也。

五月二十三日，承議郎、徽猷閣待制劉阜民落職。言者以其父任宰相，因緣得職，與其兄皐民一同〔三〕，合行追奪云。

七月四日，福建路提點刑獄李芘特追三官勒停。時建州卒叛，芘擁兵三萬餘人，不即掩捕，致寇盗猖獗故也。

十七日，荆南安撫使唐慤降充直祕閣。以臣僚言，公安知縣程千秋破賊還官，改倅荆南，慤乃逮繫郡獄，欲誣以罪故也。

二十日，兵部員外郎、兩浙福建路撫諭江端友放罷，其一行官屬並衝替。以臣僚言端友多任官屬〔四〕，所至苛擾故也。

九月二日，新除衛尉少卿馬伸送吏部，與京東監當。初，伸任殿中侍御史，論列謝克家、孫覿不可再用，乞罷黄

〔一〕葉夢得：原脱，據《建炎要録》卷一二補。

〔二〕元年六月十四日：《建炎要録》卷一三作「元年七月己亥」，即七月十一日。檢《建炎要録》卷七載該日詔：「宰執子弟任待制以上者並罷。」與此條所云合，則當以《建炎要録》爲是。

〔三〕皐民：原作「阜民」，據本書職官六九之二二及《建炎要録》卷一五改。

〔四〕多任官屬：《建炎要録》卷一六作「不練民事」。

潛善、汪伯彦政柄，遂改衛尉。伸猶論不已，卒爲所陷。未幾，二相罷免，上即以衛尉少卿召之。

十二〔日〕〔月〕七日〔一〕，前江淮荆浙〔大〕〔六〕路發運使翁彦國追貶單州别駕，太常少卿翁彦深〔故〕〔放〕罷，徐謹言、翁挺勒停除名，鄰州編管。臣僚言：彦國擁衆十萬，當虜騎渡河，逗遛淮泗不赴難；挺其姪，預謀；謹言幹辦軍中財用，公肆欺隱，無復稽考；彦深，彦國之弟。故併罷之。

三年正月二十七日，保義郎、監法酒庫門田宗義追官。以吏部言，宗義元係後苑作藝學，8 於宣和間應奉有勞，昨授承信郎出身，合行追奪。上曰：「宗義善造頭巾，朕當用錢役使之，豈可與官？」

五月七日，中書舍人張忞與外任宫觀。是日，宰執進對，上曰：「昨日張忞奏劄，謂朕即位以來無纖毫之失。自古人君不患無過，患不能改過耳，諂諛如此，豈可寘之從班耶！」

六月二十日，朝奉郎、左司諫袁植罷知池州。初，植上疏乞再貶汪伯彦於嶺表，誅黄潛善及失守者李延熙、權邦彦、朱琳等九人，以振國威。上諭宰臣曰：「植雖敢言，殊不識大體。如潛善悮國，其誰不知，蓋渡江之役，朕方念咎責己，思爲後圖，豈可盡歸咎宰執。又尊人主以殺人，此非美事。」故黜之，改用趙鼎云。

七月二十四日，知撫〔州〕林積仁、通判楊稷言並衝替。以江西路提點刑獄司奏，苗傅餘黨未至州城，守、倅先棄城去故也。

九月十六日，徽猷閣直學士、前知江州陳彦文先次落職。先是，宣撫處置使奏彦文不法，命監察御史沈與求鞫之，内命官不候三問追攝，言者以爲彦文帶職侍從，難于不候三問而追攝，故有是命。

同日，朝議大夫、知岳州邢倞責授汝州團練副使，英州安置。詔以倞靖康中謀結余堵無成故也。

四年正月二日〔二〕，兩浙宣撫副使郭仲荀責授散官，廣州安置。時金人犯明州，張俊率兵大破之。賊既却，俊引兵赴行在，〔仲〕荀乃乘海舟潛遁，自越州徑趍温州，朝廷追之。續令御史府、大理雜治，既下缺〔三〕。

紹興元年正月二十二日，朝奉郎、直顯謨閣、宣撫處置使司參議官王以寧落職，降三官，責監台州酒務〔四〕。初，本司差以 9 寧充京西制置招撫羣盜，而以寧乃擅自節制湖南軍馬，對移邵、全二州守臣，故黜爲監當。其後以母陳

〔一〕十二月：原作「十二日」，據《建炎要録》卷一八改。

〔二〕二日：《建炎要録》卷三一、《宋史》卷二六《高宗紀》三均記此事於正月十日癸丑。

〔三〕按，原稿「既」字與下條「初本司」相接。據文意，「既」字下當有大段缺文，脱此條之尾部與建炎四年其他條文，以及下條之前部。

〔四〕「紹興元年」以下原脱，據《建炎要録》卷四一並參本書體例補。

氏乞別授差遣，或放歸田里，乃再責之〔一〕。

二月九日〔二〕，臨安府觀察推官沈長卿、監都税院沈震、陳祖安、司理參軍葉義問可並勒停。詔：「仄席求賢，虚襟圖治，言有犯顔忤意者，未始加黜，至於中傷大臣，力肆詆毁，露章臺省，鼓動衆情，此干于政體〔三〕，不得不懲。」故也。

五月四日，朝請大夫、直徽猷閣、主管江州太平觀李弼孺可特勒停。弼孺言臣僚所論誣誕，實負屈抑，詔「弼孺輒敢論説言官，肆行詆毁，有傷國體」，故有是責。

六月二十八日，祕書丞李元瀹可與外任通判〔四〕。以元瀹上殿奏事，妄議典禮故也。

七月三日，徽猷閣直學士、銀青光禄大夫王序落職，又詔降兩官。十二日，有旨特降授宣奉大夫、提舉西京嵩山崇福宫。以序乞再任提舉崇福宫，給舍奏序事宦官梁師成，法當討論故也。

九月二十三日，太常卿謝亮特勒停，送雲安軍編管。以知樞密院、宣撫處置使奏亮緣童貫爲郎，故有是命。

十月二十一日，知徽州郭東特追一官勒停，提刑王圭追一官衝替。以臣僚言東等在任聞張琪賊馬侵犯，望風奔潰故也。

二年五月二十四日，前知明州吴懋特降兩官。詔以懋因軍期科率，將五萬貫作羨餘貢獻故也。

九月十三日，朝奉大夫、知建州韓珉特降兩官。以范汝爲作過之初，珉10爲郡守，不能措置故也。

二十九日，端明殿學士、左朝奉郎、知建康軍府、兼壽春濠廬和州無爲軍宣撫使李光可落職，提舉台州崇道觀。以臣僚論列故也。

十月十五日，左朝散郎、直龍圖閣、主管亳州明道宫潘良貴特降一官。以臣僚論列故也。

十九日，傅崧卿落徽猷閣待制，降兩官，授左奉議郎，提舉洪州玉隆觀。施坰降兩官，吏部與遠小監當。御筆以「近方選任直臣，廉按諸路，冀有埋輪攬轡之士，以副朕意。而崧卿初將詔命，公肆誕謾，施坰保明，觀望不實，朝廷何所賴！」故有是命。

同日，責授中大夫、祕書少監、分司南京黄潛厚落分司、提舉江州太平觀指揮更不施行。以諫官論其嗜貨利，亂名器，輕朝廷，不當以常格檢舉故也。

二十七日，吏部郎官晏敦復送吏部與合入差遣。以敦復不關白長貳，違法決打吏人，及不信朝廷批狀，詣都堂要見判筆，故有是命。續詔決責人吏一節，慮官司不知本意，或至縱吏，特令吏部與通判差遣。

二十九日，降授中散大夫王衣罷權刑部侍郎，除集英

〔一〕王以寧再責在紹興二年九月，見《建炎要録》卷五八。
〔二〕此承上條爲紹興元年二月九日，見《建炎要録》卷四二。
〔三〕此：原作「比」，據《建炎要録》卷四二改。
〔四〕瀹：原作「瑜」，據《建炎要録》卷四五改。下同。

殿修撰，在外宮觀。以言者論其黨庇吏人，凌忽刪定官，於刑名屢有出入故也。

十一月二日，奉御筆：王禹得可罷知台州。以右諫議大夫徐俯奏稱，知台州錢稔既罷，王禹得者士論亦言其不稱，乞別換能吏故也。

十四日，新除給事中江常放罷。以臣僚言常歷州郡貪墨之狀，故有是命。

同日，11直祕閣、知台州蔣璨落職。以臣僚言璨進不以正故也。

十二月二十四日，樞密院計議官李誼送吏部，與遠小監當。以誼漏泄朝廷機事故也。

二十七日，知太平州張錞降兩官勒停，通判蔡績衝替。以錞、績不合在園内晚食用妓弟祗應，致軍民不服、因而作過故也。

三年正月二十三日，左朝奉大夫、尚書工部侍郎賈安宅降充集英殿修撰，依舊提舉臨安府洞霄宮，外州軍宮觀居住。以臣僚言安宅因姻家王黼躐進從班故也。

二十九日，詔端明殿學士、左朝奉郎、前江南東路安撫大使、兼知建康府李光特降兩官。以在任截使過内藏庫錢物故也。

二月一日，新通判無爲軍顔經特降兩官。以進狀論知湖州汪藻抑配軍糧爲跋扈不臣，下宣諭司體究不實故也。

三月九日，資政殿學士、左中大夫、江南西路安撫大使、馬步軍都總管、兼知洪州李回落資政殿學士，依前左中大夫，提舉江州太平觀。以臣僚言回在任奉行詔令不虔故也。

六月一日，集英殿修撰、知池州葉煥落職與宮祠，前降赴行在指揮更不施行。以臣僚言煥擅招巡軍，不能彈壓，致在城作過遁走，又姑息餘黨，故有是責。

十日，宣義郎馮脩己與追一官，放行參選。以脩己元因叙熙載爲中書侍郎日脩書轉官，回授白身補承務郎，準近降指揮，不由科舉之人合行審量，故有是命。

九月一日，江南東路安撫使、12兼知建康府沈晦罷知建康府，差提舉台州崇道觀，任便居住。以臣僚言江南(師)〔帥〕府，其任不輕，晦知婺州日事多輕率，故有是命。

四日，左朝請大夫、試給事中黃唐傳除徽猷閣待制、提舉江州太平觀。以臣僚言，近者臣僚章疏乞罷都轉運司，惟唐傳獨力營救，故有是命。既而再章論列其附會大臣，遂落職云。

二十一日，黃龜年罷給事中，提舉臨安府洞霄宮；李與權罷刑部侍郎，提舉江州太平觀。先是，與權以大理卿爲權刑部侍郎，黃龜年以中書舍人除給事中，言者論與權決獄、議刑一用私意，龜年文學淺陋，素無直聲，故併罷之。

二十二日，知明州李承造、刑部郎官蘇恪、監都茶場程庠、大理直曹滙、都督府幹官韓隆冑、姚耆宗並放罷，今後不得與堂除差遣。以臣僚言此六人治家不謹故也。

二十五日，胡蒙罷右司員外郎。以臣僚言蒙爲都司，恃勢凌轢用事故也。

十月三日，御史臺主簿陳祖禮、祕書省正字陳祖言並放罷。以臣僚言日登大臣之門，覘伺臺評，動息必告故也。

十一日，宗正少卿王珩、吏部員外蘇良治並與外任宮祠。臣僚言，珩自左司郎還宗正少卿，而屢出怨言；良治，李承造親戚，緣丁憂自二浙挈家，依承造兄廣東提舉李承邁，假之聲勢取鬻故也。

四年正月七日，新知漳州陳谷瑞放罷。以臣僚言谷瑞嘗伐官木營造興化私第，故有是責。

二月八日，荆湖[13]北路轉運判官劉庭佐特降一官衝替。先是，紹興三年八月一日，詔荆湖北路運判范寅亮與湖南運判劉庭佐兩易其任，庭佐自降旨半年尚未赴任。至是，都省言其避事，故有是責。

十一日，駕部員外郎洪興祖、比部員外郎范振、樞密院編修官許世厚並放罷。以臣僚言皆席益所私厚故也。

十五日，新廣東運判潘闢、浙東提舉茶鹽陳鼎、廣東提舉茶鹽張世才、湖北提舉茶鹽徐嘉問、福建提舉茶事趙公達、湖南提舉茶鹽胡緯並放罷。以臣僚言，闢因緣黄唐傳、呂頤浩以進，鼎事蔡攸，世才俗吏之才，嘉問王黼之客，緯出入蔡京之門，公達初爲淮寧府儀曹不法，並罷黜之。

三月十七日，資政殿大學士張浚落職，特授依前左通奉大夫，提舉臨安府洞霄宮，任便居住。以臣僚論其輕失五路罷職，言者不已，詔令福州居住，仍令本州借撥官田一十頃。於是言者復論其罰未當，仍之以賞，故撥田指揮亦遂不行。

四月四日，寶文閣直學士劉子羽責授單州團練副使，白州安置；寶文閣學士、知瀘州程唐落職，提舉江州太平觀。臣僚言子羽、唐爲張浚軍事參贊，謀議之人無功故也。

十三日，右朝奉郎鄭待問特追三官。待問，衢州人，因太學内舍生移歸本貫，政和間獻書補官，不繇科舉，吏部以聞，乞審量，故奪之。

十六日，右中奉大夫、直顯謨閣、江南西路轉運副使曾紆降一官。以江南西[14]路荆南等州制置使岳飛言其漕運不繼故也。

二十九日，左朝奉大夫、主管建州武夷山冲佑觀馮堯己特追兩官。堯己元係太學生，主管書寫御前文字應奉有勞，補假將仕郎，仍理選限，即不由科舉補官，至是討論故也。

六月十一日，荆湖北路轉運判官常僅降一官，別與差遣。以僅將運司錢物與朝廷所降帥司錢衮同（友）〔支〕遣故也。

十四日，入内内侍省東頭供奉官鄭弼、入内内侍省西頭供奉官盧祖道各追兩官，武翼郎、寄資入内内侍省東頭供奉官徐奕，并男入内内侍高班徐伸〔一〕，各追一官。以内侍省言弼等私赴韓世忠飲燕故也。内徐奕妻係世忠外表，二子伸隨父而往，故皆降等罰焉。

二十八日，户部尚書黄叔敖除徽猷閣學士，提舉臨安府洞霄宫。後二日〔二〕，降充徽猷閣待制，宫觀依舊。以言者論其職事不脩故也。

八月十九日，劉無極罷祠部郎官，與外任差遣。以臣僚論其昨爲提舶，宰臣問以錢本幾何，汗下不能對故也。

二十五日，司農少卿曾紆、宗正少卿劉棐、右司郎官孔端朝並別與差遣。以臣僚言紆在崇寧爲政府子弟招權，棐爲補闕陰附時宰，端朝以幸學得官，日袖啓以求見梁師成也。

九月二日，左朝請郎致仕徐時彦追四官，仍追奪賜進士及第出身并賜緋章服。以吏部言時彦係蔡京門客徑赴廷試之人，兼致仕已久，陳乞再任，故有是命。

同日，張綱罷給事[15]中，差提舉江州太平觀。以臣僚言，姚舜明以待制爲言者論，改除集英殿修撰，故事改除則屬吏房行詞，綱獨不受，乃申省送刑房，欲令作責降之人，於是黜之。

十二月十三日，端明殿學士、左太中大夫、知潭州席益落職，罷安撫制置大使，依舊湖南安撫使。以樞密院已降指揮令席益發遣吳錫一軍前往武昌縣，聽候馬擴節制，前後計三十一次催劄，未肯發遣，故有是命。

十七日，鎮江府通判王冕、曾是、丹徒縣丞黄仲適、丹徒縣尉張良臣各先降一官，内選人令吏部依條施行。鎮江府平江府常秀州巡轄馬遞鋪楊紹先次除名勒停，並令提刑司取勘聞奏。以冕等發御前金字牌遞角違滯故也。

五年正月八日，集英殿修撰、知太平州劉岑改除右文殿修撰，差遣依舊。岑以權户部侍郎除職與郡，臺臣再論，故有是命。

十日，(又)〔右〕承議郎李邦獻特追直祕閣職名。以臣僚言宣政間父兄任宰執，子弟因回授陳乞得貼職人並罷，邦獻兄邦彦嘗任宰執故也。

二十一日，太府少卿馬承家、吏部員外郎魏良臣並罷。以臣僚言承家因警報請外，良臣奉使亡狀，故皆黜之。

二月二十二日，提點坑冶鑄錢韓寅胄放罷。以臣僚言寅胄初聞邊報即治裝，以出巡爲名留建州崇安故也。

閏二月二十六日，降授龍神衛四廂都指揮使、建武軍承宣使、新差提舉江州太平觀王瓊罷軍職。[16]三月一日，降三官，授濠州團練使。言者交章論瓊經制河東則望風先遁，屯守建康則直趨關中，(泊)〔洎〕出師討楊么，遽有下山之敗，又有鼎江之衄，驅迫崔增、吳全，皆致戰歿，故有是責。既而上謂宰臣曰：「瓊提大兵往上江，所用錢糧不可

〔一〕伸：原作「伷」，據下文改。《建炎要録》卷七七作「申」。
〔二〕後二日：原無，據《建炎要録》卷七七補。

勝紀，而敗軍覆將，經年不能了楊么，豈可不行遣？今降落軍職，不特少慰公議，又璆平日專事交結，亦使知交結不足恃也。」

三月一日，王羲叔、黄願、李膺復職指揮更不施行，更候一赦取旨。以臣僚言羲叔嘗附黄潛善，願附黄潛厚，膺守虔州陰與賊魁交結故也。

十四日，右宣義郎、大宗正丞胡如壎放罷。以臣僚言其詞采粗長，操行不謹故也。

十七日，張厚復右奉直大夫指揮更不施行。以臣僚言其諂奉辛永宗，冒籍軍賞，遂至正郎故也。

八月十八日，故任特進、觀文殿大學士、申國公、贈太師章惇追貶昭化軍節度副使，追貶寧國軍節度副使蔡卞追貶單州團練副使，逐人子孫不得除在内任職，並與在外合入差遣。是日，詔：「比覽元符諫臣任伯雨章，既論列章惇、蔡卞詆誣宣仁聖烈皇后，欲追廢爲庶人，誰無母慈，何忍至此！賴哲宗皇帝聖明灼見，不從所請，向使其言施用，豈不蔑大母九年保佑之功，累泰陵終身仁孝之德！自朕纂服，是用疚心，昭雪黨人，刊正國史。雖崇寧而後，迷國罔衆，推原本始，實自紹聖惇、卞竊位之時，而讒慝未彰，將何以仰慰在天、稱朕尊[17]嚴宗廟之意！可令三省取索，議罪來上，當正典刑，布告天下。」於是中書門下省檢會任伯雨彈章惇等狀進呈，故有是命。

六年三月九日，拱衛大夫、同州觀察使致仕胡慽於横行上追兩官，遥郡上追一官，勒停，送廣德軍編管。以慽爲犯私酒故也。

十二日，前金部員外郎陶愷送吏部，與監當差遣。臣僚言愷論事未當故也。

六月二十三日，武功大夫、果州團練使李鑄特除名勒停，永不收叙，送邵武軍居住。以宣撫使劉光世言鑄恃頑歲久，竊弄事權，潛傷將佐，蠹害軍務，故有是責。

七月五日，左朝請郎、知臨江軍趙充之，右奉議郎、通判張昌並降一官。以江西運司言充之等不裝發岳飛大軍歲計米綱故也。

八月二十八日，知郴州許和卿特降兩官，放罷。以湖南帥臣吕頤浩奏：「桂陽監申，宜章縣尉彭大年下効用許太虚生擒到賊魁黄旺、僞將官黄滿等三人。訪聞得許太虚係是知郴州許和卿之子，祖宗以來，監司、知、通親戚不許于所部從軍，以革冒濫。欲望將許太虚所立功賞更不推恩，將太虚已降指揮免文解一次，其指揮更不施行。」和卿坐縱容男于所部從軍，故有是責。

十一月十二日，左朝請大夫、直祕閣、新知宣州李健，右中大夫、直徽猷閣、新知袁州汪召嗣，可並降一官放罷。既而又各再降一官。詔：「李健爲淮西安撫司參謀，汪召嗣爲參議，不務協心報國，緩急之際，其贊[18]畫無非退避之說。」故有是責。從宣撫使張浚之請也。既而中書舍人再論，乃再黜之。

七年正月十日，龍圖閣直學士、知處州劉大中降充龍圖閣待制，依舊知處州。以臣僚言大中以疾請去，命以峻職便郡，猶懷怨望，故有是命。

二月二十四日，左朝請大夫、知果州宇文彬，通判龐信孺，各特降一官放罷。吏部侍郎、兼權禮部侍郎晏敦復等言：「紹興六年，四川饑饉，米斗價錢至二千或三千，細民流殍，十室而五，前知果州王隲等勸誘富民醵米賑濟。今知、通與王隲相繼到官，目擊其事，乃畫《禾登九穗圖》，號爲瑞應，萬里遣人投進，嘗試朝廷好惡。」故特責之。

七月三日，右朝奉大夫、直徽猷閣、權發遣虔州孫佑落職〔一〕，降兩官。以佑討捕無術，措置乖方，賊徒復行猖獗故也。

八月十日，中衛大夫、秀州刺史、宣撫司前軍第三將官魯彦特降横行遥郡七官，勒停。以彦將將司韓全監，繫縛封閉於空屋内，致使餓死，反受常州富人朱綿令其弟姝冒濫恩賞，故有是責。

九月二日，知陝州楊發放罷，仍取勘。以荆南帥司言發在任不法故也。

二十八日，都官員外郎趙令衿放罷。以臣僚言好事虚名故也。

十月八日，直祕閣、新知温州王縉落職〔二〕，主管台州崇道觀。以臣僚言縉昔任諫官，在職無少補，故有是命。

閏十月十二日，中軍統制王存降兩官，充本軍將官。以存上書乞（故）〔放〕令張浚逐便，上曰：「[19]朕非不能容一王存，但進退輔弼豈小臣所當議，此風（寢）〔寖〕長，則他日將帥或干預其間，豈國之福也！防微杜漸，不可不懲。」先是，又有進武校尉賀允升者上百篇詩，並無利害可取，而專毁訕，其間醜詆張浚者數篇，於是詔王存、賀允升以不循分守，各降兩官，王存仍降充本軍將官。

十六日，左朝議大夫周審言再降五官，不得與親民差遣。先是，審言狀，以係朱勔女夫，乞依蔡楙等例參部，詔追五官。左正言辛次膺論審言嘗登科第，而甘心婚朱勔之息，自平江府教授以進頌改官，寅緣遷轉至朝議大夫，其間僥冒可鐫者詎止五官〔三〕，乞除審言出身一資合收使外，其他冒濫悉行追正，故再黜之。

十八日，左朝奉大夫、徽猷閣待制、前知静江府李彌大特降兩官，左奉議郎、前廣西提刑韓璜特降一官。以彌大爲檢斷屈巢弟等，誤引敕條從絞入斬罪〔四〕，璜以引問情節異同，不移司別推，故有是責。

十二月十八日，廣東運副趙子巖放罷。以臣僚言子巖任監司不法，故有是命。

〔一〕虔州：原作「處州」，據《建炎要録》卷一一二、《梁溪集》卷九四改。
〔二〕「王縉」下原有「可」字，據《建炎要録》卷一一五删。若保留「可」字，則「直祕閣」上當有「詔」字。
〔三〕詎：原無，據《建炎要録》卷一一六補。
〔四〕絞：原作「紋」，據《建炎要録》卷一一六改。

二十四日，户部侍郎王俁放罷，除徽猷閣待制，提舉江州太平觀，任便居住。繼而解免職名，改除集英殿修撰。其後言者不已，再落職。臣僚言，俁力言回易之利，破費官錢數百萬緡，乞行貶斥，故有是命。

八年二月二十七日，工部侍郎趙霈除徽猷閣直學士，知州軍差遣。臣僚又言霈坐言罷，不應除美職，降顯謨閣待制，依舊[20]宮觀。以言者論霈頃在諫垣，汲引群邪，故有是命。

三月五日，中書檢正諸房公事林季仲、太常少卿鄭作肅、左司員外郎王迪，除季仲已降指揮宮觀，餘並與在外差遣。既而季仲落直龍圖閣。臣僚言季仲貪惏，多置田產；作肅諂事孫覿，共排前政；迪自爲檢詳，張浚惡之，乃百計求合，乞罷黜。故有是責。

十四日，左司郎中范直方除直祕閣，與在外差遣。以臣僚言其輕儇巧險，玷辱家聲，其叔父正國嘗除廣西提刑，直方擠之，卒坐論罷，敗壞風教，乞黜罷之云。

四月二日，鄧襄追奪職名。以臣僚言：「近降指揮，直龍圖閣鄧齊、直徽猷閣鄧高並追職名，襄亦洵仁之子，齊、高之兄弟，承父秉政，遂叨禁從。昨來蔡卞、鄭居中、(餘)〔余〕深、劉正夫、白時中等之子皆已追奪職名，獨襄尚帶次對，乞依例追奪。」初落職，再論，遂追奪云。

五月十三日，徽猷閣待制劉子羽落職，既而責授單州團練副使，漳州安置。臣僚累章論列，遂有是命。

十一月二十九日，樞密院編修官胡銓追毁出身以來文字，除名勒停，送昭州編管，永不收叙。既而詔送吏部，與廣南監當。三省、樞密院奉旨，胡銓身爲樞屬，既有所見，自合就使長建白，乃狂妄上書，故有是命。

十二月十一日，資政殿學士、提舉臨安府洞霄宮劉大中落職，依舊宮祠。以臣僚言：「大中之罪，言官累章論之悉矣，僅以宮祠奪其郡紱，而猶處之資政殿。」故有是命。

十[21]四日，資政殿學士、知潭州王庶落職，與宮觀。臣僚言庶倡言和議不合，賣直而去，故有是命。

九年二月十三日，監進奏院羅萬、楊適各降一官。以三省言，進奏院遞發正月五日赦書，内河南新復去處並合交付王倫賫行，不合一面便行入遞故也。

四月四日，奉國軍節度使、檢校少傅趙鼎落節度使、檢校少傅，依舊特進、知泉州。以臣僚言鼎自知紹興府乞閑，既遂其請，乃安於近輔，故有是命。

十三日，廣西提刑王珏降一官，衝替。以珏(胙)〔昨〕於去年八月九日已降指揮放罷，今年正月内進奏院内引，尚繫階銜，故有是命。

十七日，端明殿學士、提舉臨安府洞霄宮折彦質落職，依前官，差遣如故。以臣僚言，彦質擢自戎幕，付以兵柄，禦寇河上，潰散而歸，及淮西之警，遽議歛兵〔一〕，自罷政得

〔一〕議：原無，據《建炎要録》卷一二七補。

祠，即帥閩粵，今雖已去郡，無所貶損故也。

五月十七日，降授左朝奉大夫、直秘閣、前知果州宇文彬送吏部與合入差遣。彬於七年二月二十四日，以獻《嘉禾圖》降官放罷，今來輒復上書論訴鄉官十數員不遵士檢，復責之。

六月二十五日，左朝請大夫、新除陝西都運仇悆可責授左朝奉郎、少府少監，分司西京，全州居住。悆辭新除陝西都運，上曰：「悆爲侍從，不能體選任之意，避事辭難，拒違朝命。」故有是命。

同日，廣東運判周利見放罷。以臣僚言利見私增嶺外賣鹽錢故也。

七月二十八日，徽猷閣待制、知22嚴州董弅與宮觀差遣。以臣僚言禱雨不虔故也。

十月二十六日，徽猷閣直學士、提舉（毫）〔亳〕州明道宮劉岑可特降充徽猷閣待制，依前宮觀。以進士吳伸私印《吐金集》，前有岑簡帖，既令具析以聞，故降職云。

十一月八日，户部郎官、湖北總領邵相罷總領職事。未幾落職，令吏部與遠小處監當。先是，臣僚論相到官已來追催積欠，侵奪榷酤。至是，三省又言相職在總領，應副大軍錢糧，坐視違戾，並不按劾，故再責之。

九日，龍圖閣直學士、京畿都轉運使李迨落職，提舉江州太平觀。詔以迨被命偃蹇，稽留道路，到任即與孟庾不和，規求罷免，故黜之。

十年五月二十四日，新利州路轉運副使夏珙放罷。以臣僚言珙先任湖北運副日，科買竹木，役使軍兵修蓋第宅，故黜之。

閏六月二日，觀文殿學士、左正議大夫〔一〕、東京留守孟庾，資政殿學士、左太中大夫、南京留守路允迪，並追見任官職，路允修等並放罷。內孟庾家屬送漳州，路允迪家屬送全州，仍令所在州軍差官兵津遣，逐州交替。以庾等留守二京，虜人入寇，不能守節故也。

二十八日，趙鼎責授清遠軍節度副使，潮州安置。鼎初知泉州，論罷，以特進領祠，還至紹興，言者論列，遂責授太中大夫、祕書少監，分司南京，興化軍居住。既而再責左朝奉大夫，餘依舊，漳州居住。論者未已，卒有是命。

七月十八日，直秘閣、湖北提刑向子忞特落23職，依已降指揮放罷。都省言子忞係緣總領司以職事按發放罷，今來子忞妄有奏陳，特有是命。

十月二十八日，太中大夫、龍圖閣直學〔士〕、提舉江州太平觀范沖，左朝散大夫、徽猷閣待制、提舉江州太平觀王居正並落職。以臣僚言沖、居正皆緣趙鼎進用，鼎既得罪，二人難處次對之職，乞賜鐫斥云。

十二月九日，廣東提刑陳正由特降一官放罷。以臣僚言：「正由奏發提點刑獄尤深子押市舶司乳香綱沉溺等

〔一〕議：原作「義」，據《宋史》卷一六九《職官志》九改。

事。正由之與深，實交承也，深有不法，正由當具事由申朝廷施行，今乃曰『謹按』，又曰『姑摘其大者劾之』，又曰『以爲天下臣子貪墨不體國之戒』，玆事前此所未聞也。朝廷既將深付帥司取勘，所有正由犯分妄作之罪，亦望施行。」故有是責也。

十一年二月二十五日，右宣教郎、池州通判馮壽康，左儒林郎、推官楊徽並特勒停。以樞密都承旨周聿被旨點檢沿江防守，言壽康等聞江北有警，輒將骨肉往外縣安泊，本州所委職事並不肯躬親前去，故有是命。

六月十四日，知南雄州趙侁、沅州通判李尚義、主管台州崇道觀趙慶孫、李處度、衢州判官龔鑒、蕭山縣丞陳宗盤並勒停，永不得與堂除差遣。以臣僚言趙侁等子道有虧故也。

七月五日，福建路運判董將、江西運判孫邦並放罷。以臣僚言將昨爲崑山知縣，賄賂公行，邦昨爲考功郎官，强買田産，豈可使之將漕，故有是命。

同 24 日，司農少卿高穎放罷。以臣僚言高穎初由僞境還，薦者以不受僞命，超進京秩，驟至亞卿，實無他能，故有是命。

九日，前知信州劉岑責授單州團練副使〔一〕，全州安置。以臣僚言岑前後在任妄用官錢故也。

九月十四日，著作佐郎鄧名世放罷。以臣僚言名世入館以來，專務誇誕捷給，蔑視同列故也。

十五日，潼川府路轉運副使喻汝礪〔二〕、運判胡考寧並放罷。以臣僚言汝礪出漕鄉國，爲門僧報怨興獄，連逮無辜，考寧蓄娼出妻，故有是命。

十月七日，知萬州馮時行先放罷，仍取勘。其後十二年六月十八日〔三〕，特勒停。夔路轉運司劾奏，時行擅置軍額，招置刺虎一軍，以爲自衛之計，使民不得安業，故有〔是〕命。

十一月二日，中書舍人朱翌放罷。十三日，責授左承事郎、將作少監，分司南京，韶州居住。以臣僚言，翌初由呂大中薦之趙鼎，遂躋清貫，故有是命。未幾，又論翌附會范同，遂再有責云。

同日，宗正寺丞邵大受放罷。十三日，除名勒停，化州編管。以臣僚言，大受每聞朝廷一有除擢，則浮言無稽，毁短百出，言者論列范同、大受更相附會，遂再責之。

五日，資政殿學士、提舉臨安府洞霄宮李光責授建寧軍節度副使，藤州安置。以臣僚言光罷政事而去，怏然不滿，故有是命。

十三日，范同責授左朝奉郎、祕書少監，分司南京，筠州居住。以臣僚言同當執政之初，首爲遷葬之謀，騷動州

〔一〕副：原無，據《建炎要録》卷一四一補。
〔二〕喻：原作「俞」，據《建炎要録》卷一四一改。
〔三〕十二年：原無「十」字，據《建炎要録》卷一四五補。

縣，(令)〔今〕尚領真[25]祠，竊優奉，乞重賜施行，故有是責。

十二月三日，左通奉大夫、充徽猷閣待制、提舉江州太平觀劉洪道(可)責授濠州團練副使，柳州安置。以臣僚言洪道與岳飛交結，故有是責。

七日，左通直郎、淮西轉運判官劉景真特降三官，依衝替人例。以刑部言，景真不合信憑故朝奉郎段寅姪長卿僞説，當初改官係用舉(王)〔主〕與之作保故也。

十二年正月十日，知徽州朱芾、前知宣州李若虛並落職，内芾放罷。後五月十三日，芾責授左朝奉郎、軍器少監，分司西京，邵武軍居住；若虛勒停，送徽州羈管。以臣僚言，芾等頃爲岳飛謀議，不能贊其主帥，故有是命〔一〕。其後臣僚又論芾等不自循省，唱爲浮言，乃再責之。

十四日，大理寺丞李若樸、何彦猷並罷。岳飛之獄既具，寺官聚斷，若樸等喧然力争，以衆議爲非，務於從輕，以臣僚上言，故有是命。

二十四日，屯田員外郎劉無極、祕書丞孫汝翼並罷。以臣僚言無極孫近之黨，汝翼范同之黨，故有是命。

二月四日，右司郎中莊必彊〔二〕、左司員外郎錢業並罷〔三〕。以臣僚言附會范同故也。

三月十七日，兵部員外郎朱輅放罷。以臣僚言其緣勾龍如淵之薦，躐致清華，故有是責。

同日，江東提刑陳確特追兩官，勒停。以臣僚言確被旨體究前知定城縣費介，自去年十月至今年三月方申不法等，並不曾一件着實，已降兩官外，再乞黜責。故有是命。

四月二十[26]五日，考功員外郎陳時舉放罷。以臣僚(其)〔言〕時舉附李光，初被謫，乃陰有異議，以朝廷罪光爲非，故有是命。

五月六日，刑部員外郎周林放罷。以臣僚言林與市井小人校計錙銖之末，士夫笑之，故有是命。

六月十一日，左通議大夫、提舉臨安府洞霄宫王庶責授嚮德軍節度副使，道州安置。以臣僚言庶傲而寡恩故也。

十三日，左朝奉郎、工部尚書莫將，右通直郎、刑部侍郎周聿，並各降兩官。以將等分畫唐、鄧地界，並不親至界首，故有是命。

十八日，馮時行特勒停。以臣僚言：「夔路漕臣李坰按發時行教習鄉丁，以爲跋扈，勘鞫久不伏。緣時行既非主兵之官，恐無跋扈之狀，所念干繫二百人，其傷寔多，乞將時行免勘，特降施行。」故有是責。餘見十一年十月十日。

七月二日，福州簽判胡銓除名勒停，送新州編管。以臣僚言銓昨任樞屬，狂妄上言，姑從薄責，而銓益唱前説故也。

〔一〕故有是命：原作「故故有命」，茲據通用文例改。
〔二〕彊：原作「疆」，據《建炎要録》卷一四四改。
〔三〕業：《建炎要録》卷一四四作「葉」。

八月十一日，太常丞吳棫、祕書省校書郎陳之淵、王璧並罷職，與外任差使。以臣僚言，棫、之淵、璧朋附故也。

十月十八日，道州通判孫行儉送吏部，與廣南監當。以臣僚言行儉擅將行衙鼎新蓋造爲前樞密副使、貶道州王庶安泊之所，故有是命。

二十一日，左朝奉大夫、提舉江州太平觀何鑄責授左朝奉郎、祕書少監，分司南京，徽州羈管。先是，以臣僚六章論列，故有是命。

十一月九日，直秘閣、知盱眙軍沈該特降一 27 官。以該將對境關報文字並不即稟朝廷故也。

十二月一日，司農卿、總領淮東軍馬錢糧胡紡放罷。以臣僚言其將漕淮壖，迄無善狀故也。

二日，直祕閣、前知秀州方滋落職。以臣僚言滋爲江東茶鹽提舉，所部縣宰臧梓姦贓爲監司所發，滋獨蔽之，嘉興知縣不法，有越訴於臺者，滋不容不知，知而縱之，實又蔽之，故有是命。

二十日，左朝請大夫、知通州馮晉放罷。以臣僚言晉緣王黼親黨冒進故也。

十三年四月二十三日，左朝議大夫、提舉洪州玉隆觀胡思，左朝散郎、直顯謨閣徐林並勒停，思劍州、林興化軍居住。以兩浙運副李椿年劾奏二人沮經界之政故也。

五月八日，張九成與作宮觀人，令南安軍居住。初，臣僚言九成與徑山主僧宗杲議論時政故也。

六月一日，起居舍人兼侍講程敦厚令吏部與合入差遣。以臣僚言敦厚鼓唱是非故也。

十九日，中書舍人張擴罷。以臣僚言擴阿附程克俊，動揺國是故也。

二十日，都官員外郎陳抃與外任。以臣僚言抃爲孫近之客，寅緣進身，自近竄逐，私書往來不絕故也。

二十一日，司農寺丞臧保衡放罷。以臣僚言保衡頃自編修改職，近復獻頌進官，故黜之。

八月十八日，秘書少監姜師仲放罷。以臣僚言初爲浙漕，因席益之薦，遂得察官，自茲冒忝逾分故也。

九月二日，顯謨閣直學士、左太中大夫、知鎮江府汪藻提舉江州 28 太平觀。以臣僚言藻坐昨知湖州，縱嬖妾之父出入公門故也。

十一日，吏部侍郎魏良臣、户部侍郎沈昭遠並罷，與外任。以臣僚言良臣卑凡之趣，昭遠朋比之狀故也。

同日，徽猷閣直學士、提舉萬壽觀、兼權知學士院洪皓依舊職知饒州。十七年五月七日，徽猷閣直學士、左朝散郎、提舉江州太平觀，責授濠州團練副使，英州安置。以臣僚論列得郡，既而奉祠，言者復以其里居與郡守王洋〔一〕、通判陳之淵以言語動揺國是，仍再責之。

十月二十一日，顯謨閣學士、左太中大夫、提舉江州太

〔一〕洋：原作「詳」，據《建炎要録》卷一五六改。

平觀汪藻落職，依舊宫祠，永州居住。以臣僚言，凡前日在朝爲異議者，皆藻之爲，乞令居遠方，故責之。

十二月五日，禮部侍郎王賞知和州。以臣僚言賞所與私昵及往來之人，皆不由正，故有是命。

十四年正月十五日，集英殿修撰、提舉江州太平觀黄龜年落職，令本貫福州居住。以臣僚言龜年居明州昌國縣，交結郡邑，奪綺霞寺山以爲葬地，故有是命。

二月二十八日，中書舍人劉才邵、祠部員外郎王觀國並與外任。以臣僚言二人皆附(萬)〔万〕俟卨，今卨既出，宜逐罷故也。

三月二十一日，建寧軍承宣使、提舉江州太平觀解潛責濠州團練副使〔一〕，南安軍安置。以臣僚言潛趙鼎之客，不從和議故也。

四月二十四日，右朝奉大夫、前主管台州崇道觀陳鑄送吏部，與監當差遣。以臣僚言鑄奔走權貴之【29】門故也。

五月十九日，左朝散郎、新知遂寧府蘇符降兩官，令所在州軍催發之任。以臣僚言：「符頃緣罪罷，僑寓平江，朝廷畀之遂寧，以便其私，受命踰年，略不爲赴郡之計。」故有是命。

六月十三日，龍神衛四廂都指揮使、興寧軍承宣使、兩浙西路馬步軍副總管張子蓋特降一官，以前任江東副總管日，私販物貨，爲總領司所登故也〔二〕。

二十日，提舉江州太平觀万俟卨降三官，歸州居住。右朝散大夫、主管台州崇道觀(萬)〔万〕俟止特除名勒停，永不收叙。林讜罰銅六十斤，特送二千里外編管。初，止以嬖妾作兄女嫁讜，奏讜將仕郎，故有是命；後言者復列止之罪，再送桂陽監編管。

九月二十八日，左奉議郎、祕書省校書郎張闡放罷。以臣僚言闡每有用之不盡之嘆故也。

十月十五日，直敷文閣、知廬州鮑琚落職放罷〔三〕。以臣僚言其知鎮江，多以官錢送親戚；及在廬州，結納妖僧，故於治所以符水惑人，得錢入公庫故也。

十二月一日，禮部員外郎、兼崇政殿説書、資善堂贊讀陳鵬飛放罷。以臣僚言鵬飛妄自標置故也。

十五年正月二十九日，右朝奉大夫向子忞、修武郎向子率各特降三官。以知潭州劉昉言子率彊買民田，本州方行勾追，其兄子忞輒經提刑司越訴，故黜之。

六月二十三日，降授武顯大夫、改差福建路兵馬副都監、充殿前司選鋒軍統制李耕特降一官。以冒請事發，付【30】在有司，輒行財計囑故也。

八月十九日，龍神衛四廂都指揮使、沂州防禦使、殿前司左軍統制李捧降授舒州團練使。以輒違朝旨，擅差官兵

〔一〕副：原無，據《建炎要録》卷一五一補。
〔二〕登：似當作「發」。
〔三〕知：原作「如」，據《建炎要録》卷一五二改。

回易故也。

十月十九日，吏部郎中王言恭、國子監丞文浩並放罷。以言恭等趍附執政故也。

十一月七日，左奉議郎、祕書省正字黄公度放罷。以臣僚言公度爲趙鼎遊説故也。

閏十一月十七日，左朝奉郎、充祕閣修撰、提舉江州太平觀劉一止落職，依舊宫祠。以臣僚言一止由阿附李光落職宫祠，既而畀以次對之職，乃不體認寬恩，方且躁忿，故有是命。

十六年二月二日，保康軍承宣使、提舉佑神觀韓公裔與外任。以臣僚言公裔與楊愿交通故也。

三月二十六日，新添差荆湖南路馬步軍副都總管辛永宗降兩官，授鳳州團練使。以臣僚言乞將永宗移之遠地，特授前件差遣，經今兩年，留建康徘徊不去，故有是命。

九月十三日，辛道宗特更追三官。以宰執進呈刑寺擬斷辛道宗係勒停未叙人，寄居饒州，彊占民田，詐取財物，事發，輒避罪逃竄，合追見存拱衛大夫一官，罰銅二十斤，仍同免官例，依舊勒停。上因宣諭曰：「向者范宗尹與諸辛往來甚多，爲宰相不與朕情通，乃附下如此，豈不負朕委任之意！」於是道宗再(是)〔有〕是責。

十月二十二日，吉州刺史、兼閤門宣贊舍人韓興，右武大夫喬興各降一官；定江軍節度使、鄂州駐劄御前諸 31 軍都統制田師中，寧國軍承宣使、鄂州駐劄左軍統制官牛臯各罰銅十斤。並坐委保馬驥、陳乞陣亡恩澤不實，會赦，故有是責。

十一月二十四日，權禮部侍郎游操與外任。以臣僚言操常附趙鼎，既敗逐，操猶書問不絶故也。

十二月十一日，金部郎官李若川與外任。以昨降指揮有差遣人限五日出門，而若川輒庇其妻兄茹(楊)〔揚〕庭，經營差遣故也。

十七年二月二十四日，權吏部侍郎王循友差提舉成都府玉局觀。以臣僚言「屢將使指，勞客境上，所過州郡，輒受賄賂，每赴(晏)〔宴〕集，褻狎倡妓，有玷國體」故也。

四月二十三日，敦武郎、製造御前軍器所監造官馬元益特勒停，送桂陽監編管。以元益上書妄議出兵故也。

二十七日，少師、昭慶軍節度使、充萬壽觀使、平樂郡王韋淵特責降寧遠軍節度副使，袁州安置。初，以徽宗皇帝忌，皇太后親謁景靈宫〔一〕，淵因赴起居妄出辭語故也。

五月十日，吏部郎中李潤放罷。以臣僚言，潤耿南仲門壻故也。

六月十三日，權工部侍郎嚴抑、祕書省正字張本並放罷。以臣僚言抑務爲私交，本學術空疏，故有是命。

九月十五日，資政殿學士、左朝奉大夫、四川宣撫副使鄭剛中放罷，令鄂州聽候指揮。既而落職，依前官提舉江

〔一〕「宫」上原有「器」字，據《建炎要録》卷一五六删。

州太平興國宮，桂陽監居住。以臣僚言章論剛中奢僭妄作，故有放罷聽指揮之命。十月二十四日，尚書省檢會取旨，再有[32]是責。

十月二十七日，知福州、左朝議大夫、充集英殿修撰薛弼，通判、左朝奉郎衛蒙亨，右朝奉郎林充，各降一官。先是，進士鍾鼎上書狂妄，押赴福州聽讀，而本州不切拘管，致令擅離本處，輒詣朝省再有陳獻故也。

十一月三十日，左朝散大夫、直龍圖閣、權知潭州陶愷特降一官。以前任成都府路轉運副使，承總領所取會儲蓄錢物，而愷輒令諸州隱蔽，不實供報，會赦，乃有是命。

紹興十八年四月二十六日，敷文閣直學士、知建康軍晁謙之放罷。以臣僚言謙之輒與趙鼎交通書問，又嘗爲王庶辟客，故有是命。

五月八日，權吏部侍郎邊知白差提舉江州太平興國宮。以臣僚言：「知白中懷躁進，其知貢舉，嘗於稠人廣衆中曰『秀才得，我輩落』，意謂落權也。」於是黜之。

六月七日，新除軍器監丞康與之與外任宮觀。初，與之妄稱朝旨往鎮江府收買玉帶，因見都統王勝，欲借金五十兩貼還價值。至是，朝廷訪聞，下勝具析，乃有是命。

同日，權户部侍郎李朝正放罷。以臣僚言朝正版曹貳卿，令小吏私買左藏庫絹故也。

八月四日，龍神衛四廂都指揮使、邕州觀察使、江南東路馬步軍副總管董先，右武大夫、文州刺史、侍衛步軍司第一將馮昱，武功大夫、閤門宣贊舍人、侍衛步軍司前部統領傅旺，各降一官；右武大夫、忠州刺史、洪州兵馬鈐轄李璋，特展三年磨勘。董先、李璋以前任統[33]兵官，與馮昱、傅旺各失覺察所部軍兵冒請，及依隨合干人改填効用，爲部下所告。法寺鞫實，會赦，仍有是命。

五日，右中大夫、直祕閣馬純特降一官。以前任福建轉運副使，違法差官權攝職事，及不覺察屬官占破兵士，冒請衣糧，爲臣僚所劾，故有是命。

十一月十五日，新州編管人胡銓移送吉陽軍編管。以知新州張棣言〔一〕，銓不自省循，日夕與州縣見任、寄居往來唱和，筵宴無時故也。

十八日，鄭剛中責授濠州團練副使，復州安置。以臣僚言剛中昨充四川宣撫副使日，有盜賊過界偷馬，承受朝廷指揮，並不著緊收捉，故責之。

十九年三月二十二日，責授濠州團練副使、復州安置鄭剛中許用議減，特免禁錮，移封州安置。右朝請郎、前四川宣撫司主管機宜文字、兼權參議張漢之，右承務郎、前四川宣撫司書寫機宜文字鄭良嗣，各特貸命，追毀出身以來告敕文字，除名勒停，永不收叙，漢之賓州、良嗣柳州，並編管。右奉議郎、前通判荆南府趙士禡追一官，勒停除名。右承議郎、新知忠州林琪特降一官，依已降指揮放罷。右

〔一〕棣：原作「杕」，據《建炎要録》卷一五八改。

武大夫、開州刺史、利州路兵馬都監、充御前中部統領官張仲追右武大夫一官，勒停，送本軍自効，仍展三期叙。先是，剛中被旨收捉過界偷馬賊盜，全不遵奉；又擅自出賣度牒，起置錢監鑄錢，所收到錢直便支使；及冒請過供給厨食等錢〔一〕，并要併都轉運入宣司，【34】不喜朝廷置四川總領錢糧官等事。自漢之以下皆因剛中連逮，各坐冒請錢物及授寄之類，皆因臣僚上言，置司根勘，獄成來上，乃有是命。

同日，起居舍人王墨卿放罷。以臣僚言墨卿在鄉里干擾州郡，動以千緡計，在外邑受令長關節，致請託公行，故有是命。

五月十七日，右朝請大夫、充敷文閣待制陳桷特降兩官。以前知池州妄用係省錢，會赦，乃有是命。

十八日，左武大夫、果州團練使常吉特追左武大夫一官，勒停，送步軍司自効。以前任馬軍司將官，違法顧覓軍兵陳千、王青女充女使，及私役所部販賣收息，爲田晟按發，乃有是命。

十月十一日，前任湖南總管、邵州駐劄辛永宗特勒停，送肇慶府編管。以知邵州呂稽中言：「永宗自到任至任滿，尚在本州居住，攘奪官員居止；罷任占留將兵，違法差破使臣、兵(稍)〔梢〕，宣借兵級等。其本身違法請過添支等計一萬二千五百餘貫。欲望徙之他處。」故有是命。

十一月二十三日，權户部侍郎李椿年與外任〔二〕。臣僚論：「椿年人品凡下〔三〕，躐等侍從，當時經界一事，誤蒙委使，今經界已定，若不別委他官覈實，則椿年私結將帥、曲庇家鄉之罪，無以厭塞公議。」故有是命。

二十年三月十九日，責授建寧軍節度副使、昌化軍安置李光特永不檢舉。男右承務郎孟堅特除名勒停，送峽州編管〔四〕。徽猷閣直學士、左承議郎致仕胡寅特落職。左朝散郎、充徽【35】猷閣待制、提舉江州太平興國宮潘良貴，龍圖閣學士、左太中大夫、提舉江州太平興國宮程瑀，右朝奉大夫、直祕閣宗穎，各特降三官。寶文閣學士、左朝請大夫、提舉江州太平興國宮張燾，左承議郎、新差知邵州許忻，左朝奉大夫、新添差福建路安撫司參議官賀允中，左奉議郎、充福建路安撫司主管機宜文字吳元美，各特降兩官。臣僚言光主和議反覆，孟堅光之子，寅等皆與光交相朋附故也。

二十三日，右朝請大夫、充敷文閣待制、知平江府周三畏落職，與宮觀差遣。通判蘇師德勒停，送汀州編管。臣僚言：「三畏頃在大理卿〔五〕，鞫勘岳飛公事，猶豫半年不

〔一〕及：原作「乃」，據《建炎要録》卷一五九改。
〔二〕椿：原作「春」，據《建炎要録》卷一六〇改。
〔三〕椿年：原作「春」，據《建炎要録》卷一六〇改補。
〔四〕峽州：原作「陜州」，據《建炎要録》卷一六一改。
〔五〕頃在：《建炎要録》卷一六一作「頃爲」。據文意、字形，此處似當作「頃任」。

決。比因罷黜，特加拔拭，終不懷安。蘇師德乃常同之友壻，方同任御史中丞(曰)〔日〕，師德乃招權金〔一〕。二人同爲守倅，比同之死，三畏遣師德齎錢二千緡，越境至海鹽縣爲同致祭，〔祭〕文云：『姦人在路，公棄而死。』」故有是命。其撰常同祭文官，亦委憲司具姓名申省取旨。

二十五日，左承議郎致仕胡寅責授果州團練副使，新州安置。臣僚論寅初傅會李綱，其後又從趙鼎建明不通鄰國之問，故有是命也。

九月二十三日，詔曹筠附上罔下，可罷侍御史，日下出門。

二十一年閏四月十二日，户部侍郎宋貺放罷，既而徽州居住。臣僚言貺身爲版曹，支遣不行，乃以臨安府公使庫等錢那兑，又勘虛旁，令軍人自往漕司支散，故有是命。

二十二年 36 三月一日，右承務郎王之奇特除名勒停，送梅州編管；右承務郎王之荀追所有官勒停，特除名，送容州編管。之奇、之荀皆前樞密副使庶之子，以其父責降身死，撰造語言，謗毀朝廷，故有是命。

七日，左中奉大夫、直龍圖閣、提舉台州崇道觀葉三省落職，令筠州居住；承節郎、監臨安府都作院王遠除名勒停，送高州編管。並坐謗訕朝廷，故有是命。

十四日，左中奉大夫、徽猷閣待制、提舉台州崇道觀董弅落徽猷閣待制。以臣僚言弅干撓州縣故也。

二十一日，知紹興府湯鵬舉放罷。臣僚言鵬舉以宅庫子欠賣酒錢，輒歸罪將官，申於朝廷，遂致副將劉之儀非理致死，故有是命。

四月四日，信州上饒知縣吴芑放罷。先是，臣僚論芑不法，阿徇余堯弼，强買人田事，上曰：「聞其人見訴之臺部，可先次放罷，令本路監司根勘〔二〕，具實聞奏。所在縣令有不法者，無由盡知，昨日亦諭言官，如有所聞，可上章彈劾。」

二十一日，武功大夫張并特降一官，依差替人例。以(委)〔屢〕經御史臺陳訴銓曹人吏行遣不當故也。

二十七日，武翼大夫、權發遣兩浙西路兵馬都監、常州駐劄張鐸特降兩官，衝〔替〕。以先從軍日冒受恩賞，故有是命。

六月五日，左司郎中宋仲堪放罷。以臣僚言仲堪鞫鄭剛中獄於江州，淹延日月故也。

七月四日，知漳州葉庭珪放罷。臣僚言庭珪前知泉州，出空名帖子私賣僧寺故也。

十 37 八日，左朝散大夫、知眉州邵博先次放罷，令成都府疾速取勘，具案聞奏。以本路運司劾其不法故也。

二十四日，右朝請大夫詹廣特降一官，勒停。以前知黄州日妄支官錢故也。

〔一〕此句文意不明，疑有誤。
〔二〕司：原作「勘」，據《建炎要録》卷一六三改。

二十三年四月二日，吏部員外郎李琳放罷。以臣僚言琳銜命出疆，多市北物故也。

五月十六日，向子固罷知揚州。以大金人使至本州，子固人從呵引不即迴避，北使以爲言，故有是命。

九月六日，祕書省正字、兼權中書舍人周麟之放罷。以臣僚言麟之以正字權中書舍人，志在即真，常懷不滿，故有是命。

十月五日，太常寺丞、兼權刑部員外郎史祺孫，令吏部與監當差遣。臣僚言祺孫傳學妖術，上曰：「士大夫學先王之道，却從妄人孫士道習妖怪術以欺愚惑衆，若只放罷，無以戒後人。祺孫可令吏部與監當差遣。」

二十二日，大理寺正謝邦彦、石邦哲並放罷。以臣僚言邦彦等昔嘗從孫士道習妖怪之術，故有是命。

二十七日，右朝散郎、直秘閣、添差通判平江府邢孝寬先次放罷，令本路提刑司取勘，具案聞奏。以親決禁軍丁宥致死，爲轉運司所劾也。

十一月四日，拱衛大夫、忠州刺史、鎮江府駐劄御前中軍統制王剛特降三官，罷統制官，送殿前司自效。以不撫軍務，兼將官兵請到馬料錢市用，侵欺入己，爲都統制劉寶所劾也。

二十四年二月六日，翊衛大夫、貴州防禦使、江南西路兵馬鈐轄、殿 38 前司神勇馬軍統制劉鋭特於階官上降兩官。以鋭嘗差使臣張定於秀州開置酒坊，失拘收定隨行軍器，定因傷平民致死，案後收坐也。

三月二日，右中奉大夫梁審禮特降一官。以赴景靈宮行香，輒繫鞋入殿，爲攝殿中侍御史施鉅所案劾(刑)〔也〕。

四日，司勳員外郎孫仲鼇放罷。以臣僚言仲鼇攝職成均，力主專門，以私黨與，故有是命。

六月三日，尚書左司郎中吳㮚放罷。以臣僚言㮚銜命出疆，一時隨行可占恩例者，率以富人之子充之，其間有冒賞者，至爲人所訟，故有是命。

十八日，右朝散郎、前知建康府王循友特貸死，免籍没家財，送藤州安置。男右承奉郎、前主管書寫機宜文字浤追兩官，勒停，特除名。弟右文林郎、新奉國軍節度推官循訓追四官，勒停，特除名，送雷州編管。右朝散郎、新添差通判饒州韓參追兩官，勒停，特除名，送德安府編管。武經大夫劉葵，武節大夫、新差充廬州駐泊兵馬都監杜浚，各特降一官。初，循友在任，常斷配宰臣秦檜族人，檜銜之，遂興此獄。既而棘寺言循友盜取官錢，受所部乞取金銀，冒請宣借口券入己，減價詭名收買没官産業，違法差韓參主管機宜文字，因與參謗訕朝廷；循訓與浤偷盜官錢，而循友不覺察；劉葵、杜浚受循友差權抽解場回易庫，各依隨循友，擅取沙板、竹木及虧價收買絹帛入己。故有是命。

二十二日，知衢州王曮放罷。以曮 39 在任，盜發所部，措置乖方，至是宰執進呈，故有是命。

七月十一日，右奉議郎王義賓特降一官。以前任衢州通判，失覺察獄司不以時申報病因，至死損故也。

十一日，左朝奉郎、直徽猷閣程敦厚落職，依舊宫觀，令靖州居住。臣僚論敦厚昨以起居舍人兼權中書舍人，行詞多爲溢美，以取媚權貴故也。

十三日，左承議郎、充敷文閣待制、知成都府蕭振落職放罷，依舊宫觀，池州居住。以臣僚論振囊緣趙鼎用事，倡爲專門之説，振阿附之，自謂其曲學出於程頤，藉爲仕進之梯，故有是命。振知台州日，（當）〔嘗〕落職放罷，池州居住，今復責於此云。

八月二十三日，左朝請郎朱輅特降一官。以前權發遣綿州，將請到酒差兵級越界貨賣，會赦，乃有是命。

二十八日，右朝散大夫陳抃特降兩官，仍衝替。以前知衡州，失覺察推司不將病因申提刑司，遂致死損故也。

九月十七日，京西路轉運判官魏安行放罷。以刑部劾前知滁州妄奏開耕荒田二千二百餘頃，今本州具到實開耕數止及四百餘頃，既不應賞格，其已轉官合行改正。上諭宰執曰：「如此誕妄，不可不懲。」乃有是命。

十一月二十三日，知平江府李朝正放罷。以臣僚言朝正身以侍從置散，扠拭與郡，與土豪往來故也。

二十六日，右奉直大夫、直祕閣、兩浙路轉運判官韓璡放罷。以臣僚言：「璡堂吏之子，其弟瑊見爲堂吏，窺伺朝政。曹泳 40 除貳版曹，臨安府闕官，璡謂泳曰：『某旦夕當爲之。』且以朝廷機政，豈容小人探伺漏泄，深爲不便。」故有是命。

十二月二十一日，度支郎官曾怡放罷。以怡轄下倉庫無不搔擾，嘗换敖，盜支上色俸米至百數石，爲户部侍郎曹泳所劾故也。

二十五年七月六日，知婺州李琛、大理司直李璟並放罷。臣僚論琛到官之後，減剋軍兵請給，幾至生變；其弟璟見任大理司直，專伺朝廷事機，密報乃兄，故有是命。

十三日，知平江府湯鵬舉放罷。臣僚言鵬舉治郡無狀，故有是命。

十六日，前知静江府、廣西經略安撫呂愿忠與宫觀〔一〕，漳州居住。以臣僚言於額外買馬，增千餘匹，不知初欲何爲，及有召命，方以進獻爲名，故有是命。

八月三日，左朝散大夫、汀州居住趙令衿追一官，勒停，令南外宗正司委官專一拘管。初，令衿正月十五日夜召衢州教授莫汲觀月，因汲陳告謗訕，法寺鞫實，故有是命。

〔九月〕七日〔二〕，朝散大夫、直祕閣楊揆特降一官〔三〕，落職。以寄居台州黄巖縣，有産業在縣，不依上户輸納科敷，會赦，乃有是命。

〔一〕呂愿忠：按《宋史》、《建炎要録》等書多作「呂愿中」。
〔二〕九月：原脱，據《建炎要録》卷一六九補。
〔三〕楊揆：原作「楊樑」，據《建炎要録》卷一六九改。

十月二十三日，權户部侍郎、兼知臨安府曹泳可特勒停，新州安置。二十六年正月二十四日，移吉陽軍編管。臣僚言，泳以秦檜親黨，進由武弁，致身從班，招權怙勢，故有是命。

二十九日，右通直郎、直顯謨閣韓彦朴特降一官〔一〕。以毆擊故父府存留將校，因病致死故也。

十一月四日，右承事[41]郎趙汾特降一官。臣僚言，汾故宰相趙鼎之子，窺伺朝事，故有是命。

十五日，宗正寺丞鄭柟、太常博士曹冠並放罷。臣僚言柟因父典藩，專事請託；冠憑恃權勢，傲忽凌人。今冠爲檢正，柟爲奉使，乞行罷黜。故有是命。

二十七日，敷文閣學士王會與宫觀。以臣僚言：「秦檜薨，子熺陳乞王會知建康，共辦父之葬事，乃云庶得相聚，照顧家屬。建康守臣，一路軍民所寄，事體非輕，若止爲私家相聚，朝廷何賴！乞差會自陳宫觀，與熺共集檜之葬事。」故有是命。

同日，知太平州王珦、知宣州王鑄、知廬州鄭僑年、權知嚴州鄭震、知明州方滋並放罷。以臣僚言「珦爲郡守，受人生日餽獻；鑄爲浙西監司，畧不申明迴避；僑年專奉權勢；震爲福，私買市舶物貨；滋自福移廣，厚遺權貴之家」故也。

二十八日，國子祭酒張扶放罷。以臣僚言扶附曹泳改官，及位正言，專爲泳報私怨，故有是命。

同日，知邵州林機放罷。以臣僚言緣宰相姻婭進躐清要，自信移邵，憤形于色，故有是命。

十二月一日，資政殿大學士鄭億年、端明殿學士鄭仲熊並落職，億年南安軍安置，仲熊依舊宫觀〔二〕。臣僚言：「億年父爲宰相，身爲近臣，不能捐軀圖報，乃甘事逆臣劉豫。既還朝，大臣力與爲地，高爵重禄，坐享累年。仲熊緣大臣爲姻婭，致身右府。」故有是命。

二日，敷文閣直學士、右太中大夫、提舉江州太平興國宫徐宗説落職罷祠。以臣僚言宗説身位版曹，爲時[42]相營田産，故有是命。

同日，左通直郎、敷文閣待制、提舉江州太平興國宫曹筠落職罷祠。以臣僚言筠黨附秦檜，薦爲臺臣，凡有奏陳，盡出於檜，故有是命。

同日，敷文閣直學士徐琛落職，罷見任宫觀。以臣僚言琛縱子請託，干預郡政，緣大臣私於親黨，猶得以峻職奉祠而去，故有是命。

四日，敷文閣直學士宋貺落職。二十六年十月二十七日，責授果州團練副使，梅州安置。臣僚言：「貺恃大臣之知己，逞其姦兇，雖加譴逐，復起廢知建康，專事掊克，奉祠而罷，猶玷高華之選。」故有是命。未幾，言者再疏其罪，遂

〔一〕直：原無，據《建炎要録》卷一七六補。
〔二〕「並落職」至「仲熊」十二字原脱，據《建炎要録》卷一七〇補。

遠竄云。

六日，知紹興府趙士㲹、知温州高百之並放罷。以臣僚上言：「士㲹(旦)〔但〕能爲時相家作媒畢婚嫁，故連作帥臣，進陞祕職；百之初無履歷，與秦塤爲姻家，附麗權勢，驟爲提舉〔一〕，繼守鄉郡。」故有是命。

二十二日，敷文閣學士、提舉江州太平興國宮王會落職，罷宮觀，特勒停，送循州編管。二十六年十月二十七日，移送瓊州編管。臣僚論會恃檜與熺之親黨，致身禁從；出守便郡，廣置田宅，貪求錢物，籍人家財，盡取其書畫、古器、怪石入己，又彊取寄居侍婢；及令進納人造舟，用錢五千餘緡，不支價直，却令請囑不法公事，得錢萬緡以償之等事，乞重賜竄逐。宰執進呈，上曰：「會所至狼藉，止緣恃秦檜之勢，乃敢如此，可與廣南編置。」故有是命。既而移送海外編管云。

二十三日，直祕閣、淮 43 東提舉常平茶鹽齊旦，直祕閣、添差平江府通判王伯庠，並落職放罷。以臣僚言旦附權臣，苞苴無虚日，倍收頭子錢，減尅鹽本錢，以資妄用，伯庠恃王會之親，故有是命。

二十四日，詔：「知荆南孫汝翼病廢日久，全不視事，唯是專恣妄作，爲一方害。四川提舉茶馬鄭靄不修職事，唯務掊克。可並罷。」

同日，直祕閣、新知無爲軍張永年放罷。以臣僚言：「永年夤緣權貴姻婭，僥冒職名，其父名閣，更不迴避，冒榮居官。」故有是命。

二十六年正月九日，禮部侍郎王珉、吏部侍郎徐嘉並放罷。以臣僚言珉等皆以附會秦檜故也。

十一日，前大理少卿張巘、左宣教郎鮑安世與遠小監當。以臣僚言：「巘附會曹泳，極力取媚；安世權攝餘杭縣令，不恤民事，專爲曹泳理債。」故有是命。

二十一日，權工部侍郎丁婁明放罷。以臣僚言「婁明以秦(榛)〔檜〕之親黨，躐登清要，頃爲接伴，經過鄉里，輒獨由私路以往焚黄」故也。

二十三日，知婺州李椿年放罷。臣僚言：「椿年頃議經界，政欲均天下之税，而乃私結權貴，曲庇家鄉，嘗爲論罷矣。近起廢，得宣州，繼移婺州，所至益肆刻剥。如結甲以納苗米，一有惡米，則同甲之米悉行没納；如置圈以市猪羊，一或不好，則彊散官屬，尅其請俸。」於是黜之。

二十四日，知揚州婁璹放罷。以臣僚言璹不遵稟指揮，擅將北使食頓令泰州管認故也。

二十八日，度支員外郎孫祖壽、幹辦 44 諸司糧料院蘇鑒、幹辦諸司審計司王熚並放罷。以臣僚言祖壽等皆以交結王會故也。

二月二日，權兵部侍郎沈虚中放罷。以臣僚言虚中爲

〔一〕提舉：原作「提學」，據《建炎要録》卷一七〇改。按紹興二十二年正月高百之除提舉兩浙東路常平茶鹽公事，見《建炎要録》卷一六三。

省試參詳官，令人吏私越圍牆，密報秦熺已取塤爲省元故也。

二十八日，前知衢州王曮，(今)〔令〕建昌軍居住；前知静江府吕愿忠責授果州團練副使，封州安置。以臣僚言：「曮守三衢，下行買物不支價錢，蓋恃親黨之援；愿忠召還，席卷公庫，嘗爲臣僚論列，乃以貨納于大臣求免。」故有是命。

三月一日，司農寺丞王炎放罷。以臣僚言：「炎往浙東發泄鹽事，以奉使爲名，致諸鹽客遂有改鹽法之言，中外疑惑。」故有是命。

十八日，權禮部侍郎周葵差知信州，禮部郎官吕廣問放罷。皆以臣僚論其懷私故也。

二十二日，右司郎中鍾世明，祠部郎官陳巖肖並放罷。以臣僚言世明見李椿年爲經界，遂求爲幹官，巖肖爲秀州教授，爲秦檜父立祠堂故也。

四月八日，浙西提刑謝邦彦、浙西提舉司馬倬、大理寺丞石邦哲並放罷，右朝散郎曹雲令郴州居住。以臣僚言雲等習傳妖幻之術，故有是命。

四月十三日，直祕閣、前知太平州王晌，直祕閣、前知廬州鄭僑年，直祕閣、前知嚴州鄭震，直敷文閣、前知明州方滋，直龍圖閣、前知紹興府趙士彩，直祕閣、前知温州高百之，直徽猷閣、前湖南運判龔鋈〔一〕，直祕閣、前知荆南孫汝翼，直祕閣、前四川提舉茶馬鄭靄，直 45 祕閣、前差權發遣無爲軍張永年，並落職。以刑部開具自去年郊祀後臣僚論列放罷監司、郡守等人，再有是命。

二十七日，敷文閣待制陳桷落職。臣僚言桷頃緣大臣之妻及子好方士之説，桷因奉道求合故也。

五月十三日，宗正少卿張修放罷。臣僚言「修頃寓衢州日，曹泳嘗攝酒官，贓污不法，監司、郡守欲按其罪，修曲爲營救，遂得幸免，逮泳進用，因緣以進」故也。

六月十一日，敷文閣待制錢周材落職〔二〕。以臣僚言周材自爲中書舍人，充修《徽宗實録》修撰，迺對同(管)〔官〕詆毁故也。

十二日，添差浙東參議官方雲翼放罷。閏十月四日，特追三官勒停，送袁州編管。臣僚言其寄居秀州，脅(恃)〔持〕守臣，奪取他人膏腴之産，及任通州倅，置買田畝至於三十餘頃，故有是命。

十八日，敷文閣待制、提舉江州太平興國宫符行中落職〔三〕，罷宫觀。臣僚言：「行中緣通判温州，交結故相，累冒監司之選。逮帥成都五年，舊欠既有指揮放免，行中輒廢格詔令，督責急如星火，蜀人怨之。」故有是命。

二十六日，右朝散大夫葉遵特追兩官勒停，送郴州編

〔一〕鋈：原作「鑾」，據《建炎要録》卷一七二改。
〔二〕職：原作「罷」，據《建炎要録》卷一七三改。
〔三〕平：原作「太」，據《建炎要録》卷一七三改。

管。遵昔倅均州，將遠接兵級支散不盡錢米入己，爲守臣所劾，故有是命。

七月二十九日，知衢州錢端禮放罷。以本路漕臣言端禮在任違法故也。

八月一日，右朝奉郎、前提舉淮東常平茶鹽齊旦特追兩官勒停。以提舉常平朱冠卿言旦在官不法凡一十五事，46 體究得實故也。

八日，右朝散大夫、主管台州崇道觀傅寧罷宮祠。以提舉茶鹽朱冠卿言，其前任真州，科率人户竹木起造倉屋，不即支還價錢故也。

九月二十二日，大理少卿張熹放罷。以臣僚言「近者臨安府猪羊牙人徐友仁等二十餘人率歛錢物，結託公吏，降旨送寺根治，熹信憑人吏出入」故也。

閏十月四日，左朝請郎王彦博〔一〕、右朝散郎鄭柟特勒停，彦博送靖州、柟送辰州編管。臣僚言「彦博權臨安府通判，往衢州體究趙令衿公事，招人告訐，以興大獄；柟父滋數典大郡而年老，柟皆干預郡事」故也。

同日，右奉直大夫晏孝本罷知永州，仍令全州根究，依法施行。以本路運司覈其在任不戢子弟，干預郡政故也。

七日，知饒州董弁、〔知〕真州吳臯並放罷。臣僚言：「弁比到饒州，溺于倡樂，不以民事爲意；臯近到真州，親隨數輩，冒名權攝。」故有是命。

十一日，右承議郎劉伯英勒停，送連州編管。以臣僚言：「伯英昔任湖南提舉常平日，有衙前兩名以盜官錢繫獄未決，伯英釋放，免追其錢，各取其女而歸。」故有是命。

十一月五日，右通直郎司馬倬令吏部與遠小監當。以臣僚言：「魏良臣知紹興府，倬往依之，干撓郡政，日與其子弟飲宴非所。」故有是命。

二十七年四月二日，司封郎中吳武陵放罷。以臣僚言武陵爲太學博士日，塗改長貳判狀故也。

五月六日，權工部尚書王俁爲敷文閣 47 待制，提舉江州太平興國宫。臣僚言俁爲版曹，差妻黨宋敷監酒庫，不避嫌故也。

十二日，前浙西提刑杜師旦特勒停，送道州編管。臣僚言：「師旦聽事則令胥吏長跪以呈文書；出謁則令鄉兵前列，鼓吹後隨；詣學則席地行轎，令倡優雙引；入寺則危據講座，令僧徒羅拜。僭侈狂怪。」故有是命。

七月三日，新潼〔州〕〔川〕府路轉運判官李宏與宫觀。臣僚言宏與故相雅故，使知合州，子弟干預政事故也。

八月十一日，從義郎、閤門祇候王彦昇特降兩官。以彦昇不毀銷金服飾，爲女使所告也。

九月十四日，右通議大夫、敷文閣待制致仕林乂落職，依舊致仕。以臣僚言「乂昔以附會故相而進，今既告老，干求州縣」故也。

〔一〕博：原作「傅」，據《建炎要録》卷一七五改。下同。

二十一日，起居郎唐文若除外任。臣僚言文若倨傲故也。

十月三日，左朝散大夫、提舉台州崇道觀劉岑，左朝請大夫、直祕閣、主管台州崇道觀林大聲，並罷宮觀，内大聲落職。皆以臣僚言其囑託州縣故也。

二十七日，權吏部侍郎葛立方放罷。臣僚言立方身爲長貳，輒爲其子郛越新制用舉狀〔一〕，故有是命。

十一月十六日，湖南提刑趙士鵬、夔路轉運判官王珏並放罷。皆以臣僚言其附會故相父子，多致餽遺故也。

十二月二日，禮部侍郎周方崇、兵部郎官李庚、工部郎官褚籍並放罷，劉天民、范成象、留觀德永不得與堂除差遣。臣僚言其因中丞湯鵬舉而進，相爲表裏故48也。

二十三日，太府少卿、兼權檢正陳掞放罷。以臣僚言掞昏老故也。

二十八年正月二十四日，淮東提舉茶鹽朱冠卿放罷，今後不得與監司差遣。以臣僚言冠卿由秦州通判就遷本路提舉，以私意估没人家積下鹽本錢八千萬〔二〕，不散還亭户，致訴之於朝故也。

二十九日，右朝請大夫龔鋈特勒停〔三〕，令桂陽軍居住。以臣僚言「鋈交結王會，遂得美除，昔守盱眙，專求珍貨，取媚權要」故也。

七月十二日，權户部侍郎徐林放罷。以臣僚言林所管户部酒庫虧損年課故也。

二十九年正月十一日，右武大夫、容州觀察使、荆南路副總管傅選責授靖州團練副使，惠州安置。以選自到任以來，買銀帛什物不還價錢，專恃兇威，恣爲貪暴，以知潭州魏良臣按發也。

三月十八日，權吏部侍郎劉章與宮觀。以臣僚言章令部胥市絹故也。

二十一日，右中大夫、直顯謨閣向子固降兩官。以違法占買湖州慧覺寺墓田，寺僧訴之憲臺，具獄來上故也。

二十二日，欽州編管人康與之移送雷州〔四〕，繼又移送新州牢城收管。先是，與之居貶所，與土人交争，移雷州，因顧覓負擔夫，毆打致死，故特有是責。

同日，知廉州何棄降一官，放罷。以棄容留編管人康與之在州，託疾拖延兩月，不交付雷州故也。

五月九日，昭化軍承宣使錢愷降一官，與在外宮觀。以愷以私錢轉託軍中營運故也。

六月十二日，知49洪州施鉅與宮觀。以臣僚言鉅所部洪之水軍、贛之步兵，皆不以爲意，遂成虚設故也。

二十三日，直祕閣、知明州趙善繼放罷。臣僚言善繼

〔一〕「子」下原有「弟」字，據《建炎要録》卷一七八删。

〔二〕估：原作「怙」，據文意改。朱熹《按唐仲友第三狀》：「仲友差官估没人户財産。」（《晦庵集》卷一八）文例與此同。

〔三〕鋈：原作「鑒」，據《建炎要録》卷一七二、《周文忠公集》卷七〇改。下同。

〔四〕按，康與之移雷州在紹興二十八年三月，見《建炎要録》卷一七九。

違制擅差使臣措置酒務，及犯私酒之家，毀拆屋宇，納錢至千緡故也。

閏六月六日，左中大夫、充敷文閣待制、知福州沈調落職，降一官，知袁州葛立方並放罷。臣僚言「調因弟該執政，躐帥七閩，張大海寇，以爲己功，賣安撫司鹽〔一〕，督責嚴酷；立方因緣沈該，旋至侍從」故也。

七日，户部郎中莫濛送吏部，與監當差遣。以江浙淮南富民冒占沙田蘆場，遣官打量，濛被差奉行失實故也。

同日，左朝奉郎、知和州俞畢放罷。以淮南運判張祁劾奏，畢違戾寬恤指揮故也。

八月一日，中書舍人張孝祥與外任。以臣僚言孝祥輕率故也。

二十一日，直龍圖閣、新知洪州蘇簡，直祕閣、知廣州向子忞，並落職放罷。以臣僚言「簡前帥廣東，抱疾未嘗出廳；子忞知道州、衡州，皆爲監司按劾而罷，爲湖北憲，又爲總領司奏劾落職而罷」故也。

三十年二月二十九日，江東提舉常平王義朝放罷。臣僚言義朝承朝廷指揮出賣没官田産，措置乖謬故也。

〔三月〕十三日〔二〕，知常州莫伯虚、通判梁興祖各降一官放罷，判官蘇延壽、推官趙伯説各降一資。户部言，二十九年分合起上供諸色窠名，内常州拖欠三十七萬八千九百八十餘貫，米四千餘石，料七萬四千八百餘口〔三〕，絹四百
50 六十一疋，故並及責。

同日，右宣教郎施興祖特降一官，仍依餘替人例施行〔四〕。三月九日，出火祀大辰，興祖以（榻）〔攝〕太官令不虔，攝監察御史彈奏故也。

十四日，户部侍郎邵大受與外任。以臣僚言其須諸酒庫〔五〕，妄行措置故也。

四月八日，廣西提刑王孝先降一官放罷。臣僚言其取悦權貴故也。

七月三日，知池州趙不茹、知撫州周稽積並放罷，永不得與堂除差遣。皆以臣僚言其治郡無狀故也。

十一日，給事中王晞亮與外任。以臣僚言其每（輩）〔事〕自負桀傲故也。

十六日，左司郎中方師尹放罷〔六〕。以臣僚言其爲宰士兼領贍軍酒庫，辟差官屬多出權門故也。

八月十二日，吏部員外郎祝公達、刑部郎中黄子淳並放罷。以臣僚言公達曾任建州教官，宴飲無度；子淳頃爲

〔一〕鹽：原作「監」，據《建炎要録》卷一八二改。
〔二〕三月：原無，據《建炎要録》卷一八四補。
〔三〕口：按「料」指馬料，不當以「口」計，疑當作「石」。《宋史》卷一七五《食貨志》上三：「折輸馬料三萬石」，是也。
〔四〕餘替：似當作「銜替」。本書職官四三之三云「張峋服闋依銜替人例施行」，是也。
〔五〕須：似當作「領」。時大受被委專一點檢贍軍諸酒庫，見《建炎要録》卷一八四。
〔六〕尹：原作「與」，據《建炎要録》卷一八五改。

大理寺丞，以漏泄斷刑，故遂黜之。

十四日，知婺州章夏除在外宮觀。以臣僚言夏專與大臣爲交黨，到任以來多廢弛故也。

十月三日，新知和州施堪、新知河州周奕、新知全州宋晟、新知潮州蘇文瓘並放罷。皆以臣僚言其治郡亡狀故也。

十七日，劉寶罷都統制，添差福建路副都總管，福州駐劄。以臣僚累言寶多差軍士往湖廣販賣回易，去年鎮江火，寶乃閉壁，下令輒出救者死，城中爲之煨燼，故責之。

二十七日，太府寺丞陸禋放罷。以臣僚言其以醫術治宰臣湯思退母疾有瘳而擢寘丞列故也。

三十一年正[51]月二十四日，直祕閣、淮南西路轉運判官張祁落職，依前官(一)。以臣僚言祁在官無稱故也。

二十七日，知建康府韓仲通放罷。以臣僚言仲通家法文深，頃在棘寺，專阿附故相故也。

二月二十五日，敷文閣待制(二)、知平江府朱翌放罷。臣僚言翌在宣城，委政官屬，緣支軍人衣糧，幾至生變，故有是命。

三月十四日，忠州刺史、兼閤門宣贊舍人、知郢州馬羽放罷。羽到任纔半年，輒令巡尉部領軍兵下鄉縣斫伐官私竹木，及令巡尉司借人夫、耕牛拖運下河，違法騷擾。至是，本路轉運司、提刑司劾奏，故罷之。

二十一日，新知興國軍鍾鎧、新知邵州向瀫並放罷。以臣僚言鎧年過七十，瀫頃嘗倅臨汀，與鎧同時相先後，其在任諸邑蓋相若也，故並罷之。

四月八日，廣南東路轉運判官鄭安泰放罷。安泰嘗知肇慶府、邵州，不恤郡政故也。

五月十二日，太府寺丞趙復放罷。臣僚言其不事事故也。

七月四日，大理少卿孫敏修(三)、都官郎中周楙並放罷。以言者論敏修冒進卿列，楙爲郎曹狥私故也。

十日，帶御器械劉炎送吏部，與在外合入差遣。坐言語狂怪而辭避職事，遂因臣僚論列，故有是命。

十八日，知濠州劉光時階官、遥郡上各降一官，特降授武顯大夫、吉州刺史，差遣如故。臣僚言光時將平人入吾界者皆謂之盜而殺之，反奏功希賞，故有是命。

八月四日，淮南轉運副使王秬與宮觀。臣僚[52]言，秬自言諳練戎事(四)，願得步騎五千，求試方畧，輕肆大言故也。

十一日，昭慶軍承宣使致仕王繼先依舊致仕，福建居

(一)依前官：此下似有脱文。《建炎要録》卷一八八云「落職放罷」，又本書下卷職官七一之六隆興二年「三月六日」條載張祁官銜爲「右朝請郎致仕」，則此處似當作「依前官致仕」。
(二)待制：原無，據《建炎要録》卷一八八補。
(三)修：原與下「都」字互倒，據文意及下文乙。
(四)秬：原作「相」，據《建炎要録》卷一九二改。

住，子孫並勒停，臨安府内外第宅、田園、房廊，有司令行拘籍，强買奴婢悉放逐便，諸寺院所立生祠、亭臺一切毁拆。以臣僚論繼先有十不容誅之罪，大畧謂廣造都城内第宅房廊〔一〕，侵奪公私田宅屋舍，擅毁敕額寺院，佔據官司運河，彊買良民婦女，陰養無賴惡少，與子弟、富人冒求官爵，與寺院、刑獄通行財賂，各有實狀，於是斥逐之。

九月八日，大理寺丞程遜、提轄雜買務雜賣場裘多見並放罷〔二〕。臣僚言遜縱人請記〔三〕，多見私市物貨故也。

二十七日，知榮州司馬備、知長寧軍劉忱、新知果州杜長慶、新知榮州李進並放罷。以臣僚言備等不法故也。

十月十一日，新淮南轉運判官莫濛降一官放罷，尋詔特勒停。先降旨，令隨王權軍應辦錢糧，而經兩月尚未起發，故(也)降一官放罷。既而臣僚言其罰太輕，再有是責。

二十四日，直敷文閣、湖北路轉運副使李植落職放罷。以臣僚言：「近降指揮，令隨田師中應副軍糧。師中罷，吴拱代之，到即調發，植自合隨軍，乃謂無明文，致拱師行，糧運有闕。」故有是命。

二十九日，户部侍郎劉岑除徽猷閣直學士、提舉江州太平興國宫。未幾落職，依舊宫觀。臣僚言岑在版曹，事多狥私，放罷宫觀，再論落職云。

三十二年二月二十三日，中53侍大夫、榮州刺史劉光輔，令樞密院別與差遣。以臣僚言其寄居平江，侵奪民産，干擾州縣故也。

閏二月八日，知太平州湯鵬舉令致仕，朱翌除太平州新命更不施行。臣僚論鵬舉在任作威福以恐官吏，於是朝廷以翌代之，翌亦坐論列，故有是命。

十七日，司農寺丞趙伯魚、監登聞檢院林仰並放罷。以臣僚言伯魚監簽判婺州〔四〕，無所忌憚，仰知海鹽縣，附勢虐民，故皆黜之。（以上《永樂大典》卷三八八九）

〔一〕都城：原作「成都」，據《建炎要録》卷一九二改。
〔二〕裘：原作「求」，據張擴《東窗集》卷八改。
〔三〕請記：似當作「請託」。
〔四〕「監」字似誤或衍。

宋會要輯稿　職官七一

黜降官　八

【宋會要】

1 紹興三十二年六月二十三日，孝宗已即位，未改元。詔左奉議郎、通判通州趙不晦降兩官放罷。坐虜騎渡淮，首先逃遁，爲本路提舉王珏所劾，故有是命。

二十六日，詔福建路轉運判官黄軺、湖北路轉運判官韓之純並放罷。皆以臣僚論列故也。

七月二十九日，詔忠翊郎、閤門祗候、權發遣濠州都遇降一官，與宫祠。以江淮宣撫使張浚奏其性不疏通，凡本司行事不即稟承，致歸正人各生怨望，故有是命。

同日，詔：「左武大夫、御前右軍第十將正將吴宏降一官，令本軍自効。」坐擅尅軍糧，不恤戰士，爲都統制吴拱所劾，故有是命。

八月十六日，詔淛西提點刑獄王趯放罷。以言者論其頃官嶺外，悉意誅求，今在浙西，恣行慘酷，故有是命。

十七日，詔權發遣全州王藎臣可放罷。坐行賞稽緩，致兵士聚衆作亂故也。

二十三日，詔起居舍人、兼國史院編修官洪邁，均州防禦使、知閤門事、兼客省四方館事、幹辦皇城司張掄，並放罷。以殿中侍御史張震論其奉使失指故也。

十月二十八日，詔知池州范淙、知黎州李時雨並放罷，新知興國軍汪汝嘉、新知吉州王昺並罷新任。皆以殿中侍御史張震論列故也。

孝宗隆興元年正月七日，詔知鎮江府方滋可放罷。以言者論其(附)〔阿〕附權臣，納賄求 2 進，黷貨無厭，故有是命。

二月四日，詔知仙井監趙不蒻放罷。以本路憲臣馮時行劾其在任不法故也。

十三日，詔太尉、慶遠軍節度使、主管殿前司公事成閔可罷軍職，除提舉萬壽觀。尋有旨落太尉，依前慶遠軍節度使，提舉台州崇道觀，婺州居住。先是，御史中丞辛次膺論：「閔統戍京西沿路，所得犒設錢皆以歸己。其在鄂州，減尅請給，重困軍士；暨爲殿帥，改易簿籍，侵盜金銀不可勝計，惟務交通近習。乞行竄責。」右諫議大夫劉度又言：「方逆亮誅斃，虜衆遁逃，閔提重兵至楚、泗間，名爲追襲，其實護送，怯懦縱敵。使兩淮赤子係累失所，方且攘取采石俘執之虜，冒爲己功，欺罔朝廷。乞褫奪官爵，投之四裔。」迺罷軍職，提舉萬壽觀。已而殿中侍御史胡沂上章數閔二十罪，乞明正典刑，於是落太尉，仍舊節鉞，除在外宫觀，婺州居住。

三月二十六日，詔：「左朝請大夫、主管台州崇道觀張紘特降一官，罷宫祠，今後不得與堂除親民差遣。」以殿中侍御史胡沂論其在家常藏匿盜賊而分其財，屢經敗獲，難以復齒縉紳，故有是命。

四月五日，詔中亮大夫、忠州團練使王剛特降兩官。坐治軍不職、散失軍器故也。

十二日，詔知郴州王時、邵武軍通判王著、潭州通判王曉並放罷。以殿中侍御史胡沂論其皆故相秦檜親黨故也。

五月十六日，詔新知潭州劉章、新知南雄州廖遲並放罷。皆以右諫[3]議大夫王大寶論列故也。

二十七日，詔新江西轉運判官史正志罷新任〔一〕。以侍御史王十朋論其操心傾險，賦性姦邪，善覷時變，以求進用，故有是命。

六月二日，詔廣西提點刑獄方師尹放罷，新福建轉運副使樊光遠罷新任。皆以右諫議大夫王大寶論列故也。

八日，詔特進、觀文殿〔大〕學士致仕沈該降授觀文殿學士，依舊致仕。觀文殿學士、提舉汀州太平興國宮朱倬（除）〔降〕授資政殿大學士，依舊宮觀。皆以右諫議大夫王大寶論其貪污狼藉，姦惡稔著故也。

十四日，詔：「少傅、樞密使、都督江淮東西路建康鎮江府江陰軍江池州屯駐軍馬、兼都督荆襄軍馬張浚，特降授特進，依前樞密使、江淮東西路宣撫、節制建康鎮江府江陰軍江池州屯駐軍馬。左朝散大夫、試尚書禮部侍郎、充江淮都督府參贊軍事陳俊卿，左朝議大夫、充敷文閣待制、都督府參贊軍事唐文若，各特降兩官，改差充江淮宣撫使司參贊軍事。左朝散郎、尚書户部員外郎、充江淮都督府參議官馮方，左參議郎〔二〕、直祕閣、充江淮都督府參議官查籥，各特降兩官，改差充江淮宣撫使司參議官。招撫司機宜尹機特勒停。武安軍承宣使、主管建康府駐劄御前諸軍都統制職事、淮南京畿京東河北路招討副使邵宏淵，特降授武功大夫，依舊職任。」皆以符離用師失律故也。

二十日，詔太尉、寧國軍節度使李顯忠可責授[4]清遠軍節度副使，筠州安置。尋責授果州團練副使，潭州安置。以符離用師，首先奔潰故也。

二十六日，詔尹機送郴州編管。以宣撫使張浚奏其用意懷私，措置乖謬，大失士心，以致離散，故有是命。

七月六日，詔：「建康府統制官、忠翊郎周宏特追五官，除名勒停，送瓊州編管。殿前司統制官武德大夫左士淵降五官。正侍大夫、和州防禦使張訓通，武德大夫韋實，馬軍司統制官起復武功大夫張師顔，左武大夫、果州團練使秦祐，武功大夫劉正實，池州統制官拱衛大夫、果州團練使荔澤，建康府統制官武義大夫張淵，各降四官。殿前司統領官武德郎李彦孚，武功大夫王倫，武德郎董安，馬軍司統制官起復武功大夫、惠州刺史范旺，池州統領官起復武節郎趙思忠，武德郎樊琪，武經郎馮晟，建康府統領官武功

〔一〕志：原作「臣」，據《梅溪集》奏議卷二改。
〔二〕參議郎：按宋階官無此名，疑爲「承議郎」或「奉議郎」之誤。

大夫楊宣，武功大夫王節，武經大夫范卞，武功大夫、和州防禦使孫善，武功大夫李賽，武功大夫、貴州刺史李平，各特降三官。並罷見任，本軍自効。其范卞韶州、王節静江府，並除名，勒停，編管。敦武郎、充都統節制軍馬司點檢文字王進追五官，勒停。敦武郎、親隨馬軍將〔言〕〔官〕甄宏追三官，勒停。進義校尉、隊將俞超追三官，勒停。王進道州、俞超邵州、甄宏郴州，並編管。」皆以狩離用師，首先奔潰，從宣撫使張浚所奏也。

十九日，詔直徽猷閣、新除江東運判鍾世明落職放罷。以言者論其**5**懷姦狥私、臨事求免故也。

八月三日，詔新除樞密院編修官李珂放罷。以臣僚論其本無學術，專務奔走權門故也。

十一日，詔：「左朝請大夫、直顯謨閣林安宅，右朝請郎、新除直祕閣任盡言並罷宮祠〔一〕，内盡言除職指揮更不施行。」以殿中侍御史周操論安宅被旨差知太平州，盡言知鎮江府，二人以防秋在近，詭避不行，各求宮觀，遂其所欲，致煩朝廷旋擇守臣，故有是命。

十二日，詔司農少卿楊倓依舊直顯謨閣、主管洪州玉隆觀，任便居住。以右正言陳良翰論其負傾邪之資，恣貪冒之欲，平時過惡，不可縷數，故有是命。

二十五日，詔新知宣州葛立方、新知婺州丁婁明、新知興國軍向瀫並罷新任，依舊宮觀。皆以臣僚論列故也。

二十七日，詔左朝請郎、前知藤州廖顒降兩官放罷。坐兇賊王宣嘯聚，不能扞禦，預先乘舟逃逸，致賊衆入城，焚燒公私舍宇，故有是命。

九月二十五日，詔工部侍郎、權給事中陳之淵與外任。以臣僚論其遇事不明故也。

十月六日，詔知静江府余良弼放罷。以右正言陳良翰論其庸懦不職，坐視兇賊王宣等嘯聚，不能措置招捕，故有是命。

十一月五日，詔慶遠軍節度使成閔可降授安德軍承宣使，依前提舉台州崇道觀，婺州居住。坐前在鎮江盜用官錢，贓污狼藉，法寺鞫勘得實，故有是命。

九日，詔：「右宣教郎盧仲賢可特降授右承奉郎，除名勒停，**6**枷項送郴州編管。」坐將命失指故也。

十二日，詔敷文閣待制、知廣州李如崗放罷。以言者論列故也。

二年正月十一日，詔大理卿李洪、知常州郭契敷並放罷。皆以言者論列故也。

二十一日，詔修武郎、閤門祇候、權東南第十一副將李宏特追三官勒停。坐統押摧鋒軍討捕兇賊王宣，輕敵寡謀，反爲賊執，僅能脱身而歸，爲廣西帥、憲所劾，故有是命。

〔一〕任：原作「仕」，據《于湖集》卷一九《任盡言除直秘閣江淮都督府參議官制》改。

二月六日，詔：「江西轉運副使魏安行放罷，今後不得與監司差遣。」以臣僚言其誕謾有素，貪欲無恥故也。

三月六日，詔右朝請郎致仕張祁復直祕閣指揮更不施行。以臣僚論其兄邵久留虜庭，逮歸而妻已物故，邵每對賓客備言不弟之狀，冤憤刻骨，故有是命。

十三日，詔新知資州王棼、新知荆門軍馮榮叔、新知蘄州傅寧，並罷新任。皆以臣僚論列故也。

十四日，詔新知建寧府劉度放罷。以臣僚論列故也。

二十八日，詔太府少卿、充都督府參議官馮方可放罷。以言者論其輕率招權故也。

四月六日，詔提舉兩浙市舶王端朝放罷。坐申朝廷乞依監司事體，言者論其輕侮朝廷、不安分守故也。

十二日，權禮部侍郎黄中放罷。以右正言尹穡論列故也。

五月三日，詔武功大夫、忠州團練使、新權發遣濠州劉光時勒停，徽州居住。尋有旨送都督府自効。坐託病不即之任，爲淮西宣諭使王之望所劾，故有是命。

十七日，詔成州團[7]練使、添差江南西路馬步軍副都總管、隆興府駐防邵宏淵責授靖州團練副使，南安軍安置。以浙西宣諭使王之望劾其向在建康侵盗官錢，贓賄狼藉，妄以私意陞補軍職，自統制以下至押隊官計三百六十餘員，舉措任情，略無忌憚，故有是命。

同日，詔建武軍承宣使、新福建路都總管韋訊降一官放罷，潭州居住。坐被受差遣違限不朝辭，朝辭既畢，復入國門，臨安府覺察以聞，故有是命。

六月八日，詔知梁山軍龐信孺令衡州居住，日下出門。以言者論其前倅施州，侵盗官物不知紀極，嘗追三官勒停，永不收敘，今輒赴省部陳乞改正，儻再綴仕版，何以示懲，故有是命。

二十三日，詔尚書度支員外郎韓元吉放罷。以淮西宣諭使王之望劾其向爲宣諭司參議官，招權妄作故也。

七月二日，詔：「廣東提刑周楙放罷，今後不得與監司差遣。」以殿中侍御史尹穡論其憑恃使權，肆爲汗墨，嘗獻羨餘十五萬貫，指揮既下，全未及數，旋行剗刷諸州贓罰錢，荷項囚禁者填滿于獄，故有是命。

十四日，詔：「新淮東提舉鹽事俞召虎與宮觀，自今後不得與監司、郡守差遣。」尋有旨特勒停，送袁州羈管。先是，淮東宣諭使錢端禮劾其頃知秀州，妄支官錢，侵盗入己，于是罷新任，與宮觀。已而召虎進狀自辯，復爲言者論列，遂特勒停，送袁州羈管。

十九日，詔：「左中奉大夫、直敷文閣陳漢落職，罷宮觀，[8]今後永不得與監司、郡守差遣。」以左諫議大夫王之望論列故也。

二十七日，詔端明殿學士、左中大夫、提舉江州太平興國宮洪遵可落端明殿學士。手詔：「朕將用遵，先以五事爲戒，遵既親書應詔，故擢樞庭。歷年以來，未嘗以公任責，徒爲患失，且遂身謀。」故有是命。

八月七日，詔知興化軍劉韞放罷。以言者論列故也。

十三日，詔提舉淮南東路常平茶鹽公事陳扃放罷。以右正言晁公武論其頃知信州爲政酷虐故也。

十五日，詔淮西運判劉敏士放罷。以右諫議大夫王之望論其昏謬故也。

二十三日，詔新知泉州徐度罷新任。以臣僚論列故也。

九月七日，詔改添差通判隆興府韓玉特勒停，送柳州羈管。以言者論其公肆慢言，無所忌憚，被命之後，不肯之任，徘徊江上，意若不滿，故有是命。

十月三日，詔右朝請大夫馮棨叔罷主管台州崇道觀。以侍御史尹穡論其頃嘗典郡，贓污不法，攘奪民田故也。

四日，左朝奉郎、敷文閣待制、知建康府張孝祥落職放罷。以侍御史尹穡論其出入張浚、湯思退之門，反復不靖故也。

七日，詔：「武德郎、左軍統領、權知秦州、統制沿邊忠義軍馬張舜忠追十五官，籍没家産，勒令前去軍前自効。」坐與北方僞官姜挺、范彦通等通書，從經略使吳拱所劾故也。

十一月十三日，詔：「知盱眙軍郭淑可特勒停，送静江府編管；知濠州孔福可削奪官職，白[9]身自効。」皆坐虜騎渡淮，望風逃遁故也。

二十六日，詔大理評事張鎡放罷，少卿謝如圭展二年磨勘。坐定斷唐三四案前後異同故也。

同日，詔知臨安府黄仁榮放罷。坐盜賊累限不獲故也。

二十八日，詔：「安慶軍節度使、捧日天武四廂都指揮使、鎮江府駐劄御前諸軍都統制、兼淮南東路招撫使、節制本路軍馬劉寶可落節鉞，特授武泰軍承宣使，依前職。保平軍節度使、龍神衛四廂都指揮使、建康府駐劄御前諸軍統制、兼淮南西路招撫使、節制本路軍馬王彦可落龍神衛四廂都指揮使。」三省、樞密院言：「兩淮守備專任劉寶、王彦，累降御筆，非不丁〔寧〕。寶乃以會兵爲名，輒棄楚州；彦以保守江面爲辭，擅離昭關，爲退避之計。」故有是命。

閏十一月五日，詔知湖州鄭作肅與宫觀，已差下陳輝别與閑慢州郡。以右正言王速論作肅治郡無狀，輝近日尹京，多行怪政，傳笑四方，故有是命。

二十八日，詔右朝請大夫、直祕閣、提舉淮東路常平茶鹽公事向沟可特降兩官。以沟乘軍事之際，託出巡爲名，擅離置司所月餘故也。

十二月二日，詔安遠軍承宣使、捧日天武四廂都指揮使、階文龍州經略使、兼知階州軍州事吳拱，可降授郢州防禦使。坐虜騎侵犯，怯懦不前，從招討使吳璘所劾也。

十二日，詔大理正鞏衍、新授諸王宫大小學教授鮑同並放罷。以殿中侍御史唐堯封論列故也。

【10】乾道元年正月七日，詔知廬州韓璡勒停，送賀州編管。以虜兵未至，璡先遁逃故也。

二十二日，詔知紹興府徐嘉、知會稽縣錢宥、知山陰縣時康祖並放罷。皆以坐視飢民死亡，全無措置故也。

二十三日，詔主管成都府利州等路茶事、兼權提舉秦司茶事買馬監牧公事續觱可放罷。坐馬政不修故也。

二十四日，詔降授武泰軍承宣使、捧日天武四廂都指揮使劉寶可責授果州團練副使，瓊州安置。坐虜騎渡淮，望風逃遁故也。

三月四日，詔權户部侍郎朱夏卿放罷。以殿中侍御史章服論其交結貴近，蹤跡詭秘故也。

二十日，詔右中大夫、右文殿修撰、前知揚州向子固特降三官，落職，罷宮祠。坐侵盜官錢，贓累鉅萬，法寺鞫勘得實，故有是命。

二十四日，詔〔知〕廣德軍朱友聞、新知徽州俞畢並放罷。皆以殿中侍御史章服論列故也。

四月八日，詔右奉直大夫、利州路轉運判官張澤特降兩官放罷。坐奏事失實故也。

十八日，詔新江東路轉運副使趙涣放罷。以殿中侍御史章服論其貪婪無厭，凡三任監司，三遭論列故也。

五月一日，詔：「修武郎、知萬安軍陳珍放罷，今後勿與堂除差遣。」以言者論：「其本泉南舟師，應募防拓，補下班祗應。既而以貨賂干託，累官至大使臣，今遞除軍壘，中外駭笑，謂自來無以梢工守土者，乞亟賜寢罷。」故有是命。

八日，詔武經大夫、東南第十一副將宋【11】迪特勒停，送摧鋒軍自効。以廣東經略安撫司言，遣迪捕賊，遷延不行故也。

十二日，詔大理寺丞江璆放罷。以右正言程叔達論列故也。

同日，詔太常丞李處全放罷，宗正寺主簿荆尹與宮祠。以右正言程叔達論：「處全醜穢之跡，爲縉紳士夫之所恥笑；尹未歷考任，偶因召對改秩，遽除宗簿，太爲超躐。」故有是命。

十八日，詔新浙東提舉劉祖禮、新知贛州周石、新知南劍州潘莘並放罷。以殿中侍御史章服論祖禮、莘皆貪鄙，石媚事秦檜，叨居郎省，故有是命。

六月一日，詔左承議郎、太府寺丞、兼權兵部郎官鄒櫄降兩官放罷，筠州居住。以言者論：「櫄令人買物，多不償直，有親事官因貼陪太多，遂竊櫄俸米逸去。櫄追捕其妻黨，勒令代償。其人貧不能償，畏櫄兇暴，與其母對泣，相持赴河而死〔一〕。」故有是命。

十四日，左朝請大夫、淮南路轉運判官姚岳特降官放罷。以右正言程叔達論其妄申淮西蝗蟲抱草木而死，欲以姦諛悦上意，故有是命。

〔一〕持：原作「恃」，據文意改。

十五日，詔知撫州陳森放罷。坐用刑慘酷，爲言者論列故也。

十六日，詔給事中王時升放罷〔一〕。以殿中侍御史章服論列故也。

二十四日，詔右朝散大夫、通判婺州曾迪追一官勒停。以言者論其暫攝郡事，重疊冒請，及多差禁卒營葺私第，故有是命。

七月三日，詔知池州魯訔放罷。以言者論其妄言本州管下竹生穗實如米，以妖爲瑞，故有是 12 命。

五日，詔左朝請大夫、知郴州虞翔，右承議郎、權發遣桂陽軍葉秉彝，各特降三官放罷，今後不得與堂除差遣。以本路提舉鄭丙劾翔身爲守臣，不能撫靖一方，致使李金賊徒竊發；秉彝張皇賊勢，棄城逃遁。故有是命。

十二日，詔：「右朝奉大夫、荆湖南路提點刑獄公事周自强特降三官，前降召赴行在指揮更不施行。」坐申湖南盜賊不實故也。

十六日，詔禮部尚書王大寶放罷，依舊敷文閣直學士、提舉江州太平興國宮。以右正言程叔達論列故也。

二十七日，詔捧日天武四廂都指揮使、寧武軍承宣使、主管步軍司公事戚方可落軍職。以殿中侍御史章服論其發遣忠勇軍人措置乖方，致有竄逸故也。

八月三日，詔中書舍人閻安中可罷見任，汀州居住。以右正言程叔達論其議論反覆故也。

八日，詔浙東提舉茶鹽高敏言放罷。坐鹽課虧陷故也。

十月十五日，詔大理評事單夔特展二年磨勘。坐駁勘龔嶹刑名具奏稽滯故也。

十一月一日，詔武顯郎、侍衛馬軍司遊奕軍權統制、權知廬州張師顏特降一官。坐身任邊寄，不務撫綏，惟務苞苴，結託貴近，故有是命。

十六日，詔左朝請大夫、知蘄州史祺孫放罷。坐先申黄梅知縣向濤百事廢弛，乞與嶽廟，已如其請，繼而乞與終任，前後異同，故有是命。

二十三日，詔大理寺丞楊允明放罷。以言者論列故也。

十二月二十一 13 日，詔右中奉大夫、權刑部侍郎王弗可放罷；右朝請大夫、守大理少卿陳良翰可降一官放罷；右朝散郎、尚書刑部員外郎劉敏求，左朝奉郎、大理正吳交如，右通直郎、大理寺丞元徽之，右承議郎、大理評事潘景珪，各特降一官。皆以定斷陸知微等三人罪不當故也。

二年正月十一日，詔權兵部侍郎劉儀鳳放罷。以殿中侍御史張之綱論其不恤事故也。

二十三日，詔前提舉廣南市舶劉景罷差知南雄州。坐未離市舶，結託蕃商，使之進狀攀留，故有是命。

〔一〕升：原作「外」，據《龍川集》卷二六改。

二月三日，詔監察御史劉貢放罷，日下出門。坐縱容術人干求差遣故也。

三月四日，詔新除吏部郎中范成大放罷。以言者論其巧宦幸進，物論不平故也。

同日，詔左朝請大夫、秘閣修撰、提舉台州崇道觀丁婁明罷召赴行在，朝散大夫、主管台州崇道觀林衡罷除直敷文閣。以言者論婁明以秦檜之黨叨居侍從，衡媚事曹泳，靡所不至，故有是命。

二十八日，詔分差糧料院洪述、秘書省正字施元之、知(直)〔真〕州余執度、荆湖北路參議官張楹並放罷。以言者論其皆宰臣洪适親黨故也。

四月十三日，詔敷文閣待制孫覿落職。以殿中侍御史王伯庠論：「覿在宣和間，被遇徽宗皇帝，浸階通顯；欽宗皇帝擢授中書舍人，蒙恩最厚。及京城失守，車駕出城，覿于是時不能盡主辱臣死之節，乃背恩賣國，取媚虜酋。撫其事實，臣子所不忍言。14 太上皇帝擴天地覆載之恩，拔拭收用，位至尚書，授以方面。而覿天資小人，不能自改，又以贓罪除名勒停，竄斥嶺外。遇赦放還，累經叙復，不帶左字。爲覿者自當屏跡人間，豈敢復施顏面見士大夫，而蠅營狗媚，攀援進取，既復修撰，又復待制。如覿之背君賣國，不忠不義，而處以侍從，可乎？乞降睿旨，將覿落職遠貶，以爲人臣不忠不義之戒。」故有是命。

十八日，詔：「〔知〕静江府張孝祥、知饒州蔣天祐並放罷。新知嚴州韓彦古特與宮觀差遣，令日下出門，不得于臨安府居住。」以殿中侍御史王伯庠論孝祥專事遊宴，天祐在任貪污，彦古兇悍險詐，逞恃脣吻，妄議人物，居家不檢，恣横悖理，故有是命。

三十日，詔新除太府寺丞潘景珪放罷。以言者論其未嘗更歷外任，遽丞泉府，太爲超躐，故有是命。

五月一日，詔右迪功郎、新差充江南東路提舉常平司幹辦公事程湜特降一資，罷新任。以湜身爲命官，積年不納官賦，從知饒州俞翊之劾也。

八日，詔左中大夫、資政殿學士、提舉臨安府洞霄宮葉顒落職。以右諫議大夫林安宅論列故也。

十六日，詔武翼大夫、建康府兵馬都監、兼在城巡檢、巡捉私茶鹽礬祁師閔可特降兩官，勒停。坐身爲兵官，不遵帥臣約束，爲知建康府王佐所劾，故有是命。

十八日，詔：「知嘉州呂游問、新知劍州何棐、新知眉州康俊明並放罷，永不得知州軍差遣。」以侍御史 15 王伯庠論：「游問貪殘不法，千里被害；棐，何㮚之弟，素無行檢，知渠州，盗官錢以數萬緡；俊明昨知渠州，荒放燕飲，百事弛廢。」故有是命。

同日，詔右奉議郎、知太平州繁昌縣魏堯臣特降一官，罷新任。坐居鄉里不納官賦，從户部所劾也。

二十五日，詔：「閤門祗候陳龜年罷閤職，仍永不得充閤門職事。」以言者論其母死不即解官，乃具公狀申閤門，稱母兩經改嫁，已爲義絶，不當(恃)〔持〕服，悖害名教，故有是命。

二十八日，詔右朝請郎、權知台州黄然降兩官，左承直郎、處州推官、權州事高志特降一資放罷。各以編管人擅離本州故也。

六月五日，詔右朝議大夫、直敷文閣、知廣州陳輝落職放罷。以言者論其侵盜官錢，不知紀極，奢侈不法，罪惡貫盈，故有是命。

八日，詔右中奉大夫、户部侍郎李若川降兩官放罷。坐職事不舉故也。

同日，詔新知廣州向伯奮放罷。以言者論其累任監司皆無廉聲故也。

二十五日，詔翊衛大夫、和州防禦使、湖州兵馬鈐轄、殿前司左翼軍統制、泉州等處屯駐，專一措置盜賊高温，特降授親衛大夫、果州團練使。以三省、樞密院言其坐視海賊入湖州界虜掠，逗遛不前，妄稱本軍戰船損壞，故有是命。

二十六日，詔武功大夫、忠州刺史、兼閤門宣贊舍人、淮東總管宋肇階官上降兩官。坐透漏私擅渡淮人，妄有申述故也。

七月四日，詔右朝請大夫、直徽猷閣、知鎮16江府呂擢降一官。坐承勘朝廷降下公事違慢故也。

十一日，詔新授國子正王質放罷，永不得行在差遣。以言者論其爲張浚幕屬，密疏浚之過以媚湯思退，思退喜其附己，又畏其傾險，以學官處之，言論反覆，行若駔儈，故有是命。

十八日，詔知峽州呂令問降兩官，鄂州居住。坐夷陵知縣韓贇冐贓污不法，令問不能舉劾，縱其尋醫而去，故有是命。

二十五日，詔户部侍郎方滋放罷。以言者論其專權倨傲，徇私害公，諸處起發和糴米，例不支水脚錢，滋寄居秀州，獨欲支秀州者，故有是命。

八月二十三日，詔新知嘉州何慈放罷。以四川安撫制置使汪應辰劾其先知果州，嘗以贓敗故也。

九月五日，詔左武大夫、前荆南左軍統制周贇特降一官。坐不開落逃亡歿故軍額，爲都統制王宣所劾，故有是命。

六日，詔左朝奉大夫、知建康軍府王佐特追兩官勒停，建昌軍居住。坐上元知縣李允升犯贓，不能舉劾，縱其尋醫而去，故有是命。

同日，詔觀文殿學士、左通議大夫、知鄂州汪澈特降兩官。坐嘗應詔薦舉李允升(坐)〔知〕縣不當故也。

七日，詔叙武經郎、御前中軍統領、權主管本軍統制韓霖特降兩官。坐制造器械十無一二，欺罔主帥，有誤軍事，爲都統劉源所劾，故有是命。

十四日，詔祕書丞鄭升之放罷。以殿中侍御史單時論列故也。

十月十四日，詔大理寺丞沈正度、太學博士劉17溥並放罷。皆以殿中侍御史單時論列故也。

十一月十一日，詔右朝散大夫、提舉兩浙西路常平茶鹽公事劉敏求降兩官，顯謨閣直學士、左朝請大夫、知平江軍府事沈介降一官。坐敏求前知鄂州，劾將官王益事不當，介以本路制置使連坐，故有是命。

十三日，詔右司員外郎苗昌言放罷。以言者論列故也。

十七日，詔金部員外郎呂擢放罷。以言者論列故也。

十二月十三日，詔夔州提點刑獄李邦獻、知恭州孫顗並放罷。以殿中侍御史單時論顗貪利無耻，邦獻，邦彥之弟，習尚浮靡，屢作監司，皆無廉聲，故有是命。

三年正月五日，詔右朝奉郎、主管台州崇道觀韓元龍降一官，停見任宫觀。坐前任淮東總領失拘摧錢糧故也。

十一日，詔新除權刑部侍郎劉敏求放罷。以言者論列故也。

十四日，詔武德大夫、侍衛步軍司武鋒軍統制官錢卓特降三官。坐真州六合遺火，不措置救撲故也。

二十一日，詔樞密院編修官鄭昺放罷。以林安宅論列葉顒不實，皆昺唱導之，故有是命。

二月十三日，詔知婺州趙不猷特降兩官放罷，汀州居住。坐城中遺火，兵士乘間剽劫民財，不猷專務姑息，不能彈壓，爲言者論列，故有是命。

同日，詔户部郎官姚岳、兵部郎官孫大雅並放罷。皆以言者論列故也。

三月十九日，詔知温州劉孝韙放罷。以浙東提舉宋藻劾其不能收葬被水死之人，使18遺骸暴(路)〔露〕故也。

五月十三日，詔顯謨閣直學士、降授左朝散大夫沈介降一官放罷。坐先知平江，虧欠總司(日)〔月〕樁錢，爲總領韓彥直所劾，故有是命。

十五日，詔京西轉運判官韓曉放罷。以言者論列故也。

二十六日，詔新知黎州馮渥、新知筠州李恭、新知無爲軍王時並放罷。皆以言者論列故也。

六月三日，詔右朝散大夫、直祕閣、前知太平州王秬降兩官。坐蕪湖縣令張文昌以所得職租不除豁災傷分數，盡行支請，有失覺察，故有是命。

十九日，詔右武大夫、殿前司右軍統制路海，武功大夫、惠州刺史、統領宋昪，武畧大夫、英州刺史趙開，武功大夫、步軍司右軍統制崔憲政，武功大夫、步軍司中軍統制鄭彥，各特降一官。坐不覺察本司軍人解沂、張亨作過故也。

七月十一日，詔成全郎、入内看醫杜楫除名勒停，送瓊州編管；翰林醫診、診御脈郭良降兩官〔一〕，送興國軍編管；翰林醫診、入内内宿秦鑄降兩官，送處州編管。皆以供應莊文太子湯藥無効故也。

閏七月二十二日，詔武當軍節度使、捧日天武四廂都指揮使、鎮江府駐劄御前（詣）〔諸〕軍都統制戚方落節鉞〔二〕，信州居住。尋責授果州團練副使〔三〕，潭州安置。以右諫議大夫陳良祐論其「刻剥士卒，黷貨無厭。軍人日納大槩百金，（正）〔止〕得六十，衆口嗷嗷，公肆謗罵。兼其恣性兇暴，濟以殘虐，肆爲盜賊之行，怙不悛改。乞流放竄殛，以慰將士之心」，19故有是命。

二十五日，詔浙東提點刑獄公事柳大節放罷。以言者論其士行不檢故也。

二十八日，詔武節大夫〔四〕、利州駐劄御前中軍統制郭訢降一官還任。坐奏劄所具軍馬數目失實故也。

八月三日，詔：「内侍寄資武功郎陳瑶特免追毁出身以來文字，除名勒停，脊杖二十，不刺面，配循州收管。内侍寄資武功郎李宗回特追出身以來文字，除名勒停，送均州編管。武節郎、馬軍司統領官、權御前馬院王德政特追兩官，勒停。忠翊郎、閤門祇候、監右騏驥院馮慶之特降兩官，落閤職放罷，並展三期叙。降授承節郎、編管台州、未該放還陳亢特勒停，移送撫州編管，仍展三期叙。」以瑶、宗回廣受管庫賄賂，德政等行用苞苴結託，事發，送法寺鞫實，特有是命。

八日，詔鎮江府駐劄御前右軍統制李真放罷。坐隱落本軍官錢，主帥體究得實，特有此命。

十日，詔左朝請郎、直祕閣、知徽州季南壽降一官放罷。以言者論列故也。

十五日，詔知潼（州）〔川〕府張行成放罷。以本路憲臣劾其殘酷任情，肆爲不法故也。

同日，詔廣西運判朱玘放罷。以言者論列故也。

九月十七日，詔差知泰州韓彦古罷新任。以言者論其不曉民事，使之爲郡，必致害民故也。

同日，詔都官王覆放罷〔五〕。以言者論其嘗爲秦檜引用故也。

十九日，詔新除秘書丞程宏遠、太常丞昌永並放罷。皆以言者論列故也。

二十四日，詔夔20路漕臣周允升放罷。以右諫議大夫陳良祐論其誅求橫斂，以獻羨餘故也。

二十八日，詔宗正寺丞劉大辨放罷。以言者論列

〔一〕診御脈：原脱「診」字。按「翰林醫診」爲醫官階名，「診御脈」則是選差專爲皇帝診脈者所加之銜。如朱熹《劉樞密墓記》有「翰林醫痊、診御脈周昭」（《晦庵集》卷九四）是也。無此字則不可通，因補。

〔二〕「落」下原有「職」字，據《宋史》卷三四《孝宗紀》二删。

〔三〕副：原無，據《宋史》卷三四《孝宗紀》二補。

〔四〕節：原無，據本書職官三二之四一補。

〔五〕王覆：似當作「王復」。紹興中有監察御史王復爲秦檜黨（見《建炎要録》卷一七〇、一七一），或即此人。

故也。

十月六日，詔前大理少卿、左朝奉郎、充集英殿修撰、知邵州吳交如，前大理丞、右朝散郎、知梧州江璆，各特降一官。皆坐斷陸璉事不當故也。於是承信郎、都轄使臣胥介，承信郎、職級沈舜臣，進武副尉、推司魏守忠，各降兩官資。

十五日，詔：「右宣義郎王槐孫特追三官勒停，送常德府編管，令所在州軍差人管押前去。」坐前任總司屬官，將親戚附諸軍狀冒濫補官，爲四川宣撫使虞允文所劾，故有此命。

十二月十五日，詔武節大夫、東南第五將、侍衛步軍司前軍統領常進特降兩官放罷。坐將逃亡、事故軍額不即申明，擅自招填故也。

四年正月九日，詔湖南轉運判官祝閔放罷。以言者論列故也。

十五日，詔武經大夫、鎮江府駐劄御前左軍統制張宣特追五官勒停。坐違法役使入隊甲士，將舊管軍器妄言收買物料製造，虛破官錢，爲主帥所劾，故有是命。

二十九日，詔新除大理正李端(反)〔友〕放罷。以言者論列故也。

四月一日，詔主管侍衛馬軍司李舜舉降一官。坐不支馬料錢故也。

同日，詔新除太學正錢著放罷。以言者論列故也。

十三日，詔新知袁州陳(桶)〔桷〕放罷新任，與宮祠。以右諫議大夫陳良祐言其頃知池陽，嘗以貪墨敗官故也。

十五日，21 詔左通直郎、直敷文閣、權發遣和州胡昉，右承事郎、權發遣無爲軍孫叔豹，各降一官。坐陳請淮西利害，所申多有異同故也。

二十三日，詔武翼大夫、興元府駐劄御前中軍第一將副將自効南思特追三官勒停，依舊自效。坐行賂請囑，冒充金州都統司提舉官職事，隱匿過犯，有害軍政，爲四川宣撫使虞允文所劾，故有是命。

五月四日，詔右承議郎、懷安軍簽判、權知邛州馮覺降三官放罷。坐本州飢民嘯聚，不能賑濟故也。

十一日，詔攝光禄卿、左朝奉大夫、太常少卿王瀹，攝太官令、右承議郎、太常寺主簿汪作礪，各特降一官。坐朔祭太廟，別廟，室内闕少祭器，有失點閱，爲監察御史李簡能所劾故也。

二十四日，詔湖北轉運判官王次張放罷。以言者論其積貨營私故也。

七月十四日，詔馬軍司統制官、武功大夫關青、張俊，正將、武功大夫王成、孫萬，敦武郎雷世方，武翼郎王汝弼，各特降一官。部將武畧大夫孫明，武經郎梅青，武翼郎吳宣，從義郎吳興，忠翊郎薛進，成忠郎許德，隊將武義大夫毛貴，武經郎王立，秉義郎常達、孫進，敦武郎王規、弋順，從義郎李德，忠訓郎李受，保義郎張義，承信郎王吉，進武校尉胡吉，進義校尉周俊，各特降兩官資。坐不覺察本軍効用楊臯特互相結合，持杖强盜，法（事）〔寺〕鞫實來上，故有是命。

十九日，詔國子監主簿沈文放罷。以侍御史單時論其寄居22宜興，干與縣政故也。

八月八日，詔武畧大夫、充荆湖南路安撫司副都總管王恭降一官放罷。以帥臣沈介劾其醉酒無禮故也。

十四日，詔右武大夫、榮州刺史、帶御器械、殿前司護（理）〔聖〕步軍統制左祐降一官。坐昨陳獻石梁河利便不實故也。

十六日，詔左承議郎、提舉江東常平李庚特降兩官放罷。右朝散郎、知信州趙師嚴〔一〕，右朝奉郎、通判信州李桐，各特降兩官，今後不得與堂除差遣。以庚等所申常平米數隱庇虚妄故也。

十八日，詔武康軍承宣使、主管殿前司公事王琪特降授果州團練使，放罷。坐傳旨不實、擅〔興〕工役故也。

十月三日，詔右宣教郎、知綿州巴西縣丞程敦本特降一官。坐陳乞磨勘隱匿丁憂月日故也。

十一月十七日，詔秉義郎、閤門祇候、兩浙東路兵馬鈐轄張德明特追毁出身以來文字，除名勒停，送隆興府編管。坐因差充賀金國正旦副使，（授）〔受〕馮嗣宗等賄賂請囑，差撥入國，事發，法寺鞫勘得實，故有是命。

二十二日，詔龍神衛四厢都指揮使、寧國軍承宣使、池州駐劄御前諸軍都統制時俊特落軍職。坐收刺守闕効用，不俟總司差官審驗，擅自刺填，爲總領葉衡所劾故也。

二十三日，詔國子録鄭汝諧、太學（傅）〔博〕士沈清臣並放罷。以言者論其更相詆訾，口語籍籍，不可以模範多士故也。

十二月九日，詔武翼大夫、改差東南第五副將、建康府駐劄李澤放罷。坐23縱容白直兵士與軍中市巡人（元）〔互〕相毆打，爲帥臣史正志所劾，故有是命。

十二日，鄂州駐劄御前左軍統制、武功大夫、兼閤門宣贊舍人游臯特降兩官放罷。坐侵盗本軍錢糧，爲主帥趙樽所劾，故有是命。

五年正月二十七日，詔知復州馮至游、知永州劉長福並放罷。皆以殿中侍御史徐良能論其貪污無耻、郡事不理故也。

二十八日，詔武節郎、閤門祇候藍企追兩官勒停，仍特落閤職。坐酒醉刃傷開河人夫故也。

二十九日，詔提舉福建常平茶鹽公事李元老放罷〔二〕。以侍御史單時論其貪污不法故也。

二月二十七日，詔利州防禦使、興州駐劄御前諸軍都統制任天錫責授忠州團練副使。坐在軍侵用官錢數萬，爲

〔一〕師：原作「帥」，據《宋史全文》卷二六上改。
〔二〕「鹽公」二字原無，據雍正《福建通志》卷二一補。

四川宣撫使虞允文所劾故也。

五月五日，詔右通直郎、大理寺丞梁珩降一官放罷。以臣僚論其挾邪不正故也。

八月十八日，詔淮東提舉李孟堅放罷。坐知秀州日妄費官錢，爲臣僚論列故也。

九月四日，詔新差充江南西路參議官林一鳴放罷。以臣僚論其係故相秦檜私黨，與其弟一飛皆憑恃權勢，凌轢善良，故有是命。

十一日，詔新知峽州郭大任、江東提刑藍師稷、都大四川茶馬趙不拙並放罷。以殿中侍御史徐良能論大任知袁州，日事飲宴，殊不事事；師稷昔守撫州，侵漁公帑，掊歛民財；不拙素無行檢，以娼爲妻，故有是命。

十四日，詔知錢塘縣孫聽特放[24]罷。坐追擾人户，預借二税，從守臣所劾故也。

十一月七日，詔資政殿大學士、左中大夫、知温州王之望特降一官，左朝請大夫、充集英殿修撰、知台州陳巖肖落職放罷。各坐本州水災，不即聞奏故也。

八日，詔右朝散大夫、直祕閣、權發遣兩浙路計度轉運副使劉敏求，右朝奉大夫、直祕閣、權兩浙路轉運判官姚憲，各特降兩官，依前直秘閣，並差遣如故。坐温、台水災，守臣不以時奏，而二人身爲監司，不能按舉，故有是命。

十五日，詔新除江南東路提舉常平茶鹽公事宋藻、新差充福建路參議官陳知柔並放罷。以臣僚論藻貪饕亡耻，知柔賦性乖僻故也。

同日，詔資政殿大學士、左中大夫、知温州王之望放罷。以言者論其「專爲身謀，不恤百姓，坐視火災，如越人視秦人之肥瘠。治第臺城，舍屋間架之類，一切取辦于温，巨艦相屬，浮海而歸。私心一縱，其欲無厭。甚至縱捕酒以殘善良之家，嚴緝税以奪商旅之貨，剥膚椎體[二]，酷虐日甚。永嘉之民無所措其手足，疾視之望，有如寇讎」，故有是命。

十二月十一日，詔宗正寺主簿林同、司農寺主簿曾覺、樞密院檢詳諸房文字張敦實並放罷。皆以臣僚論列故也。

十四日，詔武經大夫、邛蜀雅黎州都巡檢湯涓降一官放罷。坐在任將捕獲賊人擅自誅殺，爲本路憲臣奏劾，故有是命。

二十九日，詔左宣教郎、守左司諫施元之，朝請郎、守起居郎[25]林機並放罷。以二人身居出納言責之地，朋比相通，故有是命。

雜録[三]

真宗咸平三年四月十日，詔：「諸州行軍司馬，節度、

[二] 椎：原作「推」，據文意改。

[三] 原無此題，前後文接寫。按，以下輯録真宗至孝宗乾道間有關黜降官吏之部分詔令、奏議，屬於綜論或雜録，與以上黜降具體官員不同，今添一細目，以示區別。

防禦、團練副使，別駕、長史、司馬、司士、文學、參軍，除特許簽書州事外，不得掌事。」

六年七月十五日，詔：「臣僚坐事配流廣南亡歿者，並許歸葬，仍給緡錢。如同行親族年小，可選牙校部送，歸本家訖奏。」時化州奏，前比部員外郎、直史館洪湛除名流儋州，遇赦量移，至祥州調馬嶺卒〔一〕，一子年幼，特許歸葬，官給防援，因有是詔。

九月九日，詔自今追官人勿兼降階勳。

大中祥符二年正月二十四日，詔：「左降官遇恩不該遷轉者，增俸給：節度行軍、副使月三千，防團副使至參軍月二千。」是歲封禪，帝語宰臣曰：「廣南、福建、荆湖、兩浙配流安置人曾任職官者，昨經大恩，當各甄録，或遷善地，勿令不霑慶澤，自以爲無用永棄之人也。」王旦曰：「此等人無贓罪者，皆已叙用，有贓及元犯重者，亦令遷秩及量移，不爾則增俸，無不霑恩者。」

天禧二年六月八日，詔曰：「諸州文學、參軍、司馬、別駕等，向虧廉慎，自冒典彝，黜隸方州，屢遷散地。別丘園而斯久，更歲月以滋多。深軫予衷〔二〕，俾推恩制。自今貶降經十年以上者，許所在出給公驗，放令歸鄉，願仍舊者亦聽。如放歸後不慎行藏，干擾州縣，並奏裁。」

三年五月二日，詔：「應見任文學、參軍、上佐等官，有犯合追官，並追歷任中高官；如歷任官卑及無正官，即 26 追見任。責降官如合安置，即奏取進止。」先是，有文學、參軍、上佐犯罪追奪者，止追見任官；歷任雖有高官，不復追取。法寺以爲未允，故條約之。

四年十月十三日，殿中侍御史王耿言：「諸州軍負罪安置人雖遇量移，亦不離本處，蓋緣失官之後，恣營生計，不革貪心，侵擾貧民，規求貨利。或持州縣公事〔三〕，長吏稍懦則不能制，深爲民患。請自今委本處常切覺察，如侵擾官事，欺抑民庶，即奏移他所，長吏非時不得接見。」從之。

仁宗天聖八年二月八日，詔：「今後外任官僚因公事衝替者，仰疾速差人交替離任。」

慶曆五年十一月十一日，詔尚書刑部：「應貶官人經恩叙授諸處行軍司馬、上佐官、司士、文學、參軍，願不之任者聽之。」

皇祐三年七月十七日，帝謂輔臣曰：「天下長吏之不職者，監司未嘗按察以聞。且長吏，生民之性命所繫，豈可容眊昏罷庸之人以汩吾治哉！宜擇甚者罷之，其餘易以散地。」自是罷去及他徙者凡十六人也。

五年八月十八日，天章閣待制、知諫院李兑言：「自來在京臣僚因事責授外任，亦依例朝辭，往（彼）〔往〕遷延輦轂

〔一〕祥州：按，宋代廣南未見有此州。《宋史》卷四四一《洪湛傳》作「至化州調馬驛卒」，疑「祥州」爲「化州」之誤。
〔二〕予：原作「于」，據《宋大詔令集》卷二一五改。
〔三〕持：原作「恃」，據《長編》卷九六改。

之下，或進封章，妄論他事，或求上殿，巧飾己非。上瀆聖聽，頗虧臣節，若不禁止，漸恐成風。欲乞（令）〔今〕後責授外任差遣者，並放辭謝，量給日限，須得起發。如違，令御史臺彈奏。」詔今後被責出外臣僚辭謝，臨時取旨。

至和二年六月十九日，詔：「今後曾經省府推判官及 27 轉運、提刑差遣，因犯罪降黜，所有後來合入差遣，並與堂除。」

七月二十一日，知制誥劉敞言：「伏見故事，遷官、降官皆特有誥命。前年因言事黜御史吳中復，其時蔡襄當草制，封還詞頭。執政耻爲所沮，遂單用勑牒降官，甚非故事，然有司不能發明。近日龍圖閣直學士任顓落職，復但降勑牒劄子〔一〕，因循習熟，遂成近例，事出一時，非政體也。欲乞今後除改命令，並須遵用故事。故事合用誥詞者，不宜單降勑劄，務存舊法，有所沮勸。」詔今後責降官並依故事降誥勑。

神宗元豐三年四月二十八日，御史何正臣言：「諸監司、郡守體量官吏，不待考實，多先乞替罷。刺舉之際，豈能無失，其間好惡不公，喜怒以意者往往而有。乞自今體量官吏，有贓狀已明、不可留本任者，取旨先替罷，餘委別司考察，或俟結正施行。」詔送詳定重修編勑所。

六年十月十一日，詔：「宰臣、執政官因罪降黜，守本官以下，應緣前兩府恩例，止依本官；候有遷除職名，即依舊例。」

哲宗紹聖元年七月十九日，詔曰：「送往事居，是必責全於臣子；藏怒宿怨，豈宜上及于君親！朕繼體之初，宣仁聖烈皇后以太母之尊，權同聽覽，仁心誠意，專在保佑朕躬。自以簾帷之間〔二〕，聞見不能周及，故不次以用大臣，推心以委政事，非獨倚任耆艾，所冀恢昭聖功。司馬光、呂公著忘累朝之大恩，懷平時之觖望，幸國家之變故，逞朋黨之姦謀。引呂大 28 防、劉摯等，或自要塗，繼司宰事，迭居言路，代掌訓詞。或封駮東臺，或勸講經幄〔三〕。顧予左右前後〔四〕，皆爾所親；於時賞罰恩威，惟其所出。周旋欺蔽，表裏符同。宗廟神靈，恣行訕讟；朝廷號令，輒肆紛更。首信偏辭，輕改役法。開訴理之局，使有罪者僥倖；下疾苦之詔，誘羣小之謗言〔五〕。誣橫歛則濫蠲苟免之逋，誣厚藏則妄耗常平之積。崇聲律而薄經術，任穿鑿以紊官儀。棄境（上）〔土〕則謬謂和戎，弛兵備則歸過黷武。城隍保民而罷增濬，器械資用而輟繕修。凡屬經綸，一皆廢絀。人材淆混，莫辨于品流；黨與縱橫，迭分于勝負。務快乘時之憤〔六〕，都忘託國之謀。方利亮陰之不言，殊匪慈闈之

〔一〕但：原作「旦」，據《長編》卷一八〇改。
〔二〕帷：原作「帳」，據《宋大詔令集》卷一九五改。
〔三〕幄：原作「帳」，據《宋大詔令集》卷一九五改。
〔四〕予：原作「于」，據《宋大詔令集》卷一九五改。
〔五〕之：原作「人」，據《宋大詔令集》卷一九五改。
〔六〕快：原作「決」，據《宋大詔令集》卷一九五改。

本意。十年同惡，四海吞聲。虜計得行，邊民受害。昔周王受命，召公惟辟國之聞；江左雖微，興宗有易代之歎〔一〕。天下後世，其謂朕何！臨朝弗怡，視古有愧。況復疏遠賤士，昧死而獻言；忠義舊臣，交章而抗論。迹著明甚，法安可私！司馬光、呂公著、呂大防、劉摯等〔二〕，各已等第行遣責降訖。噫！優禮近司，朕欲曲全於體貌；自奸明憲〔三〕，爾今復逭於誅夷。至於射利之徒，脅肩成市，盍從申儆，俾革回邪。推予不忍之仁，開爾自新之路。除已行遣責降人外，其餘一切不問，議者亦勿復言。所有見行取會實録修撰官已下及廢棄渠陽寨人，自依別勑處分。咨爾羣工，明聽朕命。宜令御史臺出榜朝堂，進奏院遍牒。」時司馬光等既貶，上謂刑惟厥中，故降是【29】詔。

四年三月二十八日，中書舍人、同修國史蹇序辰言：「朝廷前日追正司馬光等姦惡，明其罪罰，以告中外。惟變亂典刑，改廢法度，訕讟宗廟，睥睨兩宮，交通近習，分布死黨，考言觀事，實狀具明，而包藏邪心，蹤跡詭秘，相去八年之間，已有不可備究者。至其章疏文字，行遣案牘，又散在有司，莫能會見。若不乘時取索編類，必恐歲久淪失，或邪黨交結〔四〕，有匿藏毀棄之弊〔五〕。欲望選官將貶責姦臣所言所行事狀，並取會編類，人爲一本，分置三省、樞密院，以示天下後世之大戒。」從之。仍差徐鐸、蹇序辰。

徽宗政和六年五月四日，詔：「今後承務郎若降一官，並展二年磨勘，不降充選人。」

欽宗靖康元年九月二十三日，臣僚言：「改官之法，舉主有定員，考第有常數，吏部稽驗，不容毫髮之私。孤寒士人有老于選調、不得應格磨勘者，比比皆是。童貫昨奉使陝西、兩浙，每一狀所薦不下數十人，既無考第，又無舉主，端坐州縣，且未嘗親戰陣之事，不因苞苴餽送，必其僕隸與之爲地，遂例得改合入官。蔡攸以宣撫司結局及進書轉官恩回授二子，其子術自待制遷雜學士，豈恩例所得一官可比哉！如張彬資序止監當，交結權貴，遂爲河南府司録，不半年陞少尹。望悉與追奪。其他回授及資任有似此者，盡乞根究改正。見係責降落職之人，並乞依此施行。」從之。

高宗建炎元年七月十三日，臣僚言：「叛臣争事僞【30】楚，大小輕重亦自不等，欲立定罪，從格斷之。凡叛臣之大者，其惡有五，其一曰諸侍從而執政者，其二曰諸庶官及宮觀而起爲侍從者，其三曰撰進文字，其四曰事務官，其五曰爲邦昌改名者，乞置之嶺表。叛臣之次者，其惡有三，其一曰諸執政、侍從、臺諫稱臣拜舞者，其二曰以庶官陞擢差遣者，其三曰願爲奉使者，乞於遠小處編管。」于是詔王時雍、

〔一〕歎：原作「難」，據《長編紀事本末》卷一〇一改。
〔二〕劉：原無，據《長編紀事本末》卷一〇一補。
〔三〕奸：《長編紀事本末》卷一〇一作「干」。
〔四〕或：原無，據《長編紀事本末》卷一〇二補。
〔五〕匿：原無，據《長編紀事本末》卷一〇二補。

徐秉哲、吳幵、莫儔輩次第貶竄云。

二年二月十六日，臣僚言：「臣嘗切論今日之患在中國而不在夷狄，在朝廷而不在邊鄙，在士大夫而不在盜賊。日者一縣一郡之間，有愚不肖之人乘時射利，進其身於朝廷，人皆知其污佞，爲害民蠹國，爲天下毒蘖久矣〔一〕，而朝廷曾不加罪，往往百姓、盜賊共起而攻之，致虜其家，奪其財，執而戮諸市，曰此宣和誤國之人也。夫朝廷不加戮而使百姓、盜賊誅之，國命倒置，主柄下移如此，而欲夷狄治、邊鄙治、盜賊治，豈不難哉！臣願降詔，委諫官、御史，自崇寧以來饕餮貴富最無狀之人編爲一籍，已死者著其惡，未死者明其罪，且曰：此以開邊用兵進者也〔二〕，此以花石應奉進者也〔三〕，此以三山河賞進者也，此以刻剥聚斂進者也，此以交結宦寺、賄賂權倖進者也。如此之類，列爲數十科，槩其罪惡，疏其名氏，有司鏤板，播告天下，則遠近内外曉然皆知好惡之所在，君子日以長而小人日以消矣。」詔依，候具到，令三省、樞密 31 院參酌施行。

紹興元年七月十八日，同知樞密院李回言：「宣和間曾任中書舍人，以校正御前文籍轉官，恐是濫賞，乞削秩罷政。」上曰：「宣和政事，恐不必一一皆非，人君肯留意文籍，命臣下校正，因有勞與之轉官，自是美事，豈可與其他濫賞同科！」顧謂范宗尹曰：「且如卿等以功轉官，若與小人同一劄目，亦自難處。況如回等，使在討論之列，何以存濟？」宗尹力奏：「此事如回者無幾，其他亦不足惜。」遂降指揮，侍從及館職兼領校正者非〔四〕。又二日，御筆批出，文臣討論，日下寢罷。大意以爲不欲歸過君父，斂怨士大夫。宗尹堅謂可行，即日求出。詔應武臣濫賞並免討論追奪，令尚書省日下施行。

同日，中書省言：「紹興元年七月八日已降指揮，追奪文臣濫賞，内一項：應追官等並特與不礙注授舉辟磨勘奏薦，不理遺闕。」詔應緣臣僚論列，因父兄秉政，無出身得職名，並依今來措置濫賞等名色追降人；如已追降，並作不係責降人。

三年三月二十五日，殿中侍御史曾統言：「近日臣僚因事罷斥，初無特放謝辭指揮，乃輒露章稱疾，託故亟去，中懷怏怏，違慢彝章，風俗(寢)〔寖〕壞，甚可怪也。國朝故事，侍從近列間以罪斥、放免謝辭者，亦或出於體貌之恩，非人臣所敢希冀。犬馬去主，猶知戀軒，可以人而不如？望嚴加訓飭，今後臣僚應被降黜，不許託故自陳，規免辭謝。如敢循習近例，即乞重賜黜責。」從之。

32 二十六年六月四日，御史臺言：「勘會刑部供到紹興二十五年十月以後，因言章及刑部檢舉告訏編管、安置、居住人：曹泳移吉陽軍編管；丁仲成南雄州編管；王曮

〔一〕毒：原作「蠹」，據《建炎要録》卷一一改。
〔二〕邊：原作「賞」，據《建炎要録》卷一一改。
〔三〕進：原無，據《建炎要録》卷一一補。
〔四〕非：《建炎要録》卷四六作「罪」。

建昌軍，曹雲郴州，並居住；呂愿忠封州安置；莫汲化州，王淯南恩州〔一〕，王肇高州，汪召錫容州，陸升之雷州，張常先循州，康與之欽州，徐樗高州，王會循州，雍端行賓州，林東英州，鄭煒雷州，並編管。至今經涉年月，未見逐處申到收管文狀。望降指揮，下刑部并所屬監司嚴緊催督。如所在州軍故作緣故寄留人，不即押發，其當職官吏並乞令監司按劾，重作施行。」從之。

九月二十五日，詔：「御史中丞兼侍讀湯鵬舉所論秦塤、秦堪〔二〕、吴益，甚協公議，然朕以秦檜輔佐之久〔三〕，又臨奠之日面諭檜妻，許以保全其家，今若遽奪諸孫與壻職名，不惟使朕食言，而於功臣傷恩甚矣。可令中外知朕此意，今後不得更有論列。」

十月二十六日，臣僚言：「勘會已降指揮，曹冠等八人，有官人赴試者令帶右字，無官人並行駮放。數内秦塤見係敷文閣直學士、左朝散大夫〔四〕、提舉江州太平興國宮，除本官出身勑禮部已一面追毀外，尋照得秦塤昨因御殿唱名進士第一甲第三名，承指揮依第一人恩例特轉三官，遂於承議郎上轉授朝請郎。今來既帶右字，其過省所得官即合追毀改正，作右承議郎。緣本官先于朝請郎上磨勘轉朝奉大夫，修書賞轉朝散大 33 夫，今來若依資次重別擬轉，竊慮紊煩。欲將本官從見今官上追取朝散、朝奉大夫、朝請郎三官附身毀抹，却備坐三項因依，止給右朝散郎告一道。」從之。

孝宗乾道六年十一月六日，赦：「勘會親民之官無如縣令，儻非其人，爲害不細。今貪贓之令，監司、守倅公然蓋庇，致民無所赴訴。在法，所部違犯，監司、知通失按舉者奏裁，而近年以來，因朝廷訪聞及臣僚論列者甚衆，如今後更失按舉，當議重行停降。」（以上《永樂大典》卷三八九〇）

〔一〕王淯：原作「王宥」，據《建炎要録》卷一七〇、一七三改。
〔二〕秦：原作「奏」，據《建炎要録》卷一七四改。
〔三〕以：原脱，據《建炎要録》卷一七四補。
〔四〕散：原脱，據《建炎要録》卷一七五補。

宋會要輯稿　職官七二

黜降官　九

【續會要】

1 淳熙元年正月六日，新除太常寺主簿曹冠罷新任。以言者論：「冠自太學生附麗權臣，不以公道，濫占巍科，躐取美任。太上皇帝更化之初，奪其出身，放斥不用。陛下聖度包荒，許之自新，令再赴廷試，復得差遣，乃必欲僥冒超躐。向來通判臨安之命爲臣僚繳駁，未幾有除冠寺簿指揮，物論益喧。」故寢新命。

三月十八日，吏部郎中宇文紹奕放罷。以言者論紹奕知資州，刻隸書數十本及蜀貨數萬緡，以爲苞苴，日趨權門，遍行請託，故黜之。

四月七日，知臨安府沈度寢罷職名指揮。以北使之來，度奉命館客，託疾規避；既聞虜使恭順，又稱疾已痊愈，故有是命。

二十六日，司農寺主簿丁允文、太學録徐存並放罷。以允文嘗受部綱人賄賂，容其作弊，兼自販米糴與糴場；存傾邪巇嶮，初赴禮闈，借勢權要，寅緣過省，今乃爲録，其心(怏怏)〔怏怏〕，日圖超躐。故黜之。

六月十三日，大理司直柳大雅放罷。坐求媚大官，寅緣干進，故黜之。

十四日，新差幹辦行在諸軍審計司林祖洽放罷。以祖洽事事交結，身至國門，更不朝見，唯奔走權貴之門，故有是命。

七月四日，右司諫詹亢宗追三官勒停，永州居住。殿中侍御史季棠追三官，罷新任。先是，右丞相曾懷言：「近有以私意譖臣事跡六項，理合(辨)〔辨〕明。」令 2 吏部侍郎趙粹中同大理寺官根究，粹中等言根究並無交涉事跡。於是詔「臺諫意在朋附，論事不實，有司以聞，灼見欺罔」，故有是責。

十二月十八日，祕書省祕書郎賈偉、太府寺丞元伯源並放罷。以言者論二人貪進不靖，故黜之。

二年五月八日，新除工部郎官高禹罷新命，依舊湖北提舉。坐爲淮東漕，獻羨餘錢四十萬緡，召至闕下，使之供具名色數目，其實無有故也。

二十四日，户部侍郎李安國放罷。坐知常州日，婢妾用事，減削軍糧；爲湖廣總領，縱親戚子弟於諸庫買酒，託兵將官大價出賣，多占破諸州有手作兵士，令納免直錢故也。

九月十八日，給事中胡元質放罷。以言者論「元質學術浮淺，家素饒貲，賂遺權貴，使之游揚語言，造作聲譽。久居瑣闥，旦暮鞅鞅，周視同列官在己上，則巧爲讒言，日夜騰播」故也。

同日，太子詹事、兼權吏部侍郎沈樞分析欺隱，可降三官放罷，送筠州居住。侍御史范仲芑論右丞相葉衡，因言及樞，故有是命。

閏九月四日，前大理正林仁厚、前樞密院編修官樓鍔外任指揮更不施行。以言者論二人巧於進取，朋附宰臣葉衡，故有是命。

十九日，右司員外郎王正己放罷。以言者論其所居之職廢法徇情，爲害滋甚，故有是命。

同日，太常丞嚴煥放罷。以言者論：「煥知江陰軍，違法科斂，巧於結托；繆居禮官，祠祭行禮不虔。」故黜之。

二十八日，大理 3 卿朱僋，正李端友、燕世良，評事劉敏文，並降一官。權刑部侍郎、兼詳定一司敕令周自强，員外郎吳淵，各展二年磨勘。以僋輒於狀外推究吳氏與孫熺私通事跡，擅行追喚推級，別令供通情節，端友等並干與書斷，故皆及之。

三年二月二十三日，金部郎官趙子蒙放罷。以言者論：「其知舒州日，急征暴取，貪墨之聲溢於羣聽。已而入朝，遂居郎選，自知素多罪咎，齷齪自守，職業廢(廣)〔曠〕。」故有是命。

四月十五日，通奉大夫葉衡責授安德軍節度副使，郴州居住。以衡昨任宰輔，不能正身竭誠，日唯沉湎于酒，輕聽易發，徇私背公〔一〕，妄引舊章，擅作三省同進呈批降指揮，故有是責。

六月二十一日，大理少卿徐子寅放罷。以子寅昨往淮東招撫歸正人，乃招集東南游手，廣張其數，欺罔朝廷。及教閱民兵，乃安坐驛舍，付之路分梁佐，有同兒戲。臣僚論列，故黜之。

七月二十一日，監登聞鼓院王宗己、幹辦諸軍審計司林祖洽並放罷。以言〔者〕論宗己爲常熟縣，括責沿河新田租賦奄爲己有；祖洽昨知鹽官(孫)〔縣〕，適與故相曾懷之子同官，專務諂媚，侵盜官錢，費用不貲，故並黜之。

九月十四日，前太府寺丞孫勰特免真決，追毀出身以來文字，除名勒停。以臣僚言勰匿哀不舉，大理寺推勘得實，故有是命。

四年二月二十三日，工部員外郎呂翼之放罷。以言者論翼之昨任知汀州，縱意妄作，謔浪笑傲，殊失 4 郡守之體，專事交(詰)〔結〕，以備進用，故有是命。

四月二日，删定官陸杞放罷。言者論杞素昧義方，全無家法，去歲長子恕揮劍擊死六歲之弟名少祖者，杞乃縱歸明州，漫不加省，故黜之。

五月二十六日，大理卿葉模放罷。以大理寺勘馮湛不法事，推司公行賄賂，事連本廳書吏，模曲意迴護，爲臣僚論列，黜之。

六月二十六日，著作郎、兼權考功郎官何萬，著作郎、

〔一〕公：原作「心」，據《宋史全文》卷二六上改。

兼權司封郎官傅伯壽，樞密院編修官葉世美，並放罷。臣僚言：「萬沉默寡言，實爲陰險。使淮東總所，須索不已，沈复不〔復〕〔堪〕其擾，至中尚書省。今歲春銓，龔茂良幼子實未能文，萬自度必爲考官，密獻賦題，又搜尋卷子，收寘行間。其挾私媚上、任情屈法如此。伯壽輕儇浮薄，以茂良舊諸父之館客，奔走其門，曾無虛日。平時善起風波，中傷善類，率意妄作，不安義分。世美狡獪柔媚，陽爲厚德，窺伺朝士語言，密結茂良，凡所除授皆世美謀之，繇此其門如市，賄賂公行。」故並黜之。

七月十七日，大理正柴衛放罷。以殿中侍御史謝廓然言，衛身爲寺官，爲前執政龔茂良鷹犬，取媚求進，故黜之。

二十一日，新除太學博士譚惟寅罷新任。以言者論惟〔良〕〔寅〕趨走龔茂良之門，〔諛〕〔謏〕聞寡見，不足爲士子矜式故也。

八月三日，宣義郎黃瓚、宣教郎盧瑢，令吏部注授知縣，宣教郎丁允元注授通判差遣，並理作堂除。瓚、瑢初除將作監簿，允元除太府寺丞，言 5 者論其各係奏補京官，合授監當差遣，若朝廷欲陞擢其人任使，特免限其考任、舉主，各令赴部注知縣差遣，故有是命。

九月二十日，著作郎李巵降一官放罷。以言者論巵爲其弟應制科黜落，撰上舍試策題，忿怒肆言。其父燾自知朝論籍籍，旋騰自劾之草，乞將巵罷黜，燾與外補差遣，故有是命。

五年三月二日，新勑令所删定官李友直放罷。以友直方待次慈溪簿，未經任之故也。

四月十八日，起居舍人趙思降兩官放罷。以思奉使應答依違故也。

十月二十五日，奉國軍節度使、殿前都指揮使王友直降授寧武軍承宣使。坐病勢增重，致之夫紀律故也〔一〕。

二十七日，大理司直王夢若放罷。先是，大理少卿賈選言夢若妄作不靖，傲慢凌轢，姦污〔疆〕〔彊〕暴，乞奉祠迴避。詔夢若與外任。後引援恩例，添差浙西提舉司幹辦公事，既而臣僚論列，故黜之。

二十八日，大理寺丞陳資深、司農寺丞徐存並放罷。以臣僚言：「資深與湯邦彦姻家，媒〔蘖〕〔蘗〕善類。今丞棘寺，每事自專，以修造爲名，支用贓罰錢千緡。存頃冒楊時高〔第〕〔弟〕徐存之名，於秦檜當軸時，乞送入試院，試官觀望，遂竊一第。平居里閭，士檢不飾，鄉人畏之，目爲四凶。」故黜之。

十二月十二日，户部尚書韓彦古送臨江軍居住。以閤門寄班董珏道遇彦古不避，擒至其家，裸縛於庭，肆其凌辱，臣僚論列，故貶之。

六年八月十九日，提轄行在榷貨務 6 都茶場梁季珩放罷。以臣僚言季珩近差充明堂西廊從祀神位分獻官，季

〔一〕致之夫紀律：疑當作「致失紀律」。

珩惡其星名有哭泣星，以爲不祥，託疾辭免故也。

十一月二十三日，國子監丞范薈放罷。以右正言黄洽言薈狂率齷齪，一歲之間，四有遷除，故黜之。

七年正月二十七日，將作監丞胡長卿、新除國子録周承勛並罷新命。以臣僚論列長卿多貲結託，承勛寅緣詭遇故也。

四月二十二日，禮部侍郎齊慶胄放罷。侍御史黄洽論其附麗苟得，志趣卑下，故黜之。

二十六日，韓彦古與在外宫觀。先是，有詔與在京宫觀，仍奉朝請，以言者論其不忠不孝，罪惡暴白，前後數遭論列，不當使在京奉朝請故也。

九月二日，大理寺丞楊允功、評事滕安並放罷。以右正言葛邲言允功與安性質凡庸，又多怠忽，所定獄案用法不當，爲省部疏(駮)〔駁〕，故黜之。

八年閏三月二十八日，太學録沈煥與在外差遣〔一〕。以侍御史黄洽言煥變亂差職事格法，欲擅長貳所爲，且不自静重，故黜之。

六月十八日，知臨安府王佐特降一官。坐拆臨安府居民屋宇過數故也。

九月四日，司農寺主簿蔡霖、監進奏院黄直中、范華，並主管台州崇道觀。以監察御史王藺言，霖、直中闒茸(食)〔貪〕鄙，宰邑無狀，華愚暗全不曉事故也。

十六日，大理評事劉述與合入差遣。以言者論其天資凡庸，不曉法律，故黜之。

九年正月十八日，太常博士吴天驥放罷。以言7者論其居鄉干撓(孫)〔縣〕道，洎來行都，唯事請託，故有是命。

三月二十八日，敕令所删定官汪大辯放罷，李友直與在外合入差遣。以殿中侍御史張大經言：「大辯輕儇不靖，除删定官已爲臣僚論其無履歷而寢，今復奔競躁進，卒得舊物。友直入仕以來，無一日實歷，僥倖太甚。」故有是命。

六月一日，太府少卿、兼權户部侍郎燕世良放罷。以言者論其素虧孝行，冒法嗜利，屢試無狀故也。

同日，新除刑部郎官趙韞與改添差參議官差遣。言者論其性資懦弱，非撥煩之才，故有是命。

七月九日，太府少卿、淮西總領葉宏放罷。以言者論其征歛峻急，刑獄枉濫，律己不廉，又多爲苞苴，徧遺權要，故有是命。

二十二日，新除軍器監主簿謝倜放罷。以監察御史顔師魯言倜昨知邵武(孫)〔縣〕，專事苛刻故也。

八月十三日，太府少卿王曉放罷。以言者論其庸繆老騃，輕儇諧謔，昨任州郡，褻狎營妓〔二〕，糜耗公帑，凡所決事，是非倒置，故有是命。

〔一〕煥：原作「换」，據《宋史》卷四一〇《沈煥傳》改。下同。
〔二〕狎：原作「押」，據文意改。

十一月一日，新除金〔部〕郎官章沖與外任差遣。坐前守毗陵，略無善狀，當旱傷之際，措置乖繆，縱吏爲姦，民被其擾，爲臣僚論列。

十年二月二十六日，新除起居舍人熊克與在外差遣。以言者論克寅緣請託，忽叨召試，今茲峻除，士論尤駭，故寢新命。

四月十五日，大理寺丞朱端厚放罷。以臣僚言其平時倚勢擅權，備載章疏，昨爲太府丞，所轄庫務不堪其擾，故罷黜。

8 六月三日，右司郎官陳蒼舒放罷。以言者論其歷更中外，初無可紀聲跡，其平昔所爲有越於繩檢之外者故也。

二十五日，大宗正丞、兼權倉部郎官柳大雅，太府寺丞、兼權刑部郎官吳昭夫，並與在外合入差遣。以言者論大雅闒茸貪鄙，因緣干進，昭夫傾回儇(簿)〔薄〕，結納權貴，故有是命。

閏十一月九日，新除司農卿錢佃差主管建寧府武夷山冲佑觀。以臣僚駁奏故也。

十一年三月十一日，國子監丞彭仲剛放罷。言者論仲剛心術回邪，學識乖謬故也。

十月二日，司農寺丞方有開、大宗正丞任洙、太府寺丞朱端學並補外。言者〔論〕三人職業無聞，不宜久玷班行，乞檢照更迭指揮，各與補外，試以民事。從之。

十一月四日，吏部侍郎賈選放罷。臣僚論選性資弗高，行能無取，乞賜罷黜，以清朝著。從之。

五日，校書郎奚商衡放罷。言者論商衡身居清選，行若市人，出妻賣友，士論嗤鄙，故有是命。

十二月八日，祕書郎、兼皇太子宮小學教授鄭鍔放罷。言者論鍔恢諧無威儀，不足以當師儒之選，汙儲才之地，故罷之。

十二年七月二十三日，大理卿吳宗旦特降兩官放罷。言者論宗旦淹延留獄，阿附失刑，因及曾桊犯入己贓，宗旦極力調護，卒從末減，乞賜罷黜。詔從其請，仍以鞫勘贓吏庇覆徇私，特降兩官。

八月四日，籍田令王自中放罷。以言者論自中素無行檢，專事口吻故也。

十三年 9 正月二十八日，接送伴副使鄭師聰放罷。以師聰沿路收買物色，騷擾州郡故也。

三月二日，宗正丞、兼權吏部郎官李嘉言放罷。言者論嘉言「柔佞無恥，矯爲不情，久汙清貫，允謂非宜」，故黜之。

十一月十六日，新除删定官史涓與近闕幹官差遣。臣僚繳奏，涓以特奏名補文學，齷齪無聞，今處之以敕局儲才之地，人言籍籍，乞別與諸司屬官差遣，從其奏。

二十九日，敕令所删定官陸九淵差主管台州崇道觀。九淵除將作監丞，臣僚論駁，謂其躁進(疆)〔彊〕聒，乞賜寢罷，故有是命。

十二月二十二日，右司郎官呂大麟放罷。言者論大麟謬當劇曹，吏牘紛然，漫不加省，乞罷斥，遴選通才，俾居其位，從之。

十四年八月十二日，敷文閣學士、提舉佑神觀韓彦直降充敷文閣直學士，提舉隆興府玉隆萬壽宫。先是，彦直任户部尚書，臺臣論其行比較之令，州縣催科亟嚴，胥吏絡繹，怨言滿路，迺罷任，授之内祠。踰月，諫官復論彦直督迫征催，流毒天下，乖氣致盭，迄成(早)〔旱〕災，乞屏之遠外，故有是命。

十五年正月二十二日，著作佐郎、兼兵部郎官梁汝永放罷。以言者論其容止鄙俗，趨向猥下，故罷之。

五月二十四日，司農卿萬鍾放罷。言者論其巧於交結，寅緣附麗，厠跡九卿，實汙朝列，故罷之。

七月二十五日，太府少卿趙善悉放罷。言者論其「天資回邪，素行貪狡，專務奔競，交結權勢。近者卿寺之遷，人言 10 鼎沸，謂其寅緣至此，乞賜罷黜。」故有是命。

同日，兵部侍郎林栗與郡〔一〕。言者論「栗狠愎自用，黨同伐異，無事而指學者爲黨，乞黜之以爲生事者之戒。」故有是命。

八月二日，安遠軍承宣使張子仁降一官。以子仁自陳失覺察外妾箠楚婢如致死〔二〕，故有是命。

二十四日，國子博士戴履、太學博士施邁、司農寺主簿盧瑢、大理司直毛密並與外任，幹辦諸軍糧料院俞秬與祠禄〔三〕。以言者論履學問荒唐，識見暗陋；邁謬爲誠敬，好事唇吻；瑢天資佞柔，不安義分；密闒茸不材，濟以譎詐；秬謬懦無聞，昏衰多病〔四〕。並乞處分，故有是命。

十一月十六日，司農寺丞林祖洽放罷。言者論其前任常州，爲政無狀，内而妻孥與聞政事，外而僚屬交通關節，乞行罷黜，故有是命。

十二月六日，考功郎官田涓罷新命。言者論其操術回邪，臨事專愎，持節浙東，捄荒無策，乞賜罷斥，故有是命。

十六年正月十二日，權工部侍郎袁樞以論事挾忿，特降兩官放罷。

淳熙元年正月二十二日〔五〕，知襄陽府陳從古、知楚州周極並放罷。以言者論二人庸猥不才，貪墨無恥，難任寄邊，故有是命。

同日，知濠州向湏放罷。以本路運判吳淵言其治郡不職故也。

二月十四日，新提點湖北刑獄朱玘罷新任。以言者

〔一〕栗：原作「粟」，據《宋史》卷三九四《林栗傳》改。下同。
〔二〕如：字書未見此字，疑誤。
〔三〕秬：原作「拒」，據後文改。
〔四〕衰：原作「襄」，據文意改。
〔五〕按，以上爲中央官，以下爲地方官，蓋李心傳《續總類會要》此門之體例如此。因空一行，以示區別。

論：「玘賦性貪饕，不顧廉恥。曾任知州軍差遣，於法不應押綱，而乃規圖酬賞，又陷失官錢不納。爲廣西運判日，獻寬11剩錢二十萬緡，及朝廷令撥赴湖廣總司，玘(跪)〔詭〕計敗露，假貸括刷，無所不至。」故有是命。

三月十九日，右文殿修撰、新知静江府史正〔志〕落職，提舉隆興府玉隆觀。以言者論其巧求進用，聚斂殘酷故也。

四月二十七日，新知歸州李寰、新知興國軍王定國並罷新任。以言者論「寰居鄉請託干撓，知宜州日不法，知瓊州日以家質庫故衣折支軍人衣，幾至生變。定國本福唐人，浪游淮楚，習成華音，因投張浚歸正，旋知高郵軍，移易官錢，轉販鄰境，以資饋遺」故也。

五月二十五日，新知徽州程宏遠罷新任。以言者論其輕猥凶險，居鄉恣横，脅持縣道，故有是命。

二十九日，前湖廣總領呂游問特降兩官，權京西提刑陳從古特降一官。先是，游問在任將官屋虧價賣與族姪昭中，又令兑換會子，取受錢物，已落職放罷，委官體究。至是，刑部言游問判狀兑錢事理明白，而京西提刑司體究違慢，故併罪之。

六月十四日，新知衢州李杓放罷。以杓夤緣得郡，不即陛辭，乃託疾乞且歸鄉，故有是命。

九月六日，知臨江軍趙不黯特降一官。以江西帥臣拖積軍兵請給及低價減折冬衣，致軍兵喧噪故也。

十月十六日，知全州支邦榮放罷。邦榮本歸正人，未諳州軍事，故有是命。

十一月二十五日，成都府路運判趙不息放罷，坐賑濟無策故也。

十二月十八日，新淮南運判趙善俊罷新任。以言者論：「善12俊天姿刻薄，昨守襄陽，政事乖謬，惟務凶殘。有繫獄者，或至斷其手足，一方之民莫不震駭。」故有是命。

二年二月二十二日，兩浙轉運副使呂搢、呂正己並放罷。以言者論二人僥求進用，勢既相軋，互相攻擊故也。

同日，新知彭州杜夤孫、前知龍州符愿並放罷。以言者論夤孫苟賤無恥，愿刻薄貪鄙故也。

三月五日，知施州胡明放罷。以夔路運副謝師稷言其暴横不法故也。

二十二日，新知鄂州曾昭放罷，永不得與知州軍差遣。坐知濠州日任買馬事，虛破馬價，盜爲己有，已追三官放罷，今復以巧求進，故有是命。

二十四日，浙東提刑胡仰落職放罷。以言者論仰昨任湖南提舉，贓污狼藉故也。

二十九日，知贛州陳天麟除敷文閣待制，知平江府韓彦古除敷文閣待制，並寢罷成命。以天麟贛州之政未有過人，彦古奪服爲郡，亦難冒處，故寢是命。

四月十一日，新除閤門祗候、知光州孔異罷新命。以資歷尚淺故也。

二十二日，成都府路轉運判官李石放罷。坐知眉州日，子弟與政、請託公行故也。

同日，觀文殿學士錢端禮降授資政殿學士、罷奉祠。以言者論其「傾邪貪暴〔一〕，居台州，挾持威勢，騷擾一郡。營治私第，凡竹木皆白取于民。其守會稽，以他處一猾吏自隨，使預郡事。暴征苛取，事至官者，曲法鍛鍊，没入家貲，所積至六七十萬緡」，故有是命。

五月二十三日，知隨州湯鸞降[13]修武郎，放罷。坐縱親弟帶領凶惡人私販香貨入榷場故也。

六月十一日，新江西路提刑方師尹別與差遣。坐老耄畏怯，聞江西茶賊竊發，畏避遷延，不敢之官故也。

十二日，知紹興府留正除顯謨閣待制放罷。坐辨錢端禮籍没人户科罰錢物數誤故也。

十四日，新夔路轉運葉行己特降授朝請郎放罷，永不得與監司差遣。以言者論行己任江西提刑，當盜賊縱横，畧無措置，但有畏怯故也。

七月二十三日，知郴州何浚明放罷。坐不留意職事，多造什物，專委門客姚宗佐交通關節，賄賂公行，故有是命。

二十八日，知隆興府汪大猷降充集英殿修撰。以選委賈和仲捕賊不當，已降龍圖閣待制，和仲輒行招安，致賊走竄，故復有是命。

八月四日，敷文閣待制、知平江府韓彦古落職，放罷。

以言者論其「以絹折麥，每疋輸麥四石五斗，以錢計之，五倍其數。以家力科糯米，多者至一二千石；又以家力敷上户酒，至一二千瓶。吏民小忤其意〔二〕，亟置之獄，籍没家業，殘刻險詐，無所不至。自述理財之效，言所借南庫錢物皆已還足，而提領所具平江府所借南庫錢物尚有七萬貫未到，以無爲有。」故有是命。

八日，明州觀察使、江南西路兵馬總管賈和仲除名勒停，送賀州編管。以和仲收捕茶賊失利。上謂輔臣曰：「和仲當小寇，乃失律如此，設有大敵，當如何！不誅無以警諸將。」既而復諭曰：「和仲本欲行軍法，[14]其罪在輕舉進兵。朕觀漢、唐以來將帥被誅皆以逗留不進，或不肯用命，如和仲(正)〔止〕緣輕敵冒進，誅之却恐諸將臨陣退縮。」故有是責。

九月九日，前知光州滕瑞送静江府羈管。坐淮西帥司按其在任不法故也。

二十日，知江陰軍藍師稷與宮觀差遣。以臣僚言其貪冒貨賂，干犯法禁，故有是命。

二十二日，知臨安府胡與可與外任宮觀。以言者論：「與可趨操柔邪，性姿詭譎。平生仕宦了無可稱，但以善於結託，脂韋苟且，累經除用，遂爲臨安守臣。厚歛重征，以

〔一〕傾：原作「頃」，據文意改。

〔二〕忤：原作「件」，據文意改。

資妄費，凡有爭訟，非賄不行。與可身雖卑污，無以戢吏，獨於士夫之間，乃敢肆其凌藉，倨氣傲色，專爲凶德。」故有是命。既而復言與可罰未當愆，遂寢宫祠之命。

二十九日，前知邵武軍趙伯濠特降一官。坐以苗米折錢及擅支常平米故也。

閏九月四日，知吉陽軍林寶慈特除名勒停。以廣西經畧司言其違法生事，擅與蕃國交易，故特重其罪。

十月十四日，福建路轉運判官劉祖禮、新知處州錢象祖並放罷。祖禮坐申江西盜賊不審，象祖以憑藉世資、未諳吏事故也。

十八日，知衢州曹總放罷。坐耽飲嗜閑、不修郡政故也。

同日，新知富順監井秉罷新命。以秉資序太卑，凶險貪墨，故有是命。

十一月十九日，新知綿州胡佑、江東提舉潘甸並放罷。以言者論佑齷齪罷懦，難任劇郡；甸嗜酒頹放，貪財黷貨故也。

二十二日，江東提舉潘甸[15]特降一官，落職；淮東提舉葉翥特降兩官，知平江府陳峴降一官。坐修築陂塘滅裂，今歲災傷不見灌溉之利，故有是命。

十二月十三日，湖南運判吳援、新知袁州李處全、知楚州辛堅之並放罷。援以盜賊竊發之際，乃集工匠，多置器用以資戲玩，致工匠失業，多全家遁去；處全經由蕪湖縣，受富民賂遺；堅之頃迎合權臣，殺害無辜，起廢爲郡，違法虐民，凌忽都統制張宣，動輒紛爭，故有是命。

三年正月六日，直秘閣、知吉州王濆降一官。以茶賊入境，濆首唱招安之説，公爲逃遁之計。未幾賊平，録功宥罪，漕臣錢佃亟以勞績來上，朝廷即加職名。既而李燾、錢佃復按其弛慢之罪，故有是命。

九(月)〔日〕，新知楚州胡與可、新知嘉州陸游並罷新命。以臣僚言與可罷黜累月，舊愆未贖；游攝嘉州，燕飲頹放故也。

二月八日，新知封州張孝覽罷新任。言者論其資稟凡下，舉措輕儇，且資序甚淺故也。

二十三日，新知袁州胡安老降兩官，罷新任。以言者論其姦貪狼藉故也。

三月二十三日，知閬州任純臣放罷。以言者論其既老且病，内懷自棄，賕餉狼籍，靡所不有故也。

同日，廣東提舉李綸放罷。以言者論：「綸不諳吏事，肆爲苛擾。拘留巡尉印紙，責以捉獲私鹽，緣此巡尉急於捕捉，百姓驚擾。鹽倉屋漏，虧損官鹽，抑令納鹽人及附近居民陪納，嗟怨之聲溢於羣聽。」故有是命。

六月四日，浙西提刑趙[16]師夔放罷。以師夔守吳興日，聽任猾吏交通關節，縱容私僕(驗)〔騷〕擾一郡，規圖富人田産前後不一，爲臣僚所論，故有是命。

二十一日，新知衢州陳從古放罷。以臣僚言從古所至贓污故也。

二十七日，新知衢州陳良祐罷新任。先是，乾道六年，良祐爲吏部侍郎，時朝廷遣使求祖宗陵寢，良祐自疑當行，上書阻止其事，爲臣僚論罷，送筠州居住。至是，除知衢州，言者復論前罪，故罷。

七月四日，新廣南西路轉運判官栗森放罷。以臣僚言森自爲醴泉縣令，至守永州，凡歷四任，皆號貪虐故也。

二十一日，新知興化軍劉大辯放罷。坐居父喪八年不葬，擅拆居民屋宇，爲一方之害故也。

八月二十六日，武功大夫、前知吉陽軍姚元追一官勒停。坐在任不法故也。

九月六日，知隆州朱紱、新知永康軍劉庭詔並放罷。以臣僚言紱燕飲沈湎，職業頽廢；庭詔浮薄嗜利，巧於結托故也。

二十一日，知蘄州李桷放罷。以臣僚言（桶）〔桷〕贓污不法故也。

同日，江東提刑司馬倬放罷。以倬受賂鬻獄，爲臣僚所論故也。

十月八日，前知贛州陳天麟罷宮觀。以臣僚言天麟政以賄成，罪以貨免，寄居宣州，交通關節，靡所不有，故有是命。

十三日，新知江州徐行簡放罷。以臣僚言其姦贓狼籍故也。

十月二十九日，都大提點王楫追五官勒停，送台州編管。先是，臣僚論其廣敷諸州木炭錢，不以鼓鑄，盡獻於朝，[17]却以舊錢入換新錢解納，又彊買官田，姦污狼籍，詔江西運判趙汝愚體究得實，故重其責。

四年正月二十日，新淮東運判胡與可罷新任。以臣僚言與可天資邪佞，誕妄有餘，向爲臨安守臣，專爲身謀，日夕奔競，府事未嘗留意，一委之胥吏，弭盜無策，聽訟不公故也。

二十五日，新知梁山軍趙善言罷新任。以臣僚言：「善言稟資苛酷，賦性貪婪。初不曾任知縣，又不曾歷通判，驟付以郡，其虐必甚，贓污凶暴，愈見狼籍。」故有是命。

二月十七日，濠州團練使、新知真州元居實放罷。以言者論居實生平躁進，事誕謾，肆爲空言，以取官爵，故有是命。

二十三日，江西提舉趙綱立放罷。綱立惑於內寵，擅取本司公帑之物，故有是命。

三月二十三日，新知梧州沈瀛罷新任。以臣僚言瀛昨爲樞密院編修，朋附干進故也。

二十四日，知彭州王序辰放罷。序辰天資險詖，黷貨無厭，爲臣僚所論故也。

同日，新淮東運判胡儔放罷。言者論儔誕謾有素，貪饕不廉，爲福建提舉日，令本路幹官買妾歸其家，乃酬以舉狀故也。

二十五日，知閬州李迴罷新任。以言者論迴贓污欺罔故也。

四月二十二日，知江陰軍錢仰之放罷。臣僚言仰之賦性彊暴，用心私邪，以喜怒爲刑獄，以術數爲蹊徑，故罷。

二十四日，知南恩州李績放罷。以臣僚言績褊躁苛酷，任意多私故也。

同日，新知鄂州胡倚罷新任。以臣[18]僚言倚閑居鄉里，脅持短長，昨知靖州，不能綏懷夷落，科斂苛暴，村疃騷然，不可付以上流重鎮，故有是命。

五月十六日，知房州李杓罷新任，別與閑慢差遣。以臣僚言杓昨通判台州，交通關節，士論鄙之，(令)〔今〕年七十有三，昏繆滋甚，決不能當邊寄故也。

七月十六日，廣東提舉葛世顯放罷。以言者論：「世顯因緣妻官，三任廣南，專務黷貨。旋得廣東提舉官，到任未幾，乃以本司舊積鹽本錢指爲寬剩，取以獻納。」故有是命。

二十日，新知潮州潘淵明改差主管建寧府武夷山冲佑觀。以未歷親民差遣，除授不當，爲臣僚所論，故令奉祠。

同日，新知新州鄭守浩罷任，新知台州林仲夷改差主管成都府玉局觀。以言者論：「守浩爲前執政親舊，超躐除授；仲夷合赴新任，預索迓吏，取公使錢隨行用度，又偏於權要經營內除。」故有是命。

二十一日，新京西運判鄭昺罷任，以言者論：「昺喋喋利口，初無他才，與前執政龔茂良雅故，遽有將漕之除。」故有是命。

九月二日，淮南運判向湞放罷。以臣僚言：「湞早虧素行，專任狠愎，觸事懵然，無所通曉。儀真係置司之所，妄申疾疫大作，又稱楚州米價踴貴，欲以職事倚舉，希望旌賞，爲是欺罔。」故有是命。

十五日，新知賓州石良弼、新知雷州黃萬頃各別與差遣。以知靜江府張栻言：「良弼頃知邕州，昏謬闒茸，溪洞讎殺，不敢禁戢，一州財賦，謾不知省。萬頃昨爲邕州[19]通判，溪洞多產生金，萬頃託官典賤價以買，將往右江販賣，又將平人爲劫賊。」故有是命。

十月十六日，知鎮江府呂正己特降一官。以府獄賊囚曹仲等鼓率別火罪人解脫杻索奔逸，臣僚論其失職，故有是命。

十七日，知隆興府呂企中放罷。以臣僚言企中在任一意掊剋，侵奪民利以歸私帑故也。

十二月八日，江東運副徐本中降一官。以鋪兵汪青盜拆遞角文字，不能覺察，而飾詞妄申，覬以免罪，故有是命。

九日，知漢州孟頡罷新任。以臣僚言：「頡自承詔旨差知漢州，令赴行在奏事，已經年餘，尚未到闕，却引用川廣免奏事指揮，覬覦幸免。」故有是命。

同日，新浙東提點刑獄公事鍾離松改添差淮南東路安撫司參議官，不釐務。以臣僚言松年踰八十，精幹弗彊，識慮已昏故也。

同日，知洋州傅鈞放罷。以中書省言，大理寺勘陳公正案内受傅鈞黄角弓劍等故也。

二十六日，淮西提刑張士元落直敷文閣。以士元申奏知廬州王希呂受劫盜許德等玉器、騮馬不實故也。

五年正月十一日，新廣東提舉常平茶鹽方師尹、新知臨江軍徐五老並放罷。以言者論師尹爲淮西總領，與監官作弊，爲江西憲，（文）〔又〕以茶寇畏避不之官，皆遭彈劾，五老貪惏無厭故也。

十七日，知梁山軍趙彦逸與宫觀。以知成都府胡元質言，彦逸以末疾在告，軍事付之監酒呂允修，故令奉祠。

二十三日，[20]江南西路轉運副使、權提刑王次張，知興國軍黄茂材，江南西路轉運司幹辦官湯況，各特降一官放罷。先是，興國軍勘武世榮、胡恭停藏劫盜，次張不合用私劄催督公事，迹涉疑似；茂材輒奏次張求囑爲盜脱罪，考究無實，故有是命。

二月六日，新知寧國府史正志放罷，依舊宫祠。以正志昨爲發運使日，大張聲勢，增置官吏，横行諸路，掊尅州縣故也。

八日，知文州塗尚友先次放罷，令四川制置司差官取勘，具案聞奏。以知成都府胡元質按尚友擅鑿開管下青唐嶺路，有害邊防故也。

二十五日，知興國軍黄茂材特降兩官。以江西安撫辛棄疾言茂材過數收納苗米，致人户陳訴故也。

三月二日，新知寧國府趙彦博放罷。以彦博嗜利好進，獄事鹵莽，牽於請託，及得宣城，（快快）〔怏怏〕不滿，故有是命。

七日，新知高郵軍王定國特降兩官，罷新任。以臣僚言：「定國貫福州，妄稱河南府人，冒名歸正，借補文學。昨在高郵軍，姦贓狼籍，言者用是論罷。（令）〔今〕乃復得高郵，未協公論。」故有是命。

十八日，知温州韓彦直、前知台州尤袤、提舉兩浙東路常平茶鹽公事姚宗之，並各特降一官。以温、台州自乾道六年以後，累年拖欠内藏庫坊場錢數多，並不發納故也。

四月八日，知連州費鍇放罷。以言者論鍇因公事科罰，又五十里内創置税場，重征雜税故也。

二十二日，知江陰軍蔣雝放罷。以言者論雝彊[21]與部民陳廣壽結親，又任意徇私，致狴犴重囚走逸故也。

二十六日，知泰州魏欽緒先次放罷，令葉翥體究詣實聞奏。以本路提舉鄭嗣宗言：「本司支錢五百千，令本州脩造常平倉屋，欽緒輒資别用。又祠祭爲初獻官，更不致齋，用妓樂筵宴。」故有是命。

五月十日，兩浙西路提舉常平茶鹽公事潘時降一官。以本路提刑韓俣按時占役禁軍荷轎故也。

十八日，淮西轉運副使張士元、知安豐軍丁逢並放罷。以言者論：「士元冒佃官地，彊買民田，乾没賑濟、教閲錢米，鬻賣總首、主簿白帖。逢始揚言欲捃摭士元，既爲所陷，反相表裏，差補總首，借補官資，悉劾士元。及其交相疑忌，逢即持士元遺人過淮作過，士元即持逢遣人過淮鬻酒。二人罪惡，不可縷數。」故俱罷。

六月二日，新除江東提舉丁常任改差知真州。以給事中錢良臣言：「常任資淺望輕，未更民事，持節察州，授之太遽。」故改命。

十八日，知夔州李景孠放罷。以言者論景孠天資殘酷，加以沉湎，民事弗恤，貪而多私故也。

閏六月七日，知懷安軍宇文紹寅放罷。以本路帥臣王亢按其性資險巧，不謹廉隅，（婁）〔屢〕逐所部見任官，而以親舊充填窠闕，用爲腹心，以侵漁百姓，故有是命。

十八日，廣東提刑黃濬特降兩官，已降宮觀指揮更不施行。以臣僚言：「濬初乞修韶州城壁，急于希賞，方窮冬凝寒，千里騷動，致民夫死于凍餒者不可勝數。22後自知其城卒未就緒，所以託疾丐祠。」故有是命。

七月五日，知英州葛霖放罷。以霖苛刻科擾，違法害民故也。

七日，知信陽軍余童特降一官。以北界蔡州新息縣居民被賊劫盜財物，移文本軍，不即繳申朝廷，徑自回報，致對境（闕）〔關〕報不依元式故也。

九日，知真州解元振放罷。以本路提刑徐子寅言：「元振久病在假，郡事盡付胥吏，百姓受弊。」故有是命。

十三日，新知永康軍張炤與幹官差遣。坐昏眊不能任事也。

八月二十六日，浙東提刑傅自得、浙西提刑呂正己並放罷。自得昨以故相秦檜當國，撰造趙令衿不法事，致之死地，遂得美官。正己閨門之內，醜聲著聞，每所居官，政由內出，昨守鎮江，致禁囚越獄竄逸，乃歸過於司理以自免。故有是命。

十月一日，浙東提刑周權依舊淮東提舉，知興國軍張祖順差通判筠州。以臣僚言權麤暴妄誕，不可持平近甸；祖順庸謬闒茸，難堪郡寄（政）〔故〕也。

十一月二十三日，昭慶軍節度使、知隆興府楊倓與外祠。以言者論：「倓初無他長，徒以勳閥之後，叨授節鉞。嘗貳樞筦，不能以功業報國。比因移帥豫章，稽之舊例，大臣非得旨無自言乞過闕奏事，而倓乃有此請。意其假守當塗，必有邊防機密不可附奏，及其報行劄子，乃是乞與弟姪分財析戶，遂爲此來，後致其弟婦、諸姪〔至〕都省、御史臺陳訴。」故令奉祠。

十二月十一日，知台州李宗質特降一官。23以本州拖欠內藏庫坊場錢數多故也。

六年四月五日，江東提舉潘畤、知池州趙粹中並放罷。以二人交章相攻故也。

二十七日，廣西提刑廖遷特降一官放罷。先以擅增瓊州鹽額降一官，次因臣僚言遷奏劾昌化軍判官蔣穆、水軍統領張麟捕執客人楊朝章等，誣以劫盜而容庇，守臣李邦光不能剌舉，故有罷黜之命。

六月八日，直祕閣、荆湖北路安撫司幹辦公事田公輔放罷。坐將私馬高價市與神勁軍，而以本軍揀退馬賤價收買故也。

二十四日，知鬱林州李端卿特除名勒停，送梅州編管。以經畧使劉焞按其當李接嘯聚之際，望風棄城故也。

七月一日，知光州王德政放罷。以本路漕臣薛居實言，德政與通判李時習不相和協，以致獄事不務平允，各以喜怒出入情罪。詔並放罷，令居實究理曲直。既而居實言，時習先嘗兩次權州，專事既久，及德政到任，尚行專恣，以致德政憤不能堪。又聞時習拆換赤曆，移易官錢，故併罷。

七日，江西運副楊由義特降一官，放罷。先是，前臨江軍清江縣丞汪作乂嘗權縣事，由義欲應副親戚押綱，未起發間，作乂離任。知新塗縣林梓妄申漕司，云作乂將歲計合發官錢那兑用過，是致綱運無可起發。暨作乂以任滿赴闕，由義輒令臨江軍差人追捕。作乂至信州塗中，死於非命。故有是命。

十一日，知漢州宇文紹奕特降兩官放罷，永不得與 24 監司、知州軍差遣。以言者論紹奕在任舉措僭侈，一意妄作，醜聲播聞，故有是命。

二十五日，知藤州鄭坰特降兩官。以本路帥臣劾坰爲政弛繆，畧無廉聲，及得替歸，違制多差送還兵級故也。

八月八日，知潮州朱江放罷。以臣僚論其（縱）〔蹤〕跡醜穢，納賂鬻獄故也。

十四日，湖南提刑葉程、知郴州雷潨各降兩官，放罷。以言者論：「潨始宰宜章，姑息賊徒，以得虛譽。既就使爲州，乃矯前政，折之以威，其徒忿然，遂決意爲盜。程昏耄貪墨，宜章盜賊諸司皆申，而憲司獨無條具。」故有是命。

十七日，知楚州翟畋特追五官勒停，送筠州居住。以收捕楚州淮陰縣劫盜，通判葉挺、鈴轄賈懷恩妄申於淮河内與賊迎敵，殺死賊人，及將拘到北界官船作獲到賊船贓物解發，畋憑妄狀行捕獲聞奏，故有是命。

十八日，前知吉州藍師稷特降一官，放罷。坐上供米愆期不發故也。

二十日，直祕閣、前知安豐軍丁逢特降一官。以任内差朱直卿權攝，從運判張士元覺舉也。

二十五日，知衡州李榕放罷。以提舉李端友按榕酷虐不法故也。

同日，知金州王彤特追三官，勒停。以四川總領李昌圖言彤知金州日，將鑽剩錢造金器入己，有司鞫得其實，故有追毀之命。

九月二日，廣南西路提刑徐詡、轉運判官梁安世各降一官。以詡等同（衡）〔銜〕奏經畧司保明功賞不實，頗涉張皇，再令指定，却乃異同，故有是命。

25二十一日，知安豐軍劉大辯放罷。坐縱容客人透漏禁物過界，及科敷不法故也。

二十四日，新知郴州黄義實與閑慢差遣。以臣僚言郴州今當蹂踐之餘，人情反側，政賴守臣撫摩安集，而義實闒茸無能，不足當是職，故有是命。

二十七日，廣南東路運判趙公瀚特降一官，放罷。以言者論：「公瀚尅剥州郡，以私一己。昨收捕陳峒，首尾月餘，自支撥提舉司封樁錢之外，又科撥諸州錢五萬緡。及有解嵩者罷守宜州，道由所治，公瀚知其家有雷琴可直千金，乃館嵩于本司。未幾嵩病死，遂取其琴及名畫數十軸，併酬以百千。其家怨泣不敢言，至今狼狽不能出（領）〔嶺〕。」故有是命。

同日，知鄂州趙善括放罷。以總領周嗣武、漕臣陳延年言，趙善括增起税務課額至十倍，多添民間賃地錢，彊令拍户沽買私酒，白納利錢，侵都統司課額故也。

同日，知閬州宋少虛放罷，令潼川府路提刑司根勘以（間）〔聞〕。從利路諸司按其贓污不法故也。

十月八日，知德慶府陳㷀放罷。以㷀庸繆，老而益貪，職事弛慢故也。

十六日，新知鄂州周極放罷。先是，極知秀州日，自帶私家坐船，於本州酤賣私酒，爲酒務轄下人所捕。極忿怒其人，誣以行劫，綳栲有至死者。大理寺鞫得其實，先詔追三官勒停。至是起廢，中書舍人鄭丙言其爲惡不悛，愈益恣横，故有是命。

二十六日，浙東提舉李宗質、湖北運判張玼並放罷。以右26正言黄治言宗質趨附巧進，營私背公，玼素號浮躁，專事脣吻，故有是命。

十一月二日，荆湖北路轉運副使戴幾先放罷。以言者論其爲國子司業時攀附權貴，爲太常少卿時祀事不共，故有是命。

三日，知化州何偉除名勒停。以偉在任（數）〔敷〕鹽害民，横斂致寇，又嘗誅戮平人，及男公鼎彊取部曲女爲家妓故也。

八日，新知蘄州沈公孫與閑慢差遣。言者論其貪緣假托，驕騃鄙俗故也。

十七日，知峽州唐孝穎放罷。以本路漕臣言其衰耄，綱紀不立故也。

同日，知復州潘才卿放罷。以本路漕臣劾其狃於（熏）〔勳〕貴，鮮克由禮，身爲庶官，通謁用朱衣吏輩，前建十二辰旗，且恣其暴虐，不能撫摩，故有是命。

二十一日，新差提舉廣東市舶蘇總龜改差主管台州崇道觀。臣僚言其素苦昏眊，瞻視不明故也。

十二月二日，新除利州路轉運判官王濱放罷。（似）〔以〕侍御史黄治言其姦贓慘酷，累遭論劾故也。

同日，知興國軍徐行簡放罷。坐興國歲旱，行簡自言因人匠餘工打造刀斧弓弩，欲行投進，爲臣僚論列。

同日，知金州王彤放罷。以四川總領李昌圖按其不法故也。

十三日，知吉州藍師稷放罷。以侍御史江溥言其昏繆不職、民訟不理、財賦失陷故也。

十四日，知黎州李福謙降一官放罷，四川制置使胡元質降兩官。先是，黎州蠻作過，福謙失職，詔令制置胡元質具福謙不職始末。於是辛執進呈，福謙[27]於五部落未作過之時，屢申事宜，而制置使胡元質畧不爲備，致覆軍殺將。故有是命。

十六日，知婺州韓元吉放罷。以言者論其恨僻貪婪，故有是命。

二十二日，新知永州胡倚、知滁州胡儔並放罷。以言者論倚等生平所至皆無善狀，荐汙白簡，歷歷可按，故有是命。

二十四日，知泰州吳儆主管台州崇道觀，理作自陳。以臺臣言其貪暴自恣故也。

七年正月二日，新除提舉兩浙東路常平茶鹽公事李端友罷新任。以右正言黃洽論其簠簋不飾、復事干謁故也。

二十三日，知歸州錢似之特降一官。以成都府路轉運司奏留滯綱運、抑取税錢故也。

三月十一日，淮東提舉周權放罷。以言者論「權好誕謾妄作，初除江東鹽司，未久即改淮東，又改憲浙東，既招人言，復得舊物。闕未到年餘，先批帖問都吏以俸給；闕未到半年，先遣人爲索接計。車未入境，即肆妄用」故也。

同日，淮東運副徐子寅放罷。以言者論揚州刦盜事連漕司部轄使臣，子寅庇之故也。

十八日，敷文閣待制單夔罷宫觀差遣。以言者論夔善於結托，奉祠而歸，必欲臨安府居止，故罷之。

四月九日，朝散郎王正己特降兩官。坐知湖州日拖欠窠名錢二十七萬餘貫故也。

二十二日，知秀州陳從古罷新任。以侍御史言「從古九年之間，五招物議，贓汙狼籍，一歲之頃，兩次規(模)〔謀〕差遣」故也。

二十三日，知温州胡與可罷[28]新任。先是，温州打造海船一百隻，支降官會一十萬貫，付與可措置，與可懷姦挾私，專事擾民故也。

同日，昭慶軍節度使、新知荆南府楊倓罷新任，依舊宫觀。右正言葛邲論其驕蹇貪婪，盜賊公行，獄訟不決，專信任隨行使臣吳孝恭，交通關節，故有是命。

五月二十一日，知建寧府洪邁放罷。以求瓊花事故也。

二十六日，知常州李結放罷。以結去歲納苗加數折糯折麥，無非厲民，合斛用斗，尤爲非理故也。

二十九日，新兩浙西路提點刑獄公事胡堅常、荆湖北路提舉常平茶鹽公事曾穜並放罷。以堅常昨爲浙漕，歲饑賑濟無策，科擾紛然，常州乃其鄉里，士大夫皆出米賑糶，堅常富甲一郡，而不肯數出米。穜頃宰鄱陽，貨賂公行，嘗爲監司所按，今任湖北，掊克狼籍。故有是命。

六月十三日，知桂陽軍趙善珏特降一官放罷。以帥臣辛棄疾按其昏濁庸鄙〔一〕，窠占軍伍，散失軍器，百姓租賦，科折銀兩，贏餘入己故也〔二〕。

二十七日，知漳州林椿、知崇慶府錢徽之放罷。以侍御史黃洽言「椿郡事廢弛，多容親故擾政；徽之暴忍聚歛，汲汲求進」故也。

八月三日，成都府路運判韓㬇放罷。以臣僚（言）論其沈酣于酒，政以賂成，民無所訴，故有是命。

八年正月九日，知成都府折知常特追五官，勒停，送汀州安置。以黎、雅蠻部作過，知常棄城逃遁，故有是責。

二月二十七日，潼川府路運判王敦詩放罷。29 以敦詩專事苛刻，任私喜怒，咋將漕成都，縱子弟親戚交通關節，故有是命。

二十八日，詔新福建運判趙師垂主管台州崇道觀，理作自陳。以中書舍人施師點言其倚勢作威，頤指州縣，恐嚇細民，彊占其田，又彊付錢本以責利息，故令奉祠。

三月二十七日，提舉淮南東路常平茶鹽公事陸游罷新任。以臣僚論游不自檢飭，所爲多越於規矩，（婁）〔屢〕遭物議故也。

閏三月六日，知宜州趙伯光永不得與親民差遣。先是，伯光與通判黃俅互論不法，爲漕臣梁安世所劾，並放罷。既而帥臣王卿月劾伯光決遣非法，狂醉之後，執獄囚以弩射之，故有是命。

二十四日，知郴州趙介特降兩官放罷。坐以人户契書驅磨，妄加羅織，科罰錢一萬五百餘貫故也。

二十六日，提舉江州太平興國宮吳淵特降一官。以棘寺逮淵子棐證對蔡良弼公事，故有是命。

同日，知黃州錢衛之特降兩官，放罷。坐違法收税，爲淮西總領葉宏所劾。

五月六日，新知邵州徐植與宮觀差遣。坐嬰疾之久也。

二十九日，知永州史倬特降一官。以永州違法收鹽袋錢，倬任内因循不革，故有是命。

六月九日，提舉四川茶馬司吳總追一官，放罷，降充集英殿修撰。以臣僚言：「黎州兆釁，實由買馬，凡蕃部鬻馬，總所喜者則不拘格尺而售之，所不喜者則以格尺而沮之。至於良馬一疋取絹一匹，次等取錢引二道，誅求刻剥，所 30 以激其不肖之心。及官兵失利，總急於成功，乃以十兵易十酋，邀功辱國，罪莫大焉。所爲總屬官，買馬之際，誅求多爲，稔成邊釁。」故有是命。

七月三日，前淮西安撫趙善俊候服闋日特降直徽猷

〔一〕辛：原作「幸」，據《宋史》卷四〇一《辛棄疾傳》改。
〔二〕贏餘：原作「嬴餘」，徑改。

閣，轉運副使張士元特降兩官。初，淮西帥臣王希呂嘗借補張應侯文學，令權安撫司準備差遣，欲作稱呼，不曾奏聞。後善俊等與應侯虚作希呂曾委於沿邊撫存歸正流移、勸諭邊民墾闢田畝勞效，連銜奏聞，乞與補正文學。棘寺鞫應侯冒官得實，故有是命。

十二日，夔州路兵馬鈐轄向琪罷新任，帥臣李景孚放罷。坐夔州置造軍器稽慢。

十七日，新知處州錢仰之與閑慢差遣。坐知江陰軍，政以賄成，縱容子姪恣遊倡館，親舊交通關節。

八月十五日，知德安府張煇放罷。以知江陵府高夔按煇年老衰憊，事無巨細，聽決於通判秦仲。秦仲天姿貪婪，加以彊橫，迺並罷之。

十六日，前知建昌軍孔撍降兩官，知建昌軍王師中與閑慢差遣。以臣僚言撍恣欲(忘)〔妄〕費，師中不能經理財賦故也。

同日，知吉州朱僜放罷。以臣僚言僜聚歛苛刻故也。

十七日，知濠州王回特降一官。坐濠州總首司宥同忠義人竄往外界故也。

二十三日，知衡州趙彦恂、知歸州林次融並放罷。以彦恂苛取於民及拘榷魚利，次融狠愎自恣，不遵三尺，故有是命。

九月四日，淮東總領、兼權知鎮江府宇文子震特降一
31 官。以丹陽縣飢民攘奪，不即以聞故也。

十一日，宣教郎王定國特降一官。以定國冒改鄉貫，陳請差遣，大理寺鞫得其實故也。

十四日，知洋州傅晞儉放罷。以本路漕臣按其稟資庸繆，賦性貪汙，羅織良民，欲以其女爲妾，開園榷酒，規圖僦錢故也。

十五日，新湖北提舉徐文紀罷新任。坐未赴審察間，輒以劄子陳乞在内差遣故也。

十六日，知靖州廖遂放罷。坐走失重囚故也。

二十一日，廣西轉運判官梁安世放罷。以臣僚言知廉州林自論廣西鹽弊，詔安世禁止，乃文過飾非，輒肆欺罔，故有是命。

二十四日，新知台州任詔罷新命。以言者論詔趨炎附勢，貪汙刻剥故也。

同日，新知筠州應汝勵與添差參議官差遣。以其迫於年老，精力弗逮也。

二十六日，知紹興府張子顔提舉江州太平興國宮。坐紹興水災，不即差官檢放，致饑民搶奪行旅故也。

同日，江西提舉趙靡放罷。坐所部旱傷不恤，多出官錢修蓋廨宇故也。

二十八日，知信州劉甄夫、知南康軍吳諒夫並放罷。以提刑趙煒劾甄夫年齡衰暮，郡政無綱紀；諒夫天資狡狠，交通貨賄，且違法收税故也。

十月四日，武功大夫謝孝純降授武義大夫，放罷。坐

典治軍器無廉聲。

十一月十四日，知漢州雍有容放罷，令潼川府路提刑司根勘，具案以聞。以四川制置使陳峴按其貪黷姦穢、不知廉恥故也。

十七日，湖南轉運副[32]使張棟、新廣西運判韓磊、知江州趙善惜並放罷。侍御史葛邲論棟屢叨使節，全無善政；磊素無廉聲，貪鄙尤甚；善惜稟資貪婪，專事掊克。故有是命。

同日，前廣西提刑廖蘧特降一官。以刑寺言蔣穆、張騏頃年捕賊楊朝章，蘧誣以誤執平人，後朝章作過分明，穆等乞改正，故有是命。

十九日，承議郎、充龍圖待制、提舉江州太平興國宮趙粹中特落職。坐知池州日失入鋪兵汪青死罪。

十二月一日，知饒州趙公廣、知徽州曹耜並追兩官勒停。以監察御史王藺劾其不恤荒政，催科苛急故也。

二日，右文殿修撰、新兩浙西路提點刑獄公事辛棄疾落職，罷新任。以棄疾姦貪凶暴，帥湖南日虐害田里，至是言者論列，故有是命。

十一日，知德慶府何浚明放罷。坐知郴州日專委館客交通關節，虐用工匠製造什物故也。

十四日，新知房州黃茂材罷新任。坐昨知興國軍專事苛刻故也。

二十三日，前知潭州劉焞落職(一)，前知夔州李景孚追兩官勒停。言者論：「(惇)〔焞〕驕蹇凶暴，昨帥廣西，盜發所部，自以爲功，常有矜色。何偉有守城之功，而誣奏以罪；巡檢黃懷德捕賊不職，法寺當以降兩官，而焞擅行處斬。景孚資稟殘酷，凡遇民間公事，吹毛求疵，稍有不承，抵以重律，間有論訴，即置之死地。」故有是命。

九年正月十七日，朝請郎宇文子震特追兩官勒停。坐任淮東總領兼權知鎮江府日，妄用[33]錢物數多，過例饋送故也。

十八日，知台州江見禮罷新任。以言者論其「苟賤亡恥，妄誕自肆，昨知簡州，殊無廉聲」故也。

二十五日，朝奉郎、知昌州黃圖南，朝請郎、知合州何正仲並放罷。坐不恤旱傷，爲漕臣按劾。

二月十三日，知信州李嶧罷新任。以監察御史王藺言其昨知衢州，浙東提舉朱熹按其檢放不實，嶧詭言與熹有隙，陳乞回避，故有是命。

十八日，知潼川府陳升卿放罷。以言者論其昨在遂寧慘酷煩擾，軍民交怨，故有是命。

二十八日，湖南運副陳延年、湖北運判崔淵並放罷。以言者論：「延年爲明州司馬日，廣求材木，擅役水軍載歸

(一) 潭州：原作「渾州」，據下頁九年三月「二十五日」條改。按楊萬里《誠齋集》卷一二五《特進程公墓誌銘》，淳熙七年劉焞爲湖南帥，亦即爲荆湖南路安撫使、兼知潭州。

其鄉。淵昨任職事官，趨附時相，陵忽朝士。凡虞允文所爲不合公議者，皆淵贊之。及除漕湖北，挾帶商人舟船隨行，營私廢法。」故有是命。

三月十七日，知黎州龔總放罷。先是，有張百祥者爲大安寨將，父子豪横，故犯法。總奪寨將與其族弟百逢，因創造家計寨，委漢源縣令馮師心措置。師心縱吏輩非理役使土丁，又令百逢將鹽科買煩擾，百祥父子乘此鼓衆作過。故有是命。

二十三日，前知施州張遇特（遣）〔追〕五官，勒停。以其開通邊隘，假借豪民譚汝翼、兩縣勇敢、八寨義軍，令與夷人仇敵故也。

二十五日，前知潭州劉焞特（遣）〔追〕兩官，勒停。先是，臣僚論焞在任過例饋送，妄有支費。至是，知潭州李椿條具來上，故有是命。

四月一日，朝散郎丁時[34]發特降一官，罷宫觀，依前直寶文閣。坐不能存恤饑民，以致流徙，裒斂積聚數千萬緡，爲提舉何侑所按。

二日，知建寧府趙善俊罷新任。以言者論其所歷州郡，專尚殘暴，耗費錢物故也。

十五日，新差知寧國府傅自得差主管建寧府武夷山冲佑觀。以監察御史王藺言其屢汙白簡，見居泉南，恃其脣吻，（却）〔劫〕持州郡，故有是命。

十八日，朝奉大夫、知澧州張會特降兩官放罷。以湖北提刑江溥言天資很愎，縱欲肆情故也。

二十四日，知和州王德政、知信陽軍汪德輪並放罷。以臣僚言：「德政奉行荒政滅裂，縱容吏輩爲姦。德輪貪鄙繆懦，容庇過淮盜馬人，用賤價買所盜馬，又以内地耕牛貨于境外。」故有是命。

五月十五日，朝奉大夫、知岳州趙善特降一官，放罷。以漕臣劾其天資險狼，黷貨無厭。當旱歉之際，營造不急，科擾屬縣；復收買客鹽，倍增市價，均配屬縣。故有是命。

二十九日，知和州焦顯祖罷新任。言者論其苟媚，不足以臨民故也。

六月二日，知信陽軍汪德輪降兩官。坐擅自雕板印造零會子行用故也。

十二日，知文州楊鎮差主管成都府玉局觀。坐昏耄不任事，不能安輯蠻部故也。

七月三日，新差湖南提刑高祚放罷。以言者論祚寅緣扳援，心術詭祕，不安義分，所至妄費，殊無廉聲，故有是命。

六日，江西提刑沈作礪與閑慢差遣。言者論其性資懦弱，畧無舉刺故也。

[35]九日，朝奉大夫、知雷州黄克仁放罷，特展三年磨勘，永不得與親民差遣。先是，克仁與通判吳竑各於供給錢外請過油燭、月會錢，且預借支數月。竑憤其不均，先自首納，已而克仁亦自首納，爲帥臣劉焞所按，本路鞫得其

實，臣僚繼論，故有是命。

十三日，朝奉大夫、知衢州沈宻一降一官，坐擅借兑常平義倉米給官兵俸料。

十六日，知汀州呂大猷差主管建寧府武夷山冲佑觀，理作自陳。以漕臣按其昏耄，權歸掾吏，獄訟淹延故也。

淳熙九年七月十七日，四川制置使、兼知成都府陳峴放罷。以侍御史張大經論其結納趨附，貪墨無厭。使二子爲遂寧、潼川酒官，初未嘗往莅職，虛破請給；及以宗人作諸郡説書名目，妄支月廪。壻趙汝應見爲茶馬幕屬，憑恃横恣。所辟幹官吴禮乃嘗以贓敗，峴倚爲腹心，表裏交通，爲蠹滋劇。故有是命。

二十三日，新差知秀州李結依舊宮觀。以言者論結奉祠近及一年，未應有此除授故也。

八月五日，知夔州林栗落職〔一〕，放罷。先是，夔路豪民承信郎譚汝翼與思州人田祖周各相挾怨，遂致嘯聚，帥司各捕作過人，而汝翼聚兵，謀攻奪一城。已而當陣，躍馬潛走，只捕獲家屬徒伴，送夔州獄根勘處斷。汝翼詣行在進狀，訴栗曾受祖周金，省劄備坐其事，下夔州索案看定。栗恐兇徒得計，親書奏狀，繳回省劄，仍辯析其事。詔以栗擅格上命，故是責之。

八日，36 新淮東運判趙思放罷。以言者論其奉使辱命，已遭鐫黜，今復處之要衝之地，重爲國辱故也。

十四日，知施州吴拯放罷，知封州李琮罷新任。以臣僚言拯凶暴貪殘，琮齷齪庸猥故也。

十七日，知台州唐仲友放罷。以浙東提舉朱熹按其催科刻急，户口流移故也。

十九日，新差知隆興府韓彦古再任宮觀一次。以言者論其凶暴無常，穢行昭著，屢遭白簡，愈不悛改，故有是命。

十月五日，新知漳州張淵放罷。以侍御史張大經論其傾邪險薄，昨知隨州，妄作殘暴，故有是命。

六日，廣東運副王晐差主管建寧府武夷山冲佑觀。以侍御史張大經論其累歷憲、漕，繆懦失職，殊無廉稱故也。

十日，知興元府王敦詩罷新任，依舊宮觀。以言者論其得祠未幾，遽有此除，違已降詔旨，故（也）令奉祠。

二十七日，知廉州蔡憲與宮觀差遣，新知鬱林州趙絳别與差遣。以本路帥漕按憲天資苛刻，違法擾民，絳貪鄙無厭，故有是命。

十一月三日，知鄂州姚述堯罷新任。以臣僚言其天資很暴，喜怒（忘）〔妄〕發，濟以姦貪，專事欺誕故也。

十二月九日，知劍州張瑱放罷。以瑱與通判呂符元論在職侵欺官兵錢物入己，迺並黜之。

十八日，知房州陸同差主管建寧府武夷山冲佑觀。以言者論其年老昏耄故也。

同日，知南劍州沈維放罷。言者論其貪冒營私，政以

〔一〕林：原作「休」，據《宋史》卷三九四《林栗傳》改。

賄成，故有是命。

十年正月十九日，福建運37判趙師垂罷新任。以御史中丞黃治言：「師垂鄉者曾有此除，已爲言者駮奏，乞止與郡。」故有是命。

三月一日，夔州路轉運判官張縯放罷。以言者論其傾邪躁進，始至夔州，見帥臣李景孠暴刻，有意治之，景孠啗以厚賂，更不復言。及罷去，縯攝帥事，縱豪民譚汝翼與田祖周連年相攻，擅生邊釁。又受囑託，牒汝翼爲施州監當，致汝翼擅自點集官軍民兵，互相讎殺，邊民不勝其苦。故有是命。

八日，成都府路轉運判官虞似良放罷。以言者論其志趣卑劣，所歷之官並無善譽，其在成都，遣人遍求古石刻，職事不修，故有是命。

同日，前四川制置使陳峴特降一官。坐爲四川制置日，監作院任塤、駐泊兵馬監押高進不曾到官，勘支請給，塤、進已各鐫官罷黜，峴已放罷，故亦鐫一秩。

三月十七日，知黃州商份放罷。以漕臣趙師撰言份虛張和糴米價故也。

二十三日，知吉州詹亢宗別與差遣。以諫臣言其彊敏不足，勤於撫字而短於剸裁，故有是命。

二十七日，知南劍州沈維降一官。坐比較淳熙九年拖欠未發上供錢最多故也。

二十八日，新知無爲軍黃倬罷新任。臣僚言：「倬偶緣招降茶寇，例受醲賞，復有高郵之命。居鄉驕肆，憑恃資力，與民爭利，不顧孝養，專意自榮。」故有是命。

同日，知連州劉焞放罷。以臣僚論其「專務掊克，畧無善狀，受納苗米，多取斛面，將出剩撥入常平倉，支破價錢，38以充妄費，交通關節，變亂黑白」故也。

四月十八日，差知連州趙善括罷新任。言者論其輕浮不靖，忌刻而暴，不宜復畀以郡故也。

二十二日，新知南劍州丁逢、新知辰州胡介並宮觀。以言者論：「逢儇薄浮躁，安豐之政固嘗見於白簡矣。介驕騃輕脱，頃守光州，惟務酣燕，聲望不足以鎮撫軍民，致生事端。」故俱奉祠。

五月八日，新知峽州鄭人傑放罷。以侍御史劉國瑞言[一]：「駔儈下材，本由給使補官，徒以利口高貲諂事權勢，(寢)[寖]齒仕版。所歷州郡，專爲身謀，不恤民事。」故有是命。

二十五日，承議郎、知南劍州林元奮罷新任。監察御史陳賈言其「知江陰日，專事殘刻，流毒一方。及其母亡，出廳治事如故。將倉庫出剩及應干贓罰錢席卷無餘，及歸福州，首建大第，凡買竹木甎瓦之屬，多不償直」故也。

六月二十三日，朝奉郎、知郴州趙汝亦降兩官放罷。以本路帥漕按其非法科歛故也。

[一] 國：原作「谷」，據《文獻通考》卷三二一改。

七月十二日，新除江西提舉余童、福建提刑王德顯並與州郡差遣。以言者論：「童居鄉干擾，待次蘄州，輕出文引，致其部封之內，有所規圖。德顯結托之外，未見其長，平日所爲，多是牽制，不能自立。」故有是命。

八月二日，知邵陽軍潘才卿放罷。以右諫議大夫張大經言其先守澧陽，奢僭自肆，日事燕飲，妄作尤甚故也。

同日，知渠州史似放罷。以帥臣劾其賦性狡險，爲政酷虐故也。

二十七日，敷文閣直學士、中[39]奉大夫、知紹興府王希呂差提舉隆興府玉隆萬壽宮。以言者論其剥下干譽故也。

九月十一日，新知鎮江府張子顔與在京宫觀。言者論其觸事乖繆，已試無狀，夤緣結納，妄希寵任，故有是命。

十三日，中奉大夫、充祕閣修撰、知婺州錢佃特降一官。坐軍兵喧鬨，佃既獲爲首人，不能盡法行遣故也。

閏十一月九日，提舉江東常平袁樞與州郡差遣。以臣僚言：「樞傾邪狠愎，初仕中都，諂事宇文子震，薦之時宰，遍歷清華。平時造請，無非權勢。」故有是命。

十二日，朝散大夫、知南雄州吴煇降一官。以其背公營私，專意聚斂，爲提刑但中庸所劾。

十二月九日，知潼川府王敦詩與宫觀差遣。以右正言蔣繼周言：「敦詩從事醫術，諂媚上官，私任喜怒，叱咄僚屬，交通關節，貨賣舉狀，屢汙白簡。」故有是命。

十一年正月二十八日，新知肇慶府李光邦罷新任。以臣僚言，光邦昨知岳州，酣飲暴虐，數月之間，狼藉萬狀，乞寢新命，故從之。

四月二十四日，新湖南提舉楊興宗別與差遣。以言者論興宗知處州日，政無可紀，唯事貪饕，濟以暴虐故也。

五月七日，知汀州趙不戒放罷。以言者論不戒居家不肅，居官不治故也。

二十九日，詔中大夫、右文殿修撰吴援特降充直寶文閣，罷宫觀。以金州去歲旱傷，細民闕食，守臣既不能存恤，又不即具奏，遂致流徙頗多，顯屬失職，故有是命。

七月十五日，[40]知常州張孝賁放罷，新知常州陳文中別與郡。言者論孝賁掊克侵漁，營辦緇橐；後政文中年踰七十，精力不逮。故有是命。

二十四日，知容州韋啓心特追兩官勒停。先是，啓心輒差都吏置場，減尅糴米，多量斗面，其民不堪，幾欲生事，致帥臣詹儀之劾之，故有是命。

二十六日，知濠州吴褒放罷。以褒在任不法故也。

同日，前知澧州趙鼒特降兩官。以湖北提舉潘時言，鼒臨行數月之間，輒將常平錢、金銀盡行移易互用，故有是命。

九月六日，新除知建寧府曾逮差提舉隆興府玉隆萬壽宫。逮爲刑部侍郎，以子㮚作縣，爲人所訟，事下大理，引嫌請祠，除待制知建寧府。言者因論其無義方之訓，諸子所至挾勢敗法，乞罷新除職，寢知建寧指揮，改畀外祠。從之。

十六日，新除知常德府王濱差主管建寧府武夷山冲佑觀。臣僚繳奏，濱貪詐不法，兩爲監司所劾，三爲臺臣所彈，乞賜寢罷，故從之。

同日，知吉州張元成放罷。以州兵作鬧，不能彈壓，本路安撫按奏，故皆罷之。

十三日〔一〕，知廣安軍尹商參、知昌州楊己千並放罷。皆以根究公事不當，爲本路漕臣按奏故也。

十月十日，知信陽軍、忠訓郎、閤門祗候孔異降兩官，放罷。本路帥臣言，異違法科擾，略不賑卹，致令邊民走過北界，故有是命。

十一月一日，知全州趙昌裔特降一官〔二〕。本路帥臣林栗言：「全州有配隸人潘興盜甲仗庫兵器，逃走【41】已獲，而守臣不從軍法施行，乃縱放之。」故有是命。

五日，知衢州趙師垂放罷。言者論師垂逞才恃氣，倚勢作威，專尚掊斂，乞罷黜，與閑慢差遣。從之。

二十四日，知富順監黃裳、新知龍州王居中並放罷。制置司按裳闒茸老悖〔三〕，居中所至專以販鬻爲事，故有是責。

十二月十四日，知襄陽府王卿月放罷。以言者論卿月自膺委寄，初無經畫，唯以燕飲朝夕自娱，（迄）〔乞〕遴擇有威望、善經理之臣往代之，故有是命。

十五日，新知饒州廖邅罷新任。言者論邅頃任廣西提刑，不能制禦盜賊，肅清所部，縱釋海寇楊朝章等，致令在海爲害不已，乞寢罷新命。詔從之。

二十五日，宇文子震罷祠禄，令遂寧府居住。以四川制置使留正劾其縱令二子騷擾細民故也。

十二年正月五日，降授成忠郎、閤門祗候孔異特降（降）兩官。以知信陽軍日透漏過淮人，故再降兩官。

七日，岳霖特降一官。時霖任潼川漕，以體究漢州雍有容在任不法事稽緩，而有是命。

三月二十六日，知施州姚榘特降一官。坐奏報違慢也。

同日，知太平州陳騤放罷。以言者論騤曠弛不職，飾詐近名故也。

五月一日，知郴州趙不俄放罷。以本路監司奏劾，本州遺火，不行賑救，刻剥百姓，故有是命。

七日，新除江東轉運副使丁時發罷新任。先是，時發除江東憲，未上，改除湖北運判，爲言者所論，奉祠。至是，言者復論其狠愎殘刻，乞賜【42】罷黜，又從之。

十四日，知潮州張季樗放罷。以本路漕臣奏劾故也。

〔一〕十三日：此日分非次，疑有誤。

〔二〕趙昌裔：原脱「昌」字，據《建炎以來朝野雜記》甲集卷五、雍正《廣西通志》卷五一補。

〔三〕茸：原作「葺」，據文意改。

二十七日，胡與可罷知鄂州。臣僚繳奏，與可〔誕〕謾（慢）結托，徇己要功，乞別選忠實廉正之士以慰公論，故寢新命。

六月十六日，知復州朱思與宮觀差遣。初，本路按思不職，乞罷黜，上曰：「朱思只是心疾，別無他過，可與宮觀，仍理作自陳。」

二十四日，知黎州田世雄放罷。先是，利路轉運判官范仲圭按世雄，乞罷黜，上曰：「世雄所爲却如此，今既差知黎州，可但降一官，諭以今方委任，未欲重作施行之意。」既而臣僚繳奏，上曰：「繳章不須行出，只坐仲圭所奏放罷，仍別擇一人往黎州。」

同日，知廣州鞏湘差主管建寧府武夷山冲佑觀。言者論：「湘凡所居官，畧無可紀，憑信摧鋒軍準備將莊質，交通關節，擾邊生事。」故授祠命。

七月八日，主管成都府玉局觀王質特降一官。質寄居興國軍永興縣，知縣趙伯彬訴質陵轢辱駡，乞尋醫回避。至是，帥臣備奏上之，故有是命。

二十三日，新差湖南提舉李棫罷新任。言者論棫貪汙，故罷之。

同日，太府少卿、總領淮西江東軍馬錢糧趙汝誼，武功大夫、建康府駐劄御前諸軍都統制郭鈞，各特降一官，仍展一期叙。朝請大夫、淮南路運判、兼淮西提刑黃永存，朝請郎、知和州張士儋，各特降兩官，仍展一期叙。並以措置屯田〔減〕〔滅〕裂責之。

八月四日，知南平軍蔡興仁特降兩官，以鞫獄稽緩，故有是責。

九月八日，趙善悉展三年磨勘；葉子彊降一官，展二年磨勘。知秀州王詗[43]奏，本州有拖欠上供錢，係前政積壓，乞許每月量行帶納。宰執具善悉欠二十八萬緡，子彊欠四十萬緡，故責之。

二十五日，前知縣州〔吏〕〔史〕祁特降一官。祁得替之日，以本州現在曆尾錢指爲羨餘獻總領所，希求薦舉，故責之。

同日，知紹興府鄭丙提舉江州太平興國宮。言者論丙優於在朝而劣於治郡，乞與宮祠，理作自陳，故有是命。

十月五日，兩浙轉運判官錢冲之、浙西提刑劉穎並放罷。言者論冲之、穎爲監司無狀，不可以付之畿内將漕、按刑之節，乞並賜罷黜，故有是命。

同日，知湖州劉藻降兩官，放罷。言者論其在任專事筵宴，庫帑告竭，身爲郡守，不禁宰牛，故有是命。

十一月六日，知常州豊誼放罷。以兩浙運判趙不流、提舉常平石起宗奏誼治郡無狀，刑獄淹延故也。

十四日，知台州熊克放罷。以浙東提刑趙公碩、提舉常平岳甫奏克在任縱容軍人盜販私鹽，凡改刺軍人，私取緡錢，不遵法令，故有是命。

十三年正月二十二日，知秀州王詗放罷。初，詗以部民周舜卿等結集徒黨，傳習妖教，追勘籍其家財。既而舜卿同黨周世恭等詣臺聲冤，監察御史陳賈爲言，於是移獄棘寺。具案來上，謂舜卿等止係喫菜念佛，即非傳妖事魔。賈因按詞不能辨集財賦，而奪平民之貲，加之以罪，乞賜黜責，故有是命。

二月六日，知隨州林自特降一官。京西漕臣按自不循法令，禁繫無辜，[44]至死於獄，故有是命。

三月二日，新知均州丁常任、新知江陰軍胡介並罷新任。言者論奏，常任與介居鄉無善狀，涖官無能稱，乞罷黜以示戒懲，從之。

二十二日，詔前知漢州賈偉贖貨欺罔，可追三官勒停。先是，偉對，言荆鄂統制掊尅勞役官兵，得旨令湖南運判張抑體究。至是體究來上，軍中無減剋勞役之弊，而都統郭杲適言偉嘗賣川布三千匹與軍中，以價高不爲收買事，故有是命。

二十四日，知洋州李師夔差主管成都府玉局觀。以利(賂)〔路〕提刑李大正言，師夔刑獄淹延，乞與祠祿，故有是命。

二十八日，新知欽州王宗仁罷新任。以廣東帥臣潘時奏，宗仁任本路水軍統領，縱容所部訓練官張演等在海作過，脱放賊人，奪取贓貨故也。

同日，新知台州王曉罷新任。言者論曉年已七十，昏繆尤甚，不量衰憊，冒紆郡紱，故罷之。

五月十六日，知吉州木待問罷新任。以言者按奏，待問天資澆薄，前爲當塗，不務節省故也。

同日，夔州路分趙滋罷知茂州。言者謂滋稟賦姦僞，邪穢無行，乞賜罷斥，改畀守臣之賢者，以惠遠民。從之。

同日，知瀘州史臯放罷。言者論臯年踰七十，筋力弗任，苛刻害民，昏繆害事，乞並賜罷黜，故有是命。

六月七日，直龍圖閣、主管建寧府武夷山冲佑觀鞏湘降充直顯謨閣。以廣東提刑司奏勘莊質等將已受招諭賊人擅行殺戮，湘所申失實，故有是命。

[45]七月六日，浙西提刑勾昌泰放罷。先是，平江府守臣何萬按司理曾煇鞫憲司送下公事，稟承昌泰私意，觀望失實。昌泰上章奏辯，言者謂其巧誣彊辯，論罷之。

閏七月二十二日，知衢州沈祖德罷知平江府新命。言者論祖德天資小人，挾以浮躁傾憸，三衢未終，遽畀以吳門之寄，衆論沸騰，乞寢新命。從之。尋復奏，既罷新任，不當尚冒延閣之寵，落直敷文閣。

八月三日，胡仰罷知岳州，差主管建寧府武夷山冲佑觀。言者論仰(傾)〔頃〕任湖南提舉，贓汙狼籍，爲漕臣黄洧按發。獄未竟而洧適死，二年不決，後以章疏落職罷任。今既復其職，又與之郡，則人將何所懲，故授祠命。

七日，朝奉大夫、提舉福建市舶潘冠英降一官。以發納犀角、象牙多短小不堪用，故有是命。

十七日，知臨安府張杓特降兩官。以府治遺火，杓上章自劾故也。

九月十五日，知達州馮儛放罷。本路按撫庸懦匪材、政事廢弛、縱容吏僕、交通關節等事，上曰：「馮儛先次放罷，若勘到有入己，又當別有行遣。」

十一月十三日，新除湖北提舉王鎮放罷，仍與祠。先是，知衡州劉清之引詔書薦鎮安恬自好，知之者少，遂有湖北之除。既而言者論其昏繆，故寢之。

十六日，知江州趙師垂罷新任。言者謂九江卑陋，師垂多索迓兵儀物，人情囂囂，故罷之。

二十三日，知均州張昌詩特降一官。言者論均州歲進貢銀七百兩，緣極邊，本非[46]產地，往往運米麥於金州回易起發，每米一斛得銀一兩，歲以千斛爲一綱足充進貢。昌詩兩年之間起四綱，而米麥至五千斛，皆由官吏乘此附帶回易，科差人船，民被其擾。至是，昌詩坐守臣不職之責。

二十六日，知台州朱儋、知鎮江府蓋經並宮觀。言者論：「儋頃知吉州，兇聲虐焰，肆毒一郡；今在天台，慘酷之狀不減於前。經貪汙狼籍，衆所共傳。頃者總領淮西，酣飲無度；今任京口，凡前守撫恤之政一切更張。乞並罷見任與祠。」從之。

十四年正月十一日，提舉福建市舶潘冠英放罷。言者按其苛斂誅求，誘致無術，蕃商海舶畏避不來，故有是命。

十九日，新知隨州林穎秀放罷。臣僚繳奏，穎秀天資狠愎，頃宰永康，政以賄成，乞寢隨州指揮，別與合入差遣。從之。

四月三日[一]，知潮州黄杞放罷。言者奏：「杞將鹽折與軍人，拘其請俸；人户舊欠雖經赦放，亦皆不免。是以兵民不遑寧居。」故有是命。

三日，知太平州王希呂放罷。言者按希呂將累政所積恣用無度，公帑一空，乞賜罷黜，免爲州郡侈汰之唱。故有是命。

十一日，前知澧州石如壎特降一官。以如壎拖欠淳熙十一年分上供錢，故有是命。

二十六日，知廣德軍陳文璉放罷。言者論文璉天資庸鄙，謬政流聞，横肆科歛，使民怨嗟，故有是命。

五月十二日，知普州王蒙降一官，放罷。以本路按蒙殘酷，故責之。

七月十四日，知建寧府程[47]大昌放罷。以言者論其「天資狠執，且乏廉聲。軍人衣賜支散不時，致令陳狀；諸邑輸苗過期不受，抑令納錢。專爲貪暴，物論殊駭，乞行鐫罷」，故有是命。

二十七日，主管佑神觀李棫罷祠禄。以言者論其「寄居烏青，武斷豪横。有鎮户訟棫家索錢鬬毆，鎮官盧洵方行體問，棫則遣僕捉承行人。暨臨安府南厢牒鎮追人，棫

[一] 三日：按下條爲三日，此疑是「二日」。

與男叫集僕幹行打承行胥吏，悶暈幾死。乞賜鐫罷」，故有是命。

同日，利路運判范仲圭放罷。言者論其昏眊貪鄙，專事掊克，一路騷然，人不聊生，乞賜黜責，故有是命。

九月十二日，知饒州趙伯溥降一官。以本路漕臣言其拖欠上供錢物萬數浩瀚，有誤經費故也。

二十七日，權發遣永州朱自求降一官。以湖南提舉趙像之奏，自求在任不恤饑歲，違法將人户合納絁絹三倍折錢，及科催積年苗米，故有是命。

十月七日，知處州彭椿年降一官。以兩浙運副鄭汝諧言，本州荒歉，財計闕乏，拖（上）〔下〕官員軍兵請給三箇月，無以支散，椿年有失措置，故有是命。

十一月四日，前知廣州鞏湘差主管亳州明道宫。言者論：「湘前知廣州，差王彦邦等權攝職事，容縱違法折換簿書，收匿文曆，賒買度牒，侵盜銀兩。事既敗露，藏匿不出。及置勘官司悉皆改除，而湘遂以獲免，乃敢叙述在廣四年，指爲勞效，干求差遣。其爲欺罔，無所忌憚，乞賜黜責。」故有是命。

十二月四日，知漢陽軍孫傃放罷。48 以荆湖北路提舉薛伯宣奏傃衰懦不立，偏信黠胥等事故也。

二十一日，知長寧軍郭公純放罷。以四川制置使趙汝愚按其不支戍兵食錢，致羣卒公然上廳毆擊人吏，公純畧無彈壓，故有是命。

二十五日，新知邕州王侃放罷。以臣僚言其所至酷虐，累典郡邑，居官無狀故也。

二十七日，江西提刑馬大同放罷。言者論其「天資殘刻，濟以私意，凡受民（詐）〔訴〕，不問輕重，不究虚實，徑送鄰州。屬郡奉承，株連經年，率多瘐死。今江西十一郡，處處興獄，狴犴充斥，積成怨盩，上干陰陽，乞賜黜責」，從之。

同日，知衢州劉清之主管華州雲臺觀。言者論其以道學自負，於吏事非所長，財賦不理，倉庫匱乏，又與監司不和，乞與宫祠，從之。

十五年三月八日，新知峽州程渭老罷新任。言者論其天資忌刻，蹤跡詭祕，徒以利口，濟其私欲，乞將新任亟賜罷斥，故有是命。

四月二十一日，兩浙運副趙不流降一官。言者論不流應辦高宗皇帝梓宫，開閘遲緩，幾致悮事，故有是命。

二十四日，新知筠州韓元老罷新任。以言者論其無修潔之行，有貪汙之跡，乞賜罷斥。

二十五日，新知鄂州吳總差提舉隆興府玉隆萬壽觀。言者論其已試亡狀，必不能撫綏斯民，仰副委寄之重，乞亟賜寢罷，故有是命。

六月十三日，權知江陰軍侯彦準展二年磨勘。以開濬横河，具析違慢，故有是命。

十八日，江東運副沈揆、知 49 太平州余端禮並與宫祠。以因事不協，互有論奏故也。其後詔揆、端禮酒後忿争，有失事體，並罷宮祠。

十九日，新知德慶府留洪罷新任。以言者論其昏繆庸鄙，贓汙狼籍，頃嘗通判福州，侵盜官錢故也。

十月十日，知嘉州張伯垓降一官，罷本路運判新任；提刑吳宗旦放罷。四川制置趙汝愚言：「伯垓爲政苛急，子弟親隨干預政事，交通貨賂。暨（陛）〔陞〕本路運判，迓兵方到，親隨數人遽執牙兵司係縛箠打，一路聞其先聲，無不驚恐。乞賜罷黜。」從之。宗旦置司所在，與之連姻，全不按刺，故並責。

十五日，權知漢陽軍趙汝明差主管台州崇道觀。以湖廣總領王尚之等奏，汝明年老昏儒，財賦之權委於公吏，以致官員請給及諸軍月糧並皆拖欠，乞改差宮觀，故有是命。

十七日，知資州李如晦、知隆州宋邁並放罷，知西和州張亨與閑慢差遣。以言者論如晦所至仕官鮮有廉聲，邁性資闒茸，背公營私，亨智識暗昧，觸事面牆故也。

二十六日，新知信州姚述堯主管亳州明道宮。以言者謂其貪有實跡，乞行寢罷故也。

十一月十六日，澤州刺史、知襄陽府熊飛放罷。言者論其輕儇浮躁，貪黷苟且，不恤邊備，偷盜官錢，恣意妄用，臨事疏率，乞行鐫黜，故有是命。

十六年正月十一日，潼川提刑劉伯虎、浙東提刑趙不違並放罷。言者論：「伯虎貪汙殘忍，累典州郡，居官無狀；不違向知江陰，背公營私，絶 50 無政事，並乞罷黜。」故有是命。

二十四日，朝散郎、權發遣大寧監趙公賁放罷。言者論其賦性庸凡，擇術卑下，專造工巧之器，以爲結託之資，財賦滲漏，民訟淹延，乞行罷黜，故有是命。

淳熙十六年二月十三日，詔新知榮州蒲杲改差充夔州路安撫司參議官。以四川制置使趙汝愚言：「杲昨守忠州，全不事事，一郡之權，盡歸於僚屬。今若使之冒昧，必致曠闕。」故有是命。

同日，詔知金州秦嵩落遥郡，令解官持服。以四川制置使趙汝愚言：「嵩昨在黎州日，常遣土丁入番界採牕脂木以爲什器，遂爲青羌所執者五人，致死者二人。今任金州，遣人於黎州販賣金珠，未嘗以邊事爲意，貪汙狼籍。」故有是命。

十四日，詔承議郎、直祕閣田謂落職。以本路提刑司究實，謂縱容子姪挾販私鹽故也。

十六日，詔前知揚州熊飛特除名勒停，送撫州編管。先是，知揚州鄭興裔言，飛妄用官錢，以空函饋送入私家，以數萬計。棘寺鞫寔，引赦原減，故有是命。

二十四日，詔淮南運判兼提舉常平、措置屯田方有開遂非犯分，降三官放罷。先是，有開創興屯田，議者言其擾，有旨别與差遣，復入奏自辨，語侵執政故也。

三月六日，詔知盱眙軍葛掞降兩官，及漕臣朱佺並放罷。以淮東安撫司究寔，掞買低茶轉賣公庫，錢入己，及透漏銀兩過河，佺失于覺察，故有是命。

十五日，詔知台州沈作賓放罷。以言者論作 51 賓輕儇狡獪，嗜利躁進故也。

二十六日，詔趙不流罷宮祠。以臣僚言不流昨尹京日，陰賊(陰)〔險〕狠，附麗交結，撓政害民，既遭論列，於章疏未付出以前，徑入劄子，自請奉祠，紊冒天聽，故有是命。

四月十日，詔知宜州黄民瞻放罷。以廣南運判朱晞顔言，民瞻稟性貪惏，賦資苛酷，故有是命。

十二日，詔知袁州黄環放罷。以江西運判劉穎言，環以進貢爲名，科擾屬縣，故有是命。

二十一日，詔新知漢州胡璪放罷。以本路提刑楊安誠言，璪前知恭州，性資貪鄙，巧於彌縫，爲政煩擾，故有是命。

五月七日，詔知光州王德顯放罷。以處事乖疏故也。

十三日，詔文思院提轄官程鉉、監官常良孫、趙誼，監門官郭圭、張謂，各展二年磨勘。以文思院上下界專庫作頭許守中等造作，偷盜金銀作弊，臨安府根究，具案來上，故有是命。

十八日，詔訓武郎魏庭琦特降一官。坐不合進狀狂妄，故有是命。

二十三日，詔特添差舒州通判、權州事趙不迥，通判舒州軍州事邊維人，並放(羅)〔罷〕。以淮西運判王厚之論二人盜過同安監鐵錢以數萬計故也。

閏五月四日，詔監登聞檢院詹承宗降一官，放罷。以臣僚言，每遇朝參、國忌，託故請假，事屬不恭故也。

六日，詔新添差臨安府通判柴國器罷新任。以臣僚論國器素無行檢，貪惏苟賤，故有是命。

十二日，詔朝奉大夫韓枘、奉直大夫江瑀並差主管建寧府武夷 52 山沖佑觀。以言者論枘兩爲郡倅，贓汙狼籍，瑀守汀州，貪墨尤甚，不可典州，故有是命。

十九日，詔權吏部侍郎趙思、著作佐郎劉崇之並放罷，前祕書丞沈清臣降兩官，直寶文閣、知襄陽府錢之望降充徽猷閣〔一〕。以言者論思貪鄙無狀，常奉使辱國，崇之、清臣皆無行檢，之望已試無效，故有是命。

二十七日，詔知施州趙定放罷，永不得與知州軍差遣。以四川制置使京鏜言，定守郡不法，罪惡貫盈，故有是命。

六月十二日，詔新除大理寺丞沈維與宮觀，添差衢州通判龔準放罷。以言者論：「維貪冒營私，不顧廉恥，昨守南劍日，縱容子弟交通關節，般販私鹽，屠牛開酤，醜穢狼籍。準頃爲大理評事，狠愎自肆，多行無禮，同輩受其凌侮，刑獄文書，率意予決。乃求添差，以避譴逐，今得倅三衢，故態復肆。」故有是命。

十六日，詔揚州通判元伯涇追毁出身以來文字，除名勒停，永不收叙。以守臣鄭興裔言：「伯涇到任，起發綱界

〔一〕陽：原脱，據《攻媿集》卷三四《知揚州錢之望復直寶文閣制》補。

同銜繫書外，收支不令臣同共判押，輒置私曆，侵欺盜用入己。」棘寺鞠實，故有是責。

二十二日，詔權禮部侍郎尤袤與郡。以言者論袤兼翰苑、詞掖、史館、經筵，疏謬曠失，士論不服，乞賜罷黜，故有是命。

二十四日，詔提轄文思院程鉉放罷。以臣僚論：「鉉前任饒州樂平縣日，率意妄作，百里被害。今乃處京局，自茲以往，便可爲郡守、監司，必恣谿壑之欲，肆虎狼之行，爲民巨蠹。」故有是命。

53 同日，詔知嚴州錢聞詩放罷。以言者論其癃老疾病，郡事廢弛故也。

二十七日，詔王謙罷召命，依舊知吉州，木待問與祠。以臣僚論謙不可入處朝列，待問不足任牧守之寄，故有是命。

二十九日，詔趙汝應追兩資勒停，送南康軍居住，改差筠州居住。坐上書狂妄，挾私逞忿，攻詆大臣，故責之。

七月十三日，詔步軍副都指揮使梁師雄放罷。以臣僚言，師雄管軍殊無紀律，營運錢物，多行入己，故有是命。

二十七日，詔新知南康軍鄭熊、黃倬放罷。以臣僚論熊當官權出吏胥，倬懵不知書，故有是命。

二十九日，詔新知階州李師夔放罷。以臣僚言師夔朝辭經月，方出國門，違戾典憲故也。

八月六日，詔知建寧府、高州刺史韓俁放罷。以福建路安撫司言，俁不顧法令，用刑慘酷，訊決過多，殺死無罪者二人，故有是命。

十四日，詔知潭州沈樞放罷。以言者論其平日貪鄙，老而益甚，今在潭州，嗜飲喜弈，日以爲常，民訟吏牘，漫不加省，故有是命。

十七日，詔新知漳州應藏密、新知興化軍常袾並放罷。以言者論：「藏密性質庸俗，濟以貪饕，前倅臨安，公受關節；袾曾爲寧國丞及湖倅，並無廉聲，士夫所鄙。」故有是命。

二十四日，詔福建路轉運判官沈作礪與閑慢差遣，湖北提舉常平林岊罷新任。以臣僚言，作礪、岊風采無聞，是非莫辨，年又已老，不可復乘軺傳，故有是命。

九月八日，詔知南 54 劍州王楫特降一官，宮觀。坐本州居民遺火，延燒官舍，楫自劾治郡無狀，招此天譴，故有是命。

十九日，詔知信陽軍梁揚名降兩官，放罷。以湖北安撫司言，揚名邊政無術，專事酷虐，故有是命。

二十七日，詔新知南劍州張季樗罷新任。以臣僚言季樗嘗爲潮州，政以賄成，好行掊克也。

二十八日，詔新知秀州趙善義放罷。以臣僚言，昨獻言欲移許浦屯兵於姚劉沙，衆皆指爲妄作，既而朝廷就委自行相度，乃倉忙失措，經營脱免，故有是命。

十一月十一日，詔知彭州趙善俯降兩官，放罷。以四川安撫制置使京鏜言，善俯嗜利無恥，爲政昏謬，縱容諸子干預郡事，又令私僕冒請禁軍衣糧，凡遇支遣，減尅軍糧，幾致生變，故有是命。

二十一日，詔知信州莫漳、知均州黄牧之放罷。以言者論漳闒報失實，動於浮言；牧之失於安集，人心已攜。先是各鐫一秩，既而復有此命。

二十八日，詔禮部郎中陸游、大理寺丞李端友、祕書省正字吳鎰並放罷。以諫議大夫何澹論游前後屢遭白簡，所至有汙穢之迹；端友凡所歷任，畧無善狀；鎰輕薄浮躁，專以口吻劫持爲事，故有是命。

十二月八日，詔知成州天水縣張孝友特降兩官放罷，知州崔士威特降一官。以本路帥臣吳挺言，孝友非時催科追擾，不能撫存，致人户逃竄北界，士威有失覺察，故有是命。

十日，詔閤門看班祇候張準放罷。坐匿服 55 供職故也。

十三日，詔新知常州趙善括、時佐並差主管建寧府武夷山冲佑觀。以言者論善括兇暴，佐交結，故有是命。

十七日，詔主管建寧府武夷山冲佑觀湯思謙特降一官放罷。先是，思謙昨任湖北提刑，信陽軍勘販銅錢公事已得情寔，不合輒行移獄，故有是命。

二十六日，詔知衡州鄭如崈放罷。以本路漕臣奏：「如崈於總領所合解大軍糧米，輒憑奏檢固拒不解；於法合行給還民間之錢，輒貪利不顧，横欲拘没。」故有是命。

三十日，詔知廉州黄萬頃、知昭州孫質並放罷，内黄萬頃特降兩官。以臣僚論：「萬頃天資貪鄙，專事苛刻，違法賣鹽、採珠二事尤爲民害；質素無廉恥，所至贓汙。」故有是命。

紹熙元年正月二十日，詔常州通判汪擇善放罷。以本路提刑袁説友言其昏眊貪謬，觸事無能，隳壞郡政，故有是命。

二十二日，詔觀察使、浙西總管耶律适哩，子浙西總管忠，額外統制官愿，各與遠外一等差遣。以言者論其父子天資殘忍，禍及同氣，且復貪求無厭，使之並在輦轂之下，誠非所宜，故有是命。

同日，詔通判常州汪擇善特降一官，鎮江府節度推官趙伯方並放罷。以言者論：「擇善爲本州監試，畧無關防，縱容吏姦，毁匿名譽舉人卷子〔一〕；伯方爲勘官，縱容罪人，謬言差誤，乞並賜罷黜。」故有是命。

二十六日，詔嚴州通判沈戢、常德府通判黄謙、新廣德軍通判薛裴、新潭州通判鄭頤孫並放罷。皆以言者論其貪殘故也。

二月七日，詔知吉州王謙差主管建 56 寧府武夷山冲佑觀。以本路提刑鄭汝諧言其天資狠傲，動多賈怨，兼近

〔一〕譽：此字似衍。

中風眩，難任郡寄故也。

十一日，詔知饒州樂平縣王裴放罷。以都大提點坑冶鑄錢宋之瑞言其天資陰險，專事唇吻，侵移木炭錢違（狠）〔限〕不解故也。

二十三日，詔知秀州華亭縣柳楙差監潭州南嶽廟。以本路安撫張杓言其日赴所部燕飲，恣爲大言，陵轢州郡故也。

二十七日，詔閤門宣贊舍人成彥昭降一官。坐應奉垂拱殿贊禮有差故也。

同日，詔新浙東提點刑獄史彌正差主管建寧府武夷山冲佑觀。以監察御史林大中言其天資貪婪，怙勢驕横，今爲本路監司，必致撓政擾民，〔乞〕與〔祠〕禄，故有是命。

二十九日，詔鎮江府添差通判趙希曾、點檢所主管趙汝劼並差主管台州崇道觀，理作自陳。並以言者論其貪暴故也。

三月二十一日，詔吏部郎中陳揚善放罷。以監察御史林湜言其任秀州日，爲别曆拘收倍税牙契錢，及本路憲司委官審寔，乃與州吏匿所置别曆，却以他曆揩改色目，旋成抄轉，減落緡錢凡十餘萬也。

四月十五日，詔吉州駐劄東南第六副將陳權放罷。以本路帥臣黄洽言其決罰苛酷，軍情不安，遂至兵卒出城生事，乞賜罷黜，故有是命。

五月二日，詔知漢州什邡縣李諤放罷。以守臣宇文僎言其不法害民故也。

同日，詔寧武軍節度使、開府儀同三司、判潼川府、衛國公、食邑一萬一57百户、食實封肆阡壹百户趙雄鐫食邑二千户，降郡公；新權發遣融州鄭易特降兩官；新知建寧府范處義特降一官。以劉壁貪敗，並曾薦舉故也。

四日，詔衡州通判張祖順放罷。以本路提刑范仲藝言其違法貪（黜）〔黷〕故也。

六日，詔無爲軍無爲縣糝潭巡檢唐延慶放罷。以本路帥臣趙鞏言其擅受人户白狀，差土軍越界追呼，妄亂生事故也。

七日，詔殿前司選鋒軍統制張國珍降一官。坐不鈐束本軍額外効用孫靖等，以致攔丞相轎陳狀，乞添請給故也。

十六日，詔知光州趙希仁展二年磨勘。以本路帥臣趙鞏言其擅行團結民兵，略不申知本司也。

二十二日，詔大理評事胡僅、史彰祖並與在外合入差遣。坐臣僚言其雖試中法科，實不曉大義故也。

同日，建康府駐劄御前水軍統領張平降充右軍不管事正將。坐縱容白直人偷斫山柴及擅離本軍故也。

二十四日，詔新除都大提點坑冶鑄錢趙善悉罷新任。以言者論其素無賢譽，專事交結，今爲泉司，必且妄用銅本、妄行舉辟故也。

二十八日，詔太學博士林致放罷。以言者論其廢公營私、貪冒苟得故也。（以上《永樂大典》卷三八九一）